TENGFEI XU

# Die Verhältnismäßigkeit von Umweltschutzmaßnahmen nach Art. XX GATT

# Tübinger Schriften
# zum internationalen und europäischen Recht

Herausgegeben von

Martin Nettesheim

in Gemeinschaft mit

Heinz-Dieter Assmann, Jochen von Bernstorff
Jörg Eisele, Martin Gebauer, Kristian Kühl
Hans von Mangoldt, Wernhard Möschel †
Thomas Oppermann †, Stefan Thomas
Wolfgang Graf Vitzthum

sämtlich in Tübingen

## Band 108

# Die Verhältnismäßigkeit von Umweltschutzmaßnahmen nach Art. XX GATT

Von

Tengfei Xu

Duncker & Humblot · Berlin

Die Juristische Fakultät der Eberhard Karls Universität Tübingen
hat diese Arbeit im Jahr 2025 als Dissertation angenommen.

Bibliografische Information der Deutschen Nationalbibliothek

Die Deutsche Nationalbibliothek verzeichnet diese Publikation in der Deutschen Nationalbibliografie; detaillierte bibliografische Daten sind im Internet über http://dnb.d-nb.de abrufbar.

D 21


Satz: L101 Mediengestaltung, Fürstenwalde
Druck: Prime Rate Zrt., Budapest, Ungarn

ISSN 0720-7654
ISBN 978-3-428-19711-8 (Print)
ISBN 978-3-428-59711-6 (E-Book)

Gedruckt auf alterungsbeständigem (säurefreiem) Papier
entsprechend ISO 9706 ♾

Verlagsanschrift: Duncker & Humblot GmbH, Carl-Heinrich-Becker-Weg 9,
12165 Berlin, Germany | E-Mail: info@duncker-humblot.de
Internet: https://www.duncker-humblot.de

# Vorwort

Die vorliegende Dissertation wurde im Sommersemester 2025 von der Juristischen Fakultät der Eberhard Karls Universität Tübingen angenommen. Wissenschaftliche Literatur und Entscheidungen konnten bis Januar 2024 berücksichtigt werden.

Mein ganz besonderer Dank gilt meinem Doktorvater, Herrn Prof. Dr. Martin Nettesheim, dessen fachliche Anleitung, wertvolle Anregungen und kontinuierliche Unterstützung die Anfertigung dieser Dissertation in ihrer vorliegenden Form ermöglicht haben. Besonders dankbar bin ich ihm für die Möglichkeit, als wissenschaftliche Hilfskraft am Lehrstuhl tätig zu sein. Dadurch konnte ich Einblicke in den wissenschaftlichen Alltag gewinnen, die die Entstehung meiner Dissertation maßgeblich geprägt haben. Mein besonderer Dank gilt zudem seinem enormen wissenschaftlichen Prüf- und Begutachtungsaufwand, der angesichts des großen Umfangs meiner Arbeit entstanden ist. Für die Aufnahme meiner Dissertation in die Tübinger Schriften zum internationalen und europäischen Recht spreche ich ihm auch besonderen Dank aus.

Mein besonderer Dank gilt ebenfalls meinem Zweitbetreuer, Herrn Prof. Dr. Jochen von Bernstorff, LL.M., für die zügige Erstellung des zweiten Gutachtens, seine wertvollen Fragen bei der Disputation sowie für seine wissenschaftlichen Publikationen, die die inhaltliche Vertiefung meiner Dissertation angeregt und wesentlich gefördert haben.

Der Stiftung Familienunternehmen spreche ich meinen herzlichen Dank für den großzügigen Zuschuss zu den Druckkosten meiner Dissertation aus. Ich möchte mich nicht nur für die finanzielle Unterstützung bedanken, sondern ebenso für die zügige Bearbeitung und Genehmigung meines Antrags sowie für die jederzeit professionelle, effiziente und freundliche Kommunikation.

Meiner Familie danke ich von Herzen für ihre beständige Unterstützung, ihr Verständnis und ihre Ermutigung während meiner Promotion.

Bad Soden am Taunus, November 2025 *Tengfei Xu*

# Inhaltsübersicht

# Inhaltsverzeichnis

Kapitel 9

**Maßgeblichkeit der Geeignetheitseinschätzung des regulierenden WTO-Mitglieds als erste Vermutung** 449

Kapitel 21

**Chapeau des Art. XX GATT als materieller Norminhalt** 830

# Abkürzungsverzeichnis

| | |
|---|---|
| a.A. | andere Auffassung |
| AB | Appellate Body |
| abw. | abweichend |
| AEUV | Vertrag über die Arbeitsweise der Europäischen Union |
| AFLR | Air Force Law Review |
| AIW | Arbeitspapiere aus dem Institut für Wirtschaftsrecht |
| AJCL | American Journal of Comparative Law |
| AJIL | American Journal of International Law |
| AJWH | Asian Journal of WTO & International Health Law and Policy |
| ALR | Adelaide Law Review |
| AO | Abgabenordnung |
| AöR | Archiv des öffentlichen Rechts |
| ArizonaLR | Arizona Law Review |
| Art. | Artikel |
| ASIL | American Society of International Law Proceedings |
| AUILR | American University International Law Review |
| AULR | Auckland University Law Review |
| AVR | Archiv des Völkerrechts |
| AYBIL | Australian Year Book of International Law |
| BCICLR | Boston College International and Comparative Law Review |
| BerkeleyJIL | Berkeley Journal of International Law |
| BJIL | Brooklyn Journal of International Law |
| BTF | Brookings Trade Forum |
| BUILJ | Boston University International Law Journal |
| BVerfG | Bundesverfassungsgericht |
| bzw. | beziehungsweise |
| CanLIIDocs | Canadian Legal Information Institute Documents |
| CBAM | Carbon Border Adjustment Mechanism |
| CBLR | Columbia Business Law Review |
| CDT | Cuadernos de Derecho Transnacional |
| ChicagoJIL | Chicago Journal of International Law |
| CILJ | Cornell International Law Journal |

| | |
|---|---|
| CJEL | Columbia Journal of Environmental Law |
| CJEuL | Columbia Journal of European Law |
| CJICL | Cardozo Journal of International and Comparative Law |
| CJIELP | Colorado Journal of International Environmental Law and Policy |
| CJIL | Chinese Journal of International Law |
| CJLJ | Canadian Journal of Law and Jurisprudence |
| CJTL | Columbia Journal of Transnational Law |
| CLJ | Cambridge Law Journal |
| CLR | Carlifornia Law Review |
| ConnJIL | Connecticut Journal of International Law |
| CRIA | Cambridge Review of International Affairs |
| CWRJIL | Case Western Reserve Journal of International Law |
| CYELP | Croatian Yearbook of European Law and Policy |
| CYELS | Cambridge Yearbook of European Legal Studies |
| CYIL | Canadian Yearbook of International Law |
| d. h. | das heißt |
| DJILP | Denver Journal of International Law and Policy |
| DLJ | Duke Law Journal |
| DöV | Die öffentliche Verwaltung |
| DStR | Deutsches Steuerrecht |
| DSU | Understanding on Rules and Procedures Governing the Settlement of Disputes |
| DVBl. | Deutsches Verwaltungsblatt |
| ECHR | European Court of Human Rights |
| EConvHR | European Convention on Human Rights |
| EEELR | European Energy and Environmental Law Review |
| EFAR | European Foreign Affairs Review |
| EGMR | Europäischer Gerichtshof für Menschenrechte |
| EIoP | European Integration online Papers |
| EJIL | European Journal of International Law |
| EJIT | European Journal of International Trade |
| EJLR | European Journal of Law Reform |
| EJLS | European Journal of Legal Studies |
| EJRR | European Journal of Risk Regulation |
| EL | Ergänzungslieferung |
| ELJ | European Law Journal |
| ELR | Environmental Law Reporter |
| EMRK | Europäische Menschenrechtskonvention |

| | |
|---|---|
| EuGH | Europäischer Gerichtshof |
| EUI-WP | European University Institute Working Papers |
| EuR | Europarecht |
| EUV | Vertrag über die Europäische Union |
| EuZW | Europäische Zeitschrift für Wirtschaftsrecht |
| EWG | Die Europäische Wirtschaftsgemeinschaft |
| EYIEL | European Yearbook of International Economic Law |
| f. | folgende |
| FGO | Finanzgerichtsordnung |
| FLC | Frontiers of Law in China |
| FS | Festschrift |
| FSC | Foreign Sales Corporations |
| GATs | General Agreement on Trade in Services |
| GATT | General Agreement on Tariffs and Trade |
| GEP | Global Environmental Politics |
| GIELR | Georgetown International Environmental Law Review |
| GJICL | Georgia Journal of International and Comparative Law |
| GJIL | Georgetown Journal of International Law |
| GLJ | German Law Journal |
| GRUR | Gewerblicher Rechtsschutz und Urheberrecht |
| GWB | Gesetz gegen Wettbewerbsbeschränkungen |
| GWILR | George Washington International Law Review |
| GYIL | German Yearbook of International Law |
| HAIL | The Hague Academy of International Law |
| HICLR | Hastings International and Comparative Law Review |
| HIJL | Houston Journal of International Law |
| HILJ | Harvard International Law Journal |
| HLR | Harvard Law Review |
| HRQ | Human Rights Quarterly |
| Hrsg. | Herausgeber |
| ICLQ | International and Comparative Law Quarterly |
| ICLR | International Community Law Review |
| ICON | International Journal of Constitutional Law |
| iCWPS | iCourts Working Paper Series |
| i.dg.S. | im dogmatischen Sinne |
| IELWP | Institute of European Law Working Papers |
| i.e.S. | im engeren Sinne |
| IG | Indigene Gemeinschaft/indigenous community |

| | |
|---|---|
| IGH | Internationaler Gerichtshof |
| IJGLS | Indiana Journal of Global Legal Studies |
| IJIL | Indonesian Journal of International Law |
| IJLC | International Journal of Law in Context |
| ILP | International Legal Perspectives |
| ILR | Loyola of Los Angeles International and Comparative Law Review |
| ILS | International Law Studies |
| ILSS | International Law Studies Series |
| IRRC | International Review of the Red Cross |
| i. S. d. | im Sinne des/der |
| i. S. v. | im Sinne von |
| JbUTR | Jahrbuch des Umwelt- und Technikrechts |
| JED | Journal of Environment and Development |
| JEL | Journal of Environmental Law |
| JIDS | Journal of International Dispute Settlement |
| JIEL | Journal of International Economic Law |
| JIL | Journal of International Law |
| JITLP | Journal of International Trade Law and Policy |
| JM-WP | Jean Monnet Working Paper |
| JS | Juristische Schulung |
| JUFIL | Journal on the Use of Force and International Law |
| JWIP | Journal of World Intellectual Property |
| JWIT | Journal of World Investment and Trade |
| JWT | Journal of World Trade |
| J. WTO & China | Journal of WTO and China |
| KJ | Kritische Justiz |
| KJICL | The Korean Journal of International and Comparative Law |
| KlimaR | Klima und Recht |
| LEHR | Law & Ethics of Human Rights |
| LieferkettenG | Lieferkettensorgfaltspflichtengesetz |
| LIEI | Legal Issues of Economic Integration |
| LJIL | Leiden Journal of International Law |
| LUCILR | Loyola University Chicago International Law Review |
| MEA | Multilateral Environmental Agreements |
| MelJIL | Melbourne Journal of International Law |
| MERCOSUR | Der Gemeinsame Südamerikanische Markt |
| MFN | Most Favoured Nation |

| | |
|---|---|
| MichiganJIL | Michigan Journal of International Law |
| MiskJIL | Miskolc Journal of International Law |
| MJIEL | Manchester Journal of International Economic Law |
| MJIL | Minnesota Journal of International Law |
| MLJ | McGill Law Journal |
| MLR | Modern Law Review |
| MLS-RPS | Melbourne Legal Studies Research Paper Series |
| MRM | Marine Resource Management |
| NAFTA | North American Free Trade Agreement/Nordamerikanisches Freihandelsabkommen |
| NCCR-WP | The National Centers of Competence in Research Working Paper |
| NDLR | Notre Dame Law Review |
| NJIL | Nordic Journal of International Law |
| NJILB | Northwestern Journal of International Law and Business |
| NLUDSLJ | National Law University Delhi Student Law Journal |
| NQHR | Netherlands Quarterly of Human Rights |
| NVwZ | Neue Zeitschrift für Verwaltungsrecht |
| NYIL | Netherlands Yearbook of International Law |
| NYUELJ | New York University Environmental Law Journal |
| NYULR | New York University Law Review |
| NYUSL-PLRP | NYU School of Law, Public Law Research Paper |
| OJLS | Oxford Journal of Legal Studies |
| PELR | Pace Environmental Law Review |
| PILR | Pace International Law Review |
| PMGBDLJ | Pacific McGeorge Global Business and Development Law Journal |
| PPM | Process and Production Method |
| PYIL | Polish Yearbook of International Law |
| RabelsZ | Rabels Zeitschrift für ausländisches und internationales Privatrecht |
| RdZW | Zeitschrift für das Recht der Transportwirtschaft |
| RECIEL | Review of European, Community & International Environmental Law |
| RELPR | Renewable Energy Law and Policy Review |
| RIW | Recht der Internationalen Wirtschaft |
| Rn. | Randnummer |
| RSCAS-WP | European University Institute, Robert Schuman Centre for Advanced Studies, Global Governance Working Papers |
| RT | Rechtstheorie |

| | |
|---|---|
| S. | Seite |
| SALJ | South African Law Journal |
| SCMA | Agreement on Subsidies and Countervailing Measures |
| SDILJ | San Diego International Law Journal |
| sep. | separat |
| SITL | Studies in International Trade Law |
| SLR | Saskatchewan Law Review |
| SPS | Übereinkommen über die Anwendung gesundheitspolizeilicher und pflanzenschutzrechtlicher Maßnahmen (Agreement on the Application of Sanitary and Phytosanitary Measures) |
| StanfordLR | Stanford Law Review |
| St.IGH | Ständiger Internationaler Gerichtshof (Permanent Court of International Justice) |
| SWP-WP | Stiftung Wissenschaft und Politik Working Papers |
| TBT | Übereinkommen über technische Handelshemmnisse (Technical Barriers to Trade Agreement) |
| TEDs | Turtle Excluder Devices |
| TILJ | TEXAS International Law Journal |
| TJCIL | Tulsa Journal of Comparative and International Law |
| TLD | Trade, Law and Development |
| TLSRP | Tilburg Law School Research Paper |
| TREM | Trade-Related Environmental Measures |
| TWLR | Texas Wesleyan Law Review |
| TWQ | Third World Quarterly |
| u. a. | unter anderem |
| UBLJ | University of Botswana Law Journal |
| UCLR | University of Chicago Law Review |
| ULR | Utrecht Law Review |
| UMICLR | University of Miami International and Comparative Law |
| UN | United Nations/Vereinte Nationen |
| UPenn.LR | University of Pennsylvania Law Review |
| UPJIL | University of Pennsylvania Journal of International Law |
| UPLR | University of Pittsburgh Law Review |
| URP | Umweltrecht in der Praxis |
| Urt. | Urteil |
| usw. | und so weiter |
| UTFLR | University of Toronto Faculty of Law Review |
| UTLJ | University of Toronto Law Journal |
| v. | von |

| | |
|---|---|
| VirginiaLR | Virginia Law Review |
| VJETL | Vanderbilt Journal of Entertainment and Technology Law |
| VJIL | Virginia Journal of International Law |
| VLR | Villanova Law Review |
| VN | Vereinte Nationen |
| VO | Verordnung |
| WILJ | Wisconsin International Law Journal |
| WPDR | Working Party on Domestic Regulation |
| WTO | World Trade Organisation |
| WTR | World Trade Review |
| WULR | Washington University Law Review |
| WVRK | Wiener Übereinkommen über das Recht der Verträge (Vienna Convention on the Law of Treaties) |
| YBILC | Yearbook of the International Law Commission |
| YEL | Yearbook of European Law |
| YJIL | Yale Journal of International Law |
| YLJ | Yale Law Journal |
| ZaöRV | Zeitschrift für ausländisches öffentliches Recht und Völkerrecht |
| z. B. | zum Beispiel |
| ZEus | Zeitschrift für Europarechtliche Studien |
| ZRP | Zeitschrift für Rechtspolitik |
| ZUR | Zeitschrift für Umweltrecht |

*Teil 1*

# Einleitung

Die Diskussion über die Stellung des Verhältnismäßigkeitsprinzips im Völkerrecht lässt sich zumindest bis auf den Caroline-Vorfall[1] im Selbstverteidigungsrecht zurückverfolgen und hat sich seither auch auf weitere Bereiche des Völkerrechts ausgeweitet.[2] Die Verbreitung und Globalisierung des Ver-

---

1 Ausführliche Darstellung des Caroline-Vorfalls einschließlich der diplomatischen Korrespondenz zwischen Großbritannien und den USA siehe: *Forcese*, Destroying the Caroline, 2018, S. 7 ff. und 65 ff. Für eine kurze Zusammenfassung hierzu siehe u. a.: *Jennings*, The *Caroline* and Mcleod Case, AJIL 1938, 82, 82 ff.; *Kearley*, Raising the *Caroline*, WILJ 1999, 325, 328 f.; *Rogoff/Collins*, The Caroline Incident and the Development of International Law, BJIL 1990, 493, 493 ff. und 496 ff.

2 Zur grundsätzlichen Befürwortung der Anwendung des Verhältnismäßigkeitsprinzips i. w. S. im Völkerrecht siehe u. a.: *Crawford*, Brownlie's Principles of Public International Law, 9. Aufl. 2019, S. 721; *Gardam*, Proportionality and Force in International Law, AJIL 1993, 391; *Gray*, International Law and the Use of Force, 4. Aufl. 2018, S. 157 ff.; *Bleckmann*, Allgemeine Staats- und Völkerrechtslehre, 1995, S. 680; *Mosler*, Völkerrecht als Rechtsordnung, ZaöRV 1976, 6, 44–45. Ausführliche Darstellung mit weiteren Literaturquellen siehe: Teil 1 Kapitel 1 § 2 A. der vorliegenden Arbeit.

Zur kompletten Ablehnung der Anwendung des Verhältnismäßigkeitsprinzips i. w. S. im Völkerrecht siehe: *McKenna*, The Discourse of Proportionality and the Use of Force, NJIL 2020, 364, 365–366, 367 ff. und 371 ff., 382; *Dicke*, Die Intervention mit wirtschaftlichen Mitteln im Völkerrecht, 1978, S. 181; *Urbina*, A Critique of Proportionality and Balancing, 2017, S. 120 f. i. V. m. S. 211 f., 244 f. und 251 ff.; *Webber*, The Negotiable Constitution On the Limitation of Rights, 2009, S. 10–11, 59 ff., 89 ff.

Zur Optimierung der Anwendung des Verhältnismäßigkeitsprinzips i. w. S. durch Verfeinerung des Abwägungsgebots siehe u. a.: *Gardam*, Necessity, Proportionality and the Use of Force by States, 2004, S. 14–19, 26–27, 159 ff.; *Kretzmer*, The Inherent Right to Self-Defence and Proportionality in *Jus Ad Bellum*, EJIL 2013, 235, 240, 267 ff., 278 f.; *Natarajan*, A Third World Approach to Debating the Legality of the Iraq War, ICLR 2007, 405, 407 f., 410 ff., 414 ff.; *Murphy*, The Doctrine of Preemptive Self Defense, VLR 2005, 699, 702–705, 748; *Chang/Dai*, The Limited Usefulness of the Proportionality Principle, ICON 2021, 1110, 1113; *Cohen-Eliya/Porat*, Proportionality and the Culture of Justification, AJCL 2011, 463, 466. Ausführliche Darstellung mit weiteren Literaturquellen siehe: Teil 1 Kapitel 1 § 2 C. II. der vorliegenden Arbeit.

Zur Optimierung der Anwendung des Verhältnismäßigkeitsprinzips i. w. S. durch Einschränkung bzw. Verzicht auf richterliche Abwägung siehe u. a.: *Corten*, Regulating Resort to Force: A Response to Matthew Waxman, EJIL 2013, 191; *ders.*, The Controversies over the Customary Prohibition on the Use of Force, EJIL 2005, 803, 810 ff. und 816 ff.; *O'Donnell*, The Margin of Appreciation Doctrinc, HRQ 1982, 474, 484 ff., 479 ff.; *Tsakyrakis*, Proportionality: An Assault on Human Rights?, ICON 2009, hältnismäßigkeitsprinzips[3] ist von heftiger Kritik begleitet. Bevor die Dogmatik der Verhältnismäßigkeitsprüfung i. w. S., durch die der Verhältnismäßigkeitsgrundsatz im konkreten Einzelfall zur Anwendung kommt, hinreichend geklärt ist, wird die Diskussion auf das WTO-Recht ausgeweitet.

Der von dieser Diskussion betroffene Kernbereich des WTO-Rechts ist das allgemeine Ausnahmerecht eines WTO-Mitglieds gemäß Art. XX GATT zur umweltpolitischen Regulierung.

Die Streitbeilegungsorgane von GATT/WTO haben nämlich im Rahmen der Interpretation des „grünen" Art. XX GATT zwar eine Vielzahl von Entscheidungen unter Anwendung der Verhältnismäßigkeitsprüfung i. w. S. getroffen: US – Tuna 1982,[4] Canada – Salmon and Herring,[5] Thailand – Cigarettes,[6] US – Tuna I,[7] US – Tuna II,[8] US – Automobiles,[9] US – Gasoline,[10] US – Shrimp,[11] EC – Asbestos,[12] Brazil – Retreaded Tyres,[13] China – Raw Materials[14], EC –

468; *Krugmann*, Der Grundsatz der Verhältnismäßigkeit im Völkerrecht, 2004, S. 83, 124–125; *Kunz*, Individual and Collective Self-Defense in Article 51 of the Charter of the United Nations, AJIL 1947, 872, 877; *von Bernstorff*, Kerngehaltsschutz durch den UN-Menschenrechtsausschuss und den EGMR, Der Staat 2011, 165, 172 ff., insbesondere 173–174; *ders.*, Proportionality Without Balancing, in: Lazarus/McCrudden/Bowles (Hrsg.), Reasoning Rights, 2014, S. 66 ff., 83 ff. Ausführliche Darstellung mit weiteren Literaturquellen siehe: Teil 1 Kapitel 1 § 2 C. III. der vorliegenden Arbeit.

3 *Saurer*, Globalisierung des Verhältnismäßigkeitsgrundsatzes, Der Staat 2012, 3, 13 ff.; *Peters*, Drei Versionen der Verhältnismäßigkeit im Völkerrecht, in: Biaggini/Diggelmann/Kaufmann (Hrsg.), FS Thürer, 2015, S. 600; *Klatt/Meister*, Verhältnismäßigkeit als universelles Verfassungsprinzip, Der Staat 2012, 159, 162, 188; *Sweet/Mathews*, Proportionality Balancing and Global Constitutionalism, CJTL 2008, 72, 160; *Cohen-Eliya/Porat*, Proportionality and the Culture of Justification, AJCL 2011, 463, 465, 467.

4 GATT, Panel-Bericht v. 22. 2. 1982, L/5198-29S/91, „US – Tuna 1982".

5 GATT, Panel-Bericht v. 22. 3. 1988, L/6268-35S/98, „Canada – Herring and Salmon".

6 GATT, Panel-Bericht v. 7. 11. 1990, DS10/R-37S/200, „Thailand – Cigarettes".

7 GATT, Panel-Bericht v. 3. 9. 1991, DS21/R-39S/155, „US – Tuna I".

8 GATT, Panel-Bericht v. 16. 6. 1994, DS29/R, „US – Tuna II".

9 GATT, Panel-Bericht v. 11. 10. 1994, DS31/R, „US – Automobiles".

10 WTO, Panel-Bericht v. 20. 5. 1996, WT/DS2/R, „US – Gasoline"; WTO, AB-Bericht v. 20. 5. 1996, WT/DS2/AB/R, „US – Gasoline".

11 WTO, Panel-Bericht v. 15. 5. 1998, WT/DS58/R, „US – Shrimp"; WTO, AB-Bericht v. 12. 10. 1998, WT/DS58/AB/R, „US – Shrimp".

12 WTO, Panel-Bericht v. 18. 9. 2000, WT/DS135/R, „EC – Asbestos"; WTO, AB-Bericht v. 12. 3. 2001, WT/DS135/AB/R, „EC – Asbestos".

13 WTO, Panel-Bericht v. 12. 6. 2007, WT/DS332/R, „Brazil – Retreaded Tyres"; WTO, AB-Bericht v. 3. 12. 2007, WT/DS332/AB/R, „Brazil – Retreaded Tyres".

14 WTO, Panel-Bericht v. 5. 7. 2011, WT/DS394/R u. a., „China – Raw Materials"; WTO, AB-Bericht v. 30. 1. 2012, WT/DS394/AB/R u. a., „China – Raw Materials".

Seal Products,[15] China – Rare Earths,[16] Indonesia – Raw Materials,[17] Turkey – Pharmaceutical Products (EU),[18] Indonesia – Import Licensing Regimes[19]. Ebenso wurde in nicht umweltrelevanten Fällen, wie Korea – Beef,[20] China – Publications and Audiovisual Products,[21] Brazil – Taxation[22] und US – Tariff Measures,[23] eine ähnliche Prüfung angewendet bzw. weiterentwickelt. An dieser Stelle soll eine übersichtliche Aufzählung der Fälle in diesem Bereich erfolgen sowie auf die Unklarheiten der Dogmatik der Verhältnismäßigkeitsprüfung i. w. S. hingewiesen werden. Eine detaillierte Darstellung dieser Unsicherheiten anhand von Fallbeispielen erfolgt im Rahmen der Erläuterung der Forschungsfragen in Teil 1 Kapitel 2 § 4.

Die Dogmatik der Verhältnismäßigkeitsprüfung i. w. S. ist allerdings von den WTO-Streitbeilegungsorganen bislang nicht hinreichend geklärt. Der Wortlaut des Art. XX GATT bietet aufgrund seiner Ambiguität ebenfalls keinen unmittelbaren Anhaltspunkt für die Anwendung des Verhältnismäßigkeitsgrundsatzes.

Auch in der wissenschaftlichen Diskussion über die Stellung des Verhältnismäßigkeitsgrundsatzes im Rahmen der Auslegung des Art. XX GATT ist die zentrale Frage bislang nicht hinreichend geklärt worden, inwieweit und nach welchem Maßstab richterliche Zurückhaltung gegenüber der Einschätzung des regulierenden WTO-Mitglieds zur Verhältnismäßigkeit i. w. S. geboten ist und ob eine solche Zurückhaltung zugleich gerechtfertigt sein kann.[24]

---

15 WTO, Panel-Bericht v. 25. 11. 2013, WT/DS400/R u. a., „EC – Seal Products"; WTO, AB-Bericht v. 22. 6. 2014, WT/DS400/AB/R u. a., „EC – Seal Products".

16 WTO, Panel-Bericht v. 26. 3. 2014, WT/DS431/R u. a., „China – Rare Earths"; WTO, AB-Bericht v. 7. 8. 2014, WT/DS431/AB/R u. a., „China – Rare Earths".

17 WTO, Panel-Bericht v. 30. 11. 2022, WT/DS592/R, „Indonesia – Raw Materials".

18 WTO, Panel-Bericht v. 11. 11. 2021, unverbreitet und beigefügt zur Mitteilung v. 28. 4. 2022 über die Berufung der Türkei gemäß Art. 25 DSU, WT/DS583/12, „Turkey – Pharmaceutical Products (EU)"; WTO, Schiedsspruch gemäß Art. 25 DSU v. 25. 7. 2022, WT/DS583/ARB25, „Turkey – Pharmaceutical Products (EU)".

19 WTO, Panel-Bericht v. 22. 12. 2016, WT/DS477/R u. a., „Indonesia – Import Licensing Regimes"; WTO, AB-Bericht v. 9. 11. 2017, WT/DS477/AB/R u. a., „Indonesia – Import Licensing Regimes".

20 WTO, Panel-Bericht v. 31. 7. 2000, WT/DS161/R u. a., „Korea – Beef"; WTO, AB-Bericht v. 11. 12. 2000, WT/DS161/AB/R u. a., „Korea – Beef".

21 WTO, Panel-Bericht v. 12. 8. 2009, WT/DS363/R, „China – Publications and Audiovisual Products"; WTO, AB-Bericht v. 21. 12. 2009, WT/DS363/AB/R, „China – Publications and Audiovisual Products".

22 WTO, Panel-Bericht v. 30. 8. 2017, WT/DS472/R, „Brazil – Taxation"; WTO, AB-Bericht v. 13. 12. 2018, WT/DS472/AB/R, „Brazil – Taxation".

23 WTO, Panel-Bericht v. 15. 9. 2020, WT/DS543/R, „US – Tariff Measures".

24 Zur grundsätzlichen Befürwortung der Anwendung des Verhältnismäßigkeitsprinzips i. w. S. und insbesondere des Abwägungsgebots siehe u. a.: *Hilf*, Power, Rules

Es bleibt nämlich weiter zu klären, ob die Anwendung des Verhältnismäßigkeitsprinzips durch die Streitbeilegungsorgane der WTO einen ungerechtfertigten Eingriff in das Souveränitätsrecht eines WTO-Mitglieds darstellt oder ob sie einen Missbrauch dieses Rechts verhindern kann.

Diese Frage berührt zugleich die allgemeine Diskussion über die Kontrolldichte im WTO-Recht, d.h. die Frage, inwieweit und nach welchem Maßstab richterliche Zurückhaltung bei der Überprüfung der Tatsachenfeststellung und des darauf aufbauenden Rechtsurteils eines WTO-Mitglieds geübt werden soll.[25] Denn Gegenstände einer Verhältnismäßigkeitsprüfung i.w.S. sind auch

---

and Principles for WTO/GATT Law, JIEL 2001, 111, 120–121, 130; *Hilf/Puth*, The Principle of Proportionality on its Way into WTO/GATT Law, in: von Bogdandy/Mavroidis/Mény (Hrsg.), FS Ehlermann, 2002, S. 211 f., 215–216; *Muller*, The Necessity Test and Trade in Services, JWT 2015, 951, 960–961, 961–962, 964; *Marceau/Trachtman*, TBT, SPS und GATT, JWT 2002, 811, 851–853; *Stone Sweet/Mathews*, Proportionality Balancing and Global Constitutionalism, CJTL 2008, 72, 158; *Andenas/Zleptnig*, Proportionality and Balancing in WTO Law, CRIA 2007, 71, 79, 81, 82, 89; *Sykes*, The Least Restrictive Means, UCLR 2003, 403, 404; *Marceau/Trachtman*, TBT, SPS und GATT, JWT 2002, 811, 851–853; *Bown/Trachtmann*, Brazil-Measures Affecting Imports of Retreaded Tyres: A Balancing Act, WTR 2009, 85, 88, 119, 125–126, 129–131; *Tietje*, Die Völkerrechtliche Kooperationspflicht, EuR 2000, 285, 291 f., 296; *Trachtman*, The Economic Structure of International Law, 2008, S. 218; *Delimatsis*, Determining the Necessity of Domestic Regulations in Services, EJIL 2008, 365, 389–390. Ausführliche Darstellung mit weiteren Literaturquellen siehe: Teil 1 Kapitel 1 § 4 B. III. 1. der vorliegenden Arbeit.

Zur Skepsis gegenüber der Anwendung des Verhältnismäßigkeitsprinzips i.w.S. und insbesondere des Abwägungsgebots siehe u.a.: *Desmedt*, Proportionality in WTO Law, JIEL 2001, 441, 462 ff.; *Neumann/Türk*, Necessity Revisited, JWT 2003, 199, 211 ff., 227 ff., 231 ff.; *Voon*, Exploring the Meaning of Trade-Restrictiveness in the WTO, WTR 2015, 451, 471 ff., 473; *Fontanelli*, Necessity Killed the GATT, EJILS 2012/13, 36, 48–49; *Weiher*, Nationaler Umweltschutz und Internationaler Warenverkehr, 1997, S. 135–136; *Diem*, Freihandel und Umweltschutz in GATT und WTO, 1996, S. 92; *Regan*, The Meaning of „Necessary" in GATT Article XX and GATS Article XIV, WTR 2007, 347, 351–352, 347–369; *Epiney*, Welthandel und Umwelt, DVBl. 2000, 77, 83 ff.; *Appleton*, GATT Article XXs Chapeau – A Disguised Necessary Test?, RECIEL 1997, 131; *Montini*, Necessity and Proportionality Principles in the Trade and Environment Context, RECIEL 1997, 121, 129; *Van den Bossche*, Looking for Proportionality in WTO Law, LIEI 2008, 283, 294; *Neumann*, Die Koordination des WTO-Rechts mit anderen völkerrechtlichen Verträgen, in: Nettesheim/Sander (Hrsg.), WTO-Recht und Globalisierung, S. 124–125; *Reusch*, Die Legitimation des WTO-Streitbeilegungsverfahrens, S. 275 i.V.m. S. 46–47, 248–250, 263 ff.; *Krajewski*, Verfassungsperspektiven und Legitimation des Rechts der WTO, 2001, S. 172–174 und 193; *Howse/Nicolaïdis*, Enhancing WTO Legitimacy, Governance 2003, 73, 75, 86–87. Ausführliche Darstellung mit weiteren Literaturquellen siehe: Teil 1 Kapitel 1 § 4 B. III. 2. der vorliegenden Arbeit.

[25] Zur Befürwortung einer grundsätzlich zurückhaltenden Prüfungsdichte siehe u.a.: *Gruszczynski/Vadi*, Standard of Review and Scientific Evidence in WTO Law and International Investment Arbitration, in: Gruszczynski/Werner (Hrsg.), Deference in

die Tatsachenfeststellung und das darauf basierende Rechtsurteil des regulierenden WTO-Mitglieds. Die unklare Stellung des Verhältnismäßigkeitsprinzips bei der Auslegung des Art. XX GATT hat vor allem Rechtsunsicherheit für umweltpolitische Regulierungen eines WTO-Mitglieds geschaffen.

So sieht der Aktionsplan des europäischen *Green Deal* unter anderem die Einführung eines EU-$CO_2$-Grenzausgleichssystems,[26] die Verfolgung des ökologischen Fußabdrucks von in die EU importierten Lebensmitteln sowie die Aushandlung hoher Umweltstandards mit anderen Ländern[27] vor. Zur Umsetzung dieser Strategie wurden u.a. das Europäische Klimagesetz[28] und weiterhin die Verordnung (EU) 2023/956 zur Schaffung eines $CO_2$-Grenzausgleichssystems (*carbon border adjustment mechanism* – „CBAM") erlassen,

---

International Courts and Tribunals, 2014, S. 152ff., 165–167, 170–171; *Kelly*, Judicial Activism at the World Trade Organizational, NJILB 2002, 353, 385–386, 388; *Hoekman/Mavroidis*, To AB or Not to AB? Dispute Settlement in WTO Reform, JIEL 2020, 703, 715–716; vgl. *Bartels*, The Separation of Powers in the WTO, ICLQ 2004, 861, 876–877; *Windsor*, Delegation, Standards of Review, and Subsidiarity in WTO Dispute Settlement, AULR 2008, 41, 74ff.; *Shany*, Toward a General Margin of Appreciation Doctrine in International Law?, EJIL 2005, 907, 928–929; vgl. *Cattaneo*, Some Reflections on the Concept of „Policy Space", in: Mitchell (Hrsg.), Challenges and Prospects for the WTO, 2005, S. 75–78, 84; *Button*, Trade, Health, and Uncertainty in the WTO, 2004, S. 217ff.; *Ioannidis*, Beyond the Standard of Review Deference Criteria in WTO Law and the Case for a Procedural Approach, in: Gruszczynski/Werner (Hrsg.), Deference in International Courts and Tribunals, 2014, S. 109–111; *Guzman*, Determining the Appropriate Standard of Review in the WTO Law, CJIL 2004, 45, 52, 57ff., 75. Ausführliche Darstellung mit weiteren Literaturquellen siehe: Teil 1 Kapitel 1 § 3 C. der vorliegenden Arbeit.

Zur Befürwortung einer wenig zurückhaltenden Prüfungsdichte siehe u.a.: *Trachtman*, The Domain of WTO Dispute Resolution, 333, 334, 336ff., 346ff.; *Ezeani*, Trade Decisions Devoid of Judicial Activism, JITLP 2004, 21, 29–30, 30f.; *Steinberg*, Judicial Lawmaking at the WTO, AJIL 2004, 247; *Ehlermann*, Tensions between the Dispute Settlement Process and the Diplomatic and Treaty-Making Activities of the WTO, WTR 2003, 301, 305; *Croley/Jackson*, WTO Dispute Procedures, Standard of Review, and Deference to National Governments, AJIL 1996, 193, 208–213; *Becroft*, The Standard of Review in WTO Dispute Settlement, 2012, S. 63–64, 71–72, 100ff., 125, 127ff.; *Oesch*, Standards of Review in WTO Dispute Resolution, 2003, S. 52–54; *Jackson*, Perceptions About the WTO Trade Institutions, WTR 2002, 101, 110; *Ehlermann/Lockhart*, Standard of Review in WTO Law, JIEL 2004, 491, 495–496, 518–521. Ausführliche Darstellung mit weiteren Literaturquellen siehe: Teil 1 Kapitel 1 § 3 D. der vorliegenden Arbeit.

[26] Der europäische Grüne Deal, Mitteilung der EU-Kommission v. 11.12.2019, COM(2019) 640 final, S. 6.

[27] Der europäische Grüne Deal, Mitteilung der EU-Kommission v. 11.12.2019, COM(2019) 640 final, S. 16, 25.

[28] Verordnung des Europäischen Parlaments und des Rates v. 30.6.2021 zur Schaffung des Rahmens für die Verwirklichung der Klimaneutralität und zur Änderung der Verordnungen (EG) 401/2009 und (EU) 2018/1999, „Europäisches Klimagesetz", VO (EU) 2021/1119, ABl. 2021 L 243/1.

die am 17. Mai 2023 in Kraft getreten ist.[29] Beim $CO_2$-Grenzausgleichssystem werden bei Warenimporten aus Drittstaaten die klimaschädlichen Emissionen erfasst, die bei der Herstellung dieser Waren entstanden sind.

Waren, die dem CBAM unterliegen, dürfen nur dann in das Zollgebiet der EU eingeführt werden, wenn sie von zugelassenen CBAM-Anmeldern[30] angemeldet sind.[31] Das CBAM enthält Ausnahmen, darunter die Ausnahmen für Waren mit geringem Wert[32], für Waren für militärische Zwecke sowie für Waren mit Ursprung in bestimmten Staaten.[33]

Nach Ansicht der Europäischen Kommission[34] und eines Teils der wissenschaftlichen Literatur[35] stellt das $CO_2$-Grenzausgleichssystem eine Klimaschutzmaßnahme dar, die mit dem Recht der Welthandelsorganisation vereinbar ist. Diese Auffassung stößt zugleich auf Kritik.[36] In einer ähnlichen Situa-

---

[29] Verordnung des Europäischen Parlaments und des Rates v. 10. 5. 2023 zur Schaffung eines $CO_2$-Grenzausgleichssystems, VO (EU) 2023/956, ABl. 2023 L 130/52, im Folgenden: „CBAMVO“. Sie geht zurück auf einen Entwurf der Kommission vom 14. 7. 2021, COM(2021) 564 final. Für einen Überblick über diese Verordnung siehe: *Trennt/Ulke*, Das $CO_2$-Grenzausgleichssystem (CBAM), EuZW 2023, 452.

[30] Art. 4 CBAMVO.

[31] Art. 25 CBAMVO.

[32] Art. 2 (3) a) CBAMVO.

[33] Art. 2 (4) CBAMVO.

[34] Erwägungsgrund Ziffer 15 der CBAMVO. Auch im Entwurf, COM(2021) 564 final, S. 2.

[35] Für die WTO-Rechtskonformität eines EU-$CO_2$-Grenzausgleichssystems sprechen auch: *Pauwelyn/Kleimann*, The Trade Related Aspects of a Carbon Border Adjustment Mechanism, Briefing im Auftrag des INTA des EU-Parlaments, April 2020, S. 6–12; *Marín Durán*, Carbon Border Adjustments, ICLQ 2023, 73, 91–103; *Trennt/Ulke*, Das $CO_2$-Grenzausgleichssystem (CBAM), EuZW 2023, 452, 458–459; *Dominioni/Esty*, Designing Effective Border-Carbon Adjustment Mechanisms, ArizonaLR 2023, 1, 29–46; *Merkel*, Rechtliche Fragen einer Carbon Border Tax, ZUR 2020, 658, 660–666; *Leal-Arcas u. a.*, The World Trade Organization and Carbon Market Clubs, GJIL 2021, 895, 902, 940–948. Grundsätzlich so: *Venzke/Vidigal*, The Case of the EU Carbon Border Adjustment Mechanism (CBAM), in: den Heijer/van der Wilt (Hrsg.), Netherlands Yearbook of International Law 2020, 2022, S. 196–217; *Dobson*, Assessing the Division of Burdens under the EU Carbon Border Adjustment Mechanism, ULR 2022, 162, 174–179; *Espa*, Reconciling the Climate/Industrial Interplay of CBAMs, AJIL Unbound 2022, 208, 212; *Englisch/Falcão*, EU Carbon Border Adjustments and WTO Law, Part Two, ELR 2021, 10935, 10936–10946; *Leal-Arcas/Faktaufon/Kyprianou*, A Legal Exploration of the European Union's Carbon Border Adjustment Mechanism, EEELR 2022, 223, 229–239; *Leturcq*, The European Carbon Border Adjustment Mechanism and the Path to Sustainable Trade Policies, CYELS 2022, 67, 76–77, 87; vgl. *Meyer/Tucker*, Trade and Climate, Law and Politics: A Response, WTR 2022, 127.

[36] Zu Bedenken und Kritikpunkten eines EU-$CO_2$-Grenzausgleichssystems hinsichtlich dessen WTO-Rechtskonformität siehe: *Quick*, Carbon Border Adjustment,

tion[37] befindet sich das Lieferkettensorgfaltspflichtengesetz, das zum 1. Januar 2023 in Kraft getreten ist.[38] In beiden Fällen steht Art. XX GATT für die Rechtfertigung einer möglichen Verletzung der materiellen GATT-Pflichten im Kern, dessen Auslegung aufgrund der Unklarheit der Dogmatik der Verhältnismäßigkeitsprüfung i. w. S. nicht hinreichend vorhersehbar ist. Dies bedeutet zugleich Rechtsunsicherheit für die Durchsetzung der europäischen Klimaschutz- und Menschenrechtspolitik hinsichtlich ihrer welthandelsrechtlichen Reichweite.

Die unklare Stellung des Verhältnismäßigkeitsprinzips im Rahmen der Auslegung des Art. XX GATT führt selbst dann zu Rechtsunsicherheit für umweltpolitische Regulierungen eines WTO-Mitglieds, wenn dieser Artikel im Einzelfall nicht oder nicht ausschließlich anwendbar ist. So zeigen beispielsweise die Handelsbeschränkungen[39] zur Eindämmung der COVID-19-Pande-

---

ZeuS 2020, 549, 550–586; *Bäumler/Dorwig*, Klimaschutzmaßnahmen im Lichte des Welthandelsrechts, KlimaR 2022, 38; *Leonelli*, Carbon Border Measures, Environmental Effectiveness and WTO Law Compatibility, WTR 2022, 619, 625–628; *dies.*, Comparing the EU Carbon Border Adjustment Mechanism and the US Proposal for a Border Carbon Adjustment, Legal Studies 2022, 696, 705–713; *Meyer/Tucker*, A Pragmatic Approach to Carbon Border, WTR 2022, 109, 115–120; *Ismer*, Der vorgeschlagene $CO_2$-Grenzausgleich für den Emissionshandel (CBAM), DStR 2022, 1187, 1189; *Müller-Ibold/Herrmann*, Die Entwicklung des Europäischen Außenwirtschaftsrechts (2020–2022), Teil 2, EuZW 2022, 1085, 1090; *Marín Durán*, Carbon Border Adjustment Mechanism, EFAR 2021, 499, 503–504; *Englisch/Falcão*, EU Carbon Border Adjustments for Imported Products and WTO Law, Part One, ELR 2021, 10857, 10862–10882; *Weisbach/Kortum*, Climate Change Policy in the International Context, NYUELJ 2023, 1, 28; *Lamy/Pons/Leturcq*, A European Border Carbon Adjustment Proposal, RELPR 2020, 21, 24–29; *Davies*, The EU's Proposed Carbon Border Adjustment Mechanism and Compatibility with WTO Law, TLD 2022, 94; *Vidigal/Venzke*, Trade Agreements, Climate Clubs, and Border Adjustments, AJIL Unbound 2022, 202.

[37] Zur Befürwortung der WTO-Rechtskonformität eines solchen Gesetzes siehe: *Bäumler*, Germany's Supply Chain Due Diligence Act: Is It Compatible with WTO Obligations?, Zeus 2022, 265, 269–284; *dies.*, Nachhaltiges Wirtschaften in globalen Lieferketten, AVR 2020, 464, 476–501; *Henn/Jahn*, Zulässigkeit und Gegenstand umweltbezogener Sorgfaltspflichten in einem deutschen LieferkettenG, Rechtsgutachten, S. 34–35. Zur grundsätzlichen Befürwortung siehe: *Felbermayr u. a.*, Economic Evaluation of a Due Diligence Law, Final Report, 2021, S. 47–71.

Zu Bedenken und Kritik hinsichtlich der WTO-Rechtskonformität eines solchen Gesetzes siehe: *Hoffmeister*, The European Regulatory Approach on Supply Chain Responsibility, Zeus 2022, 221, 243–249; *Meyer*, Trade Law and Supply Chain Regulation in a Post-COVID-19 World, 2020, AJIL 637, 641–645; *Rudloff*, Sustainable international Value Chains, SWP-WP 2022, 1, 10; vgl. *Rogmann*, in: Hübschmann/Hepp/Spitaler (Hrsg.), AO/FGO, Band XVII, 277. EL 2023, Art. 134 EUR 952/2013 Rn. 63.

[38] Gesetz über die unternehmerischen Sorgfaltspflichten in Lieferketten v. 16. 7. 2021, BGBl. I 2021, 2959.

[39] Für einen Überblick über die Exportbeschränkungen im Kontext der Covid-19-Krise siehe u. a.: *Ibrahim*, Overview of Export Restrictions on COVID-19 Vaccines

mie die Dringlichkeit einer Klärung der Prüfungsdogmatik des Art. XX GATT.[40]

Diese zahlreichen Handelsmaßnahmen wurden hauptsächlich im Rahmen der TBT- und SPS-Abkommen getroffen, deren Auslegung eng mit derjenigen des Art. XX GATT verknüpft ist.[41] Gleiches gilt für die EU-Datenschutz-Grundverordnung mit Wirkung zum 25.5.2018[42], deren (diskriminierende) Beschränkung des grenzüberschreitenden Datentransfers gegen materielle Bestimmungen des GATS verstoßen würde und daher nach Art. XIV (c) (ii) GATS gerechtfertigt werden müsste.[43] Diese allgemeine Ausnahmebestimmung des GATS weist wesentliche Ähnlichkeiten mit Art. XX GATT auf.

---

and their Components, ASIL Insight 1/2021, 1. Eine Zusammenstellung solcher Handelsbeschränkungen ist abrufbar unter: https://www.wto.org/english/tratop_e/covid19_e/trade_related_goods_measure_e.htm.

40 Zur Erörterung der WTO-Rechtskonformität einer solchen Handelsbeschränkung siehe: *Bäumler/Terhechte*, Handelsbeschränkungen und Patentschutz für Impfstoffe, NJW 2020, 3481, 3483–3485, 3487; *Summersberger/Bieber*, Exportbeschränkungen für COVID-19-Impfstoffe?, RdTW 2021, 145, 149–156; *von Bogdandy/Villarreal*, The Role of International Law in Vaccinating Against COVID-19, ZaöRV 2021, 89, 97–99; *Yang*, Multilateral Trading System During the Covid-19 Pandemic, J. WTO & China 2021, 21, 42–46; *Carreño u. a.*, The Implications of the COVID-19 Pandemic on Trade, EJRR 2020, 402, 407–408; *Sykes*, Short Supply Conditions and the Law of International Trade, AJIL 2020, 647, 653–654; *Arato/Claussen/Heath*, The Perils of Pandemic Exceptionalism, AJIL 2020, 627, 628–629; *Widiatedja*, Export Restrictions on COVID-19 Vaccines, IJIL 2022, 263, 274–277; *Evenett*, Export Controls on COVID-19 Vaccines, JWT 2021, 397.

41 Im Panel-Bericht zu EC – Seal Products wurde beispielsweise Art. 2.1 TBT beruhend auf Art. XX GATT interpretiert. WTO, Panel-Bericht v. 25.11.2013, WT/DS400/R u. a., „EC – Seal Products“, Para. 7.258 f. Im Berufungsverfahren wurden zwar die Analysen des Panels zum TBT-Übereinkommen für nichtig und ohne rechtliche Wirkung erklärt, weil die Feststellung des Panels, dass das EU-Robbenprogramm eine technische Regulierung darstelle, vom AB abgelehnt wurde. Die Analysen zu Art. 2.1 TBT bezüglich der Legitimität des IG-Schutzes sowie zu Art. 2.2 TBT bezüglich der Ziele des EU-Robbenprogramms wurden jedoch vom AB für die Prüfung des Art. XX GATT verwiesen. Siehe: WTO, AB-Bericht v. 22.6.2014, WT/DS400/AB/R u. a., „EC – Seal Products“, Para. 5.70, 5.132, 5.313 ff.

42 Verordnung des Europäischen Parlaments und des Rates v. 27.4.2016 zum Schutz natürlicher Personen bei der Verarbeitung personenbezogener Daten, zum freien Datenverkehr und zur Aufhebung der Richtlinie 95/46/EG, „Datenschutz-Grundverordnung“, VO (EU) 2016/679, ABl. 2016 L 119/1.

43 Zur grundsätzlichen Befürwortung dieser Verordnung im Kontext von GATS siehe: *Naef*, Data Protection without Data Protectionism, 2023, S. 290–355; vgl. *Uhsler*, Der Umgang mit dem Schutz personenbezogener Daten in den Freihandelsabkommen der Europäischen Union, GRUR 2022, 1034, 1037–1038.

Zu Skepsis und Kritik siehe: *Yakovleva*, Personal Data Transfers in International Trade and EU Law, JWIT 2020, 881; *Mitchell/Mishra*, Modernizing International Trade Law for the Digital Economy, VJETL 2018, 1073, 1088–1096; *Marengo*, Regulating Data Transfers through the International Trade Regime, MJIEL 2020, 266,

Darüber hinaus dient die weitere Klärung der Stellung des Verhältnismäßigkeitsgrundsatzes für die Auslegung von Art. XX GATT hilfsweise der Überwindung der gegenwärtigen institutionellen Krise der WTO-Streitbeilegungsorgane. Derzeit ist der AB nämlich zum Stillstand gebracht worden,[44] und die WTO befindet sich in der größten „governance crisis“ seit Inkrafttreten des WTO-Gründungsabkommens im Jahr 1994.[45] Um die Verfügbarkeit des Berufungsgremiums zu gewährleisten, wurde unter Berufung auf Art. 25 DSU ein temporäres Schiedsarrangement (MPIA) mit einem Pool von zehn ständigen Schiedsrichtern vereinbart.[46] In Turkey – Pharmaceutical Products[47] einigten sich die Türkei, die keine Vertragspartei des MPIA ist, und die EU auf ein Schiedsverfahren gemäß Art. 25 DSU für das Berufungsverfahren.

Auch bei der Bewältigung der gegenwärtigen Krise der WTO-Streitbeilegungsorgane darf die Rolle der Prüfungsdogmatik nicht außer Acht gelassen werden. Die unklare Stellung des Verhältnismäßigkeitsprinzips bei der Auslegung von Art. XX GATT beeinträchtigt die Legitimität und Verlässlichkeit der

---

273–279; *Burri*, Data Flows versus Data Protection, in: Mathis/Tor (Hrsg.), Law and Economics of Regulation, 2021, S. 139–142; *Meddin*, The Cost of Ensuring Privacy, AUILR 2020, 997, 1022–1030; *Rotenberg*, Privacy Before Trade, UMICLR 2020, 91, 107–120.

44 Näheres zur Krise des WTO-Berufungsgremiums siehe: *Altemöller*, Das Welthandelssystem ohne Streitschlichtung?, NVwZ 2020, 988; *ders.*, Eine Perspektive für die WTO-Streitschlichtung in der Krise des Multilateralismus?, EuZW 2022, 207; *Bahri*, „Appellate Body Held Hostage“: Is Judicial Activism at Fair Trial?, IELWP 2019/3, 1, 3 ff.; *Hoekman/Mavroidis*, The Appellate Body in the Centre of the WTO Crisis, RSCAS-WP 2019/56, 1; *Miranda/Sánchez Miranda*, Chronicle of a Crisis Foretold: How the WTO Appellate Body Drove Itself into a Corner, JIEL 2023, 435.

45 *Petersmann*, How Should WTO Members React to Their WTO Crises?, JWT 2019, 1, 1 f.; *Bahri*, „Appellate Body Held Hostage“: Is Judicial Activism at Fair Trial?, IELWP 2019/3, 1, 2–3. Zur Bewältigung dieser Krise siehe ferner: *Bäumler*, The WTO's Crisis: Between a Rock and a Hard Place, in: Bungenberg u. a. (Hrsg.), EYIEL 2020, S. 321 ff.; *Davey*, WTO Dispute Settlement: Crown Jewel or Costume Jewelry?, WTR 2022, 291, 294 ff. Zur Hinterfragung der Gründe des Stillstands siehe: *Van Damme*, Did the Appellate Body Dig its Own Grave?, JIEL 2023, 124.

46 Das *Multi-Party Interim Appeal Arbitration Arrangement*. Hierzu siehe: *Vollrath*, Das Multi-Party Interim Appeal Arbitration Arrangement, EuZW 2021, 491; *Müller-Ibold/Herrmann*, Die Entwicklung des Europäischen Außenwirtschaftsrechts (2020–2022), Teil 1, EuZW 2022, 1029, 1031; *Altemöller*, Das Welthandelssystem ohne Streitschlichtung?, NVwZ 2020, 988, 993; *Pauwelyn*, The WTO's Multi-Party Interim Appeal Arbitration Arrangement (MPIA), WTR 2023, 693.

47 WTO, Panel-Bericht v. 11. 11. 2021, unverbreitet und beigefügt zur Mitteilung v. 28. 4. 2022 über die Berufung der Türkei gemäß Art. 25 DSU, WT/DS583/12, „Turkey – Pharmaceutical Products (EU)“; WTO, Schiedsspruch gemäß Art. 25 DSU v. 25. 7. 2022, WT/DS583/ARB25, „Turkey – Pharmaceutical Products (EU)“. Für einen Überblick über diese Verfahren siehe: *Qin*, Turkey – Pharmaceuticals Products: The First WTO Arbitration for Appellate Review, LIEI 2022, 415.

Entscheidungen der Streitbeilegungsorgane der WTO. Die weitere Klärung dieser Dogmatik fördert hingegen Vorhersehbarkeit und Rechtssicherheit und stärkt letztlich das Vertrauen der WTO-Mitglieder in das Streitbeilegungssystem der WTO.

Darüber hinaus hat diese Auslegungsunsicherheit in der Entscheidungspraxis zu Art. XX GATT nachteilige Auswirkungen auf das internationale Investitionsrecht. Tatsächlich übernehmen die meisten allgemeinen Ausnahmeklauseln in internationalen Investitionsschutzabkommen die grundlegenden Merkmale und die Struktur von Art. XX GATT.[48] In der Schiedspraxis wird einerseits zum Schutz von Investoren auf die Auslegung von Art. XX GATT Bezug genommen, andererseits werden auch ähnliche Bedenken hinsichtlich der Bestimmtheit dieser Auslegung geäußert.[49]

Aus den vorstehenden Ausführungen ergibt sich, dass die Klärung der Bedeutung des Verhältnismäßigkeitsprinzips i. w. S. für die Auslegung von Art. XX GATT eine dringende rechtswissenschaftliche Aufgabe mit praktischer Relevanz für die Umweltpolitik eines WTO-Mitglieds darstellt.

## Kapitel 1

# Hinführung in die Forschungsfrage

Die Erfüllung der oben genannten Aufgabe setzt jedoch voraus, dass die eigentliche Streitfrage hinter der Diskussion über den Stellenwert des Verhältnismäßigkeitsgrundsatzes i. w. S. im allgemeinen Völkerrecht und im WTO-Recht identifiziert wird.

In diesem Abschnitt wird zunächst die in der vorliegenden Arbeit verwendete Terminologie vorgestellt. Anschließend wird der Verhältnismäßigkeitsgrundsatz i. w. S. am Beispiel des deutschen Verfassungsrechts dargestellt, sodass ersichtlich wird, welche Anforderungen dieser Grundsatz generell stellt.

---

[48] Vgl. *Sabanogullari*, General Exception Clauses in International Investment Law, 2018, S. 67 ff.; *Legum/Petculescu*, GATT Article XX and International Investment Law, in: Echandi u. a. (Hrsg.), Prospects in International Investment Law and Policy, 2013, S. 344 f.

[49] *Choudhary*, Article XX(g), GATT 1994 in International Investment Agreements, ZeuS 2020, 195; *Sabanogullari*, General Exception Clauses in International Investment Law, 2018, S. 273 ff.; *Mitchell/Munro/Voon*, Importing WTO General Exceptions into International Investment Agreements, MLS-RPS 2017/757, 1; *Stone Sweet*, Proportionality's New Frontier, LEHR 2010, 47, 48; *Legum/Petculescu*, GATT Article XX and International Investment Law, in: Echandi u. a. (Hrsg.), Prospects in International Investment Law and Policy, 2013, S. 351 ff.

Sodann werden die Diskussionen zur Stellung des Verhältnismäßigkeitsprinzips i.w.S. im allgemeinen Völkerrecht, zur Prüfungsdichte und richterlichen Zurückhaltung im WTO-Recht mit Bezug auf Art. XX GATT sowie zum Stellenwert dieses Prinzips im Rahmen der Auslegung von Art. XX GATT jeweils geschildert.

Darauf aufbauend wird die offene Kernfrage zur Bestimmung der Stellung des Verhältnismäßigkeitsprinzips bei der Auslegung des Art. XX GATT identifiziert, das Ziel der vorliegenden Arbeit definiert sowie die These und der Gang der Untersuchung vorgestellt.

## § 1 Terminologie und der Verhältnismäßigkeitsgrundsatz i.w.S. im deutschen Verfassungsrecht

### A. Terminologie in der vorliegenden Arbeit

Die Terminologie des Verhältnismäßigkeitsgrundsatzes i.w.S. wird im Völkerrecht[50] sowie in den verschiedenen nationalen Verfassungsrechten[51] uneinheitlich verwendet.[52]

In der vorliegenden Arbeit umfasst der Verhältnismäßigkeitsgrundsatz i.w.S. die Teilgrundsätze der Legitimität des verfolgten Ziels, der Geeignetheit, der Erforderlichkeit und der Angemessenheit. Die Angemessenheit wird

---

50 Beispielsweise bezieht sich der Begriff „Erforderlichkeit" (*necessity*) im Selbstverteidigungsrecht in der völkerrechtlichen Diskussion einerseits auf die Selbstverteidigungssituation, also auf die Frage, ob die Ergreifung einer Verteidigungsmaßnahme überhaupt zulässig ist; andererseits dient er als Beurteilungsmaßstab dafür, ob die ergriffene Maßnahme zur Erreichung des legitimen Ziels erforderlich und angemessen ist. Vgl. *Kretzmer*, The Inherent Right to Self-Defence and Proportionality in *Jus Ad Bellum*, EJIL 2013, 235, 239; *McKenna*, The Discourse of Proportionality and the Use of Force, NJIL 2020, 364, 371.

51 Vgl. *Saurer*, Globalisierung des Verhältnismäßigkeitsgrundsatzes, Der Staat 2012, 3, 13 ff.; *Petersen*, Verhältnismäßigkeit als Rationalitätskontrolle, 2015, S. 221 ff., 247 ff., 272–273; *Grimm*, Proportionality in Canadian and German Constitutional Jurisprudence, UTLJ 2017, 383. Zum Beispiel wird in der Spruchpraxis des kanadischen Verfassungsrechts eine subjektive Bewertung in die Erforderlichkeitsprüfung vorgeschoben, während in der Entscheidungspraxis des deutschen Bundesverfassungsgerichts eine solche Bewertung oft erst bei der Angemessenheitsprüfung stattfindet. Siehe hierzu: *Saurer*, Globalisierung des Verhältnismäßigkeitsgrundsatzes, Der Staat 2012, 3, 16.

52 Für einen Überblick über diese unterschiedlichen sprachlichen Verwendungen vgl. *Hirschberg*, Der Grundsatz der Verhältnismäßigkeit, 1981, S. 2, 19 ff.; *Grabitz*, Der Grundsatz der Verhältnismäßigkeit in der Rechtsprechung des BVerfG, AöR 1973, 568, 570 f.

auch als Verhältnismäßigkeit i. e. S. bezeichnet. Soweit der Verhältnismäßigkeitsgrundsatz bzw. die Verhältnismäßigkeitsprüfung nicht mit einem Zusatz wie „i. w. S." bzw. „i. e. S." versehen ist, ist stets dieser Grundsatz oder diese Prüfung i. w. S. gemeint.

Außerdem werden die Geeignetheits- und Erforderlichkeitsprüfung gemeinsam als Rationalitätsprüfung bezeichnet. Sofern nicht anders angegeben, versteht sich die Abwägung in der vorliegenden Arbeit als einzelfallbezogene Abwägung der Gesamtinteressen durch einen (Schieds-)Richter.

Soweit die Legitimitäts- und Verhältnismäßigkeitsprüfung i. w. S. gemeinsam erwähnt wird, bezieht sich die Letztere selbstverständlich nur auf die Prüfung der Geeignetheit, Erforderlichkeit und Angemessenheit.

Die Terminologie der vorliegenden Arbeit lässt sich am Beispiel des Verhältnismäßigkeitsgrundsatzes i. w. S. im deutschen Verfassungsrecht verdeutlichen.

## B. Der Verhältnismäßigkeitsgrundsatz i. w. S. im deutschen Verfassungsrecht

Das Verhältnismäßigkeitsprinzip i. w. S. im deutschen Verfassungsrecht geht grundsätzlich auf das Apotheken-Urteil vom Juni 1958 zurück.[53]

### I. Legitimes Ziel

Das erste Element der Verhältnismäßigkeitsprüfung ist die Bestimmung des legitimen Zwecks der angegriffenen Maßnahme – ein Prüfungsschritt, der in der wissenschaftlichen Literatur und in der Rechtsprechung des Bundesverfassungsgerichts bislang wenig Aufmerksamkeit erfahren hat.[54]

---

[53] BVerfG, Urteil v. 11.6.1958, 1 BvR 596/56, „Apotheken-Urteil"; *Grabitz*, Der Grundsatz der Verhältnismäßigkeit in der Rechtsprechung des BVerfG, AöR 1973, 568, 569–570; *Lang*, Der Verhältnismäßigkeitsgrundsatz in der Rechtsprechung des BVerfG, AöR 2020, 75, 76; *Hillgruber*, Grundrechtsschranken, in: Isensee/Kirchhof (Hrsg.), Handbuch des Staatsrechts der Bundesrepublik Deutschland, Band IX, 3. Aufl. 2011, § 201, S. 1053 Rn. 52; *Grimm*, Proportionality in Canadian and German Constitutional Jurisprudence, UTLJ 2017, 383, 385; *Stone Sweet/Mathews*, Proportionality Balancing and Global Constitutionalism, CJTL 2008, 73, 108.

[54] *Petersen*, Verhältnismäßigkeit als Rationalität, 2015, S. 167 ff.; *Lang*, Der Verhältnismäßigkeitsgrundsatz in der Rechtsprechung des BVerfG, AöR 2020, 75, 93; *Grimm*, Proportionality in Canadian and German Constitutional Jurisprudence, UTLJ 2017, 383, 389. Für eine detaillierte Untersuchung zu diesem Prüfungsschritt siehe: *Leisner-Egensperger*, Der legitime Zweck als Bezugspunkt der Verhältnismäßigkeit, JZ 2021, 913.

## II. Rationalität als empirische Beurteilung

Bei den zweiten und dritten Tests, nämlich der Geeignetheits- und Erforderlichkeitsprüfung, handelt es sich um eine Rationalitätsprüfung, die sich als primär empirische Beurteilung stark von der nicht rationalisierbaren Abwägung bei der Angemessenheitsprüfung unterscheidet.[55]

### 1. Geeignetheit

Der Teilgrundsatz der Geeignetheit befasst sich mit der Frage, ob das fragliche Mittel den angestrebten Erfolg in irgendeiner Weise fördern kann.[56] Diese Prüfung beschränkt sich darauf, ob sich eine gerügte Maßnahme schlechthin ungeeignet oder völlig unzulänglich ist.[57] Es wird lediglich verlangt, dass die Möglichkeit der Zweckerreichung besteht, während eine tatsächliche Förderung oder Erreichung des Ziels durch die angegriffene Maßnahme nicht gefordert wird.[58] Kern der Geeignetheitsprüfung ist dabei eine empirische Einschätzung der Konsequenzen des Grundrechtseingriffs für das vom Gesetzgeber verfolgte Ziel.[59] Aufgrund der empirischen Unsicherheit kann jedoch bei einer negativ beurteilten Geeignetheitsprüfung eine implizite Abwägung vorliegen.[60]

---

[55] *Hirschberg*, Der Grundsatz der Verhältnismäßigkeit, 1981, S. 44–45, 147–148; *Petersen*, Verhältnismäßigkeit als Rationalität, 2015, S. 76, 78–79, 174; *Grimm*, Proportionality in Canadian and German Constitutional Jurisprudence, UTLJ 2017, 383, 393; *Wieckhorst*, Grundrechtsschutz durch Legislativverfahren, 2017, S. 320 ff., 323.

[56] BVerfG, Beschluss v. 4.4.2006, 1 BvR 518/02, „Rasterfahndung II", Rn. 85; BVerfG, Urteil v. 3.3.2004, 1 BvR 2378/98 u. a., „Großer Lauschangriff", Rn. 202; BVerfG, Beschluss v. 16.3.1971, 1 BvR 52/66 u. a., „Erdölbevorratung", Rn. 70; *Grabitz*, Der Grundsatz der Verhältnismäßigkeit in der Rechtsprechung des BVerfG, AöR 1973, 568, 571–572; *Petersen*, Verhältnismäßigkeit als Rationalität, 2015, S. 169; *Lang*, Der Verhältnismäßigkeitsgrundsatz in der Rechtsprechung des BVerfG, AöR 2020, 75, 100; *Saurer*, Globalisierung des Verhältnismäßigkeitsgrundsatzes, Der Staat 2012, 3, 7.

[57] Vgl. *Lang*, Der Verhältnismäßigkeitsgrundsatz in der Rechtsprechung des BVerfG, AöR 2020, 75, 100; *Hirschberg*, Der Grundsatz der Verhältnismäßigkeit, 1981, S. 51–52.

[58] Vgl. *Lang*, Der Verhältnismäßigkeitsgrundsatz in der Rechtsprechung des BVerfG, AöR 2020, 75, 101.

[59] *Alexy*, Theorie der Grundrechte, 9. Aufl. 2020, S. 101; *Hirschberg*, Der Grundsatz der Verhältnismäßigkeit, 1981, S. 44–45, 50; *Petersen*, Verhältnismäßigkeit als Rationalität, 2015, S. 128, 169; *Webber*, The Negotiable Constitution on the Limitation of Rights, 2009, S. 72, 81.

[60] *Hirschberg*, Der Grundsatz der Verhältnismäßigkeit, 1981, S. 52 i. V. m. 54, 55; *Peters*, A Plea for Proportionality, ICON 2021, 1135, 1140; *Lang*, Der Verhältnismäßigkeitsgrundsatz in der Rechtsprechung des BVerfG, AöR 2020, 75, 123–131 i. V. m.

### 2. Erforderlichkeit

Eine Maßnahme ist dann als erforderlich zur Erreichung des verfolgten Ziels zu qualifizieren, wenn dem Gesetzgeber kein anderes, ebenso wirksames Mittel zur Verfügung steht, das das Grundrecht nicht oder in geringerem Maße einschränkt.[61] Einerseits muss das Gericht ein grundrechtsschonenderes Mittel feststellen, und andererseits muss es prüfen, ob dieses Mittel zur Erreichung des Ziels mindestens ebenso wirksam ist wie die angegriffene Maßnahme.[62] Dabei räumt das BVerfG dem Gesetzgeber eine weite Einschätzungsprärogative ein, welche Maßnahmen als gleich geeignet bzw. wirksam zu qualifizieren sind.[63]

Kern der Erforderlichkeitsprüfung ist zwar in der Regel die Überprüfung der empirischen Analyse der Legislative.[64] Eine implizite Abwägung bei diesem Prüfschritt ist jedoch nach einer Ansicht – entgegen Schlink[65] – unvermeidbar.[66]

---

102–103. Indiziell so auch: *von Bernstorff*, Kerngehaltsschutz durch den UN-Menschenrechtsausschuss und den EGMR, Der Staat 2011, 165, 184; *ders.*, Proportionality Without Balancing, in: Lazarus/McCrudden/Bowles (Hrsg.), Reasoning Rights, 2014, S. 83; vgl. *Petersen*, Verhältnismäßigkeit als Rationalitätskontrolle, 2015, S. 169–170 und 174. So auch, aber nur in komplizierten Konstellationen, vgl. *Alexy*, Theorie der Grundrechte, 9. Aufl. 2020, S. 103 i.V.m. 100–103 und Zit. 86 a.a.O.

[61] BVerfG, Beschluss v. 27.1.1983, 1 BvR 1008/79, 322/80 und 1091/81, „Versorgungsausgleich II“, Rn. 113; BVerfG, Beschluss v. 16.3.1971, 1 BvR 52/66 u.a., „Erdölbevorratung“, Rn. 70; BVerfG, Beschluss v. 9.3.1994, 2 BvL 43/92 u.a., „Cannabis“, Rn. 124; *Grabitz*, Der Grundsatz der Verhältnismäßigkeit in der Rechtsprechung des BVerfG, AöR 1973, 568, 573; *Saurer*, Globalisierung des Verhältnismäßigkeitsgrundsatzes, Der Staat 2012, 3, 7; *Lang*, Der Verhältnismäßigkeitsgrundsatz in der Rechtsprechung des BVerfG, AöR 2020, 75, 104.

[62] *Grabitz*, Der Grundsatz der Verhältnismäßigkeit in der Rechtsprechung des BVerfG, AöR 1973, 568, 574–575; *Petersen*, Verhältnismäßigkeit als Rationalität, 2015, S. 169; *Lang*, Der Verhältnismäßigkeitsgrundsatz in der Rechtsprechung des BVerfG, AöR 2020, 75, 104.

[63] *Grabitz*, Der Grundsatz der Verhältnismäßigkeit in der Rechtsprechung des BVerfG, AöR 1973, 568, 573; *Lang*, Der Verhältnismäßigkeitsgrundsatz in der Rechtsprechung des BVerfG, AöR 2020, 75, 104.

[64] *Petersen*, Verhältnismäßigkeit als Rationalität, 2015, S. 128.

[65] *Schlink*, Der Grundsatz der Verhältnismäßigkeit, in: Badura/Dreier (Hrsg.), FS 50 Jahre BVerfG, Band II, 2001, S. 455–462.

[66] *von Bernstorff*, Kerngehaltsschutz durch den UN-Menschenrechtsausschuss und den EGMR, Der Staat 2011, 165, 184; *ders.*, Proportionality Without Balancing, in: Lazarus/McCrudden/Bowles (Hrsg.), Reasoning Rights, 2014, S. 83; *Petersen*, Verhältnismäßigkeit als Rationalität, 2015, S. 172–173, 128, 69–72; *ders.*, How to Compare the Length of Lines to the Weight of Stones, GLJ 2013, 1387, 1395–1397; vgl. *Hirschberg*, Der Grundsatz der Verhältnismäßigkeit, 1981, S. 158ff., 169, 172–175.

Diese implizite Abwägung unterscheidet sich nach einer Ansicht aber wiederum von der Abwägung bei der Angemessenheitsprüfung und könne als integraler Bestandteil der Erforderlichkeitsprüfung behandelt werden: Während die implizite Abwägung im Rahmen der Erforderlichkeitsprüfung in ihrem Umfang begrenzt sei und den Zweck des Gesetzgebers noch respektiere, ermögliche die offene Interessenabwägung im Rahmen der Angemessenheitsprüfung eine weitgehende Abweichung vom Zweck des Gesetzgebers.[67] Hingegen wird vertreten, dass die Erforderlichkeitsprüfung zunächst ohne Entscheidung bleibe und die implizite Abwägung dann im Rahmen der Angemessenheitsprüfung vorgenommen werden solle.[68]

### III. Angemessenheit als subjektives Urteil

Soweit das Rationalitätserfordernis erfüllt ist, verlangt das Angemessenheitsgebot eine Abwägung zwischen den Vorteilen, die sich aus der Förderung eines öffentlichen Interesses ergeben, und den Kosten, die sich aus der Intensität des Grundrechtseingriffs ergeben.[69] Ein Mittel muss nämlich in einem angemessenen Verhältnis[70] und darf nicht außer Verhältnis zu dem angestrebten Ziel stehen.[71]

---

Bejahung einer impliziten Abwägung, aber nur in komplizierten Fällen, vgl. *Alexy*, Theorie der Grundrechte, 9. Aufl. 2020, S. 100–103 und Zit. 86 a.a.O.

67 *von Bernstorff*, Kerngehaltsschutz durch den UN-Menschenrechtsausschuss und den EGMR, Der Staat 2011, 165, 184; *ders.*, Proportionality Without Balancing, in: Lazarus/McCrudden/Bowles (Hrsg.), Reasoning Rights, 2014, S. 83; *Petersen*, Verhältnismäßigkeit als Rationalität, 2015, S. 174.

68 *Hirschberg*, Der Grundsatz der Verhältnismäßigkeit, 1981, S. 175 und 179. Ähnlich siehe: *Grimm*, Proportionality in Canadian and German Constitutional Jurisprudence, UTLJ 2017, 383, 392–393; wohl auch: *Saurer*, Globalisierung des Verhältnismäßigkeitsgrundsatzes, Der Staat 2012, 3, 31 i.V.m. 26. Für das Ergebnis einer statistischen Untersuchung zur zurückhaltenden Erforderlichkeitsprüfung ohne implizite Abwägung vgl. *Lang*, Der Verhältnismäßigkeitsgrundsatz in der Rechtsprechung des BVerfG, AöR 2020, 75, 104.

69 BVerfG, Urteil v. 11.3.2008, 1 BvR 2074/05 u.a., „Automatisierte Kennzeichenerfassung", Rn. 163; BVerfG, Urteil v. 30.7.2008, 1 BvR 3262/07 u.a., „Rauchverbot", Rn. 116f.; BVerfG, Beschluss v. 9.3.1994, 2 BvL 43/92, „Cannabis", Rn. 125; *Alexy*, Theorie der Grundrechte, 9. Aufl. 2020, S. 100–101; *ders.*, Balancing, Constitutional Review, and Representation, ICON 2005, 572, 573 und 574f.; *Petersen*, Verhältnismäßigkeit als Rationalität, 2015, S. 125; *Lang*, Der Verhältnismäßigkeitsgrundsatz in der Rechtsprechung des BVerfG, AöR 2020, 75, 109; *Grimm*, Proportionality in Canadian and German Constitutional Jurisprudence, UTLJ 2017, 383, 387.

70 *Wittig*, Zum Standort des Verhältnismäßigkeitsgrundsatzes im System des Grundgesetzes, DöV 1968, 817.

71 *Grabitz*, Der Grundsatz der Verhältnismäßigkeit in der Rechtsprechung des BVerfG, AöR 1973, 568, 575; *Hirschberg*, Der Grundsatz der Verhältnismäßigkeit, 1981, S. 75f.

Im Unterschied zu dem Rationalitätsgebot, das vor allem eine empirische Einschätzung ist, ist die Angemessenheitsprüfung eine subjektive Bewertung, die weder als rein logische Deduktion noch als mathematische Kalkulation zu charakterisieren ist.[72] Sie ist nämlich gänzlich vom Mittel-Zweck-Verhältnis losgelöst.[73]

Hinsichtlich der Willkürlichkeit,[74] Unvorhersehbarkeit und politischen Natur[75] der einzelfallbezogenen Abwägung wird teilweise vertreten, dass eine reduzierte Form der Verhältnismäßigkeitsprüfung i. w. S. angewendet werden solle; eine solche enthalte demzufolge nur die Legitimitätsprüfung, die Rationalitätsprüfung und keine richterliche *ad-hoc*-Abwägung.[76]

Hingegen wird vertreten, dass auf eine Angemessenheitsprüfung nicht verzichtet werden solle.[77] Diese Ansicht räumt zwar ein, dass dem Angemessenheitsgrundsatz ein pragmatisches Kriterium fehle und er damit inhaltsleer sei.[78] Die Angemessenheitsprüfung solle jedoch vom Inhalt der Erforderlichkeitsprüfung ausgefüllt werden und stellvertretend für die letztgenannte Prüfung behandelt werden.[79]

---

[72] Vgl. *Hirschberg*, Der Grundsatz der Verhältnismäßigkeit, 1981, S. 46 f., 147–148; *Lang*, Der Verhältnismäßigkeitsgrundsatz in der Rechtsprechung des BVerfG, AöR 2020, 75, 115; *Alexy*, Balancing, Constitutional Review, and Representation, ICON 2005, 572, 573 und 574 f.; *Petersen*, How to Compare the Length of Lines to the Weight of Stones, GLJ 2013, 1387, 1392.

[73] *Hirschberg*, Der Grundsatz der Verhältnismäßigkeit, 1981, S. 46 f., 147–148; *Lang*, Der Verhältnismäßigkeitsgrundsatz in der Rechtsprechung des BVerfG, AöR 2020, 75, 115.

[74] *Schlink*, Der Grundsatz der Verhältnismäßigkeit, in: Badura/Dreier (Hrsg.), FS 50 Jahre BVerfG, Band II, 2001, S. 460.

[75] *von Bernstorff*, Proportionality Without Balancing, in: Lazarus/McCrudden/Bowles (Hrsg.), Reasoning Rights, 2014, S. 66. Demzufolge würde die einzelfallbezogene Abwägung die richterliche Entscheidung über ihre institutionelle Zuständigkeit hinaus in eine Ausübung politischer Entscheidungsfindung verwandeln.

[76] Vgl. *Schlink*, Abwägung im Verfassungsstaat, 1976, S. 192–219; *ders.*, Der Grundsatz der Verhältnismäßigkeit, in: Badura/Dreier (Hrsg.), FS 50 Jahre BVerfG, Band II, 2001, S. 455–462. Für die verkürzte Verhältnismäßigkeitsprüfung zugunsten der kategorialen Argumentation vgl. *von Bernstorff*, Proportionality Without Balancing, in: Lazarus/McCrudden/Bowles (Hrsg.), Reasoning Rights, 2014, S. 71 ff., 83 ff. Zur Kritik der verkürzten Verhältnismäßigkeitsprüfung vgl. *Wieckhorst*, Grundrechtsschutz durch Legislativverfahren, 2017, S. 337–339; *Petersen*, Verhältnismäßigkeit als Rationalität, 2015, S. 69–72.

[77] Demzufolge stellt die Angemessenheitsprüfung das Herzstück der Verhältnismäßigkeitsprüfung i. w. S. dar, während die anderen Teilgrundsätze stark eingeschränkt zur Anwendung kommen. Hierzu siehe: *Lang*, Der Verhältnismäßigkeitsgrundsatz in der Rechtsprechung des BVerfG, AöR 2020, 75, 115.

[78] *Hirschberg*, Der Grundsatz der Verhältnismäßigkeit, 1981, S. 80 ff., 193 f., 212, 218.

In der Spruchpraxis des Bundesverfassungsgerichts wird die offene Güterabwägung im Sinne des Alexyschen Optimierungsgebots auch nur zurückhaltend ausgeübt; stattdessen werden u.a. die Konsistenzprüfung, die Erforderlichkeitserwägung und die Gleichheitserwägung durchgeführt.[80] Dabei wird durch die Abwägung das politische Ziel grundsätzlich nicht in Frage gestellt, sondern vor allem die Passgenauigkeit zu diesem Ziel überprüft.[81]

## § 2 Diskussion über den Stellenwert des Verhältnismäßigkeitsprinzips i.w.S. im allgemeinen Völkerrecht

Der Stellenwert des Verhältnismäßigkeitsgrundsatzes i.w.S. ist im allgemeinen Völkerrecht seit langem umstritten. Während ein Teil der wissenschaftlichen Literatur die Anwendbarkeit des Verhältnismäßigkeitsgrundsatzes i.w.S. im Völkerrecht begrüßt (Teil 1 Kapitel 1 § 2 A.), wird dieser Grundsatz nach einer anderen Auffassung hingegen heftig kritisiert und sein Bestand auf völkerrechtlicher Ebene abgelehnt (Teil 1 Kapitel 1 § 2 B.). Darüber hinaus bejaht eine Vielzahl von Kommentatoren trotz aller heftigen Kritik am Verhältnismäßigkeitsgrundsatz i.w.S. dessen grundsätzliche Anwendbarkeit im Völkerrecht, argumentiert aber zugleich, dass dieser je nach Rechtsgebiet und in unterschiedlich optimierten Formen angewendet werden soll (Teil 1 Kapitel 1 § 2 C.).

### A. Befürwortung der Anwendung des Verhältnismäßigkeitsgrundsatzes i.w.S. im allgemeinen Völkerrecht

Ein Teil der wissenschaftlichen Literatur bejaht die Anwendung des Grundsatzes der Verhältnismäßigkeit i.w.S. aufgrund seiner Rolle, seiner Globalisierung und seiner Optimierungsfunktion für den Ausgleich kollidierender Interessen im Völkerrecht.

---

79 *Hirschberg*, Der Grundsatz der Verhältnismäßigkeit, 1981, S. 179, 207f. und 175; *Lang*, Der Verhältnismäßigkeitsgrundsatz in der Rechtsprechung des BVerfG, AöR 2020, 75, 113.

80 *Petersen*, Verhältnismäßigkeit als Rationalität, 2015, S. 147ff., 270; *Lang*, Der Verhältnismäßigkeitsgrundsatz in der Rechtsprechung des BVerfG, AöR 2020, 75, 110, 112, 115, 120. Ähnliche Betrachtung auch: *Schlink*, Der Grundsatz der Verhältnismäßigkeit, in: Badura/Dreier (Hrsg.), FS 50 Jahre BVerfG, Band II, 2001, S. 462–463.

81 *Petersen*, Verhältnismäßigkeit als Rationalität, 2015, S. 273–274; *Lang*, Der Verhältnismäßigkeitsgrundsatz in der Rechtsprechung des BVerfG, AöR 2020, 75, 122–123.

## I. Das Verhältnismäßigkeitsprinzip i. w. S. als Völkergewohnheitsrecht und globalisierter Rechtsgrundsatz

Nach dieser Ansicht gehe der Verhältnismäßigkeitsgrundsatz i. w. S. zumindest auf die Caroline-Affäre[82] zurück und sein Status als Völkergewohnheitsrecht im Bereich des Selbstverteidigungsrechts werde durch die diplomatische Korrespondenz zwischen Großbritannien und den USA nach dem Untergang der Caroline begründet.[83] Für die Ergreifung und Ausübung[84] einer verteidigenden Maßnahme erfordere die Caroline-Formel „a necessity of self-defence, instant, overwhelming, leaving no choice of means and no moment of deliberation."[85]

Heutzutage sei der durch die Caroline-Formel festgelegte Verhältnismäßigkeitsgrundsatz i. w. S. als Völkergewohnheitsrecht im Bereich des Selbstverteidigungsrechts weiterhin allgemein anerkannt.[86] Selbst die heftigsten Kritiker der Caroline-Formel erkennen die eigenständige Rolle des Verhältnismä-

---

[82] Ausführliche Darstellung der Caroline-Affäre einschließlich der diplomatischen Korrespondenz zwischen Großbritannien und den USA siehe: *Forcese*, Destroying the Caroline, 2018, S. 7 ff. und 65 ff. Für eine kurze Zusammenfassung hierzu siehe u. a.: *Jennings*, The *Caroline* and Mcleod Case, AJIL 1938, 82, 82 ff.; *Kearley*, Raising the *Caroline*, WILJ 1999, 325, 328 f.; *Rogoff/Collins*, The Caroline Incident and the Development of International Law, BJIL 1990, 493, 493 ff. und 496 ff.

[83] *Jennings*, The *Caroline* and Mcleod Case, AJIL 1938, 82, 92; *Dinstein*, War, Aggression and Self-Defence, 5. Aufl. 2011, S. 274–275 und deutlich erklärt in Fn. 1092 a. a. O.; *Kearley*, Rasing the *Caroline*, WILJ 1999, 325, 327; *Franck*, On Proportionality of Countermeasures in International Law, AJIL 2008, 715, 738 ff.; *ders.*, Proportionality in International Law, LEHR 2010, 229, 231; *Rogoff/Collins*, The Caroline Incident and the Development of International Law, BJIL 1990, 493, 506 und 526.

[84] Das Verhältnismäßigkeitsgebot in der Caroline-Formel, nämlich das *necessity*-Gebot, betrifft einerseits die Frage, ob das Ergreifen einer verteidigenden Maßnahme überhaupt erlaubt ist; andererseits gilt dies als Beurteilungsmaßstab dafür, ob die ergriffene Maßnahme zur Erreichung des legitimen Ziels erforderlich und angemessen ist. Vgl. *Kretzmer*, The Inherent Right to Self-Defence and Proportionality in *Jus Ad Bellum*, EJIL 2013, 235, 239; *McKenna*, The Discourse of Proportionality and the Use of Force, NJIL 2020, 364, 371.

[85] Correspondence between Great Britain and the United States, No. 2, Mr. Webser to Mr. Fox v. 24. 4. 1841, Britain British and Foreign State Papers 1840–1841, 1129, 1138.

[86] *Crawford*, Brownlie's Principles of Public International Law, 9. Aufl. 2019, S. 721; *Gardam*, Proportionality and Force in International Law, AJIL 1993, 391; *Donner*, Die Begrenzung bewaffneter Konflikte durch das Moderne jus ad bellum, AVR 1995, 168, 169; *Green*, The International Court of Justice and Self-Defence in International Law, 2009, S. 88 i. V. m. S. 63–64; *Gray*, International Law and the Use of Force, 4. Aufl. 2018, S. 157 ff.

ßigkeitsgrundsatzes i. w. S. als Völkergewohnheitsrecht an.[87] Ferner werde dieser Grundsatz als allgemeiner Rechtsgrundsatz des Völkerrechts[88] und als globales Verfassungsprinzip bezeichnet.[89] Auch im humanitären Kriegsvölkerrecht stelle die Verhältnismäßigkeit i. w. S. ein Kernprinzip dar, wonach die Gewaltanwendung in angemessener und humaner Weise erfolgen müsse.[90]

Als Argument für die Anwendbarkeit des Verhältnismäßigkeitsgrundsatzes wird weiterhin angeführt, dass dieser Grundsatz weltweit verbreitet und in zahlreichen Rechtsordnungen auf verschiedenen Kontinenten verankert sei.[91]

Außerdem werde das Prinzip der Verhältnismäßigkeit i. w. S. in vielen Teilbereichen des Völkerrechts in Vertragstexten erwähnt und in der Rechtsprechung internationaler Schiedsgerichte formuliert.[92] Im Selbstverteidigungsrecht nach Art. 51 VN-Charta sei die Verhältnismäßigkeit i. w. S., wie bereits erwähnt, ein schlüssiges Kriterium für die Beurteilung der Rechtmäßigkeit der Verteidigungsmaßnahme.[93] Neben dieser Anerkennung als integraler Bestandteil des VN-Charta-Rechts[94] sei der Grundsatz der Verhältnismäßigkeit i. w. S.

---

[87] *Occelli*, „Sinking" the Caroline, SDILJ 2003, 467, 490; *Green*, Docking the Caroline, CardoJICL 2006, 429, 438 ff., 475, 480; grundsätzlich in diese Richtung vgl. auch *Brownlie*, International Law and the Use of Force by States, 1963, S. 261.

[88] *Bleckmann*, Allgemeine Staats- und Völkerrechtslehre, 1995, S. 680; *Mosler*, Völkerrecht als Rechtsordnung, ZaöRV 1976, 6, 44–45; *Hilf/Puth*, The Principle of Proportionality on its Way into WTO/GATT Law, in: von Bogdandy/Mavroidis/Mény (Hrsg.), FS Ehlermann, 2002, S. 199; *Andenas/Zleptnig*, Proportionality: WTO Law, TILJ 2007, 371, 374.

[89] *Peters*, Drei Versionen der Verhältnismäßigkeit im Völkerrecht, in: Biaggini/Diggelmann/Kaufmann (Hrsg.), FS Thürer, 2015, S. 600; *Klatt/Meister*, Verhältnismäßigkeit als universelles Verfassungsprinzip, Der Staat 2012, 159, 162, 188; *Stone Sweet/Mathews*, Proportionality Balancing and Global Constitutionalism, CJTL 2008, 73, 74 und 161, demzufolge sei die Verhältnismäßigkeit „today an overarching principle of constitutional adjudication" und „today a foundational element of global constitutionalism".

[90] *Newton/May*, Proportionality in International Law, 2014, S. 15 und 68.

[91] *Saurer*, Globalisierung des Verhältnismäßigkeitsgrundsatzes, Der Staat 2012, 3, 13 ff.; *Cohen-Eliya/Porat*, Proportionality and the Culture of Justification, AJCL 2011, 463, 465, 467.

[92] *Peters*, Drei Versionen der Verhältnismäßigkeit im Völkerrecht, in: Biaggini/Diggelmann/Kaufmann (Hrsg.), FS Thürer, 2015, S. 590 f., 601; *Saurer*, Globalisierung des Verhältnismäßigkeitsgrundsatzes, Der Staat 2012, 3, 4–5, 8 ff.

[93] *Franck*, On Proportionality of Countermeasures in International Law, AJIL 2008, 715, 719–721; *ders.*, Proportionality in International Law, LEHR 2010, 229, 231–232.

[94] *Rogoff/Collins*, The Caroline Incident and the Development of International Law, BJIL 1990, 493, 506; *Gardam*, Necessity, Proportionality and the Use of Force by States, 2004, S. 148–150; *Kealy*, Raising the *Caroline*, WILJ 1999, 325, 345–346; *Murphy*, Self-Defense and the Israeli Wall Advisory Opinion, AJIL 2005, 62, 64 f.; *Gray*, International Law and the Use of Force, 4. Aufl. 2018, S. 157 ff.

im Unionsrecht[95] als allgemeiner Rechtsgrundsatz in Art. 5 Abs. 1, S. 2 und Abs. 4 EUV verankert.[96] Ebenso spiele der Verhältnismäßigkeitsgrundsatz im europäischen Menschenrecht[97] und im internationalen Investitionsrecht[98] eine zentrale Rolle bei der Beurteilung der Rechtmäßigkeit eines Staatsakts.

### II. Das Verhältnismäßigkeitsprinzip i. w. S. als durchsetzbarer Maßstab für den Ausgleich kollidierender Interessen

Ferner ergibt sich die Anwendbarkeit des Verhältnismäßigkeitsgrundsatzes i. w. S. im Völkerrecht nach dieser Ansicht aus seiner Funktion für die Lösung von Rechtskonflikten, was insbesondere durch die Vornahme einer Interessenabwägung verwirklich wird.

Demnach lasse sich der Verhältnismäßigkeitsgrundsatz i. w. S. u. a. aus der Logik von Zweck und Mittel und aus der Logik von Regel und Ausnahme Herleiten.[99] Dieser Grundsatz sei „populär“, „ubiquitär“ und diene als Nothelfer in missliebigen oder aussichtslosen Situationen.[100] Dieser sei das beste

---

[95] *Pache*, Der Grundsatz der Verhältnismäßigkeit in der Rechtsprechung der Gerichte der Europäischen Gemeinschaften, NVwZ 1999, 1033; *Kischel*, Die Kontrolle der Verhältnismäßigkeit durch EuGH, EuR 2000, 380; *Harbo*, The Function of the Proportionality Principle in EU Law, ELJ 2010, 158; *Trstenjak/Beysen*, Das Prinzip der Verhältnismäßigkeit in der Unionsrechtsordnung, EuR 2012, 265; *Brigola*, Der Grundsatz der Verhältnismäßigkeit im Gefüge der EU-Grundfreiheiten, EuZW 2017, 406; *Plappert*, Der unionsrechtliche Verhältnismäßigkeitsvorbehalt, EuR 2020, 364; *Nußberger*, Das Verhältnismäßigkeitsprinzip als Strukturprinzip richterlichen Entscheidens in Europa, NVwZ-Beilage 2013, 36, 37, 39; *Franck*, On Proportionality of Countermeasures in International Law, AJIL 2008, 715, 752 f.

[96] *Calliess*, in: Calliess/Ruffert (Hrsg.), EUV/AEUV, 6. Aufl. 2022, Art. 5 EUV Rn. 44; *Merten*, Verhältnismäßigkeitsgrundsatz, in: Merten/Papier (Hrsg.), Handbuch der Grundrechte III, 1. Aufl. 2009, § 68, S. 529 Rn. 21; *Harbo*, The Function of the Proportionality Principle in EU Law, ELJ 2010, 158, 159.

[97] *Iliopoulos-Strangas*, Die allgemeinen Rechtsgrundsätze, RabelsZ 1999, 414, 419 ff.; *Eissen*, The Principle of Proportionality in ECHR, in: Macdonald/Matscher (Hrsg.), The European System for the Protection of Human Rights, 1993, S. 125 ff.

[98] *Leonhardsen*, Exploring Proportionality Analysis, JIDS 2011, 95; *Henckels*, Revisiting Proportionality Analysis, JIEL 2012, 223; *Krommendijk/Morijn*, „Proportional“ by What Measure(s)?, in: Dupuy/Petersmann/Francioni (Hrsg.), Human Rights in International Investment Law and Arbitration, 2009, S. 422; *Kingsbury/Schill*, Investor-State Arbitration as Governance, NYUSL-PLRP 2009/6, 1; *Stone Sweet*, Proportionality's New Frontier, LEHR 2010, 47.

[99] *Vranes*, Der Verhältnismäßigkeitsgrundsatz, AöR 2009, 1, 12 f.; vgl. auch *Oreschnik*, Verhältnismäßigkeit und Kontrolldichte, 2019, S. 74 f.

[100] *Merten*, Verhältnismäßigkeitsgrundsatz, in: Merten/Papier (Hrsg.), Handbuch der Grundrechte in Deutschland und Europa, Band III, 1. Aufl. 2009, § 68, S. 518 Rn. 1.

verfügbare Mittel, um komplexe und schwierige Konflikte zwischen Grundrechten und anderen Prinzipien zu lösen[101] oder zu optimieren.[102] Im internationalen Investmentrecht, zum Beispiel, sei der Grundsatz der Verhältnismäßigkeit i. w. S. das geeignetste und wirksamste Instrument für den Ausgleich öffentlicher und individueller Interessen, damit globale öffentliche Interessen mit dem Investorenschutz in Einklang gebracht werden können.[103]

Bezüglich der Abwägung wird vor allem betont, dass diese durch internationalen Schiedskörper zur Anpassung der globalen Verbreitung des Verhältnismäßigkeitsgrundsatzes i. w. S. notwendig sei.[104] Die Verfahren, die Expertise und die Entscheidungsformate internationaler Schiedskörper befähigen und legitimieren die Interessenabwägung und die damit verbundenen Rechtsanpassungen, soweit sie zurückhaltend und nicht willkürlich seien.[105] Selbst in Bezug auf Menschenleben kenne das Völkerrecht grundsätzlich kein Abwägungsverbot,[106] sofern die Abwägung strengen Regeln unterliege.[107]

Weiterhin wird klargestellt, dass die Inkommensurabilität von Rechtsgütern einer Abwägung nicht entgegensteht. Einerseits sei eine Abwägung zwischen inkommensurablen Interessen immer dann möglich, soweit den Prinzipien Gewichte auf einer mindestens zweistufigen Skala zugeordnet werden können, ohne jedoch auf eine exakte mathematische Quantifizierung der Gewichte der widerstreitenden Prinzipien angewiesen zu sein.[108] Andererseits lasse sich das Problem der fehlenden Quantifizierbarkeit von inkommensurablen Inte-

---

[101] *Klatt/Meister*, Verhältnismäßigkeit als universelles Verfassungsprinzip, Der Staat 2012, 159, 162, 187.

[102] *Alexy*, Theorie der Grundrechte, 9. Aufl. 2020, S. 75 f., 100–101; *Kumm*, Liberale Gerechtigkeitstheorien und die Struktur der Grundrechte, in: Alexy (Hrsg.), Juristische Grundlagenforschung, 2004, S. 218; *Andenas/Zleptnig*, Proportionality: WTO Law, TILJ 2007, 371, 374, 412, 423.

[103] Vgl. *Henckels*, Revisiting Proportionality Analysis, JIEL 2012, 223, 224–225, 255; *Kulick*, Global Public Interests in international Investment Law, 2012, S. 168 ff., 343; *Krommendijk/Morijn*, „Proportional" by What Measure(s)?, in: Dupuy/Petersmann/Francioni (Hrsg.), Human Rights in International Investment Law and Arbitration, 2009, S. 422 ff., 436–437.

[104] *Peters*, Drei Versionen der Verhältnismäßigkeit im Völkerrecht, in: Biaggini/Diggelmann/Kaufmann (Hrsg.), FS Thürer, 2015, S. 601 f.

[105] *Peters*, Drei Versionen der Verhältnismäßigkeit im Völkerrecht, in: Biaggini/Diggelmann/Kaufmann (Hrsg.), FS Thürer, 2015, S. 602.

[106] *Müller*, Abwägung von Menschenleben im Völkerrecht, in: Baade u. a. (Hrsg.), Verhältnismäßigkeit im Völkerrecht, 2016, S. 65.

[107] *Müller*, Abwägung von Menschenleben im Völkerrecht, in: Baade u. a. (Hrsg.), Verhältnismäßigkeit im Völkerrecht, 2016, S. 65 f., 76 ff., 80 ff.

[108] *Klatt/Meister*, Verhältnismäßigkeit als universelles Verfassungsprinzip, Der Staat 2012, 159, 175, 188.

ressen durch die Anwendung einer triadischen Skala überwinden.[109] Im humanitären Kriegsvölkerrecht sei eine Abwägung zwischen militärischen Zielen und zivilen Opfern als inkommensurablen Rechtsgütern auch möglich und unerlässlich.[110]

Auf die Abwägung könne daher auf keinen Fall verzichtet werden. Andernfalls würde dies zu einer unzutreffenden Beschränkung der richterlichen Kontrolle führen.[111]

## B. Ablehnung der Anwendung des Verhältnismäßigkeitsgrundsatzes i. w. S. im Völkerrecht

Hinsichtlich der üblichen Kritik am Verhältnismäßigkeitsgrundsatz i. w. S., etwa seiner schwierigen Durchsetzbarkeit und der angeblichen Willkürlichkeit der Abwägung,[112] wird nach einer entgegenstehenden Auffassung ein vollständiger Verzicht auf die Anwendung dieses Grundsatzes in bestimmten Teilbereichen des Völkerrechts gefordert. Eine Optimierung der Verhältnismäßigkeitsprüfung i. w. S. ist nach dieser Position nicht möglich.[113]

Die Ablehnung der Verwendbarkeit des Verhältnismäßigkeitsgrundsatzes i. w. S. im Bereich des internationalen Menschenrechtsschutzes stützt sich auf Dworkins Theorie der „Rechte als Trumpfkarte“. Demnach stehen diese Trumpfrechte in Widerspruch zur Abwägung und können daher niemals gegenüber öffentlichen Gütern, dem Gemeinwohl oder anderen Interessen in der Weise „abgewogen“ werden, wie es die Verhältnismäßigkeitsprüfung i. w. S. suggeriere.[114]

So wird vertreten, dass der Verhältnismäßigkeitsgrundsatz i. w. S. sowohl für den Schutz nationaler Verfassungsrechte als auch für den internationalen

---

109 *Klatt/Meister*, Verhältnismäßigkeit als universelles Verfassungsprinzip, Der Staat 2012, 159, 175 f., 188.

110 *Cannizzaro*, Contextualizing Proportionality, IRRC 2006, 779, 789; *Krajewski*, Selbstverteidigung gegen bewaffnete Angriffe nicht-staatlicher Organisationen, AVR 2002, 183, 208–209; trotz aller Schwierigkeiten für möglich hält ferner: *Franck*, On Proportionality of Countermeasures in International Law, AJIL 2008, 715, 723 ff., 734 und 766–767 i. V. m. 764.

111 *Vranes*, Der Verhältnismäßigkeitsgrundsatz, AöR 2009, 1, 23, Fn. 115, a. a. O., 30 f.

112 Im vorliegenden Teil werden diese Nachteile zunächst nur kursorisch erwähnt. Eine detaillierte Darstellung erfolgt sodann in Teil 1 Kapitel 1 § 2 C. I.

113 Nach Möller seien die Vertreter dieser Position „in negative spirit“. Hierzu siehe: *Möller*, Constructing the Proportionality Test, in: Lazarus/McCrudden/Bowles (Hrsg.), Reasoning Rights, 2014, S. 32.

114 Vgl. *Dworkin*, Taking Rights Seriously, 1977, S. 193.

Menschenrechtsschutz[115] durchaus nachteilig sei.[116] Denn die Inkommensurabilität[117] der abzuwägenden Interessen entziehe dem Verhältnismäßigkeitsgrundsatz i. w. S. die von diesem beanspruchte Genauigkeit.[118] Ein weiterer Grund sei der konstitutive Charakter der Menschenrechte, dass ein solches Recht nur durch seine Einschränkung definiert werden könne.[119] Sobald ein Recht unter Beachtung aller notwendigen moralisch-politischen Gründe in einer freien und demokratischen Gesellschaft ordnungsgemäß definiert sei, unterliege dies keiner weiteren Überprüfung wie durch die Verhältnismäßigkeits- und Angemessenheitsprüfung.[120] Eine Anwendung des Verhältnismäßigkeitsprinzips i. w. S. stelle dann einen Versuch zur Entpolitisierung der Menschenrechte dar, indem moralisch-politische Debatten über den Umfang und den Inhalt dieser Rechte in subjektive Abwägungen umgewandelt werden.[121]

Ähnlich wird unter Kritik u. a. an der Unfähigkeit des Maximierungsansatzes zum Auffangen des normativen Charakters der Menschenrechte[122] und an der marginalen Leitfunktion der uneingeschränkten moralischen Argumentation für die Urteilsfindung[123] vertreten, dass die Gerichte einen differenzierten Korpus von Rechtskategorien[124] statt des Verhältnismäßigkeitsgrundsatzes i. w. S. verwenden sollten, um verschiedene Arten von Menschenrechtskonflikten beizulegen.[125]

---

[115] *Webber*, The Negotiable Constitution On the Limitation of Rights, 2009, S. 59 ff., 11: „The argument here developed will extend, in many respects, to all charters of rights, irrespective of their status within domestic or international law."

[116] *Webber*, The Negotiable Constitution On the Limitation of Rights, 2009, S. 10.

[117] *Webber*, The Negotiable Constitution On the Limitation of Rights, 2009, S. 92–93. Demzufolge sei eine Abwägung zwischen inkommensurablen Interessen (ohne subjektive Bewertung) unmöglich und daher irrational.

[118] *Webber*, The Negotiable Constitution On the Limitation of Rights, 2009, S. 10, 89 ff.

[119] *Webber*, The Negotiable Constitution On the Limitation of Rights, 2009, S. 10.

[120] *Webber*, The Negotiable Constitution On the Limitation of Rights, 2009, S. 10.

[121] *Webber*, The Negotiable Constitution On the Limitation of Rights, 2009, S. 10, 100 ff.

[122] *Urbina*, A Critique of Proportionality and Balancing, 2017, S. 92 ff., 120.

[123] *Urbina*, A Critique of Proportionality and Balancing, 2017, S. 139 ff., 147–149 und 197.

[124] Für die Definition der Rechtskategorie in diesem Sinne siehe: *Urbina*, A Critique of Proportionality and Balancing, 2017, S. 150.

[125] *Urbina*, A Critique of Proportionality and Balancing, 2017, S. 120 f. i. V. m. S. 211 f., 244 ff. und 251 f., insbesondere S. 252 i. V. m. S. 212, 215 und 244. Urbina vertritt die Ansicht, dass der Verhältnismäßigkeitsgrundsatz i. w. S. durch die Anwendung differenzierter Rechtskategorien ersetzt werden solle (siehe hierzu insbesondere: S. 212, 215 und 244 a. a. O.). In der Schlussfolgerung dieses Werks wird betont, dass das Abwägungsgebot des Verhältnismäßigkeitsgrundsatzes besonders zu kritisieren sei

In *jus ad bellum* wird ebenfalls teilweise darauf hingewiesen, dass die bisherige Diskussion um die methodischen Aspekte der Verhältnismäßigkeitskontrolle i. w. S. fruchtlos und die Debatte um die restriktive und die extensive Auslegung der Art. 51 VN-Charta nicht abschließend geklärt sei.[126] Diese begriffliche und normative Unbestimmtheit ermögliche die politische Manipulation durch Großmächte und mache das Prinzip zu einem Vorwand für ihre Gewaltanwendung.[127] Aus diesen Gründen solle im Selbstverteidigungsrecht auf die Anwendung des Verhältnismäßigkeitsgrundsatzes i. w. S. gänzlich verzichtet werden.[128]

Auch im Rahmen der wirtschaftlichen Intervention wird teilweise vertreten, dass der konkrete Inhalt des Verhältnismäßigkeitsgrundsatzes i. w. S. in verschiedenen Staaten sehr unterschiedlich sei und dies die Möglichkeit einer fruchtbaren Anwendung dieses Prinzips im Völkerrecht ausschließe.[129]

## C. Optimierung der Anwendung des Verhältnismäßigkeitsgrundsatzes i. w. S. im allgemeinen Völkerrecht

Der Anteil der Vertreter, die einen gänzlichen Verzicht auf die Anwendung des Verhältnismäßigkeitsgrundsatzes i. w. S. anstreben, ist jedoch gering. Eine Vielzahl von Kommentatoren bejaht hingegen – trotz aller Kritik an diesem Grundsatz – die grundsätzliche Verwendbarkeit des Verhältnismäßigkeitsgrundsatzes i. w. S. im Völkerrecht, argumentiert aber zugleich, dass dieser je nach Rechtsgebiet und in unterschiedlich optimierten Formen angewendet werden soll.

Demnach sei die Anwendung des Verhältnismäßigkeitsgrundsatzes i. w. S. im Völkerrecht und in seinen verschiedenen Teilbereichen unterschiedlich.[130] Wenn es um dasselbe Rechtsgebiet geht, ist es weiterhin umstritten, wie ein solcher Grundsatz konkret angewendet werden soll. So ist beispielsweise im Hinblick auf das Selbstverteidigungsrecht nach Art. 51 VN-Charta im Schrifttum heftig umstritten, inwieweit eine Verhältnismäßigkeitsprüfung i. w. S. für

(siehe hierzu: S. 252 a. a. O.). Zur Kritik der Geeignetheits- und Erforderlichkeitsprüfung vgl. u. a. S. 142–143 a. a. O.

[126] *McKenna*, The Discourse of Proportionality and the Use of Force, NJIL 2020, 364, 365–366, 367 f. und 371 ff.

[127] *McKenna*, The Discourse of Proportionality and the Use of Force, NJIL 2020, 364, 382.

[128] *McKenna*, The Discourse of Proportionality and the Use of Force, NJIL 2020, 364, 382.

[129] *Dicke*, Die Intervention mit wirtschaftlichen Mitteln im Völkerrecht, 1978, S. 181.

[130] *Crow*, A Taxonomy of Proportionality in International Courts, iCWPS 2017-Nr. 107, 1, 7 ff., 26.

die militärische Verteidigungshandlung anzuwenden ist.[131] Im humanitären Kriegsvölkerrecht ist das Abwägungsgebot zwischen militärischem Vorteil und Schaden von Zivilisten zwar nicht umstritten. Einige Vertreter äußern jedoch Bedenken und befürworten eine zurückhaltende Anwendung dieser Abwägung im konkreten Einzelfall.[132]

Diese unterschiedlichen Auffassungen lassen sich jedoch anhand der konkreten Behandlung des Abwägungsgebots in zwei Ansätze zur Überwindung der Nachteile des Verhältnismäßigkeitsprinzips i. w. S. einteilen.

Der erste Ansatz zielt darauf ab, die Verhältnismäßigkeitsprüfung i. w. S. unter Beibehaltung der Angemessenheitsprüfung zu verbessern, wobei ein internationaler Schiedsrichter sein Ermessen auf dynamische und verfeinerte Weise ausüben solle.[133] Der zweite Ansatz schlägt hingegen vor, dass der Verhältnismäßigkeitsgrundsatz i. w. S. mittels richterlicher Zurückhaltung, nämlich durch Einschränkung[134] bzw. durch Wegfall der Abwägung, optimiert werden solle.[135]

---

[131] Für eine dynamische richterliche Kontrolle bei der Verhältnismäßigkeitsprüfung i. w. S. vgl. *Kretzmer*, The Inherent Right to Self-Defence and Proportionality in Jus Ad Bellum, EJIL 2013, 235, 240; *Cannizzaro*, Contextualizing Proportionality, IRRC 2006, 779, 783–785, 791–792; *Greenwood*, Self-Defence and the Conduct of International Armed Conflict, in: Dinstein/Tabory (Hrsg.), International Law at a Time of Perplexity, 1989, S. 273, 275 ff. Für eine zurückhaltende Durchführung vgl. *Kunz*, Individual and Collective Self-Defense in Article 51 of the Charter of the United Nations, AJIL 1947, 872, 876–877; *Moore*, Jus ad Bellum before the International Court of Justice, VJIL 2012, 903, 953–954, 957–958.

[132] *Krugmann*, Der Grundsatz der Verhältnismäßigkeit im Völkerrecht, 2004, S. 124–125 i. V. m. S. 93–95; *Ruffert*, Terrorismusbekämpfung zwischen Selbstverteidigung und Kollektiver Sicherheit, ZRP 2002, 247, 249.

[133] Vgl. u. a. *Levenfeld*, Self-Defense and Reprisal under Modern International Law, CJIL 1982, 1, 40–41; *Intoccia*, American Bombing of Libya, CWRJIL 1987, 177, 206 und 212; *Roberts*, Self-Defense and Peacetime Reprisals, CWRJIL 1987, 243, 282; *Cannizzaro*, Contextualizing Proportionality, IRRC 2006, 779, 783–785, 791–792; *Greenwood*, Self-Defence and the Conduct of International Armed Conflict, in: Dinstein (Hrsg.), International Law at a Time of Perplexity, 1989, S. 273, 275 ff.; *O'Connell*, Lawful Self-Defense to Terrorism, UPLR 2002, 889, 894–895, 902–904.

[134] *Corten*, The Law Against War: The Prohibition on the Use of Force in Contemporary International Law, 2. Aufl. 2021, S. 469 und 480–489 i. V. m. *ders.*, Regulating Resort to Force: A Response to Matthew Waxman, EJIL 2013, 191, 196 f. und *ders.*, The Controversies over the Customary Prohibition on the Use of Force, EJIL 2005, 803, 810 ff. und 816 ff.; *Wrachford*, The 2006 Israeli Invasion of Lebanon: Aggression, Self-Defense, or a Reprisal Gone Bad ?, AFLR 2007, 29, 87–88. Grundsätzlich auch: *Gaeta/Viñuales/Zappalá*, Cassese's International Law, 3. Aufl. 2020, S. 350–351; *Gray*, International Law and the Use of Force, 4. Aufl. 2018, S. 157 ff.; *Schachter*, The Extraterritorial Use of Force Against Terrorist Bases, HIJL 1988, 309, 312, 315–316.

[135] Vgl. u. a. *Krugmann*, Der Grundsatz der Verhältnismäßigkeit im Völkerrecht, 2004, S. 83, 124–125; *Kunz*, Individual and Collective Self-Defense in Article 51 of the Charter of the United Nations, AJIL 1947, 872, 876–877; *von Bernstorff*, Kerge-

Im Folgenden werden zunächst die Skepsis und die Kritik an dem Verhältnismäßigkeitsgrundsatz i. w. S. im Völkerrecht dargestellt. Anschließend werden die beiden Ansätze zur Optimierung des Verhältnismäßigkeitsgrundsatzes i. w. S. erläutert.

## I. Skepsis und Kritik am Verhältnismäßigkeitsgrundsatzes i. w. S. im Völkerrecht

Die Anwendung und die Globalisierung des Verhältnismäßigkeitsprinzips i. w. S. im Völkerrecht wird zugleich von heftiger Kritik begleitet.

### 1. Skepsis gegenüber der Rolle des Verhältnismäßigkeitsgrundsatzes i. w. S. als Völkergewohnheitsrecht und globalisierter Rechtsgrundsatz

Zwar spiele der Grundsatz der Verhältnismäßigkeit i. w. S. in vielen Bereichen des Völkerrechts eine wichtige Rolle; Jedoch sei es schwierig, einen kohärenten wesentlichen Inhalt dieses Grundsatzes in allen Bereichen des Völkerrechts zu identifizieren.[136] Dieser sei insbesondere nicht von dem Völkergewohnheitsrecht gedeckt und seine Rolle als eigenständiger allgemeiner Rechtsgrundsatz des Völkerrechts sei bedenklich.[137]

Ebenfalls sei die Rolle des Grundsatzes der Verhältnismäßigkeit i. w. S. als universelles Verfassungsprinzip problematisch.[138] Denn diese Schlussfolgerung beruhe vor allem auf einem Vergleich westlicher und europäischer nationaler Rechtsprechungen, während die mangelnde Popularität dieses Grundsatzes in den meisten südamerikanischen, afrikanischen und asiatischen Ländern ignoriert werde.[139] Zwar habe sich die Verhältnismäßigkeitsprüfung i. w. S. seit über einem Jahrzehnt als Methode zum Ausgleich konkurrierender Interessen zwischen Investoren und Gaststaaten entwickelt, dennoch solle ihre

---

haltsschutz durch den UN-Menschenrechtsausschuss und den EGMR, Der Staat 2011, 165, 172 ff.; *ders.*, Proportionality without Balancing, in: Reasoning Rights, 2014, S. 66 ff., 83 ff.

[136] *Crow*, A Taxonomy of Proportionality in International Courts, iCWPS 2017-Nr. 107, 1, 6, 26; *Cottier u. a.*, The Principle of Proportionality in International Law, NCCR-WP 2012/38, 1, 4; *Andenas/Zleptnig*, Proportionality: WTO Law, TILJ 2007, 371, 396; *Henckels*, Revisiting Proportionality Analysis, JIEL 2012, 223, 237.

[137] *Cottier u. a.*, The Principle of Proportionality in International Law, NCCR-WP 2012/38, 1, 4.

[138] *Crow*, A Taxonomy of Proportionality in International Courts, iCWPS 2017-Nr. 107, 1, 5–7.

[139] *Crow*, A Taxonomy of Proportionality in International Courts, iCWPS 2017-Nr. 107, 1, 5–7, 19.

Verbreitung und damit der Grad ihrer Akzeptanz nicht überbewertet werden.[140]

### 2. Skepsis und Meinungsverschiedenheiten über den Anwendungsmaßstab des Verhältnismäßigkeitsgrundsatzes i. w. S. am Beispiel des Selbstverteidigungsrechts nach Art. 51 VN-Charta

Das Verhältnismäßigkeitsgebot i. w. S. im Selbstverteidigungsrecht regelt einerseits die Selbstverteidigungssituation, nämlich die Frage, ob das Ergreifen einer verteidigenden Maßnahme überhaupt erlaubt ist; andererseits gilt es als Beurteilungsmaßstab für die Frage, ob die ergriffene Maßnahme zur Erreichung des legitimen Ziels erforderlich und angemessen ist.[141]

#### *a) Skepsis und Meinungsverschiedenheiten über das Vorliegen einer Selbstverteidigungslage*

Hinsichtlich der Selbstverteidigungslage i. S. v. Art. 51 VN-Charta herrschen in der völkerrechtlichen Debatte seit langer Zeit Skepsis und Meinungsverschiedenheiten darüber, ob und wann eine verteidigende militärische Maßnahme gegen nichtstaatliche Akteure auf fremdem Territorium durch das Recht auf Selbstverteidigung gerechtfertigt werden kann.[142]

Nach einer einschränkenden Interpretation setze das Vorliegen einer Verteidigungslage das Vorhandensein eines tatsächlichen bewaffneten Angriffs[143]

---

[140] *Henckels*, Revisiting Proportionality Analysis, JIEL 2012, 223, 237.

[141] Vgl. *Kretzmer*, The Inherent Right to Self-Defence and Proportionality in *Jus Ad Bellum*, EJIL 2013, 235, 239; *McKenna*, The Discourse of Proportionality and the Use of Force, NJIL 2020, 364, 371.

[142] Für die Unterscheidung zwischen *restrictive approach* und *extensive approach* siehe: *Corten*, The Controversies over the Customary Prohibition on the Use of Force, EJIL 2005, 803, 805 ff., 812 ff. Für die Einordnung nach *balancer* und *bright-liner* siehe: *Waxman*, Regulating Resort to Force, EJIL 2013, 151; für den Vorbehalt gegenüber dieser Einordnung vgl. 152–154, 158–159, 182 a. a. O. Kritik hierzu siehe: *Corten*, Regulating Resort to Force: A Response to Matthew Waxman, EJIL 2013, 191; *ders.*, The Controversies over the Customary Prohibition on the Use of Force, EJIL 2005, 803, 804. Für die unscharfe Trennung der von Waxman und Corten klassifizierten Gruppen vgl. *Martineau*, A Post-Colonial Reading of the Debate on the Use of Force, LJIL 2016, 95, 96–101; *McKenna*, The Discourse of Proportionality and the Use of Force, NJIL 2020, 364, 368–370.

[143] Zur Frage, wann ein bewaffneter Angriff aus tatbestandlicher Hinsicht vorliegt, vgl. *Dinstein*, War, Aggression and Self-Defence, 5. Aufl. 2011, S. 201 ff.; *Cassese*, The International Community's „Legal" Response to Terrorism, ICLQ 2008, 589, 596; *Forcese*, Destroying the Caroline, 2018, S. 214–215; *Murphy*, Terrorism and the Con-

voraus, weil Art. 51 VN-Charta dies ausdrücklich vorsehe.[144] Demnach könne eine vorbeugende oder gar eine präemptive Selbstverteidigung ferner nicht unter Berufung auf die Caroline-Formel als Völkergewohnheitsrecht begründet sein.[145] Außerdem dürfe ein bewaffneter Angriff, der das Selbstverteidigungsrecht auslöse, von staatlichen, nicht aber von nichtstaatlichen Akteuren, initiiert werden.[146]

Nach einem erweiterten Ansatz solle hingegen die Bedingung zur Bejahung der Selbstverteidigungssituation in Art. 51 VN-Charta in einer relativen Weise interpretiert werden.

In dieser Richtung wird teilweise vertreten, dass Art. 51 VN-Charta das völkergewohnheitsrechtliche Selbstverteidigungsrecht weder ersetze noch aufhebe; daher könne die Selbstverteidigungssituation nach der Caroline-Formel schon bei imminenter Bedrohung ohne Vorliegen eines bewaffneten Angriffs bejaht werden.[147] Ebenso dürfe präemptive Selbstverteidigung gegen Terrorismus auf fremdem Territorium beruhend auf einer imminenten Bedrohung vorgenommen werden.[148] Dabei schließe der Begriff des „bewaffneten Angriffs" i. S. v. Art. 51 VN-Charta die Möglichkeit nicht aus, dass das Recht

---

cept of „Armed Attack", HILJ 2002, 41, 45–50; *Franck*, Terrorism and the Right of Self-Defense, AJIL 2001, 839, 840.

144 *Dinstein*, War, Aggression and Self-Defence, 5. Aufl. 2011, S. 197–200; *Forcese*, Destroying the Caroline, 2018, S. 215; *Corten*, The Controversies over the Customary Prohibition on the Use of Force, EJIL 2005, 803, 814; *Cassese*, The International Community's „Legal" Response to Terrorism, ICLQ 2008, 589, 606–608; *Hofmann*, International Law and the Use of Military Force Against Iraq, GYIL 2002, 9, 30.

145 *Corten*, The Controversies over the Customary Prohibition on the Use of Force, EJIL 2005, 803, 814; *Cassese*, The International Community's „Legal" Response to Terrorism, ICLQ 2008, 589, 606–608; *Hofmann*, International Law and the Use of Military Force Against Iraq, GYIL 2002, 9, 30.

146 *Cassese*, Terrorism is Also Disrupting Some Crucial Legal Categories of International Law, EJIL 2001, 993, 997; *ders.*, The International Community's „Legal" Response to Terrorism, ICLQ 2008, 589, 600; *Bothe*, Terrorism and the Legality of Pre-emptive Force, EJIL 2003, 227, 231 und 233.

147 *Gardam*, Necessity, Proportionality and the Use of Force by States, 2004, S. 148–150; *Kealy*, Raising the *Caroline*, WILJ 1999, 325, 345–346; *Cohan*, The Bush Doctrine and the Emerging Norm of Anticipatory Self-Defense, PILR 2003, 283, 315 f., 334 f.; *O'Connell*, Lawful Self-Defense to Terrorism, UPLR 2002, 889, 894; *Bowett*, Self-Defense in International Law, 1958, S. 188 f. Im Wesentlichen so auch: *Alder*, The Inherent Right of Self-Defence in International Law, 2013, S. 122–123.

148 *Murphy*, The Doctrine of Preemptive Self-Defense, VLR 2005, 699, 706–747, 748; *Cohan*, The Bush Doctrine and the Emerging Norm of Anticipatory Self-Defense, PILR 2003, 283, 355–357. In dieser Richtung, jedoch gegen eine zu weite Auslegung der imminenten Bedrohung zur Gestaltung einer präemptiven Selbstverteidigung, vgl. *Rouillard*, The Caroline Case, MiskJIL 2004, 104, 116 ff.; *Bothe*, Terrorism and the Legality of Pre-emptive Force, EJIL 2003, 227, 230–231, 238–239.

auf Selbstverteidigung durch Gewalt nichtstaatlicher Akteure gegen einen Staat ausgelöst werden könne.[149]

Andere Vertreter in dieser Richtung verneinen zwar die Rolle der Caroline-Formel als Völkergewohnheitsrecht.[150] Damit solle jedoch verdeutlicht werden, dass das Völkergewohnheitsrecht sogar keine imminente Bedrohungsforderung für das Ergreifen einer verteidigenden Maßnahme erfordere und eine weite Interpretation des Begriffs von *armed attack* i. S. v. Art. 51 VN-Charta für die Beurteilung einer vorbeugenden oder einer präemptiven Selbstverteidigung gegen Terrorismus bevorzugt werden solle.[151] Eine solche Interpretation ergebe sich bereits aus dem unbestreitbaren selbständigen Grundsatz der Verhältnismäßigkeit i. w. S. im Selbstverteidigungsrecht, ohne zusätzlich auf die Caroline-Formel verweisen zu müssen.[152]

### *b) Skepsis und Meinungsverschiedenheiten über den Maßstab der Verhältnismäßigkeits- und Angemessenheitsprüfung*

Weiterhin besteht Unklarheit darüber, nach welchem Maßstab die Verhältnismäßigkeitsprüfung i. w. S., nämlich die Prüfung der Zielsetzung, die Rationalitäts- und die Angemessenheitsprüfung einer verteidigenden militärischen Operation, durchgeführt werden soll, wenn die Selbstverteidigungslage nach Art. 51 VN-Charta vorliegt.

---

149 *Murphy*, Self-Defense and the Israeli Wall Advisory Opinion, AJIL 2005, 62, 64–70; *ders.*, Terrorism and the Concept of „Armed Attack", HILJ 2002, 41, 50–51; *Krajewski*, Selbstverteidigung gegen bewaffnete Angriffe nicht-staatlicher Organisationen, AVR 2002, 183, 195–202; *Huskisson*, The Air Bridge Denial Program and the Shootdown of Civil Aircraft, AFLR 2005, 109, 144; *Paust*, Use of Armed Force against Terrorists in Iraq, Afghanistan and Beyond, CILJ 2002, 533–535; *Heathcote*, Article 51 Self-Defense as a Narrative, TWLR 2005, 140; *Forcese*, Destroying the Caroline, 2018, S. 213.

150 *Occelli*, Sinking the Caroline, SDILJ 2003, 467, 475 f. und 479 f.; *Green*, Docking the Caroline, CardoJICL 2006, 429, 438 ff., 475, 480; *Brownlie*, International Law and the Use of Force by States, 1963, S. 261.

151 Vgl. *Occelli*, Sinking the Caroline, SDILJ 2003, 467, 482–484, 490; *Brownlie*, International Law and the Use of Force by States, 1963, S. 261. Wohl auch: *Green*, Docking the Caroline, CardoJICL 2006, 429, 476; *Travalio*, Terrorism, International Law, and the Use of Military Force, WILJ 2000, 145, 165–166; *Travalio/Altenburg*, Terrorism, State Responsibility, and the Use of Military Force, ChicagoJIL 2003, 97, 114–116 und 116–119.

152 *Occelli*, Sinking the Caroline, SDILJ 2003, 467, 490; *Green*, Docking the Caroline, CardoJICL 2006, 429, 449–450, 480.

Dabei werden traditionell der Äquivalenz-Ansatz[153] und der Mittel-Zweck-Ansatz (nämlich *the cessation approach*,[154] bzw. *the halting and repelling theory*[155])[156], zwei unterschiedliche, aber nicht völlig voneinander getrennte Maßstäbe,[157] vom Internationalen Gerichtshof entwickelt.

---

153 IGH, Entscheidung v. 27.6.1986, Case Concerning Military and Paramilitary Activities in and against Nicaragua, I.C.J. Reports 1986, „*Nicaragua*-Entscheidung des IGH", S. 94, Para. 176 i.V.m. *Gardam*, Necessity, Proportionality and the Use of Force by States, 2004, S. 158; so auch: IGH, Gutachten v. 8.7.1996, Legality of the Threat or Use of Nuclear Weapons, I.C.J. Reports 1996, „*Nuclear Weapons*-Gutachten des IGH", S. 245, Para. 41–43; IGH, Entscheidung v. 6.11.2003, Case Concerning Oil Platforms, I.C.J. Reports 2003, „*Oil Platforms*-Entscheidung des IGH", S. 186–187, Para. 51; *Levenfeld*, Self-Defense and Reprisal under Modern International Law, CJIL 1982, 1, 40–41; *Intoccia*, American Bombing of Libya, 1987, CWRJIL 177, 206 und 212; *Roberts*, Self-Defense and Peacetime Reprisals, CWRJIL 1987, 243, 282; *Arend/Beck*, International Law and the Use of Force, 1993, S. 165–166 und 171; *Forcese*, Destroying the Caroline, 2018, S. 235–236. So auch: *Dinstein*, War, Aggression and Self-Defence, 5. Aufl. 2011, S. 262–263, soweit der bewaffnete Angriff einen seriösen Krieg zur Selbstverteidigung noch nicht auslöse.

154 Als solcher bezeichnet siehe beispielsweise: *McKenna*, The Discourse of Proportionality and the Use of Force, NJIL 2020, 364, 372.

155 Als solcher bezeichnet siehe beispielsweise: *Ago*, Addendum to the Eighth Report on State Responsibility, YBILC 1980, Band II/1, A/CN.4/318/Add.5–7, S. 69–70, Para. 121.

156 IGH, Entscheidung v. 27.6.1986, Case Concerning Military and Paramilitary Activities in and against Nicaragua, I.C.J. Reports 1986, abweichendes Sondervotum v. *Schwebel*, „Nicaragua – abw. Sondervotum v. *Schwebel* des IGH", S. 367–368, Para. 211–212; IGH, Entscheidung v. 19.12.2005, Case concerning Armed Activities on the Territory of the Congo, I.C.J. Reports 2005, separates Sondervotum v. *Kooijmans*, „Armed Activities – sep. Sondervotum v. *Kooijmans* des IGH", S. 315–316, Para. 33–35; IGH, Gutachten v. 8.7.1996, Legality of the Threat or Use of Nuclear Weapons, I.C.J. Reports 1996, „*Nuclear Weapons*-Gutachten des IGH", abweichendes Sondervotum v. *Higgins*, S. 583–584 und 588, Para. 5 und 22; *Ago*, Addendum to the Eighth Report on State Responsibility, YBILC 1980, Band II/1, A/CN.4/318/Add.5-7, S. 69–70, Para. 121. Als „Mittel-Zweck-Ansatz" bezeichnet siehe beispielsweise: *Kretzmer*, The Inherent Right to Self-Defence and Proportionality in *Jus Ad Bellum*, EJIL 2013, 235, 238.

157 *Green*, Docking the Caroline, CardoJICL 2006, 429, 462–463; *Christodoulidou/Chainoglou*, The Principle of Proportionality from a Jus Ad Bellum Perspective, in: Weller/Solomou/Rylatt (Hrsg.), The Oxford Handbook of the Use of Force in International Law, 2015, S. 1192.

Der Mittel-Zweck-Ansatz kann weiter in zwei verschiedene Formen unterteilt werden,[158] nämlich die strengste Form[159] und die relativierte Form. Im Rahmen der letztgenannten Form lässt sich wiederum zwischen einer aktiven Richtung[160] und einer zurückhaltenden Richtung[161] hinsichtlich der Behandlung des Abwägungsgebots unterscheiden.

---

[158] Für die Einordnung zu Gunsten des Äquivalenz-Ansatzes siehe: *Arend/Beck*, International Law and the Use of Force, 1993, S. 165–166; *Christodoulidou/Chainoglou*, The Principle of Proportionality from a Jus Ad Bellum Perspective, in: Weller/Solomou/Rylatt (Hrsg.), The Oxford Handbook of the Use of Force in International Law, 2015, S. 1199. Für die Zuordnung zulasten sowohl des Äquivalenz-Ansatzes als auch des Mittel-Zweck-Ansatzes siehe: *McKenna*, The Discourse of Proportionality and the Use of Force, NJIL 2020, 364, 373–374. Demzufolge werde ein dritter Ansatz beispielsweise von Kretzmer entwickelt. Diese Einordnung erscheint jedoch nicht überzeugend, weil der u. a. von Kretzmer vorgeschlagene Ansatz nicht auf eine völlige Abkehr von den beiden traditionellen Ansätzen abzielt, sondern immer noch auf eine Kombination und Optimierung der beiden, vgl. *Kretzmer*, The Inherent Right to Self-Defence and Proportionality in *Jus Ad Bellum*, EJIL 2013, 235, 240.

[159] *Krugmann*, Der Grundsatz der Verhältnismäßigkeit im Völkerrecht, 2004, S. 104, 123–125; *Kunz*, Individual and Collective Self-Defense in Article 51 of the Charter of the United Nations, AJIL 1947, 872, 876–877; *Dinstein*, War, Aggression and Self-Defence, 5. Aufl. 2011, S. 209, 262–263, soweit der bewaffnete Angriff einen seriösen Krieg zur Selbstverteidigung bereits ausgelöst habe; *Moore*, Jus ad Bellum before the International Court of Justice, VJIL 2012, 903, 915, 941–942, 953–954, 957–958.

[160] Vgl. u. a. *Christodoulidou/Chainoglou*, The Principle of Proportionality from a Jus Ad Bellum Perspective, in: Weller/Solomou/Rylatt (Hrsg.), The Oxford Handbook of the Use of Force in International Law, 2015, S. 1192 ff.; *Etezazian*, The Nature of Self-defence Proportionality Requirement, JUFIL 2016, 260, 270, 272, 274–275; *Kretzmer*, The Inherent Right to Self-Defence and Proportionality in *Jus Ad Bellum*, EJIL 2013, 235, 240; *Cannizzaro*, Contextualizing Proportionality, IRRC 2006, 779, 783–785, 791–792; *Greenwood*, Self-Defence and the Conduct of International Armed Conflict, in: Dinstein/Tabory (Hrsg.), International Law at a Time of Perplexity, 1989, S. 273, 275 ff.; *O'Connell*, Lawful Self-Defense to Terrorism, UPLR 2002, 889, 894–895, 902–904; *Ruys*, „Armed Attack" and Article 51 of the UN Charter, 2011, S. 116–117, 123–124; *ders.*, In Defence of the „Halt and Repel" Formula?, EJIL 2022, 889; *Chinkin/Kaldor*, Self-Defence as a Justification for War, in: dies. (Hrsg.), International Law and New Wars, 2017, S. 153–155.

[161] Vgl. *Corten*, The Law Against War: The Prohibition on the Use of Force in Contemporary International Law, 2. Aufl. 2021, S. 469 und 480–489 i. V. m. *ders.*, Regulating Resort to Force: A Response to Matthew Waxman, EJIL 2013, 191, 196 f. und *ders.*, The Controversies over the Customary Prohibition on the Use of Force, EJIL 2005, 803, 810 ff. und 816 ff.; *Wrachford*, The 2006 Israeli Invasion of Lebanon: Aggression, Self-Defense, or a Reprisal Gone Bad?, AFLR 2007, 29, 87–88; grundsätzlich auch: *Gaeta/Viñuales/Zappalá*, Cassese's International Law, 3. Aufl. 2020, S. 350–351; *Gray*, International Law and the Use of Force, 4. Aufl. 2018, S. 157 ff.; *Schachter*, The Extraterritorial Use of Force Against Terrorist Bases, HIJL 1988, 309, 312, 315–316; *Beer*, When Should a Lawful War of Self-Defence End?, EJIL 2022, 889, 906–915.

Bevor diese verschiedenen Maßstäbe unten in Teil 1 Kapitel 1 § 2 C. II. 1. (bezüglich des Äquivalenz-Ansatzes und der aktiven Richtung des Mittel-Zweck-Ansatzes in relativierter Form), Teil 1 Kapitel 1 § 2 C. III. 1. a) (bezüglich der zurückhaltenden Richtung des Mittel-Zweck-Ansatzes in relativierter Form) und Teil 1 Kapitel 1 § 2 C. III. 2. a) (bezüglich des Mittel-Zweck-Ansatzes in strengster Form) im Einzelnen vorgestellt werden, soll im Folgenden zunächst auf die heftige Kritik an der konkreten Umsetzung des Verhältnismäßigkeitsgrundsatzes i. w. S. im Völkerrecht eingegangen werden. Denn die genannten Maßstäbe stellen zugleich die Optimierungsansätze für die Verhältnismäßigkeitsprüfung i. w. S. dar.

### 3. Kritik an der konkreten Durchführung der Verhältnismäßigkeitsprüfung i. w. S.

Bei der konkreten Durchführung ist die Anwendung der Teilgrundsätze der Geeignetheit und der Erforderlichkeit wenig problematisch.[162] Scharfe Kritik richtet sich hauptsächlich gegen die richterliche Abwägung im Rahmen der Verhältnismäßigkeitsprüfung i. e. S.

#### *a) Durchsetzungsschwierigkeiten der Abwägung*

Die übliche Kritik dabei ist, dass einem internationalen Gericht keine klaren bzw. objektiven Kriterien zur Verfügung stehen, um die auf dem Spiel stehenden inkommensurablen Interessen[163] zu vergleichen bzw. zu bewerten.[164] So gebe es beispielsweise keinen unabhängigen und verlässlichen Wert, an dem militärische Ziele, der Verlust von Menschenleben und soziale Schaden gemessen werden können.[165] Wenn keine determinierte Regel zur Verfügung stehe, sei eine Abwägung unmöglich.[166] Denn eine Tatsache begründe nicht automatisch ein Recht: Dazu müsse dieser Tatsache noch durch die Wahl eines Kriteriums eine normative Bedeutung verliehen werden; zu-

[162] Zur Kritik der Erforderlichkeitsprüfung vgl. *Bilchitz*, Necessity and Proportionality, in: Lazarus/McCrudden/Bowles (Hrsg.), Reasoning Rights, 2014, S. 44 ff. und 49 ff.

[163] *Tsakyrakis*, Proportionality: An Assault on Human Rights?, ICON 2009, 468, 471, 474.

[164] *Aleinikoff*, Constitutional Law in the Age of Balancing, YLJ 1987, 943, 972 ff.; *Koskenniemi*, The Politics of International Law, EJIL 1990, 4, 20; *Meng*, Extraterritoriale Jurisdiktion im öffentlichen Wirtschaftsrecht, 1994, S. 617 f.; *Harbo*, The Function of the Proportionality Principle in EU Law, ELJ 2010, 158, 165.

[165] Vgl. *Walzer*, Just and Unjust Wars, 5. Aufl. 2015, S. 129.

[166] *Tsakyrakis*, Proportionality: An Assault on Human Rights?, ICON 2009, 468, 471.

gleich solle sich die Interpretation einer Regel auf bestimmte Tatsachen beziehen, um eine konkrete Verbindung zur Realität herzustellen.[167] Daher sei die Abwägung staatlicher Interessen im Völkerrecht mangels eines verlässlichen Maßstabs nicht pflichtig.[168]

#### *b) Willkür richterlicher Entscheidung und Beeinträchtigung des Souveränitätsrechts*

Die oben dargestellte Unbestimmtheit der Abwägung führe dazu, dass Souveränitätskonflikte nur noch nach dem reinen Rechtsgefühl eines Schiedsrichters beurteilt werden.[169] Die Abwägungsmethode im Sinne des Verhältnismäßigkeitsgrundsatzes werde zwar vor allem für ihre Flexibilität gelobt; gerade diese erschwere jedoch die Vorhersehbarkeit richterlicher Entscheidungen.[170] Ferner verwandle die einzelfallbezogene Abwägung die richterliche Entscheidung in eine Ausübung politischer Entscheidungsfindung und überschreite die institutionelle Kompetenz eines Richters.[171]

Daher könne die Abwägung im Völkerrecht zu beliebigen und willkürlichen Entscheidungen führen und das Souveränitätsrecht eines Staates beeinträchtigen.[172]

---

167 Vgl. *Koskenniemi*, The Politics of International Law, EJIL 1990, 4, 20; *Kelsen*, Principles of International Law, 1966, S. 388: „In the realm of law there is no fact in itself, no immediately evident fact; there are only facts ascertained by the competent authorities in a procedure determined by law.“ *Corten*, The Controversies over the Customary Prohibition on the Use of Force, EJIL 2005, 803, 821.

168 Vgl. *Meng*, Extraterritoriale Jurisdiktion im öffentlichen Wirtschaftsrecht, 1994, S. 753.

169 *Koskenniemi*, The Politics of International Law, EJIL 1990, 4, 18 f.; *Corten*, The Controversies over the Customary Prohibition on the Use of Force, EJIL 2005, 803, 814; *Bothe*, Terrorism and the Legality of Pre-emptive Force, EJIL 2003, 227, 239; *Newton/May*, Proportionality in International Law, 2014, S. 28 ff.

170 *Hauck*, Normenkonflikte als Optimierungsprobleme?, in: Baade u. a. (Hrsg.), Verhältnismäßigkeit im Völkerrecht, 2016, S. 96; *von Bernstorff*, Proportionality Without Balancing, in: Lazarus/McCrudden/Bowles (Hrsg.), Reasoning Rights, 2014, S. 66.

171 *von Bernstorff*, Proportionality Without Balancing, in: Lazarus/McCrudden/Bowles (Hrsg.), Reasoning Rights, 2014, S. 66.

172 Vgl. *Krugmann*, Der Grundsatz der Verhältnismäßigkeit im Völkerrecht, 2004, S. 89, 124 f.; *Corten*, The Controversies over the Customary Prohibition on the Use of Force, EJIL 2005, 803, 814; *Bothe*, Terrorism and the Legality of Pre-emptive Force, EJIL 2003, 227, 239.

## II. Richterlicher „Aktivismus“: Optimierung der Verhältnismäßigkeitsprüfung i. w. S. durch Verfeinerung der Abwägung

Richterlicher „Aktivismus“ ist an sich kein normativ vorwerfbares Konzept,[173] auch wenn er häufig so bezeichnet wird.[174] Die normative Bewertung des richterlichen Aktivismus hängt davon ab, inwieweit diese dynamische richterliche Tätigkeit die Grenzen der Legitimität überschreitet.

Zur Bewältigung der oben dargestellten Nachteile des Verhältnismäßigkeitsgrundsatzes i. w. S. wird im Schrifttum vorgeschlagen, die Verhältnismäßigkeitsprüfung i. w. S. unter Beibehaltung des Abwägungsgebots zu verbessern. Dazu soll ein internationaler Schiedsrichter sein freies Ermessen auf dynamische Weise ausüben. Einerseits soll der Kreis der für die Abwägung relevanten Faktoren erweitert werden; andererseits sollen die konkreten Abwägungsmethoden verfeinert werden.

### 1. Optimierung durch Erweiterung des Kreises der in die Abwägung einzubeziehenden Faktoren

Nach der erstgenannten Optimierungsalternative solle bei der Angemessenheitsprüfung beispielsweise einer militärischen Maßnahme im Einzelfall alle relevanten Faktoren beachtet bzw. hervorgehoben werden.[175] Diese Position

---

[173] *Kmiec*, The Origin and Current Meanings of „Judicial Activism“, CLR 2004, 1441, 1451; *Jackson*, The WTO Dispute Settlement Procedures, in: Schott (Hrsg.), The World Trading System, 1996, S. 162; *Howse*, WTO Appellate Body Jurisprudence on the Nature and Limits of the Judicial Power, in: Cottier/Mavroidis/Blatter (Hrsg.), The Role of the Judge in International Trade Regulation, 2003, S. 36; zu dem Wort „Aktivismus“ vgl. ferner: *Steinberg*, Judicial Lawmaking at the WTO, AJIL 2004, 247, 248. Ähnlich bezüglich *deference*, vgl. *Pauwelyn*, Does the WTO Stand for „Deference to“ or „Interference with“ National Health Authorities?, in: Cottier/Mavroidis/Blatter (Hrsg.), The Role of the Judge in International Trade Regulation, 2003, S. 175 ff. und S. 192, Zit. 1 a. a. O.; *Mavroidis/Cottier*, An Overview, in: Cottier/Mavroidis/Blatter (Hrsg.), The Role of the Judge in International Trade Regulation, 2003, S. 5.

[174] Vgl. *Kmiec*, The Origin and Current Meanings of „Judicial Activism“, CLR 2004, 1441, 1452; *Petersen*, Proportionality and Judicial Activism, 2017, S. 15, 190.

[175] *Gardam*, Necessity, Proportionality and the Use of Force by States, 2004, S. 14–19, 26–27, 159 ff.; *Meron*, The Humanization of Humanitarian Law, AJIL 2000, 239, 241–242; *Kretzmer*, The Inherent Right to Self-Defence and Proportionality in *Jus Ad Bellum*, EJIL 2013, 235, 240, 267 f., 278 ff.; *Greenwood*, Self-Defence and the Conduct of International Armed Conflict, in: Dinstein/Tabory (Hrsg.), International Law at a Time of Perplexity, 1989, S. 273, 275 ff.; *Lubell/Cohen*, Strategic Proportionality, ILS 2020, 160, 162, 194. Oft ist davon die Rede, dass der Verhältnismäßigkeits-

entspricht dem oben in Teil 1 Kapitel 1 § 2 C. I. 2. b) genannten Äquivalenz-Ansatz und der aktiven Richtung des Mittel-Zweck-Ansatzes in relativierter Form bezüglich des Selbstverteidigungsrechts nach Art. 51 VN-Charta.

Demnach sollen alle Faktoren in Rechnung getragen werden, nämlich nicht nur solche, die den rein militärischen Aspekt betreffen, sondern auch die im *jus in bello* entwickelten Forderungen,[176] wie exzessive Verluste von Zivilisten und Soldaten,[177] Flüchtlinge,[178] Umweltschäden,[179] Drittstaatsauswirkungen usw.[180]

Außerdem solle die Abwägung aus der Perspektive des *Third World Approach* betrachtet werden, anhand dessen die Souveränität und die kulturellen Unterschiede der Dritten Welt in angemessener Weise berücksichtigt werden sollten.[181] Ein weiterer Optimierungsvorschlag in dieser Richtung sei, die Verhältnismäßigkeitsprüfung i. w. S. und insbesondere die Abwägung der mi-

---

grundsatz i. w. S. die negativen Auswirkungen auf den Schutz von Zivilisten und Soldaten beschränke. Hierzu vgl. beispielsweise *Gardam*, Necessity, Proportionality and the Use of Force by States, 2004, S. 135 f. und S. 85 f. bezüglich *jus in bello* bzw. S. 186–187 bezüglich *jus ad bellum*. Die Beachtung dieser Interessen ist jedoch zugleich als eine Optimierung der Verhältnismäßigkeitsprüfung i. w. S. für die verteidigende Maßnahme zu verstehen. Denn eine richtige Anwendung des Verhältnismäßigkeitsgrundsatzes i. w. S. hängt u. a. von der richtigen Abwägung und Berücksichtigung des Schutzes von Zivilisten und Soldaten gegenüber den militärischen Zielen ab.

176 *Newton/May*, Proportionality in International Law, 2014, S. 283 ff.; *Gardam*, Necessity, Proportionality and the Use of Force by States, 2004, S. 59 ff., 85 ff.; *Cannizzaro*, Contextualizing Proportionality, IRRC 2006, 779, 791–792; *Christodoulidou/Chainoglou*, The Principle of Proportionality from a Jus Ad Bellum Perspective, in: Weller/Solomou/Rylatt (Hrsg.), The Oxford Handbook of the Use of Force in International Law, 2015, S. 1195.

177 *Gardam*, Necessity, Proportionality and the Use of Force by States, 2004, S. 8–9, 14–19, 26–27, 162.

178 *Gardam*, Necessity, Proportionality and the Use of Force by States, 2004, S. 171.

179 *Gardam*, Necessity, Proportionality and the Use of Force by States, 2004, S. 170, 177–178.

180 *Lubell/Cohen*, Strategic Proportionality, ILS 2020, 160, 181–183; *Gardam*, Necessity, Proportionality and the Use of Force by States, 2004, S. 173 ff. Zu den Anforderungen an verteidigende Maßnahmen als Reaktion auf staatlich geförderten Terrorismus vgl. 180 ff. und zu den Anforderungen an humanitäre Intervention vgl. 184 ff. a. a. O.

181 *Natarajan*, A Third World Approach to Debating the Legality of the Iraq War, ICLR 2007, 405, 407 ff., 410 ff., 414 ff. Dabei ist zwar allgemein von der Rechtmäßigkeit des Irak-Kriegs die Rede. Demnach seien jedoch die Souveränität und die kulturellen Unterschiede der Dritten Welt in angemessener Weise zu berücksichtigen. Diese Überlegung beinhaltet daher eine Interessenabwägung sowohl bei der Zielsetzung als auch bei der Angemessenheitsprüfung. In dieser Richtung vgl. auch *Anghie*, The Evolution of International Law, TWQ 2006, 739, 741–742, 749–750 und 752; *Martineau*, A Post-Colonial Reading of the Debate on the Use of Force, LJIL 2016, 95, 111–112.

litärischen Maßnahme zur Selbstverteidigung aus einer feministischen Perspektive zu betrachten.[182]

### 2. Optimierung durch Verfeinerung der konkreten Abwägungsmethodik

Andere Vertreter konzentrieren sich auf die Verfeinerung der konkreten Abwägungsmethode.

So wird teilweise argumentiert, dass die Maßgeblichkeit und Zuverlässigkeit der zur Ablehnung der Verhältnismäßigkeit i. w. S. einer präemptiven Selbstverteidigung herangezogenen Kriterien, insbesondere der humanitären Theorie,[183] nicht hinreichend begründet werden.[184] Für die Beurteilung der Verhältnismäßigkeit und Angemessenheit einer solchen militärischen Maßnahme bei Abwesenheit zentralisierter völkerrechtlicher Durchsetzungsmechanismen solle daher entscheidend sein, ob eine vernünftige Entscheidung (*rational choice*) unter Abwägung aller (politischen, militärischen, wirtschaftlichen usw.) Kosten und Nutzen getroffen werde.[185] In dieser Richtung wird weiterhin „der Ansatz der strategischen Verhältnismäßigkeit i. e. S." vorgeschlagen, die eine Kosten-Nutzen-Analyse des Gesamtschadens im Vergleich zu den strategischen Zielen während des gesamten bewaffneten Konflikts erfordere.[186]

Ferner wird im Bereich des internationalen Menschenrechtsschutzes argumentiert, dass der Verhältnismäßigkeitsgrundsatz i. w. S. durch eine Kosten-Nutzen-Analyse unter kritischer Würdigung der Alexyschen Maximierungstheorie zu verfeinern sei.[187] Demnach sei die Rationalitätsprüfung überflüssig

---

[182] *Heathcote*, Article 51 Self-Defense as a Narrative, TWLR 2005, 140, 141, 145 ff., 150; *Chinkin*, A Gendered Perspective to the International Use of Force, AYJL 1992, 279, 285 f., 291 f. Für das Verbot der Gewaltanwendung im Sinne von Art. 4 (2) VN-Charta aus feministischer Hinsicht vgl. *Heathcote*, Feminist Perspectives on the Law on the Use of Force, in: Weller/Solomou/Rylatt (Hrsg.), The Oxford Handbook of the Use of Force in International Law, 2015, S. 114 ff.

[183] *Posner*, Terrorism and the Laws of War, ChicagoJIL 2005, 423, 426–427.

[184] *Murphy*, The Doctrine of Preemptive Self Defense, VLR 2005, 699, 706–747, 748.

[185] *Murphy*, The Doctrine of Preemptive Self Defense, VLR 2005, 699, 702–705, 748; *Posner*, Terrorism and the Laws of War, ChicagoJIL 2005, 423, 426, 427–430. Ähnlich auch: *Lubell/Cohen*, Strategic Proportionality, ILS 2020, 160, 183 ff.; *Martineau*, A Post-Colonial Reading of the Debate on the Use of Force, LJIL 2016, 95, 111–112; *Cannizzaro*, Contextualizing Proportionality, IRRC 2006, 779, 788.

[186] *Lubell/Cohen*, Strategic Proportionality, ILS 2020, 162, 176, 186, 194.

[187] *Chang/Dai*, The Limited Usefulness of the Proportionality Principle, ICON 2021, 1110, 1113.

und die Angemessenheitsprüfung eine „verkrüppelte“ Kosten-Benefit-Analyse, die durch eine vollständige Kosten-Nutzen-Analyse unter Beachtung aller sozialen Kosten und Vorteile ersetzt werden solle.[188]

Im Bereich des Menschenrechtsschutzes wird weiterhin vertreten, dass die Alexysche Maximierungstheorie der Verhältnismäßigkeit i. w. S. bestimmte moralische Forderung nicht auffangen könne und die Verhältnismäßigkeitsprüfung i. w. S., insbesondere die Abwägung, durch moralische Argumentation vorgenommen werden solle.[189] Bei der Abwägung räumt dieser Ansatz einem Schiedsrichter eine uneingeschränkte moralische Beurteilungsbefugnis jenseits des Normtextes und des Präjudizes ein.[190]

### III. Richterliche Zurückhaltung: Optimierung der Verhältnismäßigkeitsprüfung i. w. S. durch Einschränkung bzw. Wegfall der Abwägung

Entgegen dem Verfeinerungsversuch der richterlichen Abwägung wird vertreten, dass der Verhältnismäßigkeitsgrundsatz i. w. S. mittels richterlicher Zurückhaltung, nämlich durch Einschränkung bzw. durch Wegfall der Abwägung, optimiert werden soll.

#### 1. Einschränkung der Abwägung unter Beibehaltung der Angemessenheitsprüfungsstufe

Die richterliche Zurückhaltung und die damit zu erreichende Einschränkung der Abwägung lassen sich nach dieser Auffassung grundsätzlich durch die folgenden drei Ansätze verwirklichen.

---

188 *Chang/Dai*, The Limited Usefulness of the Proportionality Principle, ICON 2021, 1110, bezüglich der Rationalitätsprüfung vgl. 1115, 1120 und bezüglich der Abwägung vgl. 1113, 1117 ff. a. a. O. Kritik hierzu siehe: *Peters*, A Plea for Proportionality, ICON 2021, 1135; *Caviedes/Urbina*, Cost-Benefit Analysis in Rights Adjudication, ICON 2021, 1146.

189 *Möller*, Proportionality, ICON 2012, 709, 716–718; *ders.*, Balancing and the Structure of Constitutional Rights, ICON 2007, 453, 465, 467–468; *Panaccio*, In Defence of Two-Step Balancing and Proportionality in Rights Adjudication, CJLJ 2011, 109, 117 f., 124, 128.

190 *Cohen-Eliya/Porat*, Proportionality and the Culture of Justification, AJCL 2011, 463, 466. Ein Plädoyer für die Alexysche Maximierungstheorie siehe: *Klatt/Meister*, Proportionality, ICON 2012, 687, 693 ff.

### *a) Einschränkung der Abwägung durch Hervorhebung des Norminhalts*

Im Selbstverteidigungsrecht sei eine Abwägung nach der oben dargestellten zurückhaltenden Richtung des „Mittel-Zweck-Ansatzes in der relativierten Form“[191] zwar für die Interpretation der Verhältnismäßigkeit i. w. S.[192] nicht völlig vermeidbar.[193] Diese Interpretation und insbesondere die Abwägung sollen sich nach dieser Ansicht jedoch auf eine universelle Intersubjektivität stützen, die auf der Grundlage einer Analyse der Positionen einer Vielzahl von Staaten und Wissenschaftlern aus verschiedenen Teilen der Welt festgestellt werden müsse.[194]

Diese Feststellung stützt sich vielmehr auf die Hervorhebung des Norminhalts des Art. 51 VN-Charta. Da es sich bei den Befürwortern dieser Position hauptsächlich um diejenigen handelt, die einen (relativ) restriktiven Ansatz[195] bei der Auslegung des Art. 51 VN-Charta vertreten, beruht die vorliegende Schlussfolgerung stark darauf, dass es in Art. 51 VN-Charta keine weiteren vertraglichen Beschränkung für die konkrete Ausübung der Verteidigungshandlung gebe, soweit die Selbstverteidigungssituation vorliegt,[196] einerseits. Andererseits erkennen diese Vertreter zugleich die in Art. 51 VN-Charta enthaltene Grauzone an, die eine Abwägung in restriktiver Weise unbedingt erfordert.[197]

Ähnlich wird bezüglich der Antwort auf die Fragmentierung des Wirtschaftsvölkerrechts vertreten, dass die Abwägung keine geeignete Methode

---

[191] Teil 1 Kapitel 1 § 2 C. I. 2. b).

[192] Die Verhältnismäßigkeit i. w. S. ist als Voraussetzung für die Rechtmäßigkeit der Selbstverteidigung gemäß Art. 51 VN-Charta anerkannt. Vgl. *Corten*, Regulating Resort to Force: A Response to Matthew Waxman, EJIL 2013, 191, 194 f.

[193] *Corten*, Regulating Resort to Force: A Response to Matthew Waxman, EJIL 2013, 191, 192–194 und 196; *Kaye*, Adjudicating Self-Defense, CJTL 2005, 134, 146, 159 ff.

[194] *Corten*, Regulating Resort to Force: A Response to Matthew Waxman, EJIL 2013, 191, 196 f.; *ders.*, The Controversies over the Customary Prohibition on the Use of Force, EJIL 2005, 803, 810 ff. und 816 ff.; ähnlich auch: *Crow*, A Taxonomy of Proportionality in International Courts, iCWPS 2017/107, 1, 23 f.; *Beer*, When Should a Lawful War of Self-Defence End?, EJIL 2022, 889, 906–915.

[195] Für die Unterscheidung zwischen dem *restrictive approach* und dem *extensive approach* siehe u. a.: *Corten*, The Controversies over the Customary Prohibition on the Use of Force, EJIL 2005, 803, 805 ff., 812 ff.; *ders.*, Regulating Resort to Force: A Response to Matthew Waxman, EJIL 2013, 191.

[196] Insoweit ähnlich der Beobachtung der Vertretern der strengsten Form des Mittel-Zwecks-Ansatzes: *Kunz*, Individual and Collective Self-Defense in Article 51 of the Charter of the United Nations, AJIL 1947, 872, 877; *Krugmann*, Der Grundsatz der Verhältnismäßigkeit im Völkerrecht, 2004, S. 104; *Moore*, Jus ad Bellum before the International Court of Justice, VJIL 2012, 903, 915.

[197] *Corten*, Regulating Resort to Force: A Response to Matthew Waxman, EJIL 2013, 191, 192–194.

zur Lösung von Konflikten zwischen Normen aus unterschiedlichen Bereichen des fragmentierten Völkerrechts sei und diese zur Vermeidung der Deformalisierung nur eingeschränkt eingesetzt werden solle. Hingegen sollten alternative Argumentationsrahmen entwickelt werden, mittels derer die Norminhalte und ihre gegenseitigen Einflüsse im Kontext der Fragmentierung des Völkerrechts in vorhersehbarer Weise identifiziert werden können. Demzufolge finde eine Abwägung nur dann statt, wenn die betreffenden Normen jeweils bereits ein Element von Gewicht enthalten und zu einem Mindestmaß kommensurabel seien.[198]

### *b) Einschränkung der Abwägung nach der Theorie der Margin of Appreciation*

Eine prominente Alternative zur Bewältigung der Nachteile des Verhältnismäßigkeitsgrundsatzes i. w. S. ist eine zurückhaltende richterliche Anwendung dieses Grundsatzes durch die Einräumung eines bestimmten Beurteilungsspielraums und die Setzung unterschiedlicher Prüfungsdichten.

Bezüglich des europäischen Menschenrechtsschutzes wird auf der Grundlage der Entscheidungspraxis des EGMR – trotz aller Kritik,[199] – argumentiert, dass die Zuständigkeit für die materielle Beurteilung der Verhältnismäßigkeit und Angemessenheit einer Maßnahme grundsätzlich den verschiedenen innerstaatlichen Gewalten zugewiesen werden solle; diese nationale Einschätzung solle dann mit unterschiedlicher Intensität anhand verschiedener Maßstäbe, wie u. a. nach der Wichtigkeit der einschlägigen Menschenrechte, nach der Eingriffsintensität in dieser Rechte im Einzelfall[200] bzw. nach dem Gebot monokausaler richterlicher Zurückhaltung[201], überprüft werden.[202]

---

[198] Vgl. *Hauck*, Normenkonflikte als Optimierungsprobleme?, in: Baade u. a. (Hrsg.), Verhältnismäßigkeit im Völkerrecht, 2016, S. 103 i. V. m. *ders.*, A Critique of Proportionality Balancing, Völkerrechtsblog 5/8/2015 und *ders.*, The Proportionality Critique Still Stands, Völkerrechtsblog 12/8/2015.

[199] Vgl. *Brauch*, The Margin of Appreciation and the Jurisprudence of the ECHR, CJEuL 2005, 113, 121, 125 ff., 147 f.; *Feingold*, Doctrine of Margin of Appreciation and the EConvHR, NDLR 1977, 90, 93 f., 95 ff.; *Born/Morris/Forrest*, A Margin of Appreciation, HILJ 2020, 65, 88–91; *Kratochvíl*, The Inflation of the Margin of Appreciation by the ECHR, NQHR 2011, 324, 336–343; *Lemmens*, The Margin of Appreciation in the ECHR's Case Law, EJLR 2018, 78, 91 f.; *Letsas*, Two Concepts of the Margin of Appreciation, OJLS 2006, 705, 714, 731–732; *Yourow*, The Margin of Appreciation Doctrine, ConnJIL 1987, 111, 151 ff.

[200] *Spielmann*, Allowing the Right Margin, CYELS 2012, 381, 397 ff.; *Rivers*, Proportionality and Variable Intensity of Review, CLJ 2006, 174, 177, 195 ff., 206 und 207.

[201] *Arsche*, Die Margin of Appreciation, 2018, S. 99 ff., 215–217.

[202] *O'donnell*, The Margin of Appreciation Doctrine, HRQ 1982, 474, 484 ff., 479 ff.; *Spielmann*, Allowing the Right Margin, CYELS 2012, 381, 394 ff., 417–418;

Im EU-Recht werde den Mitgliedstaaten grundsätzlich, jedoch nicht regelmäßig, ein weiter Beurteilungsspielraum eingeräumt; je nach Sachbereich, Umständen bzw. Wichtigkeit des Schutzguts werden dann unterschiedliche Prüfungsintensitäten für die fragliche Maßnahme angewendet.[203] Im Unterschied zu den Mitgliedstaaten werde den Unionsorganen bei der Ausübung ihrer Kompetenzen regelmäßig ein wesentlich größerer Ermessensspielraum eingeräumt.[204] Die diesbezügliche Verhältnismäßigkeitsprüfung i. w. S. enthalte zwar sowohl eine Rationalitäts- als auch eine Angemessenheitskontrolle.[205] Sie reduziere sich jedoch oft faktisch auf eine Evidenzkontrolle, bei der geprüft werde, ob eine durch die EU-Organe ergriffene Maßnahme offensichtlich ungeeignet, unerforderlich bzw. unangemessen sei.[206]

---

*Kratochvíl*, The Inflation of the Margin of Appreciation by the ECHR, NQHR 2011, 324, 354 ff.; *Rivers*, Proportionality and Variable Intensity of Review, CLJ 2006, 174, 177, 195 ff., 206 und 207; *Lemmens*, The Margin of Appreciation in the ECHR's Case Law, EJLR 2018, 78, 91, 95 und 96; *Mcgoldrick*, A Defence of the Margin of Appreciation, ICLQ 2016, 21, 58 f.

[203] *Kischel*, Die Kontrolle der Verhältnismäßigkeit durch EuGH, EuR 2000, 380, 386; *Brigola*, Der Grundsatz der Verhältnismäßigkeit im Gefüge der EU-Grundfreiheiten, EuZW 2017, 406, 407. Zur Befürwortung einer intensiveren Prüfungsdichte für die Unionsgrundrechte beschränkenden Maßnahmen vgl. *Pache*, Der Grundsatz der Verhältnismäßigkeit in der Rechtsprechung der Gerichte der Europäischen Gemeinschaften, NVwZ 1999, 1033, 1040. Für eine unterschiedliche Prüfungsintensität bezüglich diskriminierender und gleich angewendeter Maßnahmen vgl. *Trstenjak/Beysen*, Das Prinzip der Verhältnismäßigkeit in der Unionsrechtsordnung, EuR 2012, 265, 277. Zur Kritik der intensivierten Prüfungsdichte bezüglich mitgliedstaatlicher Integrationsmaßnahmen vgl. *Plappert*, Der unionsrechtliche Verhältnismäßigkeitsvorbehalt, EuR 2020, 364, 372 f.

[204] *Kischel*, Die Kontrolle der Verhältnismäßigkeit durch EuGH, EuR 2000, 380, 386, 392; *Brigola*, Der Grundsatz der Verhältnismäßigkeit im Gefüge der EU-Grundfreiheiten, EuZW 2017, 406, 406–407; *Trstenjak/Beysen*, Das Prinzip der Verhältnismäßigkeit in der Unionsrechtsordnung, EuR 2012, 265, 273; *Pache*, Der Grundsatz der Verhältnismäßigkeit in der Rechtsprechung der Gerichte der Europäischen Gemeinschaften, NVwZ 1999, 1033, 1039.

[205] *Kischel*, Die Kontrolle der Verhältnismäßigkeit durch EuGH, EuR 2000, 380, 398–401; *Trstenjak/Beysen*, Das Prinzip der Verhältnismäßigkeit in der Unionsrechtsordnung, EuR 2012, 265, 274.

[206] *Kischel*, Die Kontrolle der Verhältnismäßigkeit durch EuGH, EuR 2000, 380, 386, 392; *Brigola*, Der Grundsatz der Verhältnismäßigkeit im Gefüge der EU-Grundfreiheiten, EuZW 2017, 406, 406–407; *Trstenjak/Beysen*, Das Prinzip der Verhältnismäßigkeit in der Unionsrechtsordnung, EuR 2012, 265, 273; *Pache*, Der Grundsatz der Verhältnismäßigkeit in der Rechtsprechung der Gerichte der Europäischen Gemeinschaften, NVwZ 1999, 1033, 1039.

#### *c) Einschränkung der Abwägung durch kategoriale Argumentation anhand des Kerngehalts des Menschenrechts*

Ferner wird vertreten, dass die Rechtfertigung einer staatlichen Maßnahme zwar dann ausscheide, wenn in den Kerngehalt des Menschenrechts als absolutes Minimum eingegriffen werde; dieser Begriff sei jedoch schwer feststellbar und daher in der Praxis nutzlos.[207]

Entgegen dieser Feststellung wird die Bedeutung des Kerngehalts des Menschenrechts und die Rolle der definitorischen Abwägung hervorgehoben, aus der sich eine regelhafte Konkretisierung des Kerngehalts eines Menschenrechts ergebe, die für künftige ähnliche Fälle gelte.[208] Demnach ergebe sich die moralische Bewertung nicht allein aus der angeblich objektiven und neutralen Bemessung der Beeinträchtigungsintensität eines Menschenrechts im Verhältnis zur Wichtigkeit des verfolgten Ziels im Einzelfall;[209] erst die Bejahung des unantastbaren und gegenüber konkurrierenden öffentlichen Interessen abwägungsfesten Kerngehalts eines Menschenrechts durch ein Gericht impliziere eine unvermeidbare moralische Bewertung darüber, was richtig und falsch sei.[210]

### 2. Verzicht auf die richterliche Abwägung

Statt der oben dargestellten Einschränkung der Verhältnismäßigkeitsprüfung i. w. S. unter Beibehaltung des Abwägungsgebots wird im Völkerrecht

---

207 *Rivers*, Proportionality and Variable Intensity of Review, CLJ 2006, 174, 182 ff., 187.

208 *Tsakyrakis*, Proportionality: An Assault on Human Rights?, ICON 2009, 468. Zwar werden dort teilweise Ausdrücke verwendet, wonach es auf eine Abwägung insgesamt verzichtet werden solle. Unter Berücksichtigung des gesamten Kontexts ist jedoch festzustellen, dass demnach nur auf eine *ad-hoc*-Abwägung über (uneingeschränkte) moralische Argumentation verzichtet werden soll und stattdessen eine definitorische Abwägung bei der Angemessenheitsprüfung durchzuführen ist, vgl. jeweils 474 und 475, 491–493 a. a. O. Für die uneingeschränkte moralische Argumentation bei der Abwägung siehe: *Cohen-Eliya/Porat*, Proportionality and the Culture of Justification, AJCL 2011, 463, 466. Zur Kritik siehe: *Khosla*, Proportionality: An Assault on Human Rights?: A Reply, ICON 2010, 298; *Möller*, Proportionality, ICON 2012, 709; *Da Silva*, Comparing the Incommensurable, OJLS 2011, 273; *Klatt/Meister*, Proportionality, ICON 2012, 687.

209 *Tsakyrakis*, Proportionality: An Assault on Human Rights?, ICON 2009, 468, 474–475, 491–493; *ders.*, Proportionality: An Assault on Human Rights?: A Rejoinder, ICON 2010, 307, 310.

210 *Tsakyrakis*, Proportionality: An Assault on Human Rights?, ICON 2009, 468, 474–475, 491–493, 488; *ders.*, Proportionality: An Assault on Human Rights?: A Rejoinder, ICON 2010, 307, 310. Ähnlich siehe: *Arsche*, Die Margin of Appreciation, 2018, S. 225–226.

weiterhin vertreten, dass der besprochene Grundsatz unter Verzicht auf die Abwägung angewendet werden soll.

### *a) Grundsätzlicher Verzicht auf die richterliche Abwägung*

Im Selbstverteidigungsrecht wird dieser Ansatz überwiegend von den Befürwortern der vorgenannten strengsten Form des Mittel-Zweck-Ansatzes[211] vertreten.

Demzufolge könne die Abwägung hinsichtlich der Durchsetzungsschwierigkeit aufgrund der Inkommensurabilität kollidierender Interessen und des Souveränitätsgleichheitsprinzips nicht ohne Weiteres zur Beilegung aller völkerrechtlichen Konflikte herangezogen werden.[212] Eine Verfeinerung der Abwägung durch eine Kosten-Nutzen-Analyse sei auch nicht zu empfehlen, weil es an einheitlichen Kriterien fehle, nach denen welchem Interesse welches Gewicht beizumessen sei.[213] Es gebe daher keinen allgemein legitimen Grund für eine richterliche Abwägung im Völkerrecht.[214]

In dieser Richtung wird zwar vertreten, dass eine Abwägung nach humanitärem Kriegsvölkerrecht dennoch eine wichtige Rolle spiele.[215]

Eine solche Abwägung sei jedoch nicht zwingend und im konkreten Einzelfall aufgrund der Inkommensurabilität zwischen militärischem Vorteil und Schaden für die Zivilbevölkerung ohne willkürliche Einschätzung schwer durchsetzbar.[216] Ferner wird vertreten, dass das Abwägungsgebot nach *jus in bello* in bestimmten Bereichen, wie in der Terrorismusbekämpfung, nicht für Terroristen gelte.[217]

---

211 Siehe: oben Teil 1 Kapitel 1 § 2 C. I. 2. b).

212 *Krugmann*, Der Grundsatz der Verhältnismäßigkeit im Völkerrecht, 2004, S. 124.

213 *Krugmann*, Der Grundsatz der Verhältnismäßigkeit im Völkerrecht, 2004, S. 124.

214 *Krugmann*, Der Grundsatz der Verhältnismäßigkeit im Völkerrecht, 2004, S. 83, 124–125.

215 *Krugmann*, Der Grundsatz der Verhältnismäßigkeit im Völkerrecht, 2004, S. 124–125; *Kunz*, Individual and Collective Self-Defense in Article 51 of the Charter of the United Nations, AJIL 1947, 872, 877; *Moore*, Jus ad Bellum before the International Court of Justice, VJIL 2012, 903, 915, 957–958.

216 *Krugmann*, Der Grundsatz der Verhältnismäßigkeit im Völkerrecht, 2004, S. 124–125 i.V.m. S. 38, 77–80, 93–95.

217 *Ruffert*, Terrorismusbekämpfung zwischen Selbstverteidigung und kollektiver Sicherheit, ZRP 2002, 247, 249.

### *b) Verzicht auf die richterliche einzelfallbezogene Abwägung zugunsten der kategorialen Argumentation*

Ein weiterführender Ansatz wird für den Bereich des internationalen Menschenrechtsschutzes vorgeschlagen und weiterentwickelt. Demnach solle die Verhältnismäßigkeitskontrolle i. w. S. beruhend auf ihrer verkürzten Form[218] und in Verbindung mit der kategorialen Argumentationsform optimiert werden.

Einerseits solle die Verhältnismäßigkeitsprüfung i. w. S. auf ihre verkürzte Form[219] reduziert werden, damit die *ad-hoc*-Abwägung, nämlich die einzelfallbezogene Gesamtabwägung von betroffenen Interessen und Rechtsgütern, sowie die dadurch verursachte Unvorhersehbarkeit der richterlichen Entscheidung[220] vermieden werden können;[221] Als zusätzlicher Schutz werden andererseits klare Regeln (*bright line rules*), nämlich die Grenzen der Einschränkbarkeit der Grund- und Menschenrechte, unter Verweis auf den Kerngehalt eines solchen Rechts durch kategoriale Argumentation festgelegt.[222] Diese

---

[218] Eine solche verkürzte Verhältnismäßigkeitsprüfung enthält nur die Legitimitätsprüfung und die Rationalitätsprüfung, nicht jedoch eine richterliche *ad-hoc*-Abwägung. Für die verkürzte Verhältnismäßigkeitsprüfung im deutschen Verfassungsrecht siehe: *Schlink*, Abwägung im Verfassungsstaat, 1976, S. 192–219; *ders.*, Der Grundsatz der Verhältnismäßigkeit, in: Badura/Dreier (Hrsg.), FS 50 Jahre BVerfG, Band II, 2001, S. 455–462. Demzufolge solle der Verhältnismäßigkeitsgrundsatz keine Abwägung enthalten. Ebenso enthalte die Verhältnismäßigkeitsprüfung demnach weder bei Grundrechtenkonflikten noch bei Konflikten zwischen öffentlichen Interessen und Grundrechten eine subjektive Bewertung, die überhaupt nichts mit der Geeignetheits- und Erforderlichkeitsprüfung zu tun habe. Denn eine solche Bewertung überschreite die Grenze der Erforderlichkeitsprüfung als Prüfung der Mittel-Zweck Relation.

[219] Der Verhältnismäßigkeitsgrundsatz könne und solle (nur) für die Überprüfung der Geeignetheit und der Erforderlichkeit der Anwendung von Menschenrechtsschutzklauseln eingesetzt werden. Eine Abwägung finde demnach in der verkürzten Verhältnismäßigkeitsprüfung nicht statt. Vgl. *von Bernstorff*, Proportionality Without Balancing, in: Lazarus/McCrudden/Bowles (Hrsg.), Reasoning Rights, 2014, S. 70; *ders.*, Kerngehaltsschutz durch den UN-Menschenrechtsausschuss und den EGMR, Der Staat 2011, 165, 177.

[220] *von Bernstorff*, Proportionality Without Balancing, in: Lazarus/McCrudden/Bowles (Hrsg.), Reasoning Rights, 2014, S. 66, 70–71, 80, 81 und 86–87; *ders.*, Kerngehaltsschutz durch den UN-Menschenrechtsausschuss und den EGMR, Der Staat 2011, 165, 182 f.

[221] *von Bernstorff*, Kerngehaltsschutz durch den UN-Menschenrechtsausschuss und den EGMR, Der Staat 2011, 165, 172 ff., insbesondere 173–174; *ders.*, Proportionality Without Balancing, in: Lazarus/McCrudden/Bowles (Hrsg.), Reasoning Rights, 2014, S. 66 ff., 83 ff.

[222] *von Bernstorff*, Kerngehaltsschutz durch den UN-Menschenrechtsausschuss und den EGMR, Der Staat 2011, 165, 172 ff., insbesondere 173; *ders.*, Proportionality Without Balancing, in: Lazarus/McCrudden/Bowles (Hrsg.), Reasoning Rights, 2014, S. 66 ff., 83 ff. Ähnlich, vgl. *Aleinikoff*, Constitutional Law in the Age of Balancing,

Theorie beruht darauf, dass die Grund- und Menschenrechte Regeln und keine flexiblen, abwägungsoffenen Prinzipien im Sinne der Alexyschen Grundrechtstheorie seien; darüber hinaus sei den Grund- und Menschenrechten ein anti-utilitaristisches Telos inhärent.[223, 224]

## § 3 Allgemeine Diskussion über Prüfungsintensität und richterliche Zurückhaltung im WTO-Recht mit Bezug auf die Interpretation von Art. XX GATT

Die Diskussion über den Stellenwert des Verhältnismäßigkeitsgrundsatzes i. w. S. geht über das allgemeine Völkerrecht hinaus und erstreckt sich auf das WTO-Recht. Gegenstand einer Verhältnismäßigkeitsprüfung i. w. S. sind die Tatsachenfeststellung und das darauf aufbauende Rechtsurteil des regulierenden WTO-Mitglieds.

Folglich lässt sich die Diskussion über die Stellung des Verhältnismäßigkeitsprinzips i. w. S. im Rahmen der Auslegung des Art. XX GATT in die allgemeine Diskussion über die Kontrolldichte und die richterliche Zurückhaltung im WTO-Recht einordnen. Dabei wird diskutiert, inwieweit und nach welchem Maßstab richterliche Zurückhaltung bei der Überprüfung der Tatsachenfeststellung und des darauf aufbauenden Rechtsurteils eines WTO-Mit-

---

YLJ 1987, 943, 995 ff. und 1002 ff., insbesondere 1003 und 1005 i. V. m. 945: Unter Kritik sowohl an der *ad-hoc*-Abwägung (S. 972–979, 981–995 a. a. O.) als auch an der definitionalen Abwägung (S. 979–980 a. a. O.) wird festgestellt, dass die Abwägung nicht unvermeidlich sei und grundsätzlich denkbar sei, auf sie zu verzichten.

223 Vgl. *von Bernstorff*, Kerngehaltsschutz durch den UN-Menschenrechtsausschuss und den EGMR, Der Staat 2011, 165, 167–168; *ders.*, Proportionality Without Balancing, in: Lazarus/McCrudden/Bowles (Hrsg.), Reasoning Rights, 2014, S. 66–67, 74 und 84.

224 Zu Zweifeln an dieser Ansicht vgl. *Petersen*, Verhältnismäßigkeit und Rationalität, 2015, S. 69–72; *ders.*, How to Compare the Length of Lines to the Weight of Stones, GLJ 2013, 1387, 1395–1397, 1402; *Bilchitz*, Necessity and Proportionality, in: Lazarus/McCrudden/Bowles (Hrsg.), Reasoning Rights, 2014, S. 42 und 59. Nach dieser Ansicht sei ein Ausschluss subjektiver Bewertungen aus der Erforderlichkeitsprüfung nicht ohne eine fundamentale Beschränkung ihrer Effektivität möglich, was zur praktischen Nutzlosigkeit dieses Prüfschritts führen könne. Soweit die normative Bewertung, einschließlich solcher zugunsten der kategorialen Argumentationsform, bei der Erforderlichkeitsprüfung vorgenommen werde, gelten die Einwände gegen die Abwägung in großem Umfang weiterhin auch für die verkürzte Verhältnismäßigkeitsprüfung.

Zur Klarstellung dieser Zweifel siehe: *von Bernstorff*, Kerngehaltsschutz durch den UN-Menschenrechtsausschuss und den EGMR, Der Staat 2011, 165, 184; *ders.*, Proportionality Without Balancing, in: Lazarus/McCrudden/Bowles (Hrsg.), Reasoning Rights, 2014, S. 82–83 und Zit. 81 a. a. O.; *Bilchitz*, Necessity and Proportionality, in: Lazarus/McCrudden/Bowles (Hrsg.), Reasoning Rights, 2014, S. 59–60.

glieds geübt werden soll. Diese Diskussion wird im folgenden Abschnitt dargestellt.

## A. Relevanz der allgemeinen Diskussion für die Darstellung der Stellung der Legitimitäts- und Verhältnismäßigkeitsprüfung i. w. S.

### I. Prüfungsdichte/Prüfungsmaßstab (*standard of review*) im Rahmen des Art. XX GATT und richterliche Zurückhaltung

Im Kontext des Völkerrechts kann die Prüfungsdichte (Prüfungsmaßstab, *standard of review*) als die Art und Intensität der Überprüfung von Entscheidungen oder anderen Handlungen einer Regierungsbehörde durch ein internationales Gericht oder Tribunal definiert werden.[225] Internationale Gerichte wenden die Prüfungsdichte an, um den Grad der Zurückhaltung zu bestimmen, den sie den Staaten bei der Umsetzung ihrer völkerrechtlichen Verpflichtungen gewähren.[226]

Im Rahmen der Interpretation des Art. XX GATT kann eine solche nämlich dahingehend verstanden werden, ob und inwieweit die WTO-Streitbeilegungsorgane bei der Überprüfung der unilateralen Umweltschutzmaßnahmen richterliche Zurückhaltung gewähren sollen.[227]

Gemäß Art. 11 DSU[228] soll ein Panel eine objektive Beurteilung der ihm vorliegenden Angelegenheit vornehmen, einschließlich einer objektiven Beur-

---

225 *Bohanes/Lockhart*, Standard of Review in WTO Law, in: Bethlehem u. a. (Hrsg.), The Oxford Handbook of International Trade Law, 1. Aufl. 2009, S. 379; *Gruszczynski/Werner*, Introduction, in: dies. (Hrsg.), Deference in International Court and Tribunals, 2014, S. 2.

226 *Gruszczynski/Werner*, Introduction, in: dies. (Hrsg.), Deference in International Court and Tribunals, 2014, S. 1–2.

227 *Croley/Jackson*, WTO Dispute Procedures, Standard of Review, and Deference, AJIL 1996, 193, 194, 206; *Jackson*, The WTO Dispute Settlement Procedures, in: Schott (Hrsg.), The World Trading System, 1996, S. 161; *Gruszczynski/Vadi*, Standard of Review and Scientific Evidence in WTO Law and International Investment Arbitration, in: Gruszczynski/Werner (Hrsg.), Deference in International Courts and Tribunals, 2014, S. 155; *Trachtman*, The Economic Structure of International Law, 2008, S. 211; *Ehlermann/Lockhart*, Standard of Review in WTO Law, JIEL 2004, 491, 493.

228 Art. 11 DSU sieht vor: „The function of panels is to assist the DSB in discharging its responsibilities under this Understanding and the covered agreements. Accordingly, a panel should make an objective assessment of the matter before it, including an objective assessment of the facts of the case and the applicability of and conformity with the relevant covered agreements, and make such other findings as will assist the DSB in making the recommendations or in giving the rulings provided for in the cov-

teilung des Sachverhalts sowie der Anwendbarkeit der einschlägigen WTO-Übereinkommen und deren Konformität.

Eine weitere Prüfungsdichte enthält das WTO-Streitbeilegungssystem gemäß Art. 17.6 DSU, nämlich die Überprüfung von Panel-Berichten durch den AB.[229] Eine solche Prüfungsdichte betrifft das institutionelle Verhältnis innerhalb des zweistufigen WTO-Streitbeilegungssystems[230] und ist nicht Schwerpunkt der vorliegenden Arbeit.

Abgesehen von Art. 17.6 ADA, auf den im nächsten Teil eingegangen wird, ist in den einzelnen WTO-Abkommen keine weitere Prüfungsdichte ausdrücklich vorgesehen.

## II. Unklarheit über die Reichweite und den Inhalt der Prüfungsdichte nach Art. 11 DSU und Art. 17.6 ADA

Im Schrifttum ist umstritten, ob die in Art. 11 DSU vorgesehene Prüfungsdichte als eine zurückhaltende oder eher als eine eingreifende Kontrollintensität zu verstehen ist und ob die angewendete Prüfungsdichte nach diesem Artikel in einem WTO-Abkommen auch auf andere WTO-Abkommen bzw. auf die Interpretation des Art. XX GATT übertragbar ist.

In EC – Hormones I stellte der AB fest, dass ein *objective assessment* i. S. v. Art. 11 DSU weder eine *de novo review* noch ein *total deference* darstelle[231] und die richterliche Zurückhaltung daher in der breiten Kategorie der Prüfungsdichte liegen solle.

Es ist zwar unproblematisch, dass die in Art. 11 DSU vorgesehene Prüfungsdichte generell für alle Streitigkeiten und damit auch für Umweltstreitigkeiten im Rahmen des Art. XX GATT vor der WTO gilt.[232] In der wissen-

---

ered agreements. Panels should consult regularly with the parties to the dispute and give them adequate opportunity to develop a mutually satisfactory solution."

229 Art. 17.6 DSU sieht vor: „An appeal shall be limited to issues of law covered in the panel report and legal interpretations developed by the panel."

230 *Jackson*, The World Trade Organization: Constitution and Jurisprudence, 1998, S. 89–90. Eine jüngere eingehende Analyse hierzu siehe: *Cottier*, Towards New Standards of Appellate Review, JIEL 2021, 515. Hierzu vgl. auch *Bohanes/Lockhart*, Standard of Review in WTO Law, in: Bethlehem u. a. (Hrsg.), The Oxford Handbook of International Trade Law, 1. Aufl. 2009, S. 421 ff.

231 WTO, AB-Bericht v. 16. 1. 1998, WT/DS26/AB/R u. a., „EC – Hormones I", Para. 116–119.

232 *Ioannidis*, Beyond the Standard of Review Deference Criteria in WTO Law and the Case for a Procedural Approach, in: Gruszczynski/Werner (Hrsg.), Deference in International Courts and Tribunals, 2014, S. 97; *Cheyne*, Deference and the Use of the Public Policy Exception in International Courts and Tribunals, in: Gruszczynski/Werner (Hrsg.), Deference in International Courts and Tribunals, 2014, S. 45. Nur die

schaftlichen Literatur wird jedoch die Unklarheit dieser Prüfungsdichte kritisiert.[233] Denn die Prüfungsdichte i.S.v. Art. 11 DSU könne, wie der AB in EC – Hormones I[234] feststellte, theoretisch zahlreichen Zwischenstufen von sehr eingreifend (*de novo review*) bis hin zu völlig zurückhaltend (*total deference*) umfassen.[235] Diese Unklarheit wurde auch nicht durch die Feststellung des AB in EC – Hormones II ausgeräumt, obwohl dabei eine zurückhaltende Prüfungsdichte angewendet wurde.[236]

Im Schrifttum wird weiterhin diskutiert, ob diese zurückhaltende Prüfungsdichte in den nachfolgenden Entscheidungen aufrechterhalten werden könne und ob sie nur für das SPS-Abkommen oder auch für andere WTO-Abkommen gelte.[237] So wird beispielsweise vertreten, dass eine im Rahmen des SPS-Abkommens angewendete Prüfungsdichte im Sinne von Art. 11 DSU nur für dieses Abkommen bzw. nur für den betreffenden Sachverhalt anwendbar sei.[238]

Hinsichtlich Art. 17.6 ADA ist im Schrifttum umstritten, ob die in diesem Artikel vorgesehene Prüfungsdichte u.a. auch für die Interpretation des Art. XX GATT gilt und ob sie als eine zurückhaltende oder eher als eine eingreifende Prüfungsdichte zu verstehen ist.

---

Tatsachenfeststellung betreffend siehe: *Fukunaga*, Standard of Review and „Scientific Truths" in the WTO Dispute Settlement System, JIDS 2012, 559, 561.

233 *Button*, The WTO's „Objective Assessment" Standard of Review and Panel Review of Health Measures, in: Mitchell (Hrsg.), The Challenges and Prospects for the WTO, 2005, S. 91–92; *Ioannidis*, Beyond the Standard of Review Deference Criteria in WTO Law and the Case for a Procedural Approach, in: Gruszczynski/Werner (Hrsg.), Deference in International Courts and Tribunals, 2014, S. 97–98, 111.

234 WTO, AB-Bericht v. 16.1.1998, WT/DS26/AB/R u.a., „EC – Hormones I", Para. 116–119.

235 Vgl. *Oesch*, Standards of Review in WTO Dispute Resolution, S. 15–16; *Becroft*, The Standard of Review in WTO Dispute Settlement, 2012, S. 6–8; *Gruszczynski/Werner*, Introduction, in: dies. (Hrsg.), Deference in International Courts and Tribunals, 2014, S. 1–2.

236 WTO, AB-Bericht v. 16.10.2008, WT/DS320/AB/R, „EC – Hormones II", Para. 585–616.

237 *Becroft*, The Standard of Review in WTO Dispute Settlement, 2012, S. 56; *Du*, Standard of Review under the SPS Agreement after EC – Hormones II, ICLQ 2010, 441, 459; *Peel*, Science and the Standard of Review in WTO Disputes under the SPS Agreement, ICLQ 2012, 427, 428–429; *Bohanes/Lockhart*, Standard of Review in WTO Law, in: Bethlehem u.a. (Hrsg.), The Oxford Handbook of International Trade Law, 1. Aufl. 2009, S. 383 f.; vgl. auch *Gruszczynski*, Standard of Review of Health and Environmental Regulations by WTO Panels, in: Van Calster/Prévost (Hrsg.), Research Handbook on Environment, Health and the WTO, 2013, S. 731 und 756.

238 *Du*, Standard of Review under the SPS Agreement after EC – Hormones II, ICLQ 2010, 441, 459.

Manche Vertreter sind der Ansicht, dass die Prüfungsdichte nach Art. 17.6 ADA auch für andere WTO-Abkommen gelte.[239] Demgegenüber weisen andere Vertreter darauf hin, dass die in ADA festgelegte Prüfungsdichte nicht für andere Bereiche gelte.[240]

Ebenso ambig ist der konkrete Inhalt der Prüfungsdichte nach Art. 17.6 (i) ADA. Es ist nicht hinreichend klar, ob tatsächlich eine zurückhaltende[241] oder eher eine wenig zurückhaltende Prüfungsdichte[242] für die Tatsachenfeststellung in diesem Artikel vorgesehen ist. Ähnliche Zweifel bestehen auch hinsichtlich der Prüfungsdichte nach Art. 17.6 (ii) ADA für die Rechtsfrage.[243]

---

[239] Zur Befürwortung der Anwendung auch auf andere WTO-Abkommen wie Art. XX GATT siehe: *Hilf*, Power, Rules and Principles for WTO/GATT Law, JIEL 2001, 111, 120; *Herwig/Serdarevic*, Standard of Review for Necessity and Proportionality Analysis in EU and WTO Law, in: Gruszczynski/Werner (Hrsg.), Deference in International Courts and Tribunals, 2014, S. 217; *Croley/Jackson*, WTO Dispute Procedures, Standard of Review, and Deference, AJIL 1996, 193, 211; *Button*, The WTO's „Objective Assessment" Standard of Review and Panel Review of Health Measures, in: Mitchell (Hrsg.), The Challenges and Prospects for the WTO, 2005, S. 103.

[240] Zur Ablehnung der Anwendung auf andere WTO-Abkommen wie Art. XX GATT siehe: *Ehlermann/Lockhart*, Standard of Review in WTO Law, JIEL 2004, 491, 495, i. V. m. der Anmerkung in Zit. 7 a. a. O.; *Howse/Nicolaïdis*, Enhancing WTO Legitimacy, Gorvernance 2003, 73, 87; *Ioannidis*, Beyond the Standard of Review Deference Criteria in WTO Law and the Case for a Procedural Approach, in: Gruszczynski/Werner (Hrsg.), Deference in International Courts and Tribunals, 2014, S. 96–97. Diese Ansicht beruht grundsätzlich auf der Feststellung des AB in WTO, AB-Bericht v. 16. 1. 1998, WT/DS26/AB/R u. a., „EC – Hormones I", Para. 114.

[241] Als zurückhaltend angesehen: *Guzman*, Determining the Appropriate Standard of Review in the WTO Law, CJIL 2004, 45, 73; *Ehlermann/Lockhart*, Standard of Review in WTO Law, JIEL 2004, 491, 502–503, 503 f., 520; *Bohanes/Lockhart*, Standard of Review in WTO Law, in: Bethlehem u. a. (Hrsg.), The Oxford Handbook of International Trade Law, 1. Aufl. 2009, S. 389–390, 390 f. und 396 f.; *Becroft*, The Standard of Review in WTO Dispute Settlement, 2012, S. 63; als grundsätzlich zurückhaltend angesehen: *Button*, The WTO's „Objective Assessment" Standard of Review and Panel Review of Health Measures, in: Mitchell (Hrsg.), The Challenges and Prospects for the WTO, 2005, S. 103, 168.

[242] Als wenig zurückhaltend angesehen: *Oesch*, Standards of Review in WTO Dispute Resolution, 2003, S. 61; *Horowitz*, Review of Trade Measures in the EU and the WTO, in: Mitchell (Hrsg.), The Challenges and Prospects for the WTO, 2005, S. 292; vgl. *Horlick/Clarke*, Standards for Panels Reviewing Anti-dumping Determinations under the GATT and WTO, in: Petersmann (Hrsg.), International Trade Law and the GATT/WTO Dispute Settlement System, 1997, S. 317–319; *Spamann*, Standard of Review for World Trade Organization Panels in Trade Remedy Cases, JWT 2004, 509.

[243] *Ioannidis*, Beyond the Standard of Review Deference Criteria in WTO Law and the Case for a Procedural Approach, in: Gruszczynski/Werner (Hrsg.), Deference in International Courts and Tribunals, 2014, S. 98. Zur uneinheitlichen Entscheidungspraxis und zur Mehrdeutigkeit von Art. 17.6 ADA vgl. *Becroft*, The Standard of Review in WTO Dispute Settlement, 2012, S. 60–63.

### III. Relevanz der allgemeinen Diskussion für die Interpretation des Art. XX GATT

Diese Divergenz hinsichtlich der Reichweite der Prüfungsdichte entspricht den Ansätzen zur Behandlung der richterlichen Zurückhaltung im Völkerrecht: Der erste Ansatz tendiert zu einem einheitlichen Konzept der Zurückhaltung, der zweite macht Zurückhaltung und Intensität der Überprüfung von den Umständen des Einzelfalls abhängig.[244]

Im Kontext der WTO ist die Frage jedoch von weniger Relevanz, ob die in SPS-Streitigkeiten nach Art. 11 DSU festgestellte Prüfungsdichte und die Prüfungsdichte nach Art. 17.6 ADA auch für andere WTO-Abkommen, wie Art. XX GATT, gelten.

Denn es ist, wie oben dargestellt, noch nicht einmal festgestellt worden, ob die Prüfungsdichte jeweils nach Art. 11 DSU und Art. 17.6 ADA zurückhaltend ist oder eher nicht. Ohne Klarstellung dieser Frage bleibt die konkrete Prüfungsdichte für Art. XX GATT weiterhin unklar, selbst wenn die Prüfungsdichte nach Art. 11 DSU und Art. 17.6 ADA darauf Anwendung findet. Es ist daher zunächst zu klären, nach welchem konkreten Beurteilungskriterium festgestellt werden soll, welche Prüfungsdichte für Art. XX GATT gilt, nämlich ob und wie viel Zurückhaltung ein Panel bei der Legitimitäts- und Verhältnismäßigkeitsprüfung i. w. S. dem regulierenden WTO-Mitglied gewähren soll.

Dazu ist eine kritische Analyse der oben geschilderten Ansichten und herangezogenen Argumente erforderlich. Da Gegenstand der vorliegenden Arbeit die Anwendung des Verhältnismäßigkeitsprinzips i. w. S. im Kontext des Art. XX GATT ist, werden in der folgenden Analyse vor allem die Ansichten und Argumente, dass die Prüfungsdichte nach Art. 11 DSU und Art. 17.6 ADA auch für andere WTO-Abkommen gilt, sowie die Ansichten und Argumente, dass die Prüfungsdichte nach dem konkreten Vertragskontext entschieden werden soll, erörtert.

Hingegen werden die Auffassungen und Argumente, die diese Geltungsfrage ablehnen oder offenlassen bzw. die Prüfungsdichte vom konkreten Vertragskontext abhängig machen, ohne sich jedoch mit Art. XX GATT zu befassen, im Folgenden nicht weiter dargestellt. Die zur Begründung dieser Ansichten vorgebrachten Argumente unterscheiden sich auch nicht wesentlich von denen der anderen Ansichten.

---

244 *Cheyne*, Deference and the Use of the Public Policy Exception in International Courts and Tribunals, in: Gruszczynski/Werner (Hrsg.), Deference in International Courts and Tribunals, 2014, S. 40–41.

## IV. Relevanz der allgemeinen Diskussion für die Legitimitäts- und Verhältnismäßigkeitsprüfung i. w. S.

Die Verhältnismäßigkeitsprüfung i. w. S. steht in engem Zusammenhang mit der Prüfungsdichte, weil es dabei um die Frage geht, ob eine mehr oder weniger strenge richterliche Überprüfung der Einschätzung des regulierenden WTO-Mitglieds zur Legitimität des Gefährdungsniveaus und des Schutzniveaus sowie zur Geeignetheit, Erforderlichkeit und Angemessenheit der ergriffenen Umweltmaßnahme erfolgen sollte.[245]

Da die Überprüfung der Umweltschutzmaßnahmen eines WTO-Mitglieds im Rahmen des Art. XX GATT durch eine Verhältnismäßigkeitsprüfung i. w. S. erfolgt, ist die allgemeine Diskussion über die Prüfungsdichte im WTO-Recht auch für diese Prüfung[246] und für die Festlegung der Gefährdungslage des Schutzguts sowie des Schutzniveaus bezüglich deren Abwendung von Relevanz.[247] Dabei spielt die Prüfungsdichte für die Interpretation des Art. XX GATT eine entscheidende und keine subsidiäre Rolle.[248] Hieran ändert nichts die Tatsache, dass eine anscheinend lockere richterliche Überprüfung der Gefährdungslage des Schutzguts beispielsweise in EC – Asbestos und Brazil – Retreaded Tyres von den WTO-Streitbeilegungsorganen angewendet wurde,[249] weil dies nur auf die Anwendung einer sehr zurückhaltenden Prüfungsdichte hindeutet.

---

[245] Vgl. *Andenas/Zleptnig*, Proportionality and Balancing in WTO Law, CRIA 2007, 71, 72; *de Búrca*, The Principle of Proportionality and its Application in EC Law, YEL 1997, 105, 112.

[246] *Herwig/Serdarevic*, Standard of Review for Necessity and Proportionality Analysis in EU and WTO Law, in: Gruszczynski/Werner (Hrsg.), Deference in International Courts and Tribunals, 2014, S. 209, 220; *Nowrot*, Standard of Review as a Procedural Issue in WTO Dispute Settlement, in: Delbrück u. a. (Hrsg.), FS Walther-Schücking-Institut, 2014, S. 612–613; vgl. *Voon/Yanovich*, The Limitation of WTO Appeals to Issues of Law, JWT 2006, 239, 256; *Spamann*, Standard of Review for World Trade Organization Panels in Trade Remedy Cases, JWT 2004, 509, 524.

[247] Vgl. *Kometani*, How Should WTO Panels Review Environmental Regulations under GATT Articles III and XX, NJILB 1996, 441, 468–469 i. V. m. 457. Demzufolge dürfe die Legitimität des angegebenen Schutzziels im Unterscheid zu Art. XX (g) GATT nur im Rahmen der Prüfung des Art. XX (b) GATT von einem Panel überprüft werden.

[248] Als subsidiär bezeichnet: *Gruszczynski*, Standard of Review of Health and Environmental Regulations by WTO Panels, in: Calster/Prévost (Hrsg.), Research Handbook on Environment, Health and the WTO, 2013, S. 732.

[249] *Gruszczynski*, Standard of Review of Health and Environmental Regulations by WTO Panels, in: Van Calster/Prévost (Hrsg.), Research Handbook on Environment, Health and the WTO, 2013, S. 732.

Ferner sind die Gegenstände der Prüfungsdichte sowohl die Tatsachenfeststellung als auch das Rechtsurteil,[250] wobei eine scharfe Unterscheidung zwischen den beiden aufgrund wissenschaftlicher bzw. empirischer Unsicherheiten[251] schwierig ist.[252] Dies gilt auch für die Überprüfung der unilateralen Umweltschutzmaßnahme im Berufungsverfahren.[253]

Auch aus diesem Grund ist die allgemeine Diskussion über die Prüfungsdichte für die Legitimitäts- und Verhältnismäßigkeitsprüfung i. w. S. von Relevanz, deren Gegenstände ebenso die Tatsachenfeststellung und das darauf aufbauende Rechtsurteil sind. Es handelt sich bei der Geeignetheits- und Erforderlichkeitsprüfung nämlich primär um eine empirische Beurteilung.[254] Bei der Angemessenheitsprüfung geht es demgegenüber um ein Rechtsurteil aufbauend auf den empirischen Feststellungen.[255] Daran ändert nichts, ob die Angemessenheitsprüfung im Rahmen der Interpretation eines Absatzes oder im Rahmen des Chapeaus des Art. XX GATT erfolgt. Das vorgenannte Ergebnis gilt entsprechend für die Überprüfung der Legitimität des behaupteten Gefährdungsniveaus des Schutzguts und des behaupteten Schutzniveaus des

[250] *Becroft*, The Standard of Review in WTO Dispute Settlement, 2012, S. 9; *Kometani*, How Should WTO Panels Review Environmental Regulations under GATT Articles III and XX, NJILB 1996, 441, 457; *Ehlermann/Lockhart*, Standard of Review in WTO Law, JIEL 2004, 491, 496.

[251] Auch bei der Tatsachenfeststellung (*factual finding*) wird eine subjektive Bewertung vorgenommen. Hierzu siehe: *Guzman*, Determining the Appropriate Standard of Review in WTO Disputes, CILJ 2009, 45, 64. Ausführlich: *Walker*, The Myth of Science as a „Neutral Arbiter" for Triggering Precautions, BCICLR 2003, 197.

[252] *Croley/Jackson*, WTO Dispute Procedures, Standard of Review, and Deference, AJIL 1996, 193, 195; *Becroft*, The Standard of Review in WTO Dispute Settlement, 2012, S. 9–10; *Ehlermann*, Six Years on the Bench of the „World Trade Court", JWT 2002, 605, 622. Für eine eingehende Analyse vgl. *Voon/Yanovich*, The Limitation of WTO Appeals to Issues of Law, JWT 2006, 239, 244 ff.; *Bohanes/Lockhart*, Standard of Review in WTO Law, in: Bethlehem u. a. (Hrsg.), The Oxford Handbook of International Trade Law, 1. Aufl. 2009, S. 423 f.

[253] Obwohl der AB nach dem Wortlaut des Art. 17.6 DSU anscheinend nur die Tatsachenfeststellung des Panel-Berichts überprüfen darf. Näheres hierzu vgl. WTO, AB-Bericht v. 16. 1. 1998, WT/DS26/AB/R u. a., „EC – Hormones I", Para. 132: „The consistency or inconsistency of a given fact or set of facts with the requirements of a given treaty provision is, however, a legal characterization issue. It is a legal question." So auch: *Voon/Yanovich*, The Limitation of WTO Appeals to Issues of Law, JWT 2006, 239, 244–245; *Du*, Standard of Review under the SPS Agreement after EC – Hormones II, ICLQ 2010, 441, 445–446.

[254] *Hirschberg*, Der Grundsatz der Verhältnismäßigkeit, 1981, S. 44–45, 147–148; *Petersen*, Verhältnismäßigkeit als Rationalität, 2015, S. 76, 78–79, 174; *Grimm*, Proportionality in Canadian and German Constitutional Jurisprudence, UTLJ 2017, 383, 393; *Wieckhorst*, Grundrechtsschutz durch Legislativverfahren, 2017, S. 320 ff., 323.

[255] Die Abwägung setzt nämlich empirische Erwägungen voraus. Hierzu vgl. *Petersen*, Verhältnismäßigkeit als Rationalität, S. 79–80.

regulierenden WTO-Mitglieds, weil beide jeweils Tatsachenfeststellung und darauf aufbauendes Rechtsurteil enthalten.[256]

## B. Behandlung der Tatsachenfeststellung und des Rechtsurteils bei der Darstellung der allgemeinen Diskussion

Im Schrifttum ist umstritten, ob eine gemeinsame[257] oder eine abweichende[258] Prüfungsdichte für die Tatsachenfeststellung und das rechtliche Urteil angewendet werden soll.

Es ist zwar richtig, dass die Prüfungsdichte für das tatsächliche und das rechtliche Urteil unterschiedlich sein kann.[259] Wenn die vom regulierenden WTO-Mitglied vorgenommene Tatsachenfeststellung, wie die Anerkennung der objektiven Gefährdungslage des Schutzguts, von einem Panel bejaht wurde, kann dieses Panel theoretisch dennoch hierauf aufbauend eine negative normative Bewertung vornehmen, nämlich die Schutzbedürftigkeit des Schutzguts ablehnen. Denn eine solche Bewertung muss zwar immer auf der Tatsachenfeststellung beruhen. Sie muss jedoch nicht unbedingt mit dem Ergebnis der Tatsachenfeststellung identisch sein. Daran ändert nichts die Tatsache, dass die Anwendung einer abweichenden Prüfungsdichte schwierig und aufwändig ist.[260]

---

256 Hierzu siehe jeweils: Teil 2 Kapitel 5 § 3 A. und § 3 B.

257 *Becroft*, The Standard of Review in WTO Dispute Settlement, 2012, S. 9–10; *Windsor*, Delegation, Standards of Review, and Subsidiarity in WTO Dispute Settlement, AULR 2008, 41, 61; *Herwig/Serdarevic*, Standard of Review for Necessity and Proportionality Analysis in EU and WTO Law, in: Gruszczynski/Werner (Hrsg.), Deference in International Courts and Tribunals, 2014, S. 219–220; grundsätzlich so, vgl. *Croley/Jackson*, WTO Dispute Procedures, Standard of Review, and Deference, AJIL 1996, 193, 195.

258 *Ehlermann/Lockhart*, Standard of Review in WTO Law, JIEL 2004, 491, 496 ff.; *Shany*, Toward a General Margin of Appreciation Doctrine in International Law?, EJIL 2005, 907, 909–911, 913.

259 *Oesch*, Standards of Review in WTO Dispute Resolution, 2003, S. 174; *Bohanes/Lockhart*, Standard of Review in WTO Law, in: Bethlehem u. a. (Hrsg.), The Oxford Handbook of International Trade Law, 1. Aufl. 2009, S. 384. Dagegen: *Becroft*, The Standard of Review in WTO Dispute Settlement, 2012, S. 112–114. Dabei wird mit dem Aufwandargument und dem folgenden Argument eingewandt, dass die Unterscheidung der Prüfungsdichten für die Tatsachenfeststellung und für die rechtliche Beurteilung nur für inländische Gerichte, nicht jedoch für ein WTO-Panel gelte. Diese Argumente sind jedoch nicht relevant für die Ablehnung einer Unterscheidung der Prüfungsdichten für Tatsachenfeststellung und die rechtliche Beurteilung. Denn es wurde gerade nicht klargestellt, warum der genannte Aufwand und der Unterschied zwischen einem inländischen Gericht und einem WTO-Panel die Anwendung unterschiedlicher Prüfungsdichten für Tatsachenfeststellung und Rechtsurteil verhindern.

260 *Becroft*, The Standard of Review in WTO Dispute Settlement, 2012, S. 9–10.

In der Entscheidungspraxis zu Art. XX GATT kommt eine solche abweichende Beurteilung jedoch kaum vor. Vielmehr ist dies darauf zurückzuführen, dass eine abweichende Prüfungsdichte von einem Panel zur Verfolgung der von ihm gewünschten Gewaltenteilung zwischen WTO-Mitgliedern und WTO-Schiedskörpern missbraucht werden kann.[261]

Außerdem ist es aus Sicht der Darstellung besonders wichtig, dass die herangezogenen Argumente zur Begründung einer zurückhaltenden und einer eingreifenden Prüfungsdichte – sowohl bei der Anwendung einer gemeinsamen Prüfungsdichte als auch bei der Anwendung einer abweichenden Prüfungsdichte für die Tatsachenfeststellung und das Rechtsurteil – keinen wesentlichen Unterschied aufweisen.

Somit wird im Folgenden die Prüfungsdichte für die Tatsachenfeststellung und die rechtliche Beurteilung gemeinsam und nicht getrennt dargestellt. Wenn jedoch ein Vertreter für die Tatsachenfeststellung und die rechtliche Würdigung eine abweichende Prüfungsdichte anwendet, wird dies angegeben. Dabei liegt der Schwerpunkt in der Darstellung und kritischen Analyse der vorgebrachten Argumente, damit festgestellt werden kann, ob die WTO-Streitbeilegungsorgane richterliche Zurückhaltung gewährt haben und ob diese Zurückhaltung oder der Aktivismus, wenn überhaupt, gerechtfertigt ist.

## C. Befürwortung einer grundsätzlich zurückhaltenden Prüfungsdichte

Im Schrifttum wird teilweise vertreten, dass eine grundsätzliche zurückhaltende Prüfungsdichte für die richterliche Überprüfung der Tatsachenfeststellung sowie des Rechtsurteils eines WTO-Mitglieds gelten soll. Nur in Ausnahme- bzw. in Extremfällen darf die Einschätzung des regulierenden WTO-Mitglieds nicht respektiert werden. Zum Zweck der Darstellung lassen sich diese Prüfungsdichten in folgende Erscheinungsformen einteilen, die jedoch nicht völlig voneinander getrennt sind.

### I. Zurückhaltende Prüfungsdichte in grundsätzlicher Form

Bei dieser einfachen Form wird die angestrebte zurückhaltende Prüfungsdichte nicht ausdrücklich mit einem bestimmten Modell bezeichnet, beispielsweise der aus dem US-amerikanischen Verwaltungsrecht stammenden Chevron-Zurückhaltung oder der Vernünftigen-Regulator-Prüfungsdichte. Zur Begründung der zurückhaltenden Prüfungsdichte wird oft angeführt, dass die

---

[261] *Windsor*, Delegation, Standards of Review, and Subsidiarity in WTO Dispute Settlement, AULR 2008, 41, 61.

Festlegung beispielsweise des Gefährdungsniveaus des Schutzguts eine politische Entscheidung sei und dem Schutzniveausetzungsrecht des regulierenden WTO-Mitglieds unterliege.[262]

Demnach könne eine expansive richterliche Rechtsfortbildung die Souveränität der WTO-Mitglieder beeinträchtigen[263] bzw. die im GATT vertraglich vorgesehenen Rechte und Pflichten ändern.[264] Die Auferlegung völkerrechtlicher Verpflichtungen durch Panel- oder AB-Entscheidungen entspreche nicht ihrer institutionellen Rolle und führe zu einem Demokratiedefizit.[265] Außerdem fehle es einem Panel an Expertise für wissenschaftliche und inländische Sachfragen im Vergleich zu den einzelnen WTO-Mitgliedern.[266] Ferner sei ein Panel in einer schlechteren Position als ein WTO-Mitglied, wenn es um die Feststellung der Gefährdung des Schutzguts gehe; denn es handle sich dabei nicht um eine rein wissenschaftliche Entscheidung, sondern um eine subjektive Einschätzung, die von den spezifischen soziokulturellen Bedingungen eines bestimmten Landes abhänge.[267] Ein Panel solle nämlich nicht als politischer Entscheidungsträger agieren und politische Entscheidungen auf

---

[262] *Cheyne*, Gateways to the Precautionary Principle in WTO Law, JEL 2007, 155, 163; *Du*, Autonomy in Setting Appropriate Level of Protection under the WTO Law, JIEL 2010, 1077, 1089–1090 i.V.m. 1080–1083; *Goh*, Science and Sovereignty, JWIP 2003, 441, 464–466; *Gruszczynski/Vadi*, Standard of Review and Scientific Evidence in WTO Law and International Investment Arbitration, in: Gruszczynski/Werner (Hrsg.), Deference in International Courts and Tribunals, 2014, S. 158–159; *Bloche*, WTO Deference to National Health Policy, JIEL 2002, 832–834.

[263] *Barfield*, Free Trade, Sovereignty, Democracy, ChicagoJIL 2001, 403 und 408 i.V.m. 405; *Raustiala*, Sovereignty and Multilateralism, ChicagoJIL 2000, 401, 403 und 406; *Gruszczynski/Vadi*, Standard of Review and Scientific Evidence in WTO Law and International Investment Arbitration, in: Gruszczynski/Werner (Hrsg.), Deference in International Courts and Tribunals, 2014, S. 167, 170–171.

[264] *Jackson*, The WTO Dispute Settlement Procedures, in: Schott (Hrsg.), The World Trading System, 1996, S. 162–163.

[265] *Barfield*, Free Trade, Sovereignty, Democracy, ChicagoJIL 2001, 403 i.V.m. 405; *Raustiala*, Sovereignty and Multilateralism, ChicagoJIL 2000, 401, 403 und 410f.; *Christoforou*, Settlement of Science-Based Trade Disputes in the WTO, NYUELJ 2000, 622, 648; *Ghias*, International Judicial Lawmaking, BerkeleyJIL 2006, 534, 551–552, 553.

[266] *Fukunaga*, Standard of Review and „Scientific Truths", JIDS 2012, 559, 567; *Gruszczynski/Vadi*, Standard of Review and Scientific Evidence in WTO Law and International Investment Arbitration, in: Gruszczynski/Werner (Hrsg.), Deference in International Courts and Tribunals, 2014, S. 165–166; *Christoforou*, Settlement of Science-Based Trade Disputes in the WTO, NYUELJ 2000, 622, 635.

[267] *Gruszczynski/Vadi*, Standard of Review and Scientific Evidence in WTO Law and International Investment Arbitration, in: Gruszczynski/Werner (Hrsg.), Deference in International Courts and Tribunals, 2014, S. 166; *Fukunaga*, Standard of Review and „Scientific Truths", JIDS 2012, 559, 567–568 i.V.m. 574–575. Die Feststellung von Fukunaga gilt grundsätzlich auch für Art. XX GATT.

der Grundlage verfügbarer wissenschaftlicher Erkenntnisse treffen, da dies zu einer Streitbeilegung durch *making choice* statt durch *reasoning* führen würde.[268]

## II. Zurückhaltende Prüfungsdichte in besonderer Form

Neben der einfachen Form werden die vorgeschlagenen zurückhaltenden Prüfungsdichten in den folgenden Erscheinungsformen zum Ausdruck gebracht.

### 1. Prüfungsdichte beruhend auf Political Question Doktrin und Chevron-Zurückhaltung

Nach der aus dem US-amerikanischen Verfassungsrecht stammenden Political Question Doktrin sind politische Fragen nicht justiziabel und sollten besser den nationalen politischen Organen überlassen werden.[269] Im Kontext der WTO wird teilweise vertreten, dass diese Theorie als Problemvermeidungstechnik (*issue-avoidance technique*) zum Respekt u. a. umweltpolitischer Entscheidungen eines WTO-Mitglieds bereits in der Entscheidungspraxis zu Art. XX GATT ansatzweise Anwendung gefunden habe.[270] Die potenzielle Anwendung der Political Question Doktrin auf Handels- und Umweltfragen wird auch von manchen deshalb als sinnvoll erachtet, weil die Behandlung dieser politischen Fragen durch die WTO-Streitbeilegungsorgane aufgrund ihrer institutionellen Beschränkungen zur Delegitimierung des WTO-Streitbeilegungssystems führen würde.[271]

Die Berufung auf die Political Question Doktrin durch ein Schiedsgericht, wie vorliegend die WTO-Streitbeilegungsorgane, ist ferner im Wesentlichen eine Feststellung des *non liquet*.[272] Aus diesem Grund wird teilweise die Anwendbarkeit dieser Doktrin u. a. auch für Art. XX GATT indiziell durch die

---

268 *Christoforou*, Settlement of Science-Based Trade Disputes in the WTO, NYUELJ 2000, 622, 635.

269 *Choper*, The Political Question Doctrine, DLJ 2005, 1457, 1458–1459; *Mulhern*, In Defense of the Political Question Doctrine, UPenn.LR 1988, 97, 102; *Eichmann/Horlick*, Political Questions in International Trade, MichiganJIL 1989, 735, 736.

270 *Davey*, Has the WTO Dispute Settlement System Exceeded Its Authority?, JIEL 2001, 104–105 und 110 i. V. m. 88.

271 Vgl. *Dunoff*, The Death of the Trade Regime, EJIL 1999, 713, 713–714, 754–757. Ähnlich auch: *Kelly*, Judicial Activism at the World Trade Organizationa, NWJILB 2002, 353, 385–386, 388.

272 *Reisman*, International Non Liquet, International Lawyer 1969, 770, 783.

Anerkennung von *non liquet* in der WTO bejaht.[273] Demnach sei ein Panel zur Erklärung von *non liquet* befugt, wenn es nicht über die notwendigen Instrumente zur Entscheidung eines Streitfalls verfüge, weil die WTO-Schiedskörper Agenten und nicht Auftraggeber seien und nur ohne Erfindung von Rechten und Pflichten entscheiden dürfen; andernfalls würde Art. 3.2 DSU verletzt.[274] Die Anerkennung von *non liquet* in der WTO-Streitbeilegung sei daher die natürliche Folge der Konformität mit Art. 3.2 DSU.[275]

In engem Zusammenhang mit der Political Question Doktrin steht die ebenso aus dem US-amerikanischen Verwaltungsrecht stammende Chevron-Theorie.[276] Im Unterschied zur Political Question Doktrin ist die Chevron-Zurückhaltung keine absolute Zurückhaltung bei der politischen Frage und beruht nicht auf Unjustiziabilität.[277] Die Chevron Doktrin verlangt demgegenüber Folgendes:[278] Erstens muss das Gericht die klare Absicht des Kongresses respektieren, wenn diese eindeutig zum Ausdruck gebracht wurde; zweitens verlangt die Chevron-Theorie, dass ein Gericht die Auslegung einer mehrdeutigen gesetzlichen Vorschrift durch eine Behörde respektiert, solange diese Auslegung vernünftig oder zulässig ist. Für die Auslegung des Art. XX GATT

---

[273] *Hoekman/Mavroidis*, To AB or Not to AB? Dispute Settlement in WTO Reform, JIEL 2020, 703, 715–716; *dies.*, The End of the World (Trade Organization) As We Know It?, EJIL 2021, 743, 762–763. Zur Befürwortung der Anwendung der Political Question Doktrin durch die Erklärung von *non liquet* aufgrund justizieller Ökonomie vgl. *Bartels*, The Separation of Powers in the WTO, ICLQ 2004, 861, 876–877.

[274] *Hoekman/Mavroidis*, To AB or Not to AB? Dispute Settlement in WTO Reform, JIEL 2020, 703, 715–716; *dies.*, The End of the World (Trade Organization) As We Know It?, EJIL 2021, 743, 762–763. Art. 3.2 DSU sieht u. a. vor: „Recommendations and rulings of the DSB cannot add to or diminish the rights and obligations provided in the covered agreements."

[275] *Hoekman/Mavroidis*, To AB or Not to AB? Dispute Settlement in WTO Reform, JIEL 2020, 703, 715–716; *dies.*, The End of the World (Trade Organization) As We Know It?, EJIL 2021, 743, 762–763.

[276] Vgl. *Bradley*, „Chevron" Deference and Foreign Affairs, VirginiaLR 2000, 667; *Seidenfeld*, Chevron's Foundation, NDLR 2011, 273, 280–290; *Daly*, Justiciability and the „Political Question" Doctrine, 2010 CanLIIDocs 606, 1, 17. Für die Darstellung dieses engen Zusammenhangs unter dem Titel von *non liquet* vgl. *Hoekman/ Mavroidis*, The End of the World (Trade Organization) As We Know It?, EJIL 2021, 743, 762. Zum Verhältnis zwischen der Political Question Doktrin und *non liquet* vgl. *Reisman*, International Non Liquet, International Lawyer 1969, 770, 783.

[277] *Bradley*, Chevron Deference and Foreign Affairs, VirginiaLR 2000, 649, 707; *Seidenfeld*, Chevron's Foundation, NDLR 2011, 273, 290.

[278] U.S. Oberster Gerichtshof, Urteil v. 25. 6. 1984, Chevron, U.S.A., Inc. v. Natural Resources Defense Council, Inc., 467 U.S. 837, „Chevron", S. 842–843. Hierzu siehe auch: *Jackson*, The World Trade Organization: Constitution and Jurisprudence, 1998, S. 90.

ist die zweite Forderung der Chevron-Theorie von Relevanz, weil dieser Artikel ambig und somit der Umfang des Ausnahmerechts unklar ist.

Während der Uruguay-Runde wurde über die Aufnahme der Chevron-Zurückhaltung in die WTO-Übereinkommen diskutiert und diese wurde schließlich nicht in alle WTO-Abkommen, sondern nur in Art. 17.6 ADP eingeführt.[279] Nach dem AB gilt die in Art. 17.6 ADA niedergelegte Prüfungsdichte nicht für andere WTO-Abkommen und damit nicht für Art. XX GATT.[280]

Beruhend auf der Prinzipal-Agent-Theorie[281] wird trotzdem teilweise vertreten, dass die Chevron-Doktrin durch die Errichtung einer subsidiären Prüfungsdichte in der WTO-Streitbeilegung, selbstverständlich auch in Umweltstreitigkeiten, angewendet werden solle.[282] Als Argument wird angeführt, dass die WTO zwar von den Vertragsparteien als Auftragsgeber zur Beilegung von Streitigkeiten delegiert werde; diese Delegation könne jedoch von den WTO-Schiedskörpern als Auftragnehmer bei der Durchsetzung überschritten werden, was zu einem Demokratiedefizit führe.[283] Durch die Anwendung der Chevron-Theorie könne dieses Defizit überwunden[284] und ein besseres Gleichgewicht zwischen der staatlichen Autorität und dem WTO-Schiedskörper hergestellt werden.[285]

### 2. Prüfungsdichte beruhend auf der Konstruktion eines Einschätzungsspielraums – die Margin of Appreciation

Das im US-amerikanischen öffentlichen Recht entwickelte Konzept des *standard of review* wird vor allem im WTO-Recht und in internationalen In-

279 *Windsor*, Delegation, Standards of Review, and Subsidiarity in WTO Dispute Settlement, AULR 2008, 41, 68; *Croley/Jackson*, WTO Dispute Procedures, Standard of Review, and Deference, AJIL 1996, 193, 202; *Jackson*, The World Trade Organization: Constitution and Jurisprudence, 1998, S. 90.

280 WTO, AB-Bericht v. 16. 1. 1998, WT/DS26/AB/R u. a., „EC – Hormones I", Para. 114.

281 Zur *principle-agency theorie* vgl. *Windson*, Delegation, Standards of Review, and Subsidiarity in WTO Dispute Settlement, AULJ 2008, 41, 42 ff.

282 *Windsor*, Delegation, Standards of Review, and Subsidiarity in WTO Dispute Settlement, AULR 2008, 41, 74 ff.

283 *Windsor*, Delegation, Standards of Review, and Subsidiarity in WTO Dispute Settlement, AULR 2008, 41, 57.

284 Vgl. *Windsor*, Delegation, Standards of Review, and Subsidiarity in WTO Dispute Settlement, AULR 2008, 41, 57, 80.

285 *Windsor*, Delegation, Standards of Review, and Subsidiarity in WTO Dispute Settlement, AULR 2008, 41, 74 ff., 79 und 80. Für den Vorschlag zur Anwendung der Chevron-Zurückhaltung in der Risikobewertung und im Management im Rahmen des SPS-Abkommen vgl. *Magee*, Using Chevron as a Guide, GIELR 2009, 615, 628 ff.

vestitionsschiedsverfahren verwendet, während die Theorie der Margin of Appreciation in den Urteilen des EGMR stets präsent ist.[286] Die beiden Lehren können als ein und dasselbe verstanden werden, und zwar in umgekehrter Weise: ein großer Einschätzungsspielraum ist gleichbedeutend mit einer geringen Prüfungsdichte und umgekehrt.[287]

In der Entscheidungspraxis der WTO-Streitbeilegungsorgane wird die Theorie der Margin of Appreciation nicht ausdrücklich verwendet.[288] Teilweise wird die Anwendung einer zurückhaltenden Prüfungsdichte für die Ermessensentscheidungen der Behörden des regulierenden WTO-Mitglieds u. a. in Umweltstreitigkeiten als Anwendung dieser Theorie angesehen.[289] Die Anerkennung des Rechts eines regulierenden WTO-Mitglieds für die Festlegung der Gefährdungslage des Schutzguts,[290] die Festlegung des Schutzniveaus[291] und die Behandlung des Einschätzungsspielraums des regulierenden WTO-Mitglieds hinsichtlich der Geeignetheit, Erforderlichkeit und Angemessen-

---

286 *Nowrot*, Standard of Review as a Procedural Issue in WTO Dispute Settlement, in: Delbrück u. a. (Hrsg.), FS Walther-Schücking-Institut, 2014, S. 608–609; *Mik*, Deference in International Courts and Tribunals (Buchbesprechung), PYIL 2014, 305, 306–307.

287 *Mik*, Deference in International Courts and Tribunals (Buchbesprechung), PYIL 2014, 305.

288 Ausdrückliche Verwendung von Margin of Appreciation bei der Interpretation der *necessary to*-Bedingung gemäß Art. 2.2 TBT: WTO, AB-Bericht gemäß Art. 21.5 DSU v. 18.5.2015, WT/DS384/AB/RW u. a., „US – Cool (Art. 21.5 DSU)", Para. 5.254. Hierzu vgl. *Aseeva*, The Right of States to Regulate in Risk-Averse Areas and the ECtHR Concept of Margin of Appreciation in the WTO US – Cool Article 21.5 Decision, CYELP 2015, 161, 164, 198 ff. Ausdrückliche Verwendung bezüglich der Angemessenheit der Gegenmaßnahmen gemäß Art. 4.11 SCMA i. V. m. Art. 22.6 DSU: WTO, Schiedsspruch gemäß Art. 22.6 DSU v. 30. 8. 2002, WT/DS108/ARB, „US – FSC", Para. 5.62, 6.55. Ausdrückliche Verwendung bezüglich der Suspendierung von Zugeständnissen oder anderen Verpflichtungen gemäß Art. 22.6 DSU: WTO, Schiedsspruch gemäß Art. 22.6 DSU v. 24. 3. 2000, WT/DS27/ARB/ECU, „EC – Bananas III", Para. 52–56.

289 *Shany*, Toward a General Margin of Appreciation Doctrine in International Law?, EJIL 2005, 907, 928–929.

290 *Nuzzo*, GATT Moral Clause after Colombia – Textiles, EJLS 2017, 267, 274–277; vgl. *Martinez*, Towards an International Judicial System, StanfordLR 2003, 429, 519–520; *Howse/Tuerk*, A Case Study of the EC Asbestos Dispute, in: de Búrca/Scott (Hrsg.), The EU and the WTO, 2003, S. 326 i. V. m. 322–323.

291 *Shany*, Toward a General Margin of Appreciation Doctrine in International Law?, EJIL 2005, 907, 928–929; *Fontanelli*, Necessity Killed the GATT, EJILS 2012/13, 36, 41–43, 54; vgl. *Andersen*, Protection of Non-Trade Values in WTO Appellate Body Jurisprudence, JIEL 2015, 383, 397–399, 405 i. V. m. 390 und Zit. 35 a. a. O.; *Howse/Tuerk*, A Case Study of the EC Asbestos Dispute, in: de Búrca/Scott (Hrsg.), The EU and the WTO, 2003, S. 326 i. V. m. 323.

heit[292] einer unilateralen Umweltschutzmaßnahme werden im Schrifttum nämlich eher ohne Weiteres als Anwendung der Theorie der Margin of Appreciation angesehen bzw. in umtauschbarer Weise verwendet.[293]

Ein großer Teil der wissenschaftlichen Literatur befürwortet auch die Gewährung einer beträchtlichen Margin für das regulierende WTO-Mitglied u.a. bei der Verfolgung umweltpolitischer Ziele nach Art. XX GATT.[294] Demnach müsse sich die dem regulierenden Mitglied gewährte große Margin bei gesundheitspolitischer Regulierung, beispielsweise in EC – Asbestos,[295] nicht erst aus der Anerkennung des AB ergeben, weil dieser nicht für die Bewertung des Regulierungsziels, sondern nur für die Beurteilung der Zielerreichung durch die angegriffene Maßnahme befugt sei.[296] Der Eingriff des AB in die demokratische Selbstentscheidung der regulierenden WTO-Vertragspartei, dadurch, dass sich die Gewährung eines Einschätzungsspielraums auf internationales Gesundheitsrecht und internationale Anerkennung stützen müsse,

---

292 Im Schrifttum wird oft nicht zwischen der Rationalitätsprüfung als primärer empirischer Analyse und der Angemessenheitsprüfung als subjektiver Bewertung unterschieden. Bezüglich der Verwendung von Margin of Appreciation bei der Angemessenheitsprüfung im Rahmen der „Erforderlichkeitsprüfung" siehe: *Howse/Tuerk*, A Case Study of the EC Asbestos Dispute, in: de Búrca/Scott (Hrsg.), The EU and the WTO, 2003, S. 325; *Fontanelli*, Necessity Killed the GATT, EJILS 2012/13, 36, 37 ff. Fontanelli zeigt jedoch Skepsis gegenüber der locker angewendeten Prüfungsdichte für die „Margin of Appreciation". *Herwig/Serdarevic*, Standard of Review for Necessity and Proportionality Analysis in EU and WTO Law, in: Gruszczynski/Werner (Hrsg.), Deference in International Courts and Tribunals, 2014, S. 209 ff., 230. Bezüglich der Geeignetheitsprüfung siehe: *Sander/Sasdi*, Freihandel und Umweltschutz, 2005, S. 165: „Beurteilungsspielraum".

293 Allgemein, ohne besondere Eingehung auf einen bestimmten Schritt der Legitimitäts- und Verhältnismäßigkeitsprüfung i.w.S.: *Lagomarsino*, WTO Dispute Settlement and Sustainable Development, PELR 2011, 545, 557–558; *Shany*, Toward a General Margin of Appreciation Doctrine in International Law?, EJIL 2005, 907, 928–929; vgl. *Martinez*, Towards an International Judicial System, StanfordLR 2003, 429, 519–520.

294 *Shany*, Toward a General Margin of Appreciation Doctrine in International Law?, EJIL 2005, 907, 928–929; vgl. *Andersen*, Protection of Non-Trade Values in WTO Appellate Body Jurisprudence, JIEL 2015, 383, 397–399, 405 i.V.m. 390 und Zit. 35 a.a.O.; *Lagomarsino*, WTO Dispute Settlement and Sustainable Development, PELR 2011, 545, 557–558; vgl. *Martinez*, Towards an International Judicial System, StanfordLR 2003, 429, 519–520; *Nuzzo*, GATT Moral Clause after Colombia – Textiles, EJLS 2017, 267, 274–277; *Howse/Tuerk*, A Case Study of the EC Asbestos Dispute, in: de Búrca/Scott (Hrsg.), The EU and the WTO, 2003, S. 326 i.V.m. 322–323.

295 WTO, AB-Bericht v. 12.3.2001, WT/DS135/AB/R, „EC – Asbestos", Para. 162.

296 *Howse/Tuerk*, A Case Study of the EC Asbestos Dispute, in: de Búrca/Scott (Hrsg.), The EU and the WTO, 2003, S. 326 i.V.m. 322–323.

könne nur dann als gerechtfertigt angesehen werden, wenn damit die Einräumung eines „größeren" Einschätzungsspielraums bezweckt werde.[297]

Außerdem wird teilweise durch ähnliche Bezeichnungen wie *policy space* bzw. „subsidiäre Prüfungsdichte" vorgeschlagen, dass einem WTO-Mitglied bestimmte politische Sphären[298] für die Regulierung inländischer Umweltangelegenheiten zustehen und für diese nur eine subsidiäre Kontrolle durch ein Panel oder den AB vorgenommen werden solle.[299]

### 3. Vernünftiger-Regulator-Prüfungsdichte

Eine weitere Erscheinungsform der zurückhaltenden Prüfungsdichte ist die sog. „Vernünftiger-Regulator-Prüfungsdichte" (*reasonable regulator standard of review*).[300] Diese stützt sich im Wesentlichen auf die Feststellungen des Panels in EC – Asbestos[301] und wohl auch in US – Tuna II.[302] Somit betrifft diese Form der Prüfungsdichte unmittelbar die Auslegung des Art. XX GATT.

Demzufolge bestehe die Aufgabe eines Panels nicht darin, eine wissenschaftliche Debatte selbst zu klären, sondern zu prüfen, welche Schlussfolgerungen ein für die gesundheitspolitischen Maßnahmen verantwortlicher Entscheidungsträger, vernünftigerweise zu ziehen habe.[303] Durch die „Vernünftiger-Regulator-Prüfungsdichte" werde nämlich ein zurückhaltender Prüfungs-

---

297 Vgl. *Howse/Tuerk*, A Case Study of the EC Asbestos Dispute, in: de Búrca/Scott (Hrsg.), The EU and the WTO, 2003, S. 326 i. V. m. 322–323.

298 Vgl. *Cattaneo*, Some Reflections on the Concept of „Policy Space", in: Mitchell (Hrsg.), Challenges and Prospects for the WTO, 2005, S. 75–78, 84.

299 *Windsor*, Delegation, Standards of Review, and Subsidiarity in WTO Dispute Settlement, AULJ 2008, 41, 41–42, 80, 57, 63 f., 74 f.; *Liu/Maughan*, China's Rare Earths Export Quotas, JIEL 2012, 971, 1002–1003.

300 *Button*, Trade, Health, and Uncertainty in the WTO, 2004, S. 217 f.; *ders.*, The WTO's „Objective Assessment" Standard of Review and Panel Review of Health Measures, in: Mitchell (Hrsg.), The Challenges and Prospects for the WTO, 2005, S. 106 f.; *Kometani*, How Should WTO Panels Review Environmental Regulations under GATT Articles III and XX, NJILB 1996, 441, 441–458; *Fukunaga*, Standard of Review and „Scientific Truths" in the WTO Dispute Settlement System, JIDS 2012, 559, 565 und 566 f. bezüglich der Prüfungsdichte für SPS-Maßnahmen und Handelsschutzmaßnahmen.

301 WTO, Panel-Bericht v. 18. 9. 2000, WT/DS135/R, „EC – Asbestos", Para. 8.181 f.

302 GATT, Panel-Bericht v. 16. 6. 1994, DS29/R, „US – Tuna II", Para. 3.73.

303 Vgl. *Button*, Trade, Health, and Uncertainty in the WTO, 2004, S. 217–218; *ders.*, The WTO's „Objective Assessment" Standard of Review and Panel Review of Health Measures, in: Mitchell (Hrsg.), The Challenges and Prospects for the WTO, 2005, S. 107–108.

maßstab[304] angewendet, der zumindest bei wissenschaftlichen Fragen eine klare Richtschnur für die Bestimmung der Prüfungsintensität biete.[305]

Im Unterschied zur *objektiv assessment*-Prüfungsdichte i. S. v. Art. 11 DSU, die nur eine Untergrenze, aber keine Obergrenze für die Prüfungsdichte eines Panels festlege, setze die vernünftige-Regulator-Prüfungsdichte eine Obergrenze dafür, wie eingreifend die Prüfung der Rechtmäßigkeit einer gesundheitsschutzbezogenen Maßnahme sein dürfe.[306]

### 4. Deliberative Prüfungsdichte/Prozedurale Kontrolle

Darüber hinaus wird ein „deliberativer Test" als eine alternative Form der Prüfungsdichte vorgeschlagen.[307] Ein ähnlicher Ansatz wird auch als prozedurale Kontrolle (*procedual approach*) bezeichnet.[308] Eine solche Prüfungsdichte beruht darauf, dass die demokratische Selbstentscheidung des regulierenden WTO-Mitglieds u. a. im Bereich des Umwelt- und Gesundheitsschutzes durch einen richterlichen Aktivismus der WTO-Streitschlichtungsorgane gefährdet sei und dadurch eine Legitimationskrise der WTO eintreten würde.[309] Durch die deliberative Prüfungsdichte könne diese eingreifende Ausübung richterlicher Gewalt beschränkt bzw. legitimiert werden.[310]

Der „deliberative Test" und die prozedurale Kontrolle verlangen gemeinsam, dass die Prüfungsdichte für demokratische Entscheidung eines WTO-Mitglieds grundsätzlich zurückhaltend sein und nur dann eingreifend werden

---

304 *Button*, Trade, Health, and Uncertainty in the WTO, 2004, S. 213; *ders.*, The WTO's „Objective Assessment" Standard of Review and Panel Review of Health Measures, in: Mitchell (Hrsg.), The Challenges and Prospects for the WTO, 2005, S. 113.

305 *Button*, Trade, Health, and Uncertainty in the WTO, 2004, S. 217; *ders.*, The WTO's „Objective Assessment" Standard of Review and Panel Review of Health Measures, in: Mitchell (Hrsg.), The Challenges and Prospects for the WTO, 2005, S. 108–109.

306 *Button*, Trade, Health, and Uncertainty in the WTO, 2004, S. 217; *ders.*, The WTO's „Objective Assessment" Standard of Review and Panel Review of Health Measures, in: Mitchell (Hrsg.), The Challenges and Prospects for the WTO, 2005, S. 108–109.

307 *Zleptnig*, The Standard of Review in WTO Law, EIoP 2002, 1.

308 *Pirker*, Democracy and Distrust in International Law, in: Gruszczynski/Werner (Hrsg.), Deference in International Courts and Tribunals, 2014, S. 73 i. V. m. 65–66, 67–68; *Ioannidis*, Beyond the Standard of Review Deference Criteria in WTO Law and the Case for a Procedural Approach, in: Gruszczynski/Werner (Hrsg.), Deference in International Courts and Tribunals, 2014, S. 109–111.

309 *Zleptnig*, The Standard of Review in WTO Law, EIoP 2002, 1, 14.

310 *Zleptnig*, The Standard of Review in WTO Law, EIoP 2002, 1, 10, 12–13, 16–17.

solle, wenn bestimmte Mindestanforderungen, wie z.B. Due-Process- und Transparenzanforderungen, nicht erfüllt seien.[311]

### 5. Flexible Prüfungsdichte durch Abwägung zwischen den lokalen Vorteilen des WTO-Mitglieds und der Neutralität des WTO-Schiedskörpers im Einzelfall

Teilweise wird vertreten, dass eine *de novo*-Prüfungsdichte für rein rechtliche Fragen gelten solle,[312] während die Prüfungsdichte für Tatsachenfeststellungen im Unterschied dazu je nach Kontext und Umständen des Einzelfalls variieren solle.[313] Die letztgenannte Prüfungsdichte solle durch eine Abwägung der Vorteile des regulierenden Mitglieds und des Panels bzw. des AB im konkreten Einzelfall festgestellt werden.[314]

Ein regulierendes WTO-Mitglied verfüge Informationen zu inländischen Prioritäten und Präferenzen, die es ihm ermöglichen, seine Innenpolitik an die Bedürfnisse seines Landes anzupassen.[315] Diese Expertise könne jedoch nur schwerlich ohne Vorurteil bei der Beurteilung von Tatsachen und Rechtsfragen angewendet werden.[316] Ein Panel und der AB seien zwar schlecht in der Lage, die Präferenzen und Prioritäten des regulierenden WTO-Mitglieds zu bewerten, weil ihnen die entsprechenden Ressourcen und Fähigkeiten fehlen.[317] Der größte Vorteil des Panels und des AB liege in ihrer konzipierten Neutralität, die dazu beitrage, das potenzielle Vorurteil eines regulierenden WTO-Mitglieds zu überwinden.[318]

---

[311] *Zleptnig*, The Standard of Review in WTO Law, EIoP 2002, 1, 15–16; *Pirker*, Democracy and Distrust in International Law, in: Gruszczynski/Werner (Hrsg.), Deference in International Courts and Tribunals, 2014, S. 73 i.V.m. 65–66, 67–68; *Ioannidis*, Beyond the Standard of Review Deference Criteria in WTO Law and the Case for a Procedural Approach, in: Gruszczynski/Werner (Hrsg.), Deference in International Courts and Tribunals, 2014, S. 110–111.

[312] *Guzman*, Determining the Appropriate Standard of Review in the WTO Law, CJIL 2004, 45, 52, 58f.

[313] *Guzman*, Determining the Appropriate Standard of Review in the WTO Law, CJIL 2004, 45, 52.

[314] *Guzman*, Determining the Appropriate Standard of Review in the WTO Law, CJIL 2004, 45, 57f., 75.

[315] *Guzman*, Determining the Appropriate Standard of Review in the WTO Law, CJIL 2004, 45, 54, 75.

[316] *Guzman*, Determining the Appropriate Standard of Review in the WTO Law, CJIL 2004, 45, 54, 75.

[317] *Guzman*, Determining the Appropriate Standard of Review in the WTO Law, CJIL 2004, 45, 75.

[318] *Guzman*, Determining the Appropriate Standard of Review in the WTO Law, CJIL 2004, 45, 54, 56–57, 75.

Somit solle das Spannungsverhältnis zwischen Fachwissen und Neutralität bei der Festlegung einer geeigneten Prüfungsdichte zugrunde gelegt werden und für alle Streitigkeiten vor der WTO gelten.[319] Ein Panel solle eine eingreifende Prüfungsdichte anwenden, soweit die relevanten Fakten anhand objektiver Kriterien und ohne Bezugnahme auf die Prioritäten eines WTO-Mitglieds beurteilt werden können. Wenn die Gefahr eines Missbrauchs der Expertise des regulierenden WTO-Mitglieds gering sei und eine Entscheidung ein hohes Maß an lokalem Wissen erfordere, solle den politischen Entscheidungsträgern des regulierenden WTO-Mitglieds der Vorzug gegeben werden.[320]

### 6. Maßgeblichkeit der Einschätzung des regulierenden WTO-Mitglieds als erste Vermutung

Ferner wird im Schrifttum vorgeschlagen, dass die Prüfungsdichte so gestaltet werden solle, dass die Legitimität der Interpretation und Einschätzung eines WTO-Mitglieds als erste Vermutung behandelt werde.[321] Als Begründung wird angeführt, dass es auf völkerrechtlicher und WTO-rechtlicher Ebene übertragbar sei, dass die Legitimität der Handlung innerstaatlicher Staatsorgane vermutet werden solle.[322] Außerdem sei die Legitimitätsvermutung der unilateralen Maßnahme eines WTO-Mitglieds schon seit langem in der Entscheidungspraxis der WTO-Streitbeilegungsorgane anerkannt, weil der AB explizit festgestellt habe,[323] dass ein WTO-Mitglied seine Vertragspflichten gutgläubig erfülle.[324]

---

319 *Guzman*, Determining the Appropriate Standard of Review in the WTO Law, CJIL 2004, 45, 75.

320 Guzman, Determining the Appropriate Standard of Review in the WTO Law, CJIL 2004, 45, 75.

321 *Nowrot*, Standard of Review as a Procedural Issue in WTO Dispute Settlement, in: Delbrück u. a. (Hrsg.), FS Walther-Schücking-Institut, 2014, S. 627–633. Ähnlich bezüglich einer solchen Vermutung: *Qin*, Managing Conflicts between Rulings of the World Trade Organization and Regional Trade Tribunals, in: Bekker/Dolzer/Waibel (Hrsg.), FS Vagts, 2010, S. 624, 638–629; *Pauwelyn*, Conflict of Norms in Public International Law, 2003, S. 240 f.; *Sourgens*, The Precaution Presumption, EJIL 2020, 1277, 1292–1306. Zum Vorschlag, die Rechtmäßigkeit von Klimamaßnahmen als erste Vermutung zu behandeln, siehe ferner: *Lee*, The Presumption of Conformity for Climate Measures, AJWH 2022, 449, 464–476.

322 *Nowrot*, Standard of Review as a Procedural Issue in WTO Dispute Settlement, in: Delbrück u. a. (Hrsg.), FS Walther-Schücking-Institut, 2014, S. 628–629 und 633.

323 Bezüglich der Auslegung des Art. XX GATT siehe beispielsweise: WTO, AB-Bericht v. 12. 10. 1998, WT/DS58/AB/R, „US – Shrimp", Para. 158 and Zit. 157 a. a. O.; vgl. auch WTO, Panel-Bericht v. 18. 9. 2000, WT/DS135/R, „EC – Asbestos", Para. 8.184 ff., 8.194. Bezüglich anderer WTO-Abkommen siehe: WTO, AB-Bericht v. 26. 9. 2002, WT/DS231/AB/R, „EC – Sardines", Para. 278; WTO, Panel-Bericht v. 31. 3. 2008, WT/DS320/R, „EC – Hormones II", Para. 7.310 ff., 7.321–7.322, 7.357.

Nach dieser Ansicht sei die vorgeschlagene Prüfungsintensität eine hohe, aber keine totale Zurückhaltung und ein WTO-Schiedsrichter könne u. a. durch eine objektive Analyse die Legitimitätsvermutung der Einschätzung eines WTO-Mitglieds ablehnen.[325]

## D. Skepsis gegenüber einer grundsätzlich zurückhaltenden Prüfungsdichte

In einem anderen Teil der wissenschaftlichen Literatur wird Skepsis gegenüber einer zurückhaltenden Prüfungsdichte geäußert. Eine *de novo review*[326] sowohl der Tatsachenfeststellung als auch der Rechtsfrage bei der Interpretation des Art. XX GATT wird jedoch kaum vertreten.[327] Die meisten vorgeschlagenen Prüfungsdichten für die Einschätzung des regulierenden Mitglieds betonen eher die (höhere) Maßgeblichkeit der Einschätzung durch das Panel oder den AB.

### I. Wenig zurückhaltende Prüfungsdichte in grundsätzlicher Form

Bei der wenig zurückhaltenden Prüfungsdichte in grundsätzlicher Form handelt es sich um eine angestrebte Prüfungsdichte, die nicht ausdrücklich als ein spezielles Modell bezeichnet wird. Die Begründung für eine solche beruht

[324] Vgl. *Nowrot*, Standard of Review as a Procedural Issue in WTO Dispute Settlement, in: Delbrück u. a. (Hrsg.), FS Walther-Schücking-Institut, 2014, S. 629–630; *Qin*, Managing Conflicts between Rulings of the World Trade Organization and Regional Trade Tribunals, in: Bekker/Dolzer/Waibel (Hrsg.), FS Vagts, 2010, S. 624; *Kang*, The Presumption of Good Faith, JWT 2012, 879, 881, 895–911.

[325] *Pauwelyn*, Conflict of Norms in Public International Law, 2003, S. 240; *Nowrot*, Standard of Review as a Procedural Issue in WTO Dispute Settlement, in: Delbrück u. a. (Hrsg.), FS Walther-Schücking-Institut, 2014, S. 632–633; vgl. *Qin*, Managing Conflicts between Rulings of the World Trade Organization and Regional Trade Tribunals, in: Bekker/Dolzer/Waibel (Hrsg.), FS Vagts, 2010, S. 625. Für weitere Widerlegungsgründe siehe: *Sourgens*, The Precaution Presumption, EJIL 2020, 1277, 1301–1306.

[326] Für die Anwendung einer *de novo review* bei der Überprüfung von Handelsschutzmaßnahmen vgl. *Spamann*, Standard of Review for World Trade Organization Panels in Trade Remedy Cases, JWT 2004, 509. Auch die eingreifende Prüfungsdichte vor EC – Hormones II kann nur als „close to a *de novo* standard of review“ angesehen werden. Hierzu vgl. *Du*, Standard of Review under the SPS Agreement after EC – Hormones II, ICLQ 2010, 441, 442, 447 f.

[327] *Ehlermann/Lockhart*, Standard of Review in WTO Law, JIEL 2004, 491, 497, 519–520; *Bohanes/Lockhart*, Standard of Review in WTO Law, in: Bethlehem u. a. (Hrsg.), The Oxford Handbook of International Trade Law, 1. Aufl. 2009, S. 385, 433–434.

ferner nicht auf der Kritik an einem bestimmten Modell der vorhandenen Prüfungsdichten. Demnach solle ein Panel beispielsweise bei der Beurteilung des Gefährdungsgrads des Schutzguts einen gewissen Spielraum für richterlichen Aktivismus haben[328] und dabei die Prüfungsintensität anhand des Unbestimmtheits- und soziopolitischem Relevanzgrads der Gefährdung des Schutzguts festlegen.[329] Die folgenden Argumente werden häufig für die Begründung dieser Prüfungsdichte herangezogen.

Erstens verfügen die WTO-Streitbeilegungsorgane über die Expertise für die Interpretation des Vertragstexts und andere einschlägige Fachkenntnisse.[330]

Zweitens sei die richterliche Rechtsfortbildung durch die WTO-Streitbeilegungsorgane auf internationaler Ebene erforderlich, wertvoll und unvermeidbar, da der Vertragstext der WTO-Abkommen unvollständig bzw. ambig und damit klarstellungsbedürftig sei.[331] Dabei liege es jedoch nicht in der Befugnis des Panels und des AB, Art. XX GATT nach eigenem Ermessen zugunsten unilateraler Umweltschutzmaßnahmen zu interpretieren, weil eine zurückhaltende Prüfung keine Unterstützung im Wortlaut des Art. XX GATT finde.[332] Darüber hinaus sei beispielsweise Art. XX GATT keine konkrete Regel, sondern ein abstrakter Standard, dessen konkrete Anwendung naturgemäß dem Ermessen des WTO-Schiedsrichters im Einzelfall unterliege.[333]

Drittens ergebe sich die eingreifende Prüfungsdichte aus der institutionellen Rolle der WTO-Schiedskörper. Ausgehend von der Annahme, dass es sich bei den WTO-Abkommen um unvollständige Verträge handle, wird argumentiert, dass die WTO-Schiedskörper als Agenten fungieren, denen die WTO-Mitglieder die Zuständigkeit[334] für die Vervollständigung dieser Verträge durch eine dynamische Interpretation der Vertragstexte, wie beispielsweise Art. XX

---

[328] *Ezeani*, Trade Decisions Devoid of Judicial Activism, JITLP 2004, 21, 29–30, 30 f.; *Blackett*, Mapping the Equilibrium Line, SLR 2002, 369, 390–392.

[329] *Peel*, Science and the Standard of Review in WTO Disputes under the SPS Agreement, ICLQ 2012, 427, 454.

[330] *Ezeani*, Trade Decisions Devoid of Judicial Activism, JITLP 2004, 21, 30.

[331] *Ginsburg*, Bounded Discretion in International Judicial Lawmaking, VJIL 2004, 631, 633–634 und 635 f.; *Trachtman*, The Domain of WTO Dispute Resolution, HILJ 1999, 333, 334, 336 f., 346 ff.; *Steinberg*, Judicial Lawmaking at the WTO, AJIL 2004, 247, 251 f., 261–262.

[332] *Howse*, The Appellate Body Rulings in the Shrimp/Turtle Case, CJEL 2002, 489, 491, 515.

[333] *Trachtman*, The Domain of WTO Dispute Resolution, HILJ 1999, 333, 353.

[334] *Trachtman*, The Domain of WTO Dispute Resolution, HILJ 1999, 333, 345–346.

GATT, übertragen haben.[335] Dabei entscheiden die WTO-Schiedskörper sowohl über sachliche als auch über rechtliche Fragen.[336] Zudem werde ein Panel u.a. zur Gewährleistung der Unabhängigkeit von den streitenden WTO-Mitgliedern einberufen und dieser Zweck verschaffe einem Panel auch einen gewissen Ermessensspielraum.[337]

Viertens verletze eine eingreifende Prüfungsdichte nicht das Gleichgewicht zwischen den Rechten und Pflichten der WTO-Mitglieder, da die übermäßige Ausübung des Ermessensspielraums der WTO-Schiedskörper auf politischem Wege wirksam kontrolliert werden könne, z.B. durch die Verhinderung der Durchsetzung von Panel- und AB-Berichten.[338]

## II. Wenig zurückhaltende Prüfungsdichte in besonderer Form

Neben der einfachen Form gibt es eingreifende Prüfungsdichten in den folgenden Erscheinungsformen.

### 1. Skepsis gegenüber der Anwendung der Political Question Theorie und der Chevron-Zurückhaltung

Die Anwendbarkeit von *non liquet* und damit der Political Question Doktrin im WTO-Recht, u.a. für Art. XX GATT, wird von einem Teil der wissenschaftlichen Literatur abgelehnt.[339] Denn die Berufung auf die Political Question Doktrin durch die WTO-Schiedskörper sei im Wesentlichen eine Feststellung des *non liquet*.[340] Die WTO-Schiedskörper müssen nämlich nach Art. 7.2[341] und 17.12 DSU[342] die einschlägigen Regeln aus den WTO-Ab-

---

335 *Trachtman*, The Domain of WTO Dispute Resolution, HILJ 1999, 333, 336, 338–344, 346ff.; *Ginsburg*, Bounded Discretion in International Judicial Lawmaking, VJIL 2004, 631, 673.

336 *Trachtman*, The Domain of WTO Dispute Resolution, HILJ 1999, 333, 336–337.

337 *Ezeani*, Trade Decisions Devoid of Judicial Activism, JITLP 2004, 21, 30.

338 *Steinberg*, Judicial Lawmaking at the WTO, AJIL 2004, 247, 263f., 275; *Ginsburg*, Bounded Discretion in International Judicial Lawmaking, VJIL 2004, 631, 673.

339 *Bacchus*, Affirming the American Interest in the Future of the WTO, JWT 2003, 429, 439; *Ehlermann*, Tensions between the Dispute Settlement Process and the Diplomatic and Treaty-Making Activities of the WTO, WTR 2003, 301, 305.

340 *Reisman*, International Non Liquet, International Lawyer 1969, 770, 783.

341 Art. 7.2 DSU sieht vor: „Panels shall address the relevant provisions in any covered agreement or agreements cited by the parties to the dispute."

342 Art. 17.12 DSU sieht vor: „The Appellate Body shall address each of the issues raised in accordance with paragraph 6 during the appellate proceeding."

kommen sowie die behaupteten Streitpunkte in einem Verfahren auslegen bzw. behandeln.

Außerdem wird teilweise die Einführung der Chevron-Zurückhaltung in die WTO-Streitbeilegung bzw. in die Interpretation des Art. XX GATT[343] ausdrücklich abgelehnt.[344] Demnach solle dem regulierenden WTO-Mitglied nur *some deference* eingeräumt werden.[345] Diese Feststellung beruht darauf, dass die Begründung für die Anwendung der Chevron-Theorie im US-Verwaltungsrecht im WTO-Kontext nicht übertragbar ist.

Zunächst könne das Expertise-Argument im Kontext der WTO nicht überzeugen. Zwar verfüge ein WTO-Mitglied als Streitpartei über weit mehr Sachinformationen als ein Panel.[346] Diese technische Überlegenheit rechtfertige jedoch keine zurückhaltende Überprüfung der nationalen behördlichen Auslegung des Vertragstexts der WTO-Abkommen, da diesen Behörden nicht die Befugnis zur Vornahme maßgeblicher Interpretationsentscheidungen delegiert werde.[347]

Außerdem finde das Demokratie-Argument in der WTO keine analoge Anwendung. Es gebe nämlich kein demokratisches Legitimationsdefizit der WTO-Schiedskörper, da gerade diesen und nicht den Streitparteien die Befugnis durch den Abschluss des WTO-Übereinkommens übertragen worden sei, über die Rechtmäßigkeit einer politischen Entscheidung eines WTO-Mitglieds zu entscheiden.[348] Ein anderes Institut, das besser repräsentativ sei, stehe hingegen nicht zur Verfügung.[349] Gerade diese institutionelle Rolle des WTO-Schiedsgerichts könne eine mögliche missbräuchliche Auslegung des Vertragstexts des WTO-Übereinkommens durch einzelne WTO-Mitglieder verhindern.[350]

---

343 Vgl. *Becroft*, The Standard of Review in WTO Dispute Settlement, 2012, S. 211.

344 *Croley/Jackson*, WTO Dispute Procedures, Standard of Review, and Deference, AJIL 1996, 193, 208–213. Ähnlich auch: *Becroft*, The Standard of Review in WTO Dispute Settlement, 2012, S. 63–64, 71–72, 125.

345 *Croley/Jackson*, WTO Dispute Procedures, Standard of Review, and Deference, AJIL 1996, 193, 211, 212–213.

346 *Croley/Jackson*, WTO Dispute Procedures, Standard of Review, and Deference, AJIL 1996, 193, 208–209.

347 *Croley/Jackson*, WTO Dispute Procedures, Standard of Review, and Deference, AJIL 1996, 193, 208–209.

348 *Croley/Jackson*, WTO Dispute Procedures, Standard of Review, and Deference, AJIL 1996, 193, 209.

349 *Croley/Jackson*, WTO Dispute Procedures, Standard of Review, and Deference, AJIL 1996, 193, 209.

350 *Croley/Jackson*, WTO Dispute Procedures, Standard of Review, and Deference, AJIL 1996, 193, 209.

Ferner treffe das Argument der administrativen Effizienz, wonach inkonsequente Auslegungen von verschiedenen geografischen Gerichten statt von einer einzigen Behörde, wie in den USA, vorgenommen werden können, im WTO-Kontext nicht zu. Denn die Zuständigkeit der WTO-Panels sei nicht auf bestimmte geografische Regionen beschränkt.[351] Die Beachtung früherer Panel-Entscheidungen zu gleichen oder ähnlichen Fragen und die Tatsache, dass sich mehrere Panels im Laufe der Zeit einheitlich mit einer bestimmten Frage befassen, können gerade eine einheitliche Auslegung des WTO-Vertragstexts gewährleisten.[352] Hingegen könnten divergierende Auslegungen durch einzelne Mitgliedstaaten das Ziel der WTO, Probleme bei der Koordinierung des internationalen Handels zu überwinden, ernsthaft gefährden.[353]

Schließlich werde das Wort „Souveränität" in erheblicher Weise missbraucht[354] und das Souveränitätsargument lasse offen, wie ein gewisses Gleichgewicht zwischen der Souveränität des regulierenden WTO-Mitglieds einerseits und dem allgemeinen Interesse an den Vorteilen internationaler Koordinierung andererseits gefunden werden solle.[355] Daher sei das Souveränitätsargument übertrieben, weil es unbewusst die Grundprinzipien der WTO selbst in Frage stelle und die Stabilität der Streitbeilegungsorgane gefährde.[356]

### 2. Skepsis gegenüber der Gewährung einer (weiten) Margin of Appreciation für das regulierende WTO-Mitglied

Manche Vertreter lehnen diese Theorie zwar nicht völlig ab. Sie vertreten jedoch die Auffassung, dass dem regulierenden WTO-Mitglied nur eine eingeschränkte Margin of Appreciation zustehen solle. Nach dieser Auffassung sei die Einräumung eines Einschätzungsspielraums für ein WTO-Mitglied zur Verfolgung u. a. seiner Umweltschutzziele zwar notwendig.[357] Für die WTO-

---

351 *Croley/Jackson*, WTO Dispute Procedures, Standard of Review, and Deference, AJIL 1996, 193, 210.

352 *Croley/Jackson*, WTO Dispute Procedures, Standard of Review, and Deference, AJIL 1996, 193, 210.

353 *Croley/Jackson*, WTO Dispute Procedures, Standard of Review, and Deference, AJIL 1996, 193, 210 und 212.

354 *Croley/Jackson*, WTO Dispute Procedures, Standard of Review, and Deference, AJIL 1996, 193, 211.

355 *Croley/Jackson*, WTO Dispute Procedures, Standard of Review, and Deference, AJIL 1996, 193, 212; *Jackson*, The WTO Dispute Settlement Procedures, in: Schott (Hrsg.), The World Trading System, 1996, S. 161–162.

356 *Croley/Jackson*, WTO Dispute Procedures, Standard of Review, and Deference, AJIL 1996, 193, 212; *Jackson*, The WTO Dispute Settlement Procedures, in: Schott (Hrsg.), The World Trading System, 1996, S. 161–162.

357 *Jackson*, Perceptions about the WTO Trade Institutions, WTR 2002, 101, 110.

Schiedskörper sei es jedoch eine schwierige Aufgabe, die Zuerkennung dieses Ermessensspielraums mit der Wahrung der Integrität des Normensystems im Rahmen des WTO-Streitbeilegungsmechanismus in Einklang zu bringen.[358] In der Entscheidungspraxis zum „grünen" Art. XX GATT sei die Behandlung der Margin of Appreciation zudem sehr uneinheitlich und die Grenze dieses Einschätzungsspielraums bleibe ungeklärt.[359]

In einem anderen Teil der wissenschaftlichen Literatur wird die Anwendung der Theorie der Margin of Appreciation im WTO-Recht aus den folgenden Gründen insgesamt abgelehnt.[360]

Zunächst behandeln der EGMR und die WTO unterschiedliche Rechte und verfolgen verschiedene Ziele. Der EGMR strebe den Menschenrechtsschutz an und enthalte keine vergleichbaren Rechte, die mit der Handelsfreiheit nach den WTO-Abkommen vergleichbar seien.[361] Die Margin of Appreciation sei demnach eine einzigartige Reaktion auf die rechtlichen, politischen und kulturellen Unterschiede in den Mitgliedstaaten beim Menschenrechtsschutz.[362] Hingegen ziele die WTO auf die Marköffnung und das Verbot von Handelsprotektionismus ab, um die internationale Handelsfreiheit gewährleisten zu können.[363]

Eine allgemein geltende zurückhaltende Prüfungsdichte, wie die Gewährung eines weiten Einschätzungsspielraums für ein WTO-Mitglied bei unilateraler Regulierung, könne sich ferner nicht aus den Verhandlungen zu den WTO-Abkommen ergeben, weil die Verhandlungsvertreter der WTO-Mitglieder eine solche Prüfungsdichte damals abgelehnt hatten.[364]

Darüber hinaus könne die Margin of Appreciation schwierig als eine zurückhaltende Prüfungsdichte angesehen werden, weil sie vielmehr nur die zurückhaltende Überprüfung der Tatsachenfeststellung betreffe und eine *de novo* Überprüfung der Rechtsurteile eines WTO-Mitglieds trotzdem vorgenommen werde.[365] Staaten können sich zur Definition ihrer Konformität mit ambigen Rechtsnormen wie Art. XX GATT nicht auf die Theorie der Margin

---

[358] *Jackson*, Perceptions about the WTO Trade Institutions, WTR 2002, 101, 110.

[359] *Abotsi*, Review of the WTO's Treatment of Trade Related Environmental Issues, UBLJ 2010, 27, 39–42 i. V. m. 55.

[360] *Oesch*, Standards of Review in WTO Dispute Resolution, S. 52–54; *ders.*, Standards of Review in WTO Dispute Resolution, JIEL 2003, 635, 637–638 und die Kommentare in Zit. 7 a. a. O.; ähnlich auch: *Becroft*, The Standard of Review in WTO Dispute Settlement, 2012, S. 23.

[361] *Oesch*, Standards of Review in WTO Dispute Resolution, S. 52–53.

[362] *Oesch*, Standards of Review in WTO Dispute Resolution, S. 52–53.

[363] *Oesch*, Standards of Review in WTO Dispute Resolution, S. 53.

[364] *Oesch*, Standards of Review in WTO Dispute Resolution, S. 54.

[365] Vgl. *Oesch*, Standards of Review in WTO Dispute Resolution, S. 53–54.

of Appreciation berufen, weil der Umfang der durch den Abschluss des WTO-Übereinkommens eingegangenen Souveränitätseinschränkungen zugunsten der Handelsfreiheit in diesem Fall unklar sei und von einem WTO-Schiedsgericht durch Auslegung ermittelt werden müsse.[366]

### 3. Flexible Prüfungsdichte je nach Vertragstext und Einzelfallumständen

Ferner gibt es zwei Formen flexibler Prüfungsdichten, bei denen es sich um wenig zurückhaltende Prüfungsdichten handelt.

#### *a) Flexible Prüfungsdichte je nach Vertragstext und Einzelfallumständen ohne generelle Bevorzugung der Zurückhaltung*

Teilweise wird eine flexible Prüfungsdichte vorgeschlagen. Demnach solle die Prüfungsdichte im Einzelfall anhand der konkreten Umstände und unter Beachtung des jeweils geltenden speziellen Vertragstexts des WTO-Abkommens bestimmt werden.[367]

Demnach ergebe sich aus Art. 11 DSU grundsätzlich kein konkreter Grad einer zurückhaltenden Prüfungsdichte für die WTO-Streitbeilegung, sondern dieser sei anhand des speziellen Vertragstexts des jeweiligen WTO-Abkommens festzustellen.[368]

Für das Anti-Dumping-Abkommen sei zwar eine zurückhaltende Prüfungsdichte für die Tatsachenfeststellung anzuwenden, weil in diesem Abkommen ein nationales Investitionsverfahren vorgesehen sei.[369] Hingegen solle eine eingreifende Prüfungsdichte beispielsweise für Art. XX GATT gelten, da in

---

[366] *Das*, Sovereignty, Development and International Economic Law, NLUDSLJ 2017, 53, 60 i. V. m. 68.

[367] *Ehlermann/Lockhart*, Standard of Review in WTO Law, JIEL 2004, 491, 495–496; *Bohanes/Lockhart*, Standard of Review in WTO Law, in: Bethlehem u. a. (Hrsg.), The Oxford Handbook of International Trade Law, 1. Aufl. 2009, S. 379, 433 ff. Ähnlicher Ansatz ohne spezielle Berücksichtigung des Art. XX GATT siehe: *Bhardwaj/Agarwal*, Science-intensive Dispute Mechanism for Protection of Atmosphere, IJGLS 2022, 145, 147, 165–166.

[368] *Ehlermann/Lockhart*, Standard of Review in WTO Law, JIEL 2004, 491, 519–521; *Bohanes/Lockhart*, Standard of Review in WTO Law, in: Bethlehem u. a. (Hrsg.), The Oxford Handbook of International Trade Law, 1. Aufl. 2009, S. 383–384, 433–434.

[369] *Ehlermann/Lockhart*, Standard of Review in WTO Law, JIEL 2004, 491, 502–503, 503 f., 520; *Bohanes/Lockhart*, Standard of Review in WTO Law, in: Bethlehem u. a. (Hrsg.), The Oxford Handbook of International Trade Law, 1. Aufl. 2009, S. 389–390, 390 f. und 396 f.

diesem Artikel kein nationales Investigationsverfahren vorgesehen sei und ein Panel keine Tatsachenfeststellung auf nationaler Ebene zu respektieren habe.[370]

Hinsichtlich der Beurteilung von Rechtsfragen sei eine *de novo review* durchzuführen,[371] weil das inländische Parlament und die Behörden die inländischen Rechte interpretieren und ein Panel nicht verpflichtet sei, die Auslegung des regulierenden WTO-Mitglieds zu respektieren.[372] Außerdem ergebe sich eine solche *de novo review* aus dem Vertragstext des Art. 11 DSU, wonach ein Panel befugt sei, anhand des Völkergewohnheitsrechts, beispielsweise des Art. 31 und 32 WVVA, die gewöhnliche Bedeutung des Vertragstexts zu ermitteln, selbst wenn eine alternative vernünftige Interpretation eines regulierenden WTO-Mitglieds vorliege.[373] Denn diese Diskretion stehe nicht dem WTO-Mitglied und seinen Behörden, sondern ausschließlich einem Panel und dem AB zu.[374] Damit könne erst eine einheitliche Interpretation der

---

370 *Ehlermann/Lockhart*, Standard of Review in WTO Law, JIEL 2004, 491, 518–519, 520; *Bohanes/Lockhart*, Standard of Review in WTO Law, in: Bethlehem u.a. (Hrsg.), The Oxford Handbook of International Trade Law, 1. Aufl. 2009, S. 390, 414 f.

371 Nach Ehlermann und Lockhart liege eine Ausnahme von der *de novo*-Prüfungsdichte dann vor, wenn eine Vorschrift in den WTO-Abkommen die Verfolgung politischer Ziele wie Umwelt- und Gesundheitsschutz erlaube, wie Art. XX GATT. In diesem Fall solle den WTO-Mitgliedern ein Einschätzungsspielraum für die politische Entscheidung gewährt werden, den ein Panel respektieren müsse. Ein Panel dürfe demnach nur dann eingreifen, wenn die Anwendung der angegriffenen Maßnahme rechtswidrig sei. Vgl. nur: *Ehlermann/Lockhart*, Standard of Review in WTO Law, JIEL 2004, 491, 520–521. Da ein negatives rechtliches Urteil oft gleichzeitig vorgenommen wird, wenn die entsprechende Tatsachenfeststellung abgelehnt wird, kann die vorgenannte Gewährung eines Einschätzungsspielraums nur schwierig noch als zurückhaltend angesehen werden, wenn Ehlermann und Lockhart schon eine eingreifende Prüfungsdichte für die Tatsachenfeststellung bei der Interpretation des Art. XX GATT bejahen.

372 *Ehlermann/Lockhart*, Standard of Review in WTO Law, JIEL 2004, 491, 497, 519–520; *Bohanes/Lockhart*, Standard of Review in WTO Law, in: Bethlehem u.a. (Hrsg.), The Oxford Handbook of International Trade Law, 1. Aufl. 2009, S. 385, 433–434. Für die Anwendung einer *de novo eview* für die Überprüfung von Handelsschutzmaßnahmen vgl. *Spamann*, Standard of Review for World Trade Organization Panels in Trade Remedy Cases, JWT 2004, 509. Auch die eingreifende Prüfungsdichte vor EC – Hormones II kann nur als „close to a *de novo* standard of review“ angesehen werden. Hierzu vgl. *Du*, Standard of Review under the SPS Agreement after EC – Hormones II, ICLQ 2010, 441, 442, 447 f.

373 *Ehlermann/Lockhart*, Standard of Review in WTO Law, JIEL 2004, 491, 497–498; *Bohanes/Lockhart*, Standard of Review in WTO Law, in: Bethlehem u.a. (Hrsg.), The Oxford Handbook of International Trade Law, 1. Aufl. 2009, S. 385–386.

374 *Ehlermann/Lockhart*, Standard of Review in WTO Law, JIEL 2004, 491, 498; *Bohanes/Lockhart*, Standard of Review in WTO Law, in: Bethlehem u.a. (Hrsg.), The Oxford Handbook of International Trade Law, 1. Aufl. 2009, S. 386.

WTO-Abkommen garantiert werden, weil sonst unterschiedliche Interpretationen von verschiedenen WTO-Mitgliedern vorgenommen werden.[375]

### *b) Generell wenig zurückhaltende Prüfungsdichte mit spezifischen Modifikationen in verschiedenen WTO-Abkommen*

Demgegenüber wird – unter Kritik an den oben genannten Modellen der Prüfungsdichten in der Entscheidungspraxis der WTO-Streitbeilegungsorgane und in der wissenschaftlichen Literatur – eine generell eingreifende Prüfungsdichte mit spezifischen Modifikationen entsprechend dem jeweiligen Vertragstext der WTO-Abkommen vorgeschlagen.[376] Dabei solle keine separate Prüfungsdichte zwischen Tatsachenfeststellung und Rechtsfrage unterschieden werden.[377]

Nach dieser Ansicht solle einerseits eine generell sehr eingreifende Prüfungsdichte angewendet werden.[378] Ein Panel solle zunächst sicherstellen, dass die verfügbaren Beweise ausreichen, um eine Entscheidung zur Beilegung der vorgelegten Streitsache zu treffen.[379] Sodann sei eine gründliche und umfassende Analyse der Tatsachen und Rechtsfragen im konkreten Streitfall durchzuführen.[380] Andererseits sei eine spezifische Modifikation vorzunehmen, die davon abhänge, ob ein WTO-Abkommen eine Aufteilung der Zuständigkeiten zwischen der WTO und einem WTO-Mitglied vorsehe.[381]

Hinsichtlich Art. XX GATT bedürfe es nach dieser Ansicht keiner speziellen Modifikation der eher eingreifenden generellen Prüfungsdichte, und die Prüfungsdichte im Rahmen dieses Artikels solle daher sehr eingreifend sein. Denn in Art. XX GATT sei keine nationale Investigationspflicht zur Tatsachenfeststellung vorgesehen, sodass kein Einschätzungsspielraum für ein WTO-Mitglied vorhanden sei.[382]

---

375 *Ehlermann/Lockhart*, Standard of Review in WTO Law, JIEL 2004, 491, 498; *Bohanes/Lockhart*, Standard of Review in WTO Law, in: Bethlehem u.a. (Hrsg.), The Oxford Handbook of International Trade Law, 1. Aufl. 2009, S. 385–386.

376 *Becroft*, The Standard of Review in WTO Dispute Settlement, 2012, S. 100ff., 127ff.

377 *Becroft*, The Standard of Review in WTO Dispute Settlement, 2012, S. 112–115.

378 *Becroft*, The Standard of Review in WTO Dispute Settlement, 2012, S. 102–103.

379 *Becroft*, The Standard of Review in WTO Dispute Settlement, 2012, S. 103.

380 *Becroft*, The Standard of Review in WTO Dispute Settlement, 2012, S. 108.

381 *Becroft*, The Standard of Review in WTO Dispute Settlement, 2012, S. 129 und 130 i.V.m. 108.

382 *Becroft*, The Standard of Review in WTO Dispute Settlement, 2012, S. 207–209.

## § 4 Diskussion über den Stellenwert des Verhältnismäßigkeitsgrundsatzes i. w. S. im WTO-Recht

Die Auslegung des Art. XX GATT durch die WTO-Streitbeilegungsorgane bildet die Grundlage für die folgende Darstellung der Diskussion über den Stellenwert des Verhältnismäßigkeitsgrundsatzes i. w. S. im Schrifttum. Daher wird zunächst diese Auslegungspraxis geschildert. Anschließend werden die Meinungsverschiedenheiten über den Stellenwert des Verhältnismäßigkeitsprinzips i. w. S. in der wissenschaftlichen Literatur dargestellt.

### A. Interpretation des Art. XX GATT in umweltrelevanten Fällen in der Entscheidungspraxis der WTO-Streitbeilegungsorgane

#### I. Anwendungsbereich des Art. XX GATT

Voraussetzung für die Rechtfertigung einer materiellen GATT-Pflichtverletzung gemäß Art. XX GATT ist die Eröffnung des Anwendungsbereichs dieses Artikels. Diese Frage ist jedoch nicht Schwerpunkt der vorliegenden Arbeit. Die nachfolgenden Ausführungen und die daraus abgeleiteten Ergebnisse basieren auf der Annahme, dass der Anwendungsbereich des Art. XX GATT bereits eröffnet ist.

##### 1. Sachlicher Anwendungsbereich des Art. XX GATT

Im Rahmen der Prüfung eines Absatzes des Art. XX GATT ist zunächst zu ermitteln, ob das vom regulierenden Mitglied angegebene Schutzgut in den sachlichen Anwendungsbereich fällt. In verschiedenen Verfahren wurden die umstrittenen Subsumtionsfragen hinsichtlich der Begriffe „erschöpfbaren natürliche Ressourcen“[383] und „öffentliche Moral“[384] von den WTO-Streitbeile-

---

[383] Vgl. WTO, Panel-Bericht v. 20. 5. 1996, WT/DS2/R, „US – Gasoline“, Para. 6.21; GATT, Panel-Bericht v. 11. 10. 1994, DS31/R, „US – Automobiles“, Para. 5.57; GATT, Panel-Bericht v. 22. 3. 1988, L/6268-35S/98, „Canada – Herring and Salmon“, Para. 4.4; GATT, Panel-Bericht v. 16. 6. 1994, DS29/R, „US – Tuna II“, Para. 5.13; WTO, AB-Bericht v. 12. 10. 1998, WT/DS58/AB/R, „US – Shrimp“, Para. 127 ff.; WTO, Panel-Bericht v. 26. 3. 2014, WT/DS431/R u. a., „China – Rare Earths“, Para. 7.246 ff.; WTO, Panel-Bericht v. 5. 7. 2011, WT/DS394/R u. a., „China – Raw Materials“, Para. 7.363.

[384] WTO, AB-Bericht v. 22. 5. 2014, WT/DS400/AB/R u. a., „EC – Seal Products“, Para. 5.200. Ebenso in US – Gambling und China – Audiovisual Products, vgl. jeweils WTO, Panel-Bericht v. 10. 11. 2004, WT/DS285/R, „US – Gambling“, Para. 6.461; WTO, Panel-Bericht v. 12. 8. 2009, WT/DS363/R, „China – Publications and Audiovisual Products“, Para. 7.759.

gungsorganen geklärt. Demgegenüber ist die Subsumtion eines Schutzguts unter das Leben oder die Gesundheit von Menschen, Tieren bzw. Pflanzen, wie in EC – Asbestos und Brazil – Retreaded Tyres, bislang kaum kontrovers diskutiert worden.[385]

Die Eröffnung des sachlichen Anwendungsbereichs des Art. XX GATT ist jedoch nicht Schwerpunkt der vorliegenden Arbeit. Denn die hier zu begründende These gilt nur, wenn der Anwendungsbereich des Art. XX GATT, insbesondere der sachliche und territoriale Anwendungsbereich, von den WTO-Streitbeilegungsorganen als eröffnet beurteilt worden ist.[386] Fälle, in denen der sachliche Anwendungsbereich von den WTO-Streitbeilegungsorganen als nicht eröffnet beurteilt wurde, werden somit nicht berücksichtigt.[387]

Im Folgenden wird der sachliche Anwendungsbereich nur noch kurz im Rahmen der Darstellung des Schutzguts und des Schutzniveaus erläutert, um damit eine Grundlage für die weitere Erklärung des Bezugspunkts der Verhältnismäßigkeitsprüfung i. w. S. zu schaffen.

### 2. Territorialer Anwendungsbereich des Art. XX GATT

#### *a) Keine abschließende Klärung der Extraterritorialitätsfrage im Schrifttum und in der Entscheidungspraxis zu Art. XX GATT*

Die Frage des territorialen Anwendungsbereichs des Art. XX GATT ist im Schrifttum stark umstritten[388] und wurde von den Streitbeilegungsorganen der WTO bisher noch nicht abschließend geklärt.

---

[385] Als „Umweltschutz“ bezeichnet: WTO, Panel-Bericht v. 12.6.2007, WT/DS332/R, „Brazil – Retreaded Tyres“, Para. 7.46. Kaum umstritten: WTO, Panel-Bericht, EC – Asbestos, Para. 184 ff.; WTO, Panel-Bericht v. 12.6.2007, WT/DS332/R, „Brazil – Retreaded Tyres“, Para. 7.42 ff.

[386] Zur These der vorliegenden Arbeit siehe: Teil 1 Kapitel 3 § 2.

[387] WTO, Panel-Bericht v. 2.22.2016, WT/DS456/R, „Indian – Solar Cells“, Para. 7.301, 7.318; WTO, AB-Bericht v. 16.9.2016, WT/DS456/AB/R, „Indian – Solar Cells“, Para. 5.137, 5.149.

[388] Hierzu vgl. u. a.: *Schoenbaum*, International Trade and Protection of the Environment, AJIL 1997, 268, 280; *Howse/Regan*, The Product/Process Distinction, EJIL 2000, 249, 274; *Puth*, WTO und Umwelt, 2003, S. 144 ff.; *Vranes*, Der Verhältnismäßigkeitsgrundsatz, AöR 2009, 1, 24–25, 29; *Bartels*, Article XX of GATT and the Problem of Extraterritorial Jurisdiction, JWT 2002, 353; *Franken*, Nachhaltigkeitsstandards und ihre Vereinbarkeit mit WTO-Recht, ZUR 2010, 66, 71; *Ankersmit/Lawrence/Davies*, Extraterritorial Process Regulation, MJIL 2012, 14; *Diem*, Freihandel und Umweltschutz in GATT und WTO, 1996, S. 111 ff.; *Bender*, Unilaterale Exportverbote und ihre Rechtmäßigkeit nach dem GATT, ZaöRV 2003, 1007, 1019 ff.; *Glinski*, The Impact of Tuna Dolphin II and EC – Seal Products, NJIL 2017, 120, 122;

In Canada – Herring and Salmon und US – Tuna 1982 war die Frage noch unerheblich, ob Fische innerhalb oder außerhalb der territorialen Zuständigkeit eines Vertragspartners gefangen wurden.[389] In US – Tuna I hatte das Panel festgestellt, dass die umstrittene Maßnahme nicht unter den territorialen Anwendungsbereich des Art. XX (b) und (g) GATT falle.[390] Andernfalls könne jede Vertragspartei einseitig eine Erhaltungspolitik festlegen, von der eine andere Vertragspartei nicht abweichen könne, ohne ihre Rechte aus dem GATT zu gefährden.[391]

Demgegenüber hielt das Panel in US – Tuna II daran fest, dass sich keine territoriale Beschränkung aus dem Wortlaut von Art. XX (g) GATT ergebe, weil sich die in diesem Artikel enthaltenen Qualifikationen nur auf die angegriffene Maßnahme oder deren Durchführung bezögen, nicht jedoch auf die erschöpfbaren Naturressourcen.[392]

Unter Verweis auf Art. XX (e) GATT, der auch extraterritoriale Vorgänge vorsah, stellte das Panel ferner fest, dass GATT nicht in absoluter Weise solche Maßnahmen verbiete, die sich auf extraterritoriale Gegenstände oder Handlungen bezögen.[393] Außerdem wies das Panel auf das allgemeine Völkerrecht hin, wonach die extraterritoriale Regulierung eines Staates grundsätzlich nicht verboten sei.[394]

In US – Shrimp führte der AB bei der Würdigung der Frage der extraterritorialen Anwendung aus, dass ein ausreichender Zusammenhang dann zu bejahen sei, wenn die Meeresschildkröten als wild wandernde Tiere auch in US-Hoheitsgewässern auftauchten und damit auch der Hoheit der USA unterliegen könnten.[395] Der AB ließ jedoch offen, ob sich eine immanente Beschränkung aus Art. XX (g) GATT ergebe.[396]

---

*Bäumler*, in: Krenzler/Herrmann/Niestedt (Hrsg.), EU-Außenwirtschafts- und Zollrecht, Band II, 21. EL 2023, WTO, Rn. 113.

389 GATT, Panel-Bericht v. 22. 3. 1988, L/6268-35S/98, „Canada – Herring and Salmon“; GATT, Panel-Bericht v. 22. 2. 1982, L/5198-29S/91, „US – Tuna 1982“.

390 GATT, Panel-Bericht v. 3. 9. 1991, DS21/R-39S/155, „US – Tuna I“, Para. 5.25–5.26, 5.31–5.32.

391 GATT, Panel-Bericht v. 3. 9. 1991, DS21/R-39S/155, „US – Tuna I“, Para. 5.27, 5.32.

392 GATT, Panel-Bericht v. 16. 6. 1994, DS29/R, „US – Tuna II“, Para. 5.15.

393 GATT, Panel-Bericht v. 16. 6. 1994, DS29/R, „US – Tuna II“, Para. 5.16.

394 GATT, Panel-Bericht v. 16. 6. 1994, DS29/R, „US – Tuna II“, Para. 5.17 ff.

395 WTO, AB-Bericht v. 12. 10. 1998, WT/DS58/AB/R, „US – Shrimp“, Para. 133.

396 WTO, AB-Bericht v. 12. 10. 1998, WT/DS58/AB/R, „US – Shrimp“, Para. 133: „It would not pass upon the question of whether there is an implied jurisdictional limitation in Article XX (g), and if so, the nature or extent of that limitation. […] in the specific circumstances of that case, there was a sufficient nexus between the migratory and endangered marine populations involved and the United States for purposes of Article XX (g).“

Die Parteien in EC – Seal Products waren damit einverstanden, dass ein ausreichender Zusammenhang zwischen der öffentlichen Moral und der angegriffenen Maßnahme bestehe, sodass der AB diese Frage nicht weiter untersuchen müsse.[397] Daher hatte der AB keinen Anlass, die Frage der Extraterritorialität weiter zu klären.

#### *b) Kein Schwerpunkt der vorliegenden Untersuchung*

Die weitere Klarstellung der Extraterritorialitätsfrage im Rahmen des „grünen" Art. XX GATT ist jedoch nicht Gegenstand der vorliegenden Untersuchung. Diese beruht darauf, dass der Anwendungsbereich des Art. XX GATT bereits eröffnet ist[398] und konzentriert sich auf die darauffolgende zweistufige Prüfung, die einer Anwendung des Verhältnismäßigkeitsgrundsatzes i. w. S. ähnelt und im Schrifttum stark umstritten ist.

### II. Prüfungsreihenfolge: Zweistufiges Prüfungsschema des Art. XX GATT in der Entscheidungspraxis

Vor dem AB-Bericht zu US – Shrimp war die Prüfungsreihenfolge von Art. XX GATT uneinheitlich. Während in Canada – Salmon und Herring,[399] Thailand – Cigarettes,[400] US – Tuna I,[401] US – Tuna II,[402] US – Automobiles[403] und US – Gasoline[404] zunächst die Erfüllung eines Absatzes des Art. XX GATT

397 WTO, AB-Bericht v. 22. 5. 2014, WT/DS400/AB/R u. a., „EC – Seal Products", Para. 5.173: „The participants did not address this issue in their submissions on appeal. Accordingly, while recognizing the systemic importance of the question of whether there is an implied jurisdictional limitation in Article XX (a), and, if so, the nature or extent of that limitation, we have decided in this case not to examine this question further." Vgl. auch Fn. 1191 a. a. O.

398 Zur These der vorliegenden Arbeit siehe: Teil 1 Kapitel 3 § 2.

399 GATT, Panel-Bericht v. 22. 3. 1988, L/6268-35S/98, „Canada – Herring and Salmon", Para. 4.4 ff.

400 GATT, Panel-Bericht v. 7. 11. 1990, DS10/R-37S/200, „Thailand – Cigarettes", Para. 73.

401 GATT, Panel-Bericht v. 3. 9. 1991, DS21/R-39S/155, „US – Tuna I", Para. 5.25.

402 GATT, Panel-Bericht v. 16. 6. 1994, DS29/R, „US – Tuna II", Para. 5.12, 5.29. Das Panel verwendete dabei zum ersten Mal ein dreistufiges Prüfschema für Art. XX (g) GATT.

403 GATT, Panel-Bericht v. 11. 10. 1994, DS31/R, „US – Automobiles", Para. 5.56. Bei der Prüfung des Art. XX (g) GATT hat das Panel ein dreistufiges Prüfschema entwickelt.

404 WTO, Panel-Bericht v. 20. 5. 1996, WT/DS2/R, „US – Gasoline", Para. 6.20; WTO, AB-Bericht v. 20. 5. 1996, WT/DS2/AB/R, „US – Gasoline", S. 22. Bei der Prüfung des Chapeaus betonte der AB, dass bei der Prüfung des Art. XX (g) GATT eine

geprüft wurde, behandelten die Panels in US – Tuna 1982[405] und US – Shrimp[406] den Chapeau als erstes.

So stellte das Panel von US – Shrimp zunächst fest, dass die Prüfung des Art. XX GATT mit dem Chapeau beginnen müsse, weil die Bedingungen des Chapeaus auf alle Absätze des Art. XX GATT anwendbar seien.[407] Sodann bemühte sich das Panel um die Auslegung des Begriffs „ungerechtfertigt" und stellte unter Verweis auf das Ziel des GATT fest, dass die Maßnahme der USA, die an die Änderung der innerstaatlichen Politik eines anderen Mitglieds geknüpft sei, das multilaterale Handelssystem gefährde und daher nicht gerechtfertigt sein könne.[408]

Im Berufungsverfahren rügte der AB die vom Panel angewendete Prüfungsreihenfolge zunächst mit der Begründung, dass dem Wortlaut nach nur die konkrete Anwendung einer Maßnahme im Rahmen der Prüfung des Chapeaus zu berücksichtigen sei,[409] während die Ausgestaltung der Maßnahme anhand der entsprechenden Absätze beurteilt werden solle.[410] Außerdem habe das Panel nicht den Sinn und Zweck des Art. XX GATT, nämlich die Verhinderung des Missbrauchs von Ausnahmeregelungen, berücksichtigt, sondern sich stattdessen auf den Sinn und Zweck des WTO-Übereinkommens bezogen.[411] Alle dieser Fehler seien auf die falsche Prüfungsreihenfolge zurückzuführen.[412]

---

zweistufige Analyse durchzuführen sei: Erstens sei zu prüfen, ob eine vorläufige Rechtfertigung hinsichtlich der Charakterisierung der Maßnahme nach Art. XX (g) GATT vorliege; zweitens sei zu prüfen, ob die Maßnahme die Erfordernisse im Chapeau des Art. XX GATT erfülle.

405 GATT, Panel-Bericht v. 22.2.1982, L/5198-29S/91, „US – Tuna 1982", Para. 4.8 ff. Das Panel hat in diesem Verfahren ein vierstufiges Prüfschema bei der Prüfung des Art. XX (g) GATT auf das Embargo der Vereinigten Staaten gegen Kanada angewendet. Dabei fragte das Panel danach, ob die angegriffenen Maßnahmen: (1) in einer Weise angewendet wurden, die ein Mittel zur willkürlichen oder ungerechtfertigten Diskriminierung darstellen konnten; (2) eine verschleierte Beschränkung des internationalen Handels darstellen konnten; (3) sich auf die Erhaltung der schöpferischen natürlichen Ressourcen bezogen; und (4) in Verbindung mit Beschränkungen der einheimischen Produktion oder des einheimischen Verbrauchs durchgeführt wurden.

406 WTO, Panel-Bericht v. 15.5.1998, WT/DS58/R, „US – Shrimp", Para. 7.28 ff.

407 WTO, Panel-Bericht v. 15.5.1998, WT/DS58/R, „US – Shrimp", Para. 7.28–7.29.

408 WTO, Panel-Bericht v. 15.5.1998, WT/DS58/R, „US – Shrimp", Para. 7.31 ff., 7.48 f., 7.51.

409 WTO, AB-Bericht v. 12.10.1998, WT/DS58/AB/R, „US – Shrimp", Para. 115.

410 WTO, AB-Bericht v. 12.10.1998, WT/DS58/AB/R, „US – Shrimp", Para. 116.

411 WTO, AB-Bericht v. 12.10.1998, WT/DS58/AB/R, „US – Shrimp", Para. 116.

412 WTO, AB-Bericht v. 12.10.1998, WT/DS58/AB/R, „US – Shrimp", Para. 117.

Der AB zog sodann die zweistufige Analyse im US – Gasoline heran und hielt diese für zutreffend.[413] Die Prüfung eines Missbrauchs erscheine nach Ansicht des AB schwierig, wenn nicht zunächst die relevante Ausnahme identifiziert und geprüft werde, weil in den jeweiligen Absätzen unterschiedliche Kriterien für die Beurteilung eines Missbrauchs gelten könnten.[414] In den nachfolgenden Fällen, nämlich EC – Asbestos,[415] Brazil – Retreaded Tyres,[416] China – Raw Materials[417], China – Rare Earths,[418] EC – Seal Products[419] und Indonesia – Import Licensing Regimes[420], wurde dieses zweistufige Prüfungsschema beibehalten. Ebenso wurde diese Prüfungsweise in nicht umweltrelevanten Fällen, einschließlich Korea – Beef,[421] China – Publications and Audiovisual Products,[422] Brazil – Taxation[423] und US – Tariff Measures,[424] angewendet. Eine Ausnahme bildet lediglich die Panel-Entscheidung zu Indonesia – Import Licensing Regimes.[425] Im Berufungsverfahren korrigierte der AB wiederum die Entscheidung des Panels bezüglich der Prüfungsreihenfolge[426]

---

[413] WTO, AB-Bericht v. 12. 10. 1998, WT/DS58/AB/R, „US – Shrimp“, Para. 119.

[414] WTO, AB-Bericht v. 12. 10. 1998, WT/DS58/AB/R, „US – Shrimp“, Para. 120.

[415] WTO, Panel-Bericht v. 18. 9. 2000, WT/DS135/R, „EC – Asbestos“, Para. 8.167.

[416] WTO, Panel-Bericht v. 12. 6. 2007, WT/DS332/R, „Brazil – Retreaded Tyres“, Para. 7.37.

[417] WTO, Panel-Bericht v. 5. 7. 2011, WT/DS394/R u. a., „China – Raw Materials“, Para. 7.359. Dabei wurde bei der Prüfung des Art. XX (g) GATT auf das in US – Gasoline und Brazil – Retreaded Tyres entwickelte zweistufige Schema verwiesen.

[418] WTO, Panel-Bericht v. 26. 3. 2014, WT/DS431/R u. a., „China – Rare Earths“, Para. 7.236, 7.362; WTO, AB-Bericht v. 7. 8. 2014, WT/DS431/AB/R u. a., „China – Rare Earths“, Para. 5.86.

[419] WTO, Panel-Bericht v. 25. 11. 2013, WT/DS400/R u. a., „EC – Seal Products“, Para. 7.612; WTO, AB-Bericht v. 22. 6. 2014, WT/DS400/AB/R u. a., „EC – Seal Products“, Para. 5.169.

[420] WTO, AB-Bericht v. 9. 11. 2017, WT/DS477/AB/R u. a., „Indonesia – Import Licensing Regimes“, Para. 5.91 – 5.100.

[421] WTO, AB-Bericht v. 11. 12. 2000, WT/DS161/AB/R u. a., „Korea – Beef“, Para. 156; WTO, Panel-Bericht v. 31. 7. 2000, WT/DS161/R u. a., „Korea – Beef“, Para. 654.

[422] WTO, Panel-Bericht v. 12. 8. 2009, WT/DS363/R, „China – Publications and Audiovisual Products“, Para. 7.746.

[423] WTO, Panel-Bericht v. 30. 8. 2017, WT/DS472/R, „Brazil – Taxation“, Para. 7.536, 7.542.

[424] WTO, Panel-Bericht v. 15. 9. 2020, WT/DS543/R, „US – Tariff Measures“, Para. 7.107.

[425] WTO, Panel-Bericht v. 22. 12. 2016, WT/DS477/R u. a., „Indonesia – Import Licensing Regimes“, Para. 7.829 bezüglich der angegriffenen Maßnahmen Nr. 9 – 17.

[426] WTO, AB-Bericht v. 9. 11. 2017, WT/DS477/AB/R u. a., „Indonesia – Import Licensing Regimes“, Para. 5.91 – 5.100.

und erklärte, dass der einschlägige Absatz vor dem Chapeau des Art. XX GATT zu interpretieren sei.[427]

Demnach sei erstens zu prüfen, ob eine vorläufige Rechtfertigung hinsichtlich der Charakterisierung der Maßnahme nach Art. XX (g) GATT vorliege; zweitens sei zu prüfen, ob die Maßnahme die Erfordernisse des Chapeaus von Art. XX GATT erfülle.

Dieser Prüfungsreihenfolge ist zuzustimmen. Andernfalls ist die Prüfung des Chapeaus nicht nur schwierig,[428] sondern auch unmöglich. Denn die Legitimität des behaupteten Gefährdungs- und Schutzniveaus des regulierenden WTO-Mitglieds sowie die vorläufige Rechtmäßigkeit der ergriffenen umweltpolitischen Maßnahme, die im Rahmen der Interpretation eines Absatzes festgestellt werden müssen, sind unerlässliche Voraussetzungen für die Feststellung einer willkürlichen Diskriminierung und einer versteckten Handelsbeschränkung i. S. d. Chapeaus des Art. XX GATT.[429]

### 1. Prüfung eines Absatzes des Art. XX GATT

Soweit das einschlägige Schutzgut unter den Anwendungsbereich eines Absatzes des Art. XX GATT fällt, befassen sich die WTO-Streitbeilegungsorgane mit der Gefährdungslage des Schutzguts sowie mit der Legitimität des angegebenen Schutzziels einschließlich des behaupteten Schutzniveaus des regulierenden WTO-Mitglieds. Anschließend werden die Absätze (a), (b) und (d) des Art. XX GATT durch den *necessary to*-Test interpretiert. Für die Auslegung des Absatzes (g) wird die *relating to*-Prüfung angewendet.

---

[427] WTO, AB-Bericht v. 9.11.2017, WT/DS477/AB/R u. a., „Indonesia – Import Licensing Regimes", Para. 5.100.

[428] WTO, AB-Bericht v. 12.10.1998, WT/DS58/AB/R, „US – Shrimp", Para. 127 ff. WTO, AB-Bericht v. 9.11.2017, WT/DS477/AB/R u. a., „Indonesia – Import Licensing Regimes", Para. 5.96–5.100.

[429] Hierzu siehe jeweils: Teil 6 Kapitel 21 § 1 B. II. 2. und § 2 B. IV.

### *a) Gefährdungslage des Schutzguts*

In ständigen Entscheidungen, nämlich in US – Tuna 1982,[430] Canada – Herring and Salmon,[431] Thailand – Cigarettes,[432] US – Tuna I,[433] US – Tuna II,[434] US – Automobile Taxes,[435] US – Gasoline,[436] US – Shrimp,[437] Korea – Beef,[438] EC – Asbestos,[439] EC – Tariff Preferences,[440] Brazil – Retreaded Tyres,[441] EC – Seal Products[442], China – Raw Materials,[443] China – Rare Earths,[444] Indonesia – Import Licensing Regimes[445] und Turkey – Pharmaceutical Products (EU),[446] prüfen die WTO-Streitbeilegungsorgane die Gefährdungslage des einschlägigen Schutzguts.

---

430 GATT, Panel-Bericht v. 22. 2. 1982, L/5198-29S/91, „US – Tuna 1982“, Para. 4.9.

431 GATT, Panel-Bericht v. 22. 3. 1988, L/6268-35S/98, „Canada – Herring and Salmon“, Para. 4.4.

432 GATT, Panel-Bericht v. 7. 11. 1990, DS10/R-37S/200, „Thailand – Cigarettes“, Para. 73.

433 GATT, Panel-Bericht v. 3. 9. 1991, DS21/R-39S/155, „US – Tuna I“, Para. 5.25–5.26, 5.31–5.32.

434 GATT, Panel-Bericht v. 16. 6. 1994, DS29/R, „US – Tuna II“, Para. 5.13, 5.30–5.33.

435 GATT, Panel-Bericht v. 11. 10. 1994, DS31/R, „US – Automobiles“, Para. 5.57.

436 WTO, Panel-Bericht v. 20. 5. 1996, WT/DS2/R, „US – Gasoline“, Para. 6.21, 6.37.

437 WTO, AB-Bericht v. 12. 10. 1998, WT/DS58/AB/R, „US – Shrimp“, Para. 127 ff.

438 WTO, Panel-Bericht v. 31. 7. 2000, WT/DS161/R u. a., „Korea – Beef“, Para. 655.

439 WTO, Panel-Bericht v. 18. 9. 2000, WT/DS135/R, „EC – Asbestos“, Para. 8.184–8.194; WTO, AB-Bericht v. 12. 3. 2001, WT/DS135/AB/R, „EC – Asbestos“, Para. 157–163.

440 Vgl. WTO, Panel-Bericht v. 1. 12. 2003, WT/DS246/R, „EC – Tariff Preferences“, Para. 7.203–7.208.

441 WTO, Panel-Bericht v. 12. 6. 2007, WT/DS332/R, „Brazil – Retreaded Tyres“, Para. 7.53–7.93.

442 WTO, AB-Bericht v. 22. 5. 2014, WT/DS400/AB/R u. a., „EC – Seal Products“, Para. 5.194–5.203.

443 WTO, Panel-Bericht v. 5. 7. 2011, WT/DS394/R u. a., „China – Raw Materials“, Para. 7.363.

444 WTO, Panel-Bericht v. 26. 3. 2014, WT/DS431/R u. a., „China – Rare Earths“, Para. 7.366 ff., 7.375. Dabei erkannte das Panel an, dass die erschöpflichen Seltenen Erden Chinas durch seine umfassenden Konservierungsmaßnahmen geschützt werden konnten. Diese Feststellung deutet auf die Bejahung der Gefahr und Schutzbedürftigkeit der Seltenen Erden hin. Denn die Bejahung der Gefährdungslage der Seltenen Erden Chinas ist die Voraussetzung für diese Feststellung.

445 WTO, Panel-Bericht v. 22. 12. 2016, WT/DS477/R u. a., „Indonesia – Import Licensing Regimes“, Para. 7.627–7.628 und 7.632, 7.795–7.797.

446 WTO, Panel-Bericht v. 11. 11. 2021, unverbreitet und beigefügt zur Mitteilung v. 28. 4. 2022 über die Berufung der Türkei gemäß Art. 25 DSU, WT/DS583/12, „Tur-

In Art. XX GATT findet sich zwar kein konkreter Anhaltspunkt für die Forderung nach einer konkreten Gefahr des Schutzguts oder des Vorliegens einer gefährdenden Handlung. Dies bedeutet jedoch nicht, dass eine Gefährdung des Schutzguts im Kontext des Art. XX GATT nicht verlangt wird. Denn die Verwendung der Wörter *to protect* in den Absätzen (a), (b) und (d) des Art. XX GATT impliziert, dass für die Ergreifung einer umweltpolitischen Maßnahme eine Gefahr für das zu schützende Gut bestehen muss.[447] Hinsichtlich des Art. XX (g) GATT ergibt sich diese Voraussetzung direkt aus dem klaren Begriff *exhaustible*.

### *b) Schutzniveau*

Soweit das einschlägige Schutzgut unter den Anwendungsbereich eines Absatzes des Art. XX GATT fällt, befassen sich die WTO-Streitbeilegungsorgane neben der Gefährdungslage des Schutzguts mit der Frage, ob überhaupt bzw. in welchem Umfang die Legitimität des angegebenen Schutzziels und des behaupteten Schutzniveaus des regulierenden WTO-Mitglieds zu überprüfen ist.[448]

---

key – Pharmaceutical Products (EU)“, Para. 7.165–7.180; WTO, Schiedsspruch gemäß Art. 25 DSU v. 25.7.2022, WT/DS583/ARB25, „Turkey – Pharmaceutical Products (EU)“, Para. 6.104–6.111, 6.116–6.122.

447 WTO, Panel-Bericht v. 18.9.2000, WT/DS135/R, „EC – Asbestos“, Para. 8.170, 8.814; WTO, AB-Bericht v. 22.5.2014, WT/DS400/AB/R u.a., „EC – Seal Products“, Para. 5.196.

448 GATT, Panel-Bericht v. 22.3.1988, L/6268-35S/98, „Canada – Herring and Salmon“, Para. 4.6–4.7; vgl. GATT, Panel-Bericht v. 7.11.1990, DS10/R-37S/200, „Thailand – Cigarettes“, Para. 73 und 74; GATT, Panel-Bericht v. 3.9.1991, DS21/R-39S/155, „US – Tuna I“, Para. 5.27, 5.32; GATT, Panel-Bericht v. 16.6.1994, DS29/R, „US – Tuna II“, Para. 5.22, 5.30–5.33; WTO, Panel-Bericht v. 20.5.1996, WT/DS2/R, „US – Gasoline“, Para. 6.22, 7.1; WTO, AB-Bericht v. 11.12.2000, WT/DS161/AB/R u.a., „Korea – Beef“, Para. 175f.; WTO, Panel-Bericht v. 18.9.2000, WT/DS135/R, „EC – Asbestos“, Para. 8.210, vgl. auch Para. 8.171; WTO, AB-Bericht v. 12.3.2001, WT/DS135/AB/R, „EC – Asbestos“, Para. 168; vgl. WTO, Panel-Bericht v. 12.6.2007, WT/DS332/R, „Brazil – Retreaded Tyres“, Para. 7.96–7.102; WTO, AB-Bericht v. 22.5.2014, WT/DS400/AB/R u.a., „EC – Seal Products“, Para. 5.200; vgl. WTO, Panel-Bericht v. 25.11.2013, WT/DS400/R u.a., „EC – Seal Products“, Para. 7.631; vgl. WTO, Panel-Bericht v. 5.7.2011, WT/DS394/R u.a., „China – Raw Materials“, Para. 7.380–7.383; WTO, Panel-Bericht v. 26.3.2014, WT/DS431/R u.a., „China – Rare Earths“, Para. 7.266f., 7.459, 7.730; WTO, Panel-Bericht v. 30.11.2022, WT/DS592/R, „Indonesia – Raw Materials“, Para. 7.223ff., 7.238ff.

### c) *Prüfung der* necessary to-*Bedingung in Art. XX (a), (b) und (d) GATT*

In der Entscheidungspraxis zu Art. XX GATT werden die Voraussetzungen des Art. XX (a), (b) und (d) GATT vor allem anhand des *least trade restrictive test* und des *weighing and balancing test* geprüft.

Im Panel-Bericht zu US – Section 337 wurde der *least trade restrictive test* eingeführt:[449]

> A contracting party cannot justify a measure inconsistent with another GATT provision as „necessary" [...] if an alternative measure which it could reasonably be expected to employ and which is not inconsistent with other GATT provisions is available to it.

Dieser Test wird in den nachfolgenden Entscheidungen der GATT/WTO, einschließlich Thailand – Cigarettes,[450] US – Gasoline[451] und China – Rare Earths,[452] beibehalten.

In Korea – Beef legte der AB zum ersten Mal die Wörter *necessary to* in Art. XX (d) GATT anhand eines *weighing and balancing test* aus:[453]

> In sum, determination of whether a measure, which is not „indispensable", may nevertheless be „necessary" within the contemplation of Article XX (d), involves in every case a process of weighing and balancing a series of factors which prominently include the contribution made by the compliance measure to the enforcement of the law or regulation at issue, the importance of the common interests or values protected by that law or regulation, and the accompanying impact of the law or regulation on imports or exports.

Diese Prüfungsweise wurde sodann auf die Interpretation von Art. XX (a) und (b) GATT übertragen und in ständiger Entscheidungspraxis der WTO verwendet, einschließlich EC – Asbestos,[454] US – Gambling,[455] Dominican Republic – Cigarettes,[456] Brazil – Retreaded Tyres,[457] EC – Seal Products,[458]

---

[449] GATT, Panel-Bericht v. 7.11.1989, L/6439-36S/345, „US – Section 337", Para. 5.26.

[450] GATT, Panel-Bericht v. 7.11.1990, DS10/R-37S/200, „Thailand – Cigarettes", Para. 74 ff.

[451] WTO, Panel-Bericht v. 20.5.1996, WT/DS2/R, „US – Gasoline", Para. 6.24 ff.; WTO, AB-Bericht v. 20.5.1996, WT/DS2/AB/R, „US – Gasoline", S. 25 ff.

[452] Implizit bezüglich des Absatzes (g) vgl. WTO, Panel-Bericht v. 26.3.2014, WT/DS431/R u.a., „China – Rare Earths", Para. 7.424 ff.

[453] WTO, AB-Bericht v. 11.12.2000, WT/DS161/AB/R u.a., „Korea – Beef", Para. 164 ff.

[454] WTO, AB-Bericht v. 12.3.2001, WT/DS135/AB/R, „EC – Asbestos", Para. 172.

[455] WTO, AB-Bericht v. 7.4.2005, WT/DS285/AB/R, „US – Gambling", Para. 306.

[456] WTO, AB-Bericht v. 25.4.2005, WT/DS302/AB/R, „Dominican Republic – Cigarettes", Para. 70.

[457] WTO, AB-Bericht v. 3.12.2007, WT/DS332/AB/R, „Brazil – Retreaded Tyres", Para. 156.

China – Raw Materials,[459] Indonesia – Import Licensing Regimes[460] und Indonesia – Raw Materials.[461]

### *d) Prüfung der* relating to- *und i*n conjunction with domestic restrictions-*Bedingungen in Art. XX (g) GATT*

Außerdem wird im Rahmen der Interpretation des Art. XX (g) GATT zunächst der *relating to test*[462] durchgeführt und anschließend das Tatbestandsmerkmal der inländischen Beschränkungen[463] geprüft.

In Canada – Herring and Salmon,[464] US – Tuna I,[465] US – Tuna II,[466] US – Gasoline[467] und China – Raw Materials[468] wurde zur Erfüllung der Anforde-

---

458 WTO, AB-Bericht v. 22. 5. 2014, WT/DS400/AB/R u. a., „EC – Seal Products", Para. 5.261 ff.; WTO, Panel-Bericht v. 25. 11. 2013, WT/DS400/R u. a., „EC – Seal Products", Para. 7.630.

459 WTO, Panel-Bericht v. 5. 7. 2011, WT/DS394/R u. a., „China – Raw Materials", Para. 7.482 ff.

460 WTO, Panel-Bericht v. 22. 12. 2016, WT/DS477/R u. a., „Indonesia – Import Licensing Regimes", Para. 7.798 ff.

461 WTO, Panel-Bericht v. 30. 11. 2022, WT/DS592/R, „Indonesia – Raw Materials", Para. 7.248 ff.

462 GATT, Panel-Bericht v. 22. 3. 1988, L/6268-35S/98, „Canada – Herring and Salmon", Para. 4.6–4.7; WTO, AB-Bericht v. 20. 5. 1996, WT/DS2/AB/R, „US – Gasoline", S. 14 ff., 19; WTO, AB-Bericht v. 12. 10. 1998, WT/DS58/AB/R, „US – Shrimp", Para. 135 ff.; WTO, Panel-Bericht v. 5. 7. 2011, WT/DS394/R u. a., „China – Raw Materials", Para. 7.378 ff.; WTO, AB-Bericht v. 30. 1. 2012, WT/DS394/AB/R u. a., „China – Raw Materials", Para. 355 ff.; WTO, Panel-Bericht v. 26. 3. 2014, WT/DS431/R u. a., „China – Rare Earths", Para. 7.281 ff.; WTO, AB-Bericht v. 7. 8. 2014, WT/DS431/AB/R u. a., „China – Rare Earths", Para. 5.88 ff.

463 GATT, Panel-Bericht v. 22. 3. 1988, L/6268-35S/98, „Canada – Herring and Salmon", Para. 4.6–4.7; WTO, AB-Bericht v. 20. 5. 1996, WT/DS2/AB/R, „US – Gasoline", S. 19 ff.; WTO, AB-Bericht v. 12. 10. 1998, WT/DS58/AB/R, „US – Shrimp", Para. 143 ff.; WTO, Panel-Bericht v. 5. 7. 2011, WT/DS394/R u. a., „China – Raw Materials", Para. 7.387 ff.; WTO, AB-Bericht v. 30. 1. 2012, WT/DS394/AB/R u. a., „China – Raw Material", Para. 356–361; WTO, Panel-Bericht v. 26. 3. 2014, WT/DS431/R u. a., „China – Rare Earths", Para. 7.294 ff., 7.493 ff.; WTO, AB-Bericht v. 7. 8. 2014, WT/DS431/AB/R u. a., „China – Rare Earths", Para. 5.91 ff., 5.119 ff., 5.163 ff.

464 GATT, Panel-Bericht v. 22. 3. 1988, L/6268-35S/98, „Canada – Herring and Salmon", Para. 4.6.

465 GATT, Panel-Bericht v. 3. 9. 1991, DS21/R-39S/155, „US – Tuna I", Para. 5.33.

466 GATT, Panel-Bericht v. 16. 6. 1994, DS29/R, „US – Tuna II", Para. 5.22.

467 WTO, Panel-Bericht v. 20. 5. 1996, WT/DS2/AB/R, „US – Gasoline", Para. 6.39–6.41; WTO, AB-Bericht v. 20. 5. 1996, WT/DS2/AB/R, „US – Gasoline", S. 18–19. Dabei wies der AB jedoch zugleich darauf hin, dass „primarily aimed at" selbst kein Vertragstext sei und somit keinen „Lackmustest" darstelle.

468 WTO, Panel-Bericht v. 5. 7. 2011, WT/DS394/R u. a., „China – Raw Materials", Para. 7.370.

rungen des Art. XX (g) GATT verlangt, dass die fragliche Maßnahme „in erster Linie auf die Erhaltung erschöpflicher Naturschätze gerichtet" sein müsse. Weiterhin stellte der AB in US – Gasoline und in US – Shrimp fest, dass die Ausgestaltung und Struktur der angegriffenen Maßnahme eine *substantial relationship* bzw. eine *close and real relationship* zur Konservierung erschöpflicher natürlicher Ressourcen aufweisen müssten.[469] Daran schloss der AB in China – Raw Materials und in China – Rare Earths.[470]

Ferner muss die angegriffene Maßnahme die Tatbestandsvoraussetzung der *in conjunction with domestic restrictions* in Art. XX (g) GATT erfüllen. Nach Ansicht der Panels von Canada – Herring and Salmon, China – Raw Materials und China – Rare Earths sollten inländische Beschränkungen nicht nur gemeinsam mit den Ausfuhrbeschränkungen angewendet werden; darüber hinaus sollten Ausfuhrbeschränkungen dazu dienen, die Wirksamkeit der inländischen Beschränkungen zu gewährleisten.[471]

Nach Auffassung des AB sollten inländische Beschränkungen i. S. v. Art. XX (g) GATT jedoch nur gewährleisten, dass die Konservierungsbelastung erschöpflicher Naturressourcen nicht ausschließlich zulasten ausländischer Produkte bzw. Verkäufer und Verbraucher gehe, sondern in einer *even-handed*-Weise zwischen inländischen und ausländischen Produkten bzw. Verkäufern und Verbrauchern verteilt werde.[472]

---

[469] WTO, AB-Bericht v. 20.5.1996, WT/DS2/AB/R, „US – Gasoline", S. 19; WTO, AB-Bericht v. 12.10.1998, WT/DS58/AB/R, „US – Shrimp", Para. 141.

[470] WTO, AB-Bericht v. 30.1.2012, WT/DS394/AB/R u. a., „China – Raw Materials", Para. 355; WTO, AB-Bericht v. 7.8.2014, WT/DS431/AB/R u. a., „China – Rare Earths", Para. 5.90. So auch: WTO, Panel-Bericht v. 26.3.2014, WT/DS431/R u. a., „China – Rare Earths", Para. 7.281 f., 7.283. Dabei hatte das Panel diesen „korrigierten" Prüfungsansatz aufrechterhalten und als lockere Anforderung i. V. m. dem Erfordernis, dass die Maßnahme „in erster Linie auf die Erhaltung erschöpflicher Naturschätze gerichtet" sei, bezeichnet.

[471] GATT, Panel-Bericht v. 22.3.1988, L/6268-35S/98, „Canada – Herring and Salmon", Para. 4.6; WTO, Panel-Bericht v. 5.7.2011, WT/DS394/R u. a., „China – Raw Materials", Para. 7.395–7.397; WTO, Panel-Bericht v. 26.3.2014, WT/DS431/R u. a., „China – Rare Earths", Para. 7.568.

[472] WTO, AB-Bericht v. 20.5.1996, WT/DS2/AB/R, „US – Gasoline", S. 20–21; WTO, AB-Bericht v. 12.10.1998, WT/DS58/AB/R, „US – Shrimp", Para. 143; WTO, AB-Bericht v. 30.1.2012, WT/DS394/AB/R u. a., „China – Raw Material", Para. 356–361; WTO, AB-Bericht v. 7.8.2014, WT/DS431/AB/R u. a., „China – Rare Earths", Para. 5.124, 5.127, vgl. auch Para. 5.93 a. a. O.: „In that sense, subparagraph (g) is a requirement of even-handedness in the imposition of restrictions, in the pursuit of conservation, upon the production or consumption of exhaustible natural resources." So auch: WTO, Panel-Bericht v. 26.3.2014, WT/DS431/R u. a., „China – Rare Earths", Para. 7.331–7.332, 7.337.

## 2. Prüfung des Chapeaus von Art. XX GATT

Der Chapeau des Art. XX GATT sieht vor:

> Subject to the requirement that such measures are not applied in a manner which would constitute a means of arbitrary or unjustifiable discrimination between countries where the same conditions prevail, or a disguised restriction on international trade, nothing in this Agreement shall be construed to prevent the adoption or enforcement by any contracting party of measures.

In US – Gasoline und in US – Shrimp wurden vom AB drei Bedingungen für die Anwendung der Klausel „arbitrary or unjustifiable discrimination between countries where the same conditions prevail" gestellt:

> […] first, the application of the measure must result in discrimination. Second, the discrimination must be arbitrary or unjustifiable in character. Third, this discrimination must occur between countries where the same conditions prevail.[473]

In ständigen Entscheidungen der WTO-Streitbeilegungsorgane, einschließlich EC – Asbestos,[474] EC – Tariff Preferences,[475] Brazil – Retreaded Tyres,[476] EC – Seal Products,[477] China – Rare Earths,[478] US – Gambling[479] und Indonesia – Import Licensing Regimes,[480] wurde diese Prüfungsweise übernommen.

---

[473] WTO, AB-Bericht v. 12.10.1998, WT/DS58/AB/R, „US – Shrimp", Para. 150.

[474] WTO, Panel-Bericht v. 18.9.2000, WT/DS135/R, „EC – Asbestos", Para. 8.226. Nach Ansicht des Panels von EC – Asbestos bestehe diese Prüfung zwar aus zwei Schritten, nämlich: Erstens, ob überhaupt eine Diskriminierung bei der Anwendung vorliege; zweitens, falls ja, ob diese Diskriminierung als willkürlich und/oder nichtgerechtfertigt zwischen Ländern, in denen die gleichen Situationen herrschen, zu qualifizieren sei. Diese Darstellungsweise weist aber keinen wesentlichen Unterschied zum Prüfungsmaßstab im AB-Bericht zu US – Shrimp auf.

[475] WTO, Panel-Bericht v. 1.12.2003, WT/DS246/R, „EC – Tariff Preferences", Para. 7.225.

[476] WTO, Panel-Bericht v. 12.6.2007, WT/DS332/R, „Brazil – Retreaded Tyres", Para. 7.226.

[477] WTO, Panel-Bericht v. 25.11.2013, WT/DS400/R u.a., „EC – Seal Products", Para. 7.649; WTO, AB-Bericht v. 22.6.2014, WT/DS400/AB/R u.a., „EC – Seal Products", Para. 5.296–5.305.

[478] WTO, Panel-Bericht v. 26.3.2014, WT/DS431/R u.a., „China – Rare Earths", Para. 7.148, 7.350; WTO, AB-Bericht v. 12.10.1998, WT/DS58/AB/R, „US – Shrimp", Para. 150. Im AB-Verfahren zu China – Rare Earths beanstandete China hinsichtlich der Rechtmäßigkeit der Exportquoten die Chapeau-Prüfung des Panels nicht mehr.

[479] WTO, Panel-Bericht v. 10.11.2004, WT/DS285/R, „US – Gambling", Para. 6.581.

[480] WTO, Panel-Bericht v. 22.12.2016, WT/DS477/R u.a., „Indonesia – Import Licensing Regimes", Para. 7.806.

Die Bedingung *same condition* im Chapeau des Art. XX GATT wurde in der Entscheidungspraxis kaum[481] bzw. nicht hinreichend klargestellt.[482] Die Bedingung „willkürliche und ungerechtfertigte Diskriminierung" wurde mit verschiedenen Prüfungsansätzen – einschließlich des Ansatzes der Gegenläufigkeit von Schutzzielen in Brazil – Retreaded Tyres,[483] EC – Seal Products,[484] China – Rare Earths[485] und Indonesia – Import Licensing Regimes,[486] der Abwesenheit inländischer Beschränkungen in China – Rare Earths[487] und China – Raw Materials,[488] der Erforderlichkeitsabwägung in grundsätzlicher Form in China – Rare Earths,[489] der Forderung nach einer internationalen Kooperationspflicht in US – Shrimp,[490] US – Gasoline[491] und China – Rare Earths,[492] sowie des Missbrauchsarguments in US – Shrimp[493] und EC – Seal Products[494] – analysiert bzw. qualifiziert.

Zur Prüfung einer verschleierten Handelsbeschränkung i. S. d. Chapeaus des Art. XX GATT haben sich in der Entscheidungspraxis grundsätzlich drei

[481] Außer in EC – Seal Products, WTO, AB-Bericht v. 22.6.2014, WT/DS400/AB/R u. a., „EC – Seal Products", Para. 5.300, 5.317.

[482] Näheres hierzu siehe: *Qin*, Accommodating Divergent Policy Objectives under WTO Law, AJIL Unbound 2015, 308, 313; *Lydgate*, Do the Same Conditions Ever Prevail?, JWT 2016, 971, 977 f.

[483] WTO, AB-Bericht v. 3.12.2007, WT/DS332/AB/R, „Brazil – Retreaded Tyres", Para. 227, 228, 232.

[484] WTO, AB-Bericht v. 22.6.2014, WT/DS400/AB/R u. a., „EC – Seal Products", Para. 5.306, 5.318 ff.

[485] WTO, Panel-Bericht v. 26.3.2014, WT/DS431/R u. a., „China – Rare Earths", Para. 7.658 ff.

[486] WTO, Panel-Bericht v. 22.12.2016, WT/DS477/R u. a., „Indonesia – Import Licensing Regimes", Para. 7.817–7.834; WTO, AB-Bericht v. 9.11.2017, WT/DS477/AB/R u. a., „Indonesia – Import Licensing Regimes", Para. 5.98–5.99.

[487] WTO, Panel-Bericht v. 26.3.2014, WT/DS431/R u. a., „China – Rare Earths", Para. 7.295 ff.; WTO, AB-Bericht v. 7.8.2014, WT/DS431/AB/R u. a., „China – Rare Earths", Para. 5.163 ff.

[488] WTO, Panel-Bericht v. 5.7.2011, WT/DS394/R u. a., „China – Raw Materials", Para. 7.387 ff.

[489] WTO, Panel-Bericht v. 26.3.2014, WT/DS431/R u. a., „China – Rare Earths", Para. 7.664 ff., 7.354.

[490] WTO, AB-Bericht v. 12.10.1998, WT/DS58/AB/R, „US – Shrimp", Para. 161 ff.

[491] WTO, AB-Bericht v. 20.5.1996, WT/DS2/AB/R, „US – Gasoline", S. 25 ff.

[492] WTO, Panel-Bericht v. 26.3.2014, WT/DS431/R u. a., „China – Rare Earths", Para. 7.354 und Fn. 549 a. a. O.

[493] WTO, AB-Bericht v. 12.10.1998, WT/DS58/AB/R, „US – Shrimp", Para. 177 ff.

[494] WTO, AB-Bericht v. 22.5.2014, WT/DS400/AB/R u. a., „EC – Seal Products", Para. 5.321 ff.

Prüfungsansätze herausgebildet, nämlich der Bekanntmachungsansatz,[495] die Absichtsprüfung[496] und der Ansatz der willkürlichen Diskriminierung i. S. d. Chapeaus des Art. XX GATT[497].

## B. Diskussion über die Stellung des Verhältnismäßigkeitsgrundsatzes i. w. S. im WTO-Recht

Der oben dargestellten Prüfungsvorgang des Art. XX GATT in den „grünen" Fällen weist – hinsichtlich des Schemaaufbaus und des konkreten Prüfungsmaßstabs auf den jeweiligen Stufen – sowohl Ähnlichkeiten als auch Unterschiede zur Verhältnismäßigkeitsprüfung i. w. S., beispielsweise im Sinne des deutschen öffentlichen Rechts sowie des europäischen Wirtschaftsrechts, auf.[498]

Dieser Uneinheitlichkeit entsprechend ist es in der wissenschaftlichen Literatur über die Stellung dieses Grundsatzes umstritten, nämlich ob der Verhältnismäßigkeitsgrundsatz i. w. S. einschließlich dessen Abwägungsgebots im WTO-Recht anzuerkennen ist bzw. ob und warum die Verhältnismäßigkeitsprüfung i. w. S. ein zuverlässiger Beurteilungsmaßstab für die Rechtmäßigkeit einer unilateralen Umweltmaßnahme nach Art. XX GATT darstellt.

---

[495] GATT, Panel-Bericht v. 22. 2. 1982, L/5198-29S/91, „US – Tuna 1982", Para. 4.8; GATT, Panel-Bericht v. 26. 5. 1983, L/5333-30S/107, „US – Automotive Spring Assemblies", Para. 56; so auch WTO, AB-Bericht v. 20. 5. 1996, WT/DS2/AB/R, „US – Gasoline", S. 25, 29; WTO, Panel-Bericht v. 18. 9. 2000, WT/DS135/R, „EC – Asbestos", Para. 8.233 – 8.235; WTO, Panel-Bericht v. 12. 6. 2007, WT/DS332/R, „Brazil – Retreaded Tyres", Para. 7.326.

[496] GATT, Panel-Bericht v. 26. 5. 1983, L/5333-30S/107, „US – Automotive Spring Assemblies", Para. 56; WTO, Panel-Bericht v. 18. 9. 2000, WT/DS135/R, „EC – Asbestos", Para. 8.236; WTO, Panel-Bericht v. 12. 6. 2007, WT/DS332/R, „Brazil – Retreaded Tyres", Para. 7.328 ff.

[497] WTO, AB-Bericht v. 12. 10. 1998, WT/DS58/AB/R, „US – Shrimp", Para. 184; WTO, AB-Bericht v. 20. 5. 1996, WT/DS2/AB/R, „US – Gasoline", S. 25; WTO, Panel-Bericht v. 18. 9. 2000, WT/DS135/R, „EC – Asbestos", Para. 8.235 und 8.237; WTO, AB-Bericht v. 22. 6. 2014, WT/DS400/AB/R u. a., „EC – Seal Products", Para. 5.338 – 5.339; WTO, AB-Bericht v. 3. 12. 2007, WT/DS332/AB/R, „Brazil – Retreaded Tyres", Para. 239.

[498] Zu den Ähnlichkeiten und Unterschieden vgl. *Epiney*, Welthandel und Umwelt, DVBl. 2000, 77, 83 – 84; *Thiedemann*, WTO und Umwelt, 2005, S. 141 – 143; *Weiß/Ohler/Bungenberg*, Welthandelsrecht, 3. Aufl. 2022, S. 199 – 200 Rn. 528; *Diem*, Freihandel und Umweltschutz in GATT und WTO, 1996, S. 92; *Neumann*, Die Koordination des WTO-Rechts mit anderen völkerrechtlichen Verträgen, in: Nettesheim/Sander (Hrsg.), WTO-Recht und Globalisierung, S. 25 Fn. 71 a. a. O.; *Andenas/Zleptnig*, Proportionality and Balancing in WTO Law, CRIA 2007, 71, 74 i. V. m. 73.

Vor der Darstellung dieser Diskussion werden zunächst die Diskussionen über die richterliche Zurückhaltung gegenüber der Einschätzung des regulierenden WTO-Mitglieds jeweils zur Gefährdungslage des Schutzguts und zur Legitimität des angegebenen Schutzziels einschließlich des behaupteten Schutzniveaus dargelegt. Denn die Gefährdungslage und damit die Schutzbedürftigkeit des einschlägigen Schutzguts im konkreten Einzelfall stellt die Voraussetzung für die Ergreifung einer umweltpolitischen Maßnahme dar. Außerdem ist der angegebene Schutzzweck einschließlich des behaupteten Schutzniveaus[499] des regulierenden WTO-Mitglieds der Bezugspunkt für alle drei Elemente der Verhältnismäßigkeit i. w. S.,[500] sofern dieser legitim ist.

## I. Diskussion über die richterliche Zurückhaltung gegenüber der Einschätzung des regulierenden WTO-Mitglieds zur Gefährdungslage des Schutzguts im Rahmen der Auslegung des Art. XX GATT

### 1. Teilweise Überschneidung der vorliegenden Diskussion mit der allgemeinen Diskussion über Prüfungsdichte und richterliche Zurückhaltung im WTO-Recht sowie Notwendigkeit einer gesonderten Darstellung

Die spezielle Diskussion über die Prüfungsdichte für die Einschätzung des regulierenden WTO-Mitglieds zur Gefährdungslage des Schutzguts im Rahmen der Auslegung des Art. XX GATT ist ein integrierter Teil der allgemeinen Diskussion über die Prüfungsdichte für die Tatsachenfeststellung und das Rechtsurteil des genannten Mitglieds im WTO-Recht. Der Inhalt der erstgenannten Diskussion und die damit verbundenen Argumente sind bereits in der Darstellung der zweitgenannten Diskussion[501] enthalten.

Zur Veranschaulichung scheint es jedoch notwendig zu sein, die Diskussion über die Prüfungsdichte für die Gefährdungseinschätzung hinsichtlich des Schutzguts durch das regulierende WTO-Mitglied im Rahmen der Interpretation des Art. XX GATT gesondert dazustellen. Im Folgenden wird bei der Darstellung der speziellen Diskussion nur solche wissenschaftliche Literatur

---

[499] Denn das Schutzniveau bezeichnet den konkreten Grad, bis zu dem das Schutzziel erfüllt werden soll. Hierzu vgl. WTO, AB-Bericht v. 12.3.2001, WT/DS135/AB/R, „EC – Asbestos", Para. 168; WTO, AB-Bericht v. 3.12.2007, WT/DS332/AB/R, „Brazil – Retreaded Tyres", Para. 140.

[500] *Leisner-Egensperger*, Der legitime Zweck als Bezugspunkt der Verhältnismäßigkeit, JZ 2021, 913, 913–914, 922; *Krugmann*, Der Grundsatz der Verhältnismäßigkeit im Völkerrecht, 2004, S. 49.

[501] Teil 1 Kapitel 1 § 3.

berücksichtigt, die ausschließlich die Prüfungsdichte für die Feststellung der Gefährdungslage des Schutzguts im Rahmen der Auslegung des Art. XX GATT betrifft.

## 2. Meinungsverschiedenheiten im Schrifttum

Im Schrifttum ist darüber umstritten, wie weit der Einschätzungsspielraum des regulierenden WTO-Mitglieds bei der Festlegung der Gefährdungslage des Schutzguts angesichts empirischer bzw. wissenschaftlicher Unbestimmtheit reicht und ob, inwieweit bzw. warum die WTO-Streitbeilegungsorgane richterliche Zurückhaltung oder Abwägung dabei üben sollen.

### *a) Anerkennung eines Einschätzungsspielraums des regulierenden WTO-Mitglieds bei der Feststellung der Gefährdungslage des Schutzguts*

Teilweise wird vertreten, dass grundsätzlich ein Einschätzungsspielraum des regulierenden WTO-Mitglieds bei der Festlegung der Gefährdungslage des Schutzguts bei empirischer bzw. wissenschaftlicher Unsicherheit anerkannt werden soll.[502]

---

502 *Goh*, Science and Sovereignty, JWIP 2003, 441, 464–468, 470–471; *Nuzzo*, GATT Moral Clause after Colombia – Textiles, EJLS 2017, 267, 274–277; *Martinez*, Towards an International Judicial System, StanfordLR 2003, 429, 519–520; *Howse/Tuerk*, A Case Study of the EC Asbestos Dispute, in: de Búrca/Scott (Hrsg.), The EU and the WTO, 2003, S. 326 i. V. m. 322–323; *Guzman*, Determining the Appropriate Standard of Review in the WTO Law, CJIL 2004, 45, 68–73; *Button*, Trade, Health, and Uncertainty in the WTO, 2004, S. 217 f.; *ders.*, The WTO's „Objective Assessment" Standard of Review and Panel Review of Health Measures, in: Mitchell (Hrsg.), The Challenges and Prospects for the WTO, 2005, S. 106–113; *Herwig/Serdarevic*, Standard of Review for Necessity and Proportionality Analysis in EU and WTO Law, in: Gruszczynski/Werner (Hrsg.), Deference in International Courts and Tribunals, 2014, S. 229 und 231; *Gruszczynski/Vadi*, Standard of Review and Scientific Evidence in WTO Law and International Investment Arbitration, in: Gruszczynski/Werner (Hrsg.), Deference in International Courts and Tribunals, 2014, S. 171; *Bloche*, WTO Deference to National Health Policy, JIEL 2002, 825, 835; *Christoforou*, Settlement of Science-Based Trade Disputes in the WTO, NYUELJ 2000, 622, 635 ff.; *Ehlermann*, Six Years on the Bench of the „World Trade Court", JWT 2002, 605, 605–606, 627–628 i. V. m. 639; *Zleptnig*, The Standard of Review in WTO Law, EIoP 2002, 1, 15–16; *Ghei*, Evaluating the WTO's Two Step Test for Environmental Measures under Article XX, CJIELP 2007, 117, 148; *Cheyne*, Gateways to the Precautionary Principle in WTO Law, JEL 2007, 155, 162 ff. und 168 ff.; *dies.*, Risk and Precaution in World Trade Organization Law, JWT 2006, 837, 861–862; *Du*, Autonomy in Setting Appropriate Level of Protection under the WTO Law, JIEL 2010, 1077, 1089–1090 i. V. m. 1080–1083; vgl. *Qin*, Turkey – Pharmaceuticals Products: The First WTO Arbitration

Demnach solle eine große Margin dem regulierenden WTO-Mitglied bei der Festlegung der Gefährdungslage des Schutzguts eingeräumt werden.[503] Diese große Margin bei umwelt- und gesundheitspolitischer Regulierung, beispielsweise in EC – Asbestos,[504] müsse sich nicht erst aus der Anerkennung des AB ergeben, weil dieser nicht für die Bewertung des Regulierungsziels, sondern nur für die Beurteilung der Erreichung dieses Ziels durch die angegriffene Maßnahme befugt sei.[505] Der Eingriff des AB in die demokratische Selbstentscheidung der regulierenden WTO-Vertragspartei, dadurch, dass die Gewährung der Margin of Appreciation auf internationalem Gesundheitsrecht und internationaler Anerkennung beruhen müsse, könne nur dann als gerechtfertigt angesehen werden, wenn damit die Einräumung einer *greater* Margin of Appreciation bezweckt werde.[506]

Im Bereich der Risikoabschätzung und des Risikomanagements im Rahmen der Interpretation des Art. XX GATT[507] habe ein WTO-Mitglied nach dieser Ansicht einen Vorteil bei dem Assessment wissenschaftlicher Fragen und der darauf aufbauenden politischen Entscheidung.[508] Dieser Vorteil überwiege die Missbrauchsgefahr[509] der inländischen Expertise[510] für die Feststellung der Gefährdungslage des Schutzguts.[511] Dabei sei die Aufgabe eines

for Appellate Review, LIEI 2022, 415, 422–423, 426; *Zhou*, Turkey – Pharmaceutical Products, AJIL 2023, 322, 326–327.

503 *Nuzzo*, GATT Moral Clause after Colombia – Textiles, EJLS 2017, 267, 274–277; vgl. *Martinez*, Towards an International Judicial System, StanfordLR 2003, 429, 519–520; *Howse/Tuerk*, A Case Study of the EC Asbestos Dispute, in: de Búrca/Scott (Hrsg.), The EU and the WTO, 2003, S. 326 i. V. m. 322–323.

504 WTO, Panel-Bericht v. 18. 9. 2000, WT/DS135/R, „EC – Asbestos“, Para. 8.193; WTO, AB-Bericht v. 12. 3. 2001, WT/DS135/AB/R, „EC – Asbestos“, Para. 162.

505 *Howse/Tuerk*, A Case Study of the EC Asbestos Dispute, in: de Búrca/Scott (Hrsg.), The EU and the WTO, 2003, S. 326 i. V. m. 322–323.

506 Vgl. WTO, AB-Bericht v. 12. 3. 2001, WT/DS135/AB/R, „EC – Asbestos“, S. 326 i. V. m. 322–323.

507 *Guzman*, Determining the Appropriate Standard of Review in the WTO Law, CJIL 2004, 45, 49 i. V. m. 75 und 68–73.

508 *Guzman*, Determining the Appropriate Standard of Review in the WTO Law, CJIL 2004, 45, 68–73, 75–76.

509 *Herwig/Serdarevic*, Standard of Review for Necessity and Proportionality Analysis in EU and WTO Law, in: Gruszczynski/Werner (Hrsg.), Deference in International Courts and Tribunals, 2014, S. 229 und 231; *Reusch*, Die Legitimation des WTO-Streitbeilegungsverfahrens, 2007, S. 270.

510 *Button*, Trade, Health, and Uncertainty in the WTO, 2004, S. 220; *ders.*, The WTO's „Objective Assessment“ Standard of Review and Panel Review of Health Measures, in: Mitchell (Hrsg.), The Challenges and Prospects for the WTO, 2005, S. 111; *Guzman*, Determining the Appropriate Standard of Review in the WTO Law, CJIL 2004, 45, 52–56.

511 *Guzman*, Determining the Appropriate Standard of Review in the WTO Law, CJIL 2004, 45, 68–73, 75–76.

Panels nicht die Klärung einer wissenschaftlichen Debatte, sondern die Überlegung, welche Schlussfolgerungen verantwortliche Entscheidungsträger für die Gesundheitsangelegenheit vernünftigerweise ziehen können.[512] Soweit wissenschaftliche Nachweise die behauptete Gefährdungslage unterstützen, solle eine respektvolle Behandlung durch das Panel oder das AB vorgenommen werden.[513]

Hingegen sei eine Mindestschwelle an wissenschaftlichem Nachweis für die empirische Gefährdung des Schutzguts nicht notwendig und diese stelle einen Eingriff in das Souveränitätsrecht des regulierenden WTO-Mitglieds dar.[514] Eine solche Mindestschwelle könne auch kaum mit der Feststellung des AB vereinbar sein, dass bei Unbestimmtheit des wissenschaftlichen Nachweises die Einschätzung des regulierenden WTO-Mitglieds zur Gefährdungslage des Schutzguts bevorzugt werden solle.[515] Auch wenn eine Mindestanforderung an die Festlegung der Gefährdung des Schutzguts von den WTO-Streitbeilegungsorganen gestellt werden müsse,[516] sollen sie diese durch ein holistisches Assessment unter Beachtung der Ansicht der Weltgesundheitsorganisation, der Entwicklung des Gesundheitskonzepts und auch der Gefährdungseinschätzung des regulierenden WTO-Mitglieds festlegen.[517]

### *b) Skepsis gegenüber einem Einschätzungsspielraum des regulierenden WTO-Mitglieds bei der Feststellung der Gefährdungslage des Schutzguts*

Zugleich wird im Schrifttum gewisse Skepsis gegenüber der Anerkennung eines Einschätzungsspielraums eines WTO-Mitglieds bei der Feststellung der

---

512 *Button*, Trade, Health, and Uncertainty in the WTO, 2004, S. 217 f.; *ders.*, The WTO's „Objective Assessment" Standard of Review and Panel Review of Health Measures, in: Mitchell (Hrsg.), The Challenges and Prospects for the WTO, 2005, S. 108–109.

513 *Ghei*, Evaluating the WTO's Two Step Test for Environmental Measures under Article XX, CJIELP 2007, 117, 148.

514 Vgl. *Green*, Climate Change, Regulatory Policy and the WTO, JIEL 2005, 143, 187; *Sykes*, Domestic Regulation, Sovereignty, and Scientific Evidence Requirements, ChicagoJIL 2002, 353, 354–355; *Zhou*, Turkey – Pharmaceutical Products, AJIL 2023, 322, 326–327.

515 Vgl. *Green*, Climate Change, Regulatory Policy and the WTO, JIEL 2005, 143, 170–171; *Sykes*, Domestic Regulation, Sovereignty, and Scientific Evidence Requirements, ChicagoJIL 2002, 353, 354–355.

516 *Howse/Tuerk*, A Case Study of the EC Asbestos Dispute, in: de Búrca/Scott (Hrsg.), The EU and the WTO, 2003, S. 326 i. V. m. 322–323.

517 *Howse/Tuerk*, A Case Study of the EC Asbestos Dispute, in: de Búrca/Scott (Hrsg.), The EU and the WTO, 2003, S. 326 i. V. m. 322–323.

Gefährdungslage des Schutzguts gezeigt,[518] auch wenn manche Vertreter eine solche große Margin des regulierenden WTO-Mitglieds grundsätzlich befürworten.[519]

Demnach könne die Souveränität des regulierenden WTO-Mitglieds zum Zweck des Handelsprotektionismus missbraucht werden.[520] Daher solle ein Panel bei der Beurteilung des Gefährdungsgrads des Schutzguts einen gewissen Spielraum für richterlichen Aktivismus haben.[521] Wenn die negativen Auswirkungen einer Umweltschutzahme „schlimm genug" seien, solle nämlich die WTO-Pflicht eine Beschränkung auf die politische Entscheidungsfreiheit des regulierenden Mitglieds auferlegen.[522]

Ferner könne die Überlegenheit eines WTO-Mitglieds in Sach- und technischen Fragen zum Handelsprotektionismus missbraucht werden.[523] Außerdem

---

518 *Gruszczynski/Vadi*, Standard of Review and Scientific Evidence in WTO Law and International Investment Arbitration, in: Gruszczynski/Werner (Hrsg.), Deference in International Courts and Tribunals, 2014, S. 170–171; *Blackett*, Mapping the Equilibrium Line, SLR 2002, 369, 390–392; *Herwig/Serdarevic*, Standard of Review for Necessity and Proportionality Analysis in EU and WTO Law, in: Gruszczynski/Werner (Hrsg.), Deference in International Courts and Tribunals, 2014, S. 229; *Reusch*, Legitimation der WTO, S. 269–270, 273–274; *Ioannidis*, Beyond the Standard of Review Deference Criteria in WTO Law and the Case for a Procedural Approach, in: Gruszczynski/Werner (Hrsg.), Deference in International Courts and Tribunals, 2014, S. 102; *Zleptnig*, The Standard of Review in WTO Law, EIoP 2002, 1, 12.

519 *Gruszczynski/Vadi*, Standard of Review and Scientific Evidence in WTO Law and International Investment Arbitration, in: Gruszczynski/Werner (Hrsg.), Deference in International Courts and Tribunals, 2014, S. 171; *Guzman*, Determining the Appropriate Standard of Review in the WTO Law, CJIL 2004, 45, 68–73, 75–76 a.a.O.; *Herwig/Serdarevic*, Standard of Review for Necessity and Proportionality Analysis in EU and WTO Law, in: Gruszczynski/Werner (Hrsg.), Deference in International Courts and Tribunals, 2014, S. 231; *Reusch*, Die Legitimation des WTO-Streitbeilegungsverfahrens, 2007, S. 270; *Ioannidis*, Beyond the Standard of Review Deference Criteria in WTO Law and the Case for a Procedural Approach, in: Gruszczynski/Werner (Hrsg.), Deference in International Courts and Tribunals, 2014, S. 110–111; *Sander*, Internationaler und Europäischer Gesundheitsschutz, 2004, S. 174–175; *Weiler*, Nationaler Umweltschutz und Internationaler Warenverkehr, 1997, S. 137–138.

520 *Gruszczynski/Vadi*, Standard of Review and Scientific Evidence in WTO Law and International Investment Arbitration, in: Gruszczynski/Werner (Hrsg.), Deference in International Courts and Tribunals, 2014, S. 170–171; *Guzman*, Determining the Appropriate Standard of Review in the WTO Law, CJIL 2004, 45, 68–69.

521 *Blackett*, Mapping the Equilibrium Line, SLR 2002, 369, 390–392.

522 Vgl. *Guzman*, Determining the Appropriate Standard of Review in the WTO Law, CJIL 2004, 45, 53–54 i.V.m. 68–69.

523 *Herwig/Serdarevic*, Standard of Review for Necessity and Proportionality Analysis in EU and WTO Law, in: Gruszczynski/Werner (Hrsg.), Deference in International Courts and Tribunals, 2014, S. 229; *Reusch*, Die Legitimation des WTO-Streitbeilegungsverfahrens, 2007, S. 270.

verfügen ein Panel und der AB über mehr Fachwissen im WTO-Recht als nationale Behörden.[524] Bei der Festlegung der Gefährdung des Schutzguts im Bereich des internationalen Handels handle es sich um eine Angelegenheit mit grenzüberschreitendem Bezug, die bereits in die Zuständigkeit eines Panels und des AB falle.[525]

Für die konkrete Beurteilung der Gefährdungslage des Schutzguts könne allein die Behauptung, dass eine Gefährdungslage des Schutzguts vorliegen könnte, jedenfalls nicht ausreichen; andernfalls führe dies zum Missbrauch des Art. XX GATT.[526] Ebenso sei es nicht ausreichend, wenn ein bestimmter Hinweis schon gegeben sei und eine Gefährdung des Schutzguts bloß nicht ausgeschlossen erscheine.[527] Wenn z.B. in zwei Weintrauben ein Giftstoff gefunden werde, könne daraus nicht auf eine Gefährdung der menschlichen Gesundheit durch alle Obst- und Gemüsesorten geschlossen werden.[528] Die objektive Gefährdung müsse vielmehr durch einen gewissen wissenschaftlichen Nachweis belegt werden, nämlich durch einen begründeten Verdacht auf die Gesundheitsgefährdung, wobei dem regulierenden WTO-Mitglied ein weiter Beurteilungsspielraum zustehe.[529] Dabei müsse ein Panel das in der betroffenen Gesellschaft akzeptierte Maß an tolerierbarem Risiko in Rechnung stellen.[530]

## II. Diskussion über die richterliche Zurückhaltung gegenüber der Einschätzung des regulierenden WTO-Mitglieds zum Schutzziel einschließlich des Schutzniveaus im Rahmen der Auslegung des Art. XX GATT

Im Schrifttum wird das Recht des regulierenden WTO-Mitglieds zur Festlegung des Schutzniveaus teilweise als ein absolutes verstanden. Hingegen steht ein anderer Teil der wissenschaftlichen Literatur dieser Feststellung skeptisch gegenüber und die Einschätzung des regulierenden WTO-Mitglieds zur Legi-

---

524 Vgl. *Guzman*, Determining the Appropriate Standard of Review in the WTO Law, CJIL 2004, 45, 58f. i.V.m. 68f.

525 *Ioannidis*, Beyond the Standard of Review Deference Criteria in WTO Law and the Case for a Procedural Approach, in: Gruszczynski/Werner (Hrsg.), Deference in International Courts and Tribunals, 2014, S. 102.

526 *Epiney*, Welthandel und Umwelt, DVBl. 2000, 77, 84–85; *Thiedemann*, WTO und Umwelt, 2005, S. 119.

527 *Weiler*, Nationaler Umweltschutz und Internationaler Warenverkehr, 1997, S. 137–138.

528 *Weiler*, Nationaler Umweltschutz und Internationaler Warenverkehr, 1997, S. 137–138.

529 *Sander*, Internationaler und Europäischer Gesundheitsschutz, 2004, S. 174–175.

530 *Diem*, Freihandel und Umweltschutz in GATT und WTO, 1996, S. 89–90.

timität des behaupteten Schutzniveaus soll nach dieser Ansicht gewissen Einschränkungen unterliegen. Die Auffassung, dass dem regulierenden WTO-Mitglied grundsätzlich ein geringerer Beurteilungsspielraum bei der Festlegung des Schutzziels und des Schutzniveaus zusteht, ist in der wissenschaftlichen Literatur kaum zu finden.

### 1. Anerkennung des Rechts eines WTO-Mitglieds zur Festlegung des Schutzniveaus als absolutes Recht

Teilweise wird im Schrifttum vertreten, dass das Recht des regulierenden WTO-Mitglieds zur Festlegung des Schutzniveaus ein absolutes Recht darstellt.

Demnach stelle der Einschätzungsspielraum hinsichtlich der Festlegung des Schutzniveaus ein absolutes Recht des regulierenden WTO-Mitglieds dar.[531] Ein WTO-Mitglied könne sich dafür entscheiden, ein Risiko entweder gar nicht zu vermeiden oder Maßnahmen zu ergreifen, die dem Risiko nur teilweise entgegenwirken, wobei Risikovermeidung, Empfindlichkeit gegenüber bestimmten Arten von Schäden, Opportunitätskosten und andere Überlegungen eine Rolle spielen.[532]

Dieses absolute Schutzniveausetzungsrecht sei eine nicht-justiziable, politische und wertende Entscheidung.[533] Es unterliege in vollem Umfang der Souveränität der WTO-Mitglieder.[534] Von einem WTO-Schiedskörper könne nämlich nur die Rationalität der ergriffenen Maßnahme zur Erreichung des ange-

---

[531] *Fontanelli*, Necessity Killed the GATT, EJILS 2012/13, 36, 41–43, 54; *Cheyne*, Gateways to the Precautionary Principle in WTO Law, JEL 2007, 155, 170; *Bohanes/Lockhart*, Standard of Review in WTO Law, in: Bethlehem u.a. (Hrsg.), The Oxford Handbook of International Trade Law, 1. Aufl. 2009, S. 415 i.V.m. 413; *Stoll/Schorkopf*, WTO, 2002, S. 63 Rn. 180; *Howse/Tuerk*, A Case Study of the EC Asbestos Dispute, in: de Búrca/Scott (Hrsg.), The EU and the WTO, 2003, S. 326; *Thiedemann*, WTO und Umwelt, 2005, S. 136–137; *Bloche*, WTO Deference to National Health Policy, JIEL 2002, 825, 835, 848; *Epiney*, Welthandel und Umwelt, DVBl. 2000, 77, 85; *Mavroidis*, The General Agreement on Tariffs and Trade: A Commentary, 2005, S. 191; vgl. *Neumann/Türk*, Necessity Revisited, JWT 2003, 199, 212–213.

[532] *Cheyne*, Gateways to the Precautionary Principle in WTO Law, JEL 2007, 155, 170.

[533] *Stoll/Schorkopf*, WTO, 2002, S. 63 Rn. 180; *Bloche*, WTO Deference to National Health Policy, JIEL 2002, 825, 848; *Epiney*, Welthandel und Umwelt, DVBl. 2000, 77, 85.

[534] *Stoll/Schorkopf*, WTO, 2002, S. 63 Rn. 180; *Goh*, Science and Sovereignty, JWIP 2003, 441, 454; *Button*, Trade, Health, and Uncertainty in the WTO, 2004, S. 146–147; *Epiney*, Welthandel und Umwelt, DVBl. 2000, 77, 85.

strebten Ziels und des behaupteten Schutzniveaus überprüft werden, nicht jedoch die Wichtigkeit des genannten Schutzziels und Schutzniveaus selbst.[535]

Außerdem sei ein vollständiger Ausschluss des Risikos des Schutzguts, nämlich ein Null-Gefahr-Schutzniveau, vom Einschätzungsspielraum des regulierenden WTO-Mitglieds hinsichtlich der Festlegung des Schutzniveaus gedeckt.[536] Im Vertragstext des Art. XX GATT gebe es auch keine Beschränkung für das absolute Recht zur Festlegung des gewünschten Schutzniveaus.[537] Ein weiterer Umstand, der eine Regierung an der Festlegung eines bestimmten Schutzniveaus hindern könne, sei ebenso nicht ersichtlich.[538]

### 2. Skepsis gegenüber einem absoluten Recht des regulierenden WTO-Mitglieds zur Festlegung des Schutzniveaus

Ein anderer Teil der wissenschaftlichen Literatur äußert Skepsis gegenüber dem Einschätzungsspielraum des regulierenden WTO-Mitglieds bei der Festlegung des Schutzniveaus als absolutes Recht. Nach dieser Ansicht solle diese Einschätzungsprärogative bestimmten Einschränkungen unterliegen.

#### *a) Grundsätzliche Anerkennung eines Einschätzungsspielraums des regulierenden WTO-Mitglieds bei der Festlegung des Schutzniveaus mit Skepsis hinsichtlich seiner Reichweite*

In der wissenschaftlichen Literatur wird teilweise die große Margin des regulierenden WTO-Mitglieds für die Festlegung des Schutzniveaus anerkannt, ohne diese als absolutes Recht zu bezeichnen.[539] Außerdem wird bezweifelt, warum und inwieweit dieser großzügige Spielraum gilt. Demnach haben das Panel und der AB in der Entscheidungspraxis zu Art. XX GATT, wie beispielsweise in US – Shrimp, nicht hinreichend geklärt, warum ein Ziel als legitim angesehen werde, wenn mit der angegriffenen Maßnahme auf die Kon-

---

535 *Howse/Tuerk*, A Case Study of the EC Asbestos Dispute, in: de Búrca/Scott (Hrsg.), The EU and the WTO, 2003, S. 326; *Mavroidis*, The General Agreement on Tariffs and Trade: A Commentary, 2005, S. 191; *Cheyne*, Risk and Precaution in World Trade Organization Law, JWT 2006, 837, 843 und 849; *Zhou*, Turkey – Pharmaceutical Products, AJIL 2023, 322, 327–329; grundsätzlich so auch: *McGrady*, Necessity Exceptions in WTO Law, JIEL 2008, 153, 162–163.

536 *Stoll/Schorkopf*, WTO, 2002, S. 63 Rn. 180.

537 *Thiedemann*, WTO und Umwelt, 2005, S. 136–137; *Neumann/Türk*, Necessity Revisited, JWT 2003, 199, 212–213.

538 *Goh*, Science and Sovereignty, JWIP 2003, 441, 465.

539 *Andenas/Zleptnig*, Proportionality and Balancing in WTO Law, CRIA 2007, 71, 78–79.

servierung gefährdeter Meeresschildkröten abgezielt werde.[540] Die Entscheidungsfreiheit des regulierenden WTO-Mitglieds über die Wichtigkeit des Schutzziels könne nämlich in anderen Fällen anderes entschieden werden, obwohl diese in der bisherigen Entscheidungspraxis einheitlich von den WTO-Schiedskörpern bejaht werde.[541] Ferner sei es nicht klar, welche Rolle internationale Organisationen und die wissenschaftlichen Nachweise für die Feststellung des Schutzniveaus spielen.[542]

Nach einer Ansicht in dieser Richtung solle zwar das Schutzziel gemäß Art. XX GATT als Ausnahmevorschrift grundsätzlich zulasten des regulierenden WTO-Mitglieds eng ausgelegt werden.[543] Wenn es das behauptete Schutzniveau betreffe, solle es jedoch wiederum grundsätzlich zurückhaltend behandelt werden. Demzufolge könne jedes Mitglied sein eigenes Schutzniveau festlegen und die Rechtmäßigkeit der angegriffenen Maßnahme könne aufgrund eines übermäßigen Schutzniveaus in den nachfolgenden Schritten[544] bzw. aufgrund einer Verletzung des Chapeaus des Art. XX GATT abgelehnt werden.[545]

#### *b) Grundsätzliche Anerkennung eines Einschätzungsspielraums des regulierenden WTO-Mitglieds bei der Festlegung des Schutzniveaus mit direktem Hinweis auf die Missbrauchsgefahr*

Ein weiterer Teil der wissenschaftlichen Literatur erkennt den Einschätzungsspielraum des regulierenden WTO-Mitglieds bei der Festlegung des Schutzziels und des Schutzniveaus grundsätzlich an und weist zugleich direkt auf die Missbrauchsgefahr dieses Rechts hin. Demnach seien die WTO-Mitglieder bei der Festlegung des Schutzstandards grundsätzlich frei und dieses Ergebnis ergebe sich aus dem Souveränitätsprinzip.[546] Auch erlaube Art. XX

---

540 *Ozbirn*, An Analysis and Synthesis of the Decisional Law Applying Article XX (g) GATT, PMGBDLJ 2008, 371, 392–393.

541 Vgl. *Paltrowitz*, A Greening of the World Trade Organization, BJIL 2001, 1789, 1837 i. V. m. 1826–1828; grundsätzlich so auch, *Muller*, The Necessity Test and Trade in Services, JWT 2015, 951, 959–960.

542 *Blackett*, Mapping the Equilibrium Line, SLR 2002, 369, 390–392.

543 Vgl. *Berrisch*, GATT 1994, in: Prieß/Berrisch (Hrsg.), WTO-Handbuch, 2003, S. 139 Rn. 231.

544 Vgl. u. a. *McConnell*, The Asbestos Case at the World Trade Organization, TJCIL 2002, 153, 178; *Berrisch*, GATT 1994, in: Prieß/Berrisch (Hrsg.), WTO-Handbuch, 2003, S. 143 Rn. 244.

545 *Berrisch*, GATT 1994, in: Prieß/Berrisch (Hrsg.), WTO-Handbuch, 2003, S. 143 Rn. 244.

546 *Sander*, Internationaler und europäischer Gesundheitsschutz, 2004, S. 174; *Esty*, Greening the GATT: Trade, Environment, and the Future, 1994, S. 122.

GATT keine Überprüfung des Schutzniveaus und das Recht zur Festlegung des Schutzniveaus finde seine Grenze nur im Missbrauch dieses Rechts zum Entgehen der Verpflichtung aus dem GATT.[547] Ein WTO-Panel solle das behauptete Schutzniveau des regulierenden WTO-Mitglieds nur dann nicht akzeptieren, wenn dieses diskriminierend[548] oder offensichtlich fehlerhaft sei.[549] Ein Missbrauch der Zielsetzung liege beispielsweise dann vor, wenn sie auf keinem internationalen Standard beruhe.[550]

#### *c) Grundsätzliche Anerkennung der Legitimität des behaupteten Schutzniveaus als widerlegbare Vermutung*

Teilweise wird die Legitimität u.a. des behaupteten Schutzniveaus des regulierenden WTO-Mitglieds ausdrücklich als erste Vermutung bezeichnet.[551] Demzufolge sei es der regulierenden WTO-Vertragspartei überlassen, den gewünschten Umweltschutzstandard festzulegen und die Gegenseite müsse nachweisen, dass der Umweltschutz nicht das Hauptziel der angegriffenen Maßnahme sei.[552] Hingegen müsse ein WTO-Panel dieses Ziel nicht selbst bestimmen.[553]

### III. Diskussion über die Stellung des Verhältnismäßigkeitsgrundsatzes i.w.S. für die Auslegung des Art. XX GATT

Im Schrifttum werden einerseits die Anwendbarkeit des Verhältnismäßigkeitsprinzips i.w.S. und insbesondere die Anwendung des Abwägungsgebots für die Interpretation des Art. XX GATT befürwortet. Andererseits werden gewisse Zweifel an der tatsächlichen Anwendung dieses Prinzips in der Ent-

---

547 *von Bogdandy*, Internationaler Handel und Nationaler Umweltschutz, EuZW 1992, 243, 245; *Desmedt*, Proportionality in WTO Law, JIEL 2001, 441, 469.

548 *Esty*, Greening the GATT: Trade, Environment, and the Future, 1994, S. 116.

549 Vgl. *Kometani*, How Should WTO Panels Review Environmental Regulations under GATT Articles III and XX, NJILB 1996, 441, 457.

550 *von Bogdandy*, Internationaler Handel und Nationaler Umweltschutz, EuZW 1992, 243, 246.

551 *Esty*, Greening the GATT: Trade, Environment, and the Future, 1994, S. 122; *Kometani*, How Should WTO Panels Review Environmental Regulations under GATT Articles III and XX, NJILB 1996, 441, 457.

552 *Esty*, Greening the GATT: Trade, Environment, and the Future, 1994, S. 122.

553 *Kometani*, How Should WTO Panels Review Environmental Regulations under GATT Articles III and XX, NJILB 1996, 441, 457; vgl. *Nowrot*, Standard of Review as a Procedural Issue in WTO Dispute Settlement, in: Delbrück u.a. (Hrsg.), FS Walther-Schücking-Institut, 2014, S. 628–630.

scheidungspraxis und insbesondere an der Anwendbarkeit des Abwägungsgebots für die Auslegung des Art. XX GATT geäußert.

### 1. Befürwortung der Anwendung des Verhältnismäßigkeitsgrundsatzes i. w. S. für die Auslegung des Art. XX GATT

Ein Teil der wissenschaftlichen Literatur bejaht die Anwendung des Verhältnismäßigkeitsgrundsatzes i. w. S. im WTO-Recht und dessen entscheidende Rolle für die Beurteilung der WTO-Rechtskonformität einer Umweltmaßnahme i. S. v. Art. XX GATT.

#### *a) Anerkennung der Anwendung des Verhältnismäßigkeitsgrundsatzes i. w. S. in der Entscheidungspraxis zu Art. XX GATT*

Teilweise wird die Anwendung des Verhältnismäßigkeitsgrundsatzes i. w. S. und insbesondere des Angemessenheitsgebots in der Entscheidungspraxis zu dem „grünen" Art. XX GATT bejaht.

##### aa) Allgemeine Anerkennung der Anwendung des Verhältnismäßigkeitsgrundsatzes i. w. S. in der Entscheidungspraxis zu Art. XX GATT

Nach dieser Ansicht ähneln die von den WTO-Streitbeilegungsorganen im Rahmen der Auslegung des Art. XX GATT verwendete Geeignetheits- und Erforderlichkeitsprüfung sowie die Abwägung in ihrer Struktur der Verhältnismäßigkeitsprüfung i. w. S. in anderen Bereichen des Völkerrechts.[554] Das Verhältnismäßigkeitsprinzip i. w. S. stelle demzufolge einen fundamentalen Grundsatz des multilateralen Handelssystems dar,[555] der für jeden Auslegungs- und Überprüfungsprozess des WTO-Rechts gelten solle, damit ein ausgewogenes Verhältnis zwischen den verschiedenen widerstreitenden Interessen erreicht werden könne.[556] Auch bei diskriminierungsfreien Handelsbe-

---

[554] *Andenas/Zleptnig*, Proportionality: WTO Law, TILJ 2007, 371, 412.

[555] *Hilf*, Power, Rules and Principles for WTO/GATT Law, JIEL 2001, 111, 120, 130; *Hilf/Puth*, The Principle of Proportionality on its Way into WTO/GATT Law, in: von Bogdandy/Mavroidis/Mény (Hrsg.), FS Ehlermann, 2002, S. 211, 215–216; *Montini*, Necessity and Proportionality Principles in the Trade and Environment Context, RECIEL 1997, 121, 128; *Muller*, The Necessity Test and Trade in Services, JWT 2015, 951.

[556] *Hilf*, Power, Rules and Principles for WTO/GATT Law, JIEL 2001, 111, 120 und 130.

schränkungen seien Rechtfertigungen nach Art. XX GATT am Gebot der Verhältnismäßigkeit i. w. S. zu messen.[557]

Eine Verhältnismäßigkeitsprüfung i. w. S. finde demzufolge zwar keinen Niederschlag im Wortlaut des Art. XX GATT; diese werde jedoch von den Schiedskörpern der WTO in der Auslegungspraxis entwickelt und anerkannt.[558] Diese Kontrolle werde von den WTO-Schiedskörpern nicht auf eine systematische und „Schritt für Schritt"-Weise verwendet.[559] Hingegen wirken bestimmte Begriffe bzw. flexible Formulierungen in den Absätzen des Art. XX GATT als „Schleusen"[560] für einzelne Kernelemente des relationalen Zweck-Mittel-Denkens.[561]

Sowohl die Rationalitätsprüfung als auch die Angemessenheitsprüfung werden in der Entscheidungspraxis der WTO-Streitbeilegungsorgane zu Art. XX GATT verwendet.[562] Demnach enthalte die Prüfung der *relating to*-Anforderung in Art. XX (g) GATT Elemente der Geeignetheitsprüfung.[563] Außerdem deute die Bedingung *necessary to* beispielsweise in Art. XX (b) und (d) GATT klar auf eine Geeignetheitsprüfung[564] und eine Erforderlichkeitsprüfung hin.[565] Durch die Einführung des *weighing and balancing test* in Korea – Beef und EC – Asbestos werde die Erforderlichkeitsprüfung für die

---

557 *Herdegen*, Internationales Wirtschaftsrecht, 13. Aufl. 2023, § 10 Rn. 64.

558 *Muller*, The Necessity Test and Trade in Services, JWT 2015, 951, 957–958.

559 *Van den Bossche*, Looking for Proportionality in WTO Law, LIEI 2008, 285 ff.; *Stone Sweet*, Proportionality's New Frontier, LEHR 2010, 47, 71.

560 *Saurer*, Globalisierung des Verhältnismäßigkeitsgrundsatzes, Der Staat 2012, 3, 25.

561 *Saurer*, Globalisierung des Verhältnismäßigkeitsgrundsatzes, Der Staat 2012, 3, 25; *Cottier u. a.*, The Principle of Proportionality in International Law, NCCR-WP 2012/38, 1, 13; *Hilf*, Power, Rules and Principles for WTO/GATT Law, JIEL 2001, 111, 121.

562 *Venzke*, The Spell of Precedents in Developing Article XX GATT into Standards for Domestic Regulatory Policy, GLJ 2011, 1111, 1132 f., 1137 f.; *Franck*, On Proportionality of Countermeasures in International Law, AJIL 2008, 715, 766; *Trachtman*, The Domain of WTO Dispute Resolution, HILJ 1999, 333, 362; *Cass*, The Constitutionalization of International Trade Law, EJIL 2001, 39, 42, 46, 66 f.

563 *Van den Bossche*, Looking for Proportionality in WTO Law, LIEI 2008, 285, 287; *Sander*, Internationaler und Europäischer Gesundheitsschutz, 2004, S. 178; *Cass*, The Constitutionalization of International Trade Law, EJIL 2001, 39, 68; *Hilf/Puth*, The Principle of Proportionality on its Way into WTO/GATT Law, in: von Bogdandy/Mavroidis/Mény (Hrsg.), FS Ehlermann, 2002, S. 214.

564 *Van den Bossche*, Looking for Proportionality in WTO Law, LIEI 2008, 285, 287; *Hilf/Puth*, The Principle of Proportionality on its Way into WTO/GATT Law, in: von Bogdandy/Mavroidis/Mény (Hrsg.), FS Ehlermann, 2002, S. 215.

565 *Van den Bossche*, Looking for Proportionality in WTO Law, LIEI 2008, 285, 287; *Hilf/Puth*, The Principle of Proportionality on its Way into WTO/GATT Law, in: von Bogdandy/Mavroidis/Mény (Hrsg.), FS Ehlermann, 2002, S. 199, 215 f.; *Cottier/*

Auslegung der *necessary to*-Anforderung in Art. XX GATT eingerichtet.[566] Ferner enthalte die Prüfung der *relating to*-Bedingung in Art. XX (g) GATT nicht nur eine Geeignetheitsprüfung,[567] sondern auch eine Erforderlichkeitsprüfung.[568]

#### bb) Anerkennung der Anwendung der Angemessenheitsprüfung in der Entscheidungspraxis zu Art. XX GATT

Nach dieser Auffassung wird die Angemessenheitsprüfung sowohl im Rahmen der Interpretation eines Absatzes als auch bei der Prüfung des Chapeaus des Art. XX GATT von den WTO-Streitbeilegungsorganen durchgeführt.

##### *(1) Angemessenheitsprüfung im Rahmen der Interpretation eines Absatzes des Art. XX GATT*

Im Rahmen der Auslegung von Art. XX GATT wird bisher das Verhältnismäßigkeitsprinzip i. w. S. nicht mit seinen drei Bestandteilen der Geeignetheit, Erforderlichkeit und Angemessenheit angewendet. Es gibt nämlich keine separate Angemessenheitsprüfung.

Eine solche Prüfung werde nach einer Auffassung in der Auslegungspraxis zu Art. XX GATT jedoch tatsächlich durchgeführt,[569] und zwar zunächst bei der Prüfung der Geeignetheit im Rahmen des *weighing and balancing test* bei der Interpretation von Art. XX (a), (b) und (d) GATT.[570] Die WTO-Version

---

*u. a.*, The Principle of Proportionality in International Law, NCCR-WP 2012/38, 1, 13, 15 ff.; *Stoll/Schorkopf*, WTO, 2002, S. 61 Rn. 174.

[566] *Osiro*, GATT/WTO Necessity Analysis, LIEI 2002, 123, 129, 136–137; *Harris/Moon*, GATT Article XX and Human Rights, MelJIL 2015, 1, 23–24.

[567] *Van den Bossche*, Looking for Proportionality in WTO Law, LIEI 2008, 285, 287; *Riffel*, The Chapeau: Stringent Threshold or Good Faith Requirement, LIEI 2018, 141, 171; *Sander*, Internationaler und Europäischer Gesundheitsschutz, 2004, S. 178; *Cass*, The Constitutionalization of International Trade Law, EJIL 2001, 39, 68.

[568] *Weiler*, Nationaler Umweltschutz und Internationaler Warenverkehr, 1997, S. 143; *Scott*, Trade and Environment in the EU and WTO, in: Weiler (Hrsg.), The EU, the WTO, and the NAFTA, Band IX/1, 2001, S. 141 und Zit. 55 a. a. O.; *Epiney*, Welthandel und Umwelt, DVBl. 2000, 77, 83 f.; *Will*, Extra-Jurisdictional Effects in the WTO Law Balancing Process, JWT 2016, 611, 623.

[569] Die Angemessenheitsprüfung werde zumindest punktuell durchgeführt, siehe: *Epiney*, Welthandel und Umwelt, DVBl. 2000, 77, 84. Zumindest sei eine Spur der Abwägung zu bejahen, vgl. *von Bogdandy*, Internationaler Handel und Nationaler Umweltschutz, EuZW 1992, 243, 247.

[570] *Marceau/Trachtman*, TBT, SPS und GATT, JWT 2002, 811, 851–853; *Bown/Trachtmann*, Brazil-Measures Affecting Imports of Retreaded Tyres: A Balancing Act, WTR 2009, 85, 88; *Stone Sweet/Mathews*, Proportionality Balancing and Global Con-

u. a. der Geeignetheitsprüfung übernehme häufig die Angemessenheitsprüfung und führe damit Elemente des Alexyschen *law of balancing* in ihre Entscheidungen ein.[571]

Außerdem werden die üblichen Gesichtspunkte einer Angemessenheitsprüfung von einem Panel oder vom AB auf der Ebene der Erforderlichkeitsprüfung behandelt.[572] Demnach enthalte bereits die Prüfung der milderen Mittel, also der *least trade restrictive test*, wie in Thailand – Cigarettes, ein Werturteil.[573] Außerdem deute der *weighing and balancing test* seit Korea – Beef und EC – Asbestos auf eine Angemessenheitsprüfung hin.[574] In den beiden Verfahren werde versucht, zumindest bis zu einem gewissen Grad, eine Verhältnismäßigkeitsprüfung i. e. S. in die Auslegung des Art. XX GATT einzuführen.[575]

---

stitutionalism, CJTL 2008, 72, 158; *Andenas/Zleptnig*, Proportionality and Balancing in WTO Law, CRIA 2007, 71, 79, 81, 82, 89.

571 *Stone Sweet/Mathews*, Proportionality Balancing and Global Constitutionalism, CJTL 2008, 72, 158.

572 *Trachtman*, The Economic Structure of International Law, 2008, S. 218; vgl. *Mitchell*, The Right to Regulate and the Interpretation of the WTO Agreement, JIEL 2023, 462, 468; *Hauck*, Normenkonflikte als Optimierungsprobleme?, in: Baade u. a. (Hrsg.), Verhältnismäßigkeit im Völkerrecht, 2016, S. 98. Hauck kritisiert jedoch, dass die Angemessenheitsprüfung nicht im Rahmen der Erforderlichkeitsprüfung erfolgen solle, weil letzterer Prüfungsschritt kaum Raum für ein Werturteil lasse. *Green*, Climate Change, Regulatory Policy and the WTO, JIEL 2005, 143, 173; *Sykes*, The Least Restrictive Means, UCLR 2003, 403, 404. Dabei wird die Erforderlichkeitsprüfung als ein „crude cost-benefit test" bezeichnet. *McConnell*, The Asbestos Case at the World Trade Organization, TJCIL 2002, 153, 179. Demzufolge solle diese Abwägung auf zurückhaltende Weise vorgenommen werden. *Herwig/Serdarevic*, Standard of Review for Necessity and Proportionality Analysis in EU and WTO Law, in: Gruszczynski/Werner (Hrsg.), Deference in International Courts and Tribunals, 2014, S. 218–219.

573 *von Bogdandy*, Internationaler Handel und Nationaler Umweltschutz, EuZW 1992, 243, 246; *Kluttig*, Welthandelsrecht und Umweltschutz, AIW 2003/12, 5, 20.

574 *Button*, Trade, Health, and Uncertainty in the WTO, 2004, S. 36–37; *Bown/Trachtmann*, Brazil-Measures Affecting Imports of Retreaded Tyres: A Balancing Act, WTR 2009, 85, 119; *Trachtman*, The Economic Structure of International Law, 2008, S. 218; *Triebold*, Rechtliche Grundlagen des Umweltschutzes in GATT und WTO, 2000, S. 243. Triebold weist zugleich auf die Gefahr eines möglichen Eingriffs in das Souveränitätsrecht des regulierenden Mitglieds der WTO durch eine solche Prüfung bei der Erforderlichkeitskontrolle hin. *Paltrowitz*, A Greening of the World Trade Organization, BJIL 2001, 1789, 1792; *McGrady*, Necessity Exceptions in WTO Law, JIEL 2009, 153, 160–162. Mcgrady ist jedoch kritisch gegenüber einer solchen Abwägung durch die WTO-Streitbeilegungsorgane, hierzu siehe: S. 162–163 a. a. O.; *Herwig/Serdarevic*, Standard of Review for Necessity and Proportionality Analysis in EU and WTO Law, in: Gruszczynski/Werner (Hrsg.), Deference in International Courts and Tribunals, 2014, S. 218–219.

575 *Bown/Trachtmann*, Brazil-Measures Affecting Imports of Retreaded Tyres: A Balancing Act, WTR 2009, 85, 119; *Trachtman*, The Economic Structure of Interna-

### *(2) Angemessenheitsprüfung im Rahmen der Prüfung des Chapeaus des Art. XX GATT*

Außerdem wird vertreten, dass eine Angemessenheitskontrolle auch im Rahmen der Chapeau-Prüfung stattfinde. Demnach seien (alle) Elemente des Verhältnismäßigkeitsgrundsatzes i. w. S. nicht nur für die Prüfung eines Absatzes, sondern auch für die Prüfung des Chapeaus des Art. XX GATT von Relevanz.[576] Die verschiedenen Prüfschritte im Rahmen des Art. XX GATT, einschließlich der Chapeau-Stufe, erfordern jeweils eine konkrete Bewertung bestimmter Rechte und Interessen im Einzelfall.[577] Teilweise wird vertreten, dass die Chapeau-Prüfung des Art. XX GATT eine zurückhaltende *goog faith*-Kontrolle sei und sein solle.[578]

Bereits in US – Gasoline und US – Shrimp habe der AB die Angemessenheitsprüfung bei der Auslegung des Art. XX GATT eingeführt, da die Verwendung der Formulierung *lines of equilibirium* durch den AB in US – Shrimp[579] auf einen *balancing test* hindeute.[580] In US – Shrimp stellte der AB fest, dass

---

tional Law, 2008, S. 218; *Trachtman*, Trade and … Problems, EJIL 1998, 32, 70–71; *Herwig/Serdarevic*, Standard of Review for Necessity and Proportionality Analysis in EU and WTO Law, in: Gruszczynski/Werner (Hrsg.), Deference in International Courts and Tribunals, 2014, S. 218–219.

576 *Hilf/Puth*, The Principle of Proportionality on its Way into WTO/GATT Law, in: von Bogdandy/Mavroidis/Mény (Hrsg.), FS Ehlermann, 2002, S. 215–216; *Kluttig*, Welthandelsrecht und Umweltschutz, AIW 2003/12, 5, 23–25.

577 *Andenas/Zleptnig*, Proportionality: WTO Law, TILJ 2007, 371, 412 f., 421, 423; *Gaines*, The WTO's Reading of the GATT Article XX, UPJIL 2001, 739, 825 f.

578 *Leonelli*, Thinking About the Chapeau of Article XX GATT in Times of Climate Crisis, JIEL 2023, 416.

579 WTO, AB-Bericht v. 12. 10. 1998, WT/DS58/AB/R, „US – Shrimp", Para. 159: „The task of interpreting and applying the chapeau is essentially the delicate one of locating and marking out the line of equilibrium between the right of a Member to invoke an exception under Article XX and the rights of the other Members under varying substantive provisions (e. g. Article XI) of the GATT 1947, so that neither of the competing rights will cancel out the other and thereby distort and nullify or impair the balance of rights and obligations constructed by the Members themselves in that Agreement."

580 *Trachtman*, The Economic Structure of International Law, 2008, S. 218; *Hilf*, Power, Rules and Principles for WTO/GATT Law, JIEL 2001, 111, 121; *Tietje*, Die Völkerrechtliche Kooperationspflicht, EuR 2000, 285, 291 f., 296; *ders.*, Normative Grundstrukturen der Behandlung nichttarifärer Handelshemmnisse in der WTO/GATT-Rechtsordnung, 1998, S. 320–321; *Cass*, The Constitutionalization of International Trade Law, EJIL 2001, 39, 68; *Cottier u. a.*, The Principle of Proportionality in International Law, NCCR-WP 2012/38, 1, 16; *Scott*, Trade and Environment in the EU and WTO, in: Weiler (Hrsg.), The EU, the WTO, and the NAFTA, Band IX/1, 2001, S. 141 und Zit. 55 a. a. O.; *Cremona*, Neutrality or Discrimination?, in: de Búrca/Scott (Hrsg.), The EU and the WTO, 2001, S. 156–158; *Green*, Climate Change, Regulatory Policy

die USA, statt mit allen, nur mit einigen Mitgliedern der WTO verhandelt hatten.[581] Außerdem wurde den 14 karibischen Staaten eine Übergangsfrist von drei Jahren eingeräumt, während die klagenden Parteien und alle anderen Mitglieder nur eine Übergangsfrist von vier Monaten hatten.[582] Zudem stellten die unterschiedlichen Bemühungen um den Technologietransfer zwischen den vierzehn karibischen Staaten und den klagenden Parteien auch eine Diskriminierung dar.[583] Die Prüfung dieser Umstände indiziere eine Angemessenheitsprüfung.[584]

#### *b) Richterliche Abwägung: Befürwortung der Anwendung der Angemessenheitsprüfung*

Zum einen wird vertreten, dass eine dynamische richterliche Abwägung für die Interpretation des Art. XX GATT durchgeführt werden soll. Zum anderen wird argumentiert, dass die richterliche Abwägung im Rahmen der Auslegung des Art. XX GATT zwar notwendig ist, jedoch zurückhaltend vorgenommen werden sollte.

##### aa) Befürwortung einer dynamischen Abwägung

###### *(1) Dynamische Geeignetheitsabwägung*

Wie soeben dargestellt, erkennt ein Teil der wissenschaftlichen Literatur eine Angemessenheitsprüfung bei der „Geeignetheitsprüfung" im Rahmen des *weighing and balancing test* im Rahmen der Interpretation von Art. XX (a), (b) und (d) GATT an.[585] Dabei wird teilweise kritisiert, dass die Geeignet-

---

and the WTO, JIEL 2005, 143, 178–179, 181, 186–187; *Paltrowitz*, A Greening of the World Trade Organization, BJIL 2001, 1789, 1814, 1816.

[581] WTO, AB-Bericht v. 12.10.1998, WT/DS58/AB/R, „US – Shrimp", Para. 171–172.

[582] WTO, AB-Bericht v. 12.10.1998, WT/DS58/AB/R, „US – Shrimp", Para. 173.

[583] WTO, AB-Bericht v. 12.10.1998, WT/DS58/AB/R, „US – Shrimp", Para. 175.

[584] *Tietje*, Die Völkerrechtliche Kooperationspflicht, EuR 2000, 285, 291 f.; *Peel*, Confusing Product with Process, NYUELJ 2002, 217, 223–224, 230 f.; vgl. auch *Cass*, The Constitutionalization of international trade law, EJIL 2001, 39, 67–68. Dabei wird festgestellt, dass die Verhältnismäßigkeit i. w. S. der angegriffenen Maßnahme trotzdem abgelehnt werde, nachdem diese sowohl den *rational connection test* als auch die Prüfung des milderen Mittels bestanden habe. Daher wird eine solche Prüfung auf der Chapeau-Stufe wohl von Cass als Angemessenheitsprüfung betrachtet.

[585] *Marceau/Trachtman*, TBT, SPS und GATT, JWT 2002, 811, 851–853; *Bown/Trachtmann*, Brazil-Measures Affecting Imports of Retreaded Tyres: A Balancing Act, WTR 2009, 85, 88; *Stone Sweet/Mathews*, Proportionality Balancing and Global Constitutionalism, CJTL 2008, 72, 158; *Andenas/Zleptnig*, Proportionality and Balancing

heitserwägung nicht von den WTO-Streitbeilegungsorganen hinreichend dynamisch durchgeführt wurde und die Analyse des Beitrags der angegriffenen Maßnahme zur Verwirklichung des angegebenen Schutzziels auf erkennbarere Weise vorgenommen werden solle.[586] Demnach könne und solle die Abwägung u.a. bei der „Geeignetheitsprüfung" auf verfeinerte Weise durchgeführt werden.[587]

### *(2) Dynamische Erforderlichkeitsabwägung*

Ein ähnlicher Ansatz findet sich auch in Bezug auf die Abwägung im Rahmen der „Erforderlichkeitsprüfung". Beruhend auf der Bejahung der „Erforderlichkeitsprüfung" im Rahmen des *weighing and balancing test* beispielsweise des Art. XX (b) und (d) GATT als ein offener Abwägungstest[588] wird vertreten, dass die Erforderlichkeitsabwägung eine umfassende Form der Abwägung sein solle, bei der die Umstände des Einzelfalls und die konkurrierenden Rechte und Interessen berücksichtigt werden.[589] In der Entscheidungspraxis wurde bei der Erforderlichkeitserwägung im Rahmen des *weighing and balancing test* hingegen kaum eine Abwägung vorgenommen.[590] Demnach solle die Abwägung auf dynamische Weise erfolgen, da sonst nicht ersichtlich sei, wie ermittelt wurde, welche inländischen Maßnahmen akzeptabel seien und welche nicht.[591] Außerdem solle die bereits in der Entscheidungspraxis durchgeführte „grobe" Abwägung in verfeinerter Weise durchgeführt werden.[592]

---

in WTO Law, CRIA 2007, 71, 79, 81, 82, 89; *Qin*, Turkey – Pharmaceuticals Products: The First WTO Arbitration for Appellate Review, LIEI 2022, 415, 425.

586 Vgl. *Bown/Trachtmann*, Brazil-Measures Affecting Imports of Retreaded Tyres: A Balancing Act, WTR 2009, 85, 125–126, 129–131.

587 Vgl. *Stone Sweet/Mathews*, Proportionality Balancing and Global Constitutionalism, CJTL 2008, 72, 158, 164.

588 *Marceau/Trachtman*, TBT, SPS und GATT, JWT 2002, 811, 851–853; *Bown/Trachtmann*, Brazil-Measures Affecting Imports of Retreaded Tyres: A Balancing Act, WTR 2009, 85, 88, 129–131; *Stone Sweet/Mathews*, Proportionality Balancing and Global Constitutionalism, CJTL 2008, 72, 158; *Andenas/Zleptnig*, Proportionality and Balancing in WTO Law, CRIA 2007, 71, 81; *Qin*, Turkey – Pharmaceuticals Products: The First WTO Arbitration for Appellate Review, LIEI 2022, 415, 425.

589 *Andenas/Zleptnig*, Proportionality and Balancing in WTO Law, CRIA 2007, 71, 72.

590 *Bown/Trachtmann*, Brazil-Measures Affecting Imports of Retreaded Tyres: A Balancing Act, WTR 2009, 85, 88, 129–131.

591 *Bown/Trachtmann*, Brazil-Measures Affecting Imports of Retreaded Tyres: A Balancing Act, WTR 2009, 85, 88, 129–130.

592 Indiziell, vgl. *Sykes*, The Least Restrictive Means, UCLR 2003, 403, 419 i.V.m. 404, 415–416.

#### *(3) Dynamische Abwägung bei der Prüfung des Chapeaus des Art. XX GATT*

Eine ähnliche Auffassung findet sich im Schrifttum bezüglich der Chapeau-Prüfung des Art. XX GATT eher nicht. Soweit eine Abwägung bei der Chapeau-Prüfung bejaht wird, ist diese vielmehr als eine zurückhaltende Abwägung anzusehen, auch wenn diese Abwägung eventuell als dynamisch und umfangreich bezeichnet wird.[593]

Denn die Verhinderung einer willkürlichen Diskriminierung, einer verschleierten Handelsbeschränkung und damit eines Missbrauchs[594] i. S. d. Chapeaus des Art. XX GATT als „zwingender" Grund stellt zumindest deklaratorisch eine allgemeine Beschränkung für die Abwägung dar.[595]

### bb) Befürwortung einer zurückhaltenden Abwägung

#### *(1) Zurückhaltende Geeignetheitsabwägung*

Teilweise wird darauf hingewiesen, dass die Geeignetheitserwägung keine offene Abwägung erfordere,[596] sondern als ein beschränkter Abwägungsprozess angesehen werden solle.[597] Dabei sollen die Wichtigkeit der zu schützenden öffentlichen Interessen und die Handelsbeschränkung der angegriffenen Maßnahme mitberücksichtigt werden.[598] Eine solche Abwägung bei der Geeignetheitserwägung sei weniger umfangreich als eine etwaige offene Abwägung bei der Angemessenheitsprüfung.[599] Denn bei der Geeignetheitserwägung solle auch das Souveränitätsprinzip berücksichtigt werden.[600] Eine (umfassende) Abwägung bei der Geeignetheitsprüfung bedeute nämlich eine Korrektur des behaupteten Schutzniveaus des regulierenden WTO-Mitglieds und könne mithin nicht mit der Einschätzungsprärogative dieses Mitglieds hinsichtlich des Schutzziels und Schutzniveaus vereinbar sein.[601] Selbst wenn

---

593 *Andenas/Zleptnig*, Proportionality: WTO Law, TILJ 2007, 371, 412–413.

594 *Tietje*, Die Völkerrechtliche Kooperationspflicht, EuR 2000, 285, 291 f.; *Kluttig*, Welthandelsrecht und Umweltschutz, AIW 2003/12, 5, 23–25; *Gaines*, The WTO's Reading of the GATT Article XX, UPJIL 2001, 739, 839.

595 Teil 1 Kapitel 1 § 4 B. III. 1. b) bb) (3).

596 *Muller*, The Necessity Test and Trade in Services, JWT 2015, 951, 961–962.

597 *Muller*, The Necessity Test and Trade in Services, JWT 2015, 951, 960–961.

598 *Muller*, The Necessity Test and Trade in Services, JWT 2015, 951, 961.

599 *Hilf/Puth*, The Principle of Proportionality on its Way into WTO/GATT Law, in: von Bogdandy/Mavroidis/Mény (Hrsg.), FS Ehlermann, 2002, S. 211, 215–216.

600 Vgl. *Hilf*, Power, Rules and Principles for WTO/GATT Law, JIEL 2001, 111, 130, 120–121 i.V.m. 118.

601 *Muller*, The Necessity Test and Trade in Services, JWT 2015, 951, 962.

die Geeignetheitserwägung im Rahmen des *weighing and balancing test* des Art. XX (a), (b) und (d) GATT grundsätzlich als ein offener Abwägungstest verstanden könne,[602] solle diese Abwägung auf eine beschränkte Weise ausgeübt werden.[603]

### *(2) Zurückhaltende Erforderlichkeitsabwägung*

Bei der Erforderlichkeitserwägung wird auch die Ansicht einer eher zurückhaltenden Abwägung vertreten, im Unterschied zu der oben genannten Ansicht der dynamischen Abwägung. Nach dieser Ansicht stelle das Verhältnismäßigkeitsprinzip i. w. S. einen fundamentalen Grundsatz des multilateralen Handelssystems dar[604] und die Erforderlichkeitsprüfung im Rahmen des *weighing and balancing test* könne mithin grundsätzlich als ein offener Abwägungstest angesehen werden.[605] Diese Abwägung sei jedoch weniger umfangreich[606] und solle auf eine beschränkte bzw. zurückhaltende Weise ausgeübt werden.[607] Dadurch können u. a. das Souveränitätsrecht eines anderen WTO-Mitglieds auf Handelsfreiheit nach dem GATT und das Prinzip der internationalen Kooperation bei der Abwägung berücksichtigt werden.[608] Hierfür spreche ferner die Entscheidungspraxis der WTO-Streitbeilegungsorgane zu

---

602 *Delimatsis*, Determining the Necessity of Domestic Regulations in Services, EJIL 2008, 365, 389–390.

603 *Delimatsis*, Determining the Necessity of Domestic Regulations in Services, EJIL 2008, 365, 390.

604 *Hilf*, Power, Rules and Principles for WTO/GATT Law, JIEL 2001, 111, 120, 130.

605 *Delimatsis*, Determining the Necessity of Domestic Regulations in Services, EJIL 2008, 365, 389–390; *Fontanelli*, Whose Margin Is It?, in: ders./Carrozza/Martinico (Hrsg.), Shaping Rule of Law through Dialogue, 2010, S. 393; vgl. *Osiro*, GATT/WTO Necessity Analysis, LIEI 2002, 123, 136–140.

606 *Hilf/Puth*, The Principle of Proportionality on its Way into WTO/GATT Law, in: von Bogdandy/Mavroidis/Mény (Hrsg.), FS Ehlermann, 2002, S. 211, 215–216; indiziell so auch: *Hilf*, Power, Rules and Principles for WTO/GATT Law, JIEL 2001, 111, 120–121 i. V. m. 118.

607 *Delimatsis*, Determining the Necessity of Domestic Regulations in Services, EJIL 2008, 365, 390; *Fontanelli*, Whose Margin Is It?, in: ders./Carrozza/Martinico (Hrsg.), Shaping Rule of Law through Dialogue, 2010, S. 407; *Osiro*, GATT/WTO Necessity Analysis, LIEI 2002, 123, 136–140; *Petersmann*, Constitutionalism and International Organizations, NJILB 1997, 398, 433 i. V. m. *ders.*, De-Fragmentation of International Economic Law, LUCILR 2008, 209, 217, 232–234; *McConnell*, The Asbestos Case at the World Trade Organization, TJCIL 2002, 153, 179.

608 Vgl. *Hilf*, Power, Rules and Principles for WTO/GATT Law, JIEL 2001, 111, 120–121 i. V. m. 118–119.

Art. XX GATT, wobei die Abwägung bei der Erforderlichkeitsprüfung sehr beschränkend bzw. nicht vorgenommen werde.[609]

*(3) Zurückhaltende Abwägung bei der Prüfung des Chapeaus des Art. XX GATT*

Ähnliches wird auch bezüglich der Abwägung bei der Chapeau-Prüfung des Art. XX GATT vertreten.

Eine Abwägung solle demzufolge zwar im Rahmen der Prüfung des Chapeaus des Art. XX GATT in der Regel vorgenommen werden. Die Abwägung sei jedoch aus „zwingenden" Gründen, zumindest deklaratorisch, wie zur Verhinderung willkürlicher Diskriminierung als Vertragsbestimmung im Chapeau des Art. XX GATT, zur Wahrung internationaler Kooperationspflichten[610] bzw. zur Verhinderung des Missbrauchs von Ausnahmerechten nach Art. XX GATT,[611] auszuüben. Ferner solle bei der Abwägung das Souveränitätsprinzip beachtet werden.[612] Außerdem erfordere der AB bei der Abwägung keine diskriminierungsfreie Anwendung, beispielsweise der Grenzwert auf in- und Ausländer, sondern nur eine weniger starke Diskriminierung.[613] Die Abwägung bei der Chapeau-Prüfung, beispielsweise in US – Gasoline, sei somit als eine abgeschwächte Erforderlichkeits- und Angemessenheitsprüfung gegenüber Ungleichbehandlungen anzusehen.[614] Auch aufgrund der Unbestimmtheit der Tatsachenfeststellung und der Komplexität der Interessenab-

609 *Muller*, The Necessity Test and Trade in Services, JWT 2015, 951, 964.

610 *Appleton*, Shrimp/Turtle: Untangling the Nets, JIEL 1999, 477, 491–494; *Tietje*, Die Völkerrechtliche Kooperationspflicht, EuR 2000, 285, 293 f., 296; *Scott*, Trade and Environment in the EU and WTO, in: Weiler (Hrsg.), The EU, the WTO, and the NAFTA, Band IX/1, 2001, S. 166–167 i. V. m. S. 140.

611 *Tietje*, Die Völkerrechtliche Kooperationspflicht, EuR 2000, 285, 291 f.; *Kluttig*, Welthandelsrecht und Umweltschutz, AIW 2003/12, 5, 23–25; *Gaines*, The WTO's Reading of the GATT Article XX, UPJIL 2001, 739, 839. Für die Behandlung der Chapeau-Prüfung als eine zurückhaltende *good faith*-Kontrolle vgl. *Leonelli*, Thinking About the Chapeau of Article XX GATT in Times of Climate Crisis, JIEL 2023, 416.

612 *Hilf*, Power, Rules and Principles for WTO/GATT Law, JIEL 2001, 111, 121 i. V. m. 118; *Hilf/Puth*, The Principle of Proportionality on its Way into WTO/GATT Law, in: von Bogdandy/Mavroidis/Mény (Hrsg.), FS Ehlermann, 2002, S. 215–216; vgl. *Jackson*, The Role and Effectiveness of the WTO Dispute Settlement Mechanism, BTF 2000, 179, 197–198.

613 *Neumann*, Die Koordination des WTO-Rechts mit anderen völkerrechtlichen Ordnungen, 2002, S. 469.

614 *Neumann*, Die Koordination des WTO-Rechts mit anderen völkerrechtlichen Ordnungen, 2002, S. 469.

wägung solle richterliche Zurückhaltung bei der Abwägung im Rahmen der Chapeau-Prüfung geübt werden.[615]

Hieraus ergibt sich, dass nach dieser Ansicht die Abwägung bei der Prüfung des Chapeaus des Art. XX GATT zumindest nicht in großem Umfang vom freien Ermessen der WTO-Schiedsrichters abhängt. Es scheint somit zutreffend zu sein, diese Auffassung grundsätzlich als Befürwortung einer zurückhaltenden Abwägung anzusehen.

### 2. Skepsis gegenüber einem Verhältnismäßigkeitsgrundsatz i. w. S. für die Auslegung des Art. XX GATT

Ein beträchtlicher Teil der wissenschaftlichen Literatur spricht sich jedoch gegen die Anerkennung des Verhältnismäßigkeitsgrundsatzes i. w. S. im WTO-Recht aus. Sowohl die allgemeine Anwendung des Verhältnismäßigkeitsgrundsatzes[616] als auch die Anwendung einer Angemessenheitskontrolle[617] im Rahmen der Prüfung des Art. XX GATT werden bezweifelt bzw. abgelehnt.

#### *a) Skepsis gegenüber der Existenz der Anwendung des Verhältnismäßigkeitsgrundsatzes i. w. S. bei der Auslegung des Art. XX GATT*

Teilweise wird die Anwendung des Verhältnismäßigkeitsgrundsatzes i. w. S. und insbesondere des Angemessenheitsgebots in der Entscheidungspraxis zum „grünen“ Art. XX GATT bezweifelt.

---

615 *Herwig/Serdarevic*, Standard of Review for Necessity and Proportionality Analysis in EU and WTO Law, in: Gruszczynski/Werner (Hrsg.), Deference in International Courts and Tribunals, 2014, S. 228–229.

616 *Desmedt*, Proportionality in WTO Law, JIEL 2001, 441, 462 ff.; *Neumann/Türk*, Necessity Revisited, JWT 2003, 199, 231 f.; *Cannawurf-Wetzel*, Das Stammzellgesetz auf den Prüfstand der Welthandelsorganisation, 2008, S. 133 f.; *Bartels*, The Chapeau of the General Exceptions in the WTO GATT and GATS Agreements, AJIL 2015, 95, 118 f.

617 *Desmedt*, Proportionality in WTO Law, JIEL 2001, 441, 469–470, 473–475; *Neumann/Türk*, Necessity Revisited, JWT 2003, 199, 205, 227 f.; *Mavroidis*, Trade and Environment after the Shrimps-Turtles Litigation, JWT 2000, 73, 79; *Riffel*, The Chapeau: Stringent Threshold or Good Faith Requirement, LIEI 2018, 141, 172–173; *Zeitler*, Einseitige Handelsbeschränkungen zum Schutz extraterritorialer Rechtsgüter, 2000, S. 121; *Ginzky*, Saubere Produkte, Schmutzige Produktion, 1997, S. 180; *Trüeb*, Umweltrecht in der WTO, 2001, S. 376–378; *Montini*, Necessity and Proportionality Principles in the Trade and Environment Context, RECIEL 1997, 121, 129; indiziell so auch: *Appleton*, GATT Article XXs Chapeau – A Disguised Necessary Test?, RECIEL 1997, 131, 134 f.

### aa) Zweifel an der allgemeinen Anwendung des Verhältnismäßigkeitsgrundsatzes i. w. S. in der Entscheidungspraxis zu Art. XX GATT

Teilweise wird vertreten, dass die Existenz einer Verhältnismäßigkeitsprüfung i. w. S. im Rahmen der Auslegung des Art. XX GATT skeptisch ist. Es wird argumentiert, dass die Anwendung des Verhältnismäßigkeitsgrundsatzes i. w. S. keine textliche Stütze im GATT finde und nicht ausdrücklich von den WTO-Streitbeilegungsorganen anerkennt werde, obwohl dieser Grundsatz zur Auslegung einzelner Vorschriften der WTO-Übereinkommen herangezogen wurde.[618] Es gebe weder ein allgemeines Verhältnismäßigkeitserfordernis im WTO-Rechtssystem, noch sei eine umfassende Verhältnismäßigkeitsprüfung i. w. S. in die Entscheidungspraxis der WTO-Schiedsgerichte eingeführt worden.[619]

Die uneinheitlichen Formulierungen der Verhältnismäßigkeitsprüfung i. w. S., insbesondere die Prüfung der Bedingung *necessary to* in manchen Absätzen des Art. XX GATT[620] in der Entscheidungspraxis der WTO-Streitbeilegungsorgane, deuten bereits darauf hin, dass kein einheitliches, übergreifendes Verhältnismäßigkeitsprinzip i. w. S. im WTO-Recht vorhanden sei.[621] Ferner scheine eine Geeignetheitsprüfung nicht von der Bedingung *relating to* in Art. XX (g) GATT erfasst zu sein, weil diese nach der Feststellung des AB in US – Gasoline[622] nur eine marginale Kontrolle fordere.[623]

Ferner gebe es bei der Erforderlichkeitsprüfung gewisse Unbestimmtheit hinsichtlich der Feststellung einer milderen Handelsverletzung[624] und der

---

[618] *Desmedt*, Proportionality in WTO Law, JIEL 2001, 441, 462–463, 463 ff.

[619] *Neumann/Türk*, Necessity Revisited, JWT 2003, 199, 231–233; *Cannawurf-Wetzel*, Das Stammzellgesetz auf den Prüfstand der Welthandelsorganisation, 2008, S. 133 f.

[620] *Desmedt*, Proportionality in WTO Law, JIEL 2001, 441, 464 f.

[621] *Desmedt*, Proportionality in WTO Law, JIEL 2001, 441, 479.

[622] WTO, AB-Bericht v. 20. 5. 1996, WT/DS2/AB/R, „US – Gasoline", S. 21–22. Dort stellte der AB u. a. fest: „In the first place, the problem of determining causation, well-known in both domestic and international law, is always a difficult one. In the second place, in the field of conservation of exhaustible natural resources, a substantial period of time, perhaps years, may have to elapse before the effects attributable to implementation of a given measure may be observable."

[623] *Desmedt*, Proportionality in WTO Law, JIEL 2001, 441, 471–473.

[624] *Voon*, Exploring the Meaning of Trade-Restrictiveness in the WTO, WTR 2015, 451, 471 f., 473.

Gleichwirksamkeit einer Alternativmaßnahme[625] bzw. hinsichtlich der Rolle der Wichtigkeit des angegebenen Schutzziels für diese Prüfung.[626]

#### bb) Fehlende Existenz einer Angemessenheitsprüfung in der Entscheidungspraxis zu Art. XX GATT

Es wird weiterhin vertreten, dass sich eine allgemeine Angemessenheitsprüfung weder aus dem Wortlaut der einzelnen Absätze des Art. XX GATT noch aus der Praxis der WTO-Streitschlichtungsorgane ableiten lasse.[627]

##### *(1) Keine Angemessenheitsprüfung im Rahmen der Prüfung eines Absatzes des Art. XX GATT*

Vor allem sei *weighing and balancing test* statt einer Angemessenheitskontrolle als eine Erforderlichkeitsprüfung zu verstehen. Denn der AB habe dabei, beispielsweise in Korea – Beef,[628] die Unerforderlichkeit des dualen Vertriebssystems nur aufgrund seiner fehlenden Kausalität zur Erreichung des von Korea gesetzten hohen Schutzniveaus abgelehnt; Dabei werde der Einschätzungsspielraum des regulierenden WTO-Mitglieds hinsichtlich des Schutzniveaus noch explizit vom AB anerkannt und damit keine Abwägung zwischen den handelsbeschränkenden Auswirkungen und dem Schutzziel vorgenommen.[629] Ebenso stelle eine Abwägung zwischen dem Transparenzgrundsatz und der Umwelt, wie in US – Tuna I der Fall sei,[630] keine ordentliche Angemessenheitsprüfung dar, weil es immer noch um die Prüfung der

---

[625] *Kapterian*, A Critique of the WTO Jurisprudence on „Necessity", ICLQ 2010, 89, 124–125; *Osiro*, GATT/WTO Necessity Analysis, LIEI 2002, 123, 127–128.

[626] Vgl. *Fontanelli*, Necessity Killed the GATT, EJILS 2012/13, 36, 48–49; *Neumann/Türk*, Necessity Revisited, JWT 2003, 199, 215; *Desmedt*, Proportionality in WTO Law, JIEL 2001, 441, 464–465.

[627] *Weiher*, Nationaler Umweltschutz und Internationaler Warenverkehr, 1997, S. 135; *Thiedemann*, WTO und Umwelt, 2005, S. 142–143; *Diem*, Freihandel und Umweltschutz in GATT und WTO, 1996, S. 92.

[628] WTO, AB-Bericht v. 11.12.2000, WT/DS161/AB/R u.a., „Korea – Beef", Para. 178.

[629] *Desmedt*, Proportionality in WTO Law, JIEL 2001, 441, 469–470. Ähnliche Feststellungen, vgl. *Van den Bossche*, Looking for Proportionality in WTO Law, LIEI 2008, 283, 293; *Du*, The Necessity Test in World Trade Law, CJIL 2016, 817, 825, 835; *Regan*, The Meaning of „Necessary" in GATT Article XX and GATS Article XIV, WTR 2007, 347, 351–352, 347–369; *Fontanelli*, Necessity Killed the GATT, EJILS 2012/13, 36, 48–49; *Neumann/Türk*, Necessity Revisited, JWT 2003, 199, 212–213.

[630] GATT, Panel-Bericht v. 3.9.1991, DS21/R-39S/155, „US – Tuna I", Para. 5.28.

Zweck-Mittel-Relation, nämlich um die Suche nach einer vernünftigerweise verfügbaren Alternative, gehe.[631]

*(2) Keine Angemessenheitsprüfung im Rahmen der Prüfung des Chapeaus des Art. XX GATT*

Zudem enthält die Prüfung des Chapeaus des Art. XX GATT nach dieser Ansicht aus den folgenden Gründen keine Angemessenheitsprüfung.

Zunächst habe der AB in US – Shrimp keinesfalls auf den Verhältnismäßigkeitsgrundsatz i. e. S. verwiesen, sondern anhand des Missbrauchsverbots die willkürliche Diskriminierung bzw. die verschleierte Handelsbeschränkung i. S. d. Chapeaus des Art. XX GATT festgestellt, wobei keine Abwägung vorgenommen worden sei.[632] Ebenso werden das Unterlassen internationaler Verhandlung in US – Shrimp[633] und die unterschiedliche Behandlung zwischen aus- und inländischen Raffinerien in US – Gasoline[634] aufgrund deren Charakters als willkürliche Diskriminierung i. S. d. Chapeaus als WTO-rechtswidrig beurteilt, nicht jedoch aufgrund ihrer Unangemessenheit.[635]

Außerdem werden auf der Chapeau-Stufe statt Angemessenheitsprüfung eine Erforderlichkeitsprüfung[636] bzw. eine Geeignetheitsprüfung[637] durchgeführt.[638] Denn die angewandten Kriterien der Vernünftigkeit und der Vermeid-

631 *Weiler*, Nationaler Umweltschutz und Internationaler Warenverkehr, 1997, S. 136.

632 *Desmedt*, Proportionality in WTO Law, JIEL 2001, 441, 474; *Neumann/Türk*, Necessity Revisited, JWT 2003, 199, 229, 231.

633 WTO, AB-Bericht v. 12. 10. 1998, WT/DS58/AB/R, „US – Shrimp“, Para. 171–172.

634 WTO, AB-Bericht v. 20. 5. 1996, WT/DS2/AB/R, „US – Gasoline“, S. 25.

635 *Desmedt*, Proportionality in WTO Law, JIEL 2001, 441, 474.

636 *Neumann/Türk*, Necessity Revisited, JWT 2003, 199, 228; *Epiney*, Welthandel und Umwelt, DVBl. 2000, 77, 83 f.; *Appleton*, GATT Article XXs Chapeau – A Disguised Necessary Test?, RECIEL 1997, 131; *Qin*, Defining Nondiscrimination under the Law of the WTO, BUILJ 2005, 215, 267; *Bartels*, The Chapeau of the General Exceptions in the WTO GATT and GATS Agreements, AJIL 2015, 95, 118 f.; *Davies*, Interpreting the Chapeau of GATT Article XX, JWT 2009, 507, 510.

637 *Epiney*, Welthandel und Umwelt, DVBl. 2000, 77, 83 f.; *Davies*, Interpreting the Chapeau of GATT Article XX, JWT 2009, 507, 522; *Thiedemann*, WTO und Umwelt, 2005, S. 179; *Bown/Trachtmann*, Brazil-Measures Affecting Imports of Retreaded Tyres: A Balancing Act, WTR 2009, 85, 87, 131–132. Nach Auffassung von Bown und Trachtmann müsse auf der Chapeau-Stufe nicht unbedingt eine Abwägung, sondern auch eine Geeignetheitsprüfung als Rationalitätsprüfung durchgeführt werden.

638 Zur Befürwortung einer Angemessenheitsprüfung im Rahmen der Chapeau-Prüfung vgl. u. a. *Hilf*, Power, Rules and Principles for WTO/GATT Law, JIEL 2001, 111, 121; *Hilf/Puth*, The Principle of Proportionality on its Way into WTO/GATT Law,

barkeit von Diskriminierung sowie die Berücksichtigung alternativer Maßnahmen deuten darauf hin, dass im Chapeau u.a. eine Erforderlichkeitsprüfung vorgenommen werden solle.[639] Zum Beispiel habe der AB in US – Gasoline[640] nur darauf hingewiesen, dass eine individuelle Basislinie für Benzin und eine internationale Kooperation vernünftigerweise verfügbar seien, aber nicht zwingend vorgenommen werden müsse.[641] Dabei habe der AB nur den Angeklagten dafür kritisiert, dass er die finanzielle Belastung von ausländischen Raffinerien nicht entsprechend berücksichtigt habe.[642] Aus dem gleichen Grund sei die Prüfung des Chapeaus in US – Shrimp als eine Erforderlichkeitsprüfung und keinesfalls als eine Abwägung zu bezeichnen.[643]

#### *b) Richterliche Zurückhaltung: Kritik an der (eventuellen) Anwendung der Angemessenheitsprüfung*

##### aa) Richterliche Abwägung als Ausnahme

###### *(1) Geeignetheitserwägung als Ausnahme*

Hinsichtlich der Geeignetheitserwägung wird vertreten, dass das Kriterium der Geeignetheit relativ anspruchslos sei und verlange nur, dass eine Maßnahme geeignet sei, das angestrebte Ziel zu fördern.[644] Die Beitragsforderung

---

in: von Bogdandy/Mavroidis/Mény (Hrsg.), FS Ehlermann, 2002, S. 216; *Cass*, The Constitutionalization of International Trade Law, EJIL 2001, 39, 67; *Tietje*, Die Völkerrechtliche Kooperationspflicht, EuR 2000, 285, 291; *ders.*, Normative Grundstrukturen der Behandlung nichttarifärer Handelshemmnisse in der WTO/GATT-Rechtsordnung, 1998, S. 321 f.; *Trachtman*, The Economic Structure of International Law, 2008, S. 218.

Gegen eine Angemessenheitsprüfung im Rahmen der Chapeau-Prüfung, vgl. u.a. *Desmedt*, Proportionality in WTO Law, JIEL 2001, 441, 474 f.; *Trüeb*, Umweltrecht in der WTO, 2001, S. 376 ff.; *Neumann/Türk*, Necessity Revisited, JWT 2003, 199, 228 f.; *Montini*, Necessity and Proportionality Principles in the Trade and Environment Context, RECIEL 1997, 121, 129; indiziell so auch: *Appleton*, GATT Article XXs Chapeau – A Disguised Necessary Test?, RECIEL 1997, 131, 134 f.; *Godzierz*, Nationale Umweltpolitiken und internationaler Handel nach WTO und GATT, 2000, S. 116.

639 *Neumann/Türk*, Necessity Revisited, JWT 2003, 199, 228–231.

640 WTO, AB-Bericht v. 20.5.1996, WT/DS2/AB/R, „US – Gasoline“, S. 25.

641 *Neumann/Türk*, Necessity Revisited, JWT 2003, 199, 228–229.

642 *Riffel*, The Chapeau: Stringent Threshold or Good Faith Requirement, LIEI 2018, 141, 173.

643 *Neumann/Türk*, Necessity Revisited, JWT 2003, 199, 229 f.; *Neumann*, Die Koordination des WTO-Rechts mit anderen völkerrechtlichen Ordnungen, 2002, S. 463.

644 *Henckels*, Revisiting Proportionality Analysis, JIEL 2012, 223, 247; *Du*, The Necessity Test in World Trade Law, CJIL 2016, 817, 825; vgl. *Matsushita*, Human Health Issues in major WTO-Dispute Cases, AJWH 2009, 1, 22; *Van den Bossche*,

sei kein wesentliches Hindernis für die Bejahung der Geeignetheitseinschätzung des regulierenden WTO-Mitglieds.[645] Eine Maßnahme gelte bereits dann als geeignet, wenn sie in der Lage sei, einen bloßen Beitrag[646] bzw. einen marginalen Beitrag[647] zur Zielerreichung zu leisten.[648]

Diese Behandlungsweise der Geeignetheitseinschätzung des regulierenden WTO-Mitglieds zeigt eine hohe Zurückhaltung für eine Abwägung, weil die Ablehnung der genannten Einschätzung zu einer impliziten Abwägung und in dem besonderen Kontext des Art. XX GATT zu einer Angemessenheitsprüfung führt.[649]

*(2) Erforderlichkeitsabwägung als Ausnahme*

Teilweise wird eine Abwägung im Rahmen der Erforderlichkeitsprüfung zwar grundsätzlich als zulässig angesehen; die Abwägung soll nach dieser Ansicht aber nur ausnahmsweise vorgenommen werden, wobei eine hohe Zurückhaltung gegenüber der Einschätzung des regulierenden WTO-Mitglieds zur Erforderlichkeit und (damit implizit) zur Angemessenheit geboten sein soll.

Demnach sei keine separate Angemessenheitsprüfung im Rahmen der Auslegung des Art. XX GATT vorhanden und eine solche sei in der Entscheidungspraxis in die „Erforderlichkeitsprüfung" integriert,[650] die als objektive Rationalitätsprüfung eigentlich kaum Raum für eine Angemessenheitsprüfung lasse.[651]

---

Looking for Proportionality in WTO Law, LIEI 2008, 283, 287 i. V. m. 285; vgl. *Panizzon/Arnold/Cottier*, Handel und Umwelt in der WTO, URP 2010, 199, 226.

645 *Henckels*, Revisiting Proportionality Analysis, JIEL 2012, 223, 247; *Van den Brink*, Suggestions to Utilize GATT's Environmental Exceptions, CJIELP 2010, 85, 107; *Van den Bossche*, Looking for Proportionality in WTO Law, LIEI 2008, 283, 294.

646 Grundsätzlich: *Vranes*, Der Verhältnismäßigkeitsgrundsatz, AöR 2009, 1, 20; grundsätzlich auch: *Bond/Trachtmann*, China – Rare Earths: Export Restrictions and the Limits of Textual Interpretation, WTR 2016, 189, 205.

647 *Van den Bossche*, Looking for Proportionality in WTO Law, LIEI 2008, 283, 294.

648 *Nuzzo*, GATT Moral Clause after Colombia – Textiles, EJLS 2017, 267, 285. Nuzzo sieht die Interpretation von „measure designed to protect" in Art. XX (a) GATT vor der Prüfung des *necessary to*-Tests als Geeignetheitsprüfung an, die einer losen richterlichen Kontrolle unterliegt.

649 Teil 3 Kapitel 9 § 3 B. und § 3 E.

650 *Hauck*, Normenkonflikte als Optimierungsprobleme?, in: Baade u. a. (Hrsg.), Verhältnismäßigkeit im Völkerrecht, 2016, S. 98.

651 *Hauck*, Normenkonflikte als Optimierungsprobleme?, in: Baade u. a. (Hrsg.), Verhältnismäßigkeit im Völkerrecht, 2016, S. 98. Ähnlich, vgl. *Cottier u. a.*, The Prin-

Zur Vermeidung ungerechtfertigten justiziellen Aktivismus solle eine hohe Zurückhaltung unter Beachtung des völkerrechtlichen Vertragsrechts und von *soft law* bei der Erforderlichkeitsabwägung, die von einer offenen Abwägung zu unterscheiden sei, geübt werden.[652] Die Behandlung politischer Fragen[653] durch die WTO-Streitbeilegungsorgane solle entweder durch *issue avoidance*-Technik vermieden werden oder ein Panel solle eine zurückhaltende Prüfungsintensität anwenden bzw. souveränitätsfreundliche Auslegung vornehmen.[654] Die Verhältnismäßigkeit i. e. S. könne nämlich nur im Einzelfall und nur für bestimmte Fragen (negativ) beurteilt werden.[655]

Diese politischen Fragen betreffen den Kernbereich gesellschaftlicher Selbstbestimmungsansprüche und müssen nämlich in konsensorientierten Verfahren auf nationaler oder regionaler Ebene gelöst werden, nicht aber durch eine völkerrechtliche Streitbeilegungsinstanz.[656] Eine sehr zurückhaltende Behandlung entspreche auch der Entscheidungspraxis der WTO-Streitbeilegungsorgane, in der eine justizielle Abwägung nur ausnahmsweise ausgeübt werde.[657]

#### *(3) Abwägung als Ausnahme bei der Prüfung des Chapeaus des Art. XX GATT?*

Eine ähnliche Auffassung findet sich im Schrifttum bezüglich der Chapeau-Prüfung des Art. XX GATT eher nicht. Soweit eine Abwägung bei der Cha-

---

ciple of Proportionality in International Law, NCCR-WP 2012/38, 1, 18 i. V. m. 16 und 19.

652 Vgl. *Neumann*, Die Koordination des WTO-Rechts mit anderen völkerrechtlichen Verträgen, in: Nettesheim/Sander (Hrsg.), WTO-Recht und Globalisierung, S. 124–125. Ähnlich, vgl. auch *Bloche*, WTO Deference to National Health Policy, JIEL 2002, 825, 834–835, 844–845, 847–848; *McConnell*, The Asbestos Case at the World Trade Organization, TJCIL 2002, 153, 179; *Kometani*, How Should WTO Panels Review Environmental Regulations under GATT Articles III and XX, NJILB 1996, 441, 458–459.

653 *Reusch*, Die Legitimation des WTO-Streitbeilegungsverfahrens, 2007, S. 275 i. V. m. 46–47 und 248–250.

654 *Reusch*, Die Legitimation des WTO-Streitbeilegungsverfahrens, 2007, S. 263 f., 275; ähnlich, vgl. *von Engelhardt*, Die Welthandelsorganisation (WTO) und demokratische Legitimität, 2016, S. 271–272.

655 Vgl. *Krajewski*, Verfassungsperspektiven und Legitimation des Rechts der WTO, 2001, S. 172–174 und 193.

656 *Reusch*, Die Legitimation des WTO-Streitbeilegungsverfahrens, 2007, S. 275 i. V. m. 46–47 und 248–250.

657 *Reid*, Trade and Environment in the EU and WTO, in: Krämer-Hoppe (Hrsg.), EYIEL 2020, S. 113–115, 117; *von Engelhardt*, Die Welthandelsorganisation (WTO) und demokratische Legitimität, 2016, S. 279.

peau-Prüfung des Art. XX GATT bejaht wird, ist diese eher als zurückhaltende Abwägung anzusehen. Denn in diesem Fall deutet die Verhinderung der willkürlichen Diskriminierung, der verschleierten Handelsbeschränkung und damit des Missbrauchs der Ausnahmerechte[658] gemäß dem Chapeau des Art. XX GATT, worauf sich die Abwägung stützt, eher auf ein grundsätzliches Abwägungsgebot hin,[659] obwohl sie deklaratorisch als „zwingende" Gründe bezeichnet werden und zugleich die Abwägung beschränken können.

### bb) Verzicht auf die richterliche Abwägung

#### *(1) Verzicht auf eine Angemessenheitsprüfung bei der Geeignetheitsprüfung*

Ein Teil der wissenschaftlichen Literatur sieht keinen Raum für eine Abwägung, sei sie offene oder implizite, bei der Geeignetheitsprüfung.[660] Demzufolge sollen ein Panel und der AB bei der Analyse des Beitrags der angegriffenen Maßnahme zur Verwirklichung des angegebenen Schutzziels des regulierenden WTO-Mitglieds nicht die Wichtigkeit dieses Ziels in Frage stellen.[661]

Sonst könne der *weighing and balancing test* im Rahmen der Interpretation des Art. XX (a), (b) und (d) GATT, in dem u.a. eine Geeignetheitsprüfung enthalten sei, weder mit der Schutzniveausetzungsprärogative eines WTO-Mitglieds[662] noch mit dem Paradigma der negativen Integration der Welthandelsorganisation vereinbar sein.[663]

---

658 *Tietje*, Die Völkerrechtliche Kooperationspflicht, EuR 2000, 285, 291 f.; *Kluttig*, Welthandelsrecht und Umweltschutz, AIW 2003/12, 5, 23–25; *Gaines*, The WTO's Reading of the GATT Article XX, UPJIL 2001, 739, 839.

659 Teil 1 Kapitel 1 § 4 B. III. 1. b) bb) (3).

660 *McGrady*, Necessity Exceptions in WTO Law, JIEL 2009, 153, 162; *Fontanelli*, Necessity Killed the GATT, EJILS 2012/13, 35, 52 i.V.m. 48–49; indiziell, vgl. *Nuzzo*, GATT Moral Clause after Colombia – Textiles, EJLS 2017, 267, 288–289; *Desmedt*, Proportionality in WTO Law, JIEL 2001, 441, 465–467, 471–472; *Neumann/Türk*, Necessity Revisited, JWT 2003, 199, 208–209 i.V.m. 212–213 und 215–217; *Regan*, The Meaning of „Necessary" in GATT Article XX and GATS Article XIV, WTR 2007, 347, 353–361; *Howse/Turk*, A Case Study of the Canada – EC Asbestos Dispute, in: de Búrca/Scott (Hrsg.), The EU and the WTO, 2001, S. 323–324 i.V.m. 325 f.

661 Vgl. *McGrady*, Necessity Exceptions in WTO Law, JIEL 2009, 153, 162.

662 *Neumann/Türk*, Necessity Revisited, JWT 2003, 199, 208–209 i.V.m. 212–213 und 215–217; *Nuzzo*, GATT Moral Clause after Colombia – Textiles, EJLS 2017, 267, 288–289. Nuzzo sieht den Beitragstest im Rahmen des *weighing and balancing test* bei der Prüfung des Art. XX (a) GATT nicht als Geeignetheitsprüfung an. Nach vorliegender Untersuchung stellt ein solcher Beitragstest jedoch eine Geeignetheitsprüfung dar, deren Ablehnung eine implizite Abwägung darstellt.

663 *Nuzzo*, GATT Moral Clause after Colombia – Textiles, EJLS 2017, 267, 288–289.

Ein Abwägungstest u. a. in der „Geeignetheitsprüfung“ werde im Rahmen des *weighing and balancing test* beispielsweise des Art. XX (b) GATT vielmehr zu dem Zweck eingeführt, den Mitgliedern eine zusätzliche Margin of Appreciation einzuräumen,[664] die nicht von den WTO-Streitbeilegungsorganen abgelehnt werden könne.[665]

### *(2) Verzicht auf eine Angemessenheitsprüfung bei der Erforderlichkeitsprüfung*

In einem Teil der wissenschaftlichen Literatur wird vertreten, dass trotz der allgemeinen Einführung eines Abwägungstests bzw. bestimmter Abwägungselemente in die „Erforderlichkeitsprüfung“ im Rahmen der Interpretation eines Absatzes des Art. XX GATT[666] keine Abwägung in der Entscheidungspraxis von den WTO-Streitbeilegungsorganen tatsächlich durchgeführt werde.[667] Denn bei der Ablehnung der „Erforderlichkeitsprüfung“ durch die WTO-Streitbeilegungsorgane sei noch deklarativ von der Anerkennung des behaupteten Schutzniveaus die Rede.[668] Manche andere Vertreter erkennen zwar eine subjektive Feststellung bei der Ablehnung der Erforderlichkeitsprüfung an, vertreten jedoch die Ansicht, dass diese Bewertung noch nicht das Niveau einer Abwägung erreiche.[669]

---

[664] *Howse/Turk*, A Case Study of the Canada – EC Asbestos Dispute, in: de Búrca/Scott (Hrsg.), The EU and the WTO, 2001, S. 323–324 i. V. m. 325; *Neumann/Türk*, Necessity Revisited, JWT 2003, 199, 208–209 i. V. m. 214.

[665] *Howse/Turk*, A Case Study of the Canada – EC Asbestos Dispute, in: de Búrca/Scott (Hrsg.), The EU and the WTO, 2001, S. 323–324 i. V. m. 325; *Neumann/Türk*, Necessity Revisited, JWT 2003, 199, 208–209 i. V. m. 214, 215–217 und 212–213.

[666] *Neumann/Türk*, Necessity Revisited, JWT 2003, 199, 199 und 210–212; *Regan*, The Meaning of „Necessary“ in GATT Article XX and GATS Article XIV, WTR 2007, 347, 347–350; *Kapterian*, A Critique of the WTO Jurisprudence on „Necessity“, ICLQ 2010, 89, 101 f., 119 f.; *Nuzzo*, GATT Moral Clause after Colombia – Textiles, EJLS 2017, 267, 288; *McGrady*, Necessity Exceptions in WTO Law, JIEL 2009, 153, 162; *Howse/Turk*, A Case Study of the Canada – EC Asbestos Dispute, in: de Búrca/Scott (Hrsg.), The EU and the WTO, 2001, S. 325.

[667] *Neumann/Türk*, Necessity Revisited, JWT 2003, 199, 209, 212; *Regan*, The Meaning of „Necessary“ in GATT Article XX and GATS Article XIV, WTR 2007, 347, 361; *Kapterian*, A Critique of the WTO Jurisprudence on „Necessity“, ICLQ 2010, 89, 108; *Nuzzo*, GATT Moral Clause after Colombia – Textiles, EJLS 2017, 267, 290–291, 293; vgl. *McGrady*, Necessity Exceptions in WTO Law, JIEL 2009, 153, 162–163; wohl auch: *Howse/Turk*, A Case Study of the Canada – EC Asbestos Dispute, in: de Búrca/Scott (Hrsg.), The EU and the WTO, 2001, S. 323.

[668] *Neumann/Türk*, Necessity Revisited, JWT 2003, 199, 209, 212; *Regan*, The Meaning of „Necessary“ in GATT Article XX and GATS Article XIV, WTR 2007, 347, 361; *Kapterian*, A Critique of the WTO Jurisprudence on „Necessity“, ICLQ 2010, 89, 108.

Im Konkreten sollen ein Panel und der AB nach dieser Ansicht bei der Analyse der Verfügbarkeit einer Alternativmaßnahme nicht die Wichtigkeit des angegebenen Schutzziels des regulierenden WTO-Mitglieds in Frage stellen.[670] Sonst könne der *weighing and balancing test* im Rahmen der Interpretation des Art. XX (a), (b) und (d) GATT, in dem u. a. eine Erforderlichkeitsprüfung enthalten sei, weder mit der Schutzniveausetzungsprärogative eines WTO-Mitglieds[671] noch mit dem Paradigma der negativen Integration der Welthandelsorganisation vereinbar sei.[672] Ein Abwägungstest u. a. in der „Erforderlichkeitsprüfung" im Rahmen des *weighing and balancing test* beispielsweise des Art. XX (b) GATT werde vielmehr zu dem Zweck eingeführt, den Mitgliedern eine zusätzliche Margin of Appreciation bei der Wahl der Maßnahmen zur Erreichung der in Art. XX GATT festgelegten Ziele einzuräumen,[673] die nicht von den WTO-Streitbeilegungsorganen abgelehnt werden könne.[674]

Inländische politische Fragen sollen ferner nicht einer völkerrechtlichen Streitbeilegungsinstanz zur Entscheidung überantwortet werden,[675] weil dies andernfalls zur Delegitimierung des WTO-Streitbeilegungsverfahrens führe.[676]

#### *(3) Verzicht auf eine Angemessenheitsprüfung im Rahmen der Prüfung des Chapeaus des Art. XX GATT*

Teilweise wird vertreten, dass eine Angemessenheitsprüfung bei der Prüfung des Art. XX GATT in der Entscheidungspraxis nicht von den WTO-Streitbeilegungsorganen angewendet worden sei.[677] Demzufolge solle aus den

---

669 *Desmedt*, Proportionality in WTO Law, JIEL 2001, 441, 469–470; *Fontanelli*, Necessity Killed the GATT, EJILS 2012/13, 35, 39, 46, 47, 48–49, 55.

670 Vgl. *McGrady*, Necessity Exceptions in WTO Law, JIEL 2009, 153, 162.

671 *Nuzzo*, GATT Moral Clause after Colombia – Textiles, EJLS 2017, 267, 288, 292–293.

672 *Nuzzo*, GATT Moral Clause after Colombia – Textiles, EJLS 2017, 267, 288, 292–293.

673 *Howse/Turk*, A Case Study of the Canada – EC Asbestos Dispute, in: de Búrca/Scott (Hrsg.), The EU and the WTO, 2001, S. 325 f.; *Neumann/Türk*, Necessity Revisited, JWT 2003, 199, 214.

674 *Howse/Turk*, A Case Study of the Canada – EC Asbestos Dispute, in: de Búrca/Scott (Hrsg.), The EU and the WTO, 2001, S. 325 f.; *Neumann/Türk*, Necessity Revisited, JWT 2003, 199, 214 i. V. m. 215–217 und 212–213.

675 *Howse/Nicolaïdis*, Enhancing WTO Legitimacy, Governance 2003, 73, 75, 86–87; *Dunoff*, The Death of the Trade Regime, EJIL 1999, 733, 736, 754.

676 *Dunoff*, The Death of the Trade Regime, EJIL 1999, 733, 736, 754.

677 Gegen eine Angemessenheitsprüfung in der Chapeau-Prüfung, vgl. u. a. *Desmedt*, Proportionality in WTO Law, JIEL 2001, 441, 474 f.; *Trüeb*, Umweltrecht in der

folgenden Gründen insbesondere keine Angemessenheitsprüfung im Rahmen der Chapeau-Prüfung des Art. XX GATT durchgeführt werden. Erstens bestehe keine textliche Unterstützung in Art. XX GATT bzw. im WTO-Recht für eine Abwägung im Rahmen der Prüfung des Chapeaus.[678] Zweitens fehle den WTO-Streitbeilegungsorganen die demokratische Legitimation für die Abwägung von Handelsinteressen und anderen Verfassungswerten.[679] Drittens stelle eine Abwägung bei der Prüfung des Chapeaus einen (nicht gerechtfertigten) Eingriff in die innerstaatliche politische Entscheidungsfreiheit des regulierenden WTO-Mitglieds dar.[680]

## § 5 Einordnung der zweistufigen Interpretation des Art. XX GATT in die Verhältnismäßigkeitsprüfung i. w. S.

Die Uneinigkeit in der wissenschaftlichen Literatur darüber, ob der Verhältnismäßigkeitsgrundsatz i. w. S. in der Entscheidungspraxis der WTO-Streitbeilegungsorgane überhaupt und inwieweit angewendet wurde, ändert nichts daran, dass dieser Grundsatz, wie im Folgenden dargestellt wird, *de facto* angewendet wurde. In diesem Abschnitt wird die Auslegung des Art. XX GATT durch die Streitbeilegungsorgane der WTO in die Verhältnismäßigkeitsprüfung i. w. S. eingeordnet.

Damit wird zugleich eine Grundlage für die nachfolgende Darstellung der offenen Kernfrage zur Bestimmung der Stellung des Verhältnismäßigkeitsgrundsatzes i. w. S. für die Auslegung des Art. XX GATT gelegt. Auch die weitere Darstellung dieser Stellung in der vorliegenden Arbeit beruht auf dieser Einordnung.

### A. Schutzgut/Schutzziel

Die Prüfung der Legitimität des angegebenen Schutzziels einschließlich des behaupteten Schutzniveaus spielt eine wichtige Rolle bei der Verhältnismäßigkeitsprüfung i. w. S., da sie den Ausgangspunkt der gesamten Prüfung bil-

---

WTO, 2001, S. 376ff.; *Neumann/Türk*, Necessity Revisited, JWT 2003, 199, 228f.; *Montini*, Necessity and Proportionality Principles in the Trade and Environment Context, RECIEL 1997, 121, 129; *Godzierz*, Nationale Umweltpolitiken und internationaler Handel nach WTO und GATT, 2000, S. 116.

678 *Neumann/Türk*, Necessity Revisited, JWT 2003, 199, 231; *Desmedt*, Proportionality in WTO Law, JIEL 2001, 441, 474–475.

679 *Neumann/Türk*, Necessity Revisited, JWT 2003, 199, 232 i. V. m. 227–231; *Riffel*, The Chapeau: Stringent Threshold or Good Faith Requirement, LIEI 2018, 141, 172–173; *Ghias*, International Judicial Lawmaking, BerkeleyJIL 2006, 534, 546–553.

680 *Neumann/Türk*, Necessity Revisited, JWT 2003, 199, 233 i. V. m. 227–231.

det. Die Legitimitätsprüfung des angegebenen Schutzziels umfasst zum einen die Prüfung der allgemeinen Legitimität des angegebenen Schutzziels gegenüber dem Ziel der Handelsliberalisierung. Zum anderen beinhaltet die Legitimitätsprüfung des angegebenen Schutzziels die Prüfung der Legitimität des konkret angegebenen Schutzziels, nämlich die Legitimitätsprüfung des vom regulierenden WTO-Mitglied behaupteten Gefährdungs- und Schutzniveaus.

### I. Allgemeine Legitimität des angegebenen Schutzziels gegenüber der Handelsfreiheit als Subsumtionsfrage im Kontext des Art. XX GATT

Bei der Prüfung der Legitimität des angegebenen Schutzzwecks ist zunächst zu fragen, ob der angegebene Schutzzweck überhaupt legitim ist. Dabei ist zu prüfen, ob das angegebene Schutzziel generell legitim ist, d.h. ob das einschlägige Schutzgut Vorrang vor der im GATT vorgesehenen Handelsfreiheit hat. Da in den jeweiligen Absätzen des Art. XX GATT bereits ausdrücklich geregelt ist, welche Schutzziele zur Rechtfertigung einer Verletzung der materiellen GATT-Pflichten legitim sind, wird die Prüfung dieser Frage zu einer Subsumtionsfrage,[681] die jedoch nicht Gegenstand der vorliegenden Arbeit ist.

Diese Prüfung betrifft nur die allgemeine Legitimität des angegebenen Schutzziels, nämlich nur die Schutzwürdigkeit des einschlägigen Schutzguts. Hingegen berührt diese Prüfung noch nicht die Schutzbedürftigkeit des angegebenen Schutzguts im konkreten Einzelfall, ohne die ein Handlungsbedarf für das einschlägige Schutzgut nicht begründet werden kann. Ohne Feststellung der Schutzbedürftigkeit des einschlägigen Schutzguts kann das konkret angegebene Schutzziel auch nicht bestimmt werden. Denn in diesem Fall kann nicht festgelegt werden, wann sich das einschlägige Schutzgut in einer erheblichen Gefährdung befindet und inwieweit es geschützt werden soll.

Aus diesem Grund beschränkt sich die Legitimitätsprüfung des angegebenen Schutzziels nicht nur auf die Prüfung der allgemeinen Legitimität des angegebenen Schutzziels. In der Entscheidungspraxis der WTO-Streitbeilegungsorgane wurde eine solche allgemeine Prüfung, die noch vor der Prüfung der Gefährdungslage und vor der Legitimitätsprüfung des behaupteten Schutzniveaus erfolgte, teilweise undifferenziert als „Prüfung der Legitimität des angegebenen Schutzziels" bezeichnet.[682] Diese Prüfung kann folglich nur eine

---

681 Vgl. *Stoll/Schorkopf*, WTO, 2002, S. 61 Rn. 173.

682 WTO, Panel-Bericht v. 11. 11. 2021, unverbreitet und beigefügt zur Mitteilung v. 28. 4. 2022 über die Berufung der Türkei gemäß Art. 25 DSU, WT/DS583/12, „Turkey – Pharmaceutical Products (EU)", Para. 7.163.

Prüfung der allgemeinen Legitimität des angegebenen Schutzziels sein.[683] Dies bestätigen auch andere Entscheidungen, in denen die genannte Bezeichnung vor der Bejahung der Legitimität des behaupteten Gefährdungs- und Schutzniveaus nicht verwendet wurde.[684]

## II. Legitimität des konkret angegebenen Schutzziels: Behauptete Gefährdungslage des Schutzguts und behauptetes Schutzniveau als Gegenstände der Legitimitätsprüfung des konkret angegebenen Schutzziels

Soweit die allgemeine Legitimität des angegebenen Schutzziels festgestellt ist, ist weiter danach zu fragen, ob eine Gefährdungslage für das einschlägige Schutzgut überhaupt besteht. Ist dies der Fall, ist weiter zu prüfen, ob das darauf aufbauende Schutzziel einschließlich des Schutzniveaus[685] zur Abwehr dieser Gefährdungslage legitim ist. Diese beiden Fragen betreffen zum einen das Schutzniveau in Bezug auf die Feststellung der Gefährdungslage des Schutzguts und zum anderen das Schutzniveau in Bezug auf die Abwendung dieser Gefährdung.

### 1. Prüfung der Gefährdungslage des Schutzguts/ Legitimitätsprüfung des behaupteten Gefährdungsniveaus

Die Verwendung des Wortlauts *to protect* in Art. XX (a), (b) und (d) GATT impliziert die Voraussetzung für die Zielsetzung und Ergreifung einer Umweltmaßnahme, dass eine Gefahr für das zu schützende Gut bestehen muss.[686]

---

[683] Dies bestätigte schon die Feststellung des Panels in demselben Verfahren: WTO, Panel-Bericht v. 11.11.2021, unverbreitet und beigefügt zur Mitteilung v. 28.4.2022 über die Berufung der Türkei gemäß Art. 25 DSU, WT/DS583/12, „Turkey – Pharmaceutical Products (EU)“, Para. 7.203.

[684] WTO, Panel-Bericht v. 18.9.2000, WT/DS135/R, „EC – Asbestos“, Para. 8.186; WTO, Panel-Bericht v. 12.6.2007, WT/DS332/R, „Brazil – Retreaded Tyres“, Para. 7.42 – 7.43, 7.100; WTO, Panel-Bericht v. 20.5.1996, WT/DS2/AB/R, „US – Gasoline“, Para. 6.20–6.21; WTO, Panel-Bericht v. 26.3.2014, WT/DS431/R u.a., „China – Rare Earths“, Para. 7.169–7.171; GATT, Panel-Bericht v. 16.6.1994, DS29/R, „US – Tuna II“, Para. 5.29–5.30; GATT, Panel-Bericht v. 7.11.1990, DS10/R-37S/200, „Thailand – Cigarettes“, Para. 73.

[685] Nach Ansicht des AB sei das Schutzniveau der konkrete Grad, bis zu dem das Schutzziel erfüllt werden solle. Hierzu vgl. WTO, AB-Bericht v. 12.3.2001, WT/DS135/AB/R, „EC – Asbestos“, Para. 168; WTO, AB-Bericht v. 3.12.2007, WT/DS332/AB/R, „Brazil – Retreaded Tyres“, Para. 140.

[686] WTO, Panel-Bericht v. 18.9.2000, WT/DS135/R, „EC – Asbestos“, Para. 8.170, 8.814; WTO, AB-Bericht v. 22.5.2014, WT/DS400/AB/R u.a., „EC – Seal Products“, Para. 5.196.

Hinsichtlich des Art. XX (g) GATT ergibt sich diese Voraussetzung direkt aus dem klaren Wortlaut *exhaustible*.

Die behauptete Gefährdungslage des Schutzguts beinhaltet sowohl die empirische Gefährdung des Schutzguts als auch die darauf aufbauende rechtliche Wertung, nämlich dass das einschlägige Schutzgut bei einer bestimmten empirischen Gefährdung als schutzbedürftig anzusehen ist. Dieses Werturteil wird in der vorliegenden Arbeit auch als das behauptete Gefährdungsniveau (*level of risk*) bezeichnet.[687] Die empirische Gefährdung des Schutzguts bzw. die Legitimität des vom regulierenden WTO-Mitglied behaupteten Schutzniveaus wurde in der Entscheidungspraxis der WTO-Streitbeilegungsorgane und des Schiedsverfahrens gemäß Art. 25 DSU teilweise im Rahmen des *design to*-Tests[688] und teilweise vor diesem Test[689] geprüft.

### 2. Prüfung der Legitimität des konkret angegebenen Schutzziels/ Legitimitätsprüfung des behaupteten Schutzniveaus

Wenn die Gefährdungslage des Schutzguts, nämlich die Legitimität des behaupteten Gefährdungsniveaus, und damit die Schutzbedürftigkeit des einschlägigen Schutzguts von den WTO-Streitbeilegungsorganen bejaht worden ist, bleibt dennoch unklar, inwieweit dieses Schutzgut schutzbedürftig ist. Diese Schutzbedürftigkeit lässt sich erst durch das behauptete Schutzniveau

---

687 So auch beispielsweise in: WTO, Panel-Bericht v. 18.9.2000, WT/DS135/R, „EC – Asbestos", Para. 8.175, Zit. 119 a.a.O., 8.205. Bei dem behaupteten Gefährdungsniveau des regulierenden WTO-Mitglieds handelt es sich um das *risk management*. Hierzu siehe: *Cheyne*, Risk and Precaution in World Trade Organization Law, JWT 2006, 837, 839f.

688 WTO, Panel-Bericht v. 18.9.2000, WT/DS135/R, „EC – Asbestos", Para. 8.186–8.194; WTO, AB-Bericht v. 12.3.2001, WT/DS135/AB/R, „EC – Asbestos", Para. 157–164; WTO, Panel-Bericht v. 12.6.2007, WT/DS332/R, „Brazil – Retreaded Tyres", Para. 7.42–7.102; WTO, AB-Bericht v. 22.5.2014, WT/DS400/AB/R u.a., „EC – Seal Products", Para. 5.194–5.203; WTO, Panel-Bericht v. 20.5.1996, WT/DS2/AB/R, „US – Gasoline", Para. 6.20–6.21; WTO, Panel-Bericht v. 11.11.2021, unverbreitet und beigefügt zur Mitteilung v. 28.4.2022 über die Berufung der Türkei gemäß Art. 25 DSU, WT/DS583/12, „Turkey – Pharmaceutical Products (EU)", Para. 7.165–7.211; WTO, Schiedsspruch gemäß Art. 25 DSU v. 25.7.2022, WT/DS583/ARB25, „Turkey – Pharmaceutical Products (EU)", Para. 6.104–6.111; GATT, Panel-Bericht v. 7.11.1990, DS10/R-37S/200, „Thailand – Cigarettes", Para. 73; indiziell so: GATT, Panel-Bericht v. 16.6.1994, DS29/R, „US – Tuna II", Para. 5.29–5.30; vgl. WTO, Panel-Bericht v. 1.12.2003, WT/DS246/R, „EC – Tariff Preferences", Para. 7.203–7.208; WTO, Panel-Bericht v. 22.12.2016, WT/DS477/R u.a., „Indonesia – Import Licensing Regimes", Para. 7.627–7.628 und 7.632, 7.795–7.797.

689 WTO, Panel-Bericht v. 26.3.2014, WT/DS431/R u.a., „China – Rare Earths", Para. 7.149–7.156.

(*level of protection*) konkretisieren.[690] Denn das angegebene Schutzziel ist das Werturteil über die gewünschte empirische Schutzwirkung des regulierenden WTO-Mitglieds[691] und das behauptete Schutzniveau ist der konkrete Grad, zu dem das angegebene Schutzziel verwirklicht werden soll.[692] Und dieses Schutzniveau beschreibt, bis zu welchem Grad die Gefährdungslage des Schutzguts abgewendet werden soll.

Aus diesem Grund beinhaltet auch das behauptete Schutzniveau sowohl empirische als auch subjektive Aspekte, nämlich die gewünschte empirische Schutzwirkung für das Schutzgut und die damit verbundene rechtliche Bewertung durch das regulierende WTO-Mitglied.

#### *a) Ausdrückliche Anerkennung des Einschätzungsspielraums des regulierenden WTO-Mitglieds bei der Festlegung des Schutzziels und des Schutzniveaus*

In der Entscheidungspraxis wurde der Einschätzungsspielraum des regulierenden WTO-Mitglieds bei der Festlegung des Schutzziels und des Schutzniveaus in manchen Verfahren von den WTO-Streitbeilegungsorganen ausdrücklich anerkannt. Eine solche Anerkennung erfolgte teilweise vor dem *design to*-Test[693] und teilweise vor der Prüfung bzw. Entscheidung der Zweck-Mittel-Relation im Rahmen der Prüfung der *necessary to*-[694] oder *relating to*-Bedingung.[695]

---

[690] Wie üblicherweise in der Entscheidungspraxis. Hierzu vgl. u. a. WTO, AB-Bericht v. 12.3.2001, WT/DS135/AB/R, „EC – Asbestos“, Para. 168; WTO, Panel-Bericht v. 12.6.2007, WT/DS332/R, „Brazil – Retreaded Tyres“, Para. 7.97; WTO, AB-Bericht v. 22.5.2014, WT/DS400/AB/R u. a., „EC – Seal Products“, Para. 5.200.

[691] Vgl. *Hirschberg*, Der Grundsatz der Verhältnismäßigkeit, 1981, S. 44, 158 ff. und 163.

[692] Vgl. WTO, AB-Bericht v. 12.3.2001, WT/DS135/AB/R, „EC – Asbestos“, Para. 168; WTO, AB-Bericht v. 3.12.2007, WT/DS332/AB/R, „Brazil – Retreaded Tyres“, Para. 140.

[693] GATT, Panel-Bericht v. 3.9.1991, DS21/R-39S/155, „US – Tuna I“, Para. 5.27, 5.32.

[694] WTO, Panel-Bericht v. 20.5.1996, WT/DS2/R, „US – Gasoline“, Para. 6.22, 7.1; WTO, Panel-Bericht v. 20.5.1996, WT/DS2/R, „US – Gasoline“, Para. 6.22, 7.1; WTO, Panel-Bericht v. 5.7.2011, WT/DS394/R u. a., „China – Raw Materials“, Para. 7.479; WTO, AB-Bericht v. 11.12.2000, WT/DS161/AB/R u. a., „Korea – Beef“, Para. 175 ff., 176; vgl. WTO, Panel-Bericht v. 18.9.2000, WT/DS135/R, „EC – Asbestos“, Para. 8.210 und 8.171; WTO, AB-Bericht v. 12.3.2001, WT/DS135/AB/R, „EC – Asbestos“, Para. 168.

[695] Vgl. WTO, Panel-Bericht v. 5.7.2011, WT/DS394/R u. a., „China – Raw Materials“, Para. 7.380–7.383; WTO, Panel-Bericht v. 26.3.2014, WT/DS431/R u. a., „China – Rare Earths“, Para. 7.266 f., 7.459, 7.730.

### *b) Der* design to-*Test im Rahmen der Auslegung von Art. XX (a), (b), (d) und (g) GATT u. a. als Teil der Legitimitätsprüfung des konkret angegebenen Schutzziels/ Legitimitätsprüfung des behaupteten Schutzniveaus*

In der Entscheidungspraxis der Streitbeilegungsorgane zu Art. XX (a),[696] (b),[697] (d)[698] und (g)[699] GATT wird vor der *necessary to* oder *relating to*-Prüfung häufig ein *design to*-Test durchgeführt.

In manchen Verfahren lässt sich gut erkennen, dass dieser Test Teil der Legitimitätsprüfung des konkret angegebenen Schutzziels ist.[700] So überprüfte das Panel im Rahmen des *design to*-Tests in Brazil – Retreaded Tyres, ob das von Brasilien angegebene politische Ziel zum Schutz der Umwelt und der

---

696 WTO, Panel-Bericht v. 25. 11. 2013, WT/DS400/R u. a., „EC – Seal Products", Para. 7.631; WTO, AB-Bericht v. 22. 5. 2014, WT/DS400/AB/R u. a., „EC – Seal Products", Para. 5.196–5.203; WTO, Panel-Bericht v. 22. 12. 2016, WT/DS477/R u. a., „Indonesia – Import Licensing Regimes", Para. 7.650.

697 GATT, Panel-Bericht v. 7. 11. 1990, DS10/R-37S/200, „Thailand – Cigarettes", Para. 73; GATT, Panel-Bericht v. 16. 6. 1994, DS29/R, „US – Tuna II", Para. 5.29–5.30; WTO, Panel-Bericht v. 18. 9. 2000, WT/DS135/R, „EC – Asbestos", Para. 8.186–8.194; WTO, AB-Bericht v. 12. 3. 2001, WT/DS135/AB/R, „EC – Asbestos", Para. 157–164; WTO, Panel-Bericht v. 12. 6. 2007, WT/DS332/R, „Brazil – Retreaded Tyres", Para. 7.42–7.102; WTO, Panel-Bericht v. 11. 11. 2021, unverbreitet und beigefügt zur Mitteilung v. 28. 4. 2022 über die Berufung der Türkei gemäß Art. 25 DSU, WT/DS583/12, „Turkey – Pharmaceutical Products (EU)", Para. 7.165–7.211; WTO, Schiedsspruch gemäß Art. 25 DSU v. 25. 7. 2022, WT/DS583/ARB25, „Turkey – Pharmaceutical Products (EU)", Para. 6.104–6.111; WTO, Panel-Bericht v. 1. 12. 2003, WT/DS246/R, „EC – Tariff Preferences", Para. 7.200–7.210; WTO, Panel-Bericht v. 26. 3. 2014, WT/DS431/R u. a., „China – Rare Earths", Para. 7.149–7.156; WTO, Panel-Bericht v. 22. 12. 2016, WT/DS477/R u. a., „Indonesia – Import Licensing Regimes", Para. 7.626 f., 7.789–7.797.

698 WTO, Panel-Bericht v. 31. 7. 2000, WT/DS161/R u. a., „Korea – Beef", Para. 658; WTO, Panel-Bericht v. 22. 12. 2016, WT/DS477/R u. a., „Indonesia – Import Licensing Regimes", Para. 7.570; WTO, Panel-Bericht v. 30. 11. 2022, WT/DS592/R, „Indonesia – Raw Materials", Para. 7.211–7.213, 7.223 ff., 7.238 ff.

699 WTO, AB-Bericht v. 12. 10. 1998, WT/DS58/AB/R, „US – Shrimp", Para. 121; WTO, Panel-Bericht v. 20. 5. 1996, WT/DS2/AB/R, „US – Gasoline", Para. 6.20–6.21; GATT, Panel-Bericht v. 11. 10. 1994, DS31/R, „US – Automobiles", Para. 5.57; WTO, Panel-Bericht v. 5. 7. 2011, WT/DS394/R u. a., „China – Raw Materials", Para. 7.479; WTO, Panel-Bericht v. 26. 3. 2014, WT/DS431/R u. a., „China – Rare Earths", Para. 7.157–7.171.

700 WTO, Panel-Bericht v. 1. 12. 2003, WT/DS246/R, „EC – Tariff Preferences", Para. 7.200; WTO, Panel-Bericht v. 12. 6. 2007, WT/DS332/R, „Brazil – Retreaded Tyres", Para. 7.42–7.102, insbesondere 7.99–7.100; WTO, AB-Bericht v. 22. 5. 2014, WT/DS400/AB/R u. a., „EC – Seal Products", Para. 5.194–5.203; WTO, Panel-Bericht v. 5. 7. 2011, WT/DS394/R u. a., „China – Raw Materials", Para. 7.479.

menschlichen Gesundheit konzipiert war.[701] Dabei wurde das angegebene politische Schutzziel durch die mit der zu ergreifenden Maßnahme gewünschte empirische Schutzwirkung auf das Schutzgut umformuliert.[702] Das Panel stellte ferner fest, dass im Rahmen der Prüfung der Legitimität des angegebenen Schutzziels nicht geprüft werden solle, ob das wirkliche Ziel Brasiliens der Schutz der inländischen Industrie für runderneute Reifen sei.[703]

Bei dieser Feststellung handelt es sich um die (positiv beurteilte) Prüfung der Legitimität des von Brasilien behaupteten Schutzniveaus. Denn die zu ergreifende Maßnahme wird neben der Schutzwirkung noch beeinträchtigende Wirkungen auf die Handelsfreiheit und andere Interessenpositionen verursachen. Eine etwaige Feststellung, dass das wirkliche Ziel Brasiliens der Schutz der inländischen Industrie für runderneute Reifen war, stellt eine Ablehnung der von Brasilien vorgenommenen Abwägung aller vorgenannten Interessenpositionen dar und damit eine Ablehnung der Legitimität des behaupteten Schutzniveaus.

In anderen Verfahren scheint der *design to*-Test aber eine Geeignetheitsprüfung zu sein, bei der anscheinend der kausale Zusammenhang der Maßnahme mit dem angegebenen Schutzziel (grob) überprüft wird.[704] Zum Beispiel stellte das Panel in EC – Asbestos fest, dass eine Maßnahme dann als dem Schutz der menschlichen Gesundheit dienend angesehen werden könne, wenn die Gefahr für das genannte Schutzgut durch die ergriffene Maßnahme verringert werden könne.[705] Dabei war nämlich von einer *measure designed to pro-*

---

701 WTO, Panel-Bericht v. 12.6.2007, WT/DS332/R, „Brazil – Retreaded Tyres", Para. 7.99–7.100; WTO, AB-Bericht v. 22.5.2014, WT/DS400/AB/R u.a., „EC – Seal Products", Para. 5.194–5.203.

702 Zu der angestrebten empirischen Schutzwirkung und dem legitimen Zweck vgl. *Hirschberg*, Der Grundsatz der Verhältnismäßigkeit, 1981, S. 44, 158 ff. und 163.

703 WTO, Panel-Bericht v. 12.6.2007, WT/DS332/R, „Brazil – Retreaded Tyres", Para. 7.100.

704 WTO, Panel-Bericht v. 18.9.2000, WT/DS135/R, „EC – Asbestos", Para. 8.186–8.194; WTO, AB-Bericht v. 12.3.2001, WT/DS135/AB/R, „EC – Asbestos", Para. 157–164; GATT, Panel-Bericht v. 7.11.1990, DS10/R-37S/200, „Thailand – Cigarettes", Para. 73; WTO, Panel-Bericht v. 20.5.1996, WT/DS2/AB/R, „US – Gasoline", Para. 6.20–6.21; WTO, Panel-Bericht v. 11.11.2021, unverbreitet und beigefügt zur Mitteilung v. 28.4.2022 über die Berufung der Türkei gemäß Art. 25 DSU, WT/DS583/12, „Turkey – Pharmaceutical Products (EU)", Para. 7.135; WTO, Schiedsspruch gemäß Art. 25 DSU v. 25.7.2022, WT/DS583/ARB25, „Turkey – Pharmaceutical Products (EU)", Para. 6.101; WTO, Panel-Bericht v. 26.3.2014, WT/DS431/R u.a., „China – Rare Earths", Para. 7.157–7.171; WTO, Panel-Bericht v. 22.12.2016, WT/DS477/R u.a., „Indonesia – Import Licensing Regimes", beispielsweise Para. 7.620, 7.626–7.635; WTO, Panel-Bericht v. 30.11.2022, WT/DS592/R, „Indonesia – Raw Materials", Para. 7.212–7.213, 7.223 ff., 7.238 ff.

705 WTO, Panel-Bericht v. 18.9.2000, WT/DS135/R, „EC – Asbestos", Para. 8.186: „In principle, a policy that seeks to reduce exposure to a risk should fall with-

*tect* die Rede.[706] Nach Ansicht der WTO-Schiedsrichter in manchen Verfahren solle bei diesem Test festgestellt werden, ob die Maßnahme nach ihrer Ausgestaltung und Struktur zur Erreichung des angegebenen Schutzziels geeignet sei oder nicht (*apt to* bzw. *incapable*).[707] Das Schiedsgericht gemäß Art. 25 DSU in Turkey – Pharmaceutical Products (EU) stellte fest, dass der *design to*-Test nicht völlig von der darauf folgenden Rationalitätsprüfung getrennt werden könne.[708]

Der *design to*-Test scheint zwar tatsächlich eine Geeignetheitsprüfung zu sein.[709] Dennoch handelt es sich bei diesem Test um eine Prüfung der Legitimität des (konkret) angegebenen Schutzziels, nicht jedoch Rationalitätsprüfung. In diesem Test wird zwar oft deklaratorisch die Legitimität des angegebenen Schutzziels nicht in Frage gestellt, und nur danach gefragt, ob das genannte Schutzziel wirklich vom regulierenden WTO-Mitglieds verfolgt wird.[710] Diese Formulierung kann jedoch nur so verstanden werden, dass nur die allgemeine Legitimität des angegebenen Schutzziels unstrittig ist, während die Legitimität des konkret behaupteten Schutzniveaus hingegen fraglich ist.

---

in the range of policies designed to protect human life or health, insofar as a risk exists."

706 WTO, Panel-Bericht v. 18.9.2000, WT/DS135/R, „EC – Asbestos", Para. 8.186: „In principle, a policy that seeks to reduce exposure to a risk should fall within the range of policies designed to protect human life or health, insofar as a risk exists." WTO, Panel-Bericht v. 12.6.2007, WT/DS332/R, „Brazil – Retreaded Tyres", Para. 7.42, 7.98; GATT, Panel-Bericht v. 7.11.1990, DS10/R-37S/200, „Thailand – Cigarettes", Para. 73.

707 WTO, Panel-Bericht v. 11.11.2021, unverbreitet und beigefügt zur Mitteilung v. 28.4.2022 über die Berufung der Türkei gemäß Art. 25 DSU, WT/DS583/12, „Turkey – Pharmaceutical Products (EU)", Para. 7.135; WTO, Schiedsspruch gemäß Art. 25 DSU v. 25.7.2022, WT/DS583/ARB25, „Turkey – Pharmaceutical Products (EU)", Para. 6.101; WTO, Panel-Bericht v. 26.3.2014, WT/DS431/R u.a., „China – Rare Earths", Para. 7.157–7.171; WTO, Panel-Bericht v. 22.12.2016, WT/DS477/R u.a., „Indonesia – Import Licensing Regimes", Para. 7.620.

708 WTO, Schiedsspruch gemäß Art. 25 DSU v. 25.7.2022, WT/DS583/ARB25, „Turkey – Pharmaceutical Products (EU)", Para. 6.102. Ähnlich, jedoch gegen eine (eingreifende) Anwendung des *design to*-Tests, vgl. *Zhou*, Turkey – Pharmaceutical Products, AJIL 2023, 322, 326–327.

709 Vgl. *Desmedt*, Proportionality in WTO Law, JIEL 2001, 441, 465; *Nuzzo*, GATT Moral Clause after Colombia – Textiles, EJLS 2017, 267, 285. Zur Ansicht, dass der *design to*-Test unter anderem eine Geeignetheitsprüfung ist, siehe: *Zhou*, Turkey – Pharmaceutical Products, AJIL 2023, 322, 326–329. Zhou ist kritisch gegenüber einer eingreifenden Anwendung dieses Tests, hierzu siehe: S. 326–327 a.a.O.

710 WTO, Panel-Bericht v. 11.11.2021, unverbreitet und beigefügt zur Mitteilung v. 28.4.2022 über die Berufung der Türkei gemäß Art. 25 DSU, WT/DS583/12, „Turkey – Pharmaceutical Products (EU)", Para. 7.163; WTO, Panel-Bericht v. 22.12.2016, WT/DS477/R u.a., „Indonesia – Import Licensing Regimes", Para. 7.628–7.630.

Erstens ist zu diesem Zeitpunkt oft die Gefährdungslage und damit die Schutzbedürftigkeit des einschlägigen Schutzguts noch nicht von einem Panel festgestellt worden.[711] Ohne diese Schutzbedürftigkeit kann die Legitimität des behaupteten Schutzniveaus des regulierenden WTO-Mitglieds nicht bejaht und damit keine Prüfung der Zweck-Mittel-Relation durchgeführt werden. Denn der Bezugspunkt für die Durchführung der genannten Prüfung fehlt.[712]

Zweitens, auch wenn die Gefährdungslage – und damit zugleich die Schutzbedürftigkeit des Schutzguts – im Rahmen des *design to*-Tests schon festgestellt worden ist, nämlich dann, wenn die angegriffene Maßnahme als für den Umwelt- oder Gesundheitsschutz konzipiert beurteilt wird,[713] bleibt dennoch unklar, inwieweit das einschlägige Schutzgut schutzbedürftig ist und sein darf. Dies betrifft die Frage der Legitimität des behaupteten Schutzniveaus des regulierenden WTO-Mitglieds. Ohne deren Feststellung kann die Geeignetheitsprüfung, als Prüfung der Zweck-Mittel-Relation, nicht durchgeführt werden. Denn es fehlt wiederum an einem Bezugspunkt.[714]

Beim *design to*-Test wird zwar ggf. die anscheinend übermäßige[715] oder zu geringe[716] empirische Schutzwirkung der ergriffenen Maßnahme auf das an-

---

[711] WTO, Panel-Bericht v. 11.11.2021, unverbreitet und beigefügt zur Mitteilung v. 28.4.2022 über die Berufung der Türkei gemäß Art. 25 DSU, WT/DS583/12, „Turkey – Pharmaceutical Products (EU)", Para. 7.163 und 7.165–7.211; vgl. WTO, Schiedsspruch gemäß Art. 25 DSU v. 25.7.2022, WT/DS583/ARB25, „Turkey – Pharmaceutical Products (EU)", Para. 6.93–6.103 und 6.104–6.111; WTO, Panel-Bericht v. 22.12.2016, WT/DS477/R u.a., „Indonesia – Import Licensing Regimes", Para. 7.627–7.628 und 7.632, 7.792 und 7.795–7.797.

[712] *Leisner-Egensperger*, Der legitime Zweck als Bezugspunkt der Verhältnismäßigkeit, JZ 2021, 913, 913–914, 922; *Krugmann*, Der Grundsatz der Verhältnismäßigkeit im Völkerrecht, 2004, S. 49. Zum Verhältnis des behaupteten Schutzniveaus zum angegebenen Schutzzweck des regulierenden WTO-Mitglieds siehe: WTO, AB-Bericht v. 12.3.2001, WT/DS135/AB/R, „EC – Asbestos", Para. 168; WTO, AB-Bericht v. 3.12.2007, WT/DS332/AB/R, „Brazil – Retreaded Tyres", Para. 140.

[713] WTO, Panel-Bericht v. 18.9.2000, WT/DS135/R, „EC – Asbestos", Para. 8.186–8.194; WTO, AB-Bericht v. 12.3.2001, WT/DS135/AB/R, „EC – Asbestos", Para. 157–164; GATT, Panel-Bericht v. 7.11.1990, DS10/R-37S/200, „Thailand – Cigarettes", Para. 73; WTO, Panel-Bericht v. 20.5.1996, WT/DS2/AB/R, „US – Gasoline", Para. 6.20–6.21.

[714] *Leisner-Egensperger*, Der legitime Zweck als Bezugspunkt der Verhältnismäßigkeit, JZ 2021, 913, 913–914, 922; *Krugmann*, Der Grundsatz der Verhältnismäßigkeit im Völkerrecht, 2004, S. 49. Zum Verhältnis des behaupteten Schutzniveaus zum angegebenen Schutzzweck des regulierenden WTO-Mitglieds siehe: WTO, AB-Bericht v. 12.3.2001, WT/DS135/AB/R, „EC – Asbestos", Para. 168; WTO, AB-Bericht v. 3.12.2007, WT/DS332/AB/R, „Brazil – Retreaded Tyres", Para. 140.

[715] Teil 2 Kapitel 7 § 2 B. I. 1. a).

[716] Teil 2 Kapitel 7 § 2 B. I. 1. b).

gegebene Schutzziel von den WTO-Streitbeilegungsorganen dargelegt. Dies dient jedoch nur der Beschreibung der empirischen Aspekte des angegebenen Schutzziels einschließlich des behaupteten Schutzniveaus.[717] Diese empirischen Aspekte und das darauf aufbauende Werturteil des regulierenden WTO-Mitglieds sind Gegenstand der Legitimitätsprüfung des angegebenen Schutzziels einschließlich des behaupteten Schutzniveaus. Mit anderen Worten sind der Inhalt des angegebenen Schutzziels einschließlich des behaupteten Schutzniveaus sowie dessen Legitimität zu diesem Zeitpunkt noch nicht festgestellt worden. Bis vor diesem Prüfschritt wurden nur die allgemeine Legitimität des angegebenen Schutzziels gegenüber dem Handelsliberalisierungsziel[718] und ggf. die Schutzbedürftigkeit des einschlägigen Schutzguts durch die Bejahung der Gefährdungslage dieses Schutzguts[719] festgestellt. Die Fragen, inwieweit das einschlägige Schutzgut schutzbedürftig ist und ob die Legitimitätseinschätzung des regulierenden WTO-Mitglieds zu dieser Frage maßgeblich ist, müssen im Rahmen des *design to*-Tests geprüft werden. Eine Feststellung kann vor dem Abschluss dieses Tests nicht erfolgen.

Aus diesen Gründen scheidet die Rationalitätsprüfung, nämlich die Prüfung der Mittel-Zweck-Relation, in dem *design to*-Test aus. Eine solche Prüfung kann in diesem Fall nicht durchgeführt werden, da der Bezugspunkt, das legitime Ziel einschließlich des legitimen Schutzniveaus, noch nicht festgelegt wurde. Dieses Ergebnis gilt aber nicht in den Fällen, in denen die Justiziabilität des angegebenen politischen Schutzziels bzw. des behaupteten Schutzniveaus des regulierenden WTO-Mitglieds bereits vor[720] oder innerhalb[721] des *design to*-Tests von einem Panel festgestellt wurde.[722] Denn eine Zweck-Mittel-Prüfung ist in diesen Fällen möglich, weil die Legitimität des angegebenen Schutzziels einschließlich des behaupteten Schutzniveaus bereits bejaht wurde.

---

[717] Zu der angestrebten empirischen Schutzwirkung und dem legitimen Zweck vgl. *Hirschberg*, Der Grundsatz der Verhältnismäßigkeit, 1981, S. 44, 158ff. und 163.

[718] Teil 1 Kapitel 1 § 5 A. I.

[719] Teil 1 Kapitel 1 § 5 A. II. 1.

[720] GATT, Panel-Bericht v. 3.9.1991, DS21/R-39S/155, „US – Tuna I", Para. 5.27, 5.32.

[721] Dies ist in der Entscheidungspraxis der WTO-Streitbeilegungsorgane zum *design to*-Test kaum der Fall. Hingegen wurde im Rahmen dieses Tests das Recht des regulierenden WTO-Mitglieds zur Festlegung des Schutzziels und des Schutzniveaus in Frage gestellt. Hierzu siehe beispielsweise: WTO, Panel-Bericht v. 11.11.2021, unverbreitet und beigefügt zur Mitteilung v. 28.4.2022 über die Berufung der Türkei gemäß Art. 25 DSU, WT/DS583/12, „Turkey – Pharmaceutical Products (EU)", Para. 7.203.

[722] GATT, Panel-Bericht v. 3.9.1991, DS21/R-39S/155, „US – Tuna I", Para. 5.27, 5.32.

#### *c) Überprüfung der Wichtigkeit des Schutzziels im Rahmen des* weighing and balancing-*Tests vor der Rationalitätsprüfung als Teil der Legitimitätsprüfung des konkret angegebenen Schutzziels/ Legitimitätsprüfung des behaupteten Schutzniveaus*

Im Rahmen des *weighing and balancing test* bei der Interpretation von Art. XX (a), (b) und (d) GATT ist nicht auf das angegebene Schutzziel, sondern auf die konkret getroffene Maßnahme abzustellen, und die Wichtigkeit des Schutzziels ist ein Faktor, der bei der Abwägung zu berücksichtigen ist.[723] In der Entscheidungspraxis wird jedoch stattdessen eine Erforderlichkeitsprüfung durchgeführt.[724] Dabei wird die Überprüfung der Wichtigkeit des Schutzziels häufig vor dieser Rationalitätsprüfung, nämlich noch vor der Würdigung der Mittel-Zweck-Relation, durchgeführt. Eine solche Überprüfung der Wichtigkeit des angegebenen Schutzziels ist somit als Teil der Legitimitätsprüfung dieses Schutzziels anzusehen.

## B. Geeignetheit

Sowohl die Interpretation der *relating to*-Bedingung in Art. XX (g) GATT und der *necessary to*-Bedingung in Art. XX (a), (b) und (d) GATT als auch die Interpretation der *domestic restrictions*-Bedingung in Art. XX (g) GATT enthalten u.a. eine Geeignetheitsprüfung. Der Charakter der Geeignetheitsprüfung im Rahmen der Auslegung des Art. XX GATT als objektive Rationalitätsprüfung kann jedoch nur aufrechterhalten werden, wenn diese Prüfung nicht negativ ausfällt.

---

[723] Seit WTO, AB-Bericht v. 31.7.2000, WT/DS161/R u.a., „Korea – Beef", Para. 162 f.; WTO, AB-Bericht v. 22.5.2014, WT/DS400/AB/R u.a., „EC – Seal Products", Para. 5.261; WTO, AB-Bericht v. 3.12.2007, WT/DS332/AB/R, „Brazil – Retreaded Tyres", Para. 156; WTO, AB-Bericht v. 12.3.2001, WT/DS135/AB/R, „EC – Asbestos", Para. 172; WTO, AB-Bericht v. 7.4.2005, WT/DS285/AB/R, „US – Gambling", Para. 306; WTO, AB-Bericht v. 25.4.2005, WT/DS302/AB/R, „Dominican Republic – Cigarettes", Para. 70; WTO, Panel-Bericht v. 25.11.2013, WT/DS400/R u.a., „EC – Seal Products", Para. 7.630; WTO, Panel-Bericht v. 5.7.2011, WT/DS394/R u.a., „China – Raw Materials", Para. 7.482; WTO, Panel-Bericht v. 22.12.2016, WT/DS477/R u.a., „Indonesia – Import Licensing Regimes", Para. 7.800; WTO, Panel-Bericht v. 30.11.2022, WT/DS592/R, „Indonesia – Raw Materials", Para. 7.250.

[724] *Delimatsis*, Determining the Necessity of Domestic Regulations in Services, EJIL 2008, 365, 389–390; *Du*, The Necessity Test in World Trade Law, CJIL 2016, 817, 835; *Fontanelli*, Necessity Killed the GATT, EJILS 2012/13, 36, 39, 46, 47, 48–49; *Kapterian*, A Critique of the WTO Jurisprudence on „Necessity", ICLQ 2010, 89, 105, 118; *Reid*, Trade and Environment in the EU and WTO, in: Krämer-Hoppe (Hrsg.), EYIEL 2020, 87, 113–114.

## I. Interpretation der *relating to*-Bedingung in Art. XX (g) GATT sowie der *necessary to*-Bedingung in Art. XX (a), (b) und (d) GATT u. a. als Geeignetheitsprüfung

Wenig problematisch ist, dass u. a. eine Geeignetheitsprüfung in der Interpretation der *relating to*-Bedingung in Art. XX (g) GATT[725] sowie der *necessary to*-Bedingung in Art. XX (a), (b) und (d) GATT[726] umfasst ist.[727] Es wird zwar vertreten, dass eine Geeignetheitsprüfung nicht von der Bedingung *relating to* in Art. XX (g) GATT enthalten sei, weil diese nach Auffassung des AB in US – Gasoline[728] nur eine marginale Kontrolle verlange.[729] Bei diesem Gegenargument handelt es sich jedoch um eine Kritik am konkreten Beurteilungsmaßstab der Geeignetheitsprüfung, aber nicht um eine Kritik an der Existenz einer solchen Prüfung.

Außerdem fehlt es der Anwendung des Verhältnismäßigkeitsgrundsatzes i. w. S. nicht unbedingt an einer textlichen Unterstützung im GATT,[730] weil Art. XX GATT eine solche Vertragsgrundlage sein kann. Inwieweit Art. XX GATT die Anwendung des Verhältnismäßigkeitsgrundsatzes i. w. S. unterstützt, bedarf weiterer Klärung der Interpretationen dieses Artikels. Ferner wird die Anwendung des Verhältnismäßigkeitsgrundsatzes i. w. S. von den WTO-Streitbeilegungsorganen zwar nicht ausdrücklich anerkannt, *de facto* aber immer wieder zur Auslegung einzelner Bestimmungen der WTO-Über-

---

725 *Van den Bossche*, Looking for Proportionality in WTO Law, LIEI 2008, 285, 287; *Sander*, Internationaler und Europäischer Gesundheitsschutz, 2004, S. 178; *Cass*, The Constitutionalization of International Trade Law, EJIL 2001, 39, 68; *Hilf/Puth*, The Principle of Proportionality on its Way into WTO/GATT Law, in: von Bogdandy/Mavroidis/Mény (Hrsg.), FS Ehlermann, 2002, S. 214.

726 *Van den Bossche*, Looking for Proportionality in WTO Law, LIEI 2008, 285, 287; *Hilf/Puth*, The Principle of Proportionality on its Way into WTO/GATT Law, in: von Bogdandy/Mavroidis/Mény (Hrsg.), FS Ehlermann, 2002, S. 215.

727 *Venzke*, The Spell of Precedents in Developing Article XX GATT into Standards for Domestic Regulatory Policy, GLJ 2019, 1111, 1132 f., 1137 f.; *Franck*, On Proportionality of Countermeasures in International Law, AJIL 2008, 715, 766; *Trachtman*, The Domain of WTO Dispute Resolution, HILJ 1999, 333, 362; *Cass*, The Constitutionalization of International Trade Law, EJIL 2001, 39, 42, 46, 66 f.

728 WTO, AB-Bericht v. 20. 5. 1996, WT/DS2/AB/R, „US – Gasoline", S. 21–22. Dort stellt der AB u. a. fest: „In the first place, the problem of determining causation, well-known in both domestic and international law, is always a difficult one. In the second place, in the field of conservation of exhaustible natural resources, a substantial period of time, perhaps years, may have to elapse before the effects attributable to implementation of a given measure may be observable."

729 *Desmedt*, Proportionality in WTO Law, JIEL 2001, 441, 471–473.

730 Zum Fehlen einer vertraglichen Grundlage für die Anwendung des Verhältnismäßigkeitsgrundsatzes i. w. S. vgl. *Desmedt*, Proportionality in WTO Law, JIEL 2001, 441, 462–463, 463 f.

einkommen herangezogen.[731] Am wichtigsten ist, dass eine Verhältnismäßigkeitsprüfung i. w. S. einschließlich der Geeignetheitsprüfung immer (ggf. indiziell) durchgeführt wird, auch wenn sie nicht ausdrücklich erwähnt wird.[732]

## II. Interpretation der *in conjunction with domestic restrictions*-Bedingung in Art. XX (g) GATT u. a. als Teil der Geeignetheitsprüfung

Soweit die Feststellung einer Diskriminierung i. S. d. Chapeaus des Art. XX GATT nicht bei der Prüfung eines Absatzes, sondern erst bei der Prüfung des Chapeaus zu treffen ist,[733] kann die unterschiedliche Behandlung von in- und ausländischen Waren oder Käufern ein Indiz dafür sein, dass die angegriffene Maßnahme aufgrund ihrer qualitativen oder quantitativen Auswirkungen u. a. nicht geeignet ist, das angegebene Schutzziel zu erreichen. Denn lockere inländische Beschränkungen, beispielsweise auf den Abbau und Verbrauch, beeinträchtigen den Beitrag der ergriffenen Maßnahme zur Konservierung von Seltenen Erden.

Im Unterschied zu einem Teil der Entscheidungspraxis der WTO, in der *empirical effect* ausschließlich im Sinne der „tatsächlichen Wirkung", nämlich des tatsächlichen Erfolgs einer Maßnahme, verwendet wird,[734] umfasst die „empirische Auswirkung" in der vorliegenden Arbeit sowohl die qualitativen als auch die quantitativen Auswirkungen der angegriffenen Maßnahme.[735]

---

[731] Auch Gegner der Anwendung des Verhältnismäßigkeitsgrundsatzes i. w. S. erkennen diese Tatsache an. Hierzu vgl. *Desmedt*, Proportionality in WTO Law, JIEL 2001, 441, 462–463, 463 f.

[732] *Möller*, Proportionality, ICON 2012, 709, 724–727.

[733] WTO, AB-Bericht v. 7. 8. 2014, WT/DS431/AB/R u. a., „China – Rare Earths", Para. 5.135.

[734] Vgl. u. a. WTO, AB-Bericht v. 20. 5. 1996, WT/DS2/AB/R, „US – Gasoline", S. 21–22; WTO, AB-Bericht v. 7. 8. 2014, WT/DS431/AB/R u. a., „China – Rare Earths", Para. 5.111–5.112; WTO, Panel-Bericht v. 26. 3. 2014, WT/DS431/R u. a., „China – Rare Earths", Para. 7.304.

[735] Ähnlich in der Entscheidungspraxis, vgl. WTO, Panel-Bericht v. 12. 6. 2007, WT/DS332/R, „Brazil – Retreaded Tyres", Para. 7.117–7.118; WTO, AB-Bericht v. 3. 12. 2007, WT/DS332/AB/R, „Brazil – Retreaded Tyres", Para. 146; WTO, Panel-Bericht v. 25. 11. 2013, WT/DS400/R u. a., „EC – Seal Products", Para. 7.633; WTO, AB-Bericht v. 22. 5. 2014, WT/DS400/AB/R u. a., „EC – Seal Products", Para. 5.228.

### III. Beibehaltung einer Geeignetheitsprüfung nur bei positiver Beurteilung im Rahmen der Auslegung des Art. XX GATT

Der Charakter der Geeignetheitsprüfung im Rahmen der Interpretation des Art. XX GATT als objektive Rationalitätsprüfung kann nur dann aufrechterhalten werden, wenn diese nicht negativ beurteilt wird. Dies ergibt sich einerseits aus dem dogmatischen Charakter der Geeignetheitsprüfung und andererseits aus der vertraglichen Vorgabe des Art. XX GATT. Die beiden Fragen werden in Teil 3 Kapitel 9 § 3 B. und § 3 E. ausführlich behandelt und sollen zum Darstellungszweck an dieser Stelle erwähnt werden, damit die von den WTO-Streitbeilegungsorganen vorgenommen Prüfungen korrekt in die Geeignetheitsprüfung eingeordnet werden können.

Demnach kommt es zwar hinsichtlich des dogmatischen Charakters der Verhältnismäßigkeitsprüfung i. w. S. grundsätzlich auf die Gestaltungsfreiheit eines Schiedsrichters an, in welchem Schritt eine (implizite) Abwägung zulasten des regulierenden WTO-Mitglieds vorzunehmen und damit das behauptete Schutzniveau des regulierenden WTO-Mitglieds zu korrigieren. Die einschlägige gesetzliche oder völkerrechtliche Vertragsvorschrift, hier Art. XX GATT, stellt jedoch zusätzliche Anforderungen an diese Freiheit.

Die Ablehnung der „Geeignetheitsprüfung" stellt nämlich unvermeidlich eine implizite Abwägung zulasten des regulierenden WTO-Mitglieds dar, weil die Legitimität seines behaupteten Schutzniveaus dadurch abgelehnt wird.[736] In der Geeignetheitsprüfung im Kontext des Art. XX GATT gibt es jedoch keinen Raum für eine implizite Abwägung zulasten des regulierenden WTO-Mitglieds, auch wenn das behauptete Schutzniveau des regulierenden WTO-Mitglieds dadurch anscheinend nur in kleinem Umfang korrigiert wird. Eine implizite Abwägung im Rahmen des Art. XX GATT stellt hingegen eine Angemessenheitsprüfung dar.[737]

Wird die Geeignetheitseinschätzung des regulierenden WTO-Mitglieds aufgrund einer zurückhaltenden Prüfungsintensität[738] bejaht oder erst bei der umfassenden Geeignetheitsprüfung im Rahmen der Erforderlichkeitsprüfung eingehend überprüft,[739] bleibt das vom regulierenden WTO-Mitglied gesetzte Schutzniveau zunächst unberührt. Aufgrund empirischer Unsicherheit kann

---

736 Teil 3 Kapitel 9 § 3 B.

737 Teil 3 Kapitel 9 § 3 E.

738 *Van den Bossche*, Looking for Proportionality in WTO Law, LIEI 2008, 283, 294; *Henckels*, Revisiting Proportionality Analysis, JIEL 2012, 223, 247; *Kingsbury/Schill*, The Concept of Proportionality, in: Schill (Hrsg.), International Investment Law and Comparative Public Law, 2010, S. 86.

739 *Hirschberg*, Der Grundsatz der Verhältnismäßigkeit, 1981, S. 56, 59 f.

die Geeignetheitsprüfung zwar auch bei einer positiven Beurteilung nicht ohne normatives Urteil auskommen.[740] Dieses Werturteil kann die Geeignetheitsprüfung jedoch nicht berühren, weil es erst bei der Angemessenheitsprüfung getroffen werden kann und den Gegenstand einer ggf. negativ beurteilten Angemessenheitsprüfung darstellt.[741]

## C. Erforderlichkeit

Sowohl die Auslegung der *necessary to*-Bedingung in Art. XX (a), (b) und (d) GATT und der *relating to*-Bedingung in Art. XX (g) GATT als auch die Interpretation der *domestic restrictions*-Bedingung in Art. XX (g) GATT enthalten u. a. eine Erforderlichkeitsprüfung. Der Charakter der Erforderlichkeitsprüfung im Rahmen der Interpretation des Art. XX GATT als objektive Rationalitätsprüfung kann jedoch nur aufrechterhalten werden, wenn diese Prüfung nicht negativ beurteilt wird.

### I. Interpretation der *necessary to*-Bedingung in Art. XX (a), (b) und (d) GATT u. a. als Erforderlichkeitsprüfung

Wenig problematisch ist, dass u. a. eine Erforderlichkeitsprüfung in der Interpretation der *necessary to*-Bedingung in Art. XX (a), (b) und (d) GATT enthalten ist.[742] Auch der in Korea-Beef und EC – Asbestos eingeführte *weighing and balancing test* bei der Auslegung der *necessary to*-Anforderung, beispielsweise in Art. XX (b) und (d) GATT, beinhaltet u. a. eine Erforderlichkeitsprüfung.[743]

---

[740] *Petersen*, Verhältnismäßigkeit als Rationalitätskontrolle, 2015, S. 77.

[741] Vgl. *Hirschberg*, Der Grundsatz der Verhältnismäßigkeit, 1981, S. 149–151; *Grimm*, Proportionality in Canadian and German Constitutional Jurisprudence, UTLJ 2017, 383, 392–393; vgl. *Arsche*, Die Margin of Appreciation, 2018, S. 239.

[742] *Van den Bossche*, Looking for Proportionality in WTO Law, LIEI 2008, 285, 287; *Hilf/Puth*, The Principle of Proportionality on its Way into WTO/GATT Law, in: von Bogdandy/Mavroidis/Mény (Hrsg.), FS Ehlermann, 2002, S. 199, 215 f.; *Cottier u. a.*, The Principle of Proportionality in International Law, NCCR-WP 2012/38, 1, 13, 15 ff.; *Stoll/Schorkopf*, WTO, 2002, S. 61 Rn. 174.

[743] *Delimatsis*, Determining the Necessity of Domestic Regulations in Services, EJIL 2008, 365, 389–390; *Du*, The Necessity Test in World Trade Law, CJIL 2016, 817, 835; *Fontanelli*, Necessity Killed the GATT, EJILS 2012/13, 36, 39, 46, 47, 48–49; *Kapterian*, A Critique of the WTO Jurisprudence on „Necessity“, ICLQ 2010, 89, 105, 118; *Reid*, Trade and Environment in the EU and WTO, in: Krämer-Hoppe (Hrsg.), EYIEL 2020, 87, 113–114; *Osiro*, GATT/WTO Necessity Analysis, LIEI 2002, 123, 129, 136–137; *Harris/Moon*, GATT Article XX and Human Rights, MelJIL 2015, 1, 23–24.

Es wird zwar eingewandt, dass bei der Erforderlichkeitsprüfung Unsicherheiten hinsichtlich der Feststellung einer milderen Handelsverletzung[744] und der Gleichwirksamkeit einer Alternativmaßnahme[745] sowie hinsichtlich der Rolle der Wichtigkeit des angegebenen Schutzziels für diese Prüfung bestehen.[746] Diese Einwände betreffen jedoch nur die Kritik am konkreten Beurteilungsmaßstab der Erforderlichkeitsprüfung, nicht jedoch die Existenz einer solchen Prüfung.

Außerdem fehlt es der Anwendung des Verhältnismäßigkeitsgrundsatzes i. w. S. nicht unbedingt an einer textlichen Stütze im GATT,[747] weil Art. XX GATT als Vertragsgrundlage dienen kann. Inwieweit Art. XX GATT die Anwendung des Verhältnismäßigkeitsgrundsatzes i. w. S. unterstützt, bedarf weiterer Klärung der Interpretationen dieses Artikels.

Ferner wird die Anwendung des Verhältnismäßigkeitsgrundsatzes i. w. S. von den WTO-Streitbeilegungsorganen zwar nicht ausdrücklich anerkannt, aber faktisch immer wieder zur Auslegung einzelner Vorschriften der WTO-Übereinkommen herangezogen.[748] Am wichtigsten ist, dass eine Verhältnismäßigkeitsprüfung i. w. S. einschließlich der Erforderlichkeitsprüfung immer (ggf. indiziell) durchgeführt wird, auch wenn sie nicht ausdrücklich erwähnt wird.[749]

### II. Interpretation der *relating to*-Bedingung in Art. XX (g) GATT u. a. als Erforderlichkeitsprüfung

Teilweise wird die Ansicht vertreten, dass der *relating to*-Test in Art. XX (g) GATT einem viel zurückhaltenderen Standard als der *necessary to*-Test unter-

---

744 *Voon*, Exploring the Meaning of Trade-Restrictiveness in the WTO, WTR 2015, 451, 471 f., 473.

745 *Kapterian*, A Critique of the WTO Jurisprudence on „Necessity", ICLQ 2010, 89, 124–125; *Osiro*, GATT/WTO Necessity Analysis, LIEI 2002, 123, 127–128.

746 Vgl. *Fontanelli*, Necessity Killed the GATT, EJILS 2012/13, 36, 48–49; *Neumann/Türk*, Necessity Revisited, JWT 2003, 199, 215; *Desmedt*, Proportionality in WTO Law, JIEL 2001, 441, 464–465.

747 Zum Fehlen einer vertraglichen Grundlage für die Anwendung des Verhältnismäßigkeitsgrundsatzes i. w. S. vgl. *Desmedt*, Proportionality in WTO Law, JIEL 2001, 441, 462–463, 463 f.; *Neumann/Türk*, Necessity Revisited, JWT 2003, 199, 231–233; *Cannawurf-Wetzel*, Das Stammzellgesetz auf den Prüfstand der Welthandelsorganisation, 2008, S. 133 f.

748 Auch Gegner der Anwendung des Verhältnismäßigkeitsgrundsatzes i. w. S. erkennen diese Tatsache an. Hierzu vgl. *Desmedt*, Proportionality in WTO Law, JIEL 2001, 441, 462–463, 463 f.

749 *Möller*, Proportionality, ICON 2012, 709, 724–727.

liege und damit keine Erforderlichkeitsprüfung enthalte.[750] Hingegen wird vertreten, dass der *relating to*-Test in Art. XX (g) GATT in der Entscheidungspraxis Elemente sowohl der Geeignetheits- als auch der Erforderlichkeitsprüfung umfasse.[751] Im Folgenden wird dargestellt, dass die Entscheidungspraxis zum „grünen" Art. XX GATT und die dogmatische Untersuchung zeigen, dass auch ein Erforderlichkeitserfordernis in der *relating to*-Bedingung enthalten ist.

### 1. Interpretation der *relating to*-Bedingung in Art. XX (g) GATT u.a. als Erforderlichkeitsprüfung

Bereits in der Panel-Entscheidung zu US – Gasoline wurde eine Erforderlichkeitsprüfung im Rahmen der Interpretation der *relating to*-Bedingung in Art. XX (g) GATT durchgeführt.[752] Dieses Erforderlichkeitserfordernis wurde zwar vom AB im Berufungsverfahren ausdrücklich abgelehnt.[753] Eine solche Prüfung wurde dennoch in den nachfolgenden Entscheidungen, wie US – Shrimp[754] und China – Rare Earths,[755] bei der Interpretation des Art. XX (g) GATT weiterhin durchgeführt.

Zum Beispiel hielt das Panel in China – Rare Earths daran fest, dass die Exportkontrolle bereits dann einen (ausreichenden) Beitrag zur Verhinderung von Schmuggel und illegalem Abbau leisten könne, wenn Grenzkontrollmaßnahmen ohne die Verhängung von Exportquoten ergriffen würden; die Einführung von Exportquoten könne hingegen nicht nur den Export illegal abgebauter Seltener Erden, sondern auch den Export legal abgebauter Seltener Erden einschränken.[756] Hierin sah das Panel das Kernproblem der chinesischen Exportquotenbezogenen Maßnahmen, und die derartige Exportquoten verletzten

---

[750] Vgl. u.a. *Andenas/Zleptnig*, Proportionality and Balancing in WTO Law, CRIA 2007, 71, 81; *Desmedt*, Proportionality in WTO Law, JIEL 2001, 441, 475–476; *Berrisch*, GATT 1994, in: Prieß/Berrisch (Hrsg.), WTO-Handbuch, 2003, S. 148–149 Rn. 263; *Diem*, Freihandel und Umweltschutz in GATT und WTO, 1996, S. 138; *Weiler*, Nationaler Umweltschutz und Internationaler Warenverkehr, 1997, S. 143.

[751] *Weiher*, Nationaler Umweltschutz und Internationaler Warenverkehr, 1997, S. 143; *Epiney*, Welthandel und Umwelt, DVBl. 2000, 77, 83 f.; *Will*, Extra-Jurisdictional Effects in the WTO Law Balancing Process, JWT 2016, 611, 623; *Van den Bossche/Zdouc*, The Law and Policy of the World Trade Organization, 2017, 287.

[752] WTO, Panel-Bericht v. 20.5.1996, WT/DS2/AB/R, „US – Gasoline", Para. 6.40.

[753] WTO, AB-Bericht v. 20.5.1996, WT/DS2/AB/R, „US – Gasoline", S. 16–18.

[754] Vgl. WTO, AB-Bericht v. 12.10.1998, WT/DS58/AB/R, „US – Shrimp", Para. 141.

[755] WTO, Panel-Bericht v. 26.3.2014, WT/DS431/R u.a., „China – Rare Earths", Para. 7.424–7.430.

[756] WTO, Panel-Bericht v. 26.3.2014, WT/DS431/R u.a., „China – Rare Earths", Para. 7.424–7.427.

wegen der Verhinderung des Exports von legal geförderten Seltenen Erden den in US – Shrimp eingerichteten Maßstab, dass der Umfang der Maßnahme nicht übermäßig sein dürfe.[757]

### 2. Erforderlichkeitsprüfung aufgrund vorläufiger Feststellung der Rechtmäßigkeit bei Erfüllung der Voraussetzungen des Art. XX (g) GATT

Nach Auffassung der WTO-Streitbeilegungsorgane liegt eine vorläufige Rechtfertigung und damit eine *prima facie* Rechtmäßigkeit der angegriffenen Maßnahme vor, wenn die Bedingungen eines Absatzes des Art. XX GATT erfüllt sind, beispielsweise die Bedingung *necessary to* in Art. XX (b) GATT oder die Voraussetzung *relating to* in Art. XX (g) GATT.[758]

Da die vorläufige Rechtmäßigkeit sowohl die Tatsachenfeststellung als auch das darauf aufbauende Rechtsurteil umfasst, wird dabei nicht nur die Geeignetheit, sondern auch die Erforderlichkeit und Angemessenheit der angegriffenen Maßnahme indiziell bejaht. Andernfalls kann die vorläufige Rechtmäßigkeit nicht festgestellt werden, weil sie an der notwendigen empirischen Grundlage fehlt. Ist die ergriffene Maßnahme also nicht erforderlich, kann sie auch nicht angemessen und damit nicht vorläufig rechtmäßig sein.

Hieraus ergibt sich, dass die *relating to*-Bedingung in Art. XX (g) GATT trotz des wörtlichen Unterschieds zur *necessary to*-Bedingung, beispielsweise in Art. XX (b) GATT, nicht nur eine geeignete, sondern auch eine erforderliche Relation zum angegebenen Schutzziel verlangt.

---

[757] WTO, Panel-Bericht v. 26.3.2014, WT/DS431/R u.a., „China – Rare Earths", Para. 7.430; WTO, AB-Bericht v. 12.10.1998, WT/DS58/AB/R, „US – Shrimp", Para. 141.

[758] WTO, AB-Bericht v. 12.10.1998, WT/DS58/AB/R, „US – Shrimp", Para. 119; WTO, Panel-Bericht v. 20.5.1996, WT/DS2/AB/R, „US – Gasoline", Para. 6.20; WTO, Panel-Bericht v. 18.9.2000, WT/DS135/R, „EC – Asbestos", Para. 8.167; WTO, Panel-Bericht v. 12.6.2007, WT/DS332/R, „Brazil – Retreaded Tyres", Para. 7.37; WTO, Panel-Bericht v. 5.7.2011, WT/DS394/R u.a., „China – Raw Materials", Para. 7.359; WTO, Panel-Bericht v. 26.3.2014, WT/DS431/R u.a., „China – Rare Earths", Para. 7.236, 7.362; WTO, AB-Bericht v. 7.8.2014, WT/DS431/AB/R u.a., „China – Rare Earths", Para. 5.86; WTO, Panel-Bericht v. 25.11.2013, WT/DS400/R u.a., „EC – Seal Products", Para. 7.612; WTO, AB-Bericht v. 22.5.2014, WT/DS400/AB/R u.a., „EC – Seal Products", Para. 5.169; WTO, Panel-Bericht v. 30.8.2017, WT/DS472/R, „Brazil – Taxation", Para. 7.536, 7.542; WTO, Panel-Bericht v. 12.8.2009, WT/DS363/R, „China – Publications and Audiovisual Products", Para. 7.746; WTO, AB-Bericht v. 11.12.2000, WT/DS161/AB/R u.a., „Korea – Beef", Para. 156; WTO, Panel-Bericht v. 31.7.2000, WT/DS161/R u.a., „Korea – Beef", Para. 654; WTO, Panel-Bericht v. 15.9.2020, WT/DS543/R, „US – Tariff Measures", Para. 7.107.

### III. Interpretation der *domestic restrictions*-Bedingung in Art. XX (g) GATT u.a. als Erforderlichkeitsprüfung

Soweit die Feststellung einer Diskriminierung i. S. d. Chapeaus des Art. XX GATT nicht bei der Prüfung eines Absatzes, sondern erst bei der Prüfung des Chapeaus zu treffen ist,[759] kann auch die unterschiedliche Behandlung von in- und ausländischen Waren oder Käufern ein Indiz dafür sein, dass die angegriffene Maßnahme aufgrund ihrer qualitativen oder quantitativen Auswirkungen u. a. nicht erforderlich ist, das angegebene Schutzziel zu erreichen.

Denn eine handelsschonende Alternative kann hinsichtlich der geringeren inländischen Beschränkungen, beispielsweise auf die Förderung und den Verbrauch Seltener Erden, mittels des Konsistenzarguments als verfügbar geltend gemacht werden.

### IV. Beibehaltung einer Erforderlichkeitsprüfung nur bei positiver Beurteilung im Rahmen der Auslegung des Art. XX GATT

Der Charakter der Erforderlichkeitsprüfung im Rahmen der Interpretation des Art. XX GATT als objektive Rationalitätsprüfung kann nur aufrechterhalten werden, wenn diese nicht negativ beurteilt wird. Dies folgt einerseits aus dem dogmatischen Charakter der Erforderlichkeitsprüfung und andererseits aus der vertraglichen Vorgabe des Art. XX GATT. Diese beiden Fragen werden in Teil 4 Kapitel 13 § 3 B. und § 3 E. ausführlich behandelt und sollen hier zum Darstellungszweck erwähnt werden, damit die von den WTO-Streitbeilegungsorganen vorgenommenen Prüfungen korrekt in die Erforderlichkeitsprüfung eingeordnet werden können.

Demnach ist es zwar aufgrund des dogmatischen Charakters der Verhältnismäßigkeitsprüfung i. w. S. grundsätzlich der Gestaltungsfreiheit eines Schiedsrichters überlassen, in welchem Schritt er eine (implizite) Abwägung zulasten des regulierenden WTO-Mitglieds vornimmt und damit das behauptete Schutzniveau des regulierenden WTO-Mitglieds korrigiert. Die einschlägige gesetzliche oder völkerrechtliche Bestimmung, hier Art. XX GATT, stellt jedoch zusätzliche Anforderungen an diese Freiheit.

Die Ablehnung der „Erforderlichkeitsprüfung“ stellt nämlich unvermeidlich eine implizite Abwägung zulasten des regulierenden WTO-Mitglieds dar, weil damit die Legitimität des behaupteten Schutzniveaus des regulierenden WTO-

[759] WTO, AB-Bericht v. 7. 8. 2014, WT/DS431/AB/R u. a., „China – Rare Earths“, Para. 5.135.

Mitglieds in Frage gestellt und abgelehnt wurde.[760] In der Erforderlichkeitsprüfung im Rahmen des Art. XX GATT gibt es jedoch keinen Raum für eine implizite Abwägung zulasten des regulierenden WTO-Mitglieds, auch wenn das behauptete Schutzniveau des regulierenden WTO-Mitglieds dadurch anscheinend nur in geringem Umfang korrigiert wird. Die implizite Abwägung zulasten des regulierenden WTO-Mitglieds im Rahmen des Art. XX GATT stellt hingegen eine Angemessenheitsprüfung dar.[761]

Wird die Erforderlichkeitseinschätzung des regulierenden WTO-Mitglieds aufgrund einer zurückhaltenden Prüfungsintensität bejaht[762] oder erst bei der Angemessenheitsprüfung eingehend überprüft,[763] bleibt das von dem regulierenden WTO-Mitglied festgelegte Schutzniveau unberührt.[764] Aufgrund empirischer Unsicherheit kann die Erforderlichkeitsprüfung zwar auch bei positiver Beurteilung nicht ohne ein normatives Urteil auskommen.[765] Dieses Werturteil kann jedoch das behauptete Schutzniveau nicht berühren, weil dies erst bei Angemessenheitsprüfung erfolgen kann und Gegenstand einer ggf. negativ ausfallenden Angemessenheitsprüfung darstellt.[766]

## D. Angemessenheit

Die Angemessenheitsprüfung wird zum einen durch den negativ beurteilten „Geeignetheits-“ oder „Erforderlichkeitstest“ im Rahmen der Prüfung eines Absatzes des Art. XX GATT implizit vorgenommen. Zum anderen wird die Angemessenheitsprüfung im Rahmen der Prüfung des Chapeaus *de facto* durchgeführt, und zwar überwiegend auf implizite Weise.

---

[760] Teil 4 Kapitel 13 § 3 B.

[761] Teil 4 Kapitel 13 § 3 E.

[762] Vgl. *Van den Bossche*, Looking for Proportionality in WTO Law, LIEI 2008, 283, 294; *Mcgrady*, Necessity Exception in WTO Law, JIEL 2008, 153, 157–158; *Henckels*, Revisiting Proportionality Analysis, JIEL 2012, 223, 247.

[763] Vgl. *Hirschberg*, Der Grundsatz der Verhältnismäßigkeit, 1981, S. 171; *Grimm*, Proportionality in Canadian and German Constitutional Jurisprudence, UTLJ 2017, 383, 392–393; wohl auch: *Saurer*, Globalisierung des Verhältnismäßigkeitsgrundsatzes, Der Staat 2012, 3, 31 i. V. m. 26.

[764] *Hirschberg*, Der Grundsatz der Verhältnismäßigkeit, 1981, S. 75.

[765] *Petersen*, Verhältnismäßigkeit als Rationalitätskontrolle, 2015, S. 77.

[766] Vgl. *Hirschberg*, Der Grundsatz der Verhältnismäßigkeit, 1981, S. 149–151, 175 und 179; *Grimm*, Proportionality in Canadian and German Constitutional Jurisprudence, UTLJ 2017, 383, 392–393; wohl auch: *Saurer*, Globalisierung des Verhältnismäßigkeitsgrundsatzes, Der Staat 2012, 3, 31 i. V. m. 26; vgl. *Arsche*, Die Margin of Appreciation, 2018, S. 239.

### I. Implizite Angemessenheitsprüfung im Rahmen der Prüfung eines Absatzes des Art. XX GATT

Wie soeben in Teil 1 Kapitel 1 § 5 B. III. und § 5 C. IV. dargestellt, kann der Charakter der Geeignetheits- und Erforderlichkeitsprüfung im Rahmen der Interpretation des Art. XX GATT als objektive Rationalitätsprüfung nur dann aufrechterhalten werden, wenn diese nicht negativ beurteilt werden. Soweit die Einschätzung des regulierenden WTO-Mitglieds zur Geeignetheit oder zur Erforderlichkeit der ergriffenen Maßnahme im Rahmen der Interpretation eines Absatzes des Art. XX GATT von einem Panel negativ beurteilt wird, liegt eine implizite Abwägung und damit eine Angemessenheitsprüfung vor.

### II. *De facto* Angemessenheitsprüfung im Rahmen der Chapeau-Prüfung des Art. XX GATT

Zwar ist es im Schrifttum umstritten, ob die Chapeau-Prüfung im Rahmen der Auslegung des Art. XX GATT als Angemessenheitsprüfung anzusehen ist.[767] Die einzelfallbezogene Abwägung wird jedoch von den WTO-Streitbeilegungsorganen im Rahmen der Chapeau-Prüfung des Art. XX GATT *de facto* durchgeführt,[768] und zwar überwiegend in impliziter Weise. Eine anscheinend offene Abwägung[769] findet sich nur im Panel-Bericht zu US – Shrimp, in dem

---

767 Zur Befürwortung einer Angemessenheitsprüfung im Rahmen der Chapeau-Prüfung vgl. *Hilf*, Power, Rules and Principles for WTO/GATT Law, JIEL 2001, 111, 121; *Hilf/Puth*, The Principle of Proportionality on its Way into WTO/GATT Law, in: von Bogdandy/Mavroidis/Mény (Hrsg.), FS Ehlermann, 2002, S. 216; *Cass*, The Constitutionalization of International Trade Law, EJIL 2001, 39, 67; *Tietje*, Die Völkerrechtliche Kooperationspflicht, EuR 2000, 285, 291; *ders.*, Normative Grundstrukturen der Behandlung nichttarifärer Handelshemmnisse in der WTO/GATT-Rechtsordnung, 1998, S. 321 f.; *Trachtman*, The Economic Structure of International Law, 2008, S. 218.

Gegen eine Angemessenheitsprüfung im Rahmen der Chapeau-Prüfung vgl. *Desmedt*, Proportionality in WTO Law, JIEL 2001, 441, 474 f.; *Trüeb*, Umweltrecht in der WTO, 2001, S. 376 ff.; *Neumann/Türk*, Necessity Revisited, JWT 2003, 199, 228 f.; *Montini*, Necessity and Proportionality Principles in the Trade and Environment Context, RECIEL 1997, 121, 129; indiziell so auch: *Appleton*, GATT Article XXs Chapeau – A Disguised Necessary Test?, RECIEL 1997, 131, 134 f.; *Petersmann*, International and European Trade and Environmental Law, 1995, S. 51; *Godzierz*, Nationale Umweltpolitiken und internationaler Handel nach WTO und GATT, 2000, S. 116.

768 Ausführlich hierzu siehe: Teil 6 Kapitel 20 i. V. m. Teil 5 Kapitel 19 § 2 A. II. 1. a) aa), § 2 A. II. 1. b) aa), § 2 A. II. 2. a) aa), § 2 A. II. 2. b) aa), § 2 A. II. 3. a) aa), § 2 A. II. 3. b) aa) und Teil 6 Kapitel 21 § 2 A.

769 Entgegen *Paltrowitz*, A Greening of the World Trade Organization, BJIL 2001, 1789, 1811. Demzufolge werde dabei keine Abwägung vorgenommen. Zur Beurtei-

zwischen Handelsfreiheit und Schutz von Meeresschildkröten explizit abgewogen und zugunsten des letztgenannten Interesses entschieden wurde.[770]

Auch mittels der genannten impliziten Abwägung wird die Legitimität des angegebenen Schutzziels einschließlich des behaupteten Schutzniveaus des regulierenden WTO-Mitglieds abgelehnt. Die Tatsache, dass eine „Geeignetheitsprüfung"[771] und eine „Erforderlichkeitsprüfung"[772] auf der Chapeau-Stufe erscheinen,[773] ändert nichts daran, dass es sich bei der tatsächlich durchgeführten Chapeau-Prüfung um eine Angemessenheitsprüfung handelt. Denn die „Erforderlichkeitsprüfung" kann aufgrund des Wertungsproblems und der Unrationalisierbarkeit der Abwägung als Inhaltsausfüllung für die Angemessenheitsprüfung behandelt werden.[774] Außerdem können diese Geeignetheits- und Erforderlichkeitsprüfungen bei der Angemessenheitsprüfung als Kohärenz- und Konsistenzprüfungen angesehen werden, die einen integrierten Bestandteil der Angemessenheitsprüfung darstellen[775] und die zuvor durchgeführten Legitimitäts- und Rationalitätsprüfungen vertiefen.[776] Dabei wird jeweils bereits eine implizite Abwägung zulasten des WTO-Mitglieds vorgenommen, die nicht mehr von der Geeignetheits- und Erforderlichkeitsprüfung

---

lung der Abwägung des Panels von US – Shrimp als offene Abwägung siehe auch: *Scott*, Trade and Environment in the EU and WTO, in: Weiler (Hrsg.), The EU, the WTO, and the NAFTA, Band IX/1, 2001, S. 139.

770 Vgl. WTO, Panel-Bericht v. 15.5.1998, WT/DS58/R, „US – Shrimp", Para. 7.33 ff., 7.61.

771 *Bown/Trachtmann*, Brazil-Measures Affecting Imports of Retreaded Tyres: A Balancing Act, WTR 2009, 85, 87; *Epiney*, Welthandel und Umwelt, DVBl. 2000, 77, 83 f.; *Davies*, Interpreting the Chapeau of GATT Article XX, JWT 2009, 507, 522; *Thiedemann*, WTO und Umwelt, 2005, S. 179.

772 *Neumann/Türk*, Necessity Revisited, JWT 2003, 199, 228; *Epiney*, Welthandel und Umwelt, DVBl. 2000, 77, 83 f.; *Appleton*, GATT Article XXs Chapeau – A Disguised Necessary Test?, RECIEL 1997, 131; *Qin*, Defining Nondiscrimination under the Law of the WTO, BUILJ 2005, 215, 267; *Bartels*, The Chapeau of the General Exceptions in the WTO GATT and GATS Agreements, AJIL 2015, 95, 118 f.; *Davies*, Interpreting the Chapeau of GATT Article XX, JWT 2009, 507, 510; *Petersmann*, International and European Trade and Environmental Law, 1995, S. 51.

773 Ausführlich hierzu siehe: oben Teil 1 Kapitel 1 § 4 B. III. 2. a) bb) (2). Ähnlich bezüglich der Spruchpraxis des BVerfG siehe: *Schlink*, Der Grundsatz der Verhältnismäßigkeit, in: Badura/Dreier (Hrsg.), FS 50 Jahre BVerfG, Band II, 2001, S. 462–463. Demzufolge werde bei der Angemessenheitsprüfung in der Spruchpraxis oft die „Erforderlichkeitsprüfung" durchgeführt. Dabei vertritt Schlink die Ansicht, dass die Verhältnismäßigkeitsprüfung i. w. S. ohne Angemessenheitsprüfung durchgeführt werden solle, hierzu siehe: S. 458–462 a. a. O.

774 *Hirschberg*, Der Grundsatz der Verhältnismäßigkeit, 1981, S. 179.

775 *Petersen*, Verhältnismäßigkeit als Rationalitätskontrolle, 2015, S. 273–274.

776 *Lang*, Der Verhältnismäßigkeitsgrundsatz in der Rechtsprechung des BVerfG, AöR 2020, 75, 110.

im Rahmen der Auslegung des Art. XX GATT erfasst werden kann.[777] Daran ändert auch der Umstand nichts, dass eine solche Angemessenheitsprüfung auf der Chapeau-Ebene normativ vorwerfbar sein kann.

Die Geeignetheits- und Erforderlichkeitsprüfung bei der Interpretation eines Absatzes des Art. XX GATT und im Rahmen der Chapeau-Stufe können ferner nach einer Ansicht unterschiedlich sein. Zum Beispiel werde bei der ersten Prüfung die Suche nach GATT-konsistenten Alternativen verlangt; erst wenn eine solche nicht verfügbar sei, dürfen am wenigsten GATT-inkonsistente Maßnahmen als Alternativen in Betracht gezogen werden.[778] Im Gegensatz dazu konzentriere sich die Erforderlichkeitsprüfung im Rahmen der Chapeau-Phase auf die Suche nach Alternativen, die eine Diskriminierung vermeiden oder verringern.[779] Dieser Unterschied ändert jedoch wiederum nichts daran, dass auch bei der Ablehnung der Erforderlichkeitseinschätzung des regulierenden WTO-Mitglieds im Rahmen der Chapeau-Prüfung des Art. XX GATT eine implizite Abwägung vorliegt und damit das angegebene Schutzziel und das behauptete Schutzniveau des regulierenden WTO-Mitglieds korrigiert werden.[780] Dieses Ergebnis gilt auch für die Geeignetheitserwägung im Rahmen der Chapeau-Prüfung des Art. XX GATT.[781]

Somit ist die von den WTO-Streitbeilegungsorganen durchgeführte Chapeau-Prüfung des Art. XX GATT als Angemessenheitsprüfung anzusehen. Ob diese Angemessenheitsprüfung von den vertraglichen Anforderungen des Chapeaus erfasst ist, ist fraglich und soll in der vorliegenden Arbeit geklärt werden.

## E. Chapeau

Es ist zwischen der *de facto* von den WTO-Streitbeilegungsorganen durchgeführten Chapeau-Prüfung und der Chapeau-Prüfung anhand des Norminhalts des Art. XX GATT zu unterscheiden. Aus diesem Grund überschneidet sich die Darstellung der Angemessenheitsprüfung teilweise mit der Darstellung der Chapeau-Prüfung. Die erstgenannte Prüfung, wie soeben in Teil 1 Kapitel 1 § 5 D. II. dargestellt, ist eine *de facto* Angemessenheitsprüfung. Die

---

[777] Teil 3 Kapitel 9 § 3 B. und § 3 E. und Teil 4 Kapitel 13 § 3 B. und § 3 E.

[778] *Appleton*, GATT Article XXs Chapeau – A Disguised Necessary Test?, RECIEL 1997, 131, 134.

[779] *Appleton*, GATT Article XXs Chapeau – A Disguised Necessary Test?, RECIEL 1997, 131, 134. Aus diesen Ausführungen ist jedoch schwierig anzunehmen, dass die herangezogenen Unterschiede bei den Erforderlichkeitsprüfungen an den beiden Prüfungsorten als unterschiedlich bezeichnet werden können.

[780] Teil 5 Kapitel 17 § 3 B. I.

[781] Teil 5 Kapitel 17 § 3 B. I.

zweitgenannte Forderung, nämlich das Verbot willkürlicher Diskriminierung und verschleierter Handelsbeschränkung, wurde in der Entscheidungspraxis zu Art. XX GATT bislang nicht hinreichend klargestellt und wird in Teil 6 Kapitel 21 erläutert.

Die Chapeau-Prüfung des Art. XX GATT soll keine Angemessenheitsprüfung enthalten, obwohl eine solche Prüfung in der Entscheidungspraxis der WTO-Streitbeilegungsorgane tatsächlich durchgeführt wird.[782] Auf der Chapeau-Stufe soll nur geprüft werden, ob die vertraglichen Voraussetzungen erfüllt sind, nämlich ob keine willkürliche Diskriminierung bzw. keine verschleierte Handelsbeschränkung vorliegt.[783]

## Kapitel 2

## Offene Kernfrage

Im vorliegenden Kapitel wird zunächst darauf hingewiesen, dass der Verhältnismäßigkeitsgrundsatz i. w. S. in der Entscheidungspraxis der WTO-Streitbeilegungsorgane zum „grünen" Art. XX GATT *de facto* angewendet worden ist. Sodann wird geklärt, dass die Anwendung dieses Prinzips für die Interpretation des Art. XX GATT unumgänglich ist. Anschließend wird die offene Kernfrage zur Bestimmung der Stellung des Verhältnismäßigkeitsgrundsatzes i. w. S. bei der Auslegung des Art. XX GATT dargestellt. Zum Schluss wird die offene Kernfrage anhand von Beispielsfällen aus der Entscheidungspraxis der WTO-Streitbeilegungsorgane näher erläutert.

### § 1 *De facto* Anwendung des Verhältnismäßigkeitsgrundsatzes i. w. S. für die Auslegung des Art. XX GATT in der Entscheidungspraxis der WTO-Streitbeilegungsorgane

Zwar ist in der Diskussion umstritten, ob der Verhältnismäßigkeitsgrundsatz i. w. S. in der Entscheidungspraxis der WTO-Streitbeilegungsorgane überhaupt angewendet wurde.[784] Wie soeben in Teil 1 Kapitel 1 § 5 dargestellt, wurde dieses Prinzip in der genannten Entscheidungspraxis *de facto* angewen-

[782] Teil 6 Kapitel 20 i. V. m. Teil 5 Kapitel 19 § 2 A. II. 1. a) aa), § 2 A. II. 1. b) aa), § 2 A. II. 2. a) aa), § 2 A. II. 2. b) aa), § 2 A. II. 3. a) aa), § 2 A. II. 3. b) aa), Teil 6 Kapitel 21 § 2 A.

[783] Teil 6 Kapitel 21.

[784] Teil 1 Kapitel 1 § 4 B. III. 1. a) und § 4 B. III. 2. a).

det und die Auslegung des genannten Artikels mittels dieses Prinzips kann in die Verhältnismäßigkeitsprüfung i. w. S. eingeordnet werden.

## § 2 Unvermeidliche Anwendung des Verhältnismäßigkeitsgrundsatzes i. w. S. bei der Auslegung des Art. XX GATT

Um den Stellenwert des Verhältnismäßigkeitsprinzips i. w. S. bei der Auslegung des Art. XX GATT zu bestimmen, muss zunächst geklärt werden, ob dieser Grundsatz überhaupt anwendbar ist.

Wie soeben dargelegt, wird der Verhältnismäßigkeitsgrundsatz i. w. S., einschließlich seines Abwägungsgebots, *de facto* in der Entscheidungspraxis zu Art. XX GATT angewendet. Schon dieser Umstand spricht für die Anwendbarkeit dieses Grundsatzes. Auch im Schrifttum gibt es kaum Einwände gegen diesen Grundsatz insgesamt, sondern vor allem gegen sein Abwägungsgebot, also gegen die Frage, ob und inwieweit eine richterliche einzelfallbezogene Abwägung vorzunehmen ist.[785]

Außerdem findet die Anwendbarkeit des Verhältnismäßigkeitsgrundsatzes i. w. S. Unterstützung in Art. XX GATT als vertragliche Rechtsgrundlage. Handelt es sich bei einer umweltpolitischen Maßnahme um eine rein politische Frage oder fehlen handhabbare Kriterien für die Beurteilung der Rechtmäßigkeit einer solchen Maßnahme, so scheidet die Anwendung des Verhältnismäßigkeitsgrundsatzes i. w. S. aus. Denn die WTO-Streitbeilegungsorgane dürfen in diesem Fall *non liquet* erklären und diese politische Frage nicht behandeln.[786] Sie dürfen nämlich weder die WTO-Rechtskonformität der politischen Entscheidung eines WTO-Mitglieds bestätigen noch deren Rechtmäßigkeit ablehnen. Dies ist bei Art. XX GATT nicht der Fall, weil, wie die vorliegende Arbeit zeigen wird, die umweltpolitische Maßnahme keine reine politische Frage, sondern eine politisch empfindliche Frage darstellt. Eine solche Maßnahme unterliegt gemäß Art. XX GATT der Verhältnismäßigkeitskontrolle i. w. S. der WTO-Streitbeilegungsorgane, und zwar in sehr zurückhalten-

---

[785] Teil 1 Kapitel 1 § 4 B. III.

[786] *Davey*, Has the WTO Dispute Settlement System Exceeded Its Authority?, JIEL 2001, 104–105 und 110 i.V.m. 88; *Hoekman/Mavroidis*, To AB or Not to AB? Dispute Settlement in WTO Reform, JIEL 2020, 703, 715–716; *dies.*, The End of the World (Trade Organization) As We Know It?, EJIL 2021, 743, 762–763. Zur Befürwortung der Anwendung der Political Question Doktrin durch Erklärung eines *non liquet* aufgrund justizieller Ökonomie vgl. *Bartels*, The Separation of Powers in the WTO, ICLQ 2004, 861, 877.

der Weise.[787] Hierbei ist darauf hinzuweisen, dass auch die Zustimmung zur Einschätzung des regulierenden WTO-Mitglieds zur Verhältnismäßigkeit i. w. S. einer Umweltmaßnahme zur Anwendung des Verhältnismäßigkeitsgrundsatzes i. w. S. gehört.

Ferner richtet sich die Kritik am Verhältnismäßigkeitsprinzip i. w. S. bei der Auslegung des Art. XX GATT nicht gegen seine Anwendbarkeit überhaupt, sondern nur gegen seine konkrete Anwendung.

Nicht nur die befürwortende, sondern auch die skeptische Haltung gegenüber dem Verhältnismäßigkeitsgrundsatz i. w. S. bei der Auslegung von Art. XX GATT im Schrifttum stützt sich indiziell auf die Anwendbarkeit dieses Grundsatzes. Wird die Rechtmäßigkeit einer Umweltmaßnahme von den WTO-Streitbeilegungsorganen verneint, so werden vom regulierenden WTO-Mitglied faktisch eine positive Beurteilung der Verhältnismäßigkeit i. w. S. der angegriffenen Maßnahme und damit auch die Anwendung des Verhältnismäßigkeitsprinzips i. w. S. beansprucht.

Wie soeben erwähnt, kann eine umweltpolitische Regulierung im Rahmen des Art. XX GATT nicht als eine rein politische Frage angesehen werden, die nicht justiziell behandelt werden darf. Auch wenn dies bei der Interpretation anderer völkerrechtlicher Normen der Fall ist, hat dies nichts mit der Ablehnung der allgemeinen Anwendbarkeit des Verhältnismäßigkeitsgrundsatzes i. w. S. im Völkerrecht zu tun. Denn es geht in diesem Fall nur darum, dass die Voraussetzung für die Anwendung dieses Grundsatzes im Einzelfall und in einem bestimmten Vertragskontext noch nicht gegeben ist.

Die Anwendung des Verhältnismäßigkeitsprinzips i. w. S. verleiht oder entzieht der angefochtenen Maßnahme also die Legitimität, je nachdem, ob die Verhältnismäßigkeitsprüfung i. w. S. positiv oder negativ ausfällt. Dies entspricht dem Verhältnismäßigkeitsprinzip als normativem Begriff der Rechtswissenschaft. Ein umgangssprachlicher „Verhältnismäßigkeitsgrundsatz“, dessen Bejahung oder Verneinung einer staatlichen Maßnahme weder Legitimität verleiht noch entzieht, ist nicht Gegenstand der juristischen Diskussion und somit auch nicht Gegenstand der vorliegenden Arbeit. In diesem Sinne kann gesagt werden, dass sich die bestehende Kritik nicht gegen den Grundsatz der Verhältnismäßigkeit i. w. S. an sich richtet, sondern gegen seine fehlerhafte Anwendung durch die Schiedsrichter.[788] Ein angeblicher Mangel bei

---

[787] Teil 2 Kapitel 5 und 6, Teil 3 Kapitel 9 und 10, Teil 4 Kapitel 13 und 14, Teil 5 Kapitel 17 und 18.

[788] *Möller*, Proportionality, ICON 2012, 709, 710–711, 716–718, 731; *Khosla*, Proportionality: An Assault on Human Rights?: A Reply, ICON 2010, 298, 302–306.

der Anwendung des Verhältnismäßigkeitsgrundsatzes i. w. S. ist nämlich kein Mangel dieses Grundsatzes an sich.[789]

Somit steht die Anwendbarkeit des Verhältnismäßigkeitsprinzips bei der Auslegung des Art. XX GATT außer Frage. Die Anwendung dieses Grundsatzes ist unvermeidlich. Auch wenn die Anwendung des Verhältnismäßigkeitsgrundsatzes i. w. S. während einer schiedsrichterlichen Prüfung nicht ausdrücklich genannt wird, wird die Prüfung der Legitimität des Schutzziels, der Rationalität der zur Erreichung dieses Ziels ergriffenen Maßnahme sowie der Angemessenheit der Maßnahme dennoch durchgeführt.[790]

## § 3 Offene Kernfrage zur Bestimmung der Stellung des Verhältnismäßigkeitsgrundsatzes i. w. S. bei der Auslegung des Art. XX GATT

Soweit die Anwendung des Verhältnismäßigkeitsgrundsatzes i. w. S. bei der Interpretation des Art. XX GATT unumgänglich ist, hängt die Stellung dieses Grundsatzes nur noch von der Frage ab, in welcher Weise und in welchem Umfang er anzuwenden ist.

Die im Schrifttum herangezogenen Argumente zur Begründung der Anwendbarkeit des Verhältnismäßigkeitsgrundsatzes i. w. S. einschließlich des Abwägungsgebots im Völkerrecht[791] bzw. im WTO-Recht[792] liegen im Wesentlichen darin, dass durch dessen Anwendung das Verhältnis zwischen den kollidierenden Interessen optimiert werden kann.[793] Demzufolge kann näm-

---

789 *Möller*, Proportionality, ICON 2012, 709, 710–711; *Khosla*, Proportionality: An Assault on Human Rights?: A Reply, ICON 2010, 298, 302.

790 *Möller*, Proportionality, ICON 2012, 709, 724–727.

791 Vgl. u. a. *Gadarm*, Necessity, Proportionality and the Use of Force by States, 2004, S. 16; *Klatt/Meister*, Verhältnismäßigkeit als universelles Verfassungsprinzip, Der Staat 2012, 159, 162, 187; *Peters*, Drei Versionen der Verhältnismäßigkeit im Völkerrecht, in: Biaggini/Diggelmann/Kaufmann (Hrsg.), FS Thürer, 2015, S. 599; *Christodoulidou/Chainoglou*, The Principle of Proportionality from a Jus Ad Bellum Perspective, in: Weller/Solomou/Rylatt (Hrsg.), The Oxford Handbook of the Use of Force in International Law, 2015, S. 1192 ff.

792 Vgl. u. a. *Peters*, Drei Versionen der Verhältnismäßigkeit im Völkerrecht, in: Biaggini/Diggelmann/Kaufmann (Hrsg.), FS Thürer, 2015, S. 601; *Andenas/Zleptnig*, Proportionality: WTO Law, TILJ 2007, 371, 374, 412, 423; *Bown/Trachtman*, Brazil-Measures Affecting Imports of Retreaded Tyres: A Balancing Act, WTR 2009, 85, 88–89 und 122; *Hilf*, Power, Rules and Principles for WTO/GATT Law, JIEL 2001, 111, 120 und 130.

793 Zur Optimierungsfunktion des Verhältnismäßigkeitsgrundsatzes i. w. S. vgl. *Alexy*, Theorie der Grundrechte, 9. Aufl. 2020, S. 75 f., 100–101; *Kumm*, Liberale Gerechtigkeitstheorien und die Struktur der Grundrechte, in: Alexy (Hrsg.), Juristische Grundlagenforschung, 2004, S. 218.

lich durch die Anwendung einer Verhältnismäßigkeitsprüfung i.w.S. ein optimierendes und vor allem rechtmäßiges Ergebnis erzielt werden.

Es ist jedoch schwierig zu beurteilen, wie und wann ein solches Ergebnis durch die Anwendung des Verhältnismäßigkeitsgrundsatzes i.w.S. erzielt werden kann. Denn dieser Grundsatz bietet, ähnlich wie Treu und Glauben und Gerechtigkeit, keinen pragmatischen Maßstab.[794] Gleichzeitig scheint das Vorhandensein eines solchen Maßstabs immer möglich zu sein.

Wie die Gegner der Anwendung des Verhältnismäßigkeitsgrundsatzes i.w.S. vorgebracht haben, werde durch die Anwendung dieses Grundsatzes in das Souveränitätsrecht eines Staates eingegriffen, weil dessen Inhalt und Prüfungsmaßstäbe uneinheitlich bzw. unbestimmt seien[795] und die Kompetenz eines WTO-Schiedskörpers zur Beurteilung umweltpolitischer Entscheidungen des regulierenden WTO-Mitglieds skeptisch sei.[796] Demzufolge kann die Anwendung des Verhältnismäßigkeitsgrundsatzes i.w.S. nämlich zu einem rechtswidrigen Ergebnis führen.

Eine Verhältnismäßigkeitsprüfung i.w.S. könnte daher sowohl eine missbräuchliche Ausübung des Souveränitätsrechts eines WTO-Mitglieds nach Art. XX GATT verhindern als auch einen ungerechtfertigten Eingriff in dieses Souveränitätsrecht verursachen.

---

794 Ähnliche Überlegung bezüglich der Rolle von Treu und Glauben in der Entscheidungspraxis der WTO-Streitbeilegungsorgane, vgl. u.a. *Mitchell*, Good Faith in WTO Dispute Settlement, MelJIL 2006, 339, 351 ff. Bezweifelt wird dabei nur die pragmatische Anwendbarkeit von Treu und Glauben als Prüfungsmaßstab im Einzelfall, nicht jedoch die Annahme, dass Treu und Glauben den WTO-Abkommen insgesamt zugrunde liegt.

795 Im Völkerrecht vgl. u.a. *Dicke*, Die Intervention mit wirtschaftlichen Mitteln im Völkerrecht, 1978, S. 181; *Henckels*, Revisiting Proportionality Analysis, JIEL 2012, 223, 237; *Tsakyrakis*, Proportionality, ICON 2009, 468, 471; *Krugmann*, Der Grundsatz der Verhältnismäßigkeit im Völkerrecht, 2004, S. 75 ff., 124 f.; *Cottier u.a.*, The Principle of Proportionality in International Law, NCCR-WP 2012/38, 1, 4.

Im WTO-Recht vgl. u.a. *Kapterian*, A Critique of the WTO Jurisprudence on „Necessity", ICLQ 2010, 89, 91, 119; *Du*, Autonomy in Setting Appropriate Level of Protection under the WTO Law, JIEL 2010, 1077, 1096; *Osiro*, GATT/WTO Necessity Analysis, LIEI 2002, 123, 127–128; *Neumann/Türk*, Necessity Revisited, JWT 2003, 199, 208–209; *Regan*, The Meaning of „Necessary" in GATT Article XX and GATS Article XIV, WTR 2007, 347, 349 f., 355; *Van den Bossche*, Looking for Proportionality in WTO Law, LIEI 2008, 283, 294.

796 Vgl. u.a. *Charnovitz*, The Law of Environmental „PPMs" in the WTO, YJIL 2002, 59, 101; *Riffel*, The Chapeau: Stringent Threshold or Good Faith Requirement, LIEI 2018, 141, 172–173; *Ioannidis*, Developing Standards of Participation in WTO Law, GLJ 2019, 1175, 1202; *Henckels*, Revisiting Proportionality Analysis, JIEL 2012, 223, 250 f.; *Howse/Langille*, Seal Product Dispute and Moral Values, YJIL 2012, 367, 419, 428; *Neumann/Türk*, Necessity Revisited, JWT 2003, 199, 232; *Fontanelli*, Necessity Killed the GATT, EJILS 2012/13, 36, 56, Fn. 109 a.a.O.; *Desmedt*, Proportionality in WTO Law, JIEL 2001, 441, 469.

Diese Unklarheit besteht auch dann, wenn die Einschätzung des regulierenden WTO-Mitglieds zur Verhältnismäßigkeit i. w. S. der ergriffenen Maßnahme durch die Einräumung eines Einschätzungsspielraums für dieses WTO-Mitglied sowie durch die Anwendung bestimmter Prüfungsdichten kontrolliert wird.[797] Denn es stellt sich dabei wiederum die Frage, nach welcher Regel beurteilt werden soll, ob und inwieweit richterliche Zurückhaltung gewährt werden soll und gerechtfertigt sein kann, nämlich ob eine dynamische oder zurückhaltende Abwägung gerechtfertigt ist bzw. ob eine Abwägung ausnahmsweise durchgeführt oder überhaupt nicht vorgenommen werden soll.

Wie bereits dargelegt, ist die Anwendung des Verhältnismäßigkeitsgrundsatzes i. w. S. bei der Interpretation des Art. XX GATT unvermeidlich.[798] Ob die Anwendung dieses Grundsatzes zu einem gerechtfertigten Ergebnis führt, kommt darauf an, ob die Verhältnismäßigkeitsprüfung i. w. S. richtig durchgeführt wird.[799] In diesem Fall scheinen zwar alle Einwände gegen den Verhältnismäßigkeitsgrundsatz i. w. S. ihre Wirkung zu verlieren,[800] doch bleibt die Frage, nach welcher Regel eine richtige Anwendung dieses Grundsatzes festzustellen ist.

Damit ist die Klärung der Frage entscheidend, nach welcher Regel[801] beurteilt werden soll, ob der Verhältnismäßigkeitsgrundsatz i. w. S. in gerechtfertigter Weise angewendet wurde bzw. angewendet werden soll. Ohne die Klärung dieser Regel kann nicht beurteilt werden, ob das Verhältnis zwischen Umweltschutz und Handelsfreiheit in der Entscheidungspraxis zu Art. XX GATT richtig behandelt wurde bzw. ob die Anwendung der Verhältnismäßigkeitsprüfung i. w. S. in das Souveränitätsrecht eines WTO-Mitglieds ungerechtfertigt eingreift.[802] Ebenso unklar bleibt die Frage, ob und inwieweit die WTO-Streitbeilegungsorgane richterliche Zurückhaltung bei der Überprüfung

---

[797] Teil 1 Kapitel 1 § 2 C. III., § 3 C., § 4 B. I. 2. a), § 4 B. II. 1., § 4 B. III. 2. b).

[798] *Möller*, Proportionality, ICON 2012, 709, 724–727.

[799] *Möller*, Proportionality, ICON 2012, 709, 716–718, 731; *Khosla*, Proportionality: An Assault on Human Rights?: A Reply, ICON 2010, 298.

[800] Vgl. *Urbina*, A Critique of Proportionality and Balancing, 2017, S. 138.

[801] Zu den verschiedenen Formulierungen dieser Regel vgl. *Franck*, Proportionality in International Law, LEHR 2010, 229, 234: „baseline“; *Nolte*, Multipurpose Self-Defence, Proportionality Disoriented, EJIL 2013, 283, 287: „benchmark“; *Etezazian*, The Nature of the Self-defence Proportionality Requirement, JUFIL 2016, 260, 261: „main equation“; *McKenna*, The Discourse of Proportionality and the Use of Force, NJIL 2020, 364, 371: „criterions and standards“.

[802] Zum Beispiel, Moran warf die Frage auf, ob die geringe Zahl der gewonnenen Umweltstreitigkeiten darauf hindeute, dass der Marktzugang Vorrang vor den in Art. XX GATT aufgeführten öffentlichen Zielen habe. Hierzu siehe: *Moran*, The First Twenty Cases under GATT Article XX, in: Adinolfi u. a. (Hrsg.), International Economic Law, 2017, S. 4. Für die genannte Quote vgl. S. 15 f. a. a. O.

der Einschätzung des regulierenden WTO-Mitglieds zur Verhältnismäßigkeit i. w. S. der angegriffenen Umweltmaßnahme üben sollen.

Diese Regel wurde bislang weder in der Entscheidungspraxis noch im Schrifttum zur Auslegung des Art. XX GATT hinreichend klargestellt. Damit bleibt die zentrale Frage für die Bestimmung des Stellenwerts des Verhältnismäßigkeitsprinzips i. w. S. bei der Interpretation des Art. XX GATT unbeantwortet.

## § 4 Darstellung der offenen Kernfrage anhand von Beispielsfällen aus der Entscheidungspraxis der WTO-Streitbeilegungsorgane

In diesem Abschnitt wird die offene Kernfrage anhand von Beispielsfällen aus der Entscheidungspraxis der WTO-Streitbeilegungsorgane näher erläutert.

### A. EC – Asbestos: Schutzziel und Schutzgut – Unklarheit über die Reichweite des Einschätzungsspielraums eines WTO-Mitglieds hinsichtlich der Gefährdungslage des Schutzguts sowie der Legitimität des angegebenen Schutzziels einschließlich des behaupteten Schutzniveaus

Asbest wird in der Industrie und in anderen gewerblichen Anwendungen in großem Umfang eingesetzt. Es handelt sich dabei jedoch, insbesondere nach Auffassung der damaligen EG, um einen hochtoxischen Stoff, der eine erhebliche Gefahr für die menschliche Gesundheit darstellt. Die Exposition gegenüber Chrysotil-Asbest kann nämlich das Risiko für Asbestose, Lungenkrebs, Mesotheliome usw. erhöhen.[803] Zum erklärten Schutz der menschlichen Gesundheit vor der Exposition gegenüber Asbestfasern hatte Frankreich das Dekret Nr. 96-1133 erlassen, das ein vollständiges Verbot von Asbestfasern und asbestfaserhaltigen Produkten vorsah. Art. 2 Decree Nr. 96-1133 sah eine Ausnahme für die Verwendung „substituierter“ Asbestprodukte vor, wenn diese Produkte ein geringes Gesundheitsrisiko für die Arbeitnehmer darstellten und alle technischen Sicherheitsgarantien gegeben waren.[804]

---

803 WTO, Panel-Bericht v. 18. 9. 2000, WT/DS135/R, „EC – Asbestos“, Para. 3.59 f., 3.477, 8.185 – 8.186.

804 Art. 2 Decree Nr. 96-1133 sieht vor: „On an exceptional and temporary basis, the bans instituted under Article 1 shall not apply to certain existing materials, products or devices containing chrysotile fibre when, to perform an equivalent function, no substitute for that fibre is available which: On the one hand, in the present state of scientific knowledge, poses a lesser occupational health risk than chrysotile fibre to

Kanada wandte sich gegen diese Verordnung mit der Begründung ein, dass das Asbestverbot gegen die Verpflichtung zur Inländerbehandlung nach Art. III:4 GATT verstoße; denn die importierten Chrysotil-Fasern und Chrysotil-Zementerzeugnisse aus Kanada würden gegenüber gleichartigen Erzeugnissen, nämlich den teilweise aus der EG stammenden Ersatzfasern und -erzeugnissen, benachteiligt.[805] Das Panel bejahte eine Verletzung von Art. III:4 GATT.[806]

## I. Gefährdungslage des Schutzguts

### 1. Panel-Verfahren

Frankreich war jedoch der Auffassung, dass diese Verletzung unter Berufung auf Art. XX (b) GATT gerechtfertigt sei, weil eine Gefahr für die menschliche Gesundheit bestehe; denn die Exposition gegenüber Asbestprodukten könne unter anderem Asbestose, Lungenkrebs oder Mesotheliome verursachen und diese Gefahr werde in der wissenschaftlichen Gemeinschaft allgemein anerkannt.[807] Hingegen bestritt Kanada die von Frankreich behauptete Gefährdungslage. Kanada trug vor, dass die Verwendung von Chrysotil-Fasern nicht unbedingt ein Risiko für die menschliche Gesundheit darstelle, weil es auf die Intensität und Dauer der Exposition ankomme und zahlreiche wissenschaftliche Nachweise dafür vorlägen, dass Chrysotil kein Mesotheliom verursache.[808]

Das Panel erkannte an, dass wissenschaftliche Unsicherheit darüber bestehe, ob die menschliche Gesundheit durch die Verwendung von Chrysotil-Fasern tatsächlich gefährdet werden könne.[809] Außerdem stimmte das Panel dem zu, dass die tatsächliche Wahrscheinlichkeit einer Gefahr für die menschliche Gesundheit durch die Verwendung von Chrysotil-Fasern unklar sei, weil das Auftreten dieser Gefahr von der Dauer und Intensität der Exposition abhänge.[810]

---

workers handling those materials, products or devices; on the other, provides all technical guarantees of safety corresponding to the ultimate purpose of the use thereof."

[805] WTO, Panel-Bericht v. 18.9.2000, WT/DS135/R, „EC – Asbestos", Para. 3.410.

[806] WTO, Panel-Bericht v. 18.9.2000, WT/DS135/R, „EC – Asbestos", Para. 8.158.

[807] WTO, Panel-Bericht v. 18.9.2000, WT/DS135/R, „EC – Asbestos", Para. 8.185–8.186 i.V.m. 3.59f., 3.477.

[808] WTO, Panel-Bericht v. 18.9.2000, WT/DS135/R, „EC – Asbestos", Para. 8.187 i.V.m. 3.50.

[809] WTO, Panel-Bericht v. 18.9.2000, WT/DS135/R, „EC – Asbestos", Para. 8.188, 8.192.

[810] WTO, Panel-Bericht v. 18.9.2000, WT/DS135/R, „EC – Asbestos", Para. 8.189–8.191.

Dennoch bejahte das Panel eine solche Gefahr beruhend auf der Feststellung, dass einem regulierenden Mitglied der WTO bei der Beurteilung einer solchen Gefahr ein Ermessensspielraum zustehe, wenn wissenschaftliche und empirische Unsicherheit bestehe.[811]

### 2. Berufungsverfahren

Im Berufungsverfahren wurde die Feststellung des Panels vom AB bestätigt.[812] Bezüglich der Feststellung der Gefährdung des Schutzguts sah der AB, entgegen der Auffassung Kanadas,[813] kein Erfordernis nach Art. XX (b) GATT, wonach das Risiko für das menschliche Leben oder die menschliche Gesundheit quantifiziert werden müsse.[814] Nach Auffassung des AB könnten sowohl der qualitative Ansatz als auch die quantitative Analyse für die Beurteilung der Gefährdungslage des Schutzguts einer Maßnahme maßgeblich sein.[815]

### 3. Fragestellung

In der Entscheidungspraxis der WTO-Streitbeilegungsorgane zu Art. XX GATT wurde die Einschätzung des regulierenden WTO-Mitglieds zum Vorliegen einer Gefährdungslage des Schutzguts zwar nahezu einheitlich bejaht.[816] Diese richterliche Zurückhaltung weist jedoch gewisse Begründungslücken auf. Es wurde nämlich nicht hinreichend klargestellt, wie weit der Einschätzungsspielraum des regulierenden WTO-Mitglieds bei der Festlegung der Gefährdungslage des Schutzguts, insbesondere bei wissenschaftlicher Unsicherheit, reicht. Zwei Ausnahmen von der zurückhaltenden Entscheidungs-

---

811 WTO, Panel-Bericht v. 18. 9. 2000, WT/DS135/R, „EC – Asbestos", Para. 8.188, 8.193.

812 WTO, AB-Bericht v. 12. 3. 2001, WT/DS135/AB/R, „EC – Asbestos", Para. 161 – 162.

813 WTO, AB-Bericht v. 12. 3. 2001, WT/DS135/AB/R, „EC – Asbestos", Para. 165: „[...] the Panel had an obligation to ‚quantify' itself the risk associated with chrysotile-cement products and that it could not simply ‚rely' on the ‚hypotheses' of the French authorities."

814 WTO, AB-Bericht v. 12. 3. 2001, WT/DS135/AB/R, „EC – Asbestos", Para. 167; unter Verweis auf WTO, AB-Bericht v. 16. 1. 1998, WT/DS26/AB/R u. a., „EC – Hormones", Para. 186; vgl. auch WTO, Panel-Bericht v. 18. 9. 2000, WT/DS135/R, „EC – Asbestos", Para. 8.193.

815 WTO, AB-Bericht v. 12. 3. 2001, WT/DS135/AB/R, „EC – Asbestos", Para. 167; unter Verweis auf WTO, AB-Bericht v. 16. 1. 1998, WT/DS26/AB/R u. a., „EC – Hormones", Para. 186; vgl. auch WTO, Panel-Bericht v. 18. 9. 2000, WT/DS135/R, „EC – Asbestos", Para. 8.193.

816 Näheres siehe: Teil 2 Kapitel 7 § 1 A. i. V. m. Kapitel 5 § 1 A. I.

praxis, nämlich der Fall Indonesia – Import Licensing Regimes[817] und der Fall Turkey – Pharmaceutical Products (EU),[818] verschärfen die Notwendigkeit, die genannten Begründungslücken zu schließen.

Auch im Schrifttum ist diese Frage nicht eindeutig geklärt. Zwar wird teilweise die Auffassung vertreten, dass ein Einschätzungsspielraum des regulierenden WTO-Mitglieds bei der Festlegung der Gefährdungslage des Schutzguts grundsätzlich anerkannt werden solle, insbesondere wenn die wissenschaftliche Studienlage unsicher sei.[819] Gleichzeitig wird gewisse Skepsis gegenüber der Anerkennung eines Einschätzungsspielraums für das regulierende WTO-Mitglied hinsichtlich der Festlegung der Gefährdungslage des Schutzguts geäußert, nämlich wie weit dieser Beurteilungsspielraum reiche bzw. inwieweit die WTO-Streitbeilegungsorgane bei der Überprüfung Zurückhaltung gewähren sollen.[820]

---

[817] WTO, Panel-Bericht v. 22.12.2016, WT/DS477/R u.a., „Indonesia – Import Licensing Regimes", Para. 7.627–7.628 und 7.632.

[818] WTO, Panel-Bericht v. 11.11.2021, unverbreitet und beigefügt zur Mitteilung v. 28.4.2022 über die Berufung der Türkei gemäß Art. 25 DSU, WT/DS583/12, „Turkey – Pharmaceutical Products (EU)", Para. 7.165–7.180; WTO, Schiedsspruch gemäß Art. 25 DSU v. 25.7.2022, WT/DS583/ARB25, „Turkey – Pharmaceutical Products (EU)", Para. 6.104–6.111, 6.116–6.122.

[819] *Goh*, Science and Sovereignty, JWIP 2003, 441, 464–468, 470–471; *Nuzzo*, GATT Moral Clause after Colombia – Textiles, EJLS 2017, 267, 274–277; *Martinez*, Towards an International Judicial System, StanfordLR 2003, 429, 519–520; *Howse/Tuerk*, A Case Study of the EC Asbestos Dispute, in: de Búrca/Scott (Hrsg.), The EU and the WTO, 2003, S. 326 i.V.m. 322–323; *Guzman*, Determining the Appropriate Standard of Review in the WTO Law, CJIL 2004, 45, 68–73; *Button*, Trade, Health, and Uncertainty in the WTO, 2004, S. 217f.; *dies.*, The WTO's „Objective Assessment" Standard of Review and Panel Review of Health Measures, in: Mitchell (Hrsg.), The Challenges and Prospects for the WTO, 2005, S. 106–113; *Herwig/Serdarevic*, Standard of Review for Necessity and Proportionality Analysis in EU and WTO Law, in: Gruszczynski/Werner (Hrsg.), Deference in International Courts and Tribunals, 2014, S. 229 und 231; *Gruszczynski/Vadi*, Standard of Review and Scientific Evidence in WTO Law and International Investment Arbitration, in: Gruszczynski/Werner (Hrsg.), Deference in International Courts and Tribunals, 2014, S. 171; *Bloche*, WTO Deference to National Health Policy, JIEL 2002, 825, 835; *Christoforou*, Settlement of Science-Based Trade Disputes in the WTO, NYUELJ 2000, 622, 635ff.; *Ehlermann*, Six Years on the Bench of the „World Trade Court", JWT 2002, 605, 605–606, 627–628 i.V.m. 639; *Zleptnig*, The Standard of Review in WTO Law, EIoP 2002, 1, 15–16; *Cheyne*, Gateways to the Precautionary Principle in WTO Law, JEL 2007, 155, 162ff. und 168ff.; *Du*, Autonomy in Setting Appropriate Level of Protection under the WTO Law, JIEL 2010, 1077, 1089–1090 i.V.m. 1080–1083.

[820] *Gruszczynski/Vadi*, Standard of Review and Scientific Evidence in WTO Law and International Investment Arbitration, in: Gruszczynski/Werner (Hrsg.), Deference in International Courts and Tribunals, 2014, S. 170–171; *Blackett*, Mapping the Equilibrium Line, SLR 2002, 369, 390–392; *Herwig/Serdarevic*, Standard of Review for Necessity and Proportionality Analysis in EU and WTO Law, in: Gruszczynski/Wer-

## II. Schutzniveau

### 1. Panel-Verfahren

Im Panel-Verfahren wurde das von Frankreich behauptete Schutzniveau, nämlich eine Aufhaltung der Verbreitung asbestbedingter Gesundheitsrisiken, anerkannt.[821] Gleichzeitig wies das Panel darauf hin, dass ein WTO-Mitglied ein höheres Schutzniveau als internationale Standards festlegen könne und das Panel dieses Schutzniveau nicht in Frage stellen dürfe.[822]

### 2. Berufungsverfahren

Im Berufungsverfahren argumentierte Kanada, dass das Panel irrtümlicherweise feststelle, dass das behauptete Schutzniveau Frankreichs für die menschliche Gesundheit darin bestehe, die Ausbreitung asbestbedingter Gesundheitsrisiken aufzuhalten; denn das Panel habe das Risiko nicht berücksichtigt, das mit der unkontrollierten Verwendung von Ersatzprodukten verbundenen sei.[823] Demgegenüber erklärte der AB ausdrücklich, dass das Recht eines Mitglieds der WTO zur Festlegung des Schutzniveaus unstreitig sei.[824]

### 3. Fragestellung

In der Entscheidungspraxis der WTO-Streitbeilegungsorgane zu Art. XX GATT wird die Legitimität der Einschätzung des regulierenden WTO-Mitglieds zum Schutzziel und zum Schutzniveau zwar im Ergebnis nahezu einheitlich bejaht.[825] Diese Zurückhaltung ist jedoch nicht hinreichend begrün-

---

ner (Hrsg.), Deference in International Courts and Tribunals, 2014, S. 229; *Reusch*, Die Legitimation des WTO-Streitbeilegungsverfahrens, 2007, S. 269–270, 273–274; *Ioannidis*, Beyond the Standard of Review Deference Criteria in WTO Law and the Case for a Procedural Approach, in: Gruszczynski/Werner (Hrsg.), Deference in International Courts and Tribunals, 2014, S. 102; *Zleptnig*, The Standard of Review in WTO Law, EIoP 2002, 1, 12.

821 WTO, Panel-Bericht v. 18.9.2000, WT/DS135/R, „EC – Asbestos“, Para. 8.204.

822 WTO, Panel-Bericht v. 18.9.2000, WT/DS135/R, „EC – Asbestos“, Para. 8.210, vgl. auch Para. 8.171.

823 WTO, AB-Bericht v. 12.3.2001, WT/DS135/AB/R, „EC – Asbestos“, Para. 165.

824 WTO, AB-Bericht v. 12.3.2001, WT/DS135/AB/R, „EC – Asbestos“, Para. 168: „[…] relating to the level of protection, we note that it is undisputed that WTO Members have the right to determine the level of protection of health that they consider appropriate in a given situation.“

825 Teil 2 Kapitel 7 § 1 B. i.V.m. Kapitel 5 § 1 A. II.

det. Es ist nicht hinreichend geklärt, wie weit der Ermessensspielraum des regulierenden WTO-Mitglieds reicht.

So enthält ein Absatz im AB-Bericht zu Korea-Beef, auf den sich die WTO-Streitbeilegungsorgane zur Begründung der Anerkennung eines Einschätzungsspielraums des regulierenden WTO-Mitglieds hinsichtlich des Schutzniveaus regelmäßig berufen, einen Vorbehalt. Demnach soll das vom regulierenden WTO-Mitglied behauptete Schutzniveau für importierte und für im Inland hergestellte Produkte gleich sein.[826] In China – Rare Earths sah das Panel den Einschätzungsspielraum eines WTO-Mitglieds hinsichtlich des Schutzniveaus als nicht uneingeschränkt an.[827]

Im Schrifttum wird teilweise vertreten, dass die Festlegung des Schutzziels und des Schutzniveaus ein absolutes Recht des regulierenden WTO-Mitglieds darstelle.[828] Ein anderer Teil der wissenschaftlichen Literatur äußert jedoch Skepsis gegenüber der vorgenannten Ansicht,[829] und die Einschätzungsprärogative des regulierenden WTO-Mitglieds soll nach dieser Ansicht bestimmten Einschränkungen, wie dem Missbrauchsverbot und dem Diskriminierungsverbot, unterliegen.[830] Es ist nämlich nicht hinreichend geklärt, wie weit der Einschätzungsspielraum eines WTO-Mitglieds bei der Festlegung des Schutz-

---

[826] WTO, AB-Bericht v. 11.12.2000, WT/DS161/AB/R u.a., „Korea – Beef", Para. 176: „The panel (of US – 337) added, however, the caveat that ‚provided that such law and such level of enforcement are the same for imported and domestically produced products'."

[827] WTO, Panel-Bericht v. 26.3.2014, WT/DS431/R u.a., „China – Rare Earths", Para. 7.268–7.270.

[828] *Fontanelli*, Necessity Killed the GATT, EJILS 2012/13, 36, 41–43, 54; *Cheyne*, Gateways to the Precautionary Principle in WTO Law, JEL 2007, 155, 170; *Bohanes/Lockhart*, Standard of Review in WTO Law, in: Bethlehem u.a. (Hrsg.), The Oxford Handbook of International Trade Law, 1. Aufl. 2009, S. 415 i.V.m. 413; *Stoll/Schorkopf*, WTO, 2002, S. 63 Rn. 180; *Howse/Turk*, A Case Study of the Canada – EC Asbestos Dispute, in: de Búrca/Scott (Hrsg.), The EU and the WTO, 2001, S. 326; *Thiedemann*, WTO und Umwelt, 2005, S. 136–137; *Bloche*, WTO Deference to National Health Policy, JIEL 2002, 825, 835, 848; *Epiney*, Welthandel und Umwelt, DVBl. 2000, 77, 85; *Mavroidis*, The General Agreement on Tariffs and Trade: A Commentary, S. 191; vgl. *Neumann/Türk*, Necessity Revisited, JWT 2003, 199, 212–213.

[829] *Ozbirn*, An Analysis and Synthesis of the Decisional Law Applying Article XX (g) GATT, PMGBDLJ 2008, 371, 392–393; *Paltrowitz*, A Greening of the World Trade Organization, BJIL 2001, 1789, 1837 i.V.m. 1826–1828; *Muller*, The Necessity Test and Trade in Services, JWT 2015, 951, 959–960; *Blackett*, Mapping the Equilibrium Line, SLR 2002, 369, 390–392.

[830] *von Bogdandy*, Internationaler Handel und Nationaler Umweltschutz, EuZW 1992, 243, 245, 246; *Desmedt*, Proportionality in WTO Law, JIEL 2001, 441, 469; *Esty*, Greening the GATT: Trade, Environment, and the Future, 1994, S. 116; *Kometani*, How Should WTO Panels Review Environmental Regulations under GATT Articles III and XX, NJILB 1996, 441, 457.

niveaus reicht bzw. inwieweit die WTO-Streitbeilegungsorgane Zurückhaltung bei der Überprüfung der Legitimität dieses Schutzniveaus üben sollen.

## B. China – Rare Earths: Implizite Abwägung und damit Angemessenheitsprüfung im Rahmen der „Geeignetheitsprüfung“?

Im Schrifttum wird überwiegend die Auffassung vertreten, dass die Geeignetheitsprüfung eher anspruchslos sei und nur verlange, dass eine Maßnahme geeignet sei, das angestrebte Ziel zu fördern.[831] In der Entscheidungspraxis zu Art. XX GATT war die Geeignetheitsprüfung seit US – Automobiles[832] auch lange Zeit unproblematisch. Dies ändert sich jedoch mit den Fällen China – Raw Materials,[833] China – Rare Earths,[834] Indonesia – Import Licensing Regimes[835] und Indonesia – Raw Materials.[836]

Seltene Erden (*rare earths*), zum Beispiel, sind Rohstoffe, und Seltenerdelemente sind von strategischer Bedeutung für die moderne Industrie und Hochtechnologie. China ist der weltweit größte Produzent von Seltenen Erden und betrachtet sie gleichzeitig als schützenswerte natürliche Ressourcen, weshalb Ausfuhrquoten für Seltene Erden von China verhängt wurden.[837] Zu den chinesischen Maßnahmen gehörten Ausfuhrzölle und Ausfuhrkontingente für Seltene Erden, Wolfram (*tungsten*) und Molybdän (*molybdenum*).[838] Die of-

---

[831] *Van den Bossche*, Looking for Proportionality in WTO Law, LIEI 2008, 283, 287 i. V. m. 285, 294; *Henckels*, Revisiting Proportionality Analysis, JIEL 2012, 223, 247; *Du*, The Necessity Test in World Trade Law, CJIL 2016, 817, 825; vgl. *Panizzon/Arnold/Cottier*, Handel und Umwelt in der WTO, URP 2010, 199, 226; vgl. *Matsushita*, Human Health Issues in major WTO Dispute Cases, AJWH 2009, 1, 22; *Nuzzo*, GATT Moral Clause after Colombia – Textiles, EJLS 2017, 267, 285.

[832] GATT, Panel-Bericht v. 11. 10. 1994, DS31/R, „US – Automobiles“, Para. 5.60, 5.66.

[833] WTO, Panel-Bericht v. 5. 7. 2011, WT/DS394/R u. a., „China – Raw Materials“, Para. 7.416–7.469; WTO, AB-Bericht v. 30. 1. 2012, WT/DS394/AB/R u. a., „China – Raw Materials“, Para. 345–361.

[834] WTO, Panel-Bericht v. 26. 3. 2014, WT/DS431/R u. a., „China – Rare Earths“, Para. 7.378–7.615; WTO, AB-Bericht v. 7. 8. 2014, WT/DS431/AB/R u. a., „China – Rare Earths“, Para. 5.142–5.160, 5.163–5.169.

[835] WTO, Panel-Bericht v. 22. 12. 2016, WT/DS477/R u. a., „Indonesia – Import Licensing Regimes“, Para. 7.801.

[836] WTO, Panel-Bericht v. 30. 11. 2022, WT/DS592/R, „Indonesia – Raw Materials“, Para. 7.260 ff.

[837] Vgl. WTO, Panel-Bericht v. 26. 3. 2014, WT/DS431/R u. a., „China – Rare Earths“, Para. 2.8 und 2.11–2.12.

[838] Vgl. WTO, Panel-Bericht v. 26. 3. 2014, WT/DS431/R u. a., „China – Rare Earths“, Para. 2.8 und 2.11–2.12.

fene Frage bezüglich der Geeignetheitsprüfung wird hier am Beispiel der chinesischen Exportquoten für Seltene Erden dargestellt.[839] Die USA, die EU und Japan erhoben am 27.6.2012 eine Klage vor der WTO und argumentierten vor dem Panel, dass China mit der Einführung dieser Exportquoten gegen Art. XI:1 GATT verstoße.[840]

## I. Panel-Verfahren

Das Panel stellte fest und China bestritt nicht, dass Chinas Ausfuhrquoten für Seltene Erden u.a. gegen Art. XI:1 GATT verstießen.[841] China versuchte jedoch, diese Pflichtverletzung u.a. gemäß Art. XX (g) GATT zu rechtfertigen.[842] Nachdem festgestellt wurde, dass Seltene Erden erschöpfbare Naturressourcen i.S.v. Art. XX (g) GATT darstellten, kam das Panel zur Geeignetheitsprüfung im Rahmen der Interpretation der Bedingungen in diesem Absatz.[843]

### 1. Anzuwendender Prüfungsansatz

Das Panel vom China – Rare Earths stellte dabei fest, dass sich die Prüfung des Art. XX (g) GATT auf die Struktur und Gestaltung der angegriffenen Maßnahme fokussieren solle und damit die Frage geklärt werden solle, ob die Maßnahme die Konservierung von Seltenen Erden fördere.[844] Ein quantitativer Test sei hingegen nicht erforderlich.[845] Das Panel müsse die tatsächliche

---

[839] Eine ausführliche Darstellung hierzu siehe: Teil 3 Kapitel 9 § 1 B. II.

[840] WTO, Panel-Bericht v. 26.3.2014, WT/DS431/R u.a., „China – Rare Earths", Para. 1.3 und 3.1.

[841] WTO, Panel-Bericht v. 26.3.2014, WT/DS431/R u.a., „China – Rare Earths", Para. 7.200.

[842] WTO, Panel-Bericht v. 26.3.2014, WT/DS431/R u.a., „China – Rare Earths", Para. 7.200.

[843] WTO, Panel-Bericht v. 26.3.2014, WT/DS431/R u.a., „China – Rare Earths", Para. 7.378–7.615.

[844] WTO, Panel-Bericht v. 26.3.2014, WT/DS431/R u.a., „China – Rare Earths", Para. 7.290, 7.327, 7.328: „In the Panel's view, the assessment of compliance with subparagraph (g) should focus on the architecture and the design of the challenged measure to determine whether it has a substantial link with conservation, e.g. whether it supports, assists, or contributes to conservation of the resources at issue since the object of the analysis under subparagraph (g) is for the Panel to determine whether China's export quotas on rare earths, tungsten, and molybdenum are about conservation."

[845] WTO, Panel-Bericht v. 26.3.2014, WT/DS431/R u.a., „China – Rare Earths", Para. 7.304.

Auswirkung nicht unbedingt bei der Prüfung des Absatzes (g) von Art. XX GATT, sondern ggf. im Rahmen der Chapeau-Prüfung berücksichtigen.[846]

Dabei wurde die Geeignetheit der chinesischen Maßnahme unter Berücksichtigung verschiedener Umstände vom Panel abgelehnt.

### 2. Teilprüfung: Der *relating to*-Test des Art. XX (g) GATT

Bei der Prüfung der Bedingung *relating to* entschied das Panel, dass die Berücksichtigung des gesamten Regelungsinstituts zur Konservierung erheblich für die Beurteilung sei, ob sich eine Maßnahme auf die Erhaltung natürlicher Ressourcen beziehe.[847] Die folgenden Umstände, nämlich der Textbezug,[848] die illegale Förderung und Produktion im Inland,[849] die Signalfunktion,[850] die nachhaltige Entwicklung inländischer Industrien,[851] die Aufteilung der Exportquoten sowie die Kriterien für die Quotenverteilung von Seltenen Erden,[852] wurden vom Panel für die Beurteilung der Geeignetheit der chinesischen Maßnahme gewürdigt.

Zum Beispiel, China führte gestützt auf die Signalfunktion aus, dass die Exportquoten als auf die Konservierung abzielend angesehen werden sollten, weil sie die ausländischen Käufer u. a. dazu anreizten, nach alternativen Ressourcen bzw. Lieferanten zu suchen und damit die Nachfrage nach Seltenen Erden zu reduzieren.[853] Die Gegenseite und auch das Panel waren jedoch der Auffassung, dass die Exportquoten zugleich ein perverses Signal an die einheimischen Verbraucher aussenden könnten, weil sie den inländischen Verbrauch Seltener Erden stimulieren könnten, indem sie den inländischen

---

[846] WTO, Panel-Bericht v. 26. 3. 2014, WT/DS431/R u. a., „China – Rare Earths", Para. 7.304: „The Panel notes that the ‚work together' criterion does not impose an effects or impact test. In the Panel's view, the relative impact of China's foreign and domestic restrictions are not assessed under Article XX (g), but may instead be relevant in an assessment of compliance under the chapeau of Article XX."

[847] WTO, Panel-Bericht v. 26. 3. 2014, WT/DS431/R u. a., „China – Rare Earths", Para. 7.286.

[848] WTO, Panel-Bericht v. 26. 3. 2014, WT/DS431/R u. a., „China – Rare Earths", Para. 7.384–7.407.

[849] WTO, Panel-Bericht v. 26. 3. 2014, WT/DS431/R u. a., „China – Rare Earths", Para. 7.431–7.439.

[850] WTO, Panel-Bericht v. 26. 3. 2014, WT/DS431/R u. a., „China – Rare Earths", Para. 7.440–7.448.

[851] WTO, Panel-Bericht v. 26. 3. 2014, WT/DS431/R u. a., „China – Rare Earths", Para. 7.449–7.454.

[852] WTO, Panel-Bericht v. 26. 3. 2014, WT/DS431/R u. a., „China – Rare Earths", Para. 7.465–7.485.

[853] WTO, Panel-Bericht v. 26. 3. 2014, WT/DS431/R u. a., „China – Rare Earths", Para. 7.440.

Downstream-Industrien mehr Rohstoffe zu niedrigen Preisen zur Verfügung stellten.[854] Dieses perverse Signal könne zwar durch Förder- und Produktionsquoten überwunden werden, jedoch China habe nicht ausreichend nachgewiesen, dass dies tatsächlich der Fall sei.[855]

### 3. Teilprüfung: Das inländische Beschränkungsgebot bezüglich des Vorhandenseins einer Beschränkung im Inland

Als inländische Beschränkungen zog China die folgenden Maßnahmen heran: Zugangsvoraussetzungen zur Förderung Seltener Erden,[856] Förder-, Herstellungs- und Exportquoten,[857] inländische Verbrauchsvolumen,[858] Erhebung der Umweltsteuer[859] sowie Anforderungen an den Umweltschutz und entsprechende Durchführungsmaßnahmen.[860] Unter Berücksichtigung dieser Umständen lehnte das Panel jedoch das Vorhandensein inländischer Beschränkungen i. S. v. Art. XX (g) GATT ab.[861]

Zum Beispiel machte China geltend, dass die Export- und Produktionsquoten für Seltene Erden insgesamt zu einer mengenmäßigen Beschränkung des chinesischen Inlandsverbrauchs von Seltenen Erden führten.[862] Die Gegenseite und das Panel lehnten hingegen ab, dass eine Beschränkung für den Verbrauch Seltener Erden innerhalb Chinas überhaupt verhängt worden sei.[863]

Zum einen würden keine Beweise dafür vorgelegt, dass Quoten für den Inlandsverbrauch oder andere Formen regulatorischer Kontrolle zur Begrenzung

---

[854] WTO, Panel-Bericht v. 26.3.2014, WT/DS431/R u. a., „China – Rare Earths", Para. 7.441, 7.444.

[855] WTO, Panel-Bericht v. 26.3.2014, WT/DS431/R u. a., „China – Rare Earths", Para. 7.445–7.446.

[856] WTO, Panel-Bericht v. 26.3.2014, WT/DS431/R u. a., „China – Rare Earths", Para. 7.495–7.501.

[857] WTO, Panel-Bericht v. 26.3.2014, WT/DS431/R u. a., „China – Rare Earths", Para. 7.502–7.544.

[858] WTO, Panel-Bericht v. 26.3.2014, WT/DS431/R u. a., „China – Rare Earths", Para. 7.545–7.550.

[859] WTO, Panel-Bericht v. 26.3.2014, WT/DS431/R u. a., „China – Rare Earths", Para. 7.551–7.555.

[860] WTO, Panel-Bericht v. 26.3.2014, WT/DS431/R u. a., „China – Rare Earths", Para. 7.556–7.567.

[861] WTO, Panel-Bericht v. 26.3.2014, WT/DS431/R u. a., „China – Rare Earths", Para. 7.489–7.566.

[862] WTO, Panel-Bericht v. 26.3.2014, WT/DS431/R u. a., „China – Rare Earths", Para. 7.545.

[863] WTO, Panel-Bericht v. 26.3.2014, WT/DS431/R u. a., „China – Rare Earths", Para. 7.546, 7.547 f.

des Inlandsverbrauchs bestünden.[864] Zum anderen lägen keine Beweise dafür vor, dass Durchsetzungsmaßnahmen zur Kontrolle des Inlandsverbrauchs Seltener Erden durch inländische Downstream-Industrien ergriffen würden.[865] Hingegen ergebe sich aus den finanziellen Unterstützungsmaßnahmen für solche Industrien, dass der inländische Verbrauch Seltener Erden eher gefördert als eingeschränkt werde.[866] Aus ähnlichen Gründen wie bei den Förder- und Produktionsquoten hinsichtlich des erwarteten Niveaus der Nachfrage nach Seltenen Erden betrachtete das Panel die Verbrauchsquoten im Inland nicht als Beschränkung an.[867]

#### 4. Teilprüfung: Das inländische Beschränkungsgebot bezüglich der Beziehung zwischen inländischer Beschränkung und Beschränkung des ausländischen Verbrauchs

Als Prüfungsmaßstab für die Bedingung *made effective in conjunction with domestic restrictions* in Art. XX (g) GATT stellte das Panel fest, dass die ausländischen und inländischen Beschränkenden Maßnahmen gleichzeitig oder nahezu gleichzeitig durchgeführt würden und sich gegenseitig ergänzen müssten.[868] Nach Ansicht des Panels habe China jedoch nicht dargelegt, wie die Ausfuhrquoten mit den Beschränkungen der inländischen Produktion und des inländischen Verbrauchs zur Konservierung Seltener Erden zusammenwirkten.[869] Das Panel kam zu dieser Schlussfolgerung unter Berücksichtigung des Umfangs und des Zeitpunkts der Export-, Förder- und Produktionsquoten für 2012,[870] der Verhängung von Exportquoten nach Art der Produkte aus Seltenen Erden,[871] der *even-handedness*-Anforderung[872] sowie der

---

864 WTO, Panel-Bericht v. 26.3.2014, WT/DS431/R u.a., „China – Rare Earths", Para. 7.547.

865 WTO, Panel-Bericht v. 26.3.2014, WT/DS431/R u.a., „China – Rare Earths", Para. 7.548.

866 WTO, Panel-Bericht v. 26.3.2014, WT/DS431/R u.a., „China – Rare Earths", Para. 7.549.

867 WTO, Panel-Bericht v. 26.3.2014, WT/DS431/R u.a., „China – Rare Earths", Para. 7.550.

868 WTO, Panel-Bericht v. 26.3.2014, WT/DS431/R u.a., „China – Rare Earths", Para. 7.568.

869 WTO, Panel-Bericht v. 26.3.2014, WT/DS431/R u.a., „China – Rare Earths", Para. 7.570.

870 WTO, Panel-Bericht v. 26.3.2014, WT/DS431/R u.a., „China – Rare Earths", Para. 7.572–7.581.

871 WTO, Panel-Bericht v. 26.3.2014, WT/DS431/R u.a., „China – Rare Earths", Para. 7.582–7.593.

872 WTO, Panel-Bericht v. 26.3.2014, WT/DS431/R u.a., „China – Rare Earths", Para. 7.594–7.595.

zeitlichen Diskrepanz zwischen Exportquoten und inländischen Beschränkungen.[873]

Beispielsweise verlange Art. XX (g) GATT nach Ansicht des Panels eine Gleichbehandlung bei der Verhängung inländischer Beschränkungen zum Zweck der Konservierung.[874] Die chinesischen Maßnahmen erfüllten diese Anforderung jedoch nicht, weil die innerstaatlichen „Beschränkungen" der Produktion Seltener Erden sowohl ausländische als auch inländische Verbraucher beträfen, während die Exportquoten ausschließlich ausländische Verbraucher beträfen.[875]

Außerdem führe die Tatsache, dass nicht verwendete Exportquoten wieder im Inland konsumiert werden dürften, wo es keine Beschränkungen für inländische Verbraucher gebe, ebenso zur Verletzung des *even-handedness*-Gebots.[876]

## II. Berufungsverfahren

Im Berufungsverfahren wurde bezüglich des *relating to test* (nur) die Feststellung des Panels hinsichtlich der Signalfunktion beanstandet.[877]

Dabei wies der AB das Argument Chinas ausdrücklich zurück, dass das Panel die tatsächlichen Effekte der angegriffenen Maßnahme nicht berücksichtigt habe und dies ein Fehler darstelle.[878] Hingegen bestätigte der AB den vom Panel angewendeten qualitativen Ansatz und war der Ansicht, dass das Panel diesen Ansatz auch richtig angewendet habe, weil sowohl positive als auch negative Effekte der Signalfunktion der chinesischen Maßnahme berücksichtigt würden.[879]

---

873 WTO, Panel-Bericht v. 26.3.2014, WT/DS431/R u.a., „China – Rare Earths", Para. 7.596–7.599.

874 WTO, Panel-Bericht v. 26.3.2014, WT/DS431/R u.a., „China – Rare Earths", Para. 7.317 f.

875 WTO, Panel-Bericht v. 26.3.2014, WT/DS431/R u.a., „China – Rare Earths", Para. 7.595.

876 WTO, Panel-Bericht v. 26.3.2014, WT/DS431/R u.a., „China – Rare Earths", Para. 7.594.

877 WTO, AB-Bericht v. 7.8.2014, WT/DS431/AB/R u.a., „China – Rare Earths", Para. 5.75, 5.81, 5.142 f.

878 WTO, AB-Bericht v. 7.8.2014, WT/DS431/AB/R u.a., „China – Rare Earths", Para. 5.151–5.153.

879 WTO, AB-Bericht v. 7.8.2014, WT/DS431/AB/R u.a., „China – Rare Earths", Para. 5.154–5.160.

Die Abwesenheit inländischer Beschränkungen in China wurde vom AB auch bestätigt.[880] Ferner erkannte der AB ein solches *even-handedness*-Erfordernis sowohl für den Export als auch für die Inlandsregulierung an.[881] Das *even-handedness*-Erfordernis sei nach Ansicht des AB keine zusätzliche, sondern eine inhärente Bedingung des Art. XX GATT.[882]

Gleichzeitig wies der AB darauf hin, dass eine Pflicht zur *evenly* oder *balanced* Verteilung der Konservierungslast zwischen aus- und inländischen Verbrauchern nicht erforderlich sei.[883] Der AB bestätigte sodann die Feststellung des Panels, weil diese nicht auf der Verletzung der vorgenannten Erfordernisse, sondern auf dem Fehlen inländischer Beschränkungen beruhe.[884]

## III. Fragestellung

Die Meinungsverschiedenheiten zwischen China und den WTO-Streitbeilegungsorganen in China – Rare Earths betreffen die empirische Unsicherheit der Geeignetheitsprüfung in der Entscheidungspraxis zu Art. XX GATT. Zum einen ist die Maßgeblichkeit des qualitativen oder des quantitativen Ansatzes unklar.[885]

---

[880] WTO, AB-Bericht v. 7. 8. 2014, WT/DS431/AB/R u. a., „China – Rare Earths", Para. 5.168.

[881] WTO, AB-Bericht v. 7. 8. 2014, WT/DS431/AB/R u. a., „China – Rare Earths", Para. 5.124, 5.127 und 5.93: „In that sense, subparagraph (g) is a requirement of even-handedness in the imposition of restrictions, in the pursuit of conservation, upon the production or consumption of exhaustible natural resources." So auch: *Wu*, Policy Space under the Second Clause of GATT Article XX (g), KJICL 2016, 158, 164–166. Entgegen *Bond/Trachtmann*, China – Rare Earths: Export Restrictions and the Limits of Textual Interpretation, WTR 2016, 189, 206, 209; *Gao*, WTO Trade and Environment Standard, DJILP 2016, 97, 123–124. Demzufolge habe der AB in China – Rare Earths die *even-handedness*-Anforderung in Art. XX (g) GATT komplett abgelehnt.

[882] WTO, AB-Bericht v. 7. 8. 2014, WT/DS431/AB/R u. a., „China – Rare Earths", Para. 5.127.

[883] WTO, AB-Bericht v. 7. 8. 2014, WT/DS431/AB/R u. a., „China – Rare Earths", Para. 5.133: „However, the Appellate Body neither assessed whether the burden of conservation was evenly distributed between foreign producers, on the one hand, and domestic producers or consumers, on the other hand, nor suggested that such an assessment was required." So auch: Para. 5.165–5.168 a. a. O.

[884] WTO, AB-Bericht v. 7. 8. 2014, WT/DS431/AB/R u. a., „China – Rare Earths", Para. 5.168.

[885] Maßgeblichkeit des qualitativen Ansatzes und Unmaßgeblichkeit des quantitativen Ansatzes: WTO, AB-Bericht v. 20. 5. 1996, WT/DS2/AB/R, „US – Gasoline", S. 21–22; WTO, Panel-Bericht v. 26. 3. 2014, WT/DS431/R u. a., „China – Rare Earths", Para. 7.327, 7.328, 7.304; WTO, AB-Bericht v. 7. 8. 2014, WT/DS431/AB/R u. a., „China – Rare Earths", Para. 5.151–5.153, 5.147.

Maßgeblichkeit entweder des qualitativen oder des quantitativen Ansatzes: WTO, Panel-Bericht v. 12. 6. 2007, WT/DS332/R, „Brazil – Retreaded Tyres", Para. 7.118;

Zum anderen sind die konkreten Beurteilungskriterien der beiden Ansätze nicht hinreichend klar. Erstens ist bei der Anwendung des qualitativen Ansatzes nicht hinreichend geklärt, ob eine Mindestschwelle für den Beitrag der angegriffenen Maßnahme zum angegebenen Schutzziel festgelegt werden soll.[886] Falls ja, stellt sich weiterhin die Frage, wann ein solcher Mindestbeitrag vorliegt. Zweitens ist unklar, wann und warum eine (negative) Beurteilung auf Grundlage der positiven und negativen Auswirkungen der ergriffenen Maßnahme auf das Schutzgut vorgenommen werden soll. Bei der quantitativen Analyse ist vor allem unklar, welcher konkrete quantitative Schwellenwert für die Beurteilung der Geeignetheit einer Maßnahme maßgeblich sein soll.

Im Schrifttum wird überwiegend die qualitative Analyse als der von den WTO-Streitbeilegungsorganen vorgegebene maßgebliche Ansatz für die Geeignetheitsprüfung angesehen.[887] Dabei wird ebenfalls sowohl gegen den qualitativen[888] als auch gegen den quantitativen Ansatz[889] der Geeignetheitsprüfung eingewandt; Zugleich werden Lösungsvorschläge unterbreitet,[890]

---

WTO, AB-Bericht v. 3.12.2007, WT/DS332/AB/R, „Brazil – Retreaded Tyres", Para. 146–149; WTO, Panel-Bericht v. 25.11.2013, WT/DS400/R u.a., „EC – Seal Products", Para. 7.633; WTO, AB-Bericht v. 22.5.2014, WT/DS400/AB/R u.a., „EC – Seal Products", Para. 5.228, 5.242, 5.250 ff.; WTO, Panel-Bericht v. 30.11.2022, WT/DS592/R, „Indonesia – Raw Materials", Para. 7.261, 7.274 ff., 7.292 ff.

886 Gegen eine Mindestanforderung: WTO, Panel-Bericht v. 12.6.2007, WT/DS332/R, „Brazil – Retreaded Tyres", Para. 7.146; WTO, AB-Bericht v. 22.5.2014, WT/DS400/AB/R u.a., „EC – Seal Products", Para. 5.215.

Für eine Mindestanforderung: WTO, Panel-Bericht v. 25.11.2013, WT/DS400/R u.a., „EC – Seal Products", Para. 7.635.

887 *Van den Bossche*, Looking for Proportionality in WTO Law, LIEI 2008, 283, 294; *Howse/Levy*, The TBT Panels, WTR 2013, 327, 369; *Panizzon/Arnold/Cottier*, Handel und Umwelt in der WTO, URP 2010, 199, 220, 228; *Sykes*, The Least Restrictive Means, UCLR 2003, 403, 406, 415–416; *Bown/Trachtmann*, Brazil-Measures Affecting Imports of Retreaded Tyres: A Balancing Act, WTR 2009, 85, 86–87, 120, 125, 128 f.; *Lo*, Disguised Restriction on International Trade under the WTO, JIDS 2013, 111, 134–135; *Dawar/Ronen*, How „Necessary"?, TLD 2016, 1, 7; *Du*, The Necessity Test in World Trade Law, CJIL 2016, 817, 825. A.A. siehe: *Nuzzo*, GATT Moral Clause after Colombia – Textiles, EJLS 2017, 267, 285, 289.

888 *Bown/Trachtmann*, Brazil-Measures Affecting Imports of Retreaded Tyres: A Balancing Act, WTR 2009, 85, 89–90, 120, 125 f.; *Fontanelli*, Necessity Killed the GATT, EJILS 2012/13, 36, 51 f., 54 f.

889 *Nuzzo*, GATT Moral Clause after Colombia – Textiles, EJLS 2017, 267, 289.

890 *Bond/Trachtmann*, China – Rare Earths: Export Restrictions and the Limits of Textual Interpretation, WTR 2016, 189, 207; *Bown/Trachtmann*, Brazil-Measures Affecting Imports of Retreaded Tyres: A Balancing Act, WTR 2009, 85, 86, 120, 125 f., 128 f.; *Dawar/Ronen*, How „Necessary"?, TLD 2016, 1, 9–10, 21; *Fontanelli*, Necessity Killed the GATT, EJILS 2012/13, 36, 51.

weil der Beurteilungsmaßstab des jeweiligen vorgenannten Ansatzes nicht hinreichend klar ist.

Diese Analyse ist aber nicht mehr rein empirisch, wenn die Geeignetheitsprüfung in der Entscheidungspraxis negativ beurteilt wird. Denn in diesem Fall liegt eine implizite Abwägung vor.

Es stellt sich in diesem Fall die Frage, ob bzw. wann die implizite Abwägung im Rahmen der Geeignetheitsprüfung eine Angemessenheitsprüfung darstellt und ob bzw. inwieweit diese implizite Abwägung oder die Angemessenheitsprüfung bei der Geeignetheitsprüfung im Kontext des Art. XX GATT durchgeführt werden darf. Zu klären ist nämlich, ob und inwieweit richterliche Zurückhaltung, und nach welcher Regel, von den WTO-Streitbeilegungsorganen bei der Überprüfung der Geeignetheitseinschätzung des regulierenden WTO-Mitglieds, deren Ablehnung eine implizite Abwägung bzw. eine Angemessenheitsprüfung darstellt, geübt werden soll. Diese Fragen, wie soeben punktuell präsentiert, wurden im Schrifttum bislang nicht abschließend geklärt.[891]

## C. Korea – Beef: Implizite Abwägung und damit Angemessenheitsprüfung im Rahmen der „Erforderlichkeitsprüfung"?

Auch wenn der Korea-Beef-Fall nicht unbedingt als Umweltstreitfall eingestuft werden kann, ist er für die Beilegung „grüner" Streitigkeiten im Rahmen des WTO-Streitbeilegungssystems hinsichtlich der Anwendung des Verhältnismäßigkeitsprinzips i. w. S. von großer Bedeutung. Denn der AB hat in Korea – Beef zum ersten Mal einen *weighing and balancing test* für die Auslegung des Worts *necessary* in Art. XX (d) GATT eingeführt[892] und seither auch in nachfolgenden Umweltstreitigkeiten verwendet.[893] Außerdem ist der Fall Korea – Beef zur Darstellung der impliziten Abwägung zulasten des regulierenden WTO-Mitglieds bei der „Erforderlichkeitsprüfung" unerlässlich, weil in den nachfolgenden „grünen" Fällen diese Prüfung im Rahmen des *weighing and balancing*-Tests bei der Auslegung von Art. XX (a) und (b) GATT jeweils bejaht wurde, obwohl der Beurteilungsmaßstab dieser Prüfung weiterhin unklar bleibt.

---

[891] Teil 1 Kapitel 1 § 4 B. III. 1. b) aa) (1) und § 4 B. III. 1. b) bb) (1), § 4 B. III. 2. b) aa) (1) und § 4 B. III. 2. b) bb) (1). Für die ausführliche Darstellung der wissenschaftlichen Diskussion siehe: Teil 3 Kapitel 9 § 2 B. i. V. m. Teil 5 Kapitel 19 § 1 B. I. 1. d).

[892] WTO, AB-Bericht v. 11. 12. 2000, WT/DS161/AB/R u. a., „Korea – Beef", Para. 164 f.

[893] Teil 1 Kapitel 1 § 4 A. II. 1. c).

Auf dem koreanischen Markt waren betrügerische Praktiken weit verbreitet, bei denen importiertes Rindfleisch als einheimisches verkauft wurde. In diesem Verfahren vertrat Korea die Auffassung, dass für die Verbraucher eine Verwechslungs- und Betrugsgefahr bestehe, wenn aus- und inländisches Rindfleisch im selben Vertriebssystem verkauft werde.[894] Zur Bekämpfung dieser Betrugs- und Verwechslungsgefahr wurde u. a. ein duales Vertriebssystem für inländisches und importiertes Rindfleisch in Korea eingeführt.[895] Die USA und Australien legten eine Klage u. a. zum Schutz ihrer Handelsfreiheit nach Art. III:4 GATT[896] gegen Korea vor dem WTO-Streitbeilegungssystem ein.[897]

## I. Panel-Verfahren

Das Panel bejahte eine Verletzung des Art. III:4 GATT durch das duale Vertriebssystem[898] und Korea führte aus, dass diese Verletzung nach Art. XX (d) GATT gerechtfertigt sei.[899] Nachdem das Panel festgestellt hatte, dass das angegebene Schutzziel der fraglichen Maßnahme legitim und die Maßnahme zur Erreichung dieses Ziels geeignet sei,[900] kam es zur Prüfung der Erforderlichkeit des umstrittenen Vertriebssystems.[901]

Das Panel lehnte aus den folgenden zwei Gründen die Erforderlichkeit der koreanischen Maßnahme ab.[902]

Erstens verlange Korea in anderen Sektoren der koreanischen Wirtschaft nicht, dass die betreffenden Produkte über getrennte Kanäle verkauft werden müssten, obwohl nach Ansicht des Panels ähnliche betrügerische Praktiken im Einzelhandel auch in diesen Sektoren vorkamen oder vorkommen könnten.[903]

Zum Beispiel werde keine ähnliche Regulierung für inländisches Hanwoo- und Milchvieh-Rindfleisch verlangt, obwohl bei beiden ähnliche Betrugsge-

---

[894] WTO, Panel-Bericht v. 31. 7. 2000, WT/DS161/R u. a., „Korea – Beef", Para. 237.

[895] WTO, Panel-Bericht v. 31. 7. 2000, WT/DS161/R u. a., „Korea – Beef", Para. 237.

[896] WTO, Panel-Bericht v. 31. 7. 2000, WT/DS161/R u. a., „Korea – Beef", Para. 49 und 51.

[897] WTO, Panel-Bericht v. 31. 7. 2000, WT/DS161/R u. a., „Korea – Beef", Para. 3.

[898] WTO, Panel-Bericht v. 31. 7. 2000, WT/DS161/R u. a., „Korea – Beef", Para. 640 ff.

[899] WTO, Panel-Bericht v. 31. 7. 2000, WT/DS161/R u. a., „Korea – Beef", Para. 645–647.

[900] WTO, Panel-Bericht v. 31. 7. 2000, WT/DS161/R u. a., „Korea – Beef", Para. 658.

[901] WTO, Panel-Bericht v. 31. 7. 2000, WT/DS161/R u. a., „Korea – Beef", Para. 659–674.

[902] WTO, Panel-Bericht v. 31. 7. 2000, WT/DS161/R u. a., „Korea – Beef", Para. 659.

[903] WTO, Panel-Bericht v. 31. 7. 2000, WT/DS161/R u. a., „Korea – Beef", Para. 660.

fahr bestehe.[904] Das Panel stellte außerdem fest, dass kein duales Einzelhandelssystem für andere Agrarprodukte, beispielsweise Schweinefleisch und Meeresfrüchte, angewandt werde.[905] Es gebe ferner keine Verpflichtung, in- und ausländisches Rindfleisch in getrennten Restaurants anzubieten.[906] Daher wurde die Erforderlichkeit des dualen Handelssystems von dem Panel direkt in Frage gestellt.[907]

Zweitens stünden WTO-konforme Alternativen zur Verhinderung betrügerischer Praktiken auf dem Einzelhandelsmarkt für Rindfleisch zur Verfügung.[908] Zum Beispiel stelle eine allgemeine Dokumentationspflicht mit Sanktionen eine WTO-konforme Alternative für das WTO-rechtswidrige duale Vertriebssystem dar.[909]

## II. Berufungsverfahren

Im Berufungsverfahren legte der AB in Korea – Beef zum ersten Mal das Wort *necessary* in Art. XX (d) GATT durch einen *weighing and balancing test* aus.[910]

Der AB stellte zunächst fest, dass die unterschiedliche Behandlung nur Indikatoren und Hinweise auf das Vorhandensein einer Alternative darstelle.[911] Ferner bestätigte der AB, dass außer Frage stehe, dass die Mitglieder der WTO das Recht innehätten, das Niveau der Durchsetzung ihrer WTO-rechtskonformen Gesetze und Vorschriften selbst zu bestimmen.[912] Beruhend auf den oben genannten Indikatoren und Indizien stellte das AB fest, dass Korea nicht die völlige Beseitigung, sondern nur die Reduzierung des Betrugs an-

---

904 „Dairy steer beef“ und „dairy cow beef“, WTO, Panel-Bericht v. 31. 7. 2000, WT/DS161/R u. a., „Korea – Beef“, Para. 661.

905 WTO, Panel-Bericht v. 31. 7. 2000, WT/DS161/R u. a., „Korea – Beef“, Para. 662.

906 WTO, Panel-Bericht v. 31. 7. 2000, WT/DS161/R u. a., „Korea – Beef“, Para. 663.

907 WTO, Panel-Bericht v. 31. 7. 2000, WT/DS161/R u. a., „Korea – Beef“, Para. 664.

908 WTO, Panel-Bericht v. 31. 7. 2000, WT/DS161/R u. a., „Korea – Beef“, Para. 665 ff.

909 WTO, Panel-Bericht v. 31. 7. 2000, WT/DS161/R u. a., „Korea – Beef“, Para. 672.

910 WTO, AB-Bericht v. 11. 12. 2000, WT/DS161/AB/R u. a., „Korea – Beef“, Para. 164 f.

911 WTO, AB-Bericht v. 11. 12. 2000, WT/DS161/AB/R u. a., „Korea – Beef“, Para. 170 ff.

912 WTO, AB-Bericht v. 11. 12. 2000, WT/DS161/AB/R u. a., „Korea – Beef“, Para. 176.

strebe.[913] Denn eine totale Eliminierung des Betrugs erfordere ein totales Importverbot.[914]

Der AB kam daher zu der Schlussfolgerung, dass das Schutzniveau Koreas auch durch herkömmliche und WTO-konforme Maßnahmen erreicht werden könne.[915]

## III. Fragestellung

Die beschriebenen Meinungsverschiedenheiten zwischen Korea und den WTO-Streitbeilegungsorganen in Korea – Beef betrifft die empirische Unsicherheit der Erforderlichkeitsprüfung in der Entscheidungspraxis zu Art. XX GATT.

Einerseits ist unklar, ob der qualitative oder der quantitative Ansatz maßgeblich sein soll. Die Maßgeblichkeit der beiden Ansätze im Rahmen der Erforderlichkeitsprüfung wurde weder in Korea – Beef noch in den nachfolgenden Umweltstreitigkeiten von den WTO-Schiedsgerichten ausdrücklich erwähnt. Vielmehr gilt der bei der jeweiligen Geeignetheitsprüfung angewendete Prüfungsansatz für den Beitrag der angegriffenen Maßnahme auch für den Beitrag der vorgeschlagenen Alternative zum angegebenen Schutzziel. In diesem Fall gilt jedoch die Unklarheit über die Maßgeblichkeit der qualitativen und quantitativen Analyse bei der „Geeignetheitsprüfung"[916] auch für die Gleichwirksamkeitsprüfung der vorgeschlagenen Alternative.

Andererseits ist das konkrete Beurteilungskriterium des jeweiligen Ansatzes nicht hinreichend klar. Wie in Teil 3[917] dargestellt, wurde der konkrete Bewertungsmaßstab sowohl für die qualitative als auch für die quantitative Analyse bislang nicht abschließend geklärt. Zum einen ist unklar, ob eine Mindestanforderung an den Beitrag der angegriffenen Umweltschutzmaßnahme zum angegebenen Schutzziel auferlegt werden soll. Zum anderen

---

[913] WTO, AB-Bericht v. 11.12.2000, WT/DS161/AB/R u.a., „Korea – Beef", Para. 178.

[914] WTO, AB-Bericht v. 11.12.2000, WT/DS161/AB/R u.a., „Korea – Beef", Para. 178: „We think it is unlikely that Korea intended to establish a level of protection that totally eliminates fraud with respect to the origin of beef (domestic or foreign) sold by retailers. The total elimination of fraud would probably require a total ban of imports. Consequently we assume Korea intended to reduce considerably the number of cases of fraud occurring with respect to the origin of beef sold by retailers."

[915] WTO, AB-Bericht v. 11.12.2000, WT/DS161/AB/R u.a., „Korea – Beef", Para. 180.

[916] Teil 1 Kapitel 2 § 4 B. III. Ausführlich hierzu siehe: Teil 3 Kapitel 9 § 3 A. II. i.V.m. Teil 5 Kapitel 19 § 1 B. I. 1. b) aa).

[917] Teil 3 Kapitel 9 § 3 A. II. i.V.m. Teil 5 Kapitel 19 § 1 B. I. 1. b) bb).

bleibt unklar, wann und warum eine (negative) Beurteilung, beruhend auf positiven und negativen Auswirkungen der ergriffenen Maßnahme auf das angegebene Schutzziel, getroffen werden soll. Diese Unklarheit bei der Geeignetheitsprüfung führt dazu, dass die Prüfung der Gleichwirksamkeit der vorgeschlagenen Alternative orientierungslos ist.

Im Schrifttum wird auch der Einwand erhoben, dass die „empirische" Wirkung sowohl der getroffenen Maßnahme als auch der vorgeschlagenen Alternative mit Unsicherheiten behaftet ist. Demzufolge bestehe Unsicherheit sowohl bei der Feststellung des milderen Handelsverstoßes durch die vorgeschlagene Alternative[918] als auch bei der Einschätzung ihrer Gleichwirksamkeit mit der ergriffenen Maßnahme.[919] Insbesondere sei die Rolle der Wichtigkeit des angegebenen Schutzziels für die Gleichwirksamkeitsprüfung der vorgeschlagenen Alternative bislang ungeklärt.[920]

Die Analyse ist aber nicht mehr rein empirisch, wenn die Erforderlichkeitseinschätzung des regulierenden WTO-Mitglieds von einem Panel oder von dem AB abgelehnt wird. Denn eine implizite Abwägung liegt in diesem Fall vor.

Es stellt sich in diesem Fall die Fragen, ob bzw. wann die implizite Abwägung im Rahmen der Erforderlichkeitsprüfung eine Angemessenheitsprüfung darstellt und ob bzw. inwieweit diese implizite Abwägung oder die Angemessenheitsprüfung bei der Erforderlichkeitsprüfung im Rahmen der Auslegung des Art. XX GATT zulässig ist. Zu klären ist nämlich, ob und inwieweit richterliche Zurückhaltung, und nach welcher Regel, von den WTO-Streitbeilegungsorganen bei der Überprüfung der Erforderlichkeitseinschätzung des

---

918 *Voon*, Exploring the Meaning of Trade-Restrictiveness in the WTO, WTR 2015, 451, 471 f., 473; vgl. *Osiro*, GATT/WTO Necessity Analysis, LIEI 2002, 123, 128; *Regan*, The Meaning of „Necessary" in GATT Article XX and GATS Article XIV, WTR 2007, 347, 347, 349 f.; *Vranes*, Der Verhältnismäßigkeitsgrundsatz, AöR 2009, 1, 21; *Muller*, The Necessity Test and Trade in Services, JWT 2015, 951, 963–964; *Du*, Autonomy in Setting Appropriate Level of Protection under the WTO Law, JIEL 2010, 1077, 1091 f.

919 *Kapterian*, A Critique of the WTO Jurisprudence on „Necessity", ICLQ 2010, 89, 124, 125; *Osiro*, GATT/WTO Necessity Analysis, LIEI 2002, 123, 127–128; *Muller*, The Necessity Test and Trade in Services, JWT 2015, 951, 964.

920 *Neumann/Türk*, Necessity Revisited, JWT 2003, 199, 215; vgl. *Sykes*, The Least Restrictive Means, UCLR 2003, 403, 416, 419; *Desmedt*, Proportionality in WTO Law, JIEL 2001, 441, 464–465; *Paltrowitz*, A Greening of the World Trade Organization, BJIL 2001, 1789, 1837; *Reif/Eckert*, The Right Balance between Shaping and Policing Commerce before the WTO, CJTL 2004, 657, 711; vgl. *Charnovitz*, The WTO's Environmental Progress, JIEL 2007, 685, 697 f.; *McGrady*, Necessity Exceptions in WTO Law, JIEL 2009, 153, 163; *Fontanelli*, Whose Margin Is It?, in: ders./Carrozza/Martinico (Hrsg.), Shaping Rule of Law through Dialogue, 2010, S. 403; *Fontanelli*, Necessity Killed the GATT, EJILS 2012/13, 36, 48–49, 54–55.

regulierenden WTO-Mitglieds, deren Ablehnung eine implizite Abwägung bzw. eine Angemessenheitsprüfung darstellt, geübt werden soll. Diese Fragen, wie soeben punktuell präsentiert, wurden im Schrifttum bislang nicht abschließend geklärt.[921]

## D. EC – Seal Products: Chapeau-Prüfung als offene Abwägung?

In der EU gilt traditionell hoher Standard für Menschenrechts- und Tierschutz. Im Jahr 2009 führte die damalige EG zum Schutz des Wohlergehens von Robben ein Vermarktungsverbot für Robbenprodukte auf dem gemeinsamen Markt ein. Dieses Verbot sah u. a. eine Ausnahme für Robbenerzeugnisse aus indigenen Gemeinden vor, die ihre Existenz und Lebensweise durch die Robbenjagd aufrechterhalten.[922] Kanada und Norwegen, die beträchtliche Mengen von Robbenprodukten erzeugen und in den europäischen Binnenmarkt exportieren, sahen eine Verletzung ihrer Handelsfreiheit u. a. nach Art. I:1 GATT im EU-Robbenprogramm[923] und erhoben eine Klage gegen die EU vor der WTO.[924]

### I. Panel-Verfahren

Nachdem das Panel die vorläufige Rechtfertigung des EU-Robbenprogramms bejaht hatte, prüfte es die Bedingungen des Chapeaus des Art. XX GATT.

Dabei stellte das Panel zunächst fest, dass eine Diskriminierung i. S. d. Chapeaus des Art. XX GATT eine solche u. a. nach Art. III:4 GATT sein solle.[925]

---

921 Teil 1 Kapitel 1 § 4 B. III. 1. b) aa) (2) und § 4 B. III. 1. b) bb) (2), § 4 B. III. 2. b) aa) (2) und § 4 B. III. 2. b) bb) (2). Zur ausführlichen Darstellung der wissenschaftlichen Diskussion siehe: Teil 4 Kapitel 13 § 2 B. i. V. m. Teil 5 Kapitel 19 § 1 B. II. 1. d).

922 Für einen Überblick über die europäische Maßnahme siehe: WTO, Panel-Bericht v. 25. 11. 2013, WT/DS400/R u. a., „EC – Seal Products", Para. 7.7–7.23. Rechtsgrundlagen des europäischen Robbenprogramms sind: Verordnung des Europäischen Parlaments und des Rates v. 16. 9. 2009 über den Handel mit Robbenerzeugnissen, VO (EG) 1007/2009, ABl. 2009 L 286/36, geändert durch Verordnung des Europäischen Parlaments und des Rates v. 6. 10. 2015, VO (EU) 2015/1775, ABl. 2015 L 262/1; Verordnung der Kommission v. 10. 8. 2010 mit Durchführungsvorschriften zur Verordnung (EG) 1007/2009 des Europäischen Parlaments und des Rates über den Handel mit Robbenerzeugnissen, VO (EU) 737/2010, ABl. 2010 L 216/1.

923 WTO, Panel-Bericht v. 25. 11. 2013, WT/DS400/R u. a., „EC – Seal Products", Para. 7.588–7.590.

924 WTO, Panel-Bericht v. 25. 11. 2013, WT/DS400/R u. a., „EC – Seal Products", Para. 1.5–1.6.

925 WTO, Panel-Bericht v. 25. 11. 2013, WT/DS400/R u. a., „EC – Seal Products", Para. 7.647 f.

Anschließend befasste das Panel mit der Frage, ob die Diskriminierung nach Art. III:4 GATT aufgrund der IG-Ausnahme zugleich eine willkürliche Diskriminierung i. S. d. Chapeaus des Art. XX GATT darstellte.[926] Hinsichtlich der Vorteile der IG-Ausnahme für die indigenen Gemeinden bejahte das Panel, dass die Unterscheidung zwischen kommerzieller und IG-Jagd gerechtfertigt sein könne.[927] Diese Ausnahme stehe jedoch in keinem vernünftigen Zusammenhang mit dem Robbenschutzziel der europäischen Maßnahme und werde weder in *even-handed*-Weise konzipiert noch entsprechend angewendet.[928] Die IG-Ausnahme führe nämlich zu einer *de facto* Diskriminierung, weil sie in Endeffekt ausschließlich von Grönland in Anspruch genommen werden könne, nicht jedoch von anderen Staaten.[929]

## II. Berufungsverfahren

Im Berufungsverfahren stellte der AB ausdrücklich fest, dass die Diskriminierung i. S. d. Chapeaus des Art. XX GATT eine solche nach materiellen GATT-Vorschriften umfasse, sich aber nicht hierauf beschränke.[930] Ferner lehnte der AB, entgegen der Ansicht des Panels, eine *de facto* Diskriminierung in der IG-Ausnahme mit der Begründung ab, dass die Nichtinanspruchnahme dieser Ausnahme nicht auf deren Ausgestaltung und Struktur, sondern auf fehlende Unterstützungsbemühungen, beispielsweise in Kanada, zurückzuführen sei.[931]

Nach Ansicht des AB spiele hingegen u. a.[932] die Gegenläufigkeit der herangezogenen Rechtfertigungsgründe für die Ausnahmen und für die Hauptmaßnahme der angegriffenen Regulierung eine wichtige Rolle für die Cha-

---

[926] WTO, Panel-Bericht v. 25. 11. 2013, WT/DS400/R u. a., „EC – Seal Products“, Para. 7.649.

[927] WTO, Panel-Bericht v. 25. 11. 2013, WT/DS400/R u. a., „EC – Seal Products“, Para. 7.650 i. V. m. 7.300.

[928] WTO, Panel-Bericht v. 25. 11. 2013, WT/DS400/R u. a., „EC – Seal Products“, Para. 7.650 i. V. m. 7.319.

[929] WTO, Panel-Bericht v. 25. 11. 2013, WT/DS400/R u. a., „EC – Seal Products“, Para. 7.650 i. V. m. 7.302 – 7.319.

[930] WTO, AB-Bericht v. 22. 5. 2014, WT/DS400/AB/R u. a., „EC – Seal Products“, Para. 5.298, 5.316.

[931] WTO, AB-Bericht v. 22. 5. 2014, WT/DS400/AB/R u. a., „EC – Seal Products“, Para. 5.336.

[932] Ferner liege eine willkürliche Diskriminierung i. S. d. Chapeaus des Art. XX GATT nach Auffassung des AB in der Ambiguität der Definition und Beurteilungskriterien bezüglich der IG-Ausnahme und im Fehlen vergleichbarer Bemühungen der EU für den Zugang von Robbenprodukten. Hierzu siehe: WTO, AB-Bericht v. 22. 5. 2014, WT/DS400/AB/R u. a., EC – Seal Products, jeweils Para. 5.321 – 5.328 und Para. 5.337.

peau-Prüfung des Art. XX GATT, und die Legitimität des Schutzes indigener Gemeinden wurde entgegen der Panel-Entscheidung nicht anerkannt.[933]

Dabei erkannte der AB an, dass einer der wichtigsten Faktoren für die Beurteilung einer willkürlichen Diskriminierung i. S. d. Chapeaus des Art. XX GATT die Frage sei, ob die Diskriminierung mit dem in einem der Absätze vorgesehenen politischen Ziel, mittels dessen die Maßnahme vorläufig gerechtfertigt werde, in Einklang gebracht werden könne oder in einem vernünftigen Zusammenhang stehe.[934] Sodann wurde bei der konkreten Anwendung dieses Prüfungsansatzes festgestellt, dass die EU nicht dargelegt habe, wie die durch die IG-Ausnahme verursachte Diskriminierung mit dem Ziel des Schutzes des Wohlergehens von Robben in Einklang gebracht werden könne.[935] Denn eine solche Ausnahme stelle eine wesentliche Abweichung vom Importverbot für Robbenerzeugnisse auf dem EU-Markt dar und die IG-Jagd verursache übermäßiges Leiden für Robben.[936]

## III. Fragestellung

Diese Prüfungsweise beruht auf der Feststellung des AB in Brazil – Retreaded Tyres,[937] die auch vom Panel von China – Rare Earths übernommen wurde.[938] Jedoch wird der Ansatz der Gegenläufigkeit der Schutzziele nur von einem kleinen Teil der wissenschaftlichen Literatur deskriptiv dargestellt und ohne Weiteres bejaht,[939] nämlich ohne zu bedenken, dass die WTO-Streitbei-

---

933 Zumindest nicht ausdrücklich anerkannt. Vgl. WTO, AB-Bericht v. 22.5.2014, WT/DS400/AB/R u. a., „EC – Seal Products", Para. 5.317. Für eine indizielle Anerkennung der Legitimität des Schutzes indigener Gemeinden vgl. WTO, AB-Bericht v. 22.5.2014, WT/DS400/AB/R u. a., „EC – Seal Products", Para. 5.337.

934 WTO, AB-Bericht v. 22.5.2014, WT/DS400/AB/R u. a., „EC – Seal Products", Para. 5.306.

935 WTO, AB-Bericht v. 22.5.2014, WT/DS400/AB/R u. a., „EC – Seal Products", Para. 5.320.

936 WTO, AB-Bericht v. 22.5.2014, WT/DS400/AB/R u. a., „EC – Seal Products", Para. 5.320.

937 WTO, AB-Bericht v. 3.12.2007, WT/DS332/AB/R, „Brazil – Retreaded Tyres", Para. 227, auch Para. 228 und 232.

938 WTO, Panel-Bericht v. 26.3.2014, WT/DS431/R u. a., „China – Rare Earths", Para. 7.352, unter Verweis auf WTO, AB-Bericht v. 3.12.2007, WT/DS332/AB/R, „Brazil – Retreaded Tyres", Para. 226, 227.

939 *Cunningham/Vindedzis*, Animal Welfare vs the World Trade Organisation, ALR 2017, 311, 355 i. V. m. 348–349; *Weiß/Ohler/Bungenberg*, Welthandelsrecht, 3. Aufl. 2022, S. 208–209 Rn. 544; *Glinski*, The Impact of Tuna Dolphin II and EC – Seal Products, NJIL 2017, 120, 132 i. V. m. 147; *Serpin*, The Public Morals Exception After the WTO Seal Products Dispute, CBLR 2016, 217, 241; vgl. *Perišin*, Is the EU Seal Products Regulation a Sealed Deal?, ICLQ 2013, 373, 398–400.

legungsorgane durch die Anwendung dieses Ansatzes ungerechtfertigt in den Einschätzungsspielraum und die politische Sphäre des regulierenden WTO-Mitglieds eingegriffen haben könnten.

Demgegenüber wird der besprochene Ansatz im Schrifttum überwiegend als eine offene Abwägung verstanden, wonach der AB allein basierend auf der Gegenüberstellung der angegebenen Schutzziele eine willkürliche Diskriminierung i. S. d. Chapeaus des Art. XX GATT und damit die Rechtswidrigkeit der Ausnahme und der angegriffenen Maßnahme festgestellt habe, und stark kritisiert.[940] Innerhalb der kritischen Richtung wird dieser Ansatz ferner als implizite Abwägung in Form einer Geeignetheitserwägung bzw. als Konsistenzargument angesehen und gegen die Unbestimmtheit dieses Ansatzes eingewandt.[941]

Diese Diskussion setzt die seit US – Gasoline und US – Shrimp im Schrifttum geführte Debatte fort, ob die Chapeau-Prüfung des Art. XX GATT eine Angemessenheitsprüfung darstellt bzw. sein soll.[942] Falls ja, ist weiter danach zu fragen, inwieweit und nach welcher Regel diese Abwägung von den WTO-Streitbeilegungsorganen vorzunehmen ist. Falls nein, bleibt fraglich, nach welchem Kriterium zu beurteilen ist, wann eine willkürliche Diskriminierung

---

[940] *Regan*, Puzzles from EC – Seal Products, AJIL Unbound 2015, 315, 318 f.; *Moran*, The First Twenty Cases under GATT Article XX, in: Adinolfi u. a. (Hrsg.), International Economic Law, 2017, S. 7 f.; *Bartels*, The Chapeau of the General Exceptions in the WTO GATT and GATS Agreements, AJIL 2015, 95, 116 f.; *Qin*, Accommodating Divergent Policy Objectives under WTO Law, AJIL Unbound 2014, 308, 311; *Marín Durán*, Measures with Multiple Competing Purposes after EC – Seal Products, JIEL 2016, 467, 474 f.; *Riffel*, The Chapeau: Stringent Threshold or Good Faith Requirement, LIEI 2018, 141, 156; *Howse/Langille/Sykes*, Pluralism in Practice, GWILR 2015, 81, 121, 146; *Conconi/Voon*, EC – Seal Products: The Tension between Public Morals and International Trade Agreements, WTR 2016, 211, 223.

[941] Für die Geeignetheitserwägung vgl. *Suttle*, What Sorts of Things are Public Morals, MLR 2017, 569, 598–599. Indiziell so auch: vgl. *Marín Durán*, Measures with Multiple Competing Purposes after EC – Seal Products, JIEL 2016, 467, 478–482; *dies*., Carbon Border Adjustments, ICLQ 2023, 73, 101–103. Nach Marín Durán solle anhand der Wirkung beispielsweise der IG-Ausnahme beurteilt werden, ob diese in einem rationalen Verhältnis zum Hauptschutzziel, nämlich dem Schutz des Wohlergehens von Robben, stehe. Dabei wurde jedoch nicht deutlich gemacht, dass eine implizite Abwägung bei Ablehnung der Rationalitätseinschätzung des regulierenden WTO-Mitglieds vorliegt. So auch, vgl. *Herwig*, Animal Welfare, Public Morals, and Consumer Ethics at the Bar of the WTO, WTR 2015, 1, 20. Dort ist vom „necessary test" die Rede. Da der AB in EC – Seal Products dabei keine Prüfung der Verfügbarkeit der milderen Alternative, sondern nur die Prüfung des Beitrags u. a. der IG-Ausnahme zum Robbenschutzziel durchgeführt hat, ist diese Prüfung auf der Chapeau-Stufe als Geeignetheitserwägung anzusehen. Für das Konsistenzargument siehe: *Petersen*, Gesetzgeberische Inkonsistenz als Beweiszeichen – Eine rechtsvergleichende Analyse, AöR 2013, 108, 122–124, 130–131.

[942] Teil 1 Kapitel 1 § 4 B. III. 1. a) bb) (2) und § 4 B. III. 2. a) bb) (2).

bzw. eine verschleierte Handelsbeschränkung i. S. d. Chapeaus des Art. XX GATT vorliegt.

## Kapitel 3

# Ziel, These und Untersuchungsgang der vorliegenden Arbeit

## § 1 Ziel der Arbeit

Die vorliegende Arbeit widmet sich der weiteren Klärung der Stellung des Verhältnismäßigkeitsgrundsatzes i. w. S. für die Interpretation des Art. XX GATT. Wie zuvor erläutert, hängt diese Klärung von zwei zentralen Fragen ab: Zunächst ist zu untersuchen, ob der Verhältnismäßigkeitsgrundsatz i. w. S. für die Auslegung des Art. XX GATT überhaupt anwendbar ist. Ist dies zu bejahen, stellt sich die weitere Frage, inwieweit dieser Grundsatz bei der Interpretation des Art. XX GATT angewendet werden soll und gerechtfertigt sein kann. Zu klären ist nämlich, ob und inwieweit richterliche Zurückhaltung bei der Überprüfung der Einschätzung des regulierenden WTO-Mitglieds gewährt werden soll und gerechtfertigt sein kann.[943]

Die erste Frage wurde im Kontext des Art. XX GATT bereits in Teil 1 Kapitel 2 § 1–2 erörtert und bejaht. Die Bejahung der (unvermeidlichen) Anwendbarkeit des Verhältnismäßigkeitsgrundsatzes i. w. S. für die Interpretation des Art. XX GATT bildet den Ausgangspunkt der vorliegenden Arbeit.

Hierauf beruhend zielt die vorliegende Arbeit auf die weitere Klarstellung der Stellung des Verhältnismäßigkeitsgrundsatzes i. w. S. für die Interpretation des Art. XX GATT durch die Klärung der zweiten Frage ab, die in der Entscheidungspraxis zu diesem Artikel nicht von den WTO-Streitbeilegungsorganen hinreichend geklärt wurde und im Schrifttum die Debatte um die Stellung des Verhältnismäßigkeitsgrundsatzes i. w. S. ausgelöst hat.[944]

Zu diesem Zweck werden die Entscheidungen der GATT/WTO-Streitbeilegungsorgane zum „grünen" Art. XX GATT sowie die dazu ergangene wissenschaftliche Literatur nach der Vermutungs- und Widerlegungsregel, die sich aus dem dogmatischen Charakter der Verhältnismäßigkeitsprüfung i. w. S. in Verbindung mit den konkreten Vertragsbestimmungen des Art. XX GATT ergibt,[945] aufgearbeitet und dargestellt.

Ziel der vorliegenden Arbeit ist somit die Aufarbeitung und Darstellung der Entscheidungspraxis der WTO-Streitschlichtungsorgane sowie der wissen-

[943] Teil 1 Kapitel 2.

[944] Teil 1 Kapitel 2 § 3–4.

[945] Wie gleich unten in Teil 1 Kapitel 3 § 2 dargestellt wird.

schaftlichen Literatur zur Stellung des Verhältnismäßigkeitsgrundsatzes i. w. S. im Kontext des „grünen“ Art. XX GATT.

## § 2 These

Um zu beurteilen, ob und inwieweit richterliche Zurückhaltung bei der Anwendung des Verhältnismäßigkeitsgrundsatzes i. w. S. gewährt werden soll und gerechtfertigt sein kann, muss festgestellt werden, welcher Regel die Anwendung dieses Grundsatzes für die Auslegung des Art. XX GATT unterliegt.

Zur Verwirklichung dieses Forschungsziels liegt der vorliegenden Untersuchung die These zugrunde, dass die Anwendung des Verhältnismäßigkeitsgrundsatzes i. w. S. bei der Interpretation des Art. XX GATT der Vermutungs- und Widerlegungsregel unterliegt. Richterliche Zurückhaltung bei der Überprüfung der Einschätzung des regulierenden WTO-Mitglieds zur Gefährdungslage des Schutzguts, zur Legitimität des angegebenen Schutzziels einschließlich des behaupteten Schutzniveaus sowie zur Verhältnismäßigkeit i. w. S. der ergriffenen umweltpolitischen Maßnahme soll nämlich anhand der Vermutungs- und Widerlegungsregel gewährt werden. Diese These gilt nur, wenn der Anwendungsbereich des Art. XX GATT, insbesondere dessen sachlicher und territorialer Anwendungsbereich, von den WTO-Streitbeilegungsorganen als eröffnet beurteilt worden ist.

Die Vermutungs- und Widerlegungsregel ergibt sich aus den Vertragsbestimmungen des Art. XX GATT unter Berücksichtigung des dogmatischen Charakters der Verhältnismäßigkeitsprüfung i. w. S. Hingegen kann ohne völkerrechtliche Vertragsvorschrift keine Vermutungs- und Widerlegungsregel begründet werden.

Der dogmatischer Charakter der Verhältnismäßigkeitsprüfung i. w. S. liegt u. a. darin, dass sich das Schutzniveau hinsichtlich der Feststellung der Gefährdungslage des Schutzguts (*level of risk*) mit dem Schutzniveau hinsichtlich der Abwendung dieser Gefährdung (*level of protection*) überschneidet. Das Schutzbedürftigkeitsurteil, nämlich das behauptete Gefährdungsniveau, beschreibt, wann ein sich in einer bestimmten empirischen Gefährdungslage befindliches Schutzgut überhaupt als schutzbedürftig angesehen werden soll, während das behauptete Schutzniveau illustriert, inwieweit das Schutzgut schutzbedürftig ist und inwieweit die Gefährdung des Schutzguts abgewendet werden soll. Außerdem liegt eine implizite oder offene Abwägung unvermeidlich dann vor, wenn die Einschätzung des regulierenden WTO-Mitglieds zur Gefährdungslage des Schutzguts, zur Legitimität des angegebenen Schutzziels einschließlich des behaupteten Schutzniveaus sowie zur Geeignetheit, Erforderlichkeit oder Angemessenheit der angegriffenen Umweltmaßnahme von den WTO-Streitbeilegungsorganen abgelehnt wird.

Allein dieser dogmatische Charakter reicht noch nicht aus, um eine Vermutungs- und Widerlegungsregel zu begründen. Denn er besagt lediglich, dass die Legitimität des angegebenen Schutzziels, einschließlich des behaupteten Schutzniveaus und damit zugleich des behaupteten Gefährdungsniveaus des regulierenden WTO-Mitglieds, bei einer negativ beurteilten Verhältnismäßigkeitsprüfung i. w. S. abgelehnt wird. Welche Ausgangsrolle dem angegebenen Schutzziel zukommt, nämlich ob überhaupt, inwieweit und nach welcher Regel dessen Legitimität von den WTO-Streitbeilegungsorganen abgelehnt werden darf, ergibt sich nicht allein aus dem hier genannten dogmatischen Charakter.

Die Ausgangslage, nämlich die Legitimität des angegebenen Schutzziels als erste Vermutung, kann sich hingegen ausschließlich aus einer völkerrechtlichen Vertragsvorschrift ergeben. Diese Vermutungs- und Widerlegungsregel folgt aus dem scheinbar ambigen Wortlaut des Art. XX GATT. Dies bedeutet jedoch nicht, dass der dogmatische Charakter der Verhältnismäßigkeitsprüfung i. w. S. keine wichtige Rolle spielt. Hingegen dient dieser als Auslegungshilfe für den Wortlaut des Art. XX GATT.

Durch nähere Betrachtung des Wortlauts des Art. XX GATT lässt sich nämlich feststellen, dass die Geeignetheits-, Erforderlichkeits- und Angemessenheitseinschätzung des regulierenden WTO-Mitglieds eine erste Vermutung darstellt. Ob auch die Legitimität des angegebenen Schutzziels einschließlich des behaupteten Schutzniveaus eine erste Vermutung darstellt und wann diese von den WTO-Streitbeilegungsorganen abgelehnt werden darf, erscheint auf den ersten Blick unklar, weil in Art. XX GATT von der Maßnahme, nicht jedoch vom Schutzziel die Rede ist. Aus dem dogmatischen Charakter der Verhältnismäßigkeitsprüfung i. w. S. ergibt sich indirekt, dass auch die Legitimität des behaupteten Gefährdungsniveaus und des behaupteten Schutzniveaus des regulierenden WTO-Mitglieds eine erste Vermutung darstellt. Andernfalls kann die Maßgeblichkeit der Geeignetheits-, Erforderlichkeits- und Angemessenheitseinschätzung des regulierenden WTO-Mitglieds keine erste Vermutung darstellen. Ferner trägt dieser dogmatische Charakter zur Ausräumung der Auflockerungsbedenken hinsichtlich des Rechts des regulierenden WTO-Mitglieds auf die Einschätzung der Rationalität und Angemessenheit seiner umweltpolitischen Maßnahme bei, welches sich aus dem Wortlaut des Art. XX GATT ergibt.

Taugliche Widerlegungsgründe gegen die Maßgeblichkeit der Einschätzung des regulierenden WTO-Mitglieds zur Gefährdungslage des Schutzguts, zur Legitimität des angegebenen Schutzziels einschließlich des behaupteten Schutzniveaus und zur Verhältnismäßigkeit i. w. S. der ergriffenen umweltpolitischen Maßnahme sind die willkürliche Diskriminierung oder die verschleierte Handelsbeschränkung i. S. d. Chapeaus des Art. XX GATT. Die willkürliche Diskriminierung i. S. d. Chapeaus des Art. XX GATT soll nicht anhand von Abwägungsargumenten, sondern anhand der Diskriminierungsdogmatik in Verbindung mit den Vertragsbestimmungen dieses Artikels festgestellt werden. Die verschleierte Handelsbeschränkung, die nicht zugleich eine willkürliche Diskriminierung i. S. d. Chapeaus des Art. XX GATT darstellt, ist eine auf nichtdiskriminierende Weise verhängte ungerechtfertigte Handelsbeschränkung. Sie stellt eine vertragliche Obergrenze des Einschätzungsspielraums des regulierenden WTO-Mitglieds bei der Festlegung des behaupteten Schutzniveaus und damit auch des Gefährdungsniveaus des Schutzguts sowie für die Beurteilung der Verhältnismäßigkeit i. w. S. der ergriffenen Maßnahme dar. Die Unbestimmtheit darüber, ob sich weitere taugliche Widerlegungsgründe aus dem Völkergewohnheitsrecht oder aus allgemeinen Rechtsgrundsätzen des Völkerrechts ergeben könnten, lässt sich anhand des Charakters der Vermutung in Verbindung mit den Vertragsbestimmungen des Art. XX GATT ausräumen.

Hingegen stellt das Abwägungsargument, das die WTO-Streitbeilegungsorgane bei der Auslegung eines Absatzes und des Chapeaus des Art. XX GATT implizit oder explizit verwenden haben, keinen tauglichen Widerlegungsgrund gegen die Vermutung der Maßgeblichkeit der Einschätzung des regulierenden WTO-Mitglieds zur Gefährdungslage des Schutzguts und zur Legitimität des angegebenen Schutzziels einschließlich des behaupteten Schutzniveaus sowie zur Verhältnismäßigkeit i. w. S. der ergriffenen Maßnahme dar. Der auf dem Abwägungsargument basierende richterliche Aktivismus, nämlich die Ablehnung der Maßgeblichkeit der vorgenannten Einschätzung des regulierenden WTO-Mitglieds, kann folglich nicht gerechtfertigt sein. Die Untauglichkeit des Abwägungsarguments ergibt sich aus dem Charakter der Vermutung und ihrer Widerlegung in Verbindung mit den Vertragsbestimmungen des Art. XX GATT.

Diese Thesen lassen sich nicht ohne Weiteres auf andere Rechtsgebiete übertragen. Denn ohne völkerrechtliche vertragliche Regelung kann keine Vermutungs- und Widerlegungsregel begründet werden. Basierend auf dem dogmatischen Charakter der Verhältnismäßigkeitsprüfung i. w. S. kommt es nämlich zusätzlich auf das konkrete Rechtsgebiet und insbesondere auf den konkret anzuwendenden Vertragstext an, ob und wann eine Vermutungs- und Widerlegungsregel begründet ist. Selbst im Kontext des Art. XX GATT setzen die vorliegenden Thesen voraus, dass die konstitutiven Bedingungen in den einschlägigen Absätzen dieses Artikels erfüllt sind.

## § 3 Gang der Untersuchung

Die soeben dargestellten Thesen der vorliegenden Arbeit lassen sich anhand des folgenden Untersuchungsgangs begründen und darstellen. Die Eröffnung des sachlichen und territorialen Anwendungsbereichs des Art. XX GATT bilden keinen Schwerpunkt der vorliegenden Untersuchung. Denn die vorliegenden Thesen gelten nur, wenn der Anwendungsbereich des Art. XX GATT, insbesondere dessen sachlicher und territorialer Anwendungsbereich, von den WTO-Streitbeilegungsorganen als eröffnet beurteilt wurde.[946]

## A. Schutzgut/Schutzziel

Teil 2 geht der Ausgangsfrage nach, nach welchem Maßstab die Maßgeblichkeit der Einschätzung des regulierenden WTO-Mitglieds zur Gefährdungslage des Schutzguts und zur Legitimität des angegebenen Schutzziels einschließlich des behaupteten Schutzniveaus im Rahmen der Auslegung des Art. XX GATT jeweils zu beurteilen ist.

Zunächst wird der Bezugspunkt der Verhältnismäßigkeitsprüfung i. w. S. im Rahmen der Interpretation des Art. XX GATT, nämlich das angegebene Schutzziel einschließlich des gewünschten Schutzniveaus, dargelegt. Dabei wird jeweils dargestellt, welche Schutzgüter in den einschlägigen Absätzen des Art. XX GATT subsumiert werden können, wann eine Gefährdungslage des Schutzguts nach Auffassung des regulierenden WTO-Mitglieds vorliegt sowie wie das Schutzziel einschließlich des behaupteten Schutzniveaus zur Abwendung der genannten Gefährdungslage vom regulierenden WTO-Mitglied festgelegt und formuliert wird (Kapitel 4).

Sodann wird jeweils der Frage nachgegangen, inwieweit die Einschätzung des regulierenden WTO-Mitglieds zur Gefährdungslage des Schutzguts und zur Legitimität des angegebenen Schutzziels einschließlich des behaupteten Schutzniveaus maßgeblich sein soll. Dabei wird festgestellt, dass die Einschätzung des regulierenden WTO-Mitglieds zur Gefährdungslage des Schutzguts und zur Legitimität des angegebenen Schutzziels einschließlich des behaupteten Schutzniveaus jeweils eine erste Vermutung darstellt. Dieses Ergebnis ergibt sich aus den Vertragsbestimmungen des Art. XX GATT unter Berücksichtigung des dogmatischen Charakters der Verhältnismäßigkeitsprüfung i. w. S. (Kapitel 5).

Anschließend wird untersucht, mit welchen tauglichen Gründen die vorgenannten Legitimitätsvermutungen widerlegt werden können (Kapitel 6).

Schließlich wird erörtert, ob die WTO-Streitschlichtungsorgane bei der Überprüfung der Einschätzung des regulierenden WTO-Mitglieds zur Gefährdungslage des Schutzguts und zur Legitimität des angegebenen Schutzziels

---

[946] Zur These der vorliegenden Arbeit siehe: Teil 1 Kapitel 3 § 2.

einschließlich des behaupteten Schutzniveaus richterliche Zurückhaltung geübt haben und ob diese Zurückhaltung gerechtfertigt ist (Kapitel 7).

## B. Geeignetheit

Teil 3 ist der Frage gewidmet, inwieweit der Geeignetheitsgrundsatz bei der Interpretation des Art. XX GATT angewendet werden soll.

Zunächst wird der Bezugspunkt der Geeignetheitsprüfung im Rahmen der Interpretation des Art. XX GATT dargelegt, nämlich das angegebene Schutzziel einschließlich des gewünschten Schutzniveaus. Dieser Bezugspunkt wurde bereits in Teil 2 ausführlich erörtert. Die dabei gewonnenen Ergebnisse werden aus Gründen der Übersichtlichkeit an dieser Stelle noch einmal zusammengefasst (Kapitel 8).

Anschließend wird der Frage nachgegangen, inwieweit die Einschätzung des regulierenden WTO-Mitglieds zur Geeignetheit der angegriffenen Umweltmaßnahme maßgeblich ist. Dabei wird festgestellt, dass die genannte Geeignetheitseinschätzung eine erste Vermutung darstellt. Dieses Ergebnis ergibt sich aus den Vertragsbestimmungen des Art. XX GATT unter Berücksichtigung des dogmatischen Charakters der Geeignetheitsprüfung (Kapitel 9).

Anschließend werden die Gründe erörtert, mit denen die Geeignetheitseinschätzung des regulierenden WTO-Mitglieds widerlegt werden kann (Kapitel 10).

Schließlich wird untersucht, ob die WTO-Streitschlichtungsorgane bei der Überprüfung der Geeignetheitseinschätzung des regulierenden WTO-Mitglieds richterliche Zurückhaltung geübt haben und ob diese Zurückhaltung gerechtfertigt ist (Kapitel 11).

## C. Erforderlichkeit

Teil 4 geht der Frage nach, nach welchem Kriterium das Erforderlichkeitsprinzip bei der Auslegung des Art. XX GATT anzuwenden ist.

Im ersten Schritt wird der Bezugspunkt der Erforderlichkeitsprüfung im Rahmen der Interpretation des Art. XX GATT dargelegt, nämlich das angegebene Schutzziel einschließlich des behaupteten Schutzniveaus. Dieser Bezugspunkt wird in Teil 2 ausführlich diskutiert. Die dabei gewonnenen Ergebnisse werden aus Darstellungsgründen hier noch einmal zusammengefasst (Kapitel 12).

Sodann wird die Frage untersucht, inwieweit die Einschätzung des regulierenden WTO-Mitglieds zur Erforderlichkeit der angegriffenen Umweltmaßnahme maßgeblich ist. Dabei wird festgestellt, dass die Erforderlichkeitseinschätzung des beschränkenden WTO-Mitglieds eine erste Vermutung darstellt. Dieses Ergebnis ergibt sich aus den Vertragsbestimmungen des Art. XX GATT unter Berücksichtigung des dogmatischen Charakters der Erforderlichkeitsprüfung (Kapitel 13).

Gegenstand der Erörterung sind anschließend die Gründe, die zur Widerlegung der Erforderlichkeitseinschätzung des regulierenden WTO-Mitglieds herangezogen werden können (Kapitel 14).

Abschließend wird der Frage nachgegangen, ob die WTO-Streitschlichtungsorgane bei der Überprüfung der Erforderlichkeitseinschätzung des regulierenden WTO-Mitglieds richterliche Zurückhaltung geübt haben und ob diese Zurückhaltung gerechtfertigt ist (Kapitel 15).

## D. Angemessenheit

Teil 5 befasst sich mit der Frage, inwieweit die Angemessenheitsprüfung im Rahmen der Auslegung des Art. XX GATT durchzuführen ist.

Zunächst wird der Bezugspunkt der Angemessenheitsprüfung im Rahmen der Interpretation des Art. XX GATT dargelegt, nämlich das angegebene Schutzziel einschließlich des behaupteten Schutzniveaus. Dieser Bezugspunkt wird in Teil 2 ausführlich erörtert. Die dabei gewonnenen Ergebnisse werden an dieser Stelle aus Gründen der Übersichtlichkeit noch einmal zusammengefasst (Kapitel 16).

Sodann wird der Frage nachgegangen, inwieweit die Einschätzung des regulierenden WTO-Mitglieds zur Angemessenheit der angegriffenen Umweltmaßnahme maßgeblich ist. Dabei wird festgestellt, dass die Angemessenheitseinschätzung des beschränkenden WTO-Mitglieds eine erste Vermutung darstellt. Dieses Ergebnis ergibt sich aus den Vertragsbestimmungen des Art. XX GATT unter Berücksichtigung des dogmatischen Charakters der Angemessenheitsprüfung (Kapitel 17).

Im Anschluss daran werden die Gründe erörtert, mit denen die Angemessenheitsvermutung der angegriffenen Umweltmaßnahme widerlegt werden kann (Kapitel 18).

Schließlich wird untersucht, ob die WTO-Streitschlichtungsorgane bei der Überprüfung der Angemessenheitseinschätzung des regulierenden WTO-Mitglieds richterliche Zurückhaltung oder Rechtsfortbildung geübt haben und ob diese Behandlung gerechtfertigt ist. Dabei wird die Angemessenheitsprüfung jeweils im Rahmen der Interpretation eines Absatzes und des Chapeaus des Art. XX GATT untersucht (Kapitel 19).

## E. Chapeau

Teil 6 ist der Frage gewidmet, wie der Chapeau des Art. XX GATT bei der Interpretation des Art. XX GATT zu prüfen ist.

### I. Behandlung der Chapeau-Stufe des Art. XX GATT als eine *de facto* Angemessenheitsprüfung durch die WTO-Streitbeilegungsorgane

Zunächst wird darauf hingewiesen, dass die tatsächlich in der Entscheidungspraxis der WTO-Streitbeilegungsorgane zu Art. XX GATT durchgeführte Prüfung des Chapeaus eine Angemessenheitsprüfung darstellt. Eine solche Prüfung wird in Teil 5 Kapitel 16, 17, 18 und 19 § 2 ausführlich erörtert. Die dabei gewonnenen Ergebnisse werden an dieser Stelle aus Gründen der Übersichtlichkeit noch einmal zusammengefasst (Kapitel 20).

### II. Materielle Erfordernisse des Chapeaus des Art. XX GATT

Sodann wird auf die materiellen Anforderungen des Chapeaus von Art. XX GATT eingegangen.

Zunächst wird anhand der Diskriminierungsdogmatik in Verbindung mit den Vertragsbestimmungen des Art. XX GATT geklärt, nach welchem konkreten Maßstab eine willkürliche Diskriminierung i. S. d. Chapeaus des Art. XX GATT zu qualifizieren ist, die als vertraglich vorgesehene Beschränkung des Einschätzungsspielraums eines WTO-Mitglieds unproblematisch einen tauglichen Widerlegungsgrund darstellt (Kapitel 21 § 1).

Anschließend wird der Beurteilungsmaßstab für die verschleierte Handelsbeschränkung i. S. d. Chapeaus des Art. XX GATT erörtert, die ebenso unproblematisch einen tauglichen Widerlegungsgrund gegen die Legitimitäts- und Verhältnismäßigkeitsvermutung i. w. S. darstellt (Kapitel 21 § 2).

Daraufhin wird sich mit der Frage befasst, ob sich ein tauglicher Grund zur Widerlegung der Vermutung der Maßgeblichkeit der Einschätzung des regulierenden WTO-Mitglieds zur Gefährdungslage des Schutzguts, zur Legitimität des angegebenen Schutzziels einschließlich des behaupteten Schutzniveaus sowie zur Verhältnismäßigkeit i. w. S. der angegriffenen Maßnahme aus dem Völkergewohnheitsrecht oder aus allgemeinen Rechtsgrundsätzen ergeben könnte, wenn die vertraglich vorgesehenen Widerlegungsgründe, nämlich die willkürliche Diskriminierung und die verschleierte Beschränkung des internationalen Handels i. S. d. Chapeaus des Art. XX GATT, nicht vorliegen (Kapitel 21 § 3).

## F. Schlussfolgerung

Im Teil 7, dem letzten Teil der vorliegenden Arbeit, werden die gewonnenen Ergebnisse zunächst zusammengefasst (Kapitel 22). Auf der Grundlage dieser Ergebnisse wird anhand der in der Einleitung zur Problemstellung der Anwendung des Verhältnismäßigkeitsgrundsatzes i. w. S. herangezogenen Beispielsfälle vorgeschlagen, wie die WTO-Streitbeilegungsorgane und das Schiedsgericht gemäß Art. 25 DSU künftig anders entscheiden sollten (Kapitel 23).

Im Ausblick wird darauf hingewiesen, dass eine Übertragung der vorliegenden Ergebnisse auf andere Rechtsgebiete mit Vorsicht erfolgen sollte. Dazu ist auf der Grundlage des dogmatischen Charakters der Verhältnismäßigkeitsprüfung i. w. S. zu prüfen, ob sich aus dem jeweils anwendbaren Recht eine Vermutungs- und Widerlegungsregel ergibt (Kapitel 24).

*Teil 2*

# Schutzgut/Schutzziel

Das ewige Rätsel internationaler Wirtschaftsinstitutionen bestehe darin, legitimen nationalen politischen Zielen einen angemessenen Spielraum zu gewähren und gleichzeitig zu verhindern, dass diese Ziele zur Förderung von Partikularinteressen auf Kosten des Gemeinwohls genutzt werden.[1] Für die Anwendung des Verhältnismäßigkeitsgrundsatzes i. w. S. im Rahmen der Auslegung des Art. XX GATT ist diese Frage besonders wichtig. Denn der legitime Zweck ist der Bezugspunkt für alle drei Verhältnismäßigkeitselemente.[2] Das legitime Ziel ist nämlich der materielle Standard sowohl für die Rationalitätsprüfung als auch für die Angemessenheitsprüfung.

Dieser Umweltschutzstandard betrifft zunächst die Frage, was überhaupt als Schutzgut angesehen und geschützt werden darf, nämlich die durch den demokratischen Prozess zu bestimmende Frage, was wichtig genug ist und damit Gegenstand der Gesetzgebung sein darf.[3] Da die zulässigen Schutzgüter bereits in den Absätzen des Art. XX GATT ausdrücklich vorgesehen sind, wird die Frage, ob ein Schutzgut gegenüber der Handelsfreiheit schutzwürdig ist, zu einer Subsumtionsfrage.[4]

Außerdem ist das Vorliegen einer Gefährdungslage des Schutzguts der Auslöser für die Schutzbedürftigkeit eines Schutzguts im konkreten Einzelfall, bei deren Vorliegen eine Umweltschutzmaßnahme erst ergriffen werden darf. Denn die Verwendung der Wörter *to protect*, beispielsweise in Art. XX (a) und (b) GATT, impliziert die Voraussetzung für die Zielsetzung und Ergreifung einer Umweltmaßnahme, dass eine Gefährdung des zu schützenden Guts vorliegen muss.[5]

---

[1] *Jackson*, World Trade and the Law of GATT, 1969, S. 788.

[2] *Leisner-Egensperger*, Der legitime Zweck als Bezugspunkt der Verhältnismäßigkeit, JZ 2021, 913, 913–914, 922; *Krugmann*, Der Grundsatz der Verhältnismäßigkeit im Völkerrecht, 2004, S. 49.

[3] *Grimm*, Proportionality in Canadian and German Constitutional Jurisprudence, UTLJ 2017, 383, 388; WTO, AB-Bericht v. 22.5.2014, WT/DS400/AB/R u. a., „EC – Seal Products", Para. 5.200.

[4] Vgl. *Stoll/Schorkopf*, WTO, 2002, S. 61 Rn. 173.

[5] Vgl. WTO, Panel-Bericht v. 18.9.2000, WT/DS135/R, „EC – Asbestos", Para. 8.170, 8.814.

Allein mit der behaupteten Gefährdungslage des Schutzguts kann jedoch noch nicht konkret illustriert werden, was der Umweltschutzstandard ist. Das vom regulierenden WTO-Mitglied behauptete Schutzniveau steht dabei im Mittelpunkt des Schutzstandards. Denn das behauptete Schutzniveau des regulierenden WTO-Mitglieds bezüglich der Festlegung der Gefährdungslage des Schutzguts („das behauptete Gefährdungsniveau“) beschreibt nur, wann ein Schutzgut im Einzelfall überhaupt als schutzbedürftig angesehen werden soll, während das behauptete Schutzniveau bezüglich der Abwendung dieser Gefährdung („das behauptete Schutzniveau“) illustriert, inwieweit das Schutzgut schutzbedürftig ist und bis zu welchem Grad die behauptete Gefährdungslage des Schutzguts abzuwenden ist.[6] Das behauptete Schutzniveau ist nämlich der konkrete Grad, zu dem das Schutzziel verwirklicht werden soll,[7] während das Schutzziel das Werturteil über die zu erreichenden empirischen Schutzwirkungen ist.[8]

Im Folgenden wird daher zunächst dargestellt, was die oben genannten materiellen Schutzstandards sind. Sodann wird klargestellt, dass die Legitimität der Einschätzung des regulierenden WTO-Mitglieds zur Gefährdungslage des Schutzguts und zur Legitimität des Schutzziels einschließlich des Schutzniveaus jeweils eine erste Vermutung darstellt. Anschließend wird erläutert, welche Gründe zur Widerlegung dieser Vermutungen herangezogen werden können. Im darauf folgenden Teil wird der Frage nachgegangen, ob die WTO-Streitbeilegungsorgane in ihrer Entscheidungspraxis zum „grünen“ Art. XX GATT hinreichende und gerechtfertigte Zurückhaltung gewährt haben.

## Kapitel 4

# Materielle Schutzstandards

Im vorliegenden Teil wird jeweils dargestellt, welche Schutzgüter in den Absätzen des Art. XX GATT subsumiert werden können, wann eine Gefährdungslage des Schutzguts nach Auffassung des regulierenden WTO-Mitglieds vorliegt und wie das behauptete Schutzniveau zur Abwendung dieser Gefährdungslage vom regulierenden WTO-Mitglied bestimmt und formuliert wird.

---

6 Vgl. WTO, AB-Bericht v. 6.10.2008, WT/DS320/AB/R, „EC – Hormones II“, Para. 534; *Goh*, Science and Sovereignty, JWIP 2003, 441, 464.

7 Vgl. WTO, AB-Bericht v. 12.3.2001, WT/DS135/AB/R, „EC – Asbestos“, Para. 168; WTO, AB-Bericht v. 3.12.2007, WT/DS332/AB/R, „Brazil – Retreaded Tyres“, Para. 140.

8 Vgl. *Hirschberg*, Der Grundsatz der Verhältnismäßigkeit, 1981, S. 44, 158 ff. und 163.

## § 1 Schutzgut

Zunächst muss festgestellt werden, welche Schutzgüter unter den Begriff „Umwelt“ fallen. Denn dieses Schutzgut bildet die Grundlage des Schutzziels und des behaupteten Schutzniveaus als Bezugspunkt für alle drei Schritte der Verhältnismäßigkeitsprüfung i. w. S.

Im Kontext des Art. XX GATT ist eine Interessenabwägung zwischen dem zu schützenden Rechtsgut und der Handelsfreiheit zur Bestimmung der allgemeinen Legitimität des Schutzziels jedoch nicht nötig. Denn die zulässigen Schutzgüter sind bereits in den Absätzen des Art. XX GATT ausdrücklich vorgesehen und die allgemeine Legitimität des Schutzziels setzt die Erfüllung dieser Tatbestandsvoraussetzung voraus.[9] Soweit ein Schutzgut in den Anwendungsbereich des Art. XX GATT subsumiert werden kann, zeigt dies zugleich das vom regulierenden WTO-Mitglied behauptete Schutzniveau, welches Schutzgut durch eine Umweltschutzmaßnahme geschützt werden soll oder nicht.[10]

Im Streitbeilegungsverfahren der WTO bilden umweltbezogene Fälle zwar wichtige Grundlagen für die Auslegung des WTO-Rechts.[11] Der Begriff „Umwelt“ findet im Vertragstext des GATT jedoch keine Erwähnung.[12] Dies ist auf historische Gründe zurückzuführen: Bei der Gründung des GATT im Jahr 1947 hatte der Umweltschutz noch wenig politische Brisanz und erfuhr erst im Rahmen der Uruguay-Runde (1986–1994) des GATT Aufmerksam-

---

[9] *Stoll/Schorkopf*, WTO, 2002, S. 61 Rn. 173.

[10] Dies hatten die WTO-Streitbeilegungsorgane jedoch erst im Rahmen der Interpretation der öffentlichen Moral i. S. v. Art. XX GATT bzw. Art. XIV GATS klargestellt. Vgl. WTO, AB-Bericht v. 22.5.2014, WT/DS400/AB/R u. a., „EC – Seal Products“, Para. 5.200; WTO, Panel-Bericht v. 10.11.2004, WT/DS285/R, „US – Gambling“, Para. 6.461; WTO, Panel-Bericht v. 12.8.2009, WT/DS363/R, „China – Publications and Audiovisual Products“, Para. 7.759. In den genannten drei Entscheidungen wurde direkt bzw. indirekt auf die folgende Feststellung des AB in Korea – Beef und in EC – Asbestos verwiesen: „[…] WTO Members have the right to determine the level of protection of health that they consider appropriate in a given situation.“ In Anbetracht des Kontexts in den beiden Verfahren bezogen sich diese Feststellung fast ausschließlich auf das Recht eines WTO-Mitglieds zur Festlegung des Schutzniveaus bezüglich der Abwendung der Gefährdungslage, obwohl dieses Recht auch das Recht zur Festlegung des Schutzniveaus bezüglich der Definition bzw. Auswahl eines Schutzguts potenziell abdecken kann. Zur vorgenannten Feststellung in Korea – Beef und in EC – Asbestos siehe jeweils: WTO, AB-Bericht v. 11.12.2000, WT/DS161/AB/R u. a., „Korea – Beef“, Para. 176; WTO, AB-Bericht v. 12.3.2001, WT/DS135/AB/R, „EC – Asbestos“, Para. 168.

[11] *Quick*, Trade and Environment Negotiations, JWT 2013, 957.

[12] Näheres zu umweltrelevanten Bestimmungen im GATT/WTO-Vertragswerk vgl. *Weiher*, Nationaler Umweltschutz und Internationaler Warenverkehr, 1997, S. 21 f.

keit.[13] Das Thema „Handel und Umwelt" wurde zunächst hauptsächlich im Schrifttum entwickelt[14] und hat sich zu einem speziellen wissenschaftlichen Gebiet gewandelt, insbesondere in Bezug auf Art. XX (b) und (g) GATT und heutzutage auch Art. XX (a) GATT.[15]

Im Folgenden wird anhand der Entscheidungspraxis zu Art. XX GATT dargestellt, welche Schutzgüter unter den Begriff „Umwelt" fallen können.

## A. Leben und Gesundheit von Menschen, Tieren und Pflanzen gemäß Art. XX (b) GATT

Unter die Umweltbelange fallen zunächst das Leben und die Gesundheit von Menschen, Tieren und Pflanzen gemäß Art. XX (b) GATT. Zwar scheinen Maßnahmen im Rahmen des Art. XX (b) GATT zum Schutz der menschlichen Gesundheit häufig keine direkte umweltrechtliche Relevanz zu haben, wie die Maßnahme zum Schutz der Gesundheit von Verbrauchern vor dem Rauchen in Thailand – Cigarettes[16] und die Maßnahme zum Schutz der Gesundheit von Arbeitnehmern vor gefährlichen Asbeststoffen in EC – Asbestos[17], werden diese in der wissenschaftlichen Literatur dennoch oft ohne Weiteres als Umweltausnahmen behandelt.[18]

---

[13] Vgl. *Schoenbaum*, International Trade and Protection of the Environment, AJIL 1997, 268, 269, 273 und Zit. 37 a.a.O.; *Weiher*, Nationaler Umweltschutz und internationaler Warenverkehr, 1997, S. 133–134; *Epiney*, Welthandel und Umwelt, DVBl. 2000, 77, 81; *Berrisch*, GATT 1994, in: Prieß/Berrisch (Hrsg.), WTO-Handbuch, 2003, S. 141 Rn. 237; *Beise*, Die Welthandelsorganisation, 2001, S. 102.

[14] Seit den frühen Diskussionen über Handel und Umwelt. Vgl. *Hilf*, Freiheit des Welthandels contra Umweltschutz, NVwZ 2000, 481; *Hohmann*, Der Konflikt zwischen freiem Handel und Umweltschutz in WTO und EG, RIW 2000, 88; *Patterson*, GATT and the Environment, JWT 1992, 99; *Schoenbaum*, Free International Trade and Protection of the Environment, AJIL 1992, 700; *Strauss*, From GATTilla to the Green Giant, UPJIL 1998, 769; *McDonald*, Greening the GATT, Environmental Law 1993, 397; *Gaines*, The Problem of Enforcing Environment Norms in the WTO, HICLR 2013, 321; *Charnovitz*, The Environment vs. Trade Rules, Environmental Law 1993, 475; *Driesen*, The Real Issue Lurking Behind the Trade and Environmental Debate, JIL 2001, 279; *Dunoff*, The GATT, the ICJ Trade-Environmental Disputes, Michigan-JIL 1994, 1043.

[15] *Epiney*, Welthandel und Umwelt, DVBl. 2000, 77, 81.

[16] GATT, Panel-Bericht v. 7.11.1990, DS10/R-37S/200, „Thailand – Cigarettes".

[17] WTO, AB-Bericht v. 12.3.2001, WT/DS135/AB/R, „EC – Asbestos"; WTO, Panel-Bericht v. 18.9.2000, WT/DS135/R, „EC – Asbestos".

[18] Vgl. *Hilf*, Freiheit des Welthandels contra Umweltschutz, NVwZ 2000, 481, 485; *Panizzon/Arnold/Cottier*, Handel und Umwelt in der WTO, URP 2010, 199, 222–223; *Bigdeli*, Revisiting the Trade and Environment Debate in the WTO, TLD 2014, 177, 189; *Stoll/Schorkopf*, WTO, 2002, S. 62 Rn. 179; *Rieder*, The Relationship between TREM in MEA and the WTO Law, 2020, S. 99.

Dies liegt zum einen daran, dass auch primär auf den Schutz menschlicher Gesundheit abzielende Maßnahmen mittelbare Umweltschutzwirkungen enthalten können (z.B. die Reinhaltung der Atemluft).[19] Zum anderen ist Art. XX (b) GATT dahingehend auszulegen, dass er auch Maßnahmen erlaubt, die primär dem Umweltschutz und mittelbar der menschlichen Gesundheit dienen (z.B. der Schutz des Ozonlochs).[20]

In Brazil – Retreaded Tyres wies das Panel darauf hin, dass der Schutz von Leben und Gesundheit von Menschen und Tieren mit dem Begriff „Umweltschutz“ bezeichnet werden dürfe.[21] Das Adjektiv „umweltbezogen“ wird nämlich oft in einem weiten Sinne verwendet und umfasst Streitigkeiten, die sowohl den Umweltschutz als auch den Gesundheitsschutz betreffen.[22] Soweit ein regulierendes WTO-Mitglied geltend macht, dass das Ergreifen einer unilateralen Maßnahme u.a. dem Schutz des Lebens und der Gesundheit von Menschen oder Tieren dient, fällt dies demnach unter das Thema „Umweltstreitigkeiten“.[23]

Der Grund besteht vielmehr darin, dass das Ziel des Umweltschutzes letztlich dem Leben und der Gesundheit der Menschen dient[24] und der Gesundheits- und Umweltschutz nur schwer vollständig voneinander zu trennen sind.[25]

## B. Erschöpfliche Naturschätze gemäß Art. XX (g) GATT

Erschöpfliche Naturschätze sind selbstverständlich Umweltschutzgüter. Dazu gehören u.a. Reinheit der Luft, Benzin aus Rohöl, Rohstoffe sowie le-

---

19 *Weiher*, Nationaler Umweltschutz und internationaler Warenverkehr, 1997, S. 133; *Sander*, Internationaler und europäischer Gesundheitsschutz, 2004, S. 169–170.

20 *Epiney*, Welthandel und Umwelt, DVBl. 2000, 77, 81; *Weiher*, Nationaler Umweltschutz und internationaler Warenverkehr, 1997, S. 134; *Kluttig*, Welthandelsrecht und Umweltschutz, AIW 2003/12, 5, 18; *Berrisch*, GATT 1994, in: Prieß/Berrisch (Hrsg.), WTO-Handbuch, 2003, S. 141 Rn. 237; *Sander*, Internationaler und europäischer Gesundheitsschutz, 2004, S. 170–171.

21 Vgl. WTO, Panel-Bericht v. 12.6.2007, WT/DS332/R, „Brazil – Retreaded Tyres“, Para. 7.44–7.46.

22 So auch: *Rieder*, The Relationship between TREM in MEA and the WTO Law, 2020, S. 144.

23 Vgl. *Panizzon/Arnold/Cottier*, Handel und Umwelt in der WTO, URP 2010, 199, 222–223.

24 *Weiher*, Nationaler Umweltschutz und internationaler Warenverkehr, 1997, S. 122.

25 *Panizzon/Arnold/Cottier*, Handel und Umwelt in der WTO, URP 2010, 199, 223.

bende Naturschätze wie Meeresschildkröten nach der Entscheidungspraxis zu Art. XX GATT.

Bei der Auslegung des Art. XX (g) GATT stellte das Panel in US – Gasoline fest, dass eine Maßnahme, die die Luftverschmutzung durch den Treibstoffverbrauch regele, unproblematisch in den Schutzbereich des besprochenen Absatzes falle.[26] Daher umfasst der Begriff der erschöpflichen Naturschätze auch die Luftreinheit. Das Panel von US – Automobile Taxes sah das Benzin als erschöpflichen Naturschatz an, weil dieses aus Rohöl, eine erschöpfliche Energiequelle, gewonnen werde.[27]

In Canada – Herring and Salmon wurden Herings- und Lachsbestände ohne Weiteres vom Panel als erschöpfliche Naturressourcen bejaht.[28] Im Gegensatz dazu war diese Frage in der Entscheidung zu US – Shrimp zwischen den Parteien umstritten, und die Meeresschildkröte als Lebewesen wurde dabei im Ergebnis dennoch vom AB unter erschöpfliche Naturressourcen i. S. v. Art. XX (g) GATT subsumiert.[29] Unter diesem Begriff wurden Rohstoffe verschiedener Arten sowie die Seltene Erden, jeweils in China – Raw Materials und China – Rare Earths, subsumiert, selbst wenn diese auf den Markt verbracht werden konnten.[30]

## C. Tierwohl als öffentliche Moral gemäß Art. XX (a) GATT

Der Begriff „öffentliche Moral“ i. S. v. Art. XX (a) GATT ist unbestimmt und daher Auslegungsfähig.[31] Maßnahmen zum Schutz der öffentlichen Moral können sich auch mit anderen legitimen Zielen überschneiden, etwa dem Umweltschutz und der Förderung der Interessen von Minderheitengemeinschaften.[32] Daher kann die öffentliche Moral i. S. v. Art. XX (a) GATT potenziell auch für den Umweltschutz von Relevanz sein.

---

[26] WTO, Panel-Bericht v. 20. 5. 1996, WT/DS2/R, „US – Gasoline“, Para. 6.21.

[27] GATT, Panel-Bericht v. 11. 10. 1994, DS31/R, „US – Automobiles“, Para. 5.57.

[28] GATT, Panel-Bericht v. 22. 3. 1988, L/6268-35S/98, „Canada – Herring and Salmon“, Para. 4.4.

[29] WTO, AB-Bericht v. 12. 10. 1998, WT/DS58/AB/R, „US – Shrimp“, Para. 127 ff.

[30] WTO, Panel-Bericht v. 26. 3. 2014, WT/DS431/R u. a., „China – Rare Earths“, Para. 7.246 f.; WTO, Panel-Bericht v. 5. 7. 2011, WT/DS394/R u. a., „China – Raw Materials“, Para. 7.363.

[31] *Weiß/Ohler/Bungenberg*, Welthandelsrecht, 3. Aufl. 2022, S. 201 Rn. 531.

[32] *Conconi/Voon*, EC – Seal Products: The Tension between Public Morals and International Trade Agreements, WTR 2016, 211, 233.

Dies bestätigt der AB in EC – Seal Products, indem er anerkannte,[33] dass die öffentliche Moral i. S. v. Art. XX (a) GATT zur Rechtfertigung eines Verstoßes gegen GATT-Verpflichtungen aus Umweltschutzgründen, wie etwa dem Schutz des Wohls von Robben, herangezogen werden könne.[34]

## § 2 Behauptete Gefährdungslage des Schutzguts

Die Gefährdungslage und damit die Schutzbedürftigkeit des einschlägigen Schutzguts im konkreten Einzelfall sind die Voraussetzung für die Ergreifung einer umweltpolitischen Maßnahme. Dazu muss zunächst dargestellt werden, wann eine empirische Gefährdung des Schutzguts als eine solche Gefährdungslage des Schutzguts angesehen werden kann, die die Schutzbedürftigkeit des Schutzguts auslöst.

Art. 51 VN-Charta sieht vor, dass das Ergreifen einer Verteidigungsmaßnahme einen bewaffneten Angriff (*armed attack*) voraussetzt.[35] In Art. XX GATT findet sich zwar kein konkreter Anhaltspunkt für die Forderung nach einer konkreten Gefahr des Schutzguts oder dem Vorliegen einer gefährdenden Handlung. Dies bedeutet jedoch nicht, dass im Kontext des Art. XX GATT keine Gefährdung des Schutzguts verlangt wird. Denn die Verwendung der Wörter *to protect*, beispielsweise in Art. XX (a) und (b) GATT, impliziert, dass für die Zielsetzung und Ergreifung einer Umweltmaßnahme eine Gefahr für das zu schützende Gut bestehen muss.[36]

Außerdem ist die empirische Risikoabschätzung eines Schutzguts untrennbar mit der subjektiven Beurteilung des regulierenden WTO-Mitglieds verbunden.[37] Wenn ein WTO-Mitglied beispielsweise beschließt, ein höheres Gefährdungsniveau als den internationalen Standard anzuwenden, kann es seine Risikobewertung anders durchführen als jene, die auf dem internationalen Standard beruht.[38]

---

33 Vgl. WTO, AB-Bericht v. 22. 5. 2014, WT/DS400/AB/R u. a., „EC – Seal Products", Para. 5.199–5.203.

34 Vgl. *Weiß/Ohler/Bungenberg*, Welthandelsrecht, 3. Aufl. 2022, S. 202–203 Rn. 532; *Marceau*, EC – Seal Products in the Context of the Trade and Environment Debate, RECIEL 2014, 318, 325, 328; *Bäumler*, Nachhaltiges Wirtschaften in globalen Lieferketten, AVR 2020, 464, 475.

35 Vgl. *Kretzmer*, The Inherent Right to Self-Defence and Proportionality in Jus Ad Bellum, EJIL 2013, 235, 239; *McKenna*, The Discourse of Proportionality and the Use of Force, NJIL 2020, 364, 371.

36 WTO, Panel-Bericht v. 18. 9. 2000, WT/DS135/R, „EC – Asbestos", Para. 8.170, 8.814.

37 WTO, Panel-Bericht v. 18. 9. 2000, WT/DS135/R, „EC – Asbestos", Para. 8.205.

38 Vgl. WTO, Panel-Bericht v. 18. 9. 2000, WT/DS135/R, „EC – Asbestos", Para. 8.210.

Fraglich ist jedoch weiterhin, wie weit der Einschätzungsspielraum des regulierenden WTO-Mitglieds hinsichtlich der Gefährdungslage des Schutzguts reicht, damit dieser bei der Setzung des Umweltschutzstandards nicht missbraucht wird.

Zur Klärung dieser Frage soll zunächst dargestellt werden, wann nach der Einschätzung des regulierenden WTO-Mitglieds eine Gefährdungslage des Schutzguts überhaupt vorliegt. Die folgende Darstellung erfolgt jeweils nach dem Kriterium, ob die Gefährdung des Schutzguts auf produktbezogene oder nichtproduktbezogene Gründe zurückzuführen ist.

## A. Behauptete Gefährdungslage des Schutzguts aus produktbezogenen Gründen

Innerhalb dieser Gruppe kann die Gefährdung des Schutzguts je nachdem weiter in zwei Untergruppen eingeteilt werden, nämlich danach, ob das Schutzgut zugleich das regulierte Produkt ist.

### I. Das regulierte Produkt selbst als das Schutzgut

In der ersten Untergruppe ist das Produkt selbst das Schutzgut und befindet sich in einer Gefährdungslage aufgrund seiner eigenen Knappheit bzw. Erschöpflichkeit. Zum Beispiel vertrat die chinesische Regierung in China – Rare Earths die Auffassung, dass der Umfang erschöpflicher Naturschätze i. S. v. Art. XX (g) GATT weit zu interpretieren sei und auch die Seltenen Erden umfasse.[39] Nach chinesischer Auffassung beschränke sich die Konservierung nicht nur darauf, die erschöpflichen natürlichen Ressourcen in ihrem gegenwärtigen Zustand zu erhalten; Sie umfasse nach dieser Auffassung auch, diese Ressourcen im Einklang mit der nachhaltigen wirtschaftlichen Entwicklung eines WTO-Mitglieds aufrechtzuerhalten.[40] Damit wird zugleich die Gefährdungslage der Seltenen Erden bejaht, weil die Erschöpflichkeit dieser Naturschätze und die Konservierungsbereitschaft Chinas die Gefährdungslage des Schutzguts indizieren. In diesem Fall waren die Seltenen Erden nämlich selbst das gefährdete und damit schutzbedürftige Schutzgut. Ähnliche Feststellungen zur Gefährdungslage des Schutzguts durch das konservierende

---

[39] Vgl. WTO, Panel-Bericht v. 26.3.2014, WT/DS431/R u. a., „China – Rare Earths“, Para. 7.246.

[40] WTO, Panel-Bericht v. 26.3.2014, WT/DS431/R u. a., „China – Rare Earths“, Para. 7.252.

Mitglied der WTO finden sich auch in China – Raw Materials,[41] Canada – Herring and Salmon[42] und US – Tuna 1982[43].

## II. Das regulierte Produkt selbst als kein Schutzgut

In der zweiten Untergruppe ist das regulierte Produkt selbst nicht das Schutzgut. Die Gefährdung des Schutzguts wird erst durch die Behandlung dieses Produkts verursacht, beispielsweise durch Verbrauch, Verwendung, Entsorgung usw.

In US – Gasoline, zum Beispiel, führten die USA im Rahmen der Rechtfertigung unter Berufung auf Art. XX (b) GATT aus, dass die Luftverschmutzung, insbesondere bodennahes Ozon und toxische Stoffe, ein Gesundheitsrisiko für Menschen, Tiere und Pflanzen darstellte; die giftige Luftverschmutzung sei demzufolge eine Ursache für Krebs, Geburtsfehler, Schädigungen des Gehirns oder anderer Teile des Nervensystems, Fortpflanzungsstörungen und genetische Mutationen.[44] Nach Angaben der USA werde etwa die Hälfte dieser Verschmutzung durch Emissionen von Kraftfahrzeugen infolge des Benzinverbrauchs verursacht.[45] Im Rahmen der Rechtfertigung unter Berufung auf Art. XX (g) GATT machten die Vereinigten Staaten geltend, dass saubere Luft eine erschöpfliche Ressource im Sinne dieser Klausel sei, die durch Schadstoffemissionen aufgrund des Benzinverbrauchs von Kraftfahrzeugen erschöpft werden könne.[46]

Außerdem kann die Gefährdung des Schutzguts auf die Verwendung der regulierten Produkte zurückzuführen sein. Dies ist in EC – Asbestos der Fall. Nach wissenschaftlichen Studien und nach der Ansicht internationaler Organisationen, beispielsweise der Internationalen Agentur für Krebsforschung, gälten Chrysotil-Fasern grundsätzlich als krebserregend, weil sie tödliche Krankheiten wie Asbestose, Lungenkrebs oder Mesotheliome verursachen könnten.[47] Hierauf Bezug nehmend führte die damalige EG aus, dass Asbest

---

[41] WTO, Panel-Bericht v. 5.7.2011, WT/DS394/R u. a., „China – Raw Materials", Para. 7.363–7.364.

[42] GATT, Panel-Bericht v. 22.3.1988, L/6268-35S/98, „Canada – Herring and Salmon", Para. 3.27.

[43] GATT, Panel-Bericht v. 22.2.1982, L/5198-29S/91, „US – Tuna 1982", Para. 3.8.

[44] WTO, Panel-Bericht v. 20.5.1996, WT/DS2/AB/R, „US – Gasoline", Para. 3.39.

[45] WTO, Panel-Bericht v. 20.5.1996, WT/DS2/AB/R, „US – Gasoline", Para. 3.39 und 6.21.

[46] Vgl. WTO, Panel-Bericht v. 20.5.1996, WT/DS2/AB/R, „US – Gasoline", Para. 3.59 i.V.m. 3.39.

[47] WTO, Panel-Bericht v. 18.9.2000, WT/DS135/R, „EC – Asbestos", Para. 8.186 i.V.m. 5.28.

insbesondere für Arbeitnehmer, die bei ihrer Tätigkeit mit asbesthaltigen Erzeugnissen oft unbewusst in Berührung kämen, ein erhebliches Gesundheitsrisiko darstelle.[48]

Ferner kann die Gefährdung des Schutzguts durch (unzutreffende) Entsorgung bestimmter Produkte verursacht werden. In Brazil – Retreaded Tyres sah Brasilien als regulierendes Mitglied die Ablagerung runderneuerter Reifen als ein dringendes Gesundheitsrisiko für Menschen, Tiere und Pflanzen i. S. v. Art. XX (b) GATT an.[49] Dabei machte Brasilien geltend, dass die Ablagerung von Reifen die Gefahr von mückenübertragenen Krankheiten, wie Dengue-Fieber und Gelbfieber, berge, weil Altreifen einen idealen Nährboden für krankheitsübertragende Mücken bildeten.[50] Diese Krankheiten würden auch durch den zwischenstaatlichen Transport von Altreifen zu Entsorgungszwecken verbreitet.[51] Brasilien argumentierte weiterhin, dass die Ablagerung von Altreifen Reifenbrände und giftige Leckagen verursache und diese Gefahren erhebliche nachteilige Auswirkungen auf die menschliche Gesundheit hätten.[52] Diese nachteiligen Auswirkungen beträfen nach Ansicht Brasiliens auch das Leben und die Gesundheit von Tieren und Pflanzen.[53]

## B. Behauptete Gefährdungslage des Schutzguts aus nicht-produktbezogenen Gründen

In der Entscheidungspraxis stützt das regulierende WTO-Mitglied die Gefährdungslage des Schutzguts häufig auf den Produktions- und Verarbeitungsprozess, die Art und Weise des Verkaufs eines Produkts sowie auf die prognostizierte Entwicklung von Handelsströmen und Wechselkursen.

---

[48] WTO, Panel-Bericht v. 18. 9. 2000, WT/DS135/R, „EC – Asbestos", Para. 8.185.

[49] WTO, Panel-Bericht v. 12. 6. 2007, WT/DS332/R, „Brazil – Retreaded Tyres", Para. 7.53 und 7.84, ausführlich hierzu vgl. Para. 7.56 ff., 7.72 ff. und 7.86 ff.

[50] WTO, Panel-Bericht v. 12. 6. 2007, WT/DS332/R, „Brazil – Retreaded Tyres", Para. 7.53.

[51] WTO, Panel-Bericht v. 12. 6. 2007, WT/DS332/R, „Brazil – Retreaded Tyres", Para. 7.53.

[52] WTO, Panel-Bericht v. 12. 6. 2007, WT/DS332/R, „Brazil – Retreaded Tyres", Para. 7.53.

[53] WTO, Panel-Bericht v. 12. 6. 2007, WT/DS332/R, „Brazil – Retreaded Tyres", Para. 7.84.

## I. Gefährdungslage des Schutzguts aufgrund des Produktions- und Verarbeitungsvorgangs

Bei dieser Untergruppe handelt es sich zunächst um Fälle, in denen sich die Gefährdungslage des Schutzguts aus dem Produktions- und Verarbeitungsvorgang ergibt, ohne dass dadurch die physische Beschaffenheit der Güter verändert wird.

So sahen die USA in US – Tuna I und US – Tuna II die Fangmethode von Tunfischen, nämlich den Fang mit dem *purse seine*-Netz, als eine erhebliche Gefahr für die Delfine an, die in verschiedenen Wassergebieten der Welt zusammen mit Thunfischen vorkommen und dabei mitgefangen und getötet wurden.[54] Aus ähnlichen Gründen vertraten die USA in US – Shrimp die Auffassung, dass der Garnelenfang mit Garnelenschleppnetzen (*shrimp trowl nets*) zum zufälligen Fang und damit zur Tötung von Meeresschildkröten führe und die größte Gefahr für diese darstelle.[55]

Zwar war das angegebene Schutzgut in EC – Seal Products keine erschöpfliche Naturressource, sondern die öffentliche Moral, deren Gefährdung jedoch ebenso durch die Produktions- und Verarbeitungsprozesse verursacht wurde. Die EU sah die öffentliche Moral in Bezug auf den Robbenschutz als gefährdet an, wenn Robben zu kommerziellen Zwecken auf unmenschliche Weise getötet wurden und auch dann, wenn EU-Bürger individuell oder kollektiv als Verbraucher an wirtschaftlichen Aktivitäten teilnahmen oder diesen ausgesetzt waren, die den Markt für kommerziell gejagte Robbenprodukte aufrechterhielten.[56]

## II. Gefährdungslage des Schutzguts aufgrund der Art und Weise des Verkaufs eines Produkts

Ein weiterer Umstand innerhalb dieser Untergruppe, der zur Gefährdung des Schutzguts führt, ist die Art und Weise des Verkaufs von Produkten, wie z. B. die Betrugsgefahr über die Herkunft von ausländischem und inländischem Rindfleisch für die Verbraucher in Korea – Beef. Auch wenn dieser Fall nicht unbedingt als Umweltstreitigkeit eingestuft werden kann. Er ist je-

---

[54] GATT, Panel-Bericht v. 3. 9. 1991, DS21/R-39S/155, „US – Tuna I", Para. 2.3 i. V. m. 2.1–2.2; GATT, Panel-Bericht v. 16. 6. 1994, DS29/R, „US – Tuna II", Para. 2.5 i. V. m. 2.1–2.2.

[55] WTO, Panel-Bericht v. 15. 5. 1998, WT/DS58/R, „US – Shrimp", Para. 2.5, 3.19, 3.49–3.50.

[56] WTO, Panel-Bericht v. 25. 11. 2013, WT/DS400/R u. a., „EC – Seal Products", Para. 7.631–7.632 i. V. m. 7.367–7.368 und 7.375; hierzu vgl. auch WTO, AB-Bericht v. 22. 5. 2014, WT/DS400/AB/R u. a., „EC – Seal Products", Para. 5.197 ff.

doch von großer Bedeutung für die Beilegung „grüner“ Streitigkeiten im Rahmen der WTO. In diesem Fall vertrat Korea die Auffassung, dass für die Verbraucher eine Verwechslungs- und Betrugsgefahr bestehe, wenn ausländisches und inländisches Rindfleisch im selben Vertriebssystem verkauft würden.[57] Diese Verwechslungs- und Betrugsgefahr war nicht so sehr auf die Beschaffenheit und Qualität des Rindfleischs zurückzuführen, sondern in erster Linie auf das Verkaufsverhalten einzelner Händler.

### III. Gefährdungslage des Schutzguts aufgrund prognostizierter Entwicklung von Handelsströmen und Wechselkursen

Ferner stützt manches regulierende WTO-Mitglied die Gefährdungslage des Schutzguts auf die prognostizierte Veränderung der Handelsströme oder der Kursentwicklung zulasten des betreffenden Schutzguts. Zum Beispiel zog die Türkei in Turkey – Pharmaceutical Products (EU) zwei Argumente für die Begründung der Gefährdung ihres Sozialversicherungssystems aufgrund der übermäßigen Abhängigkeit von importierten Arzneimitteln heran. Erstens könne der niedrige Preis der Arzneimittel auf dem türkischen Markt dazu führen, dass ausländische Hersteller diese Produkte aufgrund höherer Preise in anderen Staaten verkauften und den Verkauf in der Türkei einstellten; zweitens könnten importierte Arzneimittel für das türkische Sozialversicherungssystem unbezahlbar werden, wenn ausländische Währungen aufwerteten oder die türkische Währung (*lira*) abwerte.[58]

## § 3 Angegebenes Schutzziel und behauptetes Schutzniveau

Soweit die Gefährdungslage des Schutzguts festgelegt worden ist, stellt sich die Frage, bis zu welchem Grad diese Gefährdung abgewendet werden soll.

Der Bezugspunkt für alle drei Elemente der Verhältnismäßigkeitsprüfung i. w. S. ist der legitime Zweck,[59] dessen konkreter Inhalt jedoch oft unklar

[57] WTO, Panel-Bericht v. 31. 7. 2000, WT/DS161/R u. a., „Korea – Beef“, Para. 237.

[58] WTO, Panel-Bericht v. 11. 11. 2021, unverbreitet und beigefügt zur Mitteilung v. 28. 4. 2022 über die Berufung der Türkei gemäß Art. 25 DSU, WT/DS583/12, „Turkey – Pharmaceutical Products (EU)“, Para. 7.172.

[59] *Leisner-Egensperger*, Der legitime Zweck als Bezugspunkt der Verhältnismäßigkeit, JZ 2021, 913, 913–914, 922; *Krugmann*, Der Grundsatz der Verhältnismäßigkeit im Völkerrecht, 2004, S. 49.

bzw. unpräzise ist.[60] In diesem Fall fehlt ein zuverlässiger Bezugspunkt für die Beurteilung der Verhältnismäßigkeit i. w. S. einer unilateralen Umweltschutzmaßnahme.

Dieses Problem betrifft hauptsächlich das angegebene Schutzziel einschließlich des behaupteten Schutzniveaus, nachdem die Gefährdungslage des Schutzguts festgestellt worden ist.

Im vorliegenden Abschnitt wird dargestellt, dass das Schutzziel einschließlich des Schutzniveaus in der Entscheidungspraxis zu Art. XX GATT eher abstrakt vom regulierenden WTO-Mitglied formuliert wurde und es keine präzise Beschreibung gibt. Damit wird die Grundlage für die weitere Darstellung der Frage gelegt, wessen Einschätzung zum Schutzziel und zum Schutzniveau grundsätzlich maßgeblich ist.

## A. Abstrakt formuliertes Schutzziel und Schutzniveau unabhängig von der ergriffenen Maßnahme

In der Entscheidungspraxis zum „grünen" Art. XX GATT wurden das Schutzziel und das Schutzniveau vom regulierenden WTO-Mitglied ausschließlich unabhängig von der ergriffenen Maßnahme definiert. Dabei wurden sie eher in abstrakter Weise formuliert.

### I. „Präzise" formulierte Schutzziele

In einigen „grünen" Fällen wurde das Schutzziel durch die Festlegung eines bestimmten Zahlenwerts bzw. durch die Auferlegung einer bestimmten Konservierungspflicht definiert. Diese Konservierungspflicht ist von der angegriffenen handelsbeschränkenden Maßnahme zu unterscheiden. Denn die vorgenannte Pflicht ist das Ziel, das durch die angegriffene Maßnahme erreicht werden soll.

---

60 Im öffentlichen Recht vgl. u. a. *Hirschberg*, Der Grundsatz der Verhältnismäßigkeit, 1981, S. 158 ff.; *Leisner-Egensperger*, Der legitime Zweck als Bezugspunkt der Verhältnismäßigkeit, JZ 2021, 913, 913–914, 916–917; im Völkerrecht vgl. u. a. *Etezazian*, The Nature of the Self-defence Proportionality Requirement, JUFIL 2016, 260, 268 und 288–289; *Kretzmer*, The Inherent Right to Self-Defence and Proportionality in Jus Ad Bellum, EJIL 2013, 235, 282; *Gardam*, Necessity, Proportionality and the Use of Force by States, 2004, S. 165.

### 1. „Präzise“ Formulierung durch Festlegung eines bestimmten Zahlenwerts

In US – Tuna I wurde das Schutzziel durch bestimmte Zahlenwerte festgelegt. Zur Rechtfertigung des Embargos gemäß *The Marine Mammal Protection Act* von 1972 („MMPA“) führten die USA in US – Tuna I aus, dass dieses Importverbot darauf anziele, das Leben und die Gesundheit von Delfinen zu schützen.[61] Das vorgegebene Ziel des MMPA war es, die unbeabsichtigte Tötung oder schwere Verletzung von Meeressäugern bei der kommerziellen Fischerei auf ein unbedeutendes und nahezu Nullniveau zu reduzieren (*approaching zero*).[62]

Eine einzige Ausnahme wurde der *American Tuna-boat Association* erteilt, die alle inländischen Thunfischfänge im tropischen Ostpazifik abdeckte. Im Rahmen dieser Ausnahme durften jährlich nicht mehr als 20.500 Delfine durch die US-Flotten getötet oder verletzt werden.[63] Dieser inländische Schutzstandard galt mit bestimmten Lockerungen auch für Tunfischfangflotten in anderen Staaten: Die durchschnittliche Beifangquote von Delfinen durch Thunfischflotten eines anderen Landes durfte das 1,25-fache der durchschnittlichen Beifangquote der US-Schiffe im selben Zeitraum nicht überschreiten.[64] Eine ähnliche Formulierung findet sich auch in US – Tuna II.[65]

Zur Rechtfertigung des Lokalisierungserfordernisses zog die Türkei Art. XX (b) GATT heran und führte aus, dass dieses Erfordernis zur Gewährleistung eines ununterbrochenen Zugangs zu sicheren, effektiven und bezahlbaren Arzneimitteln und damit zum Schutz der öffentlichen Gesundheit erforderlich sei.[66] Durch das Lokalisierungserfordernis bezweckte die Türkei, dass (genau) 60 % der inländischen Nachfrage nach Arzneimitteln durch inländische Produktion gedeckt würden.[67]

---

[61] GATT, Panel-Bericht v. 3.9.1991, DS21/R-39S/155, „US – Tuna I“, Para. 3.33, 5.1–5.2 i. V. m. 2.3 ff.

[62] GATT, Panel-Bericht v. 3.9.1991, DS21/R-39S/155, „US – Tuna I“, Para. 2.3.

[63] GATT, Panel-Bericht v. 3.9.1991, DS21/R-39S/155, „US – Tuna I“, Para. 2.4.

[64] GATT, Panel-Bericht v. 3.9.1991, DS21/R-39S/155, „US – Tuna I“, Para. 2.5–2.6.

[65] GATT, Panel-Bericht v. 16.6.1994, DS29/R, „US – Tuna II“, Para. 2.4–2.5, 2.8, 3.62, 5.1–5.3.

[66] WTO, Panel-Bericht v. 11.11.2021, unverbreitet und beigefügt zur Mitteilung v. 28.4.2022 über die Berufung der Türkei gemäß Art. 25 DSU, WT/DS583/12, „Turkey – Pharmaceutical Products (EU)“, Para. 3.3 b ii, 7.129.

[67] WTO, Panel-Bericht v. 11.11.2021, unverbreitet und beigefügt zur Mitteilung v. 28.4.2022 über die Berufung der Türkei gemäß Art. 25 DSU, WT/DS583/12, „Turkey – Pharmaceutical Products (EU)“, Para. 7.202, 7.205 und die Erläuterung des Panels in Zit. 666 a. a. O.

### 2. „Präzise“ Formulierung durch Auferlegung einer bestimmten Konservierungspflicht

Die andere „präzise“ Definitionsweise lässt sich am Beispiel des Panel-Berichts zu US – Shrimp illustrieren, in dem das Schutzziel durch die Auferlegung bestimmter Schutzpflichten festgelegt wurde. Zur Rechtfertigung des Einfuhrverbots für Garnelen beriefen sich die USA auf Art. XX (b) GATT. Die angegriffene Maßnahme diene demnach dem Schutz der Meeresschildkröten, weil ihre Rechtsgrundlage, die *Section* 609, vorschrieb, dass importierte Garnelen unter Verwendung von TEDs und nicht mit Schildkrötenfangnetzen gefangen werden durften.[68] Nach Auffassung der USA könnten die Meeresschildkröten nur dadurch hinreichend wirksam geschützt werden, dass die Verpflichtung zur Verwendung von TED erfüllt werde.[69]

## II. Abstrakt formuliertes Schutzziel und Schutzniveau

Die beiden oben genannten Arten der Formulierung der Schutzziele erscheinen zwar präzise.

### 1. Unmöglichkeit einer völlig präzisen Umformulierung des Schutzziels und des Schutzniveaus

Eine völlig präzise Umformulierung des Schutzziels und des Schutzniveaus ist in der Praxis jedoch nicht möglich.[70]

Denn es handelt sich bei den beiden oben genannten Formulierungsarten zwar jeweils um eine Konkretisierung des angestrebten Schutzziels. Die empirischen Aspekte des angegebenen Schutzziels abzüglich der vorgenannten Umformulierungen bleiben jedoch vage. Außerdem besagen diese Formulierungen nicht einmal das gewünschte Schutzniveau, das die abschließende Bestimmung des angegebenen Schutzziels des regulierenden WTO-Mitglieds darstellt. Das behauptete Schutzniveau ist nämlich erst der konkrete Grad, zu dem das angegebene Schutzziel erfüllt werden soll.[71]

---

[68] WTO, Panel-Bericht v. 15. 5. 1998, WT/DS58/R, „US – Shrimp“, Para. 3.253, 3.214.

[69] WTO, Panel-Bericht v. 15. 5. 1998, WT/DS58/R, „US – Shrimp“, Para. 3.19. Näheres zur Verwendung von TEDs als angemessenen Schutzstandard vgl. Para. 3.94 ff. a. a. O.

[70] Vgl. *Hirschberg*, Der Grundsatz der Verhältnismäßigkeit, 1981, S. 160–161.

[71] WTO, AB-Bericht v. 12. 3. 2001, WT/DS135/AB/R, „EC – Asbestos“, Para. 168; WTO, AB-Bericht v. 3. 12. 2007, WT/DS332/AB/R, „Brazil – Retreaded Tyres“,

Darüber hinaus ergibt sich die Schwierigkeit der Präzisierung des Schutzziels daraus, dass die Legitimitätseinschätzung des regulierenden WTO-Mitglieds zum Schutzziel und zum Schutzniveau eine politisch sensible Frage[72] und damit eine Abwägungsentscheidung darstellt.[73] Diese Entscheidung wird nicht nur von der objektiven Gefährdungslage des Schutzguts, sondern auch von einer Vielzahl sozialer, wirtschaftlicher und kultureller Faktoren beeinflusst.[74] Da der angegebene Zweck einschließlich des behaupteten Schutzniveaus zugleich die als wertvoll erachtete empirische Wirkung ist,[75] sind sowohl die gewünschten empirischen Schutzwirkungen als auch die dadurch verursachten Nebenwirkungen auf andere Interessenpositionen vom vorgenannten Schutzzweck umfasst. Wie viele Faktoren es sind und welche Rolle sie bei der Abwägungsentscheidung spielen, kann in diesem Zusammenhang nicht erschöpfend dargestellt werden. Die Tatsache, dass multilaterale Schutzziele durch eine Umweltschutzmaßnahme verfolgt werden,[76] erschwert zusätzlich die präzise Formulierung der empirischen Aspekte der genannten Schutzziele.

## 2. Abstrakt formuliertes Schutzziel und Schutzniveau

Wohl aufgrund dieser Schwierigkeit wurde das angegebene Schutzziel einschließlich des behaupteten Schutzniveaus in den meisten Verfahren eher abstrakt formuliert. Eine solche Formulierung hat u. a. den Vorteil, dass die gewünschten Belange möglichst weitreichend erfasst werden können.[77]

### *a) Abstrakte Formulierung des Schutzziels ohne ausdrückliche Angabe des gewünschten Schutzniveaus*

In einigen Verfahren wurde der legitime Zweck ohne ausdrückliche Angabe des behaupteten Schutzniveaus formuliert. So hatte die thailändische Regie-

Para. 140. Vgl. auch *Bown/Trachtmann*, Brazil-Measures Affecting Imports of Retreaded Tyres: A Balancing Act, WTR 2009, 85, 124.

[72] *Grimm*, Proportionality in Canadian and German Constitutional Jurisprudence, UTLJ 2017, 383, 388.

[73] *Webber*, The Negotiable Constitution on the Limitation of Rights, 2009, S. 72.

[74] *Howse/Tuerk*, A Case Study of the EC Asbestos Dispute, in: de Búrca/Scott (Hrsg.), The EU and the WTO, 2003, S. 324.

[75] Hierzu vgl. *Hirschberg*, Der Grundsatz der Verhältnismäßigkeit, 1981, S. 44 und 163.

[76] *Herwig/Serdarevic*, Standard of Review for Necessity and Proportionality Analysis in EU and WTO Law, in: Gruszczynski/Werner (Hrsg.), Deference in International Courts and Tribunals, 2014, S. 227.

[77] *Hirschberg*, Der Grundsatz der Verhältnismäßigkeit, 1981, S. 169.

rung in Thailand – Cigarettes den legitimen Zweck ohne Angabe des Schutzniveaus dahingehend formuliert, dass das Einfuhrverbot für Zigaretten durch das von ihr verfolgte gesundheitspolitische Ziel, den gesundheitsschädlichen Tabakkonsum zu verringern, gerechtfertigt sei.[78] Ebenso führten die USA in US – Gasoline an, dass das Ziel der angegriffenen Maßnahme darin bestehe, die Gesundheit und das Wohlergehen der Bevölkerung zu schützen, indem die Emissionen von Schadstoffen durch den Verbrauch von reformuliertem Benzin verringerten und eine Verschlechterung der Luftqualität durch die Emissionen von Schadstoffen aus herkömmlichem Benzin verhindert werden solle.[79] Eine ähnliche Formulierung in diesem Verfahren findet sich in der Interpretation des Art. XX (g) GATT bezüglich der Konservierung sauberer Luft, die einen erschöpflichen Naturschatz darstelle.[80]

#### *b) Abstrakte Formulierung des Schutzziels und des behaupteten Schutzniveaus*

In anderen Fällen wurde zwar das behauptete Schutzniveau des regulierenden Mitglieds ausdrücklich angegeben, jedoch – wie im Folgenden geschildert wird – in sehr abstrakter Form.

In EC – Asbestos sollte mit dem angegriffenen Einfuhrverbot[81] die Ausbreitung des Gesundheitsrisikos aufgehalten und damit die Zahl der Todesfälle in der französischen Bevölkerung verringert werden.[82] Frankreich hatte sich nämlich dafür entschieden, das Risiko von Asbesterkrankungen aufgrund des Einsatzes von Asbest bzw. asbesthaltigen Materialien zu beseiti-

---

78 GATT, Panel-Bericht v. 7.11.1990, DS10/R-37S/200, „Thailand – Cigarettes", Para. 21 und 38.

79 Vgl. WTO, Panel-Bericht v. 20.5.1996, WT/DS2/AB/R, „US – Gasoline", Para. 3.39.

80 Vgl. WTO, Panel-Bericht v. 20.5.1996, WT/DS2/AB/R, „US – Gasoline", Para. 3.58–3.59.

81 Art. I Decree Nr. 96-1133 v. 1.1.1997 zum Verbot von Asbest durch die französische Regierung sieht vor:

„I. – For the purpose of protecting workers, […] the manufacture, processing, sale, import, placing on the domestic market and transfer under any title whatsoever of all varieties of asbestos fibres shall be prohibited, regardless of whether these substances have been incorporated into materials, products or devices.

II. – For the purpose of protecting consumers, […] the manufacture, import, domestic marketing, exportation, possession for sale, offer, sale and transfer under any title whatsoever of all varieties of asbestos fibres or product containing asbestos fibres shall be prohibited […]."

82 WTO, Panel-Bericht v. 18.9.2000, WT/DS135/R, „EC – Asbestos", Para. 3.447, vgl. auch Para. 3.2 und 3.59.

gen.[83] In Korea – Beef wurde die „Eliminierung der Gefahr von Betrug" bezüglich der ausländischen Herkunft von Rindfleisch angestrebt.[84] Brasilien bezweckte durch die Verhängung eins Einfuhrverbots für ausländische runderneuerte Reifen ebenso die Verringerung der Umweltgefahr „in maximal möglichem Umfang" in Brazil – Retreaded Tyres.[85]

Ähnlich argumentierte die EU in EC – Seal Products, dass die EU-Robbenschutzregelung zwei eng miteinander verbundene Ziele verfolge: Erstens, den moralischen Bedenken der EU-Bevölkerung hinsichtlich des Wohlergehens der Robben Rechnung zu tragen, und zweitens, einen Beitrag zum Wohlergehen der Robben zu leisten, indem die Zahl der auf unmenschliche Weise getöteten Robben reduziert werde.[86] Die vorgenannten moralischen Besorgnisse umfassten zwei Aspekte: Zum einen die unmenschliche Tötung von Robben und zum anderen die individuelle und kollektive Beteiligung der EU-Bürger als Verbraucher an der Wirtschaftstätigkeit, die den Markt für kommerziell gejagte Robbenerzeugnisse aufrechterhielt, sowie deren Exposition gegenüber dieser Tätigkeit.[87] Die EU machte dabei geltend, dass diese moralische Sorge um den Tierschutz innerhalb der EU als ein Wert von hoher Bedeutung eingestuft werden müsse.[88]

### 3. Unbestimmtheit des Inhalts eines abstrakt formulierten Schutzziels und Schutzniveaus

Der konkrete Inhalt des behaupteten Schutzniveaus kann jedoch nicht abschließend aus den Formulierungen des regulierenden WTO-Mitglieds, wie etwa der Eliminierung der Betrugsgefahr für die Verbraucher[89] oder *zero-*

---

[83] Dieses Schutzniveau wird als „zero risk" bezeichnet, hierzu vgl. *Cheyne*, Gateways to the Precautionary Principle in WTO Law, JEL 2007, 155, 163; *Goh*, Science and Sovereignty, JWIP 2003, 441, 465.

[84] WTO, AB-Bericht v. 11.12.2000, WT/DS161/AB/R u.a., „Korea – Beef", Para. 175, vgl. auch Para. 177 f.

[85] Wie das Panel sodann bei der Prüfung der Erforderlichkeit der angegriffenen Maßnahme feststellte: „The Panel notes that Brazil's chosen level of protection is the reduction of the risks of waste tyre accumulation to the maximum extent possible." WTO, Panel-Bericht v. 12.6.2007, WT/DS332/R, „Brazil – Retreaded Tyres", Para. 7.108.

[86] WTO, Panel-Bericht v. 25.11.2013, WT/DS400/R u.a., „EC – Seal Products", Para. 7.374.

[87] WTO, Panel-Bericht v. 25.11.2013, WT/DS400/R u.a., „EC – Seal Products", Para. 7.375.

[88] Vgl. WTO, Panel-Bericht v. 25.11.2013, WT/DS400/R u.a., „EC – Seal Products", Para. 7.632.

[89] WTO, AB-Bericht v. 11.12.2000, WT/DS161/AB/R u.a., „Korea – Beef", Para. 175, vgl. auch Para. 177 f.

*risk*,[90] festgestellt werden. Denn diese Begriffe sind nicht hinreichend bestimmt.

Beispielsweise ist die genannte Eliminierung der Betrugsgefahr bezüglich der ausländischen Herkunft von Rindfleisch nicht hinreichend bestimmbar. Es ist nicht ersichtlich, ob ein totales Einfuhrverbot, wie vom AB festgestellt, für die Eliminierung der betrügerischen Gefahr ausreicht, wenn kein totales Einfuhrverbot für alle Fleischprodukte bzw. gar für alle Produkte verhängt wird. Die fraglichen Produkte könnten auch trotz eines Einfuhrverbots durch Schmuggel oder auf anderem Weg in das Territorium des regulierenden WTO-Mitglieds gelangen und dort verwendet oder konsumiert werden.

## B. Scheinbare Ununterscheidbarkeit von Zweck und Mittel

Die vorangegangene Erörterung zeigt, dass Definition und Ermittlung des Inhalts des angegebenen Schutzziels und des behaupteten Schutzniveaus häufig eng mit der getroffenen Maßnahme verknüpft zu sein scheinen. Dabei handelt es sich um das im Schrifttum diskutierte „Problem“ der „Ununterscheidbarkeit“ von Zweck und Mittel, das im Folgenden näher dargestellt wird.

Eine Alternative zur Definition des Schutzziels und des Schutzniveaus könnte darin bestehen, dass diese genau anhand des eingesetzten Mittels definiert werden.

Zum Beispiel könnte im Völkerrecht der legitime Zweck einer Maßnahme zur Terrorismusbekämpfung nicht als „protecting the British people from the risk of catastrophic Al-Qaeda terrorism“, sondern als „protecting the British people from the risk of catastrophic Al-Qaeda terrorism by giving the Home Secretary the power to detain foreign terrorist suspects without trial“ definiert werden.[91]

---

[90] WTO, Panel-Bericht v. 18.9.2000, WT/DS135/R, „EC – Asbestos“, Para. 3.447, vgl. auch Para. 3.2 und 3.59. Dieses Schutzniveau wird als „zero risk“ bezeichnet, vgl. *Cheyne*, Gateways to the Precautionary Principle in WTO Law, JEL 2007, 155, 163; *Goh*, Science and Sovereignty, JWIP 2003, 441, 465. Zu einem solchen Schutzniveau siehe auch: WTO, AB-Bericht v. 20.10.1998, WT/DS18/AB/R, „Australia – Salmon“, Para. 205–207. Dabei stellte der AB fest, dass das Schutzniveau auf der Grundlage ermittelt werden könne, das sich in der tatsächlich ergriffenen Maßnahme widerspiegle, soweit ein Mitglied sein gewünschtes Schutzniveau nicht oder nicht hinreichend genau bestimme. Nach Ansicht des AB ergebe sich aus dem Importverbot, dass das gewünschte Schutzniveau eine Null-Gefahr des Rechtsguts darstelle.

[91] *Rivers*, Proportionality and Variable Intensity of Review, CLJ 2006, 174, 188; ähnliches Beispiel siehe: *Hirschberg*, Der Grundsatz der Verhältnismäßigkeit, 1981, S. 165; *Leisner-Egensperger*, Der legitime Zweck als Bezugspunkt der Verhältnismäßigkeit, JZ 2021, 913, 917.

In der Entscheidungspraxis zum „grünen" Art. XX GATT wurde eine Definition des Schutzziels und des Schutzniveaus auf diese Weise bisher nicht von den regulierenden Mitgliedern in Anspruch genommen. Auch in EC – Seal Products hatte die EU nur die Reduzierung der Zahl der unmenschlich getöteten Robben als instrumentellen Wert gesetzt. Die tatsächlich ergriffene Maßnahme, nämlich das Vermarktungsverbot im Rahmen des EU-Robbenschutzprogramms, wurde niemals direkt als Schutzziel angegeben.[92] Wohl aus diesem Grund wurde dieser Frage in der wissenschaftlichen Literatur zum WTO-Recht bislang kaum Aufmerksamkeit geschenkt.

Es ist jedoch nötig, bereits an dieser Stelle kurz zu klären, ob die Legitimität des Schutzziels und des Schutzniveaus bereits von vornherein ausgeschlossen ist, wenn diese anhand des ergriffenen Mittels definiert wird.

Im Schrifttum des internationalen Menschenrechtsschutzes bzw. des deutschen Verfassungsrechts wird die Legitimität des Schutzziels teilweise aus den folgenden Gründen abgelehnt, soweit Schutzziel und Schutzniveau in der oben dargestellten Weise angegeben werden.[93]

Erstens dürfe die ergriffene Maßnahme, beispielsweise ein Grundrechtseingriff, nicht zugleich ein legitimer Zweck sein, weil dieser Eingriff noch rechtfertigungsbedürftig sei.[94] Es könne widersprüchlich erscheinen, wenn ein Mittel als Zweck legitim, als Mittel aber normativ verwerflich sei.[95] Zweitens werde die Verhältnismäßigkeitsprüfung i. w. S. auf eine einzige Frage reduziert werden, und die anderen Stufen dieser Prüfung laufen ins Leere, sobald das angegebene Schutzziel als legitim beurteilt werde.[96] Dies führe dazu, dass das Ergebnis der Verhältnismäßigkeitsprüfung i. w. S. schon im Vorfeld festgelegt werde bzw. beliebig festgelegt werden könne.[97]

---

92 Vgl. WTO, Panel-Bericht v. 25. 11. 2013, WT/DS400/R u. a., „EC – Seal Products", Para. 7.631–7.632 i. V. m. 7.367–7.368 und 7.374–7.375.

93 *Grabitz*, Freiheit und Verfassungsrecht, 1976, S. 95–97; *Hirschberg*, Der Grundsatz der Verhältnismäßigkeit, 1981, S. 165; *Leisner-Egensperger*, Der legitime Zweck als Bezugspunkt der Verhältnismäßigkeit, JZ 2021, 913, 923; *Rivers*, Proportionality and Variable Intensity of Review, CLJ 2006, 174, 188; *Webber*, The Negotiable Constitution on the Limitation of Rights, 2009, S. 75.

94 *Grabitz*, Freiheit und Verfassungsrecht, 1976, S. 95–97.

95 *Hirschberg*, Der Grundsatz der Verhältnismäßigkeit, 1981, S. 165. Für die Gefahr der Nicht-Unterscheidung zwischen Zweck und Mittel für die Verhältnismäßigkeitsprüfung i. w. S. vgl. weiterhin *Leisner-Egensperger*, Der legitime Zweck als Bezugspunkt der Verhältnismäßigkeit, JZ 2021, 913, 923.

96 *Rivers*, Proportionality and Variable Intensity of Review, CLJ 2006, 174, 188; *Webber*, The Negotiable Constitution on the Limitation of Rights, 2009, S. 75.

97 *Rivers*, Proportionality and Variable Intensity of Review, CLJ 2006, 174, 188. Ähnlich im Kriegsvölkerrecht siehe: *Krugmann*, Der Grundsatz der Verhältnismäßigkeit im Völkerrecht, S. 48 und 124.

Hinsichtlich des ersten Arguments ist anzumerken, dass es nicht unbedingt zu einem Wertungskonflikt führt, wenn ein Mittel als Zweck legitim, aber als Mittel normativ verwerflich ist. Entscheidend ist, welchen Charakter die Feststellung der Legitimität des angegebenen Schutzziels hat. Falls es sich dabei um eine abschließende Feststellung nach einer völkerrechtlichen Vertragsvorschrift handelt, liegt unproblematisch ein Wertungskonflikt vor. Denn ein Schutzziel kann nach einer solchen Vorschrift nicht gleichzeitig legitim und nicht legitim sein. Andernfalls führt dies zur Unwirksamkeit dieser Vorschrift. Handelt es sich bei der genannten Feststellung um eine erste Vermutung, liegt hingegen nicht unbedingt ein Wertungskonflikt vor. Denn eine ggf. unterschiedliche normative Beurteilung des Mittels bei einem nachfolgenden Schritt der Verhältnismäßigkeitsprüfung i. w. S. kann eine Widerlegung dieser Vermutung darstellen.

Bezüglich des zweiten Arguments führt die Definition des Schutzziels anhand der ergriffenen Maßnahme nicht unbedingt dazu, dass das Mittel den Zweck bestimmt und zugleich durch diesen legitimiert wird. Wenn das angegebene Schutzziel nur durch einen Teil der ergriffenen Maßnahme definiert wird, müssen theoretisch die übrigen Aspekte der Maßnahme noch bei der Rationalitäts- und Angemessenheitsprüfung berücksichtigt werden.

Auch wenn ein Mitglied der WTO das Schutzziel durch die ergriffene Maßnahme in „all“ ihren Aspekten definiert, hat dieses Mitglied eigentlich nur die empirischen Aspekte des Mittels als Beschreibung des Schutzziels angegeben und diese Aspekte als legitim behauptet.

Ob und inwieweit einem regulierenden WTO-Mitglied ein Einschätzungsspielraum bei der Festlegung des Schutzziels und des Schutzniveaus zusteht, ist gerade die fragliche Frage. Daran ändert nichts die Tatsache, dass ein regulierendes WTO-Mitglied zu eigenen Gunsten nämlich kaum behaupten würde, dass die zur Definition des Schutzziels herangezogenen empirischen Aspekte der ergriffenen Maßnahme normativ vorwerfbar sind. Andernfalls würde dies unmittelbar zur Ablehnung der Legitimität des von ihm behaupteten Schutzziels führen.

Ob diese gewünschten empirischen Auswirkungen wirklich in verhältnismäßiger und angemessener Weise durch die ergriffene Maßnahme erreicht werden können, ist wiederum fraglich und Aufgabe der nachfolgenden Prüfungsschritte. Schon aus diesem Grund sind die Rationalitätsprüfung und die Angemessenheitsprüfung keinesfalls überflüssig. Die Behauptung im Schrifttum, dass die Rationalitäts- und Angemessenheitsprüfung immer dann bejaht werden müsse,[98] wenn das Schutzziel durch die ergriffene Maßnahme in „all“

---

[98] *Rivers*, Proportionality and Variable Intensity of Review, CLJ 2006, 174, 188. Ähnlich im Kriegsvölkerrecht siehe: *Krugmann*, Der Grundsatz der Verhältnismäßigkeit im Völkerrecht, S. 48 und 124.

ihren Aspekten definiert werde, vermag nicht unbedingt zu überzeugen. Denn sie beruht auf der Annahme, dass die Legitimität des angegebenen Schutzziels abschließend festgestellt ist. Gerade diese Frage ist jedoch fraglich. Eine Rationalitätsprüfung kann im Rahmen der Legitimitätsprüfung auch noch nicht durchführbar sein, weil bis vor dem Abschluss des letztgenannten Prüfschritts die Legitimität des angegebenen Schutzziels einschließlich des behaupteten Schutzniveaus als der Bezugspunkt einer Rationalitätsprüfung noch nicht festgestellt werden kann.

Außerdem ist die Rationalitäts- und Angemessenheitsprüfung nicht überflüssig, weil sie eine Grundlage für die Feststellung der Gleichheit der Behandlung bildet, die ggf. für die Festlegung einer willkürlichen Diskriminierung beispielsweise i. S. d. Chapeaus des Art. XX GATT notwendig ist.[99]

Zusammenfassend ist festzustellen, dass die Legitimität des Schutzziels nicht bereits von vornherein ausgeschlossen ist, wenn dieses Ziel durch das ergriffene Mittel definiert wird. Es kommt darauf an, ob und inwieweit der Einschätzungsspielraum eines regulierenden WTO-Mitglieds hinsichtlich der Legitimität des angegebenen Schutzziels und des behaupteten Schutzniveaus reicht. Nämlich ist entscheidend, wessen Einschätzung grundsätzlich maßgeblich ist. Diese Frage wird in den nachfolgenden Teilen der vorliegenden Arbeit erörtert.

## Kapitel 5

## Maßgeblichkeit der Einschätzung des regulierenden WTO-Mitglieds zur Gefährdungslage des Schutzguts und zur Legitimität des Schutzziels als erste Vermutung

Der Einschätzungsspielraum des regulierenden WTO-Mitglieds bei der Festlegung der Gefährdungslage des Schutzguts und des Schutzziels einschließlich des Schutzniveaus wurde in der Entscheidungspraxis zu Art. XX GATT zwar nahezu einheitlich anerkannt. Dennoch gibt es Verfahren, in denen der genannte Einschätzungsspielraum abgelehnt wurde. Sowohl die Anerkennung als auch die Ablehnung dieses Einschätzungsspielraums durch die WTO-Schiedsrichter sind begründungs- und klärungsbedürftig. In der bisherigen wissenschaftlichen Diskussion wurde nicht hinreichend geklärt, ob die Einschätzung des regulierenden WTO-Mitglieds oder der WTO-Streitbeilegungsorgane zur Gefährdungslage des Schutzguts und zur Legitimität des angegebenen Schutzziels einschließlich des behaupteten Schutzniveaus maßgeb-

---

[99] Teil 6 Kapitel 21 § 1 B. II. 2.

lich ist. Durch eine eingehende Analyse der Vertragsbestimmungen des Art. XX GATT unter Berücksichtigung des dogmatischen Charakters der Verhältnismäßigkeitsprüfung i. w. S. lässt sich feststellen, dass die Einschätzung des regulierenden Mitglieds der WTO als erste Vermutung maßgeblich ist.

## § 1 Keine hinreichende Klärung der Maßgeblichkeit der Einschätzung des regulierenden WTO-Mitglieds zur Gefährdungslage des Schutzguts und zur Legitimität des angegebenen Schutzziels in der Entscheidungspraxis zum „grünen" Art. XX GATT

Die Einschätzung des regulierenden WTO-Mitglieds zur Gefährdungslage des Schutzguts wurde in der Entscheidungspraxis zu dem „grünen" Art. XX GATT zwar nahezu einheitlich anerkannt. Die Einschätzung des regulierenden WTO-Mitglieds zur Legitimität des Schutzziels einschließlich des Behaupteten Schutzniveaus wurde in der Entscheidungspraxis ebenfalls überwiegend bejaht, wenngleich in einer begrenzten Anzahl von Verfahren abgelehnt.

Eine ständige einheitliche Praxis richterlicher Zurückhaltung hat sich jedoch jeweils noch nicht herausgebildet. Zudem sind sowohl die Anerkennung als auch die Ablehnung der beiden genannten Einschätzungen durch die WTO-Streitbeilegungsorgane begründungs- und klärungsbedürftig.

### A. Behandlung der Einschätzung des regulierenden WTO-Mitglieds zur Gefährdungslage des Schutzguts und zur Legitimität des Schutzziels in der Entscheidungspraxis zu Art. XX GATT

Der Einschätzungsspielraum des regulierenden WTO-Mitglieds bei der Festlegung des Gefährdungsniveaus wurde in der Entscheidungspraxis zu Art. XX GATT einheitlich anerkannt, mit Ausnahme der Fälle Turkey – Pharmaceutical Products (EU)[100] und Indonesia – Import Licensing Regimes.[101] Der Einschätzungsspielraum des regulierenden WTO-Mitglieds bei der Fest-

---

[100] WTO, Panel-Bericht v. 11. 11. 2021, unverbreitet und beigefügt zur Mitteilung v. 28. 4. 2022 über die Berufung der Türkei gemäß Art. 25 DSU, WT/DS583/12, „Turkey – Pharmaceutical Products (EU)"; WTO, Schiedsspruch gemäß Art. 25 DSU v. 25. 7. 2022, WT/DS583/ARB25, „Turkey – Pharmaceutical Products (EU)".

[101] WTO, Panel-Bericht v. 22. 12. 2016, WT/DS477/R u. a., „Indonesia – Import Licensing Regimes", Para. 7.627 – 7.628 und 7.632.

legung des Schutzziels einschließlich des Schutzniveaus wurde in der Entscheidungspraxis grundsätzlich anerkannt, wenngleich er in einer begrenzten Anzahl von Verfahren auch abgelehnt wurde.

## I. Behandlung der Einschätzung des regulierenden Mitglieds zur Gefährdungslage des Schutzguts in der Entscheidungspraxis zu Art. XX GATT

Der Einschätzungsspielraum des regulierenden WTO-Mitglieds bei der Festlegung des Gefährdungsniveaus wurde in der Entscheidungspraxis zu Art. XX GATT nahezu einheitlich anerkannt. Zwei Ausnahmen bilden die Fälle Indonesia – Import Licensing Regimes[102] und, in jüngerer Zeit, Turkey – Pharmaceutical Products (EU).[103]

### 1. Anerkennung der Einschätzung des regulierenden WTO-Mitglieds zur Gefährdungslage des Schutzguts in der Entscheidungspraxis zu Art. XX GATT

In nahezu allen Verfahren wurde der Einschätzungsspielraum des regulierenden WTO-Mitglieds bei der Festlegung der Gefährdungslage des Schutzguts bejaht.

#### *a) Überblick über die Fälle in der Entscheidungs- und Schiedsspruchpraxis*

In US – Tuna 1982,[104] Canada – Herring and Salmon,[105] Thailand – Cigarettes,[106] US – Tuna I,[107] US – Tuna II,[108] US – Automobile Taxes,[109] US – Gaso-

---

[102] WTO, Panel-Bericht v. 22.12.2016, WT/DS477/R u.a., „Indonesia – Import Licensing Regimes“, Para. 7.627–7.628 und 7.632.

[103] WTO, Panel-Bericht v. 11.11.2021, unverbreitet und beigefügt zur Mitteilung v. 28.4.2022 über die Berufung der Türkei gemäß Art. 25 DSU, WT/DS583/12, „Turkey – Pharmaceutical Products (EU)“, Para. 7.165–7.180; WTO, Schiedsspruch gemäß Art. 25 DSU v. 25.7.2022, WT/DS583/ARB25, „Turkey – Pharmaceutical Products (EU)“, Para. 6.104–6.111, 6.116–6.122.

[104] GATT, Panel-Bericht v. 22.2.1982, L/5198-29S/91, „US – Tuna 1982“, Para. 4.9.

[105] GATT, Panel-Bericht v. 22.3.1988, L/6268-35S/98, „Canada – Herring and Salmon“, Para. 4.4.

[106] GATT, Panel-Bericht v. 7.11.1990, DS10/R-37S/200, „Thailand – Cigarettes“, Para. 73.

[107] GATT, Panel-Bericht v. 3.9.1991, DS21/R-39S/155, „US – Tuna I“, Para. 5.25–5.26, 5.31–5.32.

[108] GATT, Panel-Bericht v. 16.6.1994, DS29/R, „US – Tuna II“, Para. 5.13, 5.30–5.33.

[109] GATT, Panel-Bericht v. 11.10.1994, DS31/R, „US – Automobiles“, Para. 5.57.

line,[110] US – Shrimp,[111] Korea – Beef,[112] EC – Asbestos,[113] EC – Tariff Preferences,[114] Brazil – Retreaded Tyres,[115] EC – Seal Products,[116] China – Raw Materials,[117] China – Rare Earths[118] und Indonesia – Import Licensing Regimes[119] wurde die Einschätzung des regulierenden WTO-Mitglieds zur Gefährdungslage des Schutzguts von den WTO-Streitbeilegungsorganen bejaht.

So wurde in US – Gasoline die Gefährdung der Luftqualität durch die Abgasemissionen vom Panel indiziell als unproblematisch bejaht.[120] In ähnlicher Weise wurde die Betrugsgefahr hinsichtlich der Herkunft von ausländischem und inländischem Rindfleisch vom Panel in Korea – Beef indiziell ohne Weiteres anerkannt.[121] Gleiches gilt für US – Tuna 1982,[122] Canada – Herring and

---

[110] WTO, Panel-Bericht v. 20.5.1996, WT/DS2/R, „US – Gasoline", Para. 6.21, 6.37.

[111] WTO, AB-Bericht v. 12.10.1998, WT/DS58/AB/R, „US – Shrimp", Para. 127 ff.

[112] WTO, Panel-Bericht v. 31.7.2000, WT/DS161/R u.a., „Korea – Beef", Para. 655.

[113] WTO, Panel-Bericht v. 18.9.2000, WT/DS135/R, „EC – Asbestos", Para. 8.184–8.194; WTO, AB-Bericht v. 12.3.2001, WT/DS135/AB/R, „EC – Asbestos", Para. 157–163.

[114] Vgl. WTO, Panel-Bericht v. 1.12.2003, WT/DS246/R, „EC – Tariff Preferences", Para. 7.203–7.208.

[115] WTO, Panel-Bericht v. 26.3.2014, WT/DS431/R u.a., „China – Rare Earths", Para. 7.53–7.93.

[116] WTO, AB-Bericht v. 22.5.2014, WT/DS400/AB/R u.a., „EC – Seal Products", Para. 5.194–5.203.

[117] WTO, Panel-Bericht v. 5.7.2011, WT/DS394/R u.a., „China – Raw Materials", Para. 7.363.

[118] WTO, Panel-Bericht v. 26.3.2014, WT/DS431/R u.a., „China – Rare Earths", Para. 7.366 ff., 7.375. Dabei erkannte das Panel an, dass die erschöpflichen Seltenen Erden Chinas durch seine umfassenden Konservierungsmaßnahmen geschützt werden konnten. Diese Feststellung deutet auf eine Bejahung der Gefahr und Schutzbedürftigkeit der Seltenen Erden Chinas hin. Denn die Bejahung der Gefährdungslage der Seltenen Erden Chinas ist die Voraussetzung für diese Feststellung. Siehe ferner: Para. 7.149 f. a.a.O.

[119] WTO, Panel-Bericht v. 22.12.2016, WT/DS477/R u.a., „Indonesia – Import Licensing Regimes", Para. 7.795–7.797.

[120] WTO, Panel-Bericht v. 20.5.1996, WT/DS2/R, „US – Gasoline", Para. 6.21, 6.37. In Para. 6.21 wurde festgestellt: „The United States argued that, since about one-half of such pollution was caused by vehicle emissions, and the Gasoline Rule reduced these, the Gasoline Rule was within the range of policy goals described in Article XX (b). […] The Panel agreed with the parties that a policy to reduce air pollution resulting from the consumption of gasoline was a policy within the range of those concerning the protection of human, animal and plant life or health mentioned in Article XX (b)."

[121] WTO, Panel-Bericht v. 31.7.2000, WT/DS161/R u.a., „Korea – Beef", Para. 655.

[122] GATT, Panel-Bericht v. 22.2.1982, L/5198-29S/91, „US – Tuna 1982", Para. 4.9.

Salmon,[123] Thailand – Cigarettes,[124] US – Tuna I,[125] US – Tuna II,[126] US – Automobile Taxes,[127] US – Shrimp[128] und EC – Tariff Preferences.[129] In den Fällen, in denen Art. XX (g) GATT herangezogen wurde, beispielsweise in US – Shrimp,[130] war eher die Subsumtion unter den Begriff *natural resources* zwischen den Streitparteien umstritten, nicht aber der Begriff *exhaustible*, der auf das Erfordernis einer Gefährdungslage des einschlägigen Schutzguts hindeutet.

Die Gefährdungslage des Schutzguts war zwar in EC – Asbestos von den Parteien umstritten, jedoch entschieden die WTO-Streitbeilegungsorgane zugunsten des regulierenden WTO-Mitglieds.[131] In den darauf folgenden Fällen, wie Brazil – Retreaded Tyres,[132] EC – Seal Products[133], China – Raw Materials,[134] China – Rare Earths[135] und Indonesia – Import Licensing Regimes,[136] war die Überprüfung durch die WTO-Streitbeilegungsorgane weiterhin locker bzw. aufgrund des einschlägigen Schutzguts wenig problematisch. Wenn es

---

[123] GATT, Panel-Bericht v. 22.3.1988, L/6268-35S/98, „Canada – Herring and Salmon", Para. 4.4.

[124] GATT, Panel-Bericht v. 7.11.1990, DS10/R-37S/200, „Thailand – Cigarettes", Para. 73.

[125] GATT, Panel-Bericht v. 3.9.1991, DS21/R-39S/155, „US – Tuna I", Para. 5.25–5.26, 5.31–5.32.

[126] GATT, Panel-Bericht v. 16.6.1994, DS29/R, „US – Tuna II", Para. 5.13, 5.30–5.33.

[127] GATT, Panel-Bericht v. 11.10.1994, DS31/R, „US – Automobiles", Para. 5.57.

[128] WTO, AB-Bericht v. 12.10.1998, WT/DS58/AB/R, „US – Shrimp", Para. 127 ff.

[129] Vgl. WTO, Panel-Bericht v. 1.12.2003, WT/DS246/R, „EC – Tariff Preferences", Para. 7.203–7.208.

[130] WTO, AB-Bericht v. 12.10.1998, WT/DS58/AB/R, „US – Shrimp", Para. 127 ff.

[131] WTO, Panel-Bericht v. 18.9.2000, WT/DS135/R, „EC – Asbestos", Para. 8.184–8.194; WTO, AB-Bericht v. 12.3.2001, WT/DS135/AB/R, „EC – Asbestos", Para. 157–163.

[132] WTO, Panel-Bericht v. 26.3.2014, WT/DS431/R u.a., „China – Rare Earths", Para. 7.53–7.93.

[133] WTO, AB-Bericht v. 22.5.2014, WT/DS400/AB/R u.a., „EC – Seal Products", Para. 5.194–5.203.

[134] WTO, Panel-Bericht v. 5.7.2011, WT/DS394/R u.a., „China – Raw Materials", Para. 7.363.

[135] WTO, Panel-Bericht v. 26.3.2014, WT/DS431/R u.a., „China – Rare Earths", Para. 7.366 ff., 7.375. Dabei erkannte das Panel an, dass die erschöpflichen Seltenen Erden Chinas durch seine umfassenden Konservierungsmaßnahmen geschützt werden konnten. Diese Feststellung deutet auf die Bejahung der Gefahr und Schutzbedürftigkeit der Seltenen Erden Chinas hin. Denn die Bejahung der Gefährdungslage der Seltenen Erden Chinas ist die Voraussetzung für diese Feststellung.

[136] WTO, Panel-Bericht v. 22.12.2016, WT/DS477/R u.a., „Indonesia – Import Licensing Regimes", Para. 7.795–7.797.

um die Gefährdungslage der öffentlichen Moral, beispielsweise in EC – Seal Products, ging, genügte es bereits die bloße Behauptung des regulierenden WTO-Mitglieds.[137]

Im Folgenden wird am Beispiel von EC – Asbestos, Brazil – Retreaded Tyres und EC – Seal Products die Behandlung der Einschätzung des regulierenden WTO-Mitglieds zur Gefährdungslage des Schutzguts durch die WTO-Schiedskörper näher erläutert.

### *b) EC – Asbestos*

Aufgrund wissenschaftlicher Unsicherheit war in EC – Asbestos unter den Parteien umstritten, ob die Exposition gegenüber Chrysotil-Asbest ein erhebliches Risiko für die menschliche Gesundheit verursachte. Dabei stellten das Panel und der AB jeweils fest, dass bei wissenschaftlicher Unsicherheit die Einschätzung des regulierenden WTO-Mitgliedes zur Gefährdungslage, nämlich zur empirischen Gefährdung und zum darauf aufbauenden Gefährdungsniveau, zu bevorzugen war. In der Einführung, Teil 1 Kapitel 2 § 4 A. I., ist diese Frage zum Darstellungszweck bereits am Beispiel von EC – Asbestos ausführlich dargelegt worden. Insofern wird darauf verwiesen.

### *c) Brazil – Retreaded Tyres*

Die Lagerung von Abfallreifen kann nicht nur Reifenbrände, sondern auch Krankheiten wie Dengue-Fieber hervorrufen. Diese Gefährdung betrachtete Brasilien als erheblich für die Gesundheit und das Leben von Menschen, Tieren und Pflanzen. Aus diesem Grund führte Brasilien am 17.11.2004 ein allgemeines Importverbot für runderneuerte Reifen ein.[138] Dieses Einfuhrverbot galt jedoch nicht für runderneuerte Reifen aus den MERCOSUR-Staaten.[139] Außerdem durften Gebrauchtreifen, deren Einfuhr ebenso verboten war, aufgrund gerichtlicher Verfügungen importiert und als Rohstoff für die auch in Brasilien erlaubte inländische Produktion runderneuerter Reifen[140] verwendet

---

[137] WTO, AB-Bericht v. 22.5.2014, WT/DS400/AB/R u.a., „EC – Seal Products“, Para. 5.197–5.201.

[138] WTO, Panel-Bericht v. 12.6.2007, WT/DS332/R, „Brazil – Retreaded Tyres“, Para. 2.7–2.12.

[139] WTO, Panel-Bericht v. 12.6.2007, WT/DS332/R, „Brazil – Retreaded Tyres“, Para. 2.13–2.16.

[140] Vgl. WTO, Panel-Bericht v. 12.6.2007, WT/DS332/R, „Brazil – Retreaded Tyres“, Para. 2.7–2.12 und 3.1 (c).

werden.[141] Die EG sah in dem allgemeinen Einfuhrverbot und in den beiden vorgenannten Ausnahmen u. a. eine Verletzung des Art. XI:1 GATT und erhob am 17. 11. 2005 eine Klage vor der WTO.[142] Das Panel stellte eine Verletzung des Art. XI:1 GATT durch das allgemeine Einfuhrverbot für runderneuerte Reifen fest.[143]

Im Rahmen der Rechtfertigung dieser primären GATT-Verletzung unter Berufung auf Art. XX (b) GATT stritten die Parteien über die Gefährdung der menschlichen Gesundheit und der Umwelt durch die Lagerung von Altreifen.

Nach Ansicht Brasiliens stelle die Sammlung von Abfallreifen im Inland ein Risiko für durch Stechmücken übertragene Krankheiten wie Dengue-Fieber dar, weil Abfallreifen ideale Nährböden für krankheitsübertragende Stechmücken böten und sich diese Krankheiten auch durch den Transport von Abfallreifen zum Entsorgungszweck innerhalb Brasiliens verbreiten könnten.[144] Ferner bringe die Akkumulation von Altreifen demzufolge die Gefahr von Reifenbränden und der Freisetzung von Giftstoffen mit sich, was erhebliche schädliche Auswirkungen auf die menschliche Gesundheit und die Umwelt verursache.[145] Demgegenüber vertrat die EG die Ansicht, dass kein konkreter Zusammenhang zwischen den von Brasilien genannten Gefahren und der Akkumulation von Altreifen bestehe.[146] Außerdem stellten nach Ansicht der EG nicht alle Abfallreifen ein Gesundheitsrisiko dar, sondern nur solche, die unsachgemäß entsorgt würden.[147]

Das Panel klärte zunächst die Unterschiede zwischen neuen, runderneuerten Reifen und Abfallreifen und unterstützte damit die brasilianische Einschätzung zur Gefährdungslage, nämlich der empirischen Gefährdung und der darauf aufbauenden Schutzbedürftigkeit der menschlichen Gesundheit und der Umwelt durch die Ablagerung von Abfallreifen.[148]

---

141 WTO, Panel-Bericht v. 12. 6. 2007, WT/DS332/R, „Brazil – Retreaded Tyres“, Para. 4.108–4.113.

142 WTO, Panel-Bericht v. 12. 6. 2007, WT/DS332/R, „Brazil – Retreaded Tyres“, Para. 7.1, 1.1–1.7, 2.5, 3.1.

143 WTO, Panel-Bericht v. 12. 6. 2007, WT/DS332/R, „Brazil – Retreaded Tyres“, Para. 7.1–7.34.

144 WTO, Panel-Bericht v. 12. 6. 2007, WT/DS332/R, „Brazil – Retreaded Tyres“, Para. 7.53.

145 WTO, Panel-Bericht v. 12. 6. 2007, WT/DS332/R, „Brazil – Retreaded Tyres“, Para. 7.53.

146 WTO, Panel-Bericht v. 12. 6. 2007, WT/DS332/R, „Brazil – Retreaded Tyres“, Para. 7.54.

147 WTO, Panel-Bericht v. 12. 6. 2007, WT/DS332/R, „Brazil – Retreaded Tyres“, Para. 7.54.

148 WTO, Panel-Bericht v. 12. 6. 2007, WT/DS332/R, „Brazil – Retreaded Tyres“, Para. 7.48.

Denn runderneuerte Reifen seien Produkte, die zur Verwendung an Fahrzeugen bestimmt seien, während Altreifen Produkte seien, die das Ende ihrer Nutzungsdauer erreicht hätten und als Abfall entsorgt werden müssten.[149] Außerdem unterschieden sich runderneuerte Reifen von neuen Reifen dadurch, dass sie unter Verwendung gebrauchter Reifenkarkassen hergestellt würden und daher in diesem Sinne nicht als „neu“ angesehen werden könnten.[150]

Sodann bejahte das Panel die Gesundheitsgefahr durch die Lagerung runderneuerter Reifen aus den folgenden Gründen.[151]

Zunächst wies das Panel darauf hin, dass die möglicherweise durch die Kumulation von Altreifen verursachten Krankheiten, wie etwa Dengue-Fieber, von der Weltgesundheitsorganisation als hochgefährliche Erkrankungen anerkannt würden.[152] Außerdem stellte das Panel fest, dass angesammelte Altreifen einen besonders fruchtbaren Nährboden für krankheitsübertragende Stechmücken darstellten und daher zur Verbreitung von Krankheiten beitrügen.[153] Nach Ansicht des Panels könne die dadurch verursachte Gesundheitsgefahr auch nicht durch gutes Management vermieden werden.[154]

Ferner bestätigte das Panel die von Brasilien vorgebrachte Gefahr von Reifenbränden und die daraus resultierenden negativen Auswirkungen auf die menschliche Gesundheit und das menschliche Leben als eine weitere Art von Risiko, das von angesammelten Altreifen verursacht werde.[155] Die Bejahung dieser Gefahr setze nach Ansicht des Panels nicht den Eintritt eines solchen Brandes voraus.[156] Diese Brandgefahr könne auch nicht durch gutes Management beseitigt werden.[157]

---

149 WTO, Panel-Bericht v. 12.6.2007, WT/DS332/R, „Brazil – Retreaded Tyres“, Para. 7.48.

150 WTO, Panel-Bericht v. 12.6.2007, WT/DS332/R, „Brazil – Retreaded Tyres“, Para. 7.48.

151 WTO, Panel-Bericht v. 12.6.2007, WT/DS332/R, „Brazil – Retreaded Tyres“, Para. 7.53 ff.

152 WTO, Panel-Bericht v. 12.6.2007, WT/DS332/R, „Brazil – Retreaded Tyres“, Para. 7.57 ff.

153 WTO, Panel-Bericht v. 12.6.2007, WT/DS332/R, „Brazil – Retreaded Tyres“, Para. 7.61 ff.

154 WTO, Panel-Bericht v. 12.6.2007, WT/DS332/R, „Brazil – Retreaded Tyres“, Para. 7.63–7.69. Für die Gefahr für Gesundheit wegen Transport vgl. Para. 7.70 a. a. O.

155 WTO, Panel-Bericht v. 12.6.2007, WT/DS332/R, „Brazil – Retreaded Tyres“, Para. 7.72–7.77.

156 WTO, Panel-Bericht v. 12.6.2007, WT/DS332/R, „Brazil – Retreaded Tyres“, Para. 7.77.

157 WTO, Panel-Bericht v. 12.6.2007, WT/DS332/R, „Brazil – Retreaded Tyres“, Para. 7.78–7.82.

Aus ähnlichen Gründen erkannte das Panel die Gefahr für die Gesundheit und das Leben von Tieren und Pflanzen durch die Kumulation von Altreifen an.[158]

Im Berufungsverfahren wurde die Feststellung des Panels nicht beanstandet.

### *d) EC – Seal Products*

In der EU gelten traditionell hohe Standards im Bereich der Menschenrechte und des Tierschutzes. Im Jahr 2009 führte die damalige EG zum Schutz des Wohlergehens von Robben ein Vermarktungsverbot für Robbenprodukte auf dem gemeinsamen Markt ein. Dieses Verbot sah u.a. eine Ausnahme für Robbenerzeugnisse aus indigenen Gemeinden vor, die ihre Existenz und Lebensweise durch die Robbenjagd aufrechterhielten.[159] Kanada und Norwegen, die beträchtliche Mengen an Robbenerzeugnissen produzierten und in den europäischen Binnenmarkt exportierten, sahen eine Verletzung ihrer Handelsfreiheit u.a. nach Art. I:1 GATT im EU-Robbenprogramm[160] und erhoben eine Klage gegen die EU vor der WTO.[161]

Sowohl das Panel[162] als auch der AB[163] bejahten die Verletzung des Art. I:1 GATT durch das EU-Robbenprogramm. Bei der Rechtfertigung dieser Pflichtverletzung unter Berufung auf Art. XX (a) GATT im Panel-Verfahren wurde die Gefährdung der öffentlichen Moral als Hauptschutzgut ohne Weite-

---

158 WTO, Panel-Bericht v. 12.6.2007, WT/DS332/R, „Brazil – Retreaded Tyres", Para. 7.84–7.93.

159 Für einen Überblick über die europäische Maßnahme siehe: WTO, Panel-Bericht v. 25.11.2013, WT/DS400/R u.a., „EC – Seal Products", Para. 7.7–7.23. Rechtsgrundlagen des europäischen Robbenprogramms sind: Verordnung des Europäischen Parlaments und des Rates v. 16.9.2009 über den Handel mit Robbenerzeugnissen, VO (EG) 1007/2009, ABl. 2009 L 286/36, geändert durch Verordnung des Europäischen Parlaments und des Rates v. 6.10.2015, VO (EU) 2015/1775, ABl. 2015 L 262/1; Verordnung der Kommission v. 10.8.2010 mit Durchführungsvorschriften zur Verordnung (EG) 1007/2009 des Europäischen Parlaments und des Rates über den Handel mit Robbenerzeugnissen, VO (EU) 737/2010, ABl. 2010 L 216/1.

160 WTO, Panel-Bericht v. 25.11.2013, WT/DS400/R u.a., „EC – Seal Products", Para. 7.588–7.590.

161 WTO, Panel-Bericht v. 25.11.2013, WT/DS400/R u.a., „EC – Seal Products", Para. 1.5–1.6.

162 WTO, Panel-Bericht v. 25.11.2013, WT/DS400/R u.a., „EC – Seal Products", Para. 7.592–7.600.

163 WTO, AB-Bericht v. 22.5.2014, WT/DS400/AB/R u.a., „EC – Seal Products", Para. 5.84–5.96.

res bejaht,[164] obwohl Kanada Zweifel an der Schwere der Beeinträchtigung der öffentlichen Moral äußerte.[165]

Im Berufungsverfahren trug Kanada vor, dass das Panel das Vorliegen einer Gefährdung des Wohlergehens von Robben als eine öffentliche Moral innerhalb der EU nicht dargelegt habe.[166] Nach Auffassung des AB reiche schon eine Behauptung des regulierenden WTO-Mitglieds für die Bejahung der Gefährdungslage eines Schutzguts aus, wenn es sich um öffentliche Moral i. S. v. Art. XX (a) GATT handele.[167] Hingegen sei das Vorliegen einer Verletzung bzw. Gefährdung der öffentlichen Moral unnötig, weil diese im Unterschied beispielsweise zu Art. XX (b) GATT technisch nicht möglich sei[168] und der Wortlaut des Art. XX (a) GATT auch keinen Anhaltspunkt dazu biete.[169] Ferner stehe einem Mitglied das Recht zur Bestimmung des Gefährdungsniveaus zu,[170] und die unterschiedlichen Gefährdungsniveaus für Robben, andere Wildtieren oder gezüchtete Tiere führten damit nicht zur Rechtswidrigkeit des EU-Robbenprogramms.[171]

### 2. Ablehnung der Einschätzung des regulierenden Mitglieds zur Gefährdungslage des Schutzguts in der Entscheidungspraxis zu Art. XX GATT: Darstellung am Beispiel von Turkey – Pharmaceutical Products

Zwei Ausnahmen von der zurückhaltenden Entscheidungspraxis hinsichtlich des Gefährdungsniveaus des Schutzguts bilden die Fälle Indonesia – Import Licensing Regimes[172] und, in jüngerer Zeit, Turkey – Pharmaceutical

---

164 WTO, Panel-Bericht v. 25.11.2013, WT/DS400/R u. a., „EC – Seal Products", Para. 7.631.

165 WTO, Panel-Bericht v. 25.11.2013, WT/DS400/R u. a., „EC – Seal Products", Para. 7.628.

166 WTO, AB-Bericht v. 22.5.2014, WT/DS400/AB/R u. a., „EC – Seal Products", Para. 5.171.

167 WTO, AB-Bericht v. 22.5.2014, WT/DS400/AB/R u. a., „EC – Seal Products", Para. 5.197 ff.

168 WTO, AB-Bericht v. 22.5.2014, WT/DS400/AB/R u. a., „EC – Seal Products", Para. 5.198.

169 WTO, AB-Bericht v. 22.5.2014, WT/DS400/AB/R u. a., „EC – Seal Products", Para. 5.197.

170 Vgl. WTO, AB-Bericht v. 22.5.2014, WT/DS400/AB/R u. a., „EC – Seal Products", Para. 5.200. Unter Verweis auf WTO, Panel-Bericht v. 10.11.2004, WT/DS285/R, „US – Gambling", Para. 6.461.

171 WTO, AB-Bericht v. 22.6.2014, WT/DS400/AB/R u. a., „EC – Seal Products", Para. 5.200.

172 WTO, Panel-Bericht v. 22.12.2016, WT/DS477/R u. a., „Indonesia – Import Licensing Regimes", Para. 7.627–7.628 und 7.632.

Products (EU).[173] Da die Gefährdungslage des Schutzguts nur in dem zweitgenannten Fall vom Panel und vom Schiedsgericht gemäß Art. 25 DSU eingehend behandelt wurde, wird im Folgenden diese Behandlung am Beispiel von Turkey – Pharmaceutical Products dargestellt.

### *a) Sachverhalt und wesentliche Entscheidungen*

Am 2. 8. 2019 erhob die EU eine Klage gegen die Türkei vor der WTO und beantragte die Einsetzung eines Panels.[174] Die von der EU angegriffene türkische Maßnahme war vor allem das Lokalisierungserfordernis, wonach sich ausländische Hersteller zur Lokalisierung der Produktion bestimmter Arzneimittel in der Türkei verpflichten mussten, um diese Arzneimittel in das türkische Sozialversicherungssystem aufnehmen und damit rückerstatten lassen zu können.[175] Nach Auffassung der EU verletze dieses Erfordernis u. a. Art. III:4 GATT.[176] Außerdem trug die EU vor, dass das Importverbot für die bereits lokalisierten Arzneimittel u. a. nicht mit Art. XI:1 GATT vereinbar sei.[177] Ferner stelle die türkische Priorisierungsmaßnahme, wonach inländischen Arzneimitteln bei der Überprüfung der Anträge auf Aufnahme in das türkische Sozialversicherungssystem ein Vorrang vor den gleichartigen importierten Arzneimitteln eingeräumt wurde, nach Ansicht der EU eine Verletzung des Art. III:4 GATT dar.[178]

Das Panel bejahte eine Verletzung des Art. III:4 GATT durch das Lokalisierungserfordernis und eine Verletzung des Art. XI:1 GATT durch das Import-

---

[173] WTO, Panel-Bericht v. 11. 11. 2021, unverbreitet und beigefügt zur Mitteilung v. 28. 4. 2022 über die Berufung der Türkei gemäß Art. 25 DSU, WT/DS583/12, „Turkey – Pharmaceutical Products (EU)“, Para. 7.165–7.180; WTO, Schiedsspruch gemäß Art. 25 DSU v. 25. 7. 2022, WT/DS583/ARB25, „Turkey – Pharmaceutical Products (EU)“, Para. 6.104–6.111, 6.116–6.122.

[174] WTO, Panel-Bericht v. 11. 11. 2021, unverbreitet und beigefügt zur Mitteilung v. 28. 4. 2022 über die Berufung der Türkei gemäß Art. 25 DSU, WT/DS583/12, „Turkey – Pharmaceutical Products (EU)“, Para. 1.3.

[175] WTO, Panel-Bericht v. 11. 11. 2021, unverbreitet und beigefügt zur Mitteilung v. 28. 4. 2022 über die Berufung der Türkei gemäß Art. 25 DSU, WT/DS583/12, „Turkey – Pharmaceutical Products (EU)“, Para. 2.18–2.26.

[176] WTO, Panel-Bericht v. 11. 11. 2021, unverbreitet und beigefügt zur Mitteilung v. 28. 4. 2022 über die Berufung der Türkei gemäß Art. 25 DSU, WT/DS583/12, „Turkey – Pharmaceutical Products (EU)“, Para. 3.2 a.

[177] WTO, Panel-Bericht v. 11. 11. 2021, unverbreitet und beigefügt zur Mitteilung v. 28. 4. 2022 über die Berufung der Türkei gemäß Art. 25 DSU, WT/DS583/12, „Turkey – Pharmaceutical Products (EU)“, Para. 3.4.

[178] WTO, Panel-Bericht v. 11. 11. 2021, unverbreitet und beigefügt zur Mitteilung v. 28. 4. 2022 über die Berufung der Türkei gemäß Art. 25 DSU, WT/DS583/12, „Turkey – Pharmaceutical Products (EU)“, Para. 3.6.

verbot von lokalisierten Arzneimitteln.[179] Ebenfalls sah das Panel eine Verletzung des Art. III:4 GATT durch die Priorisierungsmaßnahme.[180]

Zur Rechtfertigung des Lokalisierungserfordernisses zog die Türkei Art. XX (b) und (d) GATT heran.[181] Hinsichtlich des Importverbots führte die Türkei zur Verteidigung an, dass dieses zur Gewährleistung der Lokalisierungsmaßnahme ergriffen werde und damit gemäß Art. XX (d) GATT gerechtfertigt sein könne.[182] Die Türkei lehnte ferner eine Verletzung des Art. III:4 GATT durch die Priorisierungsmaßnahme ab und zog keinen Rechtfertigungsgrund für eine ggf. Verletzung dieser Vorschrift heran.[183]

Im Folgenden wird die Panel-Entscheidung zur Gefährdungslage des Schutzguts am Beispiel der Rechtfertigung des Lokalisierungserfordernisses unter Berufung auf Art. XX (b) GATT dargestellt.

### *b) Panel-Verfahren*

Zur Rechtfertigung des Lokalisierungserfordernisses zog die Türkei also Art. XX (b) GATT heran und führte aus, dass dieses Erfordernis zur Gewährleistung eines ununterbrochenen Zugangs zu sicheren, effektiven und bezahlbaren Arzneimitteln und damit zum Schutz der öffentlichen Gesundheit erforderlich sei.[184] Nach Ansicht der Türkei stelle der Mangel an Arzneimitteln, insbesondere hinsichtlich der Versorgungsengpässe von Arzneimitteln wäh-

---

179 WTO, Panel-Bericht v. 11.11.2021, unverbreitet und beigefügt zur Mitteilung v. 28.4.2022 über die Berufung der Türkei gemäß Art. 25 DSU, WT/DS583/12, „Turkey – Pharmaceutical Products (EU)“, jeweils Para. 7.108–7.127 und 7.220–7.275.

180 WTO, Panel-Bericht v. 11.11.2021, unverbreitet und beigefügt zur Mitteilung v. 28.4.2022 über die Berufung der Türkei gemäß Art. 25 DSU, WT/DS583/12, „Turkey – Pharmaceutical Products (EU)“, jeweils Para. 7.276–7.334.

181 WTO, Panel-Bericht v. 11.11.2021, unverbreitet und beigefügt zur Mitteilung v. 28.4.2022 über die Berufung der Türkei gemäß Art. 25 DSU, WT/DS583/12, „Turkey – Pharmaceutical Products (EU)“, Para. 3.3 b ii, 7.129.

182 WTO, Panel-Bericht v. 11.11.2021, unverbreitet und beigefügt zur Mitteilung v. 28.4.2022 über die Berufung der Türkei gemäß Art. 25 DSU, WT/DS583/12, „Turkey – Pharmaceutical Products (EU)“, Para. 3.5 c. Da das Panel bereits die Rechtfertigung des Lokalisierungserfordernisses nach Art. XX (b) und (d) GATT abgelehnt hatte, übte es Rechtsökonomie über die Rechtswidrigkeit des türkischen Importverbots und dessen Rechtfertigung nach Art. XX (d) GATT. Hierzu siehe: Para. 7.272–7.275 a.a.O.

183 WTO, Panel-Bericht v. 11.11.2021, unverbreitet und beigefügt zur Mitteilung v. 28.4.2022 über die Berufung der Türkei gemäß Art. 25 DSU, WT/DS583/12, „Turkey – Pharmaceutical Products (EU)“, Para. 3.7.

184 WTO, Panel-Bericht v. 11.11.2021, unverbreitet und beigefügt zur Mitteilung v. 28.4.2022 über die Berufung der Türkei gemäß Art. 25 DSU, WT/DS583/12, „Turkey – Pharmaceutical Products (EU)“, Para. 3.3 b ii, 7.129.

rend der Covid-19-Pandemie, eine ernsthafte Bedrohung für Leben und Gesundheit der Menschen dar.[185] Demzufolge müsse für eine gesundheitspolitische Regulierung kein tatsächlicher Mangel an Arzneimitteln vorliegen und das Ziel der Lokalisierungsmaßnahme sei die Gewährleistung eines langfristigen, sicheren, effektiven und bezahlbaren Zugangs zu Arzneimitteln in der Türkei.[186]

Die EU bezweifelte zwar nicht, dass das angegebene Schutzziel zur Sicherung des Zugangs zu Arzneimitteln u.a. unter Art. XX (b) GATT falle.[187] Sie war jedoch der Auffassung, dass die türkische Lokalisierungsmaßnahme nicht zur Erreichung dieses Ziels konzipiert sei und somit den *design to*-Test nicht bestehe.[188] Die EU bejahte nämlich die abstrakte Legitimität, also die Schutzwürdigkeit des von der Türkei angegebenen Schutzziels, und bezweifelte die konkrete Legitimität, nämlich die Schutzbedürftigkeit des angegebenen Schutzziels, also ob dieses Ziel wirklich von der Türkei angestrebt werde.[189] Die EU argumentierte, dass die Türkei ihre Beweislast für das Vorliegen einer Gefahr des Versorgungsengpasses nicht erfüllt habe.[190]

Das Panel stellte zunächst fest, dass die beiden Parteien nicht über die (allgemeine) Legitimität des angegebenen Schutzziels, nämlich der Sicherung eines sicheren Zugangs zu Arzneimitteln, umstritten seien, sondern nur darüber, ob die türkische Maßnahme wirklich zur Verwirklichung dieses Schutzziels konzipiert werde.[191]

Im Rahmen des darauf folgenden *design to*-Tests wurde die Gefährdungslage des türkischen Sozialversicherungssystems vom Panel abgelehnt.

---

[185] WTO, Panel-Bericht v. 11.11.2021, unverbreitet und beigefügt zur Mitteilung v. 28.4.2022 über die Berufung der Türkei gemäß Art. 25 DSU, WT/DS583/12, „Turkey – Pharmaceutical Products (EU)“, Para. 7.139 und 7.141.

[186] WTO, Panel-Bericht v. 11.11.2021, unverbreitet und beigefügt zur Mitteilung v. 28.4.2022 über die Berufung der Türkei gemäß Art. 25 DSU, WT/DS583/12, „Turkey – Pharmaceutical Products (EU)“, Para. 7.164.

[187] WTO, Panel-Bericht v. 11.11.2021, unverbreitet und beigefügt zur Mitteilung v. 28.4.2022 über die Berufung der Türkei gemäß Art. 25 DSU, WT/DS583/12, „Turkey – Pharmaceutical Products (EU)“, Para. 7.130.

[188] WTO, Panel-Bericht v. 11.11.2021, unverbreitet und beigefügt zur Mitteilung v. 28.4.2022 über die Berufung der Türkei gemäß Art. 25 DSU, WT/DS583/12, „Turkey – Pharmaceutical Products (EU)“, Para. 7.130.

[189] Teil 1 Kapitel 1 § 5 A. I. – § 5 A. II.

[190] WTO, Panel-Bericht v. 11.11.2021, unverbreitet und beigefügt zur Mitteilung v. 28.4.2022 über die Berufung der Türkei gemäß Art. 25 DSU, WT/DS583/12, „Turkey – Pharmaceutical Products (EU)“, Para. 7.140, 7.164.

[191] WTO, Panel-Bericht v. 11.11.2021, unverbreitet und beigefügt zur Mitteilung v. 28.4.2022 über die Berufung der Türkei gemäß Art. 25 DSU, WT/DS583/12, „Turkey – Pharmaceutical Products (EU)“, Para. 7.162.

Zunächst stellte das Panel fest, dass die verteidigende Partei zumindest darlegen müsse, dass die Gefährdung eines Versorgungsengpasses nicht lediglich eine hypothetische Möglichkeit darstelle.[192] Diese Feststellung beruhe auf der Interpretation von Art. XX (a) und (j) GATT in anderen Panel-Verfahren.[193] Das Panel sah diese Feststellung als auf die Interpretation des Art. XX (b) GATT übertragbar an, wonach die verteidigende Partei eine bestimmte und am besten eine substanzielle Wahrscheinlichkeit für das Vorhandensein der behaupteten Gefahr darlegen solle,[194] obwohl kein starrer Schwellenwert nach Ansicht des Panels erforderlich sei.[195]

Sodann wies das Panel anhand dieses Kriteriums die Argumente der Türkei und damit das Vorliegen der Gefährdung des türkischen Sozialversicherungssystems zurück.

Die Türkei zog nämlich zwei Argumente zur Begründung der Gefährdung ihres Sozialversicherungssystems aufgrund einer übermäßigen Abhängigkeit von importierten Arzneimitteln heran: Erstens könne der niedrige Preis von Arzneimitteln auf dem türkischen Markt dazu führen, dass ausländische Hersteller ihre Produkte aufgrund höherer Preise in anderen Staaten bevorzugt dort verkauften und den Verkauf in der Türkei einstellten; zweitens könnten importierte Arzneimittel für das türkische Sozialversicherungssystem unbezahlbar werden, wenn ausländische Währungen aufwerteten oder die türkische Währung (*lira*) abwerte.[196]

Das Panel sah die von der Türkei behauptete Gefährdung ihres Sozialversicherungssystems jedoch als eine hypothetische Möglichkeit an, woraus nicht geschlossen werden könne, dass die Beweislast der Türkei erfüllt sei.[197] Die Türkei habe insbesondere keinen konkreten Fall eines Versorgungseng-

---

[192] WTO, Panel-Bericht v. 11.11.2021, unverbreitet und beigefügt zur Mitteilung v. 28.4.2022 über die Berufung der Türkei gemäß Art. 25 DSU, WT/DS583/12, „Turkey – Pharmaceutical Products (EU)“, Para. 7.166.

[193] WTO, Panel-Bericht v. 11.11.2021, unverbreitet und beigefügt zur Mitteilung v. 28.4.2022 über die Berufung der Türkei gemäß Art. 25 DSU, WT/DS583/12, „Turkey – Pharmaceutical Products (EU)“, Para. 7.166–7.169.

[194] WTO, Panel-Bericht v. 11.11.2021, unverbreitet und beigefügt zur Mitteilung v. 28.4.2022 über die Berufung der Türkei gemäß Art. 25 DSU, WT/DS583/12, „Turkey – Pharmaceutical Products (EU)“, Para. 7.170.

[195] WTO, Panel-Bericht v. 11.11.2021, unverbreitet und beigefügt zur Mitteilung v. 28.4.2022 über die Berufung der Türkei gemäß Art. 25 DSU, WT/DS583/12, „Turkey – Pharmaceutical Products (EU)“, Para. 7.171.

[196] WTO, Panel-Bericht v. 11.11.2021, unverbreitet und beigefügt zur Mitteilung v. 28.4.2022 über die Berufung der Türkei gemäß Art. 25 DSU, WT/DS583/12, „Turkey – Pharmaceutical Products (EU)“, Para. 7.172.

[197] WTO, Panel-Bericht v. 11.11.2021, unverbreitet und beigefügt zur Mitteilung v. 28.4.2022 über die Berufung der Türkei gemäß Art. 25 DSU, WT/DS583/12, „Turkey – Pharmaceutical Products (EU)“, Para. 7.173.

passes identifiziert, der entweder durch die Verlagerung des Verkaufs von Arzneimitteln aus der Türkei in andere Länder wegen höherer Verkaufspreise oder durch die Unbezahlbarkeit bestimmter Arzneimittel im Rahmen des türkischen Sozialversicherungssystems infolge der Aufwertung ausländischer Währungen bzw. der Abwertung der türkischen Währung (*lira*) verursacht worden sei.[198]

Die von der Türkei vorgelegten Nachweise, hauptsächlich veröffentlichte Aufsätze, könnten nach Ansicht des Panels nicht hinreichend belegen, dass ein Versorgungsengpass aus den oben genannten beiden Gründen in Zukunft auftreten werde.[199] Außerdem handele es sich bei der von der Türkei behaupteten Gefährdung nur um eine generelle Gefährdung in allen Sektoren und auf allen Märkten, deren Bejahung zu der (nach Ansicht des Panels unrichtigen) Schlussfolgerung führe, dass eine permanente Gefahr des Versorgungsengpasses von Produkten in jedem Sektor und auf jedem Markt eines WTO-Mitglieds bestehe und in diesem Fall der internationale Handelsverkehr der für den Schutz der menschlichen Gesundheit notwendigen Produkte eine permanente Gefahr für die menschliche Gesundheit darstelle.[200]

Ferner lehnte das Panel das weitere Argument der Türkei ab, dass die Gefahr eines Engpasses in der Arzneimittelversorgung in der Türkei schon im Kontext der Covid-19-Pandemie bestätigt werde.[201] Die Covid-19-Pandemie könne nach Auffassung des Panels nur zeigen, dass eine akute Notsituation in jedem Sektor einen kurzfristigen Versorgungsengpass für jedes Produkt verursachen könne.[202] Daneben gebe es keine Vergleichbarkeit zwischen der von der Türkei behaupteten Gefährdung und den Versorgungsengpässen im Zusammenhang mit der Covid-19-Pandemie, weil es sich bei dieser Pandemie um ein neuartiges und weltweit verbreitetes Virus, beispielslose (riesige) globale Nachfragen und eine ungenügende globale Produktion hande-

---

[198] WTO, Panel-Bericht v. 11.11.2021, unverbreitet und beigefügt zur Mitteilung v. 28.4.2022 über die Berufung der Türkei gemäß Art. 25 DSU, WT/DS583/12, „Turkey – Pharmaceutical Products (EU)“, Para. 7.173.

[199] WTO, Panel-Bericht v. 11.11.2021, unverbreitet und beigefügt zur Mitteilung v. 28.4.2022 über die Berufung der Türkei gemäß Art. 25 DSU, WT/DS583/12, „Turkey – Pharmaceutical Products (EU)“, Para. 7.174–7.177.

[200] WTO, Panel-Bericht v. 11.11.2021, unverbreitet und beigefügt zur Mitteilung v. 28.4.2022 über die Berufung der Türkei gemäß Art. 25 DSU, WT/DS583/12, „Turkey – Pharmaceutical Products (EU)“, Para. 7.178.

[201] WTO, Panel-Bericht v. 11.11.2021, unverbreitet und beigefügt zur Mitteilung v. 28.4.2022 über die Berufung der Türkei gemäß Art. 25 DSU, WT/DS583/12, „Turkey – Pharmaceutical Products (EU)“, Para. 7.179.

[202] WTO, Panel-Bericht v. 11.11.2021, unverbreitet und beigefügt zur Mitteilung v. 28.4.2022 über die Berufung der Türkei gemäß Art. 25 DSU, WT/DS583/12, „Turkey – Pharmaceutical Products (EU)“, Para. 7.179.

le.[203] Nach Ansicht des Panels könne diese vorübergehende Pandemie, die nur einige wenige Arzneimittel betreffe, nicht zur Schlussfolgerung führen, dass eine übermäßige Abhängigkeit von importierten Arzneimitteln zu langfristigen Versorgungsengpässen bei allen Arzneimitteln in der Türkei führen könne.[204]

#### *c) Schiedsgerichtsverfahren gemäß Art. 25 DSU*

Im Schiedsgerichtsverfahren gemäß Art. 25 DSU machte die Türkei zunächst geltend, dass der Umfang der unter Art. XX (b) GATT fallenden Gesundheitsschutzmaßnahmen unangemessen eingeschränkt werde, weil das Panel einen substantiellen Wahrscheinlichkeitsgrad und damit einen quantitativen Schwellenwert für die Gefährdung des türkischen Sozialversicherungssystems verlange.[205]

Das Schiedsgericht, das aufgrund des Stillhaltens des AB gemäß Art. 25 DSU eingesetzt wurde, wies den Einwand der Türkei mit dem Argument zurück, dass das Panel keinen substantiellen Wahrscheinlichkeitsgrad und damit keinen quantitativen Schwellenwert für die Gefährdung des türkischen Sozialversicherungssystems verlangt habe.[206] Denn der substantielle Wahrscheinlichkeitsgrad werde vom Panel nicht als rechtsverbindlicher Maßstab, sondern als rechtsunverbindlicher Indikator für die Bejahung der Gefährdung des einschlägigen Schutzguts verwendet.[207] Dabei schließe das Panel nicht aus, dass die verteidigende Partei auch beim Fehlen eines substantiellen Wahrscheinlichkeitsgrads der Gefährdung des Schutzguts erfolgreich nachweisen könne, dass die angegriffene Maßnahme zum Schutz öffentlicher Gesundheit i. S. v. Art. XX (b) GATT konzipiert sei.[208]

Im Schiedsgerichtsverfahren gemäß Art. 25 DSU trug die Türkei ferner vor, dass das Panel irrtümlicherweise die Interpretation von Art. XX (a) und

---

[203] WTO, Panel-Bericht v. 11. 11. 2021, unverbreitet und beigefügt zur Mitteilung v. 28. 4. 2022 über die Berufung der Türkei gemäß Art. 25 DSU, WT/DS583/12, „Turkey – Pharmaceutical Products (EU)“, Para. 7.179.

[204] WTO, Panel-Bericht v. 11. 11. 2021, unverbreitet und beigefügt zur Mitteilung v. 28. 4. 2022 über die Berufung der Türkei gemäß Art. 25 DSU, WT/DS583/12, „Turkey – Pharmaceutical Products (EU)“, Para. 7.179.

[205] WTO, Schiedsspruch gemäß Art. 25 DSU v. 25. 7. 2022, WT/DS583/ARB25, „Turkey – Pharmaceutical Products (EU)“, Para. 6.104.

[206] WTO, Schiedsspruch gemäß Art. 25 DSU v. 25. 7. 2022, WT/DS583/ARB25, „Turkey – Pharmaceutical Products (EU)“, Para. 6.110–6.111.

[207] WTO, Schiedsspruch gemäß Art. 25 DSU v. 25. 7. 2022, WT/DS583/ARB25, „Turkey – Pharmaceutical Products (EU)“, Para. 6.110.

[208] WTO, Schiedsspruch gemäß Art. 25 DSU v. 25. 7. 2022, WT/DS583/ARB25, „Turkey – Pharmaceutical Products (EU)“, Para. 6.110.

(j) GATT sowie Art. XIV (a) GATS zur Begründung des von ihm festgelegten Maßstabs im Rahmen der Auslegung von Art. XX (b) GATT angewendet habe.[209] Das Schiedsgericht wies das Argument der Türkei ebenfalls zurück, weil die verwiesenen Panel-Entscheidungen, die im Kontext anderer Vorschriften als Art. XX (b) GATT getroffen wurden, nicht entscheidend für die Begründung des vom Panel aufgestellten Beurteilungsmaßstabs seien.[210]

Somit hatten sowohl das Panel als auch das Schiedsgericht gemäß Art. 25 DSU die Maßgeblichkeit der Einschätzung der Türkei zur Gefährdungslage ihres Sozialversicherungssystems abgelehnt.

## II. Behandlung der Einschätzung des regulierenden WTO-Mitglieds zum Schutzziel einschließlich des Schutzniveaus in der Entscheidungspraxis zu Art. XX GATT

Der Einschätzungsspielraum des regulierenden WTO-Mitglieds bei der Festlegung des Schutzziels einschließlich des Schutzniveaus wurde in der Entscheidungspraxis zu Art. XX GATT grundsätzlich anerkannt, obwohl dieser auch in einer begrenzten Anzahl von Verfahren abgelehnt wurde.

### 1. Anerkennung der Einschätzung des regulierenden WTO-Mitglieds zur Legitimität des Schutzziels einschließlich des Schutzniveaus in der Entscheidungspraxis zu Art. XX GATT

Soweit die Gefährdungslage des Schutzguts bejaht wurde, kommt die Frage der Legitimität des angegebenen Schutzziels und des behaupteten Schutzniveaus in Betracht, nämlich bis zu welchem Grad die Gefährdung des Schutzguts abzuwenden ist. Das Recht eines WTO-Mitglieds zur Festlegung seines bevorzugten Schutzniveaus wird derzeit in den meisten Entscheidungen der WTO-Streitbeilegungsorgane ausdrücklich anerkannt, obwohl diese Prärogative in Art. XX GATT nicht ausdrücklich vorgesehen ist und auch in der Entscheidungspraxis nicht durchgängig anerkannt wird.

---

[209] WTO, Schiedsspruch gemäß Art. 25 DSU v. 25. 7. 2022, WT/DS583/ARB25, „Turkey – Pharmaceutical Products (EU)“, Para. 6.112.

[210] WTO, Schiedsspruch gemäß Art. 25 DSU v. 25. 7. 2022, WT/DS583/ARB25, „Turkey – Pharmaceutical Products (EU)“, Para. 6.119 – 6.122.

### *a) Überblick über die Fälle in der Entscheidungspraxis der WTO-Streitbeilegungsorgane*

In Canada – Herring and Salmon,[211] Thailand – Cigarettes,[212] US – Tuna I,[213] US – Tuna II,[214] US – Gasoline,[215] Korea – Beef,[216] EC – Asbestos,[217] Brazil – Retreaded Tyres,[218] EC – Seal Products,[219] China – Raw Materials,[220] China – Rare Earths,[221] Indonesia – Import Licensing Regimes[222] und Indonesia – Raw Materials[223] wurde die Einschätzung des regulierenden WTO-Mitglieds zur Legitimität des angegebenen Schutzziels einschließlich des behaupteten Schutzniveaus bejaht.

Zwar stellte das Panel von Canada – Herring and Salmon fest, dass sowohl das politische Ziel als auch die angegriffene Maßnahme von einem Panel zu überprüfen seien.[224] Sodann wurde aber nur eine Prüfung der Zweck-Mittel-

---

211 GATT, Panel-Bericht v. 22.3.1988, L/6268-35S/98, „Canada – Herring and Salmon“, Para. 4.6–4.7.

212 Vgl. GATT, Panel-Bericht v. 7.11.1990, DS10/R-37S/200, „Thailand – Cigarettes“, Para. 73, 74 und 76.

213 GATT, Panel-Bericht v. 3.9.1991, DS21/R-39S/155, „US – Tuna I“, Para. 5.27, 5.32.

214 GATT, Panel-Bericht v. 16.6.1994, DS29/R, „US – Tuna II“, Para. 5.22, 5.30–5.33.

215 WTO, Panel-Bericht v. 20.5.1996, WT/DS2/R, „US – Gasoline“, Para. 6.22, 7.1.

216 WTO, AB-Bericht v. 11.12.2000, WT/DS161/AB/R u.a., „Korea – Beef“, Para. 175 f.

217 WTO, Panel-Bericht v. 18.9.2000, WT/DS135/R, „EC – Asbestos“, Para. 8.210, vgl. auch Para. 8.171; WTO, AB-Bericht v. 12.3.2001, WT/DS135/AB/R, „EC – Asbestos“, Para. 168.

218 Vgl. WTO, Panel-Bericht v. 12.6.2007, WT/DS332/R, „Brazil – Retreaded Tyres“, Para. 7.96–7.102.

219 WTO, AB-Bericht v. 22.5.2014, WT/DS400/AB/R u.a., „EC – Seal Products“, Para. 5.200. Ebenso, vgl. WTO, Panel-Bericht v. 25.11.2013, WT/DS400/R u.a., „EC – Seal Products“, Para. 7.631.

220 Vgl. WTO, Panel-Bericht v. 5.7.2011, WT/DS394/R u.a., „China – Raw Materials“, Para. 7.380–7.383.

221 WTO, Panel-Bericht v. 26.3.2014, WT/DS431/R u.a., „China – Rare Earths“, Para. 7.266 f., 7.459, 7.730.

222 WTO, Panel-Bericht v. 22.12.2016, WT/DS477/R u.a., „Indonesia – Import Licensing Regimes“, Para. 7.789–7.797.

223 WTO, Panel-Bericht v. 30.11.2022, WT/DS592/R, „Indonesia – Raw Materials“, Para. 7.211–7.213, 7.223 ff., 7.238 ff.

224 GATT, Panel-Bericht v. 22.3.1988, L/6268-35S/98, „Canada – Herring and Salmon“, Para. 4.6.

Relation durchgeführt.[225] Hieraus ergibt sich, dass die Legitimitätseinschätzung der USA hinsichtlich des angegebenen Schutzziels vom Panel ohne Weiteres bejaht wurde.

In Thailand – Cigarettes wurde ein erster direkter Hinweis auf die Anerkennung des Einschätzungsspielraums des regulierenden Mitglieds bei der Festlegung des Schutzziels gegeben, obwohl dort weder eine Begründung dafür angeführt noch das Schutzniveau erwähnt wurde.[226] In US – Tuna I tauchte erstmals eine Begründung für die Anerkennung des Rechts zur Festlegung des Schutzniveaus durch das regulierende WTO-Mitglied auf. Das Panel von US – Tuna I erkannte nämlich dieses Recht mit der Begründung an,[227] dass sich die Beschränkungen beispielsweise in Art. XX (b) GATT, nämlich das *necessary to*-Erfordernis sowie das Verbot willkürlicher Diskriminierung und verschleierter Handelsbeschränkung im Chapeau, nur auf die angegriffene Handelsmaßnahme, nicht jedoch auf den vom Vertragspartner gewählten Lebens- oder Gesundheitsstandard bezögen.[228]

Die Anerkennung des Einschätzungsspielraums des regulierenden WTO-Mitglieds bildete jedoch noch keine ständige Praxis der WTO-Streitbeilegungsorgane.

So wurde in US – Tuna II die soeben dargestellte Feststellung des Panels von US – Tuna I[229] schon nicht mehr aufrechterhalten, obwohl das Panel im Ergebnis die Legitimitätseinschätzung der USA hinsichtlich ihres Konservierungsziels anerkannte.[230] Hingegen stellte das Panel von US – Tuna II unter Verweis auf Canada – Herring and Salmon[231] fest, dass sowohl das politische Ziel als auch die angegriffene Maßnahme von einem Panel zu überprüfen seien.[232]

---

[225] GATT, Panel-Bericht v. 22.3.1988, L/6268-35S/98, „Canada – Herring and Salmon“, Para. 4.7.

[226] Vgl. GATT, Panel-Bericht v. 7.11.1990, DS10/R-37S/200, „Thailand – Cigarettes“, Para. 73 und 74.

[227] GATT, Panel-Bericht v. 3.9.1991, DS21/R-39S/155, „US – Tuna I“, Para. 5.27, 5.32.

[228] Siehe beispielsweise: GATT, Panel-Bericht v. 3.9.1991, DS21/R-39S/155, „US – Tuna I“, Para. 5.32 und 5.27: „The limitation set out in Article XX (b), namely that the measure taken must be ‚necessary‘ and not ‚constitute a means of arbitrary or unjustifiable discrimination or a disguised restriction on international trade‘, refer to the trade measure requiring justification under Article XX (b), not however to the life or health standard chosen by the contracting party.“

[229] Siehe beispielsweise: GATT, Panel-Bericht v. 3.9.1991, DS21/R-39S/155, „US – Tuna I“, Para. 5.32 und 5.27.

[230] GATT, Panel-Bericht v. 16.6.1994, DS29/R, „US – Tuna II“, Para. 5.22, 5.30–5.33.

[231] GATT, Panel-Bericht v. 22.3.1988, L/6268-35S/98, „Canada – Herring and Salmon“, Para. 4.6.

[232] GATT, Panel-Bericht v. 16.6.1994, DS29/R, „US – Tuna II“, Para. 5.22.

Im Rahmen der Auslegung des Art. XX (g) GATT wurde im Panel-Bericht zu US – Gasoline das Recht eines WTO-Mitglieds zur Festlegung des Schutzniveaus zwar anerkannt.[233] Denn nicht die Erforderlichkeit des angegebenen politischen Ziels, sondern die Erforderlichkeit der ergriffenen Maßnahme sei von einem Panel zu überprüfen.[234] Im Berufungsverfahren von US – Gasoline[235] und im AB-Bericht zu US – Shrimp[236] wurde die Anerkennung des Rechts zur Festlegung des Schutzniveaus eines WTO-Mitglieds jedoch nicht mehr erwähnt. Hingegen wurde der von den USA gewünschte Schutzstandard, nämlich der Einsatz von *Turtle Excluder Devices* („TEDs") bei der Verwendung von Schleppnetzen für den Garnelenfang, vom Panel in US – Shrimp abgelehnt.[237] In Korea – Beef wurde die Frage der Schutzniveausetzungsprärogative im Panel-Verfahren im Rahmen der Prüfung des Art. XX (d) GATT nicht behandelt. Im AB-Bericht wurde das Recht des regulierenden WTO-Mitglieds zur Festlegung des Schutzniveaus zwar wieder ausdrücklich anerkannt, jedoch nicht ohne Vorbehalt.[238]

Sowohl das Panel[239] als auch der AB[240] in EC – Asbestos erkannten das Recht eines WTO-Mitglieds zur Festlegung des gewünschten Schutzniveaus an. Seitdem wurde diese Feststellung in den nachfolgenden Verfahren Brazil – Retreaded Tyres,[241] EC – Seal Products,[242] China – Raw Materials[243] und

---

233 WTO, Panel-Bericht v. 20. 5. 1996, WT/DS2/R, „US – Gasoline", Para. 6.22, 7.1.

234 Vgl. WTO, Panel-Bericht v. 20. 5. 1996, WT/DS2/R, „US – Gasoline", Para. 6.22, 7.1.

235 WTO, AB-Bericht v. 20. 5. 1996, WT/DS2/AB/R, „US – Gasoline", S. 14 ff.

236 WTO, AB-Bericht v. 12. 10. 1998, WT/DS58/AB/R, „US – Shrimp", Para. 135 ff. Im Panel-Verfahren fand die Prüfung eines Absatzes des Art. XX GATT nicht statt, weil die Chapeau-Prüfung zunächst stattfand und negativ beurteilt wurde.

237 WTO, Panel-Bericht v. 15. 5. 1998, WT/DS58/R, „US – Shrimp", Para. 7.59.

238 WTO, AB-Bericht v. 11. 12. 2000, WT/DS161/AB/R u. a., „Korea – Beef", Para. 175 ff., 176.

239 Vgl. WTO, Panel-Bericht v. 18. 9. 2000, WT/DS135/R, „EC – Asbestos", Para. 8.210.

240 WTO, AB-Bericht v. 12. 3. 2001, WT/DS135/AB/R, „EC – Asbestos", Para. 168: „[...] relating to the level of protection, we note that it is undisputed that WTO Members have the right to determine the level of protection of health that they consider appropriate in a given situation."

241 Vgl. WTO, Panel-Bericht v. 12. 6. 2007, WT/DS332/R, „Brazil – Retreaded Tyres", Para. 7.96 – 7.102.

242 WTO, AB-Bericht v. 22. 5. 2014, WT/DS400/AB/R u. a., „EC – Seal Products", Para. 5.200. Ebenso, vgl. WTO, Panel-Bericht v. 25. 11. 2013, WT/DS400/R u. a., „EC – Seal Products", Para. 7.631.

243 Vgl. WTO, Panel-Bericht v. 5. 7. 2011, WT/DS394/R u. a., „China – Raw Materials", Para. 7.380 – 7.383.

China – Rare Earths,[244] aufrechterhalten. In Indonesia – Import Licensing Regimes[245] und Indonesia – Raw Materials[246] behandelte und bejahte das Panel die Maßgeblichkeit der Einschätzung des regulierenden WTO-Mitglieds zur Legitimität des angegebenen Schutzziels und des behaupteten Schutzniveaus im Rahmen des *design to*-Tests[247].

Im Folgenden wird am Beispiel von EC – Asbestos, Brazil – Retreaded Tyres und EC – Seal Products diese Behandlung durch die WTO-Schiedskörper näher dargestellt.

### *b) EC – Asbestos*

Sowohl das Panel als auch der AB in EC – Asbestos erkannten ausdrücklich an, dass das Recht eines WTO-Mitglieds zur Festlegung des gewünschten Schutzniveaus unbestritten war. Diese Feststellung wird in den nachfolgenden Verfahren ständig aufrechterhalten. In der Einführung, Teil 1 Kapitel 2 § 4 A. II., ist diese Feststellung in EC – Asbestos bereits zum Darstellungszweck ausführlich dargelegt. Insoweit wird darauf verwiesen.

### *c) Brazil – Retreaded Tyres*

Die Lagerung von Abfallreifen kann nicht nur Reifenbrände, sondern auch Krankheiten wie Dengue-Fieber verursachen. Diese Gefährdung sah Brasilien als erheblich für die Gesundheit und das Leben von Menschen, Tieren und Pflanzen an. Aus diesem Grund führte Brasilien am 17.11.2004 ein allgemeines Importverbot für runderneuerte Reifen ein.[248] Dieses Einfuhrverbot galt jedoch nicht für runderneuerte Reifen aus den MERCOSUR-Staaten.[249] Außerdem durften gebrauchte Reifen, deren Einfuhr ebenfalls verboten war, aufgrund gerichtlicher Verfügungen importiert und als Rohstoff für die in Brasilien erlaubte inländische Produktion von runderneuerten Reifen[250] ver-

---

[244] WTO, Panel-Bericht v. 26.3.2014, WT/DS431/R u.a., „China – Rare Earths", Para. 7.266f., 7.459, 7.730.

[245] WTO, Panel-Bericht v. 22.12.2016, WT/DS477/R u.a., „Indonesia – Import Licensing Regimes", Para. 7.789–7.797.

[246] WTO, Panel-Bericht v. 30.11.2022, WT/DS592/R, „Indonesia – Raw Materials", Para. 7.223 ff., 7.238 ff.

[247] Hierzu siehe: Teil 1 Kapitel 1 § 5 A. II. 2. b).

[248] WTO, Panel-Bericht v. 12.6.2007, WT/DS332/R, „Brazil – Retreaded Tyres", Para. 2.7–2.12.

[249] WTO, Panel-Bericht v. 12.6.2007, WT/DS332/R, „Brazil – Retreaded Tyres", Para. 2.13–2.16.

[250] Vgl. WTO, Panel-Bericht v. 12.6.2007, WT/DS332/R, „Brazil – Retreaded Tyres", Para. 2.7–2.12 und 3.1 (c).

wendet werden.[251] Die damalige EG sah in dem allgemeinen Einfuhrverbot und in den genannten zwei Ausnahmen u.a. einen Verstoß gegen Art. XI:1 GATT und erhob am 17.11.2005 eine Klage vor der WTO.[252] Das Panel bestätigte eine Verletzung des Art. XI:1 GATT durch das allgemeine Einfuhrverbot für runderneuerte Reifen.[253]

Im Rahmen der Rechtfertigung dieser primären GATT-Verletzung unter Berufung auf Art. XX (b) GATT stritten die Parteien über die Gefährdung der Lagerung von Abfallreifen für die menschliche Gesundheit und die Umwelt.[254] Nach der Bejahung der Maßgeblichkeit der Einschätzung Brasiliens zur Gefährdungslage der menschlichen Gesundheit und zur Umwelt[255] kam das Panel zur Prüfung der Frage, ob das (konkrete) angegebene Schutzziel Brasiliens legitim war.[256]

Dabei erkannte das Panel zunächst ausdrücklich die Legitimität des angegebenen Schutzziels und des behaupteten Schutzniveaus des regulierenden WTO-Mitglieds an.[257] Auch die damalige EG als klagende Partei stimmte dieser Feststellung zu.[258] Nach Ansicht des Panels sei es nämlich weder zur Überprüfung der politischen Entscheidung Brasiliens über den Schutz der menschlichen Gesundheit und der Umwelt hinsichtlich bestimmter Gefährdungen noch zur Überprüfung des von Brasilien gewünschten Schutzniveaus berufen.[259] Auf der Grundlage dieser Feststellung bejahte das Panel sodann

---

[251] WTO, Panel-Bericht v. 12.6.2007, WT/DS332/R, „Brazil – Retreaded Tyres", Para. 4.108–4.113.

[252] WTO, Panel-Bericht v. 12.6.2007, WT/DS332/R, „Brazil – Retreaded Tyres", Para. 7.1, 1.1–1.7, 2.5, 3.1.

[253] WTO, Panel-Bericht v. 12.6.2007, WT/DS332/R, „Brazil – Retreaded Tyres", Para. 7.1–7.34.

[254] WTO, Panel-Bericht v. 12.6.2007, WT/DS332/R, „Brazil – Retreaded Tyres", Para. 7.53–7.54.

[255] WTO, Panel-Bericht v. 12.6.2007, WT/DS332/R, „Brazil – Retreaded Tyres", Para. 7.55–7.93.

[256] Vgl. WTO, Panel-Bericht v. 12.6.2007, WT/DS332/R, „Brazil – Retreaded Tyres", Para. 7.96–7.102.

[257] WTO, Panel-Bericht v. 12.6.2007, WT/DS332/R, „Brazil – Retreaded Tyres", Para. 7.97.

[258] WTO, Panel-Bericht v. 12.6.2007, WT/DS332/R, „Brazil – Retreaded Tyres", Para. 7.95.

[259] WTO, Panel-Bericht v. 12.6.2007, WT/DS332/R, „Brazil – Retreaded Tyres", Para. 7.97: „We note that we are not, in our view, required to examine the desirability of the declared policy goal as such. In other words, we are not required to assess the policy choice declared by Brazil to protect human, animal or plant life or health against certain risks, nor the level of protection that Brazil wishes to achieve. We also recall in this respect that in the EC – Asbestos case, the Appellate Body asserted clearly that it was each WTO Member's ‚[...] right to determine the level of protection of health that [it] consider[s] appropriate in a given situation'."

die Legitimität des von Brasilien angegebenen Schutzziels, weil dieses (nach Angabe Brasiliens) in der Verringerung der Gefährdung des Lebens und der Gesundheit von Menschen, Tieren oder Pflanzen aufgrund der Akkumulation von Altreifen liege.[260]

Im Berufungsverfahren stritten die Streitparteien nicht über den Einschätzungsspielraum des regulierenden WTO-Mitglieds bei der Festlegung des Schutzziels und des Schutzniveaus.[261]

#### *d) EC – Seal Products*

In der EU gelten traditionell hohe Standards im Bereich der Menschenrechte und des Tierschutzes. Im Jahr 2009 führte die damalige EG zum Schutz des Wohlergehens von Robben ein Vermarktungsverbot für Robbenprodukte auf dem gemeinsamen Markt ein. Dieses Verbot sah u. a. eine Ausnahme für Robbenerzeugnisse aus indigenen Gemeinden vor, die ihre Existenz und Lebensweise durch die Robbenjagd aufrechterhielten.[262] Kanada und Norwegen, die beträchtliche Mengen an Robbenerzeugnissen produzieren und in den europäischen Binnenmarkt exportieren, sahen eine Verletzung ihrer Handelsfreiheit u. a. nach Art. I:1 GATT in dem EU-Robbenprogramm[263] und erhoben eine Klage gegen die EU vor der WTO.[264] Sowohl das Panel[265] als auch der AB[266] bejahten eine Verletzung des Art. I:1 GATT durch das EU-Robbenprogramm.

---

260 WTO, Panel-Bericht v. 12. 6. 2007, WT/DS332/R, „Brazil – Retreaded Tyres", Para. 7.100–7.102.

261 WTO, AB-Bericht v. 3. 12. 2007, WT/DS332/AB/R, „Brazil – Retreaded Tyres", Para. 140.

262 Für einen Überblick über die europäische Maßnahme siehe: WTO, Panel-Bericht v. 25. 11. 2013, WT/DS400/R u. a., „EC – Seal Products", Para. 7.7–7.23. Rechtsgrundlagen des europäischen Robbenprogramms sind: Verordnung des Europäischen Parlaments und des Rates v. 16. 9. 2009 über den Handel mit Robbenerzeugnissen, VO (EG) 1007/2009, ABl. 2009 L 286/36, geändert durch Verordnung des Europäischen Parlaments und des Rates v. 6. 10. 2015, VO (EU) 2015/1775, ABl. 2015 L 262/1; Verordnung der Kommission v. 10. 8. 2010 mit Durchführungsvorschriften zur Verordnung (EG) 1007/2009 des Europäischen Parlaments und des Rates über den Handel mit Robbenerzeugnissen, VO (EU) 737/2010, ABl. 2010 L 216/1.

263 WTO, Panel-Bericht v. 25. 11. 2013, WT/DS400/R u. a., „EC – Seal Products", Para. 7.588–7.590.

264 WTO, Panel-Bericht v. 25. 11. 2013, WT/DS400/R u. a., „EC – Seal Products", Para. 1.5–1.6.

265 WTO, Panel-Bericht v. 25. 11. 2013, WT/DS400/R u. a., „EC – Seal Products", Para. 7.592–7.600.

266 WTO, AB-Bericht v. 22. 5. 2014, WT/DS400/AB/R u. a., „EC – Seal Products", Para. 5.84–5.96.

Hinsichtlich der Rechtfertigung unter Berufung auf Art. XX (a) GATT waren sowohl das Panel als auch der AB der Ansicht, dass das von der EU angegebene Schutzziel und das Schutzniveau legitim seien.[267] Zum Beispiel bestätigte der AB bei der Legitimitätsprüfung die Prärogative eines Mitglieds der WTO, dass diesem das Recht zur Festlegung eines nach eigener Ansicht angemessenen Schutzniveaus zustehe.[268] Somit dürfe ein WTO-Mitglied auch unterschiedliche Schutzniveaus für diejenigen moralischen Interessen festlegen, die ähnlich erschienen.[269]

### 2. Ablehnung der Einschätzung des regulierenden WTO-Mitglieds zur Legitimität des Schutzziels einschließlich des Schutzniveaus in der Entscheidungspraxis zu Art. XX GATT

In der Entscheidungspraxis der WTO-Streitbeilegungsorgane zum „grünen" Art. XX GATT wurde der Einschätzungsspielraum des regulierenden WTO-Mitglieds in wenigen Verfahren abgelehnt.

#### *a) Überblick über die Fälle*

So wurde die Einschätzung des regulierenden WTO-Mitglieds zur Legitimität des Schutzziels einschließlich des Schutzniveaus nur in einer begrenzten Anzahl von Entscheidungen abgelehnt, nämlich in US – Shrimp,[270] EC – Tariff Preferences,[271] China – Rare Earths,[272] Indonesia – Import Licensing[273] und Turkey – Pharmaceutical Products.[274]

---

[267] WTO, AB-Bericht v. 22.5.2014, WT/DS400/AB/R u.a., „EC – Seal Products", Para. 5.200. Ebenso, vgl. WTO, Panel-Bericht v. 25.11.2013, WT/DS400/R u.a., „EC – Seal Products", Para. 7.631.

[268] WTO, AB-Bericht v. 22.5.2014, WT/DS400/AB/R u.a., „EC – Seal Products", Para. 5.200.

[269] Vgl. WTO, AB-Bericht v. 22.5.2014, WT/DS400/AB/R u.a., „EC – Seal Products", Para. 5.200.

[270] Vgl. WTO, Panel-Bericht v. 15.5.1998, WT/DS58/R, „US – Shrimp", Para. 7.59.

[271] WTO, Panel-Bericht v. 1.12.2003, WT/DS246/R, „EC – Tariff Preferences", Para. 7.200–7.210.

[272] WTO, Panel-Bericht v. 26.3.2014, WT/DS431/R u.a., „China – Rare Earths", Para. 7.157–7.171.

[273] WTO, Panel-Bericht v. 22.12.2016, WT/DS477/R u.a., „Indonesia – Import Licensing Regimes", u.a. Para. 7.570 ff., 7.626 ff., 7.650 ff.

[274] WTO, Panel-Bericht v. 11.11.2021, unverbreitet und beigefügt zur Mitteilung v. 28.4.2022 über die Berufung der Türkei gemäß Art. 25 DSU, WT/DS583/12, „Turkey – Pharmaceutical Products (EU)", Para. 7.181–7.208; WTO, Schiedsspruch

Im Folgenden wird am Beispiel von EC – Tariff Preferences, China – Rare Earths und Turkey – Pharmaceutical Products die Behandlung durch die WTO-Schiedskörper näher dargestellt.

In diesen Verfahren wurde die Legitimitätsprüfung des angegebenen Schutzziels einschließlich des behaupteten Schutzniveaus im Rahmen des *design to*-Tests durchgeführt, dessen Abgrenzung zur Rationalitätsprüfung in der Entscheidungs- und Schiedspraxis nicht hinreichend geklärt wurde. Zum Beispiel stellte das Schiedsgericht gemäß Art. 25 DSU in Turkey – Pharmaceutical Products (EU) fest, dass der *design to*-Test nicht völlig von der darauf folgenden Rationalitätsprüfung getrennt werden könne.[275]

Nach vorliegender Untersuchung ist der *design to*-Test eine Prüfung der Legitimität des konkret angegebenen Schutzziels, nicht jedoch eine Rationalitätsprüfung. Denn bis vor dem Abschluss des *design to*-Tests können weder der Inhalt des angegebenen Schutzziels noch dessen Legitimität festgestellt werden. Aus diesem Grund scheidet die Rationalitätsprüfung, nämlich eine Prüfung der Mittel-Zweck-Relation, im Rahmen des *design to*-Tests aus. Denn in diesem Fall fehlt es der Rationalitätsprüfung an einem legitimen Ziel, das den Bezugspunkt der Prüfung darstellt, sodass eine solche Prüfung nicht durchgeführt werden kann.[276]

### *b) EC – Tariff Preferences*

Die EG gewährte gemäß der Verordnung (EG) Nr. 2501/2001 des Rates[277] fünf Zollpräferenzen, u. a. die Generellen Arrangements und die Drug Arrangements, für bestimmte Waren aus Entwicklungs- und Transformationsländern.[278]

Im Rahmen der Generellen Arrangements konnten alle in Anhang I der Verordnung aufgeführten Länder und Gebiete Zollpräferenzen in Anspruch

gemäß Art. 25 DSU v. 25.7.2022, WT/DS583/ARB25, „Turkey – Pharmaceutical Products (EU)“, Para. 6.132–6.141.

[275] WTO, Schiedsspruch gemäß Art. 25 DSU v. 25.7.2022, WT/DS583/ARB25, „Turkey – Pharmaceutical Products (EU)“, Para. 6.102. Ähnlich, jedoch gegen eine (eingreifende) Anwendung des *design to*-Tests, vgl. *Zhou*, Turkey – Pharmaceutical Products, AJIL 2023, 322, 326–327.

[276] Ausführlich hierzu siehe: Teil 1 Kapitel 1 § 5 A. II. 2. b) der vorliegenden Arbeit.

[277] Verordnung des Rates v. 10.12.2001 über ein Schema allgemeiner Zollpräferenzen für den Zeitraum vom 1. Januar 2002 bis 31. Dezember 2004, VO (EG) 2501/2001, ABl. 2001 L 346/1.

[278] WTO, Panel-Bericht v. 1.12.2003, WT/DS246/R, „EC – Tariff Preferences“, Para. 2.2.

nehmen.[279] Die erfassten Erzeugnisse wurden in Anhang IV der Verordnung aufgeführt, wobei zwischen nicht empfindlichen und empfindlichen Waren unterschieden wurde.[280] Gemäß Art. 7 der Generellen Arrangements hatten nicht empfindliche Waren zollfreien Zugang, während für empfindliche Waren ermäßigte Zollsätze galten.[281]

Im Unterschied dazu galten die Zollpräferenzen im Rahmen der Drug Arrangements jedoch nur für 12 Länder.[282] Die unter die Drug Arrangements fallenden Produkte umfassten sowohl solche, die unter die Generellen Arrangements fielen, als auch eine Reihe von Produkten, die nicht von den Generellen Arrangements erfasst wurden.[283] Somit waren die Zollsenkungen, die den zwölf begünstigten Ländern im Rahmen der Drug Arrangements gewährt wurden, höher als jene, die allen anderen Entwicklungsländern im Rahmen der Generellen Arrangements eingeräumt wurden.[284]

Das Panel bejahte eine Verletzung von Art. I:1 GATT durch die Drug Arrangements der EG.[285] Diese Verletzung könne nach Ansicht des Panels auch nicht unter Berufung auf die Ermächtigungsklausel (*Enabling Clause*)[286] gerechtfertigt werden.[287] Die EG trug vor, dass die Zollpräferenzen durch die Drug Arrangements gemäß Art. XX (b) GATT gerechtfertigt seien, weil sie zum Schutz der Gesundheit der Zivilbevölkerung der EG erforderlich seien.[288]

Im Rahmen der Prüfung des Art. XX (b) GATT stellte das Panel zunächst fest, dass die Ausgestaltung und Struktur der europäischen Drug Arrange-

---

[279] WTO, Panel-Bericht v. 1.12.2003, WT/DS246/R, „EC – Tariff Preferences“, Para. 2.5.

[280] WTO, Panel-Bericht v. 1.12.2003, WT/DS246/R, „EC – Tariff Preferences“, Para. 2.4.

[281] WTO, Panel-Bericht v. 1.12.2003, WT/DS246/R, „EC – Tariff Preferences“, Para. 2.5.

[282] WTO, Panel-Bericht v. 1.12.2003, WT/DS246/R, „EC – Tariff Preferences“, Para. 2.7.

[283] WTO, Panel-Bericht v. 1.12.2003, WT/DS246/R, „EC – Tariff Preferences“, Para. 2.7.

[284] Vgl. WTO, Panel-Bericht v. 1.12.2003, WT/DS246/R, „EC – Tariff Preferences“, Para. 2.8.

[285] Vgl. WTO, Panel-Bericht v. 1.12.2003, WT/DS246/R, „EC – Tariff Preferences“, Para. 7.55–7.60.

[286] Näheres zu dieser Klausel siehe: *Schmahl*, „Enabling Clause“ versus Meistbegünstigungsprinzip, AVR 2004, 389.

[287] WTO, Panel-Bericht v. 1.12.2003, WT/DS246/R, „EC – Tariff Preferences“, Para. 7.61–7.177.

[288] WTO, Panel-Bericht v. 1.12.2003, WT/DS246/R, „EC – Tariff Preferences“, Para. 4.91, 7.178, 7.180 ff.

ments betrachtet werden sollten, um zu ermitteln, ob diese Maßnahme zum Schutz des angegebenen Gesundheitsschutzziels konzipiert sei.[289]

Im grundlegenden Rechtsdokument der EG, nämlich der Verordnung (EG) Nr. 2501/2001 des Rates,[290] sei jedoch nicht vorgesehen, dass die Drug Arrangements den Schutz der Gesundheit der Zivilbevölkerung der EG zum Ziel hätten.[291] Das einzige in dieser Verordnung vorgesehene Ziel[292] sei das (wirtschaftliche) Entwicklungsziel, insbesondere die Beseitigung der Armut und die Förderung der nachhaltigen Entwicklung in den Entwicklungsländern.[293] Außerdem könne kein Gesundheitsschutzziel aus der Struktur der Maßnahme, also aus den Vorschriften der Verordnung (EG) Nr. 2501/2001 des Rates[294], abgeleitet werden.[295]

Weiterhin lehnte das Panel das Argument der damaligen EG ab, dass die Drug Arrangements zum Schutz der Gesundheit der europäischen Zivilbevölkerung konzipiert seien, weil die Gewährung des Marktzugangs ein notwendiger Teil der umfassenden internationalen Strategie zur Bekämpfung der Drogenprobleme sei.[296] Denn die alternative Entwicklung der Entwicklungsländer sei nach Analyse des Panels erst der notwendige Teil der umfassenden internationalen Strategie zur Bekämpfung der Drogenprobleme, nicht jedoch die Gewährung des Marktzugangs, obwohl diese Begünstigung der vorgenannten alternativen Entwicklung diene.[297]

Ferner stimmte das Panel dem Argument Indiens grundsätzlich zu, dass eine Maßnahme nicht unter Berufung auf Art. XX (b) GATT gerechtfertigt sein dürfe, wenn durch diese Maßnahme die Handelsfreiheit derjenigen WTO-

---

[289] WTO, Panel-Bericht v. 1.12.2003, WT/DS246/R, „EC – Tariff Preferences", Para. 7.200.

[290] Verordnung des Rates v. 10.12.2001 über ein Schema allgemeiner Zollpräferenzen für den Zeitraum vom 1. Januar 2002 bis 31. Dezember 2004, VO (EG) 2501/2001, ABl. 2001 L 346/1.

[291] WTO, Panel-Bericht v. 1.12.2003, WT/DS246/R, „EC – Tariff Preferences", Para. 7.201.

[292] Siehe: 2. Erwägungsgrund der Verordnung (EG) 2501/2001 des Rates.

[293] WTO, Panel-Bericht v. 1.12.2003, WT/DS246/R, „EC – Tariff Preferences", Para. 7.201.

[294] Verordnung des Rates v. 10.12.2001 über ein Schema allgemeiner Zollpräferenzen für den Zeitraum vom 1. Januar 2002 bis 31. Dezember 2004, VO (EG) 2501/2001, ABl. 2001 L 346/1.

[295] WTO, Panel-Bericht v. 1.12.2003, WT/DS246/R, „EC – Tariff Preferences", Para. 7.202.

[296] WTO, Panel-Bericht v. 1.12.2003, WT/DS246/R, „EC – Tariff Preferences", Para. 7.203–7.207.

[297] WTO, Panel-Bericht v. 1.12.2003, WT/DS246/R, „EC – Tariff Preferences", Para. 7.206.

Mitglieder verletzt werde, die für die Gefährdung der Gesundheit der Zivilbevölkerung anderer WTO-Mitglieder nicht ursächlich seien.[298] Andernfalls laufe die in Art. I und II GATT vereinbarte Konzession ins Leere.[299] Dabei wies das Panel darauf hin, dass die Zollpräferenz nicht als ein angemessenes Mittel zur Erreichung des Gesundheitsschutzziels i. S. v. Art. XX (b) GATT vermutet werden könne. Denn jede Zollpräferenz habe unvermeidlich negative Auswirkungen auf die multilaterale Handelsfreiheit, und diese Frage solle durch Abwägung der Schutzwirkung auf die Gesundheit sowie der beeinträchtigenden Auswirkungen auf die Handelsfreiheit entschieden werden.[300]

### *c) China – Rare Earths*

Seltene Erden (*rare earths*) sind Rohstoffe, und Seltenerdelemente sind von strategischer Bedeutung für die moderne Industrie und Hochtechnologie. China ist der weltweit größte Produzent von Seltenen Erden und betrachtet sie gleichzeitig als schützenswerte natürliche Ressourcen, weshalb es u. a. Ausfuhrzölle für Seltene Erden eingeführt hatte.[301] Zu den chinesischen Maßnahmen gehörten Ausfuhrzölle und Ausfuhrkontingente für Seltene Erden, Wolfram (*tungsten*) und Molybdän (*molybdenum*).[302] Die Frage bezüglich des Einschätzungsspielraums eines WTO-Mitglieds hinsichtlich der Legitimität des Schutzziels einschließlich des Schutzniveaus wird hier am Beispiel der chinesischen Ausfuhrzölle für Seltene Erden dargestellt.

Die USA, die EU und Japan erhoben am 27.6.2012 eine Klage vor der WTO und argumentierten vor dem Panel, dass die chinesischen Ausfuhrzölle nicht mit ihrer Pflicht aus Para. 11.3, Teil I ihres Beitrittsprotokolls im Einklang standen.[303] Das Panel stellte fest und China bestritt nicht, dass Chinas Ausfuhrzölle auf Seltene Erden u. a. gegen Para. 11.3, Teil I des Beitrittsprotokolls Chinas verstießen.[304]

---

298 WTO, Panel-Bericht v. 1.12.2003, WT/DS246/R, „EC – Tariff Preferences", Para. 7.208.

299 WTO, Panel-Bericht v. 1.12.2003, WT/DS246/R, „EC – Tariff Preferences", Para. 7.208.

300 Vgl. WTO, Panel-Bericht v. 1.12.2003, WT/DS246/R, „EC – Tariff Preferences", Para. 7.209.

301 Vgl. WTO, Panel-Bericht v. 26.3.2014, WT/DS431/R u. a., „China – Rare Earths", Para. 2.8 und 2.11–2.12.

302 Vgl. WTO, Panel-Bericht v. 26.3.2014, WT/DS431/R u. a., „China – Rare Earths", Para. 2.8 und 2.11–2.12.

303 WTO, Panel-Bericht v. 26.3.2014, WT/DS431/R u. a., „China – Rare Earths", Para. 1.3 und 3.1.

304 WTO, Panel-Bericht v. 26.3.2014, WT/DS431/R u. a., „China – Rare Earths", Para. 7.48 und 7.31.

China versuchte jedoch, diese Pflichtverletzung u. a. nach Art. XX (b) GATT zu rechtfertigen.[305] Nachdem festgestellt wurde, dass der Bergbau von Seltenen Erden in China eine Gefahr für die Umwelt sowie für das Leben und die Gesundheit von Menschen, Tieren und Pflanzen verursache,[306] kam das Panel zu der *design to*-Prüfung.[307] Diese Prüfung wurde zwar vom Panel als eine Prüfung der Konzeption und Struktur der Ausfuhrzölle bezeichnet. Sie ist dennoch Teil der Legitimitätsprüfung des konkret angegebenen Schutzziels, weil die Legitimität des konkret angegebenen Schutzziels bis vor dem Abschluss dieses Prüfschritts noch nicht festgestellt wurde. Denn die Feststellung der genannten Legitimität setzt die Feststellung der Schutzbedürftigkeit des angegebenen Schutzguts voraus, die gerade fraglich ist und in diesem Schritt zu ermitteln ist.[308]

Nach Ansicht Chinas seien die Ausfuhrzölle auf Seltene Erden ein integraler Bestandteil ihrer umfassenden Maßnahmen zum Zweck der Verringerung der Umweltverschmutzung und des Schutzes der Gesundheit von Menschen, Tieren und Pflanzen in China.[309]

Hingegen stellte das Panel fest, dass allein die Behauptung Chinas für die Feststellung nicht ausreiche, dass die chinesischen Ausfuhrzölle zum Umwelt- und Gesundheitsschutz i. S. v. Art. XX (b) GATT konzipiert seien.[310] Dies sei auch der Fall, wenn das chinesische Ministerium erkläre, dass vorübergehende Exportzölle zur Förderung nachhaltiger Entwicklung und zum Beitrag zum Aufbau einer ressourcenschonenden und umweltfreundlichen Gesellschaft auf stark umweltschädliche, energieintensive und ressourcenabhängige Güter weiter erhoben werden sollten.[311] Denn China habe den Zusammenhang zwischen dem Umweltschutz und den Exportzöllen nicht hinreichend nachgewiesen.[312] Dieses Ergebnis gelte auch für Fälle, in denen die einschlägigen chine-

---

[305] WTO, Panel-Bericht v. 26. 3. 2014, WT/DS431/R u. a., „China – Rare Earths", Para. 7.31, 7.49.

[306] WTO, Panel-Bericht v. 26. 3. 2014, WT/DS431/R u. a., „China – Rare Earths", Para. 7.149–7.156.

[307] WTO, Panel-Bericht v. 26. 3. 2014, WT/DS431/R u. a., „China – Rare Earths", Para. 7.157–7.171.

[308] Teil 1 Kapitel 1 § 5 A. I. und § 5 A. II. 2. b).

[309] WTO, Panel-Bericht v. 26. 3. 2014, WT/DS431/R u. a., „China – Rare Earths", Para. 7.157–7.158.

[310] WTO, Panel-Bericht v. 26. 3. 2014, WT/DS431/R u. a., „China – Rare Earths", Para. 7.159, 7.161–7.165.

[311] WTO, Panel-Bericht v. 26. 3. 2014, WT/DS431/R u. a., „China – Rare Earths", Para. 7.159, 7.164–7.167.

[312] WTO, Panel-Bericht v. 26. 3. 2014, WT/DS431/R u. a., „China – Rare Earths", Para. 7.160, 7.165.

sischen Rechtsdokumente überhaupt kein Umwelt- und Gesundheitsschutzziel vorsähen.[313]

Ferner deuteten einige Beweise darauf hin, dass die fraglichen Ausfuhrzölle so konzipiert seien, dass sie die inländische Produktion nachgelagerter Waren mit hohem Mehrwert in China förderten, welche die fraglichen Rohstoffe verwendeten.[314] Erstens könnten die Exportzölle nach den vorgelegten Gutachten zu einer Preissteigerung auf dem ausländischen Markt und zu einer Preissenkung auf dem inländischen Markt führen; zugleich könnten die Exportzölle zu einer Steigerung der inländischen Nachfrage führen, die den preisbedingten Nachfragerückgang auf dem Auslandsmarkt ausgleiche.[315] Zweitens erkläre beispielsweise das chinesische Ministerium für Industrie und Informationstechnologie, dass die Ausfuhrzölle auf die Förderung des Exports von Produkten mit hohem Mehrwert und hohem Verarbeitungsgrad abzielten.[316] Drittens zeigten die vorgelegten Beweise, dass die nachgelagerten Waren, die aus Seltenerdmetallen, Wolfram und Molybdän hergestellt würden, von Anfang 2000 bis 2010 in China gestiegen seien.[317] Viertens gälten die Ausfuhrabgaben nur für Seltene Erden als Rohstoffe, nicht jedoch für die meisten nachgelagerten Produkte mit hohem Mehrwert, die aus Seltenerdmetallen, Molybdän oder Wolfram produziert würden.[318]

#### *d) Turkey – Pharmaceutical Products (EU)*

Am 2.8.2019 reichte die EU eine Klage gegen die Türkei bei der WTO ein und beantragte die Einsetzung eines Panels.[319] Die von der EU beanstandete türkische Maßnahme war vor allem das Lokalisierungserfordernis, wonach sich ausländische Hersteller zur Lokalisierung der Produktion bestimmter Arzneimittel in der Türkei verpflichten mussten, um diese Arzneimittel in das

---

[313] WTO, Panel-Bericht v. 26.3.2014, WT/DS431/R u.a., „China – Rare Earths", Para. 7.168.

[314] WTO, Panel-Bericht v. 26.3.2014, WT/DS431/R u.a., „China – Rare Earths", Para. 7.169.

[315] WTO, Panel-Bericht v. 26.3.2014, WT/DS431/R u.a., „China – Rare Earths", Para. 7.169.

[316] WTO, Panel-Bericht v. 26.3.2014, WT/DS431/R u.a., „China – Rare Earths", Para. 7.169.

[317] WTO, Panel-Bericht v. 26.3.2014, WT/DS431/R u.a., „China – Rare Earths", Para. 7.169.

[318] WTO, Panel-Bericht v. 26.3.2014, WT/DS431/R u.a., „China – Rare Earths", Para. 7.169.

[319] WTO, Panel-Bericht v. 11.11.2021, unverbreitet und beigefügt zur Mitteilung v. 28.4.2022 über die Berufung der Türkei gemäß Art. 25 DSU, WT/DS583/12, „Turkey – Pharmaceutical Products (EU)", Para. 1.3.

türkische Sozialversicherungssystem aufnehmen und damit rückerstatten lassen zu können.[320] Nach Auffassung der EU verletze dieses Erfordernis u.a. Art. III:4 GATT.[321] Außerdem trug die EU vor, dass das Importverbot für die bereits lokalisierten Arzneimittel u.a. nicht mit Art. XI:1 GATT vereinbar sei.[322] Ferner stelle die türkische Priorisierungsmaßnahme, wonach inländischen Arzneimitteln bei der Überprüfung der Anträge auf Aufnahme in das türkische Sozialversicherungssystem ein Vorrang vor den gleichartigen importierten Arzneimitteln eingeräumt werde, nach Ansicht der EU eine Verletzung des Art. III:4 GATT dar.[323]

Das Panel bejahte eine Verletzung des Art. III:4 GATT durch das Lokalisierungserfordernis und eine Verletzung des Art. XI:1 GATT durch das Importverbot von lokalisierten Arzneimitteln.[324] Ebenfalls stellte das Panel eine Verletzung des Art. III:4 GATT durch die Priorisierungsmaßnahme fest.[325]

Zur Rechtfertigung des Lokalisierungserfordernisses zog die Türkei Art. XX (b) und (d) GATT heran.[326] Hinsichtlich des Importverbots führte die Türkei zur Verteidigung an, dass dieses zur Gewährleistung der Lokalisierungsmaßnahme ergriffen werde und damit gemäß Art. XX (d) GATT gerechtfertigt sei.[327] Die Türkei lehnte ferner eine Verletzung des Art. III:4 GATT

---

[320] WTO, Panel-Bericht v. 11.11.2021, unverbreitet und beigefügt zur Mitteilung v. 28.4.2022 über die Berufung der Türkei gemäß Art. 25 DSU, WT/DS583/12, „Turkey – Pharmaceutical Products (EU)", Para. 2.18–2.26.

[321] WTO, Panel-Bericht v. 11.11.2021, unverbreitet und beigefügt zur Mitteilung v. 28.4.2022 über die Berufung der Türkei gemäß Art. 25 DSU, WT/DS583/12, „Turkey – Pharmaceutical Products (EU)", Para. 3.2 a.

[322] WTO, Panel-Bericht v. 11.11.2021, unverbreitet und beigefügt zur Mitteilung v. 28.4.2022 über die Berufung der Türkei gemäß Art. 25 DSU, WT/DS583/12, „Turkey – Pharmaceutical Products (EU)", Para. 3.4.

[323] WTO, Panel-Bericht v. 11.11.2021, unverbreitet und beigefügt zur Mitteilung v. 28.4.2022 über die Berufung der Türkei gemäß Art. 25 DSU, WT/DS583/12, „Turkey – Pharmaceutical Products (EU)", Para. 3.6.

[324] WTO, Panel-Bericht v. 11.11.2021, unverbreitet und beigefügt zur Mitteilung v. 28.4.2022 über die Berufung der Türkei gemäß Art. 25 DSU, WT/DS583/12, „Turkey – Pharmaceutical Products (EU)", jeweils Para. 7.108–7.127 und 7.220–7.275.

[325] WTO, Panel-Bericht v. 11.11.2021, unverbreitet und beigefügt zur Mitteilung v. 28.4.2022 über die Berufung der Türkei gemäß Art. 25 DSU, WT/DS583/12, „Turkey – Pharmaceutical Products (EU)", jeweils Para. 7.276–7.334.

[326] WTO, Panel-Bericht v. 11.11.2021, unverbreitet und beigefügt zur Mitteilung v. 28.4.2022 über die Berufung der Türkei gemäß Art. 25 DSU, WT/DS583/12, „Turkey – Pharmaceutical Products (EU)", Para. 3.3 b ii, 7.129.

[327] WTO, Panel-Bericht v. 11.11.2021, unverbreitet und beigefügt zur Mitteilung v. 28.4.2022 über die Berufung der Türkei gemäß Art. 25 DSU, WT/DS583/12, „Turkey – Pharmaceutical Products (EU)", Para. 3.5 c. Da das Panel bereits die Rechtfertigung des Lokalisierungserfordernisses nach Art. XX (b) und (d) GATT abgelehnt hatte, übte es Rechtsökonomie über die Rechtswidrigkeit des türkischen Importverbots

durch die Priorisierungsmaßnahme ab und zog keinen Rechtfertigungsgrund für eine etwaige Verletzung dieser Vorschrift heran.[328]

Im Folgenden wird die Panel-Entscheidung zur Legitimitätseinschätzung der Türkei hinsichtlich des Schutzziels einschließlich des Schutzniveaus am Beispiel der Rechtfertigung des Lokalisierungserfordernisses unter Berufung auf Art. XX (b) GATT dargestellt.

Zur Rechtfertigung des Lokalisierungserfordernisses zog die Türkei Art. XX (b) GATT heran und führte aus, dass dieses Erfordernis zur Gewährleistung eines ununterbrochenen Zugangs zu sicheren, effektiven und bezahlbaren Arzneimitteln und damit zum Schutz der öffentlichen Gesundheit erforderlich sei.[329]

Nach der Ablehnung der Gefährdungslage des türkischen Sozialversicherungssystems[330] kam das Panel zur Prüfung der Frage, ob das angegebene Ziel, nämlich der Schutz eines sicheren, effektiven und bezahlbaren Zugangs zu Arzneimitteln in der Türkei, wirklich von dieser angestrebt wurde.[331] Wie in Teil 1 Kapitel 1 § 5 A. II. 2. b) der vorliegenden Arbeit geklärt, ist diese Prüfung auch ein Teil der Legitimitätsprüfung des konkret angegebenen Schutzziels, auch wenn das Panel sie nicht als eine solche bezeichnete.[332]

---

und dessen Rechtfertigung nach Art. XX (d) GATT. Hierzu siehe: Para. 7.272–7.275 a.a.O.

328 WTO, Panel-Bericht v. 11.11.2021, unverbreitet und beigefügt zur Mitteilung v. 28.4.2022 über die Berufung der Türkei gemäß Art. 25 DSU, WT/DS583/12, „Turkey – Pharmaceutical Products (EU)", Para. 3.7.

329 WTO, Panel-Bericht v. 11.11.2021, unverbreitet und beigefügt zur Mitteilung v. 28.4.2022 über die Berufung der Türkei gemäß Art. 25 DSU, WT/DS583/12, „Turkey – Pharmaceutical Products (EU)", Para. 3.3 b ii, 7.129.

330 WTO, Panel-Bericht v. 11.11.2021, unverbreitet und beigefügt zur Mitteilung v. 28.4.2022 über die Berufung der Türkei gemäß Art. 25 DSU, WT/DS583/12, „Turkey – Pharmaceutical Products (EU)", Para. 7.165–7.180.

331 WTO, Panel-Bericht v. 11.11.2021, unverbreitet und beigefügt zur Mitteilung v. 28.4.2022 über die Berufung der Türkei gemäß Art. 25 DSU, WT/DS583/12, „Turkey – Pharmaceutical Products (EU)", Para. 7.181–7.208.

332 Die Legitimität des angegebenen Schutzziels einschließlich des behaupteten Schutzniveaus ist aber abzulehnen, wenn die behauptete Gefährdungslage des Schutzguts bereits vom Panel abgelehnt wurde. Denn das behauptete Gefährdungsniveau überschneidet sich mit dem angegebenen Schutzziel einschließlich des behaupteten Schutzniveaus. Zur Überschneidung des behaupteten Gefährdungsniveaus mit dem behaupteten Schutzniveau siehe: Teil 2 Kapitel 5 § 3 A. II. 1. Durch die Ablehnung der Gefährdungslage wird nämlich zugleich die Schutzbedürftigkeit des einschlägigen Schutzguts abgelehnt. Ohne Schutzbedürftigkeit fehlt es an einem legitimen Handlungsbedarf für die Festlegung eines Schutzziels sowie für das Ergreifen einer Schutzmaßnahme zur Erreichung dieses Ziels. Somit ist die Prüfung des Panels hinsichtlich der Legitimität des konkret angegebenen Schutzziels als ein Hilfsgutachten anzusehen.

Zur Prüfung dieser Frage sollten alle vorgebrachten Nachweise, einschließlich der Texte relevanter Rechtsdokumente, der Gesetzgebungsgeschichte und weiterer Nachweise bezüglich der Konzeption, Struktur und Durchsetzung der ergriffenen Maßnahme, überprüft werden.[333]

Aus den folgenden Gründen lehnte das Panel ab, dass die türkische Lokalisierungsmaßnahme zum Schutz des von ihr angegebenen Gesundheitsschutzziels konzipiert wurde.

Erstens werde in den meisten Rechtsinstrumenten, die eine Lokalisierungsverpflichtung vorsahen, kein Ziel der öffentlichen Gesundheit genannt.[334]

Zweitens werde in manchen Rechtsdokumenten, die eine Lokalisierungsverpflichtung vorsähen, zwar ein Ziel vorgesehen; dieses Ziel werde jedoch auf generelle Weise formuliert und beziehe sich weder auf das Lokalisierungserfordernis noch auf das angegebene Ziel der Bekämpfung des Versorgungsengpasses bei Arzneimitteln in der Türkei.[335] Dieser Umstand deute darauf hin, dass das Lokalisierungserfordernis zur Förderung der Entwicklung inländischer pharmazeutischer Industrien konzipiert werde.[336]

Drittens stehe das Ziel des Lokalisierungserfordernisses, wie es in einigen Dokumenten zum Ausdruck kam, in keinem vernünftigen Zusammenhang mit dem angegebenen Ziel der Gewährleistung einer kontinuierlichen Versorgung mit sicheren, effektiven und bezahlbaren Arzneimitteln.[337]

So wurde in manchen Dokumenten das Ziel des Lokalisierungserfordernisses so formuliert, dass 60 % der Nachfrage nach Arzneimitteln durch inländische Produktion gedeckt werden sollten.[338] Das Panel erkannte zwar an, dass der Türkei das Recht zur Bestimmung eines Schutzziels für die Entwicklung ihres inländischen Arzneimittelsektors zustehe, damit der Zugang zu sicheren,

---

333 WTO, Panel-Bericht v. 11.11.2021, unverbreitet und beigefügt zur Mitteilung v. 28.4.2022 über die Berufung der Türkei gemäß Art. 25 DSU, WT/DS583/12, „Turkey – Pharmaceutical Products (EU)“, Para. 7.181.

334 WTO, Panel-Bericht v. 11.11.2021, unverbreitet und beigefügt zur Mitteilung v. 28.4.2022 über die Berufung der Türkei gemäß Art. 25 DSU, WT/DS583/12, „Turkey – Pharmaceutical Products (EU)“, Para. 7.184, 7.198.

335 WTO, Panel-Bericht v. 11.11.2021, unverbreitet und beigefügt zur Mitteilung v. 28.4.2022 über die Berufung der Türkei gemäß Art. 25 DSU, WT/DS583/12, „Turkey – Pharmaceutical Products (EU)“, Para. 7.184, 7.185–7.198.

336 WTO, Panel-Bericht v. 11.11.2021, unverbreitet und beigefügt zur Mitteilung v. 28.4.2022 über die Berufung der Türkei gemäß Art. 25 DSU, WT/DS583/12, „Turkey – Pharmaceutical Products (EU)“, Para. 7.191, 7.198.

337 WTO, Panel-Bericht v. 11.11.2021, unverbreitet und beigefügt zur Mitteilung v. 28.4.2022 über die Berufung der Türkei gemäß Art. 25 DSU, WT/DS583/12, „Turkey – Pharmaceutical Products (EU)“, Para. 7.201.

338 WTO, Panel-Bericht v. 11.11.2021, unverbreitet und beigefügt zur Mitteilung v. 28.4.2022 über die Berufung der Türkei gemäß Art. 25 DSU, WT/DS583/12, „Turkey – Pharmaceutical Products (EU)“, Para. 7.202.

effektiven und bezahlbaren Arzneimitteln gewährleistet werden könne.[339] Das Ziel des Lokalisierungserfordernisses, nämlich die Entwicklung des inländischen Arzneimittelsektors, könne jedoch nur dann als zur Verwirklichung des von der Türkei angegebenen Gesundheitsschutzziels konzipiert angesehen werden, wenn ein vernünftiger Zusammenhang zwischen den beiden Zielen vorliege.[340]

Nach Ansicht des Panels liege dieser vernünftige Zusammenhang jedoch nicht vor; denn die Türkei habe nicht dargestellt, warum der Anteil der inländischen Produktion zur Deckung der inländischen Nachfrage nach Arzneimitteln bei 60 % und nicht beispielsweise bei 40 % oder 100 % liege.[341] Außerdem beziehe sich der Anteil von 60 % auf den Anteil der inländisch produzierten Arzneimittel am Gesamtumsatz der inländischen Nachfrage nach Arzneimitteln, und nicht direkt auf den Anteil der inländisch produzierten Arzneimittel an der gesamten inländischen Nachfrage nach Arzneimitteln.[342] Dies deute eher auf ein Ziel zum Schutz der inländischen Arzneimittelindustrie hin.[343] Ferner sprächen die vorgesehenen Leistungsindikatoren in bestimmten Rechtsdokumenten gegen einen vernünftigen Zusammenhang zwischen dem Ziel des Lokalisierungserfordernisses und dem angegebenen Ziel der Bekämpfung des Versorgungsengpasses von Arzneimitteln in der Türkei.[344] Denn diese Indikatoren, wie „Anteil der Exporte an den Importen", „Anzahl der Unternehmen, die Medizinprodukte in der Türkei herstellen" und „Anzahl der Beschäftigten in der pharmazeutischen Industrie", seien rein wirtschaftlich und hätten wenig mit dem Gesundheitsschutzziel zu tun.[345]

---

339 WTO, Panel-Bericht v. 11. 11. 2021, unverbreitet und beigefügt zur Mitteilung v. 28. 4. 2022 über die Berufung der Türkei gemäß Art. 25 DSU, WT/DS583/12, „Turkey – Pharmaceutical Products (EU)", Para. 7.203.

340 WTO, Panel-Bericht v. 11. 11. 2021, unverbreitet und beigefügt zur Mitteilung v. 28. 4. 2022 über die Berufung der Türkei gemäß Art. 25 DSU, WT/DS583/12, „Turkey – Pharmaceutical Products (EU)", Para. 7.203.

341 WTO, Panel-Bericht v. 11. 11. 2021, unverbreitet und beigefügt zur Mitteilung v. 28. 4. 2022 über die Berufung der Türkei gemäß Art. 25 DSU, WT/DS583/12, „Turkey – Pharmaceutical Products (EU)", Para. 7.204 und 7.205.

342 WTO, Panel-Bericht v. 11. 11. 2021, unverbreitet und beigefügt zur Mitteilung v. 28. 4. 2022 über die Berufung der Türkei gemäß Art. 25 DSU, WT/DS583/12, „Turkey – Pharmaceutical Products (EU)", Para. 7.204 und 7.206.

343 WTO, Panel-Bericht v. 11. 11. 2021, unverbreitet und beigefügt zur Mitteilung v. 28. 4. 2022 über die Berufung der Türkei gemäß Art. 25 DSU, WT/DS583/12, „Turkey – Pharmaceutical Products (EU)", Para. 7.204 und 7.206.

344 WTO, Panel-Bericht v. 11. 11. 2021, unverbreitet und beigefügt zur Mitteilung v. 28. 4. 2022 über die Berufung der Türkei gemäß Art. 25 DSU, WT/DS583/12, „Turkey – Pharmaceutical Products (EU)", Para. 7.204 und 7.207.

345 WTO, Panel-Bericht v. 11. 11. 2021, unverbreitet und beigefügt zur Mitteilung v. 28. 4. 2022 über die Berufung der Türkei gemäß Art. 25 DSU, WT/DS583/12, „Turkey – Pharmaceutical Products (EU)", Para. 7.204 und 7.207.

Im Schiedsgerichtsverfahren gemäß Art. 25 DSU, das aufgrund des Stillstands des AB eingeleitet wurde, wandte sich die Türkei gegen die Feststellung des Panels, dass dieses die Lokalisierungsmaßnahme als nicht zum Schutz vor einem Versorgungsengpass bei Arzneimitteln konzipiert beurteile.[346] Denn das Panel habe nur die Rechtsdokumente bezüglich der Durchsetzung der Lokalisierungsmaßnahme berücksichtigt, jedoch die vorgebrachten Argumente und Nachweise hinsichtlich der Konzeption und Struktur dieser Maßnahme bewusst außer Acht gelassen.[347] Außerdem habe das Panel seine Entscheidung über den wirklichen Zweck[348] der Lokalisierungsmaßnahme getroffen, ohne eine umfassende Überprüfung der vorgenannten Rechtsdokumente vorzunehmen.[349]

Im Gegensatz zur Ansicht der Türkei unterstützte das Schiedsgericht die Feststellung des Panels und stellte fest, dass die vorgebrachten Argumente und Nachweise hinsichtlich der Konzeption und Struktur der Lokalisierungsmaßnahme schon ordnungsgemäß berücksichtigt würden und eine umfassende Überprüfung der vorgelegten Rechtsdokumente ebenfalls vom Panel vorgenommen werde.[350]

## B. Unklarheit und Begründungsdefizit bei der Beurteilung der Maßgeblichkeit der Einschätzung des regulierenden WTO-Mitglieds zur Gefährdungslage des Schutzguts und zur Legitimität des angegebenen Schutzziels in der Entscheidungspraxis zu Art. XX GATT

Die Entscheidungspraxis zu Art. XX GATT hinsichtlich der Beurteilung der Maßgeblichkeit der Einschätzung des regulierenden WTO-Mitglieds zur Gefährdungslage des Schutzguts und zur Legitimität des angegebenen Schutzziels einschließlich des behaupteten Schutzniveaus zeigt jeweils Unklarheit und Begründungsdefizite.

---

346 WTO, Schiedsspruch gemäß Art. 25 DSU v. 25.7.2022, WT/DS583/ARB25, „Turkey – Pharmaceutical Products (EU)", Para. 6.72.

347 WTO, Schiedsspruch gemäß Art. 25 DSU v. 25.7.2022, WT/DS583/ARB25, „Turkey – Pharmaceutical Products (EU)", Para. 6.72 und 6.130.

348 Diese Prüfung ist immer noch ein Teil der Legitimitätsprüfung des angegebenen Schutzziels, obwohl das Panel diese nicht als solche bezeichnet hatte. Zur Legitimitätsprüfung im Kontext des Art. XX GATT siehe: Teil 1 Kapitel 1 § 5 A. II. 2. b).

349 WTO, Schiedsspruch gemäß Art. 25 DSU v. 25.7.2022, WT/DS583/ARB25, „Turkey – Pharmaceutical Products (EU)", Para. 6.72 und 6.130.

350 WTO, Schiedsspruch gemäß Art. 25 DSU v. 25.7.2022, WT/DS583/ARB25, „Turkey – Pharmaceutical Products (EU)", Para. 6.132–6.141.

## I. Unklarheit und Begründungsdefizit bezüglich der Einschätzung des regulierenden WTO-Mitglieds zur Gefährdungslage des Schutzguts in der Entscheidungspraxis

Hinsichtlich der Beurteilung der Maßgeblichkeit der Einschätzung des regulierenden WTO-Mitglieds zur Gefährdungslage des Schutzguts hat sich keine einheitliche Entscheidungspraxis herausgebildet. In der Entscheidungspraxis wurde auch nicht hinreichend geklärt, nach welchem Maßstab die Gefährdungslage des Schutzguts zu beurteilen ist bzw. wessen Einschätzung inwieweit maßgeblich ist.

### 1. Unklarheit über die Maßgeblichkeit der Einschätzung des regulierenden Mitglieds zur Gefährdungslage des Schutzguts in der Entscheidungspraxis zu Art. XX GATT

In der Entscheidungspraxis wurde die Einschätzung des regulierenden WTO-Mitglieds zur Gefährdungslage des Schutzguts zwar nahezu einheitlich bejaht.[351] Zwei Ausnahmen bilden jedoch die Fälle Indonesia – Import Licensing Regimes[352] und, in jüngerer Zeit, Turkey – Pharmaceutical Products (EU).[353] Eine einheitliche zurückhaltende Entscheidungspraxis hat sich noch nicht herausgebildet. Es ist daher möglich, dass die WTO-Streitbeilegungsorgane oder das Schiedsgericht gemäß Art. 25 DSU künftig diesbezüglich weiter uneinheitlich entscheiden würden.

### 2. Begründungsdefizit für die Anerkennung der Einschätzung des regulierenden WTO-Mitglieds zur Gefährdungslage des Schutzguts

Die obige Darstellung der Entscheidungspraxis zum „grünen" Art. XX GATT bezüglich der empirischen und wissenschaftlichen Nachweise zur Begründung einer Gefährdungslage des Schutzguts zeigt zwar, dass von den GATT/WTO Schiedskörpern grundsätzlich niedrige Anforderungen an die Überprüfung der Einschätzung des regulierenden WTO-Mitglieds zur Gefährdungslage des Schutzguts gestellt werden.

---

[351] Teil 2 Kapitel 7 § 1 A. i.V.m. Kapitel 5 § 1 A. I.

[352] WTO, Panel-Bericht v. 22.12.2016, WT/DS477/R u.a., „Indonesia – Import Licensing Regimes", Para. 7.627–7.628 und 7.632.

[353] WTO, Panel-Bericht v. 11.11.2021, unverbreitet und beigefügt zur Mitteilung v. 28.4.2022 über die Berufung der Türkei gemäß Art. 25 DSU, WT/DS583/12, „Turkey – Pharmaceutical Products (EU)", Para. 7.165–7.180; WTO, Schiedsspruch gemäß Art. 25 DSU v. 25.7.2022, WT/DS583/ARB25, „Turkey – Pharmaceutical Products (EU)", Para. 6.104–6.111, 6.116–6.122.

Es bleibt jedoch unklar, nach welchem zuverlässigen Maßstab beurteilt werden soll, welcher Wahrscheinlichkeitsgrad[354] für die Feststellung der Gefährdungslage des Schutzguts ausreicht. Im Falle der Unbestimmtheit der empirischen bzw. wissenschaftlichen Nachweise wurde zudem die Frage nicht hinreichend geklärt, ob die Einschätzung des regulierenden WTO-Mitglieds oder die Einschätzung der WTO-Streitbeilegungsorgane zur Gefährdungslage des Schutzguts maßgeblich sein soll, und aus welchem Grund. Zu klären ist nämlich, wie weit der Einschätzungsspielraum des regulierenden WTO-Mitglieds bei der Festlegung der Gefährdungslage des Schutzguts, insbesondere bei empirischer bzw. wissenschaftlicher Unsicherheit, reicht,[355] und inwieweit die WTO-Streitbeilegungsorgane zur Überprüfung der genannten Einschätzung kompetent sind.[356]

Dementsprechend wurde nicht hinreichend geklärt, wann und warum die Gefährdungslage des Schutzguts nicht zu bejahen ist, wenn die empirische Gefährdung des Schutzguts als niedrig erscheint. Eine weitere Unklarheit liegt darin, ob und warum das regulierende WTO-Mitglied die Gefährdungslage ähnlicher Schutzgüter unterschiedlich beurteilen darf. Diese Unklarheiten werden in Teil 2 Kapitel 7 § 2 A. I.–§ 2 A. III. weiter konkretisiert.

### II. Unklarheit und Begründungsdefizit bei der Beurteilung der Maßgeblichkeit der Einschätzung des regulierenden WTO-Mitglieds zur Legitimität des angegebenen Schutzziels in der Entscheidungspraxis zu Art. XX GATT

Hinsichtlich der Beurteilung der Maßgeblichkeit der Einschätzung des regulierenden WTO-Mitglieds zur Legitimität des angegebenen Schutzziels einschließlich des behaupteten Schutzniveaus hat sich bislang keine einheitliche Entscheidungspraxis herausgebildet. In der Entscheidungspraxis wurde ferner nicht hinreichend klargestellt, nach welchem Kriterium die genannte Legitimitätseinschätzung beurteilt werden soll.

---

[354] Beispielsweise: WTO, Panel-Bericht v. 11.11.2021, unverbreitet und beigefügt zur Mitteilung v. 28.4.2022 über die Berufung der Türkei gemäß Art. 25 DSU, WT/DS583/12, „Turkey – Pharmaceutical Products (EU)“, Para. 7.166, 7.170–7.171; WTO, Schiedsspruch gemäß Art. 25 DSU v. 25.7.2022, WT/DS583/ARB25, „Turkey – Pharmaceutical Products (EU)“, Para. 6.110–6.111.

[355] Beispielsweise: WTO, Panel-Bericht v. 18.9.2000, WT/DS135/R, „EC – Asbestos“, Para. 8.188, 8.193.

[356] Beispielsweise: WTO, AB-Bericht v. 12.3.2001, WT/DS135/AB/R, „EC – Asbestos“, Para. 161–162.

### 1. Unklarheit über die Maßgeblichkeit der Einschätzung des regulierenden WTO-Mitglieds zur Legitimität des angegebenen Schutzziels und des behaupteten Schutzniveaus in der Entscheidungspraxis zu Art. XX GATT

Eine einheitliche Entscheidungspraxis hinsichtlich der Beurteilung der Maßgeblichkeit der Einschätzung des regulierenden WTO-Mitglieds zur Legitimität des geltend gemachten Schutzziels und des Schutzniveaus hat sich bislang nicht herausgebildet. Diese Maßgeblichkeit wird ferner von den WTO-Streitbeilegungsorganen in den nachfolgenden Prüfschritten, implizit oder explizit, überprüft bzw. abgelehnt.

#### *a) Keine einheitliche Entscheidungspraxis bei der Legitimitätsprüfung*

In der Entscheidungspraxis der WTO-Streitbeilegungsorgane zu Art. XX GATT wurde die Maßgeblichkeit der Legitimitätseinschätzung des regulierenden WTO-Mitglieds hinsichtlich des Schutzziels und Schutzniveaus zwar nahezu einheitlich bejaht.[357] Dennoch wurde diese Maßgeblichkeit in US – Shrimp,[358] EC – Tariff Preferences,[359] China – Raw Materials,[360] China – Rare Earths,[361] Indonesia – Import Licensing[362] und Turkey – Pharmaceutical Products (EU),[363] abgelehnt. Eine einheitliche Entscheidungspraxis hat sich bislang nicht herausgebildet.

---

357 Teil 2 Kapitel 7 § 1 B. i. V. m. Kapitel 5 § 1 A. II.

358 WTO, Panel-Bericht v. 15. 5. 1988, WT/DS58/R, „US – Shrimp“, Para. 7.59.

359 WTO, Panel-Bericht v. 1. 12. 2003, WT/DS246/R, „EC – Tariff Preferences“, Para. 7.200–7.210.

360 WTO, Panel-Bericht v. 5. 7. 2011, WT/DS394/R u. a., „China – Raw Materials“, Para. 7.364–7.386.

361 WTO, Panel-Bericht v. 26. 3. 2014, WT/DS431/R u. a., „China – Rare Earths“, Para. 7.157–7.171.

362 WTO, Panel-Bericht v. 22. 12. 2016, WT/DS477/R u. a., „Indonesia – Import Licensing Regimes“, Para. 7.570 ff., 7.626 ff., 7.650 ff.

363 WTO, Panel-Bericht v. 11. 11. 2021, unverbreitet und beigefügt zur Mitteilung v. 28. 4. 2022 über die Berufung der Türkei gemäß Art. 25 DSU, WT/DS583/12, „Turkey – Pharmaceutical Products (EU)“, Para. 7.181–7.208; WTO, Schiedsspruch gemäß Art. 25 DSU v. 25. 7. 2022, WT/DS583/ARB25, „Turkey – Pharmaceutical Products (EU)“, Para. 6.132–6.141.

#### *b) Überprüfung bzw. Ablehnung der Legitimität des anerkannten Schutzziels und des behaupteten Schutzniveaus in den nachfolgenden Prüfschritten*

##### aa) Überprüfung der Wichtigkeit des angegebenen Schutzziels im Rahmen des *weighing and balancing*-Tests

Im Hinblick auf die Verhältnismäßigkeitsprüfung i. w. S. besteht die Besonderheit der Überprüfung der Wichtigkeit des Schutzziels im Rahmen des *weighing and balancing*-Tests darin, dass diese Prüfung nach der Formulierung des Prüfungsmaßstabs wie eine Angemessenheitsprüfung erscheint.[364] Demnach wird statt des Schutzziels die konkret getroffene Maßnahme betrachtet, wobei die Wichtigkeit des Schutzziels als ein Faktor berücksichtigt wird.

In der Entscheidungspraxis wird jedoch stattdessen eine Erforderlichkeitsprüfung durchgeführt[365] und die Überprüfung der Wichtigkeit des Ziels erfolgt oft vor dieser Rationalitätsprüfung, nämlich noch vor der Würdigung der konkret ergriffenen Maßnahme. Auch die ggf. implizite Abwägung bei einer negativ beurteilten „Rationalitätsprüfung", die im besonderen Kontext des Art. XX GATT den Umfang einer Rationalitätsprüfung überschreitet und somit eine Angemessenheitsprüfung darstellt,[366] hat nichts mit der Prüfung der Wichtigkeit des angegebenen Schutzziels zu tun. Denn auch bei einer etwaigen impliziten Abwägung wird die Wichtigkeit des angegebenen Schutzziels nicht unabhängig von der getroffenen Maßnahme, sondern auf deren Grundlage geprüft.

Die Überprüfung der Wichtigkeit des angegebenen Schutzziels wurde zwar in der Entscheidungspraxis zu Art. XX GATT, wie in EC – Asbestos,[367] Bra-

---

[364] Seit WTO, AB-Bericht v. 31.7.2000, WT/DS161/R u.a., „Korea – Beef", Para. 162 f.; WTO, AB-Bericht v. 22.5.2014, WT/DS400/AB/R u. a., „EC – Seal Products", Para. 5.261; WTO, AB-Bericht v. 3.12.2007, WT/DS332/AB/R, „Brazil – Retreaded Tyres", Para. 156; WTO, AB-Bericht v. 12.3.2001, WT/DS135/AB/R, „EC – Asbestos", Para. 172; WTO, AB-Bericht v. 7.4.2005, WT/DS285/AB/R, „US – Gambling", Para. 306; WTO, AB-Bericht v. 25.4.2005, WT/DS302/AB/R, „Dominican Republic – Cigarettes", Para. 70; WTO, Panel-Bericht v. 25.11.2013, WT/DS400/R u. a., „EC – Seal Products", Para. 7.630.

[365] *Delimatsis*, Determining the Necessity of Domestic Regulations in Services, EJIL 2008, 365, 389–390; *Du*, The Necessity Test in World Trade Law, CJIL 2016, 817, 835; *Fontanelli*, Necessity Killed the GATT, EJILS 2012/13, 35, 39, 46, 47, 48–49; *Kapterian*, A Critique of the WTO Jurisprudence on „Necessity", ICLQ 2010, 89, 105, 118; *Reid*, Trade and Environment in the EU and WTO, in: Krämer-Hoppe (Hrsg.), EYIEL 2020, 87, 113–114.

[366] Teil 3 Kapitel 9 § 3 B. und § 3 E. und Teil 4 Kapitel 13 § 3 B. und § 3 E.

[367] WTO, AB-Bericht v. 12.3.2001, WT/DS135/AB/R, „EC – Asbestos", Para. 172.

zil – Retreaded Tyres[368] und EC – Seal Products,[369] stets sehr zurückhaltend behandelt. So bejahte der AB in EC – Asbestos ohne Weiteres die Wichtigkeit der menschlichen Gesundheit und bezeichnete sie als ein Interesse von höchstem Rang.[370] Es kann zwar argumentiert werden, dass die Einschätzung des regulierenden WTO-Mitglieds zur Wichtigkeit des Schutzziels mangels eines konkreten Beurteilungskriteriums von den WTO-Streitbeilegungsorganen nicht in Frage gestellt oder verworfen wird.[371] Aus demselben Grund erscheint es jedoch auch möglich, dass die Wichtigkeit des angegebenen Schutzziels in künftigen Fällen abgelehnt wird. Denn es bleibt unklar, auf welcher Grundlage die WTO-Schiedskörper die bisherigen zurückhaltenden Entscheidungen getroffen haben.[372]

Diese Möglichkeit zeigt zugleich eine gewisse Skepsis gegenüber der Anerkennung der Einschätzung des regulierenden WTO-Mitglieds zur Legitimität des behaupteten Schutzniveaus. Denn das angegebene Schutzziel ist das auf den zu erreichenden Schutzwirkungen aufbauende Werturteil.[373] Dies gilt auch für das gewünschte Schutzniveau des regulierenden WTO-Mitglieds, weil das Schutzniveau der konkrete Grad ist, bis zu dem das Schutzziel erfüllt werden soll.[374]

#### bb) Überprüfung des behaupteten Schutzniveaus in den nachfolgenden Prüfschritten

Einerseits wird das anerkannte Schutzniveau des regulierenden WTO-Mitglieds implizit abgelehnt, wenn die „Rationalitätsprüfung" negativ ausfällt. Eine solche Prüfung ist eine Angemessenheitsprüfung, weil eine Abwägung in der Rationalitätsprüfung im besonderen Kontext des Art. XX GATT keinen

---

368 WTO, Panel-Bericht v. 12.6.2007, WT/DS332/R, „Brazil – Retreaded Tyres", Para. 7.104, 7.108–7.112.

369 WTO, AB-Bericht v. 22.5.2014, WT/DS400/AB/R u.a., „EC – Seal Products", Para. 5.261; WTO, Panel-Bericht v. 25.11.2013, WT/DS400/R u.a., „EC – Seal Products", Para. 7.630 ff. Ähnlich siehe auch: WTO, AB-Bericht v. 7.4.2005, WT/DS285/AB/R, „US – Gambling", Para. 306.

370 WTO, AB-Bericht v. 12.3.2001, WT/DS135/AB/R, „EC – Asbestos", Para. 172.

371 *McGrady*, Necessity Exceptions in WTO Law, JIEL 2008, 153, 163.

372 *Andersen*, Protection of Non-Trade Values in WTO Appellate Body Jurisprudence, JIEL 2015, 383, 397; *Howse/Turk*, A Case Study of the Canada – EC Asbestos Dispute, in: de Búrca/Scott (Hrsg.), The EU and the WTO, 2001, S. 325–327.

373 Vgl. *Hirschberg*, Der Grundsatz der Verhältnismäßigkeit, 1981, S. 44, 158 ff. und 163.

374 Vgl. WTO, AB-Bericht v. 12.3.2001, WT/DS135/AB/R, „EC – Asbestos", Para. 168; WTO, AB-Bericht v. 3.12.2007, WT/DS332/AB/R, „Brazil – Retreaded Tyres", Para. 140.

Raum findet.[375] Andererseits wird das anerkannte Schutzniveau bei der Angemessenheitsprüfung im Rahmen der Chapeau-Stufe abgelehnt.[376]

### 2. Begründungsdefizit für die Anerkennung der Einschätzung des regulierenden WTO-Mitglieds zur Legitimität des angegebenen Schutzziels einschließlich des behaupteten Schutzniveaus

Zwar war es seit EC – Asbestos grundsätzlich wenig umstritten, dass ein regulierendes WTO-Mitglied zur Festlegung des gewünschten Schutzniveaus befugt ist.[377] Die Bedenken hinsichtlich der Begründung der Maßgeblichkeit dieser Einschätzung in den bisherigen Verfahren sind jedoch nicht ausgeräumt. Denn in diesen Begründungen wird häufig die Ablehnung der genannten Maßgeblichkeit vorbehalten.

In Korea – Beef beispielsweise enthielt der Paragraf, auf den die WTO-Schiedskörper zur Begründung der Anerkennung des Einschätzungsspielraums des regulierenden WTO-Mitglieds bei der Festlegung des Schutzniveaus regelmäßig verweisen, einen Vorbehalt. Demnach solle das behauptete Schutzniveau des regulierenden WTO-Mitglieds für importierte und im Inland hergestellte Produkte gleich sein.[378] Auch in den Verfahren nach EC – Asbestos kamen Zweifel an der Maßgeblichkeit der Einschätzung des regulierenden WTO-Mitglieds zur Legitimität des behaupteten Schutzniveaus durch die WTO-Schiedskörper auf. So wurde in China – Rare Earths das Souveränitätsrecht eines Mitglieds der WTO zum Schutz von Naturressourcen zwar vom Panel anerkannt.[379] Dieses Recht sei nach Auffassung des Panels jedoch nicht uneingeschränkt.[380] In Turkey – Pharmaceutical Products (EU) wurde das Recht des regulierenden WTO-Mitglieds zur Festlegung des Schutzziels und

---

375 Teil 3 Kapitel 9 § 3 B. und § 3 E. sowie Teil 4 Kapitel 13 § 3 B. und § 3 E.

376 Teil 6 Kapitel 20 i.V.m. Teil 5 Kapitel 19 § 2 A. II. 1. a) aa), § 2 A. II. 1. b) aa), § 2 A. II. 2. a) aa), § 2 A. II. 2. b) aa), § 2 A. II. 3. a) aa), § 2 A. II. 3. b) aa), Teil 6 Kapitel 21 § 2 A.

377 Teil 2 Kapitel 7 § 1 B. i.V.m. Kapitel 5 § 1 A. II.

378 WTO, AB-Bericht v. 11.12.2000, WT/DS161/AB/R u.a., „Korea – Beef", Para. 176: „The panel (of US – 337) added, however, the caveat that ‚provided that such law and such level of enforcement are the same for imported and domestically-produced products'."

379 WTO, Panel-Bericht v. 26.3.2014, WT/DS431/R u.a., „China – Rare Earths", Para. 7.266 f., 7.459, 7.730.

380 WTO, Panel-Bericht v. 26.3.2014, WT/DS431/R u.a., „China – Rare Earths", Para. 7.268–7.270.

Schutzniveaus vom Panel ausdrücklich in Frage gestellt.[381] Wo genau sich die Grenze dieses Souveränitätsrechts befindet, wurde jedoch nicht weiter erläutert.

Es fehlt somit an einer hinreichenden Begründung für die Bejahung der Maßgeblichkeit der Einschätzung des regulierenden WTO-Mitglieds zur Legitimität des behaupteten Schutzniveaus. Vielmehr ergibt sich diese Prärogative aus der Anerkennung durch die WTO-Streitbeilegungsorgane. Gerade die Reichweite der Kompetenz der WTO-Streitbeilegungsorgane zur Entscheidung über diese politisch sensible Frage ist zweifelhaft, sodass die genannte Prärogative nicht auf diese Weise abschließend begründet werden kann.

Gleiche Unklarheit gilt für die Begründung der Ablehnung der Einschätzung des regulierenden WTO-Mitglieds zur Legitimität des angegebenen Schutzziels einschließlich des behaupteten Schutzniveaus durch die WTO-Streitbeilegungsorgane.

Diese Unbestimmtheit wird zur Erörterung der Rechtfertigung der richterlichen Behandlung der genannten Einschätzung des regulierenden WTO-Mitglieds in Teil 2 Kapitel 7 § 2 B. I. – § 2 B. II. ausführlich dargelegt. An dieser Stelle wird diese Unklarheit zusammenfassend präsentiert.

In der Entscheidungspraxis wird gegen die Legitimität des behaupteten Schutzniveaus teilweise von der klagenden Partei vor allem eingewandt, dass die gezielte empirische Schutzwirkung entweder übermäßig oder zu gering ist. Die Unbestimmtheit dieses Arguments liegt hauptsächlich darin, dass es unklar bleibt, wann und warum eine bestimmte „hohe“ oder „geringe“ gewünschte empirische Schutzwirkung als rechtswidrig angesehen werden soll bzw. warum die Einschätzung der klagenden Partei im Falle dieser Unbestimmtheit maßgeblich sein soll.[382]

Ein weiterer Einwand der klagenden Partei gegen die Legitimität des behaupteten Schutzniveaus des regulierenden WTO-Mitglieds in der Entscheidungspraxis ist das Konsistenzargument. Die Unbestimmtheit dieses Arguments liegt darin, wann und warum eine unterschiedliche Behandlung ähnlicher Schutzgüter für die Beurteilung der genannten Legitimität als rechtserheblich angesehen werden soll.[383]

---

381 WTO, Panel-Bericht v. 11. 11. 2021, unverbreitet und beigefügt zur Mitteilung v. 28. 4. 2022 über die Berufung der Türkei gemäß Art. 25 DSU, WT/DS583/12, „Turkey – Pharmaceutical Products (EU)“, Para. 7.203.

382 Teil 2 Kapitel 7 § 2 B. I. 1., § 2 B. II. 1.

383 Teil 2 Kapitel 7 § 2 B. I. 2., § 2 B. II. 2.

## § 2 Keine hinreichende Klärung der Maßgeblichkeit der Einschätzung des regulierenden WTO-Mitglieds zur Gefährdungslage des Schutzguts und zur Legitimität des angegebenen Schutzziels im Schrifttum

Die bisherige wissenschaftliche Diskussion im Schrifttum gab keine abschließende Antwort auf die Frage, wessen Einschätzung zur Gefährdungslage und zur Legitimität des angegebenen Schutzziels einschließlich des behaupteten Schutzniveaus maßgeblich sein soll.

### A. Keine hinreichende Klärung der Maßgeblichkeit der Einschätzung des regulierenden WTO-Mitglieds zur Gefährdungslage des Schutzguts im Schrifttum

Weder die allgemeine Diskussion über die Prüfungsintensität und die richterliche Zurückhaltung im WTO-Recht mit Bezug auf die Interpretation des Art. XX GATT noch die spezielle Diskussion über die richterliche Zurückhaltung bei der Interpretation des Art. XX GATT mit Bezug auf die Gefährdungslage des Schutzguts gab eine abschließende Antwort auf die Frage, wessen Einschätzung zur Gefährdungslage des Schutzguts maßgeblich sein soll.

In Teil 2 Kapitel 7 § 2 A. III. 1.[384] wird nämlich im Rahmen der Darstellung der allgemeinen Diskussion über die Prüfungsintensität und die richterliche Zurückhaltung im WTO-Recht mit Bezug auf die Interpretation des Art. XX GATT ausführlich erläutert, dass die Argumente, wie das Argument der besseren Expertise, das Souveränitätsargument und das Argument der institutionellen Rolle, keine abschließende Antwort bieten und Begründungsdefizite für die Anerkennung der Maßgeblichkeit der Einschätzung des regulierenden WTO-Mitglieds hinsichtlich der Tatsachenfeststellung und des darauf aufbauenden Rechtsurteils hinterlassen. Außerdem wird die Skepsis im Schrifttum nicht ausgeräumt, warum und inwieweit ein Panel und der AB in das Souveränitätsrecht und in die politische Entscheidung des regulierenden WTO-Mitglieds eingreifen dürfen, also warum und wann die Einschätzung der WTO-Streitbeilegungsorgane maßgeblich sein soll. Dieses Ergebnis gilt auch für die Frage der Maßgeblichkeit der Einschätzung zur Gefährdungslage des Schutzguts.[385]

---

[384] I. V. m. Teil 1 Kapitel 1 § 3.

[385] Teil 1 Kapitel 1 § 3 A. III. – § 3 A. IV.

Ein ähnliches Ergebnis ergibt sich aus der speziellen Diskussion über die richterliche Zurückhaltung bei der Interpretation des Art. XX GATT mit Bezug auf die Gefährdungslage des Schutzguts.[386]

Teil 2 Kapitel 7 der vorliegenden Arbeit wird als Kapitel u.a. für die Behandlung der Frage konzipiert, ob die WTO-Streitbeilegungsorgane bei der Überprüfung der Einschätzung des regulierenden WTO-Mitglieds zur Gefährdungslage des Schutzguts anhand der Vermutungs- und Widerlegungsregel richterliche Zurückhaltung gewährt haben. Dabei ist die ausführliche Darstellung der beiden Diskussionen im Schrifttum auch notwendig, um die Unbestimmtheit des Abwägungsarguments zu klären, das von den Gegenparteien bzw. von den WTO-Streitbeilegungsorganen als Widerlegungsgrund angeführt wird. Hingegen wurde die Frage, ob die Einschätzung des regulierenden WTO-Mitglieds oder der WTO-Streitbeilegungsorgane zur Gefährdungslage des Schutzguts maßgeblich ist, in den beiden genannten Diskussionen im Schrifttum, wie soeben erwähnt, nicht abschließend geklärt.

Somit scheint es sinnvoll, die ausführliche Darstellung der beiden genannten Diskussionen im Schrifttum sowie die Stellungnahme dazu in Teil 2 Kapitel 7 § 2 A. III. 1. und § 2 A. III. 2. durchzuführen.

## B. Keine hinreichende Klärung der Maßgeblichkeit der Einschätzung des regulierenden WTO-Mitglieds zur Legitimität des angegebenen Schutzziels im Schrifttum

Weder die allgemeine Diskussion über die Prüfungsintensität und die richterliche Zurückhaltung im WTO-Recht mit Bezug auf die Interpretation des Art. XX GATT noch die spezielle Diskussion über die richterliche Zurückhaltung bei der Interpretation des Art. XX GATT mit Bezug auf die Legitimität des angegebenen Schutzziels einschließlich des behaupteten Schutzniveaus gab eine abschließende Antwort auf die Frage, wessen Einschätzung zur Legitimität des angegebenen Schutzziels einschließlich des behaupteten Schutzniveaus maßgeblich sein soll.

In Teil 2 Kapitel 7 § 2 A. III. 1.[387] wird im Rahmen der Darstellung der allgemeinen Diskussion über die Prüfungsintensität und die richterliche Zurückhaltung im WTO-Recht mit Bezug auf die Interpretation des Art. XX GATT ausführlich erläutert, dass die Argumente, wie das Argument der besseren Expertise, das Souveränitätsargument und das Argument der institutionellen Rolle, keine abschließende Antwort bieten und Begründungsdefizite für die Anerkennung der Maßgeblichkeit der Einschätzung des regulierenden WTO-

386 Teil 2 Kapitel 7 § 2 A. III. 2. i.V.m. Teil 1 Kapitel 1 § 4 B. I.

387 I.V.m. Teil 1 Kapitel 1 § 3.

Mitglieds hinsichtlich der Tatsachenfeststellung und des darauf aufbauenden Rechtsurteils hinterlassen. Außerdem wird die Skepsis im Schrifttum nicht ausgeräumt, warum und inwieweit ein Panel und der AB in das Souveränitätsrecht und in die politische Entscheidung des regulierenden WTO-Mitglieds eingreifen dürfen, nämlich warum und wann die Einschätzung der WTO-Streitbeilegungsorgane maßgeblich sein soll. Dieses Ergebnis gilt auch für die Frage der Maßgeblichkeit der Legitimitätseinschätzung hinsichtlich des angegebenen Schutzziels und des behaupteten Schutzniveaus.[388]

Ein ähnliches Ergebnis ergibt sich aus der speziellen Diskussion über die richterliche Zurückhaltung bei der Interpretation des Art. XX GATT mit Bezug auf die Legitimität des angegebenen Schutzziels einschließlich des behaupteten Schutzniveaus.[389]

Teil 2 Kapitel 7 der vorliegenden Arbeit wird als Kapitel u.a. für die Behandlung der Frage konzipiert, ob die WTO-Streitbeilegungsorgane bei der Überprüfung der Einschätzung des regulierenden WTO-Mitglieds zur Legitimität des angegebenen Schutzziels und des behaupteten Schutzniveaus anhand der Vermutungs- und Widerlegungsregel richterliche Zurückhaltung gewährt haben. Dabei ist die ausführliche Darstellung der beiden Diskussionen im Schrifttum auch notwendig, um die Unbestimmtheit des Abwägungsarguments zu klären, das von den Gegenparteien bzw. von den WTO-Streitbeilegungsorganen als Widerlegungsgrund angeführt wird. Hingegen wurde die Frage, ob die Einschätzung des regulierenden WTO-Mitglieds oder der WTO-Streitbeilegungsorgane zur Legitimität des angegebenen Schutzziels und des behaupteten Schutzniveaus maßgeblich ist, in den beiden genannten Diskussionen im Schrifttum, wie soeben erwähnt, nicht abschließend geklärt.

Somit scheint es sinnvoll, die ausführliche Darstellung der beiden genannten Diskussionen im Schrifttum sowie die Stellungnahme dazu in Teil 2 Kapitel 7 § 2 B. III. 1. und § 2 B. III. 2. durchzuführen.

## § 3 Dogmatische Klarstellung: Maßgeblichkeit der Einschätzung des regulierenden WTO-Mitglieds zur Gefährdungslage des Schutzguts und zur Legitimität des angegebenen Schutzziels jeweils als eine widerlegbare Vermutung

Im vorliegenden Teil wird dargelegt, dass die Maßgeblichkeit der Einschätzung des regulierenden WTO-Mitglieds zur Gefährdungslage des Schutzguts und zur Legitimität des angegebenen Schutzziels einschließlich des behaupte-

---

388 Teil 1 Kapitel 1 § 3 A. III. – § 3 A. IV.

389 Teil 2 Kapitel 7 § 2 B. III. 2. i.V.m. Teil 1 Kapitel 1 § 4 B. II.

ten Schutzniveaus jeweils eine widerlegbare Vermutung darstellt. Dies ergibt sich aus dem dogmatischen Charakter der Verhältnismäßigkeitsprüfung i. w. S. in Verbindung mit den Vertragsbestimmungen des Art. XX GATT.

## A. Dogmatische Klarstellung: Maßgeblichkeit der Einschätzung des regulierenden WTO-Mitglieds zur Gefährdungslage des Schutzguts als eine widerlegbare Vermutung

Bei der Gefährdungslage des Schutzguts ist zwischen der objektiven Gefährdung des Schutzguts und dem darauf aufbauenden behaupteten Gefährdungsniveau, nämlich dem Schutzbedürftigkeitsurteil, zu unterschieden. Die objektive Gefährdung des Schutzguts ist für die Beurteilung der Gefährdungslage nicht entscheidend. Hingegen ist die auf der empirischen Gefährdungslage des Schutzguts aufbauende wertende Beurteilung für die vorgenannte Frage entscheidend.

Die Einschätzung des regulierenden WTO-Mitglieds zur Legitimität des angegebenen Schutzziels einschließlich des behaupteten Schutzniveaus stellt eine erste Vermutung dar. Dies ergibt sich aus dem dogmatischen Charakter der Verhältnismäßigkeitsprüfung i. w. S. in Verbindung mit den Vertragsbestimmungen des Art. XX GATT.[390] Aufgrund der Überschneidung zwischen dem behaupteten Gefährdungsniveau und dem behaupteten Schutzniveau[391] gilt diese Vermutungs- und Widerlegungsregel auch für das behauptete Gefährdungsniveau des Schutzguts.

### I. Justiziabilität der empirischen Gefährdungslage des Schutzguts: Justiziabilität und fehlende Entscheidungsrelevanz für die Beurteilung einer Gefährdungslage des Schutzguts

Im vorliegenden Teil wird dargestellt, dass die objektive Gefährdung des Schutzgut zwar wichtig und justiziabel, im Kontext des Art. XX GATT jedoch für die Beurteilung der Gefährdungslage des Schutzguts nicht entscheidend ist.

#### 1. Objekte Gefährdung des Schutzguts als empirische Grundlage der Gefährdungslage des Schutzguts

Das Gefährdungsniveau ist ein Werturteil aufbauend auf der empirischen Gefährdung des Schutzguts und setzt das Vorhandensein einer empirischen Gefährdung des Schutzguts voraus.[392] Eine Umweltschutzmaßnahme muss

---

[390] Ausführlich hierzu siehe: Teil 2 Kapitel 5 § 3 B.

[391] Teil 2 Kapitel 5 § 3 A. II. 1.

[392] Denn der Zweck ist die für wertvoll erachtete empirische Wirkung. Hierzu vgl. *Hirschberg*, Der Grundsatz der Verhältnismäßigkeit, 1981, S. 44 und 163. Zur Schnitt-

nämlich auf einer objektiven Gefährdung des Schutzguts beruhen, auch wenn Art. XX GATT eine solche Gefährdung nicht ausdrücklich vorsieht.[393] Die objektive Gefährdung legt das Fundament für das Vorliegen einer Gefährdungslage des Schutzguts. Sonst ist eine solche Lage gegenstandlos.

### 2. Justiziabilität der Einschätzung des regulierenden WTO-Mitglieds zur empirischen Gefährdung des Schutzguts

Die Festlegung der objektiven Gefährdung des Schutzguts ist eine Tatsachenfeststellung. Aufgrund wissenschaftlicher bzw. empirischer Unsicherheit sind Fehler unvermeidbar. Wissenschaftliche Unbestimmtheit kann sich nämlich in der Regel aus fünf Merkmalen der wissenschaftlichen Methode ergeben: den gewählten Variablen, den durchgeführten Messungen, den gezogenen Stichproben, den verwendeten Modellen und dem angewendeten Kausalzusammenhang.[394] Eine solche Unsicherheit kann sich ferner aus einer Kontroverse über vorhandene Daten oder dem Fehlen einiger relevanter Daten ergeben und sich auf qualitative oder quantitative Elemente der Analyse beziehen.[395] Insbesondere sind Kalkulationsfehler schwer zu vermeiden.

Diese Fehler dürfen selbstverständlich, zumindest wenn sie offensichtlich sind, durch ein Panel korrigiert werden und sind daher überprüfbar.

### 3. Fehlende Entscheidungsrelevanz der Feststellung der empirischen Gefährdung des Schutzguts für die Feststellung der Gefährdungslage des Schutzguts

Aus den folgenden Gründen ist die objektive Gefährdung des Schutzguts zwar erforderlich,[396] aber für die Beurteilung der Gefährdungslage des Schutzguts im Einzelfall nicht entscheidend. Entscheidend ist die auf der objektiven

---

menge des behaupteten Gefährdungsniveaus mit dem Schutzniveau vgl. Teil 2 Kapitel 5 § 3 A. II. 1. der vorliegenden Arbeit; zur Feststellung des AB, dass das Schutzniveau der konkrete Grad sei, bis zu dem das Schutzziel erfüllt werden solle, vgl. WTO, AB-Bericht v. 12.3.2001, WT/DS135/AB/R, „EC – Asbestos“, Para. 168; WTO, AB-Bericht v. 3.12.2007, WT/DS332/AB/R, „Brazil – Retreaded Tyres“, Para. 140.

[393] *Cheyne*, Gateways to the Precautionary Principle in WTO Law, JEL 2007, 155, 163; *Esty*, Greening the GATT, 1994, S. 118.

[394] *Segger/Gehring*, The WTO and Precaution, JEL 2003, 289, 294; *Walker*, The Myth of Science as a „Neutral Arbiter“ for Triggering Precautions, BCICLR 2003, 197, 204; *Cheyne*, Risk and Precaution in World Trade Organization Law, JWT 2006, 837, 840.

[395] *Segger/Gehring*, The WTO and Precaution, JEL 2003, 289, 294.

[396] *Esty*, Greening the GATT, 1994, S. 118; *Cheyne*, Gateways to the Precautionary Principle in WTO Law, JEL 2007, 155, 163.

Gefährdung aufbauende moralische/praktische Überlegung, also das Werturteil.[397] Selbst wenn die objektive Gefährdung des Schutzguts von einem Panel bejaht worden ist, bleibt es dennoch möglich, das einschlägige Schutzgut als nicht schutzbedürftig zu beurteilen. Ein Panel kann in diesem Fall das vom regulierenden WTO-Mitglied behauptete Gefährdungsniveau, das ein Schutzbedürftigkeitsurteil darstellt, noch ablehnen.

### *a) „Leerlaufen" der Forderung nach einer objektiven Gefährdung des Schutzguts im Einzelfall*

Erstens läuft die Forderung nach einer objektiven Gefährdung des Schutzguts im Einzelfall eher ins Leere, obwohl eine solche die empirische Voraussetzung für die Bejahung der Gefährdungslage des Schutzguts ist.

Die objektive Gefährdung des Schutzguts muss zwar unbedingt vorliegen. Das Fehlen einer solchen Gefährdung kommt in der Entscheidungspraxis jedoch selten vor, da zur Begründung einer solchen in der Regel wissenschaftliche Nachweise durch das regulierende WTO-Mitglied herangezogen werden. Ist dies nicht der Fall, kann eine Behauptung der empirischen Gefährdung des betreffenden Schutzguts durch das regulierende WTO-Mitglied dennoch ausreichen. Bei der Prüfung im Einzelfall kann es aus rein empirischer Hinsicht nicht ausgeschlossen werden, dass eine solche Gefährdung aufgrund empirischer Möglichkeit/Unsicherheit vorliegt. Eine objektive Gefährdung des Schutzguts liegt also im Einzelfall immer vor.

Diese Feststellung ist in der Entscheidungspraxis, beispielsweise zu Art. XX (a) GATT, nicht mehr fremd. In EC – Seal Products reiche nach Ansicht des AB die bloße Behauptung der EU als verteidigende Partei aus, dass der grenzüberschreitende Handel mit Robbenprodukten die öffentliche Moral in Bezug auf das Wohlergehen von Robben gefährde.[398] Zwar geht es dabei um moralische Angelegenheiten. Die Gefährdung der öffentlichen Moral enthält jedoch ebenfalls sowohl empirische als auch wertende Aspekte.

Von dieser Feststellung scharf zu unterscheiden sind die scheinbar ähnlichen Feststellungen in der Entscheidungspraxis und im Schrifttum. Zum Beispiel stellte das Panel von Turkey – Pharmaceutical Products (EU) fest, dass die verteidigende Partei zumindest nachweisen müsse, dass die Gefährdung eines Versorgungsengpasses in ihrem Sozialversicherungssystem nicht ledig-

---

[397] *Esty*, Greening the GATT, 1994, S. 119.

[398] WTO, AB-Bericht v. 22. 5. 2014, WT/DS400/AB/R u. a., „EC – Seal Products", Para. 5.197 ff.

lich eine hypothetische Möglichkeit sei.[399] Ähnlich wird im Schrifttum vertreten, dass eine bloße Behauptung, dass eine Gefährdungslage des Schutzguts bestehen könnte, jedenfalls nicht ausreicht, da andernfalls ein Missbrauch des Art. XX GATT vorliegen würde.[400] Denn es handelt sich bei diesen Feststellungen eigentlich nicht mehr um die reine empirische Gefährdung des einschlägigen Schutzguts als Tatsachenfeststellung, sondern um das darauf aufbauende Gefährdungsniveau als ein Schutzbedürftigkeitsurteil.

Es kann zwar noch die Frage gestellt werden, wann eine solche empirische Gefährdung ausreicht, um die Gefährdungslage des Schutzguts zu bejahen. Bei dieser Frage handelt es sich wiederum nicht mehr um die reine empirische Gefährdung des einschlägigen Schutzguts, sondern um das darauf aufbauende Gefährdungsniveau als ein Schutzbedürftigkeitsurteil.

#### *b) Keine prüfungsrelevante normative Bewertung zum Zeitpunkt der Korrektur der Tatsachenfeststellung*

Ein weiterer Grund für die fehlende Entscheidungsrelevanz der empirischen Gefährdung des Schutzguts für die Beurteilung der Gefährdungslage des Schutzguts liegt darin, dass die *prüfungsrelevante normative Bewertung* zum Zeitpunkt der Ablehnung der vom regulierenden WTO-Mitglied vorgenommenen Tatsachenfeststellung über die objektive Gefährdung des Schutzguts noch nicht von einem Panel getroffen worden ist.

Wenn allein die vorgenannte Tatsachenfeststellung von einem Panel abgelehnt wird, ist das Schutzbedürftigkeitsurteil über das Schutzgut noch nicht vorgenommen worden. Eine solche Entscheidung liegt erst dann vor, wenn sie auf der Grundlage der vorgenannten empirischen Gefährdung des Schutzguts tatsächlich von einem Panel getroffen worden ist. Davor ist das vom regulierenden WTO-Mitglied behauptete Gefährdungsniveau noch nicht von einem WTO-Schiedskörper korrigiert worden. Der Umstand, dass ein Panel das Schutzbedürftigkeitsurteil häufig implizit zusammen mit der Feststellung der empirischen Gefährdung des Schutzguts trifft, also ohne es ausdrücklich in einer eigenständigen Formulierung zu benennen, erschwert die Identifizierung des oben genannten Entscheidungsvorgangs eines Panels.

Außerdem zählt das subjektive Urteil aufgrund wissenschaftlicher bzw. empirischer Unsicherheit im Rahmen der Tatsachenfeststellung durch ein Pa-

---

[399] WTO, Panel-Bericht v. 11.11.2021, unverbreitet und beigefügt zur Mitteilung v. 28.4.2022 über die Berufung der Türkei gemäß Art. 25 DSU, WT/DS583/12, „Turkey – Pharmaceutical Products (EU)", Para. 7.166.

[400] Vgl. *Epiney*, Welthandel und Umwelt, DVBl. 2000, 77, 84–85; *Thiedemann*, WTO und Umwelt, 2005, S. 119; *Scott*, Trade and Environment in the EU and WTO, in: Weiler (Hrsg.), The EU, the WTO, and the NAFTA, Band IX/1, 2001, S. 161.

nel nicht zu den prüfungsrelevanten Werturteilen im Kontext des Art. XX GATT. Aufgrund wissenschaftlicher/empirischer Unsicherheit enthält die Tatsachenfeststellung unvermeidlich sowohl objektive als auch subjektive Einschätzungen.[401] Zum Beispiel führt die Wahl von Analysemethoden zu unterschiedlichen Genauigkeiten der Feststellung der objektiven Gefährdungssituation des Schutzguts. In diesem Sinne liegt ein subjektives Urteil vor, wenn beispielsweise die Methode A statt der Methode B zur Festlegung der empirischen Gefährdung des Schutzguts gewählt wird. Dieses Werturteil ist jedoch nicht das prüfungsrelevante Werturteil. Das im Kontext des Art. XX GATT relevante Werturteil ist eine Abwägungsentscheidung zwischen der Handelsfreiheit und dem jeweiligen Schutzgut in den Absätzen, nicht jedoch eine Entscheidung über den besten Weg allein zur Feststellung der empirischen Genauigkeit der Gefährdung des Schutzguts. Die ggf. subjektive Einschätzung durch ein Panel bei der Analyse der empirischen Gefährdung des Schutzguts gehört somit immer noch zur Tatsachenfeststellung, jedoch nicht zum prüfungsrelevanten Werturteil im Kontext des Art. XX GATT.

#### *c) Kein zwingendes entsprechendes Werturteil bei Vorliegen bestimmter Tatsachenfeststellung gemäß Art. XX GATT*

Art. XX GATT enthält keine Vorgaben zur objektiven Gefährdungslage des Schutzguts, d. h. zur Tatsachenfeststellung.

Die Forderung nach einer bestimmten objektiven Gefährdungslage des Schutzguts ergibt sich indirekt aus dem Wortlaut *to protect* in Art. XX GATT, weil andernfalls die Schutzbedürftigkeit des Schutzguts nicht gegeben ist.[402] Eine konkrete Schwelle der objektiven Gefährdung, bei deren Erreichung die Schutzbedürftigkeit des einschlägigen Schutzguts und die Subsumtion unter Art. XX GATT erst bejaht werden dürfen, ist hingegen in diesem Artikel nicht vorgesehen.

Daher ist nicht die Tatsachenfeststellung über die objektive Gefährdung des Schutzguts, sondern die Frage, wann eine objektive Gefährdung die Schutzbedürftigkeit begründet, entscheidend.[403] Ein Panel kann nämlich die Schutzbedürftigkeit des Schutzguts auch dann bejahen, selbst wenn die Tatsachenfeststellung des regulierenden WTO-Mitglieds von demselben Panel aufgrund

---

[401] *Segger/Gehring*, The WTO and Precaution, JEL 2003, 289, 294; *Walker*, The Myth of Science as a „Neutral Arbiter“ for Triggering Precautions, BCICLR 2003, 197, 204; *Cheyne*, Risk and Precaution in World Trade Organization Law, JWT 2006, 837, 838, 840.

[402] WTO, Panel-Bericht v. 18.9.2000, WT/DS135/R, „EC – Asbestos“, Para. 8.170 und 8.184.

[403] Vgl. *Goh*, Science and Sovereignty, JWIP 2003, 441, 464–466.

wissenschaftlicher oder empirischer Fehler als mangelhaft beurteilt worden ist.

## II. Justiziabilität des behaupteten Gefährdungsniveaus: Justiziabilität und Entscheidungsrelevanz für die Beurteilung der Gefährdungslage des Schutzguts

Wie bereits oben ausgeführt, ist die objektive Gefährdung des Schutzguts für die Beurteilung der Gefährdungslage des Schutzguts nicht entscheidend. Hingegen ist die wertende Beurteilung auf der Grundlage der empirischen Gefährdung des Schutzguts für die genannte Frage entscheidend. Eine ausdrückliche Beschränkung des Einschätzungsspielraums des regulierenden WTO-Mitglieds bei der Festlegung des Gefährdungsniveaus ist in Art. XX GATT nicht vorgesehen.[404]

Aus diesem Grund soll vielmehr gefragt werden, ob die Einschätzung des regulierenden WTO-Mitglieds zum behaupteten Gefährdungsniveau überhaupt justiziabel ist. Im Folgenden wird aus der Perspektive der Überschneidung des behaupteten Gefährdungsniveaus mit dem behaupteten Schutzniveau begründet, dass das behauptete Gefährdungsniveau im Kontext des Art. XX GATT justiziabel ist.

### 1. Überschneidung des behaupteten Gefährdungsniveaus mit dem behaupteten Schutzniveau

Sowohl bei dem behaupteten Gefährdungsniveau als auch bei dem behaupteten Schutzniveau geht es um die Schutzbedürftigkeit des Schutzguts. Das behauptete Gefährdungsniveau beschreibt, wann das Schutzgut überhaupt als Schutzbedürftig anzusehen ist, während das behauptete Schutzniveau illustriert, inwieweit das Schutzgut schutzbedürftig ist.[405]

Die Schnittmenge der beiden Schutzniveaus besteht somit darin, dass das behauptete Gefährdungsniveau den Ausgangspunkt des behaupteten Schutzniveaus darstellt. Das Gefährdungsniveau löst nämlich die Schutzbedürftigkeit des Schutzguts aus, und das behauptete Schutzniveau konkretisiert diese Schutzbedürftigkeit, also bis zu welchem Grad das Schutzgut geschützt werden soll. Ohne das behauptete Schutzniveau kann die Schutzbedürftigkeit des Schutzguts nicht im Konkreten festgestellt werden.

---

404 Teil 2 Kapitel 5 § 3 A. I. 3. c).

405 Vgl. WTO, AB-Bericht v. 6.10.2008, WT/DS320/AB/R, „EC – Hormones II“, Para. 534; *Goh*, Science and Sovereignty, JWIP 2003, 441, 464.

#### 2. Justiziabilität des behaupteten Gefährdungsniveaus als Schutzbedürftigkeitsurteil

In Teil 2 Kapitel 5 § 3 B. II. wird ausführlich dargestellt, dass das angegebene Schutzziel einschließlich des behaupteten Schutzniveaus einer Umweltschutzmaßnahme durch das regulierende WTO-Mitglied gemäß Art. XX GATT justiziabel ist. Dieses Ergebnis gilt aufgrund der soeben dargestellten Überschneidung des behaupteten Gefährdungsniveaus mit dem behaupteten Schutzniveau auch für das behauptete Gefährdungsniveau. Somit ist das behauptete Gefährdungsniveau – als Schutzbedürftigkeitsurteil über das einschlägige Schutzgut – justiziabel.

### III. Die klare Regel: Maßgeblichkeit der Einschätzung des regulierenden WTO-Mitglieds zur Gefährdungslage des Schutzguts als widerlegbare Vermutung gemäß Art. XX GATT unter Berücksichtigung des dogmatischen Charakters der Verhältnismäßigkeitsprüfung i. w. S.

Bisher wurde dargestellt, dass die Gefährdungslage des Schutzguts justiziabel ist. Dabei ist nicht die empirische Gefährdung, sondern das darauf aufbauende Gefährdungsniveau des Schutzguts für die Überprüfung durch die WTO-Schiedskörper entscheidend.

In Teil 2 Kapitel 5 § 3 B. III. 2. wird ausführlich dargestellt, dass sich eine Vermutungs- und Widerlegungsregel aus dem Wortlaut des Art. XX GATT, wenn auch nicht ausdrücklich, für die Überprüfung des vom regulierenden WTO-Mitglied behaupteten Schutzniveaus ergibt. Aufgrund der soeben dargestellten Überschneidung des behaupteten Gefährdungsniveaus mit dem behaupteten Schutzniveau[406] gilt diese Vermutungs- und Widerlegungsregel auch für das vom regulierenden WTO-Mitglied behauptete Gefährdungsniveau des Schutzguts.

Diese Regel gilt auch für die Einschätzung des regulierenden WTO-Mitglieds zur empirischen Gefährdung des Schutzguts, weil ein bestimmtes Gefährdungsniveau ausschließlich auf einer einzigen empirischen Grundlage beruhen kann. Auf der Grundlage einer abweichenden empirischen Gefährdung des einschlägigen Schutzguts kann hingegen nur ein (zumindest inhaltlich) abweichendes Werturteil vorgenommen werden.

Diese Ergebnisse gelten grundsätzlich nur für Art. XX (a), (b), (d) und (g) GATT, in denen keine ausdrückliche Beschränkung des Einschätzungsspielraums des regulierenden WTO-Mitglieds bei der Festlegung des Gefähr-

---

[406] Teil 2 Kapitel 5 § 3 A. II. 1.

dungsniveaus vorgesehen ist.[407] Hingegen gelten die vorliegenden Ergebnisse beispielsweise nicht für Art. 51 VN-Charta,[408] in dem *an armed attack* als konstitutive Voraussetzung für die Bejahung der Legitimität des behaupteten Gefährdungsniveaus eines verteidigenden Staates vorgesehen ist.[409]

### IV. Zwischenergebnis

Die Gefährdungslage des Schutzguts umfasst sowohl empirische als auch wertende Aspekte. Die rein empirische Gefährdung des Schutzguts ist nicht entscheidend für die Beurteilung der Gefährdungslage des Schutzguts (Teil 2 Kapitel 5 § 3 A. I.). Das wertende Aspekt, nämlich das behauptete Gefährdungsniveau, ist erst entscheidend für die Beurteilung einer Gefährdungslage des Schutzguts (Teil 2 Kapitel 5 § 3 A. II.). Das behauptete Gefährdungsniveau überschneidet sich mit dem behaupteten Schutzniveau (Teil 2 Kapitel 5 § 3 A. II. 1.). Aus diesem Grund richtet sich die Maßgeblichkeit der Einschätzung des regulierenden WTO-Mitglieds zum Gefährdungsniveau und damit zur Gefährdungslage des Schutzguts nach der Maßgeblichkeit der Einschätzung des regulierenden WTO-Mitglieds zum Schutzniveau, die eine erste Vermutung darstellt (Teil 2 Kapitel 5 § 3 A. III.). Die letztgenannte Maßgeblichkeit ergibt sich aus den Vertragsbestimmungen des Art. XX GATT unter Berücksichtigung des dogmatischen Charakters der Verhältnismäßigkeitsprüfung i. w. S.[410]

## B. Dogmatische Klarstellung: Maßgeblichkeit der Einschätzung des regulierenden WTO-Mitglieds zur Legitimität des angegebenen Schutzziels einschließlich des behaupteten Schutzniveaus als widerlegbare Vermutung

Das Schutzziel einschließlich des Schutzniveaus der angegriffenen Maßnahme enthält sowohl empirische als auch subjektive Aspekte, nämlich die angestrebte empirische Schutzwirkung und das darauf aufbauende Legitimitätsurteil. Für die Festlegung des Schutzziels und des Schutzniveaus durch das regulierende WTO-Mitglied ist das wertende Legitimitätsurteil, nicht jedoch

---

[407] Teil 2 Kapitel 5 § 3 A. I. 3. c).

[408] Art. 51 VN-Charta sieht u. a. vor: „Nothing in the present Charter shall impair the inherent right of individual or collective self-defence if an armed attack occurs against a Member of the United Nations, until the Security Council has taken measures necessary to maintain international peace and security. [...]“.

[409] Zur Diskussion über die Verteidigungslage im Rahmen der Interpretation des Art. 51 VN-Charta im Schrifttum siehe: Teil 1 Kapitel 1 § 2 C. I. 2.

[410] Ausführlich hierzu siehe: Teil 2 Kapitel 5 § 3 B.

die empirischen Aspekte, entscheidend. Dies gilt auch für die richterliche Überprüfung der Einschätzung des regulierenden WTO-Mitglieds zur Legitimität des angegebenen Schutzziels einschließlich des behaupteten Schutzniveaus durch die WTO-Streitbeilegungsorgane.

Die Einschätzung des regulierenden WTO-Mitglieds zur Legitimität des angegebenen Schutzziels einschließlich des behaupteten Schutzniveaus stellt eine erste Vermutung dar. Dies ergibt sich aus den Vertragsbestimmungen des Art. XX GATT unter Berücksichtigung des dogmatischen Charakters der Verhältnismäßigkeitsprüfung i. w. S.

## I. Justiziabilität der angestrebten empirischen Schutzwirkung: Justiziabilität und fehlende Entscheidungsrelevanz für die Beurteilung der Legitimität des angegebenen Schutzziels einschließlich des behaupteten Schutzniveaus

Im vorliegenden Teil wird dargestellt, dass die vom regulierenden WTO-Mitglied angestrebte empirische Schutzwirkung auf das einschlägige Schutzgut zwar wichtig und justiziabel ist, im Kontext des Art. XX GATT jedoch für die Beurteilung der Legitimität des angegebenen Schutzziels einschließlich des behaupteten Schutzniveaus nicht entscheidend ist.

### 1. Angestrebte empirische Schutzwirkung als empirische Grundlage des Legitimitätsurteils über das angegebene Schutzziel und das behauptete Schutzniveau

Der Zweck ist das auf der zu erreichenden Schutzwirkung aufbauende wertende Urteil.[411] Dies gilt auch für das behauptete Schutzniveau des regulierenden WTO-Mitglieds, weil dieses der konkrete Grad ist, bis zu dem das Schutzziel erfüllt werden soll.[412] Daher enthalten das Schutzziel und das Schutzniveau der angegriffenen Maßnahme sowohl empirische als auch subjektive Aspekte, nämlich die Tatsachenfeststellung und das darauf aufbauende Rechtsurteil des regulierenden WTO-Mitglieds. Dabei bildet die angestrebte Schutzwirkung die empirische Grundlage für das darauf aufbauende Legitimitätsurteil über das angegebene Schutzziel einschließlich des behaupteten Schutzniveaus.

---

[411] Vgl. *Hirschberg*, Der Grundsatz der Verhältnismäßigkeit, 1981, S. 44, 158ff. und 163.

[412] Vgl. WTO, AB-Bericht v. 12.3.2001, WT/DS135/AB/R, „EC – Asbestos", Para. 168; WTO, AB-Bericht v. 3.12.2007, WT/DS332/AB/R, „Brazil – Retreaded Tyres", Para. 140.

### 2. Justiziabilität der Einschätzung des regulierenden WTO-Mitglieds zur angestrebten empirischen Schutzwirkung

In der Entscheidungspraxis zum „grünen“ Art. XX GATT wurden das Schutzziel und das Schutzniveau ausschließlich unabhängig von der ergriffenen Maßnahme durch das regulierenden WTO-Mitglied definiert. Dabei wurden sie eher in abstrakter Weise formuliert.[413]

Eine Alternative zur Definition des Schutzziels und des Schutzniveaus könnte darin bestehen, dass diese (genau) anhand des eingesetzten Mittels definiert werden.[414] In der Entscheidungspraxis prüft ein Panel oft die empirische Schutzwirkung der ergriffenen Maßnahme auf das einschlägige Schutzgut bei der Feststellung der Legitimität des angegebenen Schutzziels einschließlich des behaupteten Schutzniveaus.[415]

In beiden Fällen sind Tatsachenfeststellungen hinsichtlich der angestrebten empirischen Schutzwirkung auf das jeweilige Schutzgut unerlässlich. Aufgrund der empirischen und wissenschaftlichen Unsicherheit sind Fehler bei den genannten Tatsachenfeststellungen unvermeidlich. Diese Fehler dürfen aus rein empirischer Sicht selbstverständlich, insbesondere wenn sie offensichtlich sind, durch ein Panel korrigiert werden und sind daher justiziabel.

### 3. Fehlende Entscheidungsrelevanz der angestrebten empirischen Schutzwirkung für die Beurteilung der Legitimität des angegebenen Schutzziels einschließlich des behaupteten Schutzniveaus

Aus den folgenden Gründen ist die angestrebte empirische Schutzwirkung nicht entscheidend für die Beurteilung der Legitimität des angegebenen Schutzziels und des behaupteten Schutzniveaus. Die hier dargestellten Gründe weisen Ähnlichkeiten mit denen bezüglich der empirischen Gefährdung des Schutzguts auf.[416] Dies ist auf das Verhältnis zwischen Tatsachenfeststellung und Rechtsurteil zurückzuführen.[417] Hingegen hat dies nichts mit der Überschneidung des behaupteten Schutzniveaus mit dem behaupteten Gefährdungsniveau zu tun.[418]

---

[413] Teil 2 Kapitel 4 § 3 A.
[414] Teil 2 Kapitel 4 § 3 B.
[415] Teil 1 Kapitel 1 § 5 A. II. 2. b).
[416] Teil 2 Kapitel 5 § 3 A. I. 3.
[417] Teil 1 Kapitel 1 § 3 B.
[418] Teil 2 Kapitel 5 § 3 A. II. 1.

Zunächst ist die Prüfung des Vorliegens der angestrebten Schutzwirkung im Rahmen der Legitimitätsprüfung nicht nötig, weil es sich dabei lediglich um eine gewünschte Wirkung handelt.

Ferner ist die *prüfungsrelevante normative Bewertung*, nämlich das Legitimitätsurteil über das behauptete Schutzniveau, zu dem Zeitpunkt noch nicht von einem Panel getroffen worden, als dieses die vom regulierenden WTO-Mitglied vorgenommene Tatsachenfeststellung hinsichtlich der angestrebten Schutzwirkung ablehnt. Ob ein Panel auf der Grundlage dieser gewünschten empirischen Schutzwirkung ein positives oder negatives Werturteil fällt, bleibt offen. Aufgrund empirischer und wissenschaftlicher Unsicherheit kann die richterliche Überprüfung einer vom regulierenden WTO-Mitglied vorgenommenen Tatsachenfeststellung über die gewünschte Schutzwirkung nicht ohne ein subjektives Urteil auskommen. Ein solches subjektives Urteil gehört jedoch nicht zu den prüfungsrelevanten Werturteilen im Rahmen der Auslegung des Art. XX GATT. Das genannte prüfungsrelevante Werturteil ist eine Abwägungsentscheidung zwischen der Handelsfreiheit und dem jeweiligen Schutzgut in den Absätzen des Art. XX GATT. Hingegen handelt es sich dabei nicht um eine Entscheidung über den besten Weg allein zur Feststellung der empirischen Richtigkeit der angestrebten Schutzwirkung auf das jeweilige Schutzgut.

Außerdem sieht Art. XX GATT nicht vor, dass eine bestimmte „geringe" oder „hohe" empirische Schutzwirkung auf das jeweilige Schutzgut von einem WTO-Mitglied nicht als Schutzziel und Schutzniveau festgelegt werden darf. Denn in Art. XX GATT gibt es kein zwingendes entsprechendes Werturteil für eine bestimmte angestrebte empirische Wirkung.

Somit ist die vom regulierenden WTO-Mitglied angestrebte empirische Schutzwirkung zwar justiziabel. Sie ist aber nicht entscheidend für die Beurteilung der Legitimität des angegebenen Schutzziels und des behaupteten Schutzniveaus.

### II. Justiziabilität des behaupteten Schutzniveaus: Justiziabilität und Entscheidungsrelevanz für die Beurteilung der Legitimität des angegebenen Schutzziels und des behaupteten Schutzniveaus

Im Schrifttum[419] ist die Justiziabilität der Einschätzung des regulierenden WTO-Mitglieds zur Legitimität des angegebenen Schutzziels und des behaupteten Schutzniveaus nicht hinreichend geklärt. Es wird zwar teilweise vertre-

---

[419] Teil 2 Kapitel 7 § 2 B. i. V. m. Teil 2 Kapitel 7 § 2 B. III. 2. und Teil 1 Kapitel 1 § 4 B. II.

ten, dass die genannte Einschätzung grundsätzlich[420] bzw. in sehr begrenztem Umfang[421] justiziabel sei. Beruhend auf der zurückhaltenden Behandlung des angegebenen Schutzziels und des behaupteten Schutzniveaus in der Entscheidungspraxis[422] wird jedoch in einem beträchtlichen Teil der wissenschaftlichen Literatur vertreten, dass Art. XX GATT nur die Maßnahme, nicht aber das politische Ziel regelt.[423] Demnach seien die Zielsetzung und die Festlegung des konkreten Schutzniveaus politische Entscheidungen und somit ein absolutes Recht eines WTO-Mitglieds.[424]

Als Argument wird typischerweise angeführt, dass das Ziel der angegriffenen Maßnahme beispielsweise nicht vom Wortlaut des Art. XX (b) GATT erfasst sei und die *necessary to*-Bedingung nur die Rationalitätsprüfung, nicht aber die Prüfung des angegebenen Schutzzwecks beinhalte.[425]

Dieser Ansatz ist stark geprägt von der Entscheidungspraxis zu Art. XX GATT, nach der nicht die Erforderlichkeit des angegebenen politischen Ziels, sondern die Erforderlichkeit der angegriffenen Maßnahme von einem Panel überprüft werden soll.[426] Die in Art. XX (b) GATT vorgesehenen Bedingungen, wie die *necessary to*-Bedingung sowie die willkürliche Diskriminierung

---

420 *Kometani*, How Should WTO Panels Review Environmental Regulations under GATT Articles III and XX, NJILB 1996, 441, 468–469 i. V. m. 457 bezüglich des eingeschränkten Einschätzungsspielraums für die Festlegung des Schutzniveaus gemäß Art. XX (b) GATT.

421 *Bohanes/Lockhart*, Standard of Review in WTO Law, in: Bethlehem u. a. (Hrsg.), The Oxford Handbook of International Trade Law, 1. Aufl. 2009, S. 415; *Cheyne*, Risk and Precaution in World Trade Organization Law, JWT 2006, 837, 861–862.

422 GATT, Panel-Bericht v. 3. 9. 1991, DS21/R-39S/155, „US – Tuna I", Para. 5.27; WTO, Panel-Bericht v. 20. 5. 1996, WT/DS2/R, „US – Gasoline", Para. 6.22, 7.1; WTO, Panel-Bericht v. 18. 9. 2000, WT/DS135/R, „EC – Asbestos", Para. 8.210, vgl. auch Para. 8.171; WTO, Panel-Bericht v. 12. 6. 2007, WT/DS332/R, „Brazil – Retreaded Tyres", Para. 7.97; WTO, AB-Bericht v. 22. 5. 2014, WT/DS400/AB/R u. a., „EC – Seal Products", Para. 5.200.

423 *Stoll/Schorkopf*, WTO, 2002, S. 63 Rn. 180; *Bloche*, WTO Deference to National Health Policy, JIEL 2002, 825, 848; *Epiney*, Welthandel und Umwelt, DVBl. 2000, 77, 85; *Goh*, Science and Sovereignty, JWIP 2003, 441, 454, 465; *Button*, Trade, Health, and Uncertainty in the WTO, 2004, S. 146–147; *Howse/Tuerk*, A Case Study of the EC Asbestos Dispute, in: de Búrca/Scott (Hrsg.), The EU and the WTO, 2003, S. 326; *Mavroidis*, The General Agreement on Tariffs and Trade: A Commentary, 2005, S. 191; *Thiedemann*, WTO und Umwelt, 2005, S. 136–137; *Neumann/Türk*, Necessity Revisited, JWT 2003, 199, 212–213.

424 *Neumann/Türk*, Necessity Revisited, JWT 2003, 199, 213; *Kometani*, How Should WTO Panels Review Environmental Regulations under GATT Articles III and XX, NJILB 1996, 441, 469–470 bezüglich des uneingeschränkten Einschätzungsspielraums für die Festlegung des Schutzniveaus gemäß Art. XX (g) GATT.

425 *Neumann/Türk*, Necessity Revisited, JWT 2003, 199, 213.

426 WTO, Panel-Bericht v. 20. 5. 1996, WT/DS2/R, „US – Gasoline", Para. 6.22, 7.1.

und verschleierte Handelsbeschränkung im Chapeau, beziehen sich demnach nur auf die ergriffene Maßnahme und nicht auf den vom regulierenden WTO-Mitglied gewählten Gesundheitsschutzstandard.[427]

Aus den folgenden Gründen ist das angegebene Schutzziel einschließlich des behaupteten Schutzniveaus einer Umweltschutzmaßnahme durch das regulierende WTO-Mitglied gemäß Art. XX GATT justiziabel.

### 1. Kein Ausschluss der Justiziabilität nach der Political Question Theorie bzw. dem *non liquet*-Prinzip

Erstens kann die Justiziabilität des politischen Ziels des regulierenden WTO-Mitglieds nicht – wie in Teil 2 Kapitel 7 § 2 A. III. 1. d) aa) und § 2 A. III. 1. d) dd) (1) ausführlich dargestellt – mit dem Argument verneint werden, dass dieses Ziel nach der Political Question Theorie bzw. dem *non liquet*-Prinzip nicht justiziabel ist. Insbesondere kann die Justitiabilität des politischen Ziels und des behaupteten Schutzniveaus nicht aufgrund der Konformität mit Art. 3.2 DSU[428] abgelehnt werden, weil gerade der Umfang der Rechte und Pflichten nach Art. XX GATT fraglich ist.

### 2. Missbrauchsgefahr durch einen Ausschluss der Justiziabilität des angegebenen Schutzziels und des behaupteten Schutzniveaus

Zweitens spricht die Missbrauchsgefahr für die Justiziabilität des angegebenen Schutzziels und des behaupteten Schutzniveaus des regulierenden WTO-Mitglieds. Ein Schutzziel ist nämlich dann rechtswidrig, wenn das regulierende WTO-Mitglied es ausdrücklich als nicht erforderlich oder willkürlich deklariert. Diese Situation tritt in der Praxis jedoch kaum auf, da ein WTO-Mitglied niemals direkt zugibt, ein rechtswidriges Ziel zu verfolgen. Stattdessen wird ein WTO-Mitglied stets angeben, ein legitimes Ziel zu verfolgen.

Hinzu kommt, dass eine völlig präzise Umformulierung des angegebenen Schutzziels und des behaupteten Schutzniveaus in der Praxis unmöglich ist.[429]

---

[427] GATT, Panel-Bericht v. 3. 9. 1991, DS21/R-39S/155, „US – Tuna I“, Para. 5.27.

[428] Art. 3.2 DSU sieht vor: „The dispute settlement system of the WTO is a central element in providing security and predictability to the multilateral trading system. The Members recognize that it serves to preserve the rights and obligations of Members under the covered agreements, and to clarify the existing provisions of those agreements in accordance with customary rules of interpretation of public international law. Recommendations and rulings of the DSB cannot add to or diminish the rights and obligations provided in the covered agreements.“

[429] Vgl. *Hirschberg*, Der Grundsatz der Verhältnismäßigkeit, 1981, S. 160–161. Ausführlich zur unvermeidlichen vagen Zweckpräzisierung siehe: Teil 2 Kapitel 4 § 3 A. II. 1.

Dieser Umstand führt zu der Unsicherheit der Legitimität des angegebenen Schutzziels und des behaupteten Schutzniveaus. Denn die Grundlage für die Beurteilung der genannten Legitimität, nämlich die angestrebte empirische Schutzwirkung und das darauf aufbauende Legitimitätsurteil, lässt sich nicht einmal bestimmen. Verneint man die Justiziabilität des angegebenen Schutzziels einschließlich des behaupteten Schutzniveaus, so würde ein Missbrauch dieses Rechts vorliegen.

Im Kontext der Legitimitäts- und Verhältnismäßigkeitsprüfung i. w. S. ist vielmehr nur fraglich, in welchem Prüfschritt und nach welchem Maßstab die Legitimitätseinschätzung des regulierenden WTO-Mitglieds hinsichtlich des Schutzziels und des Schutzniveaus überprüft werden soll.

### 3. Justiziabilität des behaupteten Schutzniveaus als Legitimitätsurteil

Drittens ergibt sich die Justiziabilität des angegebenen Schutzziels einschließlich des behaupteten Schutzniveaus aus den folgenden Gründen bereits indirekt aus dem Wortlaut des Art. XX GATT unter Berücksichtigung des dogmatischen Charakters der Verhältnismäßigkeitsprüfung i. w. S.

#### *a) Beschränkung des angegebenen Schutzziels einschließlich des behaupteten Schutzniveaus durch den Anwendungsbereich des Art. XX GATT*

Zunächst wird der Einschätzungsspielraum des regulierenden WTO-Mitglieds hinsichtlich der Legitimität des angegebenen Schutzziels und des behaupteten Schutzniveaus durch den Anwendungsbereich des Art. XX GATT beschränkt. Zur Bejahung dieser Legitimität muss zunächst das einschlägige Schutzgut in den Anwendungsbereich eines der Absätze des Art. XX GATT fallen. Die Liste der Ausnahmen in Art. XX GATT wird als abschließend angesehen.[430] Nur solche Ziele können geschützt werden, die einem in Art. XX GATT vorgesehenen politischen Ziel zugeordnet werden können.[431] Falls nicht, kann die Legitimität des vom regulierenden WTO-Mitglied angegebenen Ziels einschließlich des behaupteten Schutzniveaus nicht begründet sein.

---

[430] *Nuzzo*, GATT Moral Clause after Colombia – Textiles, EJLS 2017, 267, 268–269.

[431] *Andersen*, Protection of Non-Trade Values in WTO Appellate Body Jurisprudence, JIEL 2015, 383, 394.

### *b) Beschränkung des angegebenen Schutzziels einschließlich des behaupteten Schutzniveaus durch andere Bedingungen in Art. XX GATT*

Ferner gilt die *necessary to*-Bedingung in Art. XX (a) und (b) GATT auch mittelbar für die politische Zielsetzung der angegriffenen Maßnahme.[432] Dies ergibt sich aus dem wechselseitigen Verhältnis zwischen dem behaupteten Schutzniveau und der Verhältnismäßigkeitsprüfung i. w. S. Die Prüfung dieser Bedingung umfasst sowohl die Geeignetheits- und Erforderlichkeitsprüfung als auch die Angemessenheitsprüfung.[433] Aufgrund der impliziten Abwägung bei negativer Beurteilung der „Geeignetheits- und Erforderlichkeitsprüfung" wird das behauptete Schutzniveau des regulierenden WTO-Mitglieds nämlich stets entsprechend abgelehnt.[434] Auch bei der Ablehnung der Angemessenheitseinschätzung des regulierenden WTO-Mitglieds durch ein Panel geht es zugleich um die Ablehnung der Legitimität des behaupteten Schutzniveaus dieses Mitglieds. Denn dieses Schutzniveau spiegelt sich dann explizit und ausschließlich in der konkret angegriffenen Maßnahme wider, wenn deren Geeignetheit und Erforderlichkeit festgestellt wurden. Die Angemessenheitseinschätzung des beschränkenden WTO-Mitglieds ist dann die positive subjektive Feststellung dieses empirischen Umstands.[435]

Aus ähnlichem Grund gilt dieses Ergebnis auch für Art. XX (g) GATT, weil die *relating to*-Bedingung in diesem Absatz nicht nur die Geeignetheits-, sondern auch Erforderlichkeits- und Angemessenheitsprüfung umfasst.[436] Die Ansicht, dass der Einschätzungsspielraum hinsichtlich der Legitimität des angegebenen Schutzziels und des behaupteten Schutzniveaus aufgrund des scheinbar weniger anspruchsvollen Wortlauts von Art. XX (g) GATT uneingeschränkt sei, ist daher abzulehnen.[437]

Auch beim Vorliegen einer willkürlichen Diskriminierung oder einer versteckten Handelsbeschränkung i. S. d. Chapeaus des Art. XX GATT wird das

---

[432] Im Ergebnis auch: *Kometani*, How Should WTO Panels Review Environmental Regulations under GATT Articles III and XX, NJILB 1996, 441, 468–469 i. V. m. 457 bezüglich des eingeschränkten Einschätzungsspielraums für die Festlegung des Schutzniveaus gemäß Art. XX (b) GATT.

[433] Teil 1 Kapitel 1 § 5 B. I., § 5 C. I., § 5 D. I.

[434] Teil 3 Kapitel 9 § 3 B. und Teil 4 Kapitel 13 § 3 B. Ob diese implizite Abwägung gerechtfertigt ist bzw. nach welchem Maßstab das behauptete Schutzniveau korrigiert werden soll, ist eine andere Frage.

[435] Teil 5 Kapitel 17 § 3 B. I.

[436] Teil 1 Kapitel 1 § 5 B. I.–§ 5 B. II., § 5 C. II.–§ 5 C. III., § 5 D. I.

[437] *Kometani*, How Should WTO Panels Review Environmental Regulations under GATT Articles III and XX, NJILB 1996, 441, 469–470 bezüglich des uneingeschränkten Einschätzungsspielraums hinsichtlich der Festlegung des Schutzniveaus gemäß Art. XX (g) GATT.

behauptete Schutzniveau des regulierenden WTO-Mitglieds indirekt korrigiert.[438]

Somit ist die Legitimität des angegebenen Schutzziels und des behaupteten Schutzniveaus der umweltpolitischen Maßnahme nicht von der Überprüfung der WTO-Streitbeilegungsorgane ausgeschlossen. Fraglich bleibt nur, ob diese Überprüfung im Rahmen der Legitimitätsprüfung oder in den nachfolgenden Prüfungsschritten erfolgt sowie nach welchem Maßstab sie stattfinden.

### III. Die klare Regel: Maßgeblichkeit der Einschätzung des regulierenden WTO-Mitglieds zur Legitimität des angegebenen Schutzziels einschließlich des behaupteten Schutzniveaus als erste Vermutung nach den Vertragsbestimmungen des Art. XX GATT unter Berücksichtigung des dogmatischen Charakters der Verhältnismäßigkeitsprüfung i. w. S.

Die obige Darstellung zeigt nur die Justiziabilität des angegebenen Schutzziels und des behaupteten Schutzniveaus, aber noch nicht, nach welcher Regel die diesbezügliche Legitimitätseinschätzung des regulierenden WTO-Mitglieds durch die WTO-Streitbeilegungsorgane überprüft werden soll. Für die Ermittlung dieser Regel ist die Klärung der Frage entscheidend, nach welcher Regel die Einschätzung des regulierenden WTO-Mitglieds zur Verhältnismäßigkeit i. w. S. der ergriffenen Umweltmaßnahme von den WTO-Streitbeilegungsorganen überprüft werden soll. Denn die genannte Justitiabilität ergibt sich u. a. aus dem wechselseitigen Verhältnis zwischen der Verhältnismäßigkeit i. w. S. der ergriffenen Maßnahme und dem behaupteten Schutzniveau aufgrund der impliziten Abwägung.[439]

Im vorliegenden Abschnitt wird dargestellt, dass die Maßgeblichkeit der Einschätzung des regulierenden WTO-Mitglieds zur Legitimität des Schutzziel und des Schutzniveaus eine erste Vermutung darstellt. Zunächst wird erläutert, dass eine rechtliche Vermutung ausschließlich durch eine völkerrechtliche Vertragsvorschrift begründet werden kann. Dieses Ergebnis gilt für die Vermutung der Maßgeblichkeit der Einschätzung des regulierenden WTO-Mitglieds sowohl zur Legitimität des angegebenen Schutzziels einschließlich des behaupteten Schutzniveaus als auch zur Verhältnismäßigkeit i. w. S. der ergriffenen Maßnahme. Sodann wird dargelegt, dass sich eine Vermutungsregel für die richterliche Prüfung der Rechtmäßigkeit und damit der Verhältnismäßigkeit i. w. S. der ergriffenen Umweltmaßnahme konkludent aus dem

[438] Teil 2 Kapitel 6 § 1 C.

[439] Teil 2 Kapitel 5 § 3 B. II. 3. b).

Vertragstext des Art. XX GATT ergibt. Anschließend wird gezeigt, dass die Vermutungsregel in Art. XX GATT auch für die richterliche Prüfung der Einschätzung des regulierenden WTO-Mitglieds zur Legitimität des angegebenen Schutzziels und des behaupteten Schutzniveaus gilt. Dieses Ergebnis ergibt sich aus dem dogmatischen Charakter der Verhältnismäßigkeitsprüfung i.w.S., nämlich aus dem wechselseitigen Verhältnis zwischen der Verhältnismäßigkeit i.w.S. der ergriffenen Maßnahme und der Legitimität des behaupteten Schutzniveaus aufgrund der impliziten Abwägung.

### 1. Völkerrechtliche Vertragsvorschrift als ausschließliche Rechtsgrundlage für eine rechtliche Vermutung

Der Anteil der wissenschaftlichen Literatur, in der die Maßgeblichkeit der Einschätzung des regulierenden WTO-Mitglieds u.a. zur Legitimität des angegebenen Schutzziels und des behaupteten Schutzniveaus im Rahmen der Interpretation des Art. XX GATT als erste Vermutung behandelt wird, ist gering. Außerdem wurde die Kernfrage, woraus sich eine Vermutung ergibt bzw. ergeben soll, im Schrifttum nicht hinreichend geklärt. Die dogmatische Analyse lässt den Schluss zu, dass die völkerrechtliche Vertragsvorschrift die ausschließliche Rechtsgrundlage für die Begründung einer Rechtsvermutung darstellt.

#### *a) Behandlung u.a. der Einschätzung des regulierenden WTO-Mitglieds zur Legitimität des angegebenen Schutzziels und des behaupteten Schutzniveaus als erste Vermutung im Schrifttum*

Der Anteil der wissenschaftlichen Literatur, in der u.a. die Einschätzung des regulierenden WTO-Mitglieds zur Legitimität des angegebenen Schutzziels und des behaupteten Schutzniveaus im Rahmen der Interpretation des Art. XX GATT als erste Vermutung behandelt wird, ist gering.

Teilweise wird u.a. die genannte Einschätzung ausdrücklich als erste Vermutung bezeichnet. So wird argumentiert, dass es der regulierenden WTO-Vertragspartei überlassen sei, das Schutzniveau festzulegen und die Mittel zu wählen, die sie zur Erreichung dieses Schutzniveaus für geeignet hält; die Gegenseite müsse nachweisen, dass der Umweltschutz nicht das Hauptziel der angegriffenen Maßnahme sei.[440] Ein WTO-Panel dürfe nämlich vermuten, dass u.a. die Behauptungen des regulierenden WTO-Mitglieds zur Legitimität des Schutzziels und des Schutzniveaus der angegriffenen Regulierung recht-

---

440 *Esty*, Greening the GATT, 1994, S. 122.

mäßig seien; Hingegen müsse ein WTO-Panel dieses Schutzziel nicht selbst bestimmen.[441]

Ein anderer Teil der wissenschaftlichen Literatur nennt u. a. die Maßgeblichkeit der Einschätzung des regulierenden WTO-Mitglieds zur Legitimität des angegebenen Schutzziels und des behaupteten Schutzniveau als eine Vermutung auf konkludente Weise. So gehöre nach Gramlich das Recht auf die Einschätzung der Legitimität des gewünschten Schutzniveaus und der „Erforderlichkeit“ der angegriffenen Maßnahme zum Souveränitätsrecht des regulierenden WTO-Mitglieds, ohne dies explizit als Vermutung zu nennen.[442] In dieser Richtung wird ferner von Werksman vertreten, dass eine vorläufige Rechtfertigung der angegriffenen Umweltschutzmaßnahme dann vorliege, wenn die *necessary to*-Bedingung in Art. XX (b) GATT erfüllt sei.[443] Dabei wird die Einschätzung des regulierenden WTO-Mitglieds zur Legitimität des Schutzziels und des Schutzniveaus nicht erwähnt, und diese wäre daher nicht von der Vermutung erfasst.

Diese beiden Formulierungen werden teilweise trotzdem so verstanden, dass die Maßgeblichkeit der „Erforderlichkeitseinschätzung“ des regulierenden WTO-Mitglieds eine Vermutung darstellt.[444] Diese Behauptung gilt auch

---

441 *Kometani*, How Should WTO Panels Review Environmental Regulations under GATT Articles III and XX, NJILB 1996, 441, 457; vgl. *Nowrot*, Standard of Review as a Procedural Issue in WTO Dispute Settlement, in: Delbrück u. a. (Hrsg.), FS Walther-Schücking-Institut, 2014, S. 628–630.

442 *Gramlich*, GATT und Umweltschutz – Konflikt oder Dialog?, AVR 1995, 131, 153–154.

443 *Werksman*, Greenhouse Gas Emissions Trading and the WTO, RECIEL 1999, 251, 260. Ähnlicher Ansatz der WTO-Streitbeilegungsorgane siehe: WTO, AB-Bericht v. 12. 10. 1998, WT/DS58/AB/R, „US – Shrimp“, Para. 119; WTO, Panel-Bericht v. 20. 5. 1996, WT/DS2/AB/R, „US – Gasoline“, Para. 6.20; WTO, Panel-Bericht v. 18. 9. 2000, WT/DS135/R, „EC – Asbestos“, Para. 8.167; WTO, Panel-Bericht v. 12. 6. 2007, WT/DS332/R, „Brazil – Retreaded Tyres“, Para. 7.37; WTO, Panel-Bericht v. 5. 7. 2011, WT/DS394/R u. a., „China – Raw Materials“, Para. 7.359; WTO, Panel-Bericht v. 26. 3. 2014, WT/DS431/R u. a., „China – Rare Earths“, Para. 7.236, 7.362; WTO, AB-Bericht v. 7. 8. 2014, WT/DS431/AB/R u. a., „China – Rare Earths“, Para. 5.86; WTO, Panel-Bericht v. 25. 11. 2013, WT/DS400/R u. a., „EC – Seal Products“, Para. 7.612; WTO, AB-Bericht v. 22. 5. 2014, WT/DS400/AB/R u. a., „EC – Seal Products“, Para. 5.169; WTO, Panel-Bericht v. 30. 8. 2017, WT/DS472/R, „Brazil – Taxation“, Para. 7.536, 7.542; WTO, Panel-Bericht v. 12. 8. 2009, WT/DS363/R, „China – Publications and Audiovisual Products“, Para. 7.746; WTO, AB-Bericht v. 11. 12. 2000, WT/DS161/AB/R u. a., „Korea – Beef“, Para. 156; WTO, Panel-Bericht v. 31. 7. 2000, WT/DS161/R u. a., „Korea – Beef“, Para. 654; WTO, Panel-Bericht v. 15. 9. 2020, WT/DS543/R, „US – Tariff Measures“, Para. 7.107.

444 Vgl. *Neumann*, Die Koordination des WTO-Rechts mit anderen völkerrechtlichen Verträgen, in: Nettesheim/Sander (Hrsg.), WTO-Recht und Globalisierung, 2003, S. 24–25; zur Bezeichnung der „Erforderlichkeitsvermutung“ vgl. Fn. 76 a. a. O. Der Ansatz von Werksman wird zwar von Neumann als „Erforderlichkeitsvermutung“

für die Einschätzung des regulierenden WTO-Mitglieds zur Legitimität des angegebenen Schutzziels und des behaupteten Schutzniveaus. Denn die Überprüfung der Wichtigkeit des Schutzziels wird nach dieser Ansicht von der „Erforderlichkeitsprüfung“ im Rahmen des Art. XX GATT erfasst einerseits.[445] Andererseits wird die Legitimität des behaupteten Schutzniveaus des regulierenden WTO-Mitglieds immer dann aufgrund impliziter Abwägung korrigiert, wenn die „Erforderlichkeitsprüfung“ von einem Panel negativ beurteilt wird.[446] Dasselbe gilt für die Ansicht von Gramlich, weil sein Argument auch die „Erforderlichkeitseinschätzung“ der Umweltschutzmaßnahme erfasst.[447]

### *b) Untaugliche Argumente für die Begründung der Vermutung der Maßgeblichkeit der Einschätzung des regulierenden WTO-Mitglieds zur Legitimität des angegebenen Schutzziels einschließlich des behaupteten Schutzniveaus*

Im Schrifttum wurde nicht hinreichend klargestellt, woraus sich eine Rechtsvermutung ergibt bzw. ergeben soll.

Teilweise wird zwar darauf hingewiesen, dass eine hohe Zurückhaltung u.a. bei der Überprüfung der Wichtigkeit des behaupteten Schutzziels der Vermeidung von Konflikten der WTO-Rechte mit anderen internationalen Schutzstandards dienen könne.[448] Es wurde jedoch nicht weiter geklärt, wa-

---

bezeichnet. Diese Bezeichnung entspricht dem Ansatz von Werksman jedoch nicht, weil dieser Ansatz nur die Vermutung betrifft, die dann vorliegt, wenn die *necessary to*-Bedingung in Art. XX (b) GATT als erfüllt beurteilt worden ist. Diese Prüfung umfasst nach vorliegender Untersuchung (Teil 1 Kapitel 1 § 5 B. I., § 5 C. I., § 5 D. I.) die Geeignetheits-, Erforderlichkeits- und Angemessenheitsprüfung. Hingegen berührt der Ansatz Werksman*s* die Frage nicht, ob und warum die Einschätzung des regulierenden WTO-Mitglieds über die Legitimität des angegebenen Schutzziels einschließlich des behaupteten Schutzniveaus, die Geeignetheit, die Erforderlichkeit und die Angemessenheit der angegriffenen Maßnahme eine Vermutung darstellt.

[445] Vgl. *Neumann*, Die Koordination des WTO-Rechts mit anderen völkerrechtlichen Verträgen, in: Nettesheim/Sander (Hrsg.), WTO-Recht und Globalisierung, 2003, S. 24–25; zur Bezeichnung der „Erforderlichkeitsvermutung“ vgl. Fn. 76 a. a. O.

[446] Zur impliziten Abwägung im Rahmen der „Erforderlichkeitsprüfung“ siehe: Teil 4 Kapitel 13 § 3 B.

[447] *Gramlich*, GATT und Umweltschutz – Konflikt oder Dialog?, AVR 1995, 131, 153–154.

[448] Vgl. *Neumann*, Die Koordination des WTO-Rechts mit anderen völkerrechtlichen Verträgen, in: Nettesheim/Sander (Hrsg.), WTO-Recht und Globalisierung, 2003, S. 24–25. Dieses Argument gilt auch für das vom regulierenden WTO-Mitglied behauptete Schutzniveau. Denn auch die Wichtigkeit des angegebenen Schutzziels wird nach dieser Ansicht bei der „Erforderlichkeitsprüfung“ behandelt, und das behauptete Schutzniveau wird aufgrund der impliziten Abwägung immer dann korrigiert, wenn

rum die Einschätzung des regulierenden WTO-Mitglieds zur Legitimität des angegebenen Schutzziels als Vermutung maßgeblich ist.[449] Ein anderer Vertreter stellt zwar die Justiziabilität des angegebenen Schutzziels und des behaupteten Schutzniveaus anhand des Vertragstexts des Art. XX (b) GATT fest; es wird jedoch nicht erläutert, aus welchem Grund die Überprüfung ihrer Legitimität anhand der Vermutungsregel vorgenommen werden muss.[450] Eine Vermutung ist nämlich von einer Möglichkeit zu unterscheiden. Eine solche kann ausschließlich durch qualifizierte Gründe widerlegt werden. Beim Fehlen tauglicher Widerlegungsgründe in einem konkreten Verfahren ist die Legitimität des angegebenen Schutzziels und des behaupteten Schutzniveaus abschließend festzustellen. Eine einfache Möglichkeit unterliegt dieser Regel hingegen nicht.

Als Begründung für die Vermutung der Maßgeblichkeit u.a. der Einschätzung des regulierenden WTO-Mitglieds zur Legitimität des angegebenen Schutzziels und des behaupteten Schutzniveaus wird u.a. die Achtung der Souveränität herangezogen.[451] In dieser Richtung werden ferner der Respekt gegenüber den inländischen Gesetzgebungsorganen und das Prinzip von Treu und Glauben, das auf das Souveränitätsprinzip beruht, als Argumente angeführt.[452] Demzufolge sei die Vermutung, dass das Verhalten inländischer legislativer Organe verfassungsrechtskonform sei,[453] auf WTO-Recht übertragbar.[454] Es sei nämlich eine erste Vermutung, dass jeder Staat alle seine inter-

---

die „Erforderlichkeitsprüfung" durch ein Panel abgelehnt wird. Zur impliziten Abwägung im Rahmen der „Erforderlichkeitsprüfung" siehe: Teil 4 Kapitel 13 § 3 B. und § 3 E. der vorliegenden Arbeit.

[449] Vgl. *Neumann*, Die Koordination des WTO-Rechts mit anderen völkerrechtlichen Verträgen, in: Nettesheim/Sander (Hrsg.), WTO-Recht und Globalisierung, 2003, S. 24–25; zur Bezeichnung der „Erforderlichkeitsvermutung" vgl. Fn. 76 a.a.O.

[450] Vgl. *Kometani*, How Should WTO Panels Review Environmental Regulations under GATT Articles III and XX, NJILB 1996, 441, 468–469 i.V.m. 457.

[451] Vgl. *Gramlich*, GATT und Umweltschutz – Konflikt oder Dialog?, AVR 1995, 131, 153; *Etsy*, Greening the GATT, 1994, S. 121–122. Ebenso beruht Etsys Ansicht wohl auf dem Souveränitätsprinzip, weil sich die hohe Zurückhaltung nach seiner Ansicht daraus ergebe, dass sich das gefährdete Schutzgut im eigenen Territorium des regulierenden WTO-Mitglieds befinde.

[452] Vgl. *Nowrot*, Standard of Review as a Procedural Issue in WTO Dispute Settlement, in: Delbrück u.a. (Hrsg.), FS Walther-Schücking-Institut, 2014, S. 627.

[453] Vgl. *Nowrot*, Standard of Review as a Procedural Issue in WTO Dispute Settlement, in: Delbrück u.a. (Hrsg.), FS Walther-Schücking-Institut, 2014, S. 628–629; *Schlink*, Der Grundsatz der Verhältnismäßigkeit, in: Badura/Dreier (Hrsg.), FS 50 Jahre BVerfG, Band II, 2001, S. 450.

[454] Für die Rechtmäßigkeitsvermutung des durch die legislativen Organe bestimmten Zwecks im öffentlichen Recht vgl. *Schlink*, Der Grundsatz der Verhältnismäßigkeit, in: Badura/Dreier (Hrsg.), FS 50 Jahre BVerfG, Band II, 2001, S. 450.

nationalen Rechte und Pflichten rechtmäßig ausübe.[455] Dies bestätige auch die Entscheidungspraxis, dass die Einschätzung des regulierenden WTO-Mitglieds u.a. zur Legitimität des angegebenen Schutzziels und des behaupteten Schutzniveaus aufgrund von Treu und Glauben stets von den WTO-Streitbeilegungsorganen als GATT-rechtskonform vermutet werde.[456]

Die Souveränität kann jedoch nur schwer als überzeugendes Argument für die Begründung einer Rechtsvermutung angesehen werden.

Im Unterschied zu einer Möglichkeit ist die Behandlung der Einschätzung des regulierenden WTO-Mitglieds als erste Vermutung eine sehr zurückhaltende Prüfungsdichte, weil diese Vermutung ausschließlich durch Heranziehung tauglicher Widerlegungsgründe widerlegt werden kann. Andernfalls ist die GATT-Konformität der Einschätzung des regulierenden WTO-Mitglieds zur Legitimität des angegebenen Schutzziels in einem konkreten Verfahren abschließend zu bejahen. Wie in Teil 2 Kapitel 7 § 2 A. III. 1. d) aa) ausführlich dargestellt, ist es nicht abschließend geklärt, ob und insbesondere, wann der Souveränitätsschutz eine zurückhaltende Prüfungsdichte rechtfertigen kann. Zugleich kann nicht ausgeschlossen werden, dass sich aus dem Souveränitätsprinzip potenziell eine zurückhaltende Kontrolldichte ergibt.

Es ist gerade fraglich, ob den WTO-Streitbeilegungsorganen das Recht zusteht, die Maßgeblichkeit der Einschätzung des regulierenden WTO-Mitglieds als erste Vermutung zu behandeln. Denn eine solche Behandlung wirkt sich gleichzeitig negativ auf die Souveränität anderer WTO-Mitglieder aus. Der Vorrang der Souveränität des regulierenden WTO-Mitglieds vor der Souveränität der anderen WTO-Mitglieder auf Handelsfreiheit ist nämlich nicht vorab festgelegt.[457]

---

[455] Vgl. *Nowrot*, Standard of Review as a Procedural Issue in WTO Dispute Settlement, in: Delbrück u.a. (Hrsg.), FS Walther-Schücking-Institut, 2014, S. 629–630.

[456] Vgl. *Nowrot*, Standard of Review as a Procedural Issue in WTO Dispute Settlement, in: Delbrück u.a. (Hrsg.), FS Walther-Schücking-Institut, 2014, S. 629–630; *Qin*, Managing Conflicts between Rulings of the World Trade Organization and Regional Trade Tribunals, in: Bekker/Dolzer/Waibel (Hrsg.), FS Vagts, 2010, S. 624; *Kang*, The Presumption of Good Faith in the WTO „As Such" Cases, JWT 2012, 879, 881, 895–911.

[457] Diese Bedenken gelten auch für die Rechtmäßigkeitsvermutung u.a. des von inländischen legislativen Organen gesetzten Schutzziels. Weitere Bedenken ergeben sich nach einer Ansicht daraus, dass bestimmte Interessengruppen bei der Gesetzgebung aufgrund asymmetrischer Lobbyings unvermeidbar nicht bzw. nicht hinreichend berücksichtigt werden können. Hierzu vgl. *Petersen*, Verhältnismäßigkeit als Rationalitätskontrolle, 2015, S. 40–43. Ob und wie diese Bedenken im inländischen öffentlichen Recht ausgeräumt werden können, ist nicht Schwerpunkt der vorliegenden Arbeit. Vorliegend wird nur die Frage behandelt, wie ähnliche Bedenken im Kontext des Art. XX GATT ausgeräumt werden sollten.

Aus ähnlichem Grund kann sich die genannte Vermutung weder aus inländischer Expertise noch aus der institutionellen Rolle der WTO-Streitbeilegungsorgane ergeben.[458]

### *c) Völkerrechtliche Vertragsvorschrift als ausschließliche Rechtsgrundlage zur Begründung einer Rechtsvermutung*

Als Argumente für die Begründung u. a. der Vermutung der Maßgeblichkeit der Einschätzung des regulierenden WTO-Mitglieds zur Legitimität des angegebenen Schutzziels einschließlich des behaupteten Schutzniveaus wird ferner der Vertragstext des Art. XX GATT angeführt.[459] Dabei wird es jedoch nicht klargestellt, warum die Vertragsvorschrift die *ausschließliche* Rechtsgrundlage für die Bejahung einer solchen Vermutung darstellt.

Aus den folgenden zwei Gründen kann sich eine Rechtsvermutung ausschließlich aus einer völkerrechtlichen Vertragsvorschrift ergeben.

Zunächst ist das Vorliegen einer Rechtsvermutung nicht möglich, wenn keine völkerrechtliche Vertragsvorschrift besteht.

Nach dem in der Lotus-Entscheidung festgelegten Grundsatz hätten die Staaten zwar völlige Handlungsfreiheit, wenn keine spezifische völkerrechtliche Norm zur Einschränkung ihres Verhaltens bestünden.[460] Eine Tatsache begründe jedoch nicht automatisch ein Recht; dazu müsse der Tatsache noch durch die Wahl eines Kriteriums die normative Bedeutung verliehen werden; zugleich müsse die Auslegung einer Regel auf bestimmte Tatsachen bezogen sein, um an etwas Konkretes anknüpfen zu können.[461] Da Art. XX GATT die Ausnahmerechte eines WTO-Mitglieds u. a. zum Umweltschutz regelt, geht es bei der vorliegenden Untersuchung daher um die Interpretation einer vorhandenen völkerrechtlichen Vertragsvorschrift und nicht um den Fall, in dem

---

458 Teil 2 Kapitel 7 § 2 A. III. 1. d) bb) – § 2 A. III. 1. d) cc).

459 Vgl. *Werksman*, Greenhouse Gas Emissions Trading and the WTO, RECIEL 1997, 251, 260 i. V. m. *Neumann*, Die Koordination des WTO-Rechts mit anderen völkerrechtlichen Verträgen, in: Nettesheim/Sander (Hrsg.), WTO-Recht und Globalisierung, 2003, S. 24–25; zur Bezeichnung der „Erforderlichkeitsvermutung“ vgl. Fn. 76 a. a. O. Aufgrund der impliziten Abwägung bei negativer Beurteilung der „Geeignetheits- bzw. Erforderlichkeitsprüfung“ gilt diese Vermutungsfeststellung auch für die Legitimität des angegebenen Schutzziels und des behaupteten Schutzniveaus.

460 St.IGH, Urteil v. 7. 9. 1927, The Case of the S.S., Frankreich v. Türkei, „Lotus“, A 10, S. 31.

461 Vgl. *Koskenniemi*, The Politics of International Law, EJIL 1990, 4, 20; *Kelsen*, Principles of International Law, 1966, S. 388: „In the realm of law there is no fact in itself, no immediately evident fact; there are only facts ascertained by the competent authorities in a procedure determined by law.“ *Corten*, The Controversies over the Customary Prohibition on the Use of Force, EJIL 2005, 803, 821.

keine solche Vertragsvorschrift vorhanden ist. Somit ist der konkrete Inhalt des Art. XX GATT für die Begründung der hier besprochenen Vermutung entscheidend. Daran ändert die Ambiguität dieses Vertragstexts nichts.

Außerdem führt die Anwendung der Vermutungs- und Widerlegungsregel beim Fehlen einer völkerrechtlichen Vertragsvorschrift zu einem normativen Widerspruch, wodurch die Anwendung der Vermutungs- und Widerlegungsregel ausgeschlossen wird.

Unterstellt man, dass keine völkerrechtliche Vertragsgrundlage für die Begründung einer Vermutung vorhanden ist und die *Rechtmäßigkeit* des angegebenen Schutzziels einschließlich des behaupteten Schutzniveaus sowie der angegriffenen Maßnahme dennoch jeweils vermutet wird – nämlich die Maßgeblichkeit der Einschätzung des regulierenden WTO-Mitglieds[462] –, deutet dies darauf hin, dass auch kein völkerrechtlich vertraglich vorgesehener Widerlegungsgrund vorhanden ist.

Wie in Teil 2 Kapitel 6 ausführlich dargestellt, können, soweit eine Vermutung vorliegt, nur solche Widerlegungsgründe tauglich sein, die in völkerrechtlichen Verträgen vorgesehen sind. Aus ungeschriebenen Völkerrechtsquellen, wie dem Völkergewohnheitsrecht und allgemeinen Rechtsgrundsätzen, kann sich hingegen aufgrund der Anwendung des Abwägungsarguments kein tauglicher Widerlegungsgrund ergeben.[463] Daher kann die vorliegend als Beispiel konzipierte Vermutung durch keine tauglichen Widerlegungsgründe widerlegt werden. Dieser Umstand würde dazu führen, dass die *Rechtmäßigkeit* des angegebenen Schutzziels, des behaupteten Schutzniveaus sowie der angegriffenen Maßnahme in einem konkreten Verfahren abschließend bejaht werden müsste.

Diese Schlussfolgerung kann jedoch aus folgendem Grund nicht gezogen werden.

Unterstellt man, dass keine völkerrechtliche Vertragsgrundlage für die Begründung einer Vermutung vorhanden ist und die *Rechtswidrigkeit* des angegebenen Schutzziels, des behaupteten Schutzniveaus sowie der angegriffenen

---

[462] Für die Anerkennung einer Vermutung auf diese Weise im Schrifttum siehe: *Pauwelyn*, Conflict of Norms in Public International Law, 2003, S. 241; *Qin*, Managing Conflicts between Rulings of the World Trade Organization and Regional Trade Tribunals, in: Bekker/Dolzer/Waibel (Hrsg.), FS Vagts, 2010, S. 624; *Nowrot*, Standard of Review as a Procedural Issue in WTO Dispute Settlement, in: Delbrück u. a. (Hrsg.), FS Walther-Schücking-Institut, 2014, S. 629–630; ähnlich hinsichtlich der Begründung der Vermutung, vgl. auch *Sourgens*, The Precaution Presumption, EJIL 2020, 1277, 1292–1301. Für die Behandlung der Maßgeblichkeit der Einschätzung des regulierenden WTO-Mitglieds siehe: WTO, Panel-Bericht v. 31. 3. 2008, WT/DS320/R, „EC – Hormones II", Para. 7.321–7.322.

[463] Teil 6 Kapitel 21 § 3.

Umweltschutzmaßnahme jeweils vermutet wird – nämlich die Maßgeblichkeit der Einschätzung der WTO-Streitbeilegungsorgane, wenn ihre Einschätzung von jener des regulierenden WTO-Mitglieds abweicht[464] –, deutet dies darauf hin, dass auch kein völkerrechtlich vertraglich vorgesehener Widerlegungsgrund vorhanden ist.

Wie in Teil 2 Kapitel 6 ausführlich dargestellt, können, soweit eine Vermutung vorliegt, nur solche Widerlegungsgründe tauglich sein, die in völkerrechtlichen Verträgen vorgesehen sind. Aus ungeschriebenen Völkerrechtsquellen, wie dem Völkergewohnheitsrecht und allgemeinen Rechtsgrundsätzen, kann sich hingegen aufgrund der Anwendung des Abwägungsarguments kein tauglicher Widerlegungsgrund ergeben.[465] Daher kann auch diese als Beispiel konzipierte Vermutung durch keine tauglichen Widerlegungsgründe widerlegt werden. Dieser Umstand würde dazu führen, dass die *Rechtswidrigkeit* des angegebenen Schutzziels, des behaupteten Schutzniveaus sowie der angegriffenen Maßnahme in einem konkreten Verfahren abschließend bejaht werden müsste.

Dies führt im Rahmen eines konkreten Argumentationsvorgangs zur Begründung einer Vermutung zu einem normativen Widerspruch: Aus den beiden als Beispiel dargestellten Vermutungen, der *Rechtmäßigkeits*- und *Rechtswidrigkeits*vermutung, ergibt sich nämlich, dass sowohl die *Rechtmäßigkeit* als auch die *Rechtswidrigkeit* desselben angegebenen Schutzziels, desselben behaupteten Schutzniveaus sowie derselben angegriffenen Maßnahme im selben Streitbeilegungsverfahren abschließend bejaht werden müssen, wenn keine völkerrechtliche Vertragsgrundlage für die Begründung einer Vermutung vorhanden ist. Mit anderen Worten kann in diesem Fall dieselbe Rechtsfrage zugleich bejaht und abgelehnt werden.

Somit scheidet die Anwendung der Vermutungs- und Widerlegungsregel aus, wenn keine völkerrechtliche Vertragsgrundlage für die Begründung einer Vermutung vorhanden ist. Eine dennoch stattfindende Anwendung der Vermu-

---

[464] Für die Anerkennung der Maßgeblichkeit der Einschätzung einer internationalen Organisation als erste Vermutung im Schrifttum siehe: *Pauwelyn*, Conflict of Norms in Public International Law, 2003, S. 241; *Qin*, Managing Conflicts between Rulings of the World Trade Organization and Regional Trade Tribunals, in: Bekker/Dolzer/Waibel (Hrsg.), FS Vagts, 2010, S. 625; *Nowrot*, Standard of Review as a Procedural Issue in WTO Dispute Settlement, in: Delbrück u. a. (Hrsg.), FS Walther-Schücking-Institut, 2014, S. 629. Ähnlich hinsichtlich der Begründung der Vermutung, vgl. auch *Sourgens*, The Precaution Presumption, EJIL 2020, 1277, 1302, 1303–1306. Für die Behandlung der Maßgeblichkeit der Einschätzung eines anderen WTO-Mitglieds siehe: WTO, Panel-Bericht v. 31.3.2008, WT/DS320/R, „EC – Hormones II", Para. 7.323.

[465] Teil 6 Kapitel 21 § 3.

tungs- und Widerlegungsregel beim Fehlen einer solchen Vertragsvorschrift führt nur zu dem oben dargestellten normativen Widerspruch.

### 2. Art. XX GATT als Rechtsgrundlage für die Vermutung der Maßgeblichkeit der Einschätzung des regulierenden WTO-Mitglieds

Im Schrifttum wird überwiegend die Ansicht vertreten, dass der Vertragstext des Art. XX GATT ambig sei und keine pragmatischen Anhaltspunkte für die Durchführung der Legitimitäts- und Verhältnismäßigkeitsprüfung i. w. S. biete.[466] Teilweise wird zwar zwischen Regel und Standard unterschieden.[467] Dabei wird Art. XX GATT jedoch als Standard bezeichnet, der grundsätzlich flexibel interpretiert und angewendet werden könne.[468]

In Teil 1 Kapitel 1 § 3 A. II. wird ausführlich dargestellt, dass die Ambiguität des Vertragstexts jedoch sowohl zu einer zurückhaltenden als auch zu einer eingreifenden Prüfungsdichte, u. a. hinsichtlich des angegebenen Schutzziels und des behaupteten Schutzniveaus, führen kann. Außerdem hat ein Mitglied mit dem Beitritt zur WTO zwar nicht auf seine permanente Souveränität über die Umwelt verzichtet.[469] Es hat sich jedoch bereits verpflichtet, seine Rechte im Einklang mit den WTO-Regeln auszuüben, wenn es beispielsweise eine Maßnahme zur Erhaltung natürlicher Ressourcen entwickelt und umsetzt.[470] Gerade Art. XX GATT dient sowohl der Sicherung als auch der Beschränkung der Souveränität der WTO-Mitglieder, weil die Souveränität eines Staates u. a. in seiner Entscheidung zum Ausdruck kommt, einen völkerrechtlichen Vertrag wie das WTO-Übereinkommen zu ratifizieren und die damit verbundenen Rechte und Pflichten zu akzeptieren.[471]

---

[466] Vgl. *Franck*, On Proportionality of Countermeasures in International Law, AJIL 2008, 715, 752; *Sykes*, The Least Restrictive Means, UCLR 2003, 403, 407; *Steinberg*, Judicial Lawmaking at the WTO, AJIL 2004, 247, 252; *Desmedt*, Proportionality in WTO Law, JIEL 2001, 441; *Kapterian*, A Critique of the WTO Jurisprudence on „Necessity", ICLQ 2010, 89, 114. Demnach ergebe sich die Anerkennung der Legitimität des behaupteten Schutzniveaus des regulierenden WTO-Mitglieds aus der Entscheidungspraxis zum SPS-Abkommen, nicht jedoch aus dem Vertragstext des Art. XX GATT. Hierzu vgl. *Kapterian*, A Critique of the WTO Jurisprudence on „Necessity", ICLQ 2010, 89, 113–114.

[467] *Trachtman*, The Economic Structure of International Law, 2008, S. 218.

[468] *Trachtman*, The Economic Structure of International Law, 2008, S. 218.

[469] Vgl. WTO, Panel-Bericht v. 5. 7. 2011, WT/DS394/R u. a., „China – Raw Materials", Para. 7.270.

[470] Vgl. WTO, Panel-Bericht v. 5. 7. 2011, WT/DS394/R u. a., „China – Raw Materials", Para. 7.270.

[471] WTO, Panel-Bericht v. 5. 7. 2011, WT/DS394/R u. a., „China – Raw Materials", Para. 7.270.

Akzeptiert man die WTO-Streitbeilegung als regelbasiertes und nicht als machtbasiertes System, so stellt die weitere Klärung des Vertragstexts des Art. XX GATT eine wichtige Aufgabe dar.[472] Im Folgenden wird daher gezeigt, dass Art. XX GATT eine pragmatisch anwendbare Regel darstellt, nach der die Einschätzung des regulierenden WTO-Mitglieds zur Verhältnismäßigkeit i. w. S. der ergriffenen Umweltmaßnahme als widerlegbare Vermutung maßgeblich ist. Dieses Ergebnis legt die normative Grundlage für die weitere Feststellung in Teil 2 Kapitel 5 § 3 B. III. 2.–§ 3 B. III. 3., dass auch die Einschätzung des regulierenden WTO-Mitglieds zur Legitimität des angegebenen Schutzziels und des behaupteten Schutzniveaus eine erste Vermutung darstellt.

### *a) Geringer Hinweis im Schrifttum und in der Entscheidungspraxis zur Herleitung der Vermutungsregel aus Art. XX GATT: Verwechslung materieller und prozessualer Vermutung*

Nach obiger Darstellung[473] wird die Ansicht, dass die Einschätzung des regulierenden WTO-Mitglieds u. a. zur Legitimität des Schutzziels und Schutzniveaus als erste Vermutung maßgeblich sei und zugleich Art. XX GATT als Rechtsgrundlage für diese Vermutung diene, nur von Werksman i. V. m. Neumann vertreten.[474]

Die von Werksman genannte Vermutung, nämlich die „vorläufige Rechtfertigung der ergriffenen Maßnahme", wird zwar von Neumann als „Erforderlichkeitsvermutung" bezeichnet.[475] Diese Bezeichnung entspricht jedoch nicht dem Ansatz von Werksman. Denn Werksmans Ansatz betrifft nur die Vermutung, die dann vorliegt, nachdem die *necessary to*-Bedingung in Art. XX (b) GATT als erfüllt beurteilt worden ist.[476] Die Prüfung dieser Bedingung umfasst jedoch gerade die Geeignetheits-, Erforderlichkeits- und Angemessen-

---

[472] *Jackson*, The WTO Dispute Settlement Procedures, in: Schott (Hrsg.), The World Trading System, 1996, S. 159–160.

[473] Teil 2 Kapitel 5 § 3 B. III. 1. a).

[474] Vgl. *Werksman*, Greenhouse Gas Emissions Trading and the WTO, RECIEL 1999, S. 260 i. V. m. *Neumann*, Die Koordination des WTO-Rechts mit anderen völkerrechtlichen Verträgen, in: Nettesheim/Sander (Hrsg.), WTO-Recht und Globalisierung, 2003, S. 24–25; zur Bezeichnung der „Erforderlichkeitsvermutung" vgl. Fn. 76 a. a. O. Aufgrund der impliziten Abwägung bei negativer Beurteilung der „Geeignetheits-" bzw. „Erforderlichkeitsprüfung" gilt diese Vermutungsfeststellung auch für die Legitimität des angegebenen Schutzziels und des behaupteten Schutzniveaus.

[475] Vgl. *Neumann*, Die Koordination des WTO-Rechts mit anderen völkerrechtlichen Verträgen, in: Nettesheim/Sander (Hrsg.), WTO-Recht und Globalisierung, 2003, S. 24–25; zur Bezeichnung der „Erforderlichkeitsvermutung" vgl. Fn. 76 a. a. O.

[476] *Werksman*, Greenhouse Gas Emissions Trading and the WTO, RECIEL 1999, S. 260.

heitsprüfung.[477] Daher betrifft die von Werksman genannte Vermutung nicht die Frage, ob, warum und wann die Einschätzung des regulierenden WTO-Mitglieds zum Schutzziel sowie zur Geeignetheit, Erforderlichkeit und Angemessenheit der angegriffenen Maßnahme gemäß Art. XX GATT als erste Vermutung maßgeblich ist.

Dieses Ergebnis gilt auch für den von den WTO-Streitbeilegungsorganen angewendeten Prüfungsansatz: Ist der Anwendungsbereich des Art. XX GATT eröffnet, so ist ein *prima-facie*-Recht nach Ansicht der WTO-Streitbeilegungsorgane noch nicht begründet. Ein solches *prima facie* Recht liegt erst dann vor, wenn die Anforderungen in einem Absatz des Art. XX GATT, beispielsweise die Bedingungen von *necessary to* und *relating to*, erfüllt sind.[478] Dies ergibt sich aus der zweistufigen Prüfungsgestaltung: Demnach sei erstens zu prüfen, ob eine vorläufige Rechtfertigung hinsichtlich der Charakterisierung der Maßnahme nach einem Absatz des Art. XX GATT vorliege; zweitens sei zu prüfen, ob dieselbe Maßnahme die Anforderungen im Chapeau des Art. XX GATT erfülle.[479]

Es wurde daher weder im Schrifttum noch in der Entscheidungspraxis hinreichend geklärt, ob, warum und wann die Einschätzung des regulierenden WTO-Mitglieds zur Legitimität des Schutzziels einschließlich des behaupteten Schutzniveaus sowie zur Geeignetheit, Erforderlichkeit sowie Angemessenheit der angegriffenen Maßnahme gemäß Art. XX GATT eine erste Vermutung darstellt. Zu unterscheiden ist nämlich die Vermutung im Sinne der Beweislast.[480] Wenn die Beweislast des regulierenden WTO-Mitglieds bereits

---

[477] Teil 1 Kapitel 1 § 5 B. I., § 5 C. I., § 5 D. I.

[478] WTO, AB-Bericht v. 12.10.1998, WT/DS58/AB/R, „US – Shrimp", Para. 119; WTO, Panel-Bericht v. 20.5.1996, WT/DS2/AB/R, „US – Gasoline", Para. 6.20; WTO, Panel-Bericht v. 18.9.2000, WT/DS135/R, „EC – Asbestos", Para. 8.167; WTO, Panel-Bericht v. 12.6.2007, WT/DS332/R, „Brazil – Retreaded Tyres", Para. 7.37; WTO, Panel-Bericht v. 5.7.2011, WT/DS394/R u.a., „China – Raw Materials", Para. 7.359; WTO, Panel-Bericht v. 26.3.2014, WT/DS431/R u.a., „China – Rare Earths", Para. 7.236, 7.362; WTO, AB-Bericht v. 7.8.2014, WT/DS431/AB/R u.a., „China – Rare Earths", Para. 5.86; WTO, Panel-Bericht v. 25.11.2013, WT/DS400/R u.a., „EC – Seal Products", Para. 7.612; WTO, AB-Bericht v. 22.5.2014, WT/DS400/AB/R u.a., „EC – Seal Products", Para. 5.169; WTO, Panel-Bericht v. 30.8.2017, WT/DS472/R, „Brazil – Taxation", Para. 7.536, 7.542; WTO, Panel-Bericht v. 12.8.2009, WT/DS363/R, „China – Publications and Audiovisual Products", Para. 7.746; WTO, AB-Bericht v. 11.12.2000, WT/DS161/AB/R u.a., „Korea – Beef", Para. 156; WTO, Panel-Bericht v. 31.7.2000, WT/DS161/R u.a., „Korea – Beef", Para. 654; WTO, Panel-Bericht v. 15.9.2020, WT/DS543/R, „US – Tariff Measures", Para. 7.107.

[479] Ausführliche Darstellung siehe: Teil 1 Kapitel 1 § 4 A. II.

[480] Allgemein zur Vermutung und ihrer Unklarheit im verfahrensrechtlichen Sinne im WTO-Recht siehe u.a.: *Barceló III*, Burden of Proof, Prima Facie Case and Presumption in WTO Dispute Settlement, CILJ 2009, 23, 23–43.

als erfüllt beurteilt wurde,[481] liegt selbstverständlich eine Vermutung im verfahrensrechtlichen[482] und damit auch im materiell-rechtlichen Sinne vor. Denn das Vorliegen einer Vermutung bei der Erfüllung der Beweislast knüpft an bestimmte materielle Rechtswirkungen an. Fraglich und in der vorliegenden Arbeit zu behandeln ist jedoch die Frage nach den materiellen Anforderungen für die Bejahung einer solchen Vermutung, d. h. wann diese Beweislast als erfüllt beurteilt werden soll.

### *b) Vermutungsregel gemäß Art. XX GATT: Unterscheidung zwischen beschränkenden Voraussetzungen im formalen und materiellen Sinne*

Bei näherer Betrachtung des Vertragstexts des Art. XX GATT wird deutlich, dass die Einschätzung des regulierenden WTO-Mitglieds zur Rationalität und Angemessenheit der ergriffenen Maßnahme eine widerlegbare Vermutung darstellt. Insofern stellt Art. XX GATT eine *bright line rule*[483] dar. Diese Vertragsbestimmung legt die normative Grundlage für die weitere Feststellung, dass auch die Einschätzung des regulierenden WTO-Mitglieds zur Legitimität des angegebenen Schutzziels und des behaupteten Schutzniveaus als widerlegbare Vermutung maßgeblich ist.

Zur Begründung und Festlegung der konkreten Reichweite des Ausnahmerechts u. a. zum Umweltschutz nach Art. XX GATT müssen die in diesem Artikel sowohl in konstitutiver als auch in einschränkender Weise vorgesehenen Voraussetzungen erfüllt sein. Dabei ist für die Begründung der Rechtmäßigkeitsvermutung der angegriffenen Umweltmaßnahme entscheidend, zu welchem Zeitpunkt die in konstitutiver Weise formulierten Voraussetzungen erfüllt sind und gleichzeitig die Prüfung der Erfüllung der in beschränkender Weise formulierten Voraussetzungen beginnt. Denn zu diesem Zeitpunkt liegt die vorgenannte Rechtmäßigkeitsvermutung vor, und die in beschränkender Weise formulierten Voraussetzungen stellen die vertraglich vorgesehenen tauglichen Widerlegungsgründe dar.

---

[481] *Barceló III*, Burden of Proof, Prima Facie Case and Presumption in WTO Dispute Settlement, CILJ 2009, 23, 35.

[482] Für die Unklarheit der Begründung einer Rechtsvermutung im Sinne des Verfahrensrechts vgl. *Kotsoglou*, Zur Theorie gesetzlicher Vermutungen, RT 2014, 243, 248 ff.

[483] Zur *bright line rule* siehe: *von Bernstorff*, Kerngehaltsschutz durch den UN-Menschenrechtsausschuss und den EGMR, Staat 2011, 165, 172 ff., insbesondere 173; *ders.*, Proportionality Without Balancing, in: Lazarus/McCrudden/Bowles (Hrsg.), Reasoning Rights, 2014, S. 66 ff., 83 ff. Ähnlich, vgl. *Aleinikoff*, Constitutional Law in the Age of Balancing, YLJ 1987, 943, 995 ff. und 1002 ff., insbesondere 1003 und 1005 i. V. m. 945.

Nach Ansicht der WTO-Streitbeilegungsorgane liegt eine Rechtmäßigkeitsvermutung der ergriffenen umweltpolitischen Maßnahme dann vor, wenn alle Voraussetzungen in einem Absatz des Art. XX GATT erfüllt sind.[484]

Im Folgenden wird dargelegt, dass eine solche Vermutung während des konkreten Prüfungsvorgangs beispielsweise von Art. XX (a), (b) und (g) GATT *de facto* bereits dann vorliegt, sobald die in konstitutiver Weise formulierten Voraussetzungen erfüllt sind. Denn die in beschränkender Weise vorgesehenen Voraussetzungen in diesen Absätzen sind formaler Natur und können ohne die vorläufige Anerkennung des regulierungsrechts eines WTO-Mitglieds in vollem Umfang nicht festgestellt werden. Andernfalls gibt es nichts, was überhaupt beschränkt werden kann.

Art. XX GATT sieht vor:

> Subject to the requirement that such measures are not applied in a manner which would constitute a means of arbitrary or unjustifiable discrimination between countries where the same conditions prevail, or a disguised restriction on international trade, nothing in this Agreement shall be construed to prevent the adoption or enforcement by any contracting party of measures:
>
> (a) necessary to protect public morals;
>
> (b) necessary to protect human, animal or plant life or health;
>
> …
>
> (g) relating to the conservation of exhaustible natural resources if such measures are made effective in conjunction with restrictions on domestic production or consumption;

---

[484] Dies ergibt sich aus dem in ständiger Entscheidungspraxis angewendeten zweistufigen Prüfungsschema für die Interpretation des Art. XX GATT. Demnach ist erstens zu prüfen, ob eine vorläufige Rechtfertigung der angegriffenen Maßnahme nach einem Absatz des Art. XX GATT vorliegt; zweitens ist zu prüfen, ob diese Maßnahme die Erfordernisse im Chapeau des Art. XX GATT erfüllt. Hierzu siehe: WTO, AB-Bericht v. 12.10.1998, WT/DS58/AB/R, „US – Shrimp", Para. 119; WTO, Panel-Bericht v. 20.5.1996, WT/DS2/R, „US – Gasoline", Para. 6.20; WTO, Panel-Bericht v. 18.9.2000, WT/DS135/R, „EC – Asbestos", Para. 8.167; WTO, Panel-Bericht v. 12.6.2007, WT/DS332/R, „Brazil – Retreaded Tyres", Para. 7.37; WTO, Panel-Bericht v. 5.7.2011, WT/DS394/R u.a., „China –Raw Materials", Para. 7.359; WTO, Panel-Bericht v. 26.3.2014, WT/DS431/R u.a., „China – Rare Earths", Para. 7.236, 7.362; WTO, AB-Bericht v. 7.8.2014, WT/DS431/AB/R u.a., „China – Rare Earths", Para. 5.86; WTO, Panel-Bericht v. 25.11.2013, WT/DS400/R u.a., „EC – Seal Products", Para. 7.612; WTO, AB-Bericht v. 22.5.2014, WT/DS400/AB/R u.a., „EC – Seal Products", Para. 5.169; WTO, Panel-Bericht v. 30.8.2017, WT/DS472/R, „Brazil – Taxation", Para. 7.536, 7.542; WTO, Panel-Bericht v. 12.8.2009, WT/DS363/R, „China – Publications and Audiovisual Products", Para. 7.746; WTO, AB-Bericht v. 11.12.2000, WT/DS161/AB/R u.a., „Korea – Beef", Para. 156; WTO, Panel-Bericht v. 31.7.2000, WT/DS161/R u.a., „Korea – Beef", Para. 654; WTO, Panel-Bericht v. 15.9.2020, WT/DS543/R, „US – Tariff Measures", Para. 7.107. Ausführlich zu dem zweistufigen Prüfungsschema siehe: Teil 1 Kapitel 1 § 4 A. II.

Hieraus ergibt sich zunächst, dass die Eröffnung des Anwendungsbereichs des jeweiligen Absatzes des Art. XX GATT eindeutig eine in konstitutiver Weise formulierte Voraussetzung darstellt. Außerdem folgt aus der negativen Formulierung des Chapeaus unproblematisch, dass willkürliche Diskriminierung und verschleierte Handelsbeschränkung die in beschränkender Weise formulierten Bedingungen für die Festlegung der Reichweite des Umweltschutzrechts eines WTO-Mitglieds darstellen.

Daher hängt die Frage, ob und wann eine Rechtmäßigkeitsvermutung nach diesem Artikel vorliegt, von der Interpretation der *necessary to*-Voraussetzung, beispielsweise in Absatz (a) und (b) des Art. XX GATT, ab.

Diese Bedingung erscheint auf den ersten Blick als eine konstitutive Voraussetzung, weil sie als eigenständige Bedingung vorgesehen ist und keine ausdrückliche negative Formulierung enthält. Bei näherer Betrachtung weist die *necessary to*-Voraussetzung jedoch einen beschränkenden und weder konstitutiven noch rein verdeutlichenden Charakter auf. Denn nicht alle, sondern nur bestimmte und selbstverständlich rechtmäßige Verhältnisse zwischen der ergriffenen Maßnahme und dem angegebenen Schutzziel werden von Art. XX (a) und (b) GATT erfasst. Das heißt, nicht alle umweltpolitischen Maßnahmen des regulierenden WTO-Mitglieds können die *necessary to*-Bedingung erfüllen, sondern nur einige davon.

Die *necessary to*-Bedingung in Art. XX (a) und (b) GATT ist zwar eine beschränkende Bedingung. Ihre Feststellung hängt jedoch von der vorläufigen Anerkennung des Regulierungsrechts eines WTO-Mitglieds zur Ergreifung umweltpolitischer Maßnahmen und damit von der Anerkennung der Rechtmäßigkeit der ergriffenen Maßnahme als erste Vermutung ab, sofern der Anwendungsbereich des Art. XX (a) und (b) GATT eröffnet ist. Denn *necessary* ist ein Adjektiv und ein Wort mit rein normativer Urteilsfunktion, das keine eigenständige inhaltliche Aussage darüber enthält, was und wie beschränkt werden soll. Der Gegenstand der Beschränkung durch die *necessary to*-Bedingung ist nämlich die Rechtmäßigkeit der ergriffenen Maßnahme, die bei Erfüllung der konstitutiven Voraussetzung in diesem Absatz vorläufig zu bejahen ist, weil es andernfalls nichts zu beschränken gibt. Wie diese vermutete Rechtmäßigkeit der ergriffenen umweltpolitischen Maßnahme beschränkt werden soll, hängt davon ab, ob sie durch taugliche Widerlegungsgründe widerlegt wird.

Da die konstitutive Bedingung beispielsweise in Art. XX (a) und (b) GATT im materiellen Sinne nur deren Anwendungsbereich ist, liegt eine Vermutung der Rechtmäßigkeit der ergriffenen umweltpolitischen Maßnahme *de facto* bereits dann vor, sobald der genannte Anwendungsbereich eröffnet ist.

Diese Rechtmäßigkeitsvermutung umfasst sowohl die Geeignetheits- und Erforderlichkeitsvermutung als auch die Angemessenheitsvermutung der ergriffenen umweltpolitischen Maßnahme. Denn eine „vorläufige Rechtfertigung“, nämlich die „vorläufige Rechtmäßigkeit“ der angegriffenen Maßnahme, stellt trotz ihrer Vorläufigkeit ein normatives Urteil dar, das sowohl die Tatsachenfeststellung als auch das darauf aufbauende Werturteil beinhaltet. Im Kontext des Ausnahmerechts zur Umweltregulierung bedeutet dies, dass die Einschätzung des regulierenden WTO-Mitglieds zur Verhältnismäßigkeit i. w. S. der ergriffenen Maßnahme nach Art. XX (a) und (b) GATT als widerlegbare Vermutung maßgeblich ist.

Dieses Ergebnis gilt auch für die *relating to*-Bedingung in Art. XX (g) GATT, deren Prüfung sowohl die Geeignetheits- und Erforderlichkeitsvermutung als auch die Angemessenheitsprüfung umfasst. Daran ändert nichts, dass die *relating to*-Bedingung nach einer Ansicht im Schrifttum nur die Geeignetheitsprüfung beinhaltet und somit als lockere Anforderung im Vergleich zur *necessary to*-Bedingung in Art. XX (a) und (b) GATT verstanden wird.[485]

### 3. Anwendbarkeit der Vermutungsregel nach Art. XX GATT für die Einschätzung des regulierenden WTO-Mitglieds zur Legitimität des angegebenen Schutzziels einschließlich des behaupteten Schutzniveaus unter Berücksichtigung des dogmatischen Charakters der Verhältnismäßigkeitsprüfung i. w. S.

Es wurde soeben festgestellt, dass die Einschätzung des regulierenden WTO-Mitglieds zur Verhältnismäßigkeit i. w. S. der getroffenen Maßnahme nach Art. XX GATT eine widerlegbare Vermutung darstellt.[486] Angesichts des Wechselverhältnisses zwischen der Verhältnismäßigkeit i. w. S. der ergriffenen Maßnahme und der Legitimität des behaupteten Schutzniveaus aufgrund der (impliziten) Abwägung[487] stellt die Maßgeblichkeit der Einschätzung des regulierenden WTO-Mitglieds zur Legitimität des angegebenen Schutzziels und des behaupteten Schutzniveaus entsprechend ebenfalls eine widerlegbare Vermutung dar.

Die Prüfung der *necessary to* -Bedingung beispielsweise in Art. XX (a) und (b) GATT umfasst nämlich sowohl die Geeignetheits- und Erforderlichkeitsprüfung als auch die Angemessenheitsprüfung.[488] Aufgrund der impliziten Abwägung bei negativer Beurteilung der „Geeignetheits- und Erforderlich-

---

[485] Teil 1 Kapitel 1 § 5 B. I., § 5 C. II., § 5 D. I.

[486] Teil 2 Kapitel 5 § 3 B. III. 2.

[487] Teil 3 Kapitel 9 § 3 B., Teil 4 Kapitel 13 § 3 B., Teil 5 Kapitel 17 § 3 A. und § 3 B. I.

[488] Teil 1 Kapitel 1 § 5 B. I., § 5 C. I., § 5 D. I.

keitsprüfung“ wird das behauptete Schutzniveau des regulierenden WTO-Mitglieds immer entsprechend korrigiert und somit dessen Legitimität abgelehnt.[489] Auch bei der Ablehnung der Angemessenheitseinschätzung des regulierenden WTO-Mitglieds durch ein Panel geht es zugleich um die Ablehnung der Legitimität des genannten Schutzniveaus. Denn dieses Schutzniveau spiegelt sich dann explizit und ausschließlich in der konkret ergriffenen Maßnahme wider, wenn deren Geeignetheit und Erforderlichkeit festgestellt worden sind; die Angemessenheitseinschätzung des beschränkenden WTO-Mitglieds ist in diesem Fall die positive subjektive Feststellung dieses empirischen Umstands.[490] Aus ähnlichem Grund gilt dieses Ergebnis auch für Art. XX (g) GATT, weil die *relating to*-Bedingung in diesem Absatz nicht nur die Geeignetheitsprüfung, sondern auch die Erforderlichkeits- und Angemessenheitsprüfung beinhaltet.[491]

Dieser dogmatische Charakter wird bereits zur Begründung der Justiziabilität des angegebenen Schutzziels und des behaupteten Schutzniveaus herangezogen.[492] Dabei wird mit diesem dogmatischen Charakter jedoch nur verdeutlicht, dass die Legitimität des angegebenen Schutzziels, einschließlich des behaupteten Schutzniveaus, des regulierenden WTO-Mitglieds immer implizit abgelehnt wird, wenn die Geeignetheits-, Erforderlichkeits- oder Angemessenheitsprüfung von den WTO-Streitbeilegungsorganen negativ beurteilt wird. Unklar bleibt jedoch, nach welcher Regel die Verhältnismäßigkeit i. w. S. der ergriffenen Maßnahme und damit die Legitimität des angegebenen Schutzziels einschließlich des behaupteten Schutzniveaus von den WTO-Streitbeilegungsorganen überprüft und ggf. abgelehnt werden soll.

Allein aus dem genannten dogmatischen Charakter kann sich nämlich noch keine konkrete zwingende Regel bzw. keine Vermutungs- und Widerlegungsregel ergeben. Denn die normative Wirkung der Einschätzung des regulierenden WTO-Mitglieds jeweils zur Legitimität des angegebenen Schutzziels und zur Verhältnismäßigkeit i. w. S. der ergriffenen Maßnahme fehlt noch.

Zur Begründung der Maßgeblichkeit der Einschätzung des regulierenden WTO-Mitglieds zur Legitimität des angegebenen Schutzziels als widerlegbare Vermutung muss nämlich entweder diese Maßgeblichkeit selbst direkt durch eine völkerrechtliche Vertragsvorschrift vorgesehen sein oder die Maßgeblichkeit der Einschätzung des regulierenden WTO-Mitglieds zur Verhältnismäßigkeit i. w. S. muss durch eine solche Vertragsvorschrift als erste Vermu-

---

489 Teil 3 Kapitel 9 § 3 B., Teil 4 Kapitel 13 § 3 B. Ob diese implizite Abwägung gerechtfertigt ist bzw. nach welchem Maßstab das behauptete Schutzniveau korrigiert werden soll, ist eine andere Frage.

490 Teil 5 Kapitel 17 § 3 A. und § 3 B. I.

491 Teil 1 Kapitel 1 § 5 B. I. – § 5 B. II., § 5 C. II. – § 5 C. III., § 5 D. I.

492 Teil 2 Kapitel 5 § 3 B. II. 3. b).

tung vorgesehen sein.[493] Im zweiten Fall ist die Maßgeblichkeit der Einschätzung des regulierenden WTO-Mitglieds zur Legitimität des angegebenen Schutzziels indirekt aufgrund des Wechselverhältnisses zwischen der Verhältnismäßigkeit i. w. S. der ergriffenen Maßnahme und der Legitimität des behaupteten Schutzniveaus zu bejahen.

Im Kontext des Art. XX GATT liegt die zweite Konstellation vor, weil dieser Artikel nur die Maßgeblichkeit der Einschätzung des regulierenden WTO-Mitglieds zur Verhältnismäßigkeit i. w. S. der ergriffenen Maßnahme als widerlegbare Vermutung vorsieht.[494] Somit stellt die Maßgeblichkeit der Einschätzung des regulierenden WTO-Mitglieds zur Legitimität des angegebenen Schutzziels und des behaupteten Schutzniveaus aufgrund des genannten Wechselverhältnisses ebenfalls eine widerlegbare Vermutung dar.

### IV. Zwischenergebnis

Das Schutzziel einschließlich des Schutzniveaus enthält sowohl empirische als auch subjektive Aspekte, nämlich die angestrebte empirische Schutzwirkung und das darauf aufbauende Legitimitätsurteil. Die beiden Aspekte sind zwar justiziabel. Für die Festlegung des angegebenen Schutzziels und des behaupteten Schutzniveaus durch das regulierende WTO-Mitglied und für ihre richterliche Überprüfung ist das Legitimitätsurteil entscheidend, nicht jedoch die empirischen Aspekte (Teil 2 Kapitel 5 § 3 B. I. – § 3 B. II.).

Eine rechtliche Vermutung kann ausschließlich durch eine völkerrechtliche Vertragsbestimmung begründet werden (Teil 2 Kapitel 5 § 3 B. III. 1.). Bei näherer Betrachtung des Vertragstexts des Art. XX GATT wird deutlich, dass die Einschätzung des regulierenden WTO-Mitglieds zur Rationalität und Angemessenheit seiner umweltpolitischen Maßnahme als widerlegbare Vermutung maßgeblich ist. Angesichts des Wechselverhältnisses zwischen der Verhältnismäßigkeit i. w. S. der ergriffenen Maßnahme und der Legitimität des behaupteten Schutzniveaus aufgrund impliziter Abwägung stellt die Maßgeblichkeit der Einschätzung des regulierenden WTO-Mitglieds zur Legitimität des angegebenen Schutzziels und des behaupteten Schutzniveaus entsprechend ebenfalls eine widerlegbare Vermutung dar (Teil 2 Kapitel 5 § 3 B. III. 2. – § 3 B. III. 3.).

## § 4 Umfang der Vermutung

Die Legitimität des angegebenen Schutzziels im konkreten Einzelfall bezieht sich einerseits auf die Legitimität des behaupteten Gefährdungsniveaus

[493] Teil 2 Kapitel 5 § 3 B. III. 1.

[494] Teil 2 Kapitel 5 § 3 B. III. 2. b).

und andererseits auf die Legitimität des behaupteten Schutzniveaus durch das regulierende WTO-Mitglied, die jeweils eine erste Vermutung darstellen.[495]

## A. Unklarheit über den Umfang der Legitimitätsvermutung des Hauptschutzziels

Der Umfang der genannten Vermutungen ist jedoch klärungsbedürftig. Insbesondere wurde die Legitimität eines weiteren und anscheinend gegenläufigen Schutzziels bei der Legitimitätsprüfung im Rahmen der Auslegung eines Absatzes des Art. XX GATT von den WTO-Streitbeilegungsorganen bislang nicht hinreichend geklärt.

Zum Beispiel wurde die Legitimität der regionalen Handelsfreiheit und der gerichtlichen Verfügungen gegenüber dem Gesundheitsschutz in Brazil – Retreaded Tyres bei der Legitimitätsprüfung im Rahmen der Auslegung des Art. XX (b) GATT nicht behandelt.[496] In China – Rare Earths erkannte das Panel zwar an, dass ein WTO-Mitglied bei der Konservierung erschöpflicher natürlicher Ressourcen die nachhaltige Entwicklung der inländischen Wirtschaft berücksichtigen dürfe.[497] Jedoch klärte das Panel die Frage nicht weiter, inwieweit das Ziel des Schutzes nachhaltiger Entwicklung inländischer Industrien neben dem Konservierungsziel als legitim beurteilt werden konnte.[498] Ebenso wurde die Legitimität des IG-Schutzes vom Panel in EC – Seal Products zwar grundsätzlich bejaht, jedoch als „nicht relevant" für die Legitimitätsprüfung angesehen.[499] Hingegen lehnte der AB in EC – Seal Products die Legitimität des IG-Schutzes gegenüber dem Wohlergehen von Robben ab und betrachtete den Schutz indigener Gemeinden nur als ein zu berücksichtigendes Interesse.[500]

In Turkey – Pharmaceutical Products (EU) wurde die Legitimität des behaupteten Schutzniveaus der Türkei im Rahmen des *design to*-Tests[501] bei der

---

[495] Teil 2 Kapitel 5 § 3 A. und § 3 B.

[496] WTO, Panel-Bericht v. 12.6.2007, WT/DS332/R, „Brazil – Retreaded Tyres", Para. 7.42–7.102.

[497] WTO, Panel-Bericht v. 26.3.2014, WT/DS431/R u.a., „China – Rare Earths", Para. 7.261–7.267.

[498] WTO, Panel-Bericht v. 26.3.2014, WT/DS431/R u.a., „China – Rare Earths", Para. 7.276–7.277.

[499] WTO, Panel-Bericht v. 25.11.2013, WT/DS400/R u.a., „EC – Seal Products", Para. 7.631 i.V.m. 7.421 und 7.299.

[500] WTO, AB-Bericht v. 22.5.2014, WT/DS400/AB/R u.a., „EC – Seal Products", Para. 5.148 und 5.167.

[501] Dieser Test ist keine Geeignetheitsprüfung, sondern eine Legitimitätsprüfung, weil eine Prüfung der Zweck-Mittel-Relation in diesem Prüfungsschritt noch nicht möglich ist. Die Legitimität des behaupteten Gefährdungs- und Schutzniveaus kann

Interpretation des Art. XX (b) GATT vom Panel abgelehnt.[502] Denn das von der Türkei angegebene Ziel des Lokalisierungserfordernisses sei eher der Schutz der inländischen Pharmaindustrie und stehe daher in keinem vernünftigen Zusammenhang mit dem Gesundheitsschutzziel.[503]

Die Legitimität eines weiteren angegebenen Schutzziels wurde im Schrifttum überwiegend erst bei der Chapeau-Prüfung behandelt.[504]

Im Folgenden wird klargestellt, dass die Legitimität eines weiteren und „gegenläufigen" Schutzziels, einschließlich der Legitimität des behaupteten Gefährdungsniveaus und der Legitimität des behaupteten Schutzniveaus, von der Legitimitätsvermutung des Hauptschutzziels umfasst ist und daher implizit auch als erste Vermutung bejaht wird.

## B. Inhalt der Legitimitätsvermutung des Hauptschutzziels

Der Kerncharakter des Abwägungsarguments liegt darin, dass ein Werturteil auf Grundlage der empirischen Auswirkungen einer Maßnahme auf verschiedene, einander gegenüberstehende Rechtsgüter getroffen wird.[505] Dies ist bei der Einschätzung des regulierenden WTO-Mitglieds sowohl zur Legitimität des Schutzniveaus als auch zur Gefährdungslage des Schutzguts der Fall.

Denn das Schutzziel ist das Werturteil über die zu erreichenden Auswirkungen.[506] Gleiches gilt für das vom regulierenden WTO-Mitglied behauptete Schutzniveau, weil dieses den konkrete Grad bezeichnet, bis zu dem das

---

ohne Abschluss dieses Prüfungsschritts nicht festgestellt werden. Ausführlich hierzu siehe: Teil 1 Kapitel 1 § 5 A. II. 2. b).

502 WTO, Panel-Bericht v. 11.11.2021, unverbreitet und beigefügt zur Mitteilung v. 28.4.2022 über die Berufung der Türkei gemäß Art. 25 DSU, WT/DS583/12, „Turkey – Pharmaceutical Products (EU)", Para. 7.181–7.208. Diese Feststellung wurde auch von dem Schiedsgericht gemäß Art. 25 DSU bestätigt. WTO, Schiedsspruch gemäß Art. 25 DSU v. 25.7.2022, WT/DS583/ARB25, „Turkey – Pharmaceutical Products (EU)", Para. 6.132–6.141. Kritik hierzu siehe: *Qin*, Turkey – Pharmaceuticals Products: The First WTO Arbitration for Appellate Review, LIEI 2022, 415, 424.

503 Vgl. WTO, Panel-Bericht v. 11.11.2021, unverbreitet und beigefügt zur Mitteilung v. 28.4.2022 über die Berufung der Türkei gemäß Art. 25 DSU, WT/DS583/12, „Turkey – Pharmaceutical Products (EU)", Para. 7.201–7.208.

504 Für die Behandlung dieser Frage im Rahmen der Legitimitätsprüfung des behaupteten Schutzniveaus siehe: *Qin*, Turkey – Pharmaceuticals Products: The First WTO Arbitration for Appellate Review, LIEI 2022, 415, 424; *Zhou*, Turkey – Pharmaceutical Products, AJIL 2023, 322, 327–329.

505 Die Abwägung setzt nämlich die empirischen Erwägungen voraus. Hierzu vgl. *Petersen*, Verhältnismäßigkeit als Rationalitätskontrolle, 2015, S. 79–80.

506 Vgl. *Hirschberg*, Der Grundsatz der Verhältnismäßigkeit, 1981, S. 44, 158ff. und 163.

Schutzziel erfüllt werden soll.[507] Das Schutzziel und das Schutzniveau der angegriffenen Maßnahme enthalten somit sowohl empirische als auch subjektive Elemente, nämlich die Tatsachenfeststellung und die darauf aufbauende rechtliche Wertung. Für das Legitimitätsurteil über das Schutzziel und das Schutzniveau ist nicht die Tatsachenfeststellung, sondern das Werturteil maßgeblich.[508]

Das Gleiche gilt für das Gefährdungsniveau,[509] das ein auf der empirischen Gefährdung des Schutzguts aufbauendes Werturteil darstellt. Das Ergreifen einer unilateralen Umweltschutzmaßnahme muss zwar auf einer objektiven Gefährdung des Schutzguts beruhen, obwohl Art. XX GATT eine solche Gefährdung nicht ausdrücklich vorsieht.[510] Entscheidend für das Schutzbedürftigkeitsurteil des Schutzguts ist aber wiederum nicht die Tatsachenfeststellung, sondern das Werturteil über die objektive Gefährdung des Schutzguts.[511]

Da die Einschätzung des regulierenden WTO-Mitglieds zur Gefährdungslage des Schutzguts und zur Legitimität des Schutzniveaus als erste Vermutung maßgeblich ist,[512] und diese Vermutung sowohl die Tatsachenfeststellung als auch die darauf aufbauenden Rechtsurteile umfasst, sind sowohl die empirischen beeinträchtigenden Auswirkungen auf das Schutzgut sowie die zu erzielenden Schutzwirkungen als auch die darauf aufbauenden Werturteile von der Vermutung erfasst.

Der Umfang der Vermutung umfasst somit alle empirischen und subjektiven Aspekte der behaupteten Gefährdungslage des Schutzguts und des behaupteten Schutzniveaus. Daran ändert nichts, dass die objektive Gefährdung des Schutzguts nicht ohne wissenschaftliche Unsicherheit festgestellt werden kann und bestimmte Aspekte des behaupteten Schutzniveaus nur abstrakt und nicht im Detail formuliert sind.

---

507 Vgl. WTO, AB-Bericht v. 12.3.2001, WT/DS135/AB/R, „EC – Asbestos“, Para. 168; WTO, AB-Bericht v. 3.12.2007, WT/DS332/AB/R, „Brazil – Retreaded Tyres“, Para. 140.

508 Teil 2 Kapitel 5 § 3 B. I. – § 3 B. II.

509 WTO, Panel-Bericht v. 18.9.2000, WT/DS135/R, „EC – Asbestos“, Para. 8.175, Zit. 119 a.a.O., 8.205.

510 *Cheyne*, Gateways to the Precautionary Principle in WTO Law, JEL 2007, 155, 163; *Esty*, Greening the GATT: Trade, Environment, and the Future, 1994, S. 118.

511 Teil 2 Kapitel 5 § 3 A. I. – § 3 A. II.

512 Ausführlich hierzu siehe jeweils: Teil 2 Kapitel 5 § 3 A. und § 3 B.

## C. Legitimitätsvermutung eines weiteren Schutzziels

Dieses Ergebnis gilt sowohl für Fälle, in denen die angegriffene Maßnahme nur ein einziges Schutzziel[513] anstrebt, als auch für Fälle, in denen im Rahmen einer umweltrechtlichen Regulierung multilaterale Belange zu berücksichtigen sind,[514] auch wenn ein weiteres angegebenes Schutzziel oder ein zu berücksichtigendes Interesse dem Hauptschutzziel gegenläufig erscheint.

Dabei richtet sich das Werturteil zwar scheinbar nur auf alle objektiven Aspekte der Gefährdung des Hauptschutzguts und des behaupteten Schutzniveaus bezüglich des Hauptschutzziels, beispielsweise des Schutzes von Leben und Gesundheit von Menschen und Tieren in Brazil – Retreaded Tyres.[515] Ein Schutzgut steht jedoch unvermeidbar immer in einem bestimmten Verhältnis zu anderen Rechtsgütern, sei es anscheinend im Konflikt oder in anderen Arten von Verhältnissen. Das Hauptschutzgut steht nämlich unvermeidlich in einem bestimmten Verhältnis zu anderen Schutzgütern, einschließlich solcher, die als Neben- oder übergeordnete Schutzziele oder als zu berücksichtigende Interessen durch die angegriffene Maßnahme geschützt werden sollen.

Die Legitimationsvermutung des Hauptschutzziels umfasst folglich einerseits die nachteiligen Auswirkungen, die zum Schutz des Hauptschutzguts auf weitere Schutzgüter entstanden sind, und die angestrebten Schutzwirkungen auf diese Schutzgüter. Andererseits umfasst die Legitimitätsvermutung des Hauptschutzziels das Werturteil über die vorgenannten beeinträchtigenden Auswirkungen und die angestrebten Schutzwirkungen auf diese weiteren Schutzgüter, nämlich die Schutzbedürftigkeit der weiteren Schutzgüter und die Legitimität des behaupteten Schutzniveaus für diese weitere Schutzgüter.[516]

---

[513] Zum Beispiel Schutz der Umwelt gegenüber der Handelsfreiheit im Fall US – Gasoline, WTO, AB-Bericht v. 20.5.1996, WT/DS2/AB/R; WTO, Panel-Bericht v. 20.5.1996, WT/DS2/AB/R; Schutz von Meeresschildkröten gegenüber der Handelsfreiheit in US – Shrimp, WTO, AB-Bericht v. 12.10.1998, WT/DS58/AB/R; WTO, Panel-Bericht v. 15.5.1988, WT/DS58/R; Schutz der Gesundheit gegenüber der Handelsfreiheit in EC – Asbestos, WTO, AB-Bericht v. 12.3.2001, WT/DS135/AB/R; WTO, Panel-Bericht v. 18.9.2000, WT/DS135/R.

[514] Schutz des Wohlergehens von Robben gegenüber der Handelsfreiheit und Schutz indigener Gemeinden in EC – Seal Products, WTO, AB-Bericht v. 22.5.2014, WT/DS400/AB/R u.a.; WTO, Panel-Bericht v. 25.11.2013, WT/DS400/R u.a.; Schutz der Umwelt gegenüber der Welthandelsfreiheit und der regionalen Handelsfreiheit in Brazil – Retreaded Tyres, WTO, AB-Bericht v. 3.12.2007, WT/DS332/AB/R; WTO, Panel-Bericht v. 12.6.2007, WT/DS332/R.

[515] WTO, Panel-Bericht v. 12.6.2007, WT/DS332/R, „Brazil – Retreaded Tyres", Para. 7.42–7.102.

[516] Im Ergebnis so auch: *Herwig/Serdarevic*, Standard of Review for Necessity and Proportionality Analysis in EU and WTO Law, in: Gruszczynski/Werner (Hrsg.), Deference in International Courts and Tribunals, 2014, S. 227–228.

Daran ändert wiederum nichts, dass die objektive Gefährdung des Schutzguts nicht ohne wissenschaftliche Unsicherheit festgestellt werden kann und bestimmte Aspekte des behaupteten Schutzniveaus nur abstrakt und nicht im Detail formuliert sind.

Aus diesem Grund werden die Legitimität der regionalen Handelsfreiheit und die Legitimität gerichtlicher Verfügungen, die mit dem Hauptschutzziel der Gesundheit beispielsweise in Brazil – Retreaded Tyres „gegenläufig" erschienen,[517] jeweils dann als erste Vermutung bejaht, sobald die Legitimität des Gesundheitsschutzziels als erste Vermutung bejaht wird. Vermutet werden nämlich die Legitimität des behaupteten Gefährdungsniveaus und die Legitimität des behaupteten Schutzniveaus bezüglich der regionalen Handelsfreiheit und der gerichtlichen Verfügungen. Das Ziel der nachhaltigen Entwicklung der inländischen Wirtschaft bei der Konservierung von erschöpflichen Naturschätzen, beispielsweise in China – Rare Earths,[518] wird auch als legitim vermutet, wenn die Legitimität des Konservierungsziels als erste Vermutung bejaht wird.

Das Gleiche gilt für EC – Seal Products. Dabei wurde Art. XX (a) GATT zur Rechtfertigung der IG-Ausnahme durch die EU herangezogen. Die empirischen Umstände, einschließlich der öffentlichen Meinung, die der Bewertung des Panels zugrunde lagen, wurden von der EU selbst und nicht vom Panel[519] als Maßstab für den Nachweis des Schutzes indigener Gemeinden als öffentliche Moral in der EU festgelegt. In ähnlicher Weise hatte die EU im Rahmen ihres Ermessensspielraums[520] festgelegt, inwieweit die öffentliche Besorgnis über indigene Gemeinschaften ausreichte, um die öffentliche Moral zu belegen. Die Tatsache, dass die öffentliche Sorge um indigene Gemeinden nicht so groß war wie die öffentliche Sorge um Robben, bildete indiziell schon eine hinreichende empirische Grundlage für die Anerkennung des Schutzes indigener Gemeinden als öffentliche Moral. Denn die Legitimität dieser Tatsachenfeststellung und des darauf aufbauenden Werturteils ist bereits von der Legitimitätsvermutung des Robbenschutzziels umfasst.[521]

---

[517] Die Legitimität der beiden Schutzziele wurde bei der Legitimitätsprüfung im Rahmen der Auslegung des Absatzes (b) von Art. XX GATT nicht vom Panel behandelt. Hierzu siehe: WTO, Panel-Bericht v. 12.6.2007, WT/DS332/R, „Brazil – Retreaded Tyres", Para. 7.42–7.102.

[518] WTO, Panel-Bericht v. 26.3.2014, WT/DS431/R u.a., „China – Rare Earths", Para. 7.257–7.277.

[519] Entgegen der Ansicht, dass das Panel den Test für die Beurteilung einer öffentlichen Moral entwickelt habe. Vgl. *Plouffe-Malette*, Public Morality Exception at the WTO, JWT 2021, 453, 457 ff., 459.

[520] WTO, Panel-Bericht v. 25.11.2013, WT/DS400/R u.a., „EC – Seal Products", Para. 7.409; WTO, Panel-Bericht v. 10.11.2004, WT/DS285/R, „US – Gambling", Para. 6.461.

[521] Nach einer Ansicht können die empirischen Umstände, einschließlich der öffentlichen Meinung, auf die sich die Beurteilung des Panels stütze, keine Beurteilungs-

Aus demselben Grund ist der Feststellung des Panels in Turkey – Pharmaceutical Products (EU) nicht zuzustimmen, wonach die Legitimität des behaupteten Schutzniveaus der Türkei im Rahmen des *design to*-Tests[522] bei der Interpretation des Art. XX (b) GATT abzulehnen sei, weil das von der Türkei angegebene Ziel des Lokalisierungserfordernisses eher der Schutz der inländischen Pharmaindustrie sei und daher in keinem vernünftigen Zusammenhang mit dem Gesundheitsschutzziel stehe.[523] Hingegen soll die Legitimität des Schutzes der inländischen Pharmaindustrie und des damit verbundenen genannten behaupteten Schutzniveaus auch als erste Vermutung bejaht werden, die unserer Ansicht nach jedoch bei der Chapeau-Prüfung widerlegt werden kann.

## D. Zwischenergebnis und Vorbehalt

Zusammenfassend bleibt festzuhalten, dass die Legitimitätsvermutung des behaupteten Gefährdungsniveaus und des behaupteten Schutzniveaus sämtliche empirischen Auswirkungen auf das Schutzgut sowie die darauf aufbauenden Werturteile umfasst (Teil 2 Kapitel 5 § 4 B.). Außerdem werden die Legitimität des Gefährdungsniveaus eines weiteren Schutzguts und die Legitimität eines weiteren angegebenen Schutzziels indiziell vermutet, sofern die Legitimität des Gefährdungsniveaus des Hauptschutzguts und die Legitimität des behaupteten Schutzniveaus für das Hauptschutzgut jeweils als erste Vermutung bejaht werden (Teil 2 Kapitel 5 § 4 C.).

Dieses Ergebnis gilt jedoch grundsätzlich nur für die Legitimitätsprüfung im Rahmen der Rechtfertigung der Hauptmaßnahme, nicht jedoch unbedingt

---

kriterien für die öffentliche Moral sein, weil eine Tatsache nicht allein durch ihr Vorhandensein legitimiert werden könne. Andernfalls liege eine Tautologie vor. Hierzu vgl. *Herwig*, Animal Welfare, Public Morals, and Consumer Ethics at the Bar of the WTO, WTR 2015, 1, 12ff., 15. Dieser Prüfungsansatz stellt jedoch keine genannte Tautologie dar, weil das Souveränitätsrecht des regulierenden Mitglieds der WTO gemäß Art. XX GATT, in der Form einer widerlegbaren Vermutung, diese Feststellung legitimiert. Diese Vermutungs- und Widerlegungsregel muss sich jedoch ausschließlich aus einer geltenden gesetzlichen oder völkerrechtlichen vertraglichen Regel, vorliegend aus Art. XX GATT, ergeben.

[522] Dieser Test ist keine Geeignetheitsprüfung, sondern eine Legitimitätsprüfung, weil eine Prüfung der Zweck-Mittel-Relation in diesem Prüfungsschritt noch nicht möglich ist. Die Legitimität des behaupteten Gefährdungs- und Schutzniveaus kann nämlich ohne Abschluss dieses Prüfungsschritts nicht festgestellt werden. Ausführlich hierzu siehe: Teil 1 Kapitel 1 § 5 A. II. 2. b).

[523] Vgl. WTO, Panel-Bericht v. 11.11.2021, unverbreitet und beigefügt zur Mitteilung v. 28.4.2022 über die Berufung der Türkei gemäß Art. 25 DSU, WT/DS583/12, „Turkey – Pharmaceutical Products (EU)", Para. 7.201–7.208. Diese Feststellung wurde auch vom Schiedsgericht gemäß Art. 25 DSU bestätigt. WTO, Schiedsspruch gemäß Art. 25 DSU v. 25.7.2022, WT/DS583/ARB25, „Turkey – Pharmaceutical Products (EU)", Para. 6.132–6.141.

für die Legitimitätsprüfung im Rahmen der Rechtfertigung einer Ausnahme, die eine willkürliche Diskriminierung i. S. d. Chapeaus darstellt. Die zweitgenannte Legitimitätsprüfung betrifft die Chapeau-Prüfung des Art. XX GATT und wird in Teil 6 Kapitel 21 § 1 B. III. 1. ausführlich dargestellt.

## Kapitel 6

# Taugliche Widerlegungsgründe gegen die Vermutung der Maßgeblichkeit der Einschätzung des regulierenden WTO-Mitglieds zur Legitimität des behaupteten Gefährdungs- und Schutzniveaus

Soweit festgestellt wurde, dass die Legitimität des behaupteten Gefährdungs- und des behaupteten Schutzniveaus jeweils als erste Vermutung maßgeblich ist, stellt sich die Frage, mit welchen tauglichen Gründen diese Vermutungen jeweils widerlegt werden können.

Wie oben in Teil 2 Kapitel 5 § 3 A. II. 1. dargestellt, überschneidet sich das behauptete Gefährdungsniveau mit dem behaupteten Schutzniveau. Bei beiden Schutzniveaus geht es um die Schutzbedürftigkeit des Schutzguts. Das behauptete Gefährdungsniveau beschreibt, wann das Schutzgut überhaupt als schutzbedürftig angesehen werden soll, während das behauptete Schutzniveau verdeutlicht, inwieweit das Schutzgut schutzbedürftig ist. Daher unterliegt die Legitimität des behaupteten Gefährdungs- und des behaupteten Schutzniveaus denselben Widerlegungsgründen.

In diesem Abschnitt wird zunächst klargestellt, dass willkürliche Diskriminierung und verschleierte Handelsbeschränkung i. S. d. Chapeaus des Art. XX GATT jeweils einen tauglichen Widerlegungsgrund gegen die Vermutung der Maßgeblichkeit der Einschätzung des regulierenden WTO-Mitglieds zur Legitimität des behaupteten Gefährdungsniveaus sowie des angegebenen Schutzziels einschließlich des behaupteten Schutzniveaus darstellen.

Sodann wird erläutert, dass das Abwägungsargument keinen zulässigen Widerlegungsgrund darstellt. Ebenso kann sich ein tauglicher Widerlegungsgrund weder aus dem Völkergewohnheitsrecht noch aus allgemeinen Rechtsgrundsätzen ergeben, wenn weder eine willkürliche Diskriminierung noch eine verschleierte Handelsbeschränkung i. S. d. Chapeaus des Art. XX GATT vorliegt.

## § 1 Taugliche Widerlegungsgründe

Im vorliegenden Abschnitt wird zunächst dargestellt, dass willkürliche Diskriminierung und verschleierte Handelsbeschränkung i. S. d. Chapeaus des Art. XX GATT taugliche Widerlegungsgründe darstellen. Sodann wird erläutert, dass diese Widerlegungsgründe erst nach der Bejahung der Angemessenheitseinschätzung des regulierenden WTO-Mitglieds als erste Vermutung geltend gemacht werden können. Anschließend wird dargelegt, wie sich diese Widerlegungsgründe auf das bereits als legitim vermutete behauptete Gefährdungs- und Schutzniveau auswirken.

### A. Willkürliche Diskriminierung und verschleierte Handelsbeschränkung i. S. d. Chapeaus des Art. XX GATT als vertraglich vorgesehene Widerlegungsgründe

Zur Begründung und Festlegung der konkreten Reichweite des Ausnahmerechts u. a. zum Umweltschutz nach Art. XX GATT müssen die in diesem Artikel sowohl in konstitutiver als auch in beschränkender Weise vorgesehenen Voraussetzungen erfüllt sein. Dabei ist sowohl für die Begründung der Rechtmäßigkeitsvermutung der angegriffenen Umweltmaßnahme als auch für die Feststellung tauglicher Widerlegungsgründe entscheidend, zu welchem Zeitpunkt die in konstitutiver Weise formulierten Voraussetzungen erfüllt sind und gleichzeitig die Prüfung der Erfüllung der in beschränkender Weise formulierten Voraussetzungen beginnt. Denn zu diesem Zeitpunkt liegt die genannte Rechtmäßigkeitsvermutung vor, und die in beschränkender Weise formulierten Voraussetzungen stellen dann die vertraglich vorgesehenen tauglichen Widerlegungsgründe dar.

Aus formaler Hinsicht liegt die vorläufige Rechtmäßigkeit der angegriffenen Maßnahme gemäß Art. XX GATT dann vor, wenn alle Voraussetzungen des einschlägigen Absatzes erfüllt sind. Diese Interpretation bestätigt das in ständiger Entscheidungspraxis festgelegte zweistufige Prüfungsschema des Art. XX GATT: Demnach sei erstens zu prüfen, ob eine vorläufige Rechtfertigung der angegriffenen Maßnahme nach einem Absatz des Art. XX GATT vorliege; zweitens sei zu prüfen, ob diese Maßnahme die Erfordernisse im Chapeau des Art. XX GATT erfülle.[524] Aus materieller Hinsicht liegt eine

524 Demnach sei erstens zu prüfen, ob eine vorläufige Rechtfertigung der angegriffenen Maßnahme nach einem Absatz des Art. XX GATT vorliege; zweitens sei zu prüfen, ob dieselbe Maßnahme die Erfordernisse im Chapeau des Art. XX GATT erfülle. Hierzu siehe: WTO, AB-Bericht v. 12. 10. 1998, WT/DS58/AB/R, „US – Shrimp“, Para. 119; WTO, Panel-Bericht v. 20. 5. 1996, WT/DS2/R, „US – Gasoline“,

Vermutung der Verhältnismäßigkeit i. w. S. bereits dann vor, wenn der Anwendungsbereich des Art. XX GATT eröffnet ist. Denn die *necessary to*- und *relating to*-Voraussetzungen in Art. XX (a), (b) und (g) GATT können ohne diese Vermutung nicht festgestellt werden.[525] Diese Rechtmäßigkeitsvermutung erfasst nicht nur die Verhältnismäßigkeit i. w. S. der angegriffenen Maßnahme,[526] sondern auch die Legitimität des behaupteten Gefährdungs- und Schutzniveaus.[527]

Aus dem Vertragstext des Art. XX GATT ergibt sich unproblematisch, dass willkürliche Diskriminierung und verschleierte Handelsbeschränkung i. S. d. Chapeaus des Art. XX GATT taugliche Widerlegungsgründe darstellen. Denn diese werden in beschränkender Weise formuliert. Nach dem ausdrücklichen Wortlaut des Chapeaus besteht seine Funktion nämlich in der Beschränkung[528]

---

Para. 6.20; WTO, Panel-Bericht v. 18. 9. 2000, WT/DS135/R, „EC – Asbestos", Para. 8.167; WTO, Panel-Bericht v. 12. 6. 2007, WT/DS332/R, „Brazil – Retreaded Tyres", Para. 7.37; WTO, Panel-Bericht v. 5. 7. 2011, WT/DS394/R u. a., „China – Raw Materials", Para. 7.359; WTO, Panel-Bericht v. 26. 3. 2014, WT/DS431/R u. a., „China – Rare Earths", Para. 7.236, 7.362; WTO, AB-Bericht v. 7. 8. 2014, WT/DS431/AB/R u. a., „China – Rare Earths", Para. 5.86; WTO, Panel-Bericht v. 25. 11. 2013, WT/DS400/R u. a., „EC – Seal Products", Para. 7.612; WTO, AB-Bericht v. 22. 5. 2014, WT/DS400/AB/R u. a., „EC – Seal Products", Para. 5.169; WTO, Panel-Bericht v. 30. 8. 2017, WT/DS472/R, „Brazil – Taxation", Para. 7.536, 7.542; WTO, Panel-Bericht v. 12. 8. 2009, WT/DS363/R, „China – Publications and Audiovisual Products", Para. 7.746; WTO, AB-Bericht v. 11. 12. 2000, WT/DS161/AB/R u. a., „Korea – Beef", Para. 156; WTO, Panel-Bericht v. 31. 7. 2000, WT/DS161/R u. a., „Korea – Beef", Para. 654; WTO, Panel-Bericht v. 15. 9. 2020, WT/DS543/R, „US – Tariff Measures", Para. 7.107. Ausführlich zum zweistufigen Prüfungsschema siehe: Teil 1 Kapitel 1 § 4 A. II.

[525] Teil 2 Kapitel 5 § 3 B. III. 2.

[526] Denn die *necessary to*- und *relating to*-Prüfung in Art. XX (a), (b), (d) und (g) GATT umfasst jeweils eine Verhältnismäßigkeitsprüfung i. w. S. Hierzu siehe: Teil 1 Kapitel 1 § 5 B., § 5 C. und § 5 D. I.

[527] Teil 2 Kapitel 5 § 3 A. III. und § 3 B. III. 3.

[528] Vgl. u. a. *Gaines*, The WTO's Reading of the GATT Article XX, UPJIL 2001, 739, 779, 839; *Mavroidis*, The General Agreement on Tariffs and Trade: A Commentary, 2005, S. 206; WTO, Panel-Bericht v. 15. 5. 1988, WT/DS58R, „US – Shrimp", Para. 7.29. In Form eines Missbrauchsverbots siehe: WTO, AB-Bericht v. 20. 5. 1996, WT/DS2/AB/R, „US – Gasoline", S. 22; WTO, AB-Bericht v. 12. 10. 1998, WT/DS58/AB/R, „US – Shrimp", Para. 158; WTO, Panel-Bericht v. 25. 11. 2013, WT/DS400/R u. a., „EC – Seal Products", Para. 7.645; WTO, AB-Bericht v. 22. 5. 2014, WT/DS400/AB/R u. a., „EC – Seal Products", Para. 5.297; WTO, Panel-Bericht v. 12. 6. 2007, WT/DS332/R, „Brazil – Retreaded Tyres", Para. 7.221; WTO, AB-Bericht v. 3. 12. 2007, WT/DS332/AB/R, „Brazil – Retreaded Tyres", Para. 224; WTO, Panel-Bericht v. 26. 3. 2014, WT/DS431/R u. a., „China – Rare Earths", Para. 7.347 ff.; WTO, AB-Bericht v. 9. 11. 2017, WT/DS477/AB/R u. a., „Indonesia – Import Licensing Regimes", Para. 5.95.

bzw. Missbrauchsabwendung[529] des Regulierungsrechts eines WTO-Mitglieds nach einem der Absätze des Art. XX GATT. Daher stellen willkürliche Diskriminierung und verschleierte Handelsbeschränkung i. S. d. Chapeaus ausdrückliche Beschränkungen der genannten Ausnahmerechte und damit auch des Ermessensspielraums bei der Festlegung des behaupteten Gefährdungs-[530] und Schutzniveaus dar.[531]

Somit stellen willkürliche Diskriminierung und verschleierte Handelsbeschränkung i. S. d. Chapeaus des Art. XX GATT taugliche Widerlegungsgründe dar.

## B. Einschränkung der Geltendmachung tauglicher Widerlegungsgründe

Die Geltendmachung der tauglichen Widerlegungsgründe im Chapeau des Art. XX GATT ist jedoch eingeschränkt. Diese können nämlich aus folgenden Gründen nicht bereits bei der Legitimitäts- und Rationalitätsprüfung, sondern erst nach der Bejahung der Angemessenheitseinschätzung des regulierenden WTO-Mitglieds als erste Vermutung geltend gemacht werden.

### I. Einschränkung der Geltendmachung willkürlicher Diskriminierung i. S. d. Chapeaus des Art. XX GATT als tauglicher Widerlegungsgrund

Die Widerlegungsgründe im Chapeau des Art. XX GATT können nur dann geltend gemacht werden, wenn die *necessary to*- bzw. die *relating to*-Bedingungen jeweils in Art. XX (a), (b), (d) und (g) GATT erfüllt sind. Dies ergibt sich wiederum aus dem in der Entscheidungspraxis etablierten zweistufigen Prüfungsschema des Art. XX GATT. Die Prüfung des Chapeaus kommt näm-

---

529 *Charnovitz*, The Moral Exception in Trade Policy, VJIL 1998, 689, 709; *Kotuby/Sobota*, General Principle of Law and Due Process, 2017, S. 107–113; *Panizzon*, Good Faith in the Jurisprudence of the WTO, 2006, S. 1; *Riffel*, The Chapeau: Stringent Threshold or Good Faith Requirement, LIEI 2018, 141, 143; *Moran*, The First Twenty Cases under GATT Article XX, in: Adinolfi u. a. (Hrsg.), International Economic Law, 2017, S. 5; *Bernasconi-Osterwalder u. a.*, Environment and Trade, 2006, S. 82; *Linderfalk*, The Concept of Treaty Abuse: On the Exercise of Legal Discretion, 2014, abrufbar unter: https://papers.ssrn.com/sol3/papers.cfm?abstract_id=2526051; *McRae*, GATT Article XX and the WTO Appellate Body, in: Bronckers/Quick (Hrsg.), New Directions in International Economic Law, 2000, S. 232; *Leal-Arcas u. a.*, The World Trade Organization and Carbon Market Clubs, GJIL 2021, 895, 971.

530 Teil 2 Kapitel 5 § 3 A. II. 1.

531 Teil 3 Kapitel 9 § 3 B., Teil 4 Kapitel 13 § 3 B., Teil 5 Kapitel 17 § 3 A. und § 3 B. I.

lich erst dann in Betracht, wenn der betreffende Absatz des Art. XX GATT erfüllt ist und somit die vorläufige Rechtmäßigkeit der angegriffenen Maßnahme bejaht wurde.[532]

Diese vorläufige Rechtmäßigkeit umfasst sowohl Tatsachenfeststellung als auch normatives Urteil. Die *necessary to*-Bedingung in den Absätzen (a), (b) und (d) sowie die *relating to*-Bedingung in Absatz (g) des Art. XX GATT umfassen daher jeweils die Geeignetheits-, Erforderlichkeits- und Angemessenheitsprüfung der angegriffenen Maßnahme.[533] Daher können die Widerlegungsgründe im Chapeau des Art. XX GATT nicht geltend gemacht werden, bevor die Angemessenheit der Maßnahme als erste Vermutung bejaht wurde.

Diese Feststellung lässt sich durch den Tatbestand der Diskriminierung i. S. d. Chapeaus des Art. XX GATT bestätigen. Denn die Verhältnismäßigkeit i. w. S. der ergriffenen Maßnahme bestimmt die Gleichheit der Behandlung für die Feststellung der Diskriminierung i. S. d. Chapeaus des Art. XX GATT.[534] Somit ist die Geltendmachung dieser Diskriminierung weder im Rahmen der Prüfung der Gefährdungslage des Schutzguts noch im Rahmen der Legitimitätsprüfung des angegebenen Schutzziels möglich, weil in diesen Prüfungsschritten die Mittel-Zweck-Relation noch nicht festgestellt werden kann, sodass eine Angemessenheitsvermutung dieser Maßnahme nicht vorliegen kann.

---

532 Demnach sei erstens zu prüfen, ob eine vorläufige Rechtfertigung der angegriffenen Maßnahme nach einem Absatz des Art. XX GATT vorliege; Zweitens sei zu prüfen, ob dieselbe Maßnahme die Erfordernisse im Chapeau des Art. XX GATT erfülle. Hierzu siehe: WTO, AB-Bericht v. 12.10.1998, WT/DS58/AB/R, „US – Shrimp", Para. 119; WTO, Panel-Bericht v. 20.5.1996, WT/DS2/R, „US – Gasoline", Para. 6.20; WTO, Panel-Bericht v. 18.9.2000, WT/DS135/R, „EC – Asbestos", Para. 8.167; WTO, Panel-Bericht v. 12.6.2007, WT/DS332/R, „Brazil – Retreaded Tyres", Para. 7.37; WTO, Panel-Bericht v. 5.7.2011, WT/DS394/R u. a., „China – Raw Materials", Para. 7.359; WTO, Panel-Bericht v. 26.3.2014, WT/DS431/R u. a., „China – Rare Earths", Para. 7.236, 7.362; WTO, AB-Bericht v. 7.8.2014, WT/DS431/AB/R u. a., „China – Rare Earths", Para. 5.86; WTO, Panel-Bericht v. 25.11.2013, WT/DS400/R u. a., „EC – Seal Products", Para. 7.612; WTO, AB-Bericht v. 22.5.2014, WT/DS400/AB/R u. a., „EC – Seal Products", Para. 5.169; WTO, Panel-Bericht v. 30.8.2017, WT/DS472/R, „Brazil – Taxation", Para. 7.536, 7.542; WTO, Panel-Bericht v. 12.8.2009, WT/DS363/R, „China – Publications and Audiovisual Products", Para. 7.746; WTO, AB-Bericht v. 11.12.2000, WT/DS161/AB/R u. a., „Korea – Beef", Para. 156; WTO, Panel-Bericht v. 31.7.2000, WT/DS161/R u. a., „Korea – Beef", Para. 654; WTO, Panel-Bericht v. 15.9.2020, WT/DS543/R, „US – Tariff Measures", Para. 7.107. Ausführlich zum zweistufigen Prüfungsschema siehe: Teil 1 Kapitel 1 § 4 A. II.

533 Teil 1 Kapitel 1 § 5 B., § 5 C. und § 5 D. I.

534 Teil 6 Kapitel 21 § 1 B. II. 2.

### II. Einschränkung der Geltendmachung verschleierter Handelsbeschränkung i. S. d. Chapeaus des Art. XX GATT als tauglicher Widerlegungsgrund

Ähnliches gilt für die Geltendmachung des Widerlegungsgrunds der verschleierten Handelsbeschränkung i. S. d. Chapeaus des Art. XX GATT. Diese stellt die Obergrenze des Einschätzungsspielraums des WTO-Mitglieds hinsichtlich des Schutzniveaus dar, nämlich ein vertraglich verbotenes Schutzniveau, das ein regulierendes WTO-Mitglied bei der umweltpolitischen Regulierung nach einem der Absätze des Art. XX GATT nicht anstreben darf.[535]

Ohne Anerkennung der Legitimität des behaupteten Gefährdungs- und Schutzniveaus als erste Vermutung kann die Beschränkung desselben Schutzniveaus durch die verschleierte Handelsbeschränkung i. S. d. Chapeaus jedoch begrifflich unmöglich sein, weil die Beschränkung ohne die vorgenannte Anerkennung gegenstandlos und damit nicht durchsetzbar ist. Diese Voraussetzung kann nur erfüllt sein, wenn die Maßgeblichkeit der Einschätzung des regulierenden WTO-Mitglieds zur Verhältnismäßigkeit i. w. S. der angegriffenen Maßnahme als erste Vermutung anerkannt worden ist. Denn eine Ablehnung dieser Einschätzung führt implizit oder explizit zu einer Korrektur der Legitimität des behaupteten Gefährdungs- und Schutzniveaus.[536]

## C. Widerlegende Wirkung

### I. Widerlegende Wirkung der willkürlichen Diskriminierung i. S. d. Chapeaus des Art. XX GATT

Liegt eine willkürliche Diskriminierung i. S. d. Chapeaus vor, wird zunächst die vermutete Geeignetheit der angegriffenen Maßnahme widerlegt. Denn eine Maßnahme, die nach ihrer Struktur und Ausgestaltung willkürliche oder ungerechtfertigte diskriminierende und damit normativ verwerfliche Wirkungen hat, kann nicht mehr als geeignet zur Erreichung eines legitimen Schutzziels beurteilt werden. Wenn eine willkürliche oder ungerechtfertigte Diskriminierung i. S. d. Chapeaus vorliegt, hat die Gegenseite weiterhin einen Gleichbehandlungsanspruch auf eine weniger handelsbeschränkende Alternative zur Erreichung des angegebenen Schutzziels. Daher ist eine schonendere Alternative verfügbar, und die Vermutung der Erforderlichkeit der angegriffenen Maßnahme ist abzulehnen. Soweit die Rationalität der angegriffenen

---

[535] Teil 6 Kapitel 21 § 2 B.

[536] Siehe jeweils: Teil 3 Kapitel 9 § 3 B., Teil 4 Kapitel 13 § 3 B., Teil 5 Kapitel 17 § 3 A. und § 3 B. I.

Maßnahme widerlegt ist, ist das darauf aufbauende Werturteil, nämlich die Angemessenheitsvermutung,[537] entsprechend abzulehnen.

Da bei Ablehnung der Geeignetheit und Erforderlichkeit implizit und bei Ablehnung der Angemessenheit explizit oder implizit die Legitimität des behaupteten Schutzniveaus des regulierenden WTO-Mitglieds korrigiert wird[538] und diese Korrektur durch die Heranziehung eines tauglichen Grunds vorgenommen worden ist, ist das korrigierte Schutzniveau rechtmäßig und das behauptete Schutzniveau hingegen nicht legitim.

Aufgrund der Überschneidung des behaupteten Schutzniveaus mit dem behaupteten Gefährdungsniveau[539] gilt die widerlegende Wirkung auch für die Legitimität des behaupteten Gefährdungsniveaus.

### II. Widerlegende Wirkung der verschleierten Handelsbeschränkung i. S. d. Chapeaus des Art. XX GATT

Wenn eine verschleierte Handelsbeschränkung i. S. d. Chapeaus des Art. XX GATT festgestellt wird, deutet dies unmittelbar darauf hin, dass das behauptete Schutzniveau unangemessen hoch und daher vertraglich verboten ist.[540] Denn eine solche Handelsbeschränkung stellt die Obergrenze des Einschätzungsspielraums des regulierenden WTO-Mitglieds dar, nämlich ein vertraglich verbotenes Schutzniveau, das ein regulierendes Mitglied zur Umweltregulierung nach einem der Absätze des Art. XX GATT nicht festlegen darf.[541] Aufgrund der Überschneidung des behaupteten Gefährdungsniveaus mit dem behaupteten Schutzniveau[542] gilt die widerlegende Wirkung auch für das behauptete Gefährdungsniveau.

## § 2 Untaugliche Widerlegungsgründe

Die Einschätzung des regulierenden WTO-Mitglieds zum behaupteten Gefährdungsniveau und zur Legitimität des Schutzniveaus ist eine politisch

---

537 Vgl. *Hirschberg*, Der Grundsatz der Verhältnismäßigkeit, 1981, S. 44–45, 149–151.

538 Teil 3 Kapitel 9 § 3 B., Teil 4 Kapitel 13 § 3 B., Teil 5 Kapitel 17 § 3 A. und § 3 B. I.

539 Teil 2 Kapitel 5 § 3 A. II. 1.

540 Die hier genannte Handelsbeschränkung ist die verschleierte Handelsbeschränkung i. S. d. Chapeaus des Art. XX GATT im engeren Sinne. Ausführlich hierzu siehe: Teil 6 Kapitel 21 § 2 B.

541 Teil 6 Kapitel 21 § 2 B.

542 Teil 2 Kapitel 5 § 3 A. II. 1.

empfindliche Frage[543] und stellt somit eine Abwägungsentscheidung dar.[544] In der Entscheidungspraxis zu Art. XX GATT wurden die beiden Einschätzungen zwar überwiegend bejaht.[545] Die Begründung für die Anerkennung dieser großen Margin of Appreciation weist jedoch Defizite auf.[546] Auch im Schrifttum wurden diese Begründungsdefizite bislang nicht abschließend behoben.[547]

Es ist daher möglich, dass die WTO-Streitbeilegungsorgane künftig anders entscheiden, nämlich die Einschätzung des regulierenden WTO-Mitglieds mittels des Abwägungsarguments abzulehnen. Dieses Argument weist nämlich gewisse Unbestimmtheit bei der Beurteilung der Fragen auf, welche empirischen beeinträchtigenden Auswirkungen auf das Schutzgut für die Festlegung der Schutzbedürftigkeit des Schutzguts in einer Gefährdungslage ausreichen und welche angestrebten Schutzwirkungen als angemessen gelten. Diese Unbestimmtheit schließt zugleich nicht aus, dass eine sachgerechte schiedsgerichtliche Kontrolle mittels des Abwägungsarguments einen möglichen Missbrauch des Einschätzungsspielraums des regulierenden WTO-Mitglieds bei der Festlegung des Gefährdungs- und Schutzniveaus verhindern kann.

Da bereits festgestellt wurde, dass die Legitimität der Einschätzung des regulierenden WTO-Mitglieds zum Gefährdungs- und Schutzniveau als erste Vermutung maßgeblich ist, wird im vorliegenden Abschnitt aus der Perspektive des Charakters dieser Vermutung erläutert, dass das Abwägungsargument, sei es explizit oder implizit, keinen tauglichen Widerlegungsgrund darstellt. Neben dem Chapeau des Art. XX GATT als völkerrechtlicher Vertragsvorschrift können sich keine weiteren tauglichen Widerlegungsgründe aus dem Völkergewohnheitsrecht oder aus allgemeinen Rechtsgrundsätzen ableiten.

---

[543] *Grimm*, Proportionality in Canadian and German Constitutional Jurisprudence, UTLJ 2017, 383, 388.

[544] *Webber*, The Negotiable Constitution on the Limitation of Rights, S. 72; vgl. WTO, Panel-Bericht v. 18.9.2000, WT/DS135/R, „EC – Asbestos“, Para. 8.175, Zit. 119 a.a.O., 8.205; *Cheyne*, Risk and Precaution in World Trade Organization Law, JWT 2006, 837, 838, 839f.

[545] Teil 2 Kapitel 7 § 1 A. i.V.m. Kapitel 5 § 1 A. I. und Teil 2 Kapitel 7 § 1 B. i.V.m. Kapitel 5 § 1 A. II.

[546] Siehe: Teil 2 Kapitel 5 § 1 B.

[547] Die ausführliche Diskussion zur Unbestimmtheit der Abwägung wird in Teil 2 Kapitel 5 § 2 A. i.V.m. Teil 2 Kapitel 7 § 2 A. III. bezüglich des Gefährdungsniveaus und in Teil 2 Kapitel 5 § 2 B. i.V.m. Teil 2 Kapitel 7 § 2 B. III. bezüglich des behaupteten Schutzniveaus dargestellt.

## A. Explizites Abwägungsargument als untauglicher Widerlegungsgrund

Das explizite Abwägungsargument, nämlich die offene richterliche einzelfallbezogene Abwägung, stellt keinen tauglichen Widerlegungsgrund dar, weil eine Widerlegung mittels dieses Arguments letztlich zur Unwirksamkeit des einschlägigen Absatzes des Art. XX GATT führt.

### I. Gegenstand der Vermutung

Das Wesen des Abwägungsarguments liegt darin, dass ein Werturteil auf der Grundlage der empirischen Auswirkungen einer Maßnahme auf verschiedene einander gegenüberstehende Rechtsgüter getroffen wird.[548] Dies gilt auch für die Einschätzung des regulierenden WTO-Mitglieds zum Gefährdungs- und Schutzniveau.

Denn das Schutzziel ist das Werturteil auf der Grundlage der angestrebten Schutzwirkungen.[549] Dies gilt auch für das vom regulierenden WTO-Mitglied behauptete Schutzniveau, weil das Schutzniveau den konkreten Grad bezeichnet, bis zu dem das Schutzziel erreicht werden soll.[550] Daher enthalten das Schutzziel und das Schutzniveau der angegriffenen Maßnahme sowohl empirische als auch subjektive Elemente, nämlich die Tatsachenfeststellung und das darauf aufbauende Rechtsurteil. Dabei ist nicht die Tatsachenfeststellung, sondern das Werturteil entscheidend für das Legitimitätsurteil über das angegebene Schutzziel und das behauptete Schutzniveau.[551]

Das Gleiche gilt für das Gefährdungsniveau,[552] das ein Werturteil aufbauend auf einer objektiven Gefährdung des Schutzguts ist.[553] Das Ergreifen einer unilateralen Umweltschutzmaßnahme muss nämlich auf einer objektiven Gefährdung des Schutzguts beruhen, obwohl Art. XX GATT eine solche Ge-

---

548 Die Abwägung setzt nämlich empirische Erwägungen voraus. Hierzu vgl. *Petersen*, Verhältnismäßigkeit als Rationalitätskontrolle, 2015, S. 79–80.

549 Vgl. *Hirschberg*, Der Grundsatz der Verhältnismäßigkeit, 1981, S. 44, 158 ff. und 163.

550 Vgl. WTO, AB-Bericht v. 12.3.2001, WT/DS135/AB/R, „EC – Asbestos“, Para. 168; WTO, AB-Bericht v. 3.12.2007, WT/DS332/AB/R, „Brazil – Retreaded Tyres“, Para. 140.

551 Teil 2 Kapitel 5 § 3 B. I.–§ 3 B. II.

552 WTO, Panel-Bericht v. 18.9.2000, WT/DS135/R, „EC – Asbestos“, Para. 8.175, Zit. 119 a.a.O., 8.205.

553 *Cheyne*, Risk and Precaution in World Trade Organization Law, JWT 2006, 837, 838, 839 f.

fährdung nicht ausdrücklich vorsieht.[554] Dabei ist jedoch wiederum nicht die Tatsachenfeststellung, sondern das Werturteil über die objektive Gefährdung des Schutzguts entscheidend für das Schutzbedürftigkeitsurteil des behaupteten Gefährdungsniveaus.[555]

Da die Legitimität der Einschätzung des regulierenden WTO-Mitglieds zum Gefährdungs- und Schutzniveau eine erste Vermutung darstellt[556] und diese vorläufige Rechtmäßigkeit sowohl die Tatsachenfeststellung als auch die darauf aufbauenden Rechtsurteile beinhaltet, sind sowohl die empirischen beeinträchtigenden Auswirkungen auf das Schutzgut und die zu erzielenden Schutzwirkungen als auch die darauf aufbauenden Werturteile von dieser Vermutung umfasst.

Die Vermutung der Maßgeblichkeit der Einschätzung des regulierenden WTO-Mitglieds zur Gefährdungslage des Schutzguts und zur Legitimität des angegebenen Schutzziels einschließlich des behaupteten Schutzniveaus erfasst somit alle empirischen und subjektiven Aspekte des behaupteten Gefährdungs- und Schutzniveaus. Daran ändert nichts, dass einzelne Aspekte des Gefährdungs- oder Schutzniveaus nur abstrakt und nicht im Detail formuliert sind.

## II. Die Legitimitätsvermutung selbst als untauglicher Widerlegungsgrund

Die hier zu begründende These ist, ob und wie die Legitimitätsvermutung des behaupteten Gefährdungs- und Schutzniveaus widerlegt werden kann. Wenn die empirischen Aspekte des behaupteten Gefährdungs- und Schutzniveaus sowie die darauf aufbauenden Werturteile als Widerlegungsgründe gegen diese Legitimitätsvermutung geltend gemacht werden, liegt eigentlich noch keine Begründung vor, sondern nur eine Wiederholung der zu begründenden These. Denn gerade aufbauend auf diesen empirischen Aspekten wurde das vorgenannte Werturteil vorgenommen, dessen Maßgeblichkeit eine erste Vermutung darstellt.

Die Legitimitätsvermutung selbst stellt daher keinen tauglichen Grund zur Widerlegung derselben Vermutung dar. Andernfalls kann diese Vermutung bereits aus dem Grund abschließend widerlegt werden, weil diese Vermutung eine solche ist. Dies führt zu einem Widerspruch, weil die angegriffene Maßnahme in diesem Fall sowohl vorläufig rechtmäßig als auch endgültig rechts-

---

554 *Cheyne*, Gateways to the Precautionary Principle in WTO Law, JEL 2007, 155, 163; *Esty*, Greening the GATT, 1994, S. 118.

555 Ausführlich hierzu siehe: Teil 2 Kapitel 5 § 3 A. I. – § 3 A. II.

556 Ausführlich hierzu siehe jeweils: Teil 2 Kapitel 5 § 3 A. und § 3 B.

widrig ist. Dies führt zugleich zur Unwirksamkeit des einschlägigen Absatzes des Art. XX GATT, weil dieselbe Umweltmaßnahme unter Berufung auf denselben Absatz sowohl vorläufig rechtmäßig als auch endgültig rechtswidrig ist, wenn das Abwägungsargument zulasten des regulierenden WTO-Mitglieds verwendet wird. Denn die ergriffene Maßnahme kann aufgrund fehlender Schutzbedürftigkeit des Schutzguts abschließend nicht als rechtmäßig beurteilt werden, während ihre vorläufige Rechtmäßigkeit nach dem Wortlaut des Art. XX (a), (b), (d) und (g) GATT zu bejahen ist.[557]

Somit kann die Vermutung der Einschätzung des regulierenden WTO-Mitglieds zum Gefährdungsniveau beispielsweise nicht mit dem Argument widerlegt werden, dass das Schutzgut aus rein empirischer Sicht nicht „schlimm genug" gefährdet ist. Ebenso kann die Legitimitätsvermutung der Einschätzung des regulierenden WTO-Mitglieds hinsichtlich des Schutzziels und des Schutzniveaus nicht mit der Begründung widerlegt werden, dass die zu erreichenden Schutzwirkungen auf das Schutzgut aus rein empirischer Sicht „zu groß" und damit die handelsbeschränkenden Auswirkungen „zu schwerwiegend" sind, wenn beispielsweise eine „Eliminierung" der empirischen Gefährdung des Schutzguts als Schutzniveau festgelegt wird. Denn das regulierende WTO-Mitglied hat genau beruhend auf den vorgenannten empirischen Auswirkungen sein Werturteil getroffen, dessen Legitimität eine erste Vermutung darstellt.[558]

Dieses Ergebnis gilt nicht nur für die offene Abwägung bei der Legitimitätsprüfung, sondern auch für eine solche Abwägung bei der Angemessenheitsprüfung im Rahmen der Auslegung des Art. XX GATT, obwohl eine derartige Abwägung in der Entscheidungspraxis kaum[559] vorgenommen wur-

[557] Teil 2 Kapitel 5 § 3 B. III. 2.

[558] Dieses Ergebnis beschränkt sich grundsätzlich nur auf die Auslegung des Art. XX GATT, wonach die Legitimität der Einschätzung des regulierenden WTO-Mitglieds zum Gefährdungs- und Schutzniveau eine erste Vermutung darstellt. In anderen Vertragskontexten soll gesondert geprüft werden, ob eine Vermutungs- und Widerlegungsregel Anwendung findet. Für Unklarheiten über taugliche Widerlegungsgründe gegen die Vermutung der „Tatsachenfeststellung" in anderen Kontexten vgl. beispielsweise: *Barceló III*, Burden of Proof, Prima Facie Case and Presumption in WTO Dispute Settlement, CILJ 2009, 23, 29, 42; *Pauwelyn*, Conflict of Norms in Public International Law, 2003, S. 243; *Kang*, The Presumption of Good Faith in the WTO „As Such" Cases, JWT 2012, 879, 898, 904 ff.; *Sourgens*, The Precaution Presumption, EJIL 2020, 1277, 1302–1303. Bei diesen Feststellungen handelt es sich nicht mehr nur um eine Tatsachenfeststellung, sondern auch implizit um das darauf aufbauende Rechtsurteil, obwohl dort ausdrücklich nur von der Tatsachenfeststellung die Rede ist.

[559] Eine anscheinend offene Abwägung findet sich nur im Panel-Bericht zu US – Shrimp, in dem zwischen der Handelsfreiheit und dem Schutz von Meeresschildkröten explizit abgewogen und zugunsten des letzteren Interesses entschieden wurde. Vgl.

de.[560] Mit der Ablehnung der Angemessenheit der angegriffenen Umweltmaßnahme wird nämlich zugleich die Legitimität des behaupteten Schutzniveaus und damit auch des behaupteten Gefährdungsniveaus des regulierenden WTO-Mitglieds abgelehnt. Denn mit der Bejahung der Angemessenheitsvermutung wird formell und explizit[561] festgestellt, dass das angegebene Schutzziel einschließlich des behaupteten Schutzniveaus durch keine andere Maßnahme, sondern ausschließlich durch die ergriffene Maßnahme erreicht werden kann und sich in dieser widergespiegelt. Dies ergibt sich daraus, dass die Angemessenheitsvermutung die automatische und subjektive Feststellung der positiv ausfallenden empirischen Ergebnisse der Geeignetheits- und Erforderlichkeitsprüfung ist.[562]

## B. Implizites Abwägungsargument als untauglicher Widerlegungsgrund

Die Prüfung der Bedingungen von *necessary to* in Art. XX (a), (b) und (d) GATT sowie von *relating to* in Art. XX (g) GATT umfasst u. a. die Prüfung der Geeignetheit und Erforderlichkeit.[563] Fallen diese Prüfungen negativ aus, liegt unvermeidlich eine implizite Abwägung zulasten des regulierenden WTO-Mitglieds vor, wodurch die Legitimität des behaupteten Gefährdungs- und Schutzniveaus[564] des regulierenden WTO-Mitglieds durch die WTO-Streitbeilegungsorgane abgelehnt wird.[565]

Ähnlich wie das explizite Abwägungsargument stellt auch das implizite Abwägungsargument keinen tauglichen Widerlegungsgrund gegen die Vermutung der Maßgeblichkeit der Einschätzung des regulierenden WTO-Mitglieds zum Gefährdungs- und Schutzniveau dar. Denn andernfalls führt dies

---

WTO, Panel-Bericht v. 15. 5. 1998, WT/DS58/R, „US – Shrimp", Para. 7.33 ff., 7.61. A.A.: *Paltrowitz*, A Greening of the World Trade Organization, BJIL 2001, 1789, 1811. Demzufolge werde dabei keine Abwägung vorgenommen. Zur Beurteilung der Abwägung des Panels von US – Shrimp als offene Abwägung siehe auch: *Scott*, Trade and Environment in the EU and WTO, in: Weiler (Hrsg.), The EU, the WTO, and the NAFTA, Band IX/1, 2001, S. 139.

[560] Teil 1 Kapitel 1 § 5 D.

[561] Für die Feststellung dieses Ergebnisses in impliziter Weise siehe: Teil 3 Kapitel 9 § 3 B. und § 3 E., Teil 4 Kapitel 13 § 3 B. und § 3 E.

[562] Vgl. *Hirschberg*, Der Grundsatz der Verhältnismäßigkeit, 1981, S. 44–45, 149–151.

[563] Teil 1 Kapitel 1 § 5 B. und § 5 C.

[564] Zur Überschneidung der beiden Niveaus siehe: Teil 2 Kapitel 5 § 3 A. II. 1.

[565] Teil 3 Kapitel 9 § 3 B., Teil 4 Kapitel 13 § 3 B.

zu einem Widerspruch und zugleich zur Unwirksamkeit des einschlägigen Absatzes des Art. XX GATT.[566]

## C. Kein tauglicher Widerlegungsgrund aus dem Völkergewohnheitsrecht und allgemeinen Rechtsgrundsätzen des Völkerrechts

Neben dem Chapeau enthält das GATT keine weiteren Vertragsbestimmungen, die das Regulierungsrecht eines WTO-Mitglieds nach Art. XX GATT, wozu das Einschätzungsrecht hinsichtlich des behaupteten Gefährdungs- und Schutzniveaus seiner umweltpolitischen Maßnahme gehört, einschränken. Auch aus dem Völkergewohnheitsrecht oder den allgemeinen Rechtsgrundsätzen des Völkerrechts lässt sich kein tauglicher Widerlegungsgrund herleiten. Die offenen Bedenken, ob sich daraus dennoch eine Grenze für das genannte Umweltregulierungsrecht eines WTO-Mitglieds ergeben kann, lassen sich im Lichte des Vermutungscharakters ausräumen.[567] Ein tauglicher Widerlegungsgrund kann sich nämlich ausschließlich aus einer völkerrechtlichen Vertragsbestimmung ergeben.[568]

Kapitel 7

# Grundsätzliche richterliche Zurückhaltung gegenüber der Einschätzung des regulierenden WTO-Mitglieds zur Gefährdungslage des Schutzguts und zur Legitimität des angegebenen Schutzziels

Aus rein empirischer Sicht kann die durch die WTO-Streitbeilegungsorgane geübte richterliche Zurückhaltung als hoch oder niedrig bezeichnet werden. Aus normativer Sicht stellt sich dann die Frage, ob diese Zurückhaltung übermäßig (*too deferential*),[569] unzureichend (*not sufficient deference*)[570] oder angemessen und damit gerechtfertigt ist.

---

566 Siehe: oben Teil 2 Kapitel 6 § 2 A. Siehe auch: Teil 3 Kapitel 10 § 2 B., Teil 4 Kapitel 14 § 2 B. und Teil 5 Kapitel 18 § 2 B.

567 Teil 6 Kapitel 21 § 3.

568 Aus Darstellungsgründen wird diese Frage in Teil 6 Kapitel 21 § 3 ausführlich behandelt.

569 Vgl. *Howse/Tuerk*, A Case Study of the EC Asbestos Dispute, in: de Búrca/Scott (Hrsg.), The EU and the WTO, 2003, S. 321; *Mavroidis/Cottier*, An Overview, in: Cottier/Mavroidis/Blatter (Hrsg.), The Role of the Judge in International Trade Regulation, 2003, S. 5; *Oesch*, Standards of Review in WTO Dispute Resolution, JIEL 2003, 635, 640, 642. Demzufolge schade „too much judicial deference" der

In Teil 2 Kapitel 5 § 3 A. und § 3 B. wurde klargestellt, dass die Maßgeblichkeit der Einschätzung des regulierenden WTO-Mitglieds zur Gefährdungslage des Schutzguts und zur Legitimität des Schutzziels der Vermutungs- und Widerlegungsregel unterliegt. Der vorliegende Teil widmet sich zunächst der Frage, ob und inwieweit die WTO-Streitbeilegungsorgane in ihrer Entscheidungspraxis Zurückhaltung gegenüber diesen Einschätzungen gezeigt haben. Sodann wird untersucht, ob die WTO-Streitbeilegungsorgane dabei die Vermutungs- und Widerlegungsregel eingehalten haben, sodass die gewährte richterliche Zurückhaltung auch gerechtfertigt ist. Entscheidend ist dabei, ob die WTO-Streitbeilegungsorgane die Gefährdungslage des Schutzguts und die Legitimität des angegebenen Schutzziels einschließlich des behaupteten Schutzniveaus nur dann zurückgewiesen haben, wenn ein tauglicher Widerlegungsgrund vorliegt und geltend gemacht wird.

## § 1 Empirisches Ergebnis: Grundsätzliche richterliche Zurückhaltung

Oben in Teil 2 Kapitel 5 § 1 A. I. und § 1 A. II. wurde die Entscheidungspraxis zum „grünen“ Art. XX GATT bezüglich der Behandlung der Einschätzung des regulierenden WTO-Mitglieds zur Gefährdungslage des Schutzguts und zur Legitimität des behaupteten Schutzniveaus bereits dargelegt, um einen Überblick hierüber zu geben und die Unklarheit über die Maßgeblichkeit dieser Einschätzungen zu verdeutlichen. Diese Darstellung ist zugleich das empirische Ergebnis der Frage, ob die WTO-Streitbeilegungsorgane richterliche Zurückhaltung gegenüber den genannten Einschätzungen gezeigt haben. Dieses Ergebnis wird im Folgenden jeweils zusammenfassend präsentiert.

### A. Grundsätzliche richterliche Zurückhaltung gegenüber der Einschätzung des regulierenden WTO-Mitglieds zur Gefährdungslage des Schutzguts

Die Einschätzung des regulierenden WTO-Mitglieds zur Gefährdungslage des Schutzguts wurde in der Entscheidungspraxis zum „grünen“ Art. XX GATT nahezu einheitlich anerkannt. So wurde diese Einschätzung in Thailand –

Funktion der WTO-Streitbeilegungsorgane zur Durchführung eines objektiven Assessments für faktische und rechtliche Angelegenheiten.

[570] *Davey*, Has the WTO Dispute Settlement System Exceeded Its Authority?, JIEL 2001, 79.

Cigarettes,[571] US – Tuna I,[572] US – Tuna II,[573] US – Automobile Taxes,[574] US – Gasoline,[575] Korea – Beef,[576] EC – Asbestos,[577] Brazil – Retreaded Tyres,[578] EC – Seal Products,[579] China – Raw Materials,[580] China – Rare Earths[581] und Indonesia – Import Licensing Regimes[582] von den WTO-Streitbeilegungsorganen bejaht.[583] Nur zwei Ausnahmen[584] bilden der Fall Indonesia – Import Licensing Regimes[585] und in jüngerer Zeit der Fall Turkey – Pharmaceutical Products (EU).[586]

---

[571] GATT, Panel-Bericht v. 7. 11. 1990, DS10/R-37S/200, „Thailand – Cigarettes", Para. 73.

[572] GATT, Panel-Bericht v. 3. 9. 1991, DS21/R-39S/155, „US – Tuna I", Para. 5.25–5.26, 5.31–5.32.

[573] GATT, Panel-Bericht v. 16. 6. 1994, DS29/R, „US – Tuna II", Para. 5.13, 5.30–5.33.

[574] GATT, Panel-Bericht v. 11. 10. 1994, DS31/R, „US – Automobiles", Para. 5.57.

[575] WTO, Panel-Bericht v. 20. 5. 1996, WT/DS2/R, „US – Gasoline", Para. 6.21, 6.37. In Para. 6.21 wurde festgestellt: „The United States argued that, since about one-half of such pollution was caused by vehicle emissions, and the Gasoline Rule reduced these, the Gasoline Rule was within the range of policy goals described in Article XX(b). […] The Panel agreed with the parties that a policy to reduce air pollution resulting from the consumption of gasoline was a policy within the range of those concerning the protection of human, animal and plant life or health mentioned in Article XX(b)."

[576] WTO, Panel-Bericht v. 31. 7. 2000, WT/DS161/R u. a., „Korea – Beef", Para. 655.

[577] WTO, Panel-Bericht v. 18. 9. 2000, WT/DS135/R, „EC – Asbestos", Para. 8.184–8.194; WTO, AB-Bericht v. 12. 3. 2001, WT/DS135/AB/R, „EC – Asbestos", Para. 157–163.

[578] WTO, Panel-Bericht v. 26. 3. 2014, WT/DS431/R u. a., „China – Rare Earths", Para. 7.53–7.93.

[579] WTO, AB-Bericht v. 22. 5. 2014, WT/DS400/AB/R u. a., „EC – Seal Products", Para. 5.194–5.203.

[580] WTO, Panel-Bericht v. 5. 7. 2011, WT/DS394/R u. a., „China – Raw Materials", Para. 7.363.

[581] WTO, Panel-Bericht v. 26. 3. 2014, WT/DS431/R u. a., „China – Rare Earths", Para. 7.366 ff., 7.375. Dabei erkannte das Panel an, dass die erschöpflichen Seltenen Erden Chinas durch seine umfassenden Konservierungsmaßnahmen geschützt werden konnten. Diese Feststellung deutet auf die Bejahung der Gefahr und Schutzbedürftigkeit der Seltenen Erden Chinas hin. Denn die Bejahung der Gefährdungslage der Seltenen Erden Chinas ist die Voraussetzung für diese Feststellung. Siehe ferner: Para. 7.149 ff. a. a. O.

[582] WTO, Panel-Bericht v. 22. 12. 2016, WT/DS477/R u. a., „Indonesia – Import Licensing Regimes", Para. 7.795–7.797.

[583] Für einen Überblick über diese Verfahren und zur Darstellung der Beispielsfälle siehe: Teil 2 Kapitel 5 § 1 A. I. 1.

[584] Ausführliche Darstellung hierzu siehe: Teil 2 Kapitel 5 § 1 A. I. 2.

[585] WTO, Panel-Bericht v. 22. 12. 2016, WT/DS477/R u. a., „Indonesia – Import Licensing Regimes", Para. 7.627–7.628 und 7.632.

## B. Grundsätzliche richterliche Zurückhaltung gegenüber der Einschätzung des regulierenden WTO-Mitglieds zur Legitimität des angegebenen Schutzziels

Der Einschätzungsspielraum des regulierenden WTO-Mitglieds bei der Festlegung des Schutzziels einschließlich des Schutzniveaus wurde in der Entscheidungspraxis zum „grünen“ Art. XX GATT überwiegend bejaht, wenngleich in einer begrenzten Anzahl von Verfahren auch abgelehnt.

So wurde die Einschätzung des regulierenden WTO-Mitglieds zur Legitimität des angegebenen Schutzziels einschließlich des behaupteten Schutzniveaus in Canada – Herring and Salmon,[587] Thailand – Cigarettes,[588] US – Tuna I,[589] US – Tuna II,[590] US – Gasoline,[591] Korea – Beef,[592] EC – Asbestos,[593] Brazil – Retreaded Tyres,[594] EC – Seal Products,[595] China – Raw Materials,[596] China – Rare Earths,[597] Indonesia – Import Licensing Regimes[598]

---

586 WTO, Panel-Bericht v. 11.11.2021, unverbreitet und beigefügt zur Mitteilung v. 28.4.2022 über die Berufung der Türkei gemäß Art. 25 DSU, WT/DS583/12, „Turkey – Pharmaceutical Products (EU)“, Para. 7.165–7.180; WTO, Schiedsspruch gemäß Art. 25 DSU v. 25.7.2022, WT/DS583/ARB25, „Turkey – Pharmaceutical Products (EU)“, Para. 6.104–6.111, 6.116–6.122.

587 GATT, Panel-Bericht v. 22.3.1988, L/6268-35S/98, „Canada – Herring and Salmon“, Para. 4.6–4.7.

588 Vgl. GATT, Panel-Bericht v. 7.11.1990, DS10/R-37S/200, „Thailand – Cigarettes“, Para. 73, 74 und 76.

589 GATT, Panel-Bericht v. 3.9.1991, DS21/R-39S/155, „US – Tuna I“, Para. 5.27, 5.32.

590 GATT, Panel-Bericht v. 16.6.1994, DS29/R, „US – Tuna II“, Para. 5.22, 5.30–5.33.

591 WTO, Panel-Bericht v. 20.5.1996, WT/DS2/R, „US – Gasoline“, Para. 6.22, 7.1.

592 WTO, AB-Bericht v. 11.12.2000, WT/DS161/AB/R u.a., „Korea – Beef“, Para. 175 ff.

593 WTO, Panel-Bericht v. 18.9.2000, WT/DS135/R, „EC – Asbestos“, Para. 8.210, vgl. auch Para. 8.171; WTO, AB-Bericht v. 12.3.2001, WT/DS135/AB/R, „EC – Asbestos“, Para. 168.

594 Vgl. WTO, Panel-Bericht v. 12.6.2007, WT/DS332/R, „Brazil – Retreaded Tyres“, Para. 7.96–7.102.

595 WTO, AB-Bericht v. 22.5.2014, WT/DS400/AB/R u.a., „EC – Seal Products“, Para. 5.200. Ebenso, vgl. WTO, Panel-Bericht v. 25.11.2013, WT/DS400/R u.a., „EC – Seal Products“, Para. 7.631.

596 Vgl. WTO, Panel-Bericht v. 5.7.2011, WT/DS394/R u.a., „China – Raw Materials“, Para. 7.380–7.383.

597 WTO, Panel-Bericht v. 26.3.2014, WT/DS431/R u.a., „China – Rare Earths“, Para. 7.266 f., 7.459, 7.730.

598 WTO, Panel-Bericht v. 22.12.2016, WT/DS477/R u.a., „Indonesia – Import Licensing Regimes“, Para. 7.789–7.797.

und Indonesia – Raw Materials[599] von den WTO-Streitbeilegungsorganen bejaht.[600]

Demgegenüber wurde die genannte Einschätzung nur in einer begrenzten Anzahl von Entscheidungen der WTO-Streitbeilegungsorgane, nämlich in US – Shrimp,[601] EC – Tariff Preferences,[602] China – Rare Earths[603] und Turkey – Pharmaceutical Products (EU),[604] abgelehnt.[605]

## § 2 Rechtfertigung der richterlichen Zurückhaltung gegenüber der Einschätzung des regulierenden WTO-Mitglieds zur Gefährdungslage des Schutzguts und zur Legitimität des angegebenen Schutzziels

Nachdem der empirische Befund einer grundsätzlich hohen richterlichen Zurückhaltung der WTO-Streitbeilegungsorgane gegenüber der Einschätzung des regulierenden WTO-Mitglieds zur Gefährdungslage des Schutzguts und zur Legitimität des angegebenen Schutzziels dargestellt wurde, soll in diesem Abschnitt der Frage nachgegangen werden, ob diese Zurückhaltung gerechtfertigt ist, oder ob sie übermäßig und damit nicht gerechtfertigt ist.[606]

---

599 WTO, Panel-Bericht v. 30.11.2022, WT/DS592/R, „Indonesia – Raw Materials“, Para. 7.211–7.213, 7.223 ff., 7.238 ff.

600 Ausführliche Darstellung hierzu siehe: Teil 2 Kapitel 5 § 1 A. II. 1.

601 Vgl. WTO, Panel-Bericht v. 15.5.1998, WT/DS58/R, „US – Shrimp“, Para. 7.59.

602 WTO, Panel-Bericht v. 1.12.2003, WT/DS246/R, „EC – Tariff Preferences“, Para. 7.200–7.210.

603 WTO, Panel-Bericht v. 26.3.2014, WT/DS431/R u.a., „China – Rare Earths“, Para. 7.157–7.171.

604 WTO, Panel-Bericht v. 11.11.2021, unverbreitet und beigefügt zur Mitteilung v. 28.4.2022 über die Berufung der Türkei gemäß Art. 25 DSU, WT/DS583/12, „Turkey – Pharmaceutical Products (EU)“, Para. 7.181–7.208; WTO, Schiedsspruch gemäß Art. 25 DSU v. 25.7.2022, WT/DS583/ARB25, „Turkey – Pharmaceutical Products (EU)“, Para. 6.132–6.141.

605 Ausführliche Darstellung hierzu siehe: Teil 2 Kapitel 5 § 1 A. II. 2.

606 Vgl. *Howse/Tuerk*, A Case Study of the EC Asbestos Dispute, in: de Búrca/Scott (Hrsg.), The EU and the WTO, 2003, S. 321; *Mavroidis/Cottier*, An Overview, in: Cottier/Mavroidis/Blatter (Hrsg.), The Role of the Judge in International Trade Regulation, 2003, S. 5; *Oesch*, Standards of Review in WTO Dispute Resolution, JIEL 2003, 635, 640, 642. Demzufolge schade „too much judicial deference“ der Funktion der WTO-Streitbeilegungsorgane zur Durchführung eines objektiven Assessments für faktische und rechtliche Angelegenheiten.

# A. Rechtfertigung der richterlichen Zurückhaltung gegenüber der Einschätzung des regulierenden WTO-Mitglieds zur Gefährdungslage des Schutzguts

Die in der Entscheidungspraxis zum „grünen" Art. XX GATT von der klagenden Partei bzw. den WTO-Streitbeilegungsorganen herangezogenen Widerlegungsgründe gegen die vermutete Gefährdungslage des Schutzguts stellen jeweils ein Abwägungsargument dar. Dieses Argument hat in der Entscheidungspraxis zwei Erscheinungsformen, nämlich das Argument der (niedrigen) empirischen Gefährdung des Schutzguts und das Konsistenzargument.

Im vorliegenden Abschnitt wird dargestellt, dass die Zurückhaltung der WTO-Streitbeilegungsorgane gerechtfertigt ist, wenn sie die Einschätzung des regulierenden WTO-Mitglieds zur Gefährdungslage des Schutzguts nicht mittels der beiden genannten Argumente abgelehnt haben. Denn die beiden Argumente stellen keine tauglichen Widerlegungsgründe dar.

## I. Abwägungsargument als herangezogener Widerlegungsgrund

Das Argument der niedrigen empirischen Gefährdung des Schutzguts und das Konsistenzargument stellen jeweils ein Abwägungsargument dar.

### 1. Argument der niedrigen empirischen Gefährdung des Schutzguts als Abwägungsargument

Die niedrige empirische Gefährdung des Schutzguts wird oft als Argument gegen die Vermutung der Maßgeblichkeit der Einschätzung des regulierenden WTO-Mitglieds zur Gefährdungslage des Schutzguts herangezogen. Für die Beurteilung dieser Gefährdungslage ist jedoch diejenige empirische Gefährdung nicht relevant, die durch die ergriffene Maßnahme des regulierenden WTO-Mitglieds oder durch die Schutzbemühungen eines anderen WTO-Mitglieds verändert worden ist. Dieses Argument stellt ein Abwägungsargument dar, obwohl es sich explizit auf die empirische Gefährdung des Schutzguts stützt.

#### *a) Irrelevante empirische Gefährdung des Schutzguts für die Beurteilung seiner Gefährdungslage in der Entscheidungspraxis*

Zu den irrelevanten empirischen Gefährdungen des Schutzguts zählen diejenigen empirischen Gefährdungen, die sich aus der Maßnahme des regulierenden WTO-Mitglieds oder aus den Schutzbemühungen eines anderen WTO-

Mitglieds ergeben. Eine derartige empirische Gefährdung ist für die Beurteilung der Gefährdungslage des Schutzguts nicht relevant.

#### aa) Irrelevante empirische Gefährdung des Schutzguts durch die Maßnahme des regulierenden WTO-Mitglieds

Wenn Unterstützungsmaßnahmen, wie die Gewährung einer Übergangsfrist,[607] der Technologietransfer,[608] Erleichterungsbemühungen bezüglich der Einrichtung einer Anerkennungsbehörde[609] oder internationale Verhandlungen,[610] nur bestimmten WTO-Mitgliedern offenstehen, könne die dadurch verursachte bzw. verringerte empirische Gefährdung des Schutzguts unvermeidlich unterschiedlich sein.[611] Vor diesem Hintergrund wird teilweise vertreten, dass der auf diese Weise entstandene empirische Unterschied bei der Beurteilung der Gefährdungslage des Schutzguts außer Acht gelassen werden solle.[612]

Im Ergebnis ist dieser Ansicht zuzustimmen. An dieser Stelle ist der dahinterstehende Grund im Zusammenhang mit der Legitimitätsprüfung weiter zu klären. Dieser liegt darin, dass es sich bei den vorgenannten Unterstützungsbemühungen um die Abwendung der bereits festgestellten Gefährdungslage des Rechtsguts durch die ergriffene Maßnahme handelt, deren Überprüfung über den Umfang der Legitimitätsprüfung hinausgeht. Denn im Rahmen dieses Prüfungsschritts wird nicht die ergriffene Maßnahme, sondern die Gefährdungslage des Schutzguts sowie die Legitimität des Schutzziels einschließlich des Schutzniveaus zur Abwendung dieser Gefährdung behandelt. Daran ändert auch der Umstand nichts, dass ein WTO-Mitglied das Schutzziel ggf.

---

607 WTO, AB-Bericht v. 12.10.1998, WT/DS58/AB/R, „US – Shrimp“, Para. 173.

608 WTO, AB-Bericht v. 12.10.1998, WT/DS58/AB/R, „US – Shrimp“, Para. 175.

609 WTO, AB-Bericht v. 22.5.2014, WT/DS400/AB/R u.a., „EC – Seal Products“, Para. 5.337.

610 WTO, Panel-Bericht v. 26.3.2014, WT/DS431/R u.a., „China – Rare Earths“, Para. 7.654; WTO, AB-Bericht v. 12.10.1998, WT/DS58/AB/R, „US – Shrimp“, Para. 171 f.

611 *Bartels*, The Chapeau of the General Exceptions in the WTO GATT and GATS Agreements, AJIL 2015, 95, 114: „But what if, on that ‚critical date‘, the country in which sea turtles are not endangered – and that therefore benefits from favorable treatment – was in that situation only as a result of conduct attributable to the respondent country? Should that make a difference?“

612 Vgl. *Bartels*, The Chapeau of the General Exceptions in the WTO GATT and GATS Agreements, AJIL 2015, 95, 114: „A simpler alternative might be to discount any conduct attributable to the respondent that contributed to the currently prevailing ‚conditions,‘ and to treat those ‚conditions,‘ instead, as they would have been in the absence of that conduct.“

durch die ergriffene Maßnahme in „all" ihren Aspekten definiert.[613] Denn die Durchführung einer Rationalitätsprüfung als Prüfung der Zweck-Mittel-Relation ist im Rahmen der Legitimitätsprüfung deshalb nicht möglich, weil deren Bezugspunkt, nämlich die Legitimität des behaupteten Schutzziels und des behaupteten Schutzniveaus, bis vor dem Abschluss der Legitimitätsprüfung nicht festgestellt werden kann.

Somit ist die durch die ergriffene Maßnahme veränderte empirische Gefährdung des Schutzguts nicht relevant für die Beurteilung seiner Gefährdungslage im Rahmen der Legitimitätsprüfung.

#### bb) Irrelevante empirische Gefährdung des Schutzguts aufgrund der Schutzbemühungen eines anderen WTO-Mitglieds

Nach einer Ansicht sei die Gefährdung des Schutzguts ein objektiver Umstand und bedürfe daher keiner Entscheidung des beschränkenden WTO-Mitglieds.[614] Die Gefährdung des Schutzguts sei demzufolge zum Zeitpunkt der Ergreifung der unilateralen Maßnahme im Regelfall immer[615] gleich,[616] und zwar unabhängig davon, ob und welche Schutzbemühungen von einem (anderen als dem regulierenden) WTO-Mitglied unternommen werden.[617]

---

613 Teil 2 Kapitel 4 § 3 B.

614 *Bartels*, The Chapeau of the General Exceptions in the WTO GATT and GATS Agreements, AJIL 2015, 95, 115: „Whether or not ‚conditions prevailing' are the ‚same' is an objective question of fact, which is relevant in determining whether a discrimination test under the chapeau is applicable. It is irrelevant whether the United States made any effort to determine that fact, and equally, it cannot be said that the United States was under an obligation to determine that fact." Die Darstellung dieses Maßstabs wird im Rahmen der Erörterung der Feststellung des AB in US – Shrimp bei der Chapeau-Prüfung vorgenommen. Siehe hierzu: S. 114–115 a. a. O.

615 *Bartels*, The Chapeau of the General Exceptions in the WTO GATT and GATS Agreements, AJIL 2015, 95, 112: „To date, however, it has never been found that ‚conditions' were not the same in different countries, which leaves this scenario somewhat underexplored."

616 *Bartels*, The Chapeau of the General Exceptions in the WTO GATT and GATS Agreements, AJIL 2015, 95, 113: „The first is whether it matters how ‚conditions' in the respective countries have come to be as they are. Should it matter, for example, that one country has taken steps, of whatever kind, to protect and even breed sea turtles, or that another country has no sea turtles in the first place? Arguably, the answer to this question is no: what matters are the ‚conditions prevailing' on the date on which the measure at issue was adopted. In particular, it should be irrelevant whether a given country adopted one type of measure as opposed to another type of measure." 114 a. a. O.: „On these assumptions, the same ‚conditions' would indeed prevail, as these ‚conditions' are those that existed on the date of the measure's adoption."

617 *Bartels*, The Chapeau of the General Exceptions in the WTO GATT and GATS Agreements, AJIL 2015, 95, 113 ff.

Dieser Ansicht ist insoweit zuzustimmen, als Schutzbemühungen eines anderen WTO-Mitglieds für die Beurteilung der Gefährdung des Schutzguts nicht maßgeblich sind. Eine hinreichende Begründung hierfür fehlt jedoch.

So wird teilweise vertreten, dass die Schutzbemühungen eines anderen WTO-Mitglieds für die Beurteilung der Gefährdungslage des Schutzguts doch erheblich sind. Demnach habe der AB in EC – Seal Products insoweit geirrt, dass kein wesentlicher Unterschied zwischen Grönland und Kanada bezüglich des Schutzes des traditionellen Lebensstils indigener Gemeinden beim Robbenfang bestehe.[618] Hingegen sei die Gefährdung der indigenen Gemeinden in Kanada und Grönland u. a. aufgrund der Schutzbemühungen Grönlands erheblich unterschiedlich: Die grönländische Regierung habe die Produkte aus dem IG-Fang aktiv gefördert, während die kanadische Regierung keine ähnlichen Bemühungen unternommen habe, um den Export der Robbenprodukte der kanadischen Inuit zu fördern.[619] Daher sei die Gefährdung der Interessen indigener Gemeinden auf die unterschiedlichen Schutzbemühungen eines anderen WTO-Mitglieds zurückzuführen.[620]

Zur Klärung dieser Frage muss der Charakter der Schutzbemühung eines anderen WTO-Mitglieds als des regulierenden Mitglieds klargestellt werden. Zunächst ist darauf hinzuweisen, dass beide oben dargestellten Auffassungen von einer empirischen Gefährdung des Schutzguts sprechen, die die Schutzbedürftigkeit des Schutzguts auslöst. Ferner können sich Schutzbemühungen zwar unbedingt auf die empirische Gefährdung des Schutzguts auswirken. Diese Bemühungen betreffen jedoch ausschließlich das behauptete Schutzniveau bezüglich der Abwendung dieser Gefährdung des Schutzguts, nicht jedoch das behauptete Gefährdungsniveau. Denn eine die Schutzbedürftigkeit auslösende Gefährdung des Schutzguts muss bereits vorher festgestellt worden sein, damit die Bemühungen eines anderen WTO-Mitglieds als Schutzbemühungen qualifiziert werden können.

---

618 *Qin*, Accommodating Divergent Policy Objectives under WTO Law, AJIL Unbound 2015, 308, 313: „While the Inuit constitute most of the Greenlandic population and the Greenlandic government has actively promoted the products of IC hunts, the Inuit population is very small in Canada and the Canadian government has not made similar efforts to promote the exports of the Canadian Inuit. Thus, to the extent the disparate impact of the IC exception is attributable to such different conditions prevailing in these countries, it cannot constitute the type of discrimination prohibited by the chapeau."

619 *Qin*, Accommodating Divergent Policy Objectives under WTO Law, AJIL Unbound 2015, 308, 313, vgl. auch S. 314 a. a. O.

620 Vgl. *Qin*, Accommodating Divergent Policy Objectives under WTO Law, AJIL Unbound 2015, 308, 313.

Somit ist die empirische Gefährdung des Schutzguts aufgrund der Schutzbemühungen eines anderen WTO-Mitglieds für die Beurteilung der Gefährdungslage des Schutzguts irrelevant.

### *b) Relevante empirische Gefährdung des Schutzguts in der Entscheidungspraxis*

Im Regelfall wird eine die Schutzbedürftigkeit auslösende empirische Gefährdung des Schutzguts u. a. durch die Verwendung, den Verbrauch eines Produkts oder durch dessen Produktions- bzw. Verarbeitungsvorgang verursacht.[621] Diese Gefährdung ist, wie soeben dargestellt, grundsätzlich weder auf die ergriffene Maßnahme des regulierenden WTO-Mitglieds noch auf die Schutzbemühungen eines anderen WTO-Mitglieds zurückzuführen.

Eine Ausnahme wird in den Fällen gebildet, in denen multilaterale Ziele verfolgt werden, beispielsweise in Brazil – Retreaded Tyres und EC – Seal Products. In beiden Verfahren enthält die angegriffene Maßnahme Ausnahmen, mittels derer die durch die Hauptmaßnahme verursachte Gefährdung für ein anderes Schutzgut abgewendet werden kann. So liegt beispielsweise die Gefährdungslage des traditionellen Lebensstils indigener Gemeinden in EC – Seal Products dann vor, wenn ein allgemeines Vermarktungsverbot zum Schutz des Wohlergehens von Robben ausnahmslos durchgesetzt wird.[622] Denn die Robbenjagd ist für den Lebensunterhalt, die kulturelle Identität und den sozialen Zusammenhalt der Inuit und anderer indigener Gemeinschaften unverzichtbar.[623] In diesem Fall ist die Schutzbedürftigkeit auslösende empirische Gefährdung der indigenen Gemeinden auf eine sonst allgemein geltende Robbenschutzmaßnahme zurückzuführen.[624]

### *c) Argument der niedrigen empirischen Gefährdung des Schutzguts in der Entscheidungspraxis*

Nur in wenigen „grünen“ Fällen wurde die niedrige empirische Gefährdung des Schutzguts nicht von der klagenden Partei als Gegenargument gegen die behauptete Gefährdungslage und damit gegen die Schutzbedürftigkeit des

---

621 Teil 2 Kapitel 4 § 2.

622 WTO, Panel-Bericht v. 25. 11. 2013, WT/DS400/R u. a., „EC – Seal Products“, Para. 7.252–7.254.

623 WTO, Panel-Bericht v. 25. 11. 2013, WT/DS400/R u. a., „EC – Seal Products“, Para. 7.252–7.254.

624 Vgl. WTO, Panel-Bericht v. 25. 11. 2013, WT/DS400/R u. a., „EC – Seal Products“, Para. 7.254.

Schutzguts angeführt.[625] Hingegen wurde in vielen umweltrelevanten Verfahren der niedrige empirische Gefährdungsgrad des Schutzguts als Gegenargument von der Gegenseite bzw. den WTO-Streitbeilegungsorganen vorgebracht.[626]

Zum Beispiel argumentierte Kanada in EC – Asbestos unter Verweis auf wissenschaftliche Studien, dass die negativen Auswirkungen von Chrysotil auf die Gesundheit u.a. von Asbestbergleuten und -arbeitern nur begrenzt seien.[627] Auch in Brazil – Retreaded Tyres machte die EG geltend, dass es sich bei den vom angegriffenen Importverbot betroffenen Produkten nicht um Abfallreifen, sondern um runderneuerte Reifen handle, von denen keine besondere Gefahr für die Umwelt und die menschliche Gesundheit ausgehe.[628] Im Unterschied zu Asbest, von dem direkte Gesundheitsgefahren ausgingen, seien von runderneuerten Reifen keine lebensbedrohlichen Gesundheitsrisiken bekannt.[629] Diese Argumente wurden nicht vom Panel akzeptiert.[630] In US – Shrimp wurde die Lebensgefahr für Meeresschildkröte durch den Einsatz von Garnelenschleppnetzen beim Garnelenfang kaum bestritten.[631] Die Gegenseite wies jedoch darauf hin, dass die Bedrohung der Meeresschildkröten aus diesem Grund nur in und um die Vereinigten Staaten auftrete.[632] In anderen Regionen der Welt sei eine solche Gefährdung gering, weil sie dort hauptsächlich auf andere Gründe zurückzuführen sei, die aber bereits durch lokale Schutzprogramme abgewendet worden seien.[633]

---

625 GATT, Panel-Bericht v. 22.2.1982, L/5198-29S/91, „US – Tuna 1982“, Para. 3.13; GATT, Panel-Bericht v. 11.10.1994, DS31/R, „US – Automobiles“, Para. 3.197–3.202 und ausdrücklich siehe: Para. 3.314; WTO, Panel-Bericht v. 20.5.1996, WT/DS2/AB/R, „US – Gasoline“, Para. 3.45 und 3.48.

626 GATT, Panel-Bericht v. 22.2.1982, L/5198-29S/91, „US – Tuna 1982“, Para. 3.75; GATT, Panel-Bericht v. 7.11.1990, DS10/R-37S/200, „Thailand – Cigarettes“, Para. 31; WTO, Panel-Bericht v. 20.5.1996, WT/DS2/AB/R, „US – Gasoline“, Para. 3.60; WTO, Panel-Bericht v. 15.5.1998, WT/DS58/R, „US – Shrimp“, Para 3.51 ff.; WTO, Panel-Bericht v. 18.9.2000, WT/DS135/R, „EC – Asbestos“, Para. 8.192; WTO, Panel-Bericht v. 12.6.2007, WT/DS332/R, „Brazil – Retreaded Tyres“, Para. 4.18, 7.47–7.48; WTO, Panel-Bericht v. 25.11.2013, WT/DS400/R u.a., „EC – Seal Products“, Para. 7.627.

627 WTO, Panel-Bericht v. 18.9.2000, WT/DS135/R, „EC – Asbestos“, Para. 8.192.

628 WTO, Panel-Bericht v. 12.6.2007, WT/DS332/R, „Brazil – Retreaded Tyres“, Para. 7.47.

629 WTO, Panel-Bericht v. 12.6.2007, WT/DS332/R, „Brazil – Retreaded Tyres“, Para. 4.18.

630 WTO, Panel-Bericht v. 12.6.2007, WT/DS332/R, „Brazil – Retreaded Tyres“, Para. 7.48.

631 WTO, Panel-Bericht v. 15.5.1998, WT/DS58/R, „US – Shrimp“, Para. 3.51 ff.

632 WTO, Panel-Bericht v. 15.5.1998, WT/DS58/R, „US – Shrimp“, Para. 3.51 ff.

633 WTO, Panel-Bericht v. 15.5.1998, WT/DS58/R, „US – Shrimp“, Para. 3.51 ff.

Im Rahmen des *design to*-Tests[634] bei der Interpretation des Art. XX (b) GATT wurde die Gefährdungslage des türkischen Sozialversicherungssystems vom Panel in Turkey – Pharmaceutical Products (EU) abgelehnt.[635] Das Panel sah die von der Türkei behauptete Gefährdung ihres Sozialversicherungssystems als eine hypothetische Möglichkeit an.[636] Denn die Türkei habe keinen konkreten Fall eines Versorgungsengpasses identifiziert, der durch die Verlegung des Verkaufs von Arzneimitteln aus der Türkei in andere Länder aufgrund höherer Verkaufspreise oder durch die Unbezahlbarkeit bestimmter Arzneimittel im Rahmen des türkischen Sozialversicherungssystems wegen der Aufwertung ausländischer Währungen bzw. der Abwertung der türkischen Währung (*lira*) verursacht werde.[637] Hingegen sei die von der Türkei behauptete Gefährdung nur eine generelle Gefährdung in allen Sektoren und auf allen Märkten, die nicht als erheblich angesehen werden könne.[638]

#### *d) Argument der niedrigen empirischen Gefährdung des Schutzguts als Abwägungsargument*

Die Einschätzung zur Gefährdungslage des Schutzguts ist eine politisch empfindliche Frage[639] und damit eine Abwägungsentscheidung.[640] Dies gilt auch, wenn die Einschätzung des regulierenden WTO-Mitglieds zur Gefähr-

---

634 Dieser Test ist keine Geeignetheitsprüfung, sondern eine Legitimitätsprüfung, weil eine Prüfung der Zweck-Mittel-Relation in diesem Prüfungsschritt noch nicht möglich ist. Die Legitimität des behaupteten Gefährdungs- und Schutzniveaus kann nämlich ohne Abschluss dieses Prüfungsschritts nicht festgestellt werden. Für eine Zweck-Mittel-Prüfung fehlt daher noch der Bezugspunkt. Ausführlich hierzu siehe: Teil 1 Kapitel 1 § 5 A. II. 2. b).

635 WTO, Panel-Bericht v. 11.11.2021, unverbreitet und beigefügt zur Mitteilung v. 28.4.2022 über die Berufung der Türkei gemäß Art. 25 DSU, WT/DS583/12, „Turkey – Pharmaceutical Products (EU)“, Para. 7.165–7.180. Diese Feststellung wurde vom Schiedsgericht gemäß Art. 25 DSU bestätigt. WTO, Schiedsspruch gemäß Art. 25 DSU v. 25.7.2022, WT/DS583/ARB25, „Turkey – Pharmaceutical Products (EU)“, Para. 6.104–6.111, 6.116–6.122.

636 WTO, Panel-Bericht v. 11.11.2021, unverbreitet und beigefügt zur Mitteilung v. 28.4.2022 über die Berufung der Türkei gemäß Art. 25 DSU, WT/DS583/12, „Turkey – Pharmaceutical Products (EU)“, Para. 7.173.

637 WTO, Panel-Bericht v. 11.11.2021, unverbreitet und beigefügt zur Mitteilung v. 28.4.2022 über die Berufung der Türkei gemäß Art. 25 DSU, WT/DS583/12, „Turkey – Pharmaceutical Products (EU)“, Para. 7.173.

638 Vgl. WTO, Panel-Bericht v. 11.11.2021, unverbreitet und beigefügt zur Mitteilung v. 28.4.2022 über die Berufung der Türkei gemäß Art. 25 DSU, WT/DS583/12, „Turkey – Pharmaceutical Products (EU)“, Para. 7.178.

639 *Grimm*, Proportionality in Canadian and German Constitutional Jurisprudence, UTLJ 2017, 383, 388.

640 *Webber*, The Negotiable Constitution on the Limitation of Rights, 2009, S. 72.

dungslage des Schutzguts abgelehnt wird. Die Gefährdungslage des Schutzguts enthält nämlich sowohl empirische als auch subjektive Aspekte: die empirische Gefährdung des Schutzguts und das darauf aufbauende Schutzbedürftigkeitsurteil. Für die Festlegung der Gefährdungslage ist das genannte Werturteil entscheidend. Denn beruhend auf einer niedrigen empirischen Gefährdung des Schutzguts kann dennoch ein Schutzbedürftigkeitsurteil getroffen werden.[641]

Wenn die Einschätzung des regulierenden WTO-Mitglieds zur Gefährdungslage des Schutzguts mittels des Arguments der niedrigen empirischen Gefährdung abgelehnt wird, liegt eine Abwägung vor, obwohl es sich explizit auf die empirische Gefährdung stützt. Denn durch die Ablehnung wird eine abweichende normative Entscheidung über die Schutzbedürftigkeit des Schutzguts getroffen, beruhend auf einer abweichenden empirischen Analyse – nämlich einer niedrigen empirischen Gefährdung des Schutzguts.

## 2. Konsistenzargument als Abwägungsargument

Das Konsistenzargument wird von der klagenden Partei häufig als Einwand gegen die behauptete Gefährdungslage des Schutzguts vorgebracht. Es handelt sich dabei um ein Abwägungsargument.

### *a) Konsistenzargument in der Entscheidungspraxis der WTO-Streitbeilegungsorgane zum „grünen“ Art. XX GATT*

In der Entscheidungspraxis zum „grünen“ Art. XX GATT wurde das Konsistenzargument bereits in vielen Verfahren explizit oder implizit von der Gegenseite vorgebracht.[642] Während dieses Argument in Brazil – Retreaded Tyres nur implizit verwendet wurde,[643] wurde es in Kanada – Salmon and Herring[644] und EC – Seal Products[645] ausdrücklich als Einwand gegen die behauptete Gefährdungslage des Schutzguts vorgebracht.

---

641 Teil 2 Kapitel 5 § 3 A. I. 3.

642 GATT, Panel-Bericht v. 22.3.1988, L/6268-35S/98, „Canada – Herring and Salmon“, Para. 3.31 und 3.33; WTO, Panel-Bericht v. 12.6.2007, WT/DS332/R, „Brazil – Retreaded Tyres“, Para. 4.22–4.23; WTO, AB-Bericht v. 22.5.2014, WT/DS400/AB/R u. a., „EC – Seal Products“, Para. 5.194–5.195 i. V. m. 2.28–2.33 und 2.140–2.143.

643 WTO, Panel-Bericht v. 12.6.2007, WT/DS332/R, „Brazil – Retreaded Tyres“, Para. 4.22–4.23. Dabei wies die EG auf die Gemeinsamkeiten von Neureifen und runderneuerten Reifen hin.

644 GATT, Panel-Bericht v. 22.3.1988, L/6268-35S/98, „Canada – Herring and Salmon“, Para. 3.33.

645 WTO, AB-Bericht v. 22.5.2014, WT/DS400/AB/R u. a., „EC – Seal Products“, Para. 5.194–5.195 i. V. m. 2.28–2.33 und 2.140–2.143.

So führte Kanada im Berufungsverfahren zu EC – Seal Products an, dass das Panel nicht hinreichend begründet habe, dass eine Gefahr der öffentlichen Moral in der EU aufgrund der Tierschutzbedenken in Bezug auf Robben vorliege.[646] Denn die Tierschutzpolitik und -praxis der EU beinhalte eine Toleranz gegenüber einem gewissen Maß an Tierleid, sowohl in Schlachthöfen als auch bei der Jagd auf Wildtiere.[647] Auf dieser Grundlage argumentierte Kanada, dass das Panel es versäumt zu prüfen habe, ob die mit der kommerziellen Robbenjagd verbundenen Risiken das akzeptable Maß an Tierschutzrisiken überschritten.[648]

Nach Ansicht der Europäischen Union führe die kanadische Auslegung hingegen zur Einführung eines „strengen Konsistenztests", bei dem die WTO-Mitglieder nachweisen müssten, dass sie den relevanten moralischen Standard in jeder Situation mit ähnlichen Risiken konsistent anwendeten.[649]

Der AB unterstützte die EU mit der Begründung, dass das Recht der WTO-Mitglieder zur Festlegung des Schutzniveaus darauf hindeutete, dass sie unterschiedliche Gefährdungsniveaus für Schutzgüter festlegen dürften, selbst wenn es um ähnliche moralische Belange gehe.[650]

### *b) Konsistenzargument als Abwägungsargument*

Beim Konsistenzargument handelt es sich um ein Werturteil aufbauend auf dem Unterschied in der Regulierung „ähnlicher" empirischer Gefährdung von Schutzgütern.[651] Dabei wird eher nicht die Einschätzung des regulierenden WTO-Mitglieds zur empirischen Gefährdung des Schutzguts, sondern das darauf aufbauende Werturteil, nämlich die Schutzbedürftigkeit des Schutzguts, von der Gegenseite in Frage gestellt.[652]

---

[646] WTO, AB-Bericht v. 22.5.2014, WT/DS400/AB/R u.a., „EC – Seal Products", Para. 5.194 i.V.m. 2.28–2.33.

[647] WTO, AB-Bericht v. 22.5.2014, WT/DS400/AB/R u.a., „EC – Seal Products", Para. 5.194 i.V.m. 2.28–2.33.

[648] WTO, AB-Bericht v. 22.5.2014, WT/DS400/AB/R u.a., „EC – Seal Products", Para. 5.194 i.V.m. 2.28–2.33.

[649] WTO, AB-Bericht v. 22.5.2014, WT/DS400/AB/R u.a., „EC – Seal Products", Para. 5.195 i.V.m. 2.142.

[650] WTO, AB-Bericht v. 22.5.2014, WT/DS400/AB/R u.a., „EC – Seal Products", Para. 5.200.

[651] Vgl. *Petersen*, Gesetzgeberische Inkonsistenz als Beweiszeichen – Eine rechtsvergleichende Analyse, AöR 2013, 108, 132–133.

[652] Vgl. *Petersen*, Gesetzgeberische Inkonsistenz als Beweiszeichen – Eine rechtsvergleichende Analyse, AöR 2013, 108, 132–133.

## II. Unbestimmtheit des Abwägungsarguments als Widerlegungsgrund in der Entscheidungspraxis

In der Entscheidungspraxis zum „grünen“ Art. XX GATT wurde das Abwägungsargument zulasten des regulierenden WTO-Mitglieds zwar im Ergebnis überwiegend weder von einem Panel noch von dem AB akzeptiert.[653] Die WTO-Schiedskörper hatten jedoch nicht hinreichend geklärt, warum und bis zu welcher Schwelle eine empirische Gefährdung des Schutzguts für die Ablehnung der behaupteten Gefährdungslage des Schutzguts erst als erheblich anzusehen ist. Ebenso wurde nicht hinreichend erläutert, nach welchem konkreten Maßstab das Konsistenzargument angewendet werden soll.

### 1. Unbestimmtheit des Arguments der niedrigen empirischen Gefährdung des Schutzguts in der Entscheidungspraxis

Unbestimmtheit des Arguments der niedrigen empirischen Gefährdung des Schutzguts besteht erstens darin, dass unklar bleibt, wann und warum eine bestimmte niedrige empirische Gefährdung die Schutzbedürftigkeit des Schutzguts nicht auslösen kann bzw. warum die Einschätzung der Gegenseite oder eines WTO-Schiedsrichters im Falle dieser Unbestimmtheit maßgeblich sein soll. Beispielsweise machte die EG in Brazil – Retreaded Tyres geltend, dass es sich bei den vom angegriffenen Importverbot betroffenen Produkten nicht um Abfallreifen, sondern um runderneuerte Reifen handle, von denen keine besondere Gefahr für die Umwelt und die menschliche Gesundheit ausgehe.[654] Es bleibt jedoch unklar, warum die aus Sicht der EG niedrigere empirische Gefährdung nicht ausreichen soll, um die Schutzbedürftigkeit der Umwelt und der menschlichen Gesundheit auszulösen.

Zweitens ist unklar, warum die Einschätzung der Gegenseite bzw. der WTO-Streitbeilegungsorgane im Falle der Unbestimmtheit der empirischen Gefährdung des Schutzguts maßgeblich sein soll. Zum Beispiel war Kanada in EC – Asbestos der Auffassung, dass die negativen Auswirkungen von Chrysotil auf die Gesundheit u. a. von Asbestbergleuten und -arbeitern anhand der von ihr vorgebrachten wissenschaftlichen Studien nur begrenzt seien.[655] Hingegen führte die EG aus, dass Asbest insbesondere für Arbeitnehmer, die während ihrer Arbeit an asbesthaltigen Erzeugnissen oft unbewusst mit Asbest

---

653 Teil 2 Kapitel 7 § 1 A. i. V. m. Kapitel 5 § 1 A. I.

654 WTO, Panel-Bericht v. 12. 6. 2007, WT/DS332/R, „Brazil – Retreaded Tyres“, Para. 7.47.

655 WTO, Panel-Bericht v. 18. 9. 2000, WT/DS135/R, „EC – Asbestos“, Para. 8.192.

in Berührung kämen, ein erhebliches Gesundheitsrisiko darstelle.[656] Denn Chrysotil-Fasern seien nach wissenschaftlichen Studien und nach Ansicht internationaler Organisationen wie der Internationalen Agentur für Krebsforschung grundsätzlich krebserregend und könnten unter anderem tödliche Krankheiten wie Asbestose, Lungenkrebs und Mesotheliome verursachen.[657]

Das Panel bejahte zwar die Gefährdungslage der menschlichen Gesundheit mit der Begründung, dass einem regulierenden WTO-Mitglied bei der Beurteilung einer solchen Gefahr ein Ermessensspielraum zustehe.[658] Nicht hinreichend geklärt wurde jedoch, warum die Einschätzung der Gegenseite zur Gefährdungslage des Schutzguts nicht maßgeblich sein soll und wie weit der Einschätzungsspielraum des regulierenden WTO-Mitglieds reicht. Falls das Panel in EC – Asbestos bei Unsicherheit der wissenschaftlichen Studien die Einschätzung der Gegenseite bejaht, stellt sich dennoch die gleiche Frage, warum die Einschätzung des regulierenden WTO-Mitglieds zur Gefährdungslage des Schutzguts nicht maßgeblich sein darf, und wie weit die Handelsfreiheit nach den materiellen GATT-Vorschriften reicht.

Trotz dieser Unbestimmtheit kann jedoch nicht ausgeschlossen werden, dass eine zutreffende Beurteilung der Gefährdungslage anhand des Arguments der niedrigen empirischen Gefährdung möglich ist.

### 2. Unbestimmtheit des Konsistenzarguments in der Entscheidungspraxis

Das Konsistenzargument kann nicht nur im Rahmen der „Erforderlichkeits-“,[659] Angemessenheits-[660] und Chapeau-Prüfung[661] herangezogen werden, sondern auch bei der Beurteilung der Gefährdungslage des Schutzguts.[662]

---

656 WTO, Panel-Bericht v. 18.9.2000, WT/DS135/R, „EC – Asbestos“, Para. 8.185.

657 WTO, Panel-Bericht v. 18.9.2000, WT/DS135/R, „EC – Asbestos“, Para. 8.186 i.V.m. 5.28.

658 WTO, Panel-Bericht v. 18.9.2000, WT/DS135/R, „EC – Asbestos“, Para. 8.193.

659 *Petersen*, Gesetzgeberische Inkonsistenz als Beweiszeichen – Eine rechtsvergleichende Analyse, AöR 2013, 108, 120–122; *Button*, Trade, Health, and Uncertainty in the WTO, 2004, S. 33.

660 *Petersen*, Gesetzgeberische Inkonsistenz als Beweiszeichen – Eine rechtsvergleichende Analyse, AöR 2013, 108, 120–122 und Zit. 55 a.a.O. i.V.m. 132. Vgl. auch *ders.*, Verhältnismäßigkeit als Rationalitätskontrolle, 2015, S. 153 ff., 177 ff.

661 *Petersen*, Gesetzgeberische Inkonsistenz als Beweiszeichen – Eine rechtsvergleichende Analyse, AöR 2013, 108, 122 ff.; *Weiß/Ohler/Bungenberg*, Welthandelsrecht, 3. Aufl. 2022, S. 206–208 Rn. 543–544.

662 *Button*, Trade, Health, and Uncertainty in the WTO, 2004, S. 33; vgl. *Venzke/Vidigal*, The Case of the EU Carbon Border Adjustment Mechanism, in: Netherlands Yearbook of International Law 2020, 2022, S. 215–216. Ähnlich, vgl. *Sykes*, Domes-

In den oben dargestellten Verfahren[663] wurde jedoch nicht hinreichend geklärt, wann und warum eine unterschiedliche Behandlung eines ähnlichen Schutzguts für die Feststellung der Gefährdungslage des angegebenen Schutzguts erheblich ist. Zwei Schutzgüter unterscheiden sich aus rein empirischer Sicht stets, weisen jedoch auch immer gewisse Gemeinsamkeiten auf. Die Beurteilung der Vergleichbarkeit zweier Schutzgüter kann folglich nicht ohne Unsicherheit und Willkür erfolgen. Auch wenn eine inkonsistente Behandlung eines ähnlichen Schutzguts hinsichtlich der Feststellung seiner Gefährdungslage vorgenommen wird, stellt sich die Frage, welche Behandlung maßgeblich sein soll.

Trotz dieser Unbestimmtheit kann es jedoch nicht ausgeschlossen werden, dass mit diesem Argument ein sachgerechtes Ergebnis erzielt werden kann.

## III. Keine abschließende Überwindung des Unbestimmtheitsproblems des Arguments der niedrigen empirischen Gefährdung des Schutzguts im Schrifttum

Weder in der allgemeinen Diskussion über Prüfungsintensität und richterliche Zurückhaltung im WTO-Recht mit Bezug auf die Interpretation des Art. XX GATT noch in der speziellen Diskussion über richterliche Zurückhaltung im Rahmen der Interpretation des Art. XX GATT mit Bezug auf die Gefährdungslage des Schutzguts wurde hinreichend geklärt, wie das Unbestimmtheitsproblem des Arguments der niedrigen empirischen Gefährdung des Schutzguts überwunden werden soll.

### 1. Keine abschließende Überwindung des Unbestimmtheitsproblems des Arguments der niedrigen empirischen Gefährdung des Schutzguts durch die allgemeine Diskussion

In der Einführung[664] wurde die allgemeine Diskussion über Prüfungsintensität und richterliche Zurückhaltung im WTO-Recht mit Bezug auf die Interpretation des Art. XX GATT dargestellt.

Im vorliegenden Abschnitt wird erläutert, dass die herangezogenen Argumente in dieser Diskussion, nämlich das Souveränitätsargument, das Argu-

---

tic Regulation, Sovereignty, and Scientific Evidence Requirements, ChicagoJIL 2002, 353, 366–368; *Andenas/Zleptnig*, Proportionality and Balancing in WTO Law, CRIA 2007, 71, 85.

[663] Teil 2 Kapitel 7 § 2 A. I. 2. a).

[664] Teil 1 Kapitel 1 § 3.

ment der besseren Expertise und das Argument der institutionellen Rolle, keine abschließende Antwort darauf gaben, inwieweit die WTO-Streitbeilegungsorgane richterliche Zurückhaltung oder Abwägung bei der Überprüfung der Tatsachenfeststellungen und Rechtsurteile des regulierenden WTO-Mitglieds üben sollen. Dieses Ergebnis gilt entsprechend für das Argument der niedrigen empirischen Gefährdung des Schutzguts. Denn es handelt sich bei diesem Argument sowohl um die Tatsachenfeststellung als auch um das darauf aufbauende Rechtsurteil, nämlich um ein Abwägungsargument.[665]

Somit wurde in dieser Diskussion nicht hinreichend geklärt, ob und inwieweit die WTO-Streitbeilegungsorgane Zurückhaltung üben oder Abwägung beruhend auf der niedrigen empirischen Gefährdung des Schutzguts zulasten des regulierenden WTO-Mitglieds vornehmen sollen. Es wurde nämlich nicht hinreichend geklärt, wie das Unbestimmtheitsproblem des Arguments der niedrigen empirischen Gefährdung des Schutzguts überwunden werden soll.

### *a) Meinungsverschiedenheiten im Schrifttum*

Wie in Teil 1 Kapitel 1 § 3 ausführlich dargestellt, wird im Schrifttum einerseits vertreten, dass eine grundsätzliche zurückhaltende Prüfungsdichte für die richterliche Überprüfung der Tatsachenfeststellungen und Rechtsurteile eines WTO-Mitglieds gelten soll. Nur in Ausnahmefällen bzw. Extremfällen darf die Einschätzung des regulierenden WTO-Mitglieds nicht respektiert werden. Andererseits wird in der wissenschaftlichen Literatur gewisse Skepsis gegenüber einer zurückhaltenden Prüfungsdichte geäußert. Eine *de novo review* sowohl der Tatsachenfeststellung als auch der Rechtsfrage bei der Interpretation des Art. XX GATT wird aber kaum vertreten. Die meisten vorgeschlagenen Prüfungsdichten für die Einschätzung des regulierenden Mitglieds betonen eher die (höhere) Maßgeblichkeit der Einschätzung eines Panels oder des AB.

### *b) Argumente zugunsten einer zurückhaltenden Prüfungsdichte u. a. bei der Auslegung des Art. XX GATT in der allgemeinen Diskussion*

Bei der Darstellung der allgemeinen Diskussion über Prüfungsintensität und richterliche Zurückhaltung im WTO-Recht in der Einführung[666] wurden die herangezogenen Argumente nur kursorisch und verstreut präsentiert. Zur Veranschaulichung werden sie hier noch einmal zusammengefasst, um eine Grundlage für die nachfolgende Stellungnahme zu schaffen.

---

665 Teil 1 Kapitel 1 § 3 A. III. – § 3 A. IV.

666 Teil 1 Kapitel 1 § 3 C. – § 3 D.

### aa) Souveränität

Die Achtung der Souveränität ist das erste häufig angeführte Argument dafür, dass die WTO-Streitbeilegungsorgane u. a. bei der Überprüfung unilateraler Umweltschutzmaßnahmen Zurückhaltung üben sollen.

#### *(1) Souveränitätsfreundliche Interpretation*

Nach einer Ansicht haben sich die WTO-Mitglieder nur zu solchen Beschränkungen bei der Ausübung ihrer souveränen Befugnisse im Bereich des internationalen Handels verpflichtet, denen sie durch den Abschluss völkerrechtlicher Verträge zugestimmt haben. Eine eingreifende Prüfungsdichte greife in das Souveränitätsrecht des regulierenden WTO-Mitglieds im sensiblen Bereich u. a. des Umwelt- und Gesundheitsschutzes ein, wenn keine oder keine hinreichende vertragliche Rechtsgrundlage vorhanden sei.[667] In diesem Fall solle eine souveränitätsfreundliche Interpretation erfolgen.[668] Eine grundsätzlich zurückhaltende Prüfungsdichte könne nicht nur die vorbehaltenen Rechte der WTO-Mitglieder u. a. zum Umwelt- und Gesundheitsschutz garantieren, sondern auch den möglichen Protektionismus verhindern.[669]

#### *(2) Ambiguität des Vertragstexts und* in dubio mitius, non liquet

In dieser Richtung wird weiterhin vertreten, dass sich eine zurückhaltende Prüfungsdichte aus bestimmten völkerrechtlichen Theorien ergibt. Demnach erlaube die Völkerrechtsdoktrin *in dubio mitius* den WTO-Schiedskörpern, bei der Auslegung des Umfangs der rechtlichen Verpflichtungen des regulierenden WTO-Mitglieds zum Schutz seiner Souveränität sehr zurückhaltend zu sein.[670]

---

[667] Vgl. *Gruszczynski/Vadi*, Standard of Review and Scientific Evidence in WTO Law and International Investment Arbitration, in: Gruszczynski/Werner (Hrsg.), Deference in International Courts and Tribunals, 2014, S. 167, 170–171; *Guzman*, Determining the Appropriate Standard of Review in the WTO Law, CJIL 2004, 45, 47.

[668] In dieser Richtung vgl. *Barfield*, Free Trade, Sovereignty, Democracy: The Future of the World Trade Organization, ChicagoJIL 2001, 403, 403 und 408 i. V. m. 405; *Raustiala*, Sovereignty and Multilateralism, ChicagoJIL 2000, 401, 403 und 406; *Gruszczynski/Vadi*, Standard of Review and Scientific Evidence in WTO Law and International Investment Arbitration, in: Gruszczynski/Werner (Hrsg.), Deference in International Courts and Tribunals, 2014, S. 167, 170–171.

[669] *Button*, Trade, Health, and Uncertainty in the WTO, 2004, S. 220; *ders.*, The WTO's „Objective Assessment" Standard of Review and Panel Review of Health Measures, in: Mitchell (Hrsg.), The Challenges and Prospects for the WTO, 2005, S. 110–111.

[670] *Steinberg*, Judicial Lawmaking at the WTO, AJIL 2004, 247, 258–259; *Windsor*, Delegation, Standards of Review, and Subsidiarity in WTO Dispute Settlement,

Wenn der Vertragstext u.a. des Art. XX GATT ambig sei, solle dieser unter verschiedenen vertretbaren Interpretationen zugunsten des regulierenden WTO-Mitglieds ausgelegt werden.[671]

Wenn der Vertragstext indeterminiert sei, können die WTO-Schiedskörper ferner *non liquet* (*it is not clear*) erklären. Nach dieser Theorie gebe es Lücken im internationalen Recht, die nicht durch internationale Schiedskörper, wie ein Panel oder der AB, gefüllt werden können, weil diese keine gesetzgebenden Organe seien.[672] Daran ändern Art. 7.2[673] und 17.12 DSU[674] nichts, wonach die WTO-Streitbeilegungsorgane die berufenen Regeln aus den WTO-Abkommen und die behaupteten Streitpunkte in einem Verfahren auslegen bzw. behandeln müssen, weil die WTO-Schiedskörper *non liquet* i.V.m. justizieller Ökonomie erklären dürfen bzw. dies schon in der Entscheidungspraxis getan haben.[675]

*(3) Vorsorgeprinzip*

Teilweise wird vertreten, dass die Einschätzung des regulierenden WTO-Mitglieds u.a. zum Gefährdungsniveau des Schutzguts bei Unsicherheit der wissenschaftlichen Nachweise aufgrund des Souveränitäts- und Vorsorgeprinzips zu respektieren sei.[676]

Die zurückhaltende Prüfungsdichte in EC – Asbestos u.a. bei der Festlegung der Gefährdungslage des Schutzguts angesichts wissenschaftlicher Unsicherheit könne nach dieser Ansicht als Anwendung des Vorsorgeprinzips des internationalen Umweltrechts durch die WTO-Streitbeilegungsorgane angese-

AULR 2008, 41, 60; *Cameron/Gray*, Principles of International Law in The WTO Dispute Settlement, ICLQ 2001, 248, 258–259.

671 *Steinberg*, Judicial Lawmaking at the WTO, AJIL 2004, 247, 258–259; *Windsor*, Delegation, Standards of Review, and Subsidiarity in WTO Dispute Settlement, AULR 2008, 41, 60; *Cameron/Gray*, Principles of International Law in The WTO Dispute Settlement, ICLQ 2001, 248, 258–259.

672 *Steinberg*, Judicial Lawmaking at the WTO, AJIL 2004, 247, 258–259; *Windsor*, Delegation, Standards of Review, and Subsidiarity in WTO Dispute Settlement, AULR 2008, 41, 60–61.

673 Art. 7.2 DSU sieht vor: „Panels shall address the relevant provisions in any covered agreement or agreements cited by the parties to the dispute."

674 Art. 17.12 DSU sieht vor: „The Appellate Body shall address each of the issues raised in accordance with paragraph 6 during the appellate proceeding."

675 *Bartels*, The Separation of Powers in the WTO, ICLQ 2004, 861, 876–877.

676 *Goh*, Science and Sovereignty, JWIP 2003, 441, 444–445, 466–467, 470; *Cheyne*, Gateways to the Precautionary Principle in WTO Law, JEL 2007, 155, 163, 168ff.

hen werden.[677] Manche Vertreter betrachten das Vorsorgeprinzip als Völkergewohnheitsrecht, das eine hinreichende Grundlage für die Respektierung der inländischen Entscheidung im Falle der Unbestimmtheit der wissenschaftlichen Studien darstelle.[678]

### bb) Expertise

Zur Begründung einer zurückhaltenden Prüfungsdichte für die Tatsachenfeststellung und das Rechtsurteil des regulierenden WTO-Mitglieds wird die fehlende Expertise der WTO-Streitbeilegungsorgane für die Beurteilung sachlicher, technischer, kultureller und politischer Fragen sowie für die Auslegung inländischer Rechte herangezogen.

#### *(1) Fehlende Expertise der WTO-Streitbeilegungsorgane bei der Beurteilung sachlicher und technischer Fragen*

Streitigkeiten entstehen oft aus einem Konflikt zwischen verschiedenen wissenschaftlichen Wahrheiten, der mit dem vorhandenen wissenschaftlichen Wissen nicht gelöst werden könne.[679] Bei wissenschaftlicher und empirischer Unsicherheit verfüge ein Panel jedoch nur über eine begrenzte Einschätzungsfähigkeit[680] und es sei daher nicht geeignet für komplizierte Tatsachenfeststellungen im Vergleich zu inländischen Behörden.[681] Denn einem Panel fehle die Expertise für wissenschaftliche und inländische Sachfragen im Vergleich zu

---

677 *Bloche*, WTO Deference to National Health Policy, JIEL 2002, 825, 833; vgl. *Ruessmann*, Putting the Precautionary Principle in its Place, AUILR 2002, 905, 925–926.

678 *Segger/Gehring*, The WTO and Precaution, JEL 2003, 289, 299, 310, 320–321.

679 *Button*, Trade, Health, and Uncertainty in the WTO, 2004, S. 221 i. V. m. 113 ff.; *Bohanes/Lockhart*, Standard of Review in WTO Law, in: Bethlehem u. a. (Hrsg.), The Oxford Handbook of International Trade Law, 1. Aufl. 2009, S. 397; *Fukunaga*, Standard of Review and „Scientific Truths" in the WTO Dispute Settlement System, JIDS 2012, 559, 567.

680 *Guzman*, Determining the Appropriate Standard of Review in WTO Disputes, CILJ 2009, 45, 57–64, 68–71; *Herwig/Serdarevic*, Standard of Review for Necessity and Proportionality Analysis in EU and WTO Law, in: Gruszczynski/Werner (Hrsg.), Deference in International Courts and Tribunals, 2014, S. 227; *Zleptnig*, The Standard of Review in WTO Law, EIoP 2002, 1, 12.

681 *Gruszczynski/Vadi*, Standard of Review and Scientific Evidence in WTO Law and International Investment Arbitration, in: Gruszczynski/Werner (Hrsg.), Deference in International Courts and Tribunals, 2014, S. 166; *Shany*, Toward a General Margin of Appreciation Doctrine in International Law?, EJIL 2005, 907, 918.

den einzelnen WTO-Mitgliedern[682] und diese begrenzte Fähigkeit könne das Risiko einer Fehlentscheidung erheblich erhöhen.[683] Bezüglich der Festlegung beispielsweise der Gefährdungslage eines Schutzguts, die hauptsächlich eine Tatsachenfeststellung darstelle, erscheine es grundsätzlich sinnvoll, dem regulierenden WTO-Mitglied einen gewissen Einschätzungsspielraum einzuräumen.[684]

Trotz der weitreichenden Rechte eines Panels zur Anforderung von Informationen, der entsprechenden Verpflichtung der WTO-Mitglieder zur Bereitstellung dieser Informationen sowie der Befugnis eines Panels zur Ziehung nachteiliger Schlussfolgerungen bei Nichtbereitstellung dieser Informationen, sei das Problem eines Panels bei der Tatsachenfeststellung nicht überwunden.[685] Ebenso könne dieses Problem nicht dadurch überwunden werden, dass ein Panel wissenschaftliche Expertenmeinungen einhole.[686] Denn ein Panel müsse dennoch die unterschiedlichen Expertenmeinungen interpretieren und zwischen widerstreitenden Expertenmeinungen entscheiden.[687] Dabei gebe es keinen Grund zur Überzeugung, dass die von einem Panel bestellten Experten in der Lage seien, eine „richtige Wahrheit" zu entdecken, die von ihren wissenschaftlichen Kollegen noch nicht entdeckt worden sei.[688]

Hingegen verfüge die nationale Behörde über einen besseren Zugang zu lokalen Informationen und sei besser in der Lage, diese zu bewerten.[689] Aufgrund dieser Vorteile könne die nationale Behörde weniger Fehler machen als das Gericht, wenn im Falle der Unbestimmtheit der empirischen Umstände

---

682 *Fukunaga*, Standard of Review and „Scientific Truths" in the WTO Dispute Settlement System, JIDS 2012, 559, 567; *Gruszczynski/Vadi*, Standard of Review and Scientific Evidence in WTO Law and International Investment Arbitration, in: Gruszczynski/Werner (Hrsg.), Deference in International Courts and Tribunals, 2014, S. 165–166; *Christoforou*, Settlement of Science-Based Trade Disputes in the WTO, NYUELJ 2000, 622, 635.

683 *Gruszczynski/Vadi*, Standard of Review and Scientific Evidence in WTO Law and International Investment Arbitration, in: Gruszczynski/Werner (Hrsg.), Deference in International Courts and Tribunals, 2014, S. 165–166.

684 *Reusch*, Die Legitimation des WTO-Streitbeilegungsverfahrens, S. 270.

685 *Ehlermann*, Six Years on the Bench of the „World Trade Court", JWT 2002, 605, 605–606, 627–628.

686 *Fukunaga*, Standard of Review and „Scientific Truths" in the WTO Dispute Settlement System, JIDS 2012, 559, 567.

687 *Gruszczynski/Vadi*, Standard of Review and Scientific Evidence in WTO Law and International Investment Arbitration, in: Gruszczynski/Werner (Hrsg.), Deference in International Courts and Tribunals, 2014, S. 165–166.

688 *Fukunaga*, Standard of Review and „Scientific Truths" in the WTO Dispute Settlement System, JIDS 2012, 559, 567.

689 *Guzman*, Determining the Appropriate Standard of Review in WTO Disputes, CILJ 2009, 45, 52–56.

eine normative Beurteilung unvermeidlich sei.[690] In diesem Fall sei es auch einfacher, wenn das regulierende WTO-Mitglied diese Entscheidung treffe.[691]

*(2) Fehlende Expertise der WTO-Streitbeilegungsorgane bei kulturellen und politischen Entscheidungen*

Ferner sei ein Panel deshalb in einer schlechteren Position als ein WTO-Mitglied bei der Feststellung der Gefährdungslage des Schutzguts, weil es sich dabei nicht um eine rein wissenschaftliche Entscheidung, sondern um eine subjektive Einschätzung handele, die von der politischen Priorität und von den spezifischen soziokulturellen Bedingungen eines bestimmten Landes abhänge.[692] Ein Panel solle nämlich nicht als politischer Entscheidungsträger agieren und keine politischen Entscheidungen auf der Grundlage verfügbarer wissenschaftlicher Erkenntnisse treffen, da dies zu einer Streitbeilegung durch *making choice* statt durch *reasoning* führen würde.[693]

Im Bereich des Risikoassessments und des Risikomanagements, wie im Rahmen der Interpretation des Art. XX GATT,[694] habe ein regulierendes WTO-Mitglied bei der Beurteilung wissenschaftlicher Fragen und der darauf beruhenden politischen Entscheidung einen Vorteil, der die Missbrauchsgefahr der inländischen Expertise bei der Feststellung der Gefährdungslage des Schutzguts überwiege.[695]

---

690 *Herwig/Serdarevic*, Standard of Review for Necessity and Proportionality Analysis in EU and WTO Law, in: Gruszczynski/Werner (Hrsg.), Deference in International Courts and Tribunals, 2014, S. 227.

691 *Button*, Trade, Health, and Uncertainty in the WTO, 2004, S. 220; *ders.*, The WTO's „Objective Assessment" Standard of Review and Panel Review of Health Measures, in: Mitchell (Hrsg.), The Challenges and Prospects for the WTO, 2005, S. 111.

692 *Gruszczynski/Vadi*, Standard of Review and Scientific Evidence in WTO Law and International Investment Arbitration, in: Gruszczynski/Werner (Hrsg.), Deference in International Courts and Tribunals, 2014, S. 166; *Guzman*, Determining the Appropriate Standard of Review in WTO Disputes, CILJ 2009, 45, 69, 71, 72; *Fukunaga*, Standard of Review and „Scientific Truths" in the WTO Dispute Settlement System, JIDS 2012, 559, 567–568 i. V. m. 574–575.

693 *Christoforou*, Settlement of Science-Based Trade Disputes in the WTO, NYUELJ 2000, 622, 635.

694 *Guzman*, Determining the Appropriate Standard of Review in WTO Disputes, CILJ 2009, 45, 49 i. V. m. 75. Nach Guzman gilt das von ihm entwickelte Prinzip zur Feststellung der Prüfungsdichte für alle Streitigkeiten vor der WTO.

695 *Guzman*, Determining the Appropriate Standard of Review in the WTO Law, CJIL 2004, 45, 68–73, 75–76.

### (3) *Fehlende Expertise der WTO-Streitbeilegungsorgane bei der Auslegung inländischer Rechte*

Außerdem verfüge das regulierende WTO-Mitglied über besseres Fachwissen und mehr Erfahrung bei der Auslegung seiner innerstaatlichen Rechte, während Panelmitglieder hingegen nur Experten für die Auslegung des WTO-Rechts seien, weshalb sie dem regulierenden WTO-Mitglied großen Respekt zeigen sollen.[696]

### cc) Institutionelle Rolle der WTO-Streitbeilegungsorgane

Die nationalen Regulierungsbehörden seien institutionell kompetenter als die WTO-Panels, ein internationales Schiedsgericht, um Gesundheitsrisiken und konkurrierende wirtschaftliche Interessen zu identifizieren und gegeneinander abzuwägen, sodass der Einschätzung des regulierenden WTO-Mitglieds zum Gesundheitsschutz hoher Respekt gewährt werden solle.[697] Hingegen seien die WTO-Streitbeilegungsorgane wenig geeignet, über die politische Priorität sozialer oder kultureller Fragen zu entscheiden.[698] Denn jede Gesellschaft definiere die Sensibilität gegenüber der Gefährdung eines bestimmten Schutzguts unterschiedlich.[699] Ähnliches gelte für die Behandlung multilateraler Schutzziele und die damit verbundenen Abwägungen.[700]

---

[696] *Bohanes/Lockhart*, Standard of Review in WTO Law, in: Bethlehem u. a. (Hrsg.), The Oxford Handbook of International Trade Law, 1. Aufl. 2009, S. 417. Bohandes und Lockart zeigen jedoch Skepsis daran, dass dieses Argument für die Begründung einer zurückhaltenden Prüfungsdichte überzeugend ist, hierzu vgl. S. 419–420 a. a. O.

[697] *Bloche*, WTO Deference to National Health Policy, JIEL 2002, 825, 835; *Ghias*, International Judicial Lawmaking, BerkeleyJIL 2006, 534, 551–552, 553.

[698] *Gruszczynski/Vadi*, Standard of Review and Scientific Evidence in WTO Law and International Investment Arbitration, in: Gruszczynski/Werner (Hrsg.), Deference in International Courts and Tribunals, 2014, S. 166; *Guzman*, Determining the Appropriate Standard of Review in WTO Disputes, CILJ 2009, 45, 69, 71, 72; *Fukunaga*, Standard of Review and „Scientific Truths" in the WTO Dispute Settlement System, JIDS 2012, 559, 567–568 i. V. m. 574–575, Fukunaga's Ergebnis gilt wohl auch für Art. XX GATT. *Howse/Turk*, A Case Study of the Canada – EC Asbestos Dispute, in: de Búrca/Scott (Hrsg.), The EU and the WTO, 2001, S. 326; *Steinberg*, Judicial Lawmaking at the WTO, AJIL 2004, 247, 274–275. Steinberg vertritt jedoch die Ansicht, dass dem AB grundsätzlich ein Spielraum für aktive und dynamische justizielle Rechtsfortbildung zustehe und dieser Raum aus verschiedenen Gründen bereits hinreichend beschränkt werden könne.

[699] *Button*, Trade, Health, and Uncertainty in the WTO, S. 99 f., 102 f.; *Bohanes/Lockhart*, Standard of Review in WTO Law, in: Bethlehem u. a. (Hrsg.), The Oxford Handbook of International Trade Law, 1. Aufl. 2009, S. 397.

[700] Vgl. *Herwig/Serdarevic*, Standard of Review for Necessity and Proportionality Analysis in EU and WTO Law, in: Gruszczynski/Werner (Hrsg.), Deference in International Courts and Tribunals, 2014, S. 227–228.

Außerdem stelle eine Abwägung durch die WTO-Schiedskörper u. a. im Rahmen der Festlegung der Gefährdungslage des Schutzguts einen Eingriff in die demokratische Entscheidungsfreiheit des regulierenden WTO-Mitglieds dar,[701] der der Legitimität und der sozialen Akzeptabilität der WTO-Streitbeilegungsorgane schade.[702]

In dieser Richtung wird beruhend auf der *principle-angency theory*[703] darauf hingewiesen, dass die delegierte Befugnis der WTO-Streitbeilegungsorgane in der Weise ausgeübt werden könne, dass die Präferenz der WTO-Mitglieder zur Erhaltung ihrer Regelungsvielfalt zur Förderung der Handelsliberalisierung preisgegeben werde und damit ein Demokratiedefizit vorliege.[704] Eine subsidiäre Prüfungsdichte könne hingegen ein ausgewogenes Verhältnis zwischen den nationalen Befugnissen und dem WTO-Streitbeilegungsmechanismus herstellen, damit die Zuständigkeit der WTO-Mitglieder für inländische Regulierung gestärkt und die Legitimität der WTO erhöht werden können.[705]

### *c) Argumente zugunsten einer eingreifenden Prüfungsdichte u. a. bei der Auslegung des Art. XX GATT in der allgemeinen Diskussion*

Zur Begründung einer eingreifenden Prüfungsdichte u. a. bei der Interpretation des Art. XX GATT werden das Souveränitätsargument, das Argument der Expertise und das Argument der institutionellen Rolle der WTO-Streitbeilegungsorgane herangezogen.

#### aa) Souveränität

Das Souveränitätsargument ist wiederum das Hauptargument zur Begründung einer eingreifenden Prüfungsdichte.

---

701 *Bloche*, WTO Deference to National Health Policy, JIEL 2002, 825, 845–846.

702 *Christoforou*, Settlement of Science-Based Trade Disputes in the WTO, NYUELJ 2000, 622, 648.

703 Zur *principle-agency theory* vgl. *Windson*, Delegation, Standards of Review, and Subsidiarity in WTO Dispute Settlement, AULJ 2008, 41, 42 ff.

704 *Windsor*, Delegation, Standards of Review, and Subsidiarity in WTO Dispute Settlement, AULR 2008, 41, 57.

705 *Windsor*, Delegation, Standards of Review, and Subsidiarity in WTO Dispute Settlement, AULR 2008, 41, 80.

### *(1) Missbrauchsgefahr des Souveränitätsrechts aufgrund der Ambiguität des Vertragstexts*

Zwar sei es wenig umstritten, dass ein souveräner Staat zur Festlegung seines eigenen Schutzstandards u.a. für Umweltangelegenheiten befugt sei.[706] Die Souveränität des regulierenden WTO-Mitglieds richte sich jedoch vielmehr nach dem Vertragstext, der maßgeblich für den Umfang der Souveränität sei und dessen Interpretation einem Panel und dem AB obliege.[707] Wenn die negative Wirkung der Umweltschutzmaßnahme „schlimm genug" sei, müsse die politische Entscheidungsfreiheit des regulierenden WTO-Mitglieds durch die WTO-Verpflichtungen eingeschränkt werden.[708] Aufgrund der Ambiguität des Vertragstexts sei jedoch der Umfang der Souveränitätsbeschränkung durch den Abschluss des WTO-Übereinkommens über die Handelsfreiheit unklar.[709] Es fehle daher an einer vertraglichen Rechtsgrundlage für die Anwendung einer zurückhaltenden Prüfungsdichte.[710]

Eine solche Prüfungsdichte könne sich ferner nicht aus dem Völkergewohnheitsrecht gemäß Art. 31 und 32 WVRÜ i.V.m. Art. 3.2 DSU ergeben. Nach diesen Vorschriften sei ein völkerrechtlicher Vertrag nach Treu und Glauben in Übereinstimmung mit der gewöhnlichen Bedeutung des Vertragstexts auszulegen. Diese Verpflichtung lasse keinen Raum für eine zurückhaltende Auslegung auf der Grundlage von Ansichten, die eine Vertragspartei nach dem Inkrafttreten des Vertrags geäußert habe.[711] Außerdem sei eine einheitliche (zurückhaltende) Interpretation des Art. XX GATT aufgrund der Vielzahl der WTO-Mitglieder kaum möglich.[712]

---

[706] Vgl. *Guzman*, Determining the Appropriate Standard of Review in WTO Disputes, CILJ 2009, 45, 53.

[707] *Guzman*, Determining the Appropriate Standard of Review in WTO Disputes, CILJ 2009, 45, 56–57.

[708] Vgl. *Guzman*, Determining the Appropriate Standard of Review in WTO Disputes, CILJ 2009, 45, 53–54.

[709] Vgl. *Das*, Sovereignty, Development and International Economic Law: Some Insights from WTO Dispute Settlement, NLUDSLJ 2017, 53, 60.

[710] *Cottier/Oesch*, The Paradox of Judicial Review in International Trade Regulation, in: Cottier/Mavroidis/Blatter (Hrsg.), The Role of the Judge in International Trade Regulation, 2003, S. 296–298; *Oesch*, Standards of Review in WTO Dispute Resolution, 2003, S. 62; *ders.*, Standards of Review in WTO Dispute Resolution, JIEL 2003, 635, 643–644. Ähnlich auch: *Petersmann*, The GATT/WTO Dispute Settlement System, 1997, S. 228.

[711] *Guzman*, Determining the Appropriate Standard of Review in the WTO Law, CJIL 2004, 45, 60; *Oesch*, Standards of Review in WTO Dispute Resolution, JIEL 2003, 635, 642–643.

[712] Vgl. *Reusch*, Die Legitimation des WTO-Streitbeilegungsverfahrens, 2007, S. 271.

Es werde mit dem Souveränitätsargument nämlich nicht klargestellt, wie ein gewisses Gleichgewicht zwischen der Souveränität des regulierenden WTO-Mitglieds einerseits und dem allgemeinen Interesse an der Verwirklichung der Vorteile einer internationalen Koordinierung andererseits gefunden werden solle.[713] Aus diesem Grund sei das Souveränitätsargument unverbindlich[714] und übertrieben, denn es stelle unbewusst die Grundprinzipien des GATT/WTO selbst in Frage und bedrohe die Stabilität der WTO-Streitbeilegungsorgane.[715]

Das Wort „Souveränität“ werde somit in erheblicher Weise missbraucht[716] und sei kein überzeugendes Argument zugunsten einer zurückhaltenden Prüfungsdichte.[717] Die Staaten können sich nämlich nicht auf ihre Margin of Appreciation berufen, wenn es um die Feststellung der Rechtskonformität mit ambigen Vertragsbestimmungen gehe.[718] Vielmehr sollen ein Panel und der AB den ambigen Vertragstext des Art. XX GATT auf dynamische Weise interpretieren, damit die Lücke in diesem Artikel überbrückt werden könne.[719]

#### *(2) Ambiguität des Vertragstexts,* in dubio mitius und non liquet

Im Hinblick auf *in dubio mitius* wird angeführt, dass diese Theorie im Falle der Ambiguität des Vertragstexts kein schlüssiges Argument für eine zurückhaltende Prüfungsdichte darstellt. Während der Verhandlungen über WTO-Abkommen werden zwar bestimmte umstrittene Fragen oft offengelassen und

---

713 *Croley/Jackson*, WTO Dispute Procedures, Standard of Review, and Deference, AJIL 1996, 193, 212; *Jackson*, The WTO Dispute Settlement Procedures, in: Schott (Hrsg.), The World Trading System, 1996, S. 161–162; *Becroft*, The Standard of Review in WTO Dispute Settlement, 2012, S. 69–70.

714 *Spamann*, Standard of Review for World Trade Organization Panels in Trade Remedy Cases, JWT 2004, 509, 553. Dieses Argument wird dabei im Rahmen der Handelsschutzmaßnahme herangezogen und gilt auch für die Interpretation des Art. XX GATT.

715 *Croley/Jackson*, WTO Dispute Procedures, Standard of Review, and Deference, AJIL 1996, 193, 212; *Jackson*, The WTO Dispute Settlement Procedures, in: Schott (Hrsg.), The World Trading System, 1996, S. 161–162.

716 *Croley/Jackson*, WTO Dispute Procedures, Standard of Review, and Deference, AJIL 1996, 193, 211.

717 *Gruszczynski/Vadi*, Standard of Review and Scientific Evidence in WTO Law and International Investment Arbitration, in: Gruszczynski/Werner (Hrsg.), Deference in International Courts and Tribunals, 2014, S. 170–171; *Guzman*, Determining the Appropriate Standard of Review in the WTO Law, CJIL 2004, 45, 68–69.

718 *Das*, Sovereignty, Development and International Economic Law, NLUDSLJ 2017, 53, 60.

719 *Steinberg*, Judicial Lawmaking at the WTO, AJIL 2004, 247, 251 ff.; *Das*, Sovereignty, Development and International Economic Law, NLUDSLJ 2017, 53, 60.

verschoben, um den Abschluss dieser Abkommen zu erreichen.[720] Es werde jedoch nicht weiter geklärt, warum die Souveränität des regulierenden WTO-Mitglieds von einem internationalen Schiedsgericht respektiert werden solle, wenn die Bedeutung des Vertragstexts, beispielsweise des Art. XX GATT, ambig und umstritten sei.[721]

Bezüglich der *non liquet* Theorie wird argumentiert, dass die Anwendung dieser Theorie in der WTO-Streitbeilegung aufgrund von Art. 7.2[722] und 17.12 DSU[723] ausgeschlossen sei, weil die WTO-Schiedskörper die berufenen Regeln aus den WTO-Abkommen und die Streitpunkte in einem Verfahren vor der WTO unbedingt auslegen bzw. behandeln müssen.[724] Außerdem könne es im Völkerrecht keine Rechtslücke und damit keinen Raum für ein *non liquet* geben, weil alles erlaubt sei, was nicht ausdrücklich durch das Völkerrecht verboten werde.[725] Selbst wenn eine „Rechtslücke" vorhanden sei, könne diese von einem internationalen Schiedsgericht mit Hilfe der allgemeinen Rechtsgrundsätze und Gerechtigkeitserwägungen überbrückt werden.[726]

*(3) Vorsorgeprinzip*

Bezüglich des Vorsorgeprinzips wird vertreten, dass die Anerkennung des Einschätzungsspielraums des regulierenden WTO-Mitglieds u. a. hinsichtlich der Festlegung der Gefährdungslage des Schutzguts nicht vom Vorsorgeprinzip abgedeckt sei, da ein derart abstraktes und subsidiäres Prinzip nicht besage, wann die Einschätzung des regulierenden WTO-Mitglieds maßgeblich

---

[720] *Ioannidis*, Beyond the Standard of Review Deference Criteria in WTO Law and the Case for a Procedural Approach, in: Gruszczynski/Werner (Hrsg.), Deference in International Courts and Tribunals, 2014, S. 101 i. V. m. 111.

[721] *Ioannidis*, Beyond the Standard of Review Deference Criteria in WTO Law and the Case for a Procedural Approach, in: Gruszczynski/Werner (Hrsg.), Deference in International Courts and Tribunals, 2014, S. 101 i. V. m. 111. Ähnliche Bedenken, vgl. auch *Reusch*, Die Legitimation des WTO-Streitbeilegungsverfahrens, 2007, S. 272.

[722] Art. 7.2 DSU sieht vor: „Panels shall address the relevant provisions in any covered agreement or agreements cited by the parties to the dispute."

[723] Art. 17.12 DSU sieht vor: „The Appellate Body shall address each of the issues raised in accordance with paragraph 6 during the appellate proceeding."

[724] *Bacchus*, Affirming the American Interest in the Future of the WTO, JWT 2003, 429, 439; *Ehlermann*, Tensions between the Dispute Settlement Process and the Diplomatic and Treaty-Making Activities of the WTO, WTR 2003, 301, 305.

[725] *Weil*, „The Court Cannot Conclude Definitively …": Non Liquet Revisited, CJTL 1988, 109, 112–114.

[726] *Weil*, „The Court Cannot Conclude Definitively …": Non Liquet Revisited, CJTL 1988, 109, 110.

sein solle.[727] Das Vorsorgeprinzip könne nämlich noch nicht als klare Regel angesehen werden.[728]

### bb) Expertise

Die bessere Sachkenntnis der nationalen Behörden bei der Tatsachenermittlung und ihre bessere Vertrautheit mit dem faktischen Umfeld könnten den WTO-Streitbeilegungsorganen zwar dazu raten, bei der Tatsachenermittlung einen weniger eingreifenden Ansatz zu vertreten. Die folgenden Argumente werden jedoch im Schrifttum zur Begründung einer eher eingreifenden Prüfungsdichte herangezogen.

#### *(1) Missbrauch der Expertise durch das regulierende WTO-Mitglied*

Zwar verfüge ein WTO-Mitglied als Streitpartei über weitaus mehr sachliche Informationen als ein Panel. Diese technische Überlegenheit rechtfertige jedoch keine zurückhaltende Überprüfung der nationalen behördlichen Auslegung des Vertragstexts von GATT. Denn die WTO-Mitglieder haben zweifellos ihre eigenen Anreize, sich zu Experten für die Bedeutung der WTO-Abkommen zu machen.[729] Eine solche Expertise könne nämlich zum Zweck des Handelsprotektionismus missbraucht werden.[730]

#### *(2) Entbehrlichkeit hoher sachlicher und technischer Expertise und Einholung von Expertengutachten*

Die technische Überlegenheit des regulierenden WTO-Mitglieds in Sachfragen führe nach einer Ansicht nicht unbedingt zu einer zurückhaltenden Prüfungsdichte, weil ein Panel gemäß Art. 13 DSU Informationen und Sachverständigengutachten von Privatpersonen und Einrichtungen einholen und hierauf beruhend überprüfen könne, ob die vom regulierenden WTO-Mitglied

---

[727] Vgl. *Reusch*, Die Legitimation des WTO-Streitbeilegungsverfahrens, 2007, S. 273–274; *Feddersen*, Der ordre public in der WTO, 2001, S. 142–145.

[728] *Boutillon*, The Precautionary Principle, MichiganJIL 2002, 429, 463; *Feddersen*, Der ordre public in der WTO, 2001, S. 143–145.

[729] *Croley/Jackson*, WTO Dispute Procedures, Standard of Review, and Deference, AJIL 1996, 193, 208.

[730] *Herwig/Serdarevic*, Standard of Review for Necessity and Proportionality Analysis in EU and WTO Law, in: Gruszczynski/Werner (Hrsg.), Deference in International Courts and Tribunals, 2014, S. 229; *Reusch*, Die Legitimation des WTO-Streitbeilegungsverfahrens, 2007, S. 269–270.

durchgeführte wissenschaftliche Analyse objektiv sei.[731] Insbesondere seien manche Tatsachenfeststellungen nicht komplex, enthalten keine Interessenabwägung, und ein Panel könne technische sowie sachliche Schwierigkeiten durch die Einberufung von Experten überwinden.[732]

#### *(3) Fehlende Entscheidungsrelevanz der Expertise des regulierenden WTO-Mitglieds bei der Interpretation inländischer Rechte*

Berufend auf der Feststellung des AB[733] wird vertreten, dass ein WTO-Mitglied zwar durchaus in der Lage sei, sein inländisches Recht auszulegen. Diese Tatsache entbinde ein Mitglied aber nicht davon, Argumente und Beweise zur Stützung seiner Auslegung vorzulegen.[734] Es bleibe noch unklar, wie viel Gewicht ein Panel der Auslegung des regulierenden WTO-Mitglieds beimessen und warum es eine zurückhaltende Überprüfung vornehmen solle.[735]

#### *(4) Bessere Expertise der WTO-Streitbeilegungsorgane in Rechtsfragen*

Die technische Überlegenheit des regulierenden WTO-Mitglieds in Sachfragen rechtfertige ferner keine zurückhaltende Überprüfung der nationalen behördlichen Auslegung des Vertragstexts von GATT, weil das WTO-Mitglied nicht dazu qualifiziert sei, maßgebliche Interpretationsentscheidungen zu treffen.[736] Hingegen stehe die Zuständigkeit zur Klärung der Pflichten der WTO-

---

731 *Zleptnig*, The Standard of Review in WTO Law, EIoP 2002, 1, 12; *Croley/Jackson*, WTO Dispute Procedures, Standard of Review, and Deference, AJIL 1996, 193, 209.

732 *Herwig/Serdarevic*, Standard of Review for Necessity and Proportionality Analysis in EU and WTO Law, in: Gruszczynski/Werner (Hrsg.), Deference in International Courts and Tribunals, 2014, S. 227.

733 WTO, AB-Bericht v. 17.6.2011, WT/DS371/AB/R, „Thailand – Cigarettes (Philippines)“, Zit. 263 a. a. O.

734 *Ioannidis*, Beyond the Standard of Review Deference Criteria in WTO Law and the Case for a Procedural Approach, in: Gruszczynski/Werner (Hrsg.), Deference in International Courts and Tribunals, 2014, S. 103.

735 *Ioannidis*, Beyond the Standard of Review Deference Criteria in WTO Law and the Case for a Procedural Approach, in: Gruszczynski/Werner (Hrsg.), Deference in International Courts and Tribunals, 2014, S. 103; *Bohanes/Lockhart*, Standard of Review in WTO Law, in: Bethlehem u. a. (Hrsg.), The Oxford Handbook of International Trade Law, 1. Aufl. 2009, S. 419–420; *Oesch*, Standards of Review in WTO Dispute Resolution, 2003, S. 196.

736 *Croley/Jackson*, WTO Dispute Procedures, Standard of Review, and Deference, AJIL 1996, 193, 208–209; *Oesch*, Standards of Review in WTO Dispute Resolution, JIEL 2003, 635, 643.

Mitglieder nach den WTO-Übereinkommen allein den WTO-Streitbeilegungsorganen zu.[737] Ein Panel und der AB verfügen über mehr Fachwissen und institutionelle Kenntnisse bezüglich des WTO-Rechts und der WTO-Praxis als die nationalen Behörden[738] und diese legalen Expertisen seien erst entscheidend.[739]

Diese rechtliche Expertise eines Panels könne außerdem die Uniformität der Interpretation des Art. XX GATT garantieren. Falls die Interpretation der WTO-Abkommen durch das regulierende WTO-Mitglied maßgeblich sei, führe dies zu einem Uniformitätsproblem, weil jedes Mitglied im eigenen Interesse dieselbe Norm unterschiedlich interpretieren werde.[740] Dies könne das Ziel der WTO zur Lösung der Probleme bezüglich der Koordinierung des internationalen Handels ernsthaft gefährden.[741] Eine intrusive Prüfungsdichte durch ein Panel könne hingegen die einheitliche Interpretation des Vertragstexts von GATT und die Vorhersehbarkeit der Interpretation wahren.[742] Die Einheitlichkeit und die Vorhersehbarkeit verstärken die geografische Unabhängigkeit des Panels und des AB im Gegensatz zu den US-Bundesgerichten

---

737 *Reusch*, Die Legitimation des WTO-Streitbeilegungsverfahrens, 2007, S. 269. Reusch spricht jedoch für eine grundsätzliche Anerkennung der Einschätzung des regulierenden WTO-Mitglieds zur Gefährdungslage des Schutzguts im Rahmen der Interpretation des Art. XX GATT, weil es sich demzufolge bei der Gefahrenprognose für das Schutzgut um eine Tatsachenfeststellung handle, hierzu siehe: S. 269–270 a. a. O.

738 *Oesch*, Standards of Review in WTO Dispute Resolution, JIEL 2003, 635, 644; *Guzman*, Determining the Appropriate Standard of Review in the WTO Law, CJIL 2004, 45, 58 f.

739 Vgl. *Bohanes/Lockhart*, Standard of Review in WTO Law, in: Bethlehem u. a. (Hrsg.), The Oxford Handbook of International Trade Law, 1. Aufl. 2009, S. 420; *Croley/Jackson*, WTO Dispute Procedures, Standard of Review, and Deference, AJIL 1996, 193, 209; *Ezeani*, Trade Decisions Devoid of Judicial Activism, JITLP 2004, 21; *Spamann*, Standard of Review for World Trade Organization Panels in Trade Remedy Cases, JWT 2004, 509, 552–553.

740 *Croley/Jackson*, WTO Dispute Procedures, Standard of Review, and Deference, AJIL 1996, 193, 203–205; *Guzman*, Determining the Appropriate Standard of Review in the WTO Law, CJIL 2004, 45, 52.

741 *Oesch*, Standards of Review in WTO Dispute Resolution, JIEL 2003, 635, 644; *Croley/Jackson*, WTO Dispute Procedures, Standard of Review, and Deference, AJIL 1996, 193, 212; *Reusch*, Die Legitimation des WTO-Streitbeilegungsverfahrens, 2007, S. 269. Nach Ansicht von Reusch bestehe kein solches Uniformitätsproblem im Rahmen der Interpretation des Art. XX GATT bezüglich der Gefahreneinschätzung des Schutzguts, weil es sich bei der Gefahrenprognose um eine Tatsachenfeststellung handle. Hierzu siehe: S. 269–270 a. a. O.

742 *Ehlermann/Lockhart*, Standard of Review in WTO Law, JIEL 2004, 491, 505 und 521; *Gruszczynski/Vadi*, Standard of Review and Scientific Evidence in WTO Law and International Investment Arbitration, in: Gruszczynski/Werner (Hrsg.), Deference in International Courts and Tribunals, 2014, S. 165, Zit. 82 a. a. O.

und die Respektierung früherer Entscheidungen des AB in ähnlichen Fällen.[743]

### cc) Institutionelle Rolle der WTO-Streitbeilegungsorgane

Zunächst stelle die innerstaatliche Zuständigkeit kein überzeugendes Argument für eine zurückhaltende Überprüfung innerstaatlicher Maßnahmen im Bereich des internationalen Handels dar, da diese Maßnahmen über den jeweiligen Zuständigkeitsbereich hinaus Auswirkungen auf ausländische Akteure haben.[744] Demgegenüber seien die WTO-Streitbeilegungsorgane befugt, politische Entscheidungen und Abwägungen der Mitglieder insgesamt zu überprüfen bzw. zu legitimieren.[745] Ein Demokratiedefizit bestehe daher nicht, und es gebe keine andere Institution, die eine bessere Repräsentationsposition einnehme als die WTO-Streitbeilegungsorgane.[746]

Außerdem sei der erklärte Zweck des AB zwar die Beilegung von Streitigkeiten, jedoch könne die Rolle des AB bei der Interpretation des Rechts wichtige systemische Auswirkungen haben.[747] Die schiedsrichterlichen Auslegungen des Panels bzw. des AB verändern nämlich das internationale Handelsrechtssystem und führen zu einer größeren Ähnlichkeit zwischen ihm und einem Verfassungssystem.[748] Damit werde die Notwendigkeit der schiedsrichterlichen Unabhängigkeit in der WTO noch deutlicher.[749] Genau diese unabhängige institutionelle Rolle des WTO-Schiedsgerichts könne die missbräuchliche Interpretation des Vertragstexts der WTO-Abkommen durch einzelne WTO-Mitglieder verhindern.[750] Ferner könne eine unabhängige Überprüfung

---

743 *Croley/Jackson*, WTO Dispute Procedures, Standard of Review, and Deference, AJIL 1996, 193, 210.

744 *Ioannidis*, Beyond the Standard of Review Deference Criteria in WTO Law and the Case for a Procedural Approach, in: Gruszczynski/Werner (Hrsg.), Deference in International Courts and Tribunals, 2014, S. 102; *Croley/Jackson*, WTO Dispute Procedures, Standard of Review, and Deference, AJIL 1996, 193, 209; *Shany*, Toward a General Margin of Appreciation Doctrine in International Law?, EJIL 2005, 907, 920.

745 *Croley/Jackson*, WTO Dispute Procedures, Standard of Review, and Deference, AJIL 1996, 193, 209.

746 *Croley/Jackson*, WTO Dispute Procedures, Standard of Review, and Deference, AJIL 1996, 193, 209.

747 *Charnovitz*, The Path of World Trade Law in the 21st Century, 2014, S. 227.

748 *Cass*, The Constitutionalization of International Trade Law, EJIL 2001, 39, 52; *Charnovitz*, The Path of World Trade Law in the 21st Century, 2014, S. 227.

749 *Charnovitz*, The Path of World Trade Law in the 21st Century, 2014, S. 227.

750 *Croley/Jackson*, WTO Dispute Procedures, Standard of Review, and Deference, AJIL 1996, 193, 209.

unilateraler Umweltschutzmaßnahmen zur Stärkung der Konsistenz des WTO-Rechtssystems beitragen.[751]

Hinzu komme, dass eine übermäßige Zurückhaltung des Panels gegenüber den Tatsachenfeststellungen einer inländischen Behörde das Mandat zur objektiven Beurteilung der Rechtmäßigkeit einer inländischen Maßnahme ernsthaft gefährden könne.[752] Denn die Aufgabe des Gerichts sei die Suche nach der Wahrheit und das Vorbringen der Parteien sei nicht als Grenze der Wahrheit zu verstehen.[753]

#### *d) Stellungnahme*

Die oben dargestellten Argumente zugunsten und zulasten einer richterlichen Zurückhaltung weisen eine gewisse Reziprozität auf. Während das Souveränitätsargument, das Argument der Expertise und das Argument der institutionellen Rolle der WTO-Streitbeilegungsorgane als Begründung für eine zurückhaltende Prüfungsdichte herangezogen werden, werden dieselben Argumente zugleich zur Begründung einer eingreifenden Prüfungsdichte angeführt, nämlich zugunsten einer richterlichen einzelfallbezogenen Abwägung.

##### aa) Zu dem Souveränitätsargument

Es ist kaum bedenklich, dass die souveräne Entscheidung, insbesondere im sensiblen Bereich des Umwelt- und Gesundheitsschutzes, aufgrund des völkerrechtlichen Souveränitätsprinzips grundsätzlich von den WTO-Streitbeilegungsorganen respektiert werden soll. Wie das Gegenargument[754] zu Recht aufzeigt, kann das Souveränitätsrecht jedoch auch zum Zweck des Handelsprotektionismus missbraucht werden. Dieses Argument klärt jedoch nicht weiter, nach welchem Maßstab ein solcher Missbrauch festgestellt werden kann.

Im Falle der Ambiguität, wie beispielsweise beim Art. XX GATT der Fall wäre, kann die Anwendung von *in dubio mitius* zwar dem regulierenden WTO-Mitglied hohen Respekt gewähren.[755] Die Legitimität dieser schiedsrichterlichen Zurückhaltung ist jedoch im Schrifttum nicht hinreichend be-

---

[751] *Gruszczynski/Vadi*, Standard of Review and Scientific Evidence in WTO Law and International Investment Arbitration, in: Gruszczynski/Werner (Hrsg.), Deference in International Courts and Tribunals, 2014, S. 165, Zit. 82 a. a. O.

[752] *Oesch*, Standards of Review in WTO Dispute Resolution, JIEL 2003, 635, 640.

[753] *Mavroidis*, Amicus Curiae Briefs before the WTO, JM-WP 2002/1, 1, 14.

[754] Teil 2 Kapitel 7 § 2 A. III. 1. c) aa) (1).

[755] Teil 2 Kapitel 7 § 2 A. III. 1. b) aa) (2).

gründet und gerade fraglich, insbesondere wenn ein solcher Respekt zugleich eine Beschränkung der im GATT vorgesehenen Handelsfreiheit eines anderen WTO-Mitglieds bedeutet. Hinsichtlich des *non liquet* können die WTO-Streitbeilegungsorgane zwar theoretisch *non liquet* i. V. m. justizieller Ökonomie erklären.[756] Die Abstraktheit ist aber einer Vertragsvorschrift inhärent und eine zwingende Mindestanforderung an die Bestimmtheit einer solchen Vorschrift wurde in der wissenschaftlichen Diskussion nicht hinreichend dargelegt. Es wurde nämlich nicht weiter erläutert, wann ein völkerrechtlicher Vertragstext, wie beispielsweise der Art. XX GATT, als unklar angesehen werden soll.

Ähnliche Unklarheit gilt für das Vorsorgeargument. Aufgrund empirischer und wissenschaftlicher Unsicherheit[757] erscheint es zum Souveränitätsschutz zwar sinnvoll, dass ein Panel hierfür eine zurückhaltende Prüfungsdichte anwendet, wenn das regulierende WTO-Mitglied ein hohes Gefährdungsniveau festlegt. Die zurückhaltende Prüfungsdichte in EC – Asbestos u. a. bei der Überprüfung der Gefährdungslage des Schutzguts angesichts wissenschaftlicher Unsicherheit kann jedoch nicht unbedingt als Anwendung des Vorsorgeprinzips des Umweltvölkerrechts angesehen werden.[758] Denn die Rechtfertigung dieser zurückhaltenden Überprüfung ist gerade fraglich. Außerdem hat sich eine einheitliche Entscheidungspraxis richterlicher Zurückhaltung bislang noch nicht herausgebildet. Denn u. a.[759] in den jüngeren Verfahren Turkey – Pharmaceutical Products (EU) wurde die Einschätzung der Türkei zur Gefährdungslage ihres Sozialleistungssystems sowohl vom Panel als auch vom Schiedsgericht gemäß Art. 25 DSU abgelehnt.[760] Diese Entscheidungen deuten zugleich darauf hin, dass das Vorsorgeprinzip mangels Anerkennung durch die WTO-Streitbeilegungsorgane eher kein Völkergewohnheitsrecht dar-

---

756 *Bartels*, The Separation of Powers in the WTO, ICLQ 2004, 861, 876–877.

757 *Segger/Gehring*, The WTO and Precaution, JEL 2003, 289, 294; *Walker*, The Myth of Science as a „Neutral Arbiter“ for Triggering Precautions, BCICLR 2003, 197, 204; *Cheyne*, Risk and Precaution in World Trade Organization Law, JWT 2006, 837, 838, 840.

758 Als Anwendung des Vorsorgeprinzips angesehen: *Bloche*, WTO Deference to National Health Policy, JIEL 2002, 825, 833; vgl. *Ruessmann*, Putting the Precautionary Principle in its Place, AUILR 2002, 905, 925–926.

759 Für eine weitere Panel-Entscheidung zulasten des regulierenden WTO-Mitglieds hinsichtlich der Beurteilung der Gefährdungslage des Schutzguts siehe: Panel-Bericht v. 22. 12. 2016, WT/DS477/R u. a., „Indonesia – Import Licensing Regimes“, Para. 7.627–7.628 und 7.632.

760 WTO, Panel-Bericht v. 11. 11. 2021, unverbreitet und beigefügt zur Mitteilung v. 28. 4. 2022 über die Berufung der Türkei gemäß Art. 25 DSU, WT/DS583/12, „Turkey – Pharmaceutical Products (EU)“, Para. 7.165–7.180; WTO, Schiedsspruch gemäß Art. 25 DSU v. 25. 7. 2022, WT/DS583/ARB25, „Turkey – Pharmaceutical Products (EU)“, Para. 6.104–6.111, 6.116–6.122.

stellt.[761] Ferner ist der konkrete Inhalt des Vorsorgeprinzips, wie im Schrifttum zu Recht kritisiert wird,[762] unklar. Diese Unklarheit schließt es jedoch wiederum nicht aus, dass sich eine zurückhaltende Prüfungsdichte potenziell noch aus diesem Prinzip ergeben kann.

Somit bieten die souveränitätsbezogenen Argumente keine abschließende Antwort auf die Frage, ob, inwieweit und warum richterliche Zurückhaltung oder Abwägung von den WTO-Streitbeilegungsorganen bei der Überprüfung der Tatsachenfeststellungen und Rechtsurteile des regulierenden WTO-Mitglieds geübt werden soll.

#### bb) Zu dem Argument der Expertise

Das regulierende WTO-Mitglied hat zwar stärke bei der Beurteilung sachlicher Fragen und verfügt über besseren Zugang zu lokalen Informationen.[763] Ein WTO-Mitglied kennt zudem seine eigenen politischen Prioritäten und nationalen kulturellen Fragen besser als die WTO-Streitbeilegungsorgane.[764] Aufgrund wissenschaftlicher Unsicherheit[765] und hinsichtlich der Empfindlichkeit sozialer sowie kultureller Fragen ist es tatsächlich einfacher, wenn dem WTO-Mitglied die inländische Entscheidung über komplizierte sachliche und wissenschaftliche Frage u. a. im Bereich des Umweltschutzes überlässt. Hinsichtlich des besseren Fachwissens und der größeren Erfahrung des regulierenden WTO-Mitglieds bei der Auslegung seines innerstaatlichen Rechts[766] scheint eine richterliche Zurückhaltung notwendig zu sein.

Zunächst, wie die Gegenseite zu Recht argumentiert, können sachliche Expertise und der bessere Zugang zu Informationen zum Zweck des Handelsprotektionismus missbraucht werden.[767] Es wird jedoch nicht weiter geklärt, wann genau ein Missbrauch dieser besseren inländischen Expertise vorliegt.

Außerdem kann ein Panel zwar durch die Einberufung externer Experten oder durch vorgelegte *Amicus Curiae*-Briefe, die u. a. wissenschaftliche Bera-

---

[761] Als ein solches angesehen: *Segger/Gehring*, The WTO and Precaution, JEL 2003, 289, 299, 310, 320–321.

[762] Vgl. *Reusch*, Die Legitimation des WTO-Streitbeilegungsverfahrens, 2007, S. 273–274; *Boutillon*, The Precautionary Principle, MichiganJIL 2002, 429, 463.

[763] Teil 2 Kapitel 7 § 2 A. III. 1. b) bb) (1).

[764] Teil 2 Kapitel 7 § 2 A. III. 1. b) bb) (2).

[765] *Segger/Gehring*, The WTO and Precaution, JEL 2003, 289, 294; *Walker*, The Myth of Science as a „Neutral Arbiter" for Triggering Precautions, BCICLR 2003, 197, 204; *Cheyne*, Risk and Precaution in World Trade Organization Law, JWT 2006, 837, 838, 840.

[766] Teil 2 Kapitel 7 § 2 A. III. 1. b) bb) (3).

[767] Teil 2 Kapitel 7 § 2 A. III. 1. c) bb) (1).

tung bieten können,[768] seine fachliche Schwäche ausgleichen, und in vielen Fällen ist ein hohes Maß an Fachwissen zudem nicht unbedingt erforderlich.[769] Solche Informationen und Stellungnahmen sind einem WTO-Panel jedoch nicht immer verfügbar. Auch wenn sie verfügbar sind, stellt sich die Frage, nach welchem Kriterium ein Panel sie behandeln soll.[770] Nicht weiter geklärt ist ferner, wie mit der fehlenden sachlichen Expertise umzugehen ist, wenn die Tatsachenfeststellung komplex ist.

Des Weiteren wird vertreten, dass die Expertise des regulierenden WTO-Mitglieds bei der Interpretation seiner inländischen Rechte im Vergleich zur Expertise der WTO-Streitbeilegungsorgane bei der Interpretation des WTO-Rechts nicht entscheidend ist.[771] Dieser Ansicht ist grundsätzlich zuzustimmen, weil jede angegriffene unilaterale umweltpolitische Maßnahme vor den WTO-Streitbeilegungsorganen nicht eine rein inländische Maßnahme ist, sondern eine solche mit grenzüberschreitender handelsbeschränkender Wirkung. Die Interpretation der damit verbundenen inländischen Rechte ist zugleich die Interpretation der WTO-Rechte, weil die inländische Maßnahme mit dem WTO-Recht vereinbar sein muss. Es stellt sich jedoch wiederum die Frage, wie weit der Ermessensspielraum der WTO-Streitbeilegungsorgane und die Regulierungsfreiheit eines WTO-Mitglieds im Bereich des Umwelt- und Gesundheitsschutzes jeweils reichen.

Darüber hinaus wird vertreten, dass die bessere rechtliche Expertise der WTO-Streitbeilegungsorgane bei der Interpretation des WTO-Rechts und eine eingreifende Prüfungsdichte die Einheitlichkeit und Vorhersehbarkeit der Interpretation, beispielsweise des Vertragstexts des GATT, garantieren. Dies verstärke auch die Unabhängigkeit und Zuverlässigkeit der WTO-Streitbeilegungsorgane.[772] Erstens bleibt bei dieser Ansicht unklar, wie ein Missbrauch dieser Rechtsexpertise durch ein Panel oder den AB zur Verfolgung eigener politischer Ziele kontrolliert werden soll. Zweitens kann eine dynamische richterliche Abwägung nicht unbedingt zu einer einheitlichen Interpretation eines Vertragstexts führen. Denn die Abwägung ist letztlich subjektiv, dezisionistisch[773] und nicht rationalisierbar.[774] Der Abwägung fehlt nämlich ein

---

[768] *Marceau/Hawkins*, Experts in WTO Dispute Settlement, JIDS 2012, 493, 499.

[769] *Marceau/Hawkins*, Experts in WTO Dispute Settlement, JIDS 2012, 493, 499.

[770] *Marceau/Stilwell*, Practical Suggestions for Amicus Curiae Briefs Before WTO Adjudicating Bodies, JIEL 2001, 155.

[771] Teil 2 Kapitel 7 § 2 A. III. 1. c) bb) (3).

[772] Teil 2 Kapitel 7 § 2 A. III. 1. c) bb) (4).

[773] *Neumann/Türk*, Necessity Revisited, JWT 2003, 199, 215; *Schlink*, Der Grundsatz der Verhältnismäßigkeit, in: Badura/Dreier (Hrsg.), FS 50 Jahre BVerfG, Band II, 2001, S. 458f., 460; *Petersen*, Verhältnismäßigkeit als Rationalitätskontrolle, S. 269.

[774] Vgl. *von Bernstorff*, Kerngehaltsschutz durch den UN-Menschenrechtsausschuss und den EGMR, Der Staat 2011, 165, 183–184.

pragmatisches Kriterium und sie ist daher inhaltsleer.[775] Auch wenn sich eine einheitliche Entscheidungspraxis durch die Anwendung einer eingreifenden Prüfungsdichte herausgebildet hat, kann diese nicht unbedingt Vorhersehbarkeit in den Entscheidungen schaffen. Denn gerade die Rechtfertigung dieser richterlichen Behandlung ist fraglich, und es ist möglich, dass die WTO-Streitbeilegungsorgane künftig anders entscheiden.

Somit bietet das Argument der Expertise keine abschließende Antwort auf die Frage, ob, inwieweit und warum richterliche Zurückhaltung oder Abwägung von den WTO-Streitbeilegungsorganen bei der Überprüfung der Tatsachenfeststellungen und Rechtsurteile des regulierenden WTO-Mitglieds geübt werden soll.

#### cc) Zu dem Argument der institutionellen Rolle

Wie die Befürworter einer zurückhaltenden Prüfungsdichte vertreten, seien die nationalen Regulierungsbehörden institutionell kompetenter als die WTO-Streitbeilegungsorgane, um konkurrierende Gesundheitsrisiken und wirtschaftliche Interessen zu identifizieren und gegeneinander abzuwägen.[776] Demgegenüber seien die WTO-Streitschlichtungsorgane wenig geeignet, über die politische Priorität sozialer oder kultureller Fragen zu entscheiden.[777]

Ungeklärt ist jedoch, wie weit die Kompetenz der innerstaatlichen Staatsorgane bei der Abwägung dieser Fragen reicht und wie ihr Missbrauch kontrolliert werden soll. Denn die Regulierung dieser Angelegenheiten, einschließlich des Umwelt- und Gesundheitsschutzes, ist keine Angelegenheit von rein inländischer Relevanz. Sie hat grenzüberschreitende Bedeutung und berührt die internationale Handelsfreiheit anderer WTO-Mitglieder nach den GATT-Vorschriften. Ohne Klärung der Reichweite der Kompetenz inländischer

---

[775] *Hirschberg*, Der Grundsatz der Verhältnismäßigkeit, 1981, S. 80 ff., 193 f., 212, 218.

[776] *Bloche*, WTO Deference to National Health Policy, JIEL 2002, 825, 835; *Ghias*, International Judicial Lawmaking, BerkeleyJIL 2006, 534, 551–552, 553.

[777] *Gruszczynski/Vadi*, Standard of Review and Scientific Evidence in WTO Law and International Investment Arbitration, in: Gruszczynski/Werner (Hrsg.), Deference in International Courts and Tribunals, 2014, S. 166; *Guzman*, Determining the Appropriate Standard of Review in WTO Disputes, CILJ 2009, 45, 69, 71, 72; *Fukunaga*, Standard of Review and „Scientific Truths" in the WTO Dispute Settlement System, JIDS 2012, 559, 567–568 i. V. m. 574–575. Fukunaga's Ergebnis gilt wohl auch für Art. XX GATT. *Howse/Turk*, A Case Study of the Canada – EC Asbestos Dispute, in: de Búrca/Scott (Hrsg.), The EU and the WTO, 2001, S. 326; *Steinberg*, Judicial Lawmaking at the WTO, AJIL 2004, 247, 274–275. Steinberg vertritt jedoch die Ansicht, dass dem AB grundsätzlich ein Spielraum für aktive und dynamische justizielle Rechtsfortbildung zustehe und dieser Raum aus verschiedenen Gründen bereits hinreichend beschränkt werden könne.

Staatsorgane kann ferner nicht festgestellt werden, ob ein demokratisches Legitimationsdefizit durch eine richterliche Abwägung zulasten des regulierenden WTO-Mitglieds[778] vorliegt.

Zugunsten der richterlichen Abwägung wird zwar vertreten, dass den WTO-Schiedskörpern als Streitbeilegungsorganen die Befugnis übertragen worden sei, die von den WTO-Mitgliedern getroffenen politischen und Abwägungsentscheidungen zu überprüfen bzw. zu legitimieren,[779] weil sich Handelsmaßnahmen über ihren jeweiligen inländischen Zuständigkeitsbereich hinaus auf ausländische Akteure auswirken.[780] Diese Auffassung lässt jedoch offen, wie weit die übertragene Kompetenz der WTO-Streitbeilegungsorgane reicht. Ohne Klärung dieser Frage kann nicht festgestellt werden, ob ein demokratisches Legitimationsdefizit[781] vorliegt, wenn die WTO-Streitbeilegungsorgane eine eingreifende Prüfungsdichte anwenden.

Zur Begründung einer richterlichen Abwägung durch die WTO-Streitbeilegungsorgane wird ferner argumentiert, dass die dynamische richterliche Abwägung zur Konstitutionalisierung des internationalen Handelsrechtssystems[782] und zur Stärkung der schiedsrichterlichen Unabhängigkeit in der WTO beitrage.[783] Diese unabhängige institutionelle Rolle könne eine ggf. missbräuchliche Interpretation der Vertragstexte der WTO-Abkommen durch einzelne WTO-Mitglieder verhindern[784] und die Konsistenz des WTO-Rechtssystems stärken.[785]

---

778 *Bloche*, WTO Deference to National Health Policy, JIEL 2002, 845–846; *Windsor*, Delegation, Standards of Review, and Subsidiarity in WTO Dispute Settlement, AULR 2008, 41, 57.

779 *Croley/Jackson*, WTO Dispute Procedures, Standard of Review, and Deference, AJIL 1996, 193, 209.

780 *Ioannidis*, Beyond the Standard of Review Deference Criteria in WTO Law and the Case for a Procedural Approach, in: Gruszczynski/Werner (Hrsg.), Deference in International Courts and Tribunals, 2014, S. 102; *Croley/Jackson*, WTO Dispute Procedures, Standard of Review, and Deference, AJIL 1996, 193, 209; *Shany*, Toward a General Margin of Appreciation Doctrine in International Law?, EJIL 2005, 907, 920.

781 *Shany*, Toward a General Margin of Appreciation Doctrine in International Law?, EJIL 2005, 907, 209.

782 Vgl. *Cass*, The Constitutionalization of International Trade Law, EJIL 2001, 39, 52; *Charnovitz*, The Path of World Trade Law in the 21st Century, 2014, S. 227.

783 *Charnovitz*, The Path of World Trade Law in the 21st Century, 2014, S. 227.

784 *Croley/Jackson*, WTO Dispute Procedures, Standard of Review, and Deference, AJIL 1996, 193, 209.

785 *Gruszczynski/Vadi*, Standard of Review and Scientific Evidence in WTO Law and International Investment Arbitration, in: Gruszczynski/Werner (Hrsg.), Deference in International Courts and Tribunals, 2014, S. 165, Zit. 82 a. a. O.

Erstens kann die Unabhängigkeit der WTO-Streitbeilegungsorgane nicht unbedingt die missbräuchliche Interpretation des WTO-Rechts durch ein Mitglied verhindern, weil zunächst das Beurteilungskriterium für einen solchen Missbrauch identifiziert werden muss. Zweitens kann die Konsistenz des WTO-Rechtssystems nicht unbedingt dadurch gestärkt werden, dass die WTO-Streitbeilegungsorgane als unabhängiges internationales Schiedsgericht eine dynamische Abwägung ausüben. Denn die richterliche einzelfallbezogene Abwägung ist letztlich subjektiv, dezisionistisch[786] und kann nicht rationalisiert werden.[787] Der Abwägung fehlt nämlich ein pragmatisches Kriterium, weshalb sie inhaltsleer ist.[788] Mittels einer richterlichen einzelfallbezogenen Abwägung kann es schwierig sein, zu einer einheitlichen und damit vorhersehbaren Entscheidungspraxis zu gelangen, was die Konsistenz des WTO-Rechtssystems beeinträchtigen würde. Drittens, auch wenn sich eine einheitliche Entscheidungspraxis durch die Anwendung einer eingreifenden Prüfungsdichte herausgebildet hat, stellt sich die Frage, ob diese „konsistente" Entscheidungspraxis gerechtfertigt ist.

Ein weiteres Argument zugunsten der richterlichen Abwägung lautet, dass eine übermäßige Zurückhaltung des Panels gegenüber der von einer inländischen Behörde getroffenen Feststellung sein Mandat zur objektiven Beurteilung der Rechtmäßigkeit einer inländischen Maßnahme ernsthaft gefährden könne.[789] Dieses Argument ist mit Unsicherheit behaftet, weil unklar ist, ob es sich bei diesem Mandat, nämlich dem *objective assessment* i. S. v. Art. 11 DSU[790], um eine zurückhaltende oder eine eingreifende Prüfungsdichte handelt.[791] Denn die Prüfungsdichte i. S. v. Art. 11 DSU kann, wie der AB in EC –

---

[786] *Neumann/Türk*, Necessity Revisited, JWT 2003, 199, 215; *Schlink*, Der Grundsatz der Verhältnismäßigkeit, in: Badura/Dreier (Hrsg.), FS 50 Jahre BVerfG, Band II, 2001, S. 458 f., 460; *Petersen*, Verhältnismäßigkeit als Rationalitätskontrolle, 2015, S. 269.

[787] Vgl. *von Bernstorff*, Kerngehaltsschutz durch den UN-Menschenrechtsausschuss und den EGMR, Der Staat 2011, 165, 183–184.

[788] *Hirschberg*, Der Grundsatz der Verhältnismäßigkeit, 1981, S. 80 ff., 193 f., 212, 218.

[789] *Oesch*, Standards of Review in WTO Dispute Resolution, JIEL 2003, 635, 640.

[790] Art. 11 DSU sieht vor: „[...] Accordingly, a panel should make an objective assessment of the matter before it, including an objective assessment of the facts of the case and the applicability of and conformity with the relevant covered agreements, and make such other findings as will assist the DSB in making the recommendations or in giving the rulings provided for in the covered agreements."

[791] *Button*, The WTO's „Objective Assessment" Standard of Review and Panel Review of Health Measures, in: Mitchell (Hrsg.), The Challenges and Prospects for the WTO, 2005, S. 91–92; *Ioannidis*, Beyond the Standard of Review Deference Criteria in WTO Law and the Case for a Procedural Approach, in: Gruszczynski/Werner (Hrsg.), Deference in International Courts and Tribunals, 2014, S. 97–98, 111.

Hormones I[792] feststellte, theoretisch mit zahlreichen Zwischenstufen von sehr eingreifend (*de novo review*) bis zu total zurückhaltend (*total deference*) reichen.[793]

Somit bietet das Argument der institutionellen Rolle der WTO-Streitbeilegungsorgane keine abschließende Antwort darauf, ob, inwieweit und warum richterliche Zurückhaltung oder Abwägung von diesen Organen bei der Überprüfung der Tatsachenfeststellungen und Rechtsurteile des regulierenden WTO-Mitglieds geübt werden soll.

#### dd) Zu den vorgeschlagenen speziellen Formen der Prüfungsdichten im Schrifttum

Das oben dargestellte Problem der fehlenden Entscheidungsrelevanz der herangezogenen Argumente wurde durch die in der wissenschaftlichen Literatur vorgeschlagenen speziellen Formen von Prüfungsdichten[794] nicht überwunden.

##### *(1) Prüfungsdichte basierend auf der Politischen Frage Theorie und Chevron-Zurückhaltung*

Festzustellen ist zwar, dass die Political Question Doktrin als Problemvermeidungstechnik zum Respekt nationaler umweltpolitischer Entscheidung bereits in der Entscheidungspraxis zu Art. XX GATT ansatzweise angewendet wurde.[795] Ferner kann die in der Entscheidungspraxis angewendete Theorie der Margin of Appreciation[796] als weitere Spuren der Anwendung der Political Question Theorie angesehen werden. Denn die Theorie der Margin of Appreciation wird teilweise als eine Variante der Political Question Doktrin in der Entscheidungspraxis des EGMR betrachtet.[797]

---

[792] WTO, AB-Bericht v. 16.1.1998, WT/DS26/AB/R u.a., „EC – Hormones I", Para. 116–119.

[793] Vgl. *Oesch*, Standards of Review in WTO Dispute Resolution, 2003, S. 15–16; *Becroft*, The Standard of Review in WTO Dispute Settlement, 2012, S. 6–8; *Gruszczynski/Werner*, Introduction, in: dies. (Hrsg.), Deference in International Courts and Tribunals, 2014, S. 1–2.

[794] Teil 1 Kapitel 1 § 3 C. II. und § 3 D. II.

[795] *Davey*, Has the WTO Dispute Settlement System Exceeded Its Authority?, JIEL 2001, 104–105 und 110 i.V.m. 88.

[796] Teil 1 Kapitel 1 § 3 C. II. 2.

[797] *Odermatt*, Patterns of Avoidance: Political Questions before international Courts, IJLC 2018, 221, 233 i.V.m. 227; *Butler*, In Search of the Political Question Doctrine in EU Law, LIEI 2018, 329, 334, 336–337, 346, 352.

Bei Art. XX GATT handelt es sich jedoch um eine justitiable Norm, die mit gewisser Ambiguität behaftet ist. Diese Ambiguität führt nicht unbedingt dazu, dass dieser Artikel keinen *manageable standard* darstellt und die Rechtmäßigkeit einer umweltpolitischen Maßnahme daher als nicht justitiable politische Frage i. S. d. US-amerikanischen Political Question Doktrin zu behandeln ist.[798] Denn im Schrifttum wurde keine zwingende Mindestanforderung an die Bestimmtheit des Maßstabs dargestellt. Allein die Ambiguität des Wortlauts einer völkerrechtlichen Vertragsvorschrift führt nämlich nicht unbedingt zu ihrer Rechtswidrigkeit[799] oder ihrer Unanwendbarkeit. Der ambige Wortlaut beispielsweise des Art. XX GATT[800] kann als strategische Ambiguität des völkerrechtlichen Vertragstexts angesehen werden, wodurch ein weitreichender Schutz bestimmter Rechtsgüter garantiert werden kann.[801] Für die Ablehnung der Justiziabilität des Art. XX GATT bedarf es daher noch einer eingehenden Analyse des Vertragstexts[802] und ggf. eines überzeugenden Ausschlusses der Möglichkeit, dass Art. XX GATT trotz seiner Ambiguität korrekt angewendet werden kann.

Außerdem erzwingen Art. 7.2[803] und 17.12 DSU[804] die Justitiabilität des Art. XX GATT, da sie eine *ex ante* und *ex post* Behandlung potenzieller poli-

---

798 Vgl. *Eichmann/Horlick*, Political Questions in International Trade, Michigan-JIL 1989, 735, 745.

799 *Kulick*, Vagueness and Ambiguity in International Law, GYIL 2016, 257, 266; *Fischhendler*, When Ambiguity in Treaty Design Becomes Destructive, GEP 2008, 111.

800 WTO, AB-Bericht v. 20. 5. 1996, WT/DS2/AB/R, „US – Gasoline“, S. 23. Vgl. *Franck*, On Proportionality of Countermeasures in International Law, AJIL 2008, 715, 752; *Sykes*, The Least Restrictive Means, UCLR 2003, 403, 407; *Steinberg*, Judicial Lawmaking at the WTO, AJIL 2004, 247, 252; *Desmedt*, Proportionality in WTO Law, JIEL 2001, 441; *Kapterian*, A Critique of the WTO Jurisprudence on „Necessity“, ICLQ 2010, 89, 114. Demnach ergebe sich die Anerkennung der Legitimität des behaupteten Schutzniveaus des regulierenden WTO-Mitglieds aus der Entscheidungspraxis zum SPS-Abkommen, nicht jedoch aus dem Vertragstext des Art. XX GATT. Zur Ansicht, dass sich die Anerkennung der vorgenannten Legitimität weder aus der Entscheidungspraxis noch aus dem Vertragstext des Art. XX GATT ergebe, vgl. *Kapterian*, A Critique of the WTO Jurisprudence on „Necessity“, ICLQ 2010, 89, 113–114.

801 *Kulick*, Vagueness and Ambiguity in International Law, GYIL 2016, 257, 266; *Smith*, Much Needed Reform in the Realm of Public Morals, CJICL 2011, 733, 747, 772.

802 Hierzu siehe: Teil 2 Kapitel 5 § 3 B. III. 2. b).

803 Art. 7.2 DSU sieht vor: „Panels shall address the relevant provisions in any covered agreement or agreements cited by the parties to the dispute.“

804 Art. 17.12 DSU sieht vor: „The Appellate Body shall address each of the issues raised in accordance with paragraph 6 during the appellate proceeding.“

tischer Fragen ausschließen.[805] Die Gegenauffassung, wonach ein WTO-Schiedskörper bei Ambiguität des Vertragstexts aufgrund der Justizökonomie trotz Art. 17.12 DSU nicht jede einzelne Beschwerde einschließlich ggf. einer politischen Frage behandeln müsse,[806] ist mit Unsicherheit behaftet. Die Ausübung der Justizökonomie ergibt sich zwar aus der Irrelevanz der zu entscheidenden Frage, und eine politische Frage kann als eine solche angesehen werden. Fraglich ist jedoch, ob sich der politische Charakter einer Frage allein aus der Ambiguität, beispielsweise des Vertragstexts von Art. XX GATT, ergeben kann. Wie soeben dargestellt, führt die Ambiguität nicht unbedingt zur Ablehnung der Justiziabilität des Art. XX GATT. Daher führt sie auch nicht unbedingt dazu, dass die einschlägige Streitfrage eine politische Frage darstellt und die WTO-Streitbeilegungsorgane die Justizökonomie ausüben dürfen.

Ebenso kann die Justitiabilität des Art. XX GATT nicht aufgrund der Konformität mit Art. 3.2 DSU[807] ausgeschlossen werden, weil der Umfang der Rechte und Pflichten gerade die fragliche Frage darstellt.

Ferner gilt die Political Question Doktrin im Rahmen der Interpretation des Art. XX GATT eher nicht in ihrer originalen Form, und die Chevron Theorie kommt in Betracht.[808] Demnach soll bei Ambiguität des Art. XX GATT eine vernünftige Interpretation des regulierenden WTO-Mitglieds von den WTO-Schiedskörpern anerkannt werden.[809] Es wurde jedoch nicht weiter geklärt, wann eine Interpretation des regulierenden WTO-Mitglieds als vernünftig beurteilt werden soll. Diese Unklarheit führt zum einen dazu, dass die Bedenken hinsichtlich des Legitimationsdefizits der Entscheidungen der WTO-Streitbeilegungsorgane nicht durch die Anwendung der Chevron Theorie ausgeräumt werden können,[810] wenn sie zulasten des regulierenden WTO-Mit-

---

[805] *Bacchus*, Affirming the American Interest in the Future of the WTO, JWT 2003, 429, 439; *Ehlermann*, Tensions between the Dispute Settlement Process and the Diplomatic and Treaty-Making Activities of the WTO, WTR 2003, 301, 305.

[806] *Bartels*, The Separation of Powers in the WTO: How to Avoid Judicial Activism, ICLQ 2004, 861, 876–877.

[807] Art. 3.2 DSU sieht vor: „[...] Recommendations and rulings of the DSB cannot add to or diminish the rights and obligations provided in the covered agreements."

[808] Teil 1 Kapitel 1 § 3 C. II. 1.

[809] U.S. Oberster Gerichtshof, Urteil v. 25.6.1984, Chevron, U.S.A., Inc. v. Natural Resources Defense Council, Inc, 467 U.S. 837, „Chevron", S. 842–843. Hierzu siehe auch: *Jackson*, The World Trade Organization: Constitution and Jurisprudence, 1998, S. 90.

[810] Im Schrifttum wird vertreten, dass dieses Defizit durch die Anwendung der Chevron-Theorie überwunden werden könne. Hierzu vgl. *Windsor*, Delegation, Standards of Review, and Subsidiarity in WTO Dispute Settlement, AULR 2008, 41, 57, 74 ff., 79 und 80; *Magee*, Using Chevron as a Guide, GIELR 2009, 615, 628 ff.

glieds entschieden haben. Die Anwendung der Political Question Doktrin in dieser Form lässt zum anderen einen gewissen Raum für den Missbrauch des Umweltschutzrechts nach Art. XX GATT zu, wenn die Grenze zwischen politischer Entscheidungsfreiheit und Handelsprotektionismus nicht klar gezogen ist.

Somit ergibt sich aus der Prüfungsdichte beruhend auf der Politischen Frage Theorie und Chevron-Zurückhaltung keine abschließende Antwort auf die Frage, ob, inwieweit und warum richterliche Zurückhaltung oder Abwägung von den WTO-Streitbeilegungsorganen bei der Überprüfung der Tatsachenfeststellungen und des Rechtsurteile des regulierenden WTO-Mitglieds geübt werden soll.

#### *(2) Prüfungsdichte basierend auf der Konstruktion eines Einschätzungsspielraums – die Margin of Appreciation*

Das im US-amerikanischen Verwaltungsrecht entwickelte Konzept des *standard of review* wird vor allem im WTO-Recht verwendet, während die Margin of Appreciation in den Urteilen des EGMR stets präsent ist.[811] Wie oben in Teil 1 Kapitel 1 § 3 C. II. 2. dargestellt, kann die Konstruktion eines Einschätzungsspielraums für das regulierende WTO-Mitglied in der Entscheidungspraxis zu Art. XX GATT grundsätzlich als Anwendung der Margin of Appreciation angesehen werden. Zwar befürwortet ein großer Teil der wissenschaftlichen Literatur die Gewährung einer beträchtlichen Margin,[812] die Beachtung der politischen Sphäre[813] sowie die subsidiäre Prüfungsdichte[814] zugunsten des regulierenden WTO-Mitglieds u. a. bei der Verfolgung umweltpolitischer Ziele nach Art. XX GATT.

[811] *Nowrot*, Standard of Review as a Procedural Issue in WTO Dispute Settlement, in: Delbrück u. a. (Hrsg.), FS Walther-Schücking-Institut, 2014, S. 608–609; *Mik*, Deference in International Courts and Tribunals (Buchbesprechung), PYIL 2014, 305, 306–307.

[812] *Shany*, Toward a General Margin of Appreciation Doctrine in International Law?, EJIL 2005, 907, 928–929; vgl. *Andersen*, Protection of Non-Trade Values in WTO Appellate Body Jurisprudence, JIEL 2015, 383, 397–399, 405 i. V. m. 390 und Zit. 35 a. a. O.; *Lagomarsino*, WTO Dispute Settlement and Sustainable Development, PELR 2011, 545, 557–558; vgl. *Martinez*, Towards an International Judicial System, StanfordLR 2003, 429, 519–520; *Nuzzo*, GATT Moral Clause after Colombia – Textiles, EJLS 2017, 267, 274–277; *Howse/Tuerk*, A Case Study of the EC Asbestos Dispute, in: de Búrca/Scott (Hrsg.), The EU and the WTO, 2003, S. 326 i. V. m. 322–323.

[813] Vgl. *Cattaneo*, Some Reflections on the Concept of „Policy Space“, in: Mitchell (Hrsg.), Challenges and Prospects for the WTO, 2005, S. 75–78, 84.

[814] *Windsor*, Delegation, Standards of Review, and Subsidiarity in WTO Dispute Settlement, AULJ 2008, 41, 41–42, 80, 57, 63 ff., 74 ff.; *Liu/Maughan*, China's Rare Earths Export Quotas, JIEL 2012, 971, 1002–1003.

Es wurde jedoch wiederum nicht weiter geklärt, wie im Schrifttum teilweise angeführt,[815] wie weit dieser Einschätzungsspielraum reichen soll und wann ein Missbrauch dieses Spielraums vorliegt. Ohne Klärung dieser Fragen wird gewisse Unsicherheit für die Anwendung der Theorie der Margin of Appreciation in der Entscheidungspraxis der WTO-Streitbeilegungsorgane hinterlassen, wodurch die Integrität des Normensystems im Rahmen des WTO-Streitbeilegungsmechanismus gefährdet werden kann.[816] Ein konkreter Beurteilungsmaßstab für die Konstruktion eines Einschätzungsspielraums wurde jedoch ebenso nicht von den Vertretern dieser Ansicht vorgeschlagen.

Zur Begründung einer kompletten Ablehnung der Anwendung der Theorie der Margin of Appreciation im WTO-Recht wird im Schrifttum zunächst argumentiert, dass im EGMR die Menschenrechte behandelt werden, während in der WTO hingegen die Handelsfreiheit behandelt werde.[817] Dieser Unterschied liegt jedoch nicht vor. Denn es handelt sich bei der Interpretation des Art. XX GATT auch um den Schutz von Menschenrechten, wie etwa des Rechts auf Umwelt und Gesundheit. Ebenso gehört das Recht auf internationalen Handel in materiellen GATT-Vorschriften zu den Menschenrechten. Das Menschenrecht auf freie Entfaltung schließt nämlich die Freiheit auf grenzüberschreitenden Handel ein und die menschenrechtlichen Freiheitsgarantien enden nicht an nationalen Grenzen.[818]

Außerdem ergibt sich die Ablehnung der Anwendung der Theorie der Margin of Appreciation im WTO-Recht nicht unbedingt aus dem Verhandlungsprozess der WTO-Abkommen, bei dem eine zurückhaltende Prüfungsdichte generell abgelehnt wurde.[819] Denn sowohl der Begriff der Zurückhaltung als auch der Umfang der Margin of Appreciation sind vage, und allein aus dem Verhandlungsprozess kann sich nicht ergeben, dass eine abgelehnte „zurückhaltende“ Prüfungsdichte die Margin of Appreciation im WTO-Recht umfasst.[820]

Ein weiteres Argument gegen die Anwendung der Theorie der Margin of Appreciation im WTO-Recht ist wiederum, dass es nicht völlig klar ist, wie viel Einschätzungsspielraum ein Panel dem regulierenden WTO-Mitglied einräumen solle, damit dessen Souveränität respektiert und zugleich nicht zu-

---

[815] *Abotsi*, Review of the WTO's Treatment of Trade Related Environmental Issues, UBLJ 2010, 27, 39–42 i.V.m. 55.

[816] *Jackson*, Perceptions about the WTO Trade Institutions, WTR 2002, 101, 110.

[817] *Oesch*, Standards of Review in WTO Dispute Resolution, S. 52–53.

[818] *Petersmann*, European and International Constitutional Law, in: de Búrca/Scott (Hrsg.), The EU and the WTO, 2001, S. 100; *ders.*, National Constitutions, Foreign Trade Policy and European Community Law, EJIL 1992, 1, 18–19.

[819] *Oesch*, Standards of Review in WTO Dispute Resolution, 2003, S. 54.

[820] Vgl. *Oesch*, Standards of Review in WTO Dispute Resolution, 2003, S. 53–54.

lasten der Handelsfreiheit anderer WTO-Mitglieder missbraucht werde.[821] Die Anwendung dieser Theorie bei der Auslegung der EMRK leide unter dem gleichen Problem.[822] Diese Unbestimmtheit reicht jedoch nicht unbedingt aus, um die Anwendung dieser Theorie im WTO-Recht überzeugend abzulehnen. Denn hierfür soll noch geklärt werden, woraus sich eine zwingende Mindestanforderung an die Bestimmtheit eines Prüfungsmaßstabs, wie hier der Theorie der Margin of Appreciation, ergibt.

Trotz dieser Unbestimmtheit kann wiederum nicht ausgeschlossen werden, dass sich eine richtige Prüfungsdichte aus dieser Theorie potenziell ergeben kann.

Somit ergibt sich aus der Prüfungsdichte beruhend auf der Konstruktion eines Einschätzungsspielraums – der Margin of Appreciation – keine abschließende Antwort darauf, ob, inwieweit und warum richterliche Zurückhaltung oder Abwägung von den WTO-Streitbeilegungsorganen bei der Überprüfung der Tatsachenfeststellungen und Rechtsurteile des regulierenden WTO-Mitglieds geübt werden soll.

#### *(3) Vernünftiger-Regulator-Prüfungsdichte*

Nach Ansicht der Befürworter der Vernünftiger-Regulator-Prüfungsdichte kann diese zwar dem regulierenden WTO-Mitglied einen großen Spielraum u. a. bei der Festlegung der Gefährdungslage des Schutzguts einräumen[823] und zugleich eine Obergrenze für die richterlichen Überprüfung setzen.[824] Wo sich

---

[821] Vgl. *Oesch*, Standards of Review in WTO Dispute Resolution, 2003, S. 53–54; *Das*, Sovereignty, Development and International Economic Law, NLUDSLJ 2017, 53, 60 i. V. m. 68.

[822] Vgl. *Brauch*, The Margin of Appreciation and the Jurisprudence of the ECHR, CJEuL 2005, 113, 121, 125 ff., 147 f.; *Feingold*, Doctrine of Margin of Appreciation and the EConvHR, NDLR 1977, 90, 93 f., 95 ff.; *Born/Morris/Forrest*, A Margin of Appreciation, HILJ 2020, 65, 88–91; *Kratochvíl*, The Inflation of the Margin of Appreciation by the ECHR, NQHR 2011, 324, 336–343; *Lemmens*, The Margin of Appreciation in the ECHR's Case Law, EJLR 2018, 78, 91 f.; *Delaney*, Analyzing Avoidance, DLJ 2016, 1, 38–39; *Letsas*, Two Concepts of the Margin of Appreciation, OJLS 2006, 705, 714, 731–732; *Yourow*, The Margin of Appreciation Doctrine, ConnJIL 1987, 111, 151 ff.

[823] *Button*, Trade, Health, and Uncertainty in the WTO, 2004, S. 213; *ders.*, The WTO's „Objective Assessment" Standard of Review and Panel Review of Health Measures, in: Mitchell (Hrsg.), The Challenges and Prospects for the WTO, 2005, S. 113.

[824] *Button*, Trade, Health, and Uncertainty in the WTO, 2004, S. 217; *ders.*, The WTO's „Objective Assessment" Standard of Review and Panel Review of Health Measures, in: Mitchell (Hrsg.), The Challenges and Prospects for the WTO, 2005, S. 108–109.

diese Obergrenze befindet und nach welchem Beurteilungsmaßstab sie festgelegt werden soll, bleibt jedoch ungeklärt.

Dieser Ansatz beruht auf den Entscheidungen zu EC – Asbestos[825] und wohl auch zu US – Tuna II.[826] Zwar wurde der Einschätzungsspielraum des regulierenden WTO-Mitglieds bei der Festlegung der Gefährdungslage des Schutzguts in nahezu allen Verfahren von den WTO-Streitbeilegungsorganen bejaht.[827] Zwei Ausnahmen bilden jedoch der Fall Indonesia – Import Licensing Regimes[828] und in jüngerer Zeit der Fall Turkey – Pharmaceutical Products (EU).[829] Dieser Umstand wirft somit Zweifel an der Vernünftiger-Regulator-Prüfungsdichte auf. Denn eine einheitliche Entscheidungspraxis zugunsten dieser Prüfungsdichte hat sich bislang nicht herausgebildet. Selbst wenn sich eine solche Praxis in der Zukunft herausgebildet haben sollte, ist gerade fraglich, ob diese Praxis gerechtfertigt ist.

Somit ergibt sich aus der Vernünftiger-Regulator-Prüfungsdichte keine abschließende Antwort auf die Frage, ob, inwieweit und warum richterliche Zurückhaltung oder Abwägung von den WTO-Streitbeilegungsorganen bei der Überprüfung der Tatsachenfeststellungen und Rechtsurteile des regulierenden WTO-Mitglieds geübt werden soll.

---

[825] WTO, Panel-Bericht v. 18.9.2000, WT/DS135/R, „EC – Asbestos", Para. 8.181 f.

[826] GATT, Panel-Bericht v. 16.6.1994, DS29/R, „US – Tuna II", Para. 3.73.

[827] GATT, Panel-Bericht v. 7.11.1990, DS10/R-37S/200, „Thailand – Cigarettes", Para. 73; GATT, Panel-Bericht v. 3.9.1991, DS21/R-39S/155, „US – Tuna I", Para. 5.25–5.26, 5.31–5.32; GATT, Panel-Bericht v. 16.6.1994, DS29/R, „US – Tuna II", Para. 5.13, 5.30–5.33; GATT, Panel-Bericht v. 11.10.1994, DS31/R, „US – Automobiles", Para. 5.57; WTO, Panel-Bericht v. 20.5.1996, WT/DS2/R, „US – Gasoline", Para. 6.21, 6.37; WTO, Panel-Bericht v. 31.7.2000, WT/DS161/R u.a., „Korea – Beef", Para. 655; WTO, Panel-Bericht v. 18.9.2000, WT/DS135/R, „EC – Asbestos", Para. 8.184–8.194; WTO, AB-Bericht v. 12.3.2001, WT/DS135/AB/R, „EC – Asbestos", Para. 157–163; WTO, Panel-Bericht v. 26.3.2014, WT/DS431/R u.a., „China – Rare Earths", Para. 7.53–7.93; WTO, AB-Bericht v. 22.5.2014, WT/DS400/AB/R u.a., „EC – Seal Products", Para. 5.194–5.203; WTO, Panel-Bericht v. 5.7.2011, WT/DS394/R u.a., „China – Raw Materials", Para. 7.363; WTO, Panel-Bericht v. 26.3.2014, WT/DS431/R u.a., „China – Rare Earths", Para. 7.366 ff., 7.375.

[828] WTO, Panel-Bericht v. 22.12.2016, WT/DS477/R u.a., „Indonesia – Import Licensing Regimes", Para. 7.627–7.628 und 7.632.

[829] WTO, Panel-Bericht v. 11.11.2021, unverbreitet und beigefügt zur Mitteilung v. 28.4.2022 über die Berufung der Türkei gemäß Art. 25 DSU, WT/DS583/12, „Turkey – Pharmaceutical Products (EU)", Para. 7.165–7.180; WTO, Schiedsspruch gemäß Art. 25 DSU v. 25.7.2022, WT/DS583/ARB25, „Turkey – Pharmaceutical Products (EU)", Para. 6.104–6.111, 6.116–6.122.

### *(4) Deliberative Prüfungsdichte/Prozedurale Kontrolle*

Der deliberative Test und die prozedurale Kontrolle verlangen zwar gemeinsam, dass die Prüfungsdichte gegenüber nationalen demokratischen Entscheidungen grundsätzlich zurückhaltend und nur dann eingreifend sein solle, wenn bestimmte Mindestanforderungen, wie etwa die Anforderungen an Due Process und Transparenz, nicht erfüllt seien.[830] Es wurde jedoch nicht weiter geklärt, welche inländischen demokratischen Verfahren warum als erheblich für die Ergreifung unilateraler Umweltschutzmaßnahmen angesehen werden sollen. In Art. XX GATT wird keine Mindestverfahrensanforderung an diese Verfahren vorgesehen. Da die Auferlegung einer solchen Mindestanforderung die Regulierungsfreiheit eines WTO-Mitglieds im Bereich des Umweltschutzes einschränkt, ist die Anwendung dieses Tests nicht weniger rechtfertigungsbedürftig, auch wenn dieser Test potenziell die Handelsfreiheit anderer WTO-Mitglieder nach den GATT-Vorschriften gewährleisten kann.

Somit ergibt sich aus der deliberativen Prüfungsdichte keine abschließende Antwort darauf, ob, inwieweit und warum richterliche Zurückhaltung oder Abwägung von den WTO-Streitbeilegungsorganen bei der Überprüfung der Tatsachenfeststellungen und Rechtsurteile des regulierenden WTO-Mitglieds geübt werden soll.

### *(5) Flexible Prüfungsdichte*

Ähnliche Unklarheit besteht beim flexiblen Ansatz, wonach unterschiedliche Prüfungsdichten je nach den betreffenden Vertragsvorschriften und Umständen im Einzelfall unter Berücksichtigung des lokalen Vorteils des einzelnen WTO-Mitglieds sowie der Neutralität der WTO-Schiedskörper angewendet werden sollen.[831]

Denn dieser Ansatz zeigt nur eine grundsätzliche Richtung für die flexible Anwendung der Prüfungsdichte, ohne jedoch eine pragmatische Prüfungsdichte u. a. für die Interpretation des Art. XX GATT vorzuschlagen. Zum Beispiel werden für die Interpretation des Art. XX GATT sowohl eine zurückhaltende Prüfungsdichte aufgrund des lokalen Vorteils des regulierenden

---

[830] *Zleptnig*, The Standard of Review in WTO Law, EIoP 2002, 1, 15–16; *Pirker*, Democracy and Distrust in International Law, in: Gruszczynski/Werner (Hrsg.), Deference in International Courts and Tribunals, 2014, S. 73 i. V. m. 65–66, 67–68; *Ioannidis*, Beyond the Standard of Review Deference Criteria in WTO Law and the Case for a Procedural Approach, in: Gruszczynski/Werner (Hrsg.), Deference in International Courts and Tribunals, 2014, S. 110–111.

[831] Teil 1 Kapitel 1 § 3 C. II. 5. und § 3 D. II. 3.

WTO-Mitglieds[832] als auch eine eingreifende Prüfungsdichte aufgrund des Fehlens einer nationalen Investigationsverfahrensvorschrift in diesem Artikel – im Unterschied zu Art. 17.6 ADA[833] – vorgeschlagen. Bezüglich des vorgenannten lokalen Vorteilsarguments wird auch eine andere Ansicht vertreten, dass inländischer demokratischer Prozess nicht unbedingt für die Entscheidung aller Umwelt- und Gesundheitsangelegenheiten geeignet sei.[834] Bezüglich der letztgenannten Variante wird wiederum vertreten, dass eine zurückhaltende Prüfungsdichte trotz fehlender Bestimmung in Art. XX GATT für ein nationales Investigationsverfahren gelten solle, soweit die materielle Pflicht in diesem Artikel dies erlaube.[835]

Dabei wird jeweils nicht weiter klargestellt, für welche Angelegenheiten ein WTO-Mitglied besser entscheiden kann und sich welche konkrete Forderung an die richterliche Überprüfung aus Art. XX GATT ergibt.

Somit ergibt sich aus der flexiblen Prüfungsdichte keine abschließende Antwort darauf, ob, inwieweit und warum richterliche Zurückhaltung oder Abwägung von den WTO-Streitbeilegungsorganen bei der Überprüfung der Tatsachenfeststellungen und Rechtsurteile des regulierenden WTO-Mitglieds geübt werden soll.

#### *(6) Prüfungsdichte anhand der Vermutungs- und Widerlegungsregel*

Es wird zwar vorgeschlagen, dass die Interpretation der Vertragsvorschriften sowie die Einschätzung zu Tatsachen und Rechtsfragen durch ein WTO-Mitglied als eine Vermutung maßgeblich seien, die nur durch Heranziehung tauglicher Gründe abgelehnt werden dürfe.[836] Dabei wurde jedoch nicht hinreichend geklärt, woraus sich eine solche Vermutung ergibt. Ohne völkerrechtliche Vertragsvorschrift kann keine vertragliche Vermutung begründet werden.[837]

---

[832] *Guzman*, Determining the Appropriate Standard of Review in the WTO Law, CJIL 2004, 45, 68–73 i.V.m. 49.

[833] *Ehlermann/Lockhart*, Standard of Review in WTO Law, JIEL 2004, 491, 518–519, 520; *Bohanes/Lockhart*, Standard of Review in WTO Law, in: Bethlehem u.a. (Hrsg.), The Oxford Handbook of International Trade Law, 1. Aufl. 2009, S. 390, 414f.

[834] *Herwig/Serdarevic*, Standard of Review for Necessity and Proportionality Analysis in EU and WTO Law, in: Gruszczynski/Werner (Hrsg.), Deference in International Courts and Tribunals, 2014, S. 225.

[835] Vgl. *Chen*, The First Step in the Standard of Review Analysis in the WTO Dispute Resolutions, AJWH 2009, 467, 488–489. Die Argumentation von Chen gilt entsprechend für Art. XX GATT.

[836] Teil 1 Kapitel 1 § 3 C. II. 6.

[837] Ausführlich hierzu siehe: Teil 2 Kapitel 5 § 3 B. III. 1.

Dieser Vorschlag bietet jedoch Hinweise, die Stellung des Verhältnismäßigkeitsprinzips i. w. S. im Rahmen der Interpretation des Art. XX GATT weiter zu klären. Die Anwendbarkeit der Vermutungs- und Widerlegungsregel bei der Überprüfung der Einschätzung des regulierenden WTO-Mitglieds zur Gefährdungslage, zur Legitimität des angegebenen Schutzziels einschließlich des behaupteten Schutzniveaus und zur Verhältnismäßigkeit i. w. S. umweltpolitischer Maßnahmen wird aus Darstellungsgründen jeweils in Teil 2 Kapitel 5 § 3 A. III., § 3 B. III., Teil 3 Kapitel 9 § 3 C., Teil 4 Kapitel 13 § 3 C. sowie Teil 5 Kapitel 18, § 3 B. II. erörtert.

#### *e) Zwischenergebnis*

In der wissenschaftlichen Literatur werden sowohl eine zurückhaltende Prüfungsintensität als auch eine eingreifende Kontrolldichte für die richterliche Überprüfung der Einschätzung des regulierenden WTO-Mitglieds zu Tatsachen und Rechtsfragen vertreten. Diese Diskussion lieferte bislang jedoch keine abschließende Antwort darauf, ob, inwieweit und warum richterliche Zurückhaltung geübt werden soll, sowie wie das Unbestimmtheitsproblem des Abwägungsarguments und damit des Arguments der niedrigen empirischen Gefährdung des Schutzguts überwunden werden kann. Die von beiden Seiten herangezogenen Hauptargumente, nämlich das Souveränitätsargument, das Argument der Expertise und das Argument der institutionellen Rolle der WTO-Streitbeilegungsorgane, zeigen jeweils nur eine grundsätzliche Richtung für eine richterliche Zurückhaltung bzw. eine richterliche Abwägung zulasten des regulierenden WTO-Mitglieds. Dadurch wurde jedoch keine klare Grenze gezogen, sodass unklar bleibt, wann, inwieweit und warum eine richterliche Zurückhaltung durch die WTO-Streitbeilegungsorgane geübt werden soll und gerechtfertigt sein kann. Das Gleiche gilt für die im Schrifttum vorgeschlagenen speziellen Formen der Prüfungsdichte.

### 2. Keine abschließende Überwindung des Unbestimmtheitsproblems des Arguments der niedrigen empirischen Gefährdung des Schutzguts in der speziellen Diskussion

Außerdem lieferte die spezielle Diskussion über richterliche Zurückhaltung bei der Interpretation des Art. XX GATT mit Bezug auf die Gefährdungslage des Schutzguts bislang keine abschließende Antwort auf die Frage, nach welchem konkreten Maßstab richterliche Zurückhaltung geübt oder Abwägung vorgenommen werden soll. Es bleibt unklar, wann und warum die richterliche Abwägung maßgeblich sein soll. Trotz dieser Unbestimmtheit kann wiederum nicht ausgeschlossen werden, dass anhand des Abwägungsarguments, nämlich anhand des Arguments der niedrigen empirischen Gefährdung des Schutzguts, ein richtiges Ergebnis durch die WTO-Streitbeilegungsorgane potenziell erzielt werden kann.

### *a) Meinungsverschiedenheiten im Schrifttum*

Im Schrifttum ist darüber umstritten, wie weit der Einschätzungsspielraum des regulierenden WTO-Mitglieds bei der Festlegung der Gefährdungslage des Schutzguts im Falle empirischer oder wissenschaftlicher Unsicherheit reicht. Einerseits wird vertreten, dass ein solcher Einschätzungsspielraum grundsätzlich anerkannt werden soll. Andererseits wird im Schrifttum gewisse Skepsis gegenüber der Anerkennung eines solchen Einschätzungsspielraums geäußert, auch wenn manche Vertreter eine derart große Margin grundsätzlich befürworten.

Diese Diskussion ist ein integraler Teil der allgemeinen Diskussion über Prüfungsintensität und richterliche Zurückhaltung bei der Tatsachenfeststellung und beim Rechtsurteil des regulierenden WTO-Mitglieds im WTO-Recht[838] und wurde bereits in der Einführung gesondert und ausführlich zur Veranschaulichung dargestellt.[839]

Im Folgenden wird bei der Darstellung der in der speziellen Diskussion herangezogenen Argumente nur solche wissenschaftliche Literatur berücksichtigt, die ausschließlich die Prüfungsdichte bei der Feststellung der Gefährdungslage des Schutzguts im Rahmen der Auslegung des Art. XX GATT betrifft.

#### aa) Argumente zugunsten eines Einschätzungsspielraums des regulierenden WTO-Mitglieds bei der Feststellung der Gefährdungslage des Schutzguts

Zur Begründung eines Einschätzungsspielraums des regulierenden WTO-Mitglieds bei der Feststellung der Gefährdungslage des Schutzguts werden im Schrifttum souveränitätsbezogene Argumente, das Argument der Expertise sowie das Argument der institutionellen Rolle der WTO-Streitbeilegungsorgane angeführt.

---

[838] Teil 1 Kapitel 1 § 3.

[839] Teil 1 Kapitel 1 § 4 B. I.

### *(1) Souveränitätsbezogene Argumente*

Die Respektierung der Souveränität ist das erste und übliche Argument dafür, dass die WTO-Streitbeilegungsorgane die Einschätzung des regulierenden WTO-Mitglieds zur Gefährdungslage des Schutzguts grundsätzlich anerkennen sollen.

#### (a) Souveränitätsfreundliche Interpretation

Demzufolge sei die Festlegung der Gefährdungslage des Schutzguts eine politische Entscheidung und unterliege dem Einschätzungsspielraum des regulierenden WTO-Mitglieds.[840] Eine expansive schiedsrichterliche Rechtsfortbildung werde die Souveränität der WTO-Mitglieder beeinträchtigen.[841]

Die WTO-Mitglieder haben sich nämlich nur zu solchen Beschränkungen bei der Ausübung ihrer souveränen Befugnisse im Bereich des internationalen Handels verpflichtet, denen sie durch den Abschluss völkerrechtlicher Verträge zugestimmt haben. Eine eingreifende Prüfungsdichte greife nach dieser Ansicht in das Souveränitätsrecht des regulierenden WTO-Mitglieds in sensiblen Bereichen wie dem Umwelt- und Gesundheitsschutz ein, wenn keine bzw. keine hinreichende vertragliche Rechtsgrundlage bestehe.[842] In diesem Fall solle eine souveränitätsfreundliche Interpretation erfolgen.[843] Eine grundsätzlich zurückhaltende Prüfungsdichte könne nicht nur die vorbehaltenen Rechte der WTO-Mitglieder u. a. zum Umwelt- und Gesundheitsschutz garantieren, sondern auch möglichen Protektionismus verhindern.[844]

---

[840] *Cheyne*, Gateways to the Precautionary Principle in WTO Law, JEL 2007, 155, 163; *Goh*, Science and Sovereignty, JWIP 2003, 441, 464–466; *Gruszczynski/Vadi*, Standard of Review and Scientific Evidence in WTO Law and International Investment Arbitration, in: Gruszczynski/Werner (Hrsg.), Deference in International Courts and Tribunals, 2014, S. 158–159; *Bloche*, WTO Deference to National Health Policy, JIEL 2002, 832–834.

[841] *Gruszczynski/Vadi*, Standard of Review and Scientific Evidence in WTO Law and International Investment Arbitration, in: Gruszczynski/Werner (Hrsg.), Deference in International Courts and Tribunals, 2014, S. 167, 170–171.

[842] Vgl. *Gruszczynski/Vadi*, Standard of Review and Scientific Evidence in WTO Law and International Investment Arbitration, in: Gruszczynski/Werner (Hrsg.), Deference in International Courts and Tribunals, 2014, S. 167, 170–171; *Guzman*, Determining the Appropriate Standard of Review in the WTO Law, CJIL 2004, 45, 47 i. V. m. 49.

[843] *Gruszczynski/Vadi*, Standard of Review and Scientific Evidence in WTO Law and International Investment Arbitration, in: Gruszczynski/Werner (Hrsg.), Deference in International Courts and Tribunals, 2014, S. 167, 170–171.

[844] *Button*, Trade, Health, and Uncertainty in the WTO, 2004, S. 220; *ders.*, The WTO's „Objective Assessment" Standard of Review and Panel Review of Health

(b) Vorsorgeprinzip

Ein weiteres Argument in dieser Richtung ist, dass die Einschätzung des regulierenden WTO-Mitglieds zur Gefährdungslage des Schutzguts bei Unbestimmtheit wissenschaftlicher Nachweise aufgrund des Vorsorgeprinzips respektiert werden solle.[845]

Demzufolge könne der zurückhaltende Ansatz des Panels und des AB in EC – Asbestos[846] bei der Beurteilung der Gefährdungslage des Schutzguts angesichts wissenschaftlicher Unsicherheit als eine Anwendung des Vorsorgeprinzips aus dem Umweltvölkerrecht im WTO-Recht angesehen werden.[847] Manche Vertreter betrachten das Vorsorgeprinzip als Völkergewohnheitsrecht, das ein hinreichendes Fundament für die Respektierung nationaler Entscheidungen bei unklarer wissenschaftlicher Studienlage zur Gefährdung von Produkten für die menschliche Gesundheit bilde.[848]

*(2) Expertise*

Im Vergleich zu den WTO-Streitbeilegungsorganen hat das regulierende WTO-Mitglied nach dieser Ansicht einen Vorteil bei der Einschätzung sachlicher und technischer Fragen im Bereich der Gefahrenprognose. Zudem verfügt ein WTO-Mitglied über bessere Expertise hinsichtlich kultureller und politischer Entscheidungen.

(a) Fehlende Expertise der WTO-Streitbeilegungsorgane in sachlichen und technischen Fragen

In Fällen wissenschaftlicher oder empirischer Unsicherheit[849] sei ein Panel im Unterschied zu nationalen Behörden nicht in der Lage, komplizierte Sach-

---

Measures, in: Mitchell (Hrsg.), The Challenges and Prospects for the WTO, 2005, S. 110–111.

845 *Goh*, Science and Sovereignty, JWIP 2003, 441, 444–445, 466–467, 470; *Cheyne*, Gateways to the Precautionary Principle in WTO Law, JEL 2007, 155, 163, 168 ff.

846 WTO, Panel-Bericht v. 18.9.2000, WT/DS135/R, „EC – Asbestos“, Para. 8.193; WTO, AB-Bericht v. 12.3.2001, WT/DS135/AB/R, „EC – Asbestos“, Para. 162.

847 *Bloche*, WTO Deference to National Health Policy, JIEL 2002, 825, 833; vgl. *Ruessmann*, Putting the Precautionary Principle in its Place, AUILR 2002, 905, 926.

848 *Segger/Gehring*, The WTO and Precaution, JEL 2003, 289, 299, 310, 320–321.

849 Streitigkeiten entstehen oft aus einem Konflikt zwischen verschiedenen wissenschaftlichen Wahrheiten, der mit dem vorhandenen wissenschaftlichen Wissen nicht gelöst werden kann. Hierzu siehe: *Button*, Trade, Health, and Uncertainty in the WTO, 2004, S. 221 i. V. m. 113 ff.

verhaltsfeststellungen zu treffen.[850] Denn einem Panel fehle die Expertise für wissenschaftliche und inländische Sachfragen im Vergleich zu den einzelnen WTO-Mitgliedern,[851] und diese begrenzte Einschätzungsfähigkeit könne das Risiko von Fehlentscheidungen bei der Einschätzung wissenschaftlicher Fragen erheblich erhöhen.[852] Da die Festlegung der Gefährdungslage des Schutzguts hauptsächlich eine Tatsachenfeststellung sei, erscheine es grundsätzlich sinnvoll, dem regulierenden WTO-Mitglied einen gewissen Einschätzungsspielraum einzuräumen.[853]

Dieses Problem der begrenzten Einschätzungsfähigkeit eines Panels könne zudem nicht durch seine weitreichenden Rechte zur Anforderung von Informationen und zur Einholung von wissenschaftlichen Gutachten überwunden werden. Denn ein Panel müsse dennoch u. a. die unterschiedlichen Expertenmeinungen interpretieren und zwischen widerstreitenden Expertenmeinungen entscheiden.[854]

Hingegen habe die nationale Behörde besseren Zugang zu lokalen Informationen und sei besser in der Lage, diese zu evaluieren.[855] In diesem Fall sei es auch einfacher, wenn das regulierende WTO-Mitglied diese Entscheidung treffe.[856] Die Anerkennung der Einschätzung des jeweiligen regulierenden WTO-Mitglieds zur Gefährdungslage des Schutzguts könne die einheitliche Interpretation des WTO-Rechts ferner nicht gefährden, weil es sich bei der Gefahrenprognose um eine Tatsachenfrage handle.[857]

---

850 *Gruszczynski/Vadi*, Standard of Review and Scientific Evidence in WTO Law and International Investment Arbitration, in: Gruszczynski/Werner (Hrsg.), Deference in International Courts and Tribunals, 2014, S. 166.

851 *Gruszczynski/Vadi*, Standard of Review and Scientific Evidence in WTO Law and International Investment Arbitration, in: Gruszczynski/Werner (Hrsg.), Deference in International Courts and Tribunals, 2014, S. 165–166; *Reusch*, Die Legitimation des WTO-Streitbeilegungsverfahrens, 2007, S. 269–270.

852 *Gruszczynski/Vadi*, Standard of Review and Scientific Evidence in WTO Law and International Investment Arbitration, in: Gruszczynski/Werner (Hrsg.), Deference in International Courts and Tribunals, 2014, S. 165–166.

853 *Reusch*, Die Legitimation des WTO-Streitbeilegungsverfahrens, 2007, S. 270.

854 *Gruszczynski/Vadi*, Standard of Review and Scientific Evidence in WTO Law and International Investment Arbitration, in: Gruszczynski/Werner (Hrsg.), Deference in International Courts and Tribunals, 2014, S. 165–166.

855 *Guzman*, Determining the Appropriate Standard of Review in WTO Disputes, CILJ 2009, 45, 52–56 i. V. m. 49.

856 *Button*, Trade, Health, and Uncertainty in the WTO, 2004, S. 220; *ders.*, The WTO's „Objective Assessment“ Standard of Review and Panel Review of Health Measures, in: Mitchell (Hrsg.), The Challenges and Prospects for the WTO, 2005, S. 111.

857 *Reusch*, Die Legitimation des WTO-Streitbeilegungsverfahrens, 2007, S. 270.

### (b) Fehlende Expertise der WTO-Streitbeilegungsorgane bei kulturellen und politischen Entscheidungen

Ein Panel sei außerdem in einer schlechteren Position als ein WTO-Mitglied für die Einschätzung der Gefährdungslage des Schutzguts, weil es sich dabei nicht um eine rein wissenschaftliche Entscheidung, sondern auch um eine subjektive Einschätzung handle, die von der politischen Priorität und von den spezifischen soziokulturellen Bedingungen eines bestimmten Landes abhänge.[858] Jede Gesellschaft definiere die Empfindlichkeit gegenüber der Gefährdung eines bestimmten Schutzguts anders.[859] Ein Panel solle dabei nicht als politischer Entscheidungsträger agieren und politische Entscheidungen auf Grundlage verfügbarer wissenschaftlicher Erkenntnisse treffen, da dies zu einer Streitbeilegung durch „*making choice*" statt durch „*reasoning*" führen würde.[860]

Demgegenüber habe ein regulierendes WTO-Mitglied einen Vorteil im Falle wissenschaftlicher Unsicherheit bei der Gefahrenprognose für ein u.a. in Art. XX GATT vorgesehenes Schutzgut und bei der darauf beruhenden politischen Entscheidung.[861] Dieser Vorteil überwiege die Missbrauchsgefahr der inländischen Expertise in der Feststellung der Gefährdungslage des Schutzguts.[862]

### *(3) Institutionelle Rolle der WTO-Streitbeilegungsorgane*

Darüber hinaus seien die nationalen Regulierungsbehörden institutionell kompetenter als die WTO-Streitbeilegungsorgane, um Gesundheitsrisiken und konkurrierende wirtschaftliche Interessen zu identifizieren und gegeneinander abzuwägen, sodass der Einschätzung des regulierenden WTO-Mitglieds zur Gefährdungslage des Schutzguts hoher Respekt gewährt werden solle.[863]

---

858 *Gruszczynski*/*Vadi*, Standard of Review and Scientific Evidence in WTO Law and International Investment Arbitration, in: Gruszczynski/Werner (Hrsg.), Deference in International Courts and Tribunals, 2014, S. 166; *Guzman*, Determining the Appropriate Standard of Review in WTO Disputes, CILJ 2009, 45, 69, 71, 72 i.V.m. 49.

859 *Button*, Trade, Health, and Uncertainty in the WTO, 2004, S. 99f., 102f.

860 *Christoforou*, Settlement of Science-Based Trade Disputes in the WTO, NYUELJ 2000, 622, 635 i.V.m. 623f.

861 Vgl. *Guzman*, Determining the Appropriate Standard of Review in the WTO Law, CJIL 2004, 45, 49 i.V.m. 75. Nach Guzman gilt das von ihm entwickelte Prinzip zur Feststellung der Prüfungsdichte für alle Streitigkeiten vor der WTO.

862 *Guzman*, Determining the Appropriate Standard of Review in the WTO Law, CJIL 2004, 45, 68–73, 75–76 i.V.m. 49.

863 *Bloche*, WTO Deference to National Health Policy, JIEL 2002, 825, 835.

Die WTO-Schiedskörper seien hingegen institutionell nicht geeignet, politische Prioritätensetzungen sowie Entscheidungen über soziale und kulturelle Fragen zu treffen.[864] Hierzu sei ein WTO-Schiedskörper nicht befugt, und eine ggf. von diesem vorgenommene Abwägung bei der Festlegung der Gefährdungslage des Schutzguts stelle einen Eingriff in die demokratische Entscheidung des regulierenden WTO-Mitglieds dar und führe zu einem Demokratiedefizit.[865] Dies schade zugleich der Legitimität und der sozialen Akzeptabilität der WTO-Streitbeilegungsorgane.[866]

#### bb) Argumente zulasten eines Einschätzungsspielraums des regulierenden WTO-Mitglieds bei der Feststellung der Gefährdungslage des Schutzguts

Ebenso beruhend auf den souveränitätsbezogenen Argumenten, dem Argument der Expertise sowie dem Argument der institutionellen Rolle der WTO-Streitbeilegungsorgane werden jedoch zugleich gewisse Zweifel an der Anerkennung eines großen Einschätzungsspielraums des regulierenden WTO-Mitglieds bei der Feststellung der Gefährdungslage des Schutzguts in der wissenschaftlichen Literatur geäußert.

##### *(1) Souveränitätsbezogene Argumente*

Nach dieser Ansicht kann die Souveränität des WTO-Mitglieds zum Zweck des Handelsprotektionismus missbraucht werden. Außerdem bietet das Vorsorgeprinzip kaum einen konkreten verbindlichen Hinweis darauf, inwieweit die Einschätzung des regulierenden WTO-Mitglieds zur Gefährdungslage des Schutzguts als maßgeblich angesehen werden soll.

---

864 *Gruszczynski/Vadi*, Standard of Review and Scientific Evidence in WTO Law and International Investment Arbitration, in: Gruszczynski/Werner (Hrsg.), Deference in International Courts and Tribunals, 2014, S. 166; *Guzman*, Determining the Appropriate Standard of Review in WTO Disputes, CILJ 2009, 45, 69, 71, 72; *Howse/Turk*, A Case Study of the Canada – EC Asbestos Dispute, in: de Búrca/Scott (Hrsg.), The EU and the WTO, 2001, S. 326.

865 *Bloche*, WTO Deference to National Health Policy, JIEL 2002, 845–846; *Christoforou*, Settlement of Science-Based Trade Disputes in the WTO, NYUELJ 2000, 622, 648 i. V. m. 623 f.

866 *Christoforou*, Settlement of Science-Based Trade Disputes in the WTO, NYUELJ 2000, 622, 648 i. V. m. 623 f.

(a) Missbrauchsgefahr des Souveränitätsrechts aufgrund der Ambiguität des Vertragstexts

Ein souveräner Staat sei zwar zur Festlegung seines eigenen Schutzstandards u. a. für den Umweltschutz befugt; Der Umfang der Souveränität des regulierenden WTO-Mitglieds richte sich jedoch vielmehr nach dem Vertragstext, dessen Interpretation einem Panel und dem AB zustehe.[867] Die Souveränität könne aus diesem Grund zum Zweck des Handelsprotektionismus missbraucht werden und sei daher kein überzeugendes Argument für die Anerkennung der Einschätzung des regulierenden WTO-Mitglieds zur Gefährdungslage des Schutzguts.[868] Die politische Entscheidungsfreiheit des regulierenden WTO-Mitglieds solle dann beschränkt werden, falls die handelsbeschränkenden Auswirkungen aufgrund einer rigorosen Risikoeinschätzung des Schutzguts „schlimm genug“ seien.[869]

(b) Vorsorgeprinzip

Bezüglich des Vorsorgeprinzips wird argumentiert, dass die Anerkennung eines Einschätzungsspielraums des regulierenden WTO-Mitglieds bei der Festlegung der Gefährdungslage des Schutzguts nicht vom Vorsorgeprinzip gedeckt sei, da ein solch abstraktes und subsidiäres Prinzip nicht besage, wann die Einschätzung des regulierenden WTO-Mitglieds maßgeblich sein solle.[870] Das Vorsorgeprinzip könne nämlich noch nicht als klare Regel angesehen werden.[871]

*(2) Expertise*

Nach dieser Ansicht könne die Expertise des regulierenden WTO-Mitglieds in sachlichen und technischen Fragen ebenso missbraucht werden. Ferner könne das Problem eines WTO-Panels in diesem Bereich durch die Einholung von Informationen und Sachverständigengutachten gemäß Art. 13 DSU über-

---

867 *Guzman*, Determining the Appropriate Standard of Review in the WTO Law, CJIL 2004, 45, 53 und 56–57 i. V. m. 49.

868 *Gruszczynski/Vadi*, Standard of Review and Scientific Evidence in WTO Law and International Investment Arbitration, in: Gruszczynski/Werner (Hrsg.), Deference in International Courts and Tribunals, 2014, S. 170–171.

869 Vgl. *Guzman*, Determining the Appropriate Standard of Review in the WTO Law, CJIL 2004, 45, 53–54 i. V. m. 68–69 und 49.

870 Vgl. *Reusch*, Die Legitimation des WTO-Streitbeilegungsverfahrens, 2007, S. 273–274.

871 *Boutillon*, The Precautionary Principle, MichiganJIL 2002, 429, 463.

wunden werden. Außerdem verfüge ein WTO-Panel bessere Expertise im Bereich der Interpretation des WTO-Rechts als ein WTO-Mitglied.

(a) Missbrauch der Expertise des regulierenden WTO-Mitglieds

Zwar verfüge ein WTO-Mitglied als Streitpartei über weitaus mehr sachliche Informationen und technisches Wissen als ein WTO-Panel. Diese Überlegenheit rechtfertige jedoch nicht unbedingt die Anerkennung der Einschätzung des regulierenden WTO-Mitglieds zur Gefährdungslage des Schutzguts, weil eine solche Expertise zum Zweck des Handelsprotektionismus missbraucht werden könne.[872]

(b) Bessere Expertise der WTO-Streitbeilegungsorgane für rechtliche Fragen

Darüber hinaus stehe die Zuständigkeit zur Klärung der Pflichten der WTO-Mitglieder aus den WTO-Übereinkommen allein den Streitbeilegungsorganen der WTO zu.[873] Ein Panel und der AB verfügen über mehr Fachwissen und institutionelle Kenntnisse zum WTO-Recht und zur WTO-Praxis als die nationalen Behörden.[874] Eine aktive Überprüfung der Einschätzung des regulierenden WTO-Mitglieds zur Gefährdungslage des Schutzguts durch die WTO-Streitbeilegungsorgane könne der einheitlichen Auslegung des GATT-Vertragstexts und der Vorhersehbarkeit der Auslegung dienen.[875]

*(3) Institutionelle Rolle der WTO-Streitbeilegungsorgane*

Die Einschätzung, beispielsweise der Gefährdungslage des Schutzguts im Bereich des internationalen Handels, falle nicht unter die innerstaatliche Zuständigkeit, da diese Entscheidung des regulierenden WTO-Mitglieds über seinen jeweiligen Zuständigkeitsbereich hinaus Auswirkungen auf ausländi-

---

[872] *Herwig/Serdarevic*, Standard of Review for Necessity and Proportionality Analysis in EU and WTO Law, in: Gruszczynski/Werner (Hrsg.), Deference in International Courts and Tribunals, 2014, S. 229; *Reusch*, Die Legitimation des WTO-Streitbeilegungsverfahrens, 2007, S. 270.

[873] Vgl. *Reusch*, Die Legitimation des WTO-Streitbeilegungsverfahrens, 2007, S. 269.

[874] Vgl. *Guzman*, Determining the Appropriate Standard of Review in the WTO Law, CJIL 2004, 45, 58 f. und 68 f. i. V. m. 49.

[875] *Gruszczynski/Vadi*, Standard of Review and Scientific Evidence in WTO Law and International Investment Arbitration, in: Gruszczynski/Werner (Hrsg.), Deference in International Courts and Tribunals, 2014, S. 165, Zit. 82 a. a. O.

sche Akteure habe.[876] Daher sei ein WTO-Schiedskörper als internationales Schiedsgericht zuständig für die Streitbeilegung u.a. im Bereich der Gefahrenprognose für das Schutzgut.[877] Ferner könne eine unabhängige Überprüfung der Einschätzung des regulierenden WTO-Mitglieds zur Gefährdungslage des Schutzguts durch die WTO-Schiedskörper die Konsistenz des WTO-Rechtssystems verstärken.[878]

### *b) Stellungnahme und Zwischenergebnis*

In Teil 2 Kapitel 7 § 2 A. III. 1. i.V.m. Teil 1 Kapitel 1 § 3 wird im Rahmen der Darstellung der allgemeinen Diskussion über Prüfungsintensität und richterliche Zurückhaltung im WTO-Recht ausführlich erläutert, dass diese Diskussion bislang keine abschließende Antwort auf die Frage lieferte, ob, inwieweit und warum richterliche Zurückhaltung gegenüber den Tatsachenfeststellungen und Rechtsurteilen des regulierenden WTO-Mitglieds gewährt werden soll, sowie wie das Unbestimmtheitsproblem des Abwägungsarguments und damit des Arguments der niedrigen empirischen Gefährdung des Schutzguts überwunden werden kann.

Die herangezogenen Hauptargumente beider Seiten, nämlich das Souveränitätsargument, das Argument der Expertise und das Argument der institutionellen Rolle der WTO-Streitbeilegungsorgane, zeigen jeweils nur eine grundsätzliche Richtung für eine richterliche Zurückhaltung bzw. eine richterliche Abwägung zulasten des regulierenden WTO-Mitglieds auf. Dadurch wurde jedoch keine klare Grenze gezogen, wann, inwieweit und warum eine richterliche Zurückhaltung durch die WTO-Streitbeilegungsorgane geübt werden soll und gerechtfertigt sein kann.

Dieses Ergebnis gilt auch für die spezielle Diskussion über die richterliche Zurückhaltung bei der Interpretation des Art. XX GATT mit Bezug auf die Gefährdungslage des Schutzguts, weil der Inhalt dieser Diskussion und die damit verbundenen Argumente bereits in der Darstellung der allgemeinen Diskussion über Prüfungsintensität und richterliche Zurückhaltung im WTO-

---

876 *Ioannidis*, Beyond the Standard of Review Deference Criteria in WTO Law and the Case for a Procedural Approach, in: Gruszczynski/Werner (Hrsg.), Deference in International Courts and Tribunals, 2014, S. 102 i.V.m. 111.

877 *Ioannidis*, Beyond the Standard of Review Deference Criteria in WTO Law and the Case for a Procedural Approach, in: Gruszczynski/Werner (Hrsg.), Deference in International Courts and Tribunals, 2014, S. 102 i.V.m. 111.

878 *Gruszczynski/Vadi*, Standard of Review and Scientific Evidence in WTO Law and International Investment Arbitration, in: Gruszczynski/Werner (Hrsg.), Deference in International Courts and Tribunals, 2014, S. 165, Zit. 82 a.a.O.

Recht enthalten sind. Nur zur Veranschaulichung wird diese spezielle Diskussion gesondert dargestellt.[879]

Somit wurde in der speziellen Diskussion über die richterliche Zurückhaltung bei der Interpretation des Art. XX GATT mit Bezug auf die Gefährdungslage des Schutzguts nicht hinreichend geklärt, wie das Unbestimmtheitsproblem des Abwägungsarguments und damit des Arguments der niedrigen empirischen Gefährdung des Schutzguts zu überwinden ist.

### 3. Keine abschließende Überwindung des Unbestimmtheitsproblems des Konsistenzarguments im Schrifttum

In der wissenschaftlichen Literatur wurde das Konsistenzargument bezüglich des Bedrohungsgrades des Schutzguts wenig diskutiert.[880] Die Diskussion über das Konsistenzargument wird im Schrifttum meist im Zusammenhang mit der Erforderlichkeits- und Angemessenheitsprüfung geführt.[881] Die Unklarheit des Beurteilungsmaßstabs bezüglich des Konsistenzarguments bei solchen Prüfungsschritten gilt jedoch entsprechend indirekt auch für die Beurteilung der Gefährdungslage des Schutzguts. Denn das behauptete Gefährdungsniveau überschneidet sich mit dem behaupteten Schutzniveau,[882] das bei negativ ausfallender Rationalitäts- und Angemessenheitsprüfung jeweils implizit und explizit korrigiert wird.[883]

Dennoch ließ sich keine Lösung für die Überwindung des Unbestimmtheitsproblems des Konsistenzarguments im Schrifttum finden. Denn es ist nicht ersichtlich, welcher Regulierungsunterschied als erheblich für die Beurteilung einer Inkonsistenz angesehen werden soll und mit welcher Begründung ein solcher Unterschied gerechtfertigt sein kann.[884] Das Konsistenzargu-

---

879 Teil 1 Kapitel 1 § 4 B. I. 1.

880 *Venzke/Vidigal*, The Case of the EU Carbon Border Adjustment Mechanism (CBAM), in: den Heijer/van der Wilt (Hrsg.), Netherlands Yearbook of International Law 2020, 2022, S. 216.

881 Vgl. *Sykes*, Domestic Regulation, Sovereignty, and Scientific Evidence Requirements, ChicagoJIL 2002, 353, 366–368; *Andenas/Zleptnig*, Proportionality and Balancing in WTO Law, CRIA 2007, 71, 85–86; *Petersen*, Gesetzgeberische Inkonsistenz als Beweiszeichen – Eine rechtsvergleichende Analyse, AöR 2013, 108, 119–124, 130–134; *Button*, Trade, Health, and Uncertainty in the WTO, 2004, S. 33–34; vgl. *Venzke/Vidigal*, The Case of the EU Carbon Border Adjustment Mechanism (CBAM), in: den Heijer/van der Wilt (Hrsg.), Netherlands Yearbook of International Law 2020, 2022, S. 215–216.

882 Teil 2 Kapitel 5 § 3 A. II. 1.

883 Teil 3 Kapitel 9 § 3 B., Teil 4 Kapitel 13 § 3 B., Teil 5 Kapitel 17 § 3 A. und § 3 B. I.

884 Vgl. *Sykes*, Domestic Regulation, Sovereignty, and Scientific Evidence Requirements, ChicagoJIL 2002, 353, 367–368; *Andenas/Zleptnig*, Proportionality and Bal-

ment liefert nur Indizien, jedoch keinen pragmatischen Beurteilungsmaßstab für den Einschätzungsspielraum des regulierenden WTO-Mitglieds.[885] Das Konsistenzargument kann vielmehr als Deckmantel für die versteckte richterliche Wertentscheidung eingesetzt und damit missbraucht werden.[886]

## IV. Argument der niedrigen empirischen Gefährdung des Schutzguts und das Konsistenzargument als untaugliche Widerlegungsgründe

Es wurde festgestellt, dass die Einschätzung des regulierenden WTO-Mitglieds zur Gefährdungslage des Schutzguts als erste Vermutung maßgeblich ist. Dies ergibt sich aus den Vertragsbestimmungen des Art. XX GATT unter Berücksichtigung des dogmatischen Charakters der Verhältnismäßigkeitsprüfung i. w. S.[887] Taugliche Widerlegungsgründe gegen diese Vermutung sind ausschließlich willkürliche Diskriminierung und verschleierte Handelsbeschränkung i. S. d. Chapeaus des Art. XX GATT.[888] Diese beiden Widerlegungsgründe dürfen jedoch zwingend erst nach der Feststellung der Angemessenheitsvermutung der angegriffenen Maßnahme geltend gemacht werden.[889] Daneben gibt es keine weiteren tauglichen Widerlegungsgründe aus nichtvertraglichen Quellen des Völkerrechts.[890]

Außerdem stellt das Abwägungsargument keinen tauglichen Widerlegungsgrund gegen die Vermutung der Maßgeblichkeit der Einschätzung des regulierenden WTO-Mitglieds zur Gefährdungslage des Schutzguts dar.[891] Anhand des Charakters der Vermutung lassen sich ferner die offenen Bedenken ausräumen, dass eine zutreffende richterliche Entscheidung u. a. durch das Abwä-

---

ancing in WTO Law, CRIA 2007, 71, 85–86; *Petersen*, Gesetzgeberische Inkonsistenz als Beweiszeichen – Eine rechtsvergleichende Analyse, AöR 2013, 108, 134; *Button*, Trade, Health, and Uncertainty in the WTO, 2004, S. 33–34.

[885] Vgl. *Sykes*, Domestic Regulation, Sovereignty, and Scientific Evidence Requirements, ChicagoJIL 2002, 353, 367–368; *Andenas/Zleptnig*, Proportionality and Balancing in WTO Law, CRIA 2007, 71, 85–86; *Petersen*, Gesetzgeberische Inkonsistenz als Beweiszeichen – Eine rechtsvergleichende Analyse, AöR 2013, 108, 130–131, 134; *Button*, Trade, Health, and Uncertainty in the WTO, 2004, S. 33–34; vgl. *Venzke/Vidigal*, The Case of the EU Carbon Border Adjustment Mechanism (CBAM), in: den Heijer/van der Wilt (Hrsg.), Netherlands Yearbook of International Law 2020, 2022, S. 216.

[886] *Petersen*, Gesetzgeberische Inkonsistenz als Beweiszeichen – Eine rechtsvergleichende Analyse, AöR 2013, 108, 134.

[887] Ausführlich hierzu siehe: Teil 2 Kapitel 5 § 3 A.

[888] Teil 2 Kapitel 6 § 1 A.

[889] Teil 2 Kapitel 6 § 1 B.

[890] Teil 2 Kapitel 6 § 2 C. i. V. m. Teil 6 Kapitel 21 § 3.

[891] Teil 2 Kapitel 6 § 2 A. und § 2 B.

gungsargument getroffen werden kann.[892] Dieses Ergebnis gilt auch für das Argument der niedrigen empirischen Gefährdung des Schutzguts und das Konsistenzargument, weil sie jeweils ein Abwägungsargument darstellen.[893]

Grundlagen des Arguments der niedrigen empirischen Gefährdung des Schutzguts und des Konsistenzarguments zur Widerlegung der Vermutung der Maßgeblichkeit der Einschätzung des regulierenden WTO-Mitglieds zur Gefährdungslage des Schutzguts sind nämlich die anscheinend niedrige empirische Gefährdung des einschlägigen Schutzguts bzw. die unterschiedliche Regulierung für anscheinend ähnliche Schutzgüter in ähnlichen Situationen.[894] Diese empirischen Aspekte und das darauf aufbauende Werturteil sind von der Legitimitätsvermutung des behaupteten Gefährdungsniveaus des Schutzguts gedeckt.[895] Diese Vermutung umfasst nämlich auch die Annahme, dass das einschlägige Schutzgut trotz der genannten niedrigen empirischen Gefährdung und des Unterschieds bei der Regulierung als schutzbedürftig angesehen werden muss und sich damit in einer Gefährdungslage befindet. Daran ändert nichts, dass die objektive Gefährdung des Schutzguts nicht ohne wissenschaftliche Unsicherheit festgestellt werden kann. Um diese Vermutung zu widerlegen, muss ein tauglicher Widerlegungsgrund herangezogen werden.

Wenn aber nur das Argument der niedrigen empirischen Gefährdung des Schutzguts oder das Konsistenzargument, nämlich nur die empirischen Aspekte der Gefährdungslage des Schutzguts und das darauf aufbauende Werturteil, als Widerlegungsgrund gegen die Vermutung herangezogen werden, liegt eigentlich noch keine Begründung vor, sondern nur eine Wiederholung der zu begründenden These.

Die Bejahung des Arguments der niedrigen empirischen Gefährdung des Schutzguts und des Konsistenzarguments als taugliche Widerlegungsgründe führt dazu, dass die Vermutung der Maßgeblichkeit der Einschätzung des regulierenden WTO-Mitglieds zur Gefährdungslage des Schutzguts bereits deshalb abschließend widerlegt werden kann, weil diese Vermutung eine solche ist. Dies führt zu einem Widerspruch, weil das behauptete Gefährdungsniveau sowie die angegriffene Maßnahme in diesem Fall sowohl vorläufig rechtmäßig als auch endgültig rechtswidrig sind. Dies führt zugleich zur Unwirksamkeit des einschlägigen Absatzes des Art. XX GATT, weil dieselbe Umweltschutzmaßnahme unter Berufung auf denselben Absatz[896] sowohl vorläufig rechtmäßig als auch endgültig rechtswidrig ist. Denn die ergriffene Maßnahme

---

892 Teil 2 Kapitel 6 § 2 A. und § 2 B.

893 Teil 2 Kapitel 7 § 2 A. I. 1. und § 2 A. I. 2.

894 Teil 2 Kapitel 7 § 2 A. I. 1. c)–d), § 2 A. I. 2. a).

895 Teil 2 Kapitel 6 § 2 A. II. i.V.m. § 2 B.

896 Auch die Legitimität des behaupteten Gefährdungsniveaus des regulierenden WTO-Mitglieds ist Gegenstand der Regulierung eines Absatzes des Art. XX GATT.

kann aufgrund fehlender Schutzbedürftigkeit des Schutzguts abschließend nicht als rechtmäßig beurteilt werden, während ihre vorläufige Rechtmäßigkeit nach dem Wortlaut des Art. XX (a), (b), (d) und (g) GATT zu bejahen ist.[897]

Somit sind das Argument der niedrigen empirischen Gefährdung des Schutzguts und das Konsistenzargument im Kontext des Art. XX GATT keine tauglichen Widerlegungsgründe, weil sie jeweils ein Abwägungsargument darstellen.

### V. Zwischenergebnis: Rechtfertigung der richterlichen Zurückhaltung gegenüber der Einschätzung des regulierenden WTO-Mitglieds zur Gefährdungslage des Schutzguts

Somit sollen die WTO-Streitbeilegungsorgane richterliche Zurückhaltung üben, wenn die klagende Partei das Argument der niedrigen empirischen Gefährdung des Schutzguts oder das Konsistenzargument zur Ablehnung der Gefährdungslage des Schutzguts geltend macht. Diese Argumente sind jeweils ein Abwägungsargument und weisen gewisse Unbestimmtheit in der Entscheidungspraxis der WTO-Streitbeilegungsorgane auf (Teil 2 Kapitel 7 § 2 A. I. und § 2 A. II.). Dieses Unbestimmtheitsproblem ließ sich in der bisherigen wissenschaftlichen Diskussion nicht abschließend überwinden (Teil 2 Kapitel 7 § 2 A. III.).

Eine derartige richterliche Zurückhaltung ist gerechtfertigt, weil die Vermutungs- und Widerlegungsregel, die sich aus den Vertragsbestimmungen des Art. XX GATT unter Berücksichtigung des dogmatischen Charakters der Verhältnismäßigkeitsprüfung i. w. S. ergibt, eingehalten wird. Denn das Argument der niedrigen empirischen Gefährdung des Schutzguts und das Konsistenzargument stellen keinen tauglichen Widerlegungsgrund im Kontext des Art. XX GATT dar, weil sie jeweils ein Abwägungsargument sind (Teil 2 Kapitel 7 § 2 A. IV.).

## B. Rechtfertigung der richterlichen Zurückhaltung gegenüber der Einschätzung des regulierenden WTO-Mitglieds zur Legitimität des angegebenen Schutzziels

Im vorliegenden Abschnitt wird dargestellt, dass die von den WTO-Streitbeilegungsorganen bei der Überprüfung der Legitimität des angegebenen

---

Außerdem besteht ein Wechselverhältnis zwischen der Schutzbedürftigkeit des Schutzguts und der ergriffenen Maßnahme. Siehe dazu: Teil 2 Kapitel 5 § 3 A. II.

[897] Teil 2 Kapitel 6 § 2 A. II. i. V. m. § 2 B.

Schutzziels und des behaupteten Schutzniveaus des regulierenden WTO-Mitglieds gewährte grundsätzlich hohe richterliche Zurückhaltung gerechtfertigt ist.

## I. Abwägungsargumente als herangezogener Widerlegungsgrund in der Entscheidungspraxis zum „grünen" Art. XX GATT

Die in der Entscheidungspraxis zum „grünen" Art. XX GATT von der klagenden Partei herangezogenen Widerlegungsgründe gegen die Legitimität des angegebenen Schutzziels und des behaupteten Schutzniveaus sind Abwägungsargumente. Diese Argumente haben zwei Erscheinungsformen, nämlich das Argument der übermäßigen oder zu geringen angestrebten empirischen Schutzwirkung auf das Schutzgut und das Konsistenzargument.

### 1. Argument der übermäßigen oder zu geringen angestrebten empirischen Schutzwirkung als Abwägungsargument

In der Entscheidungspraxis wird gegen die Legitimität des behaupteten Schutzniveaus teilweise von der klagenden Partei damit eingewandt, dass die angestrebte empirische Schutzwirkung entweder übermäßig oder zu gering ist. Dieses Argument stellt ein Abwägungsargument dar.

#### *a) Argument der übermäßigen angestrebten empirischen Schutzwirkung in der Entscheidungspraxis*

Unter diese Kategorie fällt der Null-Gefahr-Einwand im Panel-Bericht zu EC – Asbestos, wonach dem regulierenden WTO-Mitglied jedenfalls kein Recht für die Festlegung eines Null-Gefahr-Schutzniveaus für das Schutzgut zustehe.[898] Dabei wurde gegen die Behauptung der damaligen EG, dass ihr das Recht zur Festlegung des von ihr gewünschten Schutzniveaus zustehe, von Kanada mit dem Argument eingewandt, dass dieses Recht nur in Übereinstimmung mit den Verpflichtungen eines WTO-Mitglieds ausgeübt und nicht missbraucht werden solle.[899] Daher erlaubten die WTO-Abkommen einem WTO-Mitglied nach Ansicht Kanadas nicht, sich bei der Festlegung des Schutzniveaus auf ein Nullrisiko zu berufen.[900]

---

898 WTO, Panel-Bericht v. 18.9.2000, WT/DS135/R, „EC – Asbestos", Para. 3.475.
899 WTO, Panel-Bericht v. 18.9.2000, WT/DS135/R, „EC – Asbestos", Para. 3.475.
900 WTO, Panel-Bericht v. 18.9.2000, WT/DS135/R, „EC – Asbestos", Para. 3.475.

### *b) Argument der zu geringen angestrebten empirischen Schutzwirkung in der Entscheidungspraxis*

In manchem Verfahren wurde zunächst die zu erreichende Schutzwirkung für das Schutzgut präsentiert und anschließend als zu gering und daher als nicht gerechtfertigt beurteilt.[901] So vertrat Mexiko in US – Tuna I der Ansicht, dass die von den USA als Schutzziel festgelegte maximale jährliche Tötungsrate von Delfinen zu hoch und die angestrebte Schutzwirkung für Thunfisch zu niedrig sei, so dass das Schutzgut nur schwer als schutzbedürftig eingestuft werden könne.[902]

Der Unbestimmtheitseinwand bezüglich der Definition der öffentlichen Moral i. S. v. Art. XX (a) GATT ist auch in diese Kategorie einzuordnen.[903] In EC – Seal Products führte Kanada als klagende Partei an, dass das EU-Robbenprogramm nicht in den Anwendungsbereich des Schutzes der öffentlichen Sittlichkeit i. S. v. Art. XX (a) GATT falle, der einen in der Gemeinschaft bzw. Gesellschaft allgemein angewandten und weitgehend akzeptierten Verhaltensstandard als moralische Norm verlange.[904] Die EU habe nämlich keine klar erkennbare und eindeutige moralische Verhaltensregel, insbesondere nicht im Hinblick auf die angebliche Unterscheidung zwischen „kommerzieller" und „nicht-kommerzieller" Jagd, aufgestellt.[905] Und die von der EU angeführten öffentlichen „Bedenken" reichten nicht an die öffentliche Moral heran.[906] Dieser Einwand ist dahingehend zu verstehen, dass eine abweichende normative Bewertung für das behauptete Schutzniveau der EU, beruhend auf der „geringen" angestrebten empirischen Schutzwirkung, getroffen wurde. Denn die vage formulierte Definition der öffentlichen Moral und die geringe Anforderung an die öffentliche „Sorge" durch die EU als regulierendes WTO-Mitglied führen nach Ansicht Kanadas dazu, dass der EU ein weiterreichender Ermessenspielraum bei der Beurteilung der kommerziellen Jagd zusteht. Die EU würde durch die Anerkennung einer Robbenjagd als nicht-kommerzielle Jagd erlauben, Robben zu fangen und die Robbenprodukte auf dem EU-Markt zu bringen. Diese angestrebte Schutzwirkung für das Wohlergehen von Rob-

---

[901] GATT, Panel-Bericht v. 3. 9. 1991, DS21/R-39S/155, „US – Tuna I", Para. 3.37.

[902] GATT, Panel-Bericht v. 3. 9. 1991, DS21/R-39S/155, „US – Tuna I", Para. 3.37.

[903] WTO, Panel-Bericht v. 25. 11. 2013, WT/DS400/R u. a., „EC – Seal Products", Para. 7.627.

[904] WTO, Panel-Bericht v. 25. 11. 2013, WT/DS400/R u. a., „EC – Seal Products", Para. 7.627.

[905] WTO, Panel-Bericht v. 25. 11. 2013, WT/DS400/R u. a., „EC – Seal Products", Para. 7.627.

[906] WTO, Panel-Bericht v. 25. 11. 2013, WT/DS400/R u. a., „EC – Seal Products", Para. 7.627.

ben betrachtete Kanada als zu gering, und es lehnte die Legitimität des behaupteten Schutzniveaus der EU ab.

In manchen Fällen wurde beruhend auf der angestrebten Schutzwirkung für das Schutzgut von der Gegenseite behauptet, dass ein protektionistisches Ziel durch die Umweltschutzmaßnahme verfolgt werde.[907] Zum Beispiel trug die EG in Brazil – Retreaded Tyres nach Ablehnung der Gefährdungslage des menschlichen Lebens und der Gesundheit vor, dass die von Brasilien angestrebte Schutzwirkung durch die Verhängung eines Einfuhrverbots für runderneuerte Reifen schwierig nachgewiesen werden könne, weil die Gefährdungslage nicht hauptsächlich auf die Einfuhr, sondern auf das Management von runderneuerten Reifen zurückzuführen sei.[908] Allein die Wichtigkeit des menschlichen Lebens und der Gesundheit sei nicht ausreichend für die Feststellung, dass die von Brasilien angestrebte Schutzwirkung gerechtfertigt sei.[909] Aufgrund dieser nur gering angestrebten Schutzwirkung war die EG der Auffassung, dass das wirkliche Ziel des Einfuhrverbots für runderneuerte Reifen nicht im Schutz von Leben und Gesundheit liege, sondern im Schutz der in Brasilien ansässigen Hersteller von neuen und runderneuerten Reifen.[910]

Mit ähnlicher Begründung wurde die Einschätzung des regulierenden WTO-Mitglieds zur Legitimität des angegebenen Schutzziels einschließlich des behaupteten Schutzniveaus in US – Shrimp,[911] EC – Tariff Preferences,[912] China – Raw Materials,[913] China – Rare Earths,[914] Indonesia – Import Licensing Regimes[915] und Turkey – Pharmaceutical Products[916] von den WTO-

907 WTO, Panel-Bericht v. 15. 5. 1998, WT/DS58/R, „US – Shrimp“, Para. 3.211–3.212; WTO, Panel-Bericht v. 12. 6. 2007, WT/DS332/R, „Brazil – Retreaded Tyres“, Para. 4.18–4.19, 4.45.

908 WTO, Panel-Bericht v. 12. 6. 2007, WT/DS332/R, „Brazil – Retreaded Tyres“, Para. 4.18.

909 WTO, Panel-Bericht v. 12. 6. 2007, WT/DS332/R, „Brazil – Retreaded Tyres“, Para. 4.18.

910 WTO, Panel-Bericht v. 12. 6. 2007, WT/DS332/R, „Brazil – Retreaded Tyres“, Para. 4.19, 4.45.

911 Vgl. WTO, Panel-Bericht v. 15. 5. 1998, WT/DS58/R, „US – Shrimp“, Para. 7.59.

912 WTO, Panel-Bericht v. 1. 12. 2003, WT/DS246/R, „EC – Tariff Preferences“, Para. 7.200–7.210.

913 WTO, Panel-Bericht v. 5. 7. 2011, WT/DS394/R u. a., „China – Raw Materials“, Para. 7.364–7.386.

914 WTO, Panel-Bericht v. 26. 3. 2014, WT/DS431/R u. a., „China – Rare Earths“, Para. 7.157–7.171.

915 WTO, Panel-Bericht v. 22. 12. 2016, WT/DS477/R u. a., „Indonesia – Import Licensing Regimes“, Para. 7.634.

916 WTO, Panel-Bericht v. 11. 11. 2021, unverbreitet und beigefügt zur Mitteilung v. 28. 4. 2022 über die Berufung der Türkei gemäß Art. 25 DSU, WT/DS583/12, „Tur-

Schiedskörpern abgelehnt.[917] Zum Beispiel wurde die Legitimität des behaupteten Schutzniveaus im Rahmen des *design to*-Tests[918] bei der Interpretation des Art. XX (b) GATT durch das Panel in Turkey – Pharmaceutical Products (EU) abgelehnt.[919] Denn das von der Türkei angegebene Ziel des Lokalisierungserfordernisses stehe in keinem vernünftigen Zusammenhang mit dem Gesundheitsschutzziel.[920] Erstens werde in manchen Dokumenten das Ziel des Lokalisierungserfordernisses so formuliert, dass 60 % der Nachfrage nach Arzneimitteln durch inländische Produktion gedeckt werden sollten.[921] Nach Ansicht des Panels sei unklar, warum dieser Anteil bei 60 % liege, sondern nicht beispielsweise bei 40 % oder 100 %.[922] Zweitens deute der Umstand, dass sich der Anteil von 60 % auf den Anteil der inländisch produzierten Arzneimittel am Gesamtumsatz der inländischen Nachfrage nach Arzneimitteln beziehe, jedoch nicht direkt auf den Anteil der inländisch produzierten Arzneimittel an der gesamten inländischen Nachfrage, eher auf ein Ziel zum Schutz der inländischen Arzneimittelindustrie hin.[923] Drittens seien die vorgesehenen Leistungsindikatoren, wie „Anteil der Exporte an den Importen", und

---

key – Pharmaceutical Products (EU)", Para. 7.181 – 7.208; WTO, Schiedsspruch gemäß Art. 25 DSU v. 25. 7. 2022, WT/DS583/ARB25, „Turkey – Pharmaceutical Products (EU)", Para. 6.132 – 6.141.

[917] Für ein ähnliches Argument im Rahmen eines positiv beurteilten *design to*-Tests siehe: WTO, Panel-Bericht v. 30. 11. 2022, WT/DS592/R, „Indonesia – Raw Materials", Para. 7.218 ff., 7.278.

[918] Dieser Test ist keine Geeignetheitsprüfung, sondern eine Legitimitätsprüfung, weil eine Prüfung der Zweck-Mittel-Relation in diesem Prüfungsschritt noch nicht möglich ist. Die Legitimität des behaupteten Gefährdungs- und Schutzniveaus kann nämlich ohne Abschluss dieses Prüfungsschritts nicht festgestellt werden. Und ein legitimer Zweck einschließlich des behaupteten Schutzniveaus ist der Bezugspunkt einer Zweck-Mittel-Prüfung. Ausführlich hierzu siehe: Teil 1 Kapitel 1 § 5 A. II. 2. b).

[919] WTO, Panel-Bericht v. 11. 11. 2021, unverbreitet und beigefügt zur Mitteilung v. 28. 4. 2022 über die Berufung der Türkei gemäß Art. 25 DSU, WT/DS583/12, „Turkey – Pharmaceutical Products (EU)", Para. 7.181 – 7.208. Diese Feststellung wurde auch vom Schiedsgericht gemäß Art. 25 DSU bestätigt. WTO, Schiedsspruch gemäß Art. 25 DSU v. 25. 7. 2022, WT/DS583/ARB25, „Turkey – Pharmaceutical Products (EU)", Para. 6.132 – 6.141.

[920] WTO, Panel-Bericht v. 11. 11. 2021, unverbreitet und beigefügt zur Mitteilung v. 28. 4. 2022 über die Berufung der Türkei gemäß Art. 25 DSU, WT/DS583/12, „Turkey – Pharmaceutical Products (EU)", Para. 7.201.

[921] WTO, Panel-Bericht v. 11. 11. 2021, unverbreitet und beigefügt zur Mitteilung v. 28. 4. 2022 über die Berufung der Türkei gemäß Art. 25 DSU, WT/DS583/12, „Turkey – Pharmaceutical Products (EU)", Para. 7.202.

[922] WTO, Panel-Bericht v. 11. 11. 2021, unverbreitet und beigefügt zur Mitteilung v. 28. 4. 2022 über die Berufung der Türkei gemäß Art. 25 DSU, WT/DS583/12, „Turkey – Pharmaceutical Products (EU)", Para. 7.204 und 7.205.

[923] WTO, Panel-Bericht v. 11. 11. 2021, unverbreitet und beigefügt zur Mitteilung v. 28. 4. 2022 über die Berufung der Türkei gemäß Art. 25 DSU, WT/DS583/12, „Turkey – Pharmaceutical Products (EU)", Para. 7.204 und 7.206.

„Anzahl der Unternehmen, die Medizinprodukte in der Türkei herstellen", „Anzahl der Beschäftigten in der pharmazeutischen Industrie", rein wirtschaftlicher Natur und hätten wenig mit dem Gesundheitsschutzziel zu tun.[924]

### *c) Argument der übermäßigen oder zu geringen angestrebten empirischen Schutzwirkung als Abwägungsargument*

Die Festlegung des Schutzziels und Schutzniveaus ist eine politisch empfindliche Frage[925] und daher eine Abwägungsentscheidung.[926] Kerncharakter des Abwägungsarguments liegt darin, dass ein Werturteil beruhend auf empirischen Auswirkungen der Maßnahme auf verschiedene gegenüberstehende Rechtsgüter getroffen wird.[927] Dies gilt auch für das behauptete Schutzniveau des regulierenden WTO-Mitglieds. Das Schutzziel ist nämlich das auf den zu erreichenden Schutzwirkungen aufbauende wertende Urteil[928] und das Schutzniveau ist der konkrete Grad, bis zu dem das Schutzziel erfüllt werden soll.[929] Daher enthalten das angegebene Schutzziel und das behauptete Schutzniveau sowohl die empirische Analyse als auch das Werturteil, nämlich die Tatsachenfeststellung und das darauf aufbauende Rechtsurteil. Dabei ist nicht die Tatsachenfeststellung, sondern das Werturteil entscheidend für das Rechtmäßigkeitsurteil über das Schutzziel und das Schutzniveau.[930]

Bei dem Argument der übermäßigen oder zu geringen angestrebten empirischen Schutzwirkung handelt es sich um den Einwand der klagenden Partei bzw. der WTO-Streitbeilegungsorgane, wonach – gestützt auf die angestrebte empirische Schutzwirkung – ein abweichendes normatives Urteil über das behauptete Schutzniveau vorgenommen wird. Somit stellt dieser Einwand ein Abwägungsargument dar.

---

924 WTO, Panel-Bericht v. 11.11.2021, unverbreitet und beigefügt zur Mitteilung v. 28.4.2022 über die Berufung der Türkei gemäß Art. 25 DSU, WT/DS583/12, „Turkey – Pharmaceutical Products (EU)", Para. 7.204 und 7.207.

925 *Grimm*, Proportionality in Canadian and German Constitutional Jurisprudence, UTLJ 2017, 383, 388.

926 *Webber*, The Negotiable Constitution on the Limitation of Rights, 2009, S. 72.

927 Die Abwägung setzt nämlich die empirischen Erwägungen voraus. Hierzu vgl. *Petersen*, Verhältnismäßigkeit als Rationalitätskontrolle, 2015, S. 79–80.

928 Vgl. *Hirschberg*, Der Grundsatz der Verhältnismäßigkeit, 1981, S. 44, 158 ff. und 163.

929 Vgl. WTO, AB-Bericht v. 12.3.2001, WT/DS135/AB/R, „EC – Asbestos", Para. 168; WTO, AB-Bericht v. 3.12.2007, WT/DS332/AB/R, „Brazil – Retreaded Tyres", Para. 140.

930 Teil 2 Kapitel 5 § 3 B. I. und § 3 B. II.

## 2. Konsistenzargument als Abwägungsargument

Ein weiterer Einwand der klagende Partei gegen die Legitimität des angegebenen Schutzziels und des behaupteten Schutzniveaus des regulierenden WTO-Mitglieds in der Entscheidungspraxis ist das Konsistenzargument, das ebenfalls ein Abwägungsargument darstellt.

### *a) Konsistenzargument im Rahmen der Legitimitätsprüfung des angegebenen Schutzziels in der Entscheidungspraxis*

Bereits in US – Tuna I wies Mexiko als Gegenseite auf den Umstand hin, dass nicht alle, sondern nur bestimmte Delfinarten in bestimmten Regionen und in Bezug auf bestimmte Fangmethoden von bestimmten Fischarten von den USA als schützenswert erachtet würden.[931] Zum Beispiel würden vor der Küste Alaskas pro Jahr mehr als 15.000 Delfine mit Treibnetzen beim Thunfischfang getötet; diese Delfine seien nicht durch besondere Maßnahmen wie das Embargo gegen Mexiko geschützt und würden nicht einmal auf die von den USA genehmigte jährliche Höchstzahl getöteter Delfine durch ihre eigenen Flotten angerechnet.[932] Daher könne das Ziel des angegriffenen Einfuhrverbots nach Auffassung Mexikos nicht der Schutz von Delfinen sein.[933]

In EC – Asbestos wurde Ähnliches von Kanada geltend gemacht, nämlich dass die Postulierung des Panels fehlerhaft sei, wonach das von Frankreich behauptete Schutzniveau für die Gesundheit eine Aufhaltung der Ausbreitung asbestbedingter Gesundheitsrisiken sein solle.[934] Denn das Panel berücksichtige dabei das Gesundheitsrisiko nicht, das mit der uneingeschränkten Verwendung von Ersatzprodukten für Asbest verbunden sei.[935]

### *b) Konsistenzargument als Abwägungsargument*

Auch beim Konsistenzargument handelt es sich um ein Werturteil, weil damit die Einschätzung des regulierenden WTO-Mitglieds zur Schutzbedürftigkeit ähnlicher Schutzgüter in Frage gestellt bzw. abgelehnt wird.[936]

---

931 GATT, Panel-Bericht v. 3.9.1991, DS21/R-39S/155, „US – Tuna I“, Para. 3.38.

932 GATT, Panel-Bericht v. 3.9.1991, DS21/R-39S/155, „US – Tuna I“, Para. 3.38.

933 GATT, Panel-Bericht v. 3.9.1991, DS21/R-39S/155, „US – Tuna I“, Para. 3.38.

934 WTO, AB-Bericht v. 12.3.2001, WT/DS135/AB/R, „EC – Asbestos“, Para. 165.

935 WTO, AB-Bericht v. 12.3.2001, WT/DS135/AB/R, „EC – Asbestos“, Para. 165.

936 Vgl. *Petersen*, Gesetzgeberische Inkonsistenz als Beweiszeichen – Eine rechtsvergleichende Analyse, AöR 2013, 108, 132–133.

## II. Unbestimmtheit der Abwägungsargumente in der Entscheidungspraxis

Nur in wenigen umweltrelevanten Verfahren wurde das behauptete Schutzniveau nicht von der Gegenseite bezweifelt.[937]

### 1. Unbestimmtheit des Arguments der übermäßigen oder zu geringen angestrebten empirischen Schutzwirkung

Die Unbestimmtheit des Arguments der übermäßigen oder zu geringen empirischen Schutzwirkung besteht hauptsächlich darin, dass unklar bleibt, wann und warum eine bestimmte „hohe" oder „geringe" angestrebte empirische Schutzwirkung als rechtswidrig angesehen werden soll bzw. warum die Einschätzung der Gegenseite bei dieser Unbestimmtheit maßgeblich sein soll.

Ein „Null-Gefahr-Schutzniveau" ist beispielsweise zwar ein sehr hoher Schutzstandard für das Schutzgut und bedeutet zugleich eine hohe Beeinträchtigung der Handelsfreiheit der klagenden Partei.[938] Es wird jedoch nicht klargestellt, warum das regulierende WTO-Mitglied in diesem Fall sein eigenes politisches Interesse gegen den Schutz der Handelsfreiheit anderer Vertragsparteien des WTO-Übereinkommens unbedingt preisgeben muss. In Fällen, in denen die vom regulierenden WTO-Mitglied angestrebte empirische Schutzwirkung auf das Schutzgut gering erscheint,[939] ist es ebenso unklar, welches Maß an Schutzwirkung überhaupt als gerechtfertigt anzusehen ist.[940]

Trotz dieser Unbestimmtheit kann nicht ausgeschlossen werden, dass ein sachgerechtes Ergebnis anhand des Arguments der übermäßigen oder zu geringen angestrebten empirischen Schutzwirkung potenziell erzielt werden kann.

---

[937] GATT, Panel-Bericht v. 22.2.1982, L/5198-29S/91, „US – Tuna 1982", Para. 3.13; GATT, Panel-Bericht v. 11.10.1994, DS31/R, „US – Automobiles", Para. 3.197–3.202, ausdrücklich siehe: Para. 3.314; WTO, Panel-Bericht v. 20.5.1996, WT/DS2/AB/R, „US – Gasoline", Para. 3.45 und 3.48.

[938] Teil 2 Kapitel 7 § 2 B. I. 1. a).

[939] Teil 2 Kapitel 7 § 2 B. I. 1. b).

[940] Die Korrektur der empirischen Aspekte des behaupteten Schutzniveaus, nämlich der gewünschten empirischen Schutzwirkung, ist theoretisch auch möglich. In der Entscheidungspraxis zum „grünen" Art. XX GATT ist ein derartiger Einwand jedoch noch nicht von der Gegenseite vorgebracht worden. Falls ein solcher Einwand von der Gegenseite vorgetragen wird, ist weiter unklar, wessen Einschätzung maßgeblich sein soll.

## 2. Unbestimmtheit des Konsistenzarguments in der Entscheidungspraxis

In den oben dargestellten Verfahren wurde jedoch nicht klargestellt, wann und warum eine unterschiedliche Behandlung ähnlicher Schutzgüter für die Beurteilung der Legitimität des behaupteten Schutzniveaus des regulierenden WTO-Mitglieds erheblich ist. Zwei ähnliche Schutzgüter sind nämlich aus rein empirischen Sicht immer unterschiedlich und weisen zugleich ein gewisses Maß an Gemeinsamkeiten auf. Die Beurteilung der Vergleichbarkeit zweier gleichartiger Schutzgüter kann folglich nicht ohne Unsicherheit und Willkür erfolgen. Somit führt der Umstand in US – Tuna I, dass nur bestimmte Delfinarten in bestimmten Regionen und in Bezug auf bestimmte Fangmethoden bestimmter Fischarten von den USA als schützenswert erachtet wurden,[941] nicht unbedingt zur fehlenden Schutzbedürftigkeit dieser bestimmten Delfinarten und zur Illegitimität des behaupteten Schutzniveaus der USA.

Auch wenn eine inkonsistente Behandlung ähnlicher Schutzgüter vorgenommen wird, stellt sich die Frage, ob und warum eine solche Behandlung für die Beurteilung der Legitimität des behaupteten Schutzniveaus erheblich ist. Zum Beispiel wurden in EC – Asbestos der Import und der Verkauf der Ersatzprodukte für Asbest im Unterschied zu Asbestprodukten nicht von Frankreich beschränkt.[942] Aus dieser Regulierung ergibt sich zwar, dass die angestrebte empirische Schutzwirkung für das menschliche Leben und die Gesundheit geringer ist im Vergleich zu dem Fall, in dem auch der Import und der Verkauf der Ersatzprodukte für Asbest verboten wurden. Diese inkonsistente Regulierung führt jedoch nicht unbedingt zur Illegitimität des behaupteten Schutzniveaus Frankreichs. Denn auch ein solches anscheinend niedriges Schutzniveau kann als Aufhaltung der Ausbreitung asbestbedingter Gesundheitsrisiken angesehen werden. Es ist nämlich unklar, wann eine angestrebte empirische Schutzwirkung überhaupt als „Aufhaltung" der Ausbreitung der Gefährdung eines Schutzguts angesehen werden soll. Eine „Null-Gefährdung" des Schutzguts existiert in der realen Welt nicht, und die Festlegung eines solchen Schutzniveaus kann nicht ohne Unsicherheit und Willkür erfolgen.

Trotz dieser Unbestimmtheit kann jedoch nicht ausgeschlossen werden, dass durch dieses Argument die Legitimität des angegebenen Schutzziels und des behaupteten Schutzniveaus potenziell zu Recht beurteilt werden kann.

---

941 GATT, Panel-Bericht v. 3.9.1991, DS21/R-39S/155, „US – Tuna I", Para. 3.38.

942 WTO, AB-Bericht v. 12.3.2001, WT/DS135/AB/R, „EC – Asbestos", Para. 165.

### III. Keine abschließende Überwindung des Unbestimmtheitsproblems des Arguments der übermäßigen oder zu geringen angestrebten Schutzwirkung und des Konsistenzarguments im Schrifttum

Weder in der allgemeinen Diskussion über Prüfungsintensität und richterliche Zurückhaltung im WTO-Recht mit Bezug auf die Interpretation des Art. XX GATT noch in der speziellen Diskussion über die richterliche Zurückhaltung bei der Interpretation des Art. XX GATT mit Bezug auf das behauptete Schutzniveau wurde hinreichend geklärt, wie das Unbestimmtheitsproblem des Arguments der übermäßigen oder zu geringen angestrebten empirischen Schutzwirkung für das Schutzgut überwunden werden soll. Ferner findet sich kaum ein Hinweis in der wenigen wissenschaftlichen Literatur mit besonderem Bezug auf das Konsistenzargument für die Überwindung des Unbestimmtheitsproblems dieses Arguments.

#### 1. Keine abschließende Überwindung des Unbestimmtheitsproblems des Arguments der übermäßigen oder zu geringen angestrebten empirischen Schutzwirkung durch die allgemeine Diskussion

Oben in Teil 2 Kapitel 7 § 2 A. III. 1. wurde dargestellt, dass die allgemeine Diskussion über Prüfungsintensität und richterliche Zurückhaltung im WTO-Recht mit Bezug auf die Interpretation des Art. XX GATT keine abschließende Antwort darauf gab, ob, inwieweit und warum richterliche Zurückhaltung bei der Überprüfung der Tatsachenfeststellungen und Rechtsurteile des regulierenden WTO-Mitglieds geübt werden soll. Es wurde nämlich nicht hinreichend geklärt, wie das Unbestimmtheitsproblem des Abwägungsarguments überwunden werden kann.

Dieses Ergebnis gilt auch für die Überprüfung der Legitimität des vom regulierenden WTO-Mitglied angegebenen Schutzziels und des behaupteten Schutzniveaus, die in der Entscheidungspraxis mittels des Arguments der übermäßigen oder zu geringen angestrebten Schutzwirkung abgelehnt bzw. in Frage gestellt werden. Denn Gegenstand der allgemeinen Diskussion sind die Tatsachenfeststellung und das Rechtsurteil.[943] Und das angegebene Schutzziel und das behauptete Schutzniveau umfassen sowohl die Tatsachenfeststellung als auch das darauf aufbauende Rechtsurteil, wobei letztes justiziabel und entscheidend ist.[944]

---

[943] Teil 1 Kapitel 1 § 3 A. III. – § 3 A. IV.

[944] Teil 2 Kapitel 5 § 3 B. I. – § 3 B. II.

### 2. Keine abschließende Überwindung des Unbestimmtheitsproblems des Arguments der übermäßigen oder zu geringen Schutzwirkung in der speziellen Diskussion

Ebenso lieferte die spezielle Diskussion über die richterliche Zurückhaltung bei der Interpretation des Art. XX GATT mit Bezug auf das behauptete Schutzniveau keine abschließende Antwort darauf, ob, inwieweit und warum richterliche Zurückhaltung bei der Überprüfung der Tatsachenfeststellungen und Rechtsurteile des regulierenden WTO-Mitglieds geübt werden soll. Es wurde nämlich nicht hinreichend geklärt, wie das Unbestimmtheitsproblem des Abwägungsarguments und damit des Arguments der übermäßigen oder zu geringen angestrebten Schutzwirkung überwunden werden kann.

#### *a) Meinungsverschiedenheiten im Schrifttum*

So wird im Schrifttum das Recht des regulierenden WTO-Mitglieds zur Festlegung des Schutzniveaus teilweise als absolutes Recht des regulierenden WTO-Mitglieds verstanden. Demgegenüber steht ein anderer Teil der wissenschaftlichen Literatur der genannten Feststellung skeptisch gegenüber, und die Einschätzung des regulierenden WTO-Mitglieds zur Legitimität des behaupteten Schutzniveaus soll nach dieser Ansicht gewissen Einschränkungen unterliegen. Die Auffassung, dass dem regulierenden WTO-Mitglied grundsätzlich ein geringerer Beurteilungsspielraum bei der Festlegung von Schutzziel und Schutzniveau zusteht, ist in der wissenschaftlichen Literatur kaum zu finden. Diese Diskussion wurde schon in der Einführung ausführlich dargestellt.[945]

#### *b) Herangezogene Argumente*

Zur Begründung eines hohen bzw. absoluten Einschätzungsspielraums des regulierenden WTO-Mitglieds bei der Festlegung des Schutzniveaus werden die folgenden vier Argumente herangezogen. Erstens ergebe sich diese Schlussfolgerung aus dem Souveränitätsrecht des WTO-Mitglieds.[946] Zweitens stelle das Umwelt- und Gesundheitsschutzrecht eines WTO-Mitglieds nach Art. XX GATT ein nicht-justiziables Recht und damit eine rein politische

---

945 Teil 1 Kapitel 1 § 4 B. II.

946 *Stoll/Schorkopf*, WTO, 2002, S. 63 Rn. 180; *Goh*, Science and Sovereignty, JWIP 2003, 441, 454; *Button*, Trade, Health, and Uncertainty in the WTO, 2004, S. 146–147; *Sander*, Internationaler und europäischer Gesundheitsschutz, 2004, S. 174.

Frage dar.[947] Die WTO-Streitschlichtungsorgane seien nicht legitimiert, die Bedeutung innenpolitischer Ziele zu beurteilen, soweit diese in den Anwendungsbereich des Art. XX GATT fallen.[948] Drittens gebe es keine Beschränkung im Vertragstext des Art. XX GATT für das behauptete Schutzniveau.[949] Viertens ergebe sich die Anerkennung des Rechts des regulierenden WTO-Mitglieds zur Festlegung des Schutzniveaus aus der einheitlichen Entscheidungspraxis.[950]

Die Hauptgegenargumente sind zum einen die Unklarheit der Reichweite des Einschätzungsspielraums eines WTO-Mitglieds hinsichtlich der Festlegung des Schutzziels und des Schutzniveaus[951] und zum anderen die Missbrauchsgefahr dieses Spielraums.[952]

### *c) Stellungnahme und Zwischenergebnis*

Die Argumente zugunsten der richterlichen Zurückhaltung sind aus folgenden Gründen nicht überzeugend. Mit diesen Argumenten wurde nicht hinreichend geklärt, ob überhaupt, inwieweit und nach welchem Maßstab eine richterliche Abwägung bei der Überprüfung des behaupteten Schutzniveaus geübt werden soll.

Erstens zeigt das Argument des Souveränitätsrechts des WTO-Mitglieds[953] nur eine grundsätzliche Richtung auf, nämlich dass die Einschätzung des re-

---

947 *Bloche*, WTO Deference to National Health Policy, JIEL 2002, 825, 848; *Epiney*, Welthandel und Umwelt, DVBl. 2000, 77, 85; *Stoll/Schorkopf*, WTO, 2002, S. 63 Rn. 180.

948 *McGrady*, Necessity Exceptions in WTO Law, JIEL 2008, 153, 162–163.

949 *Ozbirn*, An Analysis and Synthesis of the Decisional Law Applying Article XX (g) GATT, PMGBDLJ 2008, 371, 390 bezüglich Art. XX (g) GATT; *Thiedemann*, WTO und Umwelt, 2005, S. 136–137.

950 *Thiedemann*, WTO und Umwelt, 2005, S. 136–137.

951 *Ozbirn*, An Analysis and Synthesis of the Decisional Law Applying Article XX (g) GATT, PMGBDLJ 2008, 371, 392–393; vgl. *Paltrowitz*, A Greening of the World Trade Organization, BJIL 2001, 1789, 1837 i.V.m. 1826–1828; grundsätzlich so, vgl. auch *Muller*, The Necessity Test and Trade in Services, JWT 2015, 951, 959–960; *Blackett*, Mapping the Equilibrium Line, SLR 2002, 369, 390–392.

952 *von Bogdandy*, Internationaler Handel und Nationaler Umweltschutz, EuZW 1992, 243, 245; *Desmedt*, Proportionality in WTO Law, JIEL 2001, 441, 469; *Esty*, Greening the GATT: Trade, Environment, and the Future, 1994, S. 116; vgl. *Kometani*, How Should WTO Panels Review Environmental Regulations under GATT Articles III and XX, NJILB 1996, 441, 457.

953 *Stoll/Schorkopf*, WTO, 2002, S. 63 Rn. 180; *Goh*, Science and Sovereignty, JWIP 2003, 441, 454; *Button*, Trade, Health, and Uncertainty in the WTO, 2004, S. 146–147; *Sander*, Internationaler und europäischer Gesundheitsschutz, 2004, S. 174.

gulierenden WTO-Mitglieds zur Legitimität des behaupteten Schutzniveaus zu respektieren ist. Es wurde nicht weiter geklärt, wie weit dieser Einschätzungsspielraum reicht und wann ein Missbrauch dieses Spielraums zulasten des Souveränitätsrechts eines anderen WTO-Mitglieds auf die Handelsfreiheit aus dem GATT vorliegt.

Zweitens ist das Argument, wonach das Recht eines WTO-Mitglieds zur Festlegung des Schutzziels und des Schutzniveaus im Bereich der Umwelt- und Gesundheitsregulierung ein nicht-justiziables Recht und damit eine reine politische Frage darstelle,[954] begründungsbedürftig. Es wurde nämlich nicht hinreichend geklärt, warum eine inländische umweltpolitische Regulierung mit grenzüberschreitender Wirkung dennoch als nicht-justiziable Angelegenheit bzw. als rein politische Frage angesehen werden kann.[955] Die Nichtjustiziabilität des Rechts kann sich insbesondere nicht daraus ergeben, dass diese durch die konkludente Anerkennung der WTO-Streitbeilegungsorgane zu Völkergewohnheitsrecht geworden sei.[956] Denn die Rechtfertigung einer solchen Zurückhaltung durch die WTO-Streitbeilegungsorgane ist gerade fraglich.

Drittens, auch wenn im Vertragstext des Art. XX GATT wirklich keine Beschränkung für den Einschätzungsspielraum des regulierenden WTO-Mitglieds hinsichtlich der Feststellung des Schutzziels und des Schutzniveaus vorgesehen ist,[957] wurde im Schrifttum nicht weiter geklärt, ob sich eine solche Beschränkung aus dem Völkergewohnheitsrecht oder aus den allgemeinen Rechtsgrundsätzen ergeben kann. Falls nicht, sollte geklärt werden, wie die Bedenken einer solchen Beschränkung im Rahmen der Auslegung des Art. XX GATT ausgeräumt werden können.

Viertens kann sich die Anerkennung des Rechts zur Festlegung des behaupteten Schutzniveaus nicht aus der einheitlichen Entscheidungspraxis ergeben.[958] Denn eine solche Praxis, wie in Teil 2 Kapitel 7 § 1 B. i. V. m. Kapitel 5 § 1 A. II. dargestellt, liegt bislang noch nicht vor. Auch wenn sich eine ein-

---

[954] Als ein nicht-justiziables Recht und damit eine reine politische Frage angesehen: *Bloche*, WTO Deference to National Health Policy, JIEL 2002, 825, 848; *Epiney*, Welthandel und Umwelt, DVBl. 2000, 77, 85; *Stoll/Schorkopf*, WTO, 2002, S. 63 Rn. 180.

[955] *Epiney*, Welthandel und Umwelt, DVBl. 2000, 77, 85; *Stoll/Schorkopf*, WTO, 2002, S. 63 Rn. 180.

[956] Als ein nicht-justiziables Recht und damit eine reine politische Frage angesehen: *Bloche*, WTO Deference to National Health Policy, JIEL 2002, 825, 848.

[957] *Ozbirn*, An Analysis and Synthesis of the Decisional Law Applying Article XX (g) GATT, PMGBDLJ 2008, 371, 390; *Thiedemann*, WTO und Umwelt, 2005, S. 136–137.

[958] Entgegen *Thiedemann*, WTO und Umwelt, 2005, S. 136–137.

heitliche zurückhaltende Entscheidungspraxis herausgebildet hat, ist deren Rechtfertigung gerade fraglich.

Die Gegenargumente zeigen zwar eine grundsätzliche Notwendigkeit für die Beschränkung des Einschätzungsspielraums des regulierenden WTO-Mitglieds hinsichtlich der Festlegung des Schutzniveaus. Mit diesen Argumenten wurde jedoch nicht weiter geklärt, nach welchem konkreten Maßstab eine richterliche Abwägung bei der Überprüfung des behaupteten Schutzniveaus vorgenommen werden soll.

Im Schrifttum wird zwar auf die Unklarheit der Reichweite des Einschätzungsspielraums eines WTO-Mitglieds bei der Festlegung des behaupteten Schutzziels und des Schutzniveaus hingewiesen.[959] Es wurde jedoch nicht weiter geklärt, wie die konkrete Reichweite dieses Einschätzungsspielraums festzustellen ist.

Kerndefizit des Missbrauchsarguments liegt darin, dass kein pragmatischer Beurteilungsmaßstab für einen Missbrauch des Rechts zur Festlegung des Schutzniveaus geklärt ist. Es wird zwar vorgeschlagen, dass ein Missbrauch der Zielsetzung beispielsweise dann vorliegt, wenn sie auf keinen internationalen Standard beruhe.[960] Außerdem wird vorgeschlagen, dass das behauptete Schutzniveau des regulierenden WTO-Mitglieds nur dann als nicht legitim beurteilt werden solle, wenn dies diskriminierend[961] oder offensichtlich fehlerhaft sei.[962] Es wurde jedoch nicht weiter geklärt, welche internationale Standards und warum maßgeblich sein sollen. Dies ist besonders dann der Fall, wenn die einschlägigen internationalen Standards kollidierend sind. Ferner ist fraglich, nach welchem Maßstab eine Diskriminierung bereits bei der Legitimitätsprüfung festgestellt werden soll. Das Gleiche gilt für das Argument des offensichtlichen Fehlers. Denn die Feststellung der „Offensichtlichkeit“ eines Fehlers ist sowohl eine objektive Analyse als auch eine subjektive Bewertung, und die beiden Analysen sind mit Unsicherheit und Willkür verbunden.

Somit wurde in der wissenschaftlichen Diskussion bislang nicht hinreichend geklärt, wie das Unbestimmtheitsproblem des Abwägungsarguments

---

959 *Ozbirn*, An Analysis and Synthesis of the Decisional Law Applying Article XX (g) GATT, PMGBDLJ 2008, 371, 392–393; vgl. *Paltrowitz*, A Greening of the World Trade Organization, BJIL 2001, 1789, 1837 i. V. m. 1826–1828; grundsätzlich so auch, vgl. *Muller*, The Necessity Test and Trade in Services, JWT 2015, 951, 959–960; *Blackett*, Mapping the Equilibrium Line, SLR 2002, 369, 390–392.

960 *von Bogdandy*, Internationaler Handel und Nationaler Umweltschutz, EuZW 1992, 243, 246.

961 *Esty*, Greening the GATT: Trade, Environment, and the Future, 1994, S. 116.

962 Vgl. *Kometani*, How Should WTO Panels Review Environmental Regulations under GATT Articles III and XX, NJILB 1996, 441, 457.

überwunden werden kann. Dieses Ergebnis gilt für das Argument der übermäßigen oder zu geringen angestrebten empirischen Schutzwirkung für das Schutzgut sowie für das Konsistenzargument. Denn beide Argumente stellen jeweils ein Abwägungsargument dar.

Somit gaben die herangezogenen Argumente keine abschließende Antwort darauf, ob, inwieweit und warum richterliche Zurückhaltung oder Abwägung von den WTO-Streitbeilegungsorganen bei der Überprüfung der Legitimität des angegebenen Schutzziels einschließlich des behaupteten Schutzniveaus des regulierenden WTO-Mitglieds geübt werden soll.

### 3. Keine abschließende Überwindung des Unbestimmtheitsproblems des Konsistenzarguments im Schrifttum

In der wissenschaftlichen Literatur wurde das Konsistenzargument bezüglich der Legitimitätsprüfung des behaupteten Schutzniveaus wenig diskutiert.[963] Die Diskussion über das Konsistenzargument wird im Schrifttum meist im Zusammenhang mit der Erforderlichkeits- und Angemessenheitsprüfung geführt.[964] Die Unklarheit über den Beurteilungsmaßstab des Konsistenzarguments bei solchen Prüfungsschritten gilt jedoch entsprechend indirekt für die Beurteilung der Legitimität des behaupteten Schutzniveaus. Denn dieses wird entsprechend implizit oder explizit korrigiert, wenn die Rationalitäts- oder Angemessenheitsprüfung negativ beurteilt wird.[965]

Dennoch ließ sich keine Lösung für die Überwindung des Unbestimmtheitsproblems des Konsistenzarguments im Schrifttum finden. Denn es ist nicht ersichtlich, welcher Unterschied in der Regulierung für die Beurteilung einer Inkonsistenz erheblich ist und mit welcher Begründung ein solcher Unterschied gerechtfertigt sein kann.[966] Das Konsistenzargument liefert nur Indi-

---

[963] *Venzke/Vidigal*, The Case of the EU Carbon Border Adjustment Mechanism (CBAM), in: den Heijer/van der Wilt (Hrsg.), Netherlands Yearbook of International Law 2020, 2022, S. 216.

[964] Vgl. *Sykes*, Domestic Regulation, Sovereignty, and Scientific Evidence Requirements, ChicagoJIL 2002, 353, 366–368; *Andenas/Zleptnig*, Proportionality and Balancing in WTO Law, CRIA 2007, 71, 85–86; *Petersen*, Gesetzgeberische Inkonsistenz als Beweiszeichen – Eine rechtsvergleichende Analyse, AöR 2013, 108, 119–124, 130–134; *Button*, Trade, Health, and Uncertainty in the WTO, 2004, S. 33–34; vgl. *Venzke/Vidigal*, The Case of the EU Carbon Border Adjustment Mechanism (CBAM), in: den Heijer/van der Wilt (Hrsg.), Netherlands Yearbook of International Law 2020, 2022, S. 215–216.

[965] Teil 3 Kapitel 9 § 3 B., Teil 4 Kapitel 13 § 3 B., Teil 5 Kapitel 17 § 3 A. und § 3 B. I.

[966] Vgl. *Sykes*, Domestic Regulation, Sovereignty, and Scientific Evidence Requirements, ChicagoJIL 2002, 353, 367–368; *Andenas/Zleptnig*, Proportionality and Bal-

zien, aber keinen pragmatischen Beurteilungsmaßstab für den Einschätzungsspielraum des regulierenden WTO-Mitglieds.[967] Das Konsistenzargument kann vielmehr als Deckmantel für die versteckte richterliche Wertentscheidung eingesetzt und damit missbraucht werden.[968]

Trotz dieser Unbestimmtheit kann jedoch nicht ausgeschlossen werden, dass durch dieses Argument die Legitimität des behaupteten Schutzniveaus potenziell richtig beurteilt werden kann.

## IV. Das Argument der übermäßigen oder zu geringen angestrebten empirischen Schutzwirkung und das Konsistenzargument als untaugliche Widerlegungsgründe

Es wurde festgestellt, dass die Einschätzung des regulierenden WTO-Mitglieds zur Legitimität des behaupteten Schutzniveaus als erste Vermutung maßgeblich ist. Dies ergibt sich aus den Vertragsbestimmungen des Art. XX GATT unter Berücksichtigung des dogmatischen Charakters der Verhältnismäßigkeitsprüfung i. w. S.[969] Taugliche Widerlegungsgründe gegen diese Vermutung sind ausschließlich die willkürliche Diskriminierung und die verschleierte Handelsbeschränkung i. S. d. Chapeaus des Art. XX GATT.[970] Diese beiden Widerlegungsgründe dürfen aber zwingend erst nach der Feststellung der Angemessenheitsvermutung der angegriffenen Maßnahme geltend gemacht werden.[971] Daneben bestehen keine weiteren tauglichen Widerlegungsgründe aus nicht-vertraglichen Quellen des Völkerrechts.[972]

Außerdem stellt das Abwägungsargument keinen tauglichen Widerlegungsgrund gegen die Vermutung der Maßgeblichkeit der Einschätzung des regulie-

ancing in WTO Law, CRIA 2007, 71, 85–86; *Petersen*, Gesetzgeberische Inkonsistenz als Beweiszeichen – Eine rechtsvergleichende Analyse, AöR 2013, 108, 134; *Button*, Trade, Health, and Uncertainty in the WTO, 2004, S. 33–34.

967 Vgl. *Sykes*, Domestic Regulation, Sovereignty, and Scientific Evidence Requirements, ChicagoJIL 2002, 353, 367–368; *Andenas/Zleptnig*, Proportionality and Balancing in WTO Law, CRIA 2007, 71, 85–86; *Petersen*, Gesetzgeberische Inkonsistenz als Beweiszeichen – Eine rechtsvergleichende Analyse, AöR 2013, 108, 130–131, 134; *Button*, Trade, Health, and Uncertainty in the WTO, 2004, S. 33–34; vgl. *Venzke/Vidigal*, The Case of the EU Carbon Border Adjustment Mechanism (CBAM), in: den Heijer/van der Wilt (Hrsg.), Netherlands Yearbook of International Law 2020, 2022, S. 215–216.

968 *Petersen*, Gesetzgeberische Inkonsistenz als Beweiszeichen – Eine rechtsvergleichende Analyse, AöR 2013, 108, 134.

969 Ausführlich hierzu siehe: Teil 2 Kapitel 5 § 3 B.

970 Teil 2 Kapitel 6 § 1 A.

971 Teil 2 Kapitel 6 § 1 B.

972 Teil 2 Kapitel 6 § 2 C. i. V. m. Teil 6 Kapitel 21 § 3.

renden WTO-Mitglieds zur Legitimität des angegebenen Schutzziels einschließlich des behaupteten Schutzniveaus dar. Anhand des Charakters der Vermutung lassen sich ferner die offenen Bedenken ausräumen, dass eine zutreffende richterliche Entscheidung durch das Abwägungsargument getroffen werden kann.[973] Dieses Ergebnis gilt sowohl für das Argument der übermäßigen oder zu geringen angestrebten empirischen Schutzwirkung als auch für das Konsistenzargument, weil sie jeweils ein Abwägungsargument darstellen.[974]

Grundlagen der beiden Argumente zur Widerlegung der Legitimitätsvermutung des angegebenen Schutzziels und des behaupteten Schutzniveaus des regulierenden WTO-Mitglieds sind die hohe oder geringe angestrebte empirische Schutzwirkung des einschlägigen Schutzguts bzw. die unterschiedliche Regulierung ähnlicher Schutzgüter in ähnlichen Situationen.[975] Diese empirischen Aspekte und das darauf aufbauende Werturteil sind von der genannten Legitimitätsvermutung des regulierenden WTO-Mitglieds gedeckt.[976] Sie umfasst nämlich auch die Annahme, dass das angegebene Schutzziel und das behauptete Schutzniveau trotz der genannten hohen oder geringen angestrebten empirischen Schutzwirkung und des Unterschieds in der Regulierung als legitim angesehen werden müssen. Daran ändert nichts, wenn bestimmte Aspekte des angegebenen Schutzziels und des behaupteten Schutzniveaus des regulierenden WTO-Mitglieds nur abstrakt, jedoch nicht im Detail formuliert werden.

Wenn aber nur das Argument der übermäßigen oder zu geringen angestrebten empirischen Schutzwirkung auf das Schutzgut oder das Konsistenzargument, nämlich nur die empirischen Aspekte des behaupteten Schutzniveaus und das darauf aufbauende Werturteil, als Widerlegungsgrund gegen die Vermutung herangezogen werden, liegt eigentlich noch keine Begründung vor, sondern nur eine Wiederholung der zu begründenden These.

Die Bejahung des Arguments der übermäßigen oder zu geringen angestrebten empirischen Schutzwirkung für das Schutzgut und des Konsistenzarguments als taugliche Widerlegungsgründe führt dazu, dass die Legitimitätsvermutung des angegebenen Schutzziels und des behaupteten Schutzniveaus des regulierenden WTO-Mitglieds bereits deshalb abschließend widerlegt werden kann, weil diese Vermutung eine solche ist. Dies führt zu einem Widerspruch, weil das angegebene Schutzziel sowie die angegriffene Maßnahme in diesem Fall jeweils sowohl vorläufig rechtmäßig als auch endgültig rechtswidrig sind.

---

973 Teil 2 Kapitel 6 § 2 A.

974 Teil 2 Kapitel 7 § 2 B. I. 1.–§ 2 B. I. 2.

975 Teil 2 Kapitel 7 § 2 B. I. 1. a), § 2 B. I. 1. b), § 2 B. I. 2. a).

976 Teil 2 Kapitel 6 § 2 A. II. und § 2 B.

Dies führt zugleich zur Unwirksamkeit des einschlägigen Absatzes des Art. XX GATT, weil dieselbe Umweltmaßnahme unter Berufung auf denselben Absatz[977] sowohl vorläufig rechtmäßig als auch endgültig rechtswidrig ist. Denn die ergriffene Maßnahme kann aufgrund fehlender Legitimität des angegebenen Schutzziels abschließend nicht als rechtmäßig beurteilt werden, während ihre vorläufige Rechtmäßigkeit nach dem Wortlaut des Art. XX (a), (b), (d) und (g) GATT zu bejahen ist.[978]

Somit sind das Argument der übermäßigen oder zu geringen angestrebten empirischen Schutzwirkung für das Schutzgut und das Konsistenzargument im Kontext des Art. XX GATT keine tauglichen Widerlegungsgründe, weil sie jeweils ein Abwägungsargument darstellen.

## V. Zwischenergebnis

Somit sollen die WTO-Streitbeilegungsorgane richterliche Zurückhaltung üben, wenn die klagende Partei das Argument der übermäßigen oder zu geringen angestrebten empirischen Schutzwirkung für das Schutzgut oder das Konsistenzargument zur Widerlegung der Legitimitätsvermutung des angegebenen Schutzziels und des behaupteten Schutzniveaus des regulierenden WTO-Mitglieds geltend macht. Diese Argumente sind Abwägungsargumente und weisen gewisse Unbestimmtheit in der Entscheidungspraxis der WTO-Streitbeilegungsorgane auf (Teil 2 Kapitel 7 § 2 B. I. – § 2 B. II.). In der wissenschaftlichen Diskussion wurde bislang nicht hinreichend geklärt, wie dieses Unbestimmtheitsproblem überwunden werden soll (Teil 2 Kapitel 7 § 2 B. III.).

Eine derartige richterliche Zurückhaltung ist gerechtfertigt, weil die Vermutungs- und Widerlegungsregel, die sich aus den Vertragsbestimmungen des Art. XX GATT unter Berücksichtigung des dogmatischen Charakters der Verhältnismäßigkeitsprüfung i. w. S. ergibt, eingehalten wird. Denn das Argument der übermäßigen oder zu geringen angestrebten empirischen Schutzwirkung für das Schutzgut sowie das Konsistenzargument sind im Kontext des Art. XX GATT keine tauglichen Widerlegungsgründe, weil sie jeweils ein Abwägungsargument darstellen (Teil 2 Kapitel 7 § 2 B. IV.).

---

[977] Auch die Legitimität des angegebenen Schutzziels und des behaupteten Schutzniveaus des regulierenden WTO-Mitglieds ist Gegenstand der Regulierung eines Absatzes des Art. XX GATT. Außerdem besteht ein Wechselverhältnis zwischen der Legitimität des Schutzziels und der ergriffenen Maßnahme. Siehe dazu: Teil 2 Kapitel 5 § 3 B. II.

[978] Teil 2 Kapitel 6 § 2 A. II. und § 2 B.

*Teil 3*

# Geeignetheit

Die Einschätzung des regulierenden WTO-Mitglieds zur Gefährdungslage des Schutzguts und zur Legitimität des angegebenen Schutzziels einschließlich des behaupteten Schutzniveaus stellt im Kontext des Art. XX GATT eine erste Vermutung dar.[1] Das vom regulierenden WTO-Mitglied angegebene Schutzziel einschließlich des behaupteten Schutzniveaus ist daher der Bezugspunkt der Geeignetheitsprüfung im Rahmen der Interpretation eines Absatzes des Art. XX GATT.[2]

Ebenfalls ist die Geeignetheitseinschätzung des regulierenden WTO-Mitglieds als erste Vermutung maßgeblich. Dies ergibt sich aus den Vertragsbestimmungen des Art. XX GATT unter Berücksichtigung des dogmatischen Charakters der Geeignetheitsprüfung.[3]

Diese Vermutung kann nicht durch ein Abwägungsargument widerlegt werden, sondern ausschließlich durch das Vorliegen einer willkürlichen Diskriminierung oder einer verschleierten Handelsbeschränkung i. S. d. Chapeaus des Art. XX GATT. Andernfalls führt dies zur Unwirksamkeit eines Absatzes des Art. XX GATT. Die beiden Widerlegungsgründe dürfen jedoch zwingend erst nach der Feststellung der Angemessenheitsvermutung der angegriffenen Maßnahme geltend gemacht werden.[4]

Eine ständige Entscheidungspraxis richterlicher Zurückhaltung bei der Überprüfung der Geeignetheitseinschätzung des regulierenden WTO-Mitglieds hat sich bislang nicht herausgebildet.[5] Wird diese Einschätzung von den WTO-Streitbeilegungsorganen bejaht, ist die gewährte richterliche Zurückhaltung gerechtfertigt, weil eine Widerlegung nicht bereits in diesem Prüfschritt erfolgen kann und die Vermutungs- und Widerlegungsregel damit eingehalten wird. Keine hinreichende richterliche Zurückhaltung wird hingegen geübt, wenn die WTO-Streitbeilegungsorgane die Geeignetheits- und damit implizit auch Angemessenheitseinschätzung des regulierenden WTO-

---

[1] Teil 2 Kapitel 5 § 3 A. und § 3 B.

[2] Teil 3 Kapitel 8.

[3] Teil 3 Kapitel 9.

[4] Teil 3 Kapitel 10.

[5] Teil 3 Kapitel 11 § 1.

Mitglieds mittels des Geeignetheitsabwägungsarguments im Rahmen der Interpretation eines Absatzes des Art. XX GATT ablehnen. Ein derartiger richterlicher Aktivismus ist nicht gerechtfertigt, weil in diesem Fall die Vermutungs- und Widerlegungsregel nicht eingehalten wird. Denn das Geeignetheitsabwägungsargument stellt im Kontext des Art. XX GATT keinen tauglichen Widerlegungsgrund dar.[6]

## Kapitel 8

# Schutzgut/Schutzziel

Für die Anwendung des Verhältnismäßigkeitsgrundsatzes i. w. S. im Rahmen der Auslegung von Art. XX GATT kommt dem legitimen Zweck besondere Bedeutung zu. Denn dieser ist der Bezugspunkt der drei Elemente der Verhältnismäßigkeitsprüfung i. w. S.[7] Der legitime Zweck stellt nämlich den materiellen Standard für die Geeignetheitsprüfung dar.

Dieser Umweltschutzstandard betrifft zunächst die Frage, was überhaupt als Schutzgut angesehen und geschützt werden darf, nämlich die durch den demokratischen Prozess zu bestimmende Frage, was wichtig genug ist und damit Gegenstand der Gesetzgebung sein darf. Da die zulässigen Schutzgüter bereits in den Absätzen des Art. XX GATT ausdrücklich vorgesehen sind, wird die Frage, ob ein Schutzgut gegenüber der Handelsfreiheit schutzwürdig ist, zu einer Subsumtionsfrage.[8]

Außerdem ist das Vorliegen einer Gefährdungslage des Schutzguts der Auslöser für die Schutzbedürftigkeit eines Schutzguts im konkreten Einzelfall, bei deren Vorliegen eine Umweltschutzmaßnahme überhaupt ergriffen werden darf. Denn die Verwendung des Wortlauts *to protect*, beispielsweise in Art. XX (a), (b) und (d) GATT, impliziert, dass für die Zielsetzung und Ergreifung einer Umweltmaßnahme eine Gefährdungslage des angegebenen Schutzguts bestehen muss. Nach Einschätzung des regulierenden WTO-Mitglieds kann eine Gefährdungslage des Schutzguts sowohl aus produktbezogenen als auch aus nicht-produktbezogenen Gründen vorliegen. Innerhalb der ersten Gruppe lässt sich die Gefährdung des Schutzguts weiter in zwei Untergruppen einteilen, je nachdem, ob das Schutzgut zugleich das regulierte Produkt ist. In der ersten Untergruppe ist ein Produkt selbst das Schutzgut und

---

[6] Teil 3 Kapitel 11 § 2.

[7] *Grzeszick*, in: Dürig/Herzog/Scholz (Hrsg.), Grundgesetz-Kommentar, Band III, 101. EL 2023, Art. 20 GG VII Rn. 113; *Leisner-Egensperger*, Der legitime Zweck als Bezugspunkt der Verhältnismäßigkeit, JZ 2021, 913, 913–914, 922; *Krugmann*, Der Grundsatz der Verhältnismäßigkeit im Völkerrecht, 2004, S. 49.

[8] Teil 2 Kapitel 4 § 1.

befindet sich aufgrund eigener Knappheit bzw. Erschöpflichkeit in der Gefährdungslage. In der zweiten Untergruppe ist das regulierte Produkt selbst nicht das Schutzgut. Die Gefährdung des Schutzguts wird erst durch den Umgang mit diesem Produkt, etwa durch Verbrauch, Verwendung, Entsorgung usw., verursacht. Bei der zweiten Gruppe geht die Gefährdung des Schutzguts in erster Linie vom Produktions- und Verarbeitungsprozess aus, ohne dass dadurch die physische Beschaffenheit der Güter verändert wird. Ein weiterer Umstand, der nach Ansicht des regulierenden WTO-Mitglieds zur Gefährdung des Schutzguts führen kann, ist die Art und Weise des Verkaufs von Produkten. Ferner kann sich die Gefährdungslage des Schutzguts aufgrund der prognostizierten Entwicklung von Handelsströmen und Wechselkursen ergeben.[9]

Allein mit der behaupteten Gefährdungslage des Schutzguts lässt sich jedoch noch nicht konkret darstellen, was der Umweltschutzstandard bedeutet. Das vom regulierenden WTO-Mitglied behauptete Schutzniveau steht damit im Mittelpunkt des Schutzstandards. Denn das behauptete Schutzniveau des regulierenden WTO-Mitglieds bezüglich der Festlegung der Gefährdungslage des Schutzguts („das behauptete Gefährdungsniveau“) beschreibt nur, wann ein Schutzgut im Einzelfall überhaupt als schutzbedürftig angesehen werden soll, während das behauptete Schutzniveau bezüglich der Abwendung dieser Gefährdung („das behauptete Schutzniveau“) darstellt, inwieweit das Schutzgut schutzbedürftig ist und daher bis zu welchem Grad die behauptete Gefährdungslage des Schutzguts abgewendet werden muss. Während das Schutzziel das Werturteil über die zu erreichenden Wirkungen ist, stellt das behauptete Schutzniveau den konkreten Grad dar, bis zu dem das Schutzziel verwirklicht werden soll. Das Schutzziel und das behauptete Schutzniveau werden in der Entscheidungspraxis zu Art. XX GATT eher abstrakt formuliert. Dabei werden sie ausschließlich unabhängig von der ergriffenen Maßnahme durch das regulierende WTO-Mitglied definiert. In einigen „grünen“ Fällen wurde das Schutzziel durch die Festlegung eines bestimmten Zahlenwerts bzw. durch die Auferlegung einer bestimmten Konservierungspflicht, wie etwa die Festlegung einer Höchstzahl getöteter Delfine in US – Tuna I, zwar scheinbar auf präzise Weise definiert. Die andere „präzise“ Definitionsweise lässt sich am Beispiel des US – Shrimp illustrieren, in dem das Schutzziel durch die Auferlegung bestimmter Schutzpflichten festgelegt wurde. Eine völlig präzise Umformulierung des Schutzziels und des Schutzniveaus ist jedoch ohne Bezug auf die tatsächlich ergriffene Maßnahme nicht möglich. Die abstrakte Formulierung von Schutzziel und Schutzniveau hat u. a. den Vorteil, dass die gewünschten Belange möglichst umfassend erfasst werden können. So wurde der legitime Zweck in einigen Verfahren ohne ausdrückliche Angabe des gewünschten Schutzniveaus formuliert. In anderen Fällen wurde zwar das ge-

[9] Teil 2 Kapitel 4 § 2.

wünschte Schutzniveau des regulierenden WTO-Mitglieds ausdrücklich angegeben, jedoch sehr abstrakt formuliert.[10]

Die scheinbare Ununterscheidbarkeit von Zweck und Mittel stellt kein Problem für den angegebenen Zweck dar. Die Legitimität des Schutzziels und des behaupteten Schutzniveaus ist nicht bereits im Vorfeld ausgeschlossen, selbst wenn dieses Ziel durch die ergriffene Maßnahme in „all" ihren Aspekten definiert wird, obwohl eine derartige Definition in der Entscheidungspraxis zu Art. XX GATT bislang nicht verwendet wurde. Es kommt hingegen darauf an, ob und inwieweit einem regulierenden WTO-Mitglied ein Einschätzungsspielraum hinsichtlich der Festlegung von Schutzziel und Schutzniveau zusteht, nämlich wessen Einschätzung grundsätzlich maßgeblich ist und wie weit diese Einschätzungsprärogative reicht.[11]

Die Einschätzung des regulierenden WTO-Mitglieds zur Gefährdungslage des Schutzguts sowie zur Legitimität des angegebenen Schutzziels einschließlich des behaupteten Schutzniveaus stellt jeweils eine erste Vermutung dar. Dies ergibt sich aus dem dogmatischen Charakter der Verhältnismäßigkeitsprüfung i. w. S. in Verbindung mit den Vertragsbestimmungen des Art. XX GATT.[12] Diese Vermutungen können nicht durch das Abwägungsargument widerlegt werden,[13] sondern ausschließlich durch das Vorliegen willkürlicher Diskriminierung oder verschleierter Handelsbeschränkung i. S. d. Chapeaus des Art. XX GATT, nachdem die Angemessenheitseinschätzung des regulierenden WTO-Mitglieds als erste Vermutung bejaht wurde.[14] Andernfalls führt dies zur Unwirksamkeit des einschlägigen Absatzes von Art. XX GATT.[15] Die offenen Bedenken, dass sich ein tauglicher Widerlegungsgrund darüber hinaus aus dem Völkergewohnheitsrecht oder aus den allgemeinen Rechtsgrundsätzen ergeben kann, lassen sich im Lichte des dogmatischen Charakters einer Vermutung ausräumen.[16]

---

[10] Teil 2 Kapitel 4 § 3.

[11] Teil 2 Kapitel 4 § 3 B.

[12] Ausführlich hierzu siehe: Teil 2 Kapitel 5 § 3.

[13] Teil 2 Kapitel 6 § 2 A. – § 2 B.

[14] Teil 2 Kapitel 6 § 1.

[15] Teil 2 Kapitel 6 § 2 A. – § 2 B.

[16] Teil 2 Kapitel 6 § 2 C. i. V. m. Teil 6 Kapitel 21 § 3.

Kapitel 9

# Maßgeblichkeit der Geeignetheitseinschätzung des regulierenden WTO-Mitglieds als erste Vermutung

Weder in der Entscheidungspraxis der WTO-Streitbeilegungsorgane zum „grünen" Art. XX GATT noch in der bisherigen wissenschaftlichen Diskussion wurde hinreichend geklärt, ob, inwieweit und aus welchen Gründen die Geeignetheitseinschätzung des regulierenden WTO-Mitglieds oder der WTO-Streitbeilegungsorgane maßgeblich sein soll. Nach den Vertragsbestimmungen des Art. XX GATT unter Berücksichtigung des dogmatischen Charakters der Geeignetheitsprüfung lässt sich feststellen, dass die Geeignetheitseinschätzung des regulierenden WTO-Mitglieds eine erste Vermutung darstellt.

## § 1 Keine hinreichende Klärung der Maßgeblichkeit der Geeignetheitseinschätzung des regulierenden WTO-Mitglieds in der Entscheidungspraxis der WTO-Streitbeilegungsorgane zum „grünen" Art. XX GATT

Die Einschätzung des regulierenden WTO-Mitglieds zur Geeignetheit der angegriffenen Umweltschutzmaßnahme wurde in der Entscheidungspraxis der WTO-Streitbeilegungsorgane zum „grünen" Art. XX GATT zwar innerhalb eines bestimmten Zeitraums grundsätzlich anerkannt. Dennoch finden sich in einem beträchtlichen Teil der Verfahren abweichende Entscheidungen. Sowohl die Anerkennung als auch die Ablehnung dieser Einschätzung sind begründungs- und klärungsbedürftig.

### A. Behandlung der Geeignetheitseinschätzung des regulierenden WTO-Mitglieds im Rahmen der Prüfung eines Absatzes des Art. XX GATT

Die Entscheidungspraxis zum „grünen" Art. XX GATT zeigte zwar innerhalb eines bestimmten Zeitraums eine grundsätzliche Tendenz, dass die Einschätzung des regulierenden WTO-Mitglieds zur Geeignetheit der angegriffenen Maßnahme maßgeblich war. Dennoch wurde die Geeignetheitseinschätzung des regulierenden WTO-Mitglieds in einer Vielzahl von Verfahren von den WTO-Streitbeilegungsorganen abgelehnt.

## I. Anerkennung der Geeignetheitseinschätzung des regulierenden WTO-Mitglieds

Die Entscheidungspraxis der WTO-Streitbeilegungsorgane zu Art. XX (a), (b), (d) und (g) GATT von Thailand – Cigarettes[17] bis zu EC – Seal Products[18] ließ eine grundsätzliche Tendenz erkennen, dass die Geeignetheitseinschätzung des regulierenden WTO-Mitglieds maßgeblich war. In diesem Zeitraum wurde diese Einschätzung nur in EC – Tariff Preferences[19] vom Panel abgelehnt.

### 1. Überblick über die Fälle

Die Geeignetheitseinschätzung des regulierenden WTO-Mitglieds wurde von den WTO-Streitbeilegungsorganen in US – Tuna I,[20] Thailand – Cigarettes,[21] US – Gasoline,[22] US – Shrimp,[23] Korea – Beef,[24] EC – Asbestos,[25] Brazil – Retreaded Tyres[26] und EC – Seal Products[27] bejaht.

---

[17] Vgl. GATT, Panel-Bericht v. 7.11.1990, DS10/R-37S/200, „Thailand – Cigarettes", Para. 77. Die Feststellungen in Para. 73 und 76 a.a.O. sind als Legitimitätsprüfung des angegebenen Schutzziels anzusehen, nicht jedoch als Geeignetheitsprüfung. Denn der letztgenannten Prüfung fehlt noch eine Prüfung der Zweck-Mittel-Relation. Näheres hierzu siehe: Teil 1 Kapitel 1 § 5 A. II. 2. b).

[18] WTO, Panel-Bericht v. 25.11.2013, WT/DS400/R u.a., „EC – Seal Products", Para. 7.630ff.; WTO, AB-Bericht v. 22.6.2014, WT/DS400/AB/R u.a., „EC – Seal Products", Para. 5.169ff.

[19] WTO, Panel-Bericht v. 1.12.2003, WT/DS246/R, „EC – Tariff Preferences", Para. 7.211–7.218, 7.223.

[20] Vgl. GATT, Panel-Bericht v. 3.9.1991, DS21/R-39S/155, „US – Tuna I", Para. 5.27–5.28, 5.32–5.33.

[21] Vgl. GATT, Panel-Bericht v. 7.11.1990, DS10/R-37S/200, „Thailand – Cigarettes", Para. 77. Die Feststellungen in Para. 73 und 76 a.a.O. sind als Legitimitätsprüfung des angegebenen Schutzziels anzusehen, nicht jedoch als Geeignetheitsprüfung. Denn der letztgenannten Prüfung fehlt noch eine Prüfung der Zweck-Mittel-Relation. Näheres hierzu siehe: Teil 1 Kapitel 1 § 5 A. II. 2. b).

[22] WTO, Panel-Bericht v. 20.5.1996, WT/DS2/R, „US – Gasoline", Para. 6.35ff.

[23] WTO, AB-Bericht v. 12.10.1998, WT/DS58/AB/R, „US – Shrimp", Para. 135ff.

[24] Vgl. WTO, Panel-Bericht v. 31.7.2000, WT/DS161/R u.a., „Korea – Beef", Para. 660–664; WTO, AB-Bericht v. 11.12.2000, WT/DS161/AB/R u.a., „Korea – Beef", Para. 164ff.

[25] Vgl. WTO, Panel-Bericht v. 18.9.2000, WT/DS135/R, „EC – Asbestos", Para. 8.186–8.223. Dabei wurde die Geeignetheit der europäischen Maßnahme vom Panel nicht in Frage gestellt.

[26] WTO, Panel-Bericht v. 12.6.2007, WT/DS332/R, „Brazil – Retreaded Tyres", Para. 7.115–7.148; WTO, AB-Bericht v. 3.12.2007, WT/DS332/AB/R, „Brazil – Retreaded Tyres", Para. 134–155.

In US – Gasoline[28] und US – Shrimp[29] wurde eine sehr lockere Kontrolldichte für die Geeignetheitsprüfung im Rahmen der Auslegung des Art. XX (g) GATT angewendet.

In US – Tuna I,[30] Thailand – Cigarettes,[31] Korea – Beef[32] und EC – Asbestos[33] wurde die Geeignetheit der angegriffenen Maßnahme von den WTO-Streitbeilegungsorganen jeweils eher als unproblematisch beurteilt. Zum Beispiel wies das Panel in Korea – Beef darauf hin, dass Korea nur für den Einzelhandel mit in- und ausländischem Rindfleisch und nicht für andere Wirtschaftssektoren vorschreibe, dass Rindfleisch über getrennte Kanäle verkauft werden müsse, obwohl ähnliche betrügerische Praktiken auch in diesen Sektoren vorkämen bzw. vorkommen könnten.[34] Für inländisches Hanwoo- und Milchvieh-Rindfleisch[35] sowie für andere landwirtschaftliche Produkte wie Schweinefleisch und Meeresfrüchte[36] gab es in Korea nämlich keine vergleichbaren Regelungen. Ferner bestand keine Verpflichtung, inländisches und ausländisches Rindfleisch in getrennten Restaurants anzubieten.[37] Trotz dieser Umstände bezweifelte das Panel nicht die Geeignetheit der koreani-

---

27 WTO, Panel-Bericht v. 25.11.2013, WT/DS400/R u.a., „EC – Seal Products", Para. 7.633–7.638; WTO, AB-Bericht v. 22.6.2014, WT/DS400/AB/R u.a., „EC – Seal Products", Para. 5.204–5.259.

28 WTO, Panel-Bericht v. 20.5.1996, WT/DS2/R, „US – Gasoline", Para. 6.35 ff.

29 WTO, AB-Bericht v. 12.10.1998, WT/DS58/AB/R, „US – Shrimp", Para. 135 ff.

30 Vgl. GATT, Panel-Bericht v. 3.9.1991, DS21/R-39S/155, „US – Tuna I", Para. 5.27–5.28, 5.32–5.33.

31 Vgl. GATT, Panel-Bericht v. 7.11.1990, DS10/R-37S/200, „Thailand – Cigarettes", Para. 77. Die Feststellungen in Para. 73 und 76 a.a.O. sind als Legitimitätsprüfung des angegebenen Schutzziels anzusehen, nicht jedoch als Geeignetheitsprüfung. Denn der letztgenannten Prüfung fehlt noch eine Prüfung der Zweck-Mittel-Relation. Näheres hierzu siehe: Teil 1 Kapitel 1 § 5 A. II. 2. b).

32 Vgl. WTO, Panel-Bericht v. 31.7.2000, WT/DS161/R u.a., „Korea – Beef", Para. 660–664; WTO, AB-Bericht v. 11.12.2000, WT/DS161/AB/R u.a., „Korea – Beef", Para. 164 ff.

33 Vgl. WTO, Panel-Bericht v. 18.9.2000, WT/DS135/R, „EC – Asbestos", Para. 8.186–8.223. Dabei wurde die Geeignetheit der europäischen Maßnahme vom Panel nicht in Frage gestellt.

34 WTO, Panel-Bericht v. 31.7.2000, WT/DS161/R u.a., „Korea – Beef", Para. 660–664.

35 „Dairy steer beef" und „dairy cow beef", WTO, Panel-Bericht v. 31.7.2000, WT/DS161/R u.a., „Korea – Beef", Para. 661.

36 WTO, Panel-Bericht v. 31.7.2000, WT/DS161/R u.a., „Korea – Beef", Para. 662.

37 WTO, Panel-Bericht v. 31.7.2000, WT/DS161/R u.a., „Korea – Beef", Para. 663.

schen Maßnahme.[38] Im Berufungsverfahren kam der AB nach der Darlegung der Kriterien des *weighing and balancing*-Tests direkt zur Prüfung der Verfügbarkeit einer Alternative, ebenso ohne dabei die Geeignetheit der koreanischen Maßnahme in Zweifel zu ziehen.[39]

Die WTO-Streitbeilegungsorgane hatten die Geeignetheit der angegriffenen Umweltschutzmaßnahme in Brazil – Retreaded Tyres[40] und EC – Seal Products[41] sowohl qualitativ als auch quantitativ eingehend geprüft und im Ergebnis die Geeignetheitseinschätzung des jeweiligen regulierenden WTO-Mitglieds anerkannt.

Im Folgenden wird die Behandlung der Geeignetheitseinschätzung des regulierenden WTO-Mitglieds durch die WTO-Streitbeilegungsorgane am Beispiel von US – Gasoline, Brazil – Retreaded Tyres und EC – Seal Products dargestellt.

## 2. US – Gasoline

### *a) Sachverhalt und wesentliche Entscheidungen*

In einer Änderung des US-amerikanischen *Clean Air Act* („CAA") von 1990 beauftragte der US-Kongress die Umweltschutzbehörde (*Environmental Protection Agency*, „EPA"), neue Regelungen für die Zusammensetzung und Emissionseigenschaften von Benzin zu erlassen, um die Luftqualität in den am stärksten verschmutzten Gebieten des Landes zu verbessern, indem die Emissionen giftiger Luftschadstoffe und ozonbildender flüchtiger organischer Komponenten aus Kraftfahrzeugen verringert wurden.[42]

Die Umweltschutzbehörde erließ am 15. 12. 1993 die Benzinverordnung in ihrer endgültigen Fassung, nämlich die *Fuels and Fuel Additives – Standards for Reformulated and Conventional Gasoline*.[43] Diese Verordnung verpflichtete jeden inländischen Benzinhersteller, der 1990 mindestens sechs Monate

---

[38] WTO, Panel-Bericht v. 31. 7. 2000, WT/DS161/R u. a., „Korea – Beef", Para. 660–664.

[39] Vgl. WTO, AB-Bericht v. 11. 12. 2000, WT/DS161/AB/R u. a., „Korea – Beef", Para. 164 f.

[40] WTO, Panel-Bericht v. 12. 6. 2007, WT/DS332/R, „Brazil – Retreaded Tyres", Para. 7.115–7.148; WTO, AB-Bericht v. 3. 12. 2007, WT/DS332/AB/R, „Brazil – Retreaded Tyres", Para. 134–155.

[41] WTO, Panel-Bericht v. 25. 11. 2013, WT/DS400/R u. a., „EC – Seal Products", Para. 7.633–7.638; WTO, AB-Bericht v. 22. 6. 2014, WT/DS400/AB/R u. a., „EC – Seal Products", Para. 5.204–5.259.

[42] WTO, Panel-Bericht v. 20. 5. 1996, WT/DS2/R, „US – Gasoline", Para. 2.1.

[43] WTO, Panel-Bericht v. 20. 5. 1996, WT/DS2/R, „US – Gasoline", Para. 2.6.

in Betrieb war, einen individuellen Ausgangswert (*individual baseline*) festzulegen, der die Qualität des von dieser Raffinerie im Jahr 1990 produzierten Benzins widerspiegelte.[44] Ein solcher Wert ließ sich durch drei Methoden festlegen. Nach „Methode 1" musste ein Benzinhersteller die Qualitäts- und Volumendaten seines Benzins aus dem Jahr 1990 verwenden; soweit diese Daten nicht verfügbar waren, musste ein inländischer Benzinhersteller seine Qualitätsdaten für Benzinmischungen aus dem Jahr 1990 sowie seine Produktionsprotokolle für Benzinmischungen aus demselben Jahr verwenden („Method 2"); stand keine dieser beiden Methoden zur Verfügung, musste ein inländischer Raffineriebetreiber auf Daten der „Methode 3" zurückgreifen, die sich aus seinen nach 1990 hergestellten Benzinmischungen und/oder Benzinqualitätsdaten zusammensetzten, welche unter Berücksichtigung von Raffinerieänderungen modelliert wurden.[45]

Dieser individuelle Ausgangswert durfte jedoch von den Importeuren ausländischen Benzins nur eingeschränkt verwendet werden.

Für Importeure, die zugleich ausländische Benzinhersteller waren, konnten die drei genannten Methoden zur Ermittlung des individuellen Ausgangswerts nur dann angewendet werden, wenn 75 % ihres Verkaufsvolumens in den USA erfolgte.[46] Für andere Importeure ausländischen Benzins konnte der individuelle Ausgangswert nur dann angewendet werden, wenn Qualitäts- und Volumendaten ihres Benzins aus dem Jahr 1990 verfügbar waren („Methode 1").[47] Andernfalls wurde ein Standardausgangswert für solche Importeure angewendet.[48] „Methode 2" und „Methode 3" galten nämlich nicht für Importeure, weil die Verifizierung der tatsächlichen Daten, die sich im Ausland befanden, von den USA als extrem schwierig angesehen wurde.[49]

Bei der Durchsetzung wurde der individuelle Ausgangswert jedoch nur auf inländisches Benzin angewendet, während für importiertes Benzin ausschließlich der Standardausgangswert Anwendung fand.[50] Dies galt sowohl für reformuliertes als auch für konventionelles Benzin.[51]

Nach Ansicht Venezuelas und Brasiliens stehe diese differenzierte Regulierung in der Benzinverordnung u. a. nicht im Einklang mit der Verpflichtung

---

[44] WTO, Panel-Bericht v. 20. 5. 1996, WT/DS2/R, „US – Gasoline", Para. 2.6.

[45] WTO, Panel-Bericht v. 20. 5. 1996, WT/DS2/R, „US – Gasoline", Para. 2.6.

[46] WTO, Panel-Bericht v. 20. 5. 1996, WT/DS2/R, „US – Gasoline", Para. 2.7.

[47] WTO, Panel-Bericht v. 20. 5. 1996, WT/DS2/R, „US – Gasoline", Para. 2.8.

[48] WTO, Panel-Bericht v. 20. 5. 1996, WT/DS2/R, „US – Gasoline", Para. 2.8.

[49] WTO, Panel-Bericht v. 20. 5. 1996, WT/DS2/R, „US – Gasoline", Para. 2.8.

[50] WTO, Panel-Bericht v. 20. 5. 1996, WT/DS2/R, „US – Gasoline", Para. 2.9 und 2.11.

[51] WTO, Panel-Bericht v. 20. 5. 1996, WT/DS2/R, „US – Gasoline", Para. 2.9 und 2.11.

der USA aus Art. III GATT,[52] weshalb sie 1995 jeweils eine Klage bei der WTO einreichten.[53] Denn die genannte unterschiedliche Behandlung räume importiertem Benzin eine weniger günstige Behandlung ein als US-amerikanischem Benzin.[54] Ein Panel für die beiden Klagen wurde am 10.4.1995 eingerichtet.[55] Das Panel bejahte eine Verletzung des Art. III:4 GATT durch die US-amerikanische Leistungsforderung an inländische und ausländische Benzinhersteller.[56] Nach Ansicht der USA könne ihre Regulierung unter Berufung auf Art. XX (b), (g) und (d) GATT gerechtfertigt werden.[57]

#### *b) Panel-Verfahren*

Im vorliegenden Abschnitt wird die Geeignetheitsprüfung durch die WTO-Streitbeilegungsorgane am Beispiel der Rechtfertigung nach Art. XX (g) GATT dargestellt.

Im Panel-Verfahren wurde zunächst festgestellt, dass eine Maßnahme zur Reduzierung der Luftverschmutzung in den Schutzbereich des Art. XX (g) GATT falle.[58] Die Gefährdungslage der Luftreinheit und die Legitimität des (konkret) angegebenen Schutzziels wurde nämlich vom Panel bejaht.[59]

Bei der Prüfung der *relation to*-Bedingung des Art. XX (g) GATT stellte das Panel unter Verweis auf Canada – Herring und Salmon[60] fest, dass diese Formulierung als „in erster Linie gerichtet auf" auszulegen sei.[61] Sodann stellte das Panel fest, dass die Regelung zur Festlegung des Ausgangswerts für inländisches und ausländisches Benzin nicht in erster Linie auf die Erhaltung und Verbesserung der Luftqualität gerichtet sei, da kein unmittelbarer Zusam-

---

52 WTO, Panel-Bericht v. 20.5.1996, WT/DS2/R, „US – Gasoline", Para. 3.1.

53 WTO, Panel-Bericht v. 20.5.1996, WT/DS2/R, „US – Gasoline", Para. 1.1–1.2.

54 WTO, Panel-Bericht v. 20.5.1996, WT/DS2/R, „US – Gasoline", Para. 3.12–3.15, 3.22–3.29, 3.33.

55 WTO, Panel-Bericht v. 20.5.1996, WT/DS2/R, „US – Gasoline", Para. 1.3.

56 WTO, Panel-Bericht v. 20.5.1996, WT/DS2/R, „US – Gasoline", Para. 6.5–6.16.

57 WTO, Panel-Bericht v. 20.5.1996, WT/DS2/R, „US – Gasoline", Para. 3.4 (b).

58 WTO, Panel-Bericht v. 20.5.1996, WT/DS2/R, „US – Gasoline", Para. 6.37: „Accordingly, the Panel found that a policy to reduce the depletion of clean air was a policy to conserve a natural resource within the meaning of Article XX (g)."

59 Näheres zur Einordnung des *design to*-Tests als Legitimitätsprüfung siehe: Teil 1 Kapitel 1 § 5 A. II. 2. b).

60 GATT, Panel-Bericht v. 22.3.1988, L/6268-35S/98, „Canada – Herring and Salmon", Para. 4.6.

61 WTO, Panel-Bericht v. 20.5.1996, WT/DS2/R, „US – Gasoline", Para. 6.36 f.

menhang zwischen der ungünstigeren Behandlung importierter Treibstoffe und der Erreichung des Ziels bestehe.[62]

Nach Auffassung des Panels könnten das Erhaltungsziel und das angestrebte Schutzniveau der USA nämlich auch durch eine nicht diskriminierende Festlegung des Ausgangswerts erreicht werden.[63] Hieraus ergibt sich, dass die Geeignetheit der Maßnahme indiziell vom Panel als unproblematisch angenommen und die Rechtmäßigkeit der Maßnahme wegen fehlender Erforderlichkeit abgelehnt wurde.

### *c) Berufungsverfahren*

Im Berufungsverfahren trugen die USA vor, dass das Panel insoweit geirrt habe, als es die Regel zur Bestimmung des Ausgangswerts für in- und ausländisches Benzin nicht als auf die Konservierung gerichtet beurteile.[64] Dies stelle nach Ansicht der USA eine falsche Auslegung des Art. XX (g) GATT dar.[65]

Der AB stellte dabei fest, dass das Panel nicht klargestellt habe, ob „direkter Zusammenhang“ als Synonym für „in erster Linie gerichtet auf“ verwendet werde oder ob dieser ein neues und zusätzliches Element darstelle.[66] Der AB ging weiterhin davon aus, dass das Panel in der Tat eine Erforderlichkeitsprüfung im Rahmen der Auslegung des Art. XX (b) GATT für die Auslegung von Art. XX (g) GATT anzuwenden scheine.[67] Unter Verweis auf die WVRK stellte der AB fest, dass das Panel den Vertragstext des Art. XX (g) GATT nicht hinreichend berücksichtigt habe.[68]

Entgegen der Ansicht des Panels stellte der AB daher fest, dass die angegriffene Berechnungsmethode für die Ausgangswerte dem Konservierungsziel diene und somit in erster Linie auf dieses Ziel gerichtet sei, weil die Überwachung der Luftverschmutzung ohne die Festlegung irgendeiner Art von Ausgangswerten unmöglich sei.[69]

Das Erfordernis der Formulierung „in Verbindung mit inländischen Beschränkungen“ wurde vom AB sodann dahingehend interpretiert, dass Beschränkungen sowohl für die inländische als auch für die ausländische Pro-

---

62 WTO, Panel-Bericht v. 20. 5. 1996, WT/DS2/R, „US – Gasoline“, Para. 6.40.
63 WTO, Panel-Bericht v. 20. 5. 1996, WT/DS2/R, „US – Gasoline“, Para. 6.40.
64 WTO, AB-Bericht v. 20. 5. 1996, WT/DS2/AB/R, „US – Gasoline“, S. 9.
65 WTO, AB-Bericht v. 20. 5. 1996, WT/DS2/AB/R, „US – Gasoline“, S. 9.
66 WTO, AB-Bericht v. 20. 5. 1996, WT/DS2/AB/R, „US – Gasoline“, S. 15–16.
67 WTO, AB-Bericht v. 20. 5. 1996, WT/DS2/AB/R, „US – Gasoline“, S. 16.
68 WTO, AB-Bericht v. 20. 5. 1996, WT/DS2/AB/R, „US – Gasoline“, S. 17.
69 WTO, AB-Bericht v. 20. 5. 1996, WT/DS2/AB/R, „US – Gasoline“, S. 19.

duktion und den Verbrauch verhängt werden müssten, wobei die Beschränkungen für beide Seiten nicht identisch sein müssten.[70] Der AB sah also zwar ein Gleichbehandlungserfordernis im Wortlaut des Art. XX (g) GATT,[71] stellte jedoch keine Verletzung dieses Erfordernisses fest, weil die Beschränkungen sowohl inländische als auch ausländische Treibstoffe beträfen.[72]

Ferner wies der AB darauf hin, dass der Wortlaut *made effective* keinen empirischen Erfolgstest erfordere, weil die Ermittlung von Kausalität sowohl im innerstaatlichen als auch im Völkerrecht immer schwierig sei und tatsächliche Erfolge bei der Konservierung erschöpfbarer Naturressourcen oft erst nach mehreren Jahren sichtbar würden.[73] Dies bedeute jedoch nicht, dass die Berücksichtigung vorhersehbarer Auswirkungen einer Maßnahme irrelevant sei; Falls sich eine Maßnahme realistischerweise in keiner denkbaren Situation positiv auf die Erhaltungsziele auswirke, deute wahrscheinlich (erst) darauf hin, dass diese Maßnahme ursprünglich nicht als Erhaltungsvorschrift konzipiert sei.[74]

Auf Grundlage dieser Überlegungen wurde die Geeignetheitseinschätzung des regulierenden WTO-Mitglieds auch vom AB anerkannt.

### 3. Brazil – Retreaded Tyres

#### *a) Sachverhalt und wesentliche Entscheidungen*

Die Lagerung von Abfallreifen kann nicht nur Reifenbrände, sondern auch Krankheiten wie Dengue-Fieber verursachen. Diese Gefährdung betrachtete Brasilien als erheblich für die Gesundheit und das Leben von Menschen, Tieren und Pflanzen an. Aus diesem Grund wurde ein allgemeines Importverbot für runderneuerte Reifen am 17.11.2004 von Brasilien eingeführt.[75] Dieses Einfuhrverbot galt jedoch nicht für runderneuerte Reifen aus den MERCOSUR-Staaten.[76] Außerdem durften Gebrauchtreifen, deren Einfuhr ebenfalls verboten war, aufgrund gerichtlicher Verfügungen importiert und als Rohstoff für die auch von Brasilien erlaubte inländische Produktion runderneuerter

[70] WTO, AB-Bericht v. 20.5.1996, WT/DS2/AB/R, „US – Gasoline", S. 20–21.

[71] WTO, AB-Bericht v. 20.5.1996, WT/DS2/AB/R, „US – Gasoline", S. 21.

[72] WTO, AB-Bericht v. 20.5.1996, WT/DS2/AB/R, „US – Gasoline", S. 21.

[73] WTO, AB-Bericht v. 20.5.1996, WT/DS2/AB/R, „US – Gasoline", S. 21.

[74] WTO, AB-Bericht v. 20.5.1996, WT/DS2/AB/R, „US – Gasoline", S. 20–21.

[75] WTO, Panel-Bericht v. 12.6.2007, WT/DS332/R, „Brazil – Retreaded Tyres", Para. 2.7–2.12.

[76] WTO, Panel-Bericht v. 12.6.2007, WT/DS332/R, „Brazil – Retreaded Tyres", Para. 2.13–2.16.

Reifen[77] verwendet werden.[78] Die EG sah in dem allgemeinen Einfuhrverbot sowie den beiden genannten Ausnahmen u. a. eine Verletzung von Art. XI:1 GATT und erhob am 17.11.2005 eine Klage vor der WTO.[79] Das Panel bejahte eine Verletzung des Art. XI:1 GATT durch das allgemeine Einfuhrverbot für runderneuerte Reifen.[80]

Im Rahmen der Rechtfertigung dieser primären Verletzung unter Berufung auf Art. XX (b) GATT waren die Parteien über die Gefährdungslage der menschlichen Gesundheit und der Umwelt durch die Lagerung von Altreifen streitig.[81] Nach der Bejahung der Maßgeblichkeit der Einschätzung Brasiliens zur genannten Gefährdungslage[82] erkannte das Panel an, dass das angegebene Schutzziel einschließlich des behaupteten Schutzniveaus Brasiliens legitim sei.[83]

Im Rahmen des darauf folgenden *weighing and balancing*-Tests[84] stellte das Panel zunächst fest, dass das Ziel des Schutzes des Lebens und der Gesundheit von Menschen unter Berücksichtigung der mit der Ansammlung von Altreifen verbundenen Gefahren als am wichtigsten anzusehen sei.[85] Ebenfalls solle das Ziel des Schutzes des Lebens und der Gesundheit von Tieren und Pflanzen als wichtig angesehen werden.[86] Außerdem bezeichne das Panel

---

77 Vgl. WTO, Panel-Bericht v. 12.6.2007, WT/DS332/R, „Brazil – Retreaded Tyres", Para. 2.7–2.12 und 3.1 (c).

78 WTO, Panel-Bericht v. 12.6.2007, WT/DS332/R, „Brazil – Retreaded Tyres", Para. 4.108–4.113.

79 WTO, Panel-Bericht v. 12.6.2007, WT/DS332/R, „Brazil – Retreaded Tyres", Para. 7.1, 1.1–1.7, 2.5, 3.1.

80 WTO, Panel-Bericht v. 12.6.2007, WT/DS332/R, „Brazil – Retreaded Tyres", Para. 7.1–7.34.

81 WTO, Panel-Bericht v. 12.6.2007, WT/DS332/R, „Brazil – Retreaded Tyres", Para. 7.53–7.54.

82 WTO, Panel-Bericht v. 12.6.2007, WT/DS332/R, „Brazil – Retreaded Tyres", Para. 7.55–7.93.

83 Vgl. WTO, Panel-Bericht v. 12.6.2007, WT/DS332/R, „Brazil – Retreaded Tyres", Para. 7.96–7.102.

84 WTO, Panel-Bericht v. 12.6.2007, WT/DS332/R, „Brazil – Retreaded Tyres", Para. 7.69, 7.104, unter Verweis auf WTO, AB-Bericht v. 11.12.2000, WT/DS161/AB/R u. a., „Korea – Beef", Para. 164; WTO, AB-Bericht v. 12.3.2001, WT/DS135/AB/R, „EC – Asbestos", Para. 172; WTO, AB-Bericht v. 7.4.2005, WT/DS285/AB/R, „US – Gambling", Para. 306; WTO, AB-Bericht v. 25.4.2005, WT/DS302/AB/R, „Dominican Republic – Cigarettes", Para. 70.

85 WTO, Panel-Bericht v. 12.6.2007, WT/DS332/R, „Brazil – Retreaded Tyres", Para. 7.108–7.111.

86 WTO, Panel-Bericht v. 12.6.2007, WT/DS332/R, „Brazil – Retreaded Tyres", Para. 7.112.

die brasilianische Maßnahme, ein Einfuhrverbot, als die restriktivste Form einer Handelsbeschränkung.[87]

Sodann kam das Panel zur Geeignetheitsprüfung der brasilianischen Maßnahme.

### *b) Panel-Verfahren*

Das Panel prüfte die Geeignetheit der brasilianischen Maßnahme im Rahmen des *weighing and balancing*-Tests.[88] Im Rahmen dieser Prüfung wurden die Ausnahme gerichtlicher Verfügungen sowie die Ausnahme für MERCOSUR-Staaten bewusst nicht berücksichtigt.[89]

Nach Auffassung des Panels könne der Beitrag der Maßnahme durch eine Quantifizierung nachgewiesen werden, sofern eine solche machbar sei; eine Quantifizierung der Auswirkungen des Einfuhrverbots auf die Verringerung der Anzahl von Altreifen sei jedoch nicht zwingend erforderlich.[90] Soweit der Beitrag einer Maßnahme zur Erreichung des Schutzziels mit einer anderen Methode hinreichend nachgewiesen werden könne, könne auch diese eingesetzt werden.[91] Die Bestimmung des Beitrags einer Maßnahme zu einem bestimmten Ziel sei nach Ansicht des Panels in erster Linie eine Analyse der Pertinenz und Relevanz der gewählten Mittel für die Erreichung des angestrebten Ziels.[92]

Hierauf beruhend wies das Panel darauf hin, dass das Bestehen der Beitragsprüfung davon abhänge, ob das Einfuhrverbot zur Verringerung der Anzahl der in Brasilien anfallenden Altreifen beitragen könne und ob die Verringerung wiederum zur Reduktion der von Altreifen ausgehenden Risiken für

[87] WTO, Panel-Bericht v. 12.6.2007, WT/DS332/R, „Brazil – Retreaded Tyres", Para. 7.114, unter Verweis auf WTO, AB-Bericht v. 12.10.1998, WT/DS58/AB/R, „US – Shrimp", Para. 171.

[88] WTO, Panel-Bericht v. 12.6.2007, WT/DS332/R, „Brazil – Retreaded Tyres", Para. 7.69, 7.104, unter Verweis auf WTO, AB-Bericht v. 11.12.2000, WT/DS161/AB/R u.a., „Korea – Beef", Para. 164; WTO, AB-Bericht v. 12.3.2001, WT/DS135/AB/R, „EC – Asbestos", Para. 172; WTO, AB-Bericht v. 7.4.2005, WT/DS285/AB/R, „US – Gambling", Para. 306; WTO, AB-Bericht v. 25.4.2005, WT/DS302/AB/R, „Dominican Republic – Cigarettes", Para. 70.

[89] WTO, Panel-Bericht v. 12.6.2007, WT/DS332/R, „Brazil – Retreaded Tyres", Para. 7.107, 7.140.

[90] WTO, Panel-Bericht v. 12.6.2007, WT/DS332/R, „Brazil – Retreaded Tyres", Para. 7.118.

[91] WTO, Panel-Bericht v. 12.6.2007, WT/DS332/R, „Brazil – Retreaded Tyres", Para. 7.118.

[92] WTO, Panel-Bericht v. 12.6.2007, WT/DS332/R, „Brazil – Retreaded Tyres", Para. 7.119.

das Leben und die Gesundheit von Menschen, Tieren und Pflanzen beitragen könne.[93]

Nach Untersuchungen des Panels könne die inländische Nachfrage nach importierten runderneuerten Reifen aufgrund des Einfuhrverbots durch inländisch hergestellte neue[94] und runderneuerte Reifen ersetzt werden.[95] Außerdem sei die Kumulation von Altreifen nachweislich mit dem Auftreten von Gesundheits- und Umweltgefahren verbunden, und das Importverbot werde auch gemeinsam mit anderen inländischen Schutzmaßnahmen ergriffen.[96] Aus diesen Gründen stellte das Panel fest, dass das Einfuhrverbot geeignet sei, einen Beitrag zur Erreichung des von Brasilien verfolgten Schutzziels zu leisten.[97]

### *c) Berufungsverfahren*

Im AB-Verfahren beanstandete die EG weder die Schutzziele noch das Schutzniveau Brasiliens,[98] sondern die Erreichung dieser Ziele durch die angegriffene Maßnahme, insbesondere, ob der Beitrag quantifiziert werden sollte. Nach Ansicht der EG solle die Reduktion von Abfallreifen aufgrund des Importverbots quantifiziert werden.[99] Hingegen habe das Panel irrtümlich nur den potenziellen Beitrag des Einfuhrverbots berücksichtigt und vernachlässigt, auch den tatsächlichen Beitrag der angegriffenen Maßnahme zu analysieren; ohne Quantifizierung des reduzierten Altreifenvolumens durch das Importverbot sei es unmöglich, den Beitrag einer Maßnahme festzustellen:[100]

---

93 WTO, Panel-Bericht v. 12.6.2007, WT/DS332/R, „Brazil – Retreaded Tyres", Para. 7.122.

94 WTO, Panel-Bericht v. 12.6.2007, WT/DS332/R, „Brazil – Retreaded Tyres", Para. 7.126–7.130.

95 WTO, Panel-Bericht v. 12.6.2007, WT/DS332/R, „Brazil – Retreaded Tyres", Para. 7.131–7.142.

96 WTO, Panel-Bericht v. 12.6.2007, WT/DS332/R, „Brazil – Retreaded Tyres", Para. 7.146.

97 WTO, Panel-Bericht v. 12.6.2007, WT/DS332/R, „Brazil – Retreaded Tyres", Para. 7.148.

98 WTO, AB-Bericht v. 3.12.2007, WT/DS332/AB/R, „Brazil – Retreaded Tyres", Para. 140: „[…] the participants do not dispute that it is within the authority of a WTO Member to set the public health or environmental objectives it seeks to achieve, as well as the level of protection that it wants to obtain, through the measure or the policy it chooses to adopt."; vgl. auch Para. 145, 148, 152, 155 a.a.O.

99 WTO, AB-Bericht v. 3.12.2007, WT/DS332/AB/R, „Brazil – Retreaded Tyres", Para. 137.

100 WTO, AB-Bericht v. 3.12.2007, WT/DS332/AB/R, „Brazil – Retreaded Tyres", Para. 137.

> For the European Communities, the Panel was required to determine the extent to which the Import Ban makes a contribution to the achievement of its stated objective because, otherwise, it is not possible to weigh and balance properly this contribution against other relevant factors.

Die Quantifizierung des Beitrags hielt der AB jedoch wiederum nicht für zwingend erforderlich.[101] Er stellte unter Verweis auf EC – Asbestos[102] nämlich folgendes fest:

> […] there is no requirement under Article XX (b) of the GATT 1994 to quantify, as such, the risk to human life or health. In other words, a risk may be evaluated either in quantitative or qualitative terms.[103] In our view, the Panel's choice of a qualitative analysis was within the bounds of the latitude it enjoys in choosing a methodology for the analysis of the contribution.[104]

Der AB unterstützte somit die Feststellung des Panels zur Geeignetheit der brasilianischen Maßnahme.

### 4. EC – Seal Products

#### *a) Sachverhalt und wesentliche Entscheidungen*

In der EU gelten traditionell hohe Standards für Menschenrechte und Tierschutz. Im Jahr 2009 führte die damalige EG zum erklärten Schutz des Wohlergehens von Robben ein Vermarktungsverbot für Robbenprodukte auf dem gemeinsamen Markt ein. Dieses Verbot sah u. a. eine Ausnahme für Robbenerzeugnisse aus indigenen Gemeinden vor, die ihre Existenz und Lebensweise durch die Robbenjagd aufrechterhielten.[105] Kanada und Norwegen, die beträchtlichen Mengen von Robbenerzeugnissen produzierten und in den euro-

---

101 WTO, AB-Bericht v. 3. 12. 2007, WT/DS332/AB/R, „Brazil – Retreaded Tyres", Para. 146–149.

102 WTO, AB-Bericht v. 12. 3. 2001, WT/DS135/AB/R, „EC – Asbestos", Para. 167.

103 WTO, AB-Bericht v. 3. 12. 2007, WT/DS332/AB/R, „Brazil – Retreaded Tyres", Para. 7.146.

104 WTO, AB-Bericht v. 3. 12. 2007, WT/DS332/AB/R, „Brazil – Retreaded Tyres", Para. 7.147.

105 Für einen Überblick über die europäische Maßnahme siehe: WTO, Panel-Bericht v. 25. 11. 2013, WT/DS400/R u. a., „EC – Seal Products", Para. 7.7–7.23. Rechtsgrundlagen des europäischen Robbenprogramms sind: Verordnung des Europäischen Parlaments und des Rates v. 16. 9. 2009 über den Handel mit Robbenerzeugnissen, VO (EG) 1007/2009, ABl. 2009 L 286/36, geändert durch Verordnung des Europäischen Parlaments und des Rates v. 6. 10. 2015, VO (EU) 2015/1775, ABl. 2015 L 262/1; Verordnung der Kommission v. 10. 8. 2010 mit Durchführungsvorschriften zur Verordnung (EG) 1007/2009 des Europäischen Parlaments und des Rates über den Handel mit Robbenerzeugnissen, VO (EU) 737/2010, ABl. 2010 L 216/1.

päischen Binnenmarkt exportierten, sahen eine Verletzung ihrer Handelsfreiheit u.a. nach Art. I:1 GATT im EU-Robbenprogramm[106] und erhoben eine Klage gegen die EU vor der WTO.[107] Sowohl das Panel[108] als auch der AB[109] bejahten eine Verletzung des Art. I:1 GATT durch das EU-Robbenprogramm.

Bei der Rechtfertigung dieser Pflichtverletzung unter Berufung auf Art. XX (a) GATT im Panel-Verfahren wurde die Gefährdung der öffentlichen Moral als Hauptschutzgut ohne Weiteres bejaht,[110] obwohl Kanada Zweifel an der Schwere der Beeinträchtigung der öffentlichen Moral äußerte.[111] Der AB unterstützte die Feststellung des Panels.[112] Außerdem waren das Panel und der AB der Ansicht, dass das von der EU angegebene Schutzziel und Schutzniveau legitim seien.[113]

### *b) Panel-Verfahren*

Die Geeignetheitsprüfung wurde im Panel-Bericht zu EC – Seal Products im Rahmen des *weighing and balancing*-Tests[114] durchgeführt und die Wichtigkeit der öffentlichen Moral als angegebenes Ziel der EU-Maßnahme war dabei nicht umstritten.[115]

Die Analyse des Beitrags könne nach Ansicht des Panels entweder quantitativ oder qualitativ erfolgen.[116] Ferner betrachtete das Panel die Schwere der

---

[106] WTO, Panel-Bericht v. 25.11.2013, WT/DS400/R u.a., „EC – Seal Products", Para. 7.588–7.590.

[107] WTO, Panel-Bericht v. 25.11.2013, WT/DS400/R u.a., „EC – Seal Products", Para. 1.5–1.6.

[108] WTO, Panel-Bericht v. 25.11.2013, WT/DS400/R u.a., „EC – Seal Products", Para. 7.592–7.600.

[109] WTO, AB-Bericht v. 22.5.2014, WT/DS400/AB/R u.a., „EC – Seal Products", Para. 5.84–5.96.

[110] WTO, Panel-Bericht v. 25.11.2013, WT/DS400/R u.a., „EC – Seal Products", Para. 7.631.

[111] WTO, Panel-Bericht v. 25.11.2013, WT/DS400/R u.a., „EC – Seal Products", Para. 7.628.

[112] WTO, AB-Bericht v. 22.5.2014, WT/DS400/AB/R u.a., „EC – Seal Products", Para. 5.197–5.201.

[113] WTO, AB-Bericht v. 22.5.2014, WT/DS400/AB/R u.a., „EC – Seal Products", Para. 5.200. Ebenso vgl. WTO, Panel-Bericht v. 25.11.2013, WT/DS400/R u.a., „EC – Seal Products", Para. 7.631.

[114] WTO, Panel-Bericht v. 25.11.2013, WT/DS400/R u.a., „EC – Seal Products", Para. 7.630 ff.

[115] WTO, Panel-Bericht v. 25.11.2013, WT/DS400/R u.a., „EC – Seal Products", Para. 7.632.

[116] WTO, Panel-Bericht v. 25.11.2013, WT/DS400/R u.a., „EC – Seal Products", Para. 7.633.

Handelsbeschränkung als einen zusätzlichen Faktor für die Beurteilung des Beitrags einer Maßnahme an.[117] Für die Bejahung u. a. der Geeignetheit der angegriffenen Maßnahme müsse diese unter Berücksichtigung ihrer Handelsbeschränkung und ihrer Ausnahmen zumindest einen materiellen Beitrag zur Erreichung des Ziels leisten.[118]

Ein solcher Beitrag liege nach Auffassung des Panels zwar insoweit vor, als die fraglichen Robbenprodukte vom EU-Markt verboten waren, wodurch die weltweite Nachfrage nach diesen Erzeugnissen in gewissem Umfang reduziert werden könne.[119] Außerdem könne das Verbot der Öffentlichkeit in der EU dabei helfen, den Kontakt mit Robbenerzeugnissen auf dem EU-Markt zu vermeiden, die möglicherweise aus unmenschlich getöteten Robben stammten.[120] Jedoch werde dieser Beitrag u. a. durch die IG- und MRM-Ausnahmen des EU-Robbenschutzprogramms geschmälert.[121] Dennoch stellte das Panel fest, dass der Beitrag der angegriffenen Maßnahme nach einer Gesamtwürdigung in bestimmtem Umfang zu bejahen sei.[122]

### *c) Berufungsverfahren*

Entgegen der Ansicht des Panels sei nach Auffassung des AB kein vorher festgelegter Schwellenwert für die Beitragsprüfung notwendig.[123] Die vom Panel zitierte Feststellung des AB in Brazil – Retreaded Tyres, dass ein materieller Beitrag zur Rechtfertigung eines Importverbots vorliegen müsse, könne nur unter Berücksichtigung der Umstände des jeweiligen Einzelfalls angewendet werden und stelle keinen allgemein geltenden Prüfungsstandard dar.[124]

---

117 WTO, Panel-Bericht v. 25.11.2013, WT/DS400/R u. a., „EC – Seal Products“, Para. 7.635.

118 Vgl. WTO, Panel-Bericht v. 25.11.2013, WT/DS400/R u. a., „EC – Seal Products“, Para. 7.635 und Fn. 977 a. a. O. Dabei wies das Panel darauf hin, dass in einem anderen Kontext des TBT-Übereinkommens, wie der AB in US – Tuna II (Mexico) und US – COOL bei der Auslegung von Art. 2.2 TBT feststellte, hingegen kein „materieller Beitrag“ als Mindestschwellenwert erreicht werden müsse.

119 WTO, Panel-Bericht v. 25.11.2013, WT/DS400/R u. a., „EC – Seal Products“, Para. 7.637.

120 WTO, Panel-Bericht v. 25.11.2013, WT/DS400/R u. a., „EC – Seal Products“, Para. 7.637.

121 WTO, Panel-Bericht v. 25.11.2013, WT/DS400/R u. a., „EC – Seal Products“, Para. 7.638.

122 WTO, Panel-Bericht v. 25.11.2013, WT/DS400/R u. a., „EC – Seal Products“, Para. 7.638.

123 WTO, AB-Bericht v. 22.5.2014, WT/DS400/AB/R u. a., „EC – Seal Products“, Para. 5.215.

124 WTO, AB-Bericht v. 22.5.2014, WT/DS400/AB/R u. a., „EC – Seal Products“, Para. 5.212.

Der Beitrag der angegriffenen Maßnahme solle im Rahmen des *weighing and balancing*-Tests durch eine holistische Analyse bestimmt werden.[125]

Der AB lehnte außerdem das Argument Kanadas und Norwegens ab, dass das Panel nur die prognostizierten und nicht die tatsächlichen Auswirkungen der angegriffenen Maßnahme berücksichtigt habe.[126] Nach Auffassung des AB könne zum einen die Beurteilung des Beitrags sowohl qualitativ als auch quantitativ erfolgen.[127] Zum anderen habe das Panel durch die statistische Analyse bezüglich der Nachfrage nach Robbenprodukten bereits eine quantitative Analyse vorgenommen.[128]

In Bezug auf den Einwand der klagenden Partei, dass das Panel keinen Nettobeitrag hinsichtlich des Einfuhrverbots und der Ausnahmen festgelegt habe, bestätigte der AB die Feststellung des Panels mit der Begründung, dass es dem Panel aufgrund der Schwierigkeiten bei der Beweisaufnahme nicht möglich und daher auch nicht erforderlich sei, einen Nettobeitrag festzustellen.[129]

Der AB wies ferner das Argument der berufenden Parteien zurück, dass das EU-Robbenprogramm deshalb zu einer Verschlechterung des Wohlergehens der Robben führe, weil die Einfuhr von Robbenerzeugnissen aus der kommerziellen Jagd durch diejenigen aus der IG- und MRM-Jagd ersetzt werde, was zu einer höheren Rate unmenschlich getöteter Robben führe.[130] Zudem bestätigte der AB die Feststellung des Panels, dass eine Verringerung der Nachfrage nach Robbenerzeugnissen dazu beitragen könne, die Anzahl der unmenschlich getöteten Robben zu reduzieren.[131] Auf dieser Grundlage stellte der AB fest, dass das Panel bei der Beurteilung der Verringerung der globalen Nachfrage durch das EU-Robbenprogramm nicht geirrt habe.[132] Im Übrigen würden die negativen Auswirkungen der genannten Ausnahmen auf den Beitrag der ange-

---

[125] WTO, AB-Bericht v. 22.5.2014, WT/DS400/AB/R u.a., „EC – Seal Products“, Para. 5.213–5.214.

[126] WTO, AB-Bericht v. 22.5.2014, WT/DS400/AB/R u.a., „EC – Seal Products“, Para. 5.219f., 5.222.

[127] WTO, AB-Bericht v. 22.5.2014, WT/DS400/AB/R u.a., „EC – Seal Products“, Para. 5.225.

[128] WTO, AB-Bericht v. 22.5.2014, WT/DS400/AB/R u.a., „EC – Seal Products“, Para. 5.225.

[129] WTO, AB-Bericht v. 22.5.2014, WT/DS400/AB/R u.a., „EC – Seal Products“, Para. 5.228.

[130] WTO, AB-Bericht v. 22.5.2014, WT/DS400/AB/R u.a., „EC – Seal Products“, Para. 5.248.

[131] WTO, AB-Bericht v. 22.5.2014, WT/DS400/AB/R u.a., „EC – Seal Products“, Para. 5.245.

[132] WTO, AB-Bericht v. 22.5.2014, WT/DS400/AB/R u.a., „EC – Seal Products“, Para. 5.252.

griffenen Maßnahme entgegen der Auffassung Norwegens bereits vom Panel bei der Würdigung korrekt berücksichtigt.[133]

Aus diesen Gründen war der AB mit der Feststellung des Panels bezüglich der Geeignetheitsprüfung einverstanden.

## II. Ablehnung der Geeignetheitseinschätzung des regulierenden WTO-Mitglieds

Trotz der grundsätzlichen zurückhaltenden Tendenz in der Entscheidungspraxis der WTO-Streitbeilegungsorgane zum „grünen" Art. XX GATT von Thailand – Cigarettes[134] bis zu EC – Seal Products[135] wurde die Geeignetheitseinschätzung des regulierenden WTO-Mitglieds in einem beträchtlichen Teil der Entscheidungen abgelehnt.

### 1. Überblick über die Fälle

In US – Tuna 1982,[136] Canada – Salmon and Herring,[137] US – Tuna II,[138] US – Automobile Taxes,[139] EC – Tariff Preferences,[140] China – Raw Materials,[141] China – Rare Earths,[142] Indonesia – Import Licensing Regimes[143] und

---

133 WTO, AB-Bericht v. 22.5.2014, WT/DS400/AB/R u.a., „EC – Seal Products", Para. 5.253–7.257.

134 Vgl. GATT, Panel-Bericht v. 7.11.1990, DS10/R-37S/200, „Thailand – Cigarettes", Para. 77. Die Feststellung in Para. 73 und 76 a.a.O. ist als Legitimitätsprüfung des angegebenen Schutzziels anzusehen, sondern nicht als Geeignetheitsprüfung. Denn es fehlt dabei noch an einer Prüfung der Zweck-Mittel-Relation. Näheres hierzu siehe: Teil 1 Kapitel 1 § 5 A. II. 2. b).

135 WTO, Panel-Bericht v. 25.11.2013, WT/DS400/R u.a., „EC – Seal Products", Para. 7.630 ff.; WTO, AB-Bericht v. 22.6.2014, WT/DS400/AB/R u.a., „EC – Seal Products", Para. 5.169 ff.

136 GATT, Panel-Bericht v. 22.2.1982, L/5198-29S/91, „US – Tuna 1982", Para. 4.9–4.13.

137 GATT, Panel-Bericht v. 22.3.1988, L/6268-35S/98, „Canada – Herring and Salmon", Para. 4.4–4.7.

138 GATT, Panel-Bericht v. 16.6.1994, DS29/R, „US – Tuna II", Para. 5.21–5.27.

139 GATT, Panel-Bericht v. 11.10.1994, DS31/R, „US – Automobiles", Para. 5.60, 5.66. Bei der Prüfung von *fleet averaging* hatte das Panel diese als auf Konservierung gerichtet beurteilt. Hierzu vgl. Para. 5.62–5.66 a.a.O.

140 WTO, Panel-Bericht v. 1.12.2003, WT/DS246/R, „EC – Tariff Preferences", Para. 7.211–7.218, 7.223.

141 WTO, Panel-Bericht v. 5.7.2011, WT/DS394/R u.a., „China – Raw Materials", Para. 7.416–7.466.

142 WTO, Panel-Bericht v. 26.3.2014, WT/DS431/R u.a., „China – Rare Earths", Para. 7.378–7.599; WTO, AB-Bericht v. 7.8.2014, WT/DS431/AB/R u.a., „China – Rare Earths", Para. 5.151–5.153, 5.154–5.160, 5.165–5.169.

Indonesia – Raw Materials[144] wurde die Geeignetheitseinschätzung des regulierenden Mitglieds von den WTO-Streitbeilegungsorganen abgelehnt. Ähnliche Entscheidungen finden sich auch in nicht-umweltbezogenen Fällen wie China – Publications and Audiovisual Products[145] und US – Tariff Measures.[146]

Im Folgenden wird die Behandlung der Geeignetheitseinschätzung des regulierenden WTO-Mitglieds durch die WTO-Streitbeilegungsorgane am Beispiel von US – Tuna 1982, US – Tuna II und China – Rare Earths dargestellt.

### 2. US – Tuna 1982

#### *a) Sachverhalt und wesentliche Entscheidungen*

Am 31. August 1979 verhängten die Vereinigten Staaten ein Einfuhrverbot für Thunfisch und Thunfischprodukte gemäß *Section* 205 (*Import Prohibitions*) des *Fishery Conservation and Management Act* von 1976[147].[148] Diese Maßnahme folgte auf die Beschlagnahmung von 19 Fischereifahrzeugen und die Festnahme mehrerer US-amerikanischer Fischer durch die kanadischen Behörden, da diese ohne Genehmigung der kanadischen Regierung Weißen Thun in einem Umkreis von 200 Meilen vor der Westküste Kanadas gefischt hatten.[149] Dieses Seegebiet betrachtete Kanada als unter ihre Fischereihoheit fallend, während die Vereinigten Staaten der Auffassung waren, dass dieses Seegebiet nicht unter die Thunfischhoheit irgendeines Staates falle.[150]

Kanada trug vor, dass das Einfuhrverbot diskriminierend sei und nicht im Einklang mit den Verpflichtungen der USA nach Art. I und XI:1 GATT ste-

---

143 WTO, Panel-Bericht v. 22.12.2016, WT/DS477/R u.a., „Indonesia – Import Licensing Regimes“, Para. 7.801.

144 WTO, Panel-Bericht v. 30.11.2022, WT/DS592/R, „Indonesia – Raw Materials“, Para. 7.260 ff.

145 WTO, Panel-Bericht v. 12.8.2009, WT/DS363/R, „China – Publications and Audiovisual Products“, Para. 7.849, 7.863, 7.868; WTO, AB-Bericht v. 21.12.2009, WT/DS363/AB/R, „China – Publications and Audiovisual Products“, Para. 250 ff., 299.

146 WTO, Panel-Bericht v. 15.9.2020, WT/DS543/R, „US – Tariff Measures“, Para. 7.172–7.227.

147 GATT, Panel-Bericht v. 22.2.1982, L/5198-29S/91, „US – Tuna 1982“, Para. 2.2.

148 GATT, Panel-Bericht v. 22.2.1982, L/5198-29S/91, „US – Tuna 1982“, Para. 1.1, 2.1.

149 GATT, Panel-Bericht v. 22.2.1982, L/5198-29S/91, „US – Tuna 1982“, Para. 2.1.

150 GATT, Panel-Bericht v. 22.2.1982, L/5198-29S/91, „US – Tuna 1982“, Para. 2.1.

he.[151] Am 21. 1. 1980 beantragte Kanada die Einsetzung eines Panels zur Prüfung der Konformität des US-Einfuhrverbots mit dem GATT[152] und ein Panel wurde am 26. März 1980 eingerichtet.[153]

Das Panel erkannte die Verletzung des Art. XI:1 GATT durch das US-amerikanische Einfuhrverbot an.[154] Die USA führte jedoch aus, dass ihr Einfuhrverbot gemäß Art. XX (g) GATT gerechtfertigt sein könne, weil diese Vorschrift für Maßnahmen zur Konservierung erschöpflicher natürlicher Ressourcen eine Ausnahme von den GATT-Verpflichtungen vorsehe.[155] Beide Parteien waren sich darüber einig, dass es sich bei den Thunfischbeständen um eine erschöpfliche und daher zu erhaltende natürliche Ressource im Sinne von Art. XX (g) GATT handle.[156]

### *b) Panel-Entscheidung*

Bei der Geeignetheitsprüfung im Rahmen der Auslegung der Voraussetzungen von *relating to* und *in conjunction with* in Art. XX (g) GATT stellte das Panel fest, dass sich die fragliche Maßnahme zwar auf die Konservierung abziele.[157] Jedoch gebe es keine hinreichende Beschränkung für den Thunfischfang und den Verbrauch von Thunfischprodukten im Inland.[158]

Während der Import aller Thunfische und Thunfischprodukte aus Kanada in die USA verboten werde, werde im Inland der USA nur der Fang bestimmter Thunfischarten, nämlich pazifischer Gelbflossenthun, atlantischer Gelbflossenthun, Blauflossenthun, Großaugenthun, beschränkt.[159] Hingegen werde keine Beschränkung für den Fang anderer Thunfischarten in den USA eingeführt.[160] Außerdem hätten die USA keine Beweise dafür vorgelegt, dass der Inlandsverbrauch von Thunfischen und Thunfischerzeugnissen eingeschränkt werde.[161]

---

[151] GATT, Panel-Bericht v. 22. 2. 1982, L/5198-29S/91, „US – Tuna 1982“, Para. 1.1, 2.5, 3.1.

[152] GATT, Panel-Bericht v. 22. 2. 1982, L/5198-29S/91, „US – Tuna 1982“, Para. 1.1.

[153] GATT, Panel-Bericht v. 22. 2. 1982, L/5198-29S/91, „US – Tuna 1982“, Para. 1.3.

[154] GATT, Panel-Bericht v. 22. 2. 1982, L/5198-29S/91, „US – Tuna 1982“, Para. 4.4–4.6.

[155] GATT, Panel-Bericht v. 22. 2. 1982, L/5198-29S/91, „US – Tuna 1982“, Para. 4.7, 3.5, 3.7–3.13.

[156] GATT, Panel-Bericht v. 22. 2. 1982, L/5198-29S/91, „US – Tuna 1982“, Para. 4.9.

[157] GATT, Panel-Bericht v. 22. 2. 1982, L/5198-29S/91, „US – Tuna 1982“, Para. 4.9 f.

[158] GATT, Panel-Bericht v. 22. 2. 1982, L/5198-29S/91, „US – Tuna 1982“, Para. 4.9 f.

[159] GATT, Panel-Bericht v. 22. 2. 1982, L/5198-29S/91, „US – Tuna 1982“, Para. 4.10.

[160] GATT, Panel-Bericht v. 22. 2. 1982, L/5198-29S/91, „US – Tuna 1982“, Para. 4.10.

[161] GATT, Panel-Bericht v. 22. 2. 1982, L/5198-29S/91, „US – Tuna 1982“, Para. 4.11.

Ferner könne das US-amerikanische Einfuhrverbot für Thunfische und Thunfischprodukte nicht als eine Maßnahme i. S. v. Art. XX (g) GATT angesehen werden, weil diese Maßnahme eine Reaktion auf die Festnahme von Schiffen der Vereinigten Staaten, die Weißen Thun fischten, durch Kanada sei.[162]

Somit hatte das Panel die Geeignetheit der angegriffenen Maßnahme abgelehnt.[163]

### 3. US – Tuna II

#### *a) Sachverhalt und wesentliche Entscheidungen*

In der kommerziellen Fischerei wird Thunfisch häufig mit großen Ringwadennetzen gefangen.[164] Dabei schickt ein Fischereischiff ein kleines Boot mit einem Ende des Netzes um einen Thunfischschwarm herum, während das andere Ende des Netzes am Fischereischiff festgebunden bleibt.[165] Sobald das kleine Boot den Thunfischschwarm umrundet und das Netz an das Fischereischiff zurückgebracht hat, zieht dieses Schiff an den Seilen unten und oben am Netz, um es zu „schleppen" und den Inhalt einzusammeln.[166] Die Thunfischfischer im östlichen tropischen Pazifik beobachten häufig Delfine, um Thunfischschwärme aufzuspüren, und kreisen Delfine absichtlich in der Hoffnung ein, dass sich unter den Delfinen Thunfische befinden.[167] Denn die Thunfischschwärme schwimmen u. a. in diesen Gewässern oft unter Delfinherden, die an oder nahe der Wasseroberfläche zu sehen sind.[168]

Seit den 1960er Jahren hatte die dargestellte Praxis dazu geführt, dass viele Delfine versehentlich getötet oder verletzt wurden.[169] Neben internationalen Bemühungen zur Reduzierung der Delfinsterblichkeit verbot das US-amerikanische Gesetz zum Schutz von Meeressäugern von 1972 (*The Marine Mammal Protection Act*) die Tötung von Meeressäugern, einschließlich Belästigung, Jagd, Fang oder Tötung, sei es direkt oder als Nebeneffekt in Verbindung

[162] GATT, Panel-Bericht v. 22. 2. 1982, L/5198-29S/91, „US – Tuna 1982", Para. 4.13.

[163] GATT, Panel-Bericht v. 22. 2. 1982, L/5198-29S/91, „US – Tuna 1982", Para. 4.12, 4.15.

[164] GATT, Panel-Bericht v. 16. 6. 1994, DS29/R, „US – Tuna II", Para. 2.1.

[165] GATT, Panel-Bericht v. 16. 6. 1994, DS29/R, „US – Tuna II", Para. 2.1.

[166] GATT, Panel-Bericht v. 16. 6. 1994, DS29/R, „US – Tuna II", Para. 2.1.

[167] GATT, Panel-Bericht v. 16. 6. 1994, DS29/R, „US – Tuna II", Para. 2.2.

[168] GATT, Panel-Bericht v. 16. 6. 1994, DS29/R, „US – Tuna II", Para. 2.2.

[169] GATT, Panel-Bericht v. 16. 6. 1994, DS29/R, „US – Tuna II", Para. 2.2.

mit dem Fischfang.[170] Das Gesetz verbot auch den Import von Meeressäugern oder Produkten von Meeressäugern sowie von Fischen und Fischprodukten, die durch zufällige Tötung von Meeressäugern gewonnen wurden, in die USA.[171]

Die Europäische Wirtschaftsgemeinschaft („EWG“) und die Niederlande sahen in diesem US-amerikanischen Einfuhrverbot einen Verstoß gegen Art. III und XI GATT.[172] Aus diesem Grund beantragten die EWG und die Niederlande am 5. 6. 1992 die Einsetzung eines Panels zur Überprüfung der GATT-Konformität der US-amerikanischen Maßnahme, und ein solches Panel wurde am 14. 7. 1992 gegründet.[173] Das Panel bejahte die Verletzung von Art. XI und III GATT durch das US-amerikanische Einfuhrverbot für Thunfische und Thunfischprodukte.[174] Nach Ansicht der USA könne die Verletzung von Art. XI und III GATT unter Berufung auf Art. XX (g), (b) und (d) GATT gerechtfertigt werden.[175]

### *b) Panel-Entscheidung*

Im vorliegenden Teil wird die Geeignetheitsprüfung durch das Panel am Beispiel der Rechtfertigung nach Art. XX (g) GATT dargestellt.

Nachdem das Panel bejahte, dass das angegebene Schutzgut Delfine unter den sachlichen und territorialen Anwendungsbereich des Art. XX (g) GATT falle,[176] kam es zur Prüfung der Geeignetheit des US-amerikanischen Einfuhrverbots im Rahmen der Auslegung des *relating to*-Bedingung. Zur Bejahung der Geeignetheit einer Maßnahme solle diese sich nach Ansicht des Panels hauptsächlich auf die Konservierung von Delfinen gerichtet sein.[177]

Aus dem folgenden Grund verneinte das Panel die Geeignetheitseinschätzung der USA zum Einfuhrverbot für Thunfische und Tunfischprodukte.

Erstens verbiete die US-amerikanische Maßnahme den Import aller Thunfische, soweit sie aus denjenigen Staaten stammten, die keine Thunfischfangpraktiken und Delfinschutzmaßnahmen anwendeten, die mit denjenigen der

---

170 GATT, Panel-Bericht v. 16. 6. 1994, DS29/R, „US – Tuna II“, Para. 2.3, 2.5, 2.9–2.15.

171 GATT, Panel-Bericht v. 16. 6. 1994, DS29/R, „US – Tuna II“, Para. 2.5, 2.9–2.15.

172 GATT, Panel-Bericht v. 16. 6. 1994, DS29/R, „US – Tuna II“, Para. 3.1, 3.3–3.5.

173 GATT, Panel-Bericht v. 16. 6. 1994, DS29/R, „US – Tuna II“, Para. 1.1–1.2.

174 GATT, Panel-Bericht v. 16. 6. 1994, DS29/R, „US – Tuna II“, Para. 5.6–5.10.

175 GATT, Panel-Bericht v. 16. 6. 1994, DS29/R, „US – Tuna II“, Para. 3.7–3.97.

176 GATT, Panel-Bericht v. 16. 6. 1994, DS29/R, „US – Tuna II“, Para. 5.13–5.20.

177 GATT, Panel-Bericht v. 16. 6. 1994, DS29/R, „US – Tuna II“, Para. 5.22–5.23.

USA vergleichbar seien.[178] Das angegriffene Embargo gelte nämlich unabhängig davon, ob bestimmte Thunfische in einer für Delfine gefährlichen Weise gefangen würden.[179] Ebenso unerheblich für die Anwendung des Embargos sei es, ob in einem Staat überhaupt Thunfischfang und delfingefährdende Maßnahmen durchgeführt würden.[180]

Zweitens könne das angegriffene Einfuhrverbot die Delfine nicht direkt schützen, sondern nur Drohung an andere Regierungen ausüben, damit sie ihre eigene Schutzpolitik änderten.[181] Der Wortlaut des Art. XX (g) GATT lasse offen, ob das Konservierungsziel durch Drohung erreicht werden dürfe.[182] Nach Ansicht des Panels führe es zum Zusammenbruch des GATT als multilaterales Handelssystem, wenn Art. XX (g) GATT dahingehend ausgelegt werde, dass Vertragsparteien handelspolitische Maßnahmen ergreifen dürften, um andere Vertragsparteien zu zwingen, ihre Politik, einschließlich ihrer Naturschutzpolitik, in ihrem Hoheitsgebiet zu ändern.[183] Denn das Gleichgewicht der Rechte und Pflichten zwischen den Vertragsparteien, insbesondere das Recht auf Zugang zu den Märkten, werde auf diese Weise schwerwiegend beeinträchtigt.[184]

### 4. China – Rare Earths

#### *a) Sachverhalt und wesentliche Entscheidungen*

Seltene Erden (*rare earths*) sind Rohstoffe, und Seltenerdelemente sind für die moderne Industrie und Hochtechnologie von strategischer Bedeutung. China ist der weltweit größte Produzent von Seltenen Erden und betrachtet sie gleichzeitig als schützenswerte natürliche Ressourcen, weshalb es Ausfuhrquoten für Seltene Erden eingeführt hat.[185] Zu den chinesischen Maßnahmen gehörten Ausfuhrzölle und Ausfuhrkontingente für Seltene Erden, Wolfram (*tungsten*) und Molybdän (*molybdenum*).[186] Hier wird die Geeignetheitsprüfung am Beispiel der chinesischen Exportquoten für Seltene Erden dargestellt.

---

[178] GATT, Panel-Bericht v. 16. 6. 1994, DS29/R, „US – Tuna II“, Para. 5.23.

[179] GATT, Panel-Bericht v. 16. 6. 1994, DS29/R, „US – Tuna II“, Para. 5.23.

[180] GATT, Panel-Bericht v. 16. 6. 1994, DS29/R, „US – Tuna II“, Para. 5.23.

[181] GATT, Panel-Bericht v. 16. 6. 1994, DS29/R, „US – Tuna II“, Para. 5.23 – 5.24.

[182] GATT, Panel-Bericht v. 16. 6. 1994, DS29/R, „US – Tuna II“, Para. 5.25.

[183] GATT, Panel-Bericht v. 16. 6. 1994, DS29/R, „US – Tuna II“, Para. 5.26.

[184] GATT, Panel-Bericht v. 16. 6. 1994, DS29/R, „US – Tuna II“, Para. 5.26.

[185] Vgl. WTO, Panel-Bericht v. 26. 3. 2014, WT/DS431/R u. a., „China – Rare Earths“, Para. 2.8 und 2.11 – 2.12.

[186] Vgl. WTO, Panel-Bericht v. 26. 3. 2014, WT/DS431/R u. a., „China – Rare Earths“, Para. 2.8 und 2.11 – 2.12.

Die USA, die EU und Japan erhoben am 27.6.2012 eine Klage vor der WTO und argumentierten vor dem Panel, dass China mit der Einführung dieser Exportquoten gegen Art. XI:1 GATT verstoßen habe.[187] Das Panel stellte fest und China bestritt nicht, dass Chinas Ausfuhrquoten für Seltene Erden u.a. gegen Art. XI:1 GATT verstießen.[188] China versuchte jedoch, diese Pflichtverletzung u.a. unter Art. XX (g) GATT zu rechtfertigen.[189] Nachdem festgestellt wurde, dass Seltene Erden erschöpfbare Naturressourcen i.S.v. Art. XX (g) GATT darstellten, kam das Panel zur Geeignetheitsprüfung im Rahmen der Interpretation der Voraussetzungen dieses Absatzes.[190]

Im Panel-Verfahren wurde die Geeignetheit der angegriffenen chinesischen Exportquoten im Rahmen der Auslegung des Art. XX (g) GATT umfassend geprüft.[191]

Im Berufungsverfahren wurde bezüglich des *relating to*-Tests nur die Feststellung des Panels hinsichtlich der Signalfunktion durch China beanstandet.[192] Dabei wies der AB das Argument Chinas ausdrücklich zurück und bestätigte die Feststellung des Panels.[193] Bezüglich der Prüfung der *in conjunction with domestic restrictions*-Bedingung des Art. XX (g) GATT im Panel-Bericht wurde nur die Anwendung des *even-handedness*-Erfordernisses durch China beanstandet.[194] Ebenso bestätigte der AB die Feststellung des Panels zu dieser Frage.[195]

Im vorliegenden Abschnitt wird am Beispiel der Panel-Entscheidung die Überprüfung der Geeignetheitseinschätzung Chinas zu ihren Exportquoten für Seltene Erden dargestellt.

---

[187] WTO, Panel-Bericht v. 26.3.2014, WT/DS431/R u.a., „China – Rare Earths", Para. 1.3 und 3.1.

[188] WTO, Panel-Bericht v. 26.3.2014, WT/DS431/R u.a., „China – Rare Earths", Para. 7.200.

[189] WTO, Panel-Bericht v. 26.3.2014, WT/DS431/R u.a., „China – Rare Earths", Para. 7.200.

[190] WTO, Panel-Bericht v. 26.3.2014, WT/DS431/R u.a., „China – Rare Earths", Para. 7.378–7.615.

[191] WTO, Panel-Bericht v. 26.3.2014, WT/DS431/R u.a., „China – Rare Earths", Para. 7.378–7.599.

[192] WTO, AB-Bericht v. 7.8.2014, WT/DS431/AB/R u.a., „China – Rare Earths", Para. 5.75, 5.81, 5.142f.

[193] WTO, AB-Bericht v. 7.8.2014, WT/DS431/AB/R u.a., „China – Rare Earths", Para. 5.151–5.153, 5.154–5.160.

[194] WTO, AB-Bericht v. 7.8.2014, WT/DS431/AB/R u.a., „China – Rare Earths", Para. 5.82.

[195] WTO, AB-Bericht v. 7.8.2014, WT/DS431/AB/R u.a., „China – Rare Earths", Para. 5.165–5.168.

Das Panel erkannte zunächst das Souveränitätsrecht eines WTO-Mitglieds zum Schutz von Naturressourcen an,[196] obwohl dieses Recht nicht uneingeschränkt sei.[197] Einem Mitglied stehe nach Ansicht des Panels das Recht zu, eigenes Schutzniveau zu bestimmen und anzustreben.[198] Hierauf beruhend wurde die Geeignetheit der chinesischen Maßnahme unter Berücksichtigung verschiedener Umstände vom Panel abgelehnt.

### *b) Der relating to-Test des Art. XX (g) GATT*

Bei der Prüfung des *relating to*-Erfordernisses stützte sich das Panel auf die Feststellung des AB in US – Gasoline[199] und entschied, dass die Berücksichtigung des gesamten Regelungssystems zur Konservierung für die Beurteilung, ob sich eine Maßnahme auf die Konservierung natürlicher Ressourcen beziehe, erheblich sei.[200] Nach Würdigung der folgenden Umstände lehnte das Panel die Eignung der chinesischen Maßnahme ab.

#### aa) Textbezug

Das Panel führte zunächst aus, dass eine Maßnahme nicht allein deshalb als auf das angegebene Schutzziel gerichtet qualifiziert werden könne, weil ein Textbezug auf die Konservierung in den betreffenden innerstaatlichen Gesetzen oder Rechtsordnungen bestehe.[201] Der Textbezug stelle nämlich keinen abschließenden Grund für die Bejahung der Geeignetheit einer Maßnahme dar.[202] Hingegen deute die Tatsache, dass in vielen chinesischen Wirtschaftsplänen bzw. Rechtsdokumenten eine durchschnittliche jährliche Wachstumsrate von 60 % für bestimmte Seltenerdindustrien vorgesehen sei, auf eine staatliche Unterstützung für die heimischen Industrien beim Verbrauch Seltener Erden hin.[203]

---

[196] WTO, Panel-Bericht v. 26. 3. 2014, WT/DS431/R u. a., „China – Rare Earths“, Para. 7.266 f., 7.459, 7.730.

[197] WTO, Panel-Bericht v. 26. 3. 2014, WT/DS431/R u. a., „China – Rare Earths“, Para. 7.268–7.270.

[198] WTO, Panel-Bericht v. 26. 3. 2014, WT/DS431/R u. a., „China – Rare Earths“, Para. 7.488.

[199] WTO, AB-Bericht v. 20. 5. 1996, WT/DS2/AB/R, „US – Gasoline“, S. 17.

[200] WTO, Panel-Bericht v. 26. 3. 2014, WT/DS431/R u. a., „China – Rare Earths“, Para. 7.286.

[201] WTO, Panel-Bericht v. 26. 3. 2014, WT/DS431/R u. a., „China – Rare Earths“, Para. 7.388, 7.390.

[202] WTO, Panel-Bericht v. 26. 3. 2014, WT/DS431/R u. a., „China – Rare Earths“, Para. 7.407.

[203] In der Planung „Twelfth Five-Year Hi-Tech Industry Development Plan for Inner Mongolia“ Chinas, vgl. WTO, Panel-Bericht v. 26. 3. 2014, WT/DS431/R u. a., „China – Rare Earths“, Para. 7.399 f., 7.402.

### bb) Illegale Förderung und Produktion im Inland

China trug weiterhin vor, dass die inländische Nachfrage nach Seltenen Erden durch die legale Produktion gedeckt werden könne, die ohne Ausfuhrquoten hätte exportiert werden könnten; wenn also der inländische Bedarf erfüllt werden könne, würde keine illegale Produktion im Inland mehr angereizt.[204]

Nach Ansicht des Panels sei dieser Argumentation jedoch schwierig zuzustimmen, weil die Exportquote als Grenzkontrolle nur den Export legal abgebauter Seltener Erden erfassen könne.[205] Hingegen könne sie die legale oder illegale Förderung im Inland weder verfolgen noch kontrollieren.[206]

Ferner stellte das Panel fest, dass selbst dann, wenn die Exportquoten – wie von China vorgetragen – eine genügende inländische Versorgung garantiert hätten, ein Anreiz zum illegalen Bergbau weiterhin existieren könne, solange inländische Quoten für den Abbau und die Produktion von Seltenen Erden existierten.[207] Außerdem sah das Panel die Regulierung, dass Bergbau- und Produktionsquoten unterhalb der Nachfragengrenze gesetzt wurden, als einen Anreiz für den illegalen Bergbau und damit als eine Beeinträchtigung des Ziels zur Bekämpfung des illegalen Bergbaus und der Produktion für den inländischen Markt an.[208] Daneben sei der niedrige Preis von Seltenen Erden ein Anreiz für den illegalen Bergbau und die Produktion im Inland.[209]

---

204 WTO, Panel-Bericht v. 26.3.2014, WT/DS431/R u.a., „China – Rare Earths", Para. 7.431–7.432.

205 WTO, Panel-Bericht v. 26.3.2014, WT/DS431/R u.a., „China – Rare Earths", Para. 7.434: „While an export quota might operate to check the source of rare earth products destined for export, the Panel fails to see how such export quota could effectively operate to check or ‚trace' the source of rare earth products being consumed domestically." Para. 7.437 a.a.O.: „An export quota is not capable of responding to or tackling the conditions that incentivize illegal extraction and production in these cases because an export quota is simply a quantitative limit on the amount of (legally extracted and produced) rare earth products that can be exported."

206 WTO, Panel-Bericht v. 26.3.2014, WT/DS431/R u.a., „China – Rare Earths", Para. 7.434.

207 WTO, Panel-Bericht v. 26.3.2014, WT/DS431/R u.a., „China – Rare Earths", Para. 7.435.

208 Außerdem sah das Panel die Regulierung, wonach Förderungs- und Produktionsquoten unterhalb der Grenze der Nachfrage festgesetzt wurden, als einen Anreiz für illegale Förderung an, also als eine Beeinträchtigung des Ziels, die illegale Förderung und Produktion für inländischen Markt zu bekämpfen. Hierzu vgl. WTO, Panel-Bericht v. 26.3.2014, WT/DS431/R u.a., „China – Rare Earths", Para. 7.436.

209 WTO, Panel-Bericht v. 26.3.2014, WT/DS431/R u.a., „China – Rare Earths", Para. 7.437.

### cc) Signalfunktion

Nach Ansicht des Panels könnten die Exortquoten zwar als auf die Konservierung abzielend angesehen werden, weil sie die ausländischen Käufer dazu anreizten, nach alternativen Ressourcen zu suchen und damit die Nachfrage nach Seltenen Erden zu reduzieren.[210] Das Panel war jedoch der Auffassung, dass die Exportquoten zugleich ein perverses Signal an einheimische Verbraucher aussenden könnten, weil sie den inländischen Verbrauch von Seltenen Erden stimulieren könnten, weil den inländischen Downstream-Industrien mehr Rohstoffe zu niedrigen Preisen zur Verfügung stünden.[211] Dieses perverse Signal könne zwar durch Bergbaus- und Produktionsquoten überwunden werden, aber China habe nicht hinreichend dargestellt, dass dies in Wirklichkeit der Fall sei.[212]

Außerdem erkannte das Panel zwar an, dass die Bemühungen Chinas, einschließlich verschiedener Projekte zum Recycling von Seltenen Erden, Verbrauchsfreundlicher Änderungen der industriellen Designs nachgelagerter Produkte sowie der Entwicklung von Ersatzstoffen für Seltene Erden, einen großen Beitrag zur Konservierung leisten könnten.[213] Als Zwischenergebnis stellte das Panel jedoch lediglich fest, dass die Exportquoten in Design und Struktur nicht garantieren könnten, dass keine perversen Anreize an die inländischen Verbraucher gesendet würden.[214]

### dd) Nachhaltige Entwicklung inländischer Industrien

China führte ferner aus, dass die Einführung der Ausfuhrquoten dem Ziel diene, die nachhaltige Entwicklung der inländischen Industrien zu garantieren.[215] Das Panel stellte vor allem fest, dass nachhaltige Entwicklung inländischer Industrien zwar schlicht keine Konservierung erschöpfbarer Naturres-

---

[210] WTO, Panel-Bericht v. 26.3.2014, WT/DS431/R u.a., „China – Rare Earths", Para. 7.440–7.443.

[211] WTO, Panel-Bericht v. 26.3.2014, WT/DS431/R u.a., „China – Rare Earths", Para. 7.444.

[212] WTO, Panel-Bericht v. 26.3.2014, WT/DS431/R u.a., „China – Rare Earths", Para. 7.445–7.446.

[213] WTO, Panel-Bericht v. 26.3.2014, WT/DS431/R u.a., „China – Rare Earths", Para. 7.447.

[214] WTO, Panel-Bericht v. 26.3.2014, WT/DS431/R u.a., „China – Rare Earths", Para. 7.447.

[215] WTO, Panel-Bericht v. 26.3.2014, WT/DS431/R u.a., „China – Rare Earths", Para. 7.449.

sourcen im Sinne von Art. XX (g) GATT darstelle, jedoch von der Partei beim Design der konservierenden Maßnahme berücksichtigt werden dürfe.[216]

Sodann erkannte das Panel an, dass Mitglieder der WTO eigene Politiken verfolgen dürften, soweit diese mit ihren Pflichten aus dem WTO-Recht vereinbar seien oder gerechtfertigt sein könnten.[217] Danach stellte das Panel fest, dass eine derartige Maßnahme nicht nach Art. XX (g) GATT, sondern nach Art. XI:2 (a) GATT gerechtfertigt sein solle.[218]

Im Ergebnis stellte das Panel fest, dass eine Maßnahme zum Schutz inländischer Industrien nicht nach Art. XX (g) GATT beurteilt werden könne.[219]

#### ee) Aufteilung der Exportquoten

Als Verteidigung für die Verteilung der Quoten anhand der Nachfrage der einzelnen WTO-Mitglieder führte China wiederum den Schutz der nachhaltigen Entwicklung heimischer Industrien an.[220]

Das Panel hielt fest, dass weder China noch andere WTO-Mitglieder die Verantwortung oder das Recht hätten, die verfügbaren Vorräte unter den verschiedenen Verbrauchern aufzuteilen, sobald die Ressourcen abgebaut und auf den Markt gebracht worden seien.[221] Nach dem Bergbau unterliege der Handel mit Seltenen Erden dem WTO-Recht und dürfe nicht von vornherein ungerechtfertigt beschränkt werden.[222]

#### ff) Kriterien für die Quotenverteilung Seltener Erden

Hinsichtlich der von China aufgestellten Kriterien für die Exportquotensetzung war das Panel der Ansicht, dass China nicht hinreichend dargelegt habe,

---

[216] WTO, Panel-Bericht v. 26.3.2014, WT/DS431/R u.a., „China – Rare Earths“, Para. 7.451.

[217] WTO, Panel-Bericht v. 26.3.2014, WT/DS431/R u.a., „China – Rare Earths“, Para. 7.452.

[218] WTO, Panel-Bericht v. 26.3.2014, WT/DS431/R u.a., „China – Rare Earths“, Para. 7.453, unter Verweis auf WTO, AB-Bericht v. 30.1.2012, WT/DS394/AB/R u.a., „China – Raw Materials“, Para. 308–344.

[219] WTO, Panel-Bericht v. 26.3.2014, WT/DS431/R u.a., „China – Rare Earths“, Para. 7.454.

[220] WTO, Panel-Bericht v. 26.3.2014, WT/DS431/R u.a., „China – Rare Earths“, Para. 7.455 ff.

[221] WTO, Panel-Bericht v. 26.3.2014, WT/DS431/R u.a., „China – Rare Earths“, Para. 7.462.

[222] WTO, Panel-Bericht v. 26.3.2014, WT/DS431/R u.a., „China – Rare Earths“, Para. 7.463.

warum die vorgesehenen Faktoren mit dem Ziel der Konservierung verknüpft sein könnten.[223] Die chinesische Maßnahme könne schwer als Konservierungsbezogen beurteilt werden, weil die Verteilung der Exportquoten nicht nach der Knappheit der Seltenen Erden, sondern anhand anderer, eher kommerzieller Kriterien vorgenommen werde,[224] – etwa nach der geographischen Lage der Seltenen Erden[225] oder nach Volumen und Wert der Exporte in den letzten 5 Jahren.[226]

Diese Kriterien könnten das Konservierungsziel nicht fördern, sondern beeinträchtigen, und dienten daher dem Schutz inländischer Industrien.[227]

### *c) Keine inländischen Beschränkungen*

Als inländische Beschränkungen führte China die folgenden Maßnahmen an: Zugangsvoraussetzungen für den Abbau von Seltenen Erden, die Erhebung von Umweltsteuern, Bergbau-, Herstellungs- und Exportquoten, Umweltschutzanforderungen sowie entsprechende Durchführungsmaßnahmen.

#### aa) Zugangsvoraussetzungen

Das Panel stellte zunächst fest, dass die Zugangsvoraussetzungen in China die inländische Produktion Seltener Erden nicht einschränken könnten, weil keine mengenmäßigen Beschränkungen für den Bergbau auferlegt würden.[228]

#### bb) Förderungs- und Produktionsquoten

China trug vor, dass Förderungs-, Produktions- und Exportquoten für Seltene Erden im Inland eingeführt würden, wodurch der inländische Konsum

---

[223] WTO, Panel-Bericht v. 26.3.2014, WT/DS431/R u.a., „China – Rare Earths", Para. 7.465–472.

[224] WTO, Panel-Bericht v. 26.3.2014, WT/DS431/R u.a., „China – Rare Earths", Para. 7.475–483.

[225] WTO, Panel-Bericht v. 26.3.2014, WT/DS431/R u.a., „China – Rare Earths", Para. 7.478.

[226] WTO, Panel-Bericht v. 26.3.2014, WT/DS431/R u.a., „China – Rare Earths", Para. 7.484–7.485.

[227] WTO, Panel-Bericht v. 26.3.2014, WT/DS431/R u.a., „China – Rare Earths", Para. 7.481, 7.485.

[228] WTO, Panel-Bericht v. 26.3.2014, WT/DS431/R u.a., „China – Rare Earths", Para. 7.495 f., 7.497, 7.500.

beschränkt werden könne.[229] Das Panel hinterfragte sowohl die Gestaltung als auch die Umsetzung dieser Quoten.[230]

Nach Ansicht des Panels könnten die von China vorgelegten Informationen jedoch nicht belegen, dass die Förderungs- und Produktionsquoten im Jahr 2012 im Vergleich zum Vorjahr formell oder materiell verringert worden seien.[231]

Nachdem das Panel das Design und die Struktur der Förderungsquoten analysiert hatte,[232] verneinte es deren Geeignetheit zur Erreichung des Konservierungsziels.[233] Denn China habe nicht hinreichend dargelegt, warum diese Quoten die Nachfrage nach Seltenen Erden reduzieren könnten.[234]

Hinsichtlich der Produktionsquoten stellte das Panel fest, dass diese statt einer Beschränkung eher als Unterstützung der inländischen Produktion angesehen werden sollten.[235] Denn allein aus der Tatsache, dass die Produktionsquoten niedriger oder gleich hoch wie im Vorjahr festgesetzt wurden, könne nicht geschlossen werden, dass sie eine Beschränkung darstellten.[236] Eine solche Beschränkung könne erst dann angenommen werden, wenn die Produktionsquoten unterhalb der erwarteten Nachfrage nach Seltenen Erden lägen.[237] Sodann stellte das Panel fest, dass China keine Beweise dafür vorgelegt habe, dass die inländischen Produktionsquoten unterhalb der erwarteten Nachfrage lägen und somit keine Beschränkung darstellten.[238]

---

229 WTO, Panel-Bericht v. 26.3.2014, WT/DS431/R u.a., „China – Rare Earths", Para. 7.502.

230 WTO, Panel-Bericht v. 26.3.2014, WT/DS431/R u.a., „China – Rare Earths", Para. 7.503.

231 WTO, Panel-Bericht v. 26.3.2014, WT/DS431/R u.a., „China – Rare Earths", Para. 7.509 f.

232 WTO, Panel-Bericht v. 26.3.2014, WT/DS431/R u.a., „China – Rare Earths", Para. 7.515.

233 WTO, Panel-Bericht v. 26.3.2014, WT/DS431/R u.a., „China – Rare Earths", Para. 7.520.

234 WTO, Panel-Bericht v. 26.3.2014, WT/DS431/R u.a., „China – Rare Earths", Para. 7.520.

235 WTO, Panel-Bericht v. 26.3.2014, WT/DS431/R u.a., „China – Rare Earths", Para. 7.528.

236 WTO, Panel-Bericht v. 26.3.2014, WT/DS431/R u.a., „China – Rare Earths", Para. 7.525–7.526.

237 WTO, Panel-Bericht v. 26.3.2014, WT/DS431/R u.a., „China – Rare Earths", Para. 7.525.

238 WTO, Panel-Bericht v. 26.3.2014, WT/DS431/R u.a., „China – Rare Earths", Para. 7.526 ff.

Außerdem würden die chinesischen Förderungs- und Produktionsquoten in der Praxis oft nicht eingehalten.[239] Die generelle Wirkung der Ausfuhrquoten sei ferner die Reduzierung des Preises der Seltenen Erden auf dem Innenmarkt, was die inländische Förderung und Produktion der Seltenen Erden wiederum stimulieren könne.[240]

Insgesamt sah das Panel die inländischen Bergbau- und Produktionsquoten als nicht geeignet an, die Produktion von Seltenen Erden in China zu begrenzen.[241]

#### cc) Inländische Verbrauchsbeschränkung

Das Panel lehnte ab, dass in China eine Verbrauchsbeschränkung für Seltene Erden verhängt worden sei.[242] Zum einen lägen keine Beweise dafür vor, dass inländische Verbrauchsquoten oder andere regulatorische Maßnahmen zur Begrenzung des Inlandsverbrauchs vorhanden seien.[243] Zum anderen seien keine Beweise dafür vorgelegt worden, dass Durchsetzungsmaßnahmen zur Kontrolle des Verbrauchs von Seltenen Erden durch inländische Downstream-Industrien ergriffen würden.[244] Hingegen deuteten die finanziellen Unterstützungsmaßnahmen für diese Industrien darauf hin, dass ein Anreiz zum Verbrauch statt einer Beschränkung des inländischen Verbrauchs von Seltenen Erden gesetzt werde.[245] Aus ähnlichem Grund – wie bei den Förderungs- und Produktionsquoten hinsichtlich des erwarteten Niveaus der Nachfrage nach Seltenen Erden – sah das Panel die Verbrauchsquoten im Inland nicht als Beschränkung an.[246]

---

239 WTO, Panel-Bericht v. 26.3.2014, WT/DS431/R u.a., „China – Rare Earths", Para. 7.540.

240 WTO, Panel-Bericht v. 26.3.2014, WT/DS431/R u.a., „China – Rare Earths", Para. 7.541.

241 WTO, Panel-Bericht v. 26.3.2014, WT/DS431/R u.a., „China – Rare Earths", Para. 7.544.

242 WTO, Panel-Bericht v. 26.3.2014, WT/DS431/R u.a., „China – Rare Earths", Para. 7.547 f.

243 WTO, Panel-Bericht v. 26.3.2014, WT/DS431/R u.a., „China – Rare Earths", Para. 7.547.

244 WTO, Panel-Bericht v. 26.3.2014, WT/DS431/R u.a., „China – Rare Earths", Para. 7.548.

245 WTO, Panel-Bericht v. 26.3.2014, WT/DS431/R u.a., „China – Rare Earths", Para. 7.549.

246 WTO, Panel-Bericht v. 26.3.2014, WT/DS431/R u.a., „China – Rare Earths", Para. 7.550.

#### dd) Umweltsteuer

Nach Ansicht des Panels könne die Ressourcensteuer dazu beitragen, den Bergbau von Seltenen Erden zu verringern, weil die dadurch verursachten erhöhten Kosten langfristig zu einem Rückgang der Nachfrage nach Seltenen Erden führten und somit deren Produktion einschränken könnten; China habe jedoch keine ausreichenden Beweise vorgelegt, um das Panel davon zu überzeugen, dass die Ressourcensteuer eine beschränkende Wirkung haben könne.[247]

#### ee) Umweltschutzanforderungen

Die Vorgaben im Inland, wonach nur solche Unternehmen Zugang zum Bergbau von Seltenen Erden haben durften, die bestimmte Umweltanforderungen erfüllten, sah das Panel nicht als inländische Beschränkungen an, weil eine beschränkende Wirkung nicht ersichtlich sei.[248] Die Tatsache, dass China finanzielle Belohnungen an Bergbau- und Schmelzunternehmen für Seltene Erden gewährte, die das nationale Umweltschutzaudit bestanden hatten, könne ferner die „beschränkende" Wirkung der Umweltanforderungen mindern.[249]

#### ff) Zwischenergebnis

Das Panel stellte zusammenfassend fest, dass auch alle diese Maßnahmen in ihrer Gesamtheit nicht geeignet seien, die inländische Produktion und den inländischen Verbrauch von Seltenen Erden zu beschränken.[250] Somit lägen nach Ansicht des Panels keine inländischen Beschränkungen für die Produktion und den Verbrauch i. S. v. Art. XX (g) GATT vor.[251]

---

[247] WTO, Panel-Bericht v. 26.3.2014, WT/DS431/R u.a., „China – Rare Earths", Para. 7.554 f.

[248] WTO, Panel-Bericht v. 26.3.2014, WT/DS431/R u.a., „China – Rare Earths", Para. 7.560.

[249] WTO, Panel-Bericht v. 26.3.2014, WT/DS431/R u.a., „China – Rare Earths", Para. 7.564.

[250] WTO, Panel-Bericht v. 26.3.2014, WT/DS431/R u.a., „China – Rare Earths", Para. 7.565.

[251] WTO, Panel-Bericht v. 26.3.2014, WT/DS431/R u.a., „China – Rare Earths", Para. 7.566.

#### *d) Die Bedingung „in Verbindung mit inländischen Beschränkungen"*

Als Prüfungsstandard für die *made effective in conjunction with domestic restrictions*-Bedingung des Art. XX (g) GATT stellte das Panel fest, dass die Ausfuhr- und inländischen Beschränkungen gleichzeitig oder nahezu gleichzeitig durchgeführt werden und sich gegenseitig ergänzen müssten.[252] Nach Ansicht des Panels habe China jedoch aus den folgenden Gründen nicht hinreichend dargelegt, wie die Ausfuhrquoten mit den inländischen Produktions- und Verbrauchsbeschränkungen zur Konservierung Seltener Erden zusammenwirkten.[253]

##### aa) Umfang und Zeitpunkt der Export-, Förderungs- und Produktionsquoten 2012

Nach Ansicht des Panels stimmten die Daten zur Zuteilung der Exportquoten im Jahr 2012 nicht mit den Angaben in den einschlägigen Rechtsakten überein,[254] wonach die erste zugeteilte Menge etwa 80% der Gesamtquoten desselben Jahres betrug, die den (ausländischen) Unternehmen zugeteilt werden sollten.[255] Der verbleibende Teil der gesamten Exportquoten für 2012 werde ferner nicht automatisch an berechtigte Unternehmen zugeteilt, weil diese noch das Antragsverfahren für die zweite Zuteilungsrunde der Exportquoten durchlaufen müssten.[256] Außerdem verursachte die Tatsache, dass die drei Quoten im Jahre 2012 zu verschiedenen Zeitpunkten verhängt wurden, Unbestimmtheit und Unvorhersehbarkeit für die Geschäftsplanung ausländischer Unternehmen, weshalb kein Zusammenhang zwischen den genannten Quoten bestehe.[257]

##### bb) Verhängung von Exportquoten nach Produktarten Seltener Erden

Nach Ansicht des Panels werde Chinas Industriepolitik durch die Aufnahme von Seltenerdmetallen in die Exportquoten und das Fehlen einer gesonderten

---

[252] WTO, Panel-Bericht v. 26.3.2014, WT/DS431/R u.a., „China – Rare Earths", Para. 7.568.

[253] WTO, Panel-Bericht v. 26.3.2014, WT/DS431/R u.a., „China – Rare Earths", Para. 7.570.

[254] „2012 First Batch Rare Earth Export Quotas".

[255] WTO, Panel-Bericht v. 26.3.2014, WT/DS431/R u.a., „China – Rare Earths", Para. 7.573.

[256] WTO, Panel-Bericht v. 26.3.2014, WT/DS431/R u.a., „China – Rare Earths", Para. 7.573.

[257] WTO, Panel-Bericht v. 26.3.2014, WT/DS431/R u.a., „China – Rare Earths", Para. 7.575 ff.

Beschränkung für diese Metalle im Inland verdeutlicht, weil die Seltenerdmetallen als Vorprodukte für die inländische Herstellung von Mehrwertprodukten für den Export verwendet würden.[258] Das Panel stellt ferner fest, dass Chinas Exportquoten keine Downstream-Produkte umfassten.[259] Aufgrund der Rückerstattung der Mehrwertsteuer für den Export dieser Produkte solle diese Maßnahme jedoch als Unterstützung inländischer Industrien angesehen werden.[260] Hinsichtlich der Nichteinbeziehung von Metallen, Ferrolegierungen und Downstream-Produkten in die inländischen Produktionsquoten bei gleichzeitiger Einbeziehung einiger dieser Produkte in die Exportquoten stellte das Panel weiterhin fest, dass China mit diesen Maßnahmen die Entwicklung inländischer Industrien fördere.[261]

#### cc) Die *even-handedness*-Anforderung

Nach Auffassung des Panels erfordere Art. XX (g) GATT eine Gleichbehandlung bei der Verhängung inländischer Beschränkungen für die Konservierung.[262] Die chinesischen Maßnahmen könnten diese Anforderung jedoch nicht erfüllen, weil die innerstaatlichen „Beschränkungen" für die Produktion von Seltenen Erden sowohl ausländische als auch inländische Verbraucher beträfen, während die Exportquoten ausschließlich ausländische Verbraucher berührten.[263] Außerdem ergebe sich die Verletzung des *even-handedness*-Gebots daraus, dass nicht verwendete Exportquoten im Inland konsumiert werden dürften und keine Einschränkung für den inländischen Verbrauch bestehe.[264]

---

[258] WTO, Panel-Bericht v. 26.3.2014, WT/DS431/R u.a., „China – Rare Earths", Para. 7.586.

[259] WTO, Panel-Bericht v. 26.3.2014, WT/DS431/R u.a., „China – Rare Earths", Para. 7.589.

[260] WTO, Panel-Bericht v. 26.3.2014, WT/DS431/R u.a., „China – Rare Earths", Para. 7.589.

[261] WTO, Panel-Bericht v. 26.3.2014, WT/DS431/R u.a., „China – Rare Earths", Para. 7.591.

[262] WTO, Panel-Bericht v. 26.3.2014, WT/DS431/R u.a., „China – Rare Earths", Para. 7.317 f.

[263] WTO, Panel-Bericht v. 26.3.2014, WT/DS431/R u.a., „China – Rare Earths", Para. 7.595.

[264] WTO, Panel-Bericht v. 26.3.2014, WT/DS431/R u.a., „China – Rare Earths", Para. 7.594.

#### dd) Zeitliche Diskrepanz zwischen Exportquoten und inländischen Beschränkungen

Das Panel hielt es für signifikant, dass China seit mindestens 2002 Exportquoten für Seltene Erden eingeführt hatte, jedoch erst seit 2006 Beschränkungen für die inländische Förderung und seit 2007 für die inländische Produktion verhängt hatte.[265] Diese zeitliche Distanz lasse Zweifel daran aufkommen, ob die Maßnahmen auf nationaler und internationaler Ebene im Zusammenhang getroffen worden seien. Hierauf stützend kam das Panel zur Schlussfolgerung, dass die Exportquoten nicht in Verbindung mit den inländischen Förderungs- und Produktionsquoten durchgeführt worden seien.[266]

## B. Unklarheit über die Maßgeblichkeit der Geeignetheitseinschätzung des regulierenden WTO-Mitglieds in der Entscheidungspraxis

In der Entscheidungspraxis der WTO-Streitbeilegungsorgane zum „grünen" Art. XX GATT hat sich bislang keine ständige Praxis richterlicher Zurückhaltung bei der Überprüfung der Geeignetheitseinschätzung des regulierenden WTO-Mitglieds herausgebildet. Außerdem bleibt der Beurteilungsmaßstab für diese Einschätzung in der Entscheidungspraxis unklar.

### I. Keine ständige Entscheidungspraxis richterlicher Zurückhaltung

Erstens, wie oben in Teil 3 Kapitel 9 § 1 A. dargelegt, hat sich eine ständige Entscheidungspraxis richterlicher Zurückhaltung bei der Überprüfung der Geeignetheitseinschätzung des regulierenden WTO-Mitglieds bislang nicht herausgebildet. Die Entscheidungspraxis zum „grünen" Art. XX GATT zeigte zwar innerhalb eines bestimmten Zeitraums eine grundsätzliche Tendenz richterlicher Zurückhaltung, wonach die Einschätzung des regulierenden WTO-Mitglieds zur Geeignetheit der angegriffenen Maßnahme maßgeblich war. Dennoch wurde die genannte Geeignetheitseinschätzung in vielen, insbesondere in vielen jüngeren Verfahren von den WTO-Streitbeilegungsorganen abgelehnt. Die richterliche Überprüfung der Geeignetheitseinschätzung des regulierenden WTO-Mitglieds in künftigen Entscheidungen bleibt unklar.

---

[265] WTO, Panel-Bericht v. 26. 3. 2014, WT/DS431/R u. a., „China – Rare Earths", Para. 7.596.

[266] WTO, Panel-Bericht v. 26. 3. 2014, WT/DS431/R u. a., „China – Rare Earths", Para. 7.598.

## II. Unklarheit über den Beurteilungsmaßstab für die Geeignetheitseinschätzung des regulierenden WTO-Mitglieds

Zweitens wurde in der Entscheidungspraxis der WTO-Streitbeilegungsorgane nicht hinreichend geklärt, nach welchem Maßstab die Geeignetheitseinschätzung des regulierenden WTO-Mitglieds überprüft werden soll. Die Unbestimmtheit dieses Maßstabs wird in Teil 5 Kapitel 19 § 1 B. I. 1. b) und § 1 B. I. 2. b) zur Erörterung der Rechtfertigung der Behandlung der Geeignetheitseinschätzung des regulierenden WTO-Mitglieds durch die WTO-Streitbeilegungsorgane ausführlich dargelegt.[267] Hier wird diese Unklarheit zusammenfassend präsentiert.

Zum einen ist die Maßgeblichkeit des qualitativen oder des quantitativen Ansatzes unklar. In manchen Verfahren hielten die WTO-Streitbeilegungsorgane den qualitativen, hingegen nicht den quantitativen Ansatz für maßgeblich. In manchen anderen Verfahren waren sie der Ansicht, dass sowohl der qualitative als auch der quantitative Ansatz für die Überprüfung der Geeignetheitseinschätzung des regulierenden WTO-Mitglieds maßgeblich sein können.[268]

Zum anderen ist das konkrete Beurteilungskriterium des jeweiligen Ansatzes nicht hinreichend klar. Vor allem ist bei der Anwendung des qualitativen Ansatzes nicht hinreichend geklärt, ob eine Mindestschwelle für den Beitrag der angegriffenen Maßnahme zum angegebenen Schutzziel festgelegt werden soll. Falls ja, stellt sich weiterhin die Frage, wann ein solcher Mindestbeitrag vorliegt. Außerdem ist unklar, wann und warum eine (negative) Beurteilung beruhend auf positiven und negativen Auswirkungen der ergriffenen Maßnahme auf das Schutzgut vorgenommen werden soll. Bei der quantitativen Analyse ist vor allem unklar, welcher konkrete quantitative Schwellenwert für die Beurteilung der Geeignetheit einer Maßnahme maßgeblich sein soll.[269]

Hinsichtlich der Teilprüfung der inländischen Beschränkungen i. S. v. Art. XX (g) GATT wurde nicht hinreichend geklärt, wann und warum eine solche Beschränkung als überhaupt nicht vorhanden beurteilt werden darf.[270]

---

[267] Diese Erörterung erfolgt nicht in Teil 3, sondern in Teil 5, weil durch die Ablehnung der Geeignetheitseinschätzung des regulierenden WTO-Mitglieds unvermeidlich eine implizite Abwägung zulasten des genannten Mitglieds vorliegt, die im besonderen Kontext des Art. XX GATT nicht mehr von der Geeignetheitsprüfung gedeckt sein kann und somit eine Angemessenheitsprüfung darstellt. Hierzu siehe: Teil 3 Kapitel 9 § 3 B. und § 3 E.

[268] Teil 5 Kapitel 19 § 1 B. I. 1. b) aa).

[269] Teil 5 Kapitel 19 § 1 B. I. 1. b) bb).

[270] Teil 5 Kapitel 19 § 1 B. I. 2. b).

## § 2 Keine hinreichende Klärung der Maßgeblichkeit der Geeignetheitseinschätzung des regulierenden WTO-Mitglieds im Schrifttum

Weder die allgemeine Diskussion über Prüfungsintensität und richterliche Zurückhaltung im WTO-Recht mit Bezug auf die Interpretation des Art. XX GATT noch die spezielle Diskussion über richterliche Zurückhaltung und Geeignetheitsabwägung im Rahmen der Interpretation des Art. XX GATT im Schrifttum gaben eine abschließende Antwort darauf, ob die Geeignetheitseinschätzung durch das regulierende WTO-Mitglied oder durch die WTO-Streitbeilegungsorgane maßgeblich sein soll.

### A. Keine hinreichende Klärung der Maßgeblichkeit der Geeignetheitseinschätzung des regulierenden WTO-Mitglieds in der allgemeinen Diskussion über Prüfungsintensität und richterliche Zurückhaltung im WTO-Recht mit Bezug auf die Interpretation des Art. XX GATT

In Teil 1 Kapitel 1 § 3 i. V. m. Teil 2 Kapitel 7 § 2 A. III. 1. wurde im Rahmen der Darstellung der allgemeinen Diskussion über Prüfungsintensität und richterliche Zurückhaltung im WTO-Recht mit Bezug auf die Interpretation des Art. XX GATT ausführlich erläutert, dass die Argumente – wie das der besseren Expertise, das Souveränitätsargument und das Argument der institutionellen Rolle – keine abschließende Antwort darauf gaben, inwieweit die WTO-Streitbeilegungsorgane Zurückhaltung bei der Überprüfung der Tatsachenfeststellungen und Rechtsurteile des regulierenden WTO-Mitglieds üben sollen.

Dieses Ergebnis gilt entsprechend für die Maßgeblichkeit der Geeignetheitseinschätzung des regulierenden WTO-Mitglieds. Denn bei dieser Einschätzung handelt es sich sowohl um die Tatsachenfeststellung als auch um das darauf aufbauende Rechtsurteil.[271] Aufgrund empirischer Unsicherheit kann die Geeignetheitsprüfung auch bei einer positiven Beurteilung nicht ohne normatives Urteil auskommen. Dieses Werturteil kann zwar in die Angemessenheitsprüfung verlagert werden, damit die Geeignetheitsprüfung eine empirische Analyse bleibt. Bei einer negativ ausfallenden Geeignetheitsprüfung liegt jedoch unvermeidlich eine implizite Abwägung vor.[272]

Somit wurde in dieser Diskussion nicht hinreichend geklärt, ob und inwieweit die WTO-Streitbeilegungsorgane Zurückhaltung üben oder Abwägung

---

[271] Teil 1 Kapitel 1 § 3 A. III. – § 3 A. IV.

[272] Teil 3 Kapitel 9 § 3 B.

zulasten des regulierenden WTO-Mitglieds vornehmen dürfen. Es bleibt nämlich unklar, wessen Geeignetheitseinschätzung aus welchen Gründen maßgeblich sein soll.

## B. Keine hinreichende Klärung der Maßgeblichkeit der Geeignetheitseinschätzung des regulierenden WTO-Mitglieds in der speziellen Diskussion über richterliche Zurückhaltung und Geeignetheitsabwägung im Rahmen der Interpretation eines Absatzes des Art. XX GATT im Schrifttum

Ähnliches Ergebnis ergibt sich aus der speziellen Diskussion über richterliche Zurückhaltung und Geeignetheitsabwägung im Rahmen der Interpretation eines Absatzes des Art. XX GATT im Schrifttum.[273]

Teil 3 Kapitel 11 der vorliegenden Arbeit ist als Kapitel zur Behandlung der Frage konzipiert, ob die WTO-Streitbeilegungsorgane bei der Überprüfung der Einschätzung des regulierenden WTO-Mitglieds zur Geeignetheit seiner umweltpolitischen Maßnahme anhand der Vermutungs- und Widerlegungsregel richterliche Zurückhaltung gewährt haben. Dabei ist die ausführliche Darstellung dieser speziellen Diskussion notwendig, um die Unbestimmtheit des Geeignetheitsabwägungsarguments zu klären, das von den Gegenparteien bzw. von den WTO-Streitbeilegungsorganen als Widerlegungsgrund angeführt wird. Hingegen wurde die Frage, ob die Geeignetheitseinschätzung des regulierenden WTO-Mitglieds oder der WTO-Streitbeilegungsorgane maßgeblich sein soll, in der speziellen Diskussion nicht abschließend geklärt.

Jedoch lässt der besondere Kontext des Art. XX GATT keine Abwägung, genauer gesagt keine Geeignetheitsabwägung zulasten des regulierenden WTO-Mitglieds im Rahmen der Geeignetheitsprüfung zu. Eine solche Geeignetheitsabwägung stellt nämlich eine Angemessenheitsprüfung dar.[274] Aus diesem Grund erfolgen die ausführliche Darstellung und Stellungnahme zur speziellen Diskussion im Schrifttum nicht in Teil 3, sondern in Teil 5 Kapitel 19.

---

[273] Teil 5 Kapitel 19 § 1 B. I. 1. d).

[274] Teil 3 Kapitel 9 § 3 E.

## § 3 Dogmatische Klarstellung: Maßgeblichkeit der Geeignetheitseinschätzung des regulierenden WTO-Mitglieds als erste Vermutung nach den Vertragsbestimmungen des Art. XX GATT unter Berücksichtigung des dogmatischen Charakters der Geeignetheitsprüfung

Im vorliegenden Abschnitt wird erläutert, dass die Einschätzung des regulierenden WTO-Mitglieds zur Geeignetheit der angegriffenen Maßnahme eine erste Vermutung darstellt.

Zunächst werden die Schwierigkeiten bei der Durchführung der Geeignetheitsprüfung präsentiert. Dabei wird festgestellt, dass sowohl der Bezugspunkt als auch der Gegenstand der Geeignetheitsprüfung nicht hinreichend bestimmt sind. Hierauf beruhend wird dargestellt, dass die Legitimität des angegebenen Schutzziels und des behaupteten Schutzniveaus des regulierenden WTO-Mitglieds durch eine negativ ausfallende Geeignetheitsprüfung immer implizit abgelehnt wird. Anschließend wird klargestellt, dass die Geeignetheitseinschätzung des regulierenden WTO-Mitglieds nicht allein aufgrund dieses Umstands als erste Vermutung maßgeblich sein kann. Eine solche Maßgeblichkeit ergibt sich hingegen aus den Vertragsbestimmungen des Art. XX GATT unter Berücksichtigung des dogmatischen Charakters der Verhältnismäßigkeitsprüfung i. w. S., nämlich der impliziten Abwägung bei negativ ausfallender Geeignetheitsprüfung.

### A. Schwierigkeiten bei der Durchführung der Geeignetheitsprüfung

Bei der Durchführung des Eignungstests treten zwei Schwierigkeiten auf. Einerseits können das angegebene Schutzziel und das behauptete Schutzniveau als Bezugspunkt der Geeignetheitsprüfung nicht ohne Vagheit formuliert werden. Andererseits können die empirischen Auswirkungen der ergriffenen Maßnahme aufgrund empirischer Unsicherheit nicht abschließend bestimmt werden.

#### I. Unvermeidliche vage Formulierung des angegebenen Schutzziels und des behaupteten Schutzniveaus

In Teil 2 Kapitel 4 § 3 wurde erläutert, dass das angegebene Schutzziel und das behauptete Schutzniveau nicht völlig präzise, sondern nur abstrakt formuliert werden können. Der konkrete Inhalt des Bezugspunkts der Geeignetheitsprüfung bleibt nämlich vage.

Im Kontext der Anwendung des Verhältnismäßigkeitsgrundsatzes i. w. S. im Rahmen der Interpretation des Art. XX GATT ist der legitime Zweck jedoch besonders wichtig. Denn dieser ist der Bezugspunkt der drei Elemente der Verhältnismäßigkeitsprüfung i. w. S.[275] Das legitime Ziel als vom regulierenden WTO-Mitglied für wertvoll erachtete empirische Wirkung[276] ist nämlich der materielle Standard für die Geeignetheitsprüfung. Die unzureichende Bestimmbarkeit des angegebenen Schutzziels und des behaupteten Schutzniveaus stellt daher eine weitgehende Beschränkung für die Geeignetheitsprüfung dar.[277] Denn es bleibt unklar, welche Schutzwirkung überhaupt durch die ergriffene Maßnahme erreicht werden soll.

## II. Unbestimmtheit der empirischen Auswirkungen der ergriffenen Maßnahme aufgrund empirischer Unsicherheit

Bei der Geeignetheitsprüfung wird die Frage behandelt, ob das fragliche Mittel den angestrebten Erfolg in irgendeiner Weise fördern kann.[278] Kern dieses Teilgrundsatzes der Verhältnismäßigkeitsprüfung i. w. S. ist grundsätzlich eine empirische Einschätzung der Konsequenzen des Schutzgutseingriffs für das verfolgte Schutzziel.[279] Die Prognose kausaler Verläufe ist jedoch besonders schwierig.[280] Sie kann nicht ohne empirische Unsicherheit erfol-

---

[275] *Grzeszick*, in: Dürig/Herzog/Scholz (Hrsg.), Grundgesetz-Kommentar, Band III, 101. EL 2023, Art. 20 GG VII Rn. 113; *Leisner-Egensperger*, Der legitime Zweck als Bezugspunkt der Verhältnismäßigkeit, JZ 2021, 913, 913–914, 922; *Krugmann*, Der Grundsatz der Verhältnismäßigkeit im Völkerrecht, 2004, S. 49.

[276] Hierzu vgl. *Hirschberg*, Der Grundsatz der Verhältnismäßigkeit, 1981, S. 44 und 163.

[277] Vgl. *von Bernstorff*, Proportionality Without Balancing, in: Lazarus/McCrudden/Bowles (Hrsg.), Reasoning Rights, 2014, S. 82, 83 f., 85.

[278] BVerfG, Beschluss v. 4. 4. 2006, 1 BvR 518/02, „Rasterfahndung II", Rn. 85; BVerfG, Urteil v. 3. 3. 2004, 1 BvR 2378/98 u. a., „Großer Lauschangriff", Rn. 202; BVerfG, Beschluss v. 16. 3. 1971, 1 BvR 52/66 u. a., „Erdölbevorratung", Rn. 70; *Grabitz*, Der Grundsatz der Verhältnismäßigkeit in der Rechtsprechung des BVerfG, AöR 1973, 568, 571–572; *Petersen*, Verhältnismäßigkeit als Rationalität, 2015, S. 169; *Lang*, Der Verhältnismäßigkeitsgrundsatz in der Rechtsprechung des BVerfG, AöR 2020, 75, 100; *Saurer*, Globalisierung des Verhältnismäßigkeitsgrundsatzes, Der Staat 2012, 3, 7.

[279] *Alexy*, Theorie der Grundrechte, 9. Aufl. 2020, S. 101; *Hirschberg*, Der Grundsatz der Verhältnismäßigkeit, 1981, S. 44–45, 50; *Petersen*, Verhältnismäßigkeit als Rationalität, 2015, S. 128, 169; *Webber*, The Negotiable Constitution on the Limitation of Rights, 2009, S. 72, 81.

[280] Vgl. *Hirschberg*, Der Grundsatz der Verhältnismäßigkeit, 1981, S. 51–53.

gen,[281] weil empirische Studien stets von der Wahl von Perspektiven abhängen.[282]

Bei der Geeignetheitsprüfung im Rahmen der Interpretation des Art. XX GATT ist dies auch der Fall.[283] In der Entscheidungspraxis zu Art. XX GATT ist unklar, ob die qualitative oder die quantitative Analyse für die Geeignetheitsprüfung maßgeblich sein soll. Außerdem ist der jeweilige Beurteilungsmaßstab des qualitativen und des quantitativen Ansatzes nicht hinreichend bestimmt. Im Schrifttum wird überwiegend die qualitative Analyse als der von den WTO-Streitbeilegungsorganen festgelegte maßgebliche Ansatz für die Geeignetheitsprüfung angesehen. Dabei werden ebenfalls sowohl der qualitative als auch der quantitative Ansatz für die Geeignetheitsprüfung kritisiert, weil der Beurteilungsmaßstab des jeweiligen Ansatzes nicht hinreichend klar ist.

Eine ausführliche Darstellung dieser Unbestimmtheit erfolgt in Teil 5 Kapitel 19 § 1 B. I. 1. b) und § 1 B. I. 1. d) dd) (4), nämlich in dem Angemessenheitsteil. Denn die Unbestimmtheit der empirischen Analyse kann ohne Berücksichtigung einer negativ ausfallenden „Geeignetheitsprüfung" nicht angemessen erläutert werden. Im Unterschied zur Bejahung wird durch die Ablehnung der „Geeignetheitsprüfung" nämlich keine reine empirische Analyse, sondern unvermeidlich eine implizite Abwägung zulasten des regulierenden WTO-Mitglieds durchgeführt, die nach dem dogmatischen Charakter der Geeignetheitsprüfung i. V. m. den Vertragsbestimmungen des Art. XX GATT eine Angemessenheitsprüfung darstellt.[284]

Die schwierige Erkennbarkeit der empirischen Wirkung einer Maßnahme aufgrund empirischer Unsicherheit wirkt sich negativ auf die Durchführung der Geeignetheitsprüfung aus. Denn der Gegenstand dieser Prüfung ist gerade die empirische Wirkung der Maßnahme auf das einschlägige Schutzgut. Wenn genau diese Wirkung wegen empirischer Unsicherheit nicht abschließend erkennbar ist, kann die Aufgabe der Geeignetheitsprüfung schwierig erfüllt werden. Es könnte zwar eingewandt werden, dass die Kontrolle der Geeignetheitseinschätzung des regulierenden WTO-Mitglieds eine locke Überprüfung darstellt und nur eine grobe Analyse der Wirkung der ergriffenen Maßnahme erfordert.[285] Es stellt sich jedoch dann die Frage, in welchen Ausnahmefäl-

---

281 Vgl. *Petersen*, Verhältnismäßigkeit als Rationalitätskontrolle, 2015, S. 82 f., 170 f.; *Peters*, A Plea for Proportionality, ICON 2021, 1135, 1140.

282 *Petersen*, Verhältnismäßigkeit als Rationalitätskontrolle, 2015, S. 85–87.

283 *Desmedt*, Proportionality in WTO Law, JIEL 2001, 441, 466.

284 Teil 3 Kapitel 9 § 3 B. und § 3 E.

285 *Henckels*, Revisiting Proportionality Analysis, JIEL 2012, 223, 247; *Du*, The Necessity Test in World Trade Law, CJIL 2016, 817, 825; *Vanden Brink*, Suggestions to Utilize GATT's Environmental Exceptions, CJIELP 2010, 85, 107; *Van den Bos-*

len[286] die genannte Geeignetheitseinschätzung abgelehnt werden soll. Ebenso ist unklar, wann eine Maßnahme als offensichtlich[287] ungeeignet angesehen werden soll.

## B. Kernhinweis aus dem Schrifttum: Implizite Abwägung zulasten des regulierenden WTO-Mitglieds bei negativ ausfallender Geeignetheitsprüfung

Die Prüfung der Legitimität der Zwecksetzung und die Prüfung der Zweck-Mittel-Relation sind zwar im Rahmen der Verhältnismäßigkeitsprüfung i. w. S. wesentlich unterschiedlich, auch wenn ggf. der Zweck durch die Wirkung der ergriffenen Maßnahme vom regulierenden WTO-Mitglied definiert wird.[288] Die angestrebte Schutzwirkung und die Schutzwirkung der ergriffenen Maßnahme auf das Schutzziel sind jedoch aufgrund der soeben dargestellten Unbestimmtheit ununterscheidbar und schwer feststellbar.

### I. Implizite Ablehnung der Legitimität des angegebenen Schutzziels und des behaupteten Schutzniveaus bei negativ ausfallender Geeignetheitsprüfung

Bei der konkreten Durchführung der Geeignetheitsprüfung würde das regulierende WTO-Mitglied daher immer so argumentieren bzw. „manipulieren", dass genau die Wirkung der ergriffenen Maßnahme mit der von ihm angestrebten Schutzwirkung vergleichbar ist.[289] Enthält beispielsweise eine Umweltschutzmaßnahme viele Ausnahmen, die sich negativ auf die Erreichung

*sche*, Looking for Proportionality in WTO Law, LIEI 2008, 283, 287 i. V. m. 285, 294; *Panizzon/Arnold/Cottier*, Handel und Umwelt in der WTO, URP 2010, 199, 226. Grundsätzlich so auch: *Vranes*, Der Verhältnismäßigkeitsgrundsatz, AöR 2009, 1, 20; *Bond/Trachtmann*, China – Rare Earths: Export Restrictions and the Limits of Textual Interpretation, WTR 2016, 189, 205.

[286] *Fontanelli*, Necessity Killed the GATT, EJILS 2012/13, 36, 55, vgl. auch Zit. 106 a. a. O.; *Howse/Levy*, The TBT Panels, WTR 2013, 327; *Panizzon/Arnold/Cottier*, Handel und Umwelt in der WTO, URP 2010, 199, 220, 228; *Sykes*, The Least Restrictive Means, UCLR 2003, 403, 406, 415–416; *Bown/Trachtmann*, Brazil-Measures Affecting Imports of Retreaded Tyres: A Balancing Act, WTR 2009, 85, 120, 122–123, 124 f., 128 f.; *Lo*, Disguised Restriction on International Trade under the WTO, JIDS 2013, 111, 134–135.

[287] *Grimm*, Proportionality in Canadian and German Constitutional Jurisprudence, UTLJ 2017, 383, 389; *Lang*, Der Verhältnismäßigkeitsgrundsatz in der Rechtsprechung des BVerfG, AöR 2020, 76, 100.

[288] Ausführlich hierzu siehe: Teil 2 Kapitel 4 § 3 B.

[289] Vgl. *Hirschberg*, Der Grundsatz der Verhältnismäßigkeit, 1981, S. 51; *Krugmann*, Der Grundsatz der Verhältnismäßigkeit im Völkerrecht, 2004, S. 48.

des Schutzziels auswirken,[290] würde das regulierende WTO-Mitglied dennoch argumentieren, dass gerade dieser anscheinend lockere Beitrag dem von ihm behaupteten Schutzniveau entspricht und erwünscht ist. Denn das gewählte Schutzniveau ist erst der Grad, bis zu dem das angegebene Schutzziel konkret erfüllt werden soll.[291]

Eine Ablehnung der Geeignetheitsprüfung ist folglich zugleich eine Ablehnung der Legitimität des angegebenen Schutzziels sowie des behaupteten Schutzniveaus und stellt daher eine implizite Abwägung dar.[292] Die empirische Schutzwirkung der ergriffenen Maßnahme und damit auch die vom regulierenden WTO-Mitglied angestrebte empirische Schutzwirkung werden nämlich nach Ansicht eines Panels implizit als zu gering beurteilt. Das angegebene Schutzziel und das behauptete Schutzniveau werden daher implizit nicht als Bezugspunkt der Geeignetheitsprüfung gesetzt und damit implizit als illegitim eingestuft.[293]

---

290 In diesem Fall die ergriffene Maßnahme als ungeeignet betrachtet: *Howse/Levy*, The TBT Panels, WTR 2013, 327; *Panizzon/Arnold/Cottier*, Handel und Umwelt in der WTO, URP 2010, 199, 220, 228; *Sykes*, The Least Restrictive Means, UCLR 2003, 403, 406, 415–416; *Bown/Trachtmann*, Brazil-Measures Affecting Imports of Retreaded Tyres: A Balancing Act, WTR 2009, 85, 120, 124 f., 128 f.; *Lo*, Disguised Restriction on International Trade under the WTO, JIDS 2013, 111, 134–135.

291 WTO, AB-Bericht v. 12.3.2001, WT/DS135/AB/R, „EC – Asbestos", Para. 168; WTO, AB-Bericht v. 3.12.2007, WT/DS332/AB/R, „Brazil – Retreaded Tyres", Para. 140. Vgl. auch *Bown/Trachtmann*, Brazil-Measures Affecting Imports of Retreaded Tyres: A Balancing Act, WTR 2009, 85, 124.

292 Im Schrifttum zum WTO-Recht wurde die implizite Abwägung aufgrund der Ablehnung der Geeignetheit der umweltpolitischen Maßnahme wenig besprochen: *Vranes*, Der Verhältnismäßigkeitsgrundsatz, AöR 2009, 1, 20; vgl. *Van den Bossche*, Looking for Proportionality in WTO Law, LIEI 2008, 283, 294; *Muller*, The Necessity Test and Trade in Services, JWT 2015, 951, 960.

Im Schrifttum zum deutschen Verfassungsrecht und zum internationalen Menschenrechtsschutz siehe: *Hirschberg*, Der Grundsatz der Verhältnismäßigkeit, 1981, S. 55; *Peters*, A Plea for Proportionality, ICON 2021, 1135, 1140; *Lang*, Der Verhältnismäßigkeitsgrundsatz in der Rechtsprechung des BVerfG, AöR 2020, 75, 123–131 i. V. m. 102–103. Indiziell so auch: *von Bernstorff*, Kerngehaltsschutz durch den UN-Menschenrechtsausschuss und den EGMR, Der Staat 2011, 165, 184; *ders.*, Proportionality Without Balancing, in: Lazarus/McCrudden/Bowles (Hrsg.), Reasoning Rights, 2014, S. 83; vgl. *Petersen*, Verhältnismäßigkeit als Rationalitätskontrolle, 2015, S. 169–170 und 174. So auch, jedoch nur in komplizierten Konstellationen vgl. *Alexy*, Theorie der Grundrechte, 9. Aufl. 2020, S. 103 i. V. m. 100–103 und Zit. 86 a. a. O.

293 Im Unterschied zur Ablehnung der Geeignetheitseinschätzung des regulierenden WTO-Mitglieds taucht die implizite Abwägung nicht in den Fällen auf, in denen die Einschätzung des regulierenden WTO-Mitglieds zur empirischen Gefährdung des Schutzguts und zu empirischen Aspekten des behaupteten Schutzniveaus durch die WTO-Streitbeilegungsorgane korrigiert wird. Denn in diesen Fällen ist das schieds-

Auch im Falle einer Ablehnung aufgrund eines Kalkulationsfehlers handelt es sich um eine implizite Abwägung und damit um die Ablehnung der Legitimität des behaupteten Schutzniveaus des regulierenden WTO-Mitglieds. Denn ein solcher handwerklicher Fehler spiegelt dennoch ein bestimmtes Schutzniveau des regulierenden WTO-Mitglieds wider.[294]

## II. Unvermeidlichkeit der impliziten Abwägung bei negativ ausfallender Geeignetheitsprüfung

Eine implizite Abwägung liegt bei einer negativ ausfallenden Geeignetheitsprüfung auch unvermeidlich vor.[295] Denn zur Ablehnung der Geeignetheitseinschätzung des regulierenden WTO-Mitglieds muss zunächst dessen Einschätzung zur Legitimität des behaupteten Schutzniveaus korrigiert und das korrigierte Schutzniveau zum Bezugspunkt der Geeignetheitsprüfung gemacht werden.

Wird die Geeignetheitseinschätzung des regulierenden WTO-Mitglieds hingegen durch eine lockere Kontrolle[296] bejaht bzw. erst bei der umfassenden Geeignetheitsprüfung im Rahmen der Erforderlichkeitsprüfung eingehend überprüft,[297] bleibt das vom regulierenden WTO-Mitglied festgelegte Schutzniveau unberührt. Aufgrund empirischer Unsicherheit kann die Geeignetheitsprüfung zwar auch bei positiver Beurteilung nicht ohne normatives Urteil

---

richterliche Werturteil jeweils über das behauptete Gefährdungs- und das Schutzniveau noch nicht vorgenommen worden.

[294] Am Beispiel des deutschen Verfassungsrechts vgl. *Hirschberg*, Der Grundsatz der Verhältnismäßigkeit, 1981, S. 51; *Petersen*, Verhältnismäßigkeit als Rationalitätskontrolle, 2015, S. 174.

[295] Im Schrifttum zum WTO-Recht wurde diese Frage wenig besprochen: *Vranes*, Der Verhältnismäßigkeitsgrundsatz, AöR 2009, 1, 20; *Muller*, The Necessity Test and Trade in Services, JWT 2015, 951, 960.

Im Schrifttum zum deutschen Verfassungsrecht und zum internationalen Menschenrechtsschutz siehe: *Hirschberg*, Der Grundsatz der Verhältnismäßigkeit, 1981, S. 55; *Peters*, A Plea for Proportionality, ICON 2021, 1135, 1140; *Lang*, Der Verhältnismäßigkeitsgrundsatz in der Rechtsprechung des BVerfG, AöR 2020, 75, 123–131 i. V. m. 102–103. Indiziell so auch: *von Bernstorff*, Kerngehaltsschutz durch den UN-Menschenrechtsausschuss und den EGMR, Der Staat 2011, 165, 184; *ders.*, Proportionality Without Balancing, in: Lazarus/McCrudden/Bowles (Hrsg.), Reasoning Rights, 2014, S. 83; vgl. *Petersen*, Verhältnismäßigkeit als Rationalitätskontrolle, 2015, S. 169–170 und 174. So auch, jedoch nur in komplizierten Konstellationen, vgl. *Alexy*, Theorie der Grundrechte, 9. Aufl. 2020, S. 103 i. V. m. 100–103 und Zit. 86 a. a. O.

[296] *Van den Bossche*, Looking for Proportionality in WTO Law, LIEI 2008, 283, 294; *Henckels*, Revisiting Proportionality Analysis, JIEL 2012, 223, 247; *Kingsbury/Schill*, The Concept of Proportionality, in: Schill (Hrsg.), International Investment Law and Comparative Public Law, 2010, S. 86.

[297] *Hirschberg*, Der Grundsatz der Verhältnismäßigkeit, 1981, S. 56, 59 f.

auskommen.[298] Dieses Werturteil kann die Geeignetheitsprüfung jedoch nicht berühren, weil es erst im Rahmen der Angemessenheitsprüfung vorgenommen werden und der Gegenstand einer ggf. negativ beurteilten Angemessenheitsprüfung sein kann.[299]

## C. Die klare Regel: Maßgeblichkeit der Geeignetheitseinschätzung des regulierenden WTO-Mitglieds als erste Vermutung gemäß Art. XX GATT

Die Maßgeblichkeit der Geeignetheitseinschätzung des regulierenden WTO-Mitglieds als erste Vermutung kann sich nicht direkt daraus ergeben, dass die Legitimität des angegebenen Schutzziels und des behaupteten Schutzniveaus durch die Ablehnung der genannten Einschätzung immer implizit abgelehnt wird. Hingegen ergibt sich die Geeignetheitsvermutung der ergriffenen umweltpolitischen Maßnahme aus den Vertragsbestimmungen des Art. XX GATT. Die Auflockerungsbedenken dieses Ausnahmerechts auf die Geeignetheitseinschätzung lassen sich anhand des dogmatischen Charakters der Geeignetheitsprüfung, nämlich der impliziten Abwägung, ausräumen.

### I. Keine Vermutungsfeststellung allein aufgrund der Korrektur der Legitimität des behaupteten Schutzniveaus bei negativ ausfallender Geeignetheitsprüfung

Durch die Ablehnung der Geeignetheitsprüfung werden zwar die Legitimität des angegebenen Schutzziels und des behaupteten Schutzniveaus des regulierenden WTO-Mitglieds unbedingt abgelehnt, weil die gewünschte Schutzwirkung nach Ansicht dieses Mitglieds ausschließlich durch die Wirkung der angegriffenen Maßnahme konkretisiert werden kann.

Allein aus diesem Umstand kann jedoch nicht gefolgert werden, dass die Geeignetheitseinschätzung des regulierenden WTO-Mitglieds als erste Vermutung maßgeblich ist.[300] Denn hierfür muss entweder die Einschätzung des regulierenden WTO-Mitglieds zur Legitimität des angegebenen Schutzziels

---

[298] *Petersen*, Verhältnismäßigkeit als Rationalitätskontrolle, 2015, S. 77.

[299] *Hirschberg*, Der Grundsatz der Verhältnismäßigkeit, 1981, S. 149–151; *Grimm*, Proportionality in Canadian and German Constitutional Jurisprudence, UTLJ 2017, 383, 392–393; vgl. *Arsche*, Die Margin of Appreciation, 2018, S. 239.

[300] Im Ergebnis so auch vgl. WTO, Panel-Bericht v. 30.11.2022, WT/DS592/R, „Indonesia – Raw Materials“, Para. 7.262. Das Panel vertrat dabei die Ansicht, dass die Geeignetheitseinschätzung des regulierenden WTO-Mitglieds, also die logische Vermutung des Beitrags der ergriffenen Maßnahme zum angegebenen Schutzziel, nicht maßgeblich sein könne. Das Panel hatte jedoch nicht weiter untersucht, ob sich

einschließlich des behaupteten Schutzniveaus oder zur Geeignetheit der ergriffenen Maßnahme selbst als erste Vermutung maßgeblich sein. In diesen Fällen dürfen die WTO-Streitbeilegungsorgane die Legitimität des angegebenen Schutzzwecks und des behaupteten Schutzniveaus erst nicht nach eigenem Ermessen mittels impliziter Abwägung ablehnen, sondern nur durch Heranziehung tauglicher Widerlegungsgründe. Andernfalls kann die Geeignetheitseinschätzung des regulierenden WTO-Mitglieds nicht als erste Vermutung behandelt werden.

## II. Die klare Regel: Maßgeblichkeit der Geeignetheitseinschätzung des regulierenden WTO-Mitglieds als erste Vermutung nach den Vertragsbestimmungen des Art. XX GATT

Wie bereits in Teil 2 Kapitel 5 § 3 B. III. 1. klargestellt, kann eine Rechtsvermutung ausschließlich durch eine völkerrechtliche Vertragsvorschrift begründet werden. Und die Geeignetheitseinschätzung des regulierenden WTO-Mitglieds stellt nach den Vertragsbestimmungen des Art. XX GATT eine erste Vermutung dar.[301]

## III. Ausräumung der Auflockerungsbedenken anhand des dogmatischen Charakters der Geeignetheitsprüfung

Es kann jedoch eingewandt werden, dass die Feststellung der Legitimitätsvermutung des angegebenen Schutzziels und des behaupteten Schutzniveaus entbehrlich ist, wenn die Maßgeblichkeit der Geeignetheitseinschätzung des regulierenden WTO-Mitglieds als erste Vermutung bereits direkt aus den Vertragsbestimmungen des Art. XX GATT folgt und nicht erst über die Legitimitätsvermutung festgestellt werden muss.

Eine solche Entbehrlichkeit liegt jedoch nicht vor, weil in diesem Fall weiter fraglich ist, ob die betreffenden völkerrechtlich-vertraglichen Rechte, hier das Recht auf die Geeignetheitseinschätzung gemäß Art. XX GATT, durch den Verhältnismäßigkeitsgrundsatz i. w. S., insbesondere durch das Abwägungsargument, relativiert werden sollen.[302] Der Rechtsstatus des angegebenen Schutzziels und des behaupteten Schutzniveaus spielt dabei wiederum eine entscheidende Rolle für die Ausräumung der Auflockerungsbedenken.

---

eine vertragliche Vermutung der Geeignetheit der umweltpolitischen Maßnahme aus den Vertragsbestimmungen des Art. XX (d) GATT ergibt.

301 Teil 2 Kapitel 5 § 3 B. III. 2. b).

302 Zu diesen Relativierungsbedenken im deutschen Verfassungsrecht vgl. u. a. *Hirschberg*, Der Grundsatz der Verhältnismäßigkeit, 1981, S. 186–198.

Denn durch die Ablehnung der Geeignetheitseinschätzung des regulierenden WTO-Mitglieds wird unvermeidlich eine implizite Abwägung und damit eine Ablehnung der Legitimität des behaupteten Schutzniveaus vorgenommen.

Die Bedenken, dass das in Art. XX GATT vorgesehene Einschätzungsrecht des regulierenden WTO-Mitglieds hinsichtlich der Geeignetheit der unilateralen Maßnahme aufgelockert werden soll, lassen sich anhand des dogmatischen Charakters der Verhältnismäßigkeitsprüfung i. w. S., hier der Geeignetheitsprüfung, ausräumen.

Erstens handelt es sich bei der Bejahung der Geeignetheitseinschätzung des regulierenden WTO-Mitglieds als erste Vermutung um die Behandlung des Rechtsstatus dieser Einschätzung als Ausgangssituation. Somit kann dabei keine negative Beurteilung dieser Einschätzung und damit keine implizite Abwägung sowie entsprechend keine Ablehnung der Legitimität des behaupteten Schutzniveaus vorgenommen werden.

Zweitens, soweit die Maßgeblichkeit der Geeignetheitseinschätzung des regulierenden WTO-Mitglieds als erste Vermutung festgestellt wurde, kann diese nur durch Heranziehung eines tauglichen Widerlegungsgrunds widerlegt werden. Wie in Teil 3 Kapitel 10 § 2 dargestellt wird, stellt das Abwägungsargument einschließlich der impliziten Abwägung keinen tauglichen Widerlegungsgrund dar. Die Legitimität des behaupteten Schutzniveaus kann somit nicht zur Auflockerung des Einschätzungsrechts des regulierenden WTO-Mitglieds hinsichtlich der Geeignetheit der Umweltschutzmaßnahme gemäß Art. XX GATT durch eine negative Beurteilung der Geeignetheitsprüfung mittels impliziter Abwägung abgelehnt werden.

Somit ist festzustellen, dass die Einschätzung des regulierenden WTO-Mitglieds zur Geeignetheit seiner umweltpolitischen Maßnahme als erste Vermutung maßgeblich ist.

## D. Umfang der Vermutung

Die Geeignetheitsvermutung umfasst die Gesamtheit der Prognose des regulierenden WTO-Mitglieds, d. h. jede Einzelheit der empirischen Einschätzung hinsichtlich der Struktur seiner Maßnahme zur Erreichung des angegebenen Schutzziels und des behaupteten Schutzniveaus. Hierzu gehört auch ein „loser" Kausalzusammenhang zwischen der angegriffenen Maßnahme und der Erreichung des angegebenen Schutzziels. Nicht nur die Struktur, sondern auch die anscheinend geringe Wirksamkeit der ergriffenen Maßnahme ist von der Geeignetheitsvermutung gedeckt. Darüber hinaus schließt die Vermutung der Geeignetheit auch etwaige Kalkulationsfehler ein, da solche Fehler ebenfalls ein bestimmtes Schutzniveau des regulierenden WTO-Mitglieds zum Ausdruck bringen können. Ob und inwieweit sich diese Fehler negativ auf die

Geeignetheitsvermutung auswirken, ist dann eine Frage der tauglichen Widerlegungsgründe.

Theoretisch umfasst die Geeignetheitsvermutung nicht nur die genannten empirischen Aspekte, sondern auch das darauf aufbauende Werturteil, nämlich das Angemessenheitsurteil. Denn die Geeignetheit der ergriffenen Maßnahme zur Erreichung des angegebenen Schutzziels kann aufgrund empirischer und wissenschaftlicher Unsicherheit nicht ohne Abwägung festgestellt werden.[303] Dieses Werturteil kann aber in die Angemessenheitsprüfung verlagert werden,[304] damit die Geeignetheitsprüfung eine empirische Prüfung bleibt.

## E. Kein Raum für eine implizite Abwägung zulasten des regulierenden WTO-Mitglieds im Rahmen der Geeignetheitsprüfung im Kontext des Art. XX GATT

In der wissenschaftlichen Literatur zum WTO-Recht wird die Frage, ob die implizite Abwägung der Geeignetheitsprüfung zugeordnet werden soll, wenig hervorgehoben. In dieser Diskussion wird zum einen die Möglichkeit einer Abwägung im Rahmen der Geeignetheitsprüfung ohne weiteres bejaht.[305] Zum anderen wird vertreten, dass die Geeignetheitsprüfung keinen Raum für eine Abwägung zulässt, ohne jedoch die durch eine negativ beurteilte Geeignetheitsprüfung entstandene implizite Abwägung zu erkennen.[306]

Hingegen herrschen Meinungsverschiedenheiten über die Rolle der impliziten Abwägung im Rahmen der Geeignetheitsprüfung im innerstaatlichen Recht. Im Folgenden wird diese Diskussion am Beispiel des deutschen Verfassungsrechts dargestellt und weiter klargestellt, dass die Geeignetheitsprüfung im Kontext des Art. XX GATT keine implizite Abwägung zulasten des regulierenden WTO-Mitglieds enthalten darf.

### I. Meinungsverschiedenheiten über die Rolle der impliziten Abwägung im Rahmen der Geeignetheitsprüfung

Einerseits wird im Schrifttum vertreten, dass keine implizite Abwägung im Rahmen der Geeignetheitsprüfung vorgenommen werden soll. Andererseits

[303] *Petersen*, Verhältnismäßigkeit als Rationalitätskontrolle, 2015, S. 77.

[304] *Hirschberg*, Der Grundsatz der Verhältnismäßigkeit, 1981, S. 149–151; *Grimm*, Proportionality in Canadian and German Constitutional Jurisprudence, UTLJ 2017, 383, 392–393; vgl. *Arsche*, Die Margin of Appreciation, 2018, S. 239.

[305] Teil 5 Kapitel 19 § 1 B. I. 1. d) aa) (1), § 1 B. I. 1. d) aa) (2), § 1 B. I. 1. d) cc) (1).

[306] Teil 5 Kapitel 19 § 1 B. I. 1. d) cc) (2).

wird argumentiert, dass eine implizite Abwägung im Rahmen der Geeignetheitsprüfung unvermeidlich ist.

### 1. Keine implizite Abwägung im Rahmen der Geeignetheitsprüfung

Teilweise wird vertreten, dass die Geeignetheitsprüfung, sei sie bejaht oder abgelehnt, nur einer Prognose bedürfe und dadurch kein Werturteil getroffen werden solle.[307] In dieser Richtung wird ferner hervorgehoben, dass die Geeignetheitsprüfung zur Wahrung ihres Charakters als empirische Analyse kaum negativ beurteilt werden dürfe, weil der rechtlich wertende Grund zur Ablehnung der Geeignetheitskontrolle nicht zu dieser gehöre.[308] Auf diese Weise beschränke sich die Geeignetheitsprüfung nämlich auf eine strenge „Mittel-Zweck-Prüfung“ und unterscheide sich von der Bewertung im Rahmen der Angemessenheitsprüfung.[309]

### 2. Implizite Abwägung im Rahmen der Geeignetheitsprüfung

Hingegen wird argumentiert, dass die implizite Abwägung im Rahmen der Geeignetheitsprüfung unvermeidlich sei.[310] Demnach könne die Geeignetheitsprüfung ohne Werturteil nicht vorgenommen werden, weil ein Schiedsrichter den erforderlichen Wahrscheinlichkeitsgrad bei der Entscheidung festsetzen müsse.[311] Insbesondere wird hervorgehoben, dass sich die implizite Abwägung im Rahmen der Geeignetheitsprüfung von der Abwägung bei der

---

307 *Schlink*, Der Grundsatz der Verhältnismäßigkeit, in: Badura/Dreier (Hrsg.), FS 50 Jahre BVerfG, Band II, 2001, S. 456; *ders.*, Abwägung im Verfassungsrecht, 1976, S. 148.

308 *Hirschberg*, Der Grundsatz der Verhältnismäßigkeit, 1981, S. 55; *Grimm*, Proportionality in Canadian and German Constitutional Jurisprudence, UTLJ 2017, 383, 390.

309 *Grimm*, Proportionality in Canadian and German Constitutional Jurisprudence, UTLJ 2017, 383, 393.

310 *Peters*, A Plea for Proportionality, ICON 2021, 1135, 1140; *Lang*, Der Verhältnismäßigkeitsgrundsatz in der Rechtsprechung des BVerfG, AöR 2020, 75, 123–131 i. V. m. 102–103; *Vranes*, Der Verhältnismäßigkeitsgrundsatz, AöR 2009, 1, 20; *Muller*, The Necessity Test and Trade in Services, JWT 2015, 951, 960. Indiziell so auch: *von Bernstorff*, Kerngehaltsschutz durch den UN-Menschenrechtsausschuss und den EGMR, Der Staat 2011, 165, 184; *ders.*, Proportionality Without Balancing, in: Lazarus/McCrudden/Bowles (Hrsg.), Reasoning Rights, 2014, S. 83; vgl. *Petersen*, Verhältnismäßigkeit als Rationalitätskontrolle, 2015, S. 169–170 und 174. So auch aber nur in komplizierten Konstellationen vgl. *Alexy*, Theorie der Grundrechte, 9. Aufl. 2020, S. 103 i. V. m. 100–103 und Zit. 86 a. a. O.

311 *Vranes*, Der Verhältnismäßigkeitsgrundsatz, AöR 2009, 1, 20; *Muller*, The Necessity Test and Trade in Services, JWT 2015, 951, 960.

Angemessenheitsprüfung wesentlich unterscheide: Während die implizite Abwägung bei der Geeignetheitsprüfung in begrenztem Umfang vorgenommen und den Zweck des Gesetzgebers dabei noch respektiert werde, ermögliche die offene Interessenabwägung im Rahmen der Angemessenheitsprüfung hingegen eine umfassende Abweichung vom Zweck des Gesetzgebers.[312]

## II. Kein Raum für eine implizite Abwägung zulasten des regulierenden WTO-Mitglieds im Rahmen der Geeignetheitsprüfung im Kontext des Art. XX GATT

Im Kontext des Art. XX GATT ist aus den folgenden Gründen der erstgenannten Ansicht zuzustimmen, dass kein Werturteil im Rahmen der Geeignetheitsprüfung vorgenommen werden soll.

### 1. Fehlende Entscheidungsrelevanz der herangezogenen Argumente

Erstens kann die implizite Abwägung im Rahmen der Geeignetheitsprüfung zumindest dadurch vermieden werden, dass die Geeignetheitsprüfung immer positiv beurteilt wird. In diesem Fall erfolgt keine Korrektur des angegebenen Schutzziels und des behaupteten Schutzniveaus. Aufgrund empirischer und wissenschaftlicher Unsicherheit kann zwar auch eine Bejahung der Geeignetheit der ergriffenen Maßnahme nicht ohne Abwägung erfolgen.[313] Die WTO-Streitbeilegungsorgane müssen nämlich die Abwägungsentscheidung treffen, dass die empirische Schutzwirkung der Maßnahme als die vom regulierenden WTO-Mitglied angestrebte empirische Schutzwirkung angesehen werden kann. Diese Abwägungsentscheidung kann jedoch in die Angemessenheitsprüfung verlagert werden.[314] Wird die Geeignetheitseinschätzung des regulierenden WTO-Mitglieds von einem Panel hingegen abgelehnt, muss es zwar den Wahrscheinlichkeitsgrad festlegen[315] und eine implizite Abwägung zulasten des regulierenden WTO-Mitglieds liegt dadurch unvermeidlich vor.[316]

---

[312] *Peters*, A Plea for Proportionality, ICON 2021, 1135, 1140. Indiziell so auch: *von Bernstorff*, Kerngehaltsschutz durch den UN-Menschenrechtsausschuss und den EGMR, Der Staat 2011, 165, 184; *ders.*, Proportionality Without Balancing, in: Lazarus/McCrudden/Bowles (Hrsg.), Reasoning Rights, 2014, S. 83; vgl. *Petersen*, Verhältnismäßigkeit als Rationalitätskontrolle, 2015, S. 169–170 und 174.

[313] *Petersen*, Verhältnismäßigkeit als Rationalitätskontrolle, 2015, S. 77.

[314] *Hirschberg*, Der Grundsatz der Verhältnismäßigkeit, 1981, S. 149–151; *Grimm*, Proportionality in Canadian and German Constitutional Jurisprudence, UTLJ 2017, 383, 392–393; vgl. *Arsche*, Die Margin of Appreciation, 2018, S. 239.

[315] *Vranes*, Der Verhältnismäßigkeitsgrundsatz, AöR 2009, 1, 20; *Muller*, The Necessity Test and Trade in Services, JWT 2015, 951, 960.

[316] Teil 3 Kapitel 9 § 3 B.

Fraglich ist jedoch gerade, ob diese negativ beurteilte Geeignetheitsprüfung gemäß Art. XX GATT überhaupt zulässig ist, nämlich ob die Voraussetzungen für deren Ablehnung überhaupt erfüllt sind.

Zweitens ist es schwierig, eine implizite Abwägung von einer offenen Abwägung anhand ihres Umfangs zu unterscheiden. Gemeinsamkeit beider Arten von Abwägungen besteht darin, dass es sich dabei um die Korrektur des behaupteten Schutzniveaus des regulierenden WTO-Mitglieds handelt. Auch bei einer Abwägung in anscheinend geringem Umfang handelt es sich um die Korrektur des behaupteten Schutzniveaus. Der Kernunterschied zwischen der impliziten Abwägung im Rahmen der Geeignetheitsprüfung und der Abwägung im Rahmen der Angemessenheitsprüfung besteht hingegen darin, dass bei der erstgenannten Art der Abwägung keine deklaratorische Korrektur des behaupteten Schutzniveaus vorgenommen wird, sondern lediglich die „Erreichung“ des genannten Schutzniveaus überprüft wird. Folglich kann die implizite Abwägung bei einer negativ beurteilten Geeignetheitsprüfung tatsächlich weniger umfassend sein als die Abwägung bei der Angemessenheitsprüfung. Eine richterliche einzelfallbezogene Abwägung ist jedoch letztlich subjektiv, dezisionistisch[317] und kann nicht rationalisiert werden.[318] Aus dieser Unbestimmtheit des Abwägungsumfangs folgt, dass kein Beurteilungsmaßstab dafür besteht, wann eine Abwägung als umfassend oder als begrenzt anzusehen ist.

### 2. Kein Raum für eine implizite Abwägung zulasten des regulierenden WTO-Mitglieds im Rahmen der Geeignetheitsprüfung im Kontext des Art. XX GATT anhand des Charakters der Vermutung

Da bereits festgestellt wurde, dass die Geeignetheitseinschätzung des regulierenden WTO-Mitglieds als erste Vermutung maßgeblich ist, muss die Geeignetheitsprüfung zunächst vorläufig positiv beurteilt werden. Dann kann diese Vermutung nur durch die Heranziehung eines tauglichen Widerlegungsgrunds widerlegt werden.[319] Wie in Teil 3 Kapitel 10 § 1 A. – § 1 B. dargestellt wird, kann die Widerlegung der Geeignetheitsvermutung aufgrund der Feststellung einer willkürlichen Diskriminierung oder einer versteckten Handelsbeschränkung i. S. d. Chapeaus des Art. XX GATT nicht bereits bei der Geeig-

---

[317] *Schlink*, Der Grundsatz der Verhältnismäßigkeit, in: Badura/Dreier (Hrsg.), FS 50 Jahre BVerfG, Band II, 2001, S. 458f., 460; *Petersen*, Verhältnismäßigkeit als Rationalitätskontrolle, 2015, S. 269.

[318] Vgl. *von Bernstorff*, Kerngehaltsschutz durch den UN-Menschenrechtsausschuss und den EGMR, Der Staat 2011, 165, 183–184.

[319] Teil 3 Kapitel 9 § 3 C.

netheitsprüfung, sondern erst nach der Bejahung der Angemessenheitsvermutung vorgenommen werden. Außerdem stellt das Abwägungsargument, einschließlich der impliziten Abwägung, keinen tauglichen Widerlegungsgrund dar und kann daher nicht bei der Geeignetheitsprüfung angewendet werden. Eine dennoch vorgenommene implizite Abwägung bei der „Geeignetheitsprüfung“ im Kontext des Art. XX GATT stellt somit eine fehlerhafte Anwendung der Geeignetheitsprüfung dar, die keinen Raum für eine solche Abwägung zulasten des regulierenden WTO-Mitglieds zulässt.[320]

### 3. Reichweite der Schlussfolgerung

Dieses Ergebnis gilt jedoch nur für Fälle, in denen die fragliche Geeignetheitseinschätzung als erste Vermutung, beispielsweise im Kontext des Art. XX GATT, darstellt. Wenn dies nicht der Fall ist, unterläge die Ablehnung der fraglichen Geeignetheitseinschätzung keiner Vermutungs- und Widerlegungsregel und die implizite Abwägung scheint in diesem Prüfschritt damit unvermeidlich zu sein.

Zur Aufrechterhaltung der Kennzeichnung der Geeignetheitsprüfung als empirische Rationalitätskontrolle wäre die nationale Bewertung alternativ als unrechtsverbindliche Materialien zu behandeln, die für die Geeignetheitsprüfung rechtsunerheblich seien.[321] In diesem Fall wäre die durch die Ablehnung der nationalen Geeignetheitseinschätzung entstandene implizite Bewertung nur als Konkretisierung des behaupteten Schutzziels des Richters anzusehen, weil die Formulierung des Schutzziels auf der Prüfungsstufe des legitimen Ziels nur abstrakt sein kann.[322] Außerdem könne die Ablehnung der nationalen Bewertung nicht im Rahmen der Geeignetheitsprüfung vorgenommen, sondern in die Angemessenheitsprüfung verlagert werden.[323]

---

320 Im Ergebnis grundsätzlich auch: *Hirschberg*, Der Grundsatz der Verhältnismäßigkeit, 1981, S. 55. Dabei wird jedoch nicht unterschieden, ob es sich bei der fraglichen Geeignetheitseinschätzung um eine erste Vermutung handelt oder nicht.

321 Vgl. auch *Schlink*, Der Grundsatz der Verhältnismäßigkeit, in: Badura/Dreier (Hrsg.), FS 50 Jahre BVerfG, Band II, 2001, S. 456–458. Nach Schlink gilt diese Behandlungsweise jedoch nicht für die Geeignetheits-, sondern nur für die Erforderlichkeitsprüfung. Dabei unterscheidet Schlink auch nicht, ob es sich bei der fraglichen Erforderlichkeitseinschätzung um eine erste Vermutung handelt oder nicht. Nach vorliegender Untersuchung kann die genannte Einschätzung nicht als unrechtsverbindliche Materialien behandelt werden, sie unterliegt hingegen der Vermutungs- und Widerlegungsregel, sofern sie eine erste Vermutung darstellt.

322 Teil 2 Kapitel 4 § 3.

323 Für den Vorschlag einer solchen Behandlung vgl. *Hirschberg*, Der Grundsatz der Verhältnismäßigkeit, 1981, S. 55. Dabei wird nicht unterschieden, ob es sich bei der fraglichen Geeignetheitseinschätzung um eine erste Vermutung handelt oder nicht.

Wie die richterliche Abwägung in den beiden Konstellationen zu behandeln ist, bedarf gesonderter Untersuchung, die den Umfang der vorliegenden Arbeit als spezielle Untersuchung zur Anwendung des Verhältnismäßigkeitsgrundsatzes i. w. S. bei der Interpretation des Art. XX GATT überschreitet.

### 4. Keine Überflüssigkeit der Geeignetheitsprüfung für die Interpretation des Art. XX GATT

Die Geeignetheitsprüfung im Kontext des Art. XX GATT läuft aber nicht ins Leere,[324] wenn sie nur positiv beurteilt werden darf. Im Kontext des Art. XX GATT ist diese Prüfung notwendig, weil die Geeignetheitsvermutung gemeinsam mit der Erforderlichkeits- und Angemessenheitsvermutung der ergriffenen Maßnahme eine Grundlage beispielsweise für die etwaige Feststellung einer willkürlichen Diskriminierung i. S. d. Chapeaus des Art. XX GATT legt.[325]

Außerdem setzt auch die Abwägung empirische Erwägungen voraus.[326] Ohne Geeignetheitseinschätzung ist die Abwägung bei der Angemessenheitsprüfung, egal ob sie positiv oder negativ ausfällt, nämlich gegenstandslos. Dieses Ergebnis gilt auch für Fälle, in denen die Geeignetheitseinschätzung des Staates/Handelnden nicht als erste Vermutung maßgeblich ist.[327]

## F. Zwischenergebnis

Sowohl der Bezugspunkt als auch der Gegenstand der Geeignetheitsprüfung sind nicht hinreichend bestimmt, was zur Unbestimmtheit der Geeignetheitsprüfung führt (Teil 3 Kapitel 9 § 3 A.). Eine implizite Abwägung zulasten des regulierenden WTO-Mitglieds liegt durch die Ablehnung der Geeignetheitseinschätzung dieses Mitglieds unvermeidlich vor. Denn die Legitimität des angegebenen Schutzziels und des behaupteten Schutzniveaus des regulierenden WTO-Mitglieds wird durch eine negativ ausfallende Geeignetheitsprüfung stets implizit abgelehnt (Teil 3 Kapitel 9 § 3 B.).

Allein aus diesem Umstand kann sich noch nicht ergeben, dass die Geeignetheitseinschätzung des regulierenden WTO-Mitglieds als erste Vermutung maßgeblich ist. Eine solche Maßgeblichkeit ergibt sich hingegen aus den

---

324 Entgegen *Krugmann*, Der Grundsatz der Verhältnismäßigkeit im Völkerrecht, S. 48 und 124; *Lang*, Der Verhältnismäßigkeitsgrundsatz in der Rechtsprechung des BVerfG, AöR 2020, 75, 123–127; *Chang/Dai*, The Limited Usefulness of the Proportionality Principle, ICON 2021, 1110, 1120.

325 Teil 6 Kapitel 21 § 1 B. II. 2.

326 Vgl. *Petersen*, Verhältnismäßigkeit als Rationalitätskontrolle, 2015, S. 79–80.

327 Diese Fälle sind nicht Gegenstand der vorliegenden Arbeit.

Vertragsbestimmungen des Art. XX GATT als klare Regel unter Berücksichtigung des dogmatischen Charakters der Verhältnismäßigkeitsprüfung i. w. S., nämlich der impliziten Abwägung bei einer negativ ausfallenden Geeignetheitsprüfung (Teil 3 Kapitel 9 § 3 C.).

Die Geeignetheitsvermutung umfasst die Gesamtheit der empirischen Prognose des regulierenden WTO-Mitglieds zur Erreichung des angegebenen Schutzziels und des behaupteten Schutzniveaus. Daneben umfasst die Geeignetheitsvermutung theoretisch auch das darauf aufbauende Werturteil, nämlich das Angemessenheitsurteil. Dieses Werturteil kann aber in die Angemessenheitsprüfung verlagert werden, damit die Geeignetheitsprüfung eine empirische Analyse bleibt (Teil 3 Kapitel 9 § 3 D.). Im Allgemeinen kann eine implizite Abwägung ggf. von einer Geeignetheitsprüfung gedeckt sein und stellt daher nicht unbedingt eine Angemessenheitsprüfung dar. Im Kontext des Art. XX GATT lässt die Geeignetheitsprüfung jedoch keinen Raum für eine implizite Abwägung zulasten des regulierenden WTO-Mitglieds zu, und eine solche Abwägung stellt eine Angemessenheitsprüfung dar (Teil 3 Kapitel 9 § 3 E.).

## Kapitel 10

# Taugliche Widerlegungsgründe gegen die Vermutung der Maßgeblichkeit der Geeignetheitseinschätzung des regulierenden WTO-Mitglieds

Soweit festgestellt wurde, dass die Einschätzung des regulierenden WTO-Mitglieds zur Geeignetheit der ergriffenen Maßnahme als erste Vermutung maßgeblich ist, stellt sich die Frage, mit welchem tauglichen Grund diese Vermutung widerlegt werden kann.

## § 1 Taugliche Widerlegungsgründe

Willkürliche Diskriminierung und verschleierte Handelsbeschränkung i. S. d. Chapeaus des Art. XX GATT sind unproblematisch vertraglich vorgesehene taugliche Widerlegungsgründe. Die Geltendmachung dieser beiden Gründe setzt jedoch die Bejahung der Verhältnismäßigkeitsvermutung i. w. S. der angegriffenen Maßnahme als erste Vermutung voraus. Wenn einer der beiden Gründe erfolgreich geltend gemacht wird, kann die ergriffene Umweltmaßnahme aufgrund der widerlegenden Wirkung nicht mehr als geeignet beurteilt werden.

## A. Willkürliche Diskriminierung und verschleierte Handelsbeschränkung i. S. d. Chapeaus des Art. XX GATT als vertraglich vorgesehene Widerlegungsgründe

Aus dem Wortlaut des Art. XX GATT ergibt sich unproblematisch, dass willkürliche Diskriminierung und verschleierte Handelsbeschränkung i. S. d. Chapeaus taugliche Widerlegungsgründe darstellen. Dies lässt sich auch durch das in der ständigen Entscheidungspraxis festgelegte zweistufige Prüfungsschema des Art. XX GATT bestätigen.[328]

## B. Einschränkung der Geltendmachung tauglicher Widerlegungsgründe

Die Geltendmachung beider tauglicher Widerlegungsgründe ist jedoch eingeschränkt. Sie können nicht schon bei der Geeignetheitsprüfung, sondern erst nach der Bejahung der Angemessenheit der ergriffenen Maßnahme als erste Vermutung geltend gemacht werden.

Die Prüfung des Chapeaus kommt nämlich erst dann in Betracht, wenn der betreffende Absatz des Art. XX GATT erfüllt ist und damit die vorläufige Rechtmäßigkeit einschließlich der vorläufigen Angemessenheit der angegriffenen Maßnahme bejaht wurde. Außerdem ist die genannte Einschränkung auf den Tatbestand der willkürlichen Diskriminierung i. S. d. Chapeaus des Art. XX GATT zurückzuführen. Denn die Verhältnismäßigkeit i. w. S. der ergriffenen Maßnahme bestimmt die Gleichheit der Behandlung zur Feststellung einer Diskriminierung i. S. d. Chapeaus des Art. XX GATT. Ebenso setzt die Beurteilung der verschleierten Handelsbeschränkung i. S. d. Chapeaus die Bejahung der vorläufigen Rechtmäßigkeit der angegriffenen Maßnahme voraus.[329]

## C. Widerlegende Wirkung

Liegt eine willkürliche oder ungerechtfertigte Diskriminierung i. S. d. Chapeaus des Art. XX GATT vor, wird die vermutete Geeignetheit der angegriffenen Maßnahme widerlegt, weil eine Maßnahme, die ihrer Struktur und Ausgestaltung nach willkürliche oder ungerechtfertigte diskriminierende Wirkung hat, rechtswidrig ist und daher nicht mehr als geeignet beurteilt werden kann. Wenn eine verschleierte Handelsbeschränkung i. S. d. Chapeaus des Art. XX

---

[328] Teil 2 Kapitel 6 § 1 A.

[329] Teil 2 Kapitel 6 § 1 B.

GATT festgestellt wird, deutet dies unmittelbar darauf hin, dass das behauptete Schutzniveau des regulierenden WTO-Mitglieds unangemessen hoch und daher vertraglich verboten ist.[330] In diesem Fall kann die angegriffene Maßnahme nicht mehr geeignet sein, weil sie nach ihrer Struktur und Ausgestaltung zur Erreichung eines rechtswidrigen Schutzniveaus bestimmt ist.

## § 2 Untaugliche Widerlegungsgründe

Das explizite Abwägungsargument ist nicht einschlägig für die Widerlegung der Geeignetheitsvermutung der ergriffenen Maßnahme. Die empirische Wirkung der angegriffenen Umweltschutzmaßnahme auf das angegebene Schutzziel, bei der es sich eigentlich um ein implizites Abwägungsargument handelt, stellt keinen tauglichen Widerlegungsgrund gegen die Geeignetheitsvermutung dar. Neben dem Chapeau des Art. XX GATT als völkerrechtlicher Vertragsvorschrift können sich keine weiteren tauglichen Widerlegungsgründe aus dem Völkergewohnheitsrecht oder aus allgemeinen Rechtsgrundsätzen ergeben.

### A. Keine Einschlägigkeit des expliziten Abwägungsarguments für die Widerlegung der Geeignetheitsvermutung

Im Unterschied zur Legitimitäts- und Angemessenheitsprüfung ist das explizite Abwägungsargument, nämlich die offene richterliche einzelfallbezogene Abwägung, für die Geeignetheitsprüfung und damit für die ggf. im Rahmen dieser Prüfung vorgenommene Widerlegung der Geeignetheitsvermutung nicht einschlägig. Denn bei der Geeignetheitsprüfung ist noch explizit von der Erreichung des angegebenen Schutzziels und des behaupteten Schutzniveaus die Rede, nicht jedoch von deren Überprüfung.

### B. Empirische Wirkung der Maßnahme/implizites Abwägungsargument als untauglicher Widerlegungsgrund

Die Prüfung sowohl der *necessary to*-Bedingung in Art. XX (a) und (b) GATT als auch der *relating to*-Bedingung in Art. XX (g) GATT umfasst u. a. eine Prüfung der Geeignetheit.[331] Fällt diese Prüfung aufgrund einer an-

---

[330] Die hier genannte Handelsbeschränkung ist die verschleierte Handelsbeschränkung i. S. d. Chapeaus des Art. XX GATT im engeren Sinne. Ausführlich hierzu siehe: Teil 6 Kapitel 21 § 2 B.

[331] Teil 1 Kapitel 1 § 5 B.

scheinend geringen empirischen Schutzwirkung der angegriffenen Umweltschutzmaßnahme auf das angegebene Schutzziel negativ aus, kann die Geeignetheitsprüfung nicht mehr rein empirisch erfolgen, sondern es liegt unvermeidlich eine implizite Abwägung zulasten des regulierenden WTO-Mitglieds vor.[332]

Im Schrifttum ist umstritten, ob die Geeignetheitsprüfung als Rationalitätsprüfung eine implizite Abwägung enthalten darf.[333] Im Folgenden wird erläutert, dass die empirische Wirkung der ergriffenen Umweltschutzmaßnahme – ein implizites Abwägungsargument – in beiden Fällen keinen tauglichen Widerlegungsgrund darstellt.

## I. Implizites Abwägungsargument als untauglicher Widerlegungsgrund bei Unzulässigkeit einer solchen Abwägung im Rahmen der Geeignetheitsprüfung

Ist eine implizite Abwägung bei der Geeignetheitsprüfung nicht zulässig, scheidet die Widerlegung der Geeignetheitsvermutung mittels des impliziten Abwägungsarguments in diesem Prüfschritt aus.

## II. Implizites Abwägungsargument als untauglicher Widerlegungsgrund bei Zulässigkeit einer solchen Abwägung im Rahmen der Geeignetheitsprüfung

Falls eine implizite Abwägung bei der Geeignetheitsprüfung hingegen zulässig ist, kann die Geeignetheitsvermutung der angegriffenen Maßnahme ebenso nicht mittels des impliziten Abwägungsarguments widerlegt werden. Denn dieses Argument stellt aus den folgenden Gründen keinen tauglichen Widerlegungsgrund im Kontext des Art. XX GATT dar.

Vorerst ist darauf hinzuweisen, dass die Geeignetheitsprüfung in dieser Variante nicht mehr eine rein empirische Analyse sein kann. Diese Prüfung ist hingegen eine solche, die sowohl die empirische Beurteilung als auch das darauf aufbauende Werturteil enthält.[334] Auch eine positiv beurteilte Geeignetheitsprüfung ist in diesem Fall nicht rein empirisch, sondern enthält eine subjektive Feststellung aufbauend auf der empirischen Wirkung der Maßnahme auf das Schutzgut.[335]

---

[332] Teil 3 Kapitel 9 § 3 B.

[333] Teil 3 Kapitel 9 § 3 E. I.

[334] Teil 3 Kapitel 9 § 3 B.

[335] *Petersen*, Verhältnismäßigkeit als Rationalitätskontrolle, 2015, S. 77.

Dementsprechend ist der Gegenstand der Geeignetheitsvermutung in diesem Fall sowohl die empirische Auswirkung der angegriffenen Umweltmaßnahme auf das angegebene Schutzziel als auch das darauf aufbauende Werturteil. Gegenstand dieser Vermutung ist nämlich die Gesamtheit der nationalen Prognose, d.h. jede Einzelheit der empirischen Einschätzung des regulierenden WTO-Mitglieds zur Struktur und Ausgestaltung der Maßnahme zur Erreichung des angegebenen Schutzziels und des behaupteten Schutzniveaus. Ebenso umfasst diese Vermutung das auf den vorgenannten empirischen Auswirkungen aufbauende Werturteil. Dieses Werturteil ist implizit das Angemessenheitsurteil, das aber alternativ in die Angemessenheitsprüfung verschoben werden kann.[336]

Hieraus ergibt sich, dass die Geeignetheitsvermutung selbst kein tauglicher Widerlegungsgrund gegen dieselbe Vermutung sein kann.

Die hier zu begründende These ist nämlich, ob und wie die Geeignetheitsvermutung widerlegt werden kann. Wenn die empirischen Auswirkungen der angegriffenen Umweltmaßnahme oder das darauf aufbauende Werturteil als Widerlegungsgrund gegen die Geeignetheitsvermutung geltend gemacht werden, liegt eigentlich noch keine Begründung vor, sondern nur eine Wiederholung der zu begründenden These. Denn gerade aufbauend auf diesen empirischen Aspekten wurde das vorgenannte Werturteil getroffen, dessen Maßgeblichkeit eine erste Vermutung darstellt.

Die Geeignetheitsvermutung selbst stellt daher keinen tauglichen Widerlegungsgrund gegen dieselbe Vermutung dar. Andernfalls kann eine Geeignetheitsvermutung bereits aus dem Grund abschließend widerlegt werden, dass die Vermutung eine solche ist. Dies führt zu einem Widerspruch, weil die angegriffene Maßnahme in diesem Fall sowohl vorläufig geeignet als auch endgültig ungeeignet ist. Dies führt zugleich zur Unwirksamkeit des einschlägigen Absatzes des Art. XX GATT, weil dieselbe Umweltschutzmaßnahme unter Berufung auf denselben Absatz sowohl vorläufig rechtmäßig als auch endgültig rechtswidrig sein kann, wenn nach Bejahung der Geeignetheitsvermutung auch die Erforderlichkeits- und Angemessenheitsvermutung der ergriffenen Maßnahme bejaht wird.

Folglich kann die Geeignetheitsvermutung beispielsweise nicht mit der Begründung widerlegt werden, dass der Kausalzusammenhang zwischen der angegriffenen Maßnahme und der Erreichung des angegebenen Schutzziels „lose" erscheint. Ebenso kann die Geeignetheitsvermutung nicht mit der Begründung widerlegt werden, dass die Wirksamkeit der ergriffenen Maßnahme

[336] *Hirschberg*, Der Grundsatz der Verhältnismäßigkeit, 1981, S. 149–151; *Grimm*, Proportionality in Canadian and German Constitutional Jurisprudence, UTLJ 2017, 383, 392–393; *Arsche*, Die Margin of Appreciation, 2018, S. 239.

zur Erreichung des Schutzziels aus rein empirischer Sicht „sehr gering" erscheint. Denn das regulierende WTO-Mitglied hat genau beruhend auf den genannten empirischen Auswirkungen sein Werturteil getroffen, dessen Maßgeblichkeit eine erste Vermutung darstellt.[337]

### III. Zwischenergebnis

Somit kommt es in den beiden Fällen zu demselben Ergebnis, dass das implizite Abwägungsargument keinen tauglichen Widerlegungsgrund gegen die Vermutung der Maßgeblichkeit der Geeignetheitseinschätzung des regulierenden WTO-Mitglieds darstellt. Dieses Ergebnis deutet auch darauf hin, dass die Geeignetheitsprüfung im Kontext des Art. XX GATT keine Abwägung enthalten darf, obwohl die Gestaltung dieser Prüfung im Allgemeinen flexibel ist.[338]

## C. Kein tauglicher Widerlegungsgrund aus dem Völkergewohnheitsrecht und allgemeinen Rechtsgrundsätzen des Völkerrechts

Neben dem Chapeau enthält das GATT keine weiteren Vertragsbestimmungen, die das Regulierungsrecht eines WTO-Mitglieds nach Art. XX GATT, wozu das Einschätzungsrecht hinsichtlich der Geeignetheit seiner umweltpolitischen Maßnahme gehört, einschränken. Auch aus dem Völkergewohnheitsrecht oder den allgemeinen Rechtsgrundsätzen des Völkerrechts lässt sich kein tauglicher Widerlegungsgrund herleiten. Die offenen Bedenken, ob sich daraus dennoch eine Grenze für das genannte Umweltregulierungsrecht eines WTO-Mitglieds ergeben kann, lassen sich im Lichte des Vermutungscharak-

---

[337] Dieses Ergebnis beschränkt sich grundsätzlich nur auf die Auslegung des Art. XX GATT, wonach die Maßgeblichkeit der Geeignetheitseinschätzung des regulierenden WTO-Mitglieds eine erste Vermutung darstellt. In anderen Vertragskontexten soll gesondert geprüft werden, ob eine Vermutungs- und Widerlegungsregel Anwendung findet. Für Unklarheiten über taugliche Widerlegungsgründe gegen die Vermutung der „Tatsachenfeststellung" in anderen Kontexten vgl. beispielsweise: *Barceló III*, Burden of Proof, Prima Facie Case and Presumption in WTO Dispute Settlement, CILJ 2009, 23, 29, 42; *Pauwelyn*, Conflict of Norms in Public International Law, 2003, S. 243; *Kang*, The Presumption of Good Faith in the WTO „As Such" Cases, JWT 2012, 879, 898, 904 ff.; *Sourgens*, The Precaution Presumption, EJIL 2020, 1277, 1302–1303. Bei diesen Feststellungen handelt es sich nicht mehr nur um eine Tatsachenfeststellung, sondern auch implizit um das darauf aufbauende Rechtsurteil, obwohl dort ausdrücklich nur von der Tatsachenfeststellung die Rede ist.

[338] Zur Rolle der impliziten Abwägung im Rahmen der Geeignetheitsprüfung siehe auch: Teil 3 Kapitel 9 § 3 E.

ters ausräumen.[339] Ein tauglicher Widerlegungsgrund kann sich nämlich ausschließlich aus einer völkerrechtlichen Vertragsbestimmung ergeben.[340]

Kapitel 11

# Keine ständige richterliche Zurückhaltung im Rahmen der Geeignetheitsprüfung in der Entscheidungspraxis zum „grünen“ Art. XX GATT

Eine ständige Entscheidungspraxis richterlicher Zurückhaltung bei der Überprüfung der Geeignetheitseinschätzung des regulierenden WTO-Mitglieds hat sich bislang nicht herausgebildet. Eine Ablehnung dieser Einschätzung durch die WTO-Streitbeilegungsorgane im Rahmen der Auslegung eines Absatzes des Art. XX GATT kann nicht gerechtfertigt sein, weil die Vermutungs- und Widerlegungsregel, die sich aus den Vertragsbestimmungen dieses Artikels unter Berücksichtigung des dogmatischen Charakters der Geeignetheitsprüfung ergibt, nicht eingehalten wird.

## § 1 Empirisches Ergebnis: Keine ständige richterliche Zurückhaltung bei der Geeignetheitsprüfung in der Entscheidungspraxis zum „grünen“ Art. XX GATT

Oben in Teil 3 Kapitel 9 § 1 A. wurde die Entscheidungspraxis zum „grünen“ Art. XX GATT bezüglich der Behandlung der Einschätzung des regulierenden WTO-Mitglieds zur Geeignetheit der ergriffenen umweltpolitischen Maßnahme bereits dargelegt, um einen Überblick zu geben und die Unklarheit der Maßgeblichkeit dieser Einschätzung zu verdeutlichen. Diese Darstellung ist zugleich das empirische Ergebnis der Frage, ob die WTO-Streitbeilegungsorgane richterliche Zurückhaltung gegenüber der genannten Einschätzung geübt haben.

Die Entscheidungspraxis zum „grünen“ Art. XX GATT zeigte zwar innerhalb eines bestimmten Zeitraums eine grundsätzliche Tendenz richterlicher Zurückhaltung dahingehend, dass die Einschätzung des regulierenden WTO-Mitglieds zur Geeignetheit seiner umweltpolitischen Maßnahme maßgeblich war. Diese Einschätzung wurde nämlich von den WTO-Streitbeilegungs-

---

339 Teil 6 Kapitel 21 § 3.

340 Aus Darstellungsgründen wird diese Frage in Teil 6 Kapitel 21 § 3 ausführlich behandelt.

organen in US – Tuna I,[341] Thailand – Cigarettes,[342] US – Gasoline,[343] US – Shrimp,[344] Korea – Beef,[345] EC – Asbestos,[346] Brazil – Retreaded Tyres[347] und EC – Seal Products[348] bejaht. Und die Entscheidungspraxis der WTO-Streitbeilegungsorgane von Thailand – Cigarettes[349] bis zu EC – Seal Products[350] zeigte eine grundsätzliche Tendenz richterlicher Zurückhaltung, dass die Geeignetheitseinschätzung des regulierenden WTO-Mitglieds maßgeblich war. Denn in diesem Zeitraum wurde die Geeignetheitseinschätzung des regulierenden WTO-Mitglieds nur in EC – Tariff Preferences[351] vom Panel abgelehnt.

Dennoch hat sich eine ständige Entscheidungspraxis richterlicher Zurückhaltung bei der Überprüfung der Geeignetheitseinschätzung des regulierenden WTO-Mitglieds noch nicht herausgebildet. Denn diese Einschätzung wurde in einer Vielzahl von Verfahren von den WTO-Streitbeilegungsorganen abge-

---

341 Vgl. GATT, Panel-Bericht v. 3.9.1991, DS21/R-39S/155, „US – Tuna I", Para. 5.27–5.28, 5.32–5.33.

342 Vgl. GATT, Panel-Bericht v. 7.11.1990, DS10/R-37S/200, „Thailand – Cigarettes", Para. 77. Die Feststellungen in Para. 73 und 76 a.a.O. sind als Legitimitätsprüfung des angegebenen Schutzziels anzusehen, nicht jedoch als Geeignetheitsprüfung. Denn der letztgenannten Prüfung fehlt noch eine Prüfung der Zweck-Mittel-Relation. Näheres hierzu siehe: Teil 1 Kapitel 1 § 5 A. II. 2. b).

343 WTO, Panel-Bericht v. 20.5.1996, WT/DS2/R, „US – Gasoline", Para. 6.35 ff.

344 WTO, AB-Bericht v. 12.10.1998, WT/DS58/AB/R, „US – Shrimp", Para. 135 ff.

345 Vgl. WTO, Panel-Bericht v. 31.7.2000, WT/DS161/R u.a., „Korea – Beef", Para. 660–664; WTO, AB-Bericht v. 11.12.2000, WT/DS161/AB/R u.a., „Korea – Beef", Para. 164 ff.

346 Vgl. WTO, Panel-Bericht v. 18.9.2000, WT/DS135/R, „EC – Asbestos", Para. 8.186–8.223. Dabei wurde die Geeignetheit der europäischen Maßnahme vom Panel nicht in Frage gestellt.

347 WTO, Panel-Bericht v. 12.6.2007, WT/DS332/R, „Brazil – Retreaded Tyres", Para. 7.115–7.148; WTO, AB-Bericht v. 3.12.2007, WT/DS332/AB/R, „Brazil – Retreaded Tyres", Para. 134–155.

348 WTO, Panel-Bericht v. 25.11.2013, WT/DS400/R u.a., „EC – Seal Products", Para. 7.633–7.638; WTO, AB-Bericht v. 22.6.2014, WT/DS400/AB/R u.a., „EC – Seal Products", Para. 5.204–5.259.

349 Vgl. GATT, Panel-Bericht v. 7.11.1990, DS10/R-37S/200, „Thailand – Cigarettes", Para. 77. Die Feststellungen in Para. 73 und 76 a.a.O. sind als Legitimitätsprüfung des angegebenen Schutzziels anzusehen, nicht jedoch als Geeignetheitsprüfung. Denn der letztgenannten Prüfung fehlt noch eine Prüfung der Zweck-Mittel-Relation. Näheres hierzu siehe: Teil 1 Kapitel 1 § 5 A. II. 2. b).

350 WTO, Panel-Bericht v. 25.11.2013, WT/DS400/R u.a., „EC – Seal Products", Para. 7.630 ff.; WTO, AB-Bericht v. 22.6.2014, WT/DS400/AB/R u.a., „EC – Seal Products", Para. 5.169 ff.

351 WTO, Panel-Bericht v. 1.12.2003, WT/DS246/R, „EC – Tariff Preferences", Para. 7.211–7.218, 7.223.

lehnt. In US – Tuna 1982,[352] Canada – Salmon and Herring,[353] US – Tuna II,[354] US – Automobile Taxes,[355] EC – Tariff Preferences,[356] China – Raw Materials,[357] China – Rare Earths,[358] Indonesia – Import Licensing Regimes[359] und Indonesia – Raw Materials[360] wurde die Geeignetheitseinschätzung des regulierenden Mitglieds von den WTO-Streitbeilegungsorganen nämlich abgelehnt. Insbesondere erfolgten die vier letztgenannten Verfahren nach dem Fall EC – Seal Products,[361] bis zu dem eine grundsätzliche Tendenz richterlicher Zurückhaltung noch zu beobachten war.

## § 2 Keine Rechtfertigung des richterlichen Aktivismus

Wird die Geeignetheitseinschätzung des regulierenden WTO-Mitglieds bejaht, kann das darauf aufbauende zustimmende normative Urteil noch in die Angemessenheitsprüfung verlagert werden, damit die Objektivität bzw. die Rationalität der Geeignetheitsprüfung gewahrt werden kann.[362] In diesem Fall ist die gewährte richterliche Zurückhaltung auch gerechtfertigt. Denn die Geeignetheitseinschätzung des regulierenden WTO-Mitglieds ist als erste Vermutung maßgeblich. Dies ergibt sich aus den Vertragsbestimmungen des Art. XX GATT unter Berücksichtigung des dogmatischen Charakters der Ge-

---

[352] GATT, Panel-Bericht v. 22.2.1982, L/5198-29S/91, „US – Tuna 1982", Para. 4.9–4.13.

[353] GATT, Panel-Bericht v. 22.3.1988, L/6268-35S/98, „Canada – Herring and Salmon", Para. 4.4–4.7.

[354] GATT, Panel-Bericht v. 16.6.1994, DS29/R, „US – Tuna II", Para. 5.21–5.27.

[355] GATT, Panel-Bericht v. 11.10.1994, DS31/R, „US – Automobiles", Para. 5.60, 5.66. Bei der Prüfung von *fleet averaging* hatte das Panel diese als auf Konservierung gerichtet beurteilt. Hierzu vgl. Para. 5.62–5.66 a.a.O.

[356] WTO, Panel-Bericht v. 1.12.2003, WT/DS246/R, „EC – Tariff Preferences", Para. 7.211–7.218, 7.223.

[357] WTO, Panel-Bericht v. 5.7.2011, WT/DS394/R u.a., „China – Raw Materials", Para. 7.416–7.466.

[358] WTO, Panel-Bericht v. 26.3.2014, WT/DS431/R u.a., „China – Rare Earths", Para. 7.378–7.599; WTO, AB-Bericht v. 7.8.2014, WT/DS431/AB/R u.a., „China – Rare Earths", Para. 5.151–5.153, 5.154–5.160, 5.165–5.168.

[359] WTO, Panel-Bericht v. 22.12.2016, WT/DS477/R u.a., „Indonesia – Import Licensing Regimes", Para. 7.801.

[360] WTO, Panel-Bericht v. 30.11.2022, WT/DS592/R, „Indonesia – Raw Materials", Para. 7.260 ff.

[361] WTO, Panel-Bericht v. 25.11.2013, WT/DS400/R u.a., „EC – Seal Products", Para. 7.630 ff.; WTO, AB-Bericht v. 22.6.2014, WT/DS400/AB/R u.a., „EC – Seal Products", Para. 5.169 ff.

[362] *Hirschberg*, Der Grundsatz der Verhältnismäßigkeit, 1981, S. 149–151; *Grimm*, Proportionality in Canadian and German Constitutional Jurisprudence, UTLJ 2017, 383, 392–393; vgl. *Arsche*, Die Margin of Appreciation, 2018, S. 239.

eignetheitsprüfung.[363] Taugliche Widerlegungsgründe gegen diese Vermutung sind ausschließlich die willkürliche Diskriminierung und die verschleierte Handelsbeschränkung i.S.d. Chapeaus des Art. XX GATT.[364] Diese beiden Widerlegungsgründe dürfen aber zwingend erst nach der Feststellung der Angemessenheitsvermutung der angegriffenen Maßnahme geltend gemacht werden.[365] Daneben gibt es keine weiteren tauglichen Widerlegungsgründe aus nicht-vertraglichen Quellen des Völkerrechts.[366]

Wird die „Geeignetheitsprüfung" von den WTO-Streitbeilegungsorganen hingegen negativ beurteilt, liegt unvermeidlich eine implizite Abwägung zulasten des regulierenden WTO-Mitglieds vor. Durch die Ablehnung der Geeignetheitseinschätzung des regulierenden WTO-Mitglieds wird nämlich zunächst dessen behauptetes Schutzniveau implizit korrigiert und als illegitim beurteilt. Sodann wird die Geeignetheitseinschätzung des regulierenden WTO-Mitglieds, dass die angegriffene Maßnahme zur Erreichung dieses unrechtmäßigen Schutzniveaus geeignet ist, erst entsprechend abgelehnt.[367]

Eine solche negativ beurteilte „Geeignetheitsprüfung" kann im besonderen Kontext des Art. XX GATT nicht mehr als Rationalitätsprüfung, sondern als Angemessenheitsprüfung qualifiziert werden[368] und ist damit nicht in Teil 3, sondern in Teil 5 zu behandeln. Dort wird ausführlich dargestellt, dass keine hinreichende richterliche Zurückhaltung durch die WTO-Streitbeilegungsorgane geübt wird, wenn sie die Geeignetheits- und damit implizit auch Angemessenheitseinschätzung des regulierenden WTO-Mitglieds mittels des Geeignetheitsabwägungsarguments ablehnen. Dieses implizite Abwägungsargument weist gewisse Unbestimmtheit in der Entscheidungspraxis der WTO-Streitbeilegungsorgane auf. Dieses Unbestimmtheitsproblem ließ sich in der bisherigen wissenschaftlichen Diskussion auch nicht abschließend überwinden. Ein derartiger richterlicher Aktivismus ist nicht gerechtfertigt, weil die Vermutungs- und Widerlegungsregel, die sich aus den Vertragsbestimmungen des Art. XX GATT unter Berücksichtigung des dogmatischen Charakters der Geeignetheitsprüfung ergibt, nicht eingehalten wird. Denn das Geeignetheitsabwägungsargument stellt keinen tauglichen Widerlegungsgrund im Kontext des Art. XX GATT dar.[369]

---

[363] Ausführlich hierzu siehe: Teil 3 Kapitel 9 § 3.

[364] Teil 3 Kapitel 10 § 1 A.

[365] Teil 3 Kapitel 10 § 1 B.

[366] Teil 6 Kapitel 21 § 3.

[367] Teil 3 Kapitel 9 § 3 B.

[368] Teil 3 Kapitel 9 § 3 E.

[369] Teil 5 Kapitel 19 § 1 A. I. und § 1 B. I.

*Teil 4*

# Erforderlichkeit

Die Einschätzung des regulierenden WTO-Mitglieds zur Gefährdungslage des Schutzguts sowie zur Legitimität des angegebenen Schutzziels einschließlich des behaupteten Schutzniveaus stellt eine erste Vermutung im Kontext des Art. XX GATT dar.[1] Das vom regulierenden WTO-Mitglied angegebene Schutzziel einschließlich des behaupteten Schutzniveaus ist daher der Bezugspunkt der Erforderlichkeitsprüfung im Rahmen der Interpretation eines Absatzes des Art. XX GATT.[2]

Auch die Erforderlichkeitseinschätzung des regulierenden WTO-Mitglieds stellt eine erste Vermutung dar. Dies ergibt sich aus den Vertragsbestimmungen des Art. XX GATT unter Berücksichtigung des dogmatischen Charakters der Erforderlichkeitsprüfung.[3]

Diese Vermutung kann nicht durch ein Abwägungsargument widerlegt werden, sondern nur durch das Vorliegen einer willkürlichen Diskriminierung oder einer verschleierten Handelsbeschränkung i. S. d. Chapeaus des Art. XX GATT. Andernfalls führt dies zur Unwirksamkeit des einschlägigen Absatzes des Art. XX GATT. Die beiden Widerlegungsgründe dürfen aber zwingend erst nach der Feststellung der Angemessenheitsvermutung der angegriffenen Maßnahme geltend gemacht werden.[4]

Eine ständige Entscheidungspraxis richterlicher Zurückhaltung bei der Überprüfung der Erforderlichkeitseinschätzung des regulierenden WTO-Mitglieds hat sich bislang nicht herausgebildet.[5] Wird die Erforderlichkeitseinschätzung des regulierenden WTO-Mitglieds von den WTO-Streitbeilegungsorganen bejaht, ist die gewährte richterliche Zurückhaltung gerechtfertigt, weil eine Widerlegung nicht bereits in diesem Prüfschritt vorgenommen werden kann und die Vermutungs- und Widerlegungsregel damit eingehalten wird. Hingegen wird keine hinreichende richterliche Zurückhaltung durch die WTO-Streitbeilegungsorgane geübt, wenn sie die Erforderlichkeits- und da-

---

1 Teil 2 Kapitel 5 § 3 A. und § 3 B.

2 Teil 4 Kapitel 12.

3 Teil 4 Kapitel 13.

4 Teil 4 Kapitel 14.

5 Teil 4 Kapitel 15 § 1.

mit implizit auch Angemessenheitseinschätzung des regulierenden WTO-Mitglieds mittels des Erforderlichkeitsabwägungsarguments im Rahmen der Interpretation eines Absatzes des Art. XX GATT ablehnen. Ein derartiger richterlicher Aktivismus ist nicht gerechtfertigt, weil in diesem Fall die Vermutungs- und Widerlegungsregel nicht eingehalten wird. Denn das Erforderlichkeitsabwägungsargument stellt im Kontext des Art. XX GATT keinen tauglichen Widerlegungsgrund dar.[6]

## Kapitel 12

# Schutzgut/Schutzziel

Für die Anwendung des Verhältnismäßigkeitsgrundsatzes i.w.S. im Rahmen der Auslegung von Art. XX GATT kommt dem legitimen Zweck besondere Bedeutung zu. Denn dieser ist der Bezugspunkt der drei Elemente der Verhältnismäßigkeitsprüfung i.w.S.[7] Der legitime Zweck stellt nämlich den materiellen Standard für die Erforderlichkeitsprüfung dar.

Dieser Umweltschutzstandard betrifft zunächst die Frage, was überhaupt als Schutzgut angesehen und geschützt werden darf, nämlich die durch den demokratischen Prozess zu bestimmende Frage, was wichtig genug ist und damit Gegenstand der Gesetzgebung sein darf. Da die zulässigen Schutzgüter bereits in den Absätzen des Art. XX GATT ausdrücklich vorgesehen sind, wird die Frage, ob ein Schutzgut gegenüber der Handelsfreiheit schutzwürdig ist, zu einer Subsumtionsfrage.[8]

Außerdem ist das Vorliegen einer Gefährdungslage des Schutzguts der Auslöser für die Schutzbedürftigkeit eines Schutzguts im konkreten Einzelfall, bei deren Vorliegen eine Umweltschutzmaßnahme überhaupt ergriffen werden darf. Denn die Verwendung des Wortlauts *to protect*, beispielsweise in Art. XX (a), (b) und (d) GATT, impliziert, dass für die Zielsetzung und Ergreifung einer Umweltmaßnahme eine Gefährdungslage des angegebenen Schutzguts bestehen muss. Nach Einschätzung des regulierenden WTO-Mitglieds kann eine Gefährdungslage des Schutzguts sowohl aus produktbezogenen als auch aus nicht-produktbezogenen Gründen vorliegen. Innerhalb der ersten Gruppe lässt sich die Gefährdung des Schutzguts weiter in zwei Untergruppen einteilen, je nachdem, ob das Schutzgut zugleich das regulierte Pro-

---

[6] Teil 4 Kapitel 15 § 2.

[7] *Grzeszick*, in: Dürig/Herzog/Scholz (Hrsg.), Grundgesetz-Kommentar, Band III, 101. EL 2023, Art. 20 GG VII Rn. 113; *Leisner-Egensperger*, Der legitime Zweck als Bezugspunkt der Verhältnismäßigkeit, JZ 2021, 913, 913–914, 922; *Krugmann*, Der Grundsatz der Verhältnismäßigkeit im Völkerrecht, 2004, S. 49.

[8] Teil 2 Kapitel 4 § 1.

dukt ist. In der ersten Untergruppe ist ein Produkt selbst das Schutzgut und befindet sich aufgrund eigener Knappheit bzw. Erschöpflichkeit in der Gefährdungslage. In der zweiten Untergruppe ist das regulierte Produkt selbst nicht das Schutzgut. Die Gefährdung des Schutzguts wird erst durch den Umgang mit diesem Produkt, etwa durch Verbrauch, Verwendung, Entsorgung usw., verursacht. Bei der zweiten Gruppe geht die Gefährdung des Schutzguts in erster Linie vom Produktions- und Verarbeitungsprozess aus, ohne dass dadurch die physische Beschaffenheit der Güter verändert wird. Ein weiterer Umstand, der nach Ansicht des regulierenden WTO-Mitglieds zur Gefährdung des Schutzguts führen kann, ist die Art und Weise des Verkaufs von Produkten. Ferner kann sich die Gefährdungslage des Schutzguts aufgrund der prognostizierten Entwicklung von Handelsströmen und Wechselkursen ergeben.[9]

Allein mit der behaupteten Gefährdungslage des Schutzguts lässt sich jedoch noch nicht konkret darstellen, was der Umweltschutzstandard bedeutet. Das vom regulierenden WTO-Mitglied behauptete Schutzniveau steht damit im Mittelpunkt des Schutzstandards. Denn das behauptete Schutzniveau des regulierenden WTO-Mitglieds bezüglich der Festlegung der Gefährdungslage des Schutzguts („das behauptete Gefährdungsniveau") beschreibt nur, wann ein Schutzgut im Einzelfall überhaupt als schutzbedürftig angesehen werden soll, während das behauptete Schutzniveau bezüglich der Abwendung dieser Gefährdung („das behauptete Schutzniveau") darstellt, inwieweit das Schutzgut schutzbedürftig ist und daher bis zu welchem Grad die behauptete Gefährdungslage des Schutzguts abgewendet werden muss. Während das Schutzziel das Werturteil über die zu erreichenden Wirkungen ist, stellt das behauptete Schutzniveau den konkreten Grad dar, bis zu dem das Schutzziel verwirklicht werden soll. Das Schutzziel und das behauptete Schutzniveau werden in der Entscheidungspraxis zu Art. XX GATT eher abstrakt formuliert. Dabei werden sie ausschließlich unabhängig von der ergriffenen Maßnahme durch das regulierende WTO-Mitglied definiert. In einigen „grünen" Fällen wurde das Schutzziel durch die Festlegung eines bestimmten Zahlenwerts bzw. durch die Auferlegung einer bestimmten Konservierungspflicht, wie etwa die Festlegung einer Höchstzahl getöteter Delfine in US – Tuna I, zwar scheinbar auf präzise Weise definiert. Die andere „präzise" Definitionsweise lässt sich am Beispiel des US – Shrimp illustrieren, in dem das Schutzziel durch die Auferlegung bestimmter Schutzpflichten festgelegt wurde. Eine völlig präzise Umformulierung des Schutzziels und des Schutzniveaus ist jedoch ohne Bezug auf die tatsächlich ergriffene Maßnahme nicht möglich. Die abstrakte Formulierung von Schutzziel und Schutzniveau hat u. a. den Vorteil, dass die gewünschten Belange möglichst umfassend erfasst werden können. So wurde der legitime Zweck in einigen Verfahren ohne ausdrückliche Angabe des ge-

[9] Teil 2 Kapitel 4 § 2.

wünschten Schutzniveaus formuliert. In anderen Fällen wurde zwar das gewünschte Schutzniveau des regulierenden WTO-Mitglieds ausdrücklich angegeben, jedoch sehr abstrakt formuliert.[10]

Die scheinbare Ununterscheidbarkeit von Zweck und Mittel stellt kein Problem für den angegebenen Zweck dar. Die Legitimität des Schutzziels und des behaupteten Schutzniveaus ist nicht bereits im Vorfeld ausgeschlossen, selbst wenn dieses Ziel durch die ergriffene Maßnahme in „all" ihren Aspekten definiert wird, obwohl eine derartige Definition in der Entscheidungspraxis zu Art. XX GATT bislang nicht verwendet wurde. Es kommt hingegen darauf an, ob und inwieweit einem regulierenden WTO-Mitglied ein Einschätzungsspielraum hinsichtlich der Festlegung von Schutzziel und Schutzniveau zusteht, nämlich wessen Einschätzung grundsätzlich maßgeblich ist und wie weit diese Einschätzungsprärogative reicht.[11]

Die Einschätzung des regulierenden WTO-Mitglieds zur Gefährdungslage des Schutzguts sowie zur Legitimität des angegebenen Schutzziels einschließlich des behaupteten Schutzniveaus stellt jeweils eine erste Vermutung dar. Dies ergibt sich aus dem dogmatischen Charakter der Verhältnismäßigkeitsprüfung i. w. S. in Verbindung mit den Vertragsbestimmungen des Art. XX GATT.[12] Diese Vermutungen können nicht durch das Abwägungsargument widerlegt werden,[13] sondern ausschließlich durch das Vorliegen willkürlicher Diskriminierung oder verschleierter Handelsbeschränkung i. S. d. Chapeaus des Art. XX GATT, nachdem die Angemessenheitseinschätzung des regulierenden WTO-Mitglieds als erste Vermutung bejaht wurde.[14] Andernfalls führt dies zur Unwirksamkeit des einschlägigen Absatzes von Art. XX GATT.[15] Die offenen Bedenken, dass sich ein tauglicher Widerlegungsgrund darüber hinaus aus dem Völkergewohnheitsrecht oder aus den allgemeinen Rechtsgrundsätzen ergeben kann, lassen sich im Lichte des dogmatischen Charakters einer Vermutung ausräumen.[16]

---

[10] Teil 2 Kapitel 4 § 3.

[11] Teil 2 Kapitel 4 § 3 B.

[12] Ausführlich hierzu siehe: Teil 2 Kapitel 5 § 3.

[13] Teil 2 Kapitel 6 § 2 A. – § 2 B.

[14] Teil 2 Kapitel 6 § 1.

[15] Teil 2 Kapitel 6 § 2 A. – § 2 B.

[16] Teil 2 Kapitel 6 § 2 C. i. V. m. Teil 6 Kapitel 21 § 3.

Kapitel 13

# Maßgeblichkeit der Erforderlichkeitseinschätzung des regulierenden WTO-Mitglieds als erste Vermutung

Weder in der Entscheidungspraxis der WTO-Streitbeilegungsorgane noch in der bisherigen wissenschaftlichen Diskussion wurde hinreichend geklärt, ob, inwieweit und aus welchen Gründen die Erforderlichkeitseinschätzung des regulierenden WTO-Mitglieds oder der WTO-Streitbeilegungsorgane maßgeblich sein soll. Nach den Vertragsbestimmungen des Art. XX GATT unter Berücksichtigung des dogmatischen Charakters der Erforderlichkeitsprüfung lässt sich feststellen, dass die Erforderlichkeitseinschätzung des regulierenden WTO-Mitglieds als erste Vermutung maßgeblich ist.

## § 1 Keine hinreichende Klärung der Maßgeblichkeit der Erforderlichkeitseinschätzung des regulierenden WTO-Mitglieds in der Entscheidungspraxis der WTO-Streitbeilegungsorgane zum „grünen“ Art. XX GATT

Die Einschätzung des regulierenden WTO-Mitglieds zur Erforderlichkeit der angegriffenen Umweltschutzmaßnahme wurde in der Entscheidungspraxis der WTO-Streitbeilegungsorgane zum „grünen“ Art. XX GATT zwar in einigen Verfahren anerkannt. Dennoch existiert eine Vielzahl abweichender Entscheidungen. Sowohl die Anerkennung als auch die Ablehnung dieser Einschätzung sind begründungs- und klärungsbedürftig.

### A. Behandlung der Erforderlichkeitseinschätzung des regulierenden WTO-Mitglieds im Rahmen der Prüfung eines Absatzes des Art. XX GATT

Die Entscheidungspraxis der WTO-Streitbeilegungsorgane zum „grünen“ Art. XX GATT zeigte zwar innerhalb eines bestimmten Zeitraums eine grundsätzliche Tendenz, dass die Einschätzung des regulierenden WTO-Mitglieds zur Erforderlichkeit seiner umweltpolitischen Maßnahme maßgeblich war. Dennoch wurde diese Einschätzung in einer Vielzahl von Verfahren von den WTO-Streitbeilegungsorganen abgelehnt.

## I. Anerkennung der Erforderlichkeitseinschätzung des regulierenden WTO-Mitglieds

Die Entscheidungen der WTO-Streitbeilegungsorgane in EC – Asbestos,[17] Brazil – Retreaded Tyres[18] und EC – Seal Products[19] zeigten eine grundsätzliche Tendenz, dass die Erforderlichkeitseinschätzung des regulierenden WTO-Mitglieds maßgeblich war.

### 1. Überblick über die Fälle

In EC – Asbestos,[20] Brazil – Retreaded Tyres[21] und EC – Seal Products[22] wurde die Erforderlichkeitseinschätzung des regulierenden WTO-Mitglieds von den WTO-Streitbeilegungsorganen bejaht. Im Folgenden wird die Behandlung dieser Einschätzung durch die WTO-Streitbeilegungsorgane am Beispiel der genannten Verfahren dargestellt.

### 2. EC – Asbestos

#### *a) Sachverhalt und wesentliche Entscheidungen*

Asbest wird in der Industrie und in anderen gewerblichen Anwendungen in großem Umfang eingesetzt. Es handelt sich dabei jedoch, insbesondere nach Auffassung der damaligen EG, um einen hochtoxischen Stoff, der eine erhebliche Gefahr für die menschliche Gesundheit darstellt. Die Exposition gegenüber Chrysotil-Asbest kann nämlich das Risiko für Asbestose, Lungenkrebs,

---

[17] WTO, Panel-Bericht v. 18. 9. 2000, WT/DS135/R, „EC – Asbestos", Para. 8.196 ff.; WTO, AB-Bericht v. 12. 3. 2001, WT/DS135/AB/R, „EC – Asbestos", Para. 169 – 175.

[18] WTO, Panel-Bericht v. 12. 6. 2007, WT/DS332/R, „Brazil – Retreaded Tyres", Para. 7.149 – 7.208; WTO, AB-Bericht v. 3. 12. 2007, WT/DS332/AB/R, „Brazil – Retreaded Tyres", Para. 7.156 – 7.175.

[19] WTO, Panel-Bericht v. 25. 11. 2013, WT/DS400/R u. a., „EC – Seal Products", Para. 7.639; WTO, AB-Bericht v. 22. 5. 2014, WT/DS400/AB/R u. a., „EC – Seal Products", Para. 5.265 ff.

[20] WTO, Panel-Bericht v. 18. 9. 2000, WT/DS135/R, „EC – Asbestos", Para. 8.196 ff.; WTO, AB-Bericht v. 12. 3. 2001, WT/DS135/AB/R, „EC – Asbestos", Para. 169 – 175.

[21] WTO, Panel-Bericht v. 12. 6. 2007, WT/DS332/R, „Brazil – Retreaded Tyres", Para. 7.149 – 7.208; WTO, AB-Bericht v. 3. 12. 2007, WT/DS332/AB/R, „Brazil – Retreaded Tyres", Para. 7.156 – 7.175.

[22] WTO, Panel-Bericht v. 25. 11. 2013, WT/DS400/R u. a., „EC – Seal Products", Para. 7.639; WTO, AB-Bericht v. 22. 5. 2014, WT/DS400/AB/R u. a., „EC – Seal Products", Para. 5.265 ff.

Mesotheliome usw. erhöhen.[23] Zum erklärten Schutz der menschlichen Gesundheit vor der Exposition gegenüber Asbestfasern hatte Frankreich das Dekret Nr. 96-1133 erlassen, das ein vollständiges Verbot von Asbestfasern und asbestfaserhaltigen Produkten vorsah. Art. 2 Decree Nr. 96-1133 sah eine Ausnahme für die Verwendung „substituierter" Asbestprodukte vor, wenn diese Produkte ein geringes Gesundheitsrisiko für die Arbeitnehmer darstellten und alle technischen Sicherheitsgarantien gegeben waren.[24]

Kanada wandte sich gegen diese Verordnung mit dem Argument, dass das Asbestverbot gegen die Verpflichtung zur Inländerbehandlung nach Art. III:4 GATT verstoße, weil die importierten Chrysotil-Fasern und Chrysotil-Zementerzeugnisse aus Kanada gegenüber den gleichartigen Erzeugnissen, nämlich den teilweise aus der EG stammenden Ersatzfasern und -erzeugnissen, benachteiligt würden.[25]

Das Panel bejahte die Verletzung des Art. III:4 GATT.[26] Die EG machte geltend, dass diese Verletzung unter Berufung auf Art. XX (b) GATT gerechtfertigt sein könne.[27] Das Panel erkannten die Gefährdungslage der menschlichen Gesundheit durch die Verwendung von Chrysotil-Fasern und das von Frankreich behauptete Schutzniveau an.[28] Ebenso wurde die Geeignetheit der französischen Maßnahme indiziell vom Panel ohne Weiteres bejaht.[29] Sodann kam das Panel zur Überprüfung der Einschätzung der EG zur Erforderlichkeit des Einfuhrverbots für Asbestfasern und asbestfaserhaltige Produkte.[30]

---

23 WTO, Panel-Bericht v. 18.9.2000, WT/DS135/R, „EC – Asbestos", Para. 3.59 f., 3.477, 8.185–8.186.

24 Art. 2 Decree Nr. 96-1133 sieht vor: „On an exceptional and temporary basis, the bans instituted under Article 1 shall not apply to certain existing materials, products or devices containing chrysotile fibre when, to perform an equivalent function, no substitute for that fibre is available which: On the one hand, in the present state of scientific knowledge, poses a lesser occupational health risk than chrysotile fibre to workers handling those materials, products or devices; on the other, provides all technical guarantees of safety corresponding to the ultimate purpose of the use thereof."

25 WTO, Panel-Bericht v. 18.9.2000, WT/DS135/R, „EC – Asbestos", Para. 3.410.

26 WTO, Panel-Bericht v. 18.9.2000, WT/DS135/R, „EC – Asbestos", Para. 8.158.

27 WTO, Panel-Bericht v. 18.9.2000, WT/DS135/R, „EC – Asbestos", Para. 8.160.

28 WTO, Panel-Bericht v. 18.9.2000, WT/DS135/R, „EC – Asbestos", Para. 8.188–8.194 und 8.204.

29 Vgl. WTO, Panel-Bericht v. 18.9.2000, WT/DS135/R, „EC – Asbestos", Para. 8.186–8.223. Dabei wurde die Geeignetheit der europäischen Maßnahme nicht vom Panel bezweifelt.

30 WTO, Panel-Bericht v. 18.9.2000, WT/DS135/R, „EC – Asbestos", Para. 8.196 ff.; WTO, AB-Bericht v. 12.3.2001, WT/DS135/AB/R, „EC – Asbestos", Para. 169–175.

### *b) Panel-Verfahren*

Zwischen der EG und Kanada war umstritten, ob die kontrollierte Verwendung von Asbest eine verfügbare Alternative darstellte.[31] Nach Ansicht des Panels sollten zunächst der Umfang der von der EG verfolgten gesundheitspolitischen Ziele identifiziert und die Verfügbarkeit von Alternativen festgestellt würden, die mit dem GATT übereinstimmten oder weniger unvereinbar seien.[32]

Das Panel betonte sodann das Gesundheitsrisiko von Asbest und kam zu dem Schluss, dass ein für die öffentliche Gesundheitspolitik verantwortlicher Entscheidungsträger vernünftigerweise ein reales Risiko annehmen dürfe, auch wenn bestimmte Personengruppen im Allgemeinen nur vorübergehend geringen Mengen von Asbest ausgesetzt seien.[33] Daher könnte das von Frankreich verfolgte Ziel, nämlich die Eindämmung dieses Gesundheitsrisikos, prinzipiell strenge Maßnahmen rechtfertigen, sofern keine GATT-konforme oder weniger GATT-inkonsistente Alternative bestehe.[34]

Vor der Gleichgeeignetheitsprüfung der vorgeschlagenen Alternative wies das Panel ferner darauf hin, dass ein größerer Verwaltungsaufwand die Verfügbarkeit einer Alternative nicht ausschließe.[35] Unstrittig war zudem, dass die kontrollierte Verwendung weniger handelsbeschränkend war.[36]

Bei der Gleichgeeignetheitsprüfung der vorgeschlagenen Alternative könne das Gesundheitsziel der EG nach Ansicht des Panels nicht durch eine kontrollierte Verwendung von Asbest erreicht werden, obwohl der kontrollierte Einsatz in einigen Ländern, wie in den USA, Kanada und auch in Frankreich in der Vergangenheit, angewandt worden sei.[37] Denn die Wirksamkeit der kontrollierten Verwendung von Asbest in bestimmten Sektoren[38] müsse im Allge-

---

[31] WTO, Panel-Bericht v. 18. 9. 2000, WT/DS135/R, „EC – Asbestos", Para. 8.196–8.197.

[32] WTO, Panel-Bericht v. 18. 9. 2000, WT/DS135/R, „EC – Asbestos", Para. 8.199.

[33] WTO, Panel-Bericht v. 18. 9. 2000, WT/DS135/R, „EC – Asbestos", Para. 8.200–8.203, 8.202: „The Panel therefore concludes that even though some trades or the French population in general are only intermittently exposed to low levels of asbestos, a decision-maker responsible for public health policy might reasonably conclude that there was nevertheless a real risk for these categories."

[34] WTO, Panel-Bericht v. 18. 9. 2000, WT/DS135/R, „EC – Asbestos", Para. 8.204.

[35] WTO, Panel-Bericht v. 18. 9. 2000, WT/DS135/R, „EC – Asbestos", Para. 8.207.

[36] WTO, Panel-Bericht v. 18. 9. 2000, WT/DS135/R, „EC – Asbestos", Para. 8.206.

[37] WTO, Panel-Bericht v. 18. 9. 2000, WT/DS135/R, „EC – Asbestos", Para. 8.209.

[38] Zur Gesundheitsgefahr im Bausektor vgl. WTO, Panel-Bericht v. 18. 9. 2000, WT/DS135/R, „EC – Asbestos", Para. 8.213; für eine solche Gefahr in anderen Sektoren vgl. Para. 8.211 f.

meinen noch nachgewiesen werden.[39] Das Panel kam daher zu dem Schluss, dass ein für die öffentliche Gesundheit zuständiger Beamter, angesichts der pragmatischen Schwierigkeiten, vernünftigerweise annehmen dürfe, dass die kontrollierte Verwendung keinen angemessenen Schutz im Hinblick auf das politische Ziel biete.[40] Ferner war das Panel der Ansicht, dass eine kontrollierte Verwendung auf der Grundlage internationaler Standards das von Frankreich angestrebte Schutzniveau ebenso nicht zu erreichen scheine.[41]

Aus diesen Gründen wurde die angegriffene Maßnahme vom Panel als erforderlich beurteilt.[42]

An dieser Feststellung ändere auch der Einwand Kanadas nichts, dass Frankreich ein falsches Gefühl der Sicherheit schaffe, indem es verlange, dass Chrysotil, dessen Auswirkungen bekannt seien, durch Produkte ersetzt werde, deren Auswirkungen auf die Gesundheit hingegen ungewiss seien.[43] Denn diese Asbestsubstitute seien nach internationalen Standards und Expertenmeinungen weniger gesundheitsgefährdend als Chrysotil-Asbest.[44]

#### c) *Berufungsverfahren*

Im Berufungsverfahren bestätigte der AB zunächst die Feststellung des Panels, dass Chrysotil-Zementprodukte ein erhebliches Risiko für das Leben und die Gesundheit von Menschen darstellten.[45] Sodann sah der AB, entgegen der Auffassung Kanadas,[46] kein Erfordernis in Art. XX (b) GATT, wonach das Risiko für das menschliche Leben und die Gesundheit quantifiziert werden müsse.[47]

---

[39] WTO, Panel-Bericht v. 18.9.2000, WT/DS135/R, „EC – Asbestos“, Para. 8.209.

[40] WTO, Panel-Bericht v. 18.9.2000, WT/DS135/R, „EC – Asbestos“, Para. 8.209.

[41] WTO, Panel-Bericht v. 18.9.2000, WT/DS135/R, „EC – Asbestos“, Para. 8.210, 8.212.

[42] WTO, Panel-Bericht v. 18.9.2000, WT/DS135/R, „EC – Asbestos“, Para. 8.212.

[43] WTO, Panel-Bericht v. 18.9.2000, WT/DS135/R, „EC – Asbestos“, Para. 8.218.

[44] WTO, Panel-Bericht v. 18.9.2000, WT/DS135/R, „EC – Asbestos“, Para. 8.220–8.221.

[45] WTO, AB-Bericht v. 12.3.2001, WT/DS135/AB/R, „EC – Asbestos“, Para. 166.

[46] WTO, AB-Bericht v. 12.3.2001, WT/DS135/AB/R, „EC – Asbestos“, Para. 165: „[...] the Panel had an obligation to ‚quantify‘ itself the risk associated with chrysotile-cement products and that it could not simply ‚rely‘ on the ‚hypotheses‘ of the French authorities.“

[47] WTO, AB-Bericht v. 12.3.2001, WT/DS135/AB/R, „EC – Asbestos“, Para. 167, unter Verweis auf WTO, AB-Bericht v. 16.1.1998, WT/DS26/AB/R u.a., „EC – Hormones I“, Para. 186; vgl. auch WTO, Panel-Bericht v. 18.9.2000, WT/DS135/R, „EC – Asbestos“, Para. 193.

Kanada versuchte ferner, die Erforderlichkeitsprüfung des Panels damit zu bemängeln, dass das von Frankreich gesetzte Schutzniveau hinsichtlich der Gefahr von Ersatzstoffen nicht ernsthaft sei und daher die kontrollierte Verwendung von Asbest eine verfügbare Alternative darstelle.[48] Dazu wies der AB wiederum darauf hin, dass einem WTO-Mitglied das Recht zur Festlegung des Schutzniveaus unterliege.[49] Demnach sei das von Frankreich gesetzte Schutzniveau für die Beurteilung der Geeignetheit und der Wirksamkeit der angegriffenen Maßnahme maßgeblich.[50] Hinsichtlich der Festlegung des Schutzniveaus sei Frankreich auch dazu berechtigt, Asbestsubstitute zu verwenden, die nach den wissenschaftlichen Nachweisen weniger gesundheitsgefährdend als Chrysotil-Asbest seien.[51]

Unter Verweis auf Thailand – Cigarettes[52] und Korea – Beef[53] stellte der AB sodann fest, dass die Kernfrage der vorliegenden Prüfung sei, ob mit der vorgeschlagenen alternativen Maßnahme das gleiche Schutzniveau erreicht werden könne.[54] Der AB unterstützte das Panel-Urteil mit der Begründung, dass mit einem *controlled use* das von Frankreich gesetzte Schutzniveau nicht erreicht werden könne.[55]

### 3. Brazil – Retreaded Tyres

#### *a) Sachverhalt und wesentliche Entscheidungen*

Die Lagerung von Abfallreifen kann nicht nur Reifenbrände, sondern auch Krankheiten wie Dengue-Fieber verursachen. Diese Gefährdung betrachtete Brasilien als erheblich für die Gesundheit und das Leben von Menschen, Tieren und Pflanzen an. Aus diesem Grund wurde ein allgemeines Importverbot für runderneuerte Reifen am 17.11.2004 von Brasilien eingeführt.[56] Dieses Einfuhrverbot galt jedoch nicht für runderneuerte Reifen aus den MERCO-

---

[48] Vgl. das dritte und das vierte Argument Kanadas im Berufungsverfahren: WTO, AB-Bericht v. 12.3.2001, WT/DS135/AB/R, „EC – Asbestos", Para. 165.

[49] WTO, AB-Bericht v. 12.3.2001, WT/DS135/AB/R, „EC – Asbestos", Para. 168.

[50] WTO, AB-Bericht v. 12.3.2001, WT/DS135/AB/R, „EC – Asbestos", Para. 168.

[51] WTO, AB-Bericht v. 12.3.2001, WT/DS135/AB/R, „EC – Asbestos", Para. 168.

[52] GATT, Panel-Bericht v. 7.11.1990, DS10/R-37S/200, „Thailand – Cigarettes", Para. 75.

[53] WTO, AB-Bericht v. 11.12.2000, WT/DS161/AB/R u.a., „Korea – Beef", Para. 166, 163.

[54] WTO, AB-Bericht v. 12.3.2001, WT/DS135/AB/R, „EC – Asbestos", Para. 172.

[55] WTO, AB-Bericht v. 12.3.2001, WT/DS135/AB/R, „EC – Asbestos", Para. 174–175.

[56] WTO, Panel-Bericht v. 12.6.2007, WT/DS332/R, „Brazil – Retreaded Tyres", Para. 2.7–2.12.

SUR-Staaten.[57] Außerdem durften Gebrauchtreifen, deren Einfuhr ebenfalls verboten war, aufgrund gerichtlicher Verfügungen importiert und als Rohstoff für die auch von Brasilien erlaubte inländische Produktion runderneuerter Reifen[58] verwendet werden.[59] Die EG sah in dem allgemeinen Einfuhrverbot sowie den beiden genannten Ausnahmen u.a. eine Verletzung von Art. XI:1 GATT und erhob am 17.11.2005 eine Klage vor der WTO.[60] Das Panel bejahte eine Verletzung des Art. XI:1 GATT durch das allgemeine Einfuhrverbot für runderneuerte Reifen.[61]

Im Rahmen der Rechtfertigung dieser primären Verletzung unter Berufung auf Art. XX (b) GATT waren die Parteien über die Gefährdungslage der menschlichen Gesundheit und der Umwelt durch die Lagerung von Altreifen streitig.[62] Nach der Bejahung der Maßgeblichkeit der Einschätzung Brasiliens zur genannten Gefährdungslage[63] erkannte das Panel an, dass das angegebene Schutzziel einschließlich des behaupteten Schutzniveaus Brasiliens legitim sei.[64]

Im Rahmen des darauf folgenden *weighing and balancing*-Tests[65] stellte das Panel zunächst fest, dass das Ziel des Schutzes des Lebens und der Gesundheit von Menschen unter Berücksichtigung der mit der Ansammlung von Altreifen verbundenen Gefahren als am wichtigsten anzusehen sei.[66] Ebenfalls solle das Ziel des Schutzes des Lebens und der Gesundheit von Tieren

57 WTO, Panel-Bericht v. 12.6.2007, WT/DS332/R, „Brazil – Retreaded Tyres", Para. 2.13–2.16.

58 Vgl. WTO, Panel-Bericht v. 12.6.2007, WT/DS332/R, „Brazil – Retreaded Tyres", Para. 2.7–2.12 und 3.1 (c).

59 WTO, Panel-Bericht v. 12.6.2007, WT/DS332/R, „Brazil – Retreaded Tyres", Para. 4.108–4.113.

60 WTO, Panel-Bericht v. 12.6.2007, WT/DS332/R, „Brazil – Retreaded Tyres", Para. 7.1, 1.1–1.7, 2.5, 3.1.

61 WTO, Panel-Bericht v. 12.6.2007, WT/DS332/R, „Brazil – Retreaded Tyres", Para. 7.1–7.34.

62 WTO, Panel-Bericht v. 12.6.2007, WT/DS332/R, „Brazil – Retreaded Tyres", Para. 7.53–7.54.

63 WTO, Panel-Bericht v. 12.6.2007, WT/DS332/R, „Brazil – Retreaded Tyres", Para. 7.55–7.93.

64 Vgl. WTO, Panel-Bericht v. 12.6.2007, WT/DS332/R, „Brazil – Retreaded Tyres", Para. 7.96–7.102.

65 WTO, Panel-Bericht v. 12.6.2007, WT/DS332/R, „Brazil – Retreaded Tyres", Para. 7.69, 7.104, unter Verweis auf WTO, AB-Bericht v. 11.12.2000, WT/DS161/AB/R u.a., „Korea – Beef", Para. 164; WTO, AB-Bericht v. 12.3.2001, WT/DS135/AB/R, „EC – Asbestos", Para. 172; WTO, AB-Bericht v. 7.4.2005, WT/DS285/AB/R, „US – Gambling", Para. 306; WTO, AB-Bericht v. 25.4.2005, WT/DS302/AB/R, „Dominican Republic – Cigarettes", Para. 70.

66 WTO, Panel-Bericht v. 12.6.2007, WT/DS332/R, „Brazil – Retreaded Tyres", Para. 7.108–7.111.

und Pflanzen als wichtig angesehen werden.[67] Außerdem bezeichne das Panel die brasilianische Maßnahme, ein Einfuhrverbot, als die restriktivste Form einer Handelsbeschränkung.[68]

Hierauf beruhend bejahte das Panel die Geeignetheit der brasilianischen Maßnahme zur Erreichung des Ziels des Gesundheitsschutzes für Menschen, Tiere und Pflanzen[69] und gelangte zur Prüfung der Verfügbarkeit eines milderen Mittels.[70]

### *b) Panel-Verfahren*

Das Panel prüfte die Erforderlichkeit der brasilianischen Maßnahme im Rahmen des *weighing and balancing*-Tests.[71] Im Rahmen dieser Prüfung wurden die Ausnahme gerichtlicher Verfügungen und die MERCOSUR-Ausnahme bewusst nicht berücksichtigt.[72]

Die von der EG vorgeschlagenen Alternativen zu einem Einfuhrverbot, nämlich die inländischen Regulierungen, beispielsweise die Stärkung der inländischen Runderneuerung, könnten nach Ansicht des Panels die Zahl der durch importierte runderneuerte Reifen verursachten Abfallreifen im Inland nicht reduzieren.[73] Das vorgeschlagene bessere inländische Management von Abfallreifen könne das von Brasilien gewünschte Schutzniveau, nämlich die Reduzierung der mit der Ablagerung von Altreifen verbundenen Risiken in größtmöglichem Umfang, auch nicht erreichen.[74] Ebenso stellten die von der

[67] WTO, Panel-Bericht v. 12.6.2007, WT/DS332/R, „Brazil – Retreaded Tyres“, Para. 7.112.

[68] WTO, Panel-Bericht v. 12.6.2007, WT/DS332/R, „Brazil – Retreaded Tyres“, Para. 7.114, unter Verweis auf WTO, AB-Bericht v. 12.10.1998, WT/DS58/AB/R, „US – Shrimp“, Para. 171.

[69] WTO, Panel-Bericht v. 12.6.2007, WT/DS332/R, „Brazil – Retreaded Tyres“, Para. 7.115–7.148.

[70] WTO, Panel-Bericht v. 12.6.2007, WT/DS332/R, „Brazil – Retreaded Tyres“, Para. 7.149–7.208.

[71] WTO, Panel-Bericht v. 12.6.2007, WT/DS332/R, „Brazil – Retreaded Tyres“, Para. 7.69, 7.104, unter Verweis auf WTO, AB-Bericht v. 11.12.2000, WT/DS161/AB/R u.a., „Korea – Beef“, Para. 164; WTO, AB-Bericht v. 12.3.2001, WT/DS135/AB/R, „EC – Asbestos“, Para. 172; WTO, AB-Bericht v. 7.4.2005, WT/DS285/AB/R, „US – Gambling“, Para. 306; WTO, AB-Bericht v. 25.4.2005, WT/DS302/AB/R, „Dominican Republic – Cigarettes“, Para. 70.

[72] WTO, Panel-Bericht v. 12.6.2007, WT/DS332/R, „Brazil – Retreaded Tyres“, Para. 7.107, 7.140.

[73] WTO, Panel-Bericht v. 12.6.2007, WT/DS332/R, „Brazil – Retreaded Tyres“, Para. 7.164–7.172, insbesondere 7.168.

[74] WTO, Panel-Bericht v. 12.6.2007, WT/DS332/R, „Brazil – Retreaded Tyres“, Para. 7.173–7.208, insbesondere 7.177 und 7.208.

EG herangezogenen inländischen ergänzenden Schutzmaßnahmen keine wirklichen Alternativen dar, weil einige dieser Maßnahmen bereits ergriffen worden seien und Bestandteil des umfassenden Umweltschutzprogramms Brasiliens seien.[75]

### *c) Berufungsverfahren*

Der AB unterstützte die Feststellung des Panels mit der Begründung, dass solche Alternativen das von Brasilien angestrebte Schutzniveau nicht erreichen könnten.[76] Hingegen könne ein Einfuhrverbot geeigneter zur Erreichung des Umweltschutzziels Brasiliens sein.[77]

## 4. EC – Seal Products

### *a) Sachverhalt und wesentliche Entscheidungen*

In der EU gelten traditionell hohe Standards für Menschenrechte und Tierschutz. Im Jahr 2009 führte die damalige EG zum erklärten Schutz des Wohlergehens von Robben ein Vermarktungsverbot für Robbenprodukte auf dem gemeinsamen Markt ein. Dieses Verbot sah u. a. eine Ausnahme für Robbenerzeugnisse aus indigenen Gemeinden vor, die ihre Existenz und Lebensweise durch die Robbenjagd aufrechterhielten.[78] Kanada und Norwegen, die beträchtlichen Mengen von Robbenerzeugnissen produzierten und in den europäischen Binnenmarkt exportierten, sahen eine Verletzung ihrer Handelsfreiheit u. a. nach Art. I:1 GATT im EU-Robbenprogramm[79] und erhoben eine

---

[75] WTO, Panel-Bericht v. 12.6.2007, WT/DS332/R, „Brazil – Retreaded Tyres", Para. 7.160 f., 7.213.

[76] WTO, AB-Bericht v. 3.12.2007, WT/DS332/AB/R, „Brazil – Retreaded Tyres", Para. 7.156–7.175, insbesondere 7.174.

[77] WTO, AB-Bericht v. 3.12.2007, WT/DS332/AB/R, „Brazil – Retreaded Tyres", Para. 7.156–7.175, insbesondere 7.174.

[78] Für einen Überblick über die europäischen Maßnahmen siehe: WTO, Panel-Bericht v. 25.11.2013, WT/DS400/R u. a., „EC – Seal Products", Para. 7.7–7.23. Rechtsgrundlagen des europäischen Robbenprogramms sind: Verordnung des Europäischen Parlaments und des Rates v. 16.9.2009 über den Handel mit Robbenerzeugnissen, VO (EG) 1007/2009, ABl. 2009 L 286/36, geändert durch Verordnung des Europäischen Parlaments und des Rates v. 6.10.2015, VO (EU) 2015/1775, ABl. 2015 L 262/1; Verordnung der Kommission v. 10.8.2010 mit Durchführungsvorschriften zur Verordnung (EG) 1007/2009 des Europäischen Parlaments und des Rates über den Handel mit Robbenerzeugnissen, VO (EU) 737/2010, ABl. 2010 L 216/1.

[79] WTO, Panel-Bericht v. 25.11.2013, WT/DS400/R u. a., „EC – Seal Products", Para. 7.588–7.590.

Klage gegen die EU vor der WTO.[80] Sowohl das Panel[81] als auch der AB[82] bejahten eine Verletzung des Art. I:1 GATT durch das EU-Robbenprogramm.

Bei der Rechtfertigung dieser Pflichtverletzung unter Berufung auf Art. XX (a) GATT im Panel-Verfahren wurde die Gefährdung der öffentlichen Moral als Hauptschutzgut ohne Weiteres bejaht,[83] obwohl Kanada Zweifel an der Schwere der Beeinträchtigung der öffentlichen Moral äußerte.[84] Der AB unterstützte die Feststellung des Panels.[85] Außerdem waren das Panel und der AB der Ansicht, dass das von der EU angegebene Schutzziel und Schutzniveau legitim seien.[86]

Im Rahmen des *weighing and balancing*-Tests wurde die Geeignetheit der angegriffenen Maßnahme vom Panel überprüft und bejaht.[87] Dabei war die Wichtigkeit der öffentlichen Moral als angegebenes Schutzziel der EU-Maßnahme nicht umstritten.[88] Sodann kam das Panel zur Prüfung der Einschätzung der EU zur Erforderlichkeit ihres Robbenprogramms.[89]

### *b) Panel-Verfahren*

Das Panel stellte unter Verweis auf seine Ausführungen unter Ziffer 7.3.3.3.4 fest, dass keine Alternative zur Verfügung stehe.[90] Die von der EU vorgeschlagene Alternative, nämlich der Marktzugang für Robbenprodukte unter

---

[80] WTO, Panel-Bericht v. 25.11.2013, WT/DS400/R u.a., „EC – Seal Products", Para. 1.5–1.6.

[81] WTO, Panel-Bericht v. 25.11.2013, WT/DS400/R u.a., „EC – Seal Products", Para. 7.592–7.600.

[82] WTO, AB-Bericht v. 22.5.2014, WT/DS400/AB/R u.a., „EC – Seal Products", Para. 5.84–5.96.

[83] WTO, Panel-Bericht v. 25.11.2013, WT/DS400/R u.a., „EC – Seal Products", Para. 7.631.

[84] WTO, Panel-Bericht v. 25.11.2013, WT/DS400/R u.a., „EC – Seal Products", Para. 7.628.

[85] WTO, AB-Bericht v. 22.5.2014, WT/DS400/AB/R u.a., „EC – Seal Products", Para. 5.197–5.201.

[86] WTO, AB-Bericht v. 22.5.2014, WT/DS400/AB/R u.a., „EC – Seal Products", Para. 5.200. Ebenso, vgl. WTO, Panel-Bericht v. 25.11.2013, WT/DS400/R u.a., „EC – Seal Products", Para. 7.631.

[87] WTO, Panel-Bericht v. 25.11.2013, WT/DS400/R u.a., „EC – Seal Products", Para. 7.630 ff.

[88] WTO, Panel-Bericht v. 25.11.2013, WT/DS400/R u.a., „EC – Seal Products", Para. 7.632.

[89] WTO, Panel-Bericht v. 25.11.2013, WT/DS400/R u.a., „EC – Seal Products", Para. 7.639.

[90] WTO, Panel-Bericht v. 25.11.2013, WT/DS400/R u.a., „EC – Seal Products", Para. 7.639.

Einhaltung von Tierschutzstandards in Verbindung mit Zertifizierungs- und Etikettierungsanforderungen,[91] wurde vom Panel als nicht verfügbar beurteilt, weil dadurch das von der EU angestrebte Schutzniveau nicht erreicht werden könne und gleichzeitig Risiken für das Wohlergehen von Robben entstünden, weil sie die weltweite Nachfrage nach Robbenerzeugnissen stimulieren könne.[92]

#### *c) Berufungsverfahren*

Im Berufungsverfahren betonte der AB, dass sichergestellt werden müsse, dass mit der vorgeschlagenen Alternative das behauptete Schutzniveau des regulierenden WTO-Mitglieds erreicht werden könne.[93] Hierauf beruhend stellte der AB fest, dass das gewünschte Schutzniveau der EU durch diese Alternative nicht garantiert werden könne und das Panel daher nicht bei der Analyse der Verfügbarkeit der Alternative geirrt habe.[94]

### II. Ablehnung der Erforderlichkeitseinschätzung des regulierenden WTO-Mitglieds

Trotz der grundsätzlichen zurückhaltenden Tendenz in der Entscheidungspraxis der WTO-Streitbeilegungsorgane zum „grünen" Art. XX GATT in EC – Asbestos,[95] Brazil – Retreaded Tyres[96] und EC – Seal Products[97] wurde die Einschätzung des regulierenden WTO-Mitglieds zur Erforderlichkeit seiner umweltpolitischen Maßnahme in einem beträchtlichen Teil der Entscheidungen abgelehnt.

---

[91] WTO, Panel-Bericht v. 25.11.2013, WT/DS400/R u.a., „EC – Seal Products", Para. 7.468.

[92] WTO, Panel-Bericht v. 25.11.2013, WT/DS400/R u.a., „EC – Seal Products", Para. 7.481 und 7.484.

[93] WTO, AB-Bericht v. 22.5.2014, WT/DS400/AB/R u.a., „EC – Seal Products", Para. 5.261.

[94] WTO, AB-Bericht v. 22.5.2014, WT/DS400/AB/R u.a., „EC – Seal Products", Para. 5.267 ff., 5.277, 5.280.

[95] WTO, Panel-Bericht v. 18.9.2000, WT/DS135/R, „EC – Asbestos", Para. 8.196 ff.; WTO, AB-Bericht v. 12.3.2001, WT/DS135/AB/R, „EC – Asbestos", Para. 169–175.

[96] WTO, Panel-Bericht v. 12.6.2007, WT/DS332/R, „Brazil – Retreaded Tyres", Para. 7.149–7.208; WTO, AB-Bericht v. 3.12.2007, WT/DS332/AB/R, „Brazil – Retreaded Tyres", Para. 7.156–7.175.

[97] WTO, Panel-Bericht v. 25.11.2013, WT/DS400/R u.a., „EC – Seal Products", Para. 7.639; WTO, AB-Bericht v. 22.5.2014, WT/DS400/AB/R u.a., „EC – Seal Products", Para. 5.265 ff.

### 1. Überblick über die Fälle

So wurde die Erforderlichkeitseinschätzung des regulierenden WTO-Mitglieds in Thailand – Cigarettes,[98] US – Tuna I,[99] US – Gasoline,[100] EC – Tariff Preferences,[101] Dominican Republic – Cigarettes,[102] Korea – Beef,[103] China – Rare Earths,[104] Indonesia – Import Licensing Regimes[105] und Indonesia – Raw Materials[106] von den WTO-Streitbeilegungsorganen abgelehnt. Ähnliche Entscheidungen finden sich auch in nicht-umweltbezogenen Fällen wie China – Publications and Audiovisual Products.[107]

In Thailand – Cigarettes sah das Panel die Etikettierungsanforderung[108] und das Werbeverbot[109] für Zigaretten als verfügbare Alternativen zu dem Einfuhrverbot ausländischer Zigaretten an. Außerdem könne Thailand alternativ seine inländischen staatlichen Monopole zur Beschränkung des inländischen Verkaufs von Zigaretten nutzen.[110] In US – Tuna I stelle nach Ansicht des Panels beispielsweise die internationale Verhandlung ein milderes und mit

---

98 Vgl. GATT, Panel-Bericht v. 7. 11. 1990, DS10/R-37S/200, „Thailand – Cigarettes", Para. 72–81.

99 GATT, Panel-Bericht v. 3. 9. 1991, DS21/R-39S/155, „US – Tuna I", Para. 5.24–5.29, 5.30–5.34.

100 WTO, Panel-Bericht v. 20. 5. 1996, WT/DS2/R, „US – Gasoline", Para. 6.22–6.29.

101 WTO, Panel-Bericht v. 1. 12. 2003, WT/DS246/R, „EC – Tariff Preferences", Para. 7.219–7.222.

102 WTO, Panel-Bericht v. 26. 11. 2004, WT/DS302/R, „Dominican Republic – Cigarettes", Para. 7.227–7.232; WTO, AB-Bericht v. 25. 4. 2005, WT/DS302/AB/R, „Dominican Republic – Cigarettes", Para. 72.

103 WTO, Panel-Bericht v. 31. 7. 2000, WT/DS161/R u. a., „Korea – Beef", Para. 659–674; WTO, AB-Bericht v. 11. 12. 2000, WT/DS161/AB/R u. a., „Korea – Beef", Para. 164–182.

104 WTO, Panel-Bericht v. 26. 3. 2014, WT/DS431/R u. a., „China – Rare Earths", Para. 7.424–7.430.

105 WTO, Panel-Bericht v. 22. 12. 2016, WT/DS477/R u. a., „Indonesia – Import Licensing Regimes", Para. 7.802–7.804.

106 WTO, Panel-Bericht v. 30. 11. 2022, WT/DS592/R, Indonesia – Raw Materials, Para. 7.301 ff.

107 WTO, Panel-Bericht v. 12. 8. 2009, WT/DS363/R, „China – Publications and Audiovisual Products", Para. 7.849, 7.863, 7.868; WTO, AB-Bericht v. 21. 12. 2009, WT/DS363/AB/R, „China – Publications and Audiovisual Products", Para. 312 f., 335.

108 GATT, Panel-Bericht v. 7. 11. 1990, DS10/R-37S/200, „Thailand – Cigarettes", Para. 77.

109 GATT, Panel-Bericht v. 7. 11. 1990, DS10/R-37S/200, „Thailand – Cigarettes", Para. 78.

110 GATT, Panel-Bericht v. 7. 11. 1990, DS10/R-37S/200, „Thailand – Cigarettes", Para. 79.

dem GATT vereinbares Mittel gegenüber dem Einfuhrverbot von Thunfischen und Thunfischprodukten dar.[111]

In US – Gasoline stehe nach Ansicht des Panels zumindest eine diskriminierungsfreie und damit GATT-rechtskonforme Alternative zur Verfügung, nämlich ebenfalls einen individuellen Ausgangswert für ausländisches Benzin zu verwenden.[112] Das Panel von Dominican Republic – Cigarettes stellte fest, dass die Stempelpflicht, die Steuermarke auf Zigarettenpackungen im Territorium der Dominikanischen Republik anzubringen, eine Verletzung von Art. III:4 GATT darstelle.[113] Bei der Erforderlichkeitsprüfung im Rahmen der Auslegung des Art. XX (d) GATT schlugen die WTO-Streitbeilegungsorgane die Alternative vor, dass ausländischen Exporteuren sichere Steuermarken zur Verfügung gestellt werden sollten, damit diese Steuermarken bereits vor dem Zugang zum Markt der Dominikanischen Republik während des eigenen Produktionsprozesses auf Zigarettenpackungen angebracht werden könnten.[114]

In Korea – Beef stelle nach Ansicht der WTO-Streitbeilegungsorgane die allgemeine Kontrollmaßnahme einschließlich einer Dokumentationspflicht eine WTO-konforme Alternative zum WTO-rechtswidrigen dualen Vertriebssystem dar.[115] Das Panel von EC – Tariff Preferences sah u. a. die finanzielle und technische Unterstützung in Kombination mit multilateral ausgehandelten Zollsenkungen für Produkte von Exportinteressen aus den von Drogenproblemen betroffenen Ländern als ein verfügbares milderes Mittel gegenüber den Drug Arrangements an, deren Begünstigungen nur für 12 und nicht für andere Entwicklungsländer gälten.[116] Das Panel von China – Rare Earths hielt fest, dass die Ausfuhrkontrolle zur Vermeidung des Schmuggels und des illegalen Abbaus bereits dann (ausreichend) beitragen könne, wenn Grenzkontrollmaßnahmen ohne die Verhängung von Exportquoten ergriffen würden; die Verhängung von Exportquoten könne neben dem Export von illegal abgebauten Seltenen Erden auch den Export von legal abgebauten Seltenen Erden be-

---

[111] GATT, Panel-Bericht v. 3. 9. 1991, DS21/R-39S/155, „US – Tuna I", Para. 5.28.

[112] WTO, Panel-Bericht v. 20. 5. 1996, WT/DS2/R, „US – Gasoline", Para. 6.25.

[113] WTO, Panel-Bericht v. 26. 11. 2004, WT/DS302/R, „Dominican Republic – Cigarettes", Para. 7.220, 7.228.

[114] WTO, Panel-Bericht v. 26. 11. 2004, WT/DS302/R, „Dominican Republic – Cigarettes", Para. 7.227–7.232; WTO, AB-Bericht v. 25. 4. 2005, WT/DS302/AB/R, „Dominican Republic – Cigarettes", Para. 72.

[115] WTO, Panel-Bericht v. 31. 7. 2000, WT/DS161/R u. a., „Korea – Beef", Para. 672; WTO, AB-Bericht v. 11. 12. 2000, WT/DS161/AB/R u. a., „Korea – Beef", Para. 182.

[116] WTO, Panel-Bericht v. 1. 12. 2003, WT/DS246/R, „EC – Tariff Preferences", Para. 7.219–7.222.

schränkten.[117] Aus diesem Grund sei der Umfang der chinesischen Maßnahme übermäßig.[118]

Ferner stellten nach Ansicht des Panels von Indonesia – Import Licensing Regimes die bestehenden sanitären und phytosanitären Zertifikate für frische Gartenbauprodukte im Herkunftshafen eine verfügbare Alternative[119] zur angegriffenen Regulierung dar, wonach alle importierten frischen Gartenbauerzeugnisse weniger als 6 Monate vor der Einfuhr geerntet worden sein müssten.[120] Das Panel von Indonesia – Raw Materials sah im angegriffenen Exportverbot für Nickelerz die am stärksten handelsbeschränkende Maßnahme und in der inländischen Verarbeitungspflicht eine stark handelsbeschränkende Maßnahme.[121] Nach seiner Ansicht sei das von der EU vorgeschlagene Ausfuhrgenehmigungssystem eine verfügbare Alternative sowohl zum Ausfuhrverbot als auch zur inländischen Verarbeitungspflicht für Nickelerz. Denn ein solches System sei zur Erreichung des Umweltschutzziels gleichwirksam wie die angegriffenen Maßnahmen und zugleich weniger handelsbeschränkend. Außerdem sei ein Ausfuhrgenehmigungssystem für Indonesien technisch und finanziell umsetzbar.[122]

Im Folgenden wird die Behandlung der Erforderlichkeitseinschätzung des regulierenden WTO-Mitglieds durch die WTO-Streitbeilegungsorgane am Beispiel von Thailand – Cigarettes, US – Tuna I und Korea – Beef dargestellt.

## 2. Thailand – Cigarettes

### *a) Sachverhalt und wesentliche Entscheidungen*

Thailand verhängte eine Einfuhrbeschränkung für Tabak nach dem *Tobacco Act* von 1996, wonach der Import von Tabak verboten war, es sei denn, dass eine Importlizenz durch den „Director-General" erteilt wurde.[123] Eine solche

---

[117] WTO, Panel-Bericht v. 26.3.2014, WT/DS431/R u.a., „China – Rare Earths", Para. 7.424–7.427.

[118] Vgl. WTO, Panel-Bericht v. 26.3.2014, WT/DS431/R u.a., „China – Rare Earths", Para. 7.430.

[119] WTO, Panel-Bericht v. 22.12.2016, WT/DS477/R u.a., „Indonesia – Import Licensing Regimes", Para. 7.803.

[120] WTO, Panel-Bericht v. 22.12.2016, WT/DS477/R u.a., „Indonesia – Import Licensing Regimes", Para. 7.793.

[121] WTO, Panel-Bericht v. 30.11.2022, WT/DS592/R, „Indonesia – Raw Materials", Para. 7.307.

[122] WTO, Panel-Bericht v. 30.11.2022, WT/DS592/R, „Indonesia – Raw Materials", Para. 7.321–7.341.

[123] GATT, Panel-Bericht v. 7.11.1990, DS10/R-37S/200, „Thailand – Cigarettes", Para. 63, 6.

Lizenz wurde seit 1980 zehn Jahre lang nicht mehr erteilt.[124] Die USA beantragten die Einsetzung eines Panels zur Überprüfung der GATT-Rechtskonformität der thailändischen Maßnahme, und ein solches Panel wurde am 3.4.1990 eingerichtet.[125]

Die USA forderten das Panel auf zu entscheiden, dass u. a. die thailändische Einfuhrbeschränkung für Zigaretten nicht mit Art. XI:1 GATT im Einklang stehe[126] und nicht gemäß Art. XX (b) GATT gerechtfertigt sein könne.[127] Das Panel erkannte u. a. eine Verletzung des Art. XI:1 GATT durch die thailändische Einfuhrbeschränkung an, weil Thailand in den letzten zehn Jahren seit 1980[128] keine Lizenz für den Import von Zigaretten erteilt habe.[129]

Thailand machte geltend, dass seine Einfuhrbeschränkung für Zigaretten u. a. gemäß Art. XX (b) GATT gerechtfertigt sei.[130] Denn die Maßnahme verfolge das öffentliche Gesundheitsschutzziel, nämlich den gesundheitsschädlichen Tabakverbrauch zu reduzieren, und falle damit unter Art. XX (b) GATT.[131] Das Panel erkannte die Gefährdungslage der öffentlichen Gesundheit und die Legitimität des angegebenen Gesundheitsschutzziels an.[132]

Die Geeignetheit der thailändischen Maßnahme wurde von den WTO-Streitbeilegungsorganen nicht gesondert geprüft, sondern eher als unproblematisch bejaht.[133] Die Feststellung des Panels im Rahmen des *design to*-Tests[134] ist als Teil der Legitimitätsprüfung des angegebenen Schutzziels anzusehen und nicht als Geeignetheitsprüfung. Denn es fehlt dabei noch eine

---

124 GATT, Panel-Bericht v. 7.11.1990, DS10/R-37S/200, „Thailand – Cigarettes“, Para. 63, 6.

125 GATT, Panel-Bericht v. 7.11.1990, DS10/R-37S/200, „Thailand – Cigarettes“, Para. 1.

126 GATT, Panel-Bericht v. 7.11.1990, DS10/R-37S/200, „Thailand – Cigarettes“, Para. 65, 12 (i).

127 GATT, Panel-Bericht v. 7.11.1990, DS10/R-37S/200, „Thailand – Cigarettes“, Para. 65, 16, 12 (i).

128 GATT, Panel-Bericht v. 7.11.1990, DS10/R-37S/200, „Thailand – Cigarettes“, Para. 6.

129 GATT, Panel-Bericht v. 7.11.1990, DS10/R-37S/200, „Thailand – Cigarettes“, Para. 67.

130 GATT, Panel-Bericht v. 7.11.1990, DS10/R-37S/200, „Thailand – Cigarettes“, Para. 66, 14 (i).

131 GATT, Panel-Bericht v. 7.11.1990, DS10/R-37S/200, „Thailand – Cigarettes“, Para. 21, 14 (i).

132 Vgl. GATT, Panel-Bericht v. 7.11.1990, DS10/R-37S/200, „Thailand – Cigarettes“, Para. 73 und 76.

133 Vgl. GATT, Panel-Bericht v. 7.11.1990, DS10/R-37S/200, „Thailand – Cigarettes“, Para. 76–77.

134 Vgl. GATT, Panel-Bericht v. 7.11.1990, DS10/R-37S/200, „Thailand – Cigarettes“, Para. 73.

Prüfung der Zweck-Mittel-Relation.[135] Daran ändert nichts die Tatsache, dass das Panel nach Bejahung der Verfügbarkeit einiger vorgeschlagener Alternativen zum thailändischen Einfuhrverbot unter Verweis auf die Empfehlung der WHO feststellte, dass eine häufige Folge von Einfuhrbeschränkungen die Förderung der inländischen Produktion und der damit verbundenen Interessen an deren Aufrechterhaltung sei.[136] Denn das Panel bemühte sich dabei, unter Bejahung der Geeignetheit des thailändischen Einfuhrverbots eine diskriminierungsfreie und effektivere Alternative zu begründen,[137] nämlich eine Beschränkung sowohl für inländische Zigarettenindustrie als auch für ausländische Zigaretten.

### *b) Panel-Entscheidung*

Zur Prüfung der Verfügbarkeit einer Alternative hielt das Panel die Feststellungen des Panels in US – Section 337,[138] die ursprünglich für die Interpretation der *necessary to*-Bedingung in Art. XX (d) GATT entwickelt worden waren, für anwendbar auf die Auslegung des Art. XX (b) GATT.[139] Denn beide Absätze verfolgten dasselbe Ziel, nämlich den Vertragsparteien die Möglichkeit zu geben, zur Verfolgung übergeordneter Ziele der öffentlichen Ordnung handelsbeschränkende Maßnahmen zu ergreifen, die mit dem GATT unvereinbar seien, sofern diese Unvereinbarkeit unvermeidbar sei.[140] Demnach könne eine Maßnahme nicht unter Berufung auf Art. XX (b) oder (d) GATT gerechtfertigt sein, wenn eine GATT-konforme Alternativmaßnahme in vernünftiger und zumutbarer Weise zur Verfügung stehe.[141] Falls keine GATT-konforme Alternativmaßnahme in vernünftiger Weise verfügbar sei, habe eine Vertragspartei unter allen vernünftigerweise verfügbaren Mit-

---

[135] Näheres zur Einordnung des *design to*-Tests als Legitimitätsprüfung siehe: Teil 1 Kapitel 1 § 5 A. II. 2. b).

[136] GATT, Panel-Bericht v. 7.11.1990, DS10/R-37S/200, „Thailand – Cigarettes", Para. 80: „The Panel observed that a common consequence of import restrictions was the promotion of domestic production and the fostering of interests in the maintenance of that production."

[137] Vgl. GATT, Panel-Bericht v. 7.11.1990, DS10/R-37S/200, „Thailand – Cigarettes", Para. 80.

[138] GATT, Panel-Bericht v. 7.11.1989, L/6439-36S/345, „US – Section 337", Para. 5.26.

[139] Vgl. GATT, Panel-Bericht v. 7.11.1990, DS10/R-37S/200, „Thailand – Cigarettes", Para. 74.

[140] GATT, Panel-Bericht v. 7.11.1990, DS10/R-37S/200, „Thailand – Cigarettes", Para. 74.

[141] GATT, Panel-Bericht v. 7.11.1990, DS10/R-37S/200, „Thailand – Cigarettes", Para. 74; GATT, Panel-Bericht v. 7.11.1989, L/6439-36S/345, „US – Section 337", Para. 5.26.

teln diejenige Maßnahme zu ergreifen, die am wenigsten die materiellen GATT-Vorschriften verletze.[142]

Nach diesem Maßstab verneinte das Panel die Erforderlichkeit des Importverbots für Zigaretten, weil mildere Mittel zur Verfügung stünden.[143]

Zunächst könne nach Ansicht des Panels das thailändische Schutzziel bezüglich der Qualität von Zigaretten, wie andere WTO-Mitglieder bereits gehandhabt hätten, durch eine vollständige Offenlegungspflicht der Inhaltsstoffe von Zigaretten mittels strenger bzw. nichtdiskriminierender Etikettierungsanforderungen in Verbindung mit einem Verbot der Beimischung gesundheitsschädlicher Stoffe erreicht werden.[144]

Außerdem könne das quantitative Ziel unter Berücksichtigung der Ansicht der WHO durch ein Werbeverbot für Zigaretten sowohl inländischer als auch ausländischer Herkunft erreicht werden.[145] Ein solches diskriminierungsfreies Verbot könne normalerweise die Anforderungen des Art. III:4 GATT erfüllen.[146] Darüber hinaus könne die thailändische Regierung die inländischen staatlichen Monopole nutzen, um das Gesamtangebot an Zigaretten, deren Preise und deren Verfügbarkeit im Einzelhandel zu regulieren.[147] Aus diesem Grund folgte das Panel nicht dem Argument Thailands, wonach eine Beschränkung sowohl für ausländische Zigaretten als auch für inländische Zigarettenindustrie aufgrund des Wettbewerbs zu einer Steigerung des Zigarettenabsatzes führen könne.[148]

Insgesamt lehnte das Panel daher die Erforderlichkeit des thailändischen Einfuhrverbots für Zigaretten ab.[149]

---

142 GATT, Panel-Bericht v. 7. 11. 1990, DS10/R-37S/200, „Thailand – Cigarettes“, Para. 74; GATT, Panel-Bericht v. 7. 11. 1989, L/6439-36S/345, „US – Section 337“, Para. 5.26.

143 GATT, Panel-Bericht v. 7. 11. 1990, DS10/R-37S/200, „Thailand – Cigarettes“, Para. 77 ff.

144 GATT, Panel-Bericht v. 7. 11. 1990, DS10/R-37S/200, „Thailand – Cigarettes“, Para. 77.

145 GATT, Panel-Bericht v. 7. 11. 1990, DS10/R-37S/200, „Thailand – Cigarettes“, Para. 78.

146 GATT, Panel-Bericht v. 7. 11. 1990, DS10/R-37S/200, „Thailand – Cigarettes“, Para. 78.

147 GATT, Panel-Bericht v. 7. 11. 1990, DS10/R-37S/200, „Thailand – Cigarettes“, Para. 79.

148 GATT, Panel-Bericht v. 7. 11. 1990, DS10/R-37S/200, „Thailand – Cigarettes“, Para. 79.

149 GATT, Panel-Bericht v. 7. 11. 1990, DS10/R-37S/200, „Thailand – Cigarettes“, Para. 81.

### 3. US – Tuna I

#### *a) Sachverhalt und wesentliche Entscheidungen*

Die Ringwadennetze werden seit langem für den Thunfischfang verwendet.[150] Ein Fischereischiff lokalisiert einen Thunfischschwarm und schickt ein kleines Boot mit einem Ende des Netzes um den Thunfischschwarm herum, während das andere Ende des Netzes am Fischereischiff festgebunden bleibt.[151] Sobald das kleine Boot den Thunfischschwarm umrundet und das Netz an das Fischereischiff zurückgegeben hat, zieht dieses Schiff an den Seilen unten und oben am Netz, um es zu schleppen und den gesamten Inhalt einzusammeln.[152]

Studien zeigten, dass Thunfischschwärme im östlichen tropischen Pazifik oft unter Delfinherden schwammen und dass Delfine während des Thunfischfangs versehentlich getötet wurden. Die Thunfischfischer im östlichen tropischen Pazifik lokalisierten die Thunfischschwärme durch die Beobachtung der Delfine auf der Oberfläche des Meeres und kreisten die Delfine absichtlich ein, damit die Thunfische darunter gefangen werden konnten.[153]

Das US-amerikanische Gesetz zum Schutz von Meeressäugern von 1972 (*The Marine Mammal Protection Act*) verbot die Tötung von Meeressäugern, einschließlich Belästigung, Jagd, Fang oder Tötung von Meeressäugern, sei es direkt oder als Nebeneffekt in Zusammenhang mit dem Fischfang.[154] Dieses Gesetz verhängte ein direktes Einfuhrverbot für Gelbflossenthunfische und Thunfischprodukte in die USA, sofern diese durch die zufällige Tötung von Meeressäugetieren gewonnen wurden.[155] Außerdem sah das Gesetz ein indirektes Embargo gegen Wiederausfuhrländer vor.[156]

Am 25.1.1991 beantragte Mexiko die Einsetzung eines Panels zur Überprüfung der GATT-Konformität der US-amerikanischen Maßnahme, und ein solches Panel wurde am 6.2.1991 eingerichtet.[157] Nach Ansicht Mexikos verstoße das US-amerikanische Einfuhrverbot für Gelbflossenthunfische und Thunfischprodukte u.a. gegen die Handelsliberalisierungspflichten der USA

---

[150] GATT, Panel-Bericht v. 3.9.1991, DS21/R-39S/155, „US – Tuna I", Para. 2.1.

[151] GATT, Panel-Bericht v. 3.9.1991, DS21/R-39S/155, „US – Tuna I", Para. 2.1.

[152] GATT, Panel-Bericht v. 3.9.1991, DS21/R-39S/155, „US – Tuna I", Para. 2.1.

[153] GATT, Panel-Bericht v. 3.9.1991, DS21/R-39S/155, „US – Tuna I", Para. 2.2.

[154] GATT, Panel-Bericht v. 3.9.1991, DS21/R-39S/155, „US – Tuna I", Para. 2.7.

[155] GATT, Panel-Bericht v. 3.9.1991, DS21/R-39S/155, „US – Tuna I", Para. 2.5–2.9.

[156] GATT, Panel-Bericht v. 3.9.1991, DS21/R-39S/155, „US – Tuna I", Para. 2.10–2.11.

[157] GATT, Panel-Bericht v. 3.9.1991, DS21/R-39S/155, „US – Tuna I", Para. 1.1.

nach Art. III und Art. XI:1 GATT.[158] Das Panel bestätigte die Verletzung von Art. III und XI:1 GATT durch das Einfuhrverbot.[159] Die USA machten geltend, dass ihre Maßnahme u. a. gemäß Art. XX (b) und (g) GATT gerechtfertigt sein könne.[160]

Im vorliegenden Abschnitt wird die Prüfung der Erforderlichkeit der angegriffenen Maßnahme durch das Panel am Beispiel der Auslegung des Art. XX (b) GATT dargestellt. Im Rahmen der Auslegung des Art. XX (g) GATT wurde ähnliches festgestellt.[161]

Das Panel erkannte zwar die grundsätzliche Anwendbarkeit des Art. XX (b) GATT auf das Ergreifen unilateraler Maßnahmen zur Verfolgung übergeordneter Ziele der öffentlichen Ordnung an,[162] ebenso wie die Gefährdungslage der Delfine durch den Einsatz von Ringwadennetzen beim Thunfischfang[163] sowie das Recht eines WTO-Mitglieds zur Festlegung seines eigenen Schutzniveaus.[164] Nach Ansicht des Panels lasse Art. XX (b) GATT jedoch keinen Schutz für ein sich extraterritorial befindendes Schutzgut zu.[165]

### *b) Panel-Entscheidung*

Selbst wenn Art. XX (b) GATT auf ein extraterritorial gelegenes Schutzgut Anwendung finde, könne die US-amerikanische Maßnahme nach Ansicht des Panels das Erfordernis der Erforderlichkeit in diesem Artikel nicht erfüllen.[166] Unter dieser Annahme beurteilte das Panel die Geeignetheit der angegriffenen

---

[158] GATT, Panel-Bericht v. 3. 9. 1991, DS21/R-39S/155, „US – Tuna I“, Para. 3.1–3.2.

[159] GATT, Panel-Bericht v. 3. 9. 1991, DS21/R-39S/155, „US – Tuna I“, Para. 5.8–5.19.

[160] GATT, Panel-Bericht v. 3. 9. 1991, DS21/R-39S/155, „US – Tuna I“, Para. 5.24, 5.30, 3.6 (b), 3.7 (b).

[161] GATT, Panel-Bericht v. 3. 9. 1991, DS21/R-39S/155, „US – Tuna I“, Para. 5.30–5.34.

[162] GATT, Panel-Bericht v. 3. 9. 1991, DS21/R-39S/155, „US – Tuna I“, Para. 5.27.

[163] GATT, Panel-Bericht v. 3. 9. 1991, DS21/R-39S/155, „US – Tuna I“, Para. 5.25–5.26.

[164] GATT, Panel-Bericht v. 3. 9. 1991, DS21/R-39S/155, „US – Tuna I“, Para. 5.27.

[165] Denn es könne dazu führen, dass das GATT nicht mehr als multilateraler Rahmen für den Handel zwischen allen Vertragsparteien fungiere, sondern nur noch Rechtssicherheit für den Handel zwischen einer begrenzten Anzahl von Vertragsparteien mit identischen internen Regelungen biete, falls einzelne Vertragsparteien einseitig die Lebens- oder Gesundheitsschutzpolitik festlegen dürfen, von der andere Vertragsparteien nicht abweichen dürfen. Hierzu siehe: GATT, Panel-Bericht v. 3. 9. 1991, DS21/R-39S/155, „US – Tuna I“, Para. 5.27.

[166] GATT, Panel-Bericht v. 3. 9. 1991, DS21/R-39S/155, „US – Tuna I“, Para. 5.28.

Maßnahme nämlich zwar als unproblematisch.[167] Aus den folgenden zwei Gründen lehnte das Panel jedoch die Erforderlichkeit des US-amerikanischen Einfuhrverbots ab.[168]

Erstens stünden mildere und GATT-konforme Mittel zur Verfügung, beispielsweise internationale Verhandlungen.[169]

Zweitens solle die Erforderlichkeit aufgrund der fehlenden Voraussehbarkeit des Maßstabs der angegriffenen Maßnahme abgelehnt werden, selbst wenn keine Alternative zur Verfügung stehe.[170] Dabei war das Panel der Auffassung, dass das angegriffene Einfuhrverbot nicht als vorhersehbar und erforderlich angesehen werden könne, weil es die maximale Tötungsquote Mexikos von der Tötungsquote der USA abhängig mache.[171] Die mexikanischen Behörden könnten daher in diesem Fall nicht wissen, ob ihre inländischen Maßnahmen zu einem bestimmten Zeitpunkt den Delfinschutzstandards der Vereinigten Staaten entsprächen.[172]

### 4. Korea – Beef

In der Einführung, Teil 1 Kapitel 2 § 4 C., wurde die Behandlung der Einschätzung des regulierenden WTO-mitglieds zur Erforderlichkeit seiner beschränkenden Maßnahme durch die WTO-Streitbeilegungsorgane zum Darstellungszweck bereits am Beispiel von Korea – Beef ausführlich dargelegt. Insofern wird darauf verwiesen. An dieser Stelle wird nur das Wesentliche der Entscheidung zusammengefasst.

In Korea – Beef lehnte das Panel aus zwei Gründen die Erforderlichkeit der koreanischen Maßnahme ab.[173] Erstens verlange Korea in anderen Bereichen der koreanischen Wirtschaft kein duales Vertriebssystem, obwohl dort ähnliche betrügerische Praktiken im Einzelhandel nach Ansicht des Panels vorkamen bzw. vorkommen könnten.[174] Zweitens stünden WTO-konforme Alternativen, beispielsweise eine allgemeine Dokumentationspflicht, zur Verhinde-

---

[167] Vgl. GATT, Panel-Bericht v. 3.9.1991, DS21/R-39S/155, „US – Tuna I", Para. 5.27–5.28.

[168] GATT, Panel-Bericht v. 3.9.1991, DS21/R-39S/155, „US – Tuna I", Para. 5.28.

[169] GATT, Panel-Bericht v. 3.9.1991, DS21/R-39S/155, „US – Tuna I", Para. 5.28.

[170] GATT, Panel-Bericht v. 3.9.1991, DS21/R-39S/155, „US – Tuna I", Para. 5.28.

[171] GATT, Panel-Bericht v. 3.9.1991, DS21/R-39S/155, „US – Tuna I", Para. 5.28.

[172] GATT, Panel-Bericht v. 3.9.1991, DS21/R-39S/155, „US – Tuna I", Para. 5.28.

[173] WTO, Panel-Bericht v. 31.7.2000, WT/DS161/R u.a., „Korea – Beef", Para. 659, 660–674.

[174] WTO, Panel-Bericht v. 31.7.2000, WT/DS161/R u.a., „Korea – Beef", Para. 660.

rung betrügerischer Praktiken auf dem Einzelhandelsmarkt für Rindfleisch zur Verfügung.[175]

Im Berufungsverfahren bejahte der AB die herkömmliche und WTO-rechtskonforme Kontrollmaßnahme als verfügbare mildere Alternative für das duale Vertriebssystem für Rindfleisch.[176] Denn die unterschiedliche Behandlung in anderen Wirtschaftssektoren als dem Einzelhandel mit Rindfleisch und das Fehlen eines totalen Einfuhrverbots für Rindfleisch deuteten darauf hin, dass Korea keine totale Eliminierung von Betrug, sondern nur eine Reduktion desselben bestrebe.[177]

## B. Unklarheit über die Maßgeblichkeit der Erforderlichkeitseinschätzung des regulierenden WTO-Mitglieds in der Entscheidungspraxis

In der Entscheidungspraxis hat sich bislang keine ständige Praxis richterlicher Zurückhaltung bei der Überprüfung der Erforderlichkeitseinschätzung des regulierenden WTO-Mitglieds herausgebildet. Außerdem bleibt der Beurteilungsmaßstab für diese Einschätzung in der Entscheidungspraxis unklar.

### I. Keine ständige Entscheidungspraxis richterlicher Zurückhaltung

Erstens, wie in Teil 4 Kapitel 13 § 1 A. dargelegt, hat sich bislang keine ständige Entscheidungspraxis richterlicher Zurückhaltung bei der Überprüfung der Erforderlichkeitseinschätzung des regulierenden WTO-Mitglieds herausgebildet. Die Entscheidungspraxis zum „grünen“ Art. XX GATT ließ zwar innerhalb eines bestimmten Zeitraums eine grundsätzliche Tendenz richterlicher Zurückhaltung erkennen, dass die Einschätzung des regulierenden WTO-Mitglieds zur Erforderlichkeit der angegriffenen Maßnahme als maßgeblich angesehen wurde. Dennoch wurde diese Einschätzung in vielen, insbesondere in vielen jüngeren Verfahren, von den WTO-Streitbeilegungsorganen abgelehnt. Die richterliche Überprüfung der Erforderlichkeitseinschätzung des regulierenden WTO-Mitglieds in künftigen Entscheidungen bleibt damit unklar.

---

[175] WTO, Panel-Bericht v. 31.7.2000, WT/DS161/R u.a., „Korea – Beef“, Para. 665–674.

[176] WTO, AB-Bericht v. 11.12.2000, WT/DS161/AB/R u.a., „Korea – Beef“, Para. 164f., 182.

[177] WTO, AB-Bericht v. 11.12.2000, WT/DS161/AB/R u.a., „Korea – Beef“, Para. 170f., 178.

## II. Unklarheit über den Beurteilungsmaßstab für die Erforderlichkeitseinschätzung des regulierenden WTO-Mitglieds

Zweitens wurde in der Entscheidungspraxis der WTO-Streitbeilegungsorgane nicht hinreichend geklärt, nach welchem Maßstab die Erforderlichkeitseinschätzung des regulierenden WTO-Mitglieds überprüft werden soll. Die Unbestimmtheit dieses Maßstabs wird in Teil 5 Kapitel 19 § 1 B. II. 1. b) und § 1 B. II. 2. b) zur Erörterung der Rechtfertigung der richterlichen Behandlung der Erforderlichkeitseinschätzung des regulierenden WTO-Mitglieds ausführlich dargelegt.[178] An dieser Stelle wird diese Unklarheit zusammenfassend präsentiert.

Einerseits ist unklar, ob der qualitative oder der quantitative Ansatz maßgeblich sein soll. Die Maßgeblichkeit dieser beiden Ansätze für die Erforderlichkeitsprüfung wurde von den WTO-Streitbeilegungsorgane nicht ausdrücklich erwähnt. Vielmehr gilt der bei der jeweiligen Geeignetheitsprüfung angewendete Prüfungsansatz für den Beitrag der angegriffenen Maßnahme auch für den Beitrag der vorgeschlagenen Alternative zum angegebenen Schutzziel. In diesem Fall gilt jedoch die Unklarheit über die Maßgeblichkeit der qualitativen und der quantitativen Analyse bei der Geeignetheitsprüfung auch für die Gleichwirksamkeitsprüfung der vorgeschlagenen Alternative.[179]

Andererseits ist das konkrete Beurteilungskriterium des jeweiligen Ansatzes nicht hinreichend klar. Die konkreten Bewertungsmaßstäbe sowohl für die qualitative als auch für die quantitative Analyse wurden nicht abschließend geklärt. Zum einen ist unklar, ob eine Mindestanforderung an den Beitrag der angegriffenen Umweltmaßnahme zum angegebenen Schutzziel gesetzt werden soll. Zum anderen bleibt unklar, wann und warum eine (negative) Beurteilung beruhend auf positiven und negativen Auswirkungen der ergriffenen Maßnahme auf das angegebene Schutzziel getroffen werden soll. Diese Unklarheit bei der Geeignetheitsprüfung führt dazu, dass die Prüfung der Gleichwirksamkeit der vorgeschlagenen Alternative orientierungslos ist.[180]

Hinsichtlich des Konsistenzarguments im Rahmen der Erforderlichkeitsprüfung wurde in der Entscheidungspraxis bislang nicht hinreichend geklärt,

---

[178] Diese Erörterung erfolgt nicht in Teil 4, sondern in Teil 5, weil durch die Ablehnung der Erforderlichkeitseinschätzung des regulierenden WTO-Mitglieds unvermeidlich eine implizite Abwägung zulasten des genannten Mitglieds vorliegt, die im besonderen Kontext des Art. XX GATT nicht mehr von der Erforderlichkeitsprüfung gedeckt sein kann und somit eine Angemessenheitsprüfung darstellt. Hierzu siehe: Teil 4 Kapitel 13 § 3 B. und § 3 E.

[179] Teil 5 Kapitel 19 § 1 B. II. 1. b) aa).

[180] Teil 5 Kapitel 19 § 1 B. II. 1. b) bb).

wann und warum eine andere Regulierung für ähnliche Produkte, Branchen usw. für die Feststellung der Gleichwirksamkeit maßgeblich ist.[181]

## § 2 Keine hinreichende Klärung der Maßgeblichkeit der Erforderlichkeitseinschätzung des regulierenden WTO-Mitglieds im Schrifttum

Weder die allgemeine Diskussion über Prüfungsintensität und richterliche Zurückhaltung im WTO-Recht mit Bezug auf die Interpretation des Art. XX GATT noch die spezielle Diskussion über richterliche Zurückhaltung und Erforderlichkeitsabwägung im Rahmen der Interpretation des Art. XX GATT gaben eine abschließende Antwort darauf, wessen Erforderlichkeitseinschätzung maßgeblich sein soll.

### A. Keine hinreichende Klärung der Maßgeblichkeit der Erforderlichkeitseinschätzung des regulierenden WTO-Mitglieds in der allgemeinen Diskussion über Prüfungsintensität und richterliche Zurückhaltung im WTO-Recht mit Bezug auf die Interpretation des Art. XX GATT

In Teil 1 Kapitel 1 § 3 i.V.m. Teil 2 Kapitel 7 § 2 A. III. 1. wurde im Rahmen der Darstellung der allgemeinen Diskussion über Prüfungsintensität und richterliche Zurückhaltung im WTO-Recht mit Bezug auf die Interpretation des Art. XX GATT ausführlich erläutert, dass die Argumente – wie das der besseren Expertise, das Souveränitätsargument und das Argument der institutionellen Rolle – keine abschließende Antwort darauf gaben, inwieweit die WTO-Streitbeilegungsorgane richterliche Zurückhaltung bei der Überprüfung der Tatsachenfeststellungen und Rechtsurteile des regulierenden WTO-Mitglieds üben sollen.

Dieses Ergebnis gilt entsprechend für die Maßgeblichkeit der Erforderlichkeitseinschätzung des regulierenden WTO-Mitglieds. Denn es handelt sich bei dieser Einschätzung sowohl um die Tatsachenfeststellung als auch um das darauf aufbauende Werturteil.[182] Aufgrund empirischer Unsicherheit kann die Erforderlichkeitsprüfung nämlich auch bei positiver Beurteilung nicht ohne normatives Urteil auskommen. Dieses Werturteil kann zwar in die Angemessenheitsprüfung verlagert werden, sodass die Erforderlichkeitsprüfung eine

181 Teil 5 Kapitel 19 § 1 B. II. 2. b).
182 Teil 1 Kapitel 1 § 3 A. III.–§ 3 A. IV.

empirische Analyse bleibt. Eine implizite Abwägung liegt bei einer negativ ausfallenden Erforderlichkeitsprüfung aber unvermeidlich vor.[183]

Somit wurde in dieser Diskussion nicht hinreichend geklärt, ob und inwieweit die WTO-Streitbeilegungsorgane richterliche Zurückhaltung üben oder eine Abwägung zulasten des regulierenden WTO-Mitglieds vornehmen dürfen. Es wurde nämlich nicht hinreichend klargestellt, wessen Erforderlichkeitseinschätzung warum maßgeblich ist.

## B. Keine hinreichende Klärung der Maßgeblichkeit der Erforderlichkeitseinschätzung des regulierenden WTO-Mitglieds in der speziellen Diskussion über richterliche Zurückhaltung und Erforderlichkeitsabwägung im Rahmen der Interpretation eines Absatzes des Art. XX GATT

Ein ähnliches Ergebnis ergibt sich aus der speziellen Diskussion über richterliche Zurückhaltung und Erforderlichkeitsabwägung im Rahmen der Interpretation eines Absatzes des Art. XX GATT im Schrifttum.[184]

Teil 4 Kapitel 15 der vorliegenden Arbeit ist als Kapitel für die Behandlung der Frage konzipiert, ob die WTO-Streitbeilegungsorgane bei der Überprüfung der Einschätzung des regulierenden WTO-Mitglieds zur Erforderlichkeit der umweltpolitischen Maßnahme anhand der Vermutungs- und Widerlegungsregel richterliche Zurückhaltung geübt haben. Dabei ist die ausführliche Darstellung dieser speziellen Diskussion notwendig, um die Unbestimmtheit des Erforderlichkeitsabwägungsarguments zu klären, das von den Gegenparteien bzw. von den WTO-Streitbeilegungsorganen als Widerlegungsgrund angeführt wird. Hingegen wurde die Frage, ob die Erforderlichkeitseinschätzung des regulierenden WTO-Mitglieds oder der WTO-Streitbeilegungsorgane maßgeblich ist, in der genannten speziellen Diskussion, wie soeben erwähnt, nicht abschließend geklärt.

Jedoch lässt der besondere Kontext des Art. XX GATT keine Abwägung, genauer gesagt keine Erforderlichkeitsabwägung zulasten des regulierenden WTO-Mitglieds, im Rahmen der Erforderlichkeitsprüfung bei der Auslegung eines Absatzes dieses Artikels zu. Eine solche Erforderlichkeitsabwägung stellt nämlich eine Angemessenheitsprüfung dar.[185] Aus diesem Grund erfolgt die ausführliche Darstellung und Stellungnahme zu der speziellen Diskussion im Schrifttum nicht in Teil 4 Kapitel 15, sondern in Teil 5 Kapitel 19 § 1 B. II. 1. d).

---

183 Teil 4 Kapitel 13 § 3 B.

184 Teil 5 Kapitel 19 § 1 B. II. 1. d).

185 Teil 4 Kapitel 13 § 3 B. und § 3 E.

## § 3 Dogmatische Klarstellung: Maßgeblichkeit der Erforderlichkeitseinschätzung des regulierenden WTO-Mitglieds als erste Vermutung nach den Vertragsbestimmungen des Art. XX GATT unter Berücksichtigung des dogmatischen Charakters der Erforderlichkeitsprüfung

Im vorliegenden Teil wird erläutert, dass die Einschätzung des regulierenden WTO-Mitglieds zur Erforderlichkeit der angegriffenen Maßnahme als erste Vermutung maßgeblich ist.

Zunächst werden die Schwierigkeiten bei der Durchführung der Erforderlichkeitsprüfung dargelegt. Dabei wird festgestellt, dass sowohl der Bezugspunkt als auch der Gegenstand dieser Prüfung nicht hinreichend bestimmt sind. Darauf beruhend wird gezeigt, dass die Legitimität des behaupteten Schutzniveaus des regulierenden WTO-Mitglieds durch eine negativ ausfallende Erforderlichkeitsprüfung immer implizit abgelehnt wird. Anschließend wird klargestellt, dass die Erforderlichkeitseinschätzung des regulierenden WTO-Mitglieds nicht allein aufgrund dieses Umstands als erste Vermutung maßgeblich sein kann. Eine solche Maßgeblichkeit ergibt sich hingegen aus den Vertragsbestimmungen des Art. XX GATT unter Berücksichtigung des dogmatischen Charakters der Verhältnismäßigkeitsprüfung i. w. S., nämlich der impliziten Abwägung bei negativ ausfallender Erforderlichkeitsprüfung.

### A. Schwierigkeiten bei der Durchführung der Erforderlichkeitsprüfung

Bei der Durchführung des Erforderlichkeitstests treten zwei Schwierigkeiten auf. Einerseits können das angegebene Schutzziel und das behauptete Schutzniveau als Bezugspunkt nicht ohne Vagheit formuliert werden. Andererseits können die empirischen Wirkungen der ergriffenen Maßnahme und der vorgeschlagenen milderen Mittel aufgrund empirischer Unsicherheit nicht abschließend bestimmt werden.

#### I. Unvermeidliche vage Formulierung des angegebenen Schutzziels und des behaupteten Schutzniveaus

In Teil 2 Kapitel 4 § 3 wurde erläutert, dass das angegebene Schutzziel und das behauptete Schutzniveau nicht völlig präzise, sondern nur abstrakt formuliert werden können. Der konkrete Inhalt des Bezugspunkts der Erforderlichkeitsprüfung bleibt nämlich vage.

Im Kontext der Anwendung des Verhältnismäßigkeitsgrundsatzes i. w. S. für die Interpretation des Art. XX GATT ist der legitime Zweck jedoch besonders wichtig. Denn dieser ist der Bezugspunkt der drei Verhältnismäßigkeitselemente.[186] Das Legitime Ziel, nämlich die vom regulierenden WTO-Mitglied für wertvoll erachtete empirische Wirkung,[187] stellt den materiellen Standard für die Erforderlichkeitsprüfung dar. Die unzureichende Bestimmbarkeit des angegebenen Schutzziels und des behaupteten Schutzniveaus stellt daher eine weitgehende Beschränkung für die Erforderlichkeitsprüfung dar,[188] da unklar bleibt, welche Schutzwirkung überhaupt durch die ergriffene Maßnahme und durch die vorgeschlagene Alternative erreicht werden soll.[189]

## II. Unbestimmtheit der empirischen Auswirkungen der ergriffenen Maßnahme und der vorgeschlagenen Alternative aufgrund empirischer Unsicherheit

Bei der Erforderlichkeitsprüfung wird eine Maßnahme dann als erforderlich zur Erreichung des verfolgten Ziels qualifiziert, wenn dem Gesetzgeber kein anderes, gleichwirksames Mittel zur Verfügung steht, das das Grundrecht nicht oder weniger einschränkt.[190] Kern dieses Teilgrundsatzes ist grundsätzlich die Überprüfung der empirischen Einschätzung der Legislative.[191] Diese Kontrolle kann jedoch nicht ohne empirische Unsicherheit durchgeführt werden,[192] weil empirische Studien immer von der Wahl der Perspektiven abhängen.[193] Die Tatsache, dass den Schiedsrichtern häufig die notwendige

---

[186] *Grzeszick*, in: Dürig/Herzog/Scholz (Hrsg.), Grundgesetz-Kommentar, Band III, 101. EL 2023, Art. 20 GG VII Rn. 113; *Leisner-Egensperger*, Der legitime Zweck als Bezugspunkt der Verhältnismäßigkeit, JZ 2021, 913, 913–914, 922; *Krugmann*, Der Grundsatz der Verhältnismäßigkeit im Völkerrecht, 2004, S. 49.

[187] Hierzu vgl. *Hirschberg*, Der Grundsatz der Verhältnismäßigkeit, 1981, S. 44 und 163.

[188] Vgl. *von Bernstorff*, Proportionality Without Balancing, in: Lazarus/McCrudden/Bowles (Hrsg.), Reasoning Rights, 2014, S. 82, 83 f., 85; *Hirschberg*, Der Grundsatz der Verhältnismäßigkeit, 1981, S. 160 f.

[189] *McGrady*, Necessity Exceptions in WTO Law, JIEL 2008, 153, 157 f., 165.

[190] *Grabitz*, Der Grundsatz der Verhältnismäßigkeit in der Rechtsprechung des BVerfG, AöR 1973, 568, 573; *Saurer*, Globalisierung des Verhältnismäßigkeitsgrundsatzes, Der Staat 2012, 3, 7; *Lang*, Der Verhältnismäßigkeitsgrundsatz in der Rechtsprechung des BVerfG, AöR 2020, 75, 104.

[191] *Petersen*, Verhältnismäßigkeit als Rationalität, 2015, S. 128; *Alexy*, Theorie der Grundrechte, 9. Aufl. 2020, S. 101.

[192] Vgl. *Petersen*, Verhältnismäßigkeit als Rationalitätskontrolle, 2015, S. 82 f., 170 f.; *Peters*, A Plea for Proportionality, ICON 2021, 1135, 1140.

[193] *Petersen*, Verhältnismäßigkeit als Rationalitätskontrolle, 2015, S. 85–87.

methodische Ausbildung für eine eigene empirische Einschätzung fehlt,[194] erschwert diese Kontrolle zusätzlich.

Bei der Erforderlichkeitsprüfung im Rahmen der Interpretation des Art. XX GATT ist dies auch der Fall. Unbestimmtheit besteht sowohl bei der Feststellung einer milderen Handelsverletzung durch vorgeschlagene Alternative als auch bei der Einschätzung der gleichen Wirksamkeit der ergriffenen Maßnahme und der vorgeschlagenen Alternative in der Entscheidungspraxis und im Schrifttum.

Eine ausführliche Darstellung dieser Unbestimmtheit erfolgt jeweils in Teil 5 Kapitel 19 § 1 B. II. 1. b) und § 1 B. II. 1. d) bb) (3) (d). Denn die Unbestimmtheit der empirischen Analyse kann ohne Berücksichtigung der Ablehnung der „Erforderlichkeitsprüfung“ nicht angemessen erläutert werden. Im Unterschied zur Bejahung wird bei einer negativ ausfallenden „Erforderlichkeitsprüfung“ nämlich keine rein empirische Analyse, sondern eine implizite Abwägung zulasten des regulierenden WTO-Mitglieds durchgeführt, die nach dem dogmatischen Charakter der Erforderlichkeitsprüfung i. V. m. den vertraglichen Bestimmungen des Art. XX GATT eine Angemessenheitsprüfung darstellt.[195]

Die schwierige Erkennbarkeit der empirischen Auswirkungen der ergriffenen Maßnahme und der vorgeschlagenen Alternative aufgrund empirischer Unsicherheit wirkt sich negativ auf die Durchführung der Erforderlichkeitsprüfung aus. Denn der Gegenstand dieser Prüfung ist die Auswirkung der ergriffenen Maßnahme und der vorgeschlagenen Alternativen auf das einschlägige Schutzgut und die Handelsfreiheit. Dabei sind die angegriffene Maßnahme und die potenziell milderen Alternativen miteinander zu vergleichen, und es ist stets zu beurteilen, ob eine vorgeschlagene mildere Alternative ebenso wirksam ist wie die ergriffene Maßnahme.[196]

Wenn jedoch genau diese Auswirkungen wegen empirischer Unsicherheit nicht abschließend erkennbar sind, wird die Erfüllung der Aufgabe der Erforderlichkeitsprüfung erschwert. Einerseits ist es schwierig festzustellen, ob die Handelsverletzung einer vorgeschlagenen Alternativmaßnahme milder ist als die tatsächlich ergriffene Maßnahme. Andererseits lässt sich nicht feststellen, ob die vorgeschlagene Alternative das angegebene Schutzziel und das behauptete Schutzniveau ebenso wirksam erreichen kann wie die ergriffene Maßnahme.

---

[194] Vgl. *Petersen*, Verhältnismäßigkeit als Rationalitätskontrolle, 2015, S. 83–85.

[195] Teil 4 Kapitel 13 § 3 B. und § 3 E.

[196] *Petersen*, Gesetzgeberische Inkonsistenz als Beweiszeichen – Eine rechtsvergleichende Analyse, AöR 2013, 108, 132.

## B. Kernhinweis aus dem Schrifttum: Implizite Abwägung zulasten des regulierenden WTO-Mitglieds bei negativ ausfallender Erforderlichkeitsprüfung

Die Prüfung der Zwecksetzung und die Prüfung der Zweck-Mittel-Relation sind zwar im Rahmen der Verhältnismäßigkeitsprüfung i. w. S. wesentlich unterschiedlich, auch wenn ggf. der Zweck durch die Wirkung der ergriffenen Maßnahme vom regulierenden WTO-Mitglied definiert wird.[197] Die angestrebte Schutzwirkung und die Schutzwirkung der ergriffenen Maßnahme auf das Schutzziel sind jedoch aufgrund der oben dargestellten Unbestimmtheit ununterscheidbar und nicht abschließend feststellbar.

### I. Implizite Ablehnung der Legitimität des angegebenen Schutzziels und des behaupteten Schutzniveaus bei negativ ausfallender Erforderlichkeitsprüfung

Bei der konkreten Durchführung der Erforderlichkeitsprüfung würde das regulierende WTO-Mitglied daher stets so argumentieren bzw. „manipulieren", dass genau die Wirkung der ergriffenen Maßnahme mit der von ihm angestrebten Schutzwirkung vergleichbar ist.[198]

Wenn beispielsweise eine vorgeschlagene Alternativmaßnahme zwar geringere Beeinträchtigung des internationalen Handelsverkehrs verursacht, würde das regulierende WTO-Mitglied dennoch argumentieren, dass die durch die Alternativmaßnahme verursachten Nebenwirkungen u. a. in Bezug auf die Verwaltungskosten oder das soziale Leben[199] zu weitreichend sind und nicht mehr von den angestrebten Schutzwirkungen umfasst werden. Denn die Einschätzung zur Legitimität des Schutzziels und des Schutzniveaus ist eine politisch empfindliche Abwägungsentscheidung,[200] die von

---

197 Teil 2 Kapitel 4 § 3 B.

198 Vgl. *Krugmann*, Der Grundsatz der Verhältnismäßigkeit im Völkerrecht, 2004, S. 48, 124; *Hirschberg*, Der Grundsatz der Verhältnismäßigkeit, 1981, S. 160–161.

199 Vgl. *Osiro*, GATT/WTO Necessity Analysis, LIEI 2002, 123, 127–128; *Regan*, The Meaning of „Necessary" in GATT Article XX and GATS Article XIV, WTR 2007, 347, 349; im deutschen Verfassungsrecht vgl. *Schlink*, Der Grundsatz der Verhältnismäßigkeit, in: Badura/Dreier (Hrsg.), FS 50 Jahre BVerfG, Band II, 2001, S. 457; *Petersen*, How to Compare the Length of Lines to the Weight of Stones, GLJ 2013, 1387, 1396–1397; *ders.*, Verhältnismäßigkeit als Rationalitätskontrolle, 2015, S. 69–70.

200 *Grimm*, Proportionality in Canadian and German Constitutional Jurisprudence, UTLJ 2017, 383, 388; *Webber*, The Negotiable Constitution on the Limitation of Rights, 2009, S. 72.

einer Vielzahl sozialer, wirtschaftlicher und kultureller Faktoren beeinflusst wird.[201]

Hinsichtlich der Gleichwirksamkeit der vorgeschlagenen Alternativmaßnahme: Wenn diese aus empirischer Sicht anscheinend weniger effektiv als die ergriffene Maßnahme ist, würde das regulierende WTO-Mitglied das angegebene Schutzziel und das behauptete Schutzniveau dahingehend interpretieren, dass durch die ergriffene Maßnahme eine höhere Schutzwirkung für das betreffende Schutzgut angestrebt wird.[202] In Brazil – Retreaded Tyres beispielsweise könnten die von der EG vorgeschlagenen Alternativmaßnahmen zur Verringerung der Anzahl der in Brasilien angesammelten Altreifen und zur Verbesserung der Entsorgung von Altreifen in Brasilien[203] nach Auffassung Brasiliens nicht als gleichwirksam zum Schutz der menschlichen und tierischen Gesundheit wie ein Einfuhrverbot angesehen werden.[204] Denn sie erlauben es Brasilien nicht, sein Schutzziel und das Schutzniveau der maximalen Vermeidung von Abfallreifen zu erreichen[205] und dieses gewählte Schutzniveau ist erst der Grad, bis zu dem das angegebene Schutzziel konkret erfüllt werden soll.[206]

Wird demgegenüber eine anscheinend empirisch effektivere Alternativmaßnahme vorgeschlagen, würde das regulierende WTO-Mitglied sein angegebenes Schutzziel und das behauptete Schutzniveau lockern bzw. erweitern, damit die Effektivität der ergriffenen Maßnahme bereits als ausreichend für die Erreichung des Schutzziels angesehen werden kann.[207] Gleichzeitig würde das regulierende WTO-Mitglied wiederum einwenden, dass die durch diese effektivere Alternative verursachten Nebenwirkungen[208] zu weitreichend und nicht mehr vom behaupteten Schutzniveau gedeckt sind.

---

[201] *Howse/Tuerk*, A Case Study of the EC Asbestos Dispute, in: de Búrca/Scott (Hrsg.), The EU and the WTO, 2003, S. 324; *Feddersen*, Der ordre public in der WTO, 2001, S. 170.

[202] Vgl. *Krugmann*, Der Grundsatz der Verhältnismäßigkeit im Völkerrecht, 2004, S. 48, 124; *Hirschberg*, Der Grundsatz der Verhältnismäßigkeit, 1981, S. 160–161.

[203] WTO, Panel-Bericht v. 12.6.2007, WT/DS332/R, „Brazil – Retreaded Tyres", Para. 7.159–7.161.

[204] WTO, Panel-Bericht v. 12.6.2007, WT/DS332/R, „Brazil – Retreaded Tyres", Para. 7.165–7.166.

[205] WTO, Panel-Bericht v. 12.6.2007, WT/DS332/R, „Brazil – Retreaded Tyres", Para. 7.166.

[206] WTO, AB-Bericht v. 12.3.2001, WT/DS135/AB/R, „EC – Asbestos", Para. 168; WTO, AB-Bericht v. 3.12.2007, WT/DS332/AB/R, „Brazil – Retreaded Tyres", Para. 140. Vgl. auch *Bown/Trachtmann*, Brazil-Measures Affecting Imports of Retreaded Tyres: A Balancing Act, WTR 2009, 85, 124.

[207] Vgl. *Krugmann*, Der Grundsatz der Verhältnismäßigkeit im Völkerrecht, 2004, S. 48, 124; *Hirschberg*, Der Grundsatz der Verhältnismäßigkeit, 1981, S. 160–161.

Eine Ablehnung der Einschätzung des regulierenden WTO-Mitglieds zur Erforderlichkeit der ergriffenen Maßnahme stellt folglich zugleich eine Ablehnung der Legitimität des angegebenen Schutzziels und des behaupteten Schutzniveaus dar und damit eine implizite Abwägung.[209] Die empirischen Auswirkungen der ergriffenen Maßnahme auf das angegebene Schutzgut bzw. auf andere damit verbundene Schutzgüter und daher auch die angestrebten empirischen Schutzwirkungen des regulierenden WTO-Mitglieds werden nämlich nach Ansicht eines Panels implizit als übermäßig angesehen. Das angegebene Schutzziel und das behauptete Schutzniveau werden dadurch implizit nicht zum Bezugspunkt der Erforderlichkeitsprüfung gemacht und implizit als illegitim beurteilt.[210]

Erstens liegt eine Ablehnung der Legitimität des behaupteten Schutzniveaus vor, wenn ein vorgeschlagenes milderes Mittel von einem Panel oder dem AB als verfügbare Alternative qualifiziert wird, weil die beispielsweise mit der Alternativmaßnahme verbundenen Nebenwirkungen, wie hö-

---

[208] *Möller*, Proportionality, ICON 2012, 709, 714; *Lang*, Der Verhältnismäßigkeitsgrundsatz in der Rechtsprechung des BVerfG, AöR 2020, 75, 105–106; *Petersen*, Verhältnismäßigkeit als Rationalitätskontrolle, 2015, S. 70; *Petersen*, How to Compare the Length of Lines to the Weight of Stones, GLJ 2013, 1387, 1396–1397.

[209] Im Schrifttum zum WTO-Recht vgl. *Kapterian*, A Critique of the WTO Jurisprudence on „Necessity", ICLQ 2010, 89, 118, 125–126; *Du*, Autonomy in Setting Appropriate Level of Protection under the WTO Law, JIEL 2010, 1077, 1096–1097; *Marceau/Trachtman*, TBT, SPS und GATT, JWT 2002, 811, 827–828, 851–853; *Van den Bossche*, Looking for Proportionality in WTO Law, LIEI 2008, 283, 294; *Osiro*, GATT/WTO Necessity Analysis, LIEI 2002, 123, 136–140; *Vranes*, Der Verhältnismäßigkeitsgrundsatz, AöR 2009, 1, 21; *Muller*, The Necessity Test and Trade in Services, JWT 2015, 951, 963–964.

Im Schrifttum zum deutschen Verfassungsrecht und zum internationalen Menschenrechtsschutz siehe: *Hirschberg*, Der Grundsatz der Verhältnismäßigkeit, 1981, S. 163 ff., 175; *Peters*, A Plea for Proportionality, ICON 2021, 1135, 1140; *Lang*, Der Verhältnismäßigkeitsgrundsatz in der Rechtsprechung des BVerfG, AöR 2020, 75, 105–106; *von Bernstorff*, Kerngehaltsschutz durch den UN-Menschenrechtsausschuss und den EGMR, Der Staat 2011, 165, 184; *ders.*, Proportionality Without Balancing, in: Lazarus/McCrudden/Bowles (Hrsg.), Reasoning Rights, 2014, S. 83; vgl. *Petersen*, Verhältnismäßigkeit als Rationalitätskontrolle, 2015, S. 169 ff., 174. So auch, jedoch nur in komplizierten Konstellationen, vgl. *Alexy*, Theorie der Grundrechte, 9. Aufl. 2020, S. 100–103 und Zit. 86 a. a. O.

[210] Im Unterschied zur Ablehnung der Erforderlichkeitseinschätzung des regulierenden WTO-Mitglieds taucht die implizite Abwägung nicht in den Fällen auf, in denen die Einschätzung des regulierenden WTO-Mitglieds zur empirischen Gefährdung des Schutzguts und zu empirischen Aspekten des behaupteten Schutzniveaus durch die WTO-Streitbeilegungsorgane korrigiert wird. Denn in diesen Fällen ist das schiedsrichterliche Werturteil jeweils über das behauptete Gefährdungs- und das Schutzniveau noch nicht vorgenommen worden.

here Verwaltungskosten, nicht vom regulierenden WTO-Mitglied gewünscht sind.[211]

Zweitens unterscheiden sich die ergriffene Maßnahme und die Alternativmaßnahme aus empirischer Sicht unvermeidlich und wirken sich unterschiedlich auf verschiedene Interessenpositionen aus.[212] Das angegebene Schutzziel und das behauptete Schutzniveau können durch die vorgeschlagene Alternative nämlich nicht in gleichem Maße erreicht werden wie durch die ergriffene Maßnahme.[213] Die Gleichwirksamkeit dieser Alternative mit der angegriffenen Maßnahme kann daher nur durch eine rechtliche Fiktion hergestellt werden. Diese Fiktion deutet wiederum darauf hin, dass das behauptete Schutzniveau des regulierenden WTO-Mitglieds durch die Anerkennung der Verfügbarkeit einer Alternative korrigiert worden ist.[214]

Auch im Falle einer Ablehnung aufgrund eines Kalkulationsfehlers handelt es sich um eine implizite Abwägung und damit um eine Korrektur des behaupteten Schutzniveaus des regulierenden WTO-Mitglieds. Denn auch ein solcher handwerklicher Fehler reflektiert ein bestimmtes Schutzniveau des regulierenden WTO-Mitglieds.[215] Die Tatsache, dass der AB beispielsweise in Korea – Beef ausdrücklich erklärte, dass bei der Erforderlichkeitsprüfung keine Korrektur, sondern die Ermittlung des vom regulierenden WTO-Mitglied behaupteten Schutzniveaus vorgenommen werden solle,[216] ändert daran nichts.[217]

---

211 *Regan*, The Meaning of „Necessary“ in GATT Article XX and GATS Article XIV, WTR 2007, 347, 349 f.; *Du*, Autonomy in Setting Appropriate Level of Protection under the WTO Law, JIEL 2010, 1077, 1091 f.

212 *Möller*, Proportionality, ICON 2012, 709, 714; *Lang*, Der Verhältnismäßigkeitsgrundsatz in der Rechtsprechung des BVerfG, AöR 2020, 75, 105–106; *Petersen*, Verhältnismäßigkeit als Rationalitätskontrolle, 2015, S. 70; *Petersen*, How to Compare the Length of Lines to the Weight of Stones, GLJ 2013, 1387, 1396–1397.

213 *Lang*, Der Verhältnismäßigkeitsgrundsatz in der Rechtsprechung des BVerfG, AöR 2020, 75, 105 f.; *Goldhammer*, Kritik und Rekonstruktion Kompetenzbezogener Verhältnismäßigkeit im Unionsorganisationsrecht, in: Baade u. a. (Hrsg.), Verhältnismäßigkeit im Völkerrecht, 2016, S. 132, 134 f.; *Grimm*, Proportionality in Canadian and German Constitutional Jurisprudence, UTLJ 2017, 383, 390.

214 *Fontanelli*, Necessity Killed the GATT, EJILS 2012/13, 36, 54.

215 Am Beispiel des Verfassungsrechts vgl. *Petersen*, Verhältnismäßigkeit als Rationalitätskontrolle, 2015, S. 174.

216 WTO, AB-Bericht v. 11.12.2000, WT/DS161/AB/R u. a., „Korea – Beef“, Para. 176–178.

217 Entgegen *Neumann/Türk*, Necessity Revisited, JWT 2003, 199, 209, 213; *Regan*, The Meaning of „Necessary“ in GATT Article XX and GATS Article XIV, WTR 2007, 347, 361. So auch im deutschen Verfassungsrecht, vgl. *Hirschberg*, Der Grundsatz der Verhältnismäßigkeit, 1981, S. 63.

## II. Unvermeidlichkeit der impliziten Abwägung bei negativ ausfallender Erforderlichkeitsprüfung

Wird die Erforderlichkeitsprüfung negativ beurteilt, so wird nicht nur die Erforderlichkeitseinschätzung des regulierenden WTO-Mitglieds abgelehnt, sondern auch seine Einschätzung zur Legitimität des behaupteten Schutzniveaus.[218] Eine implizite Abwägung zulasten des regulierenden WTO-Mitglieds liegt bei Ablehnung der Erforderlichkeitsprüfung auch unvermeidlich vor.[219] Denn zur Ablehnung dieser Einschätzung muss zunächst das behauptete Schutzniveau des regulierenden WTO-Mitglieds korrigiert und das korrigierte Schutzniveau zum Bezugspunkt der Erforderlichkeitsprüfung gemacht werden.

Wird die Erforderlichkeitseinschätzung des regulierenden WTO-Mitglieds aufgrund einer lockeren Kontrolle durch die WTO-Streitbeilegungsorgane bejaht[220] bzw. erst bei der Angemessenheitsprüfung eingehend überprüft,[221] bleibt das vom regulierenden WTO-Mitglied festgelegte Schutzniveau unbe-

---

218 Vgl. u.a. *Van den Bossche*, Looking for Proportionality in WTO Law, LIEI 2008, 283, 294; *Mcgrady*, Necessity Exception in WTO Law, JIEL 2008, 153, 158–160.

219 Im Schrifttum zum WTO-Recht vgl. *Kapterian*, A Critique of the WTO Jurisprudence on „Necessity", ICLQ 2010, 89, 118, 125–126; *Du*, Autonomy in Setting Appropriate Level of Protection under the WTO Law, JIEL 2010, 1077, 1096–1097; *Marceau/Trachtman*, TBT, SPS und GATT, JWT 2002, 811, 827–828, 851–853; *Van den Bossche*, Looking for Proportionality in WTO Law, LIEI 2008, 283, 294; *Osiro*, GATT/WTO Necessity Analysis, LIEI 2002, 123, 136–140; *Vranes*, Der Verhältnismäßigkeitsgrundsatz, AöR 2009, 1, 21; *Muller*, The Necessity Test and Trade in Services, JWT 2015, 951, 963–964.

Im Schrifttum zum deutschen Verfassungsrecht und zum internationalen Menschenrechtsschutz siehe: *Hirschberg*, Der Grundsatz der Verhältnismäßigkeit, 1981, S. 163 ff., 175; *Peters*, A Plea for Proportionality, ICON 2021, 1135, 1140; *Lang*, Der Verhältnismäßigkeitsgrundsatz in der Rechtsprechung des BVerfG, AöR 2020, 75, 105–106; *von Bernstorff*, Kerngehaltsschutz durch den UN-Menschenrechtsausschuss und den EGMR, Der Staat 2011, 165, 184; *ders.*, Proportionality Without Balancing, in: Lazarus/McCrudden/Bowles (Hrsg.), Reasoning Rights, 2014, S. 83; vgl. *Petersen*, Verhältnismäßigkeit als Rationalitätskontrolle, 2015, S. 169 ff., 174. So auch, jedoch nur in komplizierten Konstellationen, vgl. *Alexy*, Theorie der Grundrechte, 9. Aufl. 2020, S. 100–103 und Zit. 86 a.a.O.

220 Vgl. *Van den Bossche*, Looking for Proportionality in WTO Law, LIEI 2008, 283, 294; *Mcgrady*, Necessity Exception in WTO Law, JIEL 2008, 153, 157–158; *Henckels*, Revisiting Proportionality Analysis, JIEL 2012, 223, 247.

221 Vgl. *Hirschberg*, Der Grundsatz der Verhältnismäßigkeit, 1981, S. 171; *Grimm*, Proportionality in Canadian and German Constitutional Jurisprudence, UTLJ 2017, 383, 392–393. Wohl auch: *Saurer*, Globalisierung des Verhältnismäßigkeitsgrundsatzes, Der Staat 2012, 3, 31 i.V.m. 26.

rührt.[222] Aufgrund empirischer Unsicherheit kann die Erforderlichkeitsprüfung zwar auch bei positiver Beurteilung nicht ohne normatives Urteil auskommen.[223] Dieses Werturteil berührt das behauptete Schutzniveau jedoch nicht unbedingt, weil dies erst bei der Angemessenheitsprüfung vorgenommen werden kann und Gegenstand einer ggf. negativ beurteilten Angemessenheitsprüfung darstellt.[224]

## C. Die klare Regel: Maßgeblichkeit der Erforderlichkeitseinschätzung des regulierenden WTO-Mitglieds als erste Vermutung gemäß Art. XX GATT

Die Maßgeblichkeit der Erforderlichkeitseinschätzung des regulierenden WTO-Mitglieds als erste Vermutung ergibt sich nicht direkt daraus, dass durch die Ablehnung dieser Einschätzung immer auch die Legitimität des behaupteten Schutzniveaus implizit abgelehnt wird. Hingegen folgt die Maßgeblichkeit der Erforderlichkeitseinschätzung des regulierenden WTO-Mitglieds als erste Vermutung aus den Vertragsbestimmungen des Art. XX GATT. Die Auflockerungsbedenken dieses Ausnahmerechts auf die Vornahme der genannten Einschätzung nach Art. XX GATT lassen sich anhand des dogmatischen Charakters der Erforderlichkeitsprüfung, nämlich der impliziten Abwägung, ausräumen.

### I. Keine Vermutungsfeststellung allein aufgrund der Korrektur der Legitimität des behaupteten Schutzniveaus bei negativ ausfallender Erforderlichkeitsprüfung

Durch eine negativ beurteilte Erforderlichkeitsprüfung wird zwar unbedingt die Legitimität des behaupteten Schutzniveaus des regulierenden WTO-Mitglieds implizit abgelehnt, weil die angestrebte Schutzwirkung ausschließlich durch die Auswirkungen der ergriffenen Maßnahme formuliert werden kann.

Allein aus diesem Grund kann jedoch nicht festgestellt werden, dass die Erforderlichkeitseinschätzung des regulierenden WTO-Mitglieds eine erste Vermutung darstellt. Denn hierfür muss dargelegt werden, dass entweder die

---

[222] *Hirschberg*, Der Grundsatz der Verhältnismäßigkeit, 1981, S. 75.

[223] *Petersen*, Verhältnismäßigkeit als Rationalitätskontrolle, 2015, S. 77.

[224] *Hirschberg*, Der Grundsatz der Verhältnismäßigkeit, 1981, S. 149–151, 171, 175 und 179; *Grimm*, Proportionality in Canadian and German Constitutional Jurisprudence, UTLJ 2017, 383, 392–393. Wohl auch: *Saurer*, Globalisierung des Verhältnismäßigkeitsgrundsatzes, Der Staat 2012, 3, 31 i. V. m. 26; vgl. *Arsche*, Die Margin of Appreciation, 2018, S. 239.

Legitimität des behaupteten Schutzniveaus als erste Vermutung maßgeblich ist oder die Erforderlichkeitseinschätzung des regulierenden WTO-Mitglieds selbst eine erste Vermutung darstellt. In diesem Fall dürfen die WTO-Streitbeilegungsorgane die Legitimität des angegebenen Schutzziels und des behaupteten Schutzniveaus erst nicht nach eigenem Ermessen mittels impliziter Abwägung ablehnen, sondern ausschließlich durch Heranziehung eines tauglichen Widerlegungsgrunds. Andernfalls kann die Erforderlichkeitseinschätzung des regulierenden WTO-Mitglieds nicht als erste Vermutung behandelt werden.

## II. Die klare Regel: Maßgeblichkeit der Erforderlichkeitseinschätzung des regulierenden WTO-Mitglieds als erste Vermutung nach den Vertragsbestimmungen des Art. XX GATT

Wie bereits in Teil 2 Kapitel 5 § 3 B. III. 1. klargestellt, kann eine Vermutung ausschließlich durch eine völkerrechtliche Vertragsvorschrift begründet werden. Die Erforderlichkeitseinschätzung des regulierenden WTO-Mitglieds stellt nach den Vertragsbestimmungen des Art. XX GATT eine erste Vermutung dar.[225]

## III. Ausräumung der Auflockerungsbedenken anhand des dogmatischen Charakters der Erforderlichkeitsprüfung

Es kann jedoch eingewandt werden, dass die Feststellung der Legitimitätsvermutung des angegebenen Schutzziels und des behaupteten Schutzniveaus entbehrlich ist, wenn die Maßgeblichkeit der Erforderlichkeitseinschätzung des regulierenden WTO-Mitglieds als erste Vermutung bereits direkt aus den Vertragsbestimmungen des Art. XX GATT folgt und nicht erst über die Legitimitätsvermutung festgestellt werden muss.

Eine solche Entbehrlichkeit liegt jedoch nicht vor, weil in diesem Fall weiter fraglich ist, ob die betreffenden völkerrechtlich-vertraglichen Rechte, hier das Recht auf die Erforderlichkeitseinschätzung gemäß Art. XX GATT, durch den Verhältnismäßigkeitsgrundsatz i. w. S., insbesondere durch das Abwägungsargument, relativiert werden sollen.[226] Der Rechtsstatus des angegebenen Schutzziels und des behaupteten Schutzniveaus spielt dabei wiederum eine entscheidende Rolle für die Ausräumung der Auflockerungsbedenken.

---

[225] Teil 2 Kapitel 5 § 3 B. III. 2. b).

[226] Zu diesen Relativierungsbedenken im deutschen Verfassungsrecht vgl. *Hirschberg*, Der Grundsatz der Verhältnismäßigkeit, 1981, S. 186–198.

Denn durch die Ablehnung der Erforderlichkeitseinschätzung des regulierenden WTO-Mitglieds wird unvermeidlich eine implizite Abwägung und damit eine Ablehnung der Legitimität des behaupteten Schutzniveaus vorgenommen.

Die Bedenken, dass das in Art. XX GATT vorgesehene Einschätzungsrecht des regulierenden WTO-Mitglieds hinsichtlich der Erforderlichkeit der unilateralen Maßnahme aufgelockert werden soll, lassen sich anhand des dogmatischen Charakters der Verhältnismäßigkeitsprüfung i. w. S., hier der Erforderlichkeitsprüfung, ausräumen.

Erstens handelt es sich bei der Bejahung der Erforderlichkeitseinschätzung des regulierenden WTO-Mitglieds als erste Vermutung um die Behandlung des Rechtsstatus dieser Einschätzung als Ausgangssituation. Somit kann dabei keine negative Beurteilung dieser Einschätzung und damit keine implizite Abwägung sowie entsprechend keine Ablehnung der Legitimität des behaupteten Schutzniveaus vorgenommen werden.

Zweitens, soweit die Maßgeblichkeit der Erforderlichkeitseinschätzung des regulierenden WTO-Mitglieds als erste Vermutung festgestellt wurde, kann diese nur durch Heranziehung eines tauglichen Widerlegungsgrunds widerlegt werden. Wie in Teil 4 Kapitel 14 § 2 dargestellt wird, stellt das Abwägungsargument einschließlich der impliziten Abwägung keinen tauglichen Widerlegungsgrund dar. Die Legitimität des behaupteten Schutzniveaus kann somit nicht zur Auflockerung des Einschätzungsrechts des regulierenden WTO-Mitglieds hinsichtlich der Erforderlichkeit der Umweltschutzmaßnahme gemäß Art. XX GATT durch eine negative Beurteilung der Erforderlichkeitsprüfung mittels impliziter Abwägung abgelehnt werden.

Somit ist festzustellen, dass die Einschätzung des regulierenden WTO-Mitglieds zur Erforderlichkeit seiner umweltpolitischen Maßnahme als erste Vermutung maßgeblich ist.

## D. Umfang der Vermutung

Die Erforderlichkeitsvermutung umfasst die Gesamtheit der Prognose des regulierenden WTO-Mitglieds, d. h. jede Einzelheit seiner empirischen Einschätzung darüber, dass keine mildere Maßnahme zur Verfügung steht, mit der das angegebene Schutzziel und das behauptete Schutzniveau in gleichgeeigneter bzw. gleichwirksamer Weise erreicht werden können.

Dazu gehört zunächst die Einschätzung zu den losen Kausalzusammenhang der Alternativmaßnahme zur Erreichung des angegebenen Schutzziels und des behaupteten Schutzniveaus und damit auch zur Ungleichwirksamkeit der vorgeschlagenen Alternative, selbst wenn deren Geeignetheit bzw. Wirksamkeit empirisch derjenigen der angegriffenen Maßnahme sehr ähnlich erscheint. Die Erforderlichkeitsvermutung umfasst ferner die Einschätzung, dass die angegriffene Maßnahme bereits handelsschonend ist und kein milderes Mittel zur Verfügung steht, auch wenn die empirische Handelsbeschränkung durch ein Einfuhrverbot verursacht wird und damit als „am schwerwiegendsten" erscheint. Darüber hinaus schließt die Vermutung der Erforderlichkeit etwaige Kalkulationsfehler ein, da diese ein bestimmtes Schutzniveau des regulierenden WTO-Mitglieds zum Ausdruck bringen können. Ob und inwieweit sich solche Fehler negativ auf die Erforderlichkeitsvermutung auswirken, ist eine Frage tauglicher Widerlegungsgründe.

Theoretisch umfasst die Erforderlichkeitsvermutung nicht nur die genannten empirischen Aspekte, sondern auch das darauf aufbauende Werturteil, nämlich das Angemessenheitsurteil. Denn die Erforderlichkeit der ergriffenen Maßnahme kann aufgrund empirischer und wissenschaftlicher Unsicherheit nicht ohne Abwägung festgestellt werden.[227] Dieses Werturteil kann aber in die Angemessenheitsprüfung verlagert werden,[228] damit die Erforderlichkeitsprüfung eine empirische Prüfung bleibt.

## E. Kein Raum für eine implizite Abwägung zulasten des regulierenden WTO-Mitglieds im Rahmen der Erforderlichkeitsprüfung im Kontext des Art. XX GATT

In der wissenschaftlichen Literatur zum WTO-Recht wird die Frage, ob die implizite Abwägung der Erforderlichkeitsprüfung zugeordnet werden darf, wenig hervorgehoben. In dieser Diskussion wird zum einen die Möglichkeit einer Abwägung im Rahmen der Erforderlichkeitsprüfung ohne Weiteres bejaht.[229] Zum anderen wird vertreten, dass die Erforderlichkeitsprüfung keinen Raum für eine Abwägung zulässt, ohne jedoch die durch eine negativ beurteilte Erforderlichkeitsprüfung entstandene implizite Abwägung zu erkennen.[230]

Hingegen herrschen Meinungsverschiedenheiten über die Rolle der impliziten Abwägung im Rahmen der Erforderlichkeitsprüfung im innerstaatlichen

---

[227] *Petersen*, Verhältnismäßigkeit als Rationalitätskontrolle, 2015, S. 77.

[228] *Hirschberg*, Der Grundsatz der Verhältnismäßigkeit, 1981, S. 149–151, 171, 175 und 179; *Grimm*, Proportionality in Canadian and German Constitutional Jurisprudence, UTLJ 2017, 383, 392–393. Wohl auch: *Saurer*, Globalisierung des Verhältnismäßigkeitsgrundsatzes, Der Staat 2012, 3, 31 i.V.m. 26; vgl. *Arsche*, Die Margin of Appreciation, 2018, S. 239.

[229] Teil 5 Kapitel 19 § 1 B. II. 1. d) aa) (1), § 1 B. II. 1. d) aa) (2), § 1 B. II. 1. d) bb) (1).

[230] Teil 5 Kapitel 19 § 1 B. II. 1. d) bb) (2).

Recht. Im Folgenden wird diese Diskussion am Beispiel des deutschen Verfassungsrechts dargestellt und darauf aufbauend verdeutlicht, dass die Erforderlichkeitsprüfung im Kontext des Art. XX GATT keine implizite Abwägung zulasten des regulierenden WTO-Mitglieds enthalten darf.

## I. Meinungsverschiedenheiten über die Rolle der impliziten Abwägung im Rahmen der Erforderlichkeitsprüfung

Zum einen wird im Schrifttum vertreten, dass keine implizite Abwägung im Rahmen der Erforderlichkeitsprüfung vorgenommen werden soll. Zum anderen wird argumentiert, dass eine solche Abwägung im Rahmen der Erforderlichkeitsprüfung unvermeidlich ist.

### 1. Keine implizite Abwägung im Rahmen der Erforderlichkeitsprüfung

Als Befürworter der reduzierten Form der Verhältnismäßigkeitsprüfung i. w. S. schlägt Schlink vor, dass die Erforderlichkeitsprüfung ohne Bewertung auskommen solle.[231] Eine Bewertung könne auch nicht bei der Angemessenheitsprüfung erfolgen, weil diese Prüfungsstufe nicht Teil der Verhältnismäßigkeitsprüfung i. w. S. sein solle.[232]

Grundsätzlich in dieser Richtung wird ferner vertreten, dass die Erforderlichkeitsprüfung zur Wahrung ihres Charakters als empirische Analyse zwar kaum negativ beurteilt werden dürfe; eine etwaige Abwägung könne jedoch im Rahmen der Angemessenheitsprüfung vorgenommen werden.[233] Auf diese Weise beschränke sich die Erforderlichkeitsprüfung auf eine strenge „Mittel-Zweck-Prüfung" und unterscheide sich von der Bewertung im Rahmen der Angemessenheitsprüfung.[234] Hingegen verliere die Erforderlichkeitsprüfung durch die Vorverlagerung der Güterabwägung ihre Tatsachenorientierung und empirische Neutralität, welche ihren komparativen Vorteil gegenüber der Angemessenheitsprüfung begründen.[235]

---

[231] *Schlink*, Der Grundsatz der Verhältnismäßigkeit, in: Badura/Dreier (Hrsg.), FS 50 Jahre BVerfG, Band II, 2001, S. 456–458.

[232] *Schlink*, Der Grundsatz der Verhältnismäßigkeit, in: Badura/Dreier (Hrsg.), FS 50 Jahre BVerfG, Band II, 2001, S. 458–462.

[233] *Hirschberg*, Der Grundsatz der Verhältnismäßigkeit, 1981, S. 171, 175; *Grimm*, Proportionality in Canadian and German Constitutional Jurisprudence, UTLJ 2017, 383, 392–393; *Saurer*, Globalisierung des Verhältnismäßigkeitsgrundsatzes, Der Staat 2012, 3, 31 i. V. m. 26.

[234] *Grimm*, Proportionality in Canadian and German Constitutional Jurisprudence, UTLJ 2017, 383, 393.

[235] *Saurer*, Globalisierung des Verhältnismäßigkeitsgrundsatzes, Der Staat 2012, 3, 31 i. V. m. 26.

### 2. Implizite Abwägung im Rahmen der Erforderlichkeitsprüfung

Demgegenüber wird vertreten, dass eine implizite Abwägung im Rahmen der Erforderlichkeitsprüfung unvermeidlich sei.[236]

In dieser Richtung wird teilweise hervorgehoben, dass sich die implizite Abwägung im Rahmen der Erforderlichkeitsprüfung von der Abwägung bei der Angemessenheitsprüfung wesentlich unterscheide: Während die implizite Abwägung im Rahmen der Erforderlichkeitsprüfung in begrenztem Umfang vorgenommen werde und die Zielsetzung des Gesetzgebers noch respektiert, ermögliche die offene Interessenabwägung im Rahmen der Angemessenheitsprüfung hingegen eine umfassende Abweichung vom Zweck des Gesetzgebers.[237] Die Notwendigkeit einer Abwägung bei der Erforderlichkeitsprüfung wird damit begründet, dass Gerichte wie der EuGH,[238] das BVerfG,[239] der US-amerikanische Verfassungsgerichtshof[240] und der kanadische Verfassungsgerichtshof[241] in der Entscheidungspraxis häufig auf implizite Weise abwä-

---

[236] *Peters*, A Plea for Proportionality, ICON 2021, 1135, 1140; *Lang*, Der Verhältnismäßigkeitsgrundsatz in der Rechtsprechung des BVerfG, AöR 2020, 75, 123–131 i.V.m. 104 und 107–109; *von Bernstorff*, Kerngehaltsschutz durch den UN-Menschenrechtsausschuss und den EGMR, Der Staat 2011, 165, 184; *ders.*, Proportionality Without Balancing, in: Lazarus/McCrudden/Bowles (Hrsg.), Reasoning Rights, 2014, S. 83; vgl. *Petersen*, Verhältnismäßigkeit als Rationalitätskontrolle, 2015, S. 69–72, 172f.; *ders.*, Gesetzgeberische Inkonsistenz als Beweiszeichen – Eine rechtsvergleichende Analyse, AöR 2013, 108, 132; *ders.*, How to Compare the Length of Lines to the Weight of Stones, GLJ 2013, 1387, 1395–1397; *Bilchitz*, Necessity and Proportionality, in: Lazarus/McCrudden/Bowles (Hrsg.), Reasoning Rights, 2014, S. 42, 59–60. So auch, jedoch nur in komplizierten Konstellationen, vgl. *Alexy*, Theorie der Grundrechte, 9. Aufl. 2020, S. 100–103 und Zit. 86 a.a.O.

[237] *Peters*, A Plea for Proportionality, ICON 2021, 1135, 1140; *von Bernstorff*, Kerngehaltsschutz durch den UN-Menschenrechtsausschuss und den EGMR, Der Staat 2011, 165, 184; *ders.*, Proportionality Without Balancing, in: Lazarus/McCrudden/Bowles (Hrsg.), Reasoning Rights, 2014, S. 83; vgl. *Petersen*, Verhältnismäßigkeit als Rationalitätskontrolle, 2015, S. 69, 169–170 und 174.

[238] *Weiler*, Towards a Common Law of International Trade in: ders. (Hrsg.), The EU, The WTO and The NAFTA, 2000, S. 222 bezüglich der Spruchpraxis des EuGH; Weiler spricht gegen die implizite Abwägung, hierzu siehe: S. 222–223 a.a.O.

[239] *Petersen*, Verhältnismäßigkeit als Rationalitätskontrolle, 2015, S. 172–173. Petersen spricht auch für eine implizite Abwägung im Rahmen der Erforderlichkeitsprüfung in einem begrenzten Umfang, hierzu siehe: S. 174 a.a.O.

[240] *Stone Sweet/Mathews*, Proportionality Balancing and Global Constitutionalism, CJTL 2008, 72, 73, 156 i.V.m. 164 bezüglich der Spruchpraxis des US-amerikanischen Verfassungsgerichts; Stone Sweet und Mathews sprechen auch für eine implizite Abwägung bei der Erforderlichkeitsprüfung und sehen diese als unvermeidlich an, hierzu siehe: S. 164 a.a.O.

[241] *Grimm*, Proportionality in Canadian and German Constitutional Jurisprudence, UTLJ 2017, 383, 394 bezüglich der impliziten Abwägung bei der Geeignetheits- und Erforderlichkeitsprüfung in der Spruchpraxis des kanadischen Verfassungsgerichts.

gen, selbst wenn sie sich explizit auf die fehlende Erforderlichkeit stützen.[242] Außerdem könne die innerstaatliche Gesetzgebungsbefugnis u. a. durch unzureichende Lobbyarbeit[243] missbräuchlich und zum Nachteil von Minderheiten ausgeübt werden, deren Interessen nicht hinreichend repräsentiert werden können.[244]

Teilweise wird zwar anerkannt, dass die Abwägung im Rahmen der Erforderlichkeitsprüfung begrenzt sei.[245] Dabei solle jedoch eine gewisse dynamische Abwägung vorgenommen werden, damit die Effektivität der Erforderlichkeitsprüfung aufrechterhalten werden könne.[246] Ein weiterer Teil der wissenschaftlichen Literatur in dieser Richtung vertritt die Ansicht, dass die Abwägung im Rahmen der Erforderlichkeitsprüfung mit derjenigen im Rahmen der Angemessenheitsprüfung grundsätzlich gleichgesetzt werden könne.[247] Diese beiden zuletzt genannten Ansichten werden durch die Anwendung des Verhältnismäßigkeitsgrundsatzes i. w. S. u. a. in der Spruchpraxis des kanadischen Verfassungsgerichts geprägt,[248] in der die subjektive Bewertung in die Erforderlichkeitsprüfung vorgeschoben wird.[249]

---

Grimm spricht jedoch gegen die Ansicht, dass bei der Erforderlichkeitsprüfung eine Abwägung überhaupt vorgenommen werden darf, hierzu siehe: S. 393 a. a. O.

242 Vgl. *Petersen*, Verhältnismäßigkeit als Rationalitätskontrolle, 2015, S. 172.

243 *Petersen*, Verhältnismäßigkeit als Rationalitätskontrolle, 2015, S. 31, 48 f., 51 f.

244 *Petersen*, Verhältnismäßigkeit als Rationalitätskontrolle, 2015, S. 70–72.

245 Vgl. *Bilchitz*, Necessity and Proportionality, in: Lazarus/McCrudden/Bowles (Hrsg.), Reasoning Rights, 2014, S. 42, 59–60.

246 Vgl. *Bilchitz*, Necessity and Proportionality, in: Lazarus/McCrudden/Bowles (Hrsg.), Reasoning Rights, 2014, S. 42, 59–60 i. V. m. 61–62. Zur Kritik der strengen Erforderlichkeitsprüfung vgl. S. 44 ff. und 49 ff. a. a. O.

247 *Yowell*, Proportionality in United States Constitutional Law, in: Lazarus/McCrudden/Bowles (Hrsg.), Reasoning Rights, 2014, S. 90–93. Kritik hierzu vgl. *von Bernstorff*, Proportionality Without Balancing, in: Lazarus/McCrudden/Bowles (Hrsg.), Reasoning Rights, 2014, S. 83, Zit. 81 a. a. O.

248 Vgl. *Bilchitz*, Necessity and Proportionality, in: Lazarus/McCrudden/Bowles (Hrsg.), Reasoning Rights, 2014, S. 42; *Yowell*, Proportionality in United States Constitutional Law, in: Lazarus/McCrudden/Bowles (Hrsg.), Reasoning Rights, 2014, S. 93.

249 Für einen Überblick über diese Spruchpraxis des kanadischen Verfassungsgerichts siehe: *Saurer*, Globalisierung des Verhältnismäßigkeitsgrundsatzes, Der Staat 2012, 3, 15–16; *Petersen*, Verhältnismäßigkeit als Rationalitätskontrolle, 2015, S. 248–258; *Grimm*, Proportionality in Canadian and German Constitutional Jurisprudence, UTLJ 2017, 383, 390–393.

## II. Kein Raum für eine implizite Abwägung zulasten des regulierenden WTO-Mitglieds im Rahmen der Erforderlichkeitsprüfung im Kontext des Art. XX GATT

Im Kontext des Art. XX GATT ist aus den folgenden Gründen der erstgenannten Ansicht zuzustimmen, dass im Rahmen der Erforderlichkeitsprüfung kein Werturteil vorgenommen werden soll.

### 1. Fehlende Entscheidungsrelevanz der herangezogenen Argumente

Erstens kann eine implizite Abwägung zulasten des regulierenden WTO-Mitglieds im Rahmen der Erforderlichkeitsprüfung zumindest dadurch vermieden werden, indem diese Prüfung stets positiv beurteilt wird.

In diesem Fall erfolgt keine Korrektur des angegebenen Schutzziels und des behaupteten Schutzniveaus des regulierenden WTO-Mitglieds. Aufgrund empirischer und wissenschaftlicher Unsicherheit kann zwar auch die Bejahung der Erforderlichkeit der ergriffenen Maßnahme nicht ohne Abwägung erfolgen.[250] Denn die WTO-Streitbeilegungsorgane müssen die Abwägungsentscheidung treffen, dass die empirische Schutzwirkung der vorgeschlagenen Alternative mit der empirischen Schutzwirkung der ergriffenen Maßnahme vergleichbar ist und daher auch als die angestrebte empirische Schutzwirkung des regulierenden WTO-Mitglieds angesehen werden kann. Diese subjektive Entscheidung kann jedoch in die Angemessenheitsprüfung verlagert werden.[251]

Wird die Erforderlichkeitseinschätzung des regulierenden WTO-Mitglieds von einem Panel hingegen abgelehnt, erfolgt dadurch unvermeidlich eine implizite Abwägung zulasten des regulierenden WTO-Mitglieds.[252] Es ist jedoch gerade fraglich, ob diese negative Beurteilung der Erforderlichkeitsprüfung überhaupt zulässig ist, nämlich ob die Voraussetzungen für die Ablehnung dieser Prüfung erfüllt sind und ob eine Abwägung überhaupt bzw. unbedingt im Rahmen der Erforderlichkeitsprüfung vorgenommen werden darf. Daran ändert die Tatsache nichts, dass Abwägungen in der Spruchpraxis verschiedener nationaler und internationaler Gerichte im Rahmen der Erforderlichkeitsprüfung häufig implizit vorgenommen werden. Auch in der Entscheidungs-

[250] *Petersen*, Verhältnismäßigkeit als Rationalitätskontrolle, 2015, S. 77.

[251] *Hirschberg*, Der Grundsatz der Verhältnismäßigkeit, 1981, S. 149–151, 171, 175 und 179; *Grimm*, Proportionality in Canadian and German Constitutional Jurisprudence, UTLJ 2017, 383, 392–393; wohl auch: *Saurer*, Globalisierung des Verhältnismäßigkeitsgrundsatzes, Der Staat 2012, 3, 31 i. V. m. 26; vgl. *Arsche*, Die Margin of Appreciation, 2018, S. 239.

[252] Teil 4 Kapitel 13 § 3 B.

praxis zu Art. XX GATT, beispielsweise in Korea – Beef, wurde die Abwägung zulasten des regulierenden WTO-Mitglieds bei der Erforderlichkeitsprüfung implizit vorgenommen, obwohl der AB dabei ausdrücklich erklärte, dass keine Korrektur, sondern die Ermittlung des vom regulierenden WTO-Mitglied festgelegten Schutzniveaus bei dieser Prüfung erfolge.[253]

Zweitens ist es schwierig, die implizite Abwägung anhand ihres Umfangs von der offenen Abwägung zu unterscheiden.

Gemeinsamkeit beider Arten von Abwägungen besteht darin, dass es sich dabei um eine Korrektur des behaupteten Schutzniveaus des regulierenden WTO-Mitglieds handelt. Auch bei einer Abwägung in anscheinend geringem Umfang handelt es sich um die Korrektur des behaupteten Schutzniveaus. Der Kernunterschied der impliziten Abwägung im Rahmen der Erforderlichkeitsprüfung gegenüber der Abwägung im Rahmen der Angemessenheitsprüfung liegt hingegen darin, dass bei der erstgenannten Art der Abwägung deklaratorisch keine Korrektur des behaupteten Schutzniveaus vorgenommen wird, sondern nur die „Erreichung“ des Schutzniveaus überprüft wird. Folglich kann die implizite Abwägung bei einer negativ beurteilten Erforderlichkeitsprüfung tatsächlich weniger umfassend sein als die Abwägung bei der Angemessenheitsprüfung. Die Abwägung ist jedoch letztlich subjektiv, dezisionistisch[254] und kann nicht rationalisiert werden.[255] Sie fehlt an einem pragmatischen Kriterium und ist damit inhaltsleer.[256] Aus dieser Unbestimmtheit des Umfangs der Abwägung folgt, dass es keinen Beurteilungsmaßstab gibt, wann eine Abwägung als umfangreich oder als begrenzt angesehen werden soll.[257]

---

253 WTO, AB-Bericht v. 11.12.2000, WT/DS161/AB/R u.a., „Korea – Beef“, Para. 176–178.

254 *Neumann/Türk*, Necessity Revisited, JWT 2003, 199, 215; *Schlink*, Der Grundsatz der Verhältnismäßigkeit, in: Badura/Dreier (Hrsg.), FS 50 Jahre BVerfG, Band II, 2001, S. 458f., 460; *Petersen*, Verhältnismäßigkeit als Rationalitätskontrolle, 2015, S. 269.

255 Vgl. *von Bernstorff*, Kerngehaltsschutz durch den UN-Menschenrechtsausschuss und den EGMR, Der Staat 2011, 165, 183–184.

256 *Hirschberg*, Der Grundsatz der Verhältnismäßigkeit, 1981, S. 80ff., 193f., 212, 218.

257 Vgl. *McGrady*, Necessity Exceptions in WTO Law, JIEL 2008, 153, 159; *Neumann/Türk*, Necessity Revisited, JWT 2003, 199, 215; *Desmedt*, Proportionality in WTO Law, JIEL 2001, 441, 464–465. Für die vorgeschlagene Verteilung im deutschen Verfassungsrecht, wonach bestimmte Falltypen bei der „Erforderlichkeitsprüfung“ und bestimmte Falltypen bei der Angemessenheitsprüfung abgehandelt werden sollen, siehe: *Lang*, Der Verhältnismäßigkeitsgrundsatz in der Rechtsprechung des BVerfG, AöR 2020, 75, 107–109. Dabei wurde jedoch nicht hinreichend geklärt, wann und warum eine (implizite) Abwägung als umfangreich oder als begrenzt angesehen werden soll.

Die Bedenken, dass die innerstaatliche legislative Gewalt u.a. aufgrund mangelhafter Lobbyarbeit[258] missbräuchlich und zulasten von Minderheiten ausgeübt werden könnte,[259] herrschen auch in der wissenschaftlichen Literatur zum WTO-Recht bezüglich der Ausübung der Umweltausnahmerechte nach Art. XX GATT.[260] Allerdings ist auch hier fraglich, ob diese generellen Bedenken im konkreten Einzelfall ausgeräumt werden können. Wenn nicht, bleibt fraglich, ob eine etwaige richterliche Abwägung zwingend im Rahmen der Erforderlichkeitsprüfung erfolgen muss.

### 2. Kein Raum für eine implizite Abwägung zulasten des regulierenden WTO-Mitglieds im Rahmen der Erforderlichkeitsprüfung im Kontext des Art. XX GATT anhand des Charakters der Vermutung

Da bereits festgestellt wurde, dass die Erforderlichkeitseinschätzung des regulierenden WTO-Mitglieds eine erste Vermutung darstellt, ist die Erforderlichkeitsprüfung bei der Auslegung eines Absatzes des Art. XX GATT zunächst positiv zu beurteilen. Dann kann diese Vermutung nur durch die Heranziehung eines tauglichen Widerlegungsgrunds widerlegt werden. Wie in Teil 4 Kapitel 14 § 1 B. dargestellt, kann die Widerlegung der Erforderlichkeitsvermutung aufgrund der Feststellung einer willkürlichen Diskriminierung bzw. einer versteckten Handelsbeschränkung i.S.d. Chapeaus des Art. XX GATT nicht bereits im Rahmen der Erforderlichkeitsprüfung, sondern erst nach Bejahung der Angemessenheitsvermutung der ergriffenen Maßnahme erfolgen. Außerdem stellt das Abwägungsargument, einschließlich der impliziten Abwägung, im Kontext des Art. XX GATT keinen tauglichen Widerlegungsgrund dar und kann daher bei der Erforderlichkeitsprüfung nicht angewendet werden.[261]

Aus diesen Gründen lassen sich die oben genannten Bedenken, wonach die Umweltausnahmerechte nach Art. XX GATT auf missbräuchliche Weise ausgeübt werden könnten und deshalb durch eine schiedsrichterliche Abwägung im Rahmen der Erforderlichkeitsprüfung kontrolliert werden müssten, ausräu-

---

258 *Petersen*, Verhältnismäßigkeit als Rationalitätskontrolle, 2015, S. 31, 48f., 51f.

259 *Petersen*, Verhältnismäßigkeit als Rationalitätskontrolle, 2015, S. 70–72.

260 *Andenas/Zleptnig*, Proportionality: WTO Law, TILJ 2007, 371, 412, 423; *Desmedt*, Proportionality in WTO Law, JIEL 2001, 441, 458; *Ortino*, From „Non-discrimination“ to „Reasonableness“, JM-WP 2005/1, 5, 43; *Delimatsis*, The Principle of Necessity in the WTO, TLSRP 2014/04, 1, 7; *Howse/Tuerk*, A Case Study of the EC Asbestos Dispute, in: de Búrca/Scott (Hrsg.), The EU and the WTO, 2003, 318, 323–324; *Bown/Trachtman*, Brazil-Measures Affecting Imports of Retreaded Tyres: A Balancing Act, WTR 2009, 85, 119, 122.

261 Teil 4 Kapitel 14 § 2.

men. Eine dennoch vorgenommene implizite Abwägung im Rahmen der Erforderlichkeitsprüfung stellt daher eine fehlerhafte Anwendung der Erforderlichkeitsprüfung dar, die keinen Raum für eine implizite Abwägung zulasten des regulierenden WTO-Mitglieds zulässt.[262]

### 3. Reichweite der Schlussfolgerung

Dieses Ergebnis gilt jedoch nur für Fälle, in denen die fragliche Erforderlichkeitseinschätzung eine erste Vermutung darstellt, beispielsweise im Kontext des Art. XX GATT. Ist dies nicht der Fall, unterläge die Ablehnung der fraglichen Erforderlichkeitseinschätzung keiner Vermutungs- und Widerlegungsregel, und die implizite Abwägung zulasten des regulierenden WTO-Mitglieds scheint in diesem Prüfschritt unvermeidlich zu sein.

Zur Aufrechterhaltung der Kennzeichnung der Erforderlichkeitsprüfung als empirische Rationalitätskontrolle wäre die nationale Bewertung alternativ als unrechtsverbindliche Materialien zu behandeln, die für die Erforderlichkeitsprüfung rechtsunerheblich seien.[263] In diesem Fall wäre die durch die Ablehnung der nationalen Erforderlichkeitseinschätzung entstandene implizite Bewertung nur als Konkretisierung des behaupteten Schutzziels des Richters anzusehen, weil die Formulierung des Schutzziels auf der Prüfungsstufe des legitimen Ziels nur abstrakt sein kann.[264] Außerdem könne die Ablehnung der nationalen Bewertung nicht im Rahmen der Erforderlichkeitsprüfung vorgenommen, sondern in die Angemessenheitsprüfung verlagert werden.[265]

Wie die richterliche Abwägung in den beiden Konstellationen zu behandeln ist, bedarf gesonderter Untersuchung, die den Umfang der vorliegenden Ar-

---

262 Im Ergebnis grundsätzlich auch, vgl. *Hirschberg*, Der Grundsatz der Verhältnismäßigkeit, 1981, S. 161, 175; *Hauck*, Normenkonflikte als Optimierungsprobleme?, in: Baade u. a. (Hrsg.), Verhältnismäßigkeit im Völkerrecht, 2016, S. 98.

263 Vgl. auch *Schlink*, Der Grundsatz der Verhältnismäßigkeit, in: Badura/Dreier (Hrsg.), FS 50 Jahre BVerfG, Band II, 2001, S. 456–458. Dabei unterscheidet Schlink nicht, ob es sich bei der fraglichen Erforderlichkeitseinschätzung um eine erste Vermutung handelt oder nicht. Nach vorliegender Untersuchung kann die genannte Einschätzung nicht als unrechtsverbindliche Materialien behandelt werden, sie unterliegt hingegen der Vermutungs- und Widerlegungsregel, sofern sie eine erste Vermutung darstellt.

264 Teil 2 Kapitel 4 § 3.

265 Zum Vorschlag einer solchen Behandlung vgl. *Hirschberg*, Der Grundsatz der Verhältnismäßigkeit, 1981, S. 171; *Grimm*, Proportionality in Canadian and German Constitutional Jurisprudence, UTLJ 2017, 383, 392–393. Wohl auch: *Saurer*, Globalisierung des Verhältnismäßigkeitsgrundsatzes, Der Staat 2012, 3, 31 i. V. m. 26. Dabei wird nicht zwischen den Fällen unterschieden, ob es sich bei der fraglichen Erforderlichkeitseinschätzung um eine erste Vermutung handelt oder nicht.

beit als spezielle Untersuchung zur Anwendung des Verhältnismäßigkeitsgrundsatzes i. w. S. bei der Interpretation des Art. XX GATT überschreitet.

#### 4. Keine Überflüssigkeit der Erforderlichkeitsprüfung für die Interpretation des Art. XX GATT

Die Erforderlichkeitsprüfung im Kontext des Art. XX GATT läuft aber nicht ins Leere,[266] wenn sie ausschließlich positiv beurteilt wird. Im Kontext des Art. XX GATT ist die positive Beurteilung dieser Prüfung besonders notwendig, weil die Erforderlichkeitsvermutung gemeinsam mit der Geeignetheits- und Angemessenheitsvermutung der ergriffenen Maßnahme ein Fundament beispielsweise für die etwaige Feststellung einer willkürlichen Diskriminierung i. S. d. Chapeaus des Art. XX GATT bildet.[267]

Außerdem setzt auch die Abwägung empirische Erwägungen voraus.[268] Ohne Erforderlichkeitseinschätzung ist die Abwägung bei der Angemessenheitsprüfung, egal ob sie positiv oder negativ ausfällt, gegenstandlos. Dieses Ergebnis gilt auch für Fälle, in denen die Erforderlichkeitseinschätzung des Staates/Handelnden nicht als erste Vermutung maßgeblich ist.[269]

## F. Zwischenergebnis

Sowohl der Bezugspunkt als auch der Gegenstand der Erforderlichkeitsprüfung sind nicht hinreichend bestimmt, was zur Unbestimmtheit dieser Prüfung führt (Teil 4 Kapitel 13 § 3 A.). Eine implizite Abwägung zulasten des regulierenden WTO-Mitglieds liegt durch die Ablehnung der Einschätzung dieses Mitglieds zur Erforderlichkeit der ergriffenen umweltpolitischen Maßnahme unvermeidlich vor. Denn dadurch wird die Legitimität des angegebenen Schutzziels und des behaupteten Schutzniveaus des regulierenden WTO-Mitglieds immer implizit abgelehnt (Teil 4 Kapitel 13 § 3 B.).

Allein aus diesem Umstand kann nicht gefolgert werden, dass die Erforderlichkeitseinschätzung des regulierenden WTO-Mitglieds als erste Vermutung

---

[266] Entgegen *Appleton*, GATT Article XXs Chapeau – A Disguised Necessary Test?, RECIEL 1997, 131, 135, vgl. auch Fn. 75 a. a. O. Als überflüssig bezeichnet auch: *Krugmann*, Der Grundsatz der Verhältnismäßigkeit im Völkerrecht, 2004, S. 48 und 124; *Lang*, Der Verhältnismäßigkeitsgrundsatz in der Rechtsprechung des BVerfG, AöR 2020, 75, 123–127; *Chang/Dai*, The Limited Usefulness of the Proportionality Principle, ICON 2021, 1110, 1120; *Bilchitz*, Necessity and Proportionality, in: Lazarus/McCrudden/Bowles (Hrsg.), Reasoning Rights, 2014, S. 50.

[267] Teil 6 Kapitel 21 § 1 B. II. 2.

[268] Vgl. *Petersen*, Verhältnismäßigkeit als Rationalitätskontrolle, 2015, S. 79–80.

[269] Diese Fälle sind nicht Gegenstand der vorliegenden Arbeit.

maßgeblich ist. Eine solche Maßgeblichkeit ergibt sich hingegen aus den Vertragsbestimmungen des Art. XX GATT als klare Regel unter Berücksichtigung des dogmatischen Charakters der Verhältnismäßigkeitsprüfung i. w. S., nämlich der impliziten Abwägung bei einer negativ ausfallenden Erforderlichkeitsprüfung (Teil 4 Kapitel 13 § 3 C.).

Die Erforderlichkeitsvermutung umfasst die Gesamtheit der Prognose des regulierenden WTO-Mitglieds, d. h. jede Einzelheit seiner empirischen Einschätzung darüber, dass keine mildere Maßnahme zur Verfügung steht, mit der das angegebene Schutzziel und das behauptete Schutzniveau in gleichgeeigneter bzw. gleichwirksamer Weise erreicht werden können wie mit der ergriffenen Maßnahme. Daneben deckt die Erforderlichkeitsvermutung theoretisch auch das darauf aufbauende Werturteil, nämlich das Angemessenheitsurteil. Dieses Werturteil kann aber in die Angemessenheitsprüfung verlagert werden, damit die Erforderlichkeitsprüfung eine empirische Analyse bleibt (Teil 4 Kapitel 13 § 3 D.). Im Allgemeinen kann eine implizite Abwägung ggf. von einer Erforderlichkeitsprüfung gedeckt sein und stellt nicht unbedingt eine Angemessenheitsprüfung dar. Im Kontext des Art. XX GATT lässt die Erforderlichkeitsprüfung jedoch keinen Raum für eine implizite Abwägung zulasten des regulierenden WTO-Mitglieds zu, sodass eine solche Abwägung eine Angemessenheitsprüfung darstellt (Teil 4 Kapitel 13 § 3 E.).

## Kapitel 14

## Taugliche Widerlegungsgründe gegen die Vermutung der Maßgeblichkeit der Erforderlichkeitseinschätzung des regulierenden WTO-Mitglieds

Soweit festgestellt wurde, dass die Einschätzung des regulierenden WTO-Mitglieds zur Erforderlichkeit der ergriffenen Maßnahme im Kontext des „grünen“ Art. XX GATT eine erste Vermutung darstellt, stellt sich die Frage, mit welchen tauglichen Gründen diese Vermutung widerlegt werden kann.

### § 1 Taugliche Widerlegungsgründe

Willkürliche Diskriminierung und verschleierte Handelsbeschränkung i. S. d. Chapeaus des Art. XX GATT sind unproblematisch vertraglich vorgesehene taugliche Widerlegungsgründe. Die Geltendmachung beider Gründe setzt jedoch die Bejahung der Verhältnismäßigkeitsvermutung i. w. S. der angegriffenen Maßnahme voraus. Werden beide Gründe erfolgreich geltend gemacht, kann die ergriffene Umweltschutzmaßnahme aufgrund der widerlegenden Wirkungen nicht mehr als erforderlich beurteilt werden.

## A. Willkürliche Diskriminierung und verschleierte Handelsbeschränkung i. S. d. Chapeaus des Art. XX GATT als vertraglich vorgesehene Widerlegungsgründe

Aus dem Wortlaut des Art. XX GATT ergibt sich unproblematisch, dass willkürliche Diskriminierung und verschleierte Handelsbeschränkung i. S. d. Chapeaus dieses Artikels taugliche Widerlegungsgründe darstellen. Dies lässt sich auch durch das in der ständigen Entscheidungspraxis festgelegte zweistufige Prüfungsschema des Art. XX GATT bestätigen.[270]

## B. Einschränkung der Geltendmachung tauglicher Widerlegungsgründe

Die Geltendmachung der beiden tauglichen Widerlegungsgründe ist jedoch eingeschränkt. Sie können nämlich nicht bereits bei der Erforderlichkeitsprüfung, sondern erst nach Bejahung der Angemessenheit der ergriffenen Maßnahme als erste Vermutung geltend gemacht werden.

Dies ergibt sich wiederum aus dem in der Entscheidungspraxis festgelegten zweistufigen Prüfungsschema des Art. XX GATT. Die Prüfung des Chapeaus kommt nämlich erst dann in Betracht, wenn der entsprechende Absatz des Art. XX GATT erfüllt ist und damit die vorläufige Rechtmäßigkeit einschließlich der vorläufigen Angemessenheit der angegriffenen Maßnahme bejaht wurde. Außerdem ist dies auf den Tatbestand der willkürlichen Diskriminierung i. S. d. Chapeaus des Art. XX GATT zurückzuführen. Denn die Verhältnismäßigkeit i. w. S. der ergriffenen Maßnahme bestimmt die Gleichheit der Behandlung zur Feststellung der Diskriminierung i. S. d. Chapeaus. Ebenso setzt die Beurteilung der verschleierten Handelsbeschränkung i. S. d. Chapeaus des Art. XX GATT die Bejahung der vorläufigen Rechtmäßigkeit der angegriffenen Maßnahme voraus.[271]

## C. Widerlegende Wirkung

Wenn eine willkürliche oder ungerechtfertigte Diskriminierung i. S. d. Chapeaus vorliegt, hat die Gegenseite einen Gleichbehandlungsanspruch auf eine weniger handelsbeschränkende Alternative zur Erreichung des legitimen Schutzziels. Daher ist eine schonendere Alternative verfügbar, und die Vermutung der Erforderlichkeit der angegriffenen Maßnahme ist abzulehnen. Wenn

---

[270] Teil 2 Kapitel 6 § 1 A.

[271] Teil 2 Kapitel 6 § 1 B.

eine verschleierte Handelsbeschränkung i. S. d. Chapeaus des Art. XX GATT festgestellt wird, deutet dies unmittelbar darauf hin, dass das behauptete Schutzniveau unangemessen hoch und daher vertraglich verboten ist.[272] In diesem Fall kann die angegriffene Maßnahme nicht mehr geeignet sein, weil sie nach ihrer Struktur und Ausgestaltung zur Erreichung eines rechtswidrigen Schutzniveaus bestimmt ist. Eine nicht geeignete und damit rechtswidrige Maßnahme kann auf keinen Fall erforderlich sein.

## § 2 Untaugliche Widerlegungsgründe

Das explizite Abwägungsargument ist für die Widerlegung der Erforderlichkeitsvermutung nicht einschlägig. Die empirische Wirkung der angegriffenen Umweltmaßnahme auf das angegebene Schutzziel, bei der es sich um ein implizites Abwägungsargument handelt, stellt keinen tauglichen Widerlegungsgrund gegen die Erforderlichkeitsvermutung dar. Neben dem Chapeau des Art. XX GATT als völkerrechtlicher Vertragsvorschrift können sich keine weiteren tauglichen Widerlegungsgründe aus dem Völkergewohnheitsrecht oder aus allgemeinen Rechtsgrundsätzen ergeben.

### A. Keine Einschlägigkeit des expliziten Abwägungsarguments für die Widerlegung der Erforderlichkeitsvermutung

Im Unterschied zur Legitimitäts- und Angemessenheitsprüfung ist das explizite Abwägungsargument, nämlich die offene richterliche einzelfallbezogene Abwägung, für die Erforderlichkeitsprüfung und damit für die ggf. im Rahmen dieser Prüfung vorgenommene Widerlegung der Erforderlichkeitsvermutung nicht einschlägig. Denn bei der Erforderlichkeitsprüfung ist noch explizit von der Erreichung des angegebenen Schutzziels und des behaupteten Schutzniveaus die Rede, nicht jedoch von deren Überprüfung.

### B. Empirische Wirkung der Maßnahme/ implizites Abwägungsargument als untauglicher Widerlegungsgrund

Die Prüfung sowohl der *necessary to*-Bedingung in Art. XX (a) und (b) GATT als auch der *relating to*-Bedingung in Art. XX (g) GATT umfasst

---

[272] Die hier genannte Handelsbeschränkung ist die verschleierte Handelsbeschränkung i. S. d. Chapeaus des Art. XX GATT im engeren Sinne. Ausführlich hierzu siehe: Teil 6 Kapitel 21 § 2 B.

u. a. eine Erforderlichkeitsprüfung.[273] Fällt diese Prüfung negativ aus, kann die Erforderlichkeitsprüfung nicht mehr rein empirisch erfolgen, sondern es liegt unvermeidlich eine implizite Abwägung zulasten des regulierenden WTO-Mitglieds vor.[274]

Im Schrifttum ist umstritten, ob die Erforderlichkeitsprüfung als Rationalitätsprüfung eine implizite Abwägung enthalten darf.[275] Im Folgenden wird erläutert, dass die empirische Wirkung der ergriffenen Umweltschutzmaßnahme – ein implizites Abwägungsargument – in beiden Fällen keinen tauglichen Widerlegungsgrund darstellt.

### I. Implizites Abwägungsargument als untauglicher Widerlegungsgrund bei Unzulässigkeit einer solchen Abwägung im Rahmen der Erforderlichkeitsprüfung

Ist eine implizite Abwägung bei der Erforderlichkeitsprüfung nicht zulässig, scheidet die Widerlegung der Erforderlichkeitsvermutung mittels des impliziten Abwägungsarguments in diesem Prüfschritt aus.

### II. Implizites Abwägungsargument als untauglicher Widerlegungsgrund bei Zulässigkeit einer solchen Abwägung im Rahmen der Erforderlichkeitsprüfung

Falls eine implizite Abwägung bei der Erforderlichkeitsprüfung hingegen zulässig ist, kann die Erforderlichkeitsvermutung der angegriffenen Maßnahme ebenso nicht mittels des impliziten Abwägungsarguments widerlegt werden. Denn dieses Argument stellt aus den folgenden Gründen keinen tauglichen Widerlegungsgrund im Kontext des Art. XX GATT dar.

Vorerst ist darauf hinzuweisen, dass die Erforderlichkeitsprüfung in dieser Variante nicht mehr eine rein empirische Analyse sein kann. Diese Prüfung ist hingegen eine solche, die sowohl die empirische Beurteilung als auch das darauf aufbauende Werturteil enthält.[276] Auch eine positiv beurteilte Erforderlichkeitsprüfung ist in diesem Fall nicht rein empirisch, sondern enthält eine subjektive Feststellung aufbauend auf der empirischen Wirkung der Maßnahme auf das Schutzgut.[277]

[273] Teil 1 Kapitel 1 § 5 C.

[274] Teil 4 Kapitel 13 § 3 B.

[275] Teil 4 Kapitel 13 § 3 E. I.

[276] Teil 4 Kapitel 13 § 3 B.

[277] *Petersen*, Verhältnismäßigkeit als Rationalitätskontrolle, 2015, S. 77.

Dementsprechend ist der Gegenstand der Erforderlichkeitsvermutung in diesem Fall sowohl die empirische Auswirkung der angegriffenen Umweltmaßnahme auf das angegebene Schutzziel als auch das darauf aufbauende Werturteil. Gegenstand dieser Vermutung ist nämlich die Gesamtheit der nationalen Prognose, d. h. jede Einzelheit der empirischen Einschätzung des regulierenden WTO-Mitglieds darüber, dass keine mildere Maßnahme zur Verfügung steht, die in gleichgeeigneter bzw. gleichwirksamer Weise das angegebene Schutzziel und das behauptete Schutzniveau erreichen kann. Ebenso umfasst diese Vermutung das auf den vorgenannten empirischen Auswirkungen aufbauende Werturteil. Dieses Werturteil ist implizit das Angemessenheitsurteil, das aber alternativ in die Angemessenheitsprüfung verschoben werden kann.[278]

Hieraus ergibt sich, dass die Erforderlichkeitsvermutung selbst kein tauglicher Widerlegungsgrund gegen dieselbe Vermutung sein kann.

Die hier zu begründende These ist nämlich, ob und wie die Erforderlichkeitsvermutung widerlegt werden kann. Wenn die empirische Wirkung der angegriffenen Umweltmaßnahme oder das darauf aufbauende Werturteil als Widerlegungsgrund gegen diese Vermutung geltend gemacht wird, erfolgt eigentlich noch keine Begründung, sondern nur eine Wiederholung der zu begründenden These. Denn gerade aufbauend auf diesen empirischen Aspekten wurde das genannte Werturteil getroffen, dessen Maßgeblichkeit eine erste Vermutung darstellt.

Die Erforderlichkeitsvermutung selbst stellt daher keinen tauglichen Widerlegungsgrund gegen dieselbe Vermutung dar. Andernfalls kann eine Erforderlichkeitsvermutung bereits aus dem Grund abschließend widerlegt werden, dass die Vermutung eine solche ist. Dies führt zu einem Widerspruch, weil die angegriffene Maßnahme in diesem Fall sowohl vorläufig erforderlich als auch endgültig nicht erforderlich ist. Zugleich führt dies zur Unwirksamkeit des einschlägigen Absatzes des Art. XX GATT, weil dieselbe Umweltschutzmaßnahme unter Berufung auf denselben Absatz sowohl vorläufig rechtmäßig als auch endgültig rechtswidrig sein kann, wenn nach Bejahung der Erforderlichkeitsvermutung auch die Angemessenheitsvermutung der ergriffenen Maßnahme bejaht wird.

Folglich kann die Erforderlichkeitsvermutung beispielsweise nicht mit der Begründung widerlegt werden, dass die Geeignetheit bzw. die Wirksamkeit der vorgeschlagenen Alternative empirisch „sehr ähnlich“ zu derjenigen der

[278] *Hirschberg*, Der Grundsatz der Verhältnismäßigkeit, 1981, S. 171; *Grimm*, Proportionality in Canadian and German Constitutional Jurisprudence, UTLJ 2017, 383, 392–393; wohl auch: *Saurer*, Globalisierung des Verhältnismäßigkeitsgrundsatzes, Der Staat 2012, 3, 31 i. V. m. 26; vgl. *Arsche*, Die Margin of Appreciation, 2018, S. 239.

ergriffenen Umweltmaßnahme erscheint. Ebenso kann die Erforderlichkeitsvermutung nicht mit der Begründung widerlegt werden, dass die empirische Handelsbeschränkung durch die ergriffene Umweltmaßnahme, beispielsweise durch ein Einfuhrverbot, verursacht wird und damit als „am schwerwiegendsten" erscheint. Denn das regulierende WTO-Mitglied hat genau basierend auf den genannten empirischen Auswirkungen sein Werturteil getroffen, dessen Maßgeblichkeit eine erste Vermutung darstellt.[279]

### III. Zwischenergebnis

Somit kommt es in den beiden Fällen zu demselben Ergebnis, dass das implizite Abwägungsargument keinen tauglichen Widerlegungsgrund gegen die Vermutung der Maßgeblichkeit der Erforderlichkeitseinschätzung des regulierenden WTO-Mitglieds darstellt. Dieses Ergebnis deutet auch darauf hin, dass die Erforderlichkeitsprüfung im Kontext des Art. XX GATT keine Abwägung enthalten darf, obwohl die Gestaltung dieser Prüfung im Allgemeinen flexibel ist.[280]

## C. Kein tauglicher Widerlegungsgrund aus dem Völkergewohnheitsrecht und allgemeinen Rechtsgrundsätzen des Völkerrechts

Neben dem Chapeau enthält das GATT keine weiteren Vertragsbestimmungen, die das Regulierungsrecht eines WTO-Mitglieds nach Art. XX GATT, wozu das Einschätzungsrecht hinsichtlich der Erforderlichkeit seiner umweltpolitischen Maßnahme gehört, einschränken. Auch aus dem Völkergewohnheitsrecht oder den allgemeinen Rechtsgrundsätzen des Völkerrechts lässt sich kein tauglicher Widerlegungsgrund herleiten. Die offenen Bedenken, ob

---

[279] Dieses Ergebnis beschränkt sich grundsätzlich nur auf die Auslegung des Art. XX GATT, wonach die Maßgeblichkeit der Erforderlichkeitseinschätzung des regulierenden WTO-Mitglieds eine erste Vermutung darstellt. In anderen Vertragskontexten soll gesondert geprüft werden, ob eine Vermutungs- und Widerlegungsregel Anwendung findet. Für Unklarheiten über taugliche Widerlegungsgründe gegen die Vermutung hinsichtlich der „Tatsachenfeststellung" in anderen Kontexten vgl. beispielsweise *Barceló III*, Burden of Proof, Prima Facie Case and Presumption in WTO Dispute Settlement, CILJ 2009, 23, 29, 42; *Pauwelyn*, Conflict of Norms in Public International Law, 2003, S. 243; *Kang*, The Presumption of Good Faith in the WTO „As Such" Cases, JWT 2012, 879, 898, 904 ff.; *Sourgens*, The Precaution Presumption, EJIL 2020, 1277, 1302–1303. Bei diesen Feststellungen handelt es sich nicht mehr nur um eine Tatsachenfeststellung, sondern auch implizit um das darauf aufbauende Rechtsurteil, obwohl dort ausdrücklich nur von der Tatsachenfeststellung die Rede ist.

[280] Zur Rolle der impliziten Abwägung im Rahmen der Erforderlichkeitsprüfung siehe auch: Teil 4 Kapitel 13 § 3 E.

sich daraus dennoch eine Grenze für das genannte Umweltregulierungsrecht eines WTO-Mitglieds ergeben kann, lassen sich im Lichte des Vermutungscharakters ausräumen.[281] Ein tauglicher Widerlegungsgrund kann sich nämlich ausschließlich aus einer völkerrechtlichen Vertragsbestimmung ergeben.[282]

## Kapitel 15

## Keine ständige richterliche Zurückhaltung im Rahmen der Erforderlichkeitsprüfung in der Entscheidungspraxis zum „grünen" Art. XX GATT

Eine ständige Entscheidungspraxis richterlicher Zurückhaltung bei der Überprüfung der Erforderlichkeitseinschätzung des regulierenden WTO-Mitglieds hat sich bislang nicht herausgebildet. Eine Ablehnung dieser Einschätzung durch die WTO-Streitbeilegungsorgane im Rahmen der Auslegung eines Absatzes des Art. XX GATT kann nicht gerechtfertigt werden, weil die Vermutungs- und Widerlegungsregel, die sich aus den Vertragsbestimmungen dieses Artikels unter Berücksichtigung des dogmatischen Charakters der Erforderlichkeitsprüfung ergibt, nicht eingehalten wird.

### § 1 Empirisches Ergebnis: Keine ständige richterliche Zurückhaltung im Rahmen der Erforderlichkeitsprüfung in der Entscheidungspraxis zum „grünen" Art. XX GATT

In Teil 4 Kapitel 13 § 1 A. wurde bereits die Entscheidungspraxis zum „grünen" Art. XX GATT bezüglich der Behandlung der Einschätzung des regulierenden WTO-Mitglieds zur Erforderlichkeit seiner umweltpolitischen Maßnahme dargelegt, um einen Überblick hierüber zu geben und die Unklarheit über die Maßgeblichkeit der genannten Einschätzung zu verdeutlichen. Diese Darstellung ist zugleich das empirische Ergebnis der Frage, ob die WTO-Streitbeilegungsorgane richterliche Zurückhaltung gegenüber der genannten Einschätzung geübt haben.

Die Entscheidungspraxis zum „grünen" Art. XX GATT ließ zwar innerhalb eines bestimmten Zeitraums eine grundsätzliche Tendenz richterlicher Zurückhaltung erkennen, nämlich dass die Einschätzung des regulierenden

---

[281] Teil 6 Kapitel 21 § 3.

[282] Aus Darstellungsgründen wird diese Frage in Teil 6 Kapitel 21 § 3 ausführlich behandelt.

WTO-Mitglieds zur Erforderlichkeit der angegriffenen Maßnahme maßgeblich war. So hatten die WTO-Streitbeilegungsorgane in EC – Asbestos,[283] Brazil – Retreaded Tyres[284] und EC – Seal Products[285] entschieden, dass die Erforderlichkeitseinschätzung des regulierenden WTO-Mitglieds als maßgeblich angesehen werden sollte.

Dennoch hat sich keine ständige Entscheidungspraxis richterlicher Zurückhaltung bei der Überprüfung der Erforderlichkeitseinschätzung des regulierenden WTO-Mitglieds herausgebildet. Denn diese Einschätzung wurde in einer Vielzahl von Verfahren von den WTO-Streitbeilegungsorganen abgelehnt. So wurde die Erforderlichkeitseinschätzung des regulierenden WTO-Mitglieds in Thailand – Cigarettes,[286] US – Tuna I,[287] US – Gasoline,[288] EC – Tariff Preferences,[289] Dominican Republic – Cigarettes,[290] Korea – Beef,[291] China – Rare Earths,[292] Indonesia – Import Licensing Regimes[293] und Indonesia – Raw Materials[294] von den WTO-Streitbeilegungsorganen abgelehnt. Insbesondere erfolgten die drei letztgenannten Verfahren nach dem Fall EC –

---

[283] WTO, Panel-Bericht v. 18. 9. 2000, WT/DS135/R, „EC – Asbestos“, Para. 8.196 ff.; WTO, AB-Bericht v. 12. 3. 2001, WT/DS135/AB/R, „EC – Asbestos“, Para. 169–175.

[284] WTO, Panel-Bericht v. 12. 6. 2007, WT/DS332/R, „Brazil – Retreaded Tyres“, Para. 7.149–7.208; WTO, AB-Bericht v. 3. 12. 2007, WT/DS332/AB/R, „Brazil – Retreaded Tyres“, Para. 7.156–7.175.

[285] WTO, Panel-Bericht v. 25. 11. 2013, WT/DS400/R u. a., „EC – Seal Products“, Para. 7.639; WTO, AB-Bericht v. 22. 5. 2014, WT/DS400/AB/R u. a., „EC – Seal Products“, Para. 5.265 ff.

[286] Vgl. GATT, Panel-Bericht v. 7. 11. 1990, DS10/R-37S/200, „Thailand – Cigarettes“, Para. 72–81.

[287] GATT, Panel-Bericht v. 3. 9. 1991, DS21/R-39S/155, „US – Tuna I“, Para. 5.24–5.29, 5.30–5.34.

[288] WTO, Panel-Bericht v. 20. 5. 1996, WT/DS2/R, „US – Gasoline“, Para. 6.22–6.29.

[289] WTO, Panel-Bericht v. 1. 12. 2003, WT/DS246/R, „EC – Tariff Preferences“, Para. 7.219–7.222.

[290] WTO, Panel-Bericht v. 26. 11. 2004, WT/DS302/R, „Dominican Republic – Cigarettes“, Para. 7.227–7.232; WTO, AB-Bericht v. 25. 4. 2005, WT/DS302/AB/R, „Dominican Republic – Cigarettes“, Para. 72.

[291] WTO, Panel-Bericht v. 31. 7. 2000, WT/DS161/R u. a., „Korea – Beef“, Para. 659–674; WTO, AB-Bericht v. 11. 12. 2000, WT/DS161/AB/R u. a., „Korea – Beef“, Para. 164–182.

[292] WTO, Panel-Bericht v. 26. 3. 2014, WT/DS431/R u. a., „China – Rare Earths“, Para. 7.424–7.430.

[293] WTO, Panel-Bericht v. 22. 12. 2016, WT/DS477/R u. a., „Indonesia – Import Licensing Regimes“, Para. 7.802–7.804.

[294] WTO, Panel-Bericht v. 30. 11. 2022, WT/DS592/R, „Indonesia – Raw Materials“, Para. 7.301 ff.

Seal Products,[295] bis zu dem eine grundsätzliche Tendenz richterlicher Zurückhaltung noch erkennbar war.

## § 2 Keine Rechtfertigung des richterlichen Aktivismus

Wird die Erforderlichkeitseinschätzung des regulierenden WTO-Mitglieds bejaht, kann das darauf aufbauende zustimmende normative Urteil noch in die Angemessenheitsprüfung verlagert werden, damit die Objektivität bzw. Rationalität der Erforderlichkeitsprüfung gewahrt bleibt.[296] In diesem Fall ist die gewährte richterliche Zurückhaltung auch gerechtfertigt. Denn die Erforderlichkeitseinschätzung des regulierenden WTO-Mitglieds ist als erste Vermutung maßgeblich. Dies ergibt sich aus den Vertragsbestimmungen des Art. XX GATT unter Berücksichtigung des dogmatischen Charakters der Erforderlichkeitsprüfung.[297] Taugliche Widerlegungsgründe gegen diese Vermutung sind ausschließlich die willkürliche Diskriminierung und die verschleierte Handelsbeschränkung i. S. d. Chapeaus des Art. XX GATT.[298] Die beiden Widerlegungsgründe dürfen aber zwingend erst nach der Feststellung der Angemessenheitsvermutung der angegriffenen Maßnahme geltend gemacht werden.[299] Daneben gibt es keine weiteren tauglichen Widerlegungsgründe aus nichtvertraglichen Quellen des Völkerrechts.[300]

Wenn die Erforderlichkeitsprüfung von den WTO-Streitbeilegungsorganen hingegen negativ beurteilt wird, liegt unvermeidlich eine implizite Abwägung zulasten des regulierenden WTO-Mitglieds vor. Durch die Ablehnung der Erforderlichkeitseinschätzung des regulierenden WTO-Mitglieds wird nämlich zunächst das behauptete Schutzniveau des regulierenden WTO-Mitglieds implizit korrigiert und als illegitim beurteilt. Sodann wird die Erforderlichkeitseinschätzung des regulierenden WTO-Mitglieds, dass die angegriffene Maßnahme zur Erreichung dieses unrechtmäßigen Schutzniveaus erforderlich ist, erst entsprechend abgelehnt.[301]

---

[295] WTO, Panel-Bericht v. 25.11.2013, WT/DS400/R u. a., „EC – Seal Products", Para. 7.639; WTO, AB-Bericht v. 22.5.2014, WT/DS400/AB/R u. a., „EC – Seal Products", Para. 5.265 ff.

[296] *Hirschberg*, Der Grundsatz der Verhältnismäßigkeit, 1981, S. 149–151, 171, 175 und 179; *Grimm*, Proportionality in Canadian and German Constitutional Jurisprudence, UTLJ 2017, 383, 392–393. Wohl auch: *Saurer*, Globalisierung des Verhältnismäßigkeitsgrundsatzes, Der Staat 2012, 3, 31 i. V. m. 26; vgl. *Arsche*, Die Margin of Appreciation, 2018, S. 239.

[297] Ausführlich hierzu siehe: Teil 4 Kapitel 13 § 3.

[298] Teil 4 Kapitel 14 § 1 A.

[299] Teil 4 Kapitel 14 § 1 B.

[300] Teil 6 Kapitel 21 § 3.

[301] Teil 4 Kapitel 13 § 3 B.

Eine solche negativ beurteilte Erforderlichkeitsprüfung kann im besonderen Kontext des Art. XX GATT nicht mehr als Rationalitätsprüfung, sondern als eine Angemessenheitsprüfung bezeichnet werden[302] und ist damit nicht mehr in Teil 4, sondern in Teil 5 zu behandeln. Dort wird ausführlich dargestellt, dass keine hinreichende richterliche Zurückhaltung durch die WTO-Streitbeilegungsorgane geübt wird, wenn sie die Erforderlichkeits- und damit implizit auch Angemessenheitseinschätzung des regulierenden WTO-Mitglieds mittels des Erforderlichkeitsabwägungsarguments ablehnen. Dieses implizite Abwägungsargument weist gewisse Unbestimmtheit in der Entscheidungspraxis der WTO-Streitbeilegungsorgane auf. Dieses Unbestimmtheitsproblem konnte in der bisherigen wissenschaftlichen Diskussion nicht abschließend überwunden werden. Ein derartiger richterlicher Aktivismus ist nicht gerechtfertigt, weil die Vermutungs- und Widerlegungsregel, die sich aus den Vertragsbestimmungen des Art. XX GATT unter Berücksichtigung des dogmatischen Charakters der Erforderlichkeitsprüfung ergibt, nicht eingehalten wird. Denn das Erforderlichkeitsabwägungsargument stellt keinen tauglichen Widerlegungsgrund im Kontext des Art. XX GATT dar.[303]

---

[302] Teil 4 Kapitel 13 § 3 E.

[303] Teil 5 Kapitel 19 § 1 A. II. und § 1 B. II.

*Teil 5*

# Angemessenheit

In der Entscheidungspraxis der WTO-Streitbeilegungsorgane zum „grünen" Art. XX GATT tritt die Angemessenheitsprüfung sowohl im Rahmen der Prüfung eines Absatzes als auch auf der Chapeau-Stufe von Art. XX GATT auf. Einerseits liegt unvermeidlich eine implizite Abwägung und damit eine Angemessenheitsprüfung bei negativ beurteilter Geeignetheits- oder Erforderlichkeitsprüfung vor, selbst wenn diese explizit jeweils als Rationalitätsprüfung bezeichnet wird.[1] Andererseits wird richterliche einzelfallbezogene Abwägung im Rahmen der Chapeau-Prüfung des Art. XX GATT *de facto* durchgeführt, obwohl im Schrifttum umstritten ist, ob diese Prüfung als Angemessenheitsprüfung angesehen werden soll.[2]

Im vorliegenden Teil wird zunächst dargestellt, was der Bezugspunkt für die Angemessenheitsprüfung ist.[3] Sodann wird klargestellt, dass die Angemessenheitseinschätzung des regulierenden WTO-Mitglieds im Kontext des Art. XX GATT eine erste Vermutung darstellt.[4] Anschließend wird aufgezeigt, dass nur die willkürliche Diskriminierung und die versteckte Handelsbeschränkung i. S. d. Chapeaus des Art. XX GATT taugliche Widerlegungsgründe darstellen und dass das Abwägungsargument hingegen kein tauglicher Widerlegungsgrund ist.[5] Schließlich wird erläutert, dass in der Entscheidungspraxis der WTO-Streitbeilegungsorgane zum „grünen" Art. XX GATT keine hinreichende richterliche Zurückhaltung geübt wurde und ein derartiger justizieller Aktivismus nach der Vermutungs- und Widerlegungsregel nicht gerechtfertigt ist.[6]

---

1 Teil 1 Kapitel 1 § 5 D. I.
2 Teil 1 Kapitel 1 § 5 D. II.
3 Teil 5 Kapitel 16.
4 Teil 5 Kapitel 17.
5 Teil 5 Kapitel 18.
6 Teil 5 Kapitel 19.

Kapitel 16

# Schutzgut/Schutzziel

Für die Anwendung des Verhältnismäßigkeitsgrundsatzes i. w. S. im Rahmen der Auslegung von Art. XX GATT kommt dem legitimen Zweck besondere Bedeutung zu. Denn dieser ist der Bezugspunkt der drei Elemente der Verhältnismäßigkeitsprüfung i. w. S.[7] Der legitime Zweck stellt nämlich den materiellen Standard für die Angemessenheitsprüfung dar.

Dieser Umweltschutzstandard betrifft zunächst die Frage, was überhaupt als Schutzgut angesehen und geschützt werden darf, nämlich die durch den demokratischen Prozess zu bestimmende Frage, was wichtig genug ist und damit Gegenstand der Gesetzgebung sein darf. Da die zulässigen Schutzgüter bereits in den Absätzen des Art. XX GATT ausdrücklich vorgesehen sind, wird die Frage, ob ein Schutzgut gegenüber der Handelsfreiheit schutzwürdig ist, zu einer Subsumtionsfrage.[8]

Außerdem ist das Vorliegen einer Gefährdungslage des Schutzguts der Auslöser für die Schutzbedürftigkeit eines Schutzguts im konkreten Einzelfall, bei deren Vorliegen eine Umweltschutzmaßnahme überhaupt ergriffen werden darf. Denn die Verwendung des Wortlauts *to protect*, beispielsweise in Art. XX (a), (b) und (d) GATT, impliziert, dass für die Zielsetzung und Ergreifung einer Umweltmaßnahme eine Gefährdungslage des angegebenen Schutzguts bestehen muss. Nach Einschätzung des regulierenden WTO-Mitglieds kann eine Gefährdungslage des Schutzguts sowohl aus produktbezogenen als auch aus nicht-produktbezogenen Gründen vorliegen. Innerhalb der ersten Gruppe lässt sich die Gefährdung des Schutzguts weiter in zwei Untergruppen einteilen, je nachdem, ob das Schutzgut zugleich das regulierte Produkt ist. In der ersten Untergruppe ist ein Produkt selbst das Schutzgut und befindet sich aufgrund eigener Knappheit bzw. Erschöpflichkeit in der Gefährdungslage. In der zweiten Untergruppe ist das regulierte Produkt selbst nicht das Schutzgut. Die Gefährdung des Schutzguts wird erst durch den Umgang mit diesem Produkt, etwa durch Verbrauch, Verwendung, Entsorgung usw., verursacht. Bei der zweiten Gruppe geht die Gefährdung des Schutzguts in erster Linie vom Produktions- und Verarbeitungsprozess aus, ohne dass dadurch die physische Beschaffenheit der Güter verändert wird. Ein weiterer Umstand, der nach Ansicht des regulierenden WTO-Mitglieds zur Gefährdung des Schutzguts führen kann, ist die Art und Weise des Verkaufs von Produk-

---

[7] *Grzeszick*, in: Dürig/Herzog/Scholz (Hrsg.), Grundgesetz-Kommentar, Band III, 101. EL 2023, Art. 20 GG VII Rn. 113; *Leisner-Egensperger*, Der legitime Zweck als Bezugspunkt der Verhältnismäßigkeit, JZ 2021, 913, 913–914, 922; *Krugmann*, Der Grundsatz der Verhältnismäßigkeit im Völkerrecht, 2004, S. 49.

[8] Teil 2 Kapitel 4 § 1.

ten. Ferner kann sich die Gefährdungslage des Schutzguts aufgrund der prognostizierten Entwicklung von Handelsströmen und Wechselkursen ergeben.[9]

Allein mit der behaupteten Gefährdungslage des Schutzguts lässt sich jedoch noch nicht konkret darstellen, was der Umweltschutzstandard bedeutet. Das vom regulierenden WTO-Mitglied behauptete Schutzniveau steht damit im Mittelpunkt des Schutzstandards. Denn das behauptete Schutzniveau des regulierenden WTO-Mitglieds bezüglich der Festlegung der Gefährdungslage des Schutzguts („das behauptete Gefährdungsniveau") beschreibt nur, wann ein Schutzgut im Einzelfall überhaupt als schutzbedürftig angesehen werden soll, während das behauptete Schutzniveau bezüglich der Abwendung dieser Gefährdung („das behauptete Schutzniveau") darstellt, inwieweit das Schutzgut schutzbedürftig ist und daher bis zu welchem Grad die behauptete Gefährdungslage des Schutzguts abgewendet werden muss. Während das Schutzziel das Werturteil über die zu erreichenden Wirkungen ist, stellt das behauptete Schutzniveau den konkreten Grad dar, bis zu dem das Schutzziel verwirklicht werden soll. Das Schutzziel und das behauptete Schutzniveau werden in der Entscheidungspraxis zu Art. XX GATT eher abstrakt formuliert. Dabei werden sie ausschließlich unabhängig von der ergriffenen Maßnahme durch das regulierende WTO-Mitglied definiert. In einigen „grünen" Fällen wurde das Schutzziel durch die Festlegung eines bestimmten Zahlenwerts bzw. durch die Auferlegung einer bestimmten Konservierungspflicht, wie etwa die Festlegung einer Höchstzahl getöteter Delfine in US – Tuna I, zwar scheinbar auf präzise Weise definiert. Die andere „präzise" Definitionsweise lässt sich am Beispiel des US – Shrimp illustrieren, in dem das Schutzziel durch die Auferlegung bestimmter Schutzpflichten festgelegt wurde. Eine völlig präzise Umformulierung des Schutzziels und des Schutzniveaus ist jedoch ohne Bezug auf die tatsächlich ergriffene Maßnahme nicht möglich. Die abstrakte Formulierung von Schutzziel und Schutzniveau hat u. a. den Vorteil, dass die gewünschten Belange möglichst umfassend erfasst werden können. So wurde der legitime Zweck in einigen Verfahren ohne ausdrückliche Angabe des gewünschten Schutzniveaus formuliert. In anderen Fällen wurde zwar das gewünschte Schutzniveau des regulierenden WTO-Mitglieds ausdrücklich angegeben, jedoch sehr abstrakt formuliert.[10]

Die scheinbare Ununterscheidbarkeit von Zweck und Mittel stellt kein Problem für den angegebenen Zweck dar. Die Legitimität des Schutzziels und des behaupteten Schutzniveaus ist nicht bereits im Vorfeld ausgeschlossen, selbst wenn dieses Ziel durch die ergriffene Maßnahme in „all" ihren Aspekten definiert wird, obwohl eine derartige Definition in der Entscheidungspraxis zu Art. XX GATT bislang nicht verwendet wurde. Es kommt hingegen darauf an,

---

[9] Teil 2 Kapitel 4 § 2.

[10] Teil 2 Kapitel 4 § 3.

ob und inwieweit einem regulierenden WTO-Mitglied ein Einschätzungsspielraum hinsichtlich der Festlegung von Schutzziel und Schutzniveau zusteht, nämlich wessen Einschätzung grundsätzlich maßgeblich ist und wie weit diese Einschätzungsprärogative reicht.[11]

Die Einschätzung des regulierenden WTO-Mitglieds zur Gefährdungslage des Schutzguts sowie zur Legitimität des angegebenen Schutzziels einschließlich des behaupteten Schutzniveaus stellt jeweils eine erste Vermutung dar. Dies ergibt sich aus dem dogmatischen Charakter der Verhältnismäßigkeitsprüfung i.w.S. in Verbindung mit den Vertragsbestimmungen des Art. XX GATT.[12] Diese Vermutungen können nicht durch das Abwägungsargument widerlegt werden,[13] sondern ausschließlich durch das Vorliegen willkürlicher Diskriminierung oder verschleierter Handelsbeschränkung i.S.d. Chapeaus des Art. XX GATT, nachdem die Angemessenheitseinschätzung des regulierenden WTO-Mitglieds als erste Vermutung bejaht wurde.[14] Andernfalls führt dies zur Unwirksamkeit des einschlägigen Absatzes von Art. XX GATT.[15] Die offenen Bedenken, dass sich ein tauglicher Widerlegungsgrund darüber hinaus aus dem Völkergewohnheitsrecht oder aus den allgemeinen Rechtsgrundsätzen ergeben kann, lassen sich im Lichte des dogmatischen Charakters einer Vermutung ausräumen.[16]

## Kapitel 17

# Maßgeblichkeit der Einschätzung des regulierenden WTO-Mitglieds zur Angemessenheit der Umweltschutzmaßnahme als erste Vermutung

Die Angemessenheitseinschätzung des regulierenden WTO-Mitglieds hinsichtlich der angegriffenen umweltpolitischen Maßnahme wurde in der Entscheidungspraxis der WTO-Streitbeilegungsorgane zu Art. XX GATT in einer Vielzahl von Verfahren abgelehnt. Sowohl die Anerkennung als auch die Ablehnung dieser Einschätzung sind jedoch begründungs- und klärungsbedürftig. In der bisherigen wissenschaftlichen Diskussion wurde nicht hinreichend geklärt, ob die Einschätzung des regulierenden WTO-Mitglieds oder die der WTO-Streitbeilegungsorgane zur Angemessenheit der ergriffenen umweltpolitischen Maßnahme maßgeblich sein soll. Durch dogmatische Analyse in

---

11 Teil 2 Kapitel 4 § 3 B.

12 Ausführlich hierzu siehe: Teil 2 Kapitel 5 § 3.

13 Teil 2 Kapitel 6 § 2 A.–§ 2 B.

14 Teil 2 Kapitel 6 § 1.

15 Teil 2 Kapitel 6 § 2 A.–§ 2 B.

16 Teil 2 Kapitel 6 § 2 C. i.V.m. Teil 6 Kapitel 21 § 3.

Verbindung mit den Vertragsbestimmungen des Art. XX GATT lässt sich feststellen, dass die Angemessenheitseinschätzung des regulierenden WTO-Mitglieds als widerlegbare Vermutung maßgeblich ist.

## § 1 Keine hinreichende Klärung der Maßgeblichkeit der Angemessenheitseinschätzung des regulierenden WTO-Mitglieds im Rahmen der Interpretation eines Absatzes und des Chapeaus des Art. XX GATT

Im Folgenden wird jeweils dargelegt, wie die Angemessenheitseinschätzung des regulierenden WTO-Mitglieds von den WTO-Streitbeilegungsorganen im Rahmen der Interpretation eines Absatzes sowie der Chapeau-Prüfung des Art. XX GATT behandelt wurde. Auf dieser Grundlage wird jeweils festgestellt, dass unklar bleibt, ob, inwieweit und warum die Angemessenheitseinschätzung des regulierenden WTO-Mitglieds oder die der WTO-Streitbeilegungsorgane auf den beiden Prüfungsstufen maßgeblich ist.

### A. Keine hinreichende Klärung der Maßgeblichkeit der Angemessenheitseinschätzung des regulierenden WTO-Mitglieds im Rahmen der Interpretation eines Absatzes des Art. XX GATT in der Entscheidungspraxis

Die Einschätzung des regulierenden WTO-Mitglieds zur Rationalität und damit ggf. implizit zur Angemessenheit der angegriffenen Umweltmaßnahme wurde in der Entscheidungspraxis der WTO-Streitbeilegungsorgane zum „grünen“ Art. XX GATT zwar in einem bestimmten Zeitraum grundsätzlich anerkannt. In diesen Fällen wurde die Angemessenheitseinschätzung des regulierenden WTO-Mitglieds entweder implizit bejaht oder sie blieb unberührt. Dennoch existieren in einem beträchtlichen Teil der Verfahren abweichende Entscheidungen. Sowohl die zurückhaltende Behandlung als auch die Ablehnung der Angemessenheitseinschätzung des regulierenden WTO-Mitglieds sind begründungs- und klärungsbedürftig.

## I. Behandlung der Angemessenheitseinschätzung des regulierenden WTO-Mitglieds im Rahmen der Prüfung eines Absatzes des Art. XX GATT in der Entscheidungspraxis

### 1. Behandlung der Angemessenheitseinschätzung des regulierenden WTO-Mitglieds unter dem Titel der Geeignetheitsprüfung

In Teil 3 Kapitel 9 § 1 A. wurde dargestellt, dass die Entscheidungspraxis zu Art. XX GATT zwar in einem bestimmten Zeitraum eine grundsätzliche Tendenz erkennen ließ, dass die Einschätzung des regulierenden WTO-Mitglieds zur Geeignetheit der angegriffenen Maßnahme als maßgeblich angesehen wurde. Dennoch wurde diese Einschätzung in vielen Verfahren von den WTO-Streitbeilegungsorganen abgelehnt. Eine ständige Entscheidungspraxis richterlicher Zurückhaltung hat sich bislang nicht herausgebildet.

Aus den folgenden Gründen gilt dieses empirische Ergebnis auch für die implizite Behandlung der Angemessenheitseinschätzung des regulierenden WTO-Mitglieds durch die WTO-Streitbeilegungsorgane unter dem Titel der Geeignetheitsprüfung.

Die Ablehnung der Geeignetheitseinschätzung des regulierenden WTO-Mitglieds stellt eine Angemessenheitsprüfung dar, weil in diesem Fall eine implizite Abwägung vorliegt und eine Abwägung zulasten des regulierenden WTO-Mitglieds im Rahmen der Geeignetheitsprüfung im Kontext des Art. XX GATT unzulässig ist.[17]

Dementsprechend wird mit der Bejahung der Geeignetheitseinschätzung implizit auch die Angemessenheitseinschätzung des regulierenden WTO-Mitglieds anerkannt. Denn die Geeignetheit der ergriffenen Maßnahme zur Erreichung des angegebenen Schutzziels kann aufgrund empirischer und wissenschaftlicher Unsicherheit nicht ohne Abwägung festgestellt werden.[18]

Dazu müssen die WTO-Streitbeilegungsorgane nämlich die Abwägungsentscheidung treffen, dass die empirische Schutzwirkung der Maßnahme als die gezielte empirische Schutzwirkung des regulierenden WTO-Mitglieds angesehen werden kann. Daran ändert die Verlagerung dieser subjektiven Entscheidung in die Angemessenheitsprüfung nichts,[19] wenn neben der Geeignetheitseinschätzung auch die Erforderlichkeitseinschätzung des regulierenden

[17] Teil 3 Kapitel 9 § 3 B. und § 3 E.

[18] *Petersen*, Verhältnismäßigkeit als Rationalitätskontrolle, 2015, S. 77.

[19] *Hirschberg*, Der Grundsatz der Verhältnismäßigkeit, 1981, S. 149–151; *Grimm*, Proportionality in Canadian and German Constitutional Jurisprudence, UTLJ 2017, 383, 392–393; vgl. *Arsche*, Die Margin of Appreciation, 2018, S. 239.

WTO-Mitglieds von den WTO-Streitbeilegungsorganen anerkannt wird. Ebenso ändert die Ablehnung der Erforderlichkeitseinschätzung im Falle eines Verlagerungsversuchs der genannten subjektiven Entscheidung in die Angemessenheitsprüfung nichts an dem genannten Ergebnis.[20] In beiden Fällen bleibt die zurückhaltende richterliche Behandlung der Angemessenheitseinschätzung nämlich zumindest im Rahmen der Überprüfung der Geeignetheitseinschätzung des regulierenden WTO-Mitglieds unberührt.

Somit gilt das empirische Ergebnis zur richterlichen Behandlung der Geeignetheitseinschätzung des regulierenden WTO-Mitglieds auch für die Behandlung seiner Angemessenheitseinschätzung durch die WTO-Streitbeilegungsorgane.

### 2. Behandlung der Angemessenheitseinschätzung des regulierenden WTO-Mitglieds unter dem Titel der Erforderlichkeitsprüfung

In Teil 4 Kapitel 13 § 1 A. wurde dargestellt, dass die Einschätzung des regulierenden WTO-Mitglieds zur Erforderlichkeit der angegriffenen Umweltmaßnahme in der Entscheidungspraxis der WTO-Streitbeilegungsorgane zum „grünen" Art. XX GATT zwar in einigen Verfahren anerkannt wurde. Dennoch existieren in einer Vielzahl von Verfahren abweichende Entscheidungen. Eine ständige Entscheidungspraxis richterlicher Zurückhaltung hat sich bislang nicht herausgebildet.

Aus den folgenden Gründen gilt dieses empirische Ergebnis auch für die implizite Behandlung der Angemessenheitseinschätzung des regulierenden WTO-Mitglieds durch die WTO-Streitbeilegungsorgane unter dem Titel der Erforderlichkeitsprüfung.

Die Ablehnung der Erforderlichkeitseinschätzung des regulierenden WTO-Mitglieds stellt eine Angemessenheitsprüfung dar, weil in diesem Fall eine implizite Abwägung zulasten des regulierenden WTO-Mitglieds unvermeidlich vorliegt, die im Rahmen der Erforderlichkeitsprüfung im Kontext des Art. XX GATT unzulässig ist.[21]

Dementsprechend wird mit der Bejahung der Erforderlichkeitseinschätzung des regulierenden WTO-Mitglieds implizit auch dessen Angemessenheitseinschätzung anerkannt. Denn die Erforderlichkeit der ergriffenen Maßnahme

---

[20] Ein solcher Versuch kann nicht erfolgreich sein, wenn die Erforderlichkeitseinschätzung des regulierenden WTO-Mitglieds von den WTO-Streitbeilegungsorganen abgelehnt wird. Denn die Angemessenheit der ergriffenen Maßnahme in diesem Fall wird implizit auch abgelehnt. Hierzu siehe: Teil 4 Kapitel 13 § 3 B. und § 3 E.

[21] Teil 4 Kapitel 13 § 3 B. und § 3 E.

kann aufgrund empirischer und wissenschaftlicher Unsicherheit ohne Abwägung nicht festgestellt werden.[22]

Dazu müssen die WTO-Streitbeilegungsorgane nämlich die Abwägungsentscheidung treffen, dass die empirische Schutzwirkung der vorgeschlagenen Alternative mit der empirischen Schutzwirkung der ergriffenen Maßnahme vergleichbar ist und damit auch als die gezielte empirische Schutzwirkung des regulierenden WTO-Mitglieds angesehen werden kann. Daran ändert die Verlagerung dieser subjektiven Entscheidung in die Angemessenheitsprüfung nichts.[23] In diesem Fall bleibt die zurückhaltende Behandlung der Angemessenheitseinschätzung des regulierenden WTO-Mitglieds durch die WTO-Streitbeilegungsorgane nämlich zumindest im Rahmen der Überprüfung der Erforderlichkeitseinschätzung unberührt.

Somit gilt das empirische Ergebnis zur richterlichen Behandlung der Erforderlichkeitseinschätzung des regulierenden WTO-Mitglieds auch für die Behandlung seiner Angemessenheitseinschätzung durch die WTO-Streitbeilegungsorgane.

## II. Unklarheit über die Maßgeblichkeit der Angemessenheitseinschätzung des regulierenden WTO-Mitglieds in der Entscheidungspraxis

In der Entscheidungspraxis hat sich bislang keine ständige Praxis richterlicher Zurückhaltung bei der Überprüfung der Rationalitäts- und damit implizit auch Angemessenheitseinschätzung des regulierenden WTO-Mitglieds im Rahmen der Interpretation eines Absatzes des Art. XX GATT herausgebildet. Außerdem bleibt der Beurteilungsmaßstab für die genannten Einschätzungen in der Entscheidungspraxis unklar.

### 1. Unklarheit über die Maßgeblichkeit der Angemessenheitseinschätzung des regulierenden WTO-Mitglieds unter dem Titel der Geeignetheitsprüfung in der Entscheidungspraxis

In Teil 3 Kapitel 9 § 1 B. wurde dargestellt, dass die Maßgeblichkeit der Geeignetheitseinschätzung des regulierenden WTO-Mitglieds in der Entschei-

---

[22] *Petersen*, Verhältnismäßigkeit als Rationalitätskontrolle, 2015, S. 77.

[23] *Hirschberg*, Der Grundsatz der Verhältnismäßigkeit, 1981, S. 149–151, 171, 175 und 179; *Grimm*, Proportionality in Canadian and German Constitutional Jurisprudence, UTLJ 2017, 383, 392–393; wohl auch: *Saurer*, Globalisierung des Verhältnismäßigkeitsgrundsatzes, Der Staat 2012, 3, 31 i. V. m. 26; vgl. *Arsche*, Die Margin of Appreciation, 2018, S. 239.

dungspraxis nicht hinreichend geklärt wurde. Diese Unklarheit gilt auch für die Angemessenheitseinschätzung des regulierenden WTO-Mitglieds. Denn durch die Ablehnung der Geeignetheitseinschätzung des regulierenden WTO-Mitglieds liegt unvermeidlich eine implizite Abwägung zulasten des genannten Mitglieds vor, die in dem besonderen Kontext des Art. XX GATT nicht mehr von der Geeignetheitsprüfung gedeckt sein kann und damit eine Angemessenheitsprüfung darstellt.[24]

In der Entscheidungspraxis hat sich bislang nämlich keine ständige Praxis richterlicher Zurückhaltung bei der Überprüfung der Geeignetheits- und damit implizit auch Angemessenheitseinschätzung des regulierenden WTO-Mitglieds herausgebildet. Außerdem bleibt der Beurteilungsmaßstab für die genannte Einschätzung in der Entscheidungspraxis unklar.

#### *a) Keine ständige Entscheidungspraxis richterlicher Zurückhaltung*

Erstens hat sich eine ständige Entscheidungspraxis richterlicher Zurückhaltung bei der Überprüfung der Geeignetheits- und damit implizit auch Angemessenheitseinschätzung des regulierenden WTO-Mitglieds bislang nicht herausgebildet.[25] Die Entscheidungspraxis zum „grünen" Art. XX GATT ließ zwar innerhalb eines bestimmten Zeitraums eine grundsätzliche Tendenz richterlicher Zurückhaltung erkennen, dass die Einschätzung des regulierenden WTO-Mitglieds zur Geeignetheit und damit ggf. implizit auch zur Angemessenheit der angegriffenen Maßnahme als maßgeblich angesehen wurde. Dennoch wurden die genannten Einschätzungen in vielen, insbesondere in vielen jüngeren Verfahren, von den WTO-Streitbeilegungsorganen abgelehnt. Die richterliche Überprüfung dieser Einschätzungen des regulierenden WTO-Mitglieds in künftigen Entscheidungen bleibt damit unklar.

#### *b) Unklarheit über den Beurteilungsmaßstab für die Geeignetheits- und damit implizit auch Angemessenheitseinschätzung des regulierenden WTO-Mitglieds*

Zweitens wurde in der Entscheidungspraxis nicht hinreichend klargestellt, nach welchem Maßstab die Geeignetheits- und damit implizit auch Angemessenheitseinschätzung des regulierenden WTO-Mitglieds überprüft werden sollen. Diese Unbestimmtheit wird in Teil 5 Kapitel 19 § 1 B. I. 1. b) und § 1 B. I. 2. b) zur Erörterung der Rechtfertigung der richterlichen Behandlung der Geeignetheits- und damit implizit auch Angemessenheitseinschätzung des

[24] Teil 3 Kapitel 9 § 3 B. und § 3 E.

[25] Teil 5 Kapitel 17 § 1 A. I. 1. i.V.m. Teil 3 Kapitel 9 § 1 A.

regulierenden WTO-Mitglieds ausführlich dargelegt. An dieser Stelle wird diese Unklarheit zusammenfassend präsentiert.

Zum einen ist die Maßgeblichkeit des qualitativen oder des quantitativen Ansatzes unklar. In manchen Verfahren hielten die WTO-Streitbeilegungsorgane den qualitativen, hingegen nicht den quantitativen Ansatz für maßgeblich. In manchen Verfahren waren sie der Ansicht, dass sowohl der qualitative als auch der quantitative Ansatz für die Überprüfung der Geeignetheits- und damit implizit auch Angemessenheitseinschätzung des regulierenden WTO-Mitglieds maßgeblich sein konnten.[26]

Zum anderen ist das konkrete Beurteilungskriterium des jeweiligen Ansatzes nicht hinreichend klar. Vor allem ist bei der Anwendung des qualitativen Ansatzes nicht hinreichend geklärt, ob eine Mindestschwelle für den Beitrag der angegriffenen Maßnahme zum angegebenen Schutzziel festgelegt werden soll. Falls ja, stellt es sich weiterhin die Frage, wann ein solcher Mindestbeitrag vorliegt. Außerdem bleibt unklar, wann und warum eine (negative) Beurteilung, beruhend auf den positiven und negativen Auswirkungen der ergriffenen Maßnahme auf das Schutzgut, vorgenommen werden soll. Hinsichtlich der quantitativen Analyse ist vor allem unklar, welcher konkrete quantitative Schwellenwert für die Beurteilung der Geeignetheit und damit implizit auch der Angemessenheit einer Maßnahme maßgeblich sein soll.[27]

Hinsichtlich der Prüfung der inländischen Beschränkungen i. S. v. Art. XX (g) GATT, die einen Teil der Geeignetheits- und damit ggf. implizit auch Angemessenheitsprüfung darstellt, wurde nicht hinreichend geklärt, wann und warum solche Beschränkungen als überhaupt nicht vorhanden beurteilt werden dürfen.[28]

### 2. Unklarheit über die Maßgeblichkeit der Angemessenheitseinschätzung des regulierenden WTO-Mitglieds unter dem Titel der Erforderlichkeitsprüfung in der Entscheidungspraxis

In Teil 4 Kapitel 13 § 1 B. wurde dargestellt, dass die Maßgeblichkeit der Erforderlichkeitseinschätzung des regulierenden WTO-Mitglieds in der Entscheidungspraxis nicht hinreichend geklärt wurde. Diese Unklarheit gilt auch für die Angemessenheitseinschätzung des regulierenden WTO-Mitglieds. Denn durch die Ablehnung der Erforderlichkeitseinschätzung liegt unvermeidlich eine implizite Abwägung zulasten des genannten Mitglieds vor, die

---

[26] Teil 5 Kapitel 19 § 1 B. I. 1. b) aa).

[27] Teil 5 Kapitel 19 § 1 B. I. 1. b) bb).

[28] Teil 5 Kapitel 19 § 1 B. I. 2. b).

im besonderen Kontext des Art. XX GATT nicht mehr von der Erforderlichkeitsprüfung gedeckt sein kann und damit eine Angemessenheitsprüfung darstellt.[29]

In der Entscheidungspraxis hat sich nämlich bislang keine ständige Praxis richterlicher Zurückhaltung bei der Überprüfung der Erforderlichkeits- und damit implizit auch Angemessenheitseinschätzung des regulierenden WTO-Mitglieds herausgebildet. Außerdem bleibt der Beurteilungsmaßstab für die genannten Einschätzungen in der Entscheidungspraxis unklar.

#### *a) Keine ständige Entscheidungspraxis richterlicher Zurückhaltung*

Erstens hat sich eine ständige Entscheidungspraxis richterlicher Zurückhaltung bei der Überprüfung der Erforderlichkeits- und damit implizit auch Angemessenheitseinschätzung des regulierenden WTO-Mitglieds bislang nicht herausgebildet.[30] Die Entscheidungspraxis zum „grünen" Art. XX GATT ließ zwar innerhalb eines bestimmten Zeitraums eine grundsätzliche Tendenz richterlicher Zurückhaltung erkennen, dass die Einschätzung des regulierenden WTO-Mitglieds zur Erforderlichkeit und damit implizit auch zur Angemessenheit der angegriffenen Maßnahme als maßgeblich angesehen wurde. Dennoch wurde die genannte Erforderlichkeits- und damit auch Angemessenheitseinschätzung in vielen, insbesondere in vielen jüngeren Verfahren, von den WTO-Streitbeilegungsorganen abgelehnt. Die richterliche Überprüfung der Erforderlichkeits- und damit auch Angemessenheitseinschätzung des regulierenden WTO-Mitglieds in künftigen Entscheidungen bleibt damit unklar.

#### *b) Unklarheit über den Beurteilungsmaßstab für die Erforderlichkeits- und damit implizit auch Angemessenheitseinschätzung des regulierenden WTO-Mitglieds*

Zweitens wurde in der Entscheidungspraxis der WTO-Streitbeilegungsorgane nicht hinreichend klargestellt, nach welchem Maßstab die Erforderlichkeits- und damit implizit auch Angemessenheitseinschätzung des regulierenden WTO-Mitglieds überprüft werden soll. Diese Unbestimmtheit wird in Teil 5 Kapitel 19 § 1 B. II. 1. b) und § 1 B. II. 2. b) zur Erörterung der Rechtfertigung der richterlichen Behandlung der genannten Einschätzungen ausführlich dargelegt.[31] Hier wird diese Unklarheit zusammenfassend präsentiert.

---

[29] Teil 4 Kapitel 13 § 3 B. und § 3 E.

[30] Teil 5 Kapitel 17 § 1 A. I. 2. i.V.m. Teil 4 Kapitel 13 § 1 A.

[31] Diese Erörterung erfolgt nicht in Teil 4, sondern in Teil 5, weil durch die Ablehnung der Erforderlichkeitseinschätzung des regulierenden WTO-Mitglieds unvermeidlich eine implizite Abwägung zulasten des genannten Mitglieds vorliegt, die im beson-

Einerseits ist unklar, ob ein qualitativer oder ein quantitativer Ansatz maßgeblich sein soll. Die Maßgeblichkeit der beiden Ansätze für die Erforderlichkeits- und damit implizit auch für die Angemessenheitsprüfung wurde von den WTO-Schiedsgerichten, im Gegensatz zur Geeignetheitsprüfung, nicht ausdrücklich erwähnt. Vielmehr gilt der bei der jeweiligen Geeignetheitsprüfung angewendete Prüfungsansatz für den Beitrag der angegriffenen Maßnahme auch für den Beitrag der vorgeschlagenen Alternative zum angegebenen Schutzziel. In diesem Fall gilt jedoch die Unklarheit über die Maßgeblichkeit der qualitativen und quantitativen Analyse bei der Geeignetheitsprüfung auch für die Gleichwirksamkeitsprüfung der vorgeschlagenen Alternative im Rahmen der Erforderlichkeits- und damit implizit auch Angemessenheitsprüfung.[32]

Andererseits ist das konkrete Beurteilungskriterium des jeweiligen Ansatzes nicht hinreichend klar. Der konkrete Bewertungsmaßstab sowohl für die qualitative als auch für die quantitative Analyse wurde nicht abschließend geklärt. Zum einen ist unklar, ob eine Mindestanforderung an den Beitrag der angegriffenen Umweltmaßnahme zum angegebenen Schutzziel auferlegt werden soll. Zum anderen ist unklar, wann und warum eine (negative) Beurteilung, beruhend auf den positiven und negativen Auswirkungen der ergriffenen Maßnahme auf das angegebene Schutzziel, getroffen werden soll. Diese Unklarheit bei der „Geeignetheitsprüfung" führt dazu, dass die Prüfung der Gleichwirksamkeit der vorgeschlagenen Alternative im Rahmen der Erforderlichkeits- und damit implizit auch Angemessenheitsprüfung orientierungslos ist.[33]

Hinsichtlich des Konsistenzarguments im Rahmen der Erforderlichkeits- und damit implizit auch Angemessenheitsprüfung wurde in der Entscheidungspraxis nicht hinreichend klargestellt, wann und warum eine abweichende Regulierung für ähnliche Produkte, Branchen usw. für die Feststellung der Gleichwirksamkeit maßgeblich ist.[34]

---

deren Kontext des Art. XX GATT nicht mehr von der Erforderlichkeitsprüfung gedeckt sein kann und eine Angemessenheitsprüfung darstellt. Hierzu siehe: Teil 4 Kapitel 13 § 3 B. und § 3 E.

[32] Teil 5 Kapitel 19 § 1 B. II. 1. b) aa).

[33] Teil 5 Kapitel 19 § 1 B. II. 1. b) bb).

[34] Teil 5 Kapitel 19 § 1 B. II. 2. b).

## B. Keine hinreichende Klärung der Maßgeblichkeit der Angemessenheitseinschätzung des regulierenden WTO-Mitglieds im Rahmen der Interpretation des Chapeaus des Art. XX GATT in der Entscheidungspraxis

In der Entscheidungspraxis zum Chapeau des „grünen" Art. XX GATT wurde die Angemessenheitseinschätzung des regulierenden WTO-Mitglieds von den WTO-Streitbeilegungsorganen nahezu einheitlich abgelehnt.

### I. Behandlung der Angemessenheitseinschätzung des regulierenden WTO-Mitglieds in der Entscheidungspraxis zum Chapeau des Art. XX GATT

Die Chapeau-Prüfung des Art. XX GATT, bei der willkürliche oder ungerechtfertigte Diskriminierung sowie versteckte Handelsbeschränkung festgestellt werden sollen, wird von den WTO-Streitbeilegungsorganen in der Entscheidungspraxis *de facto* als eine eher implizite Angemessenheitsprüfung durchgeführt.[35]

Im Folgenden wird die Entscheidungspraxis zum Chapeau am Beispiel der willkürlichen oder ungerechtfertigten Diskriminierung dargestellt. Denn die verschleierte Handelsbeschränkung i. S. d. Chapeaus wird in der derzeitigen Entscheidungspraxis vor allem durch das Vorliegen einer willkürlichen Diskriminierung festgestellt.[36]

Im Rahmen der Prüfung der willkürlichen Diskriminierung i. S. d. Chapeaus des Art. XX GATT wurde die Angemessenheitseinschätzung des regulierenden WTO-Mitglieds von den WTO-Streitbeilegungsorganen fast durchgängig zurückgewiesen.

#### 1. Anerkennung der Angemessenheitseinschätzung des regulierenden WTO-Mitglieds: EC – Asbestos

In der Entscheidungspraxis zum „grünen" Art. XX GATT hat die angegriffene Maßnahme nur in US – Tuna 1982[37] und EC – Asbestos[38] dem Chapeau-Test dieses Artikels standgehalten. In US – Tuna 1982 lehnte das Panel das Vorliegen einer willkürlichen Diskriminierung i. S. d. Chapeaus des Art. XX

---

[35] Teil 1 Kapitel 1 § 5 D. II.

[36] Teil 6 Kapitel 21 § 2 A. III.

[37] GATT, Panel-Bericht v. 22. 2. 1982, L/5198-29S/91, „US – Tuna 1982", Para. 4.8.

[38] WTO, Panel-Bericht v. 18. 9. 2000, WT/DS135/R, „EC – Asbestos", Para. 8.224–8.230.

GATT ab, weil das US-amerikanische Einfuhrverbot für Thunfisch und Thunfischprodukte nicht nur für Kanada, sondern auch für vier weitere Staaten gelte.[39]

Im vorliegenden Abschnitt wird die Behandlung der Angemessenheitseinschätzung des regulierenden WTO-Mitglieds durch die WTO-Streitbeilegungsorgane am Beispiel des Falls EC – Asbestos dargestellt.

Asbest wird in der Industrie und in anderen gewerblichen Anwendungen in großem Umfang eingesetzt. Es handelt sich dabei jedoch, insbesondere nach Auffassung der damaligen EG, um einen hochtoxischen Stoff, der eine erhebliche Gefahr für die menschliche Gesundheit darstellt. Die Exposition gegenüber Chrysotil-Asbest kann nämlich das Risiko für Asbestose, Lungenkrebs, Mesotheliome usw. erhöhen.[40] Zum erklärten Schutz der menschlichen Gesundheit vor der Exposition gegenüber Asbestfasern hatte Frankreich das Dekret Nr. 96-1133 erlassen, das ein vollständiges Verbot von Asbestfasern und asbestfaserhaltigen Produkten vorsah. Art. 2 Decree Nr. 96-1133 sah eine Ausnahme für die Verwendung „substituierter" Asbestprodukte vor, wenn diese Produkte ein geringes Gesundheitsrisiko für die Arbeitnehmer darstellten und alle technischen Sicherheitsgarantien gegeben waren.[41]

Kanada wandte sich gegen diese Verordnung mit dem Argument, dass das Asbestverbot gegen die Verpflichtung zur Inländerbehandlung nach Art. III:4 GATT verstoße, weil die importierten Chrysotil-Fasern und Chrysotil-Zementerzeugnissen aus Kanada gegenüber den gleichartigen Erzeugnissen, nämlich den teilweise aus der EG stammenden Ersatzfasern und -erzeugnissen, benachteiligt würden.[42]

Das Panel bejahte die Verletzung des Art. III:4 GATT.[43] Die EG machte geltend, dass diese Verletzung unter Berufung auf Art. XX (b) GATT gerechtfertigt sein könne.[44] Das Panel erkannte die Gefährdungslage der menschlichen Gesundheit durch die Verwendung von Chrysotil-Fasern und das von

---

[39] GATT, Panel-Bericht v. 22.2.1982, L/5198-29S/91, „US – Tuna 1982", Para. 4.8.

[40] WTO, Panel-Bericht v. 18.9.2000, WT/DS135/R, „EC – Asbestos", Para. 3.59 f., 3.477, 8.185–8.186.

[41] Art. 2 Decree Nr. 96-1133 sieht vor: „On an exceptional and temporary basis, the bans instituted under Article 1 shall not apply to certain existing materials, products or devices containing chrysotile fibre when, to perform an equivalent function, no substitute for that fibre is available which: On the one hand, in the present state of scientific knowledge, poses a lesser occupational health risk than chrysotile fibre to workers handling those materials, products or devices; on the other, provides all technical guarantees of safety corresponding to the ultimate purpose of the use thereof."

[42] WTO, Panel-Bericht v. 18.9.2000, WT/DS135/R, „EC – Asbestos", Para. 3.410.

[43] WTO, Panel-Bericht v. 18.9.2000, WT/DS135/R, „EC – Asbestos", Para. 8.158.

[44] WTO, Panel-Bericht v. 18.9.2000, WT/DS135/R, „EC – Asbestos", Para. 8.160.

Frankreich behauptete Schutzniveau an.[45] Ebenso wurde die Geeignetheit der französischen Maßnahme indiziell vom Panel ohne Weiteres bejaht.[46] Sodann stellte das Panel fest, dass die Einschätzung der EG zur Erforderlichkeit des Einfuhrverbots für Asbestfasern und asbestfaserhaltige Produkte anzuerkennen sei, weil kein milderes und gleichgeeignetes alternatives Mittel, einschließlich der kontrollierten Verwendung von Asbest, zur Verfügung stehe.[47]

Hinsichtlich des Chapeaus trug die EG vor, dass das französische Einfuhrverbot keine willkürliche oder ungerechtfertigte Diskriminierung i. S. d. Chapeaus des Art. XX GATT zwischen Ländern in gleichen Situationen darstelle, da es für alle Produkte aus allen Staaten einschließlich Frankreichs gelte, wo die gleichen Situationen herrschten.[48]

Kanada wandte sich mit dem Argument ein, dass bereits dargelegt worden sei, dass das französische Einfuhrverbot Art. III:4 GATT verletze und damit eine Diskriminierung darstelle.[49] Das französische Dekret sei nämlich willkürlich und ungerechtfertigt, da es nicht auf den Schutz der Gesundheit, sondern auf die Beruhigung der in Panik geratenen Bevölkerung abziele.[50]

Das Panel stellte fest, dass zur Feststellung einer willkürlichen oder ungerechtfertigten Diskriminierung i. S. d. Chapeaus des Art. XX GATT zunächst eine Diskriminierung festgestellt werden müsse.[51] Sodann sei zu prüfen, ob diese Diskriminierung willkürlich oder ungerechtfertigt sei.[52] Dabei sei der zweite Prüfschritt entscheidend dafür, ob die angegriffene Maßnahme unter die Ausnahme des Art. XX (b) GATT falle.[53]

Bezüglich der Diskriminierung i. S. d. Chapeaus des Art. XX GATT stellte das Panel fest, dass diese sowohl zwischen Lieferländern als auch zwischen Asbestlieferanten inländischer oder ausländischer Herkunft vorliegen könne.[54] Außerdem könne eine Diskriminierung i. S. d. Chapeaus logischerweise nicht nach demselben Maßstab festgestellt werden, wie eine Diskriminierung i. S. d.

---

45 WTO, Panel-Bericht v. 18. 9. 2000, WT/DS135/R, „EC – Asbestos“, Para. 8.188–8.194 und 8.204.

46 Vgl. WTO, Panel-Bericht v. 18. 9. 2000, WT/DS135/R, „EC – Asbestos“, Para. 8.186–8.223. Dabei wurde die Geeignetheit der europäischen Maßnahme nicht vom Panel bezweifelt.

47 WTO, Panel-Bericht v. 18. 9. 2000, WT/DS135/R, „EC – Asbestos“, Para. 8.196 ff.; WTO, AB-Bericht v. 12. 3. 2001, WT/DS135/AB/R, „EC – Asbestos“, Para. 169–175.

48 WTO, Panel-Bericht v. 18. 9. 2000, WT/DS135/R, „EC – Asbestos“, Para. 8.224.

49 WTO, Panel-Bericht v. 18. 9. 2000, WT/DS135/R, „EC – Asbestos“, Para. 8.225.

50 WTO, Panel-Bericht v. 18. 9. 2000, WT/DS135/R, „EC – Asbestos“, Para. 8.225.

51 WTO, Panel-Bericht v. 18. 9. 2000, WT/DS135/R, „EC – Asbestos“, Para. 8.226.

52 WTO, Panel-Bericht v. 18. 9. 2000, WT/DS135/R, „EC – Asbestos“, Para. 8.226.

53 WTO, Panel-Bericht v. 18. 9. 2000, WT/DS135/R, „EC – Asbestos“, Para. 8.226.

54 WTO, Panel-Bericht v. 18. 9. 2000, WT/DS135/R, „EC – Asbestos“, Para. 8.227.

materiellen GATT-Vorschriften beurteilt werde.[55] Die Diskriminierung i. S. d. Chapeaus des Art. XX GATT könne nämlich nicht mit der bereits festgestellten Diskriminierung i. S. v. Art. III:4 GATT identisch sein.[56] In Betracht komme nur eine Diskriminierung zwischen Lieferländern, die Kanada jedoch nicht geltend gemacht habe.[57]

Auf dieser Grundlage sah das Panel in der französischen Maßnahme keine Diskriminierung i. S. d. Chapeaus des Art. XX GATT, weil diese sich auf Produkte aus allen Staaten einschließlich Frankreichs beziehe und nicht auf die Herkunft der Produkte.[58] Eine solche Diskriminierung könne sich zwar aus der Anwendung der französischen Maßnahme ergeben; Kanada habe jedoch keine derartige Diskriminierung geltend gemacht.[59] Als Diskriminierung i. S. d. Chapeaus des Art. XX GATT sei hingegen nur irrtümlich eine Diskriminierung nach Art. III:1 GATT von Kanada angeführt worden.[60]

Zwar sei die Beweislast für die Erfüllung des Chapeaus höher als bei einem Absatz des Art. XX GATT; EG habe jedoch bereits eine erste Vermutung begründet, dass ihre Gesundheits die schutzmaßnahme keine willkürliche oder ungerechtfertigte Diskriminierung i. S. d. Chapeaus darstelle.[61] Kanada habe diese erste Vermutung nicht erfolgreich widerlegt, weil keine Diskriminierung in der angegriffenen Maßnahme identifiziert worden sei.[62]

Somit liege nach Ansicht des Panels keine willkürliche oder ungerechtfertigte Diskriminierung i. S. d. Chapeaus des Art. XX GATT vor.[63]

---

55 WTO, Panel-Bericht v. 18. 9. 2000, WT/DS135/R, „EC – Asbestos“, Para. 8.227.
56 WTO, Panel-Bericht v. 18. 9. 2000, WT/DS135/R, „EC – Asbestos“, Para. 8.227.
57 WTO, Panel-Bericht v. 18. 9. 2000, WT/DS135/R, „EC – Asbestos“, Para. 8.227.
58 WTO, Panel-Bericht v. 18. 9. 2000, WT/DS135/R, „EC – Asbestos“, Para. 8.228.
59 WTO, Panel-Bericht v. 18. 9. 2000, WT/DS135/R, „EC – Asbestos“, Para. 8.228.
60 WTO, Panel-Bericht v. 18. 9. 2000, WT/DS135/R, „EC – Asbestos“, Para. 8.228.
61 WTO, Panel-Bericht v. 18. 9. 2000, WT/DS135/R, „EC – Asbestos“, Para. 8.229.
62 WTO, Panel-Bericht v. 18. 9. 2000, WT/DS135/R, „EC – Asbestos“, Para. 8.229.
63 WTO, Panel-Bericht v. 18. 9. 2000, WT/DS135/R, „EC – Asbestos“, Para. 8.230.

### 2. Ablehnung der Angemessenheitseinschätzung des regulierenden WTO-Mitglieds

#### *a) Überblick über die Fälle*

In US – Gasoline,[64] US – Shrimp,[65] EC – Tariff Preferences,[66] Brazil – Retreaded Tyres,[67] EC – Seal Products[68] und China – Rare Earths[69] wurde die Angemessenheitseinschätzung des regulierenden WTO-Mitglied zur angegriffenen Maßnahme im Rahmen der Prüfung des Chapeaus von Art. XX GATT abgelehnt.[70]

Im Folgenden wird die Behandlung durch die WTO-Streitbeilegungsorgane am Beispiel von US – Shrimp, Brazil – Retreaded Tyres, EC – Seal Products und China – Rare Earths dargestellt.

#### *b) US – Shrimp*

##### aa) Sachverhalt und wesentliche Entscheidungen

Der US-amerikanische *Endangered Species Act* von 1973 („ESA") verbot generell die Tötung aller Meeresschildkrötenarten in den USA, in den Hoheitsgewässern der USA und auf der Hochsee.[71] Studien zeigten, dass der zufällige Beifang mit der darauf folgenden Erstickung während des Garnelenfangs mit Schleppnetzen die Hauptursache für die Sterblichkeit von Meeresschildkröten darstellte.[72]

---

64 WTO, AB-Bericht v. 20.5.1996, WT/DS2/AB/R, „US – Gasoline", S. 22–29.

65 WTO, AB-Bericht v. 12.10.1998, WT/DS58/AB/R, „US – Shrimp", Para. 147–186; WTO, Panel-Bericht v. 15.5.1998, WT/DS58/R, „US – Shrimp", Para. 7.29–7.62.

66 WTO, Panel-Bericht v. 1.12.2003, WT/DS246/R, „EC – Tariff Preferences", Para. 7.225–7.235.

67 WTO, AB-Bericht v. 3.12.2007, WT/DS332/AB/R, „Brazil – Retreaded Tyres", Para. 213–252; WTO, Panel-Bericht v. 12.6.2007, WT/DS332/R, „Brazil – Retreaded Tyres", Para. 7.217–7.251.

68 WTO, AB-Bericht v. 22.5.2014, WT/DS400/AB/R u.a., „EC – Seal Products", Para. 5.291–5.339; WTO, Panel-Bericht v. 25.11.2013, WT/DS400/R u.a., „EC – Seal Products", Para. 7.644–7.651.

69 WTO, Panel-Bericht v. 26.3.2014, WT/DS431/R u.a., „China – Rare Earths", Para. 7.345–7.360, 7.616–7.679.

70 Ähnliche Entscheidungen finden sich auch in nicht-umweltrelevanten Fällen, vgl. u.a. WTO, Panel-Bericht v. 19.12.2000, WT/DS155/R, „Argentina – Bovine Hides", Para. 11.324, 11.325–11.330.

71 WTO, Panel-Bericht v. 15.5.1998, WT/DS58/R, „US – Shrimp", Para. 2.4.

72 WTO, Panel-Bericht v. 15.5.1998, WT/DS58/R, „US – Shrimp", Para. 2.5.

Im Jahr 1989 erließen die USA *The Section 609 of US Public Law* 101-102 (*Section* 609), die u.a. ein Einfuhrverbot für bestimmte Garnelen in die USA vorsah, soweit diese unter Verwendung von Meeresschildkröten gefährdenden Technologien gefangen wurden.[73] Es sei denn, dass es von den USA zertifiziert wurde, dass die Produktionsländer ein vergleichbares Schutzprogramm und eine vergleichbare zufällige Mittötungsrate von Meeresschildkröten wie die USA hatten oder in der fischereilichen Umgebung der Produktionsländer keine Gefährdung für Meeresschildkröten vorlag.[74]

Im Jahr 1996 erließen die USA *The Revised Notice of Guidelines for Determining Comparability of Foreign Programms for the Protection of Turtles in Shrimp Trawl Fishing Operations* (*Guideline* 1996), die „*Section* 609" auf in allen Drittländern gefangene Garnelen und Garnelenprodukte ausdehnte.[75] Nach der Guideline 1996 lag eine Meeresschildkröten gefährdende Situation u.a. dann nicht vor, wenn beim Einsatz von Schleppnetzen im kommerziellen Garnelenfang Turtle Excluder Devices („TEDs")[76] eingesetzt wurden, deren Effektivität mit den in den USA verwendeten TEDs vergleichbar war.[77]

Im Jahr 1997 beantragten Malaysia, Thailand, Pakistan und Indien beim WTO-Streitbeilegungssystem die Einsetzung eines Panels zur Überprüfung der Rechtskonformität des US-Embargos nach der *Section* 609 und der *Guideline* 1996[78] und ein konsolidiertes Panel wurde am 25.2.1997 eingerichtet.[79] Die vier WTO-Mitglieder trugen vor, dass das US-amerikanische Einfuhrverbot für bestimmte Garnelen und Garnelenprodukte gegen Art. XI:1 und XIII:1 GATT verstoße.[80] Thailand, Pakistan und Indien machten zudem geltend, dass *Section* 609 gegen Art. I:1 GATT verstoße.[81]

Das Panel erkannte eine Verletzung des Art. XI GATT durch das US-amerikanische Einfuhrverbot an.[82] Basierend auf diesem Ergebnis hielt das Panel eine Prüfung der Frage für entbehrlich, ob auch Art. XIII:1 und I:1 GATT

---

[73] WTO, Panel-Bericht v. 15.5.1998, WT/DS58/R, „US – Shrimp", Para. 2.7.

[74] WTO, Panel-Bericht v. 15.5.1998, WT/DS58/R, „US – Shrimp", Para. 2.7.

[75] WTO, Panel-Bericht v. 15.5.1998, WT/DS58/R, „US – Shrimp", Para. 2.11 – 2.16.

[76] WTO, Panel-Bericht v. 15.5.1998, WT/DS58/R, „US – Shrimp", Para. 2.5. Der US-amerikanische *National Marine Fisheries Service* („NMFS") entwickelte die *Turtle Excluder Devices* („TEDs"), bei denen es sich um an Schleppnetzen angebrachte Gitterfalltüren handelte, die Garnelen den Zugang zur Netzrückseite ermöglichten und gleichzeitig Meeresschildkröten sowie andere unbeabsichtigt gefangene Meerestiere aus dem Netz leiteten.

[77] WTO, Panel-Bericht v. 15.5.1998, WT/DS58/R, „US – Shrimp", Para. 2.12.

[78] WTO, Panel-Bericht v. 15.5.1998, WT/DS58/R, „US – Shrimp", Para. 1.1.

[79] WTO, Panel-Bericht v. 15.5.1998, WT/DS58/R, „US – Shrimp", Para. 1.3.

[80] WTO, Panel-Bericht v. 15.5.1998, WT/DS58/R, „US – Shrimp", Para. 3.1.

[81] WTO, Panel-Bericht v. 15.5.1998, WT/DS58/R, „US – Shrimp", Para. 3.1.

[82] WTO, Panel-Bericht v. 15.5.1998, WT/DS58/R, „US – Shrimp", Para. 7.11 – 7.17.

verletzt wurden.[83] Die USA machten geltend, dass ihre unilaterale Maßnahme u. a. gemäß Art. XX (g) GATT gerechtfertigt sein könne.[84]

### bb) Panel-Verfahren

Bei der Prüfung von Art. XX GATT stellte das Panel fest, dass die Prüfung mit dem Chapeau zu beginnen habe, weil dessen Voraussetzungen auf alle Absätze dieses Artikels anwendbar seien.[85] Sodann befasste das Panel mit der Auslegung der „ungerechtfertigten Diskriminierung" im Chapeau.[86]

#### *(1) Gefährdung des multilateralen Handelssystems*

Dabei wies das Panel zunächst darauf hin, dass die unilaterale Maßnahme der USA diskriminierend sei, weil nur Garnelen aus zertifizierten Staaten in die USA importiert werden dürften, während Garnelen aus nicht zertifizierten Staaten dem Einfuhrverbot unterlägen.[87] Eine solche Diskriminierung sei aber grundsätzlich vom Chapeau des Art. XX GATT erlaubt, sofern sie nicht ungerechtfertigt sei.[88]

Anschließend legte das Panel fest, dass der Sinn und Zweck sowohl des GATT als auch des WTO-Übereinkommens für die Ermittlung der Frage untersucht werden solle, ob die Diskriminierung der US-amerikanischen Maßnahme in einer ungerechtfertigten Weise erfolge.[89] Die Berufung auf Art. XX GATT solle nämlich nicht gegen das Ziel von GATT und WTO-Übereinkommen verstoßen und keine missbräuchliche Verletzung der materiellen Pflichten im GATT verursachen.[90] Der Chapeau des WTO-Übereinkommens erkenne nach Ansicht des Panels zwar u. a. das Umweltschutzziel an.[91] Das Hauptziel des GATT sei hingegen die Handelsliberalisierung.[92] In Handelsangelegenheiten bevorzuge auch der Chapeau des WTO-Übereinkommens einen multilateralen Ansatz, nämlich die Aufrechterhaltung eines multilateralen Handelssystems.[93]

---

[83] WTO, Panel-Bericht v. 15. 5. 1998, WT/DS58/R, „US – Shrimp", Para. 7.18 – 7.28.
[84] WTO, Panel-Bericht v. 15. 5. 1998, WT/DS58/R, „US – Shrimp", Para. 3.3.
[85] WTO, Panel-Bericht v. 15. 5. 1998, WT/DS58/R, „US – Shrimp", Para. 7.28 – 7.29.
[86] WTO, Panel-Bericht v. 15. 5. 1998, WT/DS58/R, „US – Shrimp", Para. 7.33 f.
[87] WTO, Panel-Bericht v. 15. 5. 1998, WT/DS58/R, „US – Shrimp", Para. 7.33.
[88] WTO, Panel-Bericht v. 15. 5. 1998, WT/DS58/R, „US – Shrimp", Para. 7.33.
[89] WTO, Panel-Bericht v. 15. 5. 1998, WT/DS58/R, „US – Shrimp", Para. 7.34 – 7.35.
[90] WTO, Panel-Bericht v. 15. 5. 1998, WT/DS58/R, „US – Shrimp", Para. 7.39 – 7.41.
[91] WTO, Panel-Bericht v. 15. 5. 1998, WT/DS58/R, „US – Shrimp", Para. 7.42.
[92] WTO, Panel-Bericht v. 15. 5. 1998, WT/DS58/R, „US – Shrimp", Para. 7.42.
[93] WTO, Panel-Bericht v. 15. 5. 1998, WT/DS58/R, „US – Shrimp", Para. 7.43.

Folglich könne eine unilaterale Umweltschutzmaßnahme nur dann gerechtfertigt sein, wenn sie das multilaterale Handelssystem nicht untergrabe und keinen Missbrauch der Ausnahmerechte nach Art. XX GATT verursache.[94] Eine Untergrabung des multilateralen Handelssystems liege dann vor, wenn der Chapeau dahingehend ausgelegt werde, dass ein WTO-Mitglied die Gewährung des Marktzugangs für ein bestimmtes Produkt davon abhängig machen dürfe, dass andere WTO-Mitglieder bestimmte Maßnahmen anwenden.[95] Denn dies könne dazu führen, dass alle WTO-Mitglieder diese Möglichkeit nützten, um für dasselbe Schutzgut unterschiedliche bzw. kollidierende Erfordernisse aufzustellen, deren Erfüllung für Ausfuhrstaaten unmöglich sei.[96] Dies beeinträchtige die Bestimmtheit und Voraussehbarkeit des multilateralen Handelssystems.[97]

Das angegriffene US-amerikanische Einfuhrverbot stelle eine ungerechtfertigte Diskriminierung i. S. d. Chapeaus des Art. XX GATT dar, weil die Erteilung des Zertifikats und der Marktzugang zu den USA nach der *Section* 609 nur dann möglich seien, wenn ein Ausfuhrstaat umfassende Anforderungen an den Einsatz von TEDs beim Garnelenfang mit Schleppnetzen anwende.[98] Die angegriffene Maßnahme mache nämlich den Marktzugang eines bestimmten Produkts von der Änderung der Innenpolitik eines anderen WTO-Mitglieds abhängig und gefährde damit das multilaterale Handelssystem.[99]

Somit liege eine ungerechtfertigte Diskriminierung i. S. d. Chapeaus nach Ansicht des Panels vor.[100]

#### *(2) Fehlende internationale Kooperation*

Neben der Gefährdung des multilateralen Handelssystems durch die US-amerikanische Maßnahme betone das Panel u. a. auch das Fehlen hinreichender internationalen Kooperation als weiteren Aspekt für die Bejahung einer ungerechtfertigten Diskriminierung i. S. d. Chapeaus von Art. XX GATT.

Das Panel wies zunächst darauf hin, dass die US-amerikanische Maßnahme nicht nur das multilaterale Handelssystem gefährde, sondern auch die Regulierungsautonomie anderer WTO-Mitglieder in innenpolitischen Bereichen

---

94 WTO, Panel-Bericht v. 15. 5. 1998, WT/DS58/R, „US – Shrimp“, Para. 7.44.
95 WTO, Panel-Bericht v. 15. 5. 1998, WT/DS58/R, „US – Shrimp“, Para. 7.45.
96 WTO, Panel-Bericht v. 15. 5. 1998, WT/DS58/R, „US – Shrimp“, Para. 7.44.
97 WTO, Panel-Bericht v. 15. 5. 1998, WT/DS58/R, „US – Shrimp“, Para. 7.45.
98 WTO, Panel-Bericht v. 15. 5. 1998, WT/DS58/R, „US – Shrimp“, Para. 7.48.
99 WTO, Panel-Bericht v. 15. 5. 1998, WT/DS58/R, „US – Shrimp“, Para. 7.45.
100 WTO, Panel-Bericht v. 15. 5. 1998, WT/DS58/R, „US – Shrimp“, Para. 7.49.

verletze, weil sie den Marktzugang eines bestimmten Produkts von der Änderung der Innenpolitik eines anderen WTO-Mitglieds abhängig mache.[101]

Außerdem solle das regulierende WTO-Mitglied beim Ergreifen unilateraler Umweltschutzmaßnahmen die unterschiedlichen Umwelt- und Entwicklungssituationen der jeweiligen WTO-Mitglieder am besten durch internationale Kooperation berücksichtigen.[102] Denn der Chapeau des WTO-Übereinkommens besage, dass das Hauptziel dieses Übereinkommens die Förderung der Wirtschaftsentwicklung durch internationalen Handel sei und die Verfolgung des Umweltschutzziels im Einklang mit den unterschiedlichen Bedürfnissen sowie dem wirtschaftlichen Entwicklungsstand anderer WTO-Mitglieder stehen solle.[103]

Ferner deutete der Umstand, dass Meeresschildkröten aufgrund ihres Migrationsverhaltens als globales Gemeingut betrachtet werden sollten, nach Ansicht des Panels darauf hin, dass sie am besten durch internationale Kooperation geschützt werden sollten.[104]

Zudem werde das multilaterale Handelssystem ohne internationale Verhandlungen untergraben, weil ein WTO-Mitglied nicht gleichzeitig kollidierende Konservierungserfordernisse verschiedener regulierender WTO-Mitglieder erfüllen könne.[105] Hingegen stelle der Abschluss multilateraler Abkommen zur Konservierung durch internationale Kooperation eine mögliche Lösung zum Schutz von Meeresschildkröten dar, ohne das multilaterale Handelssystem zu gefährden.[106] Jedoch hätten die USA diese Verhandlungen nur mit bestimmten Ländern geführt, nicht jedoch mit den vier klagenden Parteien.[107]

In dieser Richtung lehnte das Panel weiterhin das Argument der USA ab, dass der Einsatz von TEDs beim Garnelenfang mit Schleppnetzen einen multilateralen verbindlichen Schutzstandard für Meeresschildkröten darstelle.[108] Denn es fehle an hinreichenden völkerrechtlichen Rechtsgrundlagen. Einerseits fielen Meeresschildkröten nicht unter den Schutzbereich des von den USA angeführten Washingtoner Artenschutzübereinkommens (*Convention on International Trade in Endangered Species of Wild Fauna and Flora*), weil dieses Abkommen nur den Handel mit gefährdeten Arten reguliere und Mee-

[101] WTO, Panel-Bericht v. 15. 5. 1998, WT/DS58/R, „US – Shrimp", Para. 7.51.
[102] WTO, Panel-Bericht v. 15. 5. 1998, WT/DS58/R, „US – Shrimp", Para. 7.52.
[103] WTO, Panel-Bericht v. 15. 5. 1998, WT/DS58/R, „US – Shrimp", Para. 7.52.
[104] WTO, Panel-Bericht v. 15. 5. 1998, WT/DS58/R, „US – Shrimp", Para. 7.53.
[105] WTO, Panel-Bericht v. 15. 5. 1998, WT/DS58/R, „US – Shrimp", Para. 7.55.
[106] WTO, Panel-Bericht v. 15. 5. 1998, WT/DS58/R, „US – Shrimp", Para. 7.55.
[107] WTO, Panel-Bericht v. 15. 5. 1998, WT/DS58/R, „US – Shrimp", Para. 7.56.
[108] WTO, Panel-Bericht v. 15. 5. 1998, WT/DS58/R, „US – Shrimp", Para. 7.57 – 7.60.

resschildkröten vorliegend keinen Gegenstand des Handels darstellten.[109] Andererseits sei die Verwendung von TEDs nur das Ergebnis regionaler Abkommen und individueller Praxis der USA.[110] Aus diesem Grund könne die internationale Kooperationspflicht nicht aufgrund eines multilateralen verbindlichen Schutzstandards ausgeschlossen werden, und eine solche Kooperation könne die Gefahr kollidierender Umweltregulierungen reduzieren.[111]

Aus diesen Gründen stellte das Panel fest, dass das Fehlen ernsthafter internationaler Verhandlungsbemühungen seitens der USA die Schlussfolgerung stütze, dass das US-Importverbot nicht unter Art. XX GATT falle.[112]

#### cc) Berufungsverfahren

Entgegen der Ansicht des Panels prüfte der AB in US – Shrimp zunächst die Bedingungen im Absatz und sodann die Erfordernisse im Chapeau bei der Auslegung des Art. XX GATT.[113]

Nach Ansicht des AB fielen auch Meeresschildkröten als Lebewesen unter den Begriff der erschöpfbaren Naturressourcen i. S. v. Art. XX (g) GATT.[114] Außerdem unterlägen Meeresschildkröten auch der Hoheit der USA, weil sie als wild wandernde Tiere auch in den Hoheitsgewässern der USA auftauchten und somit ein ausreichender Bezug zu den USA bejaht werden könne.[115] Die Legitimität des von den USA behaupteten Schutzniveaus wurde dabei nicht ausdrücklich erwähnt. Die Geeignetheitsprüfung und indiziell auch die Erforderlichkeitsprüfung[116] im Rahmen der Auslegung der *relating to*-Bedingung des Art. XX (g) GATT wurden vom AB unter Anwendung einer sehr lockeren Kontrolldichte bejaht.[117]

Sodann kam der AB zur Prüfung des Chapeaus des Art. XX GATT. Dabei unterschied der AB zwischen willkürlicher und ungerechtfertigter Diskriminierung.[118]

---

109 WTO, Panel-Bericht v. 15. 5. 1998, WT/DS58/R, „US – Shrimp“, Para. 7.58.

110 WTO, Panel-Bericht v. 15. 5. 1998, WT/DS58/R, „US – Shrimp“, Para. 7.59.

111 WTO, Panel-Bericht v. 15. 5. 1998, WT/DS58/R, „US – Shrimp“, Para. 7.60.

112 WTO, Panel-Bericht v. 15. 5. 1998, WT/DS58/R, „US – Shrimp“, Para. 7.61.

113 WTO, AB-Bericht v. 12. 10. 1998, WT/DS58/AB/R, „US – Shrimp“, Para. 115–120.

114 WTO, AB-Bericht v. 12. 10. 1998, WT/DS58/AB/R, „US – Shrimp“, Para. 127 ff.

115 WTO, AB-Bericht v. 12. 10. 1998, WT/DS58/AB/R, „US – Shrimp“, Para. 133.

116 Teil 1 Kapitel 1 § 5 B. und § 5 C. II. – § 5 C. IV.

117 WTO, AB-Bericht v. 12. 10. 1998, WT/DS58/AB/R, „US – Shrimp“, Para. 135 ff.

118 WTO, AB-Bericht v. 12. 10. 1998, WT/DS58/AB/R, „US – Shrimp“, Para. 161 ff. In ständigen Berichten der WTO-Spruchkörper weisen die beiden im Wesentlichen jedoch keinen Unterschied auf.

### *(1) „Ungerechtfertigte Diskriminierung" i. S. d. Chapeaus des Art. XX GATT*

Bei der Prüfung, ob eine „ungerechtfertigte Diskriminierung" i. S. d. Chapeaus vorlag, kritisierte der AB die folgenden vier Aspekte der Anwendung der *Section* 609. Die Anwendung der US-amerikanischen Maßnahme fehle nach Ansicht des AB an hinreichender Flexibilität und verursache für den internationalen Handel mehr Belastungen als erforderlich.[119]

Erstens werde der in *Section* 609 vorgesehene Ermessensspielraum bei der Feststellung der Vergleichbarkeit des Schutzprogramms eines anderen WTO-Mitglieds für Meeresschildkröten in der Praxis niemals in Anspruch genommen. Um ein Zertifikat zu erhalten, müsse ein solches Programm nämlich mit dem Schutzprogramm der USA im Wesentlichen gleich sein.[120]

Zweitens sah der AB eine „ungerechtfertigte Diskriminierung" im Sinne des Chapeaus des Art. XX GATT in dem Umstand, dass die USA nur mit einigen, nicht aber mit allen WTO-Mitgliedern verhandelten.[121]

Drittens bestehe eine weitere Diskriminierung in den unterschiedlichen Übergangsfristen für die Umsetzung von TEDs: Den vierzehn karibischen Staaten werde eine Übergangsfrist von drei Jahren gewährt, während die Beschwerdeführer und alle anderen Mitglieder nur vier Monate Zeit hätten.[122]

Viertens stellten auch die unterschiedlichen Bemühungen um Technologietransfer zwischen den vierzehn karibischen Staaten und den Beschwerdeführern eine Diskriminierung dar.[123]

### *(2) „Willkürliche Diskriminierung" i. S. d. Chapeaus des Art. XX GATT*

Die Prüfung einer „willkürlichen Diskriminierung" i. S. d. Chapeaus des Art. XX GATT durch den AB konzentrierte sich auf die verfahrensrechtlichen Ebenen, wobei der AB zwei Aspekte der Anwendung der angegriffenen Maßnahme berücksichtigte.[124]

Einerseits verlangten die USA für die Erteilung des Zertifikats ein Schutzprogramm, das im Wesentlichen demjenigen in den USA entsprechen solle,

119 WTO, AB-Bericht v. 12. 10. 1998, WT/DS58/AB/R, „US – Shrimp", Para. 161.

120 WTO, AB-Bericht v. 12. 10. 1998, WT/DS58/AB/R, „US – Shrimp", Para. 161.

121 WTO, AB-Bericht v. 12. 10. 1998, WT/DS58/AB/R, „US – Shrimp", Para. 171–172.

122 WTO, AB-Bericht v. 12. 10. 1998, WT/DS58/AB/R, „US – Shrimp", Para. 173.

123 WTO, AB-Bericht v. 12. 10. 1998, WT/DS58/AB/R, „US – Shrimp", Para. 175.

124 WTO, AB-Bericht v. 12. 10. 1998, WT/DS58/AB/R, „US – Shrimp", Para. 177.

ohne die unterschiedlichen Situationen in den einzelnen Ländern zu berücksichtigen.[125]

Andererseits fehle es dem Verfahren zur Erteilung von Zertifikaten an Transparenz, Vorhersehbarkeit und Gleichbehandlung; den Antragstellern stehe keine Möglichkeit zur Stellungnahme und im Falle einer Ablehnung kein Rechtsmittel zur Verfügung, und die Mitglieder, deren Anträge abgelehnt würden, würden mithin gegenüber den Mitgliedern, denen die Zertifikate erteilt würden, diskriminiert.[126]

Aus den genannten Gründen stellte der AB fest, dass das US-amerikanische Einfuhrverbot willkürliche und ungerechtfertigte Diskriminierung i. S. d. Chapeaus des Art. XX GATT darstelle.

#### c) *Brazil – Retreaded Tyres*

Die Lagerung von Abfallreifen kann nicht nur Reifenbrände, sondern auch Krankheiten wie Dengue-Fieber verursachen. Diese Gefährdung betrachtete Brasilien als erheblich für die Gesundheit und das Leben von Menschen, Tieren und Pflanzen an. Aus diesem Grund wurde ein allgemeines Importverbot für runderneuerte Reifen am 17. 11. 2004 von Brasilien eingeführt.[127] Dieses Einfuhrverbot galt jedoch nicht für runderneuerte Reifen aus den MERCOSUR-Staaten.[128] Außerdem durften Gebrauchtreifen, deren Einfuhr ebenfalls verboten war, aufgrund gerichtlicher Verfügungen importiert und als Rohstoff für die auch von Brasilien erlaubte inländische Produktion runderneuerter Reifen[129] verwendet werden.[130] Die EG sah in dem allgemeinen Einfuhrverbot sowie den beiden genannten Ausnahmen u. a. eine Verletzung von Art. XI:1 GATT und erhob am 17. 11. 2005 eine Klage vor der WTO.[131] Das Panel bejahte eine Verletzung des Art. XI:1 GATT durch das allgemeine Einfuhrverbot für runderneuerte Reifen.[132]

---

[125] WTO, AB-Bericht v. 12. 10. 1998, WT/DS58/AB/R, „US – Shrimp“, Para. 177.

[126] WTO, AB-Bericht v. 12. 10. 1998, WT/DS58/AB/R, „US – Shrimp“, Para. 180 f.

[127] WTO, Panel-Bericht v. 12. 6. 2007, WT/DS332/R, „Brazil – Retreaded Tyres“, Para. 2.7–2.12.

[128] WTO, Panel-Bericht v. 12. 6. 2007, WT/DS332/R, „Brazil – Retreaded Tyres“, Para. 2.13–2.16.

[129] Vgl. WTO, Panel-Bericht v. 12. 6. 2007, WT/DS332/R, „Brazil – Retreaded Tyres“, Para. 2.7–2.12 und 3.1 (c).

[130] WTO, Panel-Bericht v. 12. 6. 2007, WT/DS332/R, „Brazil – Retreaded Tyres“, Para. 4.108–4.113.

[131] WTO, Panel-Bericht v. 12. 6. 2007, WT/DS332/R, „Brazil – Retreaded Tyres“, Para. 7.1, 1.1–1.7, 2.5, 3.1.

[132] WTO, Panel-Bericht v. 12. 6. 2007, WT/DS332/R, „Brazil – Retreaded Tyres“, Para. 7.1–7.34.

Im Rahmen der Rechtfertigung dieser primären Verletzung unter Berufung auf Art. XX (b) GATT waren die Parteien über die Gefährdungslage der menschlichen Gesundheit und der Umwelt durch die Lagerung von Altreifen streitig.[133] Nach der Bejahung der Maßgeblichkeit der Einschätzung Brasiliens zur genannten Gefährdungslage[134] erkannte das Panel an, dass das angegebene Schutzziel einschließlich des behaupteten Schutzniveaus Brasiliens legitim sei.[135]

Im Rahmen des darauf folgenden *weighing and balancing*-Tests[136] stellte das Panel zunächst fest, dass das Ziel des Schutzes des Lebens und der Gesundheit von Menschen unter Berücksichtigung der mit der Ansammlung von Altreifen verbundenen Gefahren als am wichtigsten anzusehen sei.[137] Ebenfalls solle das Ziel des Schutzes des Lebens und der Gesundheit von Tieren und Pflanzen als wichtig angesehen werden.[138] Außerdem bezeichne das Panel die brasilianische Maßnahme, ein Einfuhrverbot, als die restriktivste Form einer Handelsbeschränkung.[139]

Hierauf beruhend bejahte das Panel die Geeignetheit der brasilianischen Maßnahme zur Erreichung des Ziels des Gesundheitsschutzes für Menschen, Tiere und Pflanzen[140] und gelangte zur Prüfung der Verfügbarkeit eines milderen Mittels.[141] Ebenso erkannte das Panel die Einschätzung Brasiliens zur Erforderlichkeit des Einfuhrverbots an, weil kein milderes und zugleich

---

133 WTO, Panel-Bericht v. 12.6.2007, WT/DS332/R, „Brazil – Retreaded Tyres", Para. 7.53–7.54.

134 WTO, Panel-Bericht v. 12.6.2007, WT/DS332/R, „Brazil – Retreaded Tyres", Para. 7.55–7.93.

135 Vgl. WTO, Panel-Bericht v. 12.6.2007, WT/DS332/R, „Brazil – Retreaded Tyres", Para. 7.96–7.102.

136 WTO, Panel-Bericht v. 12.6.2007, WT/DS332/R, „Brazil – Retreaded Tyres", Para. 7.69, 7.104, unter Verweis auf WTO, AB-Bericht v. 11.12.2000, WT/DS161/AB/R u.a., „Korea – Beef", Para. 164; WTO, AB-Bericht v. 12.3.2001, WT/DS135/AB/R, „EC – Asbestos", Para. 172; WTO, AB-Bericht v. 7.4.2005, WT/DS285/AB/R, „US – Gambling", Para. 306; WTO, AB-Bericht v. 25.4.2005, WT/DS302/AB/R, „Dominican Republic – Cigarettes", Para. 70.

137 WTO, Panel-Bericht v. 12.6.2007, WT/DS332/R, „Brazil – Retreaded Tyres", Para. 7.108–7.111.

138 WTO, Panel-Bericht v. 12.6.2007, WT/DS332/R, „Brazil – Retreaded Tyres" Para. 7.112.

139 WTO, Panel-Bericht v. 12.6.2007, WT/DS332/R, „Brazil – Retreaded Tyres", Para. 7.114, unter Verweis auf WTO, AB-Bericht v. 12.10.1998, WT/DS58/AB/R, „US – Shrimp", Para. 171.

140 WTO, Panel-Bericht v. 12.6.2007, WT/DS332/R, „Brazil – Retreaded Tyres", Para. 7.115–7.148.

141 WTO, Panel-Bericht v. 12.6.2007, WT/DS332/R, „Brazil – Retreaded Tyres", Para. 7.149–7.208.

gleichgeeignetes Mittel in vernünftiger Weise zur Verfügung stehe.[142] Die Verfügbarkeit der von der EG vorgeschlagenen Alternativen, nämlich der Stärkung inländischer Runderneuerung von gebrauchten Reifen, des besseren inländischen Managements von Abfallreifen und der inländischen ergänzenden Schutzmaßnahmen, wurde vom Panel abgelehnt, weil diese das von Brasilien angestrebte Schutzniveau entweder nicht erreichen könnten oder bereits von Brasilien ergriffen würden.[143]

Sodann befasste sich das Panel mit der Prüfung des Chapeaus des Art. XX GATT, wobei der Schwerpunkt auf der MERCOSUR-Ausnahme sowie der Ausnahme aufgrund gerichtlicher Verfügungen lag.[144]

#### aa) MERCOSUR-Ausnahme

Im Rahmen der Chapeau-Prüfung wurde die MERCOSUR-Ausnahme vom Panel als *not a priori unreasonable*[145] und grundsätzlich WTO-rechtskonform beurteilt.[146] Sodann betrachtete das Panel die Wirkung der Ausnahmen auf die Zielerreichung und stellte fest, dass das Ziel potenziell beeinträchtigt werden könne, wenn durch die Ausnahmen zu viele runderneuerte Reifen eingeführt würden; dies sei jedoch angesichts des geringen Volumens nicht ersichtlich.[147]

Im Berufungsverfahren revidierte der AB die oben dargestellten Feststellungen des Panels.

Die Analyse des AB konzentrierte sich darauf, ob sich eine Diskriminierung, die sich aus der Anwendung der angegriffenen Maßnahmen ergebe, auf einen legitimen Grund (*cause or the rationale*) stütze, der unter die in den Absätzen des Art. XX GATT aufgelisteten Ziele falle.[148]

---

[142] WTO, Panel-Bericht v. 12.6.2007, WT/DS332/R, „Brazil – Retreaded Tyres“, Para. 7.149–7.208.

[143] WTO, Panel-Bericht v. 12.6.2007, WT/DS332/R, „Brazil – Retreaded Tyres“, Para. 7.149–7.208.

[144] WTO, Panel-Bericht v. 12.6.2007, WT/DS332/R, „Brazil – Retreaded Tyres“, Para. 7.217–7.251.

[145] WTO, Panel-Bericht v. 12.6.2007, WT/DS332/R, „Brazil – Retreaded Tyres“, Para. 7.273.

[146] WTO, Panel-Bericht v. 12.6.2007, WT/DS332/R, „Brazil – Retreaded Tyres“, Para. 7.274, 7.276.

[147] WTO, Panel-Bericht v. 12.6.2007, WT/DS332/R, „Brazil – Retreaded Tyres“, Para. 7.288.

[148] WTO, AB-Bericht v. 3.12.2007, WT/DS332/AB/R, „Brazil – Retreaded Tyres“, Para. 225.

Dabei stellte der AB folgendes Beurteilungskriterium für die Beurteilung einer willkürlichen Diskriminierung i. S. d. Chapeaus des Art. XX GATT fest:

> In our view, there is such an abuse, and, therefore, there is arbitrary or unjustifiable discrimination when a measure provisionally justified under a paragraph of Article XX is applied in a discriminatory manner, between countries where the same conditions prevail, and when the reasons given for this discrimination bear no rational connection to the objective falling within the purview of a paragraph of Article XX, or would go against that objective. The assessment of whether discrimination is arbitrary or unjustifiable should be made in the light of the objective of the measure.[149]

Hierauf beruhend sah der AB den regionalen Schiedsspruch nicht als akzeptablen Grund für die differenzierte Behandlung zwischen der EG und den MERCOSUR-Staaten an, weil dieser in keinem vernünftigen Verhältnis zum legitimen Ziel des Einfuhrverbots stehe und diesem Ziel sogar zuwiderlaufe:

> In our view, the ruling issued by the MERCOSUR arbitral tribunal is not an acceptable rationale for the discrimination, because it bears no relationship to the legitimate objective pursued by the Import Ban that falls within the purview of Article XX(b), and even goes against this objective, to however small a degree. Accordingly, we are of the view that the MERCOSUR exemption has resulted in the Import Ban being applied in a manner that constitutes arbitrary or unjustifiable discrimination.[150]

Der AB lehnte weiterhin das vom Panel verwendete quantitative Kriterium ab, obwohl er zugab, dass die Wirkung der angegriffenen Maßnahme ein relevanter Faktor für die Beurteilung einer willkürlichen Diskriminierung sein könne.[151] Sodann stellte der AB fest, dass die MERCOSUR-Ausnahme eine willkürliche und ungerechtfertigte Diskriminierung i. S. d. Chapeaus darstelle.[152]

Außerdem könne die MERCOSUR-Ausnahme unter anderem aus dem Grund nicht als erforderlich beurteilt werden, weil Brasilien vor dem regionalen Gerichtshof keine Gesundheitsausnahme geltend gemacht habe, obwohl eine solche Ausnahme auch in Art. 50 (d) der Konvention von Montevideo vorgesehen sei.[153]

---

149 WTO, AB-Bericht v. 3. 12. 2007, WT/DS332/AB/R, „Brazil – Retreaded Tyres“, Para. 227.

150 WTO, AB-Bericht v. 3. 12. 2007, WT/DS332/AB/R, „Brazil – Retreaded Tyres“, Para. 228.

151 Vgl. WTO, AB-Bericht v. 3. 12. 2007, WT/DS332/AB/R, „Brazil – Retreaded Tyres“, Para. 230.

152 WTO, AB-Bericht v. 3. 12. 2007, WT/DS332/AB/R, „Brazil – Retreaded Tyres“, Para. 232, 233.

153 WTO, AB-Bericht v. 3. 12. 2007, WT/DS332/AB/R, „Brazil – Retreaded Tyres“, Para. 234.

#### bb) Ausnahme aufgrund gerichtlicher Verfügungen

Bezüglich der Ausnahme aufgrund gerichtlicher Verfügungen stellte das Panel zunächst fest, dass nichts darauf hindeute, dass diese unberechenbar oder unvorhersehbar sei.[154] Darüber hinaus erscheine die Entscheidung der brasilianischen Verwaltungsbehörden, den einstweiligen Verfügungen nachzukommen, nicht irrational oder unberechenbar.[155] Jedoch könnten die gerichtlichen Verfügungen das Ziel des Importverbots für runderneuerte Reifen unmittelbar potenziell unterminieren, wenn das Volumen erheblich sei.[156] Denn der Beitrag des Einfuhrverbots zur Erreichung des Umweltschutzziels hänge vom Importverbot gebrauchter Reifen ab.[157] Da das Volumen eingeführter Gebrauchtreifen bereits erheblich groß sei, werde das Ziel des Umweltschutzes durch die gerichtlichen Verfügungen signifikant beeinträchtigt.[158] Somit stelle das Panel fest, dass die gerichtlichen Verfügungen willkürliche und ungerechtfertigte Diskriminierung i. S. d. Chapeaus darstellten.[159]

In der Berufungsinstanz hielt der AB unter Verweis auf seine Ausführungen zur MECOSUR-Ausnahme den quantitativen Ansatz des Panels für mangelhaft und lehnte dessen Feststellung ab, wonach gerichtliche Verfügungen nur insoweit eine willkürliche Diskriminierung i. S. d. Chapeaus darstellten, als das Importvolumen zu einer signifikanten Untergrabung des Ziels des Einfuhrverbots führen könne.[160]

### *d) EC – Seal Products*

In der EU gelten traditionell hohe Standards für Menschenrechte und Tierschutz. Im Jahr 2009 führte die damalige EG zum erklärten Schutz des Wohlergehens von Robben ein Vermarktungsverbot für Robbenprodukte auf dem gemeinsamen Markt ein. Dieses Verbot sah u. a. eine Ausnahme für Robben-

---

[154] WTO, Panel-Bericht v. 12. 6. 2007, WT/DS332/R, „Brazil – Retreaded Tyres“, Para. 7.293.

[155] WTO, Panel-Bericht v. 12. 6. 2007, WT/DS332/R, „Brazil – Retreaded Tyres“, Para. 7.293.

[156] WTO, Panel-Bericht v. 12. 6. 2007, WT/DS332/R, „Brazil – Retreaded Tyres“, Para. 7.296.

[157] WTO, Panel-Bericht v. 12. 6. 2007, WT/DS332/R, „Brazil – Retreaded Tyres“, Para. 7.295.

[158] WTO, Panel-Bericht v. 12. 6. 2007, WT/DS332/R, „Brazil – Retreaded Tyres“, Para. 7.297 – 7.303.

[159] WTO, Panel-Bericht v. 12. 6. 2007, WT/DS332/R, „Brazil – Retreaded Tyres“, Para. 7.306.

[160] WTO, AB-Bericht v. 3. 12. 2007, WT/DS332/AB/R, „Brazil – Retreaded Tyres“, Para. 246 – 247.

erzeugnisse aus indigenen Gemeinden vor, die ihre Existenz und Lebensweise durch die Robbenjagd aufrechterhielten.[161] Kanada und Norwegen, die beträchtlichen Mengen von Robbenerzeugnissen produzierten und in den europäischen Binnenmarkt exportierten, sahen eine Verletzung ihrer Handelsfreiheit u.a. nach Art. I:1 GATT im EU-Robbenprogramm[162] und erhoben eine Klage gegen die EU vor der WTO.[163] Sowohl das Panel[164] als auch der AB[165] bejahten eine Verletzung des Art. I:1 GATT durch das EU-Robbenprogramm.

Bei der Rechtfertigung dieser Pflichtverletzung unter Berufung auf Art. XX (a) GATT im Panel-Verfahren wurde die Gefährdung der öffentlichen Moral als Hauptschutzgut ohne Weiteres bejaht,[166] obwohl Kanada Zweifel an der Schwere der Beeinträchtigung der öffentlichen Moral äußerte.[167] Der AB unterstützte die Feststellung des Panels.[168] Außerdem waren das Panel und der AB der Ansicht, dass das von der EU angegebene Schutzziel und Schutzniveau legitim seien.[169]

Im Rahmen des *weighing and balancing*-Tests wurde die Geeignetheit der angegriffenen Maßnahme vom Panel überprüft und bejaht.[170] Dabei war die

---

161 Für einen Überblick über die europäische Maßnahme siehe: WTO, Panel-Bericht v. 25.11.2013, WT/DS400/R u.a., „EC – Seal Product", Para. 7.7–7.23. Rechtsgrundlagen des europäischen Robbenprogramms sind: Verordnung des Europäischen Parlaments und des Rates v. 16.9.2009 über den Handel mit Robbenerzeugnissen, VO (EG) 1007/2009, ABl. 2009 L 286/36, geändert durch Verordnung des Europäischen Parlaments und des Rates v. 6.10.2015, VO (EU) 2015/1775, ABl. 2015 L 262/1; Verordnung der Kommission v. 10.8.2010 mit Durchführungsvorschriften zur Verordnung (EG) 1007/2009 des Europäischen Parlaments und des Rates über den Handel mit Robbenerzeugnissen, VO (EU) 737/2010, ABl. 2010 L 216/1.

162 WTO, Panel-Bericht v. 25.11.2013, WT/DS400/R u.a., „EC – Seal Products", Para. 7.588–7.590.

163 WTO, Panel-Bericht v. 25.11.2013, WT/DS400/R u.a., „EC – Seal Products", Para. 1.5–1.6.

164 WTO, Panel-Bericht v. 25.11.2013, WT/DS400/R u.a., „EC – Seal Products", Para. 7.592–7.600.

165 WTO, AB-Bericht v. 22.5.2014, WT/DS400/AB/R u.a., „EC – Seal Products", Para. 5.84–5.96.

166 WTO, Panel-Bericht v. 25.11.2013, WT/DS400/R u.a., „EC – Seal Products", Para. 7.631.

167 WTO, Panel-Bericht v. 25.11.2013, WT/DS400/R u.a., „EC – Seal Products", Para. 7.628.

168 WTO, AB-Bericht v. 22.5.2014, WT/DS400/AB/R u.a., „EC – Seal Products", Para. 5.197–5.201.

169 WTO, AB-Bericht v. 22.5.2014, WT/DS400/AB/R u.a., „EC – Seal Products", Para. 5.200. Ebenso, vgl. WTO, Panel-Bericht v. 25.11.2013, WT/DS400/R u.a., „EC – Seal Products", Para. 7.631.

170 WTO, Panel-Bericht v. 25.11.2013, WT/DS400/R u.a., „EC – Seal Products", Para. 7.630 ff.

Wichtigkeit der öffentlichen Moral als angegebenes Schutzziel der EU-Maßnahme nicht umstritten.[171] Nach Ansicht des Panels stehe auch keine Alternative zur Verfügung. Denn die vorgeschlagene Alternative, nämlich der Marktzugang für Robbenprodukte unter Einhaltung von Tierschutzstandards in Verbindung mit Zertifizierungs- und Etikettierungsanforderungen, könne das von der EU gewünschte Schutzniveau nicht erreichen und zugleich Risiken für das Wohlergehen von Robben mit sich bringen.[172]

Sodann kam das Panel zur Chapeau-Prüfung des Art. XX GATT.[173] Eine ausführliche Auslegung des Chapeaus wurde jedoch im Berufungsverfahren vom AB vorgenommen.[174]

#### aa) *De facto* Diskriminierung der IG-Ausnahme

Im Rahmen der Chapeau-Prüfung verwies das Panel auf seine Ausführungen zur Prüfung der TBT-Verletzung[175] und stellte fest, dass die Unterscheidung zwischen kommerziellem und IG-Fang zwar grundsätzlich gerechtfertigt sein könne, dies jedoch nicht der Fall sei, weil die IG-Ausnahme eine *de facto* Diskriminierung darstelle.[176] Denn diese Ausnahme könne für alle Robbenerzeugnisse aus Grönland in Anspruch genommen werden, jedoch für nahezu keine derartigen Erzeugnisse aus Kanada und Norwegen.[177]

Der AB stellte hingegen fest, dass die IG-Ausnahme erst dann eine *de facto* Diskriminierung darstelle, wenn sie so konzipiert und angewendet werde, dass sie *de facto* nur Grönland zur Verfügung stehe.[178] Die Parteien bestritten zwar nicht, dass zum Zeitpunkt des WTO-Verfahrens nur die indigenen Ge-

---

171 WTO, Panel-Bericht v. 25.11.2013, WT/DS400/R u.a., „EC – Seal Products", Para. 7.632.

172 WTO, Panel-Bericht v. 25.11.2013, WT/DS400/R u.a., „EC – Seal Products", Para. 7.639.

173 WTO, Panel-Bericht v. 25.11.2013, WT/DS400/R u.a., „EC – Seal Products", Para. 7.644–7.651.

174 WTO, AB-Bericht v. 22.5.2014, WT/DS400/AB/R u.a., „EC – Seal Products", Para. 5.291–5.339.

175 WTO, Panel-Bericht v. 25.11.2013, WT/DS400/R u.a., „EC – Seal Products", Teil 7.3.2.3.3 und 7.3.2.3.4 a.a.O.

176 WTO, Panel-Bericht v. 25.11.2013, WT/DS400/R u.a., „EC – Seal Products", Para. 7.650.

177 WTO, Panel-Bericht v. 25.11.2013, WT/DS400/R u.a., „EC – Seal Products", Para. 7.164, 170.

178 WTO, AB-Bericht v. 22.5.2014, WT/DS400/AB/R u.a., „EC – Seal Products", Para. 5.333.

meinschaften Grönlands von der Ausnahme profitierten.[179] Der AB lehnte jedoch die grundsätzliche Zurechenbarkeit dieser Tatsache zur Konzeption der IG-Ausnahme.[180] Das Panel halte zwar daran fest, dass die IG-Ausnahme eine *de facto* Diskriminierung darstelle.[181] Jedoch habe das Panel zur Begründung seiner Feststellung nicht auf jene Aspekte des EU-Robbenprogramms hingewiesen, die Kanada und Norwegen an der Inanspruchnahme der IG-Ausnahme hinderten.[182]

#### bb) Unvernünftiges Verhältnis zwischen dem Ziel der IG-Ausnahme und dem Ziel des Schutzes des Wohlergehens von Robben

Ferner wies der AB bei der Feststellung des allgemeinen Prüfungsmaßstabs darauf hin, dass es für die Feststellung einer willkürlichen Diskriminierung i. S. d. Chapeaus auf den Grund (*cause and rational*) der Diskriminierung ankomme.[183] Sodann hielt der AB es für einen wichtigen Faktor, dass der Grund der Ausnahme in vernünftigem Verhältnis zum Rechtfertigungsgrund für die Verletzung der GATT-Pflichten stehe.[184] Nachdem der AB die Prüfung des Chapeaus durch das Panel abgelehnt hatte, führte er diese Prüfung selbst durch.[185] Dabei stellte er fest, dass der Schutz der IG dem Schutz des Wohlergehens von Robben zuwiderlaufe (*go against*).[186]

Der AB befasste sich sodann mit der Frage, wie der Schutz der IG mit dem Schutz des Wohlergehens von Robben im Einklang gebracht werden konnte, und lehnte dies mit der Begründung ab, dass die IG-Ausnahme eine wesentliche Ausgliederung des Beitrags zur Erreichung des angegebenen Schutzziels

179 WTO, AB-Bericht v. 22. 5. 2014, WT/DS400/AB/R u. a., „EC – Seal Products“, Para. 5.333.

180 WTO, AB-Bericht v. 22. 5. 2014, WT/DS400/AB/R u. a., „EC – Seal Products“, Para. 5.334 ff.

181 WTO, Panel-Bericht v. 25. 11. 2013, WT/DS400/R u. a., „EC – Seal Products“, Para. 7.317, 7.318.

182 WTO, AB-Bericht v. 22. 5. 2014, WT/DS400/AB/R u. a., „EC – Seal Products“, Para. 5.334.

183 WTO, AB-Bericht v. 22. 5. 2014, WT/DS400/AB/R u. a., „EC – Seal Products“, Para. 5.303 – 5.305.

184 WTO, AB-Bericht v. 22. 5. 2014, WT/DS400/AB/R u. a., „EC – Seal Products“, Para. 5.306; WTO, AB-Bericht v. 3. 12. 2007, WT/DS332/AB/R, „Brazil – Retreaded Tyres“, Para. 225 f.; WTO, AB-Bericht v. 12. 10. 1998, WT/DS58/AB/R, „US – Shrimp“, Para. 163 – 166, 172, 177.

185 WTO, AB-Bericht v. 22. 5. 2014, WT/DS400/AB/R u. a., „EC – Seal Products“, Para. 5.313.

186 WTO, AB-Bericht v. 22. 5. 2014, WT/DS400/AB/R u. a., „EC – Seal Products“, Para. 5.318 – 5.319.

der angegriffenen Maßnahme darstelle.[187] Die EU habe dabei nicht hinreichend dargestellt, warum sie nicht weiteres unternommen habe, um den Schutz des Wohlergehens von Robben im Rahmen des IG-Fangs sicherzustellen.[188]

#### cc) Das Fehlen vergleichbarer Marktzugangserleichterung für Robbenprodukte aus dem IG-Robbenfang

Der AB war zudem nicht davon überzeugt, dass die EU vergleichbare Bemühungen unternommen habe, um den Zugang kanadischer Inuit-Robbenprodukte zur Inanspruchnahme der IG-Ausnahme zu erleichtern.[189] Beispielsweise dürften Robbenerzeugnisse aus Grönland bereits auf dem EU-Markt verkauft werden, bevor in Grönland eine Anerkennungsbehörde zur Beurteilung der IG-Gemeinschaften bzw. des IG-Fangs eingerichtet werde.[190] Für Kanada und andere WTO-Mitglieder habe die EU eine solche Erleichterung nicht vorgenommen.[191] In dieser Tatsache sah der AB die Möglichkeit einer willkürlichen und ungerechtfertigten Diskriminierung i. S. d. Chapeaus des Art. XX GATT.[192]

#### dd) Ambiguität bestimmter Beurteilungskriterien

Bei der Prüfung einer willkürlichen Diskriminierung i. S. d. Chapeaus aufgrund der Unterscheidung zwischen kommerziellem und IG-Robbenfang[193] wies der AB zum ersten Mal auf die Ambiguität der IG-Ausnahme, einschließlich des Fehlens einer genauen Definition des Existenzminimums und des

[187] WTO, AB-Bericht v. 22. 5. 2014, WT/DS400/AB/R u. a., „EC – Seal Products", Para. 5.320.

[188] WTO, AB-Bericht v. 22. 5. 2014, WT/DS400/AB/R u. a., „EC – Seal Products", Para. 5.320.

[189] WTO, AB-Bericht v. 22. 5. 2014, WT/DS400/AB/R u. a., „EC – Seal Products", Para. 5.337, unter Verweis auf WTO, AB-Bericht v. 20. 5. 1996, WT/DS2/AB/R, „US – Gasoline", S. 25–26, 27.

[190] WTO, AB-Bericht v. 22. 5. 2014, WT/DS400/AB/R u. a., „EC – Seal Products", Para. 5.337, unter Verweis auf WTO, AB-Bericht v. 20. 5. 1996, WT/DS2/AB/R, „US – Gasoline", S. 25–26, 27.

[191] WTO, AB-Bericht v. 22. 5. 2014, WT/DS400/AB/R u. a., „EC – Seal Products", Para. 5.337, unter Verweis auf WTO, AB-Bericht v. 20. 5. 1996, WT/DS2/AB/R, „US – Gasoline", S. 25–26, 27.

[192] WTO, AB-Bericht v. 22. 5. 2014, WT/DS400/AB/R u. a., „EC – Seal Products", Para. 5.337, unter Verweis auf WTO, AB-Bericht v. 12. 10. 1998, WT/DS58/AB/R, „US – Shrimp", Para. 165.

[193] WTO, AB-Bericht v. 22. 5. 2014, WT/DS400/AB/R u. a., „EC – Seal Products", Para. 5.321.

*partial use*, hin und bejahte hierauf basierend eine willkürliche Diskriminierung i. S. d. Chapeaus des Art. XX GATT.[194] Diese Ambiguität könne nach Auffassung des AB zum Missbrauch führen, weil dem regulierenden WTO-Mitglied ein weitreichender Ermessensspielraum zustehe.[195] Ferner könne die Unklarheit der Beurteilungskriterien in Art. 6 der Durchführungsverordnung zum EU-Robbenschutzprogramm dazu führen, dass ein außenstehender Überprüfungskörper nicht beurteilen könne, ob diese Kriterien in der Praxis korrekt angewandt würden.[196] Hinsichtlich dieser Ambiguität und des weitreichenden Ermessensspielraums der Anerkennungsbehörde könnte daher eine willkürliche Diskriminierung i. S. d. Chapeaus vorliegen.[197]

Unter Berücksichtigung aller oben dargestellten Umstände stellten der AB bzw. das Panel fest, dass eine willkürliche und ungerechtfertigte Diskriminierung i. S. d. Chapeaus des Art. XX GATT vorliege.[198]

### *e) China – Rare Earths*

Seltene Erden (*rare earths*) sind Rohstoffe, und Seltenerdelemente gelten als strategisch bedeutsam für die moderne Industrie und Hochtechnologie. China ist der weltweit größte Produzent Seltener Erden und betrachtet sie als schützenswerte natürliche Ressourcen, weshalb es Ausfuhrquoten für Seltene Erden eingeführt hat.[199] Zu den chinesischen Maßnahmen zählten Ausfuhrzölle und Ausfuhrkontingente für Seltene Erden, Wolfram (*tungsten*) und Molybdän (*molybdenum*).[200] Hier wird die Entscheidung des Panels am Beispiel der chinesischen Exportquoten für Seltene Erden dargestellt.

---

[194] WTO, AB-Bericht v. 22. 5. 2014, WT/DS400/AB/R u. a., „EC – Seal Products", Para. 5.324 – 5.325.

[195] WTO, AB-Bericht v. 22. 5. 2014, WT/DS400/AB/R u. a., „EC – Seal Products", Para. 5.326 f., 5.326: „Given the ambiguities that can arise with respect to at least two elements of the IC requirements, the recognized bodies would appear to enjoy broad discretion in applying the IC requirements, which could allow for instances of abuse of the IC exception, even where the recognized body is acting in good faith."

[196] WTO, AB-Bericht v. 22. 5. 2014, WT/DS400/AB/R u. a., „EC – Seal Products", Para. 5.327.

[197] WTO, AB-Bericht v. 22. 5. 2014, WT/DS400/AB/R u. a., „EC – Seal Products", Para. 5.328.

[198] WTO, AB-Bericht v. 22. 5. 2014, WT/DS400/AB/R u. a., „EC – Seal Products", Para. 5.338.

[199] Vgl. WTO, Panel-Bericht v. 26. 3. 2014, WT/DS431/R u. a., „China – Rare Earths", Para. 2.8 und 2.11 – 2.12.

[200] Vgl. WTO, Panel-Bericht v. 26. 3. 2014, WT/DS431/R u. a., „China – Rare Earths", Para. 2.8 und 2.11 – 2.12.

Die USA, die EU und Japan erhoben am 27.6.2012 eine Klage vor der WTO und argumentierten vor dem Panel, dass China mit der Einführung dieser Exportquoten gegen Art. XI:1 GATT verstoße.[201] Das Panel stellte fest und China bestritt nicht, dass Chinas Ausfuhrquoten für Seltene Erden u.a. gegen Art. XI:1 GATT verstießen.[202] China versuchte jedoch, diese Pflichtverletzung u.a. unter Berufung auf Art. XX (g) GATT zu rechtfertigen.[203] Nachdem festgestellt wurde, dass Seltene Erden erschöpfbare Naturressourcen i.S.v. Art. XX (g) GATT darstellten, kam das Panel zu der Geeignetheitsprüfung im Rahmen der Interpretation der Bedingungen in diesem Absatz.[204]

Im Panel-Verfahren wurde die Geeignetheit der angegriffenen chinesischen Exportquoten im Rahmen der Auslegung des Art. XX (g) GATT umfassend geprüft und verneint.[205] Mit der Ablehnung der Erfüllung eines Absatzes des Art. XX GATT wurde zugleich die Erforderlichkeit der chinesischen Maßnahme indiziell verneint.[206]

Der Chapeau des Art. XX GATT wurde sodann von dem Panel intensiv geprüft[207] und die diesbezügliche Panel-Entscheidung wurde im Berufungsverfahren nicht von China beanstandet.

#### aa) Relevante Umstände für die Feststellung einer willkürlichen Diskriminierung i.S.d. Chapeaus des Art. XX GATT

Nach Ansicht des Panels liege die Beweislast dafür, dass die Ausfuhrquoten nicht in einer Weise angewendet würden, die eine willkürliche Diskriminierung i.S.d. Chapeaus des Art. XX GATT darstelle, bei China als geklagte Partei.[208] Zur Erfüllung der Beweislast brachte China zwei Hauptargumente

---

201 WTO, Panel-Bericht v. 26.3.2014, WT/DS431/R u.a., „China – Rare Earths“, Para. 1.3 und 3.1.

202 WTO, Panel-Bericht v. 26.3.2014, WT/DS431/R u.a., „China – Rare Earths“, Para. 7.200.

203 WTO, Panel-Bericht v. 26.3.2014, WT/DS431/R u.a., „China – Rare Earths“, Para. 7.200.

204 WTO, Panel-Bericht v. 26.3.2014, WT/DS431/R u.a., „China – Rare Earths“, Para. 7.378–7.615.

205 WTO, Panel-Bericht v. 26.3.2014, WT/DS431/R u.a., „China – Rare Earths“, Para. 7.378–7.599.

206 Vgl. Teil 1 Kapitel 1 § 5 C. II.–§ 5 C. III.

207 WTO, Panel-Bericht v. 26.3.2014, WT/DS431/R u.a., „China – Rare Earths“, Para. 7.345–7.360, 7.616–7.679.

208 WTO, Panel-Bericht v. 26.3.2014, WT/DS431/R u.a., „China – Rare Earths“, Para. 7.621.

vor: Erstens würden ihre Exportquoten 2012 nicht voll ausgeschöpft.[209] Zweitens gebe es keinen Preisunterschied zwischen den im In- und Ausland verkauften Seltenen Erden.[210]

Nach Ansicht des Panels deute die Nichterfüllung der chinesischen Exportquoten nicht unbedingt darauf hin, dass die ausländische Nachfrage gedeckt werde.[211] Denn dieses Ergebnis könne u. a. darauf zurückzuführen sein, dass die Exporteure aufgrund von Nachfrageprognosen und ihrer eigenen Unternehmensstruktur nur bestimmte Seltenerdelemente exportieren wollten.[212] In manchen Fällen seien die Exporteure aufgrund mangelnder technischer oder finanzieller Kapazitäten nicht in der Lage, alle Arten von Elementen Seltener Erden zu exportieren.[213] Ferner wies das Panel darauf hin, dass die Nicht-Erfüllung der chinesischen Exportquoten auf die Geschäftsunsicherheit[214] sowie auf die Deckung ausländischer Nachfrage durch Schmuggel[215] zurückzuführen sei.

Hinsichtlich der Preisdifferenz führte China aus, dass die Differenz zwischen Auslands- und Inlandspreisen ab 2012 drastisch gesunken sei und eine Preisdifferenz mithin nicht auf die Einführung der Ausfuhrquoten im Jahr 2012 zurückzuführen sei.[216] Insoweit stellte das Panel fest, dass die Preisdifferenz bei vielen Seltenerdprodukten dennoch gestiegen sei und die bestehenden Preisdifferenzen der chinesischen Industrie einen wirtschaftlichen Vorteil verschafften.[217] Das Panel hatte die Zuverlässigkeit der Daten und der Methodik, die China bei der Analyse der Preisdifferenz verwendete, verneint.[218] Das Argument Chinas, dass die Preisdifferenz nicht auf die Einführung der Aus-

---

[209] WTO, Panel-Bericht v. 26.3.2014, WT/DS431/R u. a., „China – Rare Earths", Para. 7.621.

[210] WTO, Panel-Bericht v. 26.3.2014, WT/DS431/R u. a., „China – Rare Earths", Para. 7.623.

[211] WTO, Panel-Bericht v. 26.3.2014, WT/DS431/R u. a., „China – Rare Earths", Para. 7.627.

[212] WTO, Panel-Bericht v. 26.3.2014, WT/DS431/R u. a., „China – Rare Earths", Para. 7.627.

[213] WTO, Panel-Bericht v. 26.3.2014, WT/DS431/R u. a., „China – Rare Earths", Para. 7.627.

[214] WTO, Panel-Bericht v. 26.3.2014, WT/DS431/R u. a., „China – Rare Earths", Para. 7.632–7.634.

[215] WTO, Panel-Bericht v. 26.3.2014, WT/DS431/R u. a., „China – Rare Earths", Para. 7.635.

[216] WTO, Panel-Bericht v. 26.3.2014, WT/DS431/R u. a., „China – Rare Earths", Para. 7.637.

[217] WTO, Panel-Bericht v. 26.3.2014, WT/DS431/R u. a., „China – Rare Earths", Para. 7.638–7.639.

[218] WTO, Panel-Bericht v. 26.3.2014, WT/DS431/R u. a., „China – Rare Earths", Para. 7.641–7.646.

fuhrquoten im Jahr 2012 zurückzuführen sei, wurde vom Panel mit der Begründung abgelehnt, dass nicht ausgeschlossen werden könne, dass Umstände wie die Nichterfüllung von Exportquoten dennoch zur Preisdifferenz geführt haben könnten.[219]

Weiterhin bezweifelte das Panel, ob China wirklich unterschiedliche Denominationen für den Export und den Inlandsverbrauch bestimmter Seltener Erden verwenden müsse.[220]

Das Panel stellte darüber hinaus fest, dass es keine entsprechenden inländischen Belastungen gebe, z. B. eine inländische Konsumquote für chinesische Verbraucher, und dass der Unterschied zwischen inländischen Produktions- und Exportquoten die inländischen Verbraucher zu begünstigen scheine.[221]

Das Panel stellte weiterhin fest, dass Konsultationen zur Festlegung der Exportquoten nur mit inländischen, nicht jedoch mit ausländischen Herstellern, Verbrauchern sowie Industrien durchgeführt würden.[222] Außerdem beruhe die Festlegung der ausländischen Nachfrage auf der Nachfrage im Frühjahr, die jedoch aufgrund der verhängten Exportquoten bereits deutlich zurückgegangen sei.[223] In diesem Kontext sei das Kriterium für die Verteilung von Quoten zwischen aus- und inländischen Verbrauchern zudem nicht hinreichend bestimmt, weil die Quoten für den inländischen Verbrauch in den jeweiligen chinesischen „fünfjährigen Planungen" festgelegt würden.[224]

Schließlich sah das Panel eine willkürliche Diskriminierung i. S. d. Chapeaus in dem Rückgabesystem für unerfüllte Exportquoten.[225] In diesem System dürften unverbrauchte Exportquoten nicht unter ausländischen Käufern umgetauscht werden, sondern müssten an die chinesischen Behörden zurückgegeben werden.[226] Die zurückgegebenen Quoten würden dann wahrscheinlich an inländische Verbraucher verkauft, sodass die Exporteure nie in

---

219 WTO, Panel-Bericht v. 26. 3. 2014, WT/DS431/R u. a., „China – Rare Earths", Para. 7.647 – 7.649.

220 WTO, Panel-Bericht v. 26. 3. 2014, WT/DS431/R u. a., „China – Rare Earths", Para. 7.650.

221 WTO, Panel-Bericht v. 26. 3. 2014, WT/DS431/R u. a., „China – Rare Earths", Para. 7.651.

222 WTO, Panel-Bericht v. 26. 3. 2014, WT/DS431/R u. a., „China – Rare Earths", Para. 7.653.

223 WTO, Panel-Bericht v. 26. 3. 2014, WT/DS431/R u. a., „China – Rare Earths", Para. 7.653.

224 WTO, Panel-Bericht v. 26. 3. 2014, WT/DS431/R u. a., „China – Rare Earths", Para. 7.654.

225 WTO, Panel-Bericht v. 26. 3. 2014, WT/DS431/R u. a., „China – Rare Earths", Para. 7.656.

226 WTO, Panel-Bericht v. 26. 3. 2014, WT/DS431/R u. a., „China – Rare Earths", Para. 7.656.

der Lage seien, eigene Lagerbestände an chinesischen Seltenen Erden für den Export aufzubauen.[227]

### bb) Kein vernünftiges Verhältnis zwischen Diskriminierungsgrund und Konservierungsziel

Zur Feststellung einer willkürlichen oder ungerechtfertigten Diskriminierung i. S. d. Chapeaus des Art. XX GATT sei nach Ansicht des Panels nicht nur die Wirkung (*effect*), sondern auch der Grund der Diskriminierung zu untersuchen.[228] Demnach liege eine solche Diskriminierung im Chapeau dann vor, wenn der Grund der Diskriminierung in keinem vernünftigen Zusammenhang zum Konservierungsziel stehe oder diesem zuwiderlaufe.[229] Hierauf beruhend sei das Panel von China – Rare Earths der Auffassung, dass eine Diskriminierung i. S. d. Chapeaus im vorliegenden Fall (nur) durch konservierungsbezogene Gründe gerechtfertigt sein könne.[230]

Anhand dieser Maßstäbe untersuchte das Panel, ob die Diskriminierungen zwischen chinesischen und ausländischen Verbrauchern bei der Anwendung von Exportquoten auf dem Konservierungsziel beruhten.[231] Dabei machte China geltend, dass die Einführung von Exportquoten einen integralen Bestandteil seiner umfassenden Konservierungspolitik darstelle und für eine seiner wirtschaftlichen Entwicklung entsprechende Ressourcenverwaltung notwendig sei.[232]

Nach Ansicht des Panels habe China jedoch nicht nachgewiesen, dass die durch die Anwendung seines Exportquotensystems verursachte Handelsverzerrung mit seinen Erhaltungszielen zusammenhänge.[233] Vielmehr diene dieses System dem eigenen industriepolitischen Zweck Chinas. Als Begründung wurden das Quotenrückgabesystem sowie die Freistellung von Metallen und

227 WTO, Panel-Bericht v. 26. 3. 2014, WT/DS431/R u. a., „China – Rare Earths", Para. 7.656.

228 WTO, Panel-Bericht v. 26. 3. 2014, WT/DS431/R u. a., „China – Rare Earths", Para. 7.352.

229 WTO, Panel-Bericht v. 26. 3. 2014, WT/DS431/R u. a., „China – Rare Earths", Para. 7.352.

230 WTO, Panel-Bericht v. 26. 3. 2014, WT/DS431/R u. a., „China – Rare Earths", Para. 7.352, 7.658.

231 WTO, Panel-Bericht v. 26. 3. 2014, WT/DS431/R u. a., „China – Rare Earths", Para. 7.658.

232 WTO, Panel-Bericht v. 26. 3. 2014, WT/DS431/R u. a., „China – Rare Earths", Para. 7.659.

233 WTO, Panel-Bericht v. 26. 3. 2014, WT/DS431/R u. a., „China – Rare Earths", Para. 7.659.

Downstream-Produkten Seltener Erden von den Produktionsquoten und die gleichzeitige Einbeziehung dieser Produkte in die Exportquoten angeführt.[234]

Der Umstand, dass mehr als 80% der in China gewonnenen Seltenen Erden in China verbraucht wurden, spreche weiterhin dafür, dass die Exportquoten hauptsächlich dazu dienten, dem Inlandsverbrauch eine Mindestmenge der geförderten Seltenen Erden zu sichern.[235]

Nach Ansicht des Panels deute die Einführung des Ausfuhrquotensystems ferner darauf hin, dass es eher auf die Kontrolle der Menge der aus China ausgeführten Seltenen Erden als auf deren Konservierung abziele.[236] Zur Begründung wurden die bereits vom Panel erörterten[237] Mängel der Quotenfestsetzung zwischen in- und ausländischen Verbrauchern[238] und die Ungleichbehandlung bei der Denotation[239] herangezogen.

Mit den oben genannten Argumenten lehnte das Panel ab, dass die Diskriminierungen bei der Anwendung der chinesischen Exportquoten auf Konservierung beruhten.

#### cc) Verfügbarkeit milderer Mittel

Im Anschluss an die Feststellung des AB in US – Gasoline und US – Shrimp liege eine willkürliche bzw. ungerechtfertigte Diskriminierung i. S. d. Chapeaus des Art. XX GATT nach Auffassung des Panels dann vor, wenn alternative Maßnahmen verfügbar seien, womit die diskriminierende Behandlung vermieden oder zumindest verringert werden könne.[240] Das Panel betonte weiterhin, dass die Prüfung der Verfügbarkeit einer Alternative unter Art. XX (g) GATT im Rahmen der Prüfung des Chapeaus durchgeführt werden könne.[241]

---

[234] WTO, Panel-Bericht v. 26. 3. 2014, WT/DS431/R u. a., „China – Rare Earths", Para. 7.659.

[235] WTO, Panel-Bericht v. 26. 3. 2014, WT/DS431/R u. a., „China – Rare Earths", Para. 7.660.

[236] WTO, Panel-Bericht v. 26. 3. 2014, WT/DS431/R u. a., „China – Rare Earths", Para. 7.661 f.

[237] Vgl. WTO, Panel-Bericht v. 26. 3. 2014, WT/DS431/R u. a., „China – Rare Earths", jeweils Para. 7.507, 7.572 ff. und Para. 7.477 f., 7.611, 7.650.

[238] WTO, Panel-Bericht v. 26. 3. 2014, WT/DS431/R u. a., „China – Rare Earths", Para. 7.661.

[239] WTO, Panel-Bericht v. 26. 3. 2014, WT/DS431/R u. a., „China – Rare Earths", Para. 7.662.

[240] WTO, Panel-Bericht v. 26. 3. 2014, WT/DS431/R u. a., „China – Rare Earths", Para. 7.664, 7.354.

[241] WTO, Panel-Bericht v. 26. 3. 2014, WT/DS431/R u. a., „China – Rare Earths", Para. 7.354 und Fn. 549 a. a. O.

Demnach solle geprüft werden, sobald die angegriffene Maßnahme nach Art. XX (g) GATT vorläufig gerechtfertigt sei, ob eine WTO-rechtskonforme oder weniger handelsbeschränkende Alternative zur Verfügung stehe, mit der das regulierende WTO-Mitglied seine angestrebten politischen Ziele mit gleicher Effizienz erreichen könne.[242]

Die klagenden Parteien schlugen dabei eine Reihe von Alternativen vor, die sich in zwei Arten von Maßnahmen zusammenfassen lassen.

Die erste Art bezog sich auf alternative Maßnahmen ohne Verhängung einer Exportquote.[243] Zur Verhinderung des Schmuggels könne China beispielsweise „Vor-Ort-Kontrollen" in Minen und Verarbeitungsanlagen durchführen bzw. die Dokumente der beteiligten Industrien einsehen.[244] Der Kampf gegen illegalen internationalen Handel solle am besten in einem plurilateralen Rahmen, beispielsweise durch einen Mechanismus zur gegenseitigen Überprüfung der Einhaltung bestimmter Normen, verwirklicht werden.[245] Außerdem könne illegale Produktion vielmehr bereits durch die Kontrolle der Produktion selbst und/oder durch die Kontrolle der Handelsströme mittels bestehender Überwachungsinstrumente (z.B. Lizenzen, Mehrwertsteuererklärungen) erfolgreich kontrolliert werden.[246] Die Beschwerdeführer schlugen weiterhin vor, dass China ein Exportlizenzsystem einführen solle, das gleichwirksam wie eine Exportquote sei, um die Ausfuhr illegal produzierter oder geschmuggelter Seltener Erden zu verhindern.[247]

Die zweite Art umfasste alternative Maßnahmen neben einer Exportquote.[248] Die klagenden Parteien schlugen vor, dass China auch Produktions- und Verkaufsquoten im Inland als Verbrauchsbeschränkung verhängen könne, wenn es an einer ausgewogenen Konservierungsregulierung interessiert sei.[249] Die Verkaufsquoten könnten so konzipiert werden, dass sie keine quantitative

242 WTO, Panel-Bericht v. 26.3.2014, WT/DS431/R u.a., „China – Rare Earths", Para. 7.354.

243 WTO, Panel-Bericht v. 26.3.2014, WT/DS431/R u.a., „China – Rare Earths", Para. 7.665–7.666, 7.668.

244 WTO, Panel-Bericht v. 26.3.2014, WT/DS431/R u.a., „China – Rare Earths", Para. 7.666.

245 WTO, Panel-Bericht v. 26.3.2014, WT/DS431/R u.a., „China – Rare Earths", Para. 7.666.

246 WTO, Panel-Bericht v. 26.3.2014, WT/DS431/R u.a., „China – Rare Earths", Para. 7.666.

247 WTO, Panel-Bericht v. 26.3.2014, WT/DS431/R u.a., „China – Rare Earths", Para. 7.668.

248 WTO, Panel-Bericht v. 26.3.2014, WT/DS431/R u.a., „China – Rare Earths", Para. 7.667–7.669.

249 WTO, Panel-Bericht v. 26.3.2014, WT/DS431/R u.a., „China – Rare Earths", Para. 7.667–7.668.

Aufteilung zwischen in- und ausländischen Konsumenten enthielten und damit diskriminierungsfrei seien.[250] Auf diese Weise könne ein konservierungsbezogenes Warnsignal auch an inländische Verbraucher gesendet werden.[251]

Abschließend stellte das Panel nach Ablehnung aller von China vorgetragenen Gegenargumenten[252] fest, dass die vorgeschlagenen Alternativen vernünftigerweise verfügbar seien und geeignet erschienen, das von China angestrebte Erhaltungsniveau zu erreichen, einschließlich der Erreichung anderer Ziele – *signaling* und *safeguarding*, worauf sich China zur Rechtfertigung seiner Exportquote berufe.[253]

## II. Unklarheit des Beurteilungskriteriums für die Angemessenheitseinschätzung des regulierenden WTO-Mitglieds in der Entscheidungspraxis zum Chapeau des Art. XX GATT

In der Entscheidungspraxis zum Chapeau des „grünen" Art. XX GATT wurde die Angemessenheitseinschätzung des regulierenden WTO-Mitglieds von den WTO-Streitbeilegungsorganen zwar nahezu einheitlich abgelehnt. Die angewendeten Prüfungsansätze für die Feststellung der willkürlichen Diskriminierung und der verschleierten Handelsbeschränkung i. S. d. Chapeaus des Art. XX GATT zeigen jedoch jeweils gewisse Unbestimmtheit. Diese Unbestimmtheit wird in Teil 5 Kapitel 19 § 2[254] zur Erörterung der Rechtfertigung der richterlichen Behandlung der genannten Angemessenheitseinschätzung im Rahmen der Chapeau-Prüfung ausführlich dargelegt. Hier wird diese Unklarheit zusammenfassend präsentiert.

---

[250] WTO, Panel-Bericht v. 26.3.2014, WT/DS431/R u. a., „China – Rare Earths", Para. 7.668.

[251] WTO, Panel-Bericht v. 26.3.2014, WT/DS431/R u. a., „China – Rare Earths", Para. 7.669.

[252] WTO, Panel-Bericht v. 26.3.2014, WT/DS431/R u. a., „China – Rare Earths", Para. 7.670 – 7.672.

[253] WTO, Panel-Bericht v. 26.3.2014, WT/DS431/R u. a., „China – Rare Earths", Para. 7.673 – 7.677.

[254] Teil 5 Kapitel 19 § 2 A. II. 1. a) bb), § 2 A. II. 1. b) bb), § 2 A. II. 2. a) bb), § 2 A. II. 2. b) bb), § 2 A. II. 3. a) bb), § 2 A. II. 3. b) bb) und § 2 B. i. V. m. Teil 6 Kapitel 21 § 2 A. I. 2., § 2 A. II. 2., § 2 A. III. 2.

### 1. Unklarheit des Beurteilungskriteriums für die Angemessenheitseinschätzung des regulierenden WTO-Mitglieds im Rahmen der Prüfung der willkürlichen Diskriminierung i.S.d. Chapeaus des Art. XX GATT

Die willkürliche Diskriminierung i.S.d. Chapeaus des Art. XX GATT wurde mittels verschiedener Prüfungsansätze, einschließlich des Ansatzes der Gegenläufigkeit der Schutzziele, des Arguments fehlender inländischer Beschränkungen, des Arguments internationaler Kooperationspflicht und des Missbrauchsarguments von den WTO-Streitbeilegungsorganen analysiert bzw. festgestellt.[255]

Das Argument der Gegenläufigkeit der Schutzziele ist zwar keine offene Abwägung, sondern ein Geeignetheitsabwägungsargument.[256] Dieses Argument bleibt jedoch unklar, auch wenn es nicht im Rahmen der Interpretation eines Absatzes, sondern auf der Chapeau-Stufe des Art. XX GATT verwendet wird. Einerseits ist unklar, ob die qualitative oder die quantitative Analyse für die Beurteilung der Geeignetheit und damit implizit auch der Angemessenheit einer Maßnahme maßgeblich ist. Andererseits sind die konkreten Maßstäbe jeweils der qualitativen und der quantitativen Analyse unklar, was zugleich den Grund für die Unbestimmtheit der Maßgeblichkeit der beiden Analysen darstellt.[257] Ähnliche Unbestimmtheit gilt für das Argument fehlender inländischer Beschränkungen.[258]

Hinsichtlich des Arguments der internationalen Kooperationspflicht gibt es keine einheitliche Entscheidungspraxis, die eine solche Pflicht unterstützt. Es bleibt unklar, aus welcher Rechtsgrundlage sich eine solche Kooperationspflicht zulasten des regulierenden WTO-Mitglieds und unter Preisgabe der Schutzeffektivität des einschlägigen Umweltbelangs ergibt.[259]

Die Unbestimmtheit des Missbrauchsarguments der Ambiguität der Beurteilungsmaßstäbe liegt zum einen in seiner seltenen Anwendung in der Entscheidungspraxis zum „grünen" Art. XX GATT. Zum anderen ist dieser Prüfungsansatz selbst ambig, weil fraglich ist, wann ein Beurteilungsmaßstab überhaupt als ambig angesehen werden soll.[260] Die Unbestimmtheit des Missbrauchsarguments der Verletzung des fairen Verfahrens liegt zunächst ebenso in seiner seltenen Anwendung nach US – Shrimp. Außerdem ist fraglich, aus welcher Rechtsgrundlage sich eine zwingende Mindestverfahrensan-

---

255 Teil 1 Kapitel 1 § 4 A. II. 2.

256 Teil 5 Kapitel 19 § 2 A. II. 1. a) aa).

257 Teil 5 Kapitel 19 § 2 A. II. 1. a) bb).

258 Teil 5 Kapitel 19 § 2 A. II. 1. b) bb).

259 Teil 5 Kapitel 19 § 2 A. II. 2. b) bb).

260 Teil 5 Kapitel 19 § 2 A. II. 3. a) bb).

forderung zulasten des regulierenden WTO-Mitglieds und unter Preisgabe der Schutzeffektivität des einschlägigen Umweltbelangs ergibt, deren Verletzung nicht unter Berufung auf Art. XX GATT als Ausnahmeregelung gerechtfertigt sein kann.[261]

#### 2. Unklarheit des Beurteilungskriteriums für die Angemessenheitseinschätzung des regulierenden WTO-Mitglieds im Rahmen der Prüfung der verschleierten Handelsbeschränkung i. S. d. Chapeaus des Art. XX GATT

Zur Prüfung einer verschleierten Handelsbeschränkung i. S. d. Chapeaus des Art. XX GATT haben sich in der Entscheidungspraxis grundsätzlich drei Prüfungsansätze entwickelt, nämlich der Bekanntmachungsansatz, die Absichtsprüfung und der Ansatz der willkürlichen Diskriminierung i. S. d. Chapeaus.[262] Derzeit ist der letztgenannte Ansatz der ständig angewendete Prüfungsmaßstab. Es stellt sich somit die Frage, ob und welche eigenständige Bedeutung der verschleierten Handelsbeschränkung i. S. d. Chapeaus des Art. XX GATT zukommt.

## § 2 Keine hinreichende Klärung der Maßgeblichkeit der Angemessenheitseinschätzung des regulierenden WTO-Mitglieds im Schrifttum

Weder die allgemeine Diskussion über Prüfungsintensität und richterliche Zurückhaltung im WTO-Recht mit Bezug auf die Interpretation des Art. XX GATT noch die speziellen Diskussionen über richterliche Zurückhaltung und implizite Abwägung im Rahmen der Interpretation eines Absatzes des Art. XX GATT gaben eine abschließende Antwort darauf, ob die Angemessenheitseinschätzung des regulierenden WTO-Mitglieds oder der WTO-Streitbeilegungsorgane maßgeblich sein soll. Gleiches gilt für die Diskussionen über die Geeignetheits- und Erforderlichkeitsabwägung sowie die Missbrauchskontrolle im Rahmen der Chapeau-Prüfung des Art. XX GATT.

---

[261] Teil 5 Kapitel 19 § 2 A. II. 3. b) bb).

[262] Teil 1 Kapitel 1 § 4 A. II. 2.

## A. Keine hinreichende Klärung der Maßgeblichkeit der Angemessenheitseinschätzung des regulierenden WTO-Mitglieds in der allgemeinen Diskussion über Prüfungsintensität und richterliche Zurückhaltung im WTO-Recht mit Bezug auf die Interpretation des Art. XX GATT

In Teil 1 Kapitel 1 § 3 i.V.m. Teil 2 Kapitel 7 § 2 A. III. 1. wurde im Rahmen der Darstellung der allgemeinen Diskussion über Prüfungsintensität und richterliche Zurückhaltung im WTO-Recht mit Bezug auf die Interpretation des Art. XX GATT ausführlich erläutert, dass die Argumente – wie das der besseren Expertise, das Souveränitätsargument sowie das Argument der institutionellen Rolle – keine abschließende Antwort darauf gaben, inwieweit die WTO-Streitbeilegungsorgane richterliche Zurückhaltung bei der Überprüfung der Tatsachenfeststellungen und Rechtsurteile des regulierenden WTO-Mitglieds üben sollen.

Dieses Ergebnis gilt entsprechend für die Maßgeblichkeit der Angemessenheitseinschätzung des regulierenden WTO-Mitglieds. Denn es handelt sich bei dieser Einschätzung sowohl um die Tatsachenfeststellung als auch um das darauf aufbauende Werturteil.[263] Somit wurde in dieser Diskussion nicht hinreichend geklärt, ob und inwieweit die WTO-Streitbeilegungsorgane richterliche Zurückhaltung üben oder Abwägung zulasten des regulierenden WTO-Mitglied vornehmen dürfen. Es wurde nämlich nicht hinreichend geklärt, wessen Angemessenheitseinschätzung warum maßgeblich ist.

## B. Keine hinreichende Klärung der Maßgeblichkeit der Angemessenheitseinschätzung des regulierenden WTO-Mitglieds in den speziellen Diskussionen über richterliche Zurückhaltung und implizite Abwägung im Rahmen der Interpretation eines Absatzes des Art. XX GATT im Schrifttum

Ein ähnliches Ergebnis ergibt sich aus den speziellen Diskussionen über die richterliche Zurückhaltung und implizite Abwägung im Rahmen der Interpretation eines Absatzes des Art. XX GATT im Schrifttum.[264] Eine solche implizite Abwägung kann hinsichtlich der Vertragsbestimmungen des Art. XX GATT nicht mehr von einer Rationalitätsprüfung gedeckt sein und stellt eine Angemessenheitsprüfung dar.[265]

---

263 Teil 1 Kapitel 1 § 3 A. III. – § 3 A. IV.

264 Teil 5 Kapitel 19 § 1 B. I. 1. d), § 1 B. I. 2. c) cc), § 1 B. II. 1. d), § 1 B. II. 2. c) cc).

265 Teil 3 Kapitel 9 § 3 B. und § 3 E., Teil 4 Kapitel 13 § 3 B. und § 3 E.

Kapitel 19 der vorliegenden Arbeit ist als Kapitel für die Behandlung der Frage konzipiert, ob die WTO-Streitbeilegungsorgane bei der Überprüfung der Einschätzung des regulierenden WTO-Mitglieds zur Angemessenheit der umweltpolitischen Maßnahme anhand der Vermutungs- und Widerlegungsregel richterliche Zurückhaltung gerechtfertigt geübt haben. Dabei ist die ausführliche Darstellung dieser speziellen Diskussionen notwendig, um die Unbestimmtheit des Geeignetheits- und Erforderlichkeitsabwägungsarguments zu klären, das von den Gegenparteien bzw. von den WTO-Streitbeilegungsorganen als Widerlegungsgrund angeführt wird. Hingegen wurde die Frage, ob die Geeignetheits- und Erforderlichkeitseinschätzung des regulierenden WTO-Mitglieds oder der WTO-Streitbeilegungsorgane maßgeblich ist, in den genannten speziellen Diskussionen im Schrifttum, wie soeben erwähnt, nicht abschließend geklärt.

Die ausführliche Darstellung und Stellungnahme zu den genannten speziellen Diskussionen im Schrifttum erfolgt daher in Teil 5 Kapitel 19 § 1.[266]

## C. Keine hinreichende Klärung der Maßgeblichkeit der Angemessenheitseinschätzung des regulierenden WTO-Mitglieds in den speziellen Diskussionen über richterliche Zurückhaltung und Abwägung im Rahmen der Interpretation des Chapeaus des Art. XX GATT im Schrifttum

Auch die jeweiligen speziellen Diskussionen über die Geeignetheits- und Erforderlichkeitsabwägung sowie die Missbrauchskontrolle im Rahmen der Chapeau-Prüfung des Art. XX GATT gaben keine abschließende Antwort darauf, ob die Angemessenheitseinschätzung des regulierenden WTO-Mitglieds oder der WTO-Streitbeilegungsorgane maßgeblich sein soll.[267]

Teil 5 Kapitel 19 der vorliegenden Arbeit ist als Kapitel für die Behandlung der Frage konzipiert, ob die WTO-Streitbeilegungsorgane bei der Überprüfung der Einschätzung des regulierenden WTO-Mitglieds zur Angemessenheit der umweltpolitischen Maßnahme anhand der Vermutungs- und Widerlegungsregel richterliche Zurückhaltung gerechtfertigt geübt haben. Dabei ist die ausführliche Darstellung der jeweiligen speziellen Diskussionen notwendig, um die Unbestimmtheit des Geeignetheits- und Erforderlichkeitsabwägungsarguments sowie des Missbrauchsarguments zu klären, das von den Gegenparteien bzw. den WTO-Streitbeilegungsorganen als Widerlegungs-

---

[266] Teil 5 Kapitel 19 § 1 B. I. 1. d), § 1 B. I. 2. c) cc), § 1 B. II. 1. d), § 1 B. II. 2. c) cc).

[267] Teil 5 Kapitel 19 § 2 A. II. 1. a) dd), § 2 A. II. 1. b) dd), § 2 A. II. 2. a) dd), § 2 A. II. 2. b) dd), § 2 A. II. 3. a) cc), § 2 A. II. 3. b) cc) und § 2 B. i. V. m. Teil 6 Kapitel 21 § 2 A. I. 2., § 2 A. II. 2., § 2 A. III. 2.

grund angeführt wird. Hingegen wurde die Frage, ob die Angemessenheitseinschätzung des regulierenden WTO-Mitglieds oder der WTO-Streitbeilegungsorgane maßgeblich ist, in den genannten speziellen Diskussionen im Schrifttum, wie soeben erwähnt, nicht abschließend geklärt.

Die ausführliche Darstellung und Stellungnahme zu diesen Diskussionen im Schrifttum erfolgt daher in Teil 5 Kapitel 19 § 2.[268]

## § 3 Dogmatische Klarstellung: Maßgeblichkeit der Angemessenheitseinschätzung des regulierenden WTO-Mitglieds als erste Vermutung nach den Vertragsbestimmungen des Art. XX GATT unter Berücksichtigung des dogmatischen Charakters der Angemessenheitsprüfung

Eine richterliche einzelfallbezogene Abwägung ist letztlich subjektiv und dezisionistisch[269] und kann nicht rationalisiert werden.[270] Ihr fehlt ein pragmatischer Kriterium, und sie ist damit inhaltsleer.[271] Aufgrund dieser Unbestimmtheit ist unklar, ob und in welchem Umfang eine Abwägung vorzunehmen ist.[272] Zugleich kann jedoch nicht ausgeschlossen werden, dass ein ausgewogenes Ergebnis durch eine richterliche einzelfallbezogene Abwägung erzielt werden kann.[273]

[268] Teil 5 Kapitel 19 § 2 A. II. 1. a) dd), § 2 A. II. 1. b) dd), § 2 A. II. 2. a) dd), § 2 A. II. 2. b) dd), § 2 A. II. 3. a) cc), § 2 A. II. 3. b) cc) und § 2 B. i. V. m. Teil 6 Kapitel 21 § 2 A. I. 2., § 2 A. II. 2., § 2 A. III. 2.

[269] *Neumann/Türk*, Necessity Revisited, JWT 2003, 199, 215; *Schlink*, Der Grundsatz der Verhältnismäßigkeit, in: Badura/Dreier (Hrsg.), FS 50 Jahre BVerfG, Band II, 2001, S. 458 f., 460; *Petersen*, Verhältnismäßigkeit als Rationalitätskontrolle, 2015, S. 269.

[270] Vgl. *von Bernstorff*, Kerngehaltsschutz durch den UN-Menschenrechtsausschuss und den EGMR, Der Staat 2011, 165, 183–184.

[271] *Hirschberg*, Der Grundsatz der Verhältnismäßigkeit, 1981, S. 80 ff., 193 f., 212, 218.

[272] Vgl. *McGrady*, Necessity Exceptions in WTO Law, JIEL 2008, 153, 159; *Neumann/Türk*, Necessity Revisited, JWT 2003, 199, 215; *Desmedt*, Proportionality in WTO Law, JIEL 2001, 441, 464–465. Für die vorgeschlagene Verteilung im deutschen Verfassungsrecht, wonach bestimmte Falltypen bei der „Erforderlichkeitsprüfung" und bestimmte Falltypen bei der Angemessenheitsprüfung abgehandelt werden sollen, siehe: *Lang*, Der Verhältnismäßigkeitsgrundsatz in der Rechtsprechung des BVerfG, AöR 2020, 75, 107–109. Dabei bleibt jedoch unklar, wann und aus welchen Gründen eine (implizite) Abwägung als umfangreich oder als begrenzt einzustufen ist.

[273] *Merten*, Verhältnismäßigkeitsgrundsatz, in: Merten/Papier (Hrsg.), Handbuch der Grundrechte in Deutschland und Europa, Band III, 1. Aufl. 2009, § 68 Rn. 1.

Im Rahmen der Interpretation des Art. XX GATT wird die Angemessenheitsprüfung einerseits bei der Auslegung eines Absatzes dieses Artikels aufgrund der Ablehnung der Rationalität der umweltpolitischen Maßnahme implizit durchgeführt.[274] Andererseits wird die Angemessenheitsprüfung unter Bejahung der genannten Rationalität im Rahmen der Interpretation eines Absatzes des Art. XX GATT erst auf der Chapeau-Stufe dieses Artikels vorgenommen.[275]

Im vorliegenden Abschnitt wird dargelegt, dass die Angemessenheitseinschätzung des regulierenden WTO-Mitglieds eine erste Vermutung darstellt. Dies ergibt sich aus den Vertragsbestimmungen des Art. XX GATT unter Berücksichtigung des dogmatischen Charakters der Verhältnismäßigkeitsprüfung i. w. S., hier der Angemessenheitsprüfung. Bei der Überprüfung dieser Angemessenheitseinschätzung haben die WTO-Streitbeilegungsorgane nämlich keine richterliche einzelfallbezogene Abwägung vorzunehmen, sondern die Vermutungs- und Widerlegungsregel einzuhalten.

## A. Angemessenheitsprüfung aufgrund der Ablehnung der Rationalität der umweltpolitischen Maßnahme: Angemessenheitsprüfung im Rahmen der Interpretation eines Absatzes des Art. XX GATT

In Teil 3 Kapitel 9 § 3 B. und Teil 4 Kapitel 13 § 3 B. wurde jeweils dargestellt, dass eine implizite Abwägung zulasten des regulierenden WTO-Mitglieds durch die Ablehnung der Geeignetheits- oder Erforderlichkeitseinschätzung des regulierenden WTO-Mitglieds unvermeidlich vorliegt. Denn dadurch wird die Legitimität des angegebenen Schutzziels und des behaupteten Schutzniveaus des regulierenden WTO-Mitglieds unvermeidlich implizit abgelehnt. Im Allgemeinen kann eine solche Abwägung ggf. von einer Rationalitätsprüfung gedeckt sein und stellt daher nicht unbedingt eine Angemessenheitsprüfung dar. Im Kontext des Art. XX GATT lässt die Rationalitätsprüfung jedoch keinen Raum für eine implizite Abwägung zu, und eine solche Abwägung stellt eine Angemessenheitsprüfung dar.[276]

Allein aus diesem Umstand lässt sich noch nicht schließen, dass die Angemessenheitseinschätzung des regulierenden WTO-Mitglieds als erste Vermutung maßgeblich ist. Dazu muss noch geklärt werden, ob die Einschätzung des regulierenden WTO-Mitglieds zur Legitimität des angegebenen Schutz-

---

[274] Teil 1 Kapitel 1 § 5 D. I.

[275] Teil 1 Kapitel 1 § 5 D. II.

[276] Teil 3 Kapitel 9 § 3 E. und Teil 4 Kapitel 13 § 3 E.

ziels und des behaupteten Schutzniveaus oder die Angemessenheitseinschätzung selbst als eine erste Vermutung gilt.

Alternativ kann die Rationalitätseinschätzung des regulierenden WTO-Mitglieds als erste Vermutung maßgeblich sein, weil sich die Maßgeblichkeit der Legitimitätseinschätzung des genannten Mitglieds hinsichtlich des Schutzziels und des Schutzniveaus als eine erste Vermutung in diesem Fall aufgrund der impliziten Abwägung indirekt ergeben kann. Dann kann weiter festgestellt werden, dass die Angemessenheitseinschätzung des regulierenden WTO-Mitglieds auch als erste Vermutung maßgeblich ist, weil durch die Ablehnung der Angemessenheitseinschätzung des regulierenden WTO-Mitglieds zugleich seine Einschätzung zur Legitimität des angegebenen Schutzziels und des behaupteten Schutzniveaus abgelehnt wird.

In Teil 3 Kapitel 9 § 3 C. und Teil 4 Kapitel 13 § 3 C. wurde dargestellt, dass die Rationalitätseinschätzung des regulierenden WTO-Mitglieds als erste Vermutung maßgeblich ist. Diese Schlussfolgerung ergibt sich aus den Vertragsbestimmungen des Art. XX GATT unter Berücksichtigung des dogmatischen Charakters der Rationalitätsprüfung.

Außerdem ergibt sich die Maßgeblichkeit der Angemessenheitseinschätzung des regulierenden WTO-Mitglieds als eine erste Vermutung schon direkt aus den Vertragsbestimmungen des Art. XX GATT.[277]

Der dogmatische Charakter der Angemessenheitsprüfung dient dann dazu, die Auflockerungsbedenken auszuräumen, dass das in Art. XX GATT vorgesehene Einschätzungsrecht des regulierenden WTO-Mitglieds zur Angemessenheit der unilateralen Maßnahme aufgelockert werden könnte.

Erstens handelt es sich bei der Bejahung der Angemessenheitseinschätzung des regulierenden WTO-Mitglieds als erste Vermutung um die Behandlung des Rechtstatus dieser Einschätzung als Ausgangssituation. Somit kann dabei keine implizite negative Beurteilung dieser Einschätzung und damit entsprechend keine Ablehnung der Legitimität des behaupteten Schutzniveaus vorgenommen werden.

Zweitens, soweit die Maßgeblichkeit der Angemessenheitseinschätzung des regulierenden WTO-Mitglieds als erste Vermutung festgestellt wurde, kann diese nur durch Heranziehung eines tauglichen Widerlegungsgrunds widerlegt werden. Wie in Teil 5 Kapitel 18 § 2 dargestellt, stellt das Abwägungsargument, einschließlich des impliziten Abwägungsarguments, keinen tauglichen Widerlegungsgrund dar. Die Legitimität des angegebenen Schutzziels einschließlich des behaupteten Schutzniveaus kann daher nicht zur Auflockerung des Einschätzungsrechts des regulierenden WTO-Mitglieds zur Angemessen-

---

[277] Teil 2 Kapitel 5 § 3 B. III. 2. b).

heit der Umweltschutzmaßnahme gemäß Art. XX GATT durch eine negative Beurteilung der Geeignetheits- oder Erforderlichkeitsprüfung mittels impliziter Abwägung abgelehnt werden.

Somit ist festzustellen, dass die Einschätzung des regulierenden WTO-Mitglieds zur Angemessenheit der angegriffenen Maßnahme als erste Vermutung maßgeblich ist. Diese kann nicht durch die Ablehnung der Rationalität der umweltpolitischen Maßnahme im Rahmen der Interpretation eines Absatzes des Art. XX GATT implizit verneint werden.

## B. Angemessenheitsprüfung unter (vorläufiger) Bejahung der Rationalität der umweltpolitischen Maßnahme: Angemessenheitsprüfung im Rahmen der Interpretation des Chapeaus des Art. XX GATT

Im Folgenden wird geklärt, dass die Angemessenheitsprüfung im Rahmen der Chapeau-Prüfung des Art. XX GATT der Vermutungs- und Widerlegungsregel unterliegt und die Angemessenheitseinschätzung des regulierenden WTO-Mitglieds eine erste Vermutung darstellt. Zunächst wird gezeigt, dass der Kerncharakter der Angemessenheitsprüfung in der Ablehnung der Legitimität des angegebenen Schutzziels und des behaupteten Schutzniveaus liegt. Sodann wird erläutert, dass sich die Maßgeblichkeit der Angemessenheitseinschätzung des regulierenden WTO-Mitglieds als erste Vermutung noch nicht allein aus dem genannten Charakter, sondern in Verbindung mit den Vertragsbestimmungen des Art. XX GATT ergibt.

### I. Ablehnung der Legitimität des behaupteten Schutzniveaus als Kerncharakter der Angemessenheitsprüfung zulasten des regulierenden WTO-Mitglieds

Bezugspunkt aller drei Verhältnismäßigkeitselemente, einschließlich der Angemessenheit, ist das angegebene Schutzziel einschließlich des behaupteten Schutzniveaus.[278] Der Kerncharakter der Angemessenheitsprüfung im Unterschied zur Rationalitätsprüfung besteht darin, dass ggf. vom genannten Bezugspunkt abgewichen und von der Mittel-Zweck-Relation ganz abgesehen werden kann.[279] Die Legitimität des angegebenen Schutzziels und des be-

---

[278] *Grzeszick*, in: Dürig/Herzog/Scholz (Hrsg.), Grundgesetz-Kommentar, Band III, 101. EL 2023, Art. 20 GG VII Rn. 113; *Leisner-Egensperger*, Der legitime Zweck als Bezugspunkt der Verhältnismäßigkeit, JZ 2021, 913, 913–914, 922; *Krugmann*, Der Grundsatz der Verhältnismäßigkeit im Völkerrecht, 2004, S. 49.

[279] *Hirschberg*, Der Grundsatz der Verhältnismäßigkeit, 1981, S. 46f., 147–148.

haupteten Schutzniveaus des regulierenden WTO-Mitglieds kann nämlich bei der Angemessenheitsprüfung von den WTO-Streitbeilegungsorganen in Frage gestellt und korrigiert werden.[280] Aufgrund der Angemessenheitskontrolle durch die WTO-Streitbeilegungsorgane kann ein WTO-Mitglied sein Schutzniveau nämlich nicht mehr frei festlegen.[281]

Dieser Kerncharakter lässt sich im Kontext des Art. XX GATT wie folgt schildern.

Aufgrund des Wertungsproblems bei negativ beurteilter Rationalitätsprüfung[282] und der Inhaltslosigkeit der Angemessenheitsprüfung[283] wird teilweise vertreten, dass die Rationalitätsprüfung ohne Entscheidung bleiben[284] und dann die Angemessenheitskontrolle inhaltlich durch die schärfere Regel der Geeignetheits-[285] und Erforderlichkeitsprüfung ausgefüllt werden solle.[286] Hinsichtlich der anzuwendenden Vermutungs- und Widerlegungsregel im Kontext des Art. XX GATT kann die Geeignetheits- und Erforderlichkeitsprüfung des regulierenden WTO-Mitglieds tatsächlich nur bejaht werden, wobei die Maßgeblichkeit dieser Rationalitätseinschätzung eine widerlegbare Vermutung darstellt.[287]

Hingegen kann die wertende Auflösung erst im Rahmen der Angemessenheitskontrolle erfolgen.[288] In diesem Prüfschritt wird die Frage behandelt, ob ein positives oder ein vorwerfbares Werturteil aufbauend auf das Ergebnis der Rationalitätsprüfung getroffen werden soll. Bei einem positiven Werturteil wird die Legitimität des angegebenen Schutzziels und des behaupteten

---

[280] Vgl. *Schlink*, Der Grundsatz der Verhältnismäßigkeit, in: Badura/Dreier (Hrsg.), FS 50 Jahre BVerfG, Band II, 2001, S. 453 f., 461.

[281] Vgl. *Marceau/Trachtman*, TBT, SPS und GATT, JWT 2002, 811, 850–851; *Riffel*, The Chapeau: Stringent Threshold or Good Faith Requirement, LIEI 2018, 141, 172–173; *Button*, Trade, Health, and Uncertainty in the WTO, 2004, S. 146–147, 232.

[282] *Hirschberg*, Der Grundsatz der Verhältnismäßigkeit, 1981, S. 163 ff., 175; vgl. *Petersen*, Verhältnismäßigkeit als Rationalitätskontrolle, 2015, S. 169 ff., 174.

[283] *Hirschberg*, Der Grundsatz der Verhältnismäßigkeit, 1981, S. 80 ff., 193 f., 212, 218.

[284] *Hirschberg*, Der Grundsatz der Verhältnismäßigkeit, 1981, S. 171; *Grimm*, Proportionality in Canadian and German Constitutional Jurisprudence, UTLJ 2017, 383, 393.

[285] *Hirschberg*, Der Grundsatz der Verhältnismäßigkeit, 1981, S. 148–151.

[286] *Hirschberg*, Der Grundsatz der Verhältnismäßigkeit, 1981, S. 148–151, 175, 179, 207 f., 247–248.

[287] Teil 3 Kapitel 9 § 3 und Teil 4 Kapitel 13 § 3.

[288] *Hirschberg*, Der Grundsatz der Verhältnismäßigkeit, 1981, S. 149–151, 171, 175 und 179; *Grimm*, Proportionality in Canadian and German Constitutional Jurisprudence, UTLJ 2017, 383, 392–393. Wohl auch: *Saurer*, Globalisierung des Verhältnismäßigkeitsgrundsatzes, Der Staat 2012, 3, 31 i. V. m. 26; *Arsche*, Die Margin of Appreciation, 2018, S. 239.

Schutzniveaus des regulierenden WTO-Mitglieds bestätigt. Wird hingegen ein negatives Werturteil durch die WTO-Streitbeilegungsorgane getroffen, so wird die Legitimitätseinschätzung des regulierenden WTO-Mitglieds hinsichtlich des Schutzziels und des Schutzniveaus abgelehnt. Denn durch eine positiv beurteilte Rationalitätsprüfung wird festgestellt, dass das angegebene Schutzziel und das behauptete Schutzniveau, nämlich die für wertvoll erachteten und gewünschten Schutzwirkungen,[289] schon mit den Auswirkungen der angegriffenen Maßnahme gleichgestellt und ausschließlich in dieser ergriffenen Maßnahme umformuliert werden können. Die Möglichkeit des Vorhandenseins einer anderen Maßnahme, deren Auswirkungen den vom regulierenden WTO-Mitglied angestrebten Schutzwirkungen gleichgestellt werden können, ist nämlich durch die Feststellung der Unverfügbarkeit einer milderen Alternative bereits ausgeschlossen.

Dieser Vorgang deutet somit darauf hin, dass die Angemessenheitsprüfung ohne Ablehnung der Legitimität des behaupteten Schutzniveaus des regulierenden WTO-Mitglieds nicht negativ beurteilt werden kann.

## II. Die klare Regel: Maßgeblichkeit der Angemessenheitseinschätzung des regulierenden WTO-Mitglieds als erste Vermutung gemäß Art. XX GATT

Die Maßgeblichkeit der Angemessenheitseinschätzung des regulierenden WTO-Mitglieds als erste Vermutung kann sich nicht direkt daraus ergeben, dass die Legitimität des behaupteten Schutzniveaus durch die Ablehnung dieser Einschätzung verneint wird. Hingegen ergibt sich die Angemessenheitsvermutung der ergriffenen umweltpolitischen Maßnahme aus den Vertragsbestimmungen des Art. XX GATT. Die Auflockerungsbedenken des Ausnahmerechts auf die Vornahme dieser Einschätzung lassen sich anhand des dogmatischen Charakters der Angemessenheitsprüfung ausräumen.

### 1. Keine Vermutungsfeststellung allein aufgrund der Korrektur der Legitimität des behaupteten Schutzniveaus durch Ablehnung der Angemessenheitseinschätzung des regulierenden WTO-Mitglieds

Durch die Ablehnung der Angemessenheitsprüfung wird zwar unbedingt die Legitimität des behaupteten Schutzniveaus des regulierenden WTO-Mitglieds verneint, weil durch die Bejahung der Rationalitätsprüfung bereits festgestellt worden ist, dass die angestrebte Schutzwirkung ausschließlich

[289] Hierzu vgl. *Hirschberg*, Der Grundsatz der Verhältnismäßigkeit, 1981, S. 44 und 163.

durch die Wirkung der angegriffenen Maßnahme erreicht und umformuliert werden kann.

Allein aus diesem Grund lässt sich jedoch nicht feststellen, dass die Angemessenheitsprüfung des regulierenden WTO-Mitglieds als erste Vermutung maßgeblich ist. Denn dazu muss die Einschätzung des regulierenden WTO-Mitglieds zur Legitimität des behaupteten Schutzniveaus oder zur Angemessenheit der ergriffenen Maßnahme selbst eine erste Vermutung darstellen. In diesen Fällen dürfen die WTO-Streitbeilegungsorgane die Legitimität des angegebenen Schutzzwecks und des behaupteten Schutzniveaus erst nicht nach eigenem Ermessen mittels der Abwägung u. a. bei der Angemessenheitsprüfung, sondern nur unter Heranziehung eines tauglichen Widerlegungsgrunds ablehnen. Andernfalls kann die Angemessenheitseinschätzung des regulierenden WTO-Mitglieds nicht als erste Vermutung behandelt werden.

### 2. Die klare Regel: Maßgeblichkeit der Angemessenheitseinschätzung des regulierenden WTO-Mitglieds als erste Vermutung nach den Vertragsbestimmungen des Art. XX GATT

Wie bereits in Teil 2 Kapitel 5 § 3 B. III. 1. klargestellt, kann eine Vermutung ausschließlich durch eine völkerrechtliche Vertragsvorschrift begründet werden. Und die Angemessenheitseinschätzung des regulierenden WTO-Mitglieds stellt nach den Vertragsbestimmungen des Art. XX GATT eine erste Vermutung dar.[290]

### 3. Ausräumung der Auflockerungsbedenken anhand des dogmatischen Charakters der Angemessenheitsprüfung

Es kann jedoch eingewandt werden, dass die Feststellung der Legitimitätsvermutung des behaupteten Schutzniveaus in diesem Fall entbehrlich ist, weil die Maßgeblichkeit der Angemessenheitseinschätzung des regulierenden WTO-Mitglieds als erste Vermutung bereits direkt aus den Vertragsbestimmungen des Art. XX GATT folgt und nicht erst über die Legitimitätsvermutung festgestellt werden muss.

Eine solche Entbehrlichkeit liegt jedoch nicht vor, weil in diesem Fall weiter fraglich ist, ob die betreffenden völkerrechtlich-vertraglichen Rechte, hier das Recht auf die Angemessenheitseinschätzung einer umweltpolitischen Maßnahme gemäß Art. XX GATT, durch den Verhältnismäßigkeitsgrundsatz i. w. S., insbesondere durch das Abwägungsargument, relativiert werden sol-

290 Teil 2 Kapitel 5 § 3 B. III. 2. b).

len.[291] Der Rechtsstatus des angegebenen Schutzziels und des behaupteten Schutzniveaus spielt dabei wiederum eine entscheidende Rolle für die Ausräumung dieser Auflockerungsbedenken. Denn durch die Ablehnung der Angemessenheitseinschätzung des regulierenden WTO-Mitglieds wird zugleich die Legitimität seines behaupteten Schutzniveaus verneint.[292]

Die Bedenken, dass das in Art. XX GATT vorgesehene Einschätzungsrecht des regulierenden WTO-Mitglieds u. a. hinsichtlich der Angemessenheit seiner unilateralen Maßnahmen aufgelockert werden soll, lassen sich anhand des dogmatischen Charakters der Verhältnismäßigkeitsprüfung i. w. S., hier der Angemessenheitsprüfung, ausräumen.

Erstens handelt es sich bei der Bejahung der Angemessenheitseinschätzung des regulierenden WTO-Mitglieds als erste Vermutung um die Behandlung dieser Einschätzung als Ausgangssituation. Somit kann dabei keine negative Beurteilung der Angemessenheitseinschätzung vorgenommen und folglich auch die Legitimität des behaupteten Schutzniveaus des regulierenden WTO-Mitglieds nicht abgelehnt werden.

Zweitens, soweit die Maßgeblichkeit der Angemessenheitseinschätzung des regulierenden WTO-Mitglieds als erste Vermutung festgestellt wurde, kann diese nur durch Heranziehung eines tauglichen Widerlegungsgrunds widerlegt werden. Wie in Teil 5 Kapitel 18 § 2 dargestellt, stellt das Abwägungsargument keinen solchen Grund dar. Die Legitimität des behaupteten Schutzniveaus kann daher nicht zur Auflockerung des Einschätzungsrechts des regulierenden WTO-Mitglieds hinsichtlich der Angemessenheit der Umweltschutzmaßnahme gemäß Art. XX GATT durch eine negative Beurteilung der Angemessenheitsprüfung mittels offener oder impliziter Abwägung verneint werden.

Somit ist festzustellen, dass die Angemessenheitseinschätzung des regulierenden WTO-Mitglieds eine erste Vermutung darstellt.

### III. Umfang der Angemessenheitsvermutung

Die Angemessenheitseinschätzung des regulierenden WTO-Mitglieds ist ein Werturteil aufbauend auf den empirischen Auswirkungen der ergriffenen Maßnahme. Die Angemessenheitsvermutung dieser Maßnahme umfasst daher sämtliche empirischen[293] Aspekte und das darauf aufbauende Werturteil. Auch

---

[291] Zu diesen Relativierungsbedenken im deutschen Verfassungsrecht vgl. *Hirschberg*, Der Grundsatz der Verhältnismäßigkeit, 1981, S. 186–198.

[292] Teil 5 Kapitel 17 § 3 B. I.

[293] Auch die Abwägung setzt empirische Erwägungen voraus, hierzu vgl. *Petersen*, Verhältnismäßigkeit als Rationalitätskontrolle, 2015, S. 78–79.

anscheinend „krasse“ oder „untragbare“ handelsverzerrende Auswirkungen der Maßnahme sind von der Angemessenheitsvermutung gedeckt und werden gemeinsam mit den anderen empirischen Auswirkungen auf verschiedene Interessenpositionen als angemessen beurteilt. Ebenso sind eine anscheinend geringe Schutzwirkung der Maßnahme auf das angegebene Schutzgut sowie das damit verbundene Werturteil von der Angemessenheitsvermutung umfasst.

## C. Zwischenergebnis

Im Rahmen der Interpretation des Art. XX GATT wird die Angemessenheitsprüfung einerseits bei der Auslegung eines Absatzes dieses Artikels aufgrund der Ablehnung der Rationalität der umweltpolitischen Maßnahme implizit durchgeführt. Die Angemessenheitseinschätzung des regulierenden WTO-Mitglieds in dieser Form stellt eine erste Vermutung dar (Teil 5 Kapitel 17 § 3 A. i.V.m. Teil 3 Kapitel 9 § 3 und Teil 4 Kapitel 13 § 3).

Andererseits wird die Angemessenheitsprüfung unter Bejahung der genannten Rationalität erst auf der Chapeau-Stufe dieses Artikels durchgeführt. Der Kerncharakter der Angemessenheitsprüfung zulasten des regulierenden WTO-Mitglieds liegt in der Ablehnung der Legitimität des angegebenen Schutzziels und des behaupteten Schutzniveaus des regulierenden WTO-Mitglieds (Teil 5 Kapitel 17 § 3 B. I.). Allein dieser Charakter reicht nicht aus, um die Angemessenheitseinschätzung des regulierenden WTO-Mitglieds als erste Vermutung zu qualifizieren. Eine solche Vermutung ergibt sich hingegen aus den Vertragsbestimmungen des Art. XX GATT als klare Regel unter Berücksichtigung des genannten Charakters (Teil 5 Kapitel 17 § 3 B. II. 2.). Die Angemessenheitsvermutung der Maßnahme umfasst somit alle empirischen Aspekte dieser Maßnahme und das darauf aufbauende Werturteil (Teil 5 Kapitel 17 § 3 B. III.).

Kapitel 18

# Taugliche Widerlegungsgründe gegen die Vermutung der Maßgeblichkeit der Angemessenheitseinschätzung des regulierenden WTO-Mitglieds

Soweit festgestellt wurde, dass die Einschätzung des regulierenden WTO-Mitglieds zur Angemessenheit seiner umweltpolitischen Maßnahme eine erste Vermutung darstellt, stellt sich die Frage, mit welchem tauglichen Grund diese Vermutung widerlegt werden kann.

## § 1 Taugliche Widerlegungsgründe

Willkürliche Diskriminierung und verschleierte Handelsbeschränkung i. S. d. Chapeaus des Art. XX GATT sind unproblematisch vertraglich vorgesehene taugliche Widerlegungsgründe. Die Geltendmachung beider Gründe setzt jedoch die Bejahung der Verhältnismäßigkeitsvermutung i. w. S. der angegriffenen Maßnahme voraus. Nachdem die Angemessenheit der Maßnahme als erste Vermutung bejaht wurde, ist darauf zu achten, dass diese beiden tauglichen Widerlegungsgründe nicht mittels des Abwägungsarguments geltend gemacht werden. Werden die beiden Gründe erfolgreich geltend gemacht, kann die ergriffene Umweltschutzmaßnahme aufgrund der widerlegenden Wirkung nicht mehr als angemessen angesehen werden.

### A. Willkürliche Diskriminierung und verschleierte Handelsbeschränkung i. S. d. Chapeaus des Art. XX GATT als vertraglich vorgesehene taugliche Widerlegungsgründe

Aus dem Vertragstext des Art. XX GATT ergibt sich unproblematisch, dass willkürliche Diskriminierung und verschleierte Handelsbeschränkung i. S. d. Chapeaus dieses Artikels taugliche Widerlegungsgründe darstellen. Dies lässt sich auch durch das in der ständigen Entscheidungspraxis festgelegte zweistufige Prüfungsschema des Art. XX GATT bestätigen.[294]

### B. Einschränkung der Geltendmachung tauglicher Widerlegungsgründe

Die Geltendmachung der beiden tauglichen Widerlegungsgründe ist eingeschränkt. Sie können nämlich erst nach der Bejahung der Angemessenheitsvermutung der ergriffenen Umweltmaßnahme geltend gemacht werden.[295] Nachdem die Angemessenheit der ergriffenen Maßnahme als erste Vermutung bejaht wurde, ist lediglich darauf zu achten, dass die beiden Gründen nicht mittels des Abwägungsarguments geltend gemacht werden.[296]

---

[294] Teil 2 Kapitel 6 § 1 A.

[295] Ausführlich hierzu siehe: Teil 2 Kapitel 6 § 1 B.

[296] Teil 5 Kapitel 18 § 2.

## C. Widerlegende Wirkung

Liegt eine willkürliche Diskriminierung i. S. d. Chapeaus des Art. XX GATT vor, wird zunächst die vermutete Geeignetheit der angegriffenen Maßnahme widerlegt. Denn eine Maßnahme, die ihrer Struktur nach willkürliche oder ungerechtfertigte diskriminierende und damit normativ verwerfliche Wirkungen hat, kann nicht mehr als geeignet zur Erreichung eines legitimen Schutzziels beurteilt werden. Liegt eine willkürliche Diskriminierung i. S. d. Chapeaus vor, besteht für die Gegenseite weiterhin ein Gleichbehandlungsanspruch auf eine weniger handelsbeschränkende Alternative zur Erreichung des Schutzziels. Daher ist eine schonendere Alternative verfügbar, und die Vermutung der Erforderlichkeit der angegriffenen Maßnahme ist abzulehnen.

Soweit die Rationalität der angegriffenen Maßnahme widerlegt ist, wird die darauf aufbauende subjektive Feststellung, nämlich die Angemessenheitsvermutung, entsprechend abgelehnt. Selbstverständlich kann auch direkt gesagt werden, dass die ergriffene Umweltmaßnahme bei Vorliegen einer willkürlichen Diskriminierung i. S. d. Chapeaus des Art. XX GATT unangemessen ist. Denn eine ungerechtfertigte diskriminierende und damit rechtswidrige Maßnahme kann nicht mehr angemessen sein.

Dementsprechend ist die Legitimitätsvermutung hinsichtlich des angegebenen Schutzziels und des behaupteten Schutzniveaus abzulehnen. Denn durch die vorherige Bejahung der Rationalitäts- und Angemessenheitsvermutung der Maßnahme wurde festgestellt, dass das angegebene Schutzziel und das behauptete Schutzniveau des regulierenden WTO-Mitglieds, nämlich die für wertvoll erachteten und gewünschten Schutzwirkungen,[297] mit den Auswirkungen der angegriffenen Maßnahme gleichgestellt und ausschließlich in dieser ergriffenen Maßnahme umformuliert werden können.

Wird eine verschleierte Handelsbeschränkung i. S. d. Chapeaus des Art. XX GATT festgestellt, deutet dies unmittelbar darauf hin, dass das behauptete Schutzniveau des regulierenden WTO-Mitglieds unangemessen hoch und daher vertraglich verboten ist.[298] In diesem Fall kann die angegriffene Maßnahme nicht mehr geeignet sein, weil diese nach ihrer Struktur und Ausgestaltung zur Erreichung eines rechtswidrigen Schutzniveaus bestimmt ist. Eine ungeeignete und damit rechtswidrige Maßnahme kann auf keinen Fall erforderlich oder angemessen sein. Die Vermutung der Verhältnismäßigkeit i. w. S. wird somit insgesamt widerlegt. Aufgrund der soeben erwähnten Beziehung

---

[297] Hierzu vgl. *Hirschberg*, Der Grundsatz der Verhältnismäßigkeit, 1981, S. 44 und 163.

[298] Die hier genannte Handelsbeschränkung ist die verschleierte Handelsbeschränkung i. S. d. Chapeaus von Art. XX GATT im engeren Sinne. Ausführlich hierzu siehe: Teil 6 Kapitel 21 § 2 B.

zwischen dem angegebenen Schutzziel und der Rationalitäts- sowie Angemessenheitsprüfung lässt sich die Legitimitätsvermutung hinsichtlich des angegebenen Schutzziels des regulierenden WTO-Mitglieds widerlegen.

## § 2 Untaugliche Widerlegungsgründe

In der Entscheidungspraxis zu Art. XX GATT wird die Angemessenheitseinschätzung des regulierenden WTO-Mitglieds hinsichtlich der angegriffenen Umweltmaßnahme hauptsächlich von den WTO-Streitbeilegungsorganen mittels impliziter,[299] nicht jedoch expliziter Abwägung,[300] zurückgewiesen. Dabei wird im Wesentlichen mit einer Abwägung argumentiert, deren Maßstab nicht hinreichend bestimmt ist.[301] Auch in der wissenschaftlichen Literatur ist nicht abschließend geklärt, wie dieses Unbestimmtheitsproblem überwunden werden kann.[302]

Sofern es mehr als einen abwägenden Akteur gibt, beispielsweise das regulierende WTO-Mitglied und ein WTO-Schiedsgericht, könnten diese derselben qualitativen oder quantitativen Auswirkung der angegriffenen Maßnahme auf verschiedene konfligierende Rechtsgüter unterschiedliche Gewichtungen

---

[299] Teil 1 Kapitel 1 § 5 D.

[300] Eine anscheinend offene Abwägung findet sich nur im Panel-Bericht zu US – Shrimp, in dem zwischen der Handelsfreiheit und dem Schutz von Meeresschildkröten explizit abgewogen und zugunsten des erstgenannten Interesses entschieden wurde. Vgl. WTO, Panel-Bericht v. 15. 5. 1998, WT/DS58/R, „US – Shrimp“, Para. 7.33 ff., 7.61. Zur Beurteilung der Abwägung des Panels im Fall US – Shrimp als offene Abwägung siehe auch: *Scott*, Trade and Environment in the EU and WTO, in: Weiler (Hrsg.), The EU, the WTO, and the NAFTA, Band IX/1, 2001, S. 139. A. A. siehe: *Paltrowitz*, A Greening of the World Trade Organization, BJIL 2001, 1789, 1811. Demzufolge wurde dabei keine Abwägung vorgenommen.

[301] Zur Unbestimmtheit des Abwägungsarguments im Rahmen der Interpretation eines Absatz des Art. XX GATT siehe: Teil 5 Kapitel 19 § 1 B. I. 1. a)–§ 1 B. I. 1. b), § 1 B. I. 2. a)–§ 1 B. I. 2. b), § 1 B. II. 1. a)–§ 1 B. II. 1. b), § 1 B. II. 2. a)–§ 1 B. II. 2. b). Zur Unbestimmtheit des Abwägungsarguments im Rahmen der Interpretation des Chapeaus von Art. XX GATT siehe: Teil 5 Kapitel 19 § 2 A. II. 1. a) aa)–§ 2 A. II. 1. a) bb), § 2 A. II. 1. b) aa)–§ 2 A. II. 1. b) bb), § 2 A. II. 2. a) aa)–§ 2 A. II. 2. a) bb), § 2 A. II. 2. b) aa)–§ 2 A. II. 2. b) bb), § 2 A. II. 3. a) aa)–§ 2 A. II. 3. a) bb), § 2 A. II. 3. b) aa)–§ 2 A. II. 3. b) bb), § 2 B. i. V. m. Teil 6 Kapitel 21 § 2 A.

[302] Zur Unklarheit im Schrifttum bezüglich des Abwägungsarguments im Rahmen der Interpretation eines Absatz des Art. XX GATT siehe: Teil 5 Kapitel 19 § 1 B. I. 1. c)–§ 1 B. I. 1. d), § 1 B. I. 2. c), § 1 B. II. 1. c)–§ 1 B. II. 1. d), § 1 B. II. 2. c). Zur Unklarheit im Schrifttum bezüglich des Abwägungsarguments im Rahmen der Interpretation des Chapeaus von Art. XX GATT siehe: Teil 5 Kapitel 19 § 2 A. II. 1. a) cc)–§ 2 A. II. 1. a) dd), § 2 A. II. 1. b) cc)–§ 2 A. II. 1. b) dd), § 2 A. II. 2. a) cc)–§ 2 A. II. 2. a) dd), § 2 A. II. 2. b) cc)–§ 2 A. II. 2. b) dd), § 2 A. II. 3. a) cc), § 2 A. II. 3. b) cc), § 2 B. i. V. m. Teil 6 Kapitel 21 § 2 A. und § 2 B. I.

beimessen und dadurch zu divergierenden Werturteilen gelangen.[303] Diese Unbestimmtheit stellt die Verlässlichkeit des Abwägungsarguments als tauglicher Widerlegungsgrund gegen die Angemessenheitsvermutung der angegriffenen Umweltmaßnahme erheblich in Frage. Denn ein Beurteilungsmaßstab ist schwerlich als tauglich anzusehen, wenn er weder hinreichend bestimmt noch vorhersehbar ist. Da es im GATT aber keine zwingende Mindestanforderung an die Bestimmtheit eines Kriteriums gibt, kann die Untauglichkeit des Abwägungsarguments jedoch nicht allein aufgrund seiner Unbestimmtheit bejaht werden.

Bereits festgestellt wurde, dass es sich bei der Angemessenheitseinschätzung des regulierenden WTO-Mitglieds um eine erste Vermutung handelt, die sich aus dem dogmatischen Charakter der Verhältnismäßigkeitsprüfung i. w. S. in Verbindung mit den Vertragsbestimmungen des Art. XX GATT ergibt. In diesem Abschnitt wird daher im Hinblick auf den Vermutungscharakter dargelegt, dass das Abwägungsargument, sei es explizit oder implizit, keinen tauglichen Widerlegungsgrund im Kontext des Art. XX GATT darstellt, nachdem dessen Anwendungsbereich eröffnet ist. Neben dem Chapeau des Art. XX GATT als völkerrechtlicher Vertragsvorschrift können sich keine weiteren tauglichen Widerlegungsgründe aus dem Völkergewohnheitsrecht oder aus allgemeinen Rechtsgrundsätzen ergeben.

## A. Explizites Abwägungsargument als untauglicher Widerlegungsgrund

Das explizite Abwägungsargument, nämlich die offene richterliche einzelfallbezogene Abwägung, stellt keinen tauglichen Widerlegungsgrund dar, weil eine Widerlegung mittels dieses Arguments letztlich zur Unwirksamkeit des einschlägigen Absatzes des Art. XX GATT führen würde.

### I. Auswirkungen der Umweltmaßnahme und darauf aufbauendes Werturteil als Gegenstand der Vermutung

Das Wesen der Abwägung besteht darin, dass ein Werturteil auf der Grundlage der empirischen Auswirkungen der Maßnahme auf verschiedene gegen-

---

303 Vgl. *Schlink*, Der Grundsatz der Verhältnismäßigkeit, in: Badura/Dreier (Hrsg.), FS 50 Jahre BVerfG, Band II, 2001, S. 460; *von Bernstorff*, Proportionality Without Balancing, in: Lazarus/McCrudden/Bowles (Hrsg.), Reasoning Rights, 2014, S. 66; *McKenna*, The Discourse of Proportionality and the Use of Force, NJIL 2020, 364, 376–377. Ausführlich zur Kritik des Abwägungsarguments in der völkerrechtlichen Diskussion siehe: Teil 1 Kapitel 1 § 2 B. und § 2 C. I.; in der WTO-rechtlichen Diskussion siehe: Teil 1 Kapitel 1 § 4 B. III. 2.

überstehende Rechtsgüter getroffen wird.[304] Dies gilt insbesondere für die Angemessenheitsprüfung der getroffenen Umweltmaßnahme.

Da die Einschätzung des regulierenden WTO-Mitglieds zur Angemessenheit der angegriffenen Umweltmaßnahme eine erste Vermutung darstellt[305] und eine vorläufige Rechtmäßigkeitsfeststellung sowohl eine Tatsachenfeststellung als auch ein Rechtsurteil enthält, sind die empirischen nachteiligen und schützenden Auswirkungen der genannten Maßnahme sowohl auf das angegebene Schutzgut als auch auf andere gegenüberstehende Interessenpositionen sowie das darauf beruhende Werturteil von dieser Vermutung gedeckt.

Die Vermutung deckt somit alle empirischen und subjektiven Aspekte der Angemessenheitseinschätzung des regulierenden WTO-Mitglieds ab. Daran ändert auch der Umstand nichts, dass die handelsbeschränkende Wirkung der angegriffenen Maßnahme „eklatant" oder die Schutzwirkung dieser Maßnahme auf das Schutzgut nur „gering" erscheint.

## II. Vermutung selbst als untauglicher Widerlegungsgrund

Die hier zu begründende These ist, ob und wie die Angemessenheitsvermutung der ergriffenen Maßnahme widerlegt werden kann. Wenn die empirischen Aspekte der ergriffenen Maßnahme und das darauf aufbauende Werturteil als Widerlegungsgrund gegen dieselbe Vermutung herangezogen werden, liegt eigentlich noch keine Begründung vor, sondern nur eine Wiederholung der zu begründenden These. Denn die Maßgeblichkeit des genannten Werturteils aufbauend auf den genannten empirischen Aspekten wurde bereits insgesamt als erste Vermutung festgestellt.

Die Angemessenheitsvermutung selbst stellt daher keinen tauglichen Widerlegungsgrund gegen dieselbe Vermutung dar. Andernfalls kann eine Vermutung bereits aus dem Grund abschließend widerlegt werden, dass die Vermutung eine solche ist. Dies führt zu einem Widerspruch, weil dieselbe angegriffene Maßnahme in diesem Fall sowohl vorläufig angemessen als auch endgültig unangemessen ist. Dies führt zugleich zur Unwirksamkeit des einschlägigen Absatzes des Art. XX GATT, weil dieselbe Umweltmaßnahme unter Berufung auf denselben Absatz sowohl vorläufig rechtmäßig als auch endgültig rechtswidrig sein kann.

Somit kann die Angemessenheitsvermutung der ergriffenen umweltpolitischen Maßnahme nicht mit der Begründung widerlegt werden, dass deren empirischen handelsverletzenden Auswirkungen „krass" oder „untragbar" er-

---

304 Die Abwägung setzt nämlich empirische Erwägungen voraus. Hierzu vgl. *Petersen*, Verhältnismäßigkeit als Rationalitätskontrolle, 2015, S. 79–80.

305 Ausführlich hierzu siehe: Teil 5 Kapitel 17 § 3.

scheinen. Ebenso kann die genannte Vermutung nicht mit dem Argument widerlegt werden, dass die durch die ergriffene Umweltmaßnahme zu erzielende Schutzwirkung auf das einschlägige Schutzgut aus rein empirischer Sicht nur „gering" ist. Denn das regulierende WTO-Mitglied hat genau beruhend auf den genannten empirischen Wirkungen sein eigenes Werturteil getroffen, dessen Maßgeblichkeit eine erste Vermutung darstellt.[306]

## B. Implizites Abwägungsargument als untauglicher Widerlegungsgrund

In der Entscheidungspraxis zu Art. XX GATT wird die Einschätzung der Angemessenheit der angegriffenen Umweltmaßnahme durch das regulierende WTO-Mitglied von den WTO-Streitbeilegungsorganen überwiegend mit einem impliziten Abwägungsargument zurückgewiesen.[307]

Im Hinblick auf den Charakter einer Vermutung lässt sich festhalten, dass das implizite Abwägungsargument ebenfalls keinen tauglichen Widerlegungsgrund gegen die Angemessenheitsvermutung der ergriffenen Umweltschutzmaßnahme im Kontext des Art. XX GATT darstellt. Wie bereits ausgeführt, stellt die offene Abwägung bei der Angemessenheitsprüfung keinen tauglichen Widerlegungsgrund dar. Denn die empirischen nachteiligen und schützenden Auswirkungen der Maßnahme sowohl auf das angegebene Schutzgut als auch auf andere gegenüberstehende Interessenpositionen sowie das darauf beruhende Werturteil sind von dieser Vermutung gedeckt. Allein durch diese Wirkungen kann die Angemessenheitsvermutung nicht widerlegt werden. Andernfalls liegt ein Widerspruch vor, der zur Unwirksamkeit des einschlägigen Absatzes von Art. XX GATT führt.[308]

---

[306] Dieses Ergebnis beschränkt sich grundsätzlich nur auf die Auslegung des Art. XX GATT, wonach die Maßgeblichkeit der Angemessenheitseinschätzung des regulierenden WTO-Mitglieds eine erste Vermutung darstellt. In anderen Vertragskontexten soll gesondert geprüft werden, ob eine Vermutungs- und Widerlegungsregel Anwendung findet. Für Unklarheiten über taugliche Widerlegungsgründe gegen die Vermutung hinsichtlich der „Tatsachenfeststellung" in anderen Kontexten vgl. beispielsweise *Barceló III*, Burden of Proof, Prima Facie Case and Presumption in WTO Dispute Settlement, CILJ 2009, 23, 29, 42; *Pauwelyn*, Conflict of Norms in Public International Law, 2003, S. 243; *Kang*, The Presumption of Good Faith in the WTO „As Such" Cases, JWT 2012, 879, 898, 904 ff.; *Sourgens*, The Precaution Presumption, EJIL 2020, 1277, 1302–1303. Bei diesen Feststellungen handelt es sich nicht mehr nur um eine Tatsachenfeststellung, sondern auch implizit um das darauf aufbauende Rechtsurteil, obwohl dort ausdrücklich nur von der Tatsachenfeststellung die Rede ist.

[307] Teil 1 Kapitel 1 § 5 D.

[308] Ausführlich hierzu siehe: Teil 5 Kapitel 18 § 2 A. II.

Dieses Ergebnis gilt auch für das implizite Abwägungsargument zulasten des regulierenden WTO-Mitglieds, mit dem nicht nur die Geeignetheit und Erforderlichkeit, sondern unvermeidlich implizit auch die Angemessenheit der angegriffenen Maßnahme verneint werden.[309]

Denn die Grundlagen für eine implizite Ablehnung der Angemessenheitsvermutung sind auch die empirischen qualitativen und quantitativen Auswirkungen der angegriffenen Maßnahme auf das einschlägige Schutzgut bzw. auf die Handelsfreiheit. Diese empirischen Wirkungen und das darauf aufbauende subjektive Urteil sind ebenfalls von der Angemessenheitsvermutung der ergriffenen Maßnahme gedeckt.

Diese empirischen Auswirkungen und das Werturteil sind nämlich jeweils von der Vermutung der Geeignetheit[310] und der Vermutung der Erforderlichkeit[311] gedeckt. Das genannte Werturteil ist implizit das Angemessenheitsurteil der Geeignetheits- und Erforderlichkeitsvermutung, welches alternativ in die Angemessenheitsprüfung verlagert werden kann, sodass die Prüfungen von Geeignetheit und Erforderlichkeit jeweils eine empirische Prüfung bleiben.[312] Die Angemessenheitseinschätzung des regulierenden WTO-Mitglieds ist außerdem an sich das Angemessenheitsurteil aufbauend auf allen empirischen Aspekten[313] der ergriffenen Maßnahme. Bei der Angemessenheitsprüfung wird nämlich die Frage behandelt, ob ein positives oder ein vorwerfbares Werturteil aufbauend auf das Ergebnis der Rationalitätsprüfung vorgenommen werden soll.[314]

Somit stellt das implizite Abwägungsargument, nämlich das Geeignetheits- und das Erforderlichkeitsabwägungsargument, keinen tauglichen Widerlegungsgrund dar.

Dieses Ergebnis gilt auch dann, wenn die Geeignetheits- und Erforderlichkeitsabwägung zulasten des regulierenden WTO-Mitglieds nicht bereits bei der Rationalitätsprüfung im Rahmen der Auslegung eines Absatzes vorge-

---

309 Vgl. *Hirschberg*, Der Grundsatz der Verhältnismäßigkeit, 1981, S. 44–45, 149–151.

310 Zum Umfang der Geeignetheitsvermutung siehe: Teil 3 Kapitel 9 § 3 D.

311 Zum Umfang der Erforderlichkeitsvermutung siehe: Teil 4 Kapitel 13 § 3 D.

312 *Hirschberg*, Der Grundsatz der Verhältnismäßigkeit, 1981, S. 149–151, 171; *Grimm*, Proportionality in Canadian and German Constitutional Jurisprudence, UTLJ 2017, 383, 392–393; wohl auch: *Saurer*, Globalisierung des Verhältnismäßigkeitsgrundsatzes, Der Staat 2012, 3, 31 i. V. m. 26; vgl. *Arsche*, Die Margin of Appreciation, 2018, S. 239.

313 Auch die Abwägung setzt empirische Erwägungen voraus, hierzu vgl. *Petersen*, Verhältnismäßigkeit als Rationalitätskontrolle, 2015, S. 78–79.

314 Vgl. *Hirschberg*, Der Grundsatz der Verhältnismäßigkeit, 1981, S. 149–151, 175 und 179; vgl. *Arsche*, Die Margin of Appreciation, 2018, S. 239.

nommen, sondern in die Angemessenheitsprüfung auf der Chapeau-Stufe des Art. XX GATT verlagert wird.[315]

Dieses Ergebnis gilt ferner für das Missbrauchsargument der Verletzung fairer Verfahrensanforderungen und das Missbrauchsargument der Ambiguität der Beurteilungsmaßstäbe im Rahmen der Chapeau-Prüfung des Art. XX GATT.[316] Denn es handelt sich bei diesen Argumenten jeweils um ein implizites Abwägungsargument, obwohl diese sich jeweils eher explizit auf das Due-Process-Gebot und auf das Bestimmtheitsgebot als rechtsstaatliche Anforderungen stützen.[317]

## C. Kein tauglicher Widerlegungsgrund aus dem Völkergewohnheitsrecht und allgemeinen Rechtsgrundsätzen des Völkerrechts

Neben dem Chapeau enthält das GATT keine weiteren Vertragsbestimmungen, die das Regulierungsrecht eines WTO-Mitglieds nach Art. XX GATT, wozu das Einschätzungsrecht hinsichtlich der Angemessenheit seiner umweltpolitischen Maßnahme gehört, einschränken. Auch aus dem Völkergewohnheitsrecht oder den allgemeinen Rechtsgrundsätzen des Völkerrechts lässt sich kein tauglicher Widerlegungsgrund herleiten. Die offenen Bedenken, ob sich daraus dennoch eine Grenze für das genannte Umweltregulierungsrecht eines WTO-Mitglieds ergeben kann, lassen sich im Lichte des Vermutungscharakters ausräumen.[318] Ein tauglicher Widerlegungsgrund kann sich nämlich ausschließlich aus einer völkerrechtlichen Vertragsbestimmung ergeben.[319]

---

[315] *Hirschberg*, Der Grundsatz der Verhältnismäßigkeit, 1981, S. 149–151, 171; *Grimm*, Proportionality in Canadian and German Constitutional Jurisprudence, UTLJ 2017, 383, 392–393; vgl. *Arsche*, Die Margin of Appreciation, 2018, S. 239.

[316] Teil 5 Kapitel 19 § 2 A. II. 3.

[317] Teil 5 Kapitel 19 § 2 A. II. 3. a) aa) und § 2 A. II. 3. b) aa).

[318] Teil 6 Kapitel 21 § 3.

[319] Aus Darstellungsgründen wird diese Frage in Teil 6 Kapitel 21 § 3 ausführlich behandelt.

Kapitel 19

# Keine hinreichende richterliche Zurückhaltung im Rahmen der Angemessenheitsprüfung in der Entscheidungspraxis zum „grünen" Art. XX GATT

Nachdem die Vermutungs- und Widerlegungsregel als Beurteilungskriterium festgestellt worden ist, kann anhand dieses Maßstabs beurteilt werden, ob die Behandlung der Angemessenheitseinschätzung des regulierenden WTO-Mitglieds durch die WTO-Streitbeilegungsorgane gerechtfertigt ist.

Im vorliegenden Teil wird zunächst dargestellt, dass keine hinreichende justizielle Zurückhaltung bei der Angemessenheitsprüfung im Rahmen der Interpretation eines Absatzes des Art. XX GATT geübt wird, obwohl eine entsprechende Tendenz erkennbar war. Nach der Vermutungs- und Widerlegungsregel lässt sich beurteilen, dass die Ablehnung der Angemessenheitseinschätzung des regulierenden WTO-Mitglieds in der Entscheidungspraxis zum „grünen" Art. XX GATT nicht gerechtfertigt sein kann. Weiterhin wird gezeigt, dass keine hinreichende richterliche Zurückhaltung bei der Angemessenheitsprüfung im Rahmen der Auslegung des Chapeaus des Art. XX GATT geübt wird. Nach der Vermutungs- und Widerlegungsregel lässt sich feststellen, dass die Ablehnung der Angemessenheitseinschätzung des regulierenden WTO-Mitglieds in der Entscheidungspraxis zum „grünen" Art. XX GATT nicht gerechtfertigt sein kann.

## § 1 Angemessenheitsprüfung im Rahmen der Auslegung eines Absatzes des Art. XX GATT

Die Angemessenheitsprüfung erfolgt zum einen implizit durch den negativ beurteilten „Geeignetheits-" oder „Erforderlichkeitstest" im Rahmen der Prüfung eines Absatzes des Art. XX GATT.[320] Im Allgemeinen kann die Rationalitätsprüfung nicht ohne Abwägung auskommen und die Geeignetheits- sowie die Erforderlichkeitsabwägung können nicht unbedingt jeweils als Angemessenheitsprüfung angesehen werden. Im besonderen Kontext des Art. XX GATT kann die implizite Abwägung zulasten des regulierenden WTO-Mitglieds im Rahmen der Überprüfung seiner Rationalitätseinschätzung jedoch ausschließlich als Angemessenheitsprüfung qualifiziert werden.[321]

---

[320] Teil 3 Kapitel 9 § 3 B. und Teil 4 Kapitel 13 § 3 B.

[321] Teil 3 Kapitel 9 § 3 E. und Teil 4 Kapitel 13 § 3 E.

Zum anderen wird die Angemessenheitsprüfung im Rahmen der Prüfung des Chapeaus *de facto* durchgeführt, und zwar überwiegend auf implizite Weise.[322]

Im vorliegenden Abschnitt wird die Behandlung der Angemessenheitseinschätzung des regulierenden WTO-Mitglieds durch die WTO-Streitbeilegungsorgane im ersten Fall untersucht. Zunächst wird gezeigt, dass sich keine einheitliche Entscheidungspraxis richterlicher Zurückhaltung bei der impliziten Überprüfung der Angemessenheitseinschätzung des regulierenden WTO-Mitglieds im Rahmen der Auslegung eines Absatzes des Art. XX GATT herausgebildet hat. Sodann wird jeweils erläutert, dass die Ablehnung der Geeignetheits- und Erforderlichkeitseinschätzung des regulierenden WTO-Mitglieds nicht gerechtfertigt ist. Denn diese Einschätzungen sind jeweils als erste Vermutung maßgeblich, und die WTO-Streitbeilegungsorgane haben diese Vermutungen nicht durch taugliche Widerlegungsgründe widerlegt. Die Vermutungs- und Widerlegungsregel ergibt sich aus den Vertragsbestimmungen des Art. XX GATT unter Berücksichtigung des dogmatischen Charakters der Verhältnismäßigkeitsprüfung i. w. S.[323]

## A. Empirische Betrachtung: Keine einheitliche Entscheidungspraxis richterlicher Zurückhaltung bei der impliziten Überprüfung der Angemessenheitseinschätzung des regulierenden WTO-Mitglieds im Rahmen der Auslegung eines Absatzes des Art. XX GATT

Eine einheitliche Entscheidungspraxis richterlicher Zurückhaltung bei der impliziten Überprüfung der Angemessenheitseinschätzung unter dem Titel der Würdigung der Geeignetheits- und Erforderlichkeitseinschätzung des regulierenden WTO-Mitglieds im Rahmen der Auslegung eines Absatzes des Art. XX GATT hat sich bislang noch nicht herausgebildet.

---

[322] Teil 6 Kapitel 20 i. V. m. Teil 5 Kapitel 19 § 2 A. II. 1. a) aa), § 2 A. II. 1. b) aa), § 2 A. II. 2. a) aa), § 2 A. II. 2. b) aa), § 2 A. II. 3. a) aa), § 2 A. II. 3. b) aa), Teil 6 Kapitel 21 § 2 A.

[323] Ausführlich hierzu siehe: Teil 5 Kapitel 17 § 3 A.

## I. Keine einheitliche Entscheidungspraxis richterlicher Zurückhaltung bei der impliziten Überprüfung der Angemessenheitseinschätzung des regulierenden WTO-Mitglieds unter dem Titel der Geeignetheitsprüfung

In Teil 3 Kapitel 11 § 1 i.V.m. Kapitel 9 § 1 A. wurde dargestellt, dass die Entscheidungspraxis der WTO-Streitbeilegungsorgane zu Art. XX GATT zwar in einem bestimmten Zeitraum eine grundsätzliche Tendenz zeigte, dass die Einschätzung des regulierenden WTO-Mitglieds zur Geeignetheit der angegriffenen Maßnahme maßgeblich war. Dennoch wurde die Geeignetheitseinschätzung des regulierenden WTO-Mitglieds in vielen Verfahren von den WTO-Streitbeilegungsorganen abgelehnt. Eine ständige Entscheidungspraxis richterlicher Zurückhaltung hat sich bislang nicht herausgebildet.

Dieses empirische Ergebnis gilt auch für die implizite Behandlung der Angemessenheitseinschätzung des regulierenden WTO-Mitglieds durch die WTO-Streitbeilegungsorgane unter dem Titel der Geeignetheitsprüfung.[324]

Die Entscheidungspraxis der WTO-Streitbeilegungsorgane zum „grünen" Art. XX GATT zeigte nämlich zwar innerhalb eines bestimmten Zeitraums eine grundsätzliche Tendenz richterlicher Zurückhaltung, dass die Einschätzung des regulierenden WTO-Mitglieds zur Geeignetheit und damit implizit auch zur Angemessenheit der angegriffenen Maßnahme maßgeblich war. Die Geeignetheitseinschätzung des regulierenden WTO-Mitglieds wurde so von den WTO-Streitbeilegungsorganen in US – Tuna I,[325] Thailand – Cigarettes,[326] US – Gasoline,[327] US – Shrimp,[328] Korea – Beef,[329] EC – Asbestos,[330] Brazil –

---

[324] Teil 5 Kapitel 17 § 1 A. I. 1.

[325] Vgl. GATT, Panel-Bericht v. 3.9.1991, DS21/R-39S/155, „US – Tuna I", Para. 5.27–5.28, 5.32–5.33.

[326] Vgl. GATT, Panel-Bericht v. 7.11.1990, DS10/R-37S/200, „Thailand – Cigarettes", Para. 77. Die Feststellungen in Para. 73 und 76 a.a.O. sind als Legitimitätsprüfung des angegebenen Schutzziels anzusehen, nicht jedoch als Geeignetheitsprüfung. Denn der letztgenannten Prüfung fehlt noch eine Prüfung der Zweck-Mittel-Relation. Näheres hierzu siehe: Teil 1 Kapitel 1 § 5 A. II. 2. b).

[327] WTO, Panel-Bericht v. 20.5.1996, WT/DS2/R, „US – Gasoline", Para. 6.35 ff.

[328] WTO, AB-Bericht v. 12.10.1998, WT/DS58/AB/R, „US – Shrimp", Para. 135 ff.

[329] Vgl. WTO, Panel-Bericht v. 31.7.2000, WT/DS161/R u.a., „Korea – Beef", Para. 660–664; WTO, AB-Bericht v. 11.12.2000, WT/DS161/AB/R u.a., „Korea – Beef", Para. 164 ff.

[330] Vgl. WTO, Panel-Bericht v. 18.9.2000, WT/DS135/R, „EC – Asbestos", Para. 8.186–8.223. Dabei wurde die Geeignetheit der europäischen Maßnahme vom Panel nicht in Frage gestellt.

Retreaded Tyres[331] und EC – Seal Products[332] bejaht. In diesen Fällen blieb die Angemessenheitseinschätzung des regulierenden WTO-Mitglieds unberührt, weil sie zum Zeitpunkt der positiven Beurteilung der „Geeignetheitsprüfung" entweder implizit bejaht oder in die Angemessenheitsprüfung verlagert wurde.[333] Und die Entscheidungspraxis der WTO-Streitbeilegungsorgane von Thailand – Cigarettes[334] bis EC – Seal Products[335] zeigte eine grundsätzliche Tendenz der richterlichen Zurückhaltung, dass die Geeignetheitseinschätzung des regulierenden WTO-Mitglieds maßgeblich war. Denn in diesem Zeitraum wurde die Einschätzung zur Geeignetheit und damit implizit auch zur Angemessenheit durch das regulierende WTO-Mitglied nur in EC – Tariff Preferences[336] vom Panel abgelehnt. Aus dem zuvor genannten Grund[337] gilt diese Tendenz auch für die Angemessenheitseinschätzung des regulierenden WTO-Mitglieds.

Dennoch hat sich eine ständige Entscheidungspraxis richterlicher Zurückhaltung bei der Überprüfung der Geeignetheits- und damit implizit auch Angemessenheitseinschätzung des regulierenden WTO-Mitglieds bislang nicht herausgebildet. Denn die genannten Einschätzungen wurden in einer Vielzahl von Verfahren von den WTO-Streitbeilegungsorganen abgelehnt. In US – Tuna 1982,[338] Canada – Salmon and Herring,[339] US – Tuna II,[340] US – Auto-

---

[331] WTO, Panel-Bericht v. 12.6.2007, WT/DS332/R, „Brazil – Retreaded Tyres", Para. 7.115–7.148; WTO, AB-Bericht v. 3.12.2007, WT/DS332/AB/R, „Brazil – Retreaded Tyres", Para. 134–155.

[332] WTO, Panel-Bericht v. 25.11.2013, WT/DS400/R u.a., „EC – Seal Products", Para. 7.633–7.638; WTO, AB-Bericht v. 22.6.2014, WT/DS400/AB/R u.a., „EC – Seal Products", Para. 5.204–5.259.

[333] Teil 5 Kapitel 17 § 1 A. I. 1.

[334] Vgl. GATT, Panel-Bericht v. 7.11.1990, DS10/R-37S/200, „Thailand – Cigarettes", Para. 77. Die Feststellungen in Para. 73 und 76 a.a.O. sind als Legitimitätsprüfung des angegebenen Schutzziels anzusehen, nicht jedoch als Geeignetheitsprüfung. Denn der letztgenannten Prüfung fehlt noch eine Prüfung der Zweck-Mittel-Relation. Näheres hierzu siehe: Teil 1 Kapitel 1 § 5 A. II. 2. b).

[335] WTO, Panel-Bericht v. 25.11.2013, WT/DS400/R u.a., „EC – Seal Products", Para. 7.630 ff.; WTO, AB-Bericht v. 22.6.2014, WT/DS400/AB/R u.a., „EC – Seal Products", Para. 5.169 ff.

[336] WTO, Panel-Bericht v. 1.12.2003, WT/DS246/R, „EC – Tariff Preferences", Para. 7.211–7.218, 7.223.

[337] Teil 5 Kapitel 17 § 1 A. I. 1.

[338] GATT, Panel-Bericht v. 22.2.1982, L/5198-29S/91, „US – Tuna 1982", Para. 4.9–4.13.

[339] GATT, Panel-Bericht v. 22.3.1988, L/6268-35S/98, „Canada – Herring and Salmon", Para. 4.4–4.7.

[340] GATT, Panel-Bericht v. 16.6.1994, DS29/R, „US – Tuna II", Para. 5.21–5.27.

mobile Taxes,[341] EC – Tariff Preferences,[342] China – Raw Materials,[343] China – Rare Earths,[344] Indonesia – Import Licensing Regimes[345] und Indonesia – Raw Materials[346] wurde die Einschätzung des regulierenden WTO-Mitglieds zur Geeignetheit und damit implizit auch zur Angemessenheit der umweltpolitischen Maßnahme von den WTO-Streitbeilegungsorganen nämlich abgelehnt. Insbesondere erfolgten die vier letztgenannten Verfahren nach dem Fall EC – Seal Products,[347] bis zu dem eine grundsätzliche Tendenz der richterlichen Zurückhaltung noch zu beobachten war.

## II. Keine einheitliche Entscheidungspraxis richterlicher Zurückhaltung bei der impliziten Überprüfung der Angemessenheitseinschätzung des regulierenden WTO-Mitglieds unter dem Titel der Erforderlichkeitsprüfung

In Teil 4 Kapitel 15 § 1 i. V. m. Kapitel 13 § 1 A. wurde dargestellt, dass die Entscheidungspraxis zum „grünen“ Art. XX GATT zwar innerhalb eines bestimmten Zeitraums eine grundsätzliche Tendenz zeigte, dass die Einschätzung des regulierenden WTO-Mitglieds zur Erforderlichkeit der angegriffenen Maßnahme maßgeblich war. Dennoch besteht eine Vielzahl abweichender Entscheidungen. Eine ständige Entscheidungspraxis richterlicher Zurückhaltung hat sich bislang nicht herausgebildet.

Dieses empirische Ergebnis gilt auch für die implizite Behandlung der Angemessenheitseinschätzung des regulierenden WTO-Mitglieds durch die WTO-Streitbeilegungsorgane unter dem Titel der Erforderlichkeitsprüfung.[348]

---

[341] GATT, Panel-Bericht v. 11.10.1994, DS31/R, „US – Automobiles“, Para. 5.60, 5.66. Bei der Prüfung von *fleet averaging* hatte das Panel diese als auf Konservierung gerichtet beurteilt. Hierzu vgl. Para. 5.62–5.66 a. a. O.

[342] WTO, Panel-Bericht v. 1.12.2003, WT/DS246/R, „EC – Tariff Preferences“, Para. 7.211–7.218, 7.223.

[343] WTO, Panel-Bericht v. 5.7.2011, WT/DS394/R u. a., „China – Raw Materials“, Para. 7.416–7.466.

[344] WTO, Panel-Bericht v. 26.3.2014, WT/DS431/R u. a., „China – Rare Earths“, Para. 7.378–7.599; WTO, AB-Bericht v. 7.8.2014, WT/DS431/AB/R u. a., „China – Rare Earths“, Para. 5.151–5.153, 5.154–5.160, 5.165–5.168.

[345] WTO, Panel-Bericht v. 22.12.2016, WT/DS477/R u. a., „Indonesia – Import Licensing Regimes“, Para. 7.801.

[346] WTO, Panel-Bericht v. 30.11.2022, WT/DS592/R, „Indonesia – Raw Materials“, Para. 7.260 ff.

[347] WTO, Panel-Bericht v. 25.11.2013, WT/DS400/R u. a., „EC – Seal Products“, Para. 7.630 ff.; WTO, AB-Bericht v. 22.6.2014, WT/DS400/AB/R u. a., „EC – Seal Products“, Para. 5.169 ff.

[348] Teil 5 Kapitel 17 § 1 A. I. 2.

Die Entscheidungspraxis zum „grünen" Art. XX GATT zeigte nämlich zwar innerhalb eines bestimmten Zeitraums eine grundsätzliche Tendenz richterlicher Zurückhaltung, dass die Einschätzung des regulierenden WTO-Mitglieds zur Erforderlichkeit und damit implizit auch zur Angemessenheit der angegriffenen Maßnahme maßgeblich war. So hatten die WTO-Streitbeilegungsorgane in EC – Asbestos,[349] Brazil – Retreaded Tyres[350] und EC – Seal Products[351] entschieden, dass die Erforderlichkeitseinschätzung des regulierenden WTO-Mitglieds maßgeblich war. In diesen Fällen blieb die Angemessenheitseinschätzung des regulierenden WTO-Mitglieds unberührt, weil diese Einschätzung zum Zeitpunkt der positiven Beurteilung der „Erforderlichkeitsprüfung" entweder implizit bejaht oder in die Angemessenheitsprüfung verlagert wurde.[352]

Dennoch hat sich eine ständige Entscheidungspraxis richterlicher Zurückhaltung für die Überprüfung der Erforderlichkeits- und damit implizit auch Angemessenheitseinschätzung des regulierenden WTO-Mitglieds bislang nicht herausgebildet. Denn die genannte Erforderlichkeits- und implizit auch Angemessenheitseinschätzung wurde in einer Vielzahl von Verfahren von den WTO-Streitbeilegungsorganen abgelehnt. So wurde die Erforderlichkeits- und damit implizit auch Angemessenheitseinschätzung des regulierenden WTO-Mitglieds in Thailand – Cigarettes,[353] US – Tuna I,[354] US – Gasoline,[355] EC – Tariff Preferences,[356] Dominican Republic – Cigarettes,[357] Korea – Beef,[358]

---

349 WTO, Panel-Bericht v. 18. 9. 2000, WT/DS135/R, „EC – Asbestos", Para. 8.196 ff.; WTO, AB-Bericht v. 12. 3. 2001, WT/DS135/AB/R, „EC – Asbestos", Para. 169–175.

350 WTO, Panel-Bericht v. 12. 6. 2007, WT/DS332/R, „Brazil – Retreaded Tyres", Para. 7.149–7.208; WTO, AB-Bericht v. 3. 12. 2007, WT/DS332/AB/R, „Brazil – Retreaded Tyres", Para. 7.156–7.175.

351 WTO, Panel-Bericht v. 25. 11. 2013, WT/DS400/R u. a., „EC – Seal Products", Para. 7.639; WTO, AB-Bericht v. 22. 5. 2014, WT/DS400/AB/R u. a., „EC – Seal Products", Para. 5.265 ff.

352 Teil 5 Kapitel 17 § 1 A. I. 2.

353 Vgl. GATT, Panel-Bericht v. 7. 11. 1990, DS10/R-37S/200, „Thailand – Cigarettes", Para. 72–81.

354 GATT, Panel-Bericht v. 3. 9. 1991, DS21/R-39S/155, „US – Tuna I", Para. 5.24–5.29, 5.30–5.34.

355 WTO, Panel-Bericht v. 20. 5. 1996, WT/DS2/R, „US – Gasoline", Para. 6.22–6.29.

356 WTO, Panel-Bericht v. 1. 12. 2003, WT/DS246/R, „EC – Tariff Preferences", Para. 7.219–7.222.

357 WTO, Panel-Bericht v. 26. 11. 2004, WT/DS302/R, „Dominican Republic – Cigarettes", Para. 7.227–7.232; WTO, AB-Bericht v. 25. 4. 2005, WT/DS302/AB/R, „Dominican Republic – Cigarettes", Para. 72.

358 WTO, Panel-Bericht v. 31. 7. 2000, WT/DS161/R u. a., „Korea – Beef", Para. 659–674; WTO, AB-Bericht v. 11. 12. 2000, WT/DS161/AB/R u. a., „Korea – Beef", Para. 164–182.

China – Rare Earths,[359] Indonesia – Import Licensing Regimes[360] und Indonesia – Raw Materials[361] von den WTO-Streitbeilegungsorganen abgelehnt. Insbesondere erfolgten die drei letztgenannten Verfahren nach dem Fall EC – Seal Products,[362] bis zu dem eine grundsätzliche Tendenz richterlicher Zurückhaltung noch zu beobachten war.

## B. Keine Rechtfertigung des richterlichen Aktivismus durch die implizite Ablehnung der Angemessenheitseinschätzung des regulierenden WTO-Mitglieds unter dem Titel der Rationalitätsprüfung im Rahmen der Auslegung eines Absatzes des Art. XX GATT

Im Folgenden wird dargestellt, dass der richterliche Aktivismus der WTO-Streitbeilegungsorgane durch die implizite Abwägung zulasten des regulierenden WTO-Mitglieds im Rahmen der Überprüfung seiner Geeignetheits- und Erforderlichkeitseinschätzung nicht gerechtfertigt ist. Denn die genannten Einschätzungen des regulierenden WTO-Mitglieds sind jeweils als erste Vermutung maßgeblich und die WTO-Streitbeilegungsorgane haben diese Vermutungen nicht durch taugliche Widerlegungsgründe widerlegt. Die Vermutungs- und Widerlegungsregel ergibt sich aus den Vertragsbestimmungen des Art. XX GATT unter Berücksichtigung des dogmatischen Charakters der Verhältnismäßigkeitsprüfung i. w. S.[363]

### I. Geeignetheitsabwägung: Keine Rechtfertigung des richterlichen Aktivismus durch die Ablehnung der Geeignetheits- und damit implizit auch Angemessenheitseinschätzung des regulierenden WTO-Mitglieds mittels des Geeignetheitsabwägungsarguments

Sowohl die Geeignetheitsabwägung zulasten des regulierenden WTO-Mitglieds in grundsätzlicher Form als auch die Geeignetheitsabwägung mittels des

---

359 WTO, Panel-Bericht v. 26. 3. 2014, WT/DS431/R u. a., „China – Rare Earths", Para. 7.424–7.430.

360 WTO, Panel-Bericht v. 22. 12. 2016, WT/DS477/R u. a., „Indonesia – Import Licensing Regimes", Para. 7.802–7.804.

361 WTO, Panel-Bericht v. 30. 11. 2022, WT/DS592/R, „Indonesia – Raw Materials", Para. 7.301 ff.

362 WTO, Panel-Bericht v. 25. 11. 2013, WT/DS400/R u. a., „EC – Seal Products", Para. 7.639; WTO, AB-Bericht v. 22. 5. 2014, WT/DS400/AB/R u. a., „EC – Seal Products", Para. 5.265 ff.

363 Teil 3 Kapitel 9 § 3 und Teil 4 Kapitel 13 § 3.

Arguments der Abwesenheit inländischer Beschränkungen i. S. v. Art. XX (g) GATT können nicht gerechtfertigt sein. Denn die Geeignetheitseinschätzung des regulierenden WTO-Mitglieds, deren Maßgeblichkeit eine erste Vermutung darstellt, wurde dabei nicht durch taugliche Widerlegungsgründe widerlegt.

### 1. Geeignetheitsabwägung in grundsätzlicher Form

Bei der Geeignetheitsabwägung in grundsätzlicher Form handelt es sich darum, dass die Geeignetheitseinschätzung des regulierenden WTO-Mitglieds nicht indirekt über andere Argumente, wie das Fehlen inländischer Beschränkungen, abgelehnt wird, sondern direkt aufgrund der empirischen Schutzwirkung der getroffenen Maßnahme auf das Schutzgut.

Im Folgenden wird zunächst dargestellt, dass die Geeignetheitsabwägung in grundsätzlicher Form ein implizites Abwägungsargument darstellt. Sodann wird erläutert, dass dieses Abwägungsargument in der Entscheidungspraxis zu Art. XX (g) GATT gewisse Unbestimmtheit aufweist. Im anschließenden Teil wird gezeigt, dass dieses Unbestimmtheitsproblem in der wissenschaftlichen Diskussion bislang nicht abschließend überwunden wurde.

#### *a) Implizites Abwägungsargument als herangezogener Widerlegungsgrund*

Die *necessary to*-Bedingung in Art. XX (a), (b) und (d) GATT sowie die *relating to*-Anforderung in Art. XX (g) GATT beinhalten jeweils u. a. eine Geeignetheitsprüfung.[364] Bei dieser Prüfung wird gefragt, ob das umstrittene Mittel überhaupt geeignet ist, den angestrebten Erfolg zu fördern.[365] Kern dieses Teilgrundsatzes der Verhältnismäßigkeitsprüfung i. w. S. ist grundsätzlich eine empirische Einschätzung der Konsequenzen des Schutzgutseingriffs für das verfolgte Schutzziel.[366] Dabei werden die empirischen qualitativen[367]

---

[364] Teil 1 Kapitel 1 § 5 B.

[365] BVerfG, Beschluss v. 4. 4. 2006, 1 BvR 518/02, „Rasterfahndung II", Rn. 85; BVerfG, Urteil v. 3. 3. 2004, 1 BvR 2378/98 u. a., „Großer Lauschangriff", Rn. 202; BVerfG, Beschluss v. 16. 3. 1971, 1 BvR 52/66 u. a., „Erdölbevorratung", Rn. 70; *Grabitz*, Der Grundsatz der Verhältnismäßigkeit in der Rechtsprechung des BVerfG, AöR 1973, 568, 571–572; *Petersen*, Verhältnismäßigkeit als Rationalität, 2015, S. 169; *Lang*, Der Verhältnismäßigkeitsgrundsatz in der Rechtsprechung des BVerfG, AöR 2020, 75, 100; *Saurer*, Globalisierung des Verhältnismäßigkeitsgrundsatzes, Der Staat 2012, 3, 7.

[366] *Alexy*, Theorie der Grundrechte, 9. Aufl. 2020, S. 101; *Hirschberg*, Der Grundsatz der Verhältnismäßigkeit, 1981, S. 44–45, 50; *Petersen*, Verhältnismäßigkeit als Rationalität, 2015, S. 128, 169; *Webber*, The Negotiable Constitution on the Limitation of Rights, 2009, S. 72, 81.

oder quantitativen[368] Auswirkungen der getroffenen Umweltschutzmaßnahme auf die Schutzgüte analysiert. Die Prognose dieses Kausalverlaufs, sei es mittels qualitativer oder quantitativer Analyse, ist besonders schwierig.[369] Eine solche Einschätzung kann nicht ohne empirische Unsicherheit erfolgen,[370] weil empirische Studien stets von der Wahl der Perspektive abhängen.[371]

Wird die Geeignetheitseinschätzung des regulierenden WTO-Mitglieds bejaht, bleibt das von ihm festgelegte Schutzniveau unberührt. Wird diese Einschätzung durch die Anwendung einer „empirischen" Analyse von den WTO-Streitbeilegungsorganen hingegen abgelehnt, liegt jedoch eine implizite Abwägung zulasten des regulierenden WTO-Mitglieds unvermeidlich vor.[372]

Somit wird das implizite Abwägungsargument von den WTO-Streitbeilegungsorganen für die Ablehnung der Geeignetheitseinschätzung des regulierenden WTO-Mitglieds verwendet, deren Maßgeblichkeit eine erste Vermutung darstellt.[373]

#### *b) Unbestimmtheit des Geeignetheitsabwägungsarguments in grundsätzlicher Form in der Entscheidungspraxis zur Auslegung eines Absatzes des Art. XX GATT*

Der konkrete Maßstab des Geeignetheitsabwägungsarguments ist jedoch trotz seiner üblichen Anwendung in der Auslegungspraxis zu Art. XX GATT bislang unklar. Einerseits ist nicht klar, ob die qualitative oder die quantitative Analyse für die Beurteilung der Geeignetheit und damit implizit auch der Angemessenheit einer Maßnahme maßgeblich ist. Andererseits sind die konkreten Maßstäbe sowohl der qualitativen als auch der quantitativen Analyse unklar, was zugleich den Grund für die Unbestimmtheit der Maßgeblichkeit beider Analysen darstellt.

---

367 WTO, AB-Bericht v. 20.5.1996, WT/DS2/AB/R, „US – Gasoline", S. 19; WTO, AB-Bericht v. 12.10.1998, WT/DS58/AB/R, „US – Shrimp", Para. 135 ff.; WTO, AB-Bericht v. 7.8.2014, WT/DS431/AB/R u.a., „China – Rare Earths", Para. 5.90, 5.113 f., 5.116 ff.

368 WTO, Panel-Bericht v. 12.6.2007, WT/DS332/R, „Brazil – Retreaded Tyres", Para. 7.118.

369 Vgl. *Hirschberg*, Der Grundsatz der Verhältnismäßigkeit, 1981, S. 51–53.

370 Vgl. *Petersen*, Verhältnismäßigkeit als Rationalitätskontrolle, 2015, S. 82 f., 170 f.; *Peters*, A Plea for Proportionality, ICON 2021, 1135, 1140.

371 *Petersen*, Verhältnismäßigkeit als Rationalitätskontrolle, 2015, S. 85–87.

372 Teil 3 Kapitel 9 § 3 B.

373 Teil 3 Kapitel 9 § 3.

### aa) Unklarheit über die Maßgeblichkeit der qualitativen oder quantitativen Analyse

In der Entscheidungspraxis der WTO-Streitbeilegungsorgane ist unklar, ob die qualitative oder die quantitative Analyse für die Beurteilung der Geeignetheit und damit implizit auch der Angemessenheit einer Maßnahme maßgeblich ist bzw. sein soll.

#### *(1) Maßgeblichkeit des qualitativen Ansatzes in US – Gasoline und Thailand – Cigarettes*

In US – Gasoline lehnte der AB die Anwendung einer quantitativen Analyse, nämlich des *empirical effect test*, ab, da es zur Feststellung der Kausalität dieser Auswirkungen zu schwierig sei, weil möglicherweise ein erheblicher Zeitraum vergehen müsse, bevor die Auswirkungen der Maßnahme beobachtet werden könnten.[374] Ähnlich wurde in Thailand – Cigarettes die Geeignetheit der angegriffenen Maßnahme anhand von Design und Struktur analysiert. Das Panel stellte unter Verweis auf die Ansicht der WHO fest, dass eine häufige Folge der Importbeschränkungen die Förderung der inländischen Produktion sowie der Interessen an der Aufrechterhaltung dieser Produktion sei.[375]

Somit wurde die Maßgeblichkeit der quantitativen Analyse grundsätzlich abgelehnt, und die Beurteilung der Geeignetheit (und damit implizit auch der Angemessenheit) einer Maßnahme soll von ihrer Ausgestaltung und Struktur bestimmt werden.

---

[374] WTO, AB-Bericht v. 20. 5. 1996, WT/DS2/AB/R, „US – Gasoline", S. 21–22: „We do not believe, finally, that the clause ‚if made effective in conjunction with restrictions on domestic production or consumption' was intended to establish an empirical ‚effects test' for the availability of the Article XX (g) exception. In the first place, the problem of determining causation, well-known in both domestic and international law, is always a difficult one. In the second place, in the field of conservation of exhaustible natural resources, a substantial period of time, perhaps years, may have to elapse before the effects attributable to implementation of a given measure may be observable. The legal characterization of such a measure is not reasonably made contingent upon occurrence of subsequent events."

[375] Vgl. GATT, Panel-Bericht v. 7. 11. 1990, DS10/R-37S/200, „Thailand – Cigarettes", Para. 80.

*(2) Maßgeblichkeit entweder des qualitativen oder des quantitativen Ansatzes*

In Brazil – Retreaded Tyres,[376] EC – Seal Products[377] und Indonesia – Raw Materials[378] waren das Panel und der AB der Ansicht, dass der Beitrag einer Maßnahme grundsätzlich entweder durch die qualitative oder durch die quantitative Analyse bestimmt werden könne. Im Folgenden wird dieser Prüfungsansatz am Beispiel von Brazil – Retreaded Tyres und EC – Seal Products dargestellt.

(a) Brazil – Retreaded Tyres

Nach Auffassung des Panels von Brazil – Retreaded Tyres könne die Beitragsprüfung durch eine Quantifizierung erbracht werden, sofern eine solche machbar sei; eine Quantifizierung der Auswirkungen des Einfuhrverbots auf die Reduzierung der Altreifenmenge sei jedoch nicht zwingend erforderlich.[379] Soweit der Beitrag einer Maßnahme zur Erreichung des angegebenen Schutzziels mit einer anderen Methode hinreichend nachgewiesen werden könne, könne auch jede andere Methode eingesetzt werden.[380] Nämlich kann die Beurteilung des Beitrags einer Maßnahme grundsätzlich entweder durch die qualitative oder durch die quantitative Analyse erfolgen. Auf dieser Grundlage wurde der Beitrag des Einfuhrverbots zur Verringerung der Menge der in Brasilien anfallenden Altreifen und zur Reduzierung der damit verbundenen Umweltgefährdung anhand der Ausgestaltung und Struktur des Einfuhrverbots untersucht und bejaht.[381]

Im Berufungsverfahren machte die EG geltend, dass der Beitrag der ergriffenen Maßnahme zur Erreichung des Umweltschutzziels quantifiziert werden

---

376 WTO, AB-Bericht v. 3.12.2007, WT/DS332/AB/R, „Brazil – Retreaded Tyres", Para. 7.118, 7.122–7.148; WTO, AB-Bericht v. 3.12.2007, WT/DS332/AB/R, „Brazil – Retreaded Tyres", Para. 146–149.

377 WTO, Panel-Bericht v. 25.11.2013, WT/DS400/R u.a., „EC – Seal Products", Para. 7.633 ff.; WTO, AB-Bericht v. 22.5.2014, WT/DS400/AB/R u.a., „EC – Seal Products", Para. 5.221 ff.

378 WTO, Panel-Bericht v. 30.11.2022, WT/DS592/R, „Indonesia – Raw Materials", Para. 7.261, 7.274 ff., 7.292 ff.

379 WTO, Panel-Bericht v. 12.6.2007, WT/DS332/R, „Brazil – Retreaded Tyres", Para. 7.118.

380 WTO, Panel-Bericht v. 12.6.2007, WT/DS332/R, „Brazil – Retreaded Tyres", Para. 7.118.

381 WTO, Panel-Bericht v. 12.6.2007, WT/DS332/R, „Brazil – Retreaded Tyres", Para. 7.122–7.148.

solle.[382] Das Panel habe nach Auffassung der EG irrtümlich nur den potenziellen Beitrag des Einfuhrverbots berücksichtigt und es versäume, auch den tatsächlichen Beitrag der angegriffenen Maßnahme zu analysieren; ohne Quantifizierung der Reduktion von Altreifen durch das Importverbot sei es nicht möglich, den Beitrag einer Maßnahme zu bestimmen.[383] Jedoch sah der AB eine Quantifizierung des Beitrags wiederum als nicht zwingend erforderlich an, soweit bereits eine qualitative Analyse durchgeführt worden sei.[384]

(b) EC – Seal Products

Nach Ansicht des Panels von EC – Seal Products könne die Analyse des Beitrags einer Maßnahme ebenfalls entweder quantitativ oder qualitativ erfolgen.[385] Folglich können die beiden Analysen grundsätzlich für die Beurteilung der Geeignetheit einer Maßnahme maßgeblich sein. Dabei setzte das Panel jedoch hauptsächlich die qualitative Analyse und in beschränkter Weise die quantitative Analyse ein, weil für eine Quantifizierung nur begrenztes Beweismaterial zur Verfügung stehe.[386]

Der AB hielt eine quantitative Analyse – neben der qualitativen Analyse – indiziell ebenso für erforderlich und maßgeblich; nur aufgrund der beschränkten Verfügbarkeit von Beweisen für eine solche Analyse lehnte er die Feststellung des Panels, in der nur in begrenztem Umfang eine quantitative Analyse durchgeführt worden war, nicht ab.[387]

Daher können nach Ansicht des Panels und des AB sowohl die qualitative als auch die quantitative Analyse maßgeblich für die Beurteilung der Geeignetheit und damit implizit auch der Angemessenheit der angegriffenen Maßnahme sein.

---

[382] WTO, AB-Bericht v. 3.12.2007, WT/DS332/AB/R, „Brazil – Retreaded Tyres", Para. 137.

[383] WTO, AB-Bericht v. 3.12.2007, WT/DS332/AB/R, „Brazil – Retreaded Tyres", Para. 137.

[384] Vgl. WTO, AB-Bericht v. 3.12.2007, WT/DS332/AB/R, „Brazil – Retreaded Tyres", Para. 146–149, unter Verweis auf WTO, AB-Bericht v. 12.3.2001, WT/DS135/AB/R, „EC – Asbestos", Para. 167.

[385] WTO, Panel-Bericht v. 25.11.2013, WT/DS400/R u.a., „EC – Seal Products", Para. 7.633.

[386] WTO, Panel-Bericht v. 25.11.2013, WT/DS400/R u.a., „EC – Seal Products", Para. 7.636–7.637, unter Verweis auf Para. 7.459. Vgl. auch WTO, AB-Bericht v. 22.5.2014, WT/DS400/AB/R u.a., „EC – Seal Products", Para. 5.225 zum beschränkten Einsatz der quantitativen Analyse durch das Panel.

[387] WTO, AB-Bericht v. 22.5.2014, WT/DS400/AB/R u.a., „EC – Seal Products", Para. 5.228.

*(3) Maßgeblichkeit des qualitativen Ansatzes in China – Rare Earths*

Die obige Feststellung des Panels und des AB in EC – Seal Products wurde weder vom Panel noch vom AB in China – Rare Earths bestätigt.

Das Panel vom China – Rare Earths stellte fest, dass sich die Prüfung des Art. XX (g) GATT auf die Architektur und das Design der angegriffenen Maßnahme konzentrieren solle, damit die Frage geklärt werden könne, ob die angegriffene Maßnahme die Konservierung Seltener Erden fördere.[388] Ein quantitativer Test sei hingegen nicht erforderlich.[389]

Aus den konkreten Ausführungen des Panels ergibt sich auch, dass die quantitative Wirkung für die Beurteilung des Beitrags einer Maßnahme nicht maßgeblich ist. Das Panel berücksichtigte die tatsächliche Auswirkung nämlich nicht bei der Prüfung des Absatzes (g) des Art. XX GATT, sondern ggf. im Rahmen der Chapeau-Prüfung.[390]

In der Berufungsinstanz wies der AB das Argument Chinas zurück, dass das Panel die tatsächlichen Effekte der angegriffenen Maßnahme nicht berücksichtigt habe.[391] Außerdem sah der AB keinen Fehler in der Analyse des Panels hinsichtlich der Ausgestaltung und Struktur der chinesischen Exportquoten, weil entgegen der Behauptung Chinas sowohl positive als auch negative Effekte der Signalfunktion der Maßnahme berücksichtigt worden seien.[392]

Der AB hielt unter Verweis auf US – Shrimp[393] und US – Gasoline[394] fest, dass der Zusammenhang zwischen der allgemeinen Struktur und Ausgestal-

---

388 WTO, Panel-Bericht v. 26.3.2014, WT/DS431/R u.a., „China – Rare Earths“, Para. 7.327, 7.328: „In the Panel's view, the assessment of compliance with subparagraph (g) should focus on the architecture and the design of the challenged measure to determine whether it has a substantial link with conservation, e.g. whether it supports, assists, or contributes to conservation of the resources at issue since the object of the analysis under subparagraph (g) is for the Panel to determine whether China's export quotas on rare earths, tungsten, and molybdenum are about conservation.“

389 WTO, Panel-Bericht v. 26.3.2014, WT/DS431/R u.a., „China – Rare Earths“, Para. 7.304.

390 WTO, Panel-Bericht v. 26.3.2014, WT/DS431/R u.a., „China – Rare Earths“, Para. 7.304: „The Panel notes that the ‚work together‘ criterion does not impose an effects or impact test. In the Panel's view, the relative impact of China's foreign and domestic restrictions are not assessed under Article XX (g), but may instead be relevant in an assessment of compliance under the chapeau of Article XX.“

391 WTO, AB-Bericht v. 7.8.2014, WT/DS431/AB/R u.a., „China – Rare Earths“, Para. 5.151–5.153.

392 WTO, AB-Bericht v. 7.8.2014, WT/DS431/AB/R u.a., „China – Rare Earths“, Para. 5.154–5.160.

393 WTO, AB-Bericht v. 12.10.1998, WT/DS58/AB/R, „US – Shrimp“, Para. 137, 141.

394 WTO, AB-Bericht v. 20.5.1996, WT/DS2/AB/R, „US – Gasoline“, S. 17, 20.

tung der angegriffenen Maßnahme und dem damit verfolgten politischen Ziel zu untersuchen sei und dass der Eintritt des Erfolgs nicht entscheidend sei.[395] Darüber hinaus sah Art. XX (g) GATT nach Ansicht des AB keinen empirischen Effekttest vor, insbesondere angesichts der bekannten Probleme bei der Kausalitätsfeststellung,[396] obwohl inhärente vorhersehbare Wirkung und tatsächliche Effekte einer Maßnahme zu berücksichtigen seien.[397]

Sodann kam der AB zu dem Schluss, dass sich das Panel nicht insoweit geirrt habe, als es erklärt habe, dass Art. XX (g) GATT keine Bewertung der tatsächlichen Auswirkungen der angegriffenen Maßnahmen erfordere.[398]

Daher ist nach Ansicht sowohl des Panels als auch des AB der qualitative Ansatz, nicht jedoch die quantitative Analyse für die Beurteilung der Geeignetheit und damit der Angemessenheit einer Maßnahme maßgeblich.

#### bb) Unklarheit über die konkreten Beurteilungsmaßstäbe sowohl der qualitativen als auch der quantitativen Analyse

Nicht nur die Maßgeblichkeit der qualitativen und der quantitativen Analyse, sondern auch die konkreten Maßstäbe der beiden Prüfungsansätze wurden bislang nicht hinreichend geklärt.

##### *(1) Unklarheit über den konkreten Beurteilungsmaßstab der qualitativen Analyse*

Der konkrete Maßstab der qualitativen Analyse ist in der Entscheidungspraxis zu Art. XX GATT unklar. Es wurde nicht geklärt, wann und warum eine (negative) Beurteilung beruhend auf den positiven und negativen Auswirkungen der ergriffenen Maßnahme auf das angegebene Schutzziel und Schutzniveau zu erfolgen hat.

Zum Beispiel lehnte der AB in China – Rare Earths das Argument Chinas ab, dass die durch die Exportbeschränkung gesendeten „perversen Signale“ durch die umfassenden inländischen Konservierungsprogramme abgeschwächt wer-

[395] Vgl. WTO, AB-Bericht v. 7.8.2014, WT/DS431/AB/R u.a., „China – Rare Earths“, Para. 5.98 ff., 5.111–5.112.

[396] WTO, AB-Bericht v. 7.8.2014, WT/DS431/AB/R u.a., „China – Rare Earths“, Para. 5.112 in Verbindung mit Fn. 589 a.a.O.

[397] WTO, AB-Bericht v. 7.8.2014, WT/DS431/AB/R u.a., „China – Rare Earths“, Para. 5.113.

[398] WTO, AB-Bericht v. 7.8.2014, WT/DS431/AB/R u.a., „China – Rare Earths“, Para. 5.114.

den könnten.[399] Denn das Panel habe bei der Überprüfung bereits sowohl die positiven als auch die negativen Auswirkungen dieser inländischen Programme auf die Konservierung korrekt berücksichtigt.[400]

Das Unklarheitsproblem verschärft sich in Fällen, in denen die gerügte Umweltmaßnahme Ausnahmen enthält.

In Brazil – Retreaded Tyres fehlten entsprechende Regulierungen für bestimmte WTO-Mitglieder. Dennoch wurde die Geeignetheit der Maßnahme ohne Beachtung der MERCOSUR-Ausnahme und der Ausnahme gerichtlicher Verfügungen[401] bejaht.[402]

In EC – Seal Products wurden die Ausgestaltung und Struktur des EU-Robbenschutzprogramms, einschließlich seiner Ausnahmen, bei der Geeignetheitsprüfung im Rahmen der Prüfung des Absatzes (a) des Art. XX GATT sowohl vom Panel als auch vom AB betrachtet.[403] Dabei wurde die Geeignetheit des EU-Schutzprogramms für Robben überwiegend auf der Grundlage der qualitativen Analyse bejaht.[404] Die Ausnahmen einer Maßnahme hatten negative Auswirkungen auf das durch die Hauptmaßnahme angestrebte Schutzgut. Es wurde nicht hinreichend klargestellt, welche Rolle diese Ausnahmen für die Beurteilung der gesamten Schutzwirkung der ergriffenen Maßnahme spielen. Daher ist nicht ersichtlich, was der konkrete Maßstab der qualitativen Analyse ist.

#### *(2) Unklarheit über den konkreten Beurteilungsmaßstab der quantitativen Analyse*

Erstens ist unklar, ob die Festlegung eines Schwellenwerts für die Prüfung des Beitrags der Maßnahme notwendig ist.

---

[399] WTO, AB-Bericht v. 7.8.2014, WT/DS431/AB/R u.a., „China – Rare Earths", Para. 5.157–5.159; WTO, Panel-Bericht v. 26.3.2014, WT/DS431/R u.a., „China – Rare Earths", Para. 7.677.

[400] WTO, AB-Bericht v. 7.8.2014, WT/DS431/AB/R u.a., „China – Rare Earths", Para. 5.159. Zur ähnlichen Unklarheit siehe ferner: WTO, Panel-Bericht v. 22.12.2016, WT/DS477/R u.a., „Indonesia – Import Licensing Regimes", Para. 7.801.

[401] WTO, Panel-Bericht v. 12.6.2007, WT/DS332/R, „Brazil – Retreaded Tyres", Para. 7.107, 7.140.

[402] WTO, Panel-Bericht v. 12.6.2007, WT/DS332/R, „Brazil – Retreaded Tyres", Para. 7.215.

[403] WTO, Panel-Bericht v. 25.11.2013, WT/DS400/R u.a., „EC – Seal Products", Para. 7.630ff.; WTO, WTO-Bericht, „EC – Seal Products", Para. 5.204ff.

[404] WTO, Panel-Bericht v. 25.11.2013, WT/DS400/R u.a., „EC – Seal Products", Para. 7.630ff.; WTO, WTO-Bericht, „EC – Seal Products", Para. 5.204ff.

Das Panel von Brazil – Retreaded Tyres stellte keine Mindestanforderung an die Geeignetheit einer Maßnahme.[405] Soweit nachgewiesen werden könne, dass eine Verringerung statt einer Beseitigung der Ansammlung von Altreifen durch die ergriffene Maßnahme herbeigeführt werden könne, könne diese als ein Schritt zur Verringerung des Auftretens von Krankheiten und Reifenbränden angesehen werden.[406] Zum ersten Mal verlangte das Panel in EC – Seal Products zwar einen Mindestbeitrag der angegriffenen Maßnahme zur Erreichung des angestrebten Schutzziels unter Berücksichtigung ihrer Ausnahmen.[407] Entgegen der Ansicht des Panels sei nach dem AB kein vorher festgelegter Schwellenwert für die Beitragsprüfung notwendig.[408]

Zweitens ist unklar, welcher konkrete quantitative Schwellenwert für die Beurteilung der Geeignetheit und damit implizit auch der Angemessenheit einer Maßnahme maßgeblich sein soll.

Auch wenn das Panel in EC – Seal Products einen Mindestbeitrag verlangte, klärte es nicht weiter, wann ein solcher Mindestbeitrag als gegeben angesehen werden konnte. Wie der AB in US – Gasoline zu Recht feststellte, sei der Kausalzusammenhang zwischen den tatsächlichen Auswirkungen und der angegriffenen Maßnahme schwer festzustellen, da möglicherweise ein erheblicher Zeitraum vergehen müsse, bevor die Auswirkungen der Maßnahme beobachtet werden könnten.[409] Daher ist der Maßstab zur Beurteilung der Frage, ob eine tatsächliche quantitative Wirkung, wie die Nichterfüllung der Exportquoten in China – Rare Earths, unbedingt auf die angegriffene Maßnahme zurückzuführen ist, nicht hinreichend klar.[410]

---

[405] WTO, Panel-Bericht v. 12.6.2007, WT/DS332/R, „Brazil – Retreaded Tyres", Para. 7.146.

[406] WTO, Panel-Bericht v. 12.6.2007, WT/DS332/R, „Brazil – Retreaded Tyres", Para. 7.146.

[407] WTO, Panel-Bericht v. 25.11.2013, WT/DS400/R u.a., „EC – Seal Products", Para. 7.635.

[408] WTO, AB-Bericht v. 22.5.2014, WT/DS400/AB/R u.a., „EC – Seal Products", Para. 5.215.

[409] WTO, AB-Bericht v. 20.5.1996, WT/DS2/AB/R, „US – Gasoline", S. 21–22.

[410] Vgl. WTO, Panel-Bericht v. 26.3.2014, WT/DS431/R u.a., „China – Rare Earths", Para. 7.627–7.635. Dabei versuchte China im Wesentlichen mit der Nichterfüllung der Exportquoten zu begründen, dass die Einführung und die Festlegung von Exportquoten keine übermäßigen negativen Auswirkungen auf die weltweite Nachfrage nach Seltenen Erden verursachten. Das Panel lehnte dieses Argument ab, weil die Nicht-Erfüllung der Exportquoten auf andere Gründe zurückzuführen sein könne. Zu ähnlicher Unklarheit siehe ferner: WTO, Panel-Bericht v. 30.11.2022, WT/DS592/R, „Indonesia – Raw Materials", Para. 7.274 ff., 7.292 ff.

#### cc) Keine abschließende Ablehnung des Arguments der Geeignetheitsabwägung als tauglicher Widerlegungsgrund allein aufgrund seiner Unbestimmtheit

Zusammenfassend lässt sich feststellen, dass ein Panel häufig die qualitativen oder quantitativen Auswirkungen einer Maßnahme darstellt und daraufhin eine Schlussfolgerung zieht, ohne jedoch konkret zu begründen, warum aufgrund dieser Auswirkungen die Geeignetheit und implizit auch die Angemessenheit der ergriffenen Maßnahme abgelehnt werden dürfen.

Es kann zwar eingewandt werden, dass einem Panel diesbezüglich ein Ermessensspielraum zusteht.[411] Dagegen lässt sich jedoch ebenso einwenden, dass auch einem regulierenden WTO-Mitglied insoweit eine Ermessensprärogative zusteht. Ohne Klärung der Grenze zwischen dem Regulierungsrecht eines Mitglieds und der Kompetenz des Schiedskörpers der WTO kann die Frage daher nicht mittels des impliziten Abwägungsarguments zutreffend beantwortet werden.

Allein diese Unklarheit reicht jedoch auch nicht aus, um die Zuverlässigkeit dieses Prüfungsansatzes überzeugend zu verneinen. Hierfür soll vielmehr dargelegt werden, woraus sich eine zwingende Mindestanforderung an die Bestimmtheit eines Prüfungsmaßstabs ergibt.

### *c) Keine abschließende Überwindung des Unbestimmtheitsproblems des Arguments der Geeignetheitsabwägung aus der allgemeinen Diskussion über Prüfungsintensität und richterliche Zurückhaltung im WTO-Recht mit Bezug auf die Interpretation des Art. XX GATT*

In Teil 1 Kapitel 1 § 3 i.V.m. Teil 2 Kapitel 7 § 2 A. III. 1. wurde im Rahmen der Darstellung der allgemeinen Diskussion über Prüfungsintensität und richterliche Zurückhaltung im WTO-Recht mit Bezug auf die Interpretation des Art. XX GATT ausführlich erläutert, dass die Argumente – wie das der besseren Expertise, das Souveränitätsargument und das Argument der institutionellen Rolle – keine abschließende Antwort darauf gaben, inwieweit die WTO-Streitbeilegungsorgane richterliche Zurückhaltung bei der Überprüfung der Tatsachenfeststellungen und Rechtsurteile des regulierenden WTO-Mitglieds üben sollen.

Dieses Ergebnis gilt entsprechend für das Argument der Geeignetheitsabwägung, weil es sich dabei sowohl um die Tatsachenfeststellung als auch um

[411] WTO, Panel-Bericht v. 12.6.2007, WT/DS332/R, „Brazil – Retreaded Tyres“, Para. 145.

das darauf aufbauende Rechtsurteil handelt.[412] Somit wurde in dieser Diskussion nicht hinreichend geklärt, ob und inwieweit die WTO-Streitbeilegungsorgane richterliche Zurückhaltung üben oder Geeignetheitsabwägung zulasten des regulierenden WTO-Mitglieds vornehmen sollen. Es wurde nämlich nicht hinreichend geklärt, wie das Unbestimmtheitsproblem des Arguments der Geeignetheitsabwägung überwunden werden soll.

#### *d) Keine abschließende Überwindung des Unbestimmtheitsproblems des Arguments der Geeignetheitsabwägung in der speziellen Diskussion über richterliche Zurückhaltung und Geeignetheitsabwägung im Rahmen der Interpretation des Art. XX GATT*

Im Schrifttum wird überwiegend die qualitative Analyse als der maßgebliche Ansatz der WTO-Streitbeilegungsorgane für die Geeignetheitsabwägung angesehen,[413] obwohl in der Entscheidungspraxis unklar ist, ob die qualitative oder die quantitative Analyse maßgeblich ist.[414] Im Folgenden wird dargestellt, dass in der wissenschaftlichen Literatur bislang nicht hinreichend geklärt wurde, wie das Unbestimmtheitsproblem des (impliziten) Abwägungsarguments zu überwinden ist. Es bleibt im Schrifttum nämlich unklar, ob und inwieweit die WTO-Streitbeilegungsorgane bei der Überprüfung der Geeignetheits- und damit implizit auch Angemessenheitseinschätzung des regulierenden WTO-Mitglieds Zurückhaltung üben oder Geeignetheitsabwägung vornehmen sollen.

##### aa) Befürwortung einer richterlichen Geeignetheitsabwägung zulasten des regulierenden WTO-Mitglieds

Im Schrifttum wird teilweise eine richterliche Abwägung im Rahmen der Überprüfung der Einschätzung des regulierenden WTO-Mitglieds zur Geeignetheit und damit implizit auch zur Angemessenheit der ergriffenen Maß-

---

412 Teil 1 Kapitel 1 § 3 A. III. – § 3 A. IV.

413 *Van den Bossche*, Looking for Proportionality in WTO Law, LIEI 2008, 283, 294; *Howse/Levy*, The TBT Panels, WTR 2013, 327, 369; *Panizzon/Arnold/Cottier*, Handel und Umwelt in der WTO, URP 2010, 199, 220, 228; *Sykes*, The Least Restrictive Means, UCLR 2003, 403, 406, 415–416; *Bown/Trachtmann*, Brazil-Measures Affecting Imports of Retreaded Tyres: A Balancing Act, WTR 2009, 85, 86–87, 120, 125, 128 f.; *Vanden Brink*, Suggestions to Utilize GATT's Environmental Exceptions, CJIELP 2010, 85, 107; *Lo*, Disguised Restriction on International Trade under the WTO, JIDS 2013, 111, 134–135; *Dawar/Ronen*, How „Necessary"?, TLD 2016, 1, 7; *Du*, The Necessity Test in World Trade Law, CJIL 2016, 817, 825. Für a. A. siehe: *Nuzzo*, GATT Moral Clause after Colombia – Textiles, EJLS 2017, 267, 285, 289.

414 Teil 5 Kapitel 19 § 1 B. I. 1. b) aa).

nahme befürwortet. Zum einen wird eine dynamische richterliche Abwägung bevorzugt. Zum anderen wird eine zurückhaltende Abwägung präferiert.

*(1) Befürwortung einer dynamischen Geeignetheitsabwägung*

Ein Teil der wissenschaftlichen Literatur erkennt eine Angemessenheitsprüfung bei der Geeignetheitsprüfung im Rahmen des *weighing and balancing test* bei der Interpretation von Art. XX (a), (b) und (d) GATT an.[415] Demzufolge übernehme die WTO-Version u.a. der Geeignetheitsprüfung häufig die Angemessenheitsprüfung und führe damit Elemente des Alexyschen *law of balancing* in ihre Entscheidungen ein.[416] Während es keinen gesonderten Abwägungsschritt konkurrierender Werte im Rahmen der Interpretation des Art. XX GATT gebe, erfordern die verschiedenen Prüfschritte, u.a. die Geeignetheitsprüfung, jeweils eine konkrete Abwägung spezifischer Rechte und Interessen.[417]

Es wird argumentiert, dass die Geeignetheitserwägung von den WTO-Streitbeilegungsorganen nicht hinreichend dynamisch durchgeführt werde und die Beitragsanalyse der angegriffenen Maßnahme auf erkennbarere Weise erfolgen solle.[418] Demnach könne und solle die Abwägung u.a. bei der Geeignetheitsprüfung auf verfeinerte Weise durchgeführt werden.[419]

Ferner wird vorgetragen, dass ein Panel die Schutzniveausetzungsprärogative und die Geeignetheitseinschätzung des regulierenden WTO-Mitglieds in Frage stellen solle, wenn es den Beitrag zur Erreichung des angegebenen Schutzziels als reduziert ansehe, sofern die Maßnahme Ausnahmen beinhalte.[420] Zum Beispiel sei es schwer vorstellbar, dass Brasilien ein hohes Schutz-

---

415 *Marceau/Trachtman*, TBT, SPS und GATT, JWT 2002, 811, 851–853; *Bown/Trachtmann*, Brazil-Measures Affecting Imports of Retreaded Tyres: A Balancing Act, WTR 2009, 85, 88; *Stone Sweet/Mathews*, Proportionality Balancing and Global Constitutionalism, CJTL 2008, 72, 158; *Andenas/Zleptnig*, Proportionality and Balancing in WTO Law, CRIA 2007, 71, 79, 81, 82, 89; *Meyer*, Trade Law and Supply Chain Regulation in a Post-COVID-19 World, 2020, AJIL 637, 645; *Qin*, Turkey – Pharmaceuticals Products: The First WTO Arbitration for Appellate Review, LIEI 2022, 415, 425.

416 *Stone Sweet/Mathews*, Proportionality Balancing and Global Constitutionalism, CJTL 2008, 72, 158.

417 *Andenas/Zleptnig*, Proportionality and Balancing in WTO Law, CRIA 2007, 71, 88, 89.

418 Vgl. *Bown/Trachtmann*, Brazil-Measures Affecting Imports of Retreaded Tyres: A Balancing Act, WTR 2009, 85, 125–126, 129–131.

419 Vgl. *Stone Sweet/Mathews*, Proportionality Balancing and Global Constitutionalism, CJTL 2008, 72, 158, 164.

420 *Bown/Trachtmann*, Brazil-Measures Affecting Imports of Retreaded Tyres: A Balancing Act, WTR 2009, 85, 120, 125, 128f. Ähnlich, jedoch allein aufgrund der

niveau hinsichtlich der Auswirkungen der MERCOSUR-Ausnahme gewählt habe, weil diese Ausnahme den Beitrag der brasilianischen Maßnahme untergrabe.[421]

*(2) Befürwortung einer zurückhaltenden Geeignetheitsabwägung*

Teilweise wird vertreten, dass die Geeignetheitsabwägung keine offene Abwägung erfordere,[422] sondern als ein beschränkter Abwägungsvorgang angesehen werden solle.[423] Dabei sollen die Wichtigkeit der zu schützenden öffentlichen Interessen und die Handelsbeschränkung der angegriffenen Maßnahme berücksichtigt werden.[424] Die Geeignetheitsabwägung sei weniger umfangreich als eine etwaige offene Abwägung bei der Angemessenheitsprüfung.[425] Denn bei der Durchführung der Geeignetheitserwägung sei auch das Souveränitätsprinzip zu berücksichtigen.[426] Auch wirtschaftlicher Druck zähle grundsätzlich nicht zu völkerrechtswidrigem Verhalten.[427]

In dieser Richtung wird ferner vertreten, dass die Geeignetheitsabwägung im Rahmen des *weighing and balancing*-Tests des Art. XX (a), (b) und (d) GATT zwar grundsätzlich als offener Abwägungstest verstanden werden solle.[428] Zugleich werde darauf hingewiesen, dass diese Abwägung in eingeschränkter Weise ausgeübt werden solle.[429]

bb) Herangezogene Argumente

Zur Begründung einer richterlichen Abwägung zulasten des regulierenden WTO-Mitglieds im Rahmen der Überprüfung seiner Geeignetheits- und damit implizit auch Angemessenheitseinschätzung werden das Souveränitätsargu-

---

Ausgestaltung und Struktur der ergriffenen Maßnahme, vgl. auch *von Unger*, Zulässigkeit der humanitären Intervention in und neben der WTO-Recht, KJ 2004, 37, 43.

[421] *Bown/Trachtmann*, Brazil-Measures Affecting Imports of Retreaded Tyres: A Balancing Act, WTR 2009, 85, 88, 124.

[422] *Muller*, The Necessity Test and Trade in Services, JWT 2015, 951, 961–962.

[423] *Muller*, The Necessity Test and Trade in Services, JWT 2015, 951, 960–961.

[424] *Muller*, The Necessity Test and Trade in Services, JWT 2015, 951, 961.

[425] *Hilf/Puth*, The Principle of Proportionality on its Way into WTO/GATT Law, in: von Bogdandy/Mavroidis/Mény (Hrsg.), FS Ehlermann, 2002, S. 211, 215–216.

[426] Vgl. *Hilf*, Power, Rules and Principles for WTO/GATT Law, JIEL 2001, 111, 130, 120–121 i.V.m. 118.

[427] *Nettesheim*, Ökologische Intervention, AVR 1996, 168, 187.

[428] *Delimatsis*, Determining the Necessity of Domestic Regulations in Services, EJIL 2008, 365, 389–390.

[429] *Delimatsis*, Determining the Necessity of Domestic Regulations in Services, EJIL 2008, 365, 390.

ment, das Argument der institutionellen Rolle der WTO-Streitbeilegungsorgane, das Argument der Expertise sowie das Argument der Überwindung des Unbestimmtheitsproblems des (impliziten) Abwägungsarguments herangezogen.

*(1) Souveränitätsrecht*

Im Schrifttum wird das Souveränitätsargument zur Unterstützung einer dynamischen Geeignetheitsabwägung nicht besonders hervorgehoben. Dieses Argument wird allgemein für eine dynamische Abwägung sowohl bei der Geeignetheits- als auch bei der Erforderlichkeitsabwägung sowie bei der Abwägung im Rahmen der Chapeau-Prüfung angeführt.

Demzufolge stelle u. a. eine Geeignetheitsabwägung durch die WTO-Streitbeilegungsorgane keinen ungerechtfertigten Eingriff in die souveräne Entscheidungsfreiheit des regulierenden WTO-Mitglieds dar, wenn diese Abwägung unter ernsthafter Berücksichtigung der von beiden Parteien vorgebrachten Argumente hinreichend strukturiert und rationalisiert werde.[430] Auf diese Weise könne Transparenz in die richterliche Begründung gebracht werden, wodurch Mehrdeutigkeit und Unvorhersehbarkeit der Entscheidung verringert werden.[431]

*(2) Institutionelle Rolle der WTO-Streitbeilegungsorgane*

Ähnlich wie das Souveränitätsargument wird im Schrifttum das Argument der institutionellen Rolle der WTO-Streitbeilegungsorgane zur Unterstützung einer dynamischen Geeignetheitsabwägung nicht besonders hervorgehoben. Dieses Argument wird allgemein für eine dynamische Abwägung sowohl bei der Geeignetheits- als auch bei der Erforderlichkeitsabwägung sowie bei der Abwägung im Rahmen der Chapeau-Prüfung angeführt.

So wird zwar anerkannt, dass der wachsende Anspruch auf Legitimität für kompetente und sensible Abwägungen eine große Herausforderung für die WTO-Streitbeilegungsorgane darstelle.[432] Das Rechtssystem der WTO befinde sich jedoch aufgrund seiner zunehmenden Reife vielmehr in einem Prozess der „Konstitutionalisierung“, und ein wichtiger Aspekt dieses Prozesses sei die „richterliche Normsetzung“, bei der verfassungsähnliche Prinzipien

---

[430] Vgl. *Andenas/Zleptnig*, Proportionality and Balancing in WTO Law, CRIA 2007, 71, 90.

[431] Vgl. *Andenas/Zleptnig*, Proportionality and Balancing in WTO Law, CRIA 2007, 71, 90.

[432] Vgl. *Andenas/Zleptnig*, Proportionality and Balancing in WTO Law, CRIA 2007, 71, 88.

und Techniken durch die WTO-Streitbeilegungsorgane geschaffen werden.[433] Zu diesen Prinzipien gehören u. a. das Verhältnismäßigkeitsprinzip i. w. S. und damit auch die Geeignetheitsabwägung, damit die WTO-Streitschlichtungsorgane die Kompetenzabgrenzung zwischen den Mitgliedstaaten und dem zentralen Streitbeilegungsmechanismus kompetent und explizit behandeln können.[434] Ein Legitimationsdefizit u. a. für eine dynamische Geeignetheitsabwägung durch die WTO-Streitbeilegungsorgane sei nach dieser Ansicht nämlich nicht vorhanden.

*(3) Expertise*

Im Gegensatz zur Diskussion über die Prüfungsdichte der WTO-Streitbeilegungsorgane hinsichtlich der Tatsachenfeststellungen und Rechtsurteile des regulierenden WTO-Mitglieds[435] hat das Argument der Expertise in der Debatte über die Geeignetheitsabwägung im Rahmen der Auslegung des Art. XX GATT bislang weniger Beachtung gefunden.

Es wird teilweise vertreten, dass ein WTO-Mitglied als Streitpartei zwar über weitaus mehr sachbezogene lokale Informationen und Komplexe Fakten verfüge als ein Panel.[436] Eine solche Expertise könne jedoch zum Zweck des Handelsprotektionismus missbraucht werden.[437]

Ferner sehe Art. 13 DSU vor und der AB bestätige, dass ein Panel über einen weiten Ermessensspielraum verfüge, Informationen aus einer Vielzahl von Quellen, einschließlich von Nichtparteien, zu akzeptieren und Stellungnahmen von Umweltorganisationen zu spezifischen Fragen einzuholen.[438] Manche Tatsachenfeststellungen seien zudem nicht komplex und erfordere keine Interessenabwägung.[439] Ein Panel könne technische und sachliche Schwierigkeiten auch durch Hinzuziehung von Experten überwinden.[440]

---

433 *Andenas/Zleptnig*, Proportionality and Balancing in WTO Law, CRIA 2007, 71, 88; *Cass*, The Constitutionalization of International Trade Law, EJIL 2001, 39, 41–42, 44.

434 Vgl. *Cass*, The Constitutionalization of International Trade Law, EJIL 2001, 39, 42, 46, 66 f., 68.

435 Teil 2 Kapitel 7 § 2 A. III. 1. b) bb) und § 2 A. III. 1. c) bb).

436 *Herwig/Serdarevic*, Standard of Review for Necessity and Proportionality Analysis in EU and WTO Law, in: Gruszczynski/Werner (Hrsg.), Deference in International Courts and Tribunals, 2014, S. 229 i. V. m. 218.

437 *Herwig/Serdarevic*, Standard of Review for Necessity and Proportionality Analysis in EU and WTO Law, in: Gruszczynski/Werner (Hrsg.), Deference in International Courts and Tribunals, 2014, S. 229 i. V. m. 218.

438 *Cass*, The Constitutionalization of International Trade Law, EJIL 2001, 39, 61.

439 *Herwig/Serdarevic*, Standard of Review for Necessity and Proportionality Analysis in EU and WTO Law, in: Gruszczynski/Werner (Hrsg.), Deference in Interna-

Außerdem könne die richterliche Überprüfung durch die WTO-Streitbeilegungsorgane u. a. im Rahmen der Geeignetheitsabwägung dadurch gelingen, dass bestimmte Prüfungsdichten für die Einschätzung des regulierenden WTO-Mitglieds in rechtlichen und sachlichen Fragen angewendet werden.[441]

### *(4) Überwindung des „empirischen" Unbestimmtheitsproblems durch Hervorhebung der Maßgeblichkeit des quantitativen Ansatzes*

Beruhend auf der Kritik am qualitativen Ansatz wird in der wissenschaftlichen Literatur teilweise aus folgenden Gründen vorgeschlagen, das Unbestimmtheitsproblem des impliziten Abwägungsarguments durch die Hervorhebung der Maßgeblichkeit des quantitativen Ansatzes zu überwinden.

Zunächst ergebe sich die Forderung nach der Anwendung des quantitativen Ansatzes nach einer Ansicht aus dem klaren Wortlaut des Art. XX (g) GATT.[442] Der eindeutige Wortlaut des Art. XX (g) GATT frage danach, ob sich eine Maßnahme auf die Erhaltung erschöpflicher natürlicher Ressourcen beziehe und ob sie in Verbindung mit inländischen Produktions- oder Verbrauchsbeschränkungen *wirksam* werde.[443] Dieser Wortlaut solle gewöhnlich so verstanden werden, dass maßgeblich sei, ob die ergriffene Maßnahme die natürlichen Ressourcen *tatsächlich* konserviere und ob die inländische Produktion sowie der inländische Verbrauch *tatsächlich* eingeschränkt werden.[444]

Ferner ergebe sich die Notwendigkeit der Hervorhebung der Maßgeblichkeit der quantitativen Analyse bei der Geeignetheitsabwägung daraus, dass die Quantifizierung des Beitrags der ergriffenen Maßnahme für die Prüfung der Verfügbarkeit einer milderen Alternative unerlässlich sei. Ohne Quantifi-

---

tional Courts and Tribunals, 2014, S. 227 i.V.m. 218. Wie in Teil 3 Kapitel 9 § 3 B. und § 3 E. dargestellt, liegt eine implizite Abwägung zulasten des regulierenden WTO-Mitglieds im Falle der Ablehnung der Geeignetheitsprüfung unvermeidlich vor, obwohl dabei oft explizit von der Tatsachenfeststellung die Rede ist.

440 *Herwig/Serdarevic*, Standard of Review for Necessity and Proportionality Analysis in EU and WTO Law, in: Gruszczynski/Werner (Hrsg.), Deference in International Courts and Tribunals, 2014, S. 227 i.V.m. 218. Wie in Teil 3 Kapitel 9 § 3 B. und § 3 E. dargestellt, liegt eine implizite Abwägung zulasten des regulierenden WTO-Mitglieds im Falle der Ablehnung der Geeignetheitsprüfung unvermeidlich vor, obwohl dabei oft explizit von der Tatsachenfeststellung die Rede ist.

441 *Cass*, The Constitutionalization of International Trade Law, EJIL 2001, 39, 57–58, 60–62.

442 *Bond/Trachtmann*, China – Rare Earths: Export Restrictions and the Limits of Textual Interpretation, WTR 2016, 189, 207.

443 *Bond/Trachtmann*, China – Rare Earths: Export Restrictions and the Limits of Textual Interpretation, WTR 2016, 189, 207.

444 *Bond/Trachtmann*, China – Rare Earths: Export Restrictions and the Limits of Textual Interpretation, WTR 2016, 189, 207.

zierung des konkreten Beitrags der ergriffenen Maßnahme sei die Analyse des Beitrags der vorgeschlagenen Alternative orientierungslos und damit unmöglich.[445] Die Beitragsanalyse des Panels, beispielsweise in Brazil – Retreaed Tyres, nach dem qualitativen Ansatz sei nur theoretisch, weil der AB einen Beitrag der angegriffenen Maßnahme bereits dann als gegeben festlege, wenn eine echte Mittel-Zweck-Beziehung zwischen der Maßnahme und dem Ziel nach seiner Ansicht bestehe.[446] Der Umstand, dass ein Panel oft das Schutzziel und das Schutzniveau nicht in erkennbarer Weise kläre, erfordere zudem die Quantifizierung des Beitrags der ergriffenen Maßnahme, weil die gewünschte Schutzwirkung in diesem Fall nur noch durch die Wirkung der angegriffenen Maßnahme erkennbar sein könne.[447] Daher sei eine Quantifizierung des Beitrags der ergriffenen Umweltmaßnahme auch für die Beurteilung der Verfügbarkeit einer milderen Alternative unerlässlich.

Im Konkreten werden im Schrifttum zwei Lösungsansätze zur Ausräumung der Unbestimmtheit der Geeignetheitsabwägung vorgeschlagen: der *ex ante* quantitative Ansatz und der *ex post* quantitative Ansatz.

Nach dem *ex ante* quantitativen Ansatz solle eine Quantifizierung bereits vor dem Ergreifen der angegriffenen Maßnahme erfolgen, damit der Schwellenwert des Beitrags überhaupt erkennbar sein könne.[448] Nach dem *ex post* quantitativen Ansatz solle die Geeignetheit (und damit implizit auch die Angemessenheit) einer Maßnahme weiterhin anhand des tatsächlichen Im- oder Exportvolumens abschließend beurteilt werden, wenn sich ein Beitrag zur Erreichung des angegebenen Schutzziels grundsätzlich aus der Ausgestaltung und Struktur der Maßnahme ergebe.[449]

---

[445] *Bown/Trachtmann*, Brazil-Measures Affecting Imports of Retreaded Tyres: A Balancing Act, WTR 2009, 85, 120, 125, 128 f.; *Dawar/Ronen*, How „Necessary"?, TLD 2016, 1, 9–10; *Fontanelli*, Necessity Killed the GATT, EJILS 2012/13, 36, 51: „In Brazil – Tyres, the qualitative assessment of the contribution of the ban to the sought objective had a double consequence. It impaired the balancing phase (non-measurable entities can hardly be weighed against each other) and affected the LTRM test, because it is impossible to look for equally-effective alternatives when the effectiveness of the original measure is not known to begin with, at least in objective terms."

[446] *Bown/Trachtmann*, Brazil-Measures Affecting Imports of Retreaded Tyres: A Balancing Act, WTR 2009, 85, 125–127; WTO, AB-Bericht v. 3. 12. 2007, WT/DS332/AB/R, „Brazil – Retreaded Tyres", Para. 210.

[447] Vgl. *Bown/Trachtmann*, Brazil-Measures Affecting Imports of Retreaded Tyres: A Balancing Act, WTR 2009, 85, 86, 129. Demnach stelle „reducing the accumulation to the maximum extent possible" kein Ziel, sondern ein Mittel dar, weil kein konkreter Schwellenwert erkennbar sei.

[448] Vgl. *Bown/Trachtmann*, Brazil-Measures Affecting Imports of Retreaded Tyres: A Balancing Act, WTR 2009, 85, 125–126.

[449] *Bond/Trachtmann*, China – Rare Earths: Export Restrictions and the Limits of Textual Interpretation, WTR 2016, 189, 203, 207; *Dawar/Ronen*, How „Necessary"?, TLD 2016, 1, 21.

### cc) Skepsis gegenüber dem Argument der Geeignetheitsabwägung zulasten des regulierenden WTO-Mitglieds

Ein Teil der wissenschaftlichen Literatur äußert gewisse Skepsis gegenüber einer richterlichen Abwägung im Rahmen der Überprüfung der Geeignetheits- und damit implizit auch Angemessenheitseinschätzung des regulierenden WTO-Mitglieds. Demnach soll die richterliche einzelfallbezogene Abwägung dabei nur ausnahmsweise oder gar nicht ausgeübt werden.

#### *(1) Geeignetheitsabwägung zulasten des regulierenden WTO-Mitglieds als Ausnahme*

Im Schrifttum wird die Auffassung vertreten, dass das Kriterium der Geeignetheit relativ anspruchslos sei und nur verlange, dass eine Maßnahme geeignet sei, das angestrebte Ziel zu fördern.[450] Die Beitragsforderung stelle kein wesentliches Hindernis für die Bejahung der Geeignetheitseinschätzung des regulierenden WTO-Mitglieds dar.[451] Im Bereich des Welthandelsrechts sei der Eignungstest relativ einfach anzuwenden und es werden keine größeren Auslegungsprobleme aufgeworfen.[452] Eine Maßnahme sei schon dann als geeignet zu erachten, wenn sie in der Lage sei, einen bloßen[453] bzw. marginalen Beitrag[454] zur Zielerreichung leisten zu können. Nicht verlangt werde, dass die gewünschte Schutzwirkung tatsächlich eintritt.[455] Die Anwendung des qualitativen Ansatzes und damit eine lockere Kontrolldichte für den Beitragstest in der Entscheidungspraxis zu Art. XX GATT erhöhe die Erfolgsaussicht der Berufung auf Art. XX GATT.[456]

---

[450] *Henckels*, Revisiting Proportionality Analysis, JIEL 2012, 223, 247; *Du*, The Necessity Test in World Trade Law, CJIL 2016, 817, 825.

[451] *Henckels*, Revisiting Proportionality Analysis, JIEL 2012, 223, 247; *Vanden Brink*, Suggestions to Utilize GATT's Environmental Exceptions, CJIELP 2010, 85, 107; *Van den Bossche*, Looking for Proportionality in WTO Law, LIEI 2008, 283, 294.

[452] *Van den Bossche*, Looking for Proportionality in WTO Law, LIEI 2008, 283, 287 i. V. m. 285; vgl. *Panizzon/Arnold/Cottier*, Handel und Umwelt in der WTO, URP 2010, 199, 226.

[453] Grundsätzlich: *Vranes*, Der Verhältnismäßigkeitsgrundsatz, AöR 2009, 1, 20; grundsätzlich auch: *Bond/Trachtmann*, China – Rare Earths: Export Restrictions and the Limits of Textual Interpretation, WTR 2016, 189, 205.

[454] *Van den Bossche*, Looking for Proportionality in WTO Law, LIEI 2008, 283, 294.

[455] *Ekardt/Hennig/Steffenhagen*, Nachhaltigkeitskriterien für Bioenergie und das WTO-Recht, JbUTR 2010, 151, 180.

[456] Vgl. *Matsushita*, Human Health Issues in major WTO-Dispute Cases, AJWH 2009, 1, 22.

Soweit zumindest die Möglichkeit bestehe, dass das angegebene Schutzziel durch die ergriffene Maßnahme erreicht werden könne, könne diese Maßnahme nicht als ungeeignet angesehen werden, das gefährdete Schutzgut zu wahren.[457] Auch der Umstand, dass die Maßnahme zur Beschränkung sowohl moralisch gefährlicher als auch moralisch neutraler Geschäfte geeignet sei, führe nicht automatisch zur Ablehnung der Geeignetheit der angegriffenen Maßnahme.[458]

Diese zurückhaltende Behandlung der Geeignetheitseinschätzung des regulierenden WTO-Mitglieds im Schrifttum verdeutlicht zugleich, dass nach dieser Ansicht die Geeignetheitsabwägung zulasten des regulierenden WTO-Mitglieds in sehr eingeschränkter Weise erfolgen soll. Denn nur die Ablehnung der genannten Einschätzung führt unvermeidlich zu einer impliziten Abwägung zulasten des regulierenden WTO-Mitglieds.[459]

*(2) Keine Geeignetheitsabwägung zulasten des regulierenden WTO-Mitglieds*

Ein Teil der wissenschaftlichen Literatur verneint die Zulässigkeit einer Abwägung im Rahmen der Geeignetheitsprüfung, sei sie offen oder implizit.[460]

Demzufolge dürfen weder ein Panel noch der AB bei der Analyse des Beitrags der angegriffenen Maßnahme die Wichtigkeit des vom regulierenden WTO-Mitglied angegebenen Schutzziels in Frage stellen.[461] Andernfalls wäre der *weighing and balancing test* im Rahmen der Interpretation von Art. XX (a), (b) und (d) GATT, der u. a. eine Geeignetheitsprüfung beinhalte, nicht mit der Prärogative eines WTO-Mitglieds zur Festlegung seines Schutzniveaus ver-

---

457 *Nuzzo*, GATT Moral Clause after Colombia – Textiles, EJLS 2017, 267, 285. Nuzzo betrachtet die Interpretation von „measure designed to protect“ in Art. XX (a) GATT vor der Prüfung des *necessary to*-Tests als eine Geeignetheitsprüfung, die einer losen Kontrolle unterliegt.

458 *Nuzzo*, GATT Moral Clause after Colombia – Textiles, EJLS 2017, 267, 285.

459 Teil 3 Kapitel 9 § 3 B.

460 *McGrady*, Necessity Exceptions in WTO Law, JIEL 2009, 153, 162; *Fontanelli*, Necessity Killed the GATT, EJILS 2012/13, 35, 52 i. V. m. 48–49; indiziell, vgl. *Nuzzo*, GATT Moral Clause after Colombia – Textiles, EJLS 2017, 267, 288–289; *Desmedt*, Proportionality in WTO Law, JIEL 2001, 441, 465–467, 471–472; *Neumann/Türk*, Necessity Revisited, JWT 2003, 199, 208–209 i. V. m. 212–213 und 215–217; *Regan*, The Meaning of „Necessary“ in GATT Article XX and GATS Article XIV, WTR 2007, 347, 353–361; *Howse/Turk*, A Case Study of the Canada – EC Asbestos Dispute, in: de Búrca/Scott (Hrsg.), The EU and the WTO, 2001, S. 323–324 i. V. m. 325 f.

461 Vgl. *McGrady*, Necessity Exceptions in WTO Law, JIEL 2009, 153, 162.

einbar.[462] Ferner könne eine Abwägung im Rahmen der Geeignetheitsprüfung weder mit dem hohen Respekt gegenüber dem regulierenden WTO-Mitglied bei der Legitimitätsprüfung des Schutzziels und des Schutzniveaus noch mit dem Paradigma der negativen Integration der Welthandelsorganisation vereinbar sein.[463] Weiterhin wird vertreten, dass ein Abwägungstest u. a. in der „Geeignetheitsprüfung“ im Rahmen des *weighing and balancing test* beispielsweise nach Art. XX (b) GATT zwar allgemein eingeführt werde; ein solcher Abwägungstest diene vielmehr dazu, den Mitgliedern eine zusätzliche Margin of Appreciation bei der Wahl der Maßnahmen zur Erreichung der in Art. XX GATT festgelegten Ziele einzuräumen.[464] Eine solche Margin könne dabei nicht von den WTO-Streitbeilegungsorganen abgelehnt werden.[465]

Die Vertreter dieser Ansicht sehen entweder überhaupt keine implizite Abwägung in einer negativ beurteilten Geeignetheitsprüfung,[466] oder sie erkennen zwar in der Ablehnung der Geeignetheitsprüfung eine subjektive Feststellung an, vertreten aber die Auffassung, dass diese dennoch nicht das Niveau einer Abwägung erreiche.[467]

#### dd) Herangezogene Argumente

Zur Begründung der Beschränkung bzw. des Verzichts auf eine Geeignetheitsabwägung zulasten des regulierenden WTO-Mitglieds werden das Sou-

---

[462] *Neumann/Türk*, Necessity Revisited, JWT 2003, 199, 208–209 i. V. m. 212–213 und 215–217; *Nuzzo*, GATT Moral Clause after Colombia – Textiles, EJLS 2017, 267, 288–289. Nuzzo betrachtet den Beitragstest im Rahmen des *weighing and balancing test* bei der Prüfung des Art. XX (a) GATT nicht als Geeignetheitsprüfung. Nach vorliegender Untersuchung stellt ein solcher Beitragstest die Geeignetheitsprüfung dar, bei deren Ablehnung eine implizite Abwägung vorliegt.

[463] *Nuzzo*, GATT Moral Clause after Colombia – Textiles, EJLS 2017, 267, 288–289.

[464] *Howse/Turk*, A Case Study of the Canada – EC Asbestos Dispute, in: de Búrca/Scott (Hrsg.), The EU and the WTO, 2001, S. 323–324 i. V. m. 325; *Neumann/Türk*, Necessity Revisited, JWT 2003, 199, 208–209 i. V. m. 214.

[465] *Howse/Turk*, A Case Study of the Canada – EC Asbestos Dispute, in: de Búrca/Scott (Hrsg.), The EU and the WTO, 2001, S. 323–324 i. V. m. 325; *Neumann/Türk*, Necessity Revisited, JWT 2003, 199, 208–209 i. V. m. 214, 215–217 und 212–213.

[466] *Neumann/Türk*, Necessity Revisited, JWT 2003, 199, 200–201; *Nuzzo*, GATT Moral Clause after Colombia – Textiles, EJLS 2017, 267, 285 i. V. m. 290–291, 293; vgl. *Regan*, The Meaning of „Necessary“ in GATT Article XX and GATS Article XIV, WTR 2007, 347, 361–362 und 365–366; *McGrady*, Necessity Exceptions in WTO Law, JIEL 2009, 153, 162–163; wohl auch, vgl. *Howse/Turk*, A Case Study of the Canada – EC Asbestos Dispute, in: de Búrca/Scott (Hrsg.), The EU and the WTO, 2001, S. 323.

[467] Vgl. *Desmedt*, Proportionality in WTO Law, JIEL 2001, 441, 469–470; *Fontanelli*, Necessity Killed the GATT, EJILS 2012/13, 35, 51, 54.

veränitätsargument, das Argument der institutionellen Rolle der WTO-Streitbeilegungsorgane, das Argument der Expertise sowie das Argument der Unbestimmtheit der (impliziten) Abwägung herangezogen.

*(1) Souveränitätsrecht*

Im Schrifttum wird das Souveränitätsargument zur Unterstützung einer geringen Geeignetheitsabwägung nicht besonders hervorgehoben. Wie oben in Teil 5 Kapitel 19 § 1 B. I. 1. d) cc) (1) und § 1 B. I. 1. d) cc) (2) dargestellt, wird die Geeignetheitsprüfung in der wissenschaftlichen Literatur oft als rein empirische und wenig anspruchsvolle Prüfung angesehen. Selbst wenn sie abgelehnt wird, wurde der dadurch entstandenen impliziten Abwägung und der Korrektur des behaupteten Schutzniveaus des regulierenden WTO-Mitglieds kaum Aufmerksamkeit geschenkt. Vielmehr wird der Respekt vor dem Souveränitätsrecht des regulierenden WTO-Mitglieds als selbstverständlich betrachtet.

Nur wenige Vertreter weisen ausdrücklich auf das Souveränitätsargument hin. So wird vertreten, dass das WTO-System nur ein niedriges Niveau an Integration erfordere[468] und die Staaten ihre souveräne Macht zur Wahl und Umsetzung ihrer politischen Ziele behalten, solange diese nicht mit den internationalen Verpflichtungen im Rahmen der WTO-Übereinkommen kollidieren.[469] Hingegen führe eine hohe Überprüfungsintensität bei der Geeignetheitseinschätzung des regulierenden WTO-Mitglieds durch die WTO-Streitbeilegungsorgane dazu, dass ein WTO-Mitglied bei einem marginalen oder insignifikanten Beitrag die Umweltschutzmaßnahme nicht mehr ergreifen dürfe.[470] Eine solche Auslegung, beispielsweise in Brazil – Retreaded Tyres,[471] sei nicht vereinbar mit dem souveränen Recht der WTO-Mitglieder zur Festlegung des gewünschten Schutzniveaus, wie im AB-Bericht desselben Verfahrens bestätigt werde.[472]

---

[468] *Kapterian*, A Critique of the WTO Jurisprudence on „Necessity“, ICLQ 2010, 89, 97.

[469] *Fontanelli*, Necessity Killed the GATT, EJILS 2012/13, 35, 37.

[470] *Van den Bossche*, Looking for Proportionality in WTO Law, LIEI 2008, 283, 294.

[471] WTO, AB-Bericht v. 3. 12. 2007, WT/DS332/AB/R, „Brazil – Retreaded Tyres“, Para. 210.

[472] *Van den Bossche*, Looking for Proportionality in WTO Law, LIEI 2008, 283, 294; zum genannten AB-Bericht siehe: WTO, AB-Bericht v. 3. 12. 2007, WT/DS332/AB/R, „Brazil – Retreaded Tyres“, Para. 210.

### *(2) Institutionelle Rolle der WTO-Streitbeilegungsorgane*

Im Schrifttum wird das Argument der institutionellen Sensibilität der WTO-Streitbeilegungsorgane zur Unterstützung einer geringen Geeignetheitsabwägung nicht besonders hervorgehoben. Dieses Argument wird oft als Einwand sowohl gegen die Erforderlichkeitsabwägung als auch gegen die Geeignetheitsabwägung im Rahmen des *weighing and balancing test* des Art. XX (a), (b) und (d) GATT herangezogen.

Zum Beispiel wird vertreten, dass u. a. die Geeignetheitsabwägung in einer beschränkten Weise ausgeübt werden solle, weil die WTO-Streitbeilegungsorgane als internationale Schiedskörper dazu nicht legitimiert seien.[473] Die WTO-Streitbeilegungsorgane seien nämlich nicht legitimiert, die Wichtigkeit des angegebenen Schutzziels bei der Geeignetheitsabwägung abzuwägen.[474]

### *(3) Expertise*

Ein weiteres Argument gegen eine dynamische Geeignetheitsabwägung ist die fehlende Expertise der WTO-Streitbeilegungsorgane für die notwendige empirische Analyse.[475] Ein Panel und der AB seien demnach nicht geeignet, eine quantitative Analyse bzw. eine Kosten-Nutzen-Analyse durchzuführen, weil sie als internationale Schiedskörper keinen guten Zugang zu den notwendigen Informationen haben.[476]

### *(4) „Empirisches" Unbestimmtheitsproblem des Arguments der Geeignetheitsabwägung*

Eine offene Güterabwägung solle nicht im Rahmen der Interpretation eines Absatzes des Art. XX GATT durchgeführt werden, weil diese aufgrund der Inkommensurabilität zwischen Handelsfreiheit und Interessen wie Menschenleben sowie Umwelt unmöglich bzw. unvorhersehbar sei.[477] Dies gilt auch dann, wenn die „Geeignetheitsprüfung" in der Entscheidungspraxis negativ

---

[473] *Delimatsis*, Determining the Necessity of Domestic Regulations in Services, EJIL 2008, 365, 390; *Howse/Turk*, A Case Study of the Canada – EC Asbestos Dispute, in: de Búrca/Scott (Hrsg.), The EU and the WTO, 2001, S. 326.

[474] Vgl. *McGrady*, Necessity Exceptions in WTO Law, JIEL 2009, 153, 162.

[475] Vgl. *Delimatsis*, Determining the Necessity of Domestic Regulations in Services, EJIL 2008, 365, 390.

[476] Vgl. *Delimatsis*, Determining the Necessity of Domestic Regulations in Services, EJIL 2008, 365, 390.

[477] *Thiedemann*, WTO und Umwelt, 2005, S. 141–143.

beurteilt wird und damit eine implizite Abwägung vorliegt.[478] Denn unklar bleibt, inwieweit eine implizite Abwägung von einer offenen Abwägung zu unterscheiden ist, obwohl bei ersterer noch deklaratorisch von der Anerkennung des behaupteten Schutzniveaus des regulierenden WTO-Mitglieds die Rede ist.

Bei der Geeignetheitsprüfung wird die Frage behandelt, ob das fragliche Mittel den angestrebten Erfolg in irgendeiner Weise fördern kann.[479] Kern dieses Teilgrundsatzes soll grundsätzlich eine empirische Einschätzung der Konsequenzen des Schutzgutseingriffs für das verfolgte Schutzziel sein.[480] Die Prognose des Kausalverlaufs ist jedoch besonders schwierig.[481] Sie kann nicht ohne empirische Unsicherheit durchgeführt werden,[482] weil empirische Studien stets von der Wahl der Perspektive abhängen.[483]

Bei der Geeignetheitsprüfung im Rahmen der Interpretation des Art. XX GATT ist dies auch der Fall.[484] Wie der AB in US – Gasoline feststellte, könne der tatsächliche Erfolg einer Umweltschutzmaßnahme, beispielsweise zur Konservierung erschöpfbarer Ressourcen, oft erst nach mehreren Jahren sichtbar werden.[485] Dieser Schwierigkeit begegnen nicht nur das regulierende WTO-Mitglied, sondern auch die WTO-Streitbeilegungsorgane, die die Geeignetheitseinschätzung des genannten Mitglieds kontrollieren und denen zugleich oft die notwendige methodische Ausbildung für eine eigene empirische Einschätzung fehle.[486]

Im Schrifttum wird überwiegend die qualitative Analyse als der von den WTO-Streitbeilegungsorganen festgelegte maßgebliche Ansatz für die Geeig-

---

[478] Teil 3 Kapitel 9 § 3 B.

[479] BVerfG, Beschluss v. 4.4.2006, 1 BvR 518/02, „Rasterfahndung II", Rn. 85; BVerfG, Urteil v. 3.3.2004, 1 BvR 2378/98 u.a., „Großer Lauschangriff", Rn. 202; BVerfG, Beschluss v. 16.3.1971, 1 BvR 52/66 u.a., „Erdölbevorratung", Rn. 70; *Grabitz*, Der Grundsatz der Verhältnismäßigkeit in der Rechtsprechung des BVerfG, AöR 1973, 568, 571–572; *Petersen*, Verhältnismäßigkeit als Rationalität, 2015, S. 169; *Lang*, Der Verhältnismäßigkeitsgrundsatz in der Rechtsprechung des BVerfG, AöR 2020, 75, 100; *Saurer*, Globalisierung des Verhältnismäßigkeitsgrundsatzes, Der Staat 2012, 3, 7.

[480] *Alexy*, Theorie der Grundrechte, 9. Aufl. 2020, S. 101; *Hirschberg*, Der Grundsatz der Verhältnismäßigkeit, 1981, S. 44–45, 50; *Petersen*, Verhältnismäßigkeit als Rationalität, 2015, S. 128, 169; *Webber*, The Negotiable Constitution on the Limitation of Rights, 2009, S. 72, 81.

[481] Vgl. *Hirschberg*, Der Grundsatz der Verhältnismäßigkeit, S. 51–53.

[482] Vgl. *Petersen*, Verhältnismäßigkeit als Rationalität, 2015, S. 82f., 170f.; *Peters*, A Plea for Proportionality, ICON 2021, 1135, 1140.

[483] *Petersen*, Verhältnismäßigkeit als Rationalität, 2015, S. 85–87.

[484] *Desmedt*, Proportionality in WTO Law, JIEL 2001, 441, 466.

[485] WTO, AB-Bericht v. 20.5.1996, WT/DS2/AB/R, „US – Gasoline", S. 21.

[486] Vgl. *Petersen*, Verhältnismäßigkeit als Rationalität, 2015, S. 83–85.

netheitsprüfung angesehen,[487] obwohl in der Entscheidungspraxis unklar bleibt, ob die qualitative oder die quantitative Analyse maßgeblich ist.[488]

Im Schrifttum wird am qualitativen Ansatz einerseits kritisiert, dass unklar sei, wann eine Maßnahme nach ihrer Ausgestaltung und Struktur als ungeeignet anzusehen sei.[489] Die Beurteilung des Beitragsgrads der angegriffenen Maßnahme zur Erreichung des Schutzziels sei schwierig, weil sich aus der Ausgestaltung und Struktur einer Maßnahme stets ergeben könne, dass diese sowohl positive als auch negative Auswirkungen auf das Schutzgut sowie auf die Handelsfreiheit eines anderen WTO-Mitglieds haben könne.[490] Es sei kein sicherer und bestimmter Prüfungsmaßstab, einen theoretischen Beitrag zum Schutz der Schutzgüter als „wesentlich" zu akzeptieren und diesen Beitragsgrad als ausreichend für die Erfüllung der Geeignetheitsprüfung zu betrachten.[491]

Andererseits wird gegen die von den WTO-Streitbeilegungsorganen verwendete quantitative Analyse eingewandt, dass kein Benchmark für die Durchführung einer solchen Bewertung festgelegt wird. Es bleibe nämlich ungeklärt, wie ein Panel den Grad des Beitrags der angegriffenen Maßnahme bestimmen solle und welche Aspekte der fraglichen Maßnahme berücksichtigt werden sollen; Ebenso sei unklar, welche speziellen Merkmale auf einen hohen oder geringen Beitrag hindeuten.[492] Ohne Klarstellung dieser Fragen werde die Beurteilung eines Panels willkürlich und wenig transparent.[493]

---

[487] *Van den Bossche*, Looking for Proportionality in WTO Law, LIEI 2008, 283, 294; *Howse/Levy*, The TBT Panels, WTR 2013, 327, 369; *Panizzon/Arnold/Cottier*, Handel und Umwelt in der WTO, URP 2010, 199, 220, 228; *Sykes*, The Least Restrictive Means, UCLR 2003, 403, 406, 415–416; *Bown/Trachtmann*, Brazil-Measures Affecting Imports of Retreaded Tyres: A Balancing Act, WTR 2009, 85, 86–87, 120, 125, 128f.; *Vanden Brink*, Suggestions to Utilize GATT's Environmental Exceptions, CJIELP 2010, 85, 107; *Lo*, Disguised Restriction on International Trade under the WTO, JIDS 2013, 111, 134–135; *Dawar/Ronen*, How „Necessary"?, TLD 2016, 1, 7; *Du*, The Necessity Test in World Trade Law, CJIL 2016, 817, 825. A.A.: *Nuzzo*, GATT Moral Clause after Colombia – Textiles, EJLS 2017, 267, 285, 289.

[488] Teil 3 Kapitel 9 § 3 A. II. i.V.m. Teil 5 Kapitel 19 § 1 B. I. 1. b) aa).

[489] *Fontanelli*, Necessity Killed the GATT, EJILS 2012/13, 36, 51f.; *Bown/Trachtmann*, Brazil-Measures Affecting Imports of Retreaded Tyres: A Balancing Act, WTR 2009, 85, 89–90, 120, 125f.

[490] *Fontanelli*, Necessity Killed the GATT, EJILS 2012/13, 36, 51f., 54f.

[491] Vgl. *Bown/Trachtmann*, Brazil-Measures Affecting Imports of Retreaded Tyres: A Balancing Act, WTR 2009, 85, 89–90, 120.

[492] *Nuzzo*, GATT Moral Clause after Colombia – Textiles, EJLS 2017, 267, 289. Nuzzo sieht den Beitragstest im Rahmen des *weighing and balancing test* bei der Prüfung des Art. XX (a) GATT nicht als eine Geeignetheitsprüfung an. Nach vorliegender Untersuchung stellt ein solcher Beitragstest die Geeignetheitsprüfung dar, bei deren Ablehnung eine implizite Abwägung vorliegt.

[493] *Nuzzo*, GATT Moral Clause after Colombia – Textiles, EJLS 2017, 267, 289.

### ee) Stellungnahme

In der bisherigen wissenschaftlichen Diskussion wurde nicht hinreichend geklärt, wie das Unbestimmtheitsproblem des Arguments der Geeignetheitsabwägung zu überwinden ist. Das Souveränitätsargument, das Argument der institutionellen Rolle der WTO-Streitbeilegungsorgane und das Argument der Expertise können eine richterliche einzelfallbezogene Geeignetheitsabwägung zulasten des regulierenden WTO-Mitglieds weder hinreichend begründen noch überzeugend ablehnen. Dieses Problem lässt sich zudem nicht durch die Hervorhebung der Maßgeblichkeit der quantitativen Analyse überwinden.

#### *(1) Souveränitätsrecht*

Ohne Klarstellung der Reichweite des Einschätzungsspielraums einer Vertragspartei der WTO lässt sich mittels des Souveränitätsarguments nicht abschließend klären, ob das Geeignetheitsabwägungsargument einen tauglichen Widerlegungsgrund gegen die Vermutung der Geeignetheit und damit implizit auch der Angemessenheit der ergriffenen Maßnahme darstellt und wie dieses Argument konkret angewendet werden soll. Mit anderen Worten könnte die Anwendung des Geeignetheitsabwägungsarguments einen Eingriff in das Souveränitätsrecht des regulierenden WTO-Mitglieds darstellen. Die Anwendung dieses impliziten Abwägungsarguments könnte auch den Missbrauch des Souveränitätsrechts des regulierenden WTO-Mitglieds verhindern und damit das Souveränitätsrecht anderer WTO-Mitglieder schützen.

Ohne Klärung der genannten Reichweite lässt sich nämlich nicht feststellen, ob überhaupt ein Eingriff in das Regulierungsrecht eines WTO-Mitglieds aufgrund der Überprüfung durch das WTO-Schiedsgericht vorliegt. Das Missbrauchsverbot nach Art. XX GATT setzt zwar keine konkrete pragmatische Grenze, lässt aber grundsätzlich eine solche Überprüfungsmöglichkeit zu. Fraglich bleibt wiederum, wann ein Umstand einen Missbrauch des Regulierungsrechts im Sinne des Art. XX GATT darstellt.

#### *(2) Institutionelle Rolle der WTO-Streitbeilegungsorgane*

Ähnliches gilt für das Argument der institutionellen Rolle der WTO-Streitbeilegungsorgane. Ohne Klärung der Reichweite des Einschätzungsspielraums einer WTO-Vertragspartei lässt sich dementsprechend nicht feststellen, ob ein Panel und der AB als WTO-Streitbeilegungsorgane ihre Befugnisse überschreiten. Das Missbrauchsverbot im Chapeau des Art. XX GATT erlaubt zwar keine missbräuchliche Ausübung des Regulierungsrechts eines WTO-Mitglieds. Dieser Artikel liefert jedoch keinen konkreten und pragmatischen

Kontrollmaßstab für ein Panel zur Beurteilung der Reichweite dieses Regulierungsrechts explizit. Die konkrete Reichweite des diesbezüglichen Entscheidungsspielraums der WTO-Streitbeilegungsorgane ist weder in Art. XX GATT noch in anderen Vorschriften der WTO-Übereinkommen ausdrücklich geregelt.

*(3) Expertise*

Im Gegensatz zur Diskussion über die Prüfungsdichte der WTO-Streitbeilegungsorgane für die Tatsachenfeststellungen und Rechtsurteile des regulierenden WTO-Mitglieds[494] hat das Argument der Expertise in der Debatte über die Geeignetheitsabwägung im Rahmen der Auslegung des Art. XX GATT weniger Beachtung gefunden.

Das Argument der Expertise bezüglich der Geeignetheitsabwägung weist wenig Unterschied zu demjenigen in Bezug auf die Erforderlichkeitsabwägung auf. In Teil 5 Kapitel 19 § 1 B. II. 1. d) bb) (4) (c) wird dargestellt, dass das Argument der Expertise des regulierenden WTO-Mitglieds und der WTO-Streitbeilegungsorgane keine abschließende Antwort auf die Frage gab, wie das Unbestimmtheitsproblem des impliziten Abwägungsarguments überwunden werden kann. Dieses Ergebnis gilt auch für das Argument der Expertise bezüglich der Geeignetheitsabwägung.

*(4) Überwindung des „empirischen" Unbestimmtheitsproblems durch Hervorhebung der Maßgeblichkeit des quantitativen Ansatzes*

Das Unbestimmtheitsproblem der Geeignetheitsabwägung lässt sich durch die im Schrifttum vorgeschlagene Hervorhebung der Maßgeblichkeit des quantitativen Ansatzes nicht überwinden.

Zunächst ist darauf hinzuweisen, dass die im Schrifttum[495] angeführten Überlegungen auf Bedenken stoßen.

Erstens ergibt sich aus dem Wortlaut des Art. XX (g) GATT zwar keine ausschließliche Anwendung des qualitativen Ansatzes. Daraus kann jedoch nicht geschlossen werden, dass die quantitative Analyse abschließend maßgeblich für die Beurteilung der Geeignetheit und damit implizit auch der Angemessenheit einer Maßnahme im Kontext des Art. XX GATT sein soll.

Zweitens ist die Beurteilung anhand von Design und Struktur der angegriffenen Maßnahme nicht rein theoretischer Natur. Ob damit die Geeignetheit der angegriffenen Maßnahme abschließend festgestellt werden kann, ist zwar

---

494 Teil 2 Kapitel 7 § 2 A. III. 1. b) bb) und § 2 A. III. 1. c) bb).

495 Teil 5 Kapitel 19 § 1 B. I. 1. d) bb) (4).

unklar, jedoch jedenfalls nicht ausgeschlossen. Denn aus Design und Struktur einer Maßnahme kann sich zumindest ergeben, dass diese sowohl positive als auch negative Auswirkungen auf das Schutzgut sowie auf die Handelsfreiheit eines anderen WTO-Mitglieds haben kann. Ein prognostizierter Beitrag einer Maßnahme kann trotz des Vorhandenseins einer Ausnahme durch wirtschaftliche Analysen bestätigt werden.[496]

Basierend auf diesen Bedenken können die beiden im Schrifttum vorgeschlagenen quantitativen Ansätze[497] das Unklarheitsproblem des qualitativen Ansatzes aus folgenden Gründen nicht überwinden.

Gegen den *ex ante* quantitativen Ansatz spricht, dass es sich dabei im Wesentlichen um eine mengenmäßige Beschränkung und damit um einen qualitativen Ansatz handelt. Dies wirft wiederum die Frage auf, warum das Regulierungsrecht eines WTO-Mitglieds, nämlich anstelle einer mengenmäßigen Beschränkung ein totales Importerlaubnis als Ausnahme seiner unilateralen Maßnahme zu verhängen,[498] einer solchen Beschränkung unterliegen soll.

Gegen die *ex post* quantitative Analyse spricht, dass der quantitative Maßstab Unbestimmtheit für die Beurteilung der Rechtmäßigkeit einer zu ergreifenden Maßnahme verursacht, da das tatsächliche Im- oder Exportvolumen generell durch Angebot und Nachfrage bestimmt wird.[499] Es bleibt zudem unklar, warum einem Panel oder dem AB das Recht zustehen soll, ein bestimmtes Volumen von Import oder Export als erheblich für die Beurteilung der Geeignetheit und damit im Kontext des Art. XX GATT implizit auch der Angemessenheit der angegriffenen Maßnahme anzusehen. Außerdem lässt sich allein anhand der tatsächlichen Auswirkungen einer Maßnahme der kausale Zusammenhang zwischen den beiden nur schwer feststellen.[500]

Zusammenfassend ist festzuhalten, dass die Hervorhebung der Maßgeblichkeit des quantitativen Ansatzes das Unbestimmtheitsproblem des qualitativen Ansatzes und damit auch das Problem der Geeignetheitsabwägung nicht über-

---

[496] *Bond/Trachtmann*, China – Rare Earths: Export Restrictions and the Limits of Textual Interpretation, WTR 2016, 189, 198 f., 203.

[497] Teil 5 Kapitel 19 § 1 B. I. 1. d) bb) (4).

[498] Insoweit bleibt auch unklar, ob einem Mitglied der WTO dieses Recht überhaupt bzw. inwieweit zusteht.

[499] Vgl. *Davies*, Interpreting the Chapeau of GATT Article XX, JWT 2009, 507, 517 f., 522.

[500] WTO, AB-Bericht v. 20. 5. 1996, WT/DS2/AB/R, „US – Gasoline", S. 20 und WTO, AB-Bericht v. 7. 8. 2014, WT/DS431/AB/R u. a., „China – Rare Earths", Para. 5.98: „In the first place, the problem of determining causation, well-known in both domestic and international law, is always a difficult one. In the second place, in the field of conservation of exhaustible natural resources, a substantial period of time, perhaps years, may have to elapse before the effects attributable to implementation of a given measure may be observable."

winden kann. Zugleich kann dieses implizite Abwägungsargument wiederum nicht wegen dieser Unbestimmtheit des qualitativen und quantitativen Ansatzes abschließend als untauglicher Widerlegungsgrund eingestuft werden. Denn hierfür muss dargestellt werden, woraus sich eine zwingende Mindestanforderung an die Vorhersehbarkeit eines Prüfungsmaßstabs im GATT ergibt.

###### *(5) Zwischenergebnis: Keine abschließende Überwindung des Unbestimmtheitsproblems des Arguments der Geeignetheitsabwägung im Schrifttum*

Daher wurde in der wissenschaftlichen Literatur bislang nicht hinreichend geklärt, wie das Unbestimmtheitsproblem des Arguments der Geeignetheitsabwägung überwunden werden kann. Das Souveränitätsargument, das Argument der institutionellen Rolle der WTO-Streitbeilegungsorgane und das Argument der Expertise können eine Geeignetheitsabwägung zulasten des regulierenden WTO-Mitglieds weder hinreichend begründen noch überzeugend ablehnen. Dieses Problem lässt sich ferner nicht durch die Hervorhebung der Maßgeblichkeit des quantitativen Ansatzes überwinden.

Diese Lage verursacht gewisse Unvorhersehbarkeit für die Beilegung der Umweltstreitigkeiten vor der WTO. Denn die Reichweite des Einschätzungsspielraums des regulierenden WTO-Mitglieds hinsichtlich der Geeignetheit und damit implizit auch der Angemessenheit der umweltpolitischen Maßnahme ist nicht hinreichend geklärt. Allein aufgrund dieser Unklarheit lässt sich jedoch nicht abschließend feststellen, dass das Argument der Geeignetheitsabwägung keinen tauglichen Beurteilungsmaßstab und damit auch keinen tauglichen Widerlegungsgrund darstellt. Denn Abstraktheit ist jedem Maßstab inhärent, und eine zwingende Mindestanforderung an die Bestimmtheit eines Maßstabs wurde in der wissenschaftlichen Diskussion nicht hinreichend dargelegt. Es ist nämlich nicht ausgeschlossen, dass durch dieses implizite Abwägungsargument eine zutreffende Optimierung kollidierender Interessen erzielt werden kann.

##### *e) Geeignetheitsabwägungsargument als untauglicher Widerlegungsgrund*

In Teil 5 Kapitel 17 § 3 wurde festgestellt, dass die Angemessenheitseinschätzung des regulierenden WTO-Mitglieds als erste Vermutung maßgeblich ist. Dies ergibt sich aus den Vertragsbestimmungen des Art. XX GATT unter Berücksichtigung des dogmatischen Charakters der Verhältnismäßigkeitsprüfung i. w. S.[501] Taugliche Widerlegungsgründe gegen diese Vermutung sind

---

[501] Ausführlich hierzu siehe: Teil 5 Kapitel 17 § 3 A.

ausschließlich die willkürliche Diskriminierung und die verschleierte Handelsbeschränkung i. S. d. Chapeaus des Art. XX GATT. Diese beiden Widerlegungsgründe dürfen aber zwingend erst nach der Feststellung der Angemessenheitsvermutung der angegriffenen Maßnahme geltend gemacht werden.[502] Daneben gibt es keine weiteren tauglichen Widerlegungsgründe aus nichtvertraglichen Quellen des Völkerrechts.[503]

Insbesondere stellt das implizite Abwägungsargument keinen tauglichen Widerlegungsgrund gegen die Vermutung der Maßgeblichkeit der Angemessenheitseinschätzung des regulierenden WTO-Mitglieds dar.[504] Anhand des Charakters der Vermutung lassen sich ferner die offenen Bedenken ausräumen, dass eine zutreffende richterliche Entscheidung u. a. durch das implizite Abwägungsargument, nämlich durch das Geeignetheitsabwägungsargument, getroffen werden kann.[505]

Grundlagen des Geeignetheitsabwägungsarguments zur Widerlegung der Angemessenheitsvermutung der ergriffenen Maßnahme sind die empirischen qualitativen und quantitativen Schutzwirkungen der angegriffenen Maßnahme auf das einschlägige Schutzgut. Diese empirischen Aspekte und das darauf aufbauende Werturteil sind von der Vermutung der Geeignetheit gedeckt. Das vorgenannte Werturteil ist implizit ein Angemessenheitsurteil, das alternativ in die Angemessenheitsprüfung verlagert werden kann, sodass die Geeignetheitsprüfung ein empirischer Test bleibt.[506] Die Angemessenheitseinschätzung des regulierenden WTO-Mitglieds ist außerdem an sich das Angemessenheitsurteil aufbauend auf allen empirischen Aspekten der ergriffenen Maßnahme. Die vorgenannten empirischen und subjektiven Aspekte sind daher auch von der Angemessenheitsvermutung der ergriffenen Maßnahme umfasst.[507]

Wird das Geeignetheitsabwägungsargument, nämlich allein die empirische Schutzwirkung der Maßnahme und das darauf aufbauende Werturteil, als Widerlegungsgrund gegen die Geeignetheits- und damit implizit auch Angemessenheitsvermutung geltend gemacht, liegt eigentlich noch keine Begründung vor, sondern nur eine Wiederholung der zu begründenden These. Eine Bejahung dieses Arguments als tauglicher Widerlegungsgrund führt folglich dazu, dass die Geeignetheits- und implizit auch Angemessenheitsvermutung bereits aus dem Grund abschließend widerlegt werden kann, dass diese Vermutungen

---

502 Teil 5 Kapitel 18 § 1.

503 Teil 6 Kapitel 21 § 3.

504 Teil 5 Kapitel 18 § 2 B.

505 Teil 5 Kapitel 18 § 2 B.

506 *Hirschberg*, Der Grundsatz der Verhältnismäßigkeit, 1981, S. 149–151; *Grimm*, Proportionality in Canadian and German Constitutional Jurisprudence, UTLJ 2017, 383, 392–393; vgl. *Arsche*, Die Margin of Appreciation, 2018, S. 239.

507 Teil 5 Kapitel 18 § 2 B.

jeweils eine solche sind. Dies führt zu einem Widerspruch, weil die angegriffene Maßnahme in diesem Fall sowohl vorläufig geeignet als auch endgültig ungeeignet ist. Dies führt auch zur Unwirksamkeit des einschlägigen Absatzes des Art. XX GATT, weil dieselbe Umweltmaßnahme unter Berufung auf denselben Absatz sowohl vorläufig rechtmäßig als auch endgültig rechtswidrig sein kann, wenn nach der Bejahung der Geeignetheitsvermutung auch die Erforderlichkeits- und Angemessenheitsvermutung der ergriffenen Maßnahme bejaht wird.[508]

#### *f) Zwischenergebnis: Keine Rechtfertigung des richterlichen Aktivismus durch die Ablehnung der Geeignetheits- und damit implizit auch Angemessenheitseinschätzung des regulierenden WTO-Mitglieds mittels des Geeignetheitsabwägungsarguments*

Somit wurde keine hinreichende richterliche Zurückhaltung durch die WTO-Streitbeilegungsorgane geübt, als sie die Geeignetheits- und damit implizit auch Angemessenheitseinschätzung des regulierenden WTO-Mitglieds mittels des Geeignetheitsabwägungsarguments ablehnten. Dieses implizite Abwägungsargument weist gewisse Unbestimmtheit in der Entscheidungspraxis der WTO-Streitbeilegungsorgane auf (Teil 5 Kapitel 19 § 1 B. I. 1. a) – § 1 B. I. 1. b)). Dieses Unbestimmtheitsproblem ließ sich in der bisherigen wissenschaftlichen Diskussion nicht abschließend überwinden (Teil 5 Kapitel 19 § 1 B. I. 1. c) – § 1 B. I. 1. d)). Ein derartiger richterlicher Aktivismus ist nicht gerechtfertigt, weil die Vermutungs- und Widerlegungsregel, die sich aus den Vertragsbestimmungen des Art. XX GATT unter Berücksichtigung des dogmatischen Charakters der Verhältnismäßigkeitsprüfung i. w. S. ergibt, nicht eingehalten wird. Denn das Geeignetheitsabwägungsargument stellt keinen tauglichen Widerlegungsgrund im Kontext des Art. XX GATT dar (Teil 5 Kapitel 19 § 1 B. I. 1. e)).

### 2. Geeignetheitsabwägung mittels des Arguments der Abwesenheit inländischer Beschränkungen i. S. v. Art. XX (g) GATT

Art. XX (g) GATT verlangt, dass eine Maßnahme in Verbindung mit inländischen Beschränkungen für die Produktion und den Verbrauch ergriffen wird. Liegen keine inländischen Beschränkungen vor, ist die Geeignetheit einer Maßnahme abzulehnen, weil dies sich aus dem klaren Wortlaut des Art. XX (g) GATT ergibt. In Teil 3 Kapitel 9 § 3 B. wurde bereits klargestellt, dass durch eine solche Ablehnung unvermeidlich eine Abwägung auf impli-

[508] Teil 5 Kapitel 18 § 2 B.

zite Weise vorgenommen wird, auch wenn diese sich explizit auf eine Geeignetheitsprüfung stützt.

Diese Bedingung würde darauf hindeuten, dass das Fehlen inländischer Regulierungen ein in Art. XX (g) GATT ausdrücklich vorgesehener Widerlegungsgrund darstellt, mittels dessen die Geeignetheits- und implizit auch Angemessenheitsvermutung der angegriffenen Maßnahme widerlegt werden kann, ohne zugleich ungerechtfertigten richterlichen Aktivismus zu verursachen.

Im Folgenden wird zunächst dargestellt, dass das Argument des Fehlens inländischer Beschränkungen i. S. v. Art. XX (g) GATT in der Entscheidungspraxis der WTO-Streitbeilegungsorgane ein implizites Abwägungsargument darstellt. Sodann wird erläutert, dass aufgrund ihrer Unbestimmtheit mittels dieses Abwägungsarguments nicht abschließend festgestellt werden kann, wann eine Abwesenheit inländischer Beschränkungen i. S. v. Art. XX (g) GATT zu bejahen ist. Daraufhin wird klargestellt, dass das Argument der Abwesenheit inländischer Regulierungen in der Entscheidungspraxis aufgrund der Verwendung des Arguments der Geeignetheitsabwägung keinen tauglichen Widerlegungsgrund darstellt. Zum Schluss lässt sich feststellen, dass keine hinreichende und gerechtfertigte richterliche Zurückhaltung durch die implizite Widerlegung der Angemessenheitsvermutung der ergriffenen Maßnahme mit dem Argument der Abwesenheit inländischer Regulierungen geübt wurde.

#### *a) Implizites Abwägungsargument als herangezogener Widerlegungsgrund*

In diesem Abschnitt wird zunächst die *even-handedness*-Anforderung dargestellt, die die WTO-Streitbeilegungsorgane für die Beurteilung des Vorhandenseins inländischer Regulierungen i. S. v. Art. XX (g) GATT in ihrer Entscheidungspraxis gestellt haben. Sodann wird erläutert, dass das Argument der fehlenden innerstaatlichen Regulierungen ein implizites Abwägungsargument darstellt.

##### aa) Argument der Abwesenheit inländischer Beschränkungen i. S. v. Art. XX (g) GATT in der Entscheidungspraxis

Im Erfordernis „in Verbindung mit inländischen Beschränkungen" in Art. XX (g) GATT sah der AB in US – Gasoline und US – Shrimp eine *even-handedness*-Anforderung und interpretierte diese Bedingung dahingehend, dass Beschränkungen sowohl für die inländische als auch für die ausländische Produktion und den Verbrauch verhängt werden sollten.[509]

Die Beschränkungen für beide Seiten müssten jedoch nicht identisch sein, weil sich eine solche Anforderung nicht aus dem Vertragstext des Art. XX GATT ergebe.[510] Nur wenn überhaupt keine Beschränkungen für im Inland hergestellte gleichartige Erzeugnisse auferlegt würden und alle Beschränkungen nur für importierten Erzeugnisse gälten, könne die angegriffene Maßnahme nicht als primär oder im Wesentlichen für die Verwirklichung der Konservierungsziele konzipiert angesehen werden.[511]

Nach Ansicht des Panels von China – Rare Earths sei *even-handedness* ein zusätzliches Erfordernis des Art. XX (g) GATT,[512] und die Konservierungsbelastung solle in einer *even-handed* oder *balanced* Weise zwischen aus- und inländischen Verbrauchern verteilt werden.[513] Dabei klärte das Panel auch ausdrücklich, dass eine identische Behandlung für inländische Verbraucher nicht erforderlich sei, soweit die *even-handedness*-Anforderung erfüllt werde.[514] Ebenfalls lehnte dasselbe Panel die Erfüllung von Art. XX (g) GATT

---

509 WTO, AB-Bericht v. 20. 5. 1996, WT/DS2/AB/R, „US – Gasoline", S. 20–21; WTO, AB-Bericht v. 12. 10. 1998, WT/DS58/AB/R, „US – Shrimp", Para. 143: „We believe that the clause ‚if such measures are made effective in conjunction with restrictions on domestic production or consumption' is appropriately read as a requirement that the measures concerned impose restrictions, not just in respect of imported gasoline but also with respect to domestic gasoline. The clause is a requirement of even-handedness in the imposition of restrictions, in the name of conservation, upon the production or consumption of exhaustible natural resources."

510 WTO, AB-Bericht v. 20. 5. 1996, WT/DS2/AB/R, „US – Gasoline", S. 20–21; WTO, AB-Bericht v. 12. 10. 1998, WT/DS58/AB/R, „US – Shrimp", Para. 143: „There is, of course, no textual basis for requiring identical treatment of domestic and imported products."

511 WTO, AB-Bericht v. 20. 5. 1996, WT/DS2/AB/R, „US – Gasoline", S. 20–21; WTO, AB-Bericht v. 12. 10. 1998, WT/DS58/AB/R, „US – Shrimp", Para. 143: „On the other hand, if no restrictions on domestically-produced like products are imposed at all and all limitations are placed upon imported products alone, the measure cannot be accepted as primarily or even substantially designed for implementing conservationist goals."

512 WTO, Panel-Bericht v. 26. 3. 2014, WT/DS431/R u. a., „China – Rare Earths", Para. 7.331.

513 WTO, Panel-Bericht v. 26. 3. 2014, WT/DS431/R u. a., „China – Rare Earths", Para. 7.337. So auch: Para. 7.331–7.332: „These domestic measures must distribute the burden of conservation between foreign and domestic consumers in an even handed or balanced manner."

514 WTO, Panel-Bericht v. 26. 3. 2014, WT/DS431/R u. a., „China – Rare Earths", Para. 7.404, 7.330: „So long as even-handed restrictions are imposed on domestic production or consumption – and especially so when the resources sought to be protected are located and consumed mainly domestically – Article XX (g) does not oblige resource-endowed countries to ensure that the economic development of other user-countries benefits identically from the exploitation of the resources of the endowed countries."

nicht aufgrund der ungleichen Verteilung der Konservierungsbelastung ab,[515] sondern aufgrund der Abwesenheit inländischer Regulierungen.[516]

Der AB in China – Rare Earths erkannte eine solche *even-handedness*-Anforderung sowohl für die Regulierung des Exports als auch für die Regulierung im Inland an.[517] Das *even-handedness*-Erfordernis sei nach Ansicht des AB keine zusätzliche,[518] sondern eine inhärente Bedingung der Vertragsbestimmungen des Art. XX GATT.[519]

Jedoch wies der AB darauf hin, dass eine Pflicht zur *evenly* oder *balanced* Verteilung der Konservierungsbelastung zwischen aus- und inländischen Verbrauchern nicht erforderlich sei.[520] Diese Feststellung, dass eine *even-handedness*-Anforderung keine *even-handedness*-Pflicht (also keine *evenly* oder *balanced* Verteilung der Konservierungsbelastung) erfordert, scheint auf den ersten Blick missverständlich zu sein.

Zwar hat der AB die *even-handedness*-Pflicht bei der Verteilung der Konservierungsbelastung abgelehnt, während das Panel hingegen diese Pflicht mit

---

515 Eine Ablehnung der Erfüllung von Art. XX (g) GATT aus diesem Grund basiert nämlich implizit auf der These, dass inländische Regulierungen schon als vorhanden beurteilt wurden.

516 WTO, AB-Bericht v. 7.8.2014, WT/DS431/AB/R u.a., „China – Rare Earths", Para. 5.168: „In the present disputes, the Panel found, without undertaking an assessment of whether the burden of conservation was evenly distributed between foreign and domestic consumers, that China's export quotas on rare earths, tungsten, and molybdenum are not ‚made effective in conjunction with restrictions on domestic production or consumption', based primarily on the absence of specific restrictions on domestic production or consumption."

517 WTO, AB-Bericht v. 7.8.2014, WT/DS431/AB/R u.a., „China – Rare Earths", Para. 5.124, 5.127 und 5.93: „In that sense, subparagraph (g) is a requirement of even-handedness in the imposition of restrictions, in the pursuit of conservation, upon the production or consumption of exhaustible natural resources." So auch: *Wu*, Policy Space under the Second Clause of GATT Article XX (g), KJICL 2016, 158, 164–166. Entgegen *Bond/Trachtmann*, China – Rare Earths: Export Restrictions and the Limits of Textual Interpretation, WTR 2016, 189, 206, 209; *Gao*, WTO Trade and Environment Standard, DJILP 2016, 97, 123–124. Demzufolge hat der AB in China – Rare Earths die *even-handedness*-Anforderung in Art. XX (g) GATT komplett abgelehnt.

518 WTO, Panel-Bericht v. 26.3.2014, WT/DS431/R u.a., „China – Rare Earths", Para. 7.331.

519 WTO, AB-Bericht v. 7.8.2014, WT/DS431/AB/R u.a., „China – Rare Earths", Para. 5.127.

520 WTO, AB-Bericht v. 7.8.2014, WT/DS431/AB/R u.a., „China – Rare Earths", Para. 5.133: „However, the Appellate Body neither assessed whether the burden of conservation was evenly distributed between foreign producers, on the one hand, and domestic producers or consumers, on the other hand, nor suggested that such an assessment was required." So auch: Para. 5.165–5.168 a.a.O.

Vorbehalt bejaht hat.[521] Die empirischen Aspekte der genannten *even-handedness*-Pflicht, sowohl nach Ansicht des Panels als auch nach Ansicht des AB in China – Rare Earths, sind jedoch gleich.[522] Nur die normative Entscheidung – in Form einer Diskriminierung i. S. d. Chapeaus des Art. XX GATT aufbauend auf den vorgenannten empirischen Aspekten – wurde durch die Verneinung der *even-handedness*-Pflicht bei der Verteilung der Konservierungslast durch den AB abgelehnt.

Der Grund dafür liegt in der Feststellung des AB in China – Rare Earths bezüglich der Verteilung der Prüfungsaufgaben zwischen der Prüfung des Absatzes und der Chapeau-Prüfung des Art. XX (g) GATT.

Wie soeben erwähnt, erkannte der AB in China – Rare Earths die *even-handedness*-Anforderung sowohl für die Regulierung des Exports als auch für die Regulierung im Inland an.[523] Der AB stellte dabei zudem fest, dass die genannte *even-handedness*-Anforderung kein Gleichheitsgebot darstelle, also keine *even-handedness*-Pflicht bei der Verteilung der Konservierungsbelastung; andernfalls könne dies zu einer Duplizierung des willkürlichen Diskriminierungstests i. S. d. Chapeaus des Art. XX GATT führen, was mit dem Grundsatz der effektiven Vertragsauslegung unvereinbar sei.[524] Somit sah der AB in China – Rare Earths keinen Diskriminierungstest i. S. d. Chapeaus im

---

521 WTO, Panel-Bericht v. 26. 3. 2014, WT/DS431/R u. a., „China – Rare Earths", Para. 7.404, 7.330: „So long as even-handed restrictions are imposed on domestic production or consumption – and especially so when the resources sought to be protected are located and consumed mainly domestically – Article XX (g) does not oblige resource-endowed countries to ensure that the economic development of other user-countries benefits identically from the exploitation of the resources of the endowed countries."

522 Im Ergebnis grundsätzlich so auch: *Wu*, Policy Space under the Second Clause of GATT Article XX (g), KJICL 2016, 158, 166.

523 WTO, AB-Bericht v. 7. 8. 2014, WT/DS431/AB/R u. a., „China – Rare Earths", Para. 5.124, 5.127 und 5.93: „In that sense, subparagraph (g) is a requirement of even-handedness in the imposition of restrictions, in the pursuit of conservation, upon the production or consumption of exhaustible natural resources." So auch: *Wu*, Policy Space under the Second Clause of GATT Article XX (g), KJICL 2016, 158, 164–166. Entgegen *Bond/Trachtmann*, China – Rare Earths: Export Restrictions and the Limits of Textual Interpretation, WTR 2016, 189, 206, 209; *Gao*, WTO Trade and Environment Standard, DJILP 2016, 97, 123–124. Demzufolge hat der AB in China – Rare Earths die *even-handedness*-Anforderung in Art. XX (g) GATT komplett abgelehnt.

524 WTO, AB-Bericht v. 7. 8. 2014, WT/DS431/AB/R u. a., „China – Rare Earths", Para. 5.135: „In order to comply with Article XX, a measure needs to fulfil cumulatively the conditions specified both in subparagraph (g) and in the chapeau. If, however, subparagraph (g) itself required an analysis of whether the burden of conservation is evenly distributed, this could entail duplication of the analysis to be conducted under the chapeau, in particular in cases involving discriminatory measures. This would not comport with the principle of effective treaty interpretation."

Rahmen der Prüfung des Absatzes (g) von Art. XX GATT. In einer früheren Entscheidung hatte der AB hingegen für eine etwaige Prüfung der Diskriminierung i. S. d. Chapeaus im Rahmen der Prüfung des Absatzes (g) von Art. XX GATT entschieden,[525] obwohl eine solche *evenly*- oder *balanced*-Verteilung nicht oft in Anspruch genommen wurde.

Bei der vom AB in China – Rare Earths angestrebten Prüfung soll also (nur) die normative Entscheidung – in Form einer Diskriminierung i. S. d. Chapeaus, aufbauend auf den empirischen Aspekten der inländischen Regulierungen und der Regulierungen für ausländische Käufer und Verbraucher – von der Prüfung des Absatzes (g) ausgenommen und in die Chapeau-Stufe des Art. XX GATT verschoben werden. Zugleich ist die Prüfungsaufgabe des *even-handedness*-Erfordernisses auf die Frage beschränkt, ob überhaupt eine inländisch beschränkende Maßnahme vorliegt. Wird diese Frage bejaht, ist anzunehmen, dass keine identische Behandlung erforderlich ist. Denn zwei Maßnahmen und ihre Auswirkungen können aus empirischer Sicht nur unterschiedlich sein. Die darauf aufbauende normative Entscheidung, ob und wann eine Diskriminierung i. S. d. Chapeaus des Art. XX (g) GATT aufgrund der Regulierungen im Inland und für ausländische Käufer und Verbraucher vorliegt, wird erst auf der Chapeau-Ebene behandelt. Insoweit und auch nur insoweit steht diese Interpretation in Einklang[526] mit der Feststellung des AB in US – Gasoline und in US – Shrimp,[527] weil die normative Entscheidung aufbauend auf den empirischen Aspekten der inländischen Regulierungen und der Regulierungen für ausländische Käufer und Verbraucher nach Ansicht des AB in China – Rare Earths nicht im Rahmen der Prüfung des Absatzes (g) des Art. XX GATT vorgenommen werden soll.

Insgesamt stellt der AB daher eine *even-handedness*-Anforderung auf, die keine normative Entscheidung in Form einer Diskriminierung i. S. d. Chapeaus des Art. XX GATT erfordert. Hingegen müssen inländische Beschränkungen

---

[525] WTO, AB-Bericht v. 20. 5. 1996, WT/DS2/AB/R, „US – Gasoline“, S. 21: „On the other hand, if no restrictions on domestically-produced like products are imposed at all, and all limitations are placed upon imported products alone, the measure cannot be accepted as primarily or even substantially designed for implementing conservationist goals. The measure would simply be naked discrimination for protecting locally-produced goods.“

[526] So auch: *Wu*, Policy Space under the Second Clause of GATT Article XX (g), KJICL 2016, 158, 164–166. Entgegen *Bond/Trachtmann*, China – Rare Earths: Export Restrictions and the Limits of Textual Interpretation, WTR 2016, 189, 206, 209; *Gao*, WTO Trade and Environment Standard, DJILP 2016, 97, 123–124. Demzufolge hat der AB in China – Rare Earths die *even-handedness*-Anforderung in Art. XX (g) GATT komplett abgelehnt.

[527] WTO, AB-Bericht v. 20. 5. 1996, WT/DS2/AB/R, „US – Gasoline“, S. 20–21; WTO, AB-Bericht v. 12. 10. 1998, WT/DS58/AB/R, „US – Shrimp“, Para. 143.

zur Erfüllung dieses Erfordernisses nur existieren, nicht jedoch mit den Beschränkungen für ausländische Käufer und Verbraucher identisch sein.

### bb) Implizites Abwägungsargument als herangezogener Widerlegungsgrund

Die Prüfung der Abwesenheit inländischer Beschränkungen i. S. v. Art. XX (g) GATT wird in der Entscheidungspraxis überwiegend gemeinsam mit der Prüfung der *relating to*-Bedingung als Geeignetheitsprüfung behandelt.[528] Die Geeignetheitseinschätzung des regulierenden WTO-Mitglieds ist als erste Vermutung maßgeblich.[529] Wird diese Einschätzung aufgrund der Abwesenheit inländischer Beschränkungen i. S. v. Art. XX (g) GATT durch die WTO-Streitbeilegungsorgane negativ beurteilt, liegt eine implizite Abwägung zulasten des regulierenden WTO-Mitglieds unvermeidlich vor.[530]

Somit stellt das Argument der Abwesenheit inländischer Regulierungen bei der Prüfung des Absatzes (g) des Art. XX GATT durch die WTO-Streitbeilegungsorgane ein Abwägungsargument dar, obwohl es sich explizit auf die Einhaltung der Vertragsbestimmungen dieses Artikels und auf den Gleichbehandlungsgrundsatz stützt.

### *b) Unbestimmtheit des Geeignetheitsabwägungsarguments unter dem Titel der Abwesenheit inländischer Beschränkungen: Unerkennbarkeit der Abwesenheit inländischer Beschränkungen i. S. v. Art. XX (g) GATT*

Auf den ersten Blick zieht die oben genannte Feststellung eine Untergrenze für die Beurteilung inländischer Beschränkungen i. S. v. Art. XX (g) GATT. Im Vergleich zur Prüfung der Frage, ob eine vergleichbare Beschränkung im Inland vorhanden ist, erscheint es nämlich viel einfacher, zu beurteilen, ob inländische Beschränkungen für die Produktion und den Verbrauch überhaupt vorhanden sind.

Die Auslegungspraxis zu Art. XX (g) GATT zeigt jedoch, dass es der konkreten Anwendung der *even-handedness*-Anforderung in verschiedenen Verfahren an Vorhersehbarkeit und Bestimmtheit fehlt. Außerdem lässt sich mittels des Abwägungsarguments nicht abschließend feststellen, ob eine Abwesenheit inländischer Beschränkungen i. S. v. Art. XX (g) GATT zu bejahen ist.

---

[528] Teil 1 Kapitel 1 § 5 B. II.

[529] Teil 3 Kapitel 9 § 3.

[530] Teil 3 Kapitel 9 § 3 B.

### aa) Uneinheitliche Entscheidungspraxis und Unklarheit über den Prüfungsmaßstab für inländische Beschränkungen i. S. v. Art. XX (g) GATT

In US – Gasoline fand der AB keine Verletzung der *even-handedness*-Anforderung nach Art. XX (g) GATT, weil Beschränkungen sowohl inländische als auch ausländische Treibstoffe betrafen, obwohl für ausländisches Benzin ein gesetzlicher Basiswert und für inländisches Benzin ein wesentlich flexiblerer individueller Basiswert galt.[531]

In US – Shrimp galt für ausländische Garnelen ein allgemeines Einfuhrverbot.[532] Demgegenüber wurde der Verkauf von Garnelen im Inland nicht eingeschränkt, sondern nur die Fangmethoden reguliert: Es wurde verlangt, dass alle Garnelenfänger der Vereinigten Staaten zugelassene TEDs zum Schutz von Meeresschildkröten verwenden mussten.[533] Diese inländischen Maßnahmen wurden vom AB dennoch als *even-handed* inländische Beschränkungen i. S. v. Art. XX (g) GATT anerkannt.[534]

Hingegen wurde in US – Tuna 1982 das Vorliegen inländischer Beschränkungen i. S. v. Art. XX (g) GATT vom Panel abgelehnt, obwohl Verbote hinsichtlich bestimmter Arten von Thunfischen bereits im Inland verhängt worden waren.[535]

Eine ähnliche Entscheidung wurde in Canada – Salmon and Herring getroffen. In diesem Verfahren stimmten die beiden Parteien zwar bereits überein, dass Kanada eine Reihe von Maßnahmen zur Konservierung der Lachs- und Heringsbestände ergriffen hatte und den Fang von Lachsen und Heringen be-

---

[531] WTO, AB-Bericht v. 20. 5. 1996, WT/DS2/AB/R, „US – Gasoline", S. 21.

[532] WTO, Panel-Bericht v. 15. 5. 1998, WT/DS58/R, „US – Shrimp", Para. 1.1.

[533] WTO, AB-Bericht v. 12. 10. 1998, WT/DS58/AB/R, „US – Shrimp", Para. 144.

[534] WTO, AB-Bericht v. 12. 10. 1998, WT/DS58/AB/R, „US – Shrimp", Para. 144: „They now require United States shrimp trawlers to use approved TEDs ‚in areas and at times when there is a likelihood of intercepting sea turtles', with certain limited exceptions. Penalties for violation of the Endangered Species Act, or the regulations issued thereunder, include civil and criminal sanctions. The United States government currently relies on monetary sanctions and civil penalties for enforcement. […] We believe that, in principle Section 609 is an even-handed measure."

[535] GATT, Panel-Bericht v. 22. 2. 1982, L/5198-29S/91, „US – Tuna 1982", Para. 4.9 f., 4.10: „However, restrictions on domestic production (catch) had so far been applied only to Pacific yellowfin tuna, from July to December 1979 under the Tuna Convention Act (related to the IATTC) and to Atlantic yellowfin tuna, bluefin tuna and bigeye tuna under the Atlantic Tunas Convention Act related to the ICCAT), and no restrictions had been applied to the catch or landings of any other species of tuna, such as for instance albacore."

schränkte.[536] Jedoch wurde das Vorhandensein inländischer Regulierungen i.S.v. Art. XX (g) GATT trotzdem vom Panel u.a. aus folgenden Gründen abgelehnt. Erstens beträfen die Ausfuhrverbote nicht Lachse und Heringe im Allgemeinen, sondern nur solche in unverarbeitetem Zustand; zweitens beschränke Kanada den Kauf dieser unverarbeiteten Fische nur für ausländische Verarbeiter und Verbraucher, nicht aber für inländische Verarbeiter und Verbraucher.[537]

Eine Ablehnung inländischer Beschränkungen nach Art. XX (g) GATT findet sich ferner in China – Rare Earths. Nach Ansicht des Panels von China – Rare Earths erfordere die Prüfung der zweiten Hälfte des Art. XX (g) GATT keine Prüfung der tatsächlichen Auswirkungen, sondern eine Prüfung der Ausgestaltung und Struktur der angegriffenen Maßnahme.[538] Mit diesem Prüfungsansatz hatte das Panel u.a. die Zugangsvoraussetzungen für inländische Industrien zum Abbau und zur Produktion Seltener Erden,[539] die Produktions- und Abbauquoten,[540] die Festsetzung und Verteilung von Exportquoten sowie das Antragsverfahren für die Exportquoten[541] gewürdigt. Dabei wurde, beruhend auf den positiven und negativen Auswirkungen dieser Aspekte der chinesischen Maßnahme auf die Konservierung und die Unterstützung inländischer Industrien, zusammenfassend die Entscheidung getroffen, dass der Beitrag dieser inländischen Bemühungen durch ihre negativen Auswirkungen gemindert werde und das Vorhandensein inländischer Beschränkungen i.S.v. Art. XX (g) GATT daher nicht angenommen werden könne.[542] Eine ähnliche Entscheidung wurde auch im AB-Verfahren getroffen.[543]

Es ist daher nicht ersichtlich, aus welchem konkreten Grund inländische Beschränkungen i.S.v. Art. XX (g) GATT in manchen Verfahren als vorhan-

---

536 GATT, Panel-Bericht v. 22.3.1988, L/6268-35S/98, „Canada – Herring and Salmon“, Para. 4.4 f, 4.4: „The Panel noted that both parties agreed that Canada maintains a variety of measures for the conservation of salmon and herring stocks and imposes limitations on the harvesting of salmon and herring.“

537 GATT, Panel-Bericht v. 22.3.1988, L/6268-35S/98, „Canada – Herring and Salmon“, Para. 4.7.

538 WTO, Panel-Bericht v. 26.3.2014, WT/DS431/R u.a., „China – Rare Earths“, Para. 7.309.

539 WTO, Panel-Bericht v. 26.3.2014, WT/DS431/R u.a., „China – Rare Earths“, Para. 7.495 ff.

540 WTO, Panel-Bericht v. 26.3.2014, WT/DS431/R u.a., „China – Rare Earths“, Para. 7.504 ff., 7.582 ff.

541 WTO, Panel-Bericht v. 26.3.2014, WT/DS431/R u.a., „China – Rare Earths“, Para. 7.572 ff., 7.582 ff.

542 WTO, Panel-Bericht v. 26.3.2014, WT/DS431/R u.a., „China – Rare Earths“, Para. 7.600 f.

543 WTO, AB-Bericht v. 7.8.2014, WT/DS431/AB/R u.a., „China – Rare Earths“, Para. 5.168.

den und in anderen hingegen als nicht vorhanden beurteilt werden, wenn es keine inländische Regulierung gibt, die mit der für ausländische Verbraucher identisch ist.

### bb) Unbestimmtheit des Arguments der Abwesenheit inländischer Beschränkung i. S. v. Art. XX (g) GATT aufgrund unvermeidlicher empirischer Regulierungswirkungen im Inland

Es lässt sich erkennen, dass die Abwesenheit inländischer Beschränkungen i. S. v. Art. XX (g) GATT nicht abschließend festgestellt werden kann, soweit das implizite Abwägungsargument, sei es die Analyse nach Design und Struktur[544] oder der quantitative Ansatz, bei der Prüfung verwendet wird. Dies liegt daran, dass eine einseitige Umweltschutzmaßnahme oder eine rein innerstaatliche Maßnahme unbedingt mehr oder weniger empirische einschränkende Auswirkungen auf die inländische Produktion und den Verbrauch haben kann.

Zunächst können diese Auswirkungen immer vorhanden sein, auch wenn eine solche Maßnahme, beispielsweise die Exportquoten für ausländische Verbraucher in China – Rare Earths, deklaratorisch ausschließlich für ausländische Produkte bzw. Verbraucher gilt. Denn diese können zwar die inländische Nachfrage u. a. durch das Senden eines perversen Signals an die einheimischen Verbraucher anreizen, weil dadurch den inländischen Downstream-Industrien mehr Rohstoffe zu niedrigen Preisen zur Verfügung stehen.[545] Sie können jedoch potenziell auch der Konservierung im Inland dienen, weil die wirtschaftliche Motivation für die inländische Produktion durch den Rückgang von Aufträgen aus dem Ausland entsprechend sinken würde. Dies würde zugleich den inländischen Verbrauch auf mittelbare Weise beschränken, weil die inländische Versorgungsfähigkeit für Seltene Erden langfristig sinken würde. Ein Schwellenwert für die einschränkende Auswirkung, der durch inländische Regulierungen unbedingt erreicht werden muss, ist in Art. XX (g) GATT nicht ersichtlich.[546]

---

[544] In US – Gasoline, US – Shrimp und China – Rare Earths wurde das implizite Abwägungsargument unter dem Titel der „empirischen" qualitativen Analyse angewendet. Hierzu siehe: WTO, AB-Bericht v. 20. 5. 1996, WT/DS2/AB/R, „US – Gasoline", S. 21–22; WTO, AB-Bericht v. 12. 10. 1998, WT/DS58/AB/R, „US – Shrimp", Para. 143–144; WTO, Panel-Bericht v. 26. 3. 2014, WT/DS431/R u. a., „China – Rare Earths", Para. 7.326, 7.328.

[545] WTO, Panel-Bericht v. 26. 3. 2014, WT/DS431/R u. a., „China – Rare Earths", Para. 7.440 f.

[546] Die vorliegende Darstellung dieser empirischen Möglichkeiten zur Förderung des inländischen Konservierungsziels dient nur der Einführung zur Klarstellung des konkreten Maßstabs für die Beurteilung des Vorhandenseins inländischer Beschrän-

Außerdem würden inländische Beschränkungen i. S. v. Art. XX (g) GATT aus rein empirischer Sicht immer vorliegen, weil die Konservierung bestimmter Ressourcen unvermeidlich Gegenstand allgemeiner polizeirechtlicher Kontrollen ist.[547]

Ob die oben genannte mögliche Konservierungswirkung im Inland bzw. die allgemeinen polizeirechtlichen Überwachungen ausreichend für die Bejahung inländischer Beschränkungen für die Produktion und den Verbrauch i. S. v. Art. XX (g) GATT sind, hängt jedoch von der darauf aufbauenden normativen Entscheidung ab, die gerade fraglich ist.

Dies betrifft wiederum die Vorfrage, wie weit die Margin of Appreciation des regulierenden WTO-Mitglieds reicht. Ohne Klarstellung der Grenze dieses Einschätzungsspielraums kann das Vorhandensein inländischer Beschränkungen i. S. v. Art. XX (g) GATT anhand des impliziten Abwägungsarguments somit nicht abschließend festgestellt werden.

#### cc) Keine abschließende Ablehnung des Arguments des Fehlens inländischer Beschränkungen i. S. v. Art. XX (g) GATT als tauglicher Widerlegungsgrund allein aufgrund seiner Unbestimmtheit

Allein die Unbestimmtheit des impliziten Abwägungsarguments unter dem Titel der Abwesenheit inländischer Beschränkungen i. S. v. Art. XX (g) GATT in der Entscheidungspraxis reicht jedoch auch nicht aus, um die Zuverlässigkeit dieses Arguments auf überzeugende Weise zu verneinen. Denn es muss dargelegt werden, woraus sich eine zwingende Mindestanforderung an die Bestimmtheit eines Prüfungsmaßstabs ergibt.

### *c) Keine abschließende Überwindung des Unbestimmtheitsproblems des Arguments des Fehlens inländischer Beschränkungen i. S. v. Art. XX (g) GATT im Schrifttum*

Im Schrifttum wurde bislang nicht hinreichend geklärt, wie das Unbestimmtheitsproblem des Fehlens inländischer Beschränkungen i. S. v. Art. XX (g) GATT überwunden werden soll.

kungen i. S. v. Art. XX (g) GATT. Diese Möglichkeiten allein begründen nicht unbedingt das Vorhandensein der genannten Beschränkungen.

547 Vgl. *Franck*, On Proportionality of Countermeasures in International Law, AJIL 2008, 715, 749–750.

### aa) Keine abschließende Überwindung des Unbestimmtheitsproblems des Arguments des Fehlens inländischer Beschränkungen i.S.v. Art. XX (g) GATT in der allgemeinen Diskussion über Prüfungsintensität und richterliche Zurückhaltung im WTO-Recht mit Bezug auf die Interpretation des Art. XX GATT

In Teil 1 Kapitel 1 § 3 i.V.m. Teil 2 Kapitel 7 § 2 A. III. 1. wurde im Rahmen der Darstellung der allgemeinen Diskussion über Prüfungsintensität und richterliche Zurückhaltung im WTO-Recht mit Bezug auf die Interpretation des Art. XX GATT ausführlich erläutert, dass die Argumente – wie das der besseren Expertise, das Souveränitätsargument und das Argument der institutionellen Rolle – keine abschließende Antwort darauf gaben, inwieweit die WTO-Streitbeilegungsorgane bei der Überprüfung der Tatsachenfeststellungen und Rechtsurteile des regulierenden WTO-Mitglieds richterliche Zurückhaltung üben sollen.

Dieses Ergebnis gilt entsprechend für das Argument des Fehlens inländischer Beschränkungen i.S.v. Art. XX (g) GATT. Denn es handelt sich bei diesem Argument um eine Geeignetheitsabwägung, die sowohl die Tatsachenfeststellung als auch das darauf aufbauenden Rechtsurteil des regulierenden WTO-Mitglieds umfasst.[548] Somit wurde in dieser Diskussion nicht hinreichend geklärt, wie das Unbestimmtheitsproblem des Arguments des Fehlens inländischer Beschränkungen i.S.v. Art. XX (g) GATT überwunden werden soll.

### bb) Keine abschließende Überwindung des Unbestimmtheitsproblems in der speziellen Diskussion über die richterliche Zurückhaltung und Geeignetheitsabwägung im Rahmen der Interpretation des Art. XX GATT

In der speziellen Diskussion über die richterliche Zurückhaltung und Geeignetheitsabwägung im Rahmen der Interpretation des Art. XX GATT wurde nicht hinreichend geklärt, wie das Unbestimmtheitsproblem des Arguments der Geeignetheitsabwägung überwunden werden soll. Dieses Ergebnis gilt ebenso für das Argument des Fehlens inländischer Beschränkungen i.S.v. Art. XX (g) GATT, das ebenfalls ein Argument der Geeignetheitsabwägung darstellt.[549]

---

[548] Teil 1 Kapitel 1 § 3 A. III. – § 3 A. IV.

[549] Teil 5 Kapitel 19 § 1 B. I. 2. a) bb).

#### cc) Keine abschließende Überwindung des Unbestimmtheitsproblems in der speziellen Diskussion über die Beurteilung inländischer Beschränkungen i. S. v. Art. XX (g) GATT

Im Schrifttum ist das Unbestimmtheitsproblem des *even-handedness*-Erfordernisses nach Art. XX (g) GATT in der Entscheidungspraxis nicht hinreichend untersucht und keiner abschließenden Lösung zugeführt worden.

##### *(1) Keine abschließende Antwort aus den Argumenten zur Befürwortung des Prüfungsansatzes der WTO-Streitbeilegungsorgane für das even-handedness-Erfordernis nach Art. XX (g) GATT im Schrifttum*

In einem beträchtlichen Teil der wissenschaftlichen Literatur wurde die Feststellung der WTO-Streitbeilegungsorgane zum *even-handedness*-Erfordernis deskriptiv dargestellt, jedoch nicht weiter geklärt, wie das Unbestimmtheitsproblem dieses Beurteilungskriteriums überwunden werden soll.[550] Dabei wird dieses Erfordernis überwiegend als eine sehr lockere Bedingung angesehen.

So wird teilweise darauf hingewiesen, dass bei einer lockeren Auslegung des *even-handedness*-Erfordernisses dem regulierenden WTO-Mitglied mehr Flexibilität bei der Ausgestaltung seines Konservierungsprogramms und damit mehr Margin eingeräumt werden kann, wobei ein kausaler Zusammenhang zwischen den Regulierungen für ausländische Verbraucher und den inländischen Regulierungen nicht nachgewiesen werden müsse.[551] Wenn hingegen das genannte Erfordernis auf strenge Weise angewendet werde, werde

---

[550] Zu dieser wissenschaftlichen Literatur mit deskriptivem Charakter siehe: *Marceau*, WTO and Export Restrictions, JWT 2016, 563, 574–575; *Espa*, Chinese Natural Resources Disputes, in: Bungenberg u. a. (Hrsg.), EYIEL 2018, 2019, S. 57–58; *Van Calster*, China, Minerals Export, Raw and Rare Earth Materials, RECIEL 2013, 117, 121; *Neumayer*, Trade and the Environment, JED 2000, 138, 145–146; *Jebe/Maye/Lee*, China's Export Restrictions of Raw Materials and Rare Earths, GWILR 2012, 579, 616–617; *Chi*, Resource Sovereignty in the WTO Dispute Settlement: Implications in China – Raw Materials and China – Rare Earths, MJIEL 2015, 2, 13; *Ghori*, Exhaustible Natural Resources and the Future of Export Restraints after China – Rare Earths, MelJIL 2015, 398, 412 ff.; *Shi/Yang*, Reconciling Environmental Protection with Natural Resources Trade in International Law: A Perspective from China – Rare Earths, FLC 2015, 537, 555–556; *Baroncini*, The China – Rare Earths WTO Dispute, CDT 2012, 49, 55; *Qin*, Reforming WTO Discipline on Export Duties, JWT 2012, 1147, 1171; *Wu*, Policy Space under the Second Clause of GATT Article XX (g), KJICL 2016, 158, 161–169.

[551] Vgl. *Jebe/Maye/Lee*, China's Export Restrictions of Raw Materials and Rare Earths, GWILR 2012, 579, 617–618.

dem regulierenden WTO-Mitglied eine (unangemessene) höhere Beweislast auferlegt.[552]

Ungeklärt bleibt jedoch, nach welchem konkreten Maßstab eine solche lockere Auslegung erfolgen soll und ob bzw. wie eine solche richterliche Zurückhaltung gerechtfertigt sein kann.[553]

In dieser Richtung wird ferner argumentiert, dass das *even-handedness*-Erfordernis nach Art. XX (g) GATT dem regulierenden WTO-Mitglied bestimmte politische Sphären vorbehalten solle.[554] Denn es sei nach der Feststellung des AB in China – Rare Earths[555] potenziell möglich, dass das *even-handedness*-Erfordernis in Art. XX (g) GATT auch dann als erfüllt angesehen werden könne, wenn ausländischen Käufern und Verbrauchern eine wesentlich höhere Belastung auferlegt werde.[556] Diese wesentlich höhere Belastung könne demzufolge u. a. erst im Rahmen der Chapeau-Prüfung behandelt und kontrolliert werden.[557]

Diese Auffassung klärte jedoch auch nicht, wie weit die in Art. XX (g) GATT vorbehaltene politische Sphäre des regulierenden WTO-Mitglieds für die innerstaatliche Regulierung reicht. Der AB verlangt nämlich zugleich, dass die inländische Maßnahme überhaupt vorhanden und real sein müsse, obwohl ein Gleichbehandlungsgebot in Art. XX (g) GATT nicht enthalten sei.[558] Da be-

---

552 *Jebe/Maye/Lee*, China's Export Restrictions of Raw Materials and Rare Earths, GWILR 2012, 579, 616–617.

553 *Jebe/Maye/Lee*, China's Export Restrictions of Raw Materials and Rare Earths, GWILR 2012, 579, 616–618, 636–639, 642.

554 *Wu*, Policy Space under the Second Clause of GATT Article XX (g), KJICL 2016, 158, 174, 196.

555 WTO, AB-Bericht v. 7. 8. 2014, WT/DS431/AB/R u. a., „China – Rare Earths", Para. 5.134–5.135: „[...] we note that it would be difficult to conceive of a measure that would impose a significantly more onerous burden on foreign consumers or producers and that could still be shown to satisfy all of the requirements of Article XX (g). [...] If, however, subparagraph (g) itself required an analysis of whether the burden of conservation is evenly distributed, this could entail duplication of the analysis to be conducted under the chapeau, in particular in cases involving discriminatory measures. This would not comport with the principle of effective treaty interpretation."

556 *Wu*, Policy Space under the Second Clause of GATT Article XX (g), KJICL 2016, 158, 166–169.

557 *Wu*, Policy Space under the Second Clause of GATT Article XX (g), KJICL 2016, 158, 169.

558 WTO, AB-Bericht v. 7. 8. 2014, WT/DS431/AB/R u. a., „China – Rare Earths", Para. 5.134–5.135: „[...] we note that it would be difficult to conceive of a measure that would impose a significantly more onerous burden on foreign consumers or producers and that could still be shown to satisfy all of the requirements of Article XX (g). [...] If, however, subparagraph (g) itself required an analysis of whether the burden of conservation is evenly distributed, this could entail duplication of the analysis to be

stimmte empirische inländische Regulierungswirkungen aufgrund empirischer Unsicherheit unvermeidlich immer vorhanden sind, bleibt bei dieser Auffassung ungeklärt, wie weit der Einschätzungsspielraum des regulierenden WTO-Mitglieds bei der Beurteilung der Wirksamkeit seiner „inländischen Maßnahmen" reicht, wenn ausländische Käufer und Verbraucher dadurch erheblich stärker belastet werden.

*(2) Keine abschließende Antwort aus den kritischen Argumenten zum Prüfungsansatz der WTO-Streitbeilegungsorgane für das even-handedness-Erfordernis in Art. XX (g) GATT im Schrifttum*

Ein anderer Teil der wissenschaftlichen Literatur betrachtet das in China – Rare Earths revidierte *even-handedness*-Erfordernis kritisch.

Einerseits wird vertreten, dass eine komplette Ablehnung der *even-handedness*-Anforderung in der AB-Entscheidung zu China – Rare Earths vorliege, was dazu führe, dass kein pragmatischer Maßstab für das Vorhandensein inländischer Beschränkungen i. S. v. Art. XX (g) GATT existiere.[559] Diese Betrachtung bietet aus den folgenden Gründen keine abschließende Antwort darauf, wann das Fehlen inländischer Regulierungen i. S. v. Art. XX (g) GATT zu bejahen ist.

Erstens wurde das genannte Erfordernis im AB-Bericht zu China – Rare Earths nicht komplett abgelehnt. Abgelehnt wurde dabei lediglich die Behandlung der Diskriminierung i. S. d. Chapeaus im Rahmen der Prüfung des Absatzes (g) des Art. XX GATT. Denn nach Ansicht des AB solle nur die negative normative Bewertung in Form einer Diskriminierung i. S. d. Chapeaus des Art. XX GATT, aufbauend auf den (unvermeidlich unterschiedlichen) empirischen Auswirkungen zwischen inländischen Beschränkungen und den Beschränkungen für ausländische Käufer und Verbraucher, abgelehnt werden.[560]

Zweitens bietet auch das *even-handedness*-Erfordernis vor China – Rare Earths keinen pragmatischen konkreten Maßstab für die Frage, ob und wann eine inländische Maßnahme aufgrund ihrer unterschiedlichen empirischen beschränkenden Auswirkungen im Vergleich mit der Regulierung für ausländische Käufer und Verbraucher als ungleiche Behandlung i. S. v. Art. XX (g)

---

conducted under the chapeau, in particular in cases involving discriminatory measures. This would not comport with the principle of effective treaty interpretation."

[559] *Bond/Trachtmann*, China – Rare Earths: Export Restrictions and the Limits of Textual Interpretation, WTR 2016, 189, 209.

[560] Ausführlich hierzu siehe: Teil 5 Kapitel 19 § 1 B. I. 2. a) aa).

GATT[561] angesehen werden soll,[562] obwohl dies keine identische Beschränkung im Inland erfordert.[563] Ein konkretes Beurteilungskriterium wurde dabei nicht weiter vorgeschlagen.

Drittens kann diese Unklarheit auch nicht durch den vorgeschlagenen quantitativen Ansatz ausgeräumt werden. Kein pragmatisches Kriterium ergibt sich nämlich aus dem im Schrifttum vertretenen Vorschlag, dass nicht nur nach Design und Struktur, sondern auch nach den tatsächlichen Auswirkungen der inländischen Maßnahmen beurteilt werden soll, ob inländische Regulierungen i. S. v. Art. XX (g) GATT vorliegen.[564] Es ist wiederum fraglich, nach welchem Kriterium beurteilt werden soll, wann eine bestimmte quantitative beschränkende Wirkung im Inland für die Bejahung inländischer Regulierungen i. S. v. Art. XX GATT ausreichend ist. Außerdem werden die Rechtfertigung der dadurch entstandenen Erweiterung des Einschätzungsspielraums des regulierenden WTO-Mitglieds und dementsprechend die Notwendigkeit der richterlichen Zurückhaltung nicht weiter erläutert.

Andererseits wird das in China – Rare Earths revidierte *even-handedness*-Erfordernis teilweise als strenge Interpretation des Art. XX (g) GATT angesehen und kritisiert, da die Anwendung dieses Erfordernisses zur Ablehnung des Vorhandenseins inländischer Beschränkungen führe.[565]

Durch eine solche strenge Auslegung werden die Erfüllung der Bedingung der inländischen Regulierungen i. S. v. Art. XX (g) GATT und die Bejahung der Rechtmäßigkeit einer innerstaatlichen Umweltschutzregulierung demzufolge fast unmöglich oder nur noch theoretisch möglich.[566] Dem regulierenden WTO-Mitglied werde damit nur eine sehr enge politische Sphäre für das Ergreifen handelsbeschränkender Maßnahmen zum Zweck der nachhaltigen Entwicklung eingeräumt.[567]

---

561 WTO, AB-Bericht v. 20. 5. 1996, WT/DS2/AB/R, „US – Gasoline", S. 21, nämlich die Diskriminierung i. S. d. Chapeaus des Art. XX GATT nach Ansicht des AB vor seiner Korrektur in China – Rare Earths. Zum korrigierten Maßstab siehe: WTO, AB-Bericht v. 7. 8. 2014, WT/DS431/AB/R u. a., „China – Rare Earths", Para. 5.134 – 5.135.

562 Ausführlich hierzu siehe: Teil 5 Kapitel 19 § 1 B. I. 2. b) aa).

563 WTO, AB-Bericht v. 20. 5. 1996, WT/DS2/AB/R, „US – Gasoline", S. 20 – 21; WTO, AB-Bericht v. 12. 10. 1998, WT/DS58/AB/R, „US – Shrimp", Para. 143.

564 *Bond/Trachtmann*, China – Rare Earths: Export Restrictions and the Limits of Textual Interpretation, WTR 2016, 189, 207.

565 WTO, Panel-Bericht v. 26. 3. 2014, WT/DS431/R u. a., „China – Rare Earths", Para. 7.600 f.; WTO, AB-Bericht v. 7. 8. 2014, WT/DS431/AB/R u. a., „China – Rare Earths", Para. 5.168.

566 *Gao*, WTO Trade and Environment Standard, DJILP 2016, 97, 98, 125, 150.

567 *Liu/Maughan*, China's Rare Earths Export Quotas, JIEL 2012, 971, 1002 – 1003; vgl. *Arreaza*, Natural Resource Sovereignty and Economic Development in the WTO, RECIEL 2017, 266, 273 – 275.

Begründet wird dies zunächst damit, dass inländische Regulierungen i. S. v. Art. XX (g) GATT schon allein aufgrund der Existenz der chinesischen inländischen Produktionsquoten bejaht werden können, ohne zusätzlich das Vorhandensein von Verbrauchsquoten für Seltene Erden im Inland zu erfordern.[568] Ebenso könne sich die inländische Konservierungswirkung aus den verschiedenen inländischen Schutzprogrammen ergeben.[569] Dabei sollen nicht nur das Design und die Struktur der inländischen Maßnahmen, sondern auch die dadurch tatsächlich erzielten Konservierungswirkungen im Inland berücksichtigt werden.[570] Außerdem solle eine längere Zeitspanne, entgegen der Ansicht des Panels[571] von China – Rare Earths, für die Betrachtung der beschränkenden Wirkung im Inland angewendet werden, damit sie sichtbar werde.[572]

Aus diesen Argumenten ergibt sich, dass dabei nur die Argumente Chinas als beklagte Partei bezüglich des Vorhandenseins und der geschätzten beschränkenden Auswirkungen seiner inländischen Programme auf den Verbrauch von Seltenen Erden wiederholt werden und darauf beruhend inländische Beschränkungen i. S. v. Art. XX (g) GATT bejaht werden. Konkrete Beurteilungsmaßstäbe für die Reichweite des Einschätzungsspielraums des regulierenden WTO-Mitglieds wurden hingegen nicht näher erläutert. Ungeklärt bleibt daher auch, ob und in welchem Umfang richterliche Zurückhaltung geübt werden soll.

*(3) Zwischenergebnis*

Somit wurde im Schrifttum bislang nicht abschließend geklärt, wie das Unbestimmtheitsproblem des Arguments der Abwesenheit inländischer Beschränkungen i. S. v. Art. XX (g) GATT überwunden werden kann. Ebenso ist nicht ausgeschlossen, dass ein zutreffendes Ergebnis anhand dieses Arguments potenziell erzielt werden kann.

---

568 *Gu*, Mineral Export Restraints and Sustainable Development, JIEL 2011, 765, 787.

569 *Liu/Maughan*, China's Rare Earths Export Quotas, JIEL 2012, 971, 995–998, 1002–1003.

570 *Gao*, WTO Trade and Environment Standard, DJILP 2016, 97, 124.

571 WTO, Panel-Bericht v. 26. 3. 2014, WT/DS431/R u. a., „China – Rare Earths", Para. 7.454–7.455.

572 *Gu*, Mineral Export Restraints and Sustainable Development, JIEL 2011, 765, 789.

### *d) Argument des Fehlens inländischer Beschränkungen i. S. v. Art. XX (g) GATT als untauglicher Widerlegungsgrund*

Die Prüfung der Abwesenheit inländischer Regulierungen i. S. v. Art. XX (g) GATT wird in der Entscheidungspraxis überwiegend gemeinsam mit der Prüfung der *relating to*-Bedingung als Geeignetheitsprüfung behandelt.[573] Wird diese Einschätzung aufgrund des Fehlens inländischer Beschränkungen i. S. v. Art. XX (g) GATT durch die WTO-Streitbeilegungsorgane negativ beurteilt wird, liegt unvermeidlich eine implizite Abwägung zulasten des regulierenden WTO-Mitglieds vor.[574] Somit stellt das Argument der Abwesenheit inländischer Regulierungen i. S. v. Art. XX (g) GATT ein implizites Abwägungsargument dar.

In Teil 5 Kapitel 18 § 2 B. wurde dargestellt, dass das implizite Abwägungsargument, vorliegend das Argument der Geeignetheitsabwägung, keinen tauglichen Widerlegungsgrund darstellt. Folglich stellt das Argument des Fehlens inländischer Beschränkungen i. S. v. Art. XX (g) GATT auch keinen tauglichen Widerlegungsgrund dar. Durch dieses Argument lässt sich die Geeignetheits- und implizit auch Angemessenheitsvermutung der ergriffenen Maßnahme, wie in Teil 5 Kapitel 17 § 3 A. dargestellt, nicht widerlegen.

Grundlagen des Arguments des Fehlens inländischer Beschränkungen sind nämlich die (anscheinend geringen bzw. abwesenden) empirischen beschränkenden Auswirkungen der ergriffenen Maßnahme auf die inländische Produktion und den Verbrauch sowie das darauf aufbauende Geeignetheits- und im Kontext des Art. XX GATT implizit auch Angemessenheitsurteil des regulierenden WTO-Mitglieds. Diese empirischen Aspekte und die genannten Werturteile sind schon in der Geeignetheits- und implizit auch in der Angemessenheitsvermutung der ergriffenen Maßnahme enthalten. Denn diese Vermutungen beinhalten alle empirischen Aspekte der ergriffenen Maßnahme sowie die darauf aufbauende Werturteile.[575]

Wird das Argument des Fehlens inländischer Beschränkungen i. S. v. Art. XX (g) GATT, nämlich nur die vorgenannten empirischen Aspekte und Werturteile, als Widerlegungsgrund gegen die Geeignetheits- und implizit auch die Angemessenheitsvermutung geltend gemacht, liegt damit eigentlich noch keine Begründung vor, sondern nur eine Wiederholung der zu begründenden These. Eine Bejahung dieses Arguments als tauglicher Widerlegungsgrund führt folglich dazu, dass die Geeignetheits- und implizit auch Angemessenheitsvermutung bereits aus dem Grund abschließend widerlegt werden

573 Teil 1 Kapitel 1 § 5 B. II.

574 Teil 1 Kapitel 1 § 5 B. III.

575 Teil 5 Kapitel 18 § 2 B.

kann, dass diese Vermutungen jeweils eine solche sind. Dies führt zu einem Widerspruch, weil die angegriffene Maßnahme in diesem Fall sowohl vorläufig geeignet und damit implizit auch angemessen als auch endgültig ungeeignet und damit auch implizit unangemessen ist. Dies führt auch zur Unwirksamkeit des einschlägigen Absatzes des Art. XX GATT, weil dieselbe Umweltmaßnahme unter Berufung auf denselben Absatz sowohl vorläufig rechtmäßig als auch endgültig rechtswidrig sein kann, wenn nach der Bejahung der Geeignetheitsvermutung auch die Erforderlichkeits- und Angemessenheitsvermutung der ergriffenen Maßnahme bejaht wird.[576]

#### *e) Zwischenergebnis: Keine Rechtfertigung des richterlichen Aktivismus durch die Ablehnung der Einschätzung des regulierenden WTO-Mitglieds zur Geeignetheit und damit implizit zur Angemessenheit mittels des Arguments des Fehlens inländischer Beschränkungen i. S. v. Art. XX (g) GATT*

Somit wurde keine hinreichende richterliche Zurückhaltung durch die WTO-Streitbeilegungsorgane geübt, als sie die Geeignetheits- und damit implizit auch Angemessenheitseinschätzung des regulierenden WTO-Mitglieds mittels des Arguments des Fehlens inländischer Beschränkungen i. S. v. Art. XX (g) GATT ablehnten. Dieses Argument weist gewisse Unbestimmtheit in der Entscheidungspraxis der WTO-Streitbeilegungsorgane auf (Teil 5 Kapitel 19 § 1 B. I. 2. a)–§ 1 B. I. 2. b)). Dieses Unbestimmtheitsproblem ließ sich in der bisherigen wissenschaftlichen Diskussion nicht abschließend überwinden (Teil 5 Kapitel 19 § 1 B. I. 2. c)). Ein derartiger richterlicher Aktivismus ist nicht gerechtfertigt, weil die Vermutungs- und Widerlegungsregel, die sich aus den Vertragsbestimmungen des Art. XX GATT unter Berücksichtigung des dogmatischen Charakters der Verhältnismäßigkeitsprüfung i. w. S. ergibt, nicht eingehalten wird. Denn das Argument des Fehlens inländischer Beschränkungen ist ein implizites Abwägungsargument, das keinen tauglichen Widerlegungsgrund im Kontext des Art. XX (g) GATT darstellt (Teil 5 Kapitel 19 § 1 B. I. 2. d)).

---

[576] Teil 5 Kapitel 18 § 2 B.

## II. Erforderlichkeitsabwägung: Keine Rechtfertigung des richterlichen Aktivismus durch die Ablehnung der Erforderlichkeits- und damit implizit auch Angemessenheitseinschätzung des regulierenden WTO-Mitglieds mittels des Erforderlichkeitsabwägungsarguments

In der Entscheidungspraxis wird die Erforderlichkeitsabwägung zulasten des regulierenden WTO-Mitglieds sowohl in ihrer grundsätzlichen Form als auch in Form eines Konsistenzarguments von den WTO-Streitbeilegungsorgan vorgenommen. Die Erforderlichkeitsabwägung in den beiden Formen kann jedoch nicht gerechtfertigt sein.

### 1. Erforderlichkeitsabwägung in grundsätzlicher Form

Die Ablehnung der Erforderlichkeitseinschätzung des regulierenden WTO-Mitglieds stellt eine implizite Abwägung dar, obwohl explizit von der Ablehnung der Erforderlichkeit der ergriffenen umweltpolitischen Maßnahme die Rede ist. Daher wird das Abwägungsargument als Widerlegungsgrund gegen die Vermutung der Maßgeblichkeit der Einschätzung des regulierenden WTO-Mitglieds zur Erforderlichkeit und damit implizit auch zur Angemessenheit der ergriffenen Maßnahme herangezogen. Weder in der Entscheidungspraxis noch in der bisherigen wissenschaftlichen Diskussion wurde hinreichend geklärt, nach welchem konkreten Maßstab das Abwägungsargument angewendet werden soll. Zugleich kann nicht ausgeschlossen werden, dass dieses Argument potenziell ein tauglicher Widerlegungsgrund sein kann. Anhand des Charakters der Vermutung lässt sich feststellen, dass das Abwägungsargument keinen tauglichen Widerlegungsgrund darstellt.

#### *a) Abwägungsargument als herangezogener Widerlegungsgrund*

Die Prüfung der *necessary to*-Bedingung in Art. XX (a), (b) und (d) GATT sowie der *relating to*-Anforderung in Art. XX (g) GATT beinhaltet jeweils u. a. eine Erforderlichkeitsprüfung.[577] In diesem Prüfschritt wird eine Maßnahme dann als zur Erreichung des verfolgten Ziels erforderlich angesehen, wenn dem regulierenden WTO-Mitglied kein anderes, gleichwirksames Mittel zur Verfügung steht, das das einschlägige Schutzgut nicht oder am wenigsten einschränkt.[578] Kern der Erforderlichkeitsprüfung ist die Überprüfung der

[577] Teil 1 Kapitel 1 § 5 C.

[578] Vgl. *Grabitz*, Der Grundsatz der Verhältnismäßigkeit in der Rechtsprechung des BVerfG, AöR 1973, 568, 573; *Saurer*, Globalisierung des Verhältnismäßigkeits-

empirischen Einschätzung der Legislative.[579] Dabei sind die empirischen handelsbeschränkenden Auswirkungen und die Schutzwirkungen sowohl der ergriffenen Maßnahme als auch der vorgeschlagenen Alternativmaßnahme auf das Schutzgut Gegenstand der Überprüfung.

Empirische Unsicherheit besteht jedoch sowohl bei der Feststellung des milderen Handelsverstoßes der vorgeschlagenen Alternative als auch bei der Einschätzung der Gleichwirksamkeit der ergriffenen Maßnahme und der vorgeschlagenen Alternative.[580] Wird die Erforderlichkeitseinschätzung bejaht, bleibt das vom regulierenden WTO-Mitglied festgelegte Schutzniveau unberührt. Wird diese Einschätzung hingegen durch die Anwendung einer „empirischen" Analyse von den WTO-Streitbeilegungsorganen abgelehnt, liegt jedoch unvermeidlich eine implizite Abwägung zulasten des regulierenden WTO-Mitglieds vor.[581]

Somit wird das implizite Abwägungsargument von den WTO-Streitbeilegungsorganen zur Ablehnung der Erforderlichkeitseinschätzung des regulierenden WTO-Mitglieds herangezogen, deren Maßgeblichkeit eine erste Vermutung darstellt.[582]

### *b) Unbestimmtheit des Erforderlichkeitsabwägungsarguments in grundsätzlicher Form in der Entscheidungspraxis zur Auslegung eines Absatzes des Art. XX GATT*

Der konkrete Maßstab des (impliziten) Abwägungsarguments ist jedoch trotz seiner regelmäßigen Anwendung in der Entscheidungspraxis zur Auslegung eines Absatzes des Art. XX GATT bislang unklar. Einerseits ist unklar, ob die qualitative oder die quantitative Analyse für die Prüfung der Erforderlichkeit der angegriffenen Maßnahme maßgeblich ist. Andererseits bleiben die konkreten Maßstäbe sowohl der qualitativen als auch der quantitativen Analyse unklar. Die Unklarheit der konkreten Wirkung der angegriffenen Maßnahme bei der Erforderlichkeitsabwägung führt dazu, dass die Gleichwirksamkeitsprüfung der vorgeschlagenen Alternative ohne klare Orientierung erfolgt.

---

grundsatzes, Der Staat 2012, 3, 7; *Lang*, Der Verhältnismäßigkeitsgrundsatz in der Rechtsprechung des BVerfG, AöR 2020, 75, 104.

579 *Petersen*, Verhältnismäßigkeit als Rationalität, 2015, S. 128.

580 Teil 4 Kapitel 13 § 3 A. II. i.V.m. Teil 5 Kapitel 19 § 1 B. II. 1. b) und § 1 B. II. 1. d) bb) (3) (d).

581 Teil 4 Kapitel 13 § 3 B. und § 3 E.

582 Teil 4 Kapitel 13 § 3.

### aa) Unklarheit über die Maßgeblichkeit der qualitativen oder quantitativen Analyse

Im Unterschied zur Geeignetheitsabwägung, bei der die WTO-Streitbeilegungsorgane oft – wenn auch nicht immer einheitlich – ausdrücklich auf die Verwendung des qualitativen oder quantitativen Prüfungsansatzes hinwiesen,[583] wurde bei der Erforderlichkeitsabwägung die Maßgeblichkeit der beiden Prüfungsansätze nicht ausdrücklich erwähnt.[584]

Vielmehr gilt der Prüfungsansatz, der für die Beitragsprüfung der angegriffenen Maßnahme im Rahmen der Geeignetheitsprüfung angewendet wird, auch für die Beitragsprüfung der vorgeschlagenen Alternative. Denn es handelt sich hierbei um die Prüfung des Beitrags des vorgeschlagenen milderen Mittels zur Erreichung des angegebenen Schutzziels. In diesem Fall gilt jedoch die Unklarheit über die Maßgeblichkeit der qualitativen und quantitativen Analyse im Rahmen der Geeignetheitsabwägung[585] auch für die Gleichgeeignetheitsprüfung der vorgeschlagenen Alternative.

Daher ist in der Entscheidungspraxis unklar, ob die qualitative oder die quantitative Analyse für die Beurteilung der Erforderlichkeit und damit implizit auch für die der Angemessenheit einer Maßnahme maßgeblich ist bzw. sein soll.

---

[583] Teil 5 Kapitel 19 § 1 B. I. 1. b) aa).

[584] GATT, Panel-Bericht v. 7.11.1990, DS10/R-37S/200, „Thailand – Cigarettes", Para. 72–81; GATT, Panel-Bericht v. 3.9.1991, DS21/R-39S/155, „US – Tuna I", Para. 5.24–5.29, 5.30–5.34; WTO, Panel-Bericht v. 20.5.1996, WT/DS2/R, „US – Gasoline", Para. 6.22–6.29; WTO, Panel-Bericht v. 26.11.2004, WT/DS302/R, „Dominican Republic – Cigarettes", Para 7.227–7.232; WTO, AB-Bericht v. 25.4.2005, WT/DS302/AB/R, „Dominican Republic – Cigarettes", Para. 72; WTO, Panel-Bericht v. 31.7.2000, WT/DS161/R u.a., „Korea – Beef", Para. 659–674; WTO, AB-Bericht v. 11.12.2000, WT/DS161/AB/R u.a., „Korea – Beef", Para. 164–182; WTO, Panel-Bericht v. 18.9.2000, WT/DS135/R, „EC– Asbestos", Para. 8.196ff.; WTO, AB-Bericht v. 12.3.2001, WT/DS135/AB/R, „EC – Asbestos", Para. 169–175; WTO, Panel-Bericht v. 12.6.2007, WT/DS332/R, „Brazil – Retreaded Tyres", Para. 7.149–7.208; WTO, AB-Bericht v. 3.12.2007, WT/DS332/AB/R, „Brazil – Retreaded Tyres", Para. 7.156–7.175; WTO, Panel-Bericht v. 25.11.2013, WT/DS400/R u.a., „EC – Seal Products", Para. 7.639; WTO, AB-Bericht v. 22.5.2014, WT/DS400/AB/R u.a., „EC – Seal Products", Para. 5.265ff.; WTO, Panel-Bericht v. 26.3.2014, WT/DS431/R u.a., „China – Rare Earths", Para. 7.424–7.430. Für nicht-umweltbezogenen Fällen siehe beispielsweise: WTO, Panel-Bericht v. 12.8.2009, WT/DS363/R, „China – Publications and Audiovisual Products", Para. 7.849, 7.863, 7.868; WTO, AB-Bericht v. 21.12.2009, WT/DS363/AB/R, „China – Publications and Audiovisual Products", Para. 312ff., 335; WTO, Panel-Bericht v. 22.12.2016, WT/DS477/R u.a., „Indonesia – Import Licensing Regimes", Para. 7.802–7.804; WTO, Panel-Bericht v. 30.11.2022, WT/DS592/R, „Indonesia – Raw Materials", Para. 7.326ff.

[585] Teil 3 Kapitel 9 § 3 A. II. i.V.m. Teil 5 Kapitel 19 § 1 B. I. 1. b).

### bb) Unklarheit über die konkreten Beurteilungsmaßstäbe sowohl der qualitativen als auch der quantitativen Analyse

Zur Feststellung der Verfügbarkeit einer milderen Alternative soll zunächst dargestellt werden, dass die vorgeschlagene Alternative schonender für den Handel ist als die ergriffene Umweltschutzmaßnahme. In der Entscheidungspraxis zu Art. XX GATT ist diese Frage wenig problematisch.[586] Sodann ist zu prüfen, ob mit dem vorgeschlagenen milderen Mittel das angegebene Schutzziel und das behauptete Schutzniveau des regulierenden WTO-Mitglieds in gleichwirksamer Weise wie mit der ergriffenen Maßnahme erreicht werden kann. Dazu sollen die jeweiligen Auswirkungen sowohl der angegriffenen Maßnahme als auch der vorgeschlagenen Alternative festgelegt werden.

Wie in Teil 5 Kapitel 19 § 1 B. I. 1. b) bb) dargestellt, sind die konkreten Beurteilungskriterien sowohl der qualitativen als auch der quantitativen Analyse im Rahmen der Geeignetheitsabwägung nicht abschließend geklärt. Diese Unklarheit führt dazu, dass die Prüfung der Gleichgeeignetheit der vorgeschlagenen Alternative im Rahmen der Erforderlichkeitsabwägung orientierungslos ist. Es ist unklar, welches konkrete Beurteilungskriterium bei einer qualitativen bzw. quantitativen Analyse angewendet werden soll.

Zum Beispiel stellte das Panel von EC – Seal Products fest, dass keine Alternative für ein Vermarktungsverbot in die EU zur Verfügung stehe.[587] Die von der EU vorgeschlagene Alternative, nämlich der Marktzugang für Robbenprodukte unter Einhaltung von Tierschutzstandards in Verbindung mit Zertifizierungs- und Etikettierungsanforderungen,[588] wurde vom Panel mit der Begründung als nicht verfügbar beurteilt, dass dadurch das von der EU festgelegte Schutzniveau nicht erreicht werden könne und gleichzeitig Risiken für das Wohlbefinden der Robben entstünden, indem die vorgeschlagene Alternative die weltweite Nachfrage nach Robbenerzeugnissen stimulieren könne.[589] Dabei hatte das Panel nur die negativen Auswirkungen der vorgeschlagenen Alternative auf den Robbenschutz dargestellt, jedoch nicht geklärt,

---

586 In manchen Fällen kann jedoch nur schwer festgestellt werden, ob eine vorgeschlagene Alternative weniger Handelsverletzung verursacht oder nicht. Siehe hierzu: Teil 4 Kapitel 13 § 3 A. II. i. V. m. Teil 5 Kapitel 19 § 1 B. II. 1. d) bb) (3) (d) (aa).

587 WTO, Panel-Bericht v. 25. 11. 2013, WT/DS400/R u. a., „EC – Seal Products“, Para. 7.639, unter Verweis auf seine Ausführung unter Ziffer 7.3.3.3.4 in diesem Panel-Bericht.

588 WTO, Panel-Bericht v. 25. 11. 2013, WT/DS400/R u. a., „EC – Seal Products“, Para. 7.468.

589 WTO, Panel-Bericht v. 25. 11. 2013, WT/DS400/R u. a., „EC – Seal Products“, Para. 7.481 – 7.484.

warum diese negativen Auswirkungen die positiven Schutzwirkungen[590] der vorgeschlagenen Alternative überwiegen.

Somit wurde nicht hinreichend geklärt, welches konkrete Beurteilungskriterium im Rahmen der Erforderlichkeitsabwägung bei einer qualitativen bzw. quantitativen Analyse angewendet werden soll.

##### cc) Keine abschließende Ablehnung des Arguments der Erforderlichkeitsabwägung als tauglicher Widerlegungsgrund allein aufgrund seiner Unbestimmtheit

Allein die Unklarheit über den konkreten Prüfungsmaßstab des Arguments der Erforderlichkeitsabwägung in der Entscheidungspraxis reicht jedoch auch nicht aus, um die Zuverlässigkeit dieses Maßstabs überzeugend zu verneinen. Denn hierfür muss dargestellt werden, worauf sich eine zwingende Mindestanforderung an die Bestimmtheit eines Prüfungsmaßstabs stützt.

#### *c) Keine abschließende Überwindung des Unbestimmtheitsproblems des Arguments der Erforderlichkeitsabwägung aus der allgemeinen Diskussion über Prüfungsintensität und richterliche Zurückhaltung im WTO-Recht mit Bezug auf die Interpretation des Art. XX GATT*

In Teil 1 Kapitel 1 § 3 i.V.m. Teil 2 Kapitel 7 § 2 A. III. 1. wurde im Rahmen der Darstellung der allgemeinen Diskussion über Prüfungsintensität und richterliche Zurückhaltung im WTO-Recht mit Bezug auf die Interpretation des Art. XX GATT ausführlich erläutert, dass die Argumente – wie das der besseren Expertise, das Souveränitätsargument und das Argument der institutionellen Rolle, keine abschließende Antwort darauf gaben, inwieweit die WTO-Streitbeilegungsorgane bei der Überprüfung der Tatsachenfeststellungen und Rechtsurteile des regulierenden WTO-Mitglieds richterliche Zurückhaltung üben sollen.

Dieses Ergebnis gilt entsprechend für das Argument der Erforderlichkeitsabwägung. Denn es handelt sich hierbei sowohl um die Tatsachenfeststellung als auch um das darauf aufbauende Rechtsurteil.[591] Somit wurde in dieser Diskussion nicht hinreichend geklärt, ob und inwieweit die WTO-Streitbeilegungsorgane richterliche Zurückhaltung üben oder Erforderlichkeitsabwägung zulasten des regulierenden WTO-Mitglieds vornehmen sollen. Es wurde näm-

---

590 WTO, Panel-Bericht v. 25.11.2013, WT/DS400/R u.a., „EC – Seal Products", Para. 480.

591 Teil 1 Kapitel 1 § 3 A. III.–§ 3 A. IV.

lich nicht hinreichend dargelegt, wie das Unbestimmtheitsproblem des Arguments der Erforderlichkeitsabwägung überwunden werden soll.

#### *d) Keine abschließende Überwindung des Unbestimmtheitsproblems des impliziten Abwägungsarguments in der speziellen Diskussion über richterliche Zurückhaltung und Erforderlichkeitsabwägung im Rahmen der Interpretation des Art. XX GATT*

Eine abschließende Antwort zur Überwindung des Unklarheitsproblems des impliziten Abwägungsarguments im Rahmen der Überprüfung der Erforderlichkeitseinschätzung des regulierenden WTO-Mitglieds findet sich in der bisherigen speziellen Diskussion über richterliche Zurückhaltung und Erforderlichkeitsabwägung bei der Interpretation des Art. XX GATT nicht.

##### aa) Befürwortung einer Erforderlichkeitsabwägung zulasten des regulierenden WTO-Mitglieds

Im Schrifttum wird einerseits eine dynamische, andererseits eine zurückhaltende Erforderlichkeitsabwägung befürwortet. Als Begründungen werden das Souveränitätsargument, das Argument der institutionellen Rolle der WTO-Streitbeilegungsorgane, das Argument der Expertise sowie das Argument der Überwindung des Unbestimmtheitsproblems der Erforderlichkeitsabwägung angeführt.

###### *(1) Befürwortung einer dynamischen Erforderlichkeitsabwägung*

Teilweise wird u. a. die Erforderlichkeitsprüfung im Rahmen des *weighing and balancing*-Tests, beispielsweise in Art. XX (b) und (d) GATT, als ein offener Abwägungstest angesehen.[592] Demzufolge übernehme die WTO-Version u. a. der Erforderlichkeitsprüfung häufig die Angemessenheitsprüfung und führe damit Elemente des Alexyschen *law of balancing* in ihre Entscheidungen ein.[593] Während es keinen gesonderten Abwägungsschritt konkurrierender

592 *Marceau/Trachtman*, TBT, SPS und GATT, JWT 2002, 811, 851–853; *Bown/Trachtmann*, Brazil-Measures Affecting Imports of Retreaded Tyres: A Balancing Act, WTR 2009, 85, 88, 129–131; *Stone Sweet/Mathews*, Proportionality Balancing and Global Constitutionalism, CJTL 2008, 72, 158; *Andenas/Zleptnig*, Proportionality and Balancing in WTO Law, CRIA 2007, 71, 81; *Meyer*, Trade Law and Supply Chain Regulation in a Post-COVID-19 World, 2020, AJIL 637, 645; *Qin*, Turkey – Pharmaceuticals Products: The First WTO Arbitration for Appellate Review, LIEI 2022, 415, 425.

593 *Stone Sweet/Mathews*, Proportionality Balancing and Global Constitutionalism, CJTL 2008, 72, 158.

Werte im Rahmen der Interpretation des Art. XX GATT gebe, erfordern die verschiedenen Prüfschritte, u. a. die Erforderlichkeitsprüfung, jeweils eine konkrete Abwägung einzelner Rechte und Interessen.[594] Dieser Test sei eine umfassende Form der Abwägung, bei der die Umstände des Einzelfalls sowie die konkurrierenden Rechte und Interessen berücksichtigt werden.[595]

Es wird vor allem kritisiert, dass die WTO-Streitbeilegungsorgane bei der Erforderlichkeitsabwägung im Rahmen des *weighing and balancing*-Tests kaum eine Abwägung vorgenommen haben, obwohl sie ausdrücklich einen Test für offene Abwägung festlegen.[596] Demnach solle die Abwägung auf dynamische Weise vorgenommen werden, sonst sei nicht ersichtlich, wie ermittelt und festgestellt worden sei, dass manche Maßnahmen akzeptabel seien und manche nicht.[597]

Außerdem solle die bereits in der Entscheidungspraxis durchgeführte „grobe" Abwägung verfeinert werden.[598] Eine zu hohe Zurückhaltung gegenüber der Erforderlichkeitsabwägung des regulierenden WTO-Mitglieds könne nicht gerechtfertigt sein.[599]

*(2) Befürwortung einer zurückhaltenden Erforderlichkeitsabwägung*

Im Gegensatz zur oben genannten Ansicht der dynamischen Abwägung wird eine eher zurückhaltende Erforderlichkeitsabwägung vertreten.

Nach dieser Ansicht stelle das Verhältnismäßigkeitsprinzip i. w. S. einen fundamentalen Grundsatz des multilateralen Handelssystems dar,[600] der für jeden Auslegungs- und Überprüfungsprozess des WTO-Rechts gelten solle, damit ein ausgewogenes Verhältnis zwischen den verschiedenen widerstreitenden Interessen erreicht werden könne.[601] Die Erforderlichkeitsabwägung

---

[594] *Andenas/Zleptnig*, Proportionality and Balancing in WTO Law, CRIA 2007, 71, 88, 89.

[595] *Andenas/Zleptnig*, Proportionality and Balancing in WTO Law, CRIA 2007, 71, 72; vgl. *Meyer*, Trade Law and Supply Chain Regulation in a Post-COVID-19 World, 2020, AJIL 637, 645.

[596] *Bown/Trachtmann*, Brazil-Measures Affecting Imports of Retreaded Tyres: A Balancing Act, WTR 2009, 85, 88, 129–131.

[597] *Bown/Trachtmann*, Brazil-Measures Affecting Imports of Retreaded Tyres: A Balancing Act, WTR 2009, 85, 88, 129–130.

[598] Indiziell so auch, vgl. *Sykes*, The Least Restrictive Means, UCLR 2003, 403, 419 i. V. m. 404, 415–416.

[599] *Bown/Trachtmann*, Brazil-Measures Affecting Imports of Retreaded Tyres: A Balancing Act, WTR 2009, 85, 88–89, 131.

[600] *Hilf*, Power, Rules and Principles for WTO/GATT Law, JIEL 2001, 111, 120, 130.

[601] *Hilf*, Power, Rules and Principles for WTO/GATT Law, JIEL 2001, 111, 120 und 130.

ziele darauf ab, ein Gleichgewicht zwischen der Wahrung der Freiheit der WTO-Mitglieder und der Erreichung ihrer Regulierungsziele durch die von ihnen gewählten Maßnahmen herzustellen.[602] Die Erforderlichkeitsprüfung im Rahmen des *weighing and balancing*-Tests könne mithin grundsätzlich als ein offener Abwägungstest angesehen werden.[603]

Die Abwägung im Rahmen der Erforderlichkeitsprüfung sei jedoch weniger umfangreich[604] und solle auf eine beschränkte bzw. zurückhaltende Weise vorgenommen werden.[605] Dabei sollen u. a. das Souveränitätsrecht eines anderen WTO-Mitglieds auf Handelsfreiheit nach GATT und das Prinzip der internationalen Kooperation bei der Abwägung beachtet werden.[606] Die Erforderlichkeitsabwägung könne ferner deshalb nicht als eine umfassende Angemessenheitsprüfung angesehen werden, weil eine Abwägung in der Entscheidungspraxis der WTO-Streitbeilegungsorgane zu Art. XX GATT nur in sehr beschränktem Umfang oder gar nicht vorgenommen wurde.[607] Auch aufgrund der Unbestimmtheit der Tatsachenfeststellung und der Komplexität der Interessenabwägung solle richterliche Zurückhaltung bei der Abwägung geübt werden.[608] In dieser Richtung wird weiterhin vertreten, dass dem regulierenden WTO-Mitglied von den WTO-Streitbeilegungsorganen eine Margin ge-

---

602 *Muller*, The Necessity Test and Trade in Services, JWT 2015, 951, 953.

603 *Delimatsis*, Determining the Necessity of Domestic Regulations in Services, EJIL 2008, 365, 389–390; *Fontanelli*, Whose Margin Is It?, in: ders./Carrozza/Martinico (Hrsg.), Shaping Rule of Law through Dialogue, 2010, S. 393; vgl. *Osiro*, GATT/WTO Necessity Analysis, LIEI 2002, 123, 136–140.

604 *Hilf/Puth*, The Principle of Proportionality on its Way into WTO/GATT Law, in: von Bogdandy/Mavroidis/Mény (Hrsg.), FS Ehlermann, 2002, S. 211, 215–216; indiziell so auch: *Hilf*, Power, Rules and Principles for WTO/GATT Law, JIEL 2001, 111, 120–121 i. V. m. 118.

605 *Delimatsis*, Determining the Necessity of Domestic Regulations in Services, EJIL 2008, 365, 390; *Fontanelli*, Whose Margin Is It?, in: ders./Carrozza/Martinico (Hrsg.), Shaping Rule of Law through Dialogue, 2010, S. 407; *Osiro*, GATT/WTO Necessity Analysis, LIEI 2002, 123, 136–140; *Petersmann*, Constitutionalism and International Organizations, NJILB 1997, 398, 433 i. V. m. *ders.*, De-Fragmentation of International Economic Law, LUCILR 2008, 209, 217, 232–234; *McConnell*, The Asbestos Case at the World Trade Organization, TJCIL 2002, 153, 179; *Herwig/Serdarevic*, Standard of Review for Necessity and Proportionality Analysis in EU and WTO Law, in: Gruszczynski/Werner (Hrsg.), Deference in International Courts and Tribunals, 2014, S. 219.

606 Vgl. *Hilf*, Power, Rules and Principles for WTO/GATT Law, JIEL 2001, 111, 120–121 i. V. m. 118–119.

607 *Muller*, The Necessity Test and Trade in Services, JWT 2015, 951, 964.

608 Vgl. *Herwig/Serdarevic*, Standard of Review for Necessity and Proportionality Analysis in EU and WTO Law, in: Gruszczynski/Werner (Hrsg.), Deference in International Courts and Tribunals, 2014, S. 219 i. V. m. 225 ff.

währt werden solle, die je nach Wichtigkeit der Schutzziele im konkreten Einzelfall (erst) abgelehnt werden könne.[609]

Darüber hinaus wird teilweise vorgeschlagen, ein Etikettierungsgebot als standardmäßig verfügbare Alternative zu entwickeln,[610] sofern diese Alternative bestimmte Bedingungen, wie das Effektivitätserfordernis und die Unterstützung durch völkerrechtliche Verträge, erfülle.[611] Auch diese Ansicht ist als zurückhaltende Abwägung zu verstehen, da durch die Bejahung eines Etikettierungsgebots als verfügbare Alternative eine implizite Abwägung vorgenommen wird und gleichzeitig bestimmte Einschränkungen für diese Abwägung festgelegt werden.

#### *(3) Herangezogene Argumente*

Die folgenden Argumente werden zugunsten der Erforderlichkeitserwägung herangezogen.

##### (a) Souveränitätsrecht

Zunächst wird argumentiert, dass es zu wenige Kontrollen gegen den Missbrauch des Ausnahmerechts nach Art. XX GATT gebe, wenn u. a. die Erforderlichkeitsabwägung nur in wenigen Fällen negativ beurteilt werden dürfe.[612] Wenn das Schutzziel, insbesondere das Schutzniveau, hoch und streng genug angesetzt werde, könne schließlich jedes Mittel als erforderlich gelten.[613] Dies sei auch der Fall, wenn das angegebene Schutzziel nicht das vorrangigste sei.[614] Das Recht zur Wahl eines gewünschten Schutzniveaus sei nicht uneingeschränkt und solle durch die Erforderlichkeitsabwägung kontrolliert werden, andernfalls laufe diese ins Leere.[615]

---

609 Vgl. *Du*, The Necessity Test in World Trade Law, CJIL 2016, 817, 834 f.

610 *Emslie*, Labeling Programs as a Reasonably Available under Article XX, BJIL 2005, 485, 486–487.

611 *Emslie*, Labeling Programs as a Reasonably Available under Article XX, BJIL 2005, 485, 487, 539 f.

612 *Bown/Trachtman*, Brazil-Measures Affecting Imports of Retreaded Tyres: A Balancing Act, WTR 2009, 85, 122.

613 *Bown/Trachtman*, Brazil-Measures Affecting Imports of Retreaded Tyres: A Balancing Act, WTR 2009, 85, 122.

614 *Bown/Trachtmann*, Brazil-Measures Affecting Imports of Retreaded Tyres: A Balancing Act, WTR 2009, 85, 122, vgl. auch Fn. 48 a. a. O.

615 Vgl. *Ortino*, From „Non-discrimination“ to „Reasonableness“, JM-WP 2005/1, 5, 43; *Delimatsis*, The Principle of Necessity in the WTO, TLSRP 2014/04, 1, 8–9.

Außerdem könne es nicht ersichtlich sein, ob der ggf. hohe Respekt vor dem Souveränitätsrecht eines WTO-Mitglieds zur Umweltregulierung gerechtfertigt sei, wenn die relevanten Faktoren und Interessen bei der Erforderlichkeitserwägung im Rahmen des *weighing and balancing*-Tests nicht auf dynamische Weise abgewogen werden.[616]

(b) Institutionelle Rolle der WTO-Streitbeilegungsorgane

Manche Vertreter sehen kein Legitimationsdefizit der WTO-Streitbeilegungsorgane und befürworten eine dynamische Abwägung im Rahmen der konstitutionellen Interpretation zum Schutz individueller Rechte auf Außenhandel gegen missbräuchliche Ausübung inländischer auswärtiger Gewalt bzw. gegen handelsprotektionistische Gesetzgebung. Manche erkennen zwar das genannte Legitimationsdefizit an. Demnach berührt dies jedoch nicht die Abwägungsbefugnis der WTO-Streitbeilegungsorgane.

(aa) Institutionelle Kompetenz zugunsten richterlicher Abwägung ohne Anerkennung des Legitimationsdefizits der WTO-Streitbeilegungsorgane

In der wissenschaftlichen Literatur wird die institutionelle Kompetenz der WTO-Streitbeilegungsorgane zur richterlichen Abwägung vor allem gestützt auf die Konstitutionalisierungsthese und die Konstitutionalisierungsreife argumentiert.

(α) Konstitutionalisierungsthese

Die Konstitutionalisierungsthese hält den Schutz individueller Rechte auf Außenhandel und den Eingriff der WTO-Streitbeilegungsorgane in den inländischen demokratischen Gesetzgebungsprozess ohne Weiteres für legitim, obwohl gerade dies legitimationsbedürftig ist.[617]

(αα) Menschenrecht auf Handelsfreiheit als Recht mit Verfassungsrang

Nach der Konstitutionalisierungsthese der WTO und des WTO-Rechts ergebe sich die institutionelle Kompetenz der WTO-Streitbeilegungsorgane zur

---

616 *Bown/Trachtmann*, Brazil-Measures Affecting Imports of Retreaded Tyres: A Balancing Act, WTR 2009, 85, 88–89.

617 Zu diesen Kommentar siehe: *Krajewski*, Verfassungsperspektiven und Legitimation des Rechts der WTO, 2001, S. 266–267. Krajewski steht der Theorie der Verfassungsfunktion der WTO kritisch gegenüber.

Abwägung innerstaatlicher umweltpolitischer Maßnahmen aus der Notwendigkeit eines bürgerorientierten Verfassungsrealismus im Völkerrecht.[618] Das Menschenrecht auf freie Entfaltung umfasse demnach auch die Freiheit zum grenzüberschreitenden Handel, und menschenrechtliche Freiheitsgarantien enden nicht an nationalen Grenzen.[619] Zu diesen individuellen Rechten zählen u. a. auch die Rechte der Bürger auf sozialen Wohlstand und auf Handelsfreiheit in anderen Staaten, die durch Handelsbeschränkung reduziert werden können.[620]

In der WTO sollten diese individuellen Rechte durch eine konstitutionelle Interpretation seitens der WTO-Streitbeilegungsorgane geschützt werden.[621] Eine liberale Weltordnung sei dabei dahingehend auszulegen, dass die Liberalisierung des Handels tendenziell den Wohlstand der Verbraucher maximiere, indem sie den Bürgern ermögliche, mehr, bessere und günstigere Waren und Dienstleistungen auf den jeweils besten Märkten zu erwerben.[622]

#### (ββ) Abwendung der Missbrauchsgefahr auswärtiger Gewalt im Außenhandel

Die WTO-Streitbeilegungsorgane haben nach dieser Ansicht ein demokratisches Mandat zum Schutz der Rechtsstaatlichkeit,[623] das durch justizielle Interpretation und Rechtsfortbildung verwirklicht werden solle.[624] Dieses Mandat ergebe sich u. a. aus den Vorgaben des Chapeaus des WTO-Übereinkommens,[625] dem Gerechtigkeitsgebot im Völkergewohnheitsrecht[626] sowie dem Optimierungsgebot.[627]

---

618 *Petersmann*, De-Fragmentation of International Economic Law, LUCILR 2008, 209, 215–217, 239.

619 *Petersmann*, European and International Constitutional Law, in: de Búrca/Scott (Hrsg.), The EU and the WTO, 2001, S. 100.

620 *Petersmann*, National Constitutions, Foreign Trade Policy and European Community Law, EJIL 1992, 1, 18–19.

621 *Petersmann*, De-Fragmentation of International Economic Law, LUCILR 2008, 209, 217, 227 f.; *ders.*, Between „Member-Driven" WTO Governance and „Constitutional Justice", EUI-WP 2018, 1.

622 *Petersmann*, Constitutionalism and International Organizations, NJILB 1997, 398, 400–401.

623 *Petersmann*, Constitutionalism and International Organizations, NJILB 1997, 398, 405.

624 *Petersmann*, De-Fragmentation of International Economic Law, LUCILR 2008, 209, 217, 234–235.

625 *Petersmann*, De-Fragmentation of International Economic Law, LUCILR 2008, 209, 217, 228.

626 *Petersmann*, De-Fragmentation of International Economic Law, LUCILR 2008, 209, 217, 229–230.

Demzufolge gehöre die auswärtige Gewalt zu den gefährlichsten Befugnissen der Regierung.[628] Diese Macht des regulierenden WTO-Mitglieds werde häufig als innenpolitisches Instrument ohne Zustimmung des Parlaments ausgeübt.[629] Außerdem werden die verfassungsrechtlichen Grenzen der auswärtigen Gewalt im Außenhandel durch die häufige parlamentarische Anerkennung unbeschränkter außenpolitischer Regelungskompetenzen der Regierung, die weit verbreitete Political Question Doktrin in Bezug auf innenpolitische Maßnahmen sowie die richterliche Selbstbeschränkung bei ausländischen Staatsakten weiter abgeschwächt.[630]

Aus diesen Gründen werde die auswärtige Macht im Außenhandel häufig von handelspolitischen Entscheidungsträgern missbraucht, um inländische Einkommen zugunsten gewinnorientierter Interessengruppen umzuverteilen.[631] Die missbräuchliche Ausübung auswärtiger Macht im Außenhandel führe auch zu einer Verletzung der individuellen Rechte am Außenhandel und daher zu einer Verringerung des Wohlstands des Individuums im Inland, da eine Handelsbeschränkung u. a. die Auswahl an (ausländischen) Produkten einschränken und die Preise der Produkte erhöhen könne.[632]

Somit erfordern die Konstitutionalisierung und die konstitutionelle Interpretation des WTO-Rechts, einschließlich des Art. XX GATT, die Überprüfung und Abwägung der Ausübung inländischer auswärtiger Gewalt im Außenhandel bzw. in der inländischen politischen Gesetzgebung.[633]

---

627 *Petersmann*, De-Fragmentation of International Economic Law, LUCILR 2008, 209, 217, 230–232.

628 *Petersmann*, Constitutionalism and International Organizations, NJILB 1997, 398, 408 ff.

629 *Petersmann*, Constitutionalism and International Organizations, NJILB 1997, 398, 409.

630 *Petersmann*, Constitutionalism and International Organizations, NJILB 1997, 398, 410, 412; *ders.*, European and International Constitutional Law, in: de Búrca/Scott (Hrsg.), The EU and the WTO, 2001, S. 104–105.

631 *Petersmann*, De-Fragmentation of International Economic Law, LUCILR 2008, 209, 217, 234; vgl. *ders.*, Constitutionalism and International Organizations, NJILB 1997, 398, 409–410.

632 *Petersmann*, Constitutionalism and International Organizations, NJILB 1997, 398, 405, 408–409; *ders.*, National Constitutions, Foreign Trade Policy and European Community Law, EJIL 1992, 1, 18.

633 *Petersmann*, European and International Constitutional Law, in: de Búrca/Scott (Hrsg.), The EU and the WTO, 2001, S. 85–86; *ders.*, Constitutionalism and International Organizations, NJILB 1997, 398, 409–410.

(β) Konstitutionalisierungsreife der WTO-Streitbeilegungsorgane

Ähnlich wird vertreten, dass sich das Rechtssystem der WTO aufgrund seiner zunehmenden Reife vielmehr *de facto* in einem Prozess der „Konstitutionalisierung“ befinde und ein wichtiger Aspekt dieses Prozesses die richterliche Normsetzung sei, durch die verfassungsähnliche Prinzipien und Techniken durch die WTO-Streitbeilegungsorgane geschaffen werden.[634] Zu diesen Prinzipien gehören u. a. das Verhältnismäßigkeitsprinzip i. w. S. und damit auch die Erforderlichkeitsabwägung, mittels derer die WTO-Streitschlichtungsorgane die Kompetenzabgrenzung zwischen den Mitgliedstaaten und dem zentralen Streitschlichtungsmechanismus kompetent und explizit behandeln können.[635] Ein Legitimationsdefizit, u. a. für eine dynamische Erforderlichkeitsabwägung durch die WTO-Streitbeilegungsorgane, sei nach dieser Ansicht nämlich nicht vorhanden.[636]

(bb) Institutionelle Kompetenz zugunsten richterlicher Abwägung trotz des Legitimationsdefizits der WTO-Streitbeilegungsorgane

Manche Vertreter erkennen zwar das Legitimationsdefizit der WTO-Streitbeilegungsorgane an. Demzufolge ändert dies jedoch nichts an deren Abwägungskompetenz.

So wird vor allem angeführt, dass sich das Demokratiedefizit der WTO beheben lasse, indem die Rückbindung der Parlamente an die WTO gestärkt werde.[637] Dies könne entweder durch eine stärkere Beteiligung der nationalen Parlamente an der WTO-Gesetzgebung oder durch die Einrichtung eines parlamentarischen Organs der WTO verwirklicht werden.[638]

Demnach sollten die WTO-Streitbeilegungsorgane gewisse legislative oder quasi-legislative Befugnisse erhalten, um Lücken in den WTO-Abkommen zu schließen.[639] Einem WTO-Schiedskörper als internationalem Tribunal stehe auch an sich die Befugnis zur Abwägung zu, damit u. a. der Missbrauch des

---

[634] *Andenas/Zleptnig*, Proportionality and Balancing in WTO Law, CRIA 2007, 71, 88; *Cass*, The Constitutionalization of International Trade Law, EJIL 2001, 39, 41–42, 44.

[635] Vgl. *Cass*, The Constitutionalization of International Trade Law, EJIL 2001, 39, 42, 46, 66 f., 68; *Andenas/Zleptnig*, Proportionality and Balancing in WTO Law, CRIA 2007, 71, 71–72.

[636] *Cass*, The Constitutionalization of International Trade Law, EJIL 2001, 39, 56.

[637] *Trachtman*, The Constitutions of the WTO, EJIL 2006, 623, 637.

[638] *Trachtman*, The Constitutions of the WTO, EJIL 2006, 623, 637.

[639] *Trachtman*, The Constitutions of the WTO, EJIL 2006, 623, 638, 645.

Regulierungsrechts eines WTO-Mitglieds kontrolliert werden könne.[640] Es sei nämlich nicht ungewöhnlich, dass den Gerichten unter bestimmten Umständen ausdrücklich oder implizit die Aufgabe der Abwägung übertragen werde.[641]

Ferner könne die richterliche Rechtsfortbildung dann mit institutioneller Sensibilität erfolgen, wenn sie Präzedenzfälle schaffe, damit die legitimen Erwartungen sowie die Rechtssicherheit und -stabilität berücksichtigt und respektiert werden können.[642]

Zudem könne die richterliche Überprüfung dann gerechtfertigt sein, wenn nur eine minimale prozedurale Anforderung an die inländische politische Entscheidungsfindung auferlegt werde, nicht jedoch eine substanzielle Überprüfung der vorgenannten Entscheidung vorgenommen werde.[643] Die minimale prozedurale Kontrolle verlange nämlich nur, dass u.a. die Erforderlichkeitseinschätzung des regulierenden WTO-Mitglieds nur dann abgelehnt werden dürfe, wenn bestimmte prozedurale Mindestanforderungen, beispielsweise die Due-Process- und Transparenzanforderungen, nicht erfüllt seien.[644] Dieser prozedurale Ansatz eigne sich besser für die Behandlung sensibler politischer Entscheidungen, beispielsweise über die öffentliche Gesundheit, durch eine objektive richterliche Überprüfung.[645] Zudem entspreche dieser Ansatz eher der Rolle der WTO-Streitbeilegungsorgane als Hüter der deliberativen Qualität internationaler Entscheidungsfindung.[646]

---

640 *Andenas/Zleptnig*, Proportionality: WTO Law, TILJ 2007, 371, 412, 423; *Bown/Trachtmann*, Brazil-Measures Affecting Imports of Retreaded Tyres: A Balancing Act, WTR 2009, 85, 119; vgl. *Marceau/Trachtman*, TBT, SPS und GATT, JWT 2002, 811, 850.

641 *Marceau/Trachtman*, TBT, SPS und GATT, JWT 2002, 811, 850; *Bown/Trachtmann*, Brazil-Measures Affecting Imports of Retreaded Tyres: A Balancing Act, WTR 2009, 85, 86, 119.

642 *Venzke*, The Spell of Precedents in Developing Article XX GATT into Standards for Domestic Regulatory Policy, GLJ 2011, 1111, 1112–1113, 1138–1139.

643 *von Bogdandy/Venzke*, International Judicial Institutions as Lawmakers, GLJ 2011, 979, 980; *Venzke*, The Spell of Precedents in Developing Article XX GATT into Standards for Domestic Regulatory Policy, GLJ 2011, 1111, 1139.

644 *Ioannidis*, Beyond the Standard of Review Deference Criteria in WTO Law and the Case for a Procedural Approach, in: Gruszczynski/Werner (Hrsg.), Deference in International Courts and Tribunals, 2014, S. 110–111; *ders.*, A Procedural Approach to the Legitimacy of International Adjudication, GLJ 2011, 1175, 1200.

645 Vgl. *Ioannidis*, Beyond the Standard of Review Deference Criteria in WTO Law and the Case for a Procedural Approach, in: Gruszczynski/Werner (Hrsg.), Deference in International Courts and Tribunals, 2014, S. 111.

646 *Ioannidis*, A Procedural Approach to the Legitimacy of International Adjudication, GLJ 2011, 1175, 1200.

(c) Expertise für sachliche Fragen und Rechtsurteile

Ähnlich wie bei der Geeignetheitsabwägung hat das Argument der Expertise in der Diskussion um die Erforderlichkeitsabwägung im Rahmen der Auslegung eines Absatzes des Art. XX GATT ebenso weniger Beachtung gefunden – im Gegensatz zur Diskussion um die Prüfungsdichte der WTO-Streitbeilegungsorgane bei den Tatsachenfeststellungen und Rechtsurteilen des regulierenden WTO-Mitglieds.[647]

Vor allem wird mit der Missbrauchsgefahr der nationalen Expertise bei der Tatsachenfeststellung eingewandt. Nach dieser Auffassung scheine es zwar grundsätzlich sinnvoll zu sein, dem regulierenden WTO-Mitglied einen gewissen Einschätzungsspielraum einzuräumen.[648] Denn es handle sich bei der Festlegung der Verfügbarkeit einer handelsschonenden Alternative zwar hauptsächlich um eine Tatsachenfeststellung, und das regulierende WTO-Mitglied verfüge über bessere Expertise zur Einschätzung sachlicher Fragen und besseren Zugang zu entsprechenden Informationen.[649] Eine solche Expertise könne jedoch zum Handelsprotektionszweck missbraucht werden.[650]

Ferner sehe Art. 13 DSU vor und der AB bestätige, dass ein Panel über einen weiten Ermessensspielraum verfüge, Informationen aus einer Reihe von Quellen, einschließlich Nichtparteien, zu akzeptieren und Stellungnahmen von Umweltorganisationen zu spezifischen Fragen einzuholen.[651] Manche Tatsachenfeststellungen seien zudem nicht kompliziert und enthalten keine Interessenabwägung, weshalb ein Panel durch Einbestellung von Experten die technischen und sachlichen Schwierigkeiten überwinden könne.[652] Wie in Teil 4 Kapitel 13 § 3 B. dargestellt, liege eine implizite Abwägung bei der Ablehnung der Erforderlichkeitseinschätzung des regulierenden WTO-Mit-

647 Teil 2 Kapitel 7 § 2 A. III. 1. b) bb) und § 2 A. III. 1. c) bb).

648 *Reusch*, Die Legitimation des WTO-Streitbeilegungsverfahrens, 2007, S. 269–270.

649 *Reusch*, Die Legitimation des WTO-Streitbeilegungsverfahrens, 2007, S. 269–270.

650 *Reusch*, Die Legitimation des WTO-Streitbeilegungsverfahrens, 2007, S. 269–270; *Herwig/Serdarevic*, Standard of Review for Necessity and Proportionality Analysis in EU and WTO Law, in: Gruszczynski/Werner (Hrsg.), Deference in International Courts and Tribunals, 2014, S. 229 i. V. m. 218–219; *Kometani*, How Should WTO Panels Review Environmental Regulations under GATT Articles III and XX, NJILB 1996, 441, 458–459.

651 *Cass*, The Constitutionalization of International Trade Law, EJIL 2001, 39, 61.

652 *Herwig/Serdarevic*, Standard of Review for Necessity and Proportionality Analysis in EU and WTO Law, in: Gruszczynski/Werner (Hrsg.), Deference in International Courts and Tribunals, 2014, S. 227 i. V. m. 218–219.

glieds unvermeidlich vor, obwohl dabei oft explizit von einer Tatsachenfeststellung die Rede ist.

Außerdem könne u.a. eine Erforderlichkeitserwägung durch die WTO-Streitbeilegungsorgane dadurch gelingen, dass eine bestimmte Prüfungsdichte für die Einschätzung des regulierenden WTO-Mitglieds nicht nur zu sachlichen Fragen, sondern auch zu Rechtsurteilen angewendet werde.[653] Ein WTO-Mitglied habe zwar Vorteile bei der Abwägung kollidierender Interessen in seinem eigenen Land; ein Panel verfüge jedoch über die Kompetenz, eine richterliche Abwägung in der oben genannten Weise vorzunehmen.[654]

(d) Überwindung des „empirischen" Unbestimmtheitsproblems durch zwei vorgeschlagene Prüfungsansätze

Zur Überwindung des Unbestimmtheitsproblems der „empirischen" Analyse,[655] die eigentlich eine implizite Abwägung darstellt,[656] wird zum einen die Hervorhebung der Maßgeblichkeit des quantitativen Ansatzes vorgeschlagen. Zum anderen wird vorgeschlagen, dem regulierenden WTO-Mitglied einen Spielraum bei der Einschätzung der Erforderlichkeit und damit im Kontext des Art. XX GATT implizit auch der Angemessenheit seiner umweltpolitischen Maßnahmen zuzugestehen. Zugleich soll eine bestimmte Prüfungsdichte nach Wichtigkeit des angegebenen Schutzziels für die Überprüfung des genannten Einschätzungsspielraums angewendet werden.

(aa) Hervorhebung der Maßgeblichkeit des quantitativen Ansatzes

Bei der Geeignetheitsabwägung wiesen die WTO-Streitbeilegungsorgane oft ausdrücklich, wenn auch uneinheitlich, auf die Verwendung des qualitativen oder quantitativen Prüfungsansatzes hin.[657] Hingegen wurde die Maßgeblichkeit der beiden Prüfungsansätze bei der Erforderlichkeitsabwägung nicht ausdrücklich erläutert. Im Schrifttum wird überwiegend die qualitative Analyse als der von den WTO-Streitbeilegungsorganen festgelegte maßgeb-

---

[653] *Cass*, The Constitutionalization of International Trade Law, EJIL 2001, 39, 57–58, 60–62.

[654] *Henckels*, Revisiting Proportionality Analysis, JIEL 2012, 223, 250f. i.V.m. 248–249; *Ioannidis*, Developing Standards of Participation in WTO Law, GLJ 2019, 1175, 1202 i.V.m. 1189; *Howse/Langille*, Seal Product Dispute and Moral Values, YJIL 2012, 367, 428.

[655] Teil 4 Kapitel 13 § 3 A. II. i.V.m. Teil 5 Kapitel 19 § 1 B. II. 1. b) und § 1 B. II. 1. d) bb) (3) (d).

[656] Teil 4 Kapitel 13 § 3 B. und § 3 E.

[657] Teil 5 Kapitel 19 § 1 B. I. 1. b) aa).

liche Ansatz für die Geeignetheitsabwägung angesehen,[658] obwohl in der Entscheidungspraxis unklar ist, ob die qualitative oder die quantitative Analyse maßgeblich ist.[659] Vielmehr gilt der Prüfungsansatz, der für die Beitragsprüfung der angegriffenen Maßnahme im Rahmen der Geeignetheitsabwägung angewendet wird, auch für die Beitragsprüfung der vorgeschlagenen Alternative.

Vor diesem Hintergrund wird im Schrifttum zur Überwindung des Unbestimmtheitsproblems des impliziten Abwägungsarguments vertreten, ähnlich wie bei der Geeignetheitserwägung, dass die quantitative Analyse für die Erforderlichkeitserwägung maßgeblich sein soll.[660] Dieser Vorschlag entspricht dem Vorschlag zur Überwindung des Unbestimmtheitsproblems der Geeignetheitserwägung, wonach eine Quantifizierung für den Beitrag der ergriffenen Maßnahme angewendet werden soll.[661] Denn wenn die Quantifizierung des Beitrags der ergriffenen Maßnahme als maßgeblich festgelegt wird, kann ein Vergleich der Handelsbeschränkung und des Beitrags zur Erreichung des Schutzziels zwischen der ergriffenen und der Alternativmaßnahme nur dann durchführbar sein, wenn auch für die Alternativmaßnahme die Quantifizierung sowohl ihres Beitrags als auch ihrer Handelsverletzung als maßgeblich festgelegt wird.[662]

##### (bb) Konstruktion eines Einschätzungsspielraums und Anwendung einer bestimmten Prüfungsdichte

Wie in Teil 5 Kapitel 19 § 1 B. II. 1. b) und § 1 B. II. 1. d) bb) (3) (d) (aa)–(bb) dargestellt, ist die Erforderlichkeitsabwägung aus technischer Sicht mit Unbe-

---

[658] *Van den Bossche*, Looking for Proportionality in WTO Law, LIEI 2008, 283, 294; *Howse/Levy*, The TBT Panels, WTR 2013, 327, 369; *Panizzon/Arnold/Cottier*, Handel und Umwelt in der WTO, URP 2010, 199, 220, 228; *Sykes*, The Least Restrictive Means, UCLR 2003, 403, 406, 415–416; *Bown/Trachtmann*, Brazil-Measures Affecting Imports of Retreaded Tyres: A Balancing Act, WTR 2009, 85, 86–87, 120, 125, 128 f.; *Vanden Brink*, Suggestions to Utilize GATT's Environmental Exceptions, CJIELP 2010, 85, 107; *Lo*, Disguised Restriction on International Trade under the WTO, JIDS 2013, 111, 134–135; *Dawar/Ronen*, How „Necessary"?, TLD 2016, 1, 7; *Du*, The Necessity Test in World Trade Law, CJIL 2016, 817, 825. A.A.: *Nuzzo*, GATT Moral Clause after Colombia – Textiles, EJLS 2017, 267, 285, 289.

[659] Teil 5 Kapitel 19 § 1 B. I. 1. b) aa).

[660] *Dawar/Ronen*, How „Necessary"?, TLD 2016, 1, 21; grundsätzlich so, vgl. *Bown/Trachtmann*, Brazil-Measures Affecting Imports of Retreaded Tyres: A Balancing Act, WTR 2009, 85, 120, 125–131.

[661] Teil 5 Kapitel 19 § 1 B. I. 1. d) bb) (4).

[662] Vgl. *Dawar/Ronen*, How „Necessary"?, TLD 2016, 1, 21; *Bown/Trachtmann*, Brazil-Measures Affecting Imports of Retreaded Tyres: A Balancing Act, WTR 2009, 85, 120, 125–131.

stimmtheit verbunden. Zudem ist die Rolle der Wichtigkeit des angegebenen Schutzziels für die Erforderlichkeitserwägung im Rahmen des *weighing and balancing*-Tests nicht hinreichend geklärt.[663]

Hierauf beruhend wird im Schrifttum teilweise vertreten, dass es schwer zu verstehen sei, wie die Wichtigkeit des angegebenen Schutzziels die Erforderlichkeitserwägung anders leiten solle als durch die Einräumung eines allgemeinen Ermessensspielraums für das regulierende WTO-Mitglied.[664] Jedoch sei dem regulierenden WTO-Mitglied nicht bekannt und die WTO-Streitbeilegungsorgane haben nicht klargestellt, wie weit dieser Einschätzungsspielraum reiche.[665]

Hingegen wird vertreten, dass diese Unbestimmtheit durch die Konstruktion eines Einschätzungsspielraums für das regulierende WTO-Mitglied und gleichzeitig durch die Anwendung einer bestimmten Prüfungsdichte durch die WTO-Streitbeilegungsorgane nach Wichtigkeit des angegebenen Schutzziels bewältigt werden könne.[666]

Demzufolge sei die Prüfungsdichte der WTO-Streitbeilegungsorgane für den Einschätzungsspielraum des regulierenden WTO-Mitglieds hinsichtlich der Erforderlichkeit (und damit implizit auch der Angemessenheit) seiner Maßnahmen im Rahmen des *weighing and balancing test* schon gelockert, sofern das verfolgte Schutzziel beispielsweise dem Umwelt- oder Gesundheitsschutz diene und damit als wichtig anzusehen sei.[667]

---

[663] Teil 5 Kapitel 19 § 1 B. II. 1. d) bb) (3) (d) (cc).

[664] *McGrady*, Necessity Exceptions in WTO Law, JIEL 2009, 153, 163.

[665] *Fontanelli*, Necessity Killed the GATT, EJILS 2012/13, 35, 55; *ders.*, Whose Margin Is It?, in: ders./Carrozza/Martinico (Hrsg.), Shaping Rule of Law through Dialogue, 2010, S. 403.

[666] Vgl. *Du*, The Necessity Test in World Trade Law, CJIL 2016, 817, 819, 831 ff., 835, 838; *ders.*, Autonomy in Setting Appropriate Level of Protection under the WTO Law, JIEL 2010, 1077, 1096–1101; vgl. *Weiß/Ohler/Bungenberg*, Welthandelsrecht, 3. Aufl. 2022, S. 208 Rn. 544, Kommentar in Zit. 574 a. a. O. bezüglich der „Erforderlichkeitsprüfung" im Rahmen der Interpretation eines Absatzes des Art. XX GATT; *Franck*, On Proportionality of Countermeasures in International Law, AJIL 2008, 715, 750–751; grundsätzlich so auch: *Moran*, The First Twenty Cases under GATT Article XX, in: Adinolfi u. a. (Hrsg.), International Economic Law, 2017, S. 12; vgl. *Cheyne*, Deference and the Use of the Public Policy Exception in International Courts and Tribunals, in: Gruszczynski/Werner (Hrsg.), Deference in International Courts and Tribunals, 2014, S. 45–49; Bejahung mit Vorbehalt, vgl. *Sykes*, The Least Restrictive Means, UCLR 2003, 403, 416 und 419; *Paltrowitz*, A Greening of the World Trade Organization, BJIL 2001, 1789, 1804 i. V. m. 1837.

[667] Vgl. *Du*, The Necessity Test in World Trade Law, CJIL 2016, 817, 819, 831 ff., 835, 838; *ders.*, Autonomy in Setting Appropriate Level of Protection under the WTO Law, JIEL 2010, 1077, 1101; grundsätzlich so auch: *Moran*, The First Twenty Cases under GATT Article XX, in: Adinolfi u. a. (Hrsg.), International Economic Law, 2017, S. 12.

Die Entscheidungspraxis zeige nämlich, dass ein Panel und der AB eine Maßnahme oft, wie in EC – Asbestos, US – Gambling, Brazil – Retreaded Tyres und EC – Seal Products, als notwendig erachten, wenn das Ziel der Maßnahme der Schutz des Lebens und der Gesundheit von Menschen, der Umwelt oder der öffentlichen Moral sei.[668] Demgegenüber werde der AB die Erforderlichkeit (und damit implizit auch die Angemessenheit) einer Maßnahme ablehnen, soweit einschlägige Rechtsgüter als relativ unwichtig eingestuft werden, wie in Korea – Beef and Dominican Republic – Cigarettes, selbst wenn die vorgeschlagene Alternative weniger wirksam als die angegriffenen Maßnahme sei.[669]

#### bb) Skepsis gegenüber dem Argument der Erforderlichkeitsabwägung

In der wissenschaftlichen Literatur wird teilweise vertreten, dass eine Abwägung im Rahmen der Erforderlichkeitsabwägung nur ausnahmsweise von den WTO-Streitbeilegungsorganen vorgenommen werden darf. Innerhalb der kritischen Richtung wird ferner vertreten, dass überhaupt keine Abwägung im Rahmen der Erforderlichkeitsprüfung stattfinden soll.

##### *(1) Erforderlichkeitsabwägung zulasten des regulierenden WTO-Mitglieds als Ausnahme*

Teilweise wird eine Angemessenheitsprüfung bei der Erforderlichkeitsprüfung zwar grundsätzlich für zulässig gehalten. Die Abwägung soll nach dieser Ansicht jedoch nur ausnahmsweise vorgenommen werden. Dabei ist eine hohe Zurückhaltung für die Einschätzung des regulierenden WTO-Mitglieds zur Erforderlichkeit und zur Angemessenheit zu gewähren.

---

668 *Du*, The Necessity Test in World Trade Law, CJIL 2016, 817, 831 ff., 835; *Moran*, The First Twenty Cases under GATT Article XX, in: Adinolfi u. a. (Hrsg.), International Economic Law, 2017, S. 12; vgl. *Weiß/Ohler/Bungenberg*, Welthandelsrecht, 3. Aufl. 2022, S. 208 Rn. 544, Kommentar in Zit. 574 a. a. O. bezüglich der Erforderlichkeitsabwägung im Rahmen der Interpretation eines Absatzes des Art. XX GATT; *Franck*, On Proportionality of Countermeasures in International Law, AJIL 2008, 715, 750–751; Bejahung mit Vorbehalt, vgl. *Sykes*, The Least Restrictive Means, UCLR 2003, 403, 416 und 419.

669 *Du*, The Necessity Test in World Trade Law, CJIL 2016, 817, 831 ff.; vgl. *Weiß/Ohler/Bungenberg*, Welthandelsrecht, 3. Aufl. 2022, S. 208 Rn. 544, Kommentar in Zit. 574 a. a. O. bezüglich der Erforderlichkeitsabwägung im Rahmen der Interpretation eines Absatzes des Art. XX GATT; *Franck*, On Proportionality of Countermeasures in International Law, AJIL 2008, 715, 750–751; Bejahung mit Vorbehalt, vgl. *Sykes*, The Least Restrictive Means, UCLR 2003, 403, 416 und 419.

Demnach sei keine separate Angemessenheitsprüfung (zulasten des regulierenden WTO-Mitglieds) im WTO-Recht vorhanden und eine solche sei in der Entscheidungspraxis in die „Erforderlichkeitsprüfung“ integriert.[670] Die Angemessenheitsprüfungselemente werden nämlich nicht nur allgemein eingeführt, sondern auch tatsächlich im Rahmen der „Erforderlichkeitsprüfung“ von den WTO-Streitbeilegungsorganen durchgeführt.[671] Nach dieser Ansicht bestand im Rahmen einer „Erforderlichkeitsprüfung“ als objektiver Rationalitätsprüfung jedoch nur ein begrenzter Raum für eine Angemessenheitsprüfung.[672]

Zur Vermeidung eines ungerechtfertigten richterlichen Aktivismus solle eine hohe Zurückhaltung unter Beachtung des völkerrechtlichen Vertragsrechts und des *soft law* bei der Erforderlichkeitsabwägung, die von einer offenen Abwägung zu unterscheiden sei, gewährt werden.[673] Der AB habe auch ständig vermieden, die Erforderlichkeitseinschätzung des regulierenden WTO-Mitglieds hinsichtlich umweltpolitischer Maßnahmen durch eigene Abwägung zu ersetzen, obwohl er einen Abwägungstest in Form eines *weighing and balancing*-Tests eingeführt habe.[674]

Diese politischen Fragen berühren den Kernbereich gesellschaftlicher Selbstbestimmungsansprüche und müssen nämlich in konsensorientierten Verfahren auf nationaler oder regionaler Ebene gelöst werden, nicht aber durch völkerrechtliche Streitbeilegungsinstanzen.[675] Die WTO-Streitbeilegungsorgane sollen die Behandlung derartiger Fragen entweder durch *issue avoidance*-Technik vermeiden, eine zurückhaltende Prüfungsintensität anwenden oder eine souveränitätsfreundliche Auslegung vornehmen.[676] Die Anwendung u. a.

---

[670] *Hauck*, Normenkonflikte als Optimierungsprobleme?, in: Baade u. a. (Hrsg.), Verhältnismäßigkeit im Völkerrecht, 2016, S. 98.

[671] *Hauck*, Normenkonflikte als Optimierungsprobleme?, in: Baade u. a. (Hrsg.), Verhältnismäßigkeit im Völkerrecht, 2016, S. 98.

[672] *Hauck*, Normenkonflikte als Optimierungsprobleme?, in: Baade u. a. (Hrsg.), Verhältnismäßigkeit im Völkerrecht, 2016, S. 98. Ähnlich, vgl. *Cottier u. a.*, The Principle of Proportionality in International Law, NCCR-WP 2012/38, 1, 18 i. V. m. 16 und 19.

[673] *Bloche*, WTO Deference to National Health Policy, JIEL 2002, 825, 834–835, 844–845, 847–848; *McConnell*, The Asbestos Case at the World Trade Organization, TJCIL 2002, 153, 179; *Kometani*, How Should WTO Panels Review Environmental Regulations under GATT Articles III and XX, NJILB 1996, 441, 458–459.

[674] *Reid*, Trade and Environment in the EU and WTO, in: Krämer-Hoppe (Hrsg.), EYIEL 2020, S. 113–115, 117; *von Engelhardt*, Die Welthandelsorganisation (WTO) und demokratische Legitimität, 2016, S. 279.

[675] *Reusch*, Die Legitimation des WTO-Streitbeilegungsverfahrens, 2007, S. 275 i. V. m. 46–47 und 248–250.

[676] *Reusch*, Die Legitimation des WTO-Streitbeilegungsverfahrens, 2007, S. 263 f., 275; ähnlich, vgl. *von Engelhardt*, Die Welthandelsorganisation (WTO) und demokratische Legitimität, 2016, S. 271–272.

einer Umweltschutzmaßnahme entgegen ihrer wirtschaftlichen Bewertung könne nicht generell als Verstoß gegen das Angemessenheitsgebot angesehen werden, und die Verhältnismäßigkeit i. e. S. könne nur im Einzelfall und nur für bestimmte Fragen (negativ) beurteilt werden.[677]

### *(2) Keine Erforderlichkeitsabwägung zulasten des regulierenden WTO-Mitglieds*

In einem Teil der wissenschaftlichen Literatur wird vertreten, dass keine Abwägung bei der Erforderlichkeitsprüfung vorgenommen werden soll. Zwar wird die allgemeine Einführung eines Abwägungstests oder bestimmter Abwägungselemente anerkannt und die Abwägung bei der Erforderlichkeitsprüfung abgelehnt. Dabei wird jedoch nicht erkannt, dass eine implizite Abwägung durch die negativ beurteilte Erforderlichkeitsprüfung entstehen kann.

So wird teilweise vertreten, dass trotz der allgemeinen Einführung eines Abwägungstests bzw. bestimmter Abwägungselemente in die Erforderlichkeitsprüfung im Rahmen der Interpretation eines Absatzes des Art. XX GATT[678] keine Abwägung in der Entscheidungspraxis tatsächlich von den WTO-Streitbeilegungsorganen durchgeführt werde.[679] Denn diese Organe sprechen bei der Ablehnung der Erforderlichkeitseinschätzung des regulierenden WTO-Mitglieds noch deklarativ von der Anerkennung des behaupteten Schutzniveaus.[680] Manche Vertreter erkennen zwar eine subjektive Feststellung bei der Ablehnung der Erforderlichkeitseinschätzung des regulierenden

---

677 Vgl. *Krajewski*, Verfassungsperspektiven und Legitimation des Rechts der WTO, 2001, S. 172–174 und 193.

678 *Neumann/Türk*, Necessity Revisited, JWT 2003, 199, 199 und 210–212; *Regan*, The Meaning of „Necessary" in GATT Article XX and GATS Article XIV, WTR 2007, 347, 347–350; *Kapterian*, A Critique of the WTO Jurisprudence on „Necessity", ICLQ 2010, 89, 101 f., 119 f.; *Nuzzo*, GATT Moral Clause after Colombia – Textiles, EJLS 2017, 267, 288; *McGrady*, Necessity Exceptions in WTO Law, JIEL 2009, 153, 162; *Howse/Turk*, A Case Study of the Canada – EC Asbestos Dispute, in: de Búrca/Scott (Hrsg.), The EU and the WTO, 2001, S. 325.

679 *Neumann/Türk*, Necessity Revisited, JWT 2003, 199, 209, 212; *Regan*, The Meaning of „Necessary" in GATT Article XX and GATS Article XIV, WTR 2007, 347, 365–366; *Kapterian*, A Critique of the WTO Jurisprudence on „Necessity", ICLQ 2010, 89, 108; *Nuzzo*, GATT Moral Clause after Colombia – Textiles, EJLS 2017, 267, 290–291, 293; vgl. *McGrady*, Necessity Exceptions in WTO Law, JIEL 2009, 153, 162–163; wohl auch: *Howse/Turk*, A Case Study of the Canada – EC Asbestos Dispute, in: de Búrca/Scott (Hrsg.), The EU and the WTO, 2001, S. 323.

680 *Neumann/Türk*, Necessity Revisited, JWT 2003, 199, 209, 212; *Regan*, The Meaning of „Necessary" in GATT Article XX and GATS Article XIV, WTR 2007, 347, 361; *Kapterian*, A Critique of the WTO Jurisprudence on „Necessity", ICLQ 2010, 89, 108.

WTO-Mitglieds an, vertreten jedoch die Ansicht, dass diese Bewertung noch nicht das Niveau einer Abwägung erreiche.[681]

Im Konkreten sollen ein Panel und der AB nach dieser Ansicht bei der Analyse der Verfügbarkeit einer Alternativmaßnahme nicht die Wichtigkeit des angegebenen Schutzziels des regulierenden WTO-Mitglieds in Frage stellen.[682] Sonst könne der *weighing and balancing*-Test im Rahmen der Interpretation des Art. XX (a), (b) und (d) GATT, in dem u. a. eine Erforderlichkeitsprüfung enthalten sei, mit der Schutzniveausetzungsprärogative eines WTO-Mitglieds nicht vereinbar sein.[683] Darüber hinaus sei eine Abwägung im Rahmen der Erforderlichkeitsprüfung weder mit dem hohen Respekt bei der Prüfung der Legitimität des Schutzziels und -niveaus noch mit dem Paradigma der negativen Integration der Welthandelsorganisation vereinbar.[684]

Weiterhin wird vertreten, dass ein Abwägungstest u. a. bei der Erforderlichkeitsprüfung im Rahmen des *weighing and balancing*-Tests, beispielsweise des Art. XX (b) GATT, zwar allgemein eingeführt worden sei; ein solcher Abwägungstest werde jedoch vielmehr zu dem Zweck eingeführt, den Mitgliedern eine zusätzliche Margin of Appreciation bei der Wahl der Maßnahmen zur Erreichung der in Art. XX GATT vorgesehenen Ziele einzuräumen.[685] Eine solche Margin könne von den WTO-Streitbeilegungsorganen nicht abgelehnt werden.[686]

Die WTO-Streitbeilegungsorgane nehmen nach dieser Ansicht in der Regel auch keine offene Kosten-Nutzen-Abwägung vor, wenn sie die Erforderlichkeit der angegriffenen Maßnahme im Rahmen der Prüfung eines Absatzes von Art. XX GATT beurteilen, und eine solche Abwägung solle ebenfalls nicht bei der Erforderlichkeitsprüfung vorgenommen werden.[687] Mit einer Ablehnung der Erforderlichkeitseinschätzung des regulierenden WTO-Mitglieds werde zwar das von ihm behauptete Schutzniveau in Frage gestellt und eine subjek-

---

681 *Desmedt*, Proportionality in WTO Law, JIEL 2001, 441, 469–470; *Fontanelli*, Necessity Killed the GATT, EJILS 2012/13, 35, 39, 46, 47, 48–49, 55.

682 Vgl. *McGrady*, Necessity Exceptions in WTO Law, JIEL 2009, 153, 162.

683 *Nuzzo*, GATT Moral Clause after Colombia – Textiles, EJLS 2017, 267, 288, 292–293.

684 *Nuzzo*, GATT Moral Clause after Colombia – Textiles, EJLS 2017, 267, 288, 292–293.

685 *Howse/Turk*, A Case Study of the Canada – EC Asbestos Dispute, in: de Búrca/Scott (Hrsg.), The EU and the WTO, 2001, S. 325 f.; *Neumann/Türk*, Necessity Revisited, JWT 2003, 199, 214.

686 *Howse/Turk*, A Case Study of the Canada – EC Asbestos Dispute, in: de Búrca/Scott (Hrsg.), The EU and the WTO, 2001, S. 325 f.; *Neumann/Türk*, Necessity Revisited, JWT 2003, 199, 214 i. V. m. 215–217 und 212–213.

687 *Regan*, The Meaning of „Necessary“ in GATT Article XX and GATS Article XIV, WTR 2007, 347, 366 ff.

tive Feststellung vorgenommen.[688] Diese Analyse stelle jedoch keine Abwägung dar, weil dadurch das angegebene Schutzziel und das behauptete Schutzniveau des regulierenden WTO-Mitglieds nicht in erheblichem Umfang korrigiert werden.[689] Die Ablehnung der Erforderlichkeit der angegriffenen Maßnahme mittels Abwägungsarguments solle nach einer Ansicht in dieser Richtung nicht bei der Erforderlichkeitsprüfung, sondern erst bei der Chapeau-Prüfung vorgenommen werden, deren Aufgabe die Abwendung missbräuchlicher Ausübung des Ausnahmerechts zum Umweltschutz nach Art. XX GATT sei.[690]

Politische Fragen, die den Kernbereich gesellschaftlicher Selbstbestimmungsansprüche betreffen, müssen nach dieser Ansicht in konsensorientierten Verfahren auf nationaler oder regionaler Ebene gelöst werden und können nicht einer völkerrechtlichen Streitbeilegungsinstanz zur Entscheidung überantwortet werden.[691] Ein WTO-Panel solle die Behandlung u. a. der Handels- und Umweltfrage vermeiden, andernfalls führe dies zur Delegitimierung des WTO-Streitbeilegungsverfahrens.[692]

#### *(3) Herangezogene Argumente*

Die folgenden Argumente werden zulasten der Erforderlichkeitserwägung herangezogen.

##### (a) Souveränitätsrecht

Vor allem wird eingewandt, dass eine streng durchgeführte Erforderlichkeitserwägung einen Eingriff in das Souveränitätsrecht zur Regulierung umweltrelevanter Angelegenheiten eines WTO-Mitglieds darstelle,[693] zu dem die

---

[688] *Desmedt*, Proportionality in WTO Law, JIEL 2001, 441, 469–470; *Fontanelli*, Necessity Killed the GATT, EJILS 2012/13, 35, 39, 46, 47, 48–49, 55.

[689] *Desmedt*, Proportionality in WTO Law, JIEL 2001, 441, 469–470; *Fontanelli*, Necessity Killed the GATT, EJILS 2012/13, 35, 39, 46, 47, 48–49, 55.

[690] *Kapterian*, A Critique of the WTO Jurisprudence on „Necessity“, ICLQ 2010, 89, 124–126.

[691] *Howse/Nicolaïdis*, Enhancing WTO Legitimacy: Constitutionalization or Global Subsidiarity?, Governance 2003, 73, 75, 86–87.

[692] *Dunoff*, The Death of the Trade Regime, EJIL 1999, 733, 736, 754.

[693] *Kapterian*, A Critique of the WTO Jurisprudence on „Necessity“, ICLQ 2010, 89, 91, 97, 119, 127; *Osiro*, GATT/WTO Necessity Analysis, LIEI 2002, 123, 127–128; *Neumann/Türk*, Necessity Revisited, JWT 2003, 199, 208–209; *Regan*, The Meaning of „Necessary“ in GATT Article XX and GATS Article XIV, WTR 2007, 347, 349 f., 355; *Van den Bossche*, Looking for Proportionality in WTO Law, LIEI 2008, 283, 294; *Stoberock*, Ausnahmebestimmungen im Warenhandel im WTO und EU-

Abwägung kollidierender Interessen gehöre.[694] Eine derartige Prüfung könne zudem nicht mit der in der Entscheidungspraxis zu Art. XX GATT anerkannten Schutzniveausetzungsprärogative eines WTO-Mitglieds in Einklang stehen.[695]

Wenn eine vorgeschlagene Alternativmaßnahme als verfügbar bejaht werde, werde nämlich die Realisierbarkeit dieser Alternativmaßnahme hinsichtlich der besonderen kulturellen, politischen und wirtschaftlichen Situationen des regulierenden WTO-Mitglieds vernachlässigt.[696] Ein vorgeschlagenes Mittel, das aufgrund unzumutbarer Verwaltungskosten eigentlich nicht das mildeste Mittel sein dürfe, werde trotzdem als verfügbare Alternative qualifiziert.[697] In diesem Fall müssen die WTO-Mitglieder das angestrebte Schutzniveau senken, wenn nach Ansicht eines Panels die handelsbeschränkenden Auswirkungen einer Maßnahme im Verhältnis zu den Schutzwirkungen für das betreffende Rechtsgut übermäßig seien.[698] Eine derartige (implizite) Abwägung solle folglich im Interesse des Respekts vor innerstaatlicher Entscheidung nicht bzw. nur zurückhaltend vorgenommen werden.[699]

Dieser Eingriff in das Souveränitätsrecht des regulierenden WTO-Mitglieds fehle auch an einer völkerrechtlichen rechtlichen Rechtsgrundlage, weil das Wort *necessary* keine Abwägung erfordere.[700] Ebenso sei dieser Eingriff eine

---

Recht, 2012, S. 127; indiziell auch: *Hilf*, Power, Rules and Principles for WTO/GATT Law, JIEL 2001, 111, 120–121 i. V. m. 118.

694 *Regan*, The Meaning of „Necessary" in GATT Article XX and GATS Article XIV, WTR 2007, 347, 350.

695 *Van den Bossche*, Looking for Proportionality in WTO Law, LIEI 2008, 283, 294; *Kapterian*, A Critique of the WTO Jurisprudence on „Necessity", ICLQ 2010, 89, 101 f., 119 f.; *McGrady*, Necessity Exceptions in WTO Law, JIEL 2009, 153, 162; *Ortino*, From „Non-discrimination" to „Reasonableness", JM-WP 2005/1, 5, 42 f.; *Nuzzo*, GATT Moral Clause after Colombia – Textiles, EJLS 2017, 267, 288; *Muller*, The Necessity Test and Trade in Services, JWT 2015, 951.

696 *Osiro*, GATT/WTO Necessity Analysis, LIEI 2002, 123, 127–128; *Kapterian*, A Critique of the WTO Jurisprudence on „Necessity", ICLQ 2010, 89, 124.

697 *Regan*, The Meaning of „Necessary" in GATT Article XX and GATS Article XIV, WTR 2007, 347, 349; *Du*, Autonomy in Setting Appropriate Level of Protection under the WTO Law, JIEL 2010, 1077, 1091.

698 *Neumann/Türk*, Necessity Revisited, JWT 2003, 199, 208–209; *Fontanelli*, Necessity Killed the GATT, EJILS 2012/13, 36, 54; vgl. *Muller*, The Necessity Test and Trade in Services, JWT 2015, 951, 964.

699 Vgl. *Muller*, The Necessity Test and Trade in Services, JWT 2015, 951, 964–965; ähnlich bezüglich der offenen Abwägung bei der Erforderlichkeitsprüfung, vgl. *Regan*, The Meaning of „Necessary" in GATT Article XX and GATS Article XIV, WTR 2007, 347, 367 f.

700 *Regan*, The Meaning of „Necessary" in GATT Article XX and GATS Article XIV, WTR 2007, 347, 349, 361, 366; *Fontanelli*, Necessity Killed the GATT, EJILS 2012/13, 35, 55; *Kapterian*, A Critique of the WTO Jurisprudence on „Neces-

Verletzung der völkergewohnheitsrechtlichen Interpretationsregel, wenn das Wort *necessary* beispielsweise in Art. XX (b) GATT so interpretiert werde, dass dieser neben der Rationalitätsforderung noch eine Abwägung enthalte.[701] Nach dem Wortlaut des Chapeaus des Art. XX GATT solle die Angemessenheitsprüfung erst auf der Chapeau-Stufe vorgenommen werden, weil der Chapeau verlange, dass die Maßnahme keine verschleierte, willkürliche oder ungerechtfertigte Handelsbeschränkung darstelle.[702]

### (b) Institutionelle Rolle der WTO-Streitbeilegungsorgane

Teilweise wird kritisiert, dass ein Panel und der AB eine Angemessenheitsprüfung durchführen, weil diese Tätigkeit ihre institutionellen Kompetenzen als internationale Tribunale überschreite.[703] Die Kritik beruht hauptsächlich auf der Bejahung des Legitimationsdefizits der WTO-Streitbeilegungsorgane.[704]

Demzufolge sei die WTO aus institutioneller Sicht nicht reif für eine klassische Abwägung und eine derartige Entscheidung solle dem nationalen Gesetzgeber und den nationalen Gerichten vorbehalten bleiben.[705] Die Erforderlichkeitsabwägung müsse auf zurückhaltende Weise erfolgen, damit die Legitimität der WTO-Streitbeilegungsorgane gewahrt bleibe.[706] Eine Abwägung poli-

sity", ICLQ 2010, 89, 91, 98, 120, 124–127; *Desmedt*, Proportionality in WTO Law, JIEL 2001, 441, 469.

701 *Neumann/Türk*, Necessity Revisited, JWT 2003, 199, 213.

702 *Kapterian*, A Critique of the WTO Jurisprudence on „Necessity", ICLQ 2010, 89, 120.

703 *McGrady*, Necessity Exceptions in WTO Law, JIEL 2009, 153, 162, 163; *Charnovitz*, The Law of Environmental „PPMs" in the WTO: Debunking the Myth of Illegality, YJIL 2002, 59, 101; *Cottier u. a.*, The Principle of Proportionality in International Law, NCCR-WP 2012/38, 1, 19; *Neumann/Türk*, Necessity Revisited, JWT 2003, 199, 216, 231 f.; *Kapterian*, A Critique of the WTO Jurisprudence on „Necessity", ICLQ 2010, 89, 127; *Bloche*, WTO Deference to National Health Policy, JIEL 2002, 825, 835; *Howse*, Adjudicative Legitimacy and Treaty Interpretation in International Trade Law, in: Weiler (Hrsg.), The EU, the WTO, and the NAFTA, Band IX/1, 2001, S. 68 i. V. m. 38–39.

704 *Neumann/Türk*, Necessity Revisited, JWT 2003, 199, 232; *Neumann*, Die Koordination des WTO-Rechts mit anderen völkerrechtlichen Verträgen, in: Nettesheim/Sander (Hrsg.), WTO-Recht und Globalisierung, S. 143; *Walker*, The EU and the WTO: Constitutionalism in a New Key, in: de Búrca/Scott (Hrsg.), The EU and the WTO, 2001, S. 49–50; *Krajewski*, Verfassungsperspektiven und Legitimation des Rechts der WTO, S. 272–273.

705 *Neumann/Türk*, Necessity Revisited, JWT 2003, 199, 233; *Button*, Trade, Health, and Uncertainty in the WTO, 2004, S. 232.

706 *Kapterian*, A Critique of the WTO Jurisprudence on „Necessity", ICLQ 2010, 89, 127; *Bloche*, WTO Deference to National Health Policy, JIEL 2002, 825, 835.

tisch empfindlicher Interessen durch einen WTO-Schiedskörper fehle hingegen an demokratischer Legitimation.[707] U.a. sollen ein Panel und der AB bei der Erforderlichkeitsabwägung im Rahmen der Interpretation des Art. XX GATT die Kompetenz der innerstaatlichen Staatsorgane des regulierenden WTO-Mitglieds für die vorgenannte Einschätzung berücksichtigen.[708] Die WTO-Streitbeilegungsorgane als internationale Tribunale haben insbesondere keine legitime Kompetenz für die Abwägung der Wichtigkeit des angegebenen Schutzziels im Rahmen der Erforderlichkeitsprüfung.[709]

(aa) Keine vertragliche Rechtsgrundlage für die richterliche Abwägung

Der Grund für die fehlende institutionelle Kompetenz der WTO-Streitbeilegungsorgane bestehe vor allem darin, dass im GATT kaum oder keine textliche Grundlage für die Bewertung einer innerstaatlichen Maßnahme durch ein Panel oder den AB bestehe und eine solche Bewertung daher einen schwerwiegenden Eingriff in die Regulierungsautonomie eines WTO-Mitglieds darstelle.[710] Eine Abwägung durch ein Panel oder den AB könne sich nicht aus dem Wort *necessary* beispielsweise in Art. XX GATT ergeben.[711] Sollten die WTO-Streitbeilegungsorgane bei den Bürgern der Mitgliedstaaten Erwartungen hinsichtlich einer richterlichen Rechtsfortbildung wecken, die aufgrund fehlender Rechtsgrundlage außerhalb ihrer institutionellen Kompetenz liege, könne dies die Legitimität des WTO-Systems insgesamt untergraben.[712]

(bb) Fehlende demokratische Repräsentation für die richterliche Abwägung

Weiterhin wird argumentiert, dass die Abwägung verfassungsrechtlicher Werte eine starke demokratische Legitimation sowohl der (ggf. richterlichen) Regelsetzung als auch der Regelanwendung in Streitbeilegungsverfahren er-

---

[707] Vgl. *Neumann/Türk*, Necessity Revisited, JWT 2003, 199, 232–233; *Fontanelli*, Necessity Killed the GATT, EJILS 2012/13, 36, 56 und der Kommentar in Fn. 109 a.a.O.

[708] *Howse*, Adjudicative Legitimacy and Treaty Interpretation in International Trade Law, in: Weiler (Hrsg.), The EU, the WTO, and the NAFTA, Band IX/1, 2001, S. 68 i.V.m. 38–39.

[709] *McGrady*, Necessity Exceptions in WTO Law, JIEL 2009, 153, 162.

[710] Vgl. *Neumann/Türk*, Necessity Revisited, JWT 2003, 199, 215–216; *Charnovitz*, An Analysis of Pascal Lamy's Proposal on Collective Preferences, JIEL 2005, 449, 468; *Howse/Nicolaïdis*, Enhancing WTO Legitimacy: Constitutionalization or Global Subsidiarity?, Governance 2003, 73, 84.

[711] *Neumann/Türk*, Necessity Revisited, JWT 2003, 199, 213.

[712] *Howse/Nicolaïdis*, Enhancing WTO Legitimacy: Constitutionalization or Global Subsidiarity?, Governance 2003, 73, 84.

fordere.[713] Hingegen fehle eine solche Legitimation bei den WTO-Streitbeilegungsorganen.[714] Denn zivilgesellschaftliche Gruppen, die nichtwirtschaftliche Werte vertreten, seien von den WTO-Verhandlungsprozessen ausgeschlossen und haben keinen Anspruch darauf, dass ihre *Amicus Curiae*-Schriftsätze im WTO-Streitbeilegungsverfahren von den zuständigen Schiedskörpern berücksichtigt werden.[715]

Dieses demokratische Legitimationsdefizit könne nicht durch die Konstitutionalisierungsthese behoben werden, die den Schutz des individuellen Rechts auf Außenhandel und den Eingriff der WTO-Streitbeilegungsorgane in den inländischen demokratischen Gesetzgebungsprozess ohne Weiteres für legitim halte, obwohl gerade diese These demokratischer Legitimation bedürfe.[716] Eine Konstitutionalisierung der WTO werde die Legitimationskrise nur verschärfen.[717]

#### (cc) Ausübung auswärtiger Handelsgewalt und inländische handelspolitische Gesetzgebung als politische Frage

Die Behandlung fundamentaler politischer Fragen darüber, inwieweit der globale Marktzugang beim Erlass u.a. inländischer Umweltmaßnahmen mit grenzüberschreitender Wirkung berücksichtigt werden solle, dürfe nicht in exzessiver Weise den WTO-Streitbeilegungsorganen überlassen werden.[718] Die Legitimationsfähigkeit der Entscheidungen dieser Organe ende dort, wo

---

[713] *Neumann/Türk*, Necessity Revisited, JWT 2003, 199, 232; *Neumann*, Die Koordination des WTO-Rechts mit anderen völkerrechtlichen Verträgen, in: Nettesheim/Sander (Hrsg.), WTO-Recht und Globalisierung, S. 143.

[714] *Neumann/Türk*, Necessity Revisited, JWT 2003, 199, 232–233.

[715] *Neumann/Türk*, Necessity Revisited, JWT 2003, 199, 232; *Neumann*, Die Koordination des WTO-Rechts mit anderen völkerrechtlichen Verträgen, in: Nettesheim/Sander (Hrsg.), WTO-Recht und Globalisierung, S. 143–144.

[716] Vgl. *Krajewski*, Verfassungsperspektiven und Legitimation des Rechts der WTO, S. 266–267; *Howse/Nicolaïdis*, Legitimacy and Global Governance: Why Constitutionalizing the WTO is a Step too Far, in: Porter u.a. (Hrsg.), Efficiency, Equity, and Legitimacy, 2001, S. 227ff.; *Nettesheim*, Von der Verhandlungsdiplomatie zur internationalen Verfassungsordnung, in: Classen u.a. (Hrsg.), FS Oppermann, 2001, S. 381, 401; *Holmes*, The WTO and the EU: Some Constitutional Comparisons, in: de Búrca/Scott (Hrsg.), The EU and the WTO, 2001, S. 59–60.

[717] *Howse/Nicolaïdis*, Enhancing WTO Legitimacy: Constitutionalization or Global Subsidiarity?, Governance 2003, 73, 74.

[718] Vgl. *Walker*, The EU and the WTO: Constitutionalism in a New Key, in: de Búrca/Scott (Hrsg.), The EU and the WTO, 2001, S. 63; *Holmes*, The WTO and the EU: Some Constitutional Comparisons, in: de Búrca/Scott (Hrsg.), The EU and the WTO, 2001, S. 80; *Rollo/Winters*, Subsidiarity and Governance Challenges for the WTO, The World Economy 2000, 561, 562, 575.

sie in Kernbereiche des politischen und kulturellen Selbstverständnisses eines WTO-Mitglieds eingreifen.[719] Eine richterliche Kontrolle von Entscheidungen einer demokratisch gewählten Gesetzgebungskörperschaft der WTO-Mitgliedstaaten durch die WTO-Streitbeilegungsorgane stellen einen Eingriff in den inländischen Verfassungsprozess dar.[720]

Es sei somit politisch naiv, ein WTO-Panel zur Lösung von Wertkonflikten zwischen internationaler Handelsfreiheit und anderen innerstaatlichen politischen Interessen aufzufordern, da dies die WTO-Streitbeilegung zu delegitimieren drohe[721] und ihrer Zuverlässigkeit schade.[722] Hingegen erfordere die Bewältigung der Krise der multilateralen Handelsordnung nicht weniger, sondern mehr Politik.[723]

### (c) Expertise

Ein weiteres Argument u. a. gegen eine dynamische Erforderlichkeitsabwägung ist die fehlende Expertise der WTO-Streitbeilegungsorgane für die notwendige empirische Analyse.[724] Ein Panel und der AB seien demnach nicht geeignet, eine quantitative Analyse bzw. eine Kosten-Benefit-Analyse durchzuführen, weil sie als internationale Schiedskörper keinen guten Zugang zu den notwendigen Informationen haben.[725]

Hingegen verfügen die nationalen Behörden über umfassendere Faktoren und Informationen zu den verschiedenen Abwägungen, die bei der Wahl der angegriffenen Maßnahme getroffen werden, sowie über die tatsächlichen Kosten der vorgeschlagenen Alternativmaßnahmen.[726] Darüber hinaus verfü-

---

[719] *Reusch*, Die Legitimation des WTO-Streitbeilegungsverfahrens, 2007, S. 240–242; *Howse/Nicolaïdis*, Enhancing WTO Legitimacy: Constitutionalization or Global Subsidiarity?, Governance 2003, 73, 75, 86–87.

[720] *Reusch*, Die Legitimation des WTO-Streitbeilegungsverfahrens, 2007, S. 46, 50.

[721] *Gaines*, The WTO's Reading of the GATT Article XX, UPJIL 2001, 739, 849; *Dunoff*, The Death of the Trade Regime, EJIL 1999, 733, 754, 756.

[722] *Reid*, Trade and Environment in the EU and WTO, in: Krämer-Hoppe (Hrsg.), EYIEL 2020, S. 88.

[723] *Howse/Nicolaïdis*, Enhancing WTO Legitimacy: Constitutionalization or Global Subsidiarity?, Governance 2003, 73, 75.

[724] Vgl. *Delimatsis*, Determining the Necessity of Domestic Regulations in Services, EJIL 2008, 365, 390.

[725] Vgl. *Delimatsis*, Determining the Necessity of Domestic Regulations in Services, EJIL 2008, 365, 390.

[726] *Henckels*, Revisiting Proportionality Analysis, JIEL 2012, 223, 248; *Kometani*, How Should WTO Panels Review Environmental Regulations under GATT Articles III and XX, NJILB 1996, 441, 458 i. V. m. 457.

gen die WTO-Streitbeilegungsorgane nur über eingeschränkte Befugnisse, Untersuchungen im Hoheitsgebiet des regulierenden WTO-Mitglieds durchzuführen.[727] Die Regierung des regulierenden WTO-Mitglieds kenne die sachlichen Aspekte der angegriffenen Maßnahme und der ggf. Alternativmaßnahmen somit viel besser als ein WTO-Panel.[728]

Darüber hinaus seien die nationalen Gesetzgeber besser in der Lage, ihre eigenen sozialen Ziele und Handelsinteressen gegeneinander abzuwägen.[729] Die Erforderlichkeitsabwägung erfordere komplexe Prognosen über die Notwendigkeit des Eingriffs und die wahrscheinliche Wirksamkeit alternativer Maßnahmen zur Erreichung des Schutzziels.[730] Diese Abwägung sei folglich eine Frage feiner Unterscheidungen, insbesondere dann, wenn die Entscheidung polyzentrisch sei oder sensible wirtschaftliche bzw. politische Fragen im Inland betreffe.[731] Bei einer Abwägung durch Handelsexperten werde dem Handel hingegen eher ein größeres Gewicht beigemessen als dem Umweltschutz.[732] Daher solle eine grundsätzliche Zurückhaltung bei der Überprüfung der Erforderlichkeitseinschätzung des regulierenden WTO-Mitglieds geübt werden.[733]

#### (d) „Empirischer“ Unbestimmtheitseinwand

Teilweise wird vertreten, dass eine offene Güterabwägung im Rahmen der Interpretation eines Absatzes des Art. XX GATT nicht vorgenommen werden solle, weil eine solche aufgrund der Inkommensurabilität zwischen Handelsfreiheit und Interessen wie dem Schutz von Menschenleben oder der Umwelt unmöglich bzw. nicht voraussehbar sei.[734] Dies sei auch der Fall, wenn keine

---

[727] Vgl. *Kometani*, How Should WTO Panels Review Environmental Regulations under GATT Articles III and XX, NJILB 1996, 441, 457–458.

[728] Vgl. *Kometani*, How Should WTO Panels Review Environmental Regulations under GATT Articles III and XX, NJILB 1996, 441, 457–458.

[729] *Henckels*, Revisiting Proportionality Analysis, JIEL 2012, 223, 250 f. i. V. m. 248–249; *Ioannidis*, Developing Standards of Participation in WTO Law, GLJ 2019, 1175, 1202 i. V. m. 1189; *Howse/Langille*, Seal Product Dispute and Moral Values, YJIL 2012, 367, 428; *Charnovitz*, The Law of Environmental „PPMs“ in the WTO: Debunking the Myth of Illegality, YJIL 2002, 59, 101; *Howse*, Adjudicative Legitimacy and Treaty Interpretation in International Trade Law, in: Weiler (Hrsg.), The EU, the WTO, and the NAFTA, Band IX/1, 2001, S. 65 i. V. m. 63 und 38–39.

[730] *Henckels*, Revisiting Proportionality Analysis, JIEL 2012, 223, 248.

[731] *Henckels*, Revisiting Proportionality Analysis, JIEL 2012, 223, 248.

[732] *Charnovitz*, The Law of Environmental „PPMs“ in the WTO: Debunking the Myth of Illegality, YJIL 2002, 59, 101.

[733] *Henckels*, Revisiting Proportionality Analysis, JIEL 2012, 223, 248–249.

[734] *Thiedemann*, WTO und Umwelt, 2005, S. 142–143; ähnlich, vgl. *Herwig/Serdarevic*, Standard of Review for Necessity and Proportionality Analysis in EU and

separate Angemessenheitsprüfung im WTO-Recht vorgesehen werde und Elemente einer solchen Prüfung in der Entscheidungspraxis *de facto* in die Erforderlichkeitsprüfung integriert werden,[735] obwohl diese als objektive Rationalitätsprüfung eigentlich keine Angemessenheitsprüfung enthalten dürfe.[736] Diese Unbestimmtheit ergebe sich aus der konkreten Prüfung der Verfügbarkeit einer handelsschonenden Alternativmaßnahme.

Bei der Erforderlichkeitsprüfung wird eine Maßnahme dann als erforderlich zur Erreichung des verfolgten Ziels qualifiziert, wenn dem Gesetzgeber kein anderes, gleichwirksames Mittel hätte ergreifen können, das das einschlägige Schutzgut nicht oder weniger einschränkt.[737]

Kern dieses Teilgrundsatzes der Verhältnismäßigkeitsprüfung i. w. S. ist die Überprüfung der empirischen Einschätzung der Legislative.[738] Diese Kontrolle kann jedoch nicht ohne empirische Unsicherheit erfolgen,[739] weil empirische Studien stets von der Wahl der Perspektive abhängen.[740] Die Tatsache, dass die Schiedsrichter häufig nicht über die notwendige methodische Ausbildung verfügen,[741] um eine eigene empirische Bewertung vornehmen zu können, erschwert diese Kontrolle zusätzlich.

Bei der Erforderlichkeitsprüfung und damit implizit auch bei der Angemessenheitsprüfung im Rahmen der Interpretation des Art. XX GATT ist dies auch der Fall. Unbestimmtheit besteht sowohl bei der Feststellung des milderen Handelsverstoßes der vorgeschlagenen Alternative als auch bei der Einschätzung der Gleichwirksamkeit der vorgeschlagenen Alternative im Vergleich zur ergriffenen Maßnahme.

---

WTO Law, in: Gruszczynski/Werner (Hrsg.), Deference in International Courts and Tribunals, 2014, S. 228–229 i. V. m. 219.

735 *Hauck*, Normenkonflikte als Optimierungsprobleme?, in: Baade u. a. (Hrsg.), Verhältnismäßigkeit im Völkerrecht, 2016, S. 98 i. V. m. 96–97.

736 *Hauck*, Normenkonflikte als Optimierungsprobleme?, in: Baade u. a. (Hrsg.), Verhältnismäßigkeit im Völkerrecht, 2016, S. 98; ähnlich, vgl. auch *Cottier u. a.*, The Principle of Proportionality in International Law, NCCR-WP 2012/38, 1, 18 i. V. m. 16 und 19.

737 *Grabitz*, Der Grundsatz der Verhältnismäßigkeit in der Rechtsprechung des BVerfG, AöR 1973, 568, 573; *Saurer*, Globalisierung des Verhältnismäßigkeitsgrundsatzes, Der Staat 2012, 3, 7; *Lang*, Der Verhältnismäßigkeitsgrundsatz in der Rechtsprechung des BVerfG, AöR 2020, 75, 104.

738 *Petersen*, Verhältnismäßigkeit als Rationalität, 2015, S. 128.

739 Vgl. *Petersen*, Verhältnismäßigkeit als Rationalität, 2015, S. 82 ff., 170 f.; *Peters*, A Plea for Proportionality, ICON 2021, 1135, 1140.

740 *Petersen*, Verhältnismäßigkeit als Rationalität, 2015, S. 85–87.

741 Vgl. *Petersen*, Verhältnismäßigkeit als Rationalität, 2015, S. 83–85.

(aa) Unbestimmtheit bei der Feststellung milderer Handelsverletzung

Zur Feststellung der Verfügbarkeit einer milderen Alternative soll zunächst dargestellt werden, dass die vorgeschlagene Alternative handelsschonender ist als die ergriffene Umweltschutzmaßnahme.

In manchen Fällen ist es jedoch schwierig festzustellen, ob eine vorgeschlagene Alternative weniger Handelsverletzung verursacht. Zum Beispiel enthielt das angegriffene Importverbot für runderneuerte Reifen in Brazil – Retreaded Tyres zwei Ausnahmen, nämlich die MERCOSUR-Ausnahme und die Ausnahme gerichtlicher Verfügungen. Eine mögliche Alternative wäre, dass die brasilianische Maßnahme ohne diese Ausnahmen ergriffen wird, damit die diskriminierenden Elemente der Maßnahme gegenüber der damaligen EG vermieden werden können.[742] Es sei jedoch fraglich, ob die Beeinträchtigung des internationalen Handels durch diese Alternative überhaupt als milder angesehen werden könne als die Beeinträchtigung durch die angegriffene Maßnahme; denn die Handelsfreiheit u. a. der MERCOSUR-Staaten werde durch die Alternative verletzt.[743] Ähnliche Unbestimmtheit gilt in den Fällen, in denen die ergriffene Maßnahme keine Ausnahmen enthält und ein solches Mittel als verfügbare Alternative vorgeschlagen wird, die einige Ausnahmen enthält. Denn eine solche vorgeschlagene Alternative würde zu zusätzlichen diskriminierenden Handelsverletzungen führen, obwohl sie den von den Ausnahmen betroffenen WTO-Mitgliedern mehr Handelsfreiheit gewähren kann.[744]

Auch in den Fällen, in denen es festgestellt worden ist, dass die Handelsverletzung durch die vorgeschlagene Alternative schonender als die durch die ergriffene Maßnahme ist, stellt sich weiterhin die Zumutbarkeitsfrage. Eine Alternative habe neben der ggf. milderen Handelsverletzung noch andere Auswirkungen auf verschiedene Interessenpositionen, und diese Auswirkungen können nicht in erschöpfender Weise festgestellt werden.[745] Zum Beispiel könne eine Etikettierungsforderung, wie das Panel in Thailand – Cigarettes

---

[742] Im Rahmen der Interpretation des Art. XX (b) GATT wurden die beiden Ausnahmen nicht bei der Erforderlichkeitsprüfung, sondern erst bei der Chapeau-Prüfung vom Panel behandelt. Hierzu vgl. WTO, Panel-Bericht v. 12.6.2007, WT/DS332/R, „Brazil – Retreaded Tyres", Para. 7.107, 7.114 und 7.234 ff.

[743] *Yoon*, Exploring the Meaning of Trade-Restrictiveness in the WTO, WTR 2015, 451, 471 f., 473. Ähnliches Problem im deutschen Verfassungsrecht, siehe: *Schlink*, Abwägung im Verfassungsrecht, S. 210–211; *ders.*, Der Grundsatz der Verhältnismäßigkeit, in: Badura/Dreier (Hrsg.), FS 50 Jahre BVerfG, Band II, 2001, S. 457; *Petersen*, Verhältnismäßigkeit als Rationalität, 2015, S. 70; *Hirschberg*, Der Grundsatz der Verhältnismäßigkeit, 1981, S. 69–70.

[744] *Lodde*, Die Vereinbarkeit eines europäischen Importverbots von Zwangsarbeitsgütern mit WTO-Recht, EuZW 2023, 886, 892.

[745] Vgl. *Schlink*, Der Grundsatz der Verhältnismäßigkeit, in: Badura/Dreier (Hrsg.), FS 50 Jahre BVerfG, Band II, 2001, S. 457; *Petersen*, How to Compare the

feststellte, zwar handelsschonender sein als ein totales Einfuhrverbot.[746] Diese Alternative verursache jedoch u. a. zusätzliche Verwaltungskosten und Durchsetzungsschwierigkeiten für das regulierende WTO-Mitglied.[747] Ein Panel dürfe daher die praktischen Regulierungserfahrungen des WTO-Mitglieds nicht außer Acht lassen und müsse prüfen, ob eine vorgeschlagene Alternative unter Berücksichtigung der besonderen sozialen, politischen und wirtschaftlichen Bedingungen eines Mitglieds durchsetzbar sei.[748] Nach dieser Ansicht ist es nämlich fraglich, ob eine Alternative mit einer solchen milderen Handelsverletzung als verfügbar angesehen werden kann.

(bb) Unbestimmtheit bei der Feststellung der Gleichwirksamkeit

Sobald festgestellt worden ist, dass eine vorgebrachte Alternative weniger handelsbelastend ist, ist weiterhin zu fragen, ob durch diese das Schutzziel und das behauptete Schutzniveau des regulierenden WTO-Mitglieds in gleichgeeigneter Weise wie mit der ergriffenen Maßnahme erreicht werden können. Dazu sollen die Auswirkungen sowohl der angegriffenen Maßnahme als auch der vorgeschlagenen Alternative ermittelt werden. Zu diesen Auswirkungen zählen nicht nur die Hauptwirkung, nämlich die Schutzwirkung auf die einschlägigen Schutzgüter, sondern auch die Nebenwirkungen auf verschiedene andere Interessenpositionen.[749]

Einerseits bestehe häufig empirische Unsicherheit über die konkrete Effektivität der ergriffenen Maßnahme und der vorgebrachten Alternative zur Errei-

---

Length of Lines to the Weight of Stones, GLJ 2013, 1387, 1396–1397; *Petersen*, Verhältnismäßigkeit als Rationalität, 2015, S. 69–70.

[746] GATT, Panel-Bericht v. 7. 11. 1990, DS10/R-37S/200, „Thailand – Cigarettes“, Para. 77.

[747] Vgl. *Osiro*, GATT/WTO Necessity Analysis, LIEI 2002, 123, 128; *Regan*, The Meaning of „Necessary“ in GATT Article XX and GATS Article XIV, WTR 2007, 347, 349; *Vranes*, Der Verhältnismäßigkeitsgrundsatz, AöR 2009, 1, 21; *Muller*, The Necessity Test and Trade in Services, JWT 2015, 951, 963–964.

[748] Vgl. *Osiro*, GATT/WTO Necessity Analysis, LIEI 2002, 123, 127–128. Ähnlich: *Regan*, The Meaning of „Necessary“ in GATT Article XX and GATS Article XIV, WTR 2007, 347, 349 f.; *Du*, Autonomy in Setting Appropriate Level of Protection under the WTO Law, JIEL 2010, 1077, 1091 f. Im deutschen Verfassungsrecht vgl. *Schlink*, Der Grundsatz der Verhältnismäßigkeit, in: Badura/Dreier (Hrsg.), FS 50 Jahre BVerfG, Band II, 2001, S. 457; *Petersen*, Verhältnismäßigkeit als Rationalität, 2015, S. 70.

[749] *Vranes*, Der Verhältnismäßigkeitsgrundsatz, AöR 2009, 1, 21; *Osiro*, GATT/WTO Necessity Analysis, LIEI 2002, 123, 127–128; *Kapterian*, A Critique of the WTO Jurisprudence on „Necessity“, ICLQ 2010, 89, 124; im deutschen Verfassungsrecht vgl. *Hirschberg*, Der Grundsatz der Verhältnismäßigkeit, 1981, S. 165–167; *Petersen*, S. 69–70; *Peters*, A Plea for Proportionality, ICON 2021, 1135, 1396–1397.

chung des angegebenen Schutzziels einschließlich des behaupteten Schutzniveaus.[750]

Andererseits sei die Feststellung der Gleichgeeignetheit in der realen Welt schwierig, weil die vorgeschlagene Alternative und die angegriffene Maßnahme aus rein empirischer Sicht jeweils unvermeidlich unterschiedliche Auswirkungen auf verschiedene (soziale oder kulturelle) Interessenpositionen haben.[751] Es sei nämlich fraglich, ob ein milderes Mittel dennoch als verfügbar angesehen werden solle, wenn es neben dem (gleichen) Beitrag zur Erreichung des Schutzziels noch negative Auswirkungen auf andere Schutzgüter habe.[752] Daher könne es kaum gelungen sein, dass das angegebene Schutzziel und das behauptete Schutzniveau durch die vorgebrachte Alternative in gleichwirksamer Weise wie durch die ergriffene Maßnahme erreicht werden.[753] Ebenso sei fraglich, ob eine vorgeschlagene Alternativmaßnahme als verfügbar bejaht werden solle, wenn diese nur geringfügig weniger zur Erreichung des Schutzziels beitrage als die ergriffene Maßnahme und keine höheren Verwaltungskosten verursache, aber deutlich weniger handelsbeschränkend sei.[754]

#### (cc) Unbestimmtheit der Rolle der Wichtigkeit des Schutzziels für die Gleichgeeignetheitsprüfung der vorgeschlagenen Alternative

Im Rahmen des *weighing and balancing test* bei der Interpretation des Art. XX (a), (b) und (d) GATT ist die Wichtigkeit des Schutzziels ein Faktor, der u.a. bei der Beurteilung der Erforderlichkeit der ergriffenen Maßnahme

---

750 *Kapterian*, A Critique of the WTO Jurisprudence on „Necessity", ICLQ 2010, 89, 125; im deutschen Verfassungsrecht siehe: *Petersen*, Verhältnismäßigkeit als Rationalitätskontrolle, 2015, S. 69–70.

751 *Möller*, Proportionality, ICON 2012, 709, 714; *Lang*, Der Verhältnismäßigkeitsgrundsatz in der Rechtsprechung des BVerfG, AöR 2020, 75, 105–106; *Petersen*, Verhältnismäßigkeit als Rationalitätskontrolle, 2015, S. 70; *Peters*, A Plea for Proportionality, ICON 2021, 1135, 1396–1397; *Asmelash*, The First Ten Years of WTO Jurisprudence on Renewable Energy Support Measures, WTR 2022, 455, 471.

752 *Osiro*, GATT/WTO Necessity Analysis, LIEI 2002, 123, 127–128; *Kapterian*, A Critique of the WTO Jurisprudence on „Necessity", ICLQ 2010, 89, 124; im deutschen Verfassungsrecht siehe: *Hirschberg*, Der Grundsatz der Verhältnismäßigkeit, 1981, S. 165–166.

753 *Lang*, Der Verhältnismäßigkeitsgrundsatz in der Rechtsprechung des BVerfG, AöR 2020, 75, 105 f.; *Goldhammer*, Kritik und Rekonstruktion Kompetenzbezogener Verhältnismäßigkeit im Unionsorganisationsrecht, in: Baade u.a. (Hrsg.), Verhältnismäßigkeit im Völkerrecht, 2016, S. 132, 134 f.; *Lodde*, Die Vereinbarkeit eines europäischen Importverbots von Zwangsarbeitsgütern mit WTO-Recht, EuZW 2023, 886, 892.

754 *Muller*, The Necessity Test and Trade in Services, JWT 2015, 951, 964.

berücksichtigt werden solle.[755] In der Entscheidungspraxis wird stattdessen eine „Erforderlichkeitsprüfung“ durchgeführt,[756] wobei die Überprüfung der Wichtigkeit des Schutzziels oft vor der Würdigung der konkret ergriffenen Maßnahme erfolgt.

Aus diesem Grund wird zunächst eingewandt, dass die Wichtigkeit desselben Schutzziels von verschiedenen WTO-Mitgliedern unterschiedlich bewertet werden könne.[757] Außerdem wird im Schrifttum kritisiert, dass unklar ist, auf welche Weise die Wichtigkeit des angegebenen Schutzziels in die Erforderlichkeitsprüfung einfließt. Demzufolge stelle die bloße Auflistung der Interessen nach ihrer Wichtigkeit keine Abgrenzung der jeweiligen Belange zueinander dar[758] und es sei nicht ersichtlich, wie sich die Wichtigkeitseinschätzung des angegebenen Schutzziels (auf rationalisierbare Weise) auf die Beurteilung der Erforderlichkeit (und damit implizit auch der Angemessenheit) der angegriffenen Umweltmaßnahme einwirken solle.[759]

Wenn es sich nämlich um ein vitales Schutzziel handle, beispielsweise den Schutz der menschlichen Gesundheit in EC – Asbestos,[760] werde eine vorgeschlagene Alternativmaßnahme auch dann nicht als verfügbar bejaht, wenn diese nur geringfügig weniger wirksam zur Erreichung des angegebenen Schutzziels sei als die tatsächlich ergriffene Maßnahme.[761] Hingegen werde eine weniger wirksame Alternativmaßnahme als verfügbar beurteilt, wenn das

---

[755] WTO, AB-Bericht v. 31. 7. 2000, WT/DS161/R u. a., „Korea – Beef“, Para. 162 f.; WTO, AB-Bericht v. 22. 5. 2014, WT/DS400/AB/R u. a., „EC – Seal Products“, Para. 5.261; WTO, AB-Bericht v. 3. 12. 2007, WT/DS332/AB/R, „Brazil – Retreaded Tyres“, Para. 156; WTO, AB-Bericht v. 12. 3. 2001, WT/DS135/AB/R, „EC – Asbestos“, Para. 172; WTO, AB-Bericht v. 7. 4. 2005, WT/DS285/AB/R, „US – Gambling“, Para. 306; WTO, AB-Bericht v. 25. 4. 2005, WT/DS302/AB/R, „Dominican Republic – Cigarettes“, Para. 70; WTO, Panel-Bericht v. 25. 11. 2013, WT/DS400/R u. a., „EC – Seal Products“, Para. 7.630.

[756] *Delimatsis*, Determining the Necessity of Domestic Regulations in Services, EJIL 2008, 365, 389–390; *Du*, The Necessity Test in World Trade Law, CJIL 2016, 817, 835; *Fontanelli*, Necessity Killed the GATT, EJILS 2012/13, 35, 39, 46, 47, 48–49; *Kapterian*, A Critique of the WTO Jurisprudence on „Necessity“, ICLQ 2010, 89, 105, 118; *Reid*, Trade and Environment in the EU and WTO, in: Krämer-Hoppe (Hrsg.), EYIEL 2020, 87, 113–114.

[757] *Bahri/Boklan*, Invoking Public Morality Exception or Negotiating a New Gender Exception in Trade Agreements?, JIEL 2022, 237, 255.

[758] *Fontanelli*, Necessity Killed the GATT, EJILS 2012/13, 36, 54: „The WAB is similar to the weighing-in session in boxing: fighters are weighed, but the real confrontation occurs later, and somewhere else.“

[759] Vgl. *Fontanelli*, Necessity Killed the GATT, EJILS 2012/13, 36, 48–49; *Neumann/Türk*, Necessity Revisited, JWT 2003, 199, 215; *Desmedt*, Proportionality in WTO Law, JIEL 2001, 441, 464–465.

[760] WTO, AB-Bericht v. 12. 3. 2001, WT/DS135/AB/R, „EC – Asbestos“, Para. 172.

[761] Vgl. *Sykes*, The Least Restrictive Means, UCLR 2003, 403, 416.

angegebene Schutzziel, beispielsweise der Verbraucherschutz in Korea – Beef,[762] nicht so wichtig sei wie der Schutz der menschlichen Gesundheit oder der öffentlichen Moral.[763]

Dabei werde zwar die Wichtigkeit des angegebenen Schutzziels bei der Beurteilung der Wirksamkeit und damit der Gleichgeeignetheit der Alternativmaßnahme berücksichtigt. Dennoch bleibt eine gewisse Unsicherheit für die konkrete Beurteilung bestehen.[764] Zum Beispiel werde in Fällen, in denen das streitige Produkt einen höheren Handelswert habe als beispielsweise die Asbestprodukte in EC – Asbestos,[765] ein Panel den Wert der Gesundheit vielleicht als weniger wichtig betrachten und auch dann eine vorgeschlagene Alternativmaßnahme als verfügbar bejahen, wenn ihre Wirksamkeit zur Erreichung des angegebenen Gesundheitsschutzziels viel geringer sei als die der ergriffenen Maßnahme.[766]

Es sei daher schwer zu verstehen, wie die Wichtigkeit eines Regulierungsziels die Erforderlichkeitsprüfung anders lenken soll als durch die Einräumung eines allgemeinen Ermessensspielraums durch ein Panel, dessen legitime Rolle für die Bewertung der Gewichtung von Regulierungszielen wiederum fragwürdig sei.[767] Dem regulierenden WTO-Mitglied sei nicht bekannt, und die WTO-Streitschlichtungsorgane haben nicht geklärt, wie weit sein diesbezüglicher Beurteilungsspielraum reiche.[768]

#### *(4) Stellungnahme*

Die oben dargestellte Auseinandersetzung verdeutlicht das Spannungsverhältnis zwischen dem Regulierungsrecht eines WTO-Mitglieds zum Umweltschutz und dem Kontrollrecht der WTO-Streitbeilegungsorgane sowie zwischen dem genannten Regulierungsrecht eines WTO-Mitglieds und der Handelsfreiheit einer anderen WTO-Vertragspartei. Kern der Diskussion ist der

---

762 WTO, Panel-Bericht v. 31.7.2000, WT/DS161/R u.a., „Korea – Beef", Para. 655.

763 Vgl. *Sykes*, The Least Restrictive Means, UCLR 2003, 403, 416.

764 *Sykes*, The Least Restrictive Means, UCLR 2003, 403, 419; *Paltrowitz*, A Greening of the World Trade Organization, BJIL 2001, 1789, 1837; *Reif/Eckert*, The Right Balance between Shaping and Policing Commerce before the WTO, CJTL 2004, 657, 711; vgl. *Charnovitz*, The WTO's Environmental Progress, JIEL 2007, 685, 697 f.

765 WTO, AB-Bericht v. 12.3.2001, WT/DS135/AB/R, „EC – Asbestos", Para. 172.

766 Vgl. *Paltrowitz*, A Greening of the World Trade Organization, BJIL 2001, 1789, 1837.

767 *McGrady*, Necessity Exceptions in WTO Law, JIEL 2009, 153, 163.

768 *Fontanelli*, Necessity Killed the GATT, EJILS 2012/13, 35, 55; *ders.*, Whose Margin Is It?, in: ders./Carrozza/Martinico (Hrsg.), Shaping Rule of Law through Dialogue, 2010, S. 403.

Streit über die Grenze des Einschätzungsspielraums eines WTO-Mitglieds bei der Umweltregulierung nach Art. XX GATT. Der Maßstab zur Beurteilung dieser Grenze, also das (implizite) Abwägungsargument, ist jedoch gerade unklar und umstritten.

(a) Souveränitätsrecht

Das Souveränitätsargument im Schrifttum hat bislang keine abschließende Antwort darauf gegeben, nach welchem konkreten Maßstab das Argument der Erforderlichkeitsabwägung anzuwenden ist.

(aa) Zu Argumenten für die richterliche Abwägung

Für eine Erforderlichkeitsabwägung zulasten des regulierenden WTO-Mitglieds spricht vor allem, dass es sonst zu geringe Kontrolle gegen den Missbrauch des Ausnahmerechts nach Art. XX GATT geben werde.[769] Das Souveränitätsrecht zur Wahl eines gewünschten Schutzniveaus sei nicht uneingeschränkt und solle durch die Erforderlichkeitserwägung kontrolliert werden.[770]

Das Missbrauchsverbot im Chapeau des Art. XX GATT verbietet zwar missbräuchliche Ausübung des Souveränitätsrechts u.a. zum Umweltschutz und gilt aus systematischer Hinsicht auch für die Interpretation eines Absatzes, setzt jedoch keinen pragmatischen Kontrollmaßstab für ein Panel zur Beurteilung eines Missbrauchs explizit fest. Eine missbräuchliche Ausübung des Souveränitätsrechts nach Art. XX GATT führt zwar zur Verletzung des Souveränitätsrechts eines anderen WTO-Mitglieds auf Handelsfreiheit nach den materiellen Vorschriften des GATT. Ohne Klarstellung der Abgrenzung zwischen den beiden Arten von Souveränitätsrechten kann jedoch nicht festgestellt werden, ob ein Missbrauch des Souveränitätsrechts zur Umweltregulierung nach Art. XX GATT vorliegt. Dementsprechend kann auch nicht festgestellt werden, ob ein WTO-Panel seine Befugnisse als internationaler Schiedskörper überschreitet, wenn es die Erforderlichkeit und damit implizit auch die Angemessenheit der angegriffenen Umweltmaßnahme überprüft und ablehnt.

Außerdem wird argumentiert, dass ein geringer oder hoher Respekt vor dem Souveränitätsrecht des WTO-Mitglieds zur Umweltregulierung nur dadurch ersichtlich und gerechtfertigt sein kann, wenn die relevanten Faktoren

---

[769] *Bown/Trachtman*, Brazil-Measures Affecting Imports of Retreaded Tyres: A Balancing Act, WTR 2009, 85, 122.

[770] Vgl. *Ortino*, From „Non-discrimination" to „Reasonableness", JM-WP 2005/1, 5, 43; *Delimatsis*, The Principle of Necessity in the WTO, TLSRP 2014/04, 1, 8–9.

und Interessen bei der Erforderlichkeitsabwägung auf dynamische Weise abgewogen werden.[771]

Diese Ansicht verkennt, dass durch die dynamische Abwägung nur die empirischen Aspekte der gegenüberstehenden Interessen in bestimmtem Umfang veranschaulicht werden können. Die Gewichtung der jeweiligen Interessen und die darauf aufbauende subjektive Feststellung bleiben jedoch intransparent. Ob die Entscheidung der WTO-Streitschlichtungsorgane durch das Abwägungsargument legitimiert werden kann, ist gerade fraglich.

(bb) Zu Argumenten gegen die richterliche Abwägung

Gegen die (dynamische) richterliche Abwägung wird vor allem eingewandt, dass eine intensive Erforderlichkeitsabwägung einen Eingriff in das Souveränitätsrecht eines WTO-Mitglieds zur Regulierung umweltrelevanter Angelegenheiten darstelle.[772] Denn die Abwägung führe zur Korrektur des behaupteten Schutzniveaus eines regulierenden WTO-Mitglieds.[773] Eine Beschränkung des Souveränitätsrechts zur Umweltregulierung durch eine Abwägung fehle auch an einer völkerrechtlichen rechtlichen Rechtsgrundlage, weil das Wort *necessary* in Art. XX (a), (b) und (d) GATT keine Abwägung verlange,[774] und sich ein Abwägungsgebot auch nicht aus völkergewohnheitsrechtlicher Interpretationsregel herleiten lasse.[775] Eine Angemessenheitsprüfung solle demzufolge erst auf der Chapeau-Stufe vorgenommen werden.[776]

---

[771] *Bown/Trachtmann*, Brazil-Measures Affecting Imports of Retreaded Tyres: A Balancing Act, WTR 2009, 85, 88–89.

[772] *Kapterian*, A Critique of the WTO Jurisprudence on „Necessity", ICLQ 2010, 89, 91, 97, 119, 127; *Osiro*, GATT/WTO Necessity Analysis, LIEI 2002, 123, 127–128; *Neumann/Türk*, Necessity Revisited, JWT 2003, 199, 208–209; *Regan*, The Meaning of „Necessary" in GATT Article XX and GATS Article XIV, WTR 2007, 347, 349 f., 355; *Van den Bossche*, Looking for Proportionality in WTO Law, LIEI 2008, 283, 294; *Stoberock*, Ausnahmebestimmungen im Warenhandel im WTO und EU-Recht, 2012, S. 127. Indiziell auch: *Hilf*, Power, Rules and Principles for WTO/GATT Law, JIEL 2001, 111, 120–121 i. V. m. 118.

[773] *Van den Bossche*, Looking for Proportionality in WTO Law, LIEI 2008, 283, 294; *Kapterian*, A Critique of the WTO Jurisprudence on „Necessity", ICLQ 2010, 89, 101 f., 119 f.; *McGrady*, Necessity Exceptions in WTO Law, JIEL 2009, 153, 162; *Ortino*, From „Non-discrimination" to „Reasonableness", JM-WP 2005/1, 5, 42 f.; *Nuzzo*, GATT Moral Clause after Colombia – Textiles, EJLS 2017, 267, 288; *Muller*, The Necessity Test and Trade in Services, JWT 2015, 951.

[774] *Regan*, The Meaning of „Necessary" in GATT Article XX and GATS Article XIV, WTR 2007, 347, 349, 361, 366; *Fontanelli*, Necessity Killed the GATT, EJILS 2012/13, 35, 55; *Kapterian*, A Critique of the WTO Jurisprudence on „Necessity", ICLQ 2010, 89, 91, 98, 120, 124–127; *Desmedt*, Proportionality in WTO Law, JIEL 2001, 441, 469.

[775] *Neumann/Türk*, Necessity Revisited, JWT 2003, 199, 213.

Die Abwägung greift zwar zu Recht in das Souveränitätsrecht des regulierenden WTO-Mitglieds ein, weil das von ihm angestrebte Schutzniveau korrigiert wird, wenn auch implizit und in anscheinend geringem Umfang. Die Rechtfertigung dieses Eingriffs ist jedoch fraglich. Das Souveränitätsrecht zur Wahl eines gewünschten Schutzniveaus ist nicht uneingeschränkt und kann zum Zweck des Handelsprotektionismus missbraucht werden.[777] Die konkrete Grenze des Souveränitätsrechts zur Umweltregulierung ist zwar nicht klar definiert. Das besprochene Argument hat jedoch nicht hinreichend aufgezeigt, wie die offene Missbrauchsmöglichkeit des genannten Souveränitätsrechts ausgeräumt werden kann. Diese Möglichkeit scheint nicht ausgeschlossen zu sein, auch wenn ein Missbrauchsverbot und damit eine Beschränkung des Souveränitätsrechts nicht ausdrücklich vorgesehen sind.

Außerdem muss eine Abwägung, wenn überhaupt, nicht erst bei der Prüfung des Chapeaus des Art. XX GATT vorgenommen werden, nur weil der Chapeau ein Missbrauchsverbot enthält. In der wissenschaftlichen Literatur ist kaum umstritten, dass die Funktion des Chapeaus des Art. XX GATT im Verbot des Missbrauchs liegt.[778] Nicht nur der Chapeau, sondern alle Bedingungen in Art. XX GATT können als Missbrauchsverbot angesehen werden.[779] Denn aus dem Status des Chapeaus als Einleitungssatz des Art. XX GATT, der auf alle Absätze dieses Artikels Anwendung findet,[780] ergibt sich zunächst, dass alle Absätze selbstverständlich den Erfordernissen des Chapeaus unterliegen.[781] Ob diese Anforderung des Chapeaus auf der Prüfungsstufe eines Absatzes oder auf der Prüfungsstufe des Chapeaus des Art. XX GATT behandelt wird, hängt dann von der Gestaltungsfreiheit eines WTO-Schiedsrichters

---

776 *Kapterian*, A Critique of the WTO Jurisprudence on „Necessity", ICLQ 2010, 89, 120.

777 Vgl. *Ortino*, From „Non-discrimination" to „Reasonableness", JM-WP 2005/1, 5, 43; *Delimatsis*, The Principle of Necessity in the WTO, TLSRP 2014/04, 1, 8–9; *Bown/Trachtman*, Brazil-Measures Affecting Imports of Retreaded Tyres: A Balancing Act, WTR 2009, 85, 122.

778 *Charnovitz*, The Moral Exception in Trade Policy, VJIL 1998, 689, 709; *Kotuby/Sobota*, General Principle of Law and Due Process, 2017, S. 107–113; *Panizzon*, Good Faith in the Jurisprudence of the WTO, 2006, S. 1; *Riffel*, The Chapeau: Stringent Threshold or Good Faith Requirement, LIEI 2018, 141, 143; *Moran*, The First Twenty Cases under GATT Article XX, in: Adinolfi u. a. (Hrsg.), International Economic Law, 2017, S. 5; *Bernasconi-Osterwalder u. a.*, Environment and Trade, 2006, S. 82; *Linderfalk*, The Concept of Treaty Abuse: On the Exercise of Legal Discretion, 2014, abrufbar unter: https://papers.ssrn.com/sol3/papers.cfm?abstract_id=2526051.

779 *Bartels*, The Chapeau of the General Exceptions in the WTO GATT and GATS Agreements, AJIL 2015, 95, 102; *Gaines*, The WTO's Reading of the GATT Article XX, UPJIL 2001, 739, 839.

780 WTO, Panel-Bericht v. 15. 5. 1998, WT/DS58/R, „US – Shrimp", Para. 7.29.

781 Im Ergebnis auch: *Bond/Trachtmann*, China – Rare Earths: Export Restrictions and the Limits of Textual Interpretation, WTR 2016, 189, 207.

ab. Zur Klärung der Frage, ob und inwieweit eine Abwägung durch die WTO-Schiedskörper vorgenommen werden darf, ist eine eingehende Analyse der vertraglichen Vorgaben des Art. XX GATT unter Berücksichtigung des dogmatischen Charakters der Verhältnismäßigkeitsprüfung i. w. S. notwendig.

(b) Institutionelle Rolle der WTO-Streitbeilegungsorgane

Weder die Argumente für noch die Argumente gegen die richterliche Abwägung aus der Perspektive der institutionellen Rolle der WTO-Streitbeilegungsorgane im Schrifttum gaben bislang eine abschließende Antwort darauf, ob und inwieweit die Angemessenheitseinschätzung des regulierenden WTO-Mitglieds durch die implizite richterliche einzelfallbezogene Abwägung überprüft werden soll.

(aa) Zu Argumenten zugunsten der richterlichen Abwägung

Das Argument der institutionellen Rolle der WTO-Streitbeilegungsorgane im Schrifttum hat bislang keine abschließende Antwort darauf gegeben, wie die Unbestimmtheit des impliziten Abwägungsarguments ausgeräumt werden kann.

(α) Institutionelle Kompetenz zugunsten richterlicher Abwägung ohne Anerkennung des Legitimationsdefizits der WTO-Streitbeilegungsorgane

In der wissenschaftlichen Literatur wird die institutionelle Kompetenz der WTO-Streitbeilegungsorgane zur richterlichen Abwägung vor allem mit der Konstitutionalisierungsthese bzw. dem Argument der Konstitutionalisierungsreife begründet.

(αα) Konstitutionalisierungsthese

Nach der Konstitutionalisierungsthese besteht kein Legitimationsdefizit der WTO-Streitbeilegungsorgane, wenn sie eine richterliche Abwägung ausüben. Eine solche Abwägung sei zum Schutz individueller Rechte auf Außenhandel[782]

[782] *Petersmann*, De-Fragmentation of International Economic Law, LUCILR 2008, 209, 215–217, 239; *ders.*, European and International Constitutional Law, in: de Búrca/Scott (Hrsg.), The EU and the WTO, 2001, S. 100; *ders.*, National Constitutions, Foreign Trade Policy and European Community Law, EJIL 1992, 1, 18–19.

gegen missbräuchliche Ausübung inländischer auswärtiger Gewalt bzw. gegen handelsprotektionistische Gesetzgebung notwendig.[783]

Der Mangel der Konstitutionalisierungsthese besteht vor allem darin, dass demnach der Schutz individueller Rechte auf Außenhandel und der Eingriff der WTO-Streitbeilegungsorgane in den inländischen demokratischen Gesetzgebungsprozess ohne Weiteres für legitim gehalten werden, obwohl gerade dies legitimationsbedürftig ist.[784]

Außerdem wurde nicht erläutert, wann ein Umstand einen Missbrauch auswärtiger Gewalt im Außenhandel beim Ergreifen umweltpolitischer Handelsbeschränkungen unter Berufung auf Art. XX GATT darstellt.

Das Missbrauchsverbot im Chapeau des Art. XX GATT erlaubt zwar grundsätzlich keine missbräuchliche Ausübung des Regulierungsrechts und gilt aus systematischer Sicht auch für die Interpretation der Absätze des Art. XX GATT, setzt jedoch keinen pragmatischen Kontrollmaßstab für ein Panel zur Beurteilung eines Missbrauchs explizit fest.

Die auswärtige Gewalt wird zwar als eine der gefährlichsten Befugnisse von Regierungen bezeichnet.[785] Denn diese Macht werde oft ohne Zustimmung des inländischen Parlaments ausgeübt,[786] und ihre verfassungsrechtlichen Grenzen werden u. a. durch die weit verbreitete Political Question Doktrin in Bezug auf innenpolitische Maßnahmen (mit grenzüberschreitender Wirkung) weiter abgeschwächt.[787] Ohne Klarstellung dieser Grenzen kann jedoch nicht festgestellt werden, ob inländische auswärtige Gewalt im Außenhandel bzw. inländische politische Gesetzgebung zur Verletzung individueller Rechte auf Außenhandel missbraucht wird. Dementsprechend kann nicht festgestellt werden, ob ein WTO-Panel seine Befugnisse als internationaler Schiedskörper überschreitet, wenn es die Angemessenheit der angegriffenen Umweltmaßnahme überprüft und ablehnt.

---

783 *Petersmann*, De-Fragmentation of International Economic Law, LUCILR 2008, 209, 217, 234; vgl. *ders.*, Constitutionalism and International Organizations, NJILB 1997, 398, 408–410; *ders.*, National Constitutions, Foreign Trade Policy and European Community Law, EJIL 1992, 1, 18; *ders.*, European and International Constitutional Law, in: de Búrca/Scott (Hrsg.), The EU and the WTO, 2001, S. 85–86.

784 *Krajewski*, Verfassungsperspektiven und Legitimation des Rechts der WTO, S. 266–267.

785 *Petersmann*, Constitutionalism and International Organizations, NJILB 1997, 398, 408 ff.

786 *Petersmann*, Constitutionalism and International Organizations, NJILB 1997, 398, 409.

787 *Petersmann*, Constitutionalism and International Organizations, NJILB 1997, 398, 410, 412; *ders.*, European and International Constitutional Law, in: de Búrca/Scott (Hrsg.), The EU and the WTO, 2001, S. 104–105.

(ββ) Konstitutionalisierungsreife der WTO-Streitbeilegungsorgane

Ferner kann sich die legitime Befugnis der WTO-Streitbeilegungsorgane zur Abwägung nicht daraus ergeben, dass das Rechtssystem der WTO *de facto* konstitutionalisierungsreif sei und damit die justizielle Normsetzung sowie die richterliche Abwägung Teile dieser Verfassungsordnung bilden.[788]

Erstens stellt sich die Frage, ob und inwieweit das Vorhandensein einiger konstitutioneller Elemente im Streitbeilegungssystem der WTO zu der Schlussfolgerung führen kann, dass es sich bei dem genannten System um eine konstitutionelle Ordnung handelt. In der Entscheidungspraxis haben sich durchaus Verfassungselemente herausgebildet. Insbesondere werden bestimmte Verfassungsgrundsätze und Verfassungstechniken durch richterliche Rechtsfortbildung geschaffen bzw. verwendet.[789] Daraus folgt aber nicht zwingend, dass das WTO-Rechtssystem zu einer Verfassungsrechtsordnung geworden und reif für die klassische Abwägung ist.[790]

Zweitens, selbst wenn dies der Fall ist, bleibt fraglich, wie die Verfassungskontrolle der innerstaatlichen Gesetzgebung und auswärtigen Gewalt im Außenhandel durch die WTO-Streitbeilegungsorgane mit dem Gewaltenteilungsprinzip im Konkreten in Einklang zu bringen ist. Wie weit die Kompetenz der WTO-Streitbeilegungsorgane zur Behandlung der genannten Frage reicht, bleibt ebenfalls unklar.

(β) Institutionelle Kompetenz zugunsten richterlicher Abwägung trotz des Legitimationsdefizits der WTO-Streitbeilegungsorgane

Manche Vertreter erkennen zwar das Legitimationsdefizit der WTO-Streitbeilegungsorgane an. Demzufolge ändert dies jedoch nichts an deren Abwägungsbefugnis.

Die Ansicht, dass die WTO-Streitbeilegungsorgane an sich richterliche Abwägung ausüben[791] und gewisse legislative oder quasi-legislative Befugnisse

---

[788] *Andenas/Zleptnig*, Proportionality and Balancing in WTO Law, CRIA 2007, 71–72, 88; *Cass*, The Constitutionalization of the World Trade Organization, 2005, S. 93; *dies.*, The Constitutionalization of International Trade Law, EJIL 2001, 39, 41–42, 44, 66 f., 68.

[789] *Cass*, The Constitutionalization of International Trade Law, EJIL 2001, 39, 49 ff.; *dies.*, The Constitutionalization of the World Trade Organization, 2005, S. 93.

[790] *Neumann/Türk*, Necessity Revisited, JWT 2003, 199, 233.

[791] *Marceau/Trachtman*, TBT, SPS und GATT, JWT 2002, 811, 850; *Bown/Trachtmann*, Brazil-Measures Affecting Imports of Retreaded Tyres: A Balancing Act, WTR 2009, 85, 86, 119.

erhalten sollen, um Lücken im internationalen Handelsrecht zu schließen[792] und den Missbrauch des Regulierungsrechts eines WTO-Mitglieds zu kontrollieren,[793] lässt offen, woraus sich die Legitimation dieser Befugnisse ergibt. Das Argument, dass das Legitimationsdefizit der WTO-Streitbeilegungsorgane durch die Rückbindung der Parlamente an die WTO behoben werden könne,[794] lässt sich nur schwierig verwirklichen.

Hinsichtlich des Arguments, dass die richterliche Rechtsfortbildung durch die WTO-Streitbeilegungsorgane mit institutioneller Sensibilität dadurch erfolgt, dass sie Präzedenzfälle und damit legitime Erwartungen sowie Rechtssicherheit schaffe,[795] ist zunächst darauf hinzuweisen, dass die Entscheidungspraxis bezüglich der Erforderlichkeitsabwägung der umweltpolitischen Maßnahme bislang uneinheitlich ist.[796] Selbst wenn dies der Fall ist, stellt es sich dann die Legitimitätsfrage, warum diese einheitliche Entscheidungspraxis als legitim bewertet werden soll und auch für künftige Fälle zwingend angewendet werden muss.

Ferner kann die richterliche Abwägung nicht dann gerechtfertigt sein, wenn nur eine minimale prozedurale Forderung an die inländische politische Entscheidungsfindung gestellt werde, aber keine substanzielle Überprüfung der vorgenannten Entscheidung erfolge.[797] Erstens würde der Mindestverfahrensanforderungsansatz nicht unbedingt verhindern, dass ein Missbrauch inländischer auswärtiger Gewalt und Gesetzgebung zum Zweck des Handelsprotektionismus dennoch vorliegt, auch wenn die minimale Verfahrensanforderung erfüllt ist. Zweitens wurde nicht hinreichend geklärt, woraus sich die Legitimation der justiziellen Bestimmung und Überprüfung einer minimalen Mindestverfahrensanforderung für innerstaatliche politische Entscheidungen

---

[792] *Trachtman*, The Constitutions of the WTO, EJIL 2006, 623, 638, 645.

[793] *Andenas/Zleptnig*, Proportionality: WTO Law, TILJ 2007, 371, 412, 423; *Bown/Trachtmann*, Brazil-Measures Affecting Imports of Retreaded Tyres: A Balancing Act, WTR 2009, 85, 119; vgl. *Marceau/Trachtman*, TBT, SPS und GATT, JWT 2002, 811, 850.

[794] *Trachtman*, The Constitutions of the WTO, EJIL 2006, 623, 637.

[795] *Venzke*, The Spell of Precedents in Developing Article XX GATT into Standards for Domestic Regulatory Policy, GLJ 2011, 1111, 1112–1113, 1138–1139.

[796] Teil 5 Kapitel 19 § 1 A. II.

[797] *von Bogdandy/Venzke*, International Judicial Institutions as Lawmakers, GLJ 2011, 979, 980; *Venzke*, The Spell of Precedents in Developing Article XX GATT into Standards for Domestic Regulatory Policy, GLJ 2011, 1111, 1139; *Ioannidis*, Beyond the Standard of Review Deference Criteria in WTO Law and the Case for a Procedural Approach, in: Gruszczynski/Werner (Hrsg.), Deference in International Courts and Tribunals, 2014, S. 110–111; *ders.*, A Procedural Approach to the Legitimacy of International Adjudication, GLJ 2011, 1175, 1200.

ergibt. Diese richterliche Tätigkeit selbst erscheint als ein Eingriff in den innerstaatlichen demokratischen Prozess und bedarf einer Legitimation.[798]

(bb) Zu Argumenten zulasten der richterlichen Abwägung

Die Kritik an der dynamischen richterlichen Abwägung beruht im Wesentlichen auf der Anerkennung des Legitimationsdefizits der WTO-Streitbeilegungsorgane.[799] Die Ausübung einer richterlichen Abwägung überschreite ihre institutionellen Kompetenzen als internationale Tribunale.[800] Bei der Erforderlichkeitsabwägung sollen die WTO-Streitbeilegungsorgane demzufolge die Kompetenz der innerstaatlichen Staatsorgane des regulierenden WTO-Mitglieds für die vorgenannte Einschätzung berücksichtigen.[801]

(α) Keine völkerrechtsvertragliche Rechtsgrundlage für die richterliche Abwägung

Zunächst bietet das Argument der fehlenden Rechtsgrundlage keine abschließende Antwort auf die institutionelle Rolle eines WTO-Panels zur richterlichen Abwägung. Nach dieser Ansicht bestehe im GATT geringe bzw. keine textliche Grundlage für die Bewertung einer innerstaatlichen Maßnahme durch ein Panel oder durch den AB.[802] Eine Abwägung durch ein Panel oder

---

798 *Button*, Trade, Health, and Uncertainty in the WTO, 2004, S. 233.

799 *Neumann/Türk*, Necessity Revisited, JWT 2003, 199, 232; *Neumann*, Die Koordination des WTO-Rechts mit anderen völkerrechtlichen Verträgen, in: Nettesheim/Sander (Hrsg.), WTO-Recht und Globalisierung, S. 143; *Walker*, The EU and the WTO: Constitutionalism in a New Key, in: de Búrca/Scott (Hrsg.), The EU and the WTO, 2001, S. 49–50; *Krajewski*, Verfassungsperspektiven und Legitimation des Rechts der WTO, 2001, S. 272–273.

800 *McGrady*, Necessity Exceptions in WTO Law, JIEL 2009, 153, 162, 163; *Charnovitz*, The Law of Environmental „PPMs" in the WTO: Debunking the Myth of Illegality, YJIL 2002, 59, 101; *Cottier u. a.*, The Principle of Proportionality in International Law, NCCR-WP 2012/38, 1, 19; *Neumann/Türk*, Necessity Revisited, JWT 2003, 199, 216, 231 f.; *Kapterian*, A Critique of the WTO Jurisprudence on „Necessity", ICLQ 2010, 89, 127; *Bloche*, WTO Deference to National Health Policy, JIEL 2002, 825, 835; *Howse*, Adjudicative Legitimacy and Treaty Interpretation in International Trade Law, in: Weiler (Hrsg.), The EU, the WTO, and the NAFTA, Band IX/1, 2001, S. 68 i.V.m. 38–39.

801 *Howse*, Adjudicative Legitimacy and Treaty Interpretation in International Trade Law, in: Weiler (Hrsg.), The EU, the WTO, and the NAFTA, Band IX/1, 2001, S. 68 i.V.m. 38–39.

802 Vgl. *Neumann/Türk*, Necessity Revisited, JWT 2003, 199, 215–216; *Charnovitz*, An Analysis of Pascal Lamy's Proposal on Collective Preferences, JIEL 2005, 449, 468; *Howse/Nicolaïdis*, Enhancing WTO Legitimacy: Constitutionalization or Global Subsidiarity?, Governance 2003, 73, 84.

den AB könne sich nicht aus dem Wortlaut *necessary* beispielsweise in Art. XX (b) GATT ergeben.[803]

Mit diesem Argument kann die Möglichkeit einer richterlichen Abwägung nach Art. XX GATT nicht ausgeschlossen werden. Denn in der Ablehnung der Erforderlichkeitseinschätzung des regulierenden WTO-Mitglieds – also dann, wenn die *necessary to*-Bedingung als nicht erfüllt beurteilt wird – liegt unvermeidlich eine implizite Abwägung zulasten des regulierenden WTO-Mitglieds vor.[804] Bejaht man die Funktion eines WTO-Panels zur Interpretation der GATT-Vorschriften, so scheint damit zugleich seine Abwägungsfunktion bejaht zu sein. Ob dies der Fall ist, soll durch eine eingehende Analyse der vertraglichen Vorgaben des Art. XX GATT geklärt werden.[805]

(β) Fehlende demokratische Repräsentation für die richterliche Abwägung

Ferner kann sich die illegitime institutionelle Rolle eines WTO-Panels zur richterlichen Abwägung nicht zwingend aus dem Argument der fehlenden demokratischen Repräsentation ergeben. Nach dieser Ansicht fehle es den WTO-Streitbeilegungsorganen an demokratischer Legitimation, wenn sie verfassungsrechtliche Werte abwägen.[806] Denn zivilgesellschaftliche Gruppen, die nichtwirtschaftliche Werte vertreten, seien von den WTO-Verhandlungsprozessen ausgeschlossen und haben keinen Anspruch auf Teilnahme am WTO-Streitbeilegungsverfahren.[807]

Es fehlt den WTO-Streitbeilegungsorganen jedoch nicht unbedingt an demokratischer Legitimation zur Abwägung der Umweltmaßnahmen, nur weil nichtwirtschaftliche Werte vertretende Interessengruppen von dem Verhandlungsprozess ausgeschlossen waren. Denn ihre Interessen könnten allgemein durch die Delegation der Regierung bei der Verhandlung und Ratifikation der WTO-Abkommen repräsentiert worden sein.[808]

Die Frage der legitimen institutionellen Rolle der WTO-Streitbeilegungsverfahren zur Abwägung hängt vielmehr nicht unbedingt vom demokratischen Repräsentationsdefizit der WTO-Streitbeilegungsorgane ab. Ein solches Legitimationsdefizit kann tatsächlich nicht durch die Konstitutionalisierungsthese

---

803 *Neumann/Türk*, Necessity Revisited, JWT 2003, 199, 213.

804 Teil 4 Kapitel 13 § 3 B. und § 3 E.

805 Teil 4 Kapitel 13 § 3 C. II. i. V. m. Teil 2 Kapitel 5 § 3 B. III. 2. b).

806 *Neumann/Türk*, Necessity Revisited, JWT 2003, 199, 232–233.

807 *Neumann/Türk*, Necessity Revisited, JWT 2003, 199, 232; *Neumann*, Die Koordination des WTO-Rechts mit anderen völkerrechtlichen Verträgen, in: Nettesheim/Sander (Hrsg.), WTO-Recht und Globalisierung, S. 143–144.

808 Vgl. *von Engelhardt*, Die Welthandelsorganisation (WTO) und demokratische Legitimität, 2016, S. 154 f.

behoben,[809] sondern nur verschärfen werden.[810] In der wissenschaftlichen Literatur wird neben der Konstitutionalisierungsthese vorgeschlagen, dass ein solches Legitimationsdefizit behoben werden kann.[811] Jedoch selbst wenn die vorgenannten Interessengruppen an dem Verhandlungsprozess und an dem Streitbeilegungsverfahren teilgenommen hätten, stellt sich wiederum die Frage, ob die WTO-Streitbeilegungsorgane ihre Interessen respektieren oder ob sie aufgrund dieser demokratischen Legitimation dazu befugt, die Angemessenheit umweltpolitischer Maßnahme zu bewerten bzw. abzulehnen.

#### (γ) Ausübung auswärtiger Handelsgewalt und inländische handelspolitische Gesetzgebung als politische Frage

Ferner kann sich die illegitime institutionelle Rolle eines WTO-Panels zur richterlichen Abwägung nicht unbedingt aus dem Argument der Anwendung der Political Question Doktrin ergeben. Demzufolge soll die Behandlung fundamentaler politischer Fragen, u. a. im Bereich des Umweltschutzes, nicht in exzessiver Weise den WTO-Streitbeilegungsorganen überlassen werden.[812] Andernfalls führt dies zur Legitimationsunfähigkeit der Entscheidungen der WTO-Streitbeilegungsorgane. Die Legitimationsfähigkeit der Entscheidungen der WTO-Streitbeilegungsorgane ende dort, wo diese in Kernbereiche des politischen und kulturellen Selbstverständnisses eines Mitglieds eingreifen.[813] Die WTO-Streitbeilegungsorgane sollen hingegen die Behandlung derartiger Fragen durch die *issue avoidance*-Technik vermeiden, eine zurückhaltende

---

809 Vgl. *Krajewski*, Verfassungsperspektiven und Legitimation des Rechts der WTO, 2001, S. 266–267; *Howse/Nicolaïdis*, Legitimacy and Global Governance: Why Constitutionalizing the WTO is a Step too Far, in: Porter u. a. (Hrsg.), Efficiency, Equity, and Legitimacy, 2001, S. 227 ff.; *Nettesheim*, Von der Verhandlungsdiplomatie zur internationalen Verfassungsordnung, in: Classen u. a. (Hrsg.), FS Oppermann, 2001, S. 381, 401; *Holmes*, The WTO and the EU: Some Constitutional Comparisons, in: de Búrca/Scott (Hrsg.), The EU and the WTO, 2001, S. 59–60.

810 *Howse/Nicolaïdis*, Enhancing WTO Legitimacy: Constitutionalization or Global Subsidiarity?, Governance 2003, 73, 74.

811 *Reusch*, Die Legitimation des WTO-Streitbeilegungsverfahrens, 2007, S. 126 ff.; *von Engelhardt*, Die Welthandelsorganisation (WTO) und demokratische Legitimität, 2016, S. 154 ff., 188 ff.

812 Vgl. *Walker*, The EU and the WTO: Constitutionalism in a New Key, in: de Búrca/Scott (Hrsg.), The EU and the WTO, 2001, S. 63; *Holmes*, The WTO and the EU: Some Constitutional Comparisons, in: de Búrca/Scott (Hrsg.), The EU and the WTO, 2001, S. 80; *Rollo/Winters*, Subsidiarity and Governance Challenges for the WTO, The World Economy 2000, 561, 562, 575.

813 *Reusch*, Die Legitimation des WTO-Streitbeilegungsverfahrens, 2007, S. 240–242; *Howse/Nicolaïdis*, Enhancing WTO Legitimacy: Constitutionalization or Global Subsidiarity?, Governance 2003, 73, 75, 86–87.

Prüfungsintensität anwenden oder eine souveränitätsfreundliche Auslegung vornehmen.[814]

Es ist selbstverständlich, dass die Political Question Theorie Anwendung finden soll, wenn es sich um eine politische Frage handelt, die in diesem Fall nicht justiziabel ist.[815] Jedoch wurde wiederum nicht zuvor geklärt, nach welchem Beurteilungsmaßstab festgestellt werden soll, ob und wann eine bestimmte Sache eine reine politische Frage darstellt und sich somit ausschließlich in der politischen Sphäre des regulierenden WTO-Mitglieds befindet. Nach der Political Question Doktrin kann nämlich nicht abschließend festgestellt werden, ob es sich bei einer umweltpolitische Maßnahme um eine rein politische und damit nicht justiziable Frage handelt oder eher um eine politisch empfindliche Frage, deren genaue richterliche Behandlung unklar bleibt, sofern die Grenze der inländischen politischen Sphäre nicht klar gezogen ist. Die Formel, dass eine gewisse Zurückhaltung dem regulierenden WTO-Mitglied gewährt werden soll, gibt nur wenige Hinweise darauf, inwieweit eine richterliche Zurückhaltung oder Selbstbeschränkung geübt werden soll.[816]

Ohne Klärung der soeben genannten Grenze würde außerdem die Anwendung der Political Question Doktrin zu dem Problem führen, dass die WTO-Streitbeilegungsorgane dazu ausgenutzt werden, inländische politische Entscheidungen auf internationaler Ebene zu bestätigen. Dies würde nicht nur die Zuverlässigkeit der WTO-Streitbeilegungsorgane als internationale Schiedskörper beeinträchtigen, sondern ggf. auch die politische Spannung verschärfen, wenn mehrere WTO-Mitglieder auf diese Weise u. a. ihre Umweltpolitik auf internationaler Ebene betreiben.

Zudem wurde nicht weiter geklärt, wie der Missbrauch der inländischen politischen Gewalt zulasten der Handelsfreiheit anderer WTO-Mitglieder und der individuellen Rechte auf Außenhandel der eigenen Bürger des regulieren-

---

814 *Reusch*, Die Legitimation des WTO-Streitbeilegungsverfahrens, 2007, S. 262 f., 275; ähnlich, vgl. *von Engelhardt*, Die Welthandelsorganisation (WTO) und demokratische Legitimität, 2016, S. 271–272.

815 *Davey*, Has the WTO Dispute Settlement System Exceeded Its Authority?, JIEL 2001, 104–105 und 110 i. V. m. 88; *Hoekman/Mavroidis*, To AB or Not to AB? Dispute Settlement in WTO Reform, JIEL 2020, 703, 715–716; *dies.*, The End of the World (Trade Organization) As We Know It?, EJIL 2021, 743, 762–763. Zur Befürwortung der Anwendung der Political Question Doktrin durch Erkärung von *non liquet* aufgrund justizieller Ökonomie vgl. *Bartels*, The Separation of Powers in the WTO, ICLQ 2004, 861, 876–877.

816 *Howse*, Adjudicative Legitimacy and Treaty Interpretation in International Trade Law, in: Weiler (Hrsg.), The EU, the WTO, and the NAFTA, Band IX/1, 2001, S. 62.

den WTO-Mitglieds abgewendet werden soll.[817] Das Argument der Konstitutionalisierungsthese hat zwar nicht klargestellt, wann ein solcher Missbrauch vorliegt. Das Argument der Anwendung der Political Question Theorie lässt jedoch offen, wie die offenen Missbrauchsbedenken der inländischen politischen Gewalt ausgeräumt werden können.

(c) Expertise

Das Argument der Expertise des regulierenden WTO-Mitglieds und der WTO-Streitbeilegungsorgane in der Diskussion um die Erforderlichkeitsabwägung im Rahmen der Auslegung des Art. XX GATT hat im Gegensatz zur Diskussion um die Prüfungsdichte der WTO-Streitbeilegungsorgane für die Tatsachenfeststellungen und Rechtsurteile des regulierenden WTO-Mitglieds weniger Beachtung gefunden.[818] Dieses Argument bietet keine abschließende Antwort auf die Frage, wie die Unbestimmtheit des impliziten Abwägungsarguments behoben werden kann.

(aa) Zu Argumenten gegen die Expertise des regulierenden WTO-Mitglieds und für die Expertise der WTO-Streitbeilegungsorgane

Bei der Festlegung der Verfügbarkeit einer handelsschonenden Alternative handelt es sich hauptsächlich um eine Tatsachenfeststellung, und das regulierende WTO-Mitglied verfügt tatsächlich über bessere Expertise zur Einschätzung sachlicher Fragen sowie über besseren Zugang zu entsprechenden Informationen.[819] Eine solche Expertise kann jedoch zum Zweck des Handelsprotektionismus missbraucht werden,[820] wie die Befürworter einer dynamischen Abwägung bei der „Erforderlichkeitsprüfung“ argumentieren. Diese Missbrauchsgefahr scheint zwar nicht ausgeschlossen zu sein. Es wurde jedoch nicht weiter geklärt, wann genau ein Missbrauch der besseren inländischen

---

[817] *Petersmann*, De-Fragmentation of International Economic Law, LUCILR 2008, 209, 217, 234; vgl. *ders.*, Constitutionalism and International Organizations, NJILB 1997, 398, 408–410; *ders.*, National Constitutions, Foreign Trade Policy and European Community Law, EJIL 1992, 1, 18; *ders.*, European and International Constitutional Law, in: de Búrca/Scott (Hrsg.), The EU and the WTO, 2001, S. 85–86.

[818] Teil 2 Kapitel 7 § 2 A. III. 1. b) bb) und § 2 A. III. 1. c) bb).

[819] *Reusch*, Die Legitimation des WTO-Streitbeilegungsverfahrens, S. 269–270.

[820] *Reusch*, Die Legitimation des WTO-Streitbeilegungsverfahrens, S. 269–270; *Herwig/Serdarevic*, Standard of Review for Necessity and Proportionality Analysis in EU and WTO Law, in: Gruszczynski/Werner (Hrsg.), Deference in International Courts and Tribunals, 2014, S. 229 i.V.m. 218–219; *Kometani*, How Should WTO Panels Review Environmental Regulations under GATT Articles III and XX, NJILB 1996, 441, 458–459.

Expertise und des besseren Zugangs zu Sachinformationen vorliegt. Der pragmatische Beurteilungsmaßstab für die Feststellung eines Missbrauchs bleibt unklar.[821]

Ein Panel verfügt zwar über einen weiten Ermessensspielraum, Informationen aus einer Reihe von Quellen zu akzeptieren und Stellungnahmen von Umweltorganisationen zu spezifischen Fragen einzuholen.[822] Solche Informationen und Stellungnahmen sind einem WTO-Panel jedoch nicht immer verfügbar. Wenn die betreffende Tatsachenfeststellung nicht kompliziert ist, ergibt sich für die Beurteilung eines WTO-Panels möglicherweise kein Problem.[823] Ist die Tatsachenfeststellung aber komplex, stellt sich wiederum die Frage, wie ein Panel damit umgehen soll.

Das Argument, dass die richterliche Überprüfung u. a. der Einschätzung des regulierenden WTO-Mitglieds zu sachlichen Fragen und Rechtsurteilen durch die Anwendung einer bestimmten Prüfungsdichte gelingen könne,[824] lässt offen, ob ein solcher richterlicher Aktivismus bei der Interpretation des Art. XX GATT überhaupt bzw. inwieweit gerechtfertigt sein kann.

#### (bb) Zu Argumenten für die Expertise des regulierenden WTO-Mitglieds und gegen die Expertise der WTO-Streitbeilegungsorgane

Die Gegner einer dynamischen Erforderlichkeitsabwägung weisen vor allem darauf hin, dass die WTO-Streitbeilegungsorgane weder über einen guten Zugang zu den notwendigen Informationen noch über die erforderliche Expertise für die Durchführung einer quantitativen Analyse bzw. einer Kosten-Nutzen-Analyse verfügen.[825] Hingegen verfügen die nationalen Behörden über umfassendere Informationen und Faktoren zu den verschiedenen Abwägungen, die bei der Wahl der angegriffenen Maßnahme getroffen wurden, sowie zu den tatsächlichen Kosten einer vorgeschlagenen Alternativmaßnahme.[826]

---

[821] *Mitchell*, Good Faith in WTO Dispute Settlement, MelJIL 2006, 339, 352.

[822] *Cass*, The Constitutionalization of International Trade Law, EJIL 2001, 39, 61.

[823] *Herwig/Serdarevic*, Standard of Review for Necessity and Proportionality Analysis in EU and WTO Law, in: Gruszczynski/Werner (Hrsg.), Deference in International Courts and Tribunals, 2014, S. 227 i. V. m. 218–219.

[824] *Cass*, The Constitutionalization of International Trade Law, EJIL 2001, 39, 57–58, 60–62.

[825] Vgl. *Delimatsis*, Determining the Necessity of Domestic Regulations in Services, EJIL 2008, 365, 390.

[826] *Henckels*, Revisiting Proportionality Analysis, JIEL 2012, 223, 248; *Kometani*, How Should WTO Panels Review Environmental Regulations under GATT Articles III and XX, NJILB 1996, 441, 458 i. V. m. 457.

Dabei wurde jedoch einerseits nicht geklärt, ob und warum dieser fehlende Zugang und diese fehlende Expertise nicht dadurch ausgeglichen werden können, dass ein Panel Informationen aus einer Reihe von Quellen erhalten und Stellungnahmen von Umweltorganisationen zu den spezifischen Fragen einholen kann.[827] Andererseits kann die inländische Expertise zum Zweck des Handelsprotektionismus missbraucht werden.[828] Der pragmatische Beurteilungsmaßstab für die Feststellung eines Missbrauchs ist zwar unklar.[829] Durch das Argument der fehlenden Expertise des WTO-Panels wurde auch nicht hinreichend geklärt, wie die offene Missbrauchsgefahr der inländischen Expertise abgewendet werden soll.

Ein weiteres Argument gegen die dynamische Erforderlichkeitsabwägung ist, dass die nationalen Gesetzgeber besser in der Lage seien, ihre eigenen sozialen Ziele und Handelsinteressen gegeneinander bei der „Erforderlichkeitsprüfung" abzuwägen.[830] Bei einer Abwägung durch Handelsexperten werde hingegen dem Handel eher mehr Gewicht beigemessen als der Umwelt.[831] Es ist zwar unklar, ob und inwieweit die richterliche Abwägung bei der Interpretation des Art. XX GATT gerechtfertigt sein kann. Nicht ausgeschlossen ist jedoch, dass durch eine solche Abwägung die Handelsfreiheit anderer WTO-Mitglieder im GATT sowie das Außenhandelsrecht des Individuums des regulierenden WTO-Mitglieds unter Berücksichtigung des Schutzes inländischer sozialer Ziele auf optimierende Weise geschützt werden können.

Somit gab das Argument der Expertise des regulierenden WTO-Mitglieds und der WTO-Streitbeilegungsorgane bislang keine abschließende Antwort auf die Frage, wie das Unbestimmtheitsproblem des impliziten Abwägungsarguments überwunden werden kann.

---

[827] *Cass*, The Constitutionalization of International Trade Law, EJIL 2001, 39, 61.

[828] *Reusch*, Die Legitimation des WTO-Streitbeilegungsverfahrens, 2007, S. 269–270; *Herwig/Serdarevic*, Standard of Review for Necessity and Proportionality Analysis in EU and WTO Law, in: Gruszczynski/Werner (Hrsg.), Deference in International Courts and Tribunals, 2014, S. 229 i.V.m. 218–219; *Kometani*, How Should WTO Panels Review Environmental Regulations under GATT Articles III and XX, NJILB 1996, 441, 458–459.

[829] *Mitchell*, Good Faith in WTO Dispute Settlement, MelJIL 2006, 339, 352.

[830] *Henckels*, Revisiting Proportionality Analysis, JIEL 2012, 223, 250f. i.V.m. 248–249; *Ioannidis*, Developing Standards of Participation in WTO Law, GLJ 2019, 1175, 1202 i.V.m. 1189; *Howse/Langille*, Seal Product Dispute and Moral Values, YJIL 2012, 367, 428; *Charnovitz*, The Law of Environmental „PPMs" in the WTO: Debunking the Myth of Illegality, YJIL 2002, 59, 101; *Howse*, Adjudicative Legitimacy and Treaty Interpretation in International Trade Law, in: Weiler (Hrsg.), The EU, the WTO, and the NAFTA, Band IX/1, 2001, S. 65 i.V.m. 63 und 38–39.

[831] *Charnovitz*, The Law of Environmental „PPMs" in the WTO: Debunking the Myth of Illegality, YJIL 2002, 59, 101.

#### (d) Überwindbarkeit des „empirischen“ Unbestimmtheitsproblems durch zwei vorgeschlagene Prüfungsansätze

Das Unbestimmtheitsproblem der Erforderlichkeitsabwägung kann weder durch die Hervorhebung der Maßgeblichkeit des quantitativen Ansatzes noch durch die Anwendung einer bestimmten Prüfungsdichte nach der Wichtigkeit des angegebenen Schutzziels abschließend überwunden werden.

##### (aa) Hervorhebung der Maßgeblichkeit des quantitativen Ansatzes

Der Kernmangel des Vorschlags zur Hervorhebung der Maßgeblichkeit des quantitativen Ansatzes besteht in der Vernachlässigung des Umstands, dass eine Alternativmaßnahme nicht die tatsächlich ergriffene, sondern eine vorgeschlagene Maßnahme ist. Die Auswirkungen der Alternativmaßnahme können mithin nicht tatsächlich eintreten und auch nicht auf begrenzte Weise quantifiziert werden. Es kann nämlich nur anhand der Ausgestaltung und Struktur der Alternativmaßnahme prognostiziert werden, ob und welche Auswirkungen auf den Handel und auf das Schutzgut tatsächlich eintreten würden. Auch in diesem Fall bleibt es unklar, warum einem Panel oder dem AB das Recht zustehen soll, ein bestimmtes Importvolumen, beispielsweise der runderneuerten Reifen in Brazil – Retreaded Tyres, als erheblich für die Beurteilung der Erforderlichkeit der angegriffenen Maßnahme anzusehen.

##### (bb) Konstruktion eines Einschätzungsspielraums und Anwendung einer bestimmten Prüfungsdichte

Aus den folgenden Gründen kann die Unklarheit der Erforderlichkeitsabwägung nicht dadurch ausgeräumt werden, dem regulierenden WTO-Mitglied einen Einschätzungsspielraum einzuräumen und diesen durch Anwendung einer bestimmten Prüfungsdichte nach der Wichtigkeit des angegebenen Schutzziels zu überprüfen.

Vor allem beruht dieser Ansatz auf dem Ergebnis der empirischen Untersuchung der Entscheidungspraxis zu Art. XX GATT,[832] deren Richtigkeit gerade

---

[832] *Du*, The Necessity Test in World Trade Law, CJIL 2016, 817, 831 ff., 835; *Moran*, The First Twenty Cases under GATT Article XX, in: Adinolfi u. a. (Hrsg.), International Economic Law, 2017, S. 12; vgl. *Weiß/Ohler/Bungenberg*, Welthandelsrecht, 3. Aufl. 2022, S. 208 Rn. 544, Kommentar in Zit. 574 a. a. O. bezüglich der Erforderlichkeitsprüfung im Rahmen der Interpretation eines Absatzes des Art. XX GATT; *Franck*, On Proportionality of Countermeasures in International Law, AJIL 2008, 715, 750–751; Bejahung mit Vorbehalt, vgl. *Sykes*, The Least Restrictive Means, UCLR 2003, 403, 416 und 419.

fraglich ist. Das Ergebnis einer empirischen Untersuchung zeigt zwar eine Tendenz für die weitere Ermittlung der dahinterstehenden Regel. Das genannte Ergebnis selbst stellt jedoch nicht ohne Weiteres die zu untersuchende Regel dar.

Außerdem kann sich dieser *value-based*-Ansatz schon nicht aus dem Ergebnis der empirischen Untersuchung ergeben. In US – Cool zum Beispiel wurden alle vorgeschlagenen Alternativen vom AB mit der Begründung abgelehnt, dass mit diesen das angestrebte Schutzniveau der USA nicht erreicht werden könne, obwohl das angestrebte Ziel der Schutz des Informationsrechts der Verbraucher war und daher nicht als „wichtiges“ Schutzziel eingestuft werden soll.[833] Zudem wurde eine bereits bejahte Erforderlichkeit bei der Interpretation des Art. XX (a) und (b) GATT, beispielsweise in Brazil – Retreaded Tyres und in EC – Seal Products, im Rahmen der Prüfung des Chapeaus wieder abgelehnt, selbst wenn die einschlägigen Schutzgüter jeweils das Leben und die Gesundheit von Menschen sowie die öffentliche Moral waren, die als wichtige Ziele eingestuft werden sollen.[834]

Kernschwäche dieses Ansatzes liegt vielmehr darin, dass gewisse Unsicherheit für die konkrete Beurteilung verbleibt, obwohl die Wichtigkeit des angegebenen Schutzziels bei der Beurteilung der Wirksamkeit und damit der Gleichwirksamkeit der Alternativmaßnahme berücksichtigt wird.[835] Zum Beispiel wird in Fällen, in denen das umstrittene Produkt einen höheren Handelswert hat, wiederum unklar, welche Schutzziele wichtig genug sind, um die Verfügbarkeit einer weniger handelsschädigenden Alternative abzulehnen.[836] Die WTO-Streitbeilegungsorgane haben nicht klargestellt, und dem regulierenden WTO-Mitglied ist nicht bekannt, wie weit sein diesbezüglicher Einschätzungsspielraum reicht.[837]

---

833 WTO, AB-Bericht v. 29.6.2012, WT/DS384/AB/R, „US – Cool“, Para. 453, 483 ff.; vgl. auch *Du*, The Necessity Test in World Trade Law, CJIL 2016, 817, 835 f.

834 WTO, Panel-Bericht v. 12.6.2007, WT/DS332/R, „Brazil – Retreaded Tyres“, Para. 7.217 ff.; WTO, AB-Bericht v. 3.12.2007, WT/DS332/AB/R, „Brazil – Retreaded Tyres“, Para. 213 ff.; WTO, Panel-Bericht v. 25.11.2013, WT/DS400/R u. a., „EC – Seal Products“, Para. 7.641 ff.; WTO, AB-Bericht v. 22.5.2014, WT/DS400/AB/R u. a., „EC – Seal Products“, Para. 5.291 ff.

835 *Sykes*, The Least Restrictive Means, UCLR 2003, 403, 419; *Paltrowitz*, A Greening of the World Trade Organization, BJIL 2001, 1789, 1837; *Reif/Eckert*, The Right Balance between Shaping and Policing Commerce before the WTO, CJTL 2004, 657, 711; vgl. *Charnovitz*, The WTO's Environmental Progress, JIEL 2007, 685, 697 f.

836 Vgl. *Paltrowitz*, A Greening of the World Trade Organization, BJIL 2001, 1789, 1837.

837 Vgl. *Fontanelli*, Necessity Killed the GATT, EJILS 2012/13, 35, 55; *ders.*, Whose Margin Is It?, in: ders./Carrozza/Martinico (Hrsg.), Shaping Rule of Law through Dialogue, 2010, S. 403, 407.

Ferner ist die legitime institutionelle Rolle eines WTO-Panels für die Bewertung der Gewichtung der Regulierungsziele bedenklich,[838] obwohl es aufgrund der Unbestimmtheit der Erforderlichkeitsprüfung im Rahmen des *weighing and balancing test* schwer zu verstehen ist, wie die Wichtigkeit eines Regulierungsziels diese Prüfung anders als durch die Einräumung eines allgemeinen Ermessensspielraums für ein Panel leiten soll.[839]

Daneben kann eine solche Prüfung nicht im Einklang mit der anerkannten Schutzniveausetzungsprärogative eines WTO-Mitglieds in der Entscheidungspraxis zu Art. XX GATT stehen.[840] Einerseits behauptet der AB, dass einem WTO-Mitglied ein Ermessensspielraum zusteht, seine eigenen politischen Ziele und sein gewünschtes Schutzniveau zu bestimmen und zu verfolgen; andererseits stellt der AB jedoch die Wichtigkeit dieser Ziele zur Überprüfung mittels einer Erforderlichkeitsabwägung.[841]

Daher kann das Unbestimmtheitsproblem des Abwägungsarguments nicht durch die Anwendung einer Prüfungsdichte nach der Wichtigkeit des angegebenen Schutzziels überwunden werden.

*(5) Zwischenergebnis: Keine abschließende Überwindung des Unbestimmtheitsproblems des Arguments der Erforderlichkeitsabwägung im Schrifttum*

Daher wurde in der wissenschaftlichen Literatur nicht hinreichend geklärt, wie das Unbestimmtheitsproblem des Arguments der Erforderlichkeitsabwägung überwunden werden kann. Das Souveränitätsargument, das Argument der institutionellen Rolle der WTO-Streitbeilegungsorgane und das Argument

[838] *McGrady*, Necessity Exceptions in WTO Law, JIEL 2009, 153, 163; *Reif/Eckert*, The Right Balance between Shaping and Policing Commerce before the WTO, CJTL 2004, 657, 711; *Paltrowitz*, A Greening of the World Trade Organization, BJIL 2001, 1789, 1804 i. V. m. 1837.

[839] *Reif/Eckert*, The Right Balance between Shaping and Policing Commerce before the WTO, CJTL 2004, 657, 711. Zu Bedenken bezüglich der institutionellen Rolle der WTO-Streitbeilegungsorgane für eine solche Abwägung siehe auch: Teil 2 Kapitel 7 § 2 A. III. 1. b) cc) i. V. m. Teil 1 Kapitel 1 § 3 A. III. – § 3 A. IV.

[840] *Van den Bossche*, Looking for Proportionality in WTO Law, LIEI 2008, 283, 294; *Kapterian*, A Critique of the WTO Jurisprudence on „Necessity", ICLQ 2010, 89, 101 f., 119 f.; *McGrady*, Necessity Exceptions in WTO Law, JIEL 2009, 153, 162; *Ortino*, From „Non-discrimination" to „Reasonableness", JM-WP 2005/1, 5, 42 f.; *Nuzzo*, GATT Moral Clause after Colombia – Textiles, EJLS 2017, 267, 288; *Muller*, The Necessity Test and Trade in Services, JWT 2015, 951.

[841] Vgl. *McGrady*, Necessity Exceptions in WTO Law, JIEL 2009, 153, 162–163. Zu Bedenken des Souveränitätseingriffs durch eine solche Abwägung der WTO-Streitbeilegungsorgane siehe auch: Teil 2 Kapitel 7 § 2 A. III. 1. b) aa) i. V. m. Teil 1 Kapitel 1 § 3 A. III. – § 3 A. IV.

der Expertise können eine richterliche einzelfallbezogene Erforderlichkeitsabwägung zulasten des regulierenden WTO-Mitglieds weder hinreichend begründen noch überzeugend ablehnen. Dieses Problem kann ferner weder durch die Hervorhebung der Maßgeblichkeit des quantitativen Ansatzes noch anhand der Wichtigkeit des angegebenen Schutzziels überwunden werden.

Diese Lage verursacht gewisse Unvorhersehbarkeit für die Beilegung von Umweltstreitigkeiten vor der WTO. Denn die Reichweite des Einschätzungsspielraums des regulierenden WTO-Mitglieds hinsichtlich der Erforderlichkeit und damit implizit auch der Angemessenheit umweltpolitischer Maßnahmen ist nicht hinreichend klar. Allein aufgrund dieser Unklarheit kann jedoch nicht abschließend festgestellt werden, dass das Argument der Erforderlichkeitsabwägung keinen tauglichen Beurteilungsmaßstab und damit keinen tauglichen Widerlegungsgrund darstellt. Denn Abstraktheit ist jedem Maßstab inhärent, und eine zwingende Mindestanforderung an die Bestimmtheit eines Maßstabs ist in der wissenschaftlichen Diskussion nicht hinreichend dargelegt. Es ist nicht ausgeschlossen, dass mit diesem impliziten Abwägungsargument eine sachgerechte Optimierung kollidierender Interessen erzielt werden kann.

#### *e) Erforderlichkeitsabwägungsargument als untauglicher Widerlegungsgrund*

In Teil 5 Kapitel 17 § 3 wurde festgestellt, dass die Angemessenheitseinschätzung des regulierenden WTO-Mitglieds als erste Vermutung maßgeblich ist.[842] Taugliche Widerlegungsgründe gegen diese Vermutung sind ausschließlich die willkürliche Diskriminierung und die verschleierte Handelsbeschränkung i. S. d. Chapeaus des Art. XX GATT. Diese beiden Widerlegungsgründe dürfen aber zwingend erst nach der Feststellung der Angemessenheitsvermutung der angegriffenen Maßnahme geltend gemacht werden.[843] Daneben sind keine weiteren tauglichen Widerlegungsgründe aus anderen Völkerrechtsquellen ersichtlich.[844]

Insbesondere stellt das implizite Abwägungsargument keinen tauglichen Widerlegungsgrund gegen die Vermutung der Maßgeblichkeit der Angemessenheitseinschätzung des regulierenden WTO-Mitglieds dar.[845] Anhand des Charakters der Vermutung lassen sich ferner die offenen Bedenken ausräumen, dass eine zutreffende richterliche Entscheidung u. a. durch das implizite

---

[842] Ausführlich hierzu siehe: Teil 5 Kapitel 17 § 3 A.

[843] Teil 5 Kapitel 18 § 1.

[844] Teil 6 Kapitel 21 § 3.

[845] Teil 5 Kapitel 18 § 2 B.

Abwägungsargument, nämlich durch die Erforderlichkeitsabwägung, getroffen werden kann.[846]

Grundlagen des Erforderlichkeitsabwägungsarguments zur Widerlegung der Erforderlichkeits- und damit implizit auch der Angemessenheitsvermutung der ergriffenen Maßnahme sind die empirischen qualitativen und quantitativen Schutzwirkungen der angegriffenen Maßnahme sowie der vorgeschlagenen Alternativmaßnahmen auf das einschlägige Schutzgut und auf die Handelsfreiheit. Diese empirischen Aspekte und das darauf aufbauende Werturteil sind von der Vermutung der Erforderlichkeit gedeckt. Das vorgenannte Werturteil ist implizit ein Angemessenheitsurteil, das alternativ in die Angemessenheitsprüfung verlagert werden kann, sodass die Erforderlichkeitsprüfung als empirische Prüfung bleibt.[847] Die Angemessenheitseinschätzung des regulierenden WTO-Mitglieds ist außerdem an sich das Angemessenheitsurteil aufbauend auf allen empirischen Aspekten der ergriffenen Maßnahme. Die vorgenannten empirischen und subjektiven Aspekte sind daher auch von der Angemessenheitsvermutung der ergriffenen Maßnahme gedeckt.[848]

Wird das Erforderlichkeitsabwägungsargument, nämlich nur die empirischen Auswirkungen der Maßnahme bzw. der vorgeschlagenen Alternativmaßnahmen auf das einschlägige Schutzgut und auf die Handelsfreiheit sowie das darauf aufbauende Werturteil, als Widerlegungsgrund gegen die Erforderlichkeits- und damit implizit auch die Angemessenheitsvermutung geltend gemacht, liegt eigentlich noch keine Begründung vor, sondern nur eine Wiederholung der zu begründenden These. Eine Bejahung des Arguments der Erforderlichkeitsabwägung als tauglicher Widerlegungsgrund führt folglich dazu, dass die Erforderlichkeits- und implizit auch Angemessenheitsvermutung bereits aus dem Grund widerlegt werden kann, dass die genannten Vermutungen jeweils eine solche sind. Dies führt zu einem Widerspruch, weil die angegriffene Maßnahme in diesem Fall sowohl vorläufig erforderlich und damit implizit auch angemessen als auch endgültig unerforderlich und damit implizit auch unangemessen ist. Dies führt zugleich zur Unwirksamkeit des einschlägigen Absatzes des Art. XX GATT, weil dieselbe Umweltmaßnahme unter Berufung auf denselben Absatz sowohl vorläufig rechtmäßig als auch endgültig rechtswidrig sein kann, wenn nach der Bejahung

---

846 Teil 5 Kapitel 18 § 2 B.

847 *Hirschberg*, Der Grundsatz der Verhältnismäßigkeit, 1981, S. 149–151, 171; *Grimm*, Proportionality in Canadian and German Constitutional Jurisprudence, UTLJ 2017, 383, 392–393; wohl auch: *Saurer*, Globalisierung des Verhältnismäßigkeitsgrundsatzes, Der Staat 2012, 3, 31 i.V.m. 26; vgl. *Arsche*, Die Margin of Appreciation, 2018, S. 239.

848 Teil 5 Kapitel 18 § 2 B.

der Erforderlichkeit auch die Angemessenheit der ergriffenen Maßnahme bejaht wird.[849]

#### *f) Zwischenergebnis: Keine Rechtfertigung des richterlichen Aktivismus durch die Ablehnung der Erforderlichkeits- und damit implizit auch Angemessenheitseinschätzung des regulierenden WTO-Mitglieds mittels des Arguments der Erforderlichkeitsabwägung*

Somit wurde keine hinreichende richterliche Zurückhaltung durch die WTO-Streitbeilegungsorgane geübt, als sie die Erforderlichkeits- und damit implizit auch Angemessenheitseinschätzung des regulierenden WTO-Mitglieds durch das Argument der Erforderlichkeitsabwägung ablehnten. Dieses Argument weist gewisse Unbestimmtheit in der Entscheidungspraxis der WTO-Streitbeilegungsorgane auf (Teil 5 Kapitel 19 § 1 B. II. 1. a)–§ 1 B. II. 1. b)). Dieses Unbestimmtheitsproblem ließ sich in der bisherigen wissenschaftlichen Diskussion nicht abschließend überwinden (Teil 5 Kapitel 19 § 1 B. II. 1. c)–§ 1 B. II. 1. d)). Ein derartiger richterlicher Aktivismus ist nicht gerechtfertigt, weil die Vermutungs- und Widerlegungsregel, die sich aus den Vertragsbestimmungen des Art. XX GATT unter Berücksichtigung des dogmatischen Charakters der Verhältnismäßigkeitsprüfung i.w.S. ergibt, nicht eingehalten wird. Denn das Argument der Erforderlichkeitsabwägung stellt keinen tauglichen Widerlegungsgrund im Kontext des Art. XX GATT dar (Teil 5 Kapitel 19 § 1 B. II. 1. e)).

### 2. Erforderlichkeitsabwägung mittels des Konsistenzarguments

In der Entscheidungspraxis zu Art. XX GATT wird ferner die Frage aufgeworfen, ob die Erforderlichkeit und implizit auch die Angemessenheit der angegriffenen Maßnahme abzulehnen sind, wenn ähnliche Produkte oder Sektoren nicht in ähnlicher Weise reguliert werden. Dabei handelt es sich um das Konsistenzargument.

#### *a) Konsistenzargument als implizites Abwägungsargument*

Das in der Entscheidungspraxis von den WTO-Streitbeilegungsorganen herangezogene Konsistenzargument, mittels dessen die Erforderlichkeitsvermutung und implizit auch die Angemessenheitsvermutung der angegriffenen umweltpolitischen Maßnahme widerlegt werden, stellt ein implizites Abwägungsargument dar.

---

849 Teil 5 Kapitel 18 § 2 B.

### aa) Konsistenzargument im Rahmen der Prüfung eines Absatzes des Art. XX GATT: Unterschiedliche Regulierung für ähnliche Umstände

In Korea – Beef verlangte Korea von anderen Bereichen der koreanischen Wirtschaft nicht, dass die betreffenden Produkte über getrennte Kanäle verkauft werden mussten, wie dies jedoch beim Einzelhandelsverkauf von in- und ausländischem Rindfleisch der Fall war, obwohl nach Ansicht des Panels ähnliche betrügerische Praktiken im Einzelhandel auch in diesen Sektoren der koreanischen Wirtschaft vorkamen oder vorkommen könnten.[850] Zum Beispiel wurde keine ähnliche Regelung für inländisches Hanwoo- und Milchvieh-Rindfleisch verlangt, obwohl bei beiden ein ähnliches Betrugsrisiko bestand.[851] Das Panel stellte außerdem fest, dass für andere Agrarprodukte, z. B. Schweinefleisch und Meeresfrüchte, kein duales Einzelbetriebssystem angewendet wurde.[852] Es gab ferner keine Verpflichtung, dass in- und ausländisches Rindfleisch in getrennten Restaurants angeboten werden musste.[853] Daher wurden die Erforderlichkeit und implizit auch die Angemessenheit des angegriffenen dualen Handelssystems direkt in Frage gestellt.[854]

Das Panel von Korea – Beef stellte daher fest, dass das Ziel der Bekämpfung betrügerischer Praktiken bezüglich der Herkunft von in- und ausländischem Rindfleisch bereits durch allgemeine polizeiliche Überwachungsmethoden erreicht werden könne, wie auch bei anderen ähnlichen Produkten.[855] Der AB war der Ansicht, dass die unterschiedliche Behandlung nur als Indikator und Hinweis für das Vorhandensein einer Alternative anzusehen sei.[856] Sodann stellte der AB basierend auf diesen Indikatoren fest, dass Korea keine Beseitigung von Betrug anstrebe.[857]

In EC – Asbestos lehnte das Panel den Einwand Kanadas ab, dass Frankreich ein falsches Sicherheitsgefühl erzeuge, indem es verlange, Chrysotil, dessen gesundheitliche Auswirkungen bekannt seien, durch Produkte zu erset-

---

850 WTO, Panel-Bericht v. 31. 7. 2000, WT/DS161/R u. a., „Korea – Beef", Para. 660.

851 „Dairy steer beef" und „dairy cow beef", WTO, Panel-Bericht v. 31. 7. 2000, WT/DS161/R u. a., „Korea – Beef", Para. 661.

852 WTO, Panel-Bericht v. 31. 7. 2000, WT/DS161/R u. a., „Korea – Beef", Para. 662.

853 WTO, Panel-Bericht v. 31. 7. 2000, WT/DS161/R u. a., „Korea – Beef", Para. 663.

854 WTO, Panel-Bericht v. 31. 7. 2000, WT/DS161/R u. a., „Korea – Beef", Para. 664.

855 WTO, Panel-Bericht v. 31. 7. 2000, WT/DS161/R u. a., „Korea – Beef", Para. 664.

856 WTO, AB-Bericht v. 11. 12. 2000, WT/DS161/AB/R u. a., „Korea – Beef", Para. 170 ff.: „The application by a Member of WTO-compatible enforcement measures to the same kind of illegal behaviour – the passing off of one product for another – for like or at least similar products, provides a suggestive indication that an alternative measure which could ‚reasonably be expected' to be employed may well be available."

857 WTO, AB-Bericht v. 11. 12. 2000, WT/DS161/AB/R u. a., „Korea – Beef", Para. 178.

zen, deren gesundheitliche Auswirkungen hingegen ungewiss seien.[858] Denn diese Ersatzstoffe gälten nach internationalen Standards und Expertenmeinungen als weniger gesundheitsgefährdend als Chrysotil-Asbest.[859]

#### bb) Konsistenzargument als implizites Abwägungsargument

Für das Konsistenzargument gibt es keine klare Definition. Es kommt vielmehr darauf an, in welchem Prüfschritt das Konsistenzargument angewendet wird und welche Anforderungen die Konsistenzprüfung konkret stellt. Wird es im Rahmen der Überprüfung der Erforderlichkeitseinschätzung des regulierenden WTO-Mitglieds angewendet und führt dies zur Ablehnung der genannten Einschätzung, liegt eine implizite Abwägung vor.[860] Somit ist das Konsistenzargument an dieser Stelle ein implizites Abwägungsargument, nämlich ein Argument der Erforderlichkeitsabwägung.

### *b) Unbestimmtheit des Konsistenzarguments im Rahmen der Prüfung eines Absatzes des Art. XX GATT*

In den oben genannten Verfahren wurde jedoch nicht klargestellt, wann und warum eine andere Regulierung für ähnliche Produkte, Branchen usw. für die Feststellung der Gleichwirksamkeit maßgeblich ist.

Zum Beispiel wurde im Panel-Bericht zu Korea – Beef zwar festgestellt, dass die unterschiedliche Regulierungen für gleichartige Produkte vom Rindfleisch, beispielsweise Schweinefleisch, zur Ablehnung der Erforderlichkeit (und implizit auch der Angemessenheit) der Maßnahme führten.[861] Das Panel ignoriere jedoch, dass das Recht zur Festlegung des Schutzniveaus eines WTO-Mitglieds es erlaube, gleichartige oder ähnliche Produkte aufgrund der Berücksichtigung bestimmter Interessen dennoch unterschiedlich zu regulieren.[862] Dieses Recht wurde in der Tat schon vom WTO-Schiedskörper be-

---

[858] WTO, Panel-Bericht v. 18.9.2000, WT/DS135/R, „EC – Asbestos", Para. 8.218.

[859] WTO, Panel-Bericht v. 18.9.2000, WT/DS135/R, „EC – Asbestos", Para. 8.220–8.221.

[860] Vgl. *Petersen*, Gesetzgeberische Inkonsistenz als Beweiszeichen – Eine rechtsvergleichende Analyse, AöR 2013, 108, 120–122 und Zit. 55 a.a.O. i.V.m. 132.

[861] WTO, Panel-Bericht v. 31.7.2000, WT/DS161/R u.a., „Korea – Beef", Para. 660 ff.

[862] Vgl. WTO, AB-Bericht v. 7.4.2005, WT/DS285/AB/R, „US – Gambling", Para. 346–347 i.V.m. 313. Im Berufungsverfahren in Korea – Beef wurde die Erforderlichkeit der angegriffenen Maßnahme zwar abgelehnt, jedoch schon nicht mehr mit der Begründung der unterschiedlichen Regulierung ähnlicher Produkte. Vgl. WTO, AB-Bericht v. 11.12.2000, WT/DS161/AB/R u.a., „Korea – Beef", Para. 177 f.

jahrt.[863] Es wurde somit nicht geklärt, warum die Wirkung der vorgeschlagenen milderen und unterschiedlichen Behandlung trotz ihrer reduzierten Effektivität zur Erreichung des behaupteten Schutzniveaus des regulierenden WTO-Mitglieds dennoch als gleichwirksam wie die angegriffene Maßnahme beurteilt werden kann.

In AB-Bericht stellte der AB zwar fest, dass das Schutzziel der koreanischen Maßnahme unter Berücksichtigung der unterschiedlichen Regulierungen für ähnliche Produkte und Branchen lediglich in der Beseitigung der Irreführung der Öffentlichkeit über die Herkunft von importiertem und inländischem Rindfleisch auf Einzelhandelsebene bestehe.[864] Jedoch wurde die Rolle der unterschiedlichen Regulierungen für ähnliche Produkte bei der Beurteilung des behaupteten Schutzniveaus, der Erforderlichkeit und damit implizit auch der Angemessenheit nicht weiter erläutert. Zur Begründung verwies der AB auf die Feststellung in US – Section 337[865],[866] die aber die Erläuterung der Rolle der unterschiedlichen Regulierung für ähnliche Produkte und Branchen in Korea – Beef nicht ganz betrifft. Denn demnach sollten das behauptete Schutzniveau des regulierenden WTO-Mitglieds und die Erforderlichkeit (und implizit auch die Angemessenheit) der angegriffenen Maßnahme nur dann anerkannt werden, wenn dieses Schutzniveau sowohl für importierte als auch für inländische Produkte gelte.[867]

Daher wurde in der Entscheidungspraxis nicht hinreichend geklärt, ob die bereits vermutete Erforderlichkeit und implizit auch die Angemessenheit einer Maßnahme durch eine unterschiedliche Behandlung ähnlicher Produkte oder Branchen widerlegt werden können.

### *c) Keine abschließende Überwindung des Unbestimmtheitsproblems des Konsistenzarguments im Schrifttum*

Im Schrifttum wurde bislang nicht hinreichend geklärt, wie das Unbestimmtheitsproblem des Konsistenzarguments überwunden werden soll.

---

863 WTO, AB-Bericht v. 11.12.2000, WT/DS161/AB/R u.a., „Korea – Beef", Para. 176.

864 WTO, AB-Bericht v. 11.12.2000, WT/DS161/AB/R u.a., „Korea – Beef", Para. 170f., 177.

865 GATT, Panel-Bericht v. 7.11.1989, L/6439-36S/345, „US – Section 337", Para. 5.26.

866 Vgl. WTO, AB-Bericht v. 11.12.2000, WT/DS161/AB/R u.a., „Korea – Beef", Para. 176–177.

867 GATT, Panel-Bericht v. 7.11.1989, L/6439-36S/345, „US – Section 337", Para. 5.26.

### aa) Keine abschließende Überwindung des Unbestimmtheitsproblems des Konsistenzarguments in der allgemeinen Diskussion über Prüfungsintensität und richterliche Zurückhaltung im WTO-Recht mit Bezug auf die Interpretation des Art. XX GATT

In Teil 1 Kapitel 1 § 3 i.V.m. Teil 2 Kapitel 7 § 2 A. III. 1. wurde im Rahmen der Darstellung der allgemeinen Diskussion über Prüfungsintensität und richterliche Zurückhaltung im WTO-Recht mit Bezug auf die Interpretation des Art. XX GATT ausführlich erläutert, dass die Argumente – wie das der besseren Expertise, das Souveränitätsargument und das Argument der institutionellen Rolle – keine abschließende Antwort darauf gaben, inwieweit die WTO-Streitbeilegungsorgane richterliche Zurückhaltung bei der Überprüfung der Tatsachenfeststellungen und Rechtsurteile des regulierenden WTO-Mitglieds üben sollen.

Dieses Ergebnis gilt entsprechend für das Konsistenzargument, mittels dessen die Einschätzung des regulierenden WTO-Mitglieds zur Erforderlichkeit und damit implizit auch zur Angemessenheit vom Panel abgelehnt wird. Denn es handelt sich bei diesem Argument in diesem Fall um eine Erforderlichkeitsabwägung, die sowohl die Tatsachenfeststellung als auch das darauf aufbauende Rechtsurteil des regulierenden WTO-Mitglieds umfasst.[868] Somit wurde in dieser Diskussion nicht hinreichend geklärt, wie das Unbestimmtheitsproblem des Konsistenzarguments überwunden werden soll.

### bb) Keine abschließende Überwindung des Unbestimmtheitsproblems in der speziellen Diskussion über richterliche Zurückhaltung und Erforderlichkeitsabwägung im Rahmen der Interpretation des Art. XX GATT

In der speziellen Diskussion über richterliche Zurückhaltung und Erforderlichkeitsabwägung bei der Interpretation des Art. XX GATT wurde nicht hinreichend geklärt, wie das Unbestimmtheitsproblem des Arguments der Erforderlichkeitsabwägung überwunden werden soll. Dieses Ergebnis gilt ebenfalls für das Konsistenzargument. Denn dieses Argument stellt eine Erforderlichkeitsabwägung dar, wenn es im Rahmen der Erforderlichkeitsprüfung herangezogen wird.[869]

---

868 Teil 1 Kapitel 1 § 3 A. III.–§ 3 A. IV.

869 Teil 5 Kapitel 19 § 1 B. II. 2. a) bb).

### cc) Keine abschließende Überwindung des Unbestimmtheitsproblems des Konsistenzarguments im Schrifttum

Im Schrifttum zum Konsistenzargument wurde diesem Unbestimmtheitsproblem auch nur wenig Aufmerksamkeit geschenkt, und es wurde kein pragmatischer Beurteilungsmaßstab entwickelt.[870] Es wurde nicht abschließend geklärt, welcher Unterschied in der Regulierung ähnlicher Produkte, Branchen usw. erheblich für die Beurteilung einer Inkonsistenz ist und mit welcher Begründung ein solcher Unterschied gerechtfertigt sein kann.[871]

Das Konsistenzargument liefert zwar manchmal Indizien, aber keinen pragmatischen Beurteilungsmaßstab für den Einschätzungsspielraum des regulierenden WTO-Mitglieds.[872] Die unterschiedliche Behandlung verursacht nämlich nur unterschiedliche empirische Auswirkungen auf die Handelsfreiheit und auf das angestrebte Schutzgut. Welche normative Entscheidung und nach welcher Regel darauf aufbauend getroffen werden soll, wurde nicht klargestellt. Ebenso wenig geklärt wurde die Frage, wann und warum eine vorgeschlagene konsistente Regulierung für ähnliche Produkte, Branchen usw. hinsichtlich der damit verbundenen reduzierten Schutzwirkung dennoch als gleichwirksam wie die ergriffene Maßnahme angesehen werden soll. Daher kann dieses Argument als Deckmantel für eine versteckte richterliche Bewertung eingesetzt und somit missbraucht werden.[873] Die genaue Grenze des Einschätzungsspielraums des regulierenden WTO-Mitglieds kann hingegen nicht mittels Konsistenzarguments abschließend festgelegt werden.[874] Aus diesem Grund kann auch nicht abschließend festgestellt werden, ob und inwieweit richterliche Zurückhaltung mittels Konsistenzarguments dem regulierenden WTO-Mitglied gewährt werden soll.

Trotz dieser Unbestimmtheit kann jedoch nicht ausgeschlossen sein, dass ein zutreffendes Ergebnis mittels dieses Arguments erzielt werden kann.

---

[870] Vgl. *Du*, Autonomy in Setting Appropriate Level of Protection under the WTO Law, JIEL 2010, 1077, 1085; *Franken*, Nachhaltigkeitsstandards und ihre Vereinbarkeit mit WTO-Recht, ZUR 2010, 66, 71 f.

[871] Vgl. *Sykes*, Domestic Regulation, Sovereignty, and Scientific Evidence Requirements, ChicagoJIL 2002, 353, 367–368; *Andenas/Zleptnig*, Proportionality and Balancing in WTO Law, CRIA 2007, 71, 85–86; *Petersen*, Gesetzgeberische Inkonsistenz als Beweiszeichen – Eine rechtsvergleichende Analyse, AöR 2013, 108, 134; *Button*, Trade, Health, and Uncertainty in the WTO, 2004, S. 33–34.

[872] *Petersen*, Gesetzgeberische Inkonsistenz als Beweiszeichen – Eine rechtsvergleichende Analyse, AöR 2013, 108, 130–131.

[873] *Petersen*, Gesetzgeberische Inkonsistenz als Beweiszeichen – Eine rechtsvergleichende Analyse, AöR 2013, 108, 134.

[874] *Petersen*, Gesetzgeberische Inkonsistenz als Beweiszeichen – Eine rechtsvergleichende Analyse, AöR 2013, 108, 130.

### *d) Konsistenzargument als untauglicher Widerlegungsgrund*

Wenn das Konsistenzargument im Rahmen der Überprüfung der Erforderlichkeitseinschätzung des regulierenden WTO-Mitglieds angewendet wird, und die genannte Einschätzung mittels dieses Arguments abgelehnt wird, liegt eine implizite Abwägung vor.[875] An dieser Stelle ist das Konsistenzargument ein implizites Abwägungsargument.

In Teil 5 Kapitel 18 § 2 B. i.V.m. Kapitel 17 § 3 A. wird dargestellt, dass das implizite Abwägungsargument, vorliegend das Argument der Erforderlichkeitsabwägung, keinen tauglichen Widerlegungsgrund darstellt. Folglich stellt das Konsistenzargument im Rahmen der Überprüfung der Einschätzung des regulierenden WTO-Mitglieds zur Erforderlichkeit und damit implizit zur Angemessenheit der ergriffenen Maßnahme auch keinen tauglichen Widerlegungsgrund dar.

Grundlagen des Konsistenzarguments zur Ablehnung der Vermutung der Maßgeblichkeit der vorgenannten Einschätzung sind nämlich die Ähnlichkeit der Produkte und Branchen, die damit verbundenen unterschiedlichen Regulierungen sowie das darauf aufbauende Erforderlichkeits- und damit implizit auch Angemessenheitsurteil des regulierenden WTO-Mitglieds. Diese empirischen Aspekte und die genannten Werturteile sind bereits von der Erforderlichkeits- und damit implizit auch der Angemessenheitsvermutung der ergriffenen Maßnahme gedeckt.[876]

Wenn das Konsistenzargument, nämlich nur die vorgenannten empirischen Aspekte und die Werturteile, als Widerlegungsgrund gegen die Erforderlichkeits- und damit implizit auch gegen die Angemessenheitsvermutung geltend gemacht wird, liegt eigentlich noch keine Begründung vor, sondern nur eine Wiederholung der zu begründenden These. Eine Bejahung des Konsistenzarguments als tauglicher Widerlegungsgrund führt folglich dazu, dass die Erforderlichkeits- und implizit auch Angemessenheitsvermutung bereits aus dem Grund widerlegt werden kann, dass diese Vermutungen jeweils eine solche sind. Dies führt zu einem Widerspruch, weil die angegriffene Maßnahme in diesem Fall sowohl vorläufig erforderlich und damit implizit auch angemessen als auch endgültig unerforderlich und damit auch implizit unangemessen ist. Dies führt zugleich zur Unwirksamkeit des einschlägigen Absatzes des Art. XX GATT, weil dieselbe Umweltmaßnahme unter Berufung auf denselben Absatz sowohl vorläufig rechtmäßig als auch endgültig rechtswidrig sein kann, wenn nach der Bejahung der Erforderlichkeit auch die Angemessenheit der Maßnahme bejaht wird.[877]

---

875 Vgl. *Petersen*, Gesetzgeberische Inkonsistenz als Beweiszeichen – Eine rechtsvergleichende Analyse, AöR 2013, 108, 120–122 und Zit. 55 a.a.O. i.V.m. 132.

876 Teil 5 Kapitel 18 § 2 B.

### *e) Zwischenergebnis: Keine Rechtfertigung des richterlichen Aktivismus durch die Ablehnung der Erforderlichkeits- und damit implizit auch Angemessenheitseinschätzung des regulierenden WTO-Mitglieds mittels des Konsistenzarguments*

Somit haben die WTO-Streitbeilegungsorgane keine hinreichende richterliche Zurückhaltung geübt, als sie die Erforderlichkeits- und damit implizit auch Angemessenheitseinschätzung des regulierenden WTO-Mitglieds mittels des Konsistenzarguments abgelehnt haben. Das Konsistenzargument ist eine Form der Erforderlichkeitsabwägung, wenn es im Rahmen der Überprüfung der Erforderlichkeits- und damit implizit auch Angemessenheitseinschätzung des regulierenden WTO-Mitglieds herangezogen wird (Teil 5 Kapitel 19 § 1 B. II. 2. a)). Das Konsistenzargument weist in der Entscheidungspraxis gewisse Unbestimmtheit auf (Teil 5 Kapitel 19 § 1 B. II. 2. b)). Diese Problematik konnte in der bisherigen wissenschaftlichen Diskussion nicht abschließend geklärt werden (Teil 5 Kapitel 19 § 1 B. II. 2. c)).

Ein solcher richterlicher Aktivismus ist nicht gerechtfertigt, weil die Vermutungs- und Widerlegungsregel, die sich aus den Vertragsbestimmungen des Art. XX GATT unter Berücksichtigung des dogmatischen Charakters der Verhältnismäßigkeitsprüfung i. w. S. ergibt, nicht eingehalten wird. Denn das Konsistenzargument ist ein implizites Abwägungsargument und stellt daher keinen tauglichen Widerlegungsgrund im Kontext des Art. XX GATT dar (Teil 5 Kapitel 19 § 1 B. II. 2. d)).

## § 2 Angemessenheitsprüfung im Rahmen der Auslegung des Chapeaus des Art. XX GATT

Die Einschätzung des regulierenden WTO-Mitglieds zur Legitimität des angegebenen Schutzziels und zur Verhältnismäßigkeit i. w. S. der angegriffenen umweltpolitischen Maßnahme ist jeweils als erste Vermutung maßgeblich.[878] Diese Vermutungen können ausschließlich dann widerlegt werden, wenn eine willkürliche Diskriminierung oder eine verschleierte Handelsbeschränkung i. S. d. Chapeaus des Art. XX GATT vorliegt.[879]

In der wissenschaftlichen Literatur ist zwar umstritten, ob die Chapeau-Stufe des Art. XX GATT als eine Angemessenheitsprüfung angesehen werden soll. Eine solche Prüfung wurde jedoch *de facto* von den WTO-Streitbeile-

---

[877] Teil 5 Kapitel 18 § 2 B.

[878] Ausführlich hierzu siehe: Teil 2 Kapitel 5 § 3 A. und § 3 B., Teil 3 Kapitel 9 § 3, Teil 4 Kapitel 13 § 3, Teil 5 Kapitel 17 § 3.

[879] Teil 2 Kapitel 6 § 1 A., Teil 3 Kapitel 10 § 1 A., Teil 4 Kapitel 14 § 1 A., Teil 5 Kapitel 18 § 1 A.

gungsorganen im Rahmen der Prüfung des Chapeaus durchgeführt, und zwar überwiegend in impliziter Weise.[880]

Die WTO-Streitbeilegungsorgane haben nämlich in den meisten umweltrelevanten Verfahren keine hinreichende Zurückhaltung bei der Überprüfung der Einschätzung des regulierenden WTO-Mitglieds zum Vorliegen einer willkürlichen Diskriminierung i. S. d. Chapeaus des Art. XX GATT geübt. Zur Bejahung einer solchen Diskriminierung wurde implizit das Abwägungsargument als Widerlegungsgrund von den WTO-Streitbeilegungsorganen verwendet. Dieses Argument stellt im Kontext des Art. XX GATT keinen tauglichen Widerlegungsgrund dar, sodass der damit verbundene richterliche Aktivismus nicht gerechtfertigt sein kann.

Ein ähnliches Ergebnis gilt für die verschleierte Beschränkung des internationalen Handels i. S. d. Chapeaus von Art. XX GATT.

## A. Angemessenheitsprüfung im Rahmen der Auslegung des Chapeaus des Art. XX GATT: Abwägung unter dem Titel des vertraglichen Gleichheitsgebots

Im vorliegenden Teil wird zunächst dargestellt, dass die WTO-Streitbeilegungsorgane grundsätzlich keine Zurückhaltung bei der Überprüfung der Einschätzung des regulierenden WTO-Mitglieds zum Vorliegen einer willkürlichen Diskriminierung i. S. d. Chapeaus des Art. XX GATT gewährt haben. Anschließend wird dargelegt, dass ein derartiger richterlicher Aktivismus nicht gerechtfertigt sein kann. Denn das Abwägungsargument wurde implizit für die Beurteilung einer solchen Diskriminierung herangezogen und dieses stellt im Kontext des Art. XX GATT keinen tauglichen Widerlegungsgrund gegen die Vermutung der Legitimität des angegebenen Schutzziels und der Verhältnismäßigkeit i. w. S. der umweltpolitischen Maßnahme dar.

### I. Empirisches Ergebnis: Grundsätzlich keine richterliche Zurückhaltung in der Entscheidungspraxis

Bei der Prüfung des Chapeaus des Art. XX GATT wurde grundsätzlich keine hinreichende richterliche Zurückhaltung von den WTO-Streitbeilegungsorganen gewährt. Denn die Angemessenheitseinschätzung des regulierenden WTO-Mitglieds wurde im Rahmen der Chapeau-Prüfung fast durchgängig von diesen Organen abgelehnt. In der Entscheidungspraxis zum „grünen" Art. XX GATT hat die angegriffene Maßnahme nämlich nur in US – Tuna 1982[881] und EC –

---

[880] Teil 1 Kapitel 1 § 5 D. II.

[881] GATT, Panel-Bericht v. 22. 2. 1982, L/5198-29S/91, „US – Tuna 1982", Para. 4.8.

Asbestos[882] dem Chapeau-Test dieses Artikels standgehalten. In US – Gasoline,[883] US – Shrimp,[884] Brazil – Retreaded Tyres,[885] EC – Seal Products[886] und China – Rare Earths[887] wurde die Angemessenheitseinschätzung des regulierenden WTO-Mitglied hinsichtlich der angegriffenen Maßnahme im Rahmen der Prüfung des Chapeaus abgelehnt.[888]

## II. Keine Rechtfertigung des richterlichen Aktivismus

In diesem Abschnitt wird erläutert, dass der soeben dargestellte richterliche Aktivismus nicht gerechtfertigt sein kann. Denn die Ablehnung der Angemessenheitseinschätzung des regulierenden WTO-Mitglieds erfolgte nicht unter Einhaltung der Vermutungs- und Widerlegungsregel, die sich aus dem dogmatischen Charakter der Verhältnismäßigkeitsprüfung i. V. m. den Vertragsbestimmungen des Art. XX GATT ergibt. Hingegen wurde die genannte Einschätzung von den WTO-Streitbeilegungsorganen mittels des Abwägungsarguments abgelehnt, das im Kontext des Art. XX GATT keinen tauglichen Widerlegungsgrund darstellt.

In der wissenschaftlichen Literatur ist nämlich zwar umstritten, ob die Chapeau-Stufe des Art. XX GATT als eine Angemessenheitsprüfung angesehen werden soll. Eine solche Prüfung wurde aber *de facto* von den WTO-Streitbeilegungsorganen im Rahmen der Prüfung des Chapeaus durchgeführt. Die Abwägung wurde dabei dennoch überwiegend auf implizite Weise vorgenommen.[889] Eine anscheinend offene Abwägung[890] findet sich nur im Panel-

---

[882] WTO, Panel-Bericht v. 18. 9. 2000, WT/DS135/R, „EC – Asbestos", Para. 8.224–8.230.

[883] WTO, AB-Bericht v. 20. 5. 1996, WT/DS2/AB/R, „US – Gasoline", S. 22–29.

[884] WTO, AB-Bericht v. 12. 10. 1998, WT/DS58/AB/R, „US – Shrimp", Para. 147–186; WTO, Panel-Bericht v. 15. 5. 1998, WT/DS58/R, „US – Shrimp", Para. 7.29–7.62.

[885] WTO, AB-Bericht v. 3. 12. 2007, WT/DS332/AB/R, „Brazil – Retreaded Tyres", Para. 217–234, 240–247; WTO, Panel-Bericht v. 12. 6. 2007, WT/DS332/R, „Brazil – Retreaded Tyres", Para. 7.217–7.310.

[886] WTO, AB-Bericht v. 22. 5. 2014, WT/DS400/AB/R u. a., „EC – Seal Products", Para. 5.291–5.339; WTO, Panel-Bericht v. 25. 11. 2013, WT/DS400/R u. a., „EC – Seal Products", Para. 7.644–7.651.

[887] WTO, Panel-Bericht v. 26. 3. 2014, WT/DS431/R u. a., „China – Rare Earths", Para. 7.345–7.360, 7.616–7.679.

[888] Ausführlich zu dieser Entscheidungspraxis siehe: Teil 5 Kapitel 17 § 1 B. I.

[889] Teil 1 Kapitel 1 § 5 D. II.

[890] Entgegen *Paltrowitz*, A Greening of the World Trade Organization, BJIL 2001, 1789, 1811. Demzufolge wurde dabei keine Abwägung vorgenommen. Zur Beurteilung der Abwägung des Panels in US – Shrimp als offene Abwägung siehe auch: *Scott*, Trade and Environment in the EU and WTO, in: Weiler (Hrsg.), The EU, the WTO, and the NAFTA, Band IX/1, 2001, S. 139.

Bericht zu US – Shrimp, in dem zwischen Handelsfreiheit und dem Schutz von Meeresschildkröten explizit abgewogen und zugunsten des letztgenannten Interesses entschieden wurde.[891] Eine solche offene Abwägung taucht in den nachfolgenden Entscheidungen der Streitbeilegungsorgane nicht mehr auf.

Stattdessen wurden verschiedene Argumente, also die Gegenläufigkeit der Schutzziele, das Fehlen inländischer Beschränkungen i. S. v. Art. XX (g) GATT, die Verfügbarkeit einer milderen Alternative sowie die internationale Kooperationspflicht, zur Bejahung einer willkürlichen Diskriminierung i. S. d. Chapeaus des Art. XX GATT herangezogen. Die erstgenannten beiden Argumente stellen jeweils eine Geeignetheitsabwägung dar, die letztgenannten beiden jeweils eine Erforderlichkeitsabwägung. Die beiden Arten impliziter Abwägungen im Rahmen der Chapeau-Prüfung können auch als Konsistenzargumente und damit als Teil der Angemessenheitsprüfung bezeichnet werden.[892]

Ferner wurde in der Entscheidungspraxis das Missbrauchsargument zur Qualifizierung einer willkürlichen Diskriminierung i. S. d. Chapeaus des Art. XX GATT herangezogen. Auch bei diesem Argument handelt es sich nicht um eine offene Abwägung, weil es sich deklaratorisch auf rechtsstaatliche Anforderungen wie das Bestimmtheitsgebot und das *Due-Process*-Gebot stützt.

Die dargestellten Argumente weisen jeweils eine gewisse Unbestimmtheit in der Entscheidungspraxis auf. In der wissenschaftlichen Diskussionen wurde bislang nicht hinreichend geklärt, wie dieser Mangel der jeweiligen Abwägungsargumente behoben werden kann. Zugleich kann nicht ausgeschlossen werden, dass mittels dieser impliziten Abwägungsargumente eine willkürliche Diskriminierung i. S. d. Chapeaus des Art. XX GATT zu Recht festgestellt werden kann. Anhand des Charakters der Vermutung lässt sich bereits in Teil 5 Kapitel 18 § 2 B. feststellen, dass auch das implizite Abwägungsargument keinen tauglichen Widerlegungsgrund darstellt. Somit kann der richterliche Aktivismus, der mittels der vorgenannten Geeignetheits- und Erforderlichkeitsabwägung bzw. mittels des Missbrauchsarguments in Form der Verletzung des Bestimmtheits- und des fairen Verfahrensgebots erfolgt, nicht gerechtfertigt sein.

---

[891] Vgl. WTO, Panel-Bericht v. 15. 5. 1998, WT/DS58/R, „US – Shrimp", Para. 7.33 ff., 7.61.

[892] *Petersen*, Gesetzgeberische Inkonsistenz als Beweiszeichen – Eine rechtsvergleichende Analyse, AöR 2013, 108, 122 – 124; vgl. *Weiß/Ohler/Bungenberg*, Welthandelsrecht, 3. Aufl. 2022, S. 206 – 208 Rn. 543 – 544; *Riffel*, The Chapeau: Stringent Threshold or Good Faith Requirement, LIEI 2018, 141, 169.

### 1. Geeignetheitsabwägung im Rahmen der Chapeau-Prüfung des Art. XX GATT

Eine Geeignetheitsabwägung in grundsätzlicher Form, bei der die Geeignetheit nicht unter Berufung auf andere Gründe, sondern allein nach Design und Struktur der ergriffenen Maßnahme und der damit verbundenen Schutzwirkung auf das Schutzziel abgelehnt wird, ist in den bisherigen Entscheidungen der WTO-Streitbeilegungsorgane zu Art. XX GATT nicht vorhanden. Hingegen finden sich zwei Formen der Geeignetheitsabwägung auf der Chapeau-Stufe, wie im Folgenden dargestellt wird, nämlich der Prüfungsansatz der Gegenläufigkeit der Schutzziele und das Argument des Fehlens inländischer Beschränkungen i. S. v. Art. XX (g) GATT.

#### *a) Geeignetheitsabwägung in Form der Gegenläufigkeit der Schutzziele*

Im vorliegenden Teil wird zunächst geklärt, dass es sich bei dem Ansatz der „Gegenläufigkeit der Schutzziele“ nicht um eine offene Abwägung, sondern um eine Geeignetheitserwägung als implizite Abwägung handelt. Sodann wird die Unbestimmtheit dieses Ansatzes aufgezeigt. Daraufhin wird erörtert, dass in der wissenschaftlichen Diskussion bislang nicht abschließend geklärt wurde, wie dieser Mangel zu beheben ist. Anschließend wird anhand des Charakters der vertraglichen Vermutung erläutert, dass die „Gegenläufigkeit“ der Schutzziele keinen tauglichen Widerlegungsgrund darstellt. Aus diesem Grund kann der damit verbundene richterliche Aktivismus nicht gerechtfertigt sein.

##### aa) Gegenläufigkeit der Schutzziele als implizites Abwägungsargument: Keine offene Abwägung

Im Folgenden wird zunächst der Ansatz der Gegenläufigkeit der Schutzziele in der Entscheidungspraxis zum „grünen“ Art. XX GATT präsentiert. Anschließend wird dargelegt, dass dieser Ansatz in der überwiegenden wissenschaftlichen Literatur als offene Abwägung verstanden wird. Sodann wird klargestellt, dass es sich bei diesem Ansatz nicht um eine offene Abwägung, sondern um eine Geeignetheitserwägung und damit um eine implizite Abwägung handelt.

### *(1) Argument der Gegenläufigkeit der Schutzziele in der Entscheidungspraxis zum „grünen" Art. XX GATT*

In Brazil – Retreaded Tyres,[893] EC – Seal Products,[894] China – Rare Earths[895] und Indonesia – Import Licensing Regimes[896] spielte die Gegenläufigkeit der Gründe für die Ausnahmen der angegriffenen Maßnahme gegenüber dem Grund, der als Rechtfertigungsgrund für dieselbe Maßnahme herangezogen wurde, eine entscheidende Rolle für die Beurteilung einer willkürlichen Diskriminierung i. S. d. Chapeaus des Art. XX GATT. Der AB in Brazil – Retreaded Tyres stellte also Folgendes fest:[897]

> In our view, there is such an abuse, and, therefore, there is arbitrary or unjustifiable discrimination when a measure provisionally justified under a paragraph of Article XX is applied in a discriminatory manner „between countries where the same conditions prevail", and when the reasons given for this discrimination bear no rational connection to the objective falling within the purview of a paragraph of Article XX, or would go against that objective.

Unter Verweis hierauf[898] erkannte der AB in EC – Seal Products an:[899]

> One of the most important factors in the assessment of arbitrary or unjustifiable discrimination is the question of whether the discrimination can be reconciled with, or is rationally related to, the policy objective with respect to which the measure has been provisionally justified under one of the subparagraphs of Article XX.

Nach Ansicht des Panels von China – Rare Earths müsse der Grund einer Diskriminierung – nicht jedoch ausschließlich die Wirkung (*effect*) der angegriffenen Maßnahme – zur Feststellung einer willkürlichen oder nicht-gerechtfertigten Diskriminierung i. S. d. Chapeaus des Art. XX GATT geprüft werden. Demnach liege eine willkürliche Diskriminierung im Chapeau vor, wenn der Grund für diese Diskriminierung in keinem vernünftigen Zusam-

---

[893] WTO, AB-Bericht v. 3. 12. 2007, WT/DS332/AB/R, „Brazil – Retreaded Tyres", Para. 227 ff.

[894] WTO, AB-Bericht v. 22. 5. 2014, WT/DS400/AB/R u. a., „EC – Seal Products", Para. 5.306, 5.318–5.321.

[895] WTO, Panel-Bericht v. 26. 3. 2014, WT/DS431/R u. a., „China – Rare Earths", Para. 7.658 ff.

[896] WTO, Panel-Bericht v. 22. 12. 2016, WT/DS477/R u. a., „Indonesia – Import Licensing Regimes", Para. 7.817–7.834; WTO, AB-Bericht v. 9. 11. 2017, WT/DS477/AB/R u. a., „Indonesia – Import Licensing Regimes", Para. 5.98–5.99.

[897] WTO, AB-Bericht v. 3. 12. 2007, WT/DS332/AB/R, „Brazil – Retreaded Tyres", Para. 227, auch Para. 228 und 232.

[898] WTO, AB-Bericht v. 3. 12. 2007, WT/DS332/AB/R, „Brazil – Retreaded Tyres", Para. 227, 228 and 232.

[899] WTO, AB-Bericht v. 22. 5. 2014, WT/DS400/AB/R u. a., „EC – Seal Products", Para. 5.306, auch in Para. 5.318, 5.320 und 5.321.

menhang mit dem Konservierungsziel stehe oder diesem zuwiderlaufe.[900] Ebenso wurde in der Panel-Entscheidung zu Indonesia – Import Licensing Regimes eine willkürliche Diskriminierung i.S.d. Chapeaus des Art. XX GATT aufgrund der Gegenläufigkeit von Schutzzielen bejaht.[901]

##### *(2) Gegenläufigkeit der Schutzziele als offene Abwägung in der überwiegenden wissenschaftlichen Literatur*

Dieser *rational connection test* wird im Schrifttum überwiegend so verstanden, dass allein durch die Gegenüberstellung von Zielen eine willkürliche Diskriminierung i.S.d. Chapeaus und damit die Rechtswidrigkeit der Ausnahme einer Maßnahme beurteilt werden könne.[902] Falls dies der Fall ist, stellt die Gegenläufigkeit von Zielen einen tauglichen Widerlegungsgrund gegen die Vermutung der Legitimität des angegebenen Schutzziels und der Verhältnismäßigkeit i.w.S. der angegriffenen Maßnahme dar.

##### *(3) Argument der Gegenläufigkeit der Schutzziele als implizites Abwägungsargument: Keine offene Abwägung*

Im Folgenden wird dargestellt, dass die Rechtmäßigkeit der Ausnahme einer Maßnahme bei der Anwendung des Prüfungsansatzes der Gegenläufigkeit von Schutzzielen nicht allein durch die Gegenüberstellung von Zielen abgelehnt wird, sondern anhand der Auswirkung der Ausnahme auf das einschlägige Schutzgut beurteilt wird.

---

900 WTO, Panel-Bericht v. 26.3.2014, WT/DS431/R u.a., „China – Rare Earths", Para. 7.352, 7.658 f.

901 WTO, Panel-Bericht v. 22.12.2016, WT/DS477/R u.a., „Indonesia – Import Licensing Regimes", Para. 7.817–7.834. Im Berufungsverfahren bestätigte der AB noch einmal den Ansatz der Gegenläufigkeit der Schutzziele im Rahmen der Erläuterung der Prüfungsreihenfolge des Art. XX GATT. Hierzu vgl. WTO, AB-Bericht v. 9.11.2017, WT/DS477/AB/R u.a., „Indonesia – Import Licensing Regimes", Para. 5.98–5.99.

902 *Regan*, Puzzles from EC – Seal Products, AJIL Unbound 2015, 315, 318 f.; *Moran*, The First Twenty Cases under GATT Article XX, in: Adinolfi u.a. (Hrsg.), International Economic Law, 2017, S. 7 f.; *Bartels*, The Chapeau of the General Exceptions in the WTO GATT and GATS Agreements, AJIL 2015, 95, 116 f.; *Qin*, Accommodating Divergent Policy Objectives under WTO Law, AJIL Unbound 2014, 308, 311; *Marín Durán*, Measures with Multiple Competing Purposes after EC – Seal Products, JIEL 2016, 467, 474 f.; *Riffel*, The Chapeau: Stringent Threshold or Good Faith Requirement, LIEI 2018, 141, 156; *Howse/Langille/Sykes*, Pluralism in Practice, GWILR 2015, 81, 121, 146; *Conconi/Voon*, EC – Seal Products: The Tension between Public Morals and International Trade Agreements, WTR 2016, 211, 223.

(a) Verständnis des Prüfungsansatzes der Gegenläufigkeit der Schutzziele als offene Abwägung im Schrifttum

Die Formulierung des AB bezüglich des Prüfungsansatzes der Gegenläufigkeit von Schutzzielen[903] wurde im Schrifttum dahingehend missverstanden, dass eine willkürliche Diskriminierung i. S. d. Chapeaus des Art. XX GATT und damit die Rechtswidrigkeit der Ausnahme einer Maßnahme bereits dann bejaht werden könne, wenn der Zweck der Ausnahme anders als der der Hauptmaßnahme sei, und darauf aufbauend kritisiert.[904]

Demzufolge habe der AB in Brazil – Retreaded Tyres festgestellt, dass die Rechtmäßigkeit der Ausnahme einer Maßnahme durch die bloße Gegenüberstellung der Schutzziele jeweils der Maßnahme und ihrer Ausnahme abgelehnt werden müsse.[905] Damit werde die Feststellung des AB in US – Shrimp, dass allein das politische Ziel einer Maßnahme nicht ihre Rechtfertigung nach dem Chapeau des Art. XX GATT begründen könne,[906] revidiert.[907]

Demnach könne eine Ausnahme nicht durch einen anderen Zweck als den des Einfuhrverbots gerechtfertigt sein,[908] weil das Ziel einer Ausnahme naturgemäß dem Zweck zuwiderlaufe, der für die Rechtfertigung der angegriffenen

---

903 WTO, AB-Bericht v. 3. 12. 2007, WT/DS332/AB/R, „Brazil – Retreaded Tyres", Para. 227 und 232.

904 *Moran*, The First Twenty Cases under GATT Article XX, in: Adinolfi u. a. (Hrsg.), International Economic Law, 2017, S. 7 f.; *Bartels*, The Chapeau of the General Exceptions in the WTO GATT and GATS Agreements, AJIL 2015, 95, 116 f.; *Qin*, Accommodating Divergent Policy Objectives under WTO Law, AJIL Unbound 2015, 308, 311; *Marín Durán*, Measures with Multiple Competing Purposes after EC – Seal Products, JIEL 2016, 467, 474 f.; *Riffel*, The Chapeau: Stringent Threshold or Good Faith Requirement, LIEI 2018, 141, 156; *Howse/Langille/Sykes*, Pluralism in Practice, GWILR 2015, 81, 121, 146; *Conconi/Voon*, EC – Seal Products: The Tension between Public Morals and International Trade Agreements, WTR 2016, 211, 223; *Bown/Trachtmann*, Brazil-Measures Affecting Imports of Retreaded Tyres: A Balancing Act, WTR 2009, 85, 132.

905 *Qin*, Accommodating Divergent Policy Objectives under WTO Law, AJIL Unbound 2015, 308, 311; *Marín Durán*, Measures with Multiple Competing Purposes after EC – Seal Products, JIEL 2016, 467, 474.

906 WTO, AB-Bericht v. 12. 10. 1998, WT/DS58/AB/R, „US – Shrimp", Para. 149: „The policy goal of a measure at issue cannot provide its rationale or justification under the standards of the chapeau of Article XX."

907 *Qin*, Accommodating Divergent Policy Objectives under WTO Law, AJIL Unbound 2015, 308, 311.

908 Vgl. *Bartels*, The Chapeau of the General Exceptions in the WTO GATT and GATS Agreements, AJIL 2015, 95, 116; *Marín Durán*, Measures with Multiple Competing Purposes after EC – Seal Products, JIEL 2016, 467, 474; *Regan*, Puzzles from EC – Seal Products, AJIL Unbound 2015, 315, 318. Dieser Prüfungsansatz wird von Regan als eine „Pseudo-Regel" bezeichnet.

Maßnahme angeführt werde.[909] In diesem Fall stehe einem WTO-Mitglied kein Recht mehr zu, die innerstaatlichen multilateralen Schutzinteressen gegeneinander abzuwägen und Kompromisse zu treffen, was zu einer Einschränkung der Regulierungsfähigkeit und des souveränen Rechts eines WTO-Mitglieds führe.[910]

(b) Unmöglichkeit der Beurteilung der Gegenläufigkeit der Schutzziele allein durch deren Gegenüberstellung

Im vorliegenden Teil wird dargestellt, dass dieses Verständnis im Schrifttum nicht haltbar ist und auch nicht von der Entscheidungspraxis der WTO-Streitbeilegungsorgane unterstützt wird.

Allein aus der Gegenüberstellung der Schutzziele, wie des Schutzes des Wohlergehens von Robben und des Schutzes indigener Gemeinden, kann sich nicht ergeben, ob die beiden Schutzziele miteinander vereinbar sind oder einander zuwiderlaufen. Eine solche Gegenüberstellung kann nur aufzeigen, welche Ziele jeweils zur Rechtfertigung der angegriffenen Maßnahme und zur Rechtfertigung der Ausnahme dieser Maßnahme angeführt werden.[911] Erst unter Berücksichtigung der zur Erreichung der beiden Schutzziele eingesetzten Mittel kann überhaupt beurteilt werden, ob und welche Auswirkungen die Ausnahme der ergriffenen Maßnahme auf das Haupt- und das Nebenschutzgut hat. Denn auch die Abwägung setzt eine empirische Analyse voraus.[912]

Selbst die empirischen Auswirkungen der konkret getroffenen Maßnahme lassen nicht unbedingt den Schluss zu, dass das angegebene Schutzziel der

---

[909] *Bartels*, The Chapeau of the General Exceptions in the WTO GATT and GATS Agreements, AJIL 2015, 95, 116; *Marín Durán*, Measures with Multiple Competing Purposes after EC – Seal Products, JIEL 2016, 467, 475 f.; *Riffel*, The Chapeau: Stringent Threshold or Good Faith Requirement, LIEI 2018, 141, 156.

[910] *Regan*, Puzzles from EC – Seal Products, AJIL Unbound 2015, 315, 318; *Herwig*, Animal Welfare, Public Morals, and Consumer Ethics at the Bar of the WTO, WTR 2015, 1, 15, 18 f.; *Howse/Langille/Sykes*, Pluralism in Practice, GWILR 2015, 81, 121, 146; *Conconi/Voon*, EC – Seal Products: The Tension between Public Morals and International Trade Agreements, WTR 2016, 211, 223.

[911] Es sei denn, dass die Ziele begrifflich gegenläufig sind. Zum Beispiel, ein regulierendes Mitglied der WTO hat den Schutz und die Verletzung des Wohlergehens von Robben jeweils zum Ziel einer Maßnahme und ihrer Ausnahme gesetzt. In Wirklichkeit kommt eine derartige Zielsetzung nicht vor, weil ein Schutzgut nicht zugleich gegenüber sich selbst schutzwürdig und nicht schutzwürdig sein kann und eine Rechtfertigung der Ausnahme der angegriffenen Maßnahme damit im Vorfeld ausgeschlossen ist.

[912] Vgl. *Petersen*, Verhältnismäßigkeit als Rationalitätskontrolle, 2015, S. 78–79.

Ausnahme wirklich mit dem Schutzziel der Hauptmaßnahme vereinbar ist oder diesem zuwiderläuft.[913]

### (c) Keine Unterstützung des Ansatzes der Gegenläufigkeit der Schutzziele durch die angeführte Feststellung der WTO-Streitbeilegungsorgane

Im vorliegenden Teil wird weiterhin dargestellt, dass weder die Begründung für den Prüfungsansatz der Gegenläufigkeit von Zielen noch seine Anwendung in der Entscheidungspraxis das Verständnis in der wissenschaftlichen Literatur unterstützt.

Die folgende Feststellung in US – Shrimp wurde als Kernbegründung für den Prüfungsansatz der Gegenläufigkeit der Schutzziele in Brazil – Retreaded Tyres,[914] EC – Seal Products[915] und Indonesia – Import Licensing Regimes[916] herangezogen:

> In other words, shrimp caught using methods identical to those employed in the United States have been excluded from the United States market solely because they have been caught in waters of countries that have not been certified by the United States. The resulting situation is difficult to reconcile with the declared policy objective of protecting and conserving sea turtles. This suggests to us that this measure, in its application, is more concerned with effectively influencing WTO Members to adopt essentially the same comprehensive regulatory regime as that applied by the United States to its domestic shrimp trawlers, even though many of those Members may be differently situated.[917]

Hieraus ergibt sich jedoch, dass der AB in US – Shrimp überhaupt nicht eine Ausnahme der US-amerikanischen Maßnahme allein aufgrund eines zweiten Zwecks kritisiert, sondern das Fehlen einer solchen Ausnahme vom allgemeinen Einfuhrverbot.[918] Es wurden also die tatsächlichen Umstände

---

[913] Vgl. *Marín Durán*, Measures with Multiple Competing Purposes after EC – Seal Products, JIEL 2016, 467, 478.

[914] WTO, AB-Bericht v. 3. 12. 2007, WT/DS332/AB/R, „Brazil – Retreaded Tyres", Para. 227.

[915] WTO, AB-Bericht v. 22. 5. 2014, WT/DS400/AB/R u. a., „EC – Seal Products", Para. 5.306, auch in Para. 5.318, 5.320 und 321.

[916] WTO, Panel-Bericht v. 22. 12. 2016, WT/DS477/R u. a., „Indonesia – Import Licensing Regimes", Para. 7.817.

[917] WTO, AB-Bericht v. 12. 10. 1998, WT/DS58/AB/R, „US – Shrimp", Para. 165.

[918] *Regan*, Puzzles from EC – Seal Products, AJIL Unbound 2015, 315, 319. Dort wollte Regan gegen das Argument der Gegenläufigkeit der Schutzziele damit einwenden, dass es sich in US – Shrimp nur um ein einziges Schutzziel handle, während es in Brazil – Retreaded Tyres und in EC – Seal Products jeweils um zwei gegenüberstehende Schutzziele gehe. Aus diesem Grund seien die beiden Umstände unvergleichbar und die Feststellung des AB in US – Shrimp biete daher keine Stütze für das Argument der Gegenläufigkeit der Schutzziele.

bezüglich der angegriffenen Maßnahme gewürdigt, nicht aber ausschließlich das angegebene Ziel dieser Maßnahme. Es wurde nämlich zunächst anhand tatsächlicher Umstände festgestellt, dass das Schutzgut nicht in Gefahr war, weil TEDs mit gleicher Effektivität wie in den USA in diesen Staaten eingesetzt wurde. Daher hatte die Einführung eines Einfuhrverbots für Garnelen aus diesen Mitgliedern keine Schutzwirkung auf Meeresschildkröten, weil es an der Schutzbedürftigkeit fehlte.

Falls allein das angegebene Schutzziel[919] des besprochenen Aspekts der Maßnahme für die Beurteilung seiner rationalen Relation zu dem angegebenen Schutzziel der angegriffenen Maßnahme ausreicht, würde eine solche Relation schon dann bejaht werden, sobald das erstgenannte Schutzziel von den USA angegeben wurde. Denn in US – Shrimp waren die beiden genannten Schutzziele identisch. Dies war bei der Prüfung des Chapeaus in US – Shrimp offensichtlich nicht der Fall.

Daneben stützte sich der Prüfungsansatz der Gegenläufigkeit der Schutzziele in Brazil – Retreaded Tyres auf die Feststellung des AB in US – Shrimp, die bestimmte Aspekte der angegriffenen Maßnahme betraf.[920] Diese Analyse wurde nicht auf der Grundlage der Gründe oder Ziele der Ungleichbehandlungen[921] vorgenommen, weil überhaupt keine solchen Gründe oder Ziele von den USA angegeben wurden.

Ferner wurden die Feststellungen des AB in US – Gasoline und in US – Shrimp (Art. 21.5 – Malaysia) zur Begründung des Prüfungsansatzes der Gegenläufigkeit der Schutzziele herangezogen.[922]

Jedoch wurde in US – Gasoline ebenfalls nicht allein aufgrund der von den USA angeführten Gründe für die differenzierte Behandlung bei der Festlegung der Basislinie für Benzin die Rechtmäßigkeit der genannten Ungleichbehandlung abgelehnt, sondern aufgrund der nach Ansicht des AB nicht erforderlichen handelsbeschränkenden Wirkung.[923] Gleiches gilt für die Analyse des AB in US – Shrimp (Art. 21.5 – Malaysia). Dort wurde basierend auf den

---

919 Hierbei handelt es sich um das angegebene Schutzziel der angegriffenen Maßnahme, weil das wirkliche Ziel der Maßnahme erst nach Abschluss des gesamten Prüfungsvorgangs festgestellt werden kann.

920 WTO, AB-Bericht v. 3. 12. 2007, WT/DS332/AB/R, „Brazil – Retreaded Tyres", Para. 225 und Fn. 431 a. a. O.

921 WTO, AB-Bericht v. 12. 10. 1998, WT/DS58/AB/R, „US – Shrimp". Zur rigiden Anforderung an Schutzprogramm im einzelnen Mitgliedstaat der WTO vgl. Para. 177; zur Ungleichbehandlung bei der Verhandlung vgl. Para. 166 und 172; zur fehlenden Berücksichtigung verschiedener Situationen im einzelnen Mitgliedstaat der WTO vgl. Para. 163 und 164.

922 WTO, AB-Bericht v. 3. 12. 2007, WT/DS332/AB/R, „Brazil – Retreaded Tyres", Para. 225, Fn. 429 und 432 a. a. O.

923 WTO, AB-Bericht v. 20. 5. 1996, WT/DS2/AB/R, „US – Gasoline", S. 28.

Umständen der angegriffenen Maßnahmen[924] festgestellt, dass mit diesen Anwendungsmaßnahmen jeweils ein legitimes Ziel verfolgt wurde, und nicht umgekehrt.

Aus diesen Begründungen ergibt sich, dass nur anhand der Auswirkungen der ergriffenen Maßnahme erst beurteilt werden kann, ob eine rationale Relation zwischen den einschlägigen Zielen vorliegt oder nicht. Hingegen kann sich ein unvernünftiges Verhältnis nicht schon aus der bloßen Gegenüberstellung von Schutzzielen ergeben.

(d) Keine Feststellung der Rechtswidrigkeit der Maßnahme durch bloße Gegenüberstellung der Schutzziele in Brazil – Retreaded Tyres und EC – Seal Products

Der AB in Brazil – Retreaded Tyres hatte ebenfalls nicht durch bloße Gegenüberstellung von Schutzzielen, sondern durch die Analyse der konkreten Auswirkungen der beiden Ausnahmen deren Rechtmäßigkeit jeweils abgelehnt.

Im Panel-Bericht wurden die negativen Auswirkungen der MERCOSUR-Ausnahme und der Ausnahme gerichtlicher Verfügungen durch eine quantitative Analyse untersucht.[925] Demgegenüber wurde vom AB eine qualitative Analyse zur Untersuchung solcher Auswirkungen verwendet.[926] Denn die MERCOSUR-Ausnahme und die Ausnahme gerichtlicher Verfügungen böten nach Ansicht des AB die Möglichkeit, ausländische runderneuerte Reifen zu importieren und im Inland solche Reifen aus ausländischen Karkassen herzustellen. Das tatsächliche Import- und Produktionsvolumen im Inland seien nach Ansicht des AB hingegen nicht maßgeblich. Dies ist nämlich eine qualitative Analyse der angegriffenen Maßnahme.[927]

---

[924] Nämlich der Umstand, dass die Anwendung eines vergleichbaren Schutzprogramms für Seeschildkröten statt der Anwendung eines im Wesentlichen gleichen Schutzprogramms als Einfuhrbedingung gesetzt wurde, sowie der Umstand, dass die Anwendungsmaßnahmen der USA ein gewisses Maß an Flexibilität zuließen. Vgl. WTO, AB-Bericht gemäß Art. 21.5 DSU v. 22.10.2001, WT/DS58/AB/RW, „US – Shrimp (Art. 21.5 DSU – Malaysia)“, Para. 144f. und 147f.

[925] WTO, Panel-Bericht v. 12.6.2007, WT/DS332/R, „Brazil – Retreaded Tyres“, Para. 7.285ff., 7.295ff.

[926] WTO, AB-Bericht v. 3.12.2007, WT/DS332/AB/R, „Brazil – Retreaded Tyres“, Para. 298ff., 246ff.

[927] Siehe auch: *Davies*, Interpreting the Chapeau of GATT Article XX, JWT 2009, 507, 521; *Moran*, The First Twenty Cases under GATT Article XX, in: Adinolfi u.a. (Hrsg.), International Economic Law, 2017, S. 7. Moran vertritt jedoch die Ansicht, dass unter anderem nach den Zielen der Maßnahme und ihrer Ausnahme die Rechtmäßigkeit dieser Ausnahme beurteilt werden könne.

Manche Formulierungen des AB sind tatsächlich ambig und erwecken den Eindruck, dass die Rechtswidrigkeit einer Maßnahme bereits durch die bloße Gegenüberstellung der Schutzziele der angegriffenen Maßnahme und ihrer Ausnahmen festgestellt werden konnte:

> As we indicated above, analyzing whether discrimination is „unjustifiable" will usually involve an analysis that relates primarily to the cause or the rationale of the discrimination. By contrast, the Panel's interpretation of the term „unjustifiable" does not depend on the cause or rationale of the discrimination but, rather, is focused exclusively on the assessment of the effects of the discrimination.[928]

Im AB-Bericht zu EC – Seal Products wurde zwar eine andere Formulierung für die Darstellung des Prüfungsansatzes der Gegenläufigkeit von Zielen gewählt,[929] nämlich dass die „Diskriminierung"[930] im Rahmen der Prüfung des Chapeaus in einem vernünftigen Verhältnis zu dem für die vorläufige Rechtfertigung herangezogenen Ziel stehen müsse:

> One of the most important factors in the assessment of arbitrary or unjustifiable discrimination is the question of whether the discrimination can be reconciled with, or is rationally related to, the policy objective with respect to which the measure has been provisionally justified under one of the subparagraphs of Article XX.[931]

Da diese Formulierung direkt auf die entsprechende Feststellung in Brazil – Retreaded Tyres verwies,[932] bleibt dennoch unklar, ob sie immer noch auf einen Prüfungsansatz durch die bloße Gegenüberstellung von Zielen oder hingegen auf einen Prüfungsansatz anhand der qualitativen Auswirkungen der angegriffenen Maßnahme hindeutet.[933] So hatte das Panel von China – Rare Earths

---

928 WTO, AB-Bericht v. 3. 12. 2007, WT/DS332/AB/R, „Brazil – Retreaded Tyres", Para. 229. Ähnlich ambig siehe: WTO, Panel-Bericht v. 22. 12. 2016, WT/DS477/R u. a., „Indonesia – Import Licensing Regimes", Para. 7.823.

929 WTO, AB-Bericht v. 22. 5. 2014, WT/DS400/AB/R u. a., „EC – Seal Products", Para. 5.306, 5.318, 5.320, 5.321.

930 Statt „Grund der Diskriminierung" i. V. m. der Feststellung in Brazil – Retreaded Tyres, WTO, AB-Bericht v. 3. 12. 2007, WT/DS332/AB/R, „Brazil – Retreaded Tyres", Para. 227 und 232.

931 WTO, AB-Bericht v. 22. 5. 2014, WT/DS400/AB/R u. a., „EC – Seal Products", Para. 5.306.

932 WTO, AB-Bericht v. 22. 5. 2014, WT/DS400/AB/R u. a., „EC – Seal Products", Para. 5.306, unter Verweis auf WTO, AB-Bericht v. 12. 10. 1998, WT/DS58/AB/R, „US – Shrimp", Para. 165 und WTO, AB-Bericht v. 3. 12. 2007, WT/DS332/AB/R, „Brazil – Retreaded Tyres", Para. 227, 228 und 232. Die Feststellungen in Para. 5.318, 5.320, 5.321 im AB-Bericht zu EC – Seal Products beruhten auf der Feststellung des AB in Para. 5.306.

933 *Bartels*, The Chapeau of the General Exceptions in the WTO GATT and GATS Agreements, AJIL 2015, 95, 117; *Marín Durán*, Measures with Multiple Competing Purposes after EC – Seal Products, JIEL 2016, 467, 477 f.; *Regan*, Puzzles from EC – Seal Products, AJIL Unbound 2015, 315, 318; *Moran*, The First Twenty Cases under GATT Article XX, in: Adinolfi u. a. (Hrsg.), International Economic Law, 2017, S. 7;

festgestellt, dass eine Diskriminierung (ausschließlich) durch einen konservierungsbezogenen Grund gerechtfertigt sein könne.[934] Ähnliches wurde auch in Indonesia – Import Licensing Regimes festgestellt.[935]

Nach obiger Erörterung[936] des Wesens des Prüfungsansatzes der Gegenläufigkeit von Schutzzielen in Brazil – Retreaded Tyres lässt sich feststellen, dass die oben genannte Formulierung in EC – Seal Products ebenfalls auf eine qualitative Analyse der empirischen Wirkung der ergriffenen Maßnahme und damit auf eine implizite Abwägung hindeutet.[937] Dies bestätigte die Anwendung der Formulierung *rational connection test* in EC – Seal Products, in dem die Rechtswidrigkeit der IG-Ausnahme u.a. mit der Begründung abgelehnt werden könne, dass diese Ausnahme eine erhebliche Ausgliederung vom allgemeinen Einfuhrverbot zum Schutz des Wohlergehens von Robben darstelle.[938]

#### (e) Zwischenergebnis: Implizites Abwägungsargument als herangezogener Widerlegungsgrund

Der Ansatz der Gegenläufigkeit der Schutzziele stellt somit keine offene Abwägung dar. Denn die Gegenläufigkeit von Schutzzielen kann nicht durch eine bloße Gegenüberstellung dieser Ziele, sondern durch die Würdigung der empirischen Auswirkungen der ergriffenen Maßnahme festgestellt werden. Dieses Ergebnis bestätigt die Entscheidungspraxis zu Art. XX GATT. Einerseits geht das Verständnis im Schrifttum, dass dieser Ansatz durch eine bloße Gegenüberstellung von Schutzzielen erfolgt, auf ein Missverständnis der Feststellung in US – Shrimp zurück. Andererseits wurden die empirischen Auswirkungen der ergriffenen Maßnahme von den WTO-Streitbeilegungsorganen bei der Anwendung dieses Prüfungsansatzes analysiert.

---

*Conconi/Voon*, EC – Seal Products: The Tension between Public Morals and International Trade Agreements, WTR 2016, 211, 223.

[934] WTO, Panel-Bericht v. 26.3.2014, WT/DS431/R u.a., „China – Rare Earths", Para. 7.352.

[935] WTO, Panel-Bericht v. 22.12.2016, WT/DS477/R u.a., „Indonesia – Import Licensing Regimes", Para. 7.823.

[936] Teil 5 Kapitel 19 § 2 A. II. 1. a) aa) (3) (b)–§ 2 A. II. 1. a) aa) (3) (c).

[937] Eine Korrektur des Prüfungsansatzes der Gegenläufigkeit der Schutzziele liegt daher nicht vor. Entgegen *Bartels*, The Chapeau of the General Exceptions in the WTO GATT and GATS Agreements, AJIL 2015, 95, 117; vgl. auch *Moran*, The First Twenty Cases under GATT Article XX, in: Adinolfi u.a. (Hrsg.), International Economic Law, 2017, S. 7.

[938] WTO, AB-Bericht v. 22.5.2014, WT/DS400/AB/R u.a., „EC – Seal Products", Para. 5.320: „We note that the different regulatory treatment of IC hunts, as compared to ‚commercial' hunts, takes the form of a significant carve-out of the former from the measure's ban on seal products."

Der Ansatz der Gegenläufigkeit der Schutzziele ist auch keine reine Rationalitätsprüfung,[939] obwohl dabei noch explizit von einem *rational connection test* die Rede ist. Denn eine implizite Abwägung zulasten des regulierenden WTO-Mitglieds[940] liegt bei einer negativ beurteilten Geeignetheitsprüfung unvermeidlich vor.[941] Wenn die negative Beurteilung der Geeignetheitsprüfung in die Angemessenheitsprüfung, hier in die Angemessenheitsprüfung im Rahmen der Chapeau-Stufe, verschoben wurde,[942] liegt in diesem Schritt eine implizite Abwägung vor.

Somit stellt das Argument der Gegenläufigkeit der Schutzziele im Rahmen der Chapeau-Prüfung des Art. XX GATT ein implizites Abwägungsargument dar, obwohl es sich explizit auf das Ungleichheitsgebot, nämlich auf die willkürliche Diskriminierung i. S. d. Chapeaus, stützt.

#### bb) Unbestimmtheit des Arguments der Gegenläufigkeit der Schutzziele als Geeignetheitsabwägung in der Entscheidungspraxis zu Art. XX GATT

Der konkrete Maßstab des (impliziten) Abwägungsarguments ist trotz seiner häufigen Anwendung in der Entscheidungspraxis zu Art. XX GATT bislang unklar. Einerseits besteht Unsicherheit darüber, ob eine qualitative oder quantitative Analyse für die Beurteilung der Geeignetheit und damit implizit auch der Angemessenheit einer Maßnahme maßgeblich ist. Andererseits ist der konkrete Maßstab sowohl der qualitativen als auch der quantitativen Ana-

---

939 Entgegen *Bown/Trachtman*, Brazil-Measures Affecting Imports of Retreaded Tyres: A Balancing Act, WTR 2009, 85, 87, 131–132; *Leonelli*, Environmental Unilateralism and the Chapeau of Article XX GATT, JWT 2023, 709, 717 ff.

940 Teil 3 Kapitel 9 § 3 B.

941 Im Ergebnis so auch: *Suttle*, What Sorts of Things are Public Morals, MLR 2017, 569, 598–599. Indiziell so auch, vgl. *Marín Durán*, Measures with Multiple Competing Purposes after EC – Seal Products, JIEL 2016, 467, 478–482; *dies.*, Carbon Border Adjustments, ICLQ 2023, 73, 101–103. Nach Marín Durán solle anhand der Wirkung beispielsweise der IG-Ausnahme beurteilt werden, ob diese in einem rationalen Verhältnis zum Hauptschutzziel, nämlich dem Schutz des Wohlergehens von Robben, stehe. Dabei wurde jedoch nicht deutlich gemacht, dass eine implizite Abwägung durch die Ablehnung der Rationalitätseinschätzung des regulierenden WTO-Mitglieds unvermeidlich vorliegt. So auch vgl. *Herwig*, Animal Welfare, Public Morals, and Consumer Ethics at the Bar of the WTO, WTR 2015, 1, 20. Dort ist vom necessary test die Rede. Da der AB in EC – Seal Products dabei keine Prüfung der Verfügbarkeit einer milderen Alternative, sondern nur die Prüfung des Beitrags u. a. der IG-Ausnahme zu dem Robbenschutzziel durchgeführt hat, stellt diese Prüfung auf der Chapeau-Stufe eine Geeignetheitsabwägung dar.

942 Vgl. *Hirschberg*, Der Grundsatz der Verhältnismäßigkeit, 1981, S. 171; *Grimm*, Proportionality in Canadian and German Constitutional Jurisprudence, UTLJ 2017, 383, 392–393; wohl auch: *Saurer*, Globalisierung des Verhältnismäßigkeitsgrundsatzes, Der Staat 2012, 3, 31 i. V. m. 26.

lyse unklar, was zugleich den Grund für die Unbestimmtheit der Maßgeblichkeit beider Analyseformen darstellt.

#### *(1) Unklarheit über die Maßgeblichkeit qualitativer oder quantitativer Analyse*

In der Entscheidungspraxis der WTO-Streitbeilegungsorgane ist bislang unklar, ob eine qualitative oder quantitative Analyse für die Beurteilung der Geeignetheitsabwägung bei der Angemessenheitsprüfung auf der Chapeau-Stufe des Art. XX GATT maßgeblich ist bzw. sein soll.

Nach Auffassung des Panels von Brazil – Retreaded Tyres waren die quantitativen Auswirkungen der ergriffenen Maßnahme maßgeblich. Bei der Prüfung des Chapeaus des Art. XX GATT wurde die Geeignetheit (und damit implizit auch die Angemessenheit) der brasilianischen Maßnahme aufgrund der negativen quantitativen Auswirkungen der gerichtlichen Verfügungen auf den Umwelt- und Gesundheitsschutz verneint.[943] Denn das gesamte Volumen der auf diese Weise nach Brasilien importierten gebrauchten Reifen sei nach Auffassung des Panels erheblich, sodass das Umwelt- und Gesundheitsschutzziel untergraben werde.[944] Außerdem wurde beruhend auf der quantitativen Analyse festgestellt, dass die MERCOSUR-Ausnahme keine willkürliche Diskriminierung i. S. d. Chapeaus von Art. XX GATT darstelle, weil das Gesamtvolumen der importierten runderneuerten Reifen noch gering sei.[945]

Demgegenüber lehnte der AB in Brazil – Retreaded Tyres das vom Panel im Rahmen der Chapeau-Prüfung verwendete quantitative Kriterium ab, obwohl er zugab, dass die Auswirkungen einer Maßnahme ein relevanter Faktor für die Beurteilung willkürlicher Diskriminierung sein könnten.[946] Anhand einer qualitativen Analyse stellte der AB fest, dass die MERCOSUR-Ausnahme eine willkürliche und nicht-gerechtfertigte Diskriminierung i. S. d. Chapeaus darstelle.[947] Mit der gleichen Begründung lehnte der AB die Feststellung des Panels ab, dass die Ausnahme gerichtlicher Verfügungen nur insoweit eine willkürliche Diskriminierung darstelle, als das tatsächliche Im-

943 WTO, Panel-Bericht v. 12. 6. 2007, WT/DS332/R, „Brazil – Retreaded Tyres", Para. 7.298 – 7.303.

944 WTO, Panel-Bericht v. 12. 6. 2007, WT/DS332/R, „Brazil – Retreaded Tyres", Para. 7.298 – 7.303.

945 WTO, Panel-Bericht v. 12. 6. 2007, WT/DS332/R, „Brazil – Retreaded Tyres", Para. 7.274, 7.276, 7.288.

946 Vgl. WTO, AB-Bericht v. 3. 12. 2007, WT/DS332/AB/R, „Brazil – Retreaded Tyres", Para. 230.

947 Vgl. WTO, AB-Bericht v. 3. 12. 2007, WT/DS332/AB/R, „Brazil – Retreaded Tyres", Para. 232, 233.

portvolumen zu einer signifikanten Untergrabung des Ziels des Einfuhrverbots führen könne.[948]

Ebenfalls wurde der qualitative Ansatz vom AB in EC – Seal Products bei der Prüfung des Chapeaus verwendet. Dabei lehnte der AB die Geeignetheit und damit implizit auch die Angemessenheit des EU-Robbenprogramms ab, weil die IG-Ausnahme eine erhebliche Ausgliederung vom allgemeinen Einfuhrverbot für Robbenprodukte zum Schutz des Wohlergehens von Robben darstelle.[949]

Hingegen stellte das Panel von China – Rare Earths fest, dass ein Panel neben der qualitativen Wirkung auch die tatsächliche, nämlich die quantitative Wirkung der ergriffenen Maßnahme, ggf. im Rahmen der Chapeau-Prüfung berücksichtigen könne.[950]

Im Rahmen der Chapeau-Prüfung deutete die tatsächliche Nichterfüllung von Exportquoten nach Ansicht des Panels jedoch nicht unbedingt darauf hin, dass die ausländischen Nachfragen erfüllt waren. Denn dieses Ergebnis könne u. a. darauf zurückzuführen sein, dass die Exporteure nach ihrer prognostizierten Nachfrage sowie ihrer eignen Unternehmensstruktur nur bestimmte Seltenerdelemente exportieren dürften und in manchen Fällen wegen fehlender technischer bzw. finanzieller Kapazitäten nicht alle Arten von Seltenerdelementen exportieren könnten.[951]

Folglich bleibt es unklar, ob die qualitative oder die quantitative Analyse maßgeblich ist.

---

[948] WTO, AB-Bericht v. 3. 12. 2007, WT/DS332/AB/R, „Brazil – Retreaded Tyres", Para. 246–247.

[949] WTO, AB-Bericht v. 22. 5. 2014, WT/DS400/AB/R u. a., „EC – Seal Products", Para. 5.320: „We note that the different regulatory treatment of IC hunts, as compared to ‚commercial' hunts, takes the form of a significant carve-out of the former from the measure's ban on seal products."

[950] WTO, Panel-Bericht v. 26. 3. 2014, WT/DS431/R u. a., „China – Rare Earths", Para. 7.304: „The Panel notes that the ‚work together' criterion does not impose an effects or impact test. In the Panel's view, the relative impact of China's foreign and domestic restrictions are not assessed under Article XX (g), but may instead be relevant in an assessment of compliance under the chapeau of Article XX."

[951] WTO, Panel-Bericht v. 26. 3. 2014, WT/DS431/R u. a., „China – Rare Earths", Para. 7.627–7.635. Darüber hinaus lehnte das Panel die von China vorgebrachten Argumente mit den Argumenten der Geschäftsunsicherheit und der Deckung eines großen Teils der ausländischen Nachfrage durch Schmuggel ab.

*(2) Unklarheit über das jeweilige konkrete Beurteilungskriterium der qualitativen und quantitativen Analyse*

Nicht nur die Maßgeblichkeit der qualitativen und quantitativen Analyse, sondern auch die konkreten Maßstäbe der beiden Prüfungsansätze wurden bisher kaum klargestellt.

(a) Unklarheit über das konkrete Beurteilungskriterium der qualitativen Analyse im Rahmen der Chapeau-Prüfung des Art. XX GATT

Der konkrete Maßstab der qualitativen Analyse ist in der Entscheidungspraxis zu Art. XX GATT unklar. Dieser Maßstab ist besonders dann schwierig erkennbar, wenn eine Maßnahme viele Ausnahmen enthält. Weder in Brazil – Retreaded Tyres[952] noch in EC – Seal Products[953] hat der AB hinreichend klargestellt, warum die jeweiligen Ausnahmen zu den Hauptmaßnahmen jeweils die Schwelle erreichen, sodass die zuvor bejahte Geeignetheit und implizit auch die Angemessenheit der angegriffenen Maßnahmen abgelehnt werden müssen. Dabei wurden jeweils die empirischen Umstände, nämlich die negativen Auswirkungen der Ausnahmen auf die Schutzgüte, geschildert. Der Grund für das darauf aufbauende Werturteil wurde hingegen nicht erläutert.

(b) Unklarheit über das konkrete Beurteilungskriterium der quantitativen Analyse im Rahmen der Chapeau-Prüfung des Art. XX GATT

Außerdem ist unklar, welcher konkrete quantitative Schwellenwert für die Beurteilung der Geeignetheit und damit implizit auch der Angemessenheit einer Maßnahme maßgeblich sein soll.

In Brazil – Retreaded Tyres hatte das Panel bei der Würdigung des tatsächlichen Importvolumens jeweils runderneuerter Reifen durch die MERCOSUR-Ausnahme und gebrauchter Reifen durch die Ausnahme gerichtlicher Verfügungen nicht verdeutlicht, warum das jeweilige Volumen als nicht er-

[952] WTO, AB-Bericht v. 3. 12. 2007, WT/DS332/AB/R, „Brazil – Retreaded Tyres", Para. 246–247.

[953] WTO, AB-Bericht v. 22. 5. 2014, WT/DS400/AB/R u. a., „EC – Seal Products", Para. 5.320: „We note that the different regulatory treatment of IC hunts, as compared to ‚commercial' hunts, takes the form of a significant carve-out of the former from the measure's ban on seal products."

heblich[954] bzw. als erheblich[955] für die Beurteilung der Geeignetheit und implizit auch der Angemessenheit der angegriffenen Maßnahme qualifiziert wurde.

Zum Beispiel gelangte das Panel direkt zu der Schlussfolgerung, dass das tatsächliche Importvolumen runderneuerter Reifen aus den MERCOSUR-Staaten nicht erheblich sei und daher die Erreichung des Umweltschutzziels nicht in signifikanter Weise untergrabe:[956]

> As of the time of the Panel's examination, however, volumes of imports of retreaded tyres under the exemption appear not to have been significant. The European Communities has indicated that such imports had increased tenfold since 2002, from 200 to 2000 tons per year by 2004. That figure remains much lower than the 14.000 tons per year imported from the European Communities alone prior to the imposition of the import ban. Even if all the retreaded tyres imported from MERCOSUR countries were made from used tyres of EC origin, the import ban would still have resulted in eighty six percent of the previous imports from the European Communities not taking place, for the year 2004.

Warum dieses Volumen für die Ablehnung der Geeignetheit und damit implizit auch der Angemessenheit der brasilianischen Maßnahme nicht rechtserheblich war, wurde nicht hinreichend deutlich gemacht.

### *(3) Keine Ablehnung des Arguments der Gegenläufigkeit der Schutzziele als Geeignetheitsabwägung trotz seiner Unbestimmtheit*

Allein die genannte Unklarheit des konkreten Prüfungsmaßstabs des Abwägungsarguments in der Entscheidungspraxis reicht jedoch nicht aus, um die Zuverlässigkeit dieses Prüfungsansatzes überzeugend zu verneinen. Denn hierfür muss dargelegt werden, woraus sich eine zwingende Mindestanforderung an die Bestimmtheit dieses Prüfungsmaßstabs ergibt.

---

954 WTO, Panel-Bericht v. 12.6.2007, WT/DS332/R, „Brazil – Retreaded Tyres", Para. 7.288–7.289.

955 WTO, Panel-Bericht v. 12.6.2007, WT/DS332/R, „Brazil – Retreaded Tyres", Para. 7.299 f., 7.302–7.303.

956 WTO, Panel-Bericht v. 12.6.2007, WT/DS332/R, „Brazil – Retreaded Tyres", Para. 7.288. Ähnliche Feststellungen bezüglich der gerichtlichen Verfügungen, siehe: WTO, Panel-Bericht v. 12.6.2007, WT/DS332/R, „Brazil – Retreaded Tyres", Para. 7.302.

### cc) Keine abschließende Überwindung des Unbestimmtheitsproblems des Arguments der Gegenläufigkeit der Schutzziele durch die allgemeine Diskussion

In Teil 1 Kapitel 1 § 3 i. V. m. Teil 2 Kapitel 7 § 2 A. III. 1. wird im Rahmen der Darstellung der allgemeinen Diskussion über Prüfungsintensität und richterliche Zurückhaltung im WTO-Recht mit Bezug auf die Interpretation des Art. XX GATT ausführlich erläutert, dass die Argumente – wie das der besseren Expertise, das Souveränitätsargument und das Argument der institutionellen Rolle – keine abschließende Antwort darauf gaben, inwieweit die WTO-Streitbeilegungsorgane richterliche Zurückhaltung bei der Überprüfung der Tatsachenfeststellungen und Rechtsurteile des regulierenden WTO-Mitglieds üben sollen.

Dieses Ergebnis gilt entsprechend für das Argument der Gegenläufigkeit der Schutzziele. Denn dieses Argument ist eine Geeignetheitsabwägung, bei der es sich sowohl um die Tatsachenfeststellung als auch um das darauf aufbauende Rechtsurteil handelt.[957] Daran ändert der Umstand nichts, dass die Geeignetheitsabwägung zulasten des regulierenden WTO-Mitglieds nicht schon im Rahmen der Prüfung eines Absatzes, sondern erst im Rahmen der Chapeau-Prüfung des Art. XX GATT vorgenommen wird.[958] Somit wurde in dieser Diskussion nicht hinreichend geklärt, ob und inwieweit die WTO-Streitbeilegungsorgane richterliche Zurückhaltung üben oder eine Geeignetheitsabwägung zulasten des regulierenden WTO-Mitglieds in Form der Gegenläufigkeit von Schutzzielen vornehmen sollen. Es wurde nämlich nicht hinreichend klargestellt, wie das Unbestimmtheitsproblem des Arguments der Gegenläufigkeit der Schutzziele gelöst werden soll.

### dd) Keine abschließende Überwindung des Unbestimmtheitsproblems in der speziellen Diskussion über das Argument der Gegenläufigkeit der Schutzziele im Schrifttum

Im Schrifttum wurde keine abschließende Antwort darauf gegeben, wie das Unbestimmtheitsproblem des Arguments der Gegenläufigkeit der Schutzziele gelöst werden soll.

---

957 Teil 1 Kapitel 1 § 3 A. III. – § 3 A. IV.

958 *Hirschberg*, Der Grundsatz der Verhältnismäßigkeit, 1981, S. 149–151; *Grimm*, Proportionality in Canadian and German Constitutional Jurisprudence, UTLJ 2017, 383, 392–393; vgl. *Arsche*, Die Margin of Appreciation, 2018, S. 239.

*(1) Befürwortung des Arguments der Gegenläufigkeit der Schutzziele*

Teilweise wird das Argument der Gegenläufigkeit der Schutzziele deskriptiv dargestellt und bejaht,[959] ohne zu bedenken, dass die WTO-Streitbeilegungsorgane durch Anwendung dieses Ansatzes ungerechtfertigt in den Einschätzungsspielraum und die politische Sphäre des regulierenden WTO-Mitglieds eingreifen könnten.

*(2) Skepsis gegenüber dem Argument der Gegenläufigkeit der Schutzziele*

In der wissenschaftlichen Literatur wird der Prüfungsansatz der Gegenläufigkeit der Schutzziele von verschiedenen Vertretern unterschiedlich interpretiert. Je nach Verständnis dieses Prüfungsansatzes werden jeweils kritische Kommentare geäußert.

(a) Kritik basierend auf dem Verständnis des Arguments der Gegenläufigkeit der Schutzziele als offene Abwägung

Das Argument der Gegenläufigkeit der Schutzziele[960] wird im Schrifttum überwiegend so verstanden, dass durch eine bloße Gegenüberstellung von Schutzzielen eine willkürliche Diskriminierung i. S. d. Chapeaus und damit die Rechtswidrigkeit der Ausnahme einer Maßnahme festgestellt werden kann, worauf aufbauend das Argument mit den folgenden Gesichtspunkten kritisiert wird.[961]

---

[959] *Mehling u. a.*, Designing Border Carbon Adjustments for Enhanced Climate Action, AJIL 2019, 433, 470; *Cunningham/Vindedzis*, Animal Welfare vs the World Trade Organisation, ALR 2017, 311, 355 i. V. m. 348–349; *Weiß/Ohler/Bungenberg*, Welthandelsrecht, 3. Aufl. 2022, S. 208–209 Rn. 544; *Glinski*, The Impact of Tuna Dolphin II and EC – Seal Products, NJIL 2017, 120, 132 i. V. m. 147; *Serpin*, The Public Morals Exception After the WTO Seal Products Dispute, CBLR 2016, 217, 241; vgl. *Perišin*, Is the EU Seal Products Regulation a Sealed Deal?, ICLQ 2013, 398–400; *Lydgate*, Climate Equivalence and International Trade, WTR 2023, 484, 489. Grundsätzlich so, vgl. *Leonelli*, Thinking About the Chapeau of Article XX GATT in Times of Climate Crisis, JIEL 2023, 416, 419, 426.

[960] WTO, AB-Bericht v. 3. 12. 2007, WT/DS332/AB/R, „Brazil – Retreaded Tyres", Para. 227 und 232.

[961] *Moran*, The First Twenty Cases under GATT Article XX, in: Adinolfi u. a. (Hrsg.), International Economic Law, 2017, S. 7 f.; *Bartels*, The Chapeau of the General Exceptions in the WTO GATT and GATS Agreements, AJIL 2015, 95, 116 f.; *Qin*, Accommodating Divergent Policy Objectives under WTO Law, AJIL Unbound 2015, 308, 311; *Marín Durán*, Measures with Multiple Competing Purposes after EC – Seal Products, JIEL 2016, 467, 474 f.; *Riffel*, The Chapeau: Stringent Threshold or Good Faith Requirement, LIEI 2018, 141, 156; *Howse/Langille/Sykes*, Pluralism in Practice, GWILR 2015, 81, 121, 146; *Conconi/Voon*, EC – Seal Products: The Tension between

Erstens könne eine Ausnahme in diesem Fall nicht durch einen anderen Zweck als den für die Rechtfertigung der Hauptmaßnahme herangezogenen gerechtfertigt sein,[962] weil das Ziel einer Ausnahme naturgemäß dem angegebenen Schutzziel für die Rechtfertigung der Hauptmaßnahme zuwiderlaufe.[963] In diesem Fall stehe einem WTO-Mitglied kein Recht mehr zu, die innerstaatlichen multilateralen Schutzinteressen gegeneinander abzuwägen und Kompromisse zu treffen, was zu einer Einschränkung der Regulierungsfähigkeit und des souveränen Rechts eines WTO-Mitglieds führe.[964] Der Ansatz der Gegenläufigen Schutzziele ignoriere folglich die regulatorische Realität, dass Kompromisse oft eingegangen werden und die Legitimität der verfolgten Regulierungsziele damit nicht unbedingt allein aufgrund dieser Abwägung abgelehnt werden müssen.[965]

Zweitens wird aus Sicht der institutionellen Rolle der WTO-Streitbeilegungsorgane ausgeführt, dass sich das Panel und der AB nicht in die Abwägung zwischen zwei nicht handelsbezogenen Werten, wie z. B. dem Tierschutz und dem Wohlergehen indigener Völker, einmischen sollen, da diese Frage unter die Margin of Appreciation des regulierenden WTO-Mitglieds falle[966] und damit allein dem nationalen Gesetzgeber überlassen bleiben solle.[967] In-

Public Morals and International Trade Agreements, WTR 2016, 211, 223; *Bown/Trachtmann*, Brazil – Measures Affecting Imports of Retreaded Tyres: A Balancing Act, WTR 2009, 85, 132.

962 Vgl. *Bartels*, The Chapeau of the General Exceptions in the WTO GATT and GATS Agreements, AJIL 2015, 95, 116; *Marín Durán*, Measures with Multiple Competing Purposes after EC – Seal Products, JIEL 2016, 467, 474; *Regan*, Puzzles from EC – Seal Products, AJIL Unbound 2015, 315, 318. Dieser Prüfungsansatz wird von Regan als eine „Pseudo-Regel" bezeichnet.

963 *Bartels*, The Chapeau of the General Exceptions in the WTO GATT and GATS Agreements, AJIL 2015, 95, 116; *Marín Durán*, Measures with Multiple Competing Purposes after EC – Seal Products, JIEL 2016, 467, 475 f.; *Riffel*, The Chapeau: Stringent Threshold or Good Faith Requirement, LIEI 2018, 141, 156.

964 *Regan*, Puzzles from EC – Seal Products, AJIL Unbound 2015, 315, 318; *Herwig*, Animal Welfare, Public Morals, and Consumer Ethics at the Bar of the WTO, WTR 2015, 1, 15, 18 f.; *Howse/Langille/Sykes*, Pluralism in Practice, GWILR 2015, 81, 121, 146; *Conconi/Voon*, EC – Seal Products: The Tension between Public Morals and International Trade Agreements, WTR 2016, 211, 223.

965 Vgl. *Howse/Levy*, The TBT Panels, WTR 2013, 327, 348; *Herwig*, Animal Welfare, Public Morals, and Consumer Ethics at the Bar of the WTO, WTR 2015, 1, 15.

966 *Riffel*, The Chapeau: Stringent Threshold or Good Faith Requirement, LIEI 2018, 141, 173.

967 Vgl. *Qin*, Accommodating Divergent Policy Objectives under WTO Law, AJIL Unbound 2015, 308, 314; *Riffel*, The Chapeau: Stringent Threshold or Good Faith Requirement, LIEI 2018, 141, 172–173.

nerstaatliche Gesetzgeber seien zudem besser dazu ausgestaltet, gegeneinanderstehende Werte und Interessen abzuwägen.[968]

Drittens wird die Unbestimmtheit des Beurteilungsmaßstabs und damit der Anwendung des Ansatzes der Gegenläufigkeit der Schutzziele kritisiert. Demnach habe der AB beispielsweise in EC – Seal Products[969] nicht erläutert, warum die EU nicht nachgewiesen habe, dass die Ziele des Schutzes der Inuit und des Wohlergehens der Robben tatsächlich miteinander in Einklang gebracht werden können.[970] Es sei nämlich unklar, wann das durch die IG-Ausnahme verursachte Leiden der Robben nicht mehr mit dem angegebenen Robbenschutzziel vereinbar sein könne; diese Unklarheit führe zudem dazu, dass die EU nicht beurteilen könne, welche Robbenschutzbemühungen während der IG-Jagd unternommen werden sollen, damit der Schutz indigener Völker mit dem Hauptschutzziel, nämlich dem Schutz des Wohlergehens der Robben, in Einklang gebracht werden könne.[971]

(b) Kritik basierend auf dem Verständnis des Arguments der Gegenläufigkeit der Schutzziele als Geeignetheitsabwägung

Manche Vertreter sehen den Ansatz der Gegenläufigkeit der Schutzziele nicht als eine offene Abwägung kollidierender Interessen an und weisen zugleich darauf hin, dass es schwierig zu beurteilen sei, ob und warum das angegebene Schutzziel, beispielsweise der Schutz öffentlicher Moral in EC – Seal Products, durch die IG-Ausnahme untergraben werde.[972]

Demzufolge könne die IG-Ausnahme, die keine Tierschutzbestimmungen enthalte, eindeutig nicht mit dem angegebenen Schutzziel in Einklang gebracht werden, wenn man den „Schutz der öffentlichen Sittlichkeit" als „Verhinderung des Leidens von Robben" verstehe; wenn man hingegen den „Schutz der öffentlichen Sittlichkeit" als einen subjektiven und abstrakten Moralstandard verstehe, der unabhängig vom objektiven Leiden der Robben

968 *Henckels*, Revisiting Proportionality Analysis, JIEL 2012, 223, 250 f.; *Howse/Langille*, Seal Product Dispute and Moral Values, YJIL 2012, 367, 419, 428; vgl. *Ioannidis*, Developing Standards of Participation in WTO Law, GLJ 2019, 1175, 1202.

969 WTO, AB-Bericht v. 22. 5. 2014, WT/DS400/AB/R u. a., „EC – Seal Products", Para. 5.320.

970 *Marín Durán*, Measures with Multiple Competing Purposes after EC – Seal Products, JIEL 2016, 467, 478.

971 *Marín Durán*, Measures with Multiple Competing Purposes after EC – Seal Products, JIEL 2016, 467, 478.

972 *Suttle*, What Sorts of Things are Public Morals, MLR 2017, 569, 598–599; vgl. *Marín Durán*, Measures with Multiple Competing Purposes after EC – Seal Products, JIEL 2016, 467, 479–482; *Herwig*, Animal Welfare, Public Morals, and Consumer Ethics at the Bar of the WTO, WTR 2015, 1, 20.

sei, könne nicht abschließend beurteilt werden, ob die IG-Ausnahme mit dem angegebenen Schutzziel in Einklang gebracht werden könne.[973] Als Beispiel wird angeführt, dass die Zulassung der Robbenerzeugnisse im Rahmen der IG-Ausnahme u. a. die einschlägigen öffentlichen Moralvorstellungen stärken könne, indem sie Gelegenheiten zur diskursiven Auseinandersetzung über den Robbenschutz biete.[974] Zugleich könne die Einfuhr der Robbenprodukte der öffentlichen Moral bezüglich des Schutzes indigener Gemeinden dienen, indem die Indigenen ihre kulturelle Lebensart durch den Robbenfang und den Verkauf von Robbenprodukten aufrechterhalten.[975]

Nach dieser Auffassung hängt die Beantwortung dieser Frage aber letztlich von der Bedeutung der öffentlichen Moral als angegebenem Schutzziel ab, was der AB in EC – Seal Products nicht hinreichend klargestellt hat.[976] Dieser Einwand entspricht der Unbestimmtheit der Geeignetheitsabwägung aufgrund der Abstraktheit des angegebenen Schutzziels, das nicht endgültig umformuliert werden kann.[977]

(c) Kritik beruhend auf dem Verständnis des Arguments der Gegenläufigkeit der Schutzziele als Konsistenzargument

Teilweise wird der Ansatz der Gegenläufigkeit der Schutzziele als Konsistenzargument angesehen und gegen die Unbestimmtheit dieses Prüfungsansatzes eingewandt.[978] Demzufolge biete das Konsistenzargument zwar manchmal Indizien, aber keinen pragmatischen Beurteilungsmaßstab für den Einschätzungsspielraum des regulierenden WTO-Mitglieds.[979]

*(3) Stellungnahme und Zwischenergebnis: Keine abschließende Überwindung des Unbestimmtheitsproblems des Arguments der Gegenläufigkeit der Schutzziele*

In der oben dargestellten Diskussion wurde nicht hinreichend geklärt, wie das Unbestimmtheitsproblem des Arguments der Gegenläufigkeit der Schutzziele abschließend gelöst werden kann.

---

[973] *Suttle*, What Sorts of Things are Public Morals, MLR 2017, 569, 598.

[974] *Suttle*, What Sorts of Things are Public Morals, MLR 2017, 569, 598.

[975] *Suttle*, What Sorts of Things are Public Morals, MLR 2017, 569, 598.

[976] *Suttle*, What Sorts of Things are Public Morals, MLR 2017, 569, 598.

[977] Teil 3 Kapitel 9 § 3 A. I. i. V. m. § 3 B. und § 3 E.

[978] *Petersen*, Gesetzgeberische Inkonsistenz als Beweiszeichen – Eine rechtsvergleichende Analyse, AöR 2013, 108, 122–124.

[979] *Petersen*, Gesetzgeberische Inkonsistenz als Beweiszeichen – Eine rechtsvergleichende Analyse, AöR 2013, 108, 130–131.

Wie bereits erwähnt, wird teilweise der Ansatz der Gegenläufigkeit der Schutzziele bejaht, ohne danach zu fragen, ob dadurch in das Souveränitätsrecht und die politische Sphäre des regulierenden WTO-Mitglieds hinsichtlich der Ergreifung umweltpolitischer Maßnahmen mit multilateralen Schutzzielen ungerechtfertigt eingegriffen wird.[980]

In anderen Teilen der wissenschaftlichen Literatur wird zwar zunächst anerkannt, dass die souveräne Regulierungsfreiheit des regulierenden WTO-Mitglieds in Angelegenheiten mit Auswirkungen auf multilaterale Interessenpositionen durch die Anwendung des Ansatzes der Gegenläufigkeit der Schutzziele verletzt werde.[981]

Dabei wurde jedoch die Vorfrage nicht klargestellt, wie weit die genannte Regulierungsfreiheit eines WTO-Mitglieds reicht. Daher kann nicht abschließend festgestellt werden, ob der vorgenannte Eingriff gerechtfertigt sein kann und welches Maß an richterlicher Zurückhaltung geboten ist. Diese Probleme können auch nicht ohne Weiteres durch die Anwendung der Political Question Theorie überwunden werden. Denn zur Anwendung dieser Theorie muss zunächst klargestellt werden, ob die betreffende Frage eine rein politische Sache oder eine vom Völkerrecht regulierte Frage ist.[982] Im vorliegenden Fall ist aber gerade unklar, ob die Regulierung durch Maßnahmen mit multilateralen Schutzzielen eine rein politische Frage des regulierenden WTO-Mitglieds ist. Ebenso wurde die Frage nicht behandelt, ob und inwieweit durch den Ansatz der Gegenläufigkeit der Schutzziele die möglicherweise missbräuchliche Ausübung des Ausnahmerechts nach Art. XX GATT verhindert werden kann.

Gegen den Einwand, dass den WTO-Streitbeilegungsorganen aufgrund ihrer institutionellen Rolle als internationaler Schiedskörper keine institutionelle Kompetenz für die Überprüfung der von den inländischen Staatsorganen eines WTO-Mitglieds festgelegten Zielsetzungen zusteht,[983] spricht vor allem, dass den WTO-Schiedskörpern bereits die Befugnis übertragen wurde, die von den Mitgliedern als Ganzes getroffenen politischen und Abwägungsentscheidungen zu überprüfen bzw. zu legitimieren. Außerdem kann die unabhängige institutionelle Rolle des WTO-Schiedsgerichts eine etwaige missbräuchliche

---

980 Teil 5 Kapitel 19 § 2 A. II. 1. a) dd) (1).

981 *Regan*, Puzzles from EC – Seal Products, AJIL Unbound 2015, 315, 318; *Herwig*, Animal Welfare, Public Morals, and Consumer Ethics at the Bar of the WTO, WTR 2015, 1, 15, 18 f.; *Howse/Langille/Sykes*, Pluralism in Practice, GWILR 2015, 81, 121, 146; *Conconi/Voon*, EC – Seal Products: The Tension between Public Morals and International Trade Agreements, WTR 2016, 211, 223. Siehe: Teil 5 Kapitel 19 § 2 A. II. 1. a) dd) (2) (a).

982 Teil 2 Kapitel 7 § 2 A. III. 1. d) dd) (1).

983 Vgl. *Qin*, Accommodating Divergent Policy Objectives under WTO Law, AJIL Unbound 2015, 308, 314. Siehe: Teil 5 Kapitel 19 § 2 A. II. 1. a) dd) (2) (a).

Interpretation der Vertragstexte der WTO-Abkommen durch einzelne WTO-Mitglieder verhindern.[984] Ferner wurde nicht klargestellt, wie weit die Kompetenz der inländischen Staatsorgane und der WTO-Schiedskörper als Auftragnehmer für den ihnen zugewiesenen Auftrag reicht. Daher kann in diesem Fall nicht abschließend festgestellt werden, ob die Überprüfung der von den inländischen Staatsorganen des regulierenden WTO-Mitglieds festgelegten Schutzziele die institutionelle Kompetenz der WTO überschreitet.

Der Unbestimmtheitseinwand zeigt wohl das Kernproblem des Ansatzes der Gegenläufigkeit der Schutzziele, und zwar unabhängig davon, ob dieser Ansatz im Schrifttum als offene Abwägung, Geeignetheitserwägung oder Konsistenzargument verstanden wird.[985] Die Beurteilung anhand dieses Ansatzes kann tatsächlich nicht ohne Unsicherheit getroffen werden. Zum Beispiel konnten in EC – Seal Products die durch die IG-Ausnahme verursachten negativen Auswirkungen auf das Wohlergehen der Robben für die Beurteilung der „Erreichung" des angegebenen Hauptschutzziels zwar nicht außer Acht gelassen werden. Jedoch bleibt die Frage unklar, ob das darauf aufbauende Werturteil unbedingt negativ ausfallen muss. Es kann nämlich sein, dass die EU genau ein solches „niedriges" Schutzniveau für das Wohlergehen von Robben anstrebt, das aus Sicht der EU aber schon ein ausreichendes hohes Schutzniveau unter Beachtung des Schutzes anderer einschlägiger Interessen, wie der Existenzgarantie und der Aufrechterhaltung der Lebensform der indigenen Gemeinden, darstellt.

Allein diese Unklarheit reicht dennoch nicht aus, um die Zuverlässigkeit des besprochenen Prüfungsansatzes überzeugend zu verneinen. Denn hierfür muss dargestellt werden, worauf sich eine zwingende Mindestanforderung an die Bestimmtheit eines Prüfungsmaßstabs stützt.

In der wissenschaftlichen Literatur findet sich somit keine schlüssige Antwort, um das Problem der Unbestimmtheit des Arguments der Gegenläufigkeit der Schutzziele zu überwinden.

#### ee) Argument der Gegenläufigkeit der Schutzzielen als untauglicher Widerlegungsgrund

In Teil 5 Kapitel 17 § 3 wurde festgestellt, dass die Angemessenheitseinschätzung des regulierenden WTO-Mitglieds als erste Vermutung maßgeblich ist. Dies ergibt sich aus den Vertragsbestimmungen des Art. XX GATT unter Berücksichtigung des dogmatischen Charakters der Verhältnismäßigkeitsprü-

[984] Ausführlich zu den Gegenargumenten im Schrifttum siehe: Teil 2 Kapitel 7 § 2 A. III. 1. c) cc) i. V. m. Teil 1 Kapitel 1 § 3 A. III. – § 3 A. IV.

[985] Siehe: Teil 5 Kapitel 19 § 2 A. II. 1. a) dd) (2) (a) – § 2 A. II. 1. a) dd) (2) (c).

fung i. w. S.[986] Taugliche Widerlegungsgründe gegen diese Vermutung sind nur die willkürliche Diskriminierung und die verschleierte Handelsbeschränkung i. S. d. Chapeaus des Art. XX GATT. Diese beiden Widerlegungsgründe dürfen aber zwingend erst nach der Feststellung der Angemessenheitsvermutung der angegriffenen Maßnahme geltend gemacht werden.[987] Daneben bestehen keine weiteren tauglichen Widerlegungsgründe aus nicht-vertraglichen Quellen des Völkerrechts.[988]

Insbesondere stellt das implizite Abwägungsargument keinen tauglichen Widerlegungsgrund gegen die Vermutung der Maßgeblichkeit der Angemessenheitseinschätzung des regulierenden WTO-Mitglieds dar. Anhand des Charakters der Vermutung lassen sich ferner die offenen Bedenken ausräumen, dass eine zutreffende richterliche Entscheidung u. a. durch das implizite Abwägungsargument, nämlich u. a. durch das Geeignetheitsabwägungsargument, getroffen werden kann.[989] Dieses Ergebnis gilt auch dann, wenn die Geeignetheitsabwägung zulasten des regulierenden WTO-Mitglieds nicht schon bei der Geeignetheitsprüfung im Rahmen der Prüfung eines Absatzes erfolgt, sondern in die Angemessenheitsprüfung im Rahmen der Chapeau-Stufe des Art. XX GATT verschoben wird.[990]

Grundlagen des Arguments der Gegenläufigkeit der Schutzziele zur Widerlegung der Angemessenheitsvermutung der ergriffenen Maßnahme sind die empirischen qualitativen und quantitativen Schutzwirkungen der angegriffenen Maßnahme sowie ggf. ihrer Ausnahmen auf das einschlägige Schutzgut. Diese empirischen Aspekte und das darauf aufbauende Werturteil sind von der Vermutung der Geeignetheit und Angemessenheit gedeckt.[991]

Wenn das Argument der Gegenläufigkeit der Schutzziele, nämlich allein die empirische Schutzwirkung der Maßnahme und das darauf aufbauende Werturteil, als Widerlegungsgrund gegen die Geeignetheits- und damit implizit auch gegen die Angemessenheitsvermutung geltend gemacht wird, so liegt darin eigentlich noch keine Begründung, sondern lediglich eine Wiederholung der zu begründenden These. Eine Bejahung dieses Arguments als tauglicher Widerlegungsgrund hätte zur Folge, dass die Geeignetheits- und implizit auch Angemessenheitsvermutung bereits mit der Begründung abschließend widerlegt werden kann, dass diese Vermutungen jeweils eine solche sind. Dies führt

---

986 Ausführlich hierzu siehe: Teil 5 Kapitel 17 § 3 B.

987 Teil 5 Kapitel 18 § 1.

988 Teil 6 Kapitel 21 § 3.

989 Teil 5 Kapitel 18 § 2 B.

990 *Hirschberg*, Der Grundsatz der Verhältnismäßigkeit, 1981, S. 149–151; *Grimm*, Proportionality in Canadian and German Constitutional Jurisprudence, UTLJ 2017, 383, 392–393; vgl. *Arsche*, Die Margin of Appreciation, 2018, S. 239.

991 Teil 5 Kapitel 18 § 2 B.

zu einem Widerspruch, weil die angegriffene Maßnahme in diesem Fall sowohl vorläufig geeignet und angemessen als auch endgültig ungeeignet und unangemessen ist. Dies führt zugleich zur Unwirksamkeit des einschlägigen Absatzes des Art. XX GATT, weil dieselbe Umweltmaßnahme unter Berufung auf diesen Absatz sowohl vorläufig rechtmäßig als auch endgültig rechtswidrig ist, wenn das Argument der Gegenläufigkeit der Schutzziele im Rahmen der Chapeau-Prüfung zulasten des regulierenden WTO-Mitglieds verwendet wird.[992]

Somit stellt die Gegenläufigkeit der Schutzziele keinen tauglichen Widerlegungsgrund dar.

#### ff) Zwischenergebnis: Keine Rechtfertigung des richterlichen Aktivismus aufgrund der Geeignetheitsabwägung in Form der Gegenläufigkeit der Schutzziele

Somit wird keine hinreichende richterliche Zurückhaltung von den WTO-Streitbeilegungsorganen gewährt, wenn sie die Geeignetheits- und damit implizit auch Angemessenheitseinschätzung des regulierenden WTO-Mitglieds mittels des Arguments der Gegenläufigkeit der Schutzziele im Rahmen der Chapeau-Prüfung des Art. XX GATT abgelehnt haben. Dieses Argument ist keine offene Abwägung, sondern ein implizites Abwägungsargument, das gewisse Unbestimmtheit in der Entscheidungspraxis der WTO-Streitbeilegungsorgane aufweist (Teil 5 Kapitel 19 § 2 A. II. 1. a) aa) – § 2 A. II. 1. a) bb)). In der bisherigen wissenschaftlichen Diskussion wird dieses Argument jeweils als eine explizite Abwägung, als eine implizite Abwägung und als ein Konsistenzargument verstanden. In dieser Diskussion wurde jedoch nicht hinreichend geklärt, wie das Unbestimmtheitsproblem des Arguments der Gegenläufigkeit der Schutzziele überwunden werden soll (Teil 5 Kapitel 19 § 2 A. II. 1. a) dd)).

Ein solcher richterlicher Aktivismus ist nicht gerechtfertigt, weil die Vermutungs- und Widerlegungsregel, die sich aus den Vertragsbestimmungen des Art. XX GATT unter Berücksichtigung des dogmatischen Charakters der Verhältnismäßigkeitsprüfung i. w. S. ergibt, nicht eingehalten wird. Denn das Argument der Gegenläufigkeit der Schutzziele als eine Form der Geeignetheitsabwägung stellt keinen tauglichen Widerlegungsgrund im Kontext des Art. XX GATT dar (Teil 5 Kapitel 19 § 2 A. II. 1. a) ee)).

---

[992] Teil 5 Kapitel 18 § 2 B.

### *b) Geeignetheitsabwägung in Form des Fehlens inländischer Beschränkungen i. S. v. Art. XX (g) GATT im Rahmen der Chapeau-Prüfung*

Die Erfüllung von Art. XX (g) GATT erfordert, dass eine Maßnahme in Verbindung mit inländischen Beschränkungen für Produktion und Verbrauch ergriffen wird. Falls keine inländischen Beschränkungen i. S. v. Art. XX (g) GATT vorliegen, sind die Geeignetheit und implizit auch die Angemessenheit einer umweltpolitischen Maßnahme[993] abzulehnen, weil dies sich aus dem klaren Wortlaut dieses Absatzes ergibt.

Nach Auffassung des AB kann die Frage, ob das Fehlen inländischer Regulierungen eine willkürliche Diskriminierung i. S. d. Chapeaus darstellt, nicht im Rahmen der Prüfung eines Absatzes, sondern erst auf der Chapeau-Stufe des Art. XX GATT behandelt werden.[994] Bei der Prüfung des Chapeaus verwies das Panel von China – Rare Earths direkt auf seine Ausführungen im Rahmen der Prüfung des Absatzes (g) des Art. XX GATT und stellte fest, dass das Fehlen entsprechender inländischer Beschränkungen für Produktion und Verbrauch von Seltenen Erden eine willkürliche Diskriminierung i. S. d. Chapeaus darstelle.[995] Im AB-Verfahren wurde diese Feststellung auch nicht von der geklagten Partei bestritten.

Im vorliegenden Kapitel wird erläutert, dass das Fehlen inländischer Beschränkungen keinen tauglichen Widerlegungsgrund gegen die Vermutung der Maßgeblichkeit der Angemessenheitseinschätzung des regulierenden WTO-Mitglieds darstellt, auch wenn dieses Erfordernis nicht im Rahmen der Prüfung eines Absatzes des Art. XX GATT, sondern auf der Chapeau-Stufe behandelt wird. Zunächst wird dargestellt, dass das Argument der Abwesenheit inländischer Beschränkungen i. S. v. Art. XX (g) GATT eine implizite Abwägung darstellt. Sodann wird erläutert, dass ein solches Abwägungsargument in der Entscheidungspraxis zu Art. XX GATT sowie im Schrifttum gewisse Unbestimmtheit aufweist. Anschließend wird anhand des Charakters der Vermutung dargestellt, dass das Argument des Fehlens inländischer Beschränkungen i. S. v. Art. XX (g) GATT im Rahmen der Chapeau-Prüfung keinen tauglichen Widerlegungsgrund darstellt. Ein richterlicher Aktivismus durch die Verwendung dieses Arguments kann daher nicht gerechtfertigt sein.

---

993 Teil 3 Kapitel 9 § 3 B.

994 WTO, AB-Bericht v. 7. 8. 2014, WT/DS431/AB/R u. a., „China – Rare Earths", Para. 5.134–5.135.

995 WTO, Panel-Bericht v. 26. 3. 2014, WT/DS431/R u. a., „China – Rare Earths", Para. 7.651.

### aa) Das Fehlen inländischer Beschränkungen im Rahmen der Chapeau-Stufe des Art. XX GATT als implizites Abwägungsargument

In dem Erfordernis „in Verbindung mit inländischen Beschränkungen“ in Art. XX (g) GATT sah der AB in US – Gasoline und in US – Shrimp eine *even-handedness*-Anforderung und hatte diese Bedingung dahingehend interpretiert, dass Beschränkungen sowohl für die inländische als auch für die ausländische Produktion und den Verbrauch verhängt werden sollten.[996] Das genannte Erfordernis könne nach Auffassung des Panels und des AB in China – Rare Earths dann nicht als erfüllt angesehen werden, wenn im Inland des regulierenden WTO-Mitglieds überhaupt keine reale Kontrolle über Produktion und Verbrauch ausgeübt werde.[997]

#### *(1) Behandlung der willkürlichen Diskriminierung aufgrund des Fehlens inländischer Beschränkungen bei der Chapeau-Prüfung des Art. XX (g) GATT*

In China – Rare Earths stellte der AB ferner fest, dass die *even-handedness*-Anforderung in Absatz (g) des Art. XX GATT kein Gleichheitsgebot darstelle.[998] Denn andernfalls führe sie zu einer Duplizierung des willkürlichen Diskriminierungstests i. S. d. Chapeaus des Art. XX GATT, was mit dem Grundsatz der effektiven Vertragsauslegung nicht vereinbar sei.[999] Somit sah der AB in China – Rare Earths keinen Diskriminierungstest i. S. d. Chapeaus im Rahmen der Prüfung des Absatzes (g) des Art. XX GATT.

---

[996] WTO, AB-Bericht v. 20. 5. 1996, WT/DS2/AB/R, „US – Gasoline“, S. 20–21; WTO, AB-Bericht v. 12. 10. 1998, WT/DS58/AB/R, „US – Shrimp“, Para. 143: „We believe that the clause ‚if such measures are made effective in conjunction with restrictions on domestic production or consumption‘ is appropriately read as a requirement that the measures concerned impose restrictions, not just in respect of imported gasoline but also with respect to domestic gasoline. The clause is a requirement of even-handedness in the imposition of restrictions, in the name of conservation, upon the production or consumption of exhaustible natural resources.“

[997] WTO, Panel-Bericht v. 26. 3. 2014, WT/DS431/R u. a., „China – Rare Earths“, Para. 7.327 f.; WTO, AB-Bericht v. 7. 8. 2014, WT/DS431/AB/R u. a., „China – Rare Earths“, Para. 5.132.

[998] WTO, AB-Bericht v. 7. 8. 2014, WT/DS431/AB/R u. a., „China – Rare Earths“, Para. 5.134–5.135.

[999] WTO, AB-Bericht v. 7. 8. 2014, WT/DS431/AB/R u. a., „China – Rare Earths“, Para. 5.134–5.135: „In order to comply with Article XX, a measure needs to fulfil cumulatively the conditions specified both in subparagraph (g) and in the chapeau. If, however, subparagraph (g) itself required an analysis of whether the burden of conservation is evenly distributed, this could entail duplication of the analysis to be conducted under the chapeau, in particular in cases involving discriminatory measures. This would not comport with the principle of effective treaty interpretation.“

Ein Diskriminierungsverbot i. S. d. Chapeaus ist zwar nicht im Wortlaut des Absatzes (g) von Art. XX GATT enthalten.[1000] Außerdem bildet die Rationalitäts- und Angemessenheitsvermutung der ergriffenen Maßnahme im Rahmen der Prüfung eines Absatzes des Art. XX GATT die Grundlage für die Feststellung einer willkürlichen Diskriminierung i. S. d. Chapeaus des Art. XX GATT. Denn sie stellen das Beurteilungskriterium für die Gleichheit der Behandlungen dar.[1001]

Aus den folgenden zwei Gründen ist der Schlussfolgerung des AB jedoch nicht zuzustimmen, dass die willkürliche Diskriminierung i. S. d. Chapeaus bei der Prüfung des Absatzes (g) des Art. XX GATT nicht berücksichtigt werden darf.

Aus dem Status des Chapeaus als Einleitungssatz zu Art. XX GATT, der auf alle Absätze dieses Artikels Anwendung findet,[1002] ergibt sich zunächst, dass sämtliche Absätze dieses Artikels selbstverständlich den Anforderungen des Chapeaus unterliegen.[1003] Ob diese Anforderungen des Chapeaus bei der Prüfung eines Absatzes oder erst auf der Prüfungsstufe des Chapeaus behandelt werden, hängt grundsätzlich von der Gestaltungsfreiheit des jeweiligen WTO-Schiedsrichters ab.

Nach der Feststellung der vorläufigen Rechtmäßigkeit der angegriffenen Maßnahme im Rahmen der Prüfung des Absatzes (g) des Art. XX GATT kann nämlich weiter in diesem Schritt die Frage behandelt werden, ob eine willkürliche Diskriminierung i. S. d. Chapeaus vorliegt. Ein Diskriminierungstest im Sinne des Chapeaus ist daher im Rahmen der Prüfung des Absatzes (g) technisch durchführbar und führt nicht dazu, dass der Chapeau leerläuft, wie es der AB in China – Rare Earths festgestellt hat.[1004]

Dieses Ergebnis hindert den AB aber nicht daran, die Feststellung einer willkürlichen Diskriminierung i. S. d. Chapeaus erst auf der Chapeau-Stufe vorzunehmen. Denn eine derartige Behandlung hängt wiederum zunächst von der Gestaltungsfreiheit des jeweiligen WTO-Schiedsrichters ab.

---

[1000] WTO, AB-Bericht v. 20. 5. 1996, WT/DS2/AB/R, „US – Gasoline", S. 20–21; WTO, AB-Bericht v. 12. 10. 1998, WT/DS58/AB/R, „US – Shrimp", Para. 144; WTO, Panel-Bericht v. 26. 3. 2014, WT/DS431/R u. a., „China – Rare Earths", Para. 7.324.

[1001] Teil 6 Kapitel 21 § 1 B. II. 2.

[1002] WTO, Panel-Bericht v. 15. 5. 1998, WT/DS58/R, „US – Shrimp", Para. 7.29.

[1003] Im Ergebnis auch: *Bond/Trachtmann*, China – Rare Earths: Export Restrictions and the Limits of Textual Interpretation, WTR 2016, 189, 207.

[1004] WTO, AB-Bericht v. 7. 8. 2014, WT/DS431/AB/R u. a., „China – Rare Earths", Para. 5.134–5.135.

*(2) Übertragung der Ausführungen zur Bejahung des Fehlens inländischer Beschränkungen im Rahmen der Prüfung eines Absatzes auf die Chapeau-Ebene des Art. XX GATT in der Entscheidungspraxis*

Das Panel von China – Rare Earths stellte bei der Prüfung des Chapeaus des Art. XX GATT fest, dass es keine entsprechenden Belastungen im Inland gebe, wie z. B. eine inländische Konsumquote für chinesische Verbraucher, und dass die inländische Produktions- und Exportquote die inländischen Verbraucher zu begünstigen scheine.[1005] Das Panel stützte sich dabei unmittelbar auf seine Ausführungen zur Verneinung des Vorhandenseins inländischer Beschränkungen im Rahmen der Prüfung des Absatzes (g) von Art. XX GATT und bejahte daraufhin eine willkürliche Diskriminierung i. S. d. Chapeaus.[1006] Demzufolge sei die Auswirkung des Fehlens von Verkaufs- und Verbrauchsquoten im Inland Chinas hervorzuheben, weil sich dieser Umstand ausschließlich zulasten ausländischer Käufer und Verbraucher von Seltenen Erden auswirke.[1007] Hingegen fand das Panel die anderen inländischen Beschränkungsmaßnahmen, wie die Quoten für den Bergbau und die Produktion von Seltenen Erden, die Umweltsteuer usw., von geringer Relevanz für die Feststellung einer willkürlichen Diskriminierung i. S. d. Chapeaus, weil diese sowohl im Inland als auch für ausländische Käufer und Verbraucher gälten.[1008]

*(3) Abwägungsargument als herangezogener Widerlegungsgrund*

Das Erfordernis inländischer Beschränkungen i. S. v. Art. XX (g) GATT wird in der Entscheidungspraxis gemeinsam mit der Prüfung der *relating to*-Bedingung als Teil der Geeignetheitsprüfung im Rahmen der Prüfung des Absatzes behandelt.[1009] Wird diese Prüfung aufgrund des Fehlens inländischer Beschränkungen durch die WTO-Streitbeilegungsorgane negativ beurteilt, liegt unvermeidlich eine implizite Abwägung zulasten des regulierenden WTO-Mitglieds vor.[1010] Wenn die negative Beurteilung der Geeignetheitsprüfung in die Angemessenheitsprüfung, hier in die Angemessenheitsprüfung im

[1005] WTO, Panel-Bericht v. 26. 3. 2014, WT/DS431/R u. a., „China – Rare Earths“, Para. 7.651.

[1006] WTO, Panel-Bericht v. 26. 3. 2014, WT/DS431/R u. a., „China – Rare Earths“, Para. 7.651.

[1007] WTO, Panel-Bericht v. 26. 3. 2014, WT/DS431/R u. a., „China – Rare Earths“, Para. 7.651.

[1008] WTO, Panel-Bericht v. 26. 3. 2014, WT/DS431/R u. a., „China – Rare Earths“, Para. 7.651.

[1009] Teil 1 Kapitel 1 § 5 B. II.

[1010] Teil 3 Kapitel 9 § 3 B. und § 3 E.

Rahmen der Chapeau-Stufe, verschoben worden ist, liegt in diesem Schritt eine implizite Abwägung vor.[1011]

Wie soeben in Teil 5 Kapitel 19 § 2 A. II. 1. b) aa) (2) dargestellt, stützte sich das Panel von China – Rare Earths zur Feststellung einer willkürlichen Diskriminierung i. S. d. Chapeaus unmittelbar auf seine Ausführungen zur Bejahung des Fehlens inländischer Beschränkungen im Rahmen der Prüfung des Absatzes (g) des Art. XX GATT.[1012] Somit ist das Argument des Fehlens inländischer Beschränkungen bei der Chapeau-Prüfung ein implizites Abwägungsargument, nämlich eine Geeignetheitsabwägung, obwohl es sich explizit auf das Gleichheitsgebot, genauer gesagt auf die willkürliche Diskriminierung i. S. d. Chapeaus des Art. XX GATT, stützt.

#### bb) Unbestimmtheit des Arguments des Fehlens inländischer Beschränkungen im Rahmen der Chapeau-Prüfung in der Entscheidungspraxis zu Art. XX GATT

Das Argument der Abwesenheit inländischer Regulierungen im Rahmen der Chapeau-Prüfung wurde in der Entscheidungspraxis zu Art. XX GATT nicht hinreichend geklärt.

Zunächst wird dieses Argument in der Entscheidungspraxis neben China – Rare Earths[1013] nur selten verwendet. Im Rahmen der Chapeau-Prüfung des Art. XX GATT wurde dieses Argument nämlich nur in Brazil – Retreaded Tyres von der EG als klagende Partei vorgebracht. Demnach stellte das Fehlen inländischer Beschränkungen für neue Reifen auf dem brasilianischen Markt, die nach Ansicht der EG die gleichen Gefahren für die Umwelt verursachten wie runderneuerte Reifen, einen Verstoß gegen den Chapeau dar.[1014]

Außerdem ist das konkrete Beurteilungskriterium für die Frage unklar, wann das Fehlen inländischer Regulierungen i. S. v. Art. XX GATT und damit eine willkürliche Diskriminierung i. S. d. Chapeaus bejaht werden soll. Denn die angegriffene Umweltschutzmaßnahme und eine reine innerstaatliche Maßnahme können unbedingt mehr oder weniger empirische beschränkende Aus-

---

1011 Vgl. *Hirschberg*, Der Grundsatz der Verhältnismäßigkeit, 1981, S. 171; *Grimm*, Proportionality in Canadian and German Constitutional Jurisprudence, UTLJ 2017, 383, 392–393; wohl auch: *Saurer*, Globalisierung des Verhältnismäßigkeitsgrundsatzes, Der Staat 2012, 3, 31 i. V. m. 26.

1012 WTO, Panel-Bericht v. 26. 3. 2014, WT/DS431/R u. a., „China – Rare Earths“, Para. 7.651.

1013 Siehe oben Teil 5 Kapitel 19 § 2 A. II. 1. b) aa) (1)–§ 2 A. II. 1. b) aa) (2).

1014 WTO, Panel-Bericht v. 12. 6. 2007, WT/DS332/R, „Brazil – Retreaded Tyres“, Para. 7.231, 7.244 ff.

wirkungen auf die inländische Produktion und den Verbrauch haben.[1015] Das Panel in China – Rares Earths hat bei der Feststellung einer willkürlichen Diskriminierung i. S. d. Chapeaus nämlich nicht hinreichend klargestellt, warum dem Fehlen von Verkaufs- und Verbrauchsquoten im Inland ein größeres und entscheidendes Gewicht beigemessen wurde, während den inländischen Maßnahmen, wie Quoten für den Bergbau und die Produktion von Seltenen Erden, Umweltsteuern usw., ein geringeres Gewicht zukam.[1016]

Allein diese Unklarheit reicht jedoch auch nicht aus, um die Zuverlässigkeit dieses Prüfungsansatzes überzeugend zu verneinen. Denn hierfür muss dargestellt werden, worauf sich eine zwingende Mindestanforderung an die Bestimmtheit eines Prüfungsmaßstabs stützt.

#### cc) Keine abschließende Überwindung des Unbestimmtheitsproblems des Arguments des Fehlens inländischer Beschränkungen im Rahmen der Chapeau-Prüfung des Art. XX GATT durch die allgemeine Diskussion

In Teil 1 Kapitel 1 § 3 i. V. m. Teil 2 Kapitel 7 § 2 A. III. 1. wird im Rahmen der Darstellung der allgemeinen Diskussion über Prüfungsintensität und richterliche Zurückhaltung im WTO-Recht mit Bezug auf die Interpretation des Art. XX GATT ausführlich erläutert, dass Argumente – wie das der besseren Expertise, das Souveränitätsargument und das Argument der institutionellen Rolle – keine abschließende Antwort darauf gaben, inwieweit die WTO-Streitbeilegungsorgane richterliche Zurückhaltung bei der Überprüfung der Tatsachenfeststellungen und Rechtsurteile des regulierenden WTO-Mitglieds üben sollen.

Dieses Ergebnis gilt entsprechend für das Argument des Fehlens inländischer Beschränkungen im Rahmen der Chapeau-Prüfung des Art. XX GATT. Denn dieses Argument ist Teil einer Geeignetheitsabwägung, bei der es sich sowohl um die Tatsachenfeststellung als auch um das darauf aufbauende Rechtsurteil handelt.[1017] Daran ändert sich nichts, dass die Geeignetheitsabwägung zulasten des regulierenden WTO-Mitglieds nicht bereits im Rahmen

---

[1015] Ausführlich zur Unbestimmtheit des Arguments des Fehlens inländischer Regulierungen i. S. v. Art. XX (g) GATT siehe: Teil 5 Kapitel 19 § 1 B. I. 2. b) bb). Dabei handelt es sich um die Ausführungen der WTO-Streitbeilegungsorgane zu inländischen Beschränkungen bei der Angemessenheitsprüfung im Rahmen der Prüfung eines Absatzes des Art. XX GATT. Diese Ausführungen gelten auch für die Angemessenheitsprüfung im Rahmen der Chapeau-Prüfung, weil dabei zur Feststellung einer willkürlichen Diskriminierung i. S. d. Chapeaus direkt auf die genannten Ausführungen verwiesen wurde. Hierzu siehe: oben Teil 5 Kapitel 19 § 2 A. II. 1. b) aa) (2).

[1016] Vgl. WTO, Panel-Bericht v. 26. 3. 2014, WT/DS431/R u. a., „China – Rare Earths", Para. 7.651.

[1017] Teil 1 Kapitel 1 § 3 A. III. – § 3 A. IV.

der Prüfung eines Absatzes, sondern erst im Rahmen der Chapeau-Prüfung des Art. XX GATT vorgenommen wird.[1018] Somit wurde in dieser Diskussion nicht hinreichend geklärt, ob und inwieweit die WTO-Streitbeilegungsorgane richterliche Zurückhaltung üben oder Geeignetheitsabwägung zulasten des regulierenden WTO-Mitglieds in Form des Arguments des Fehlens inländischer Beschränkungen im Rahmen der Chapeau-Prüfung des Art. XX GATT vornehmen sollen. Es wurde nämlich nicht hinreichend klargestellt, wie das Unbestimmtheitsproblem des genannten Arguments im Rahmen der Chapeau-Prüfung überwunden werden soll.

#### dd) Keine abschließende Überwindung des Unbestimmtheitsproblems in der speziellen Diskussion über das Argument des Fehlens inländischer Beschränkungen im Rahmen der Chapeau-Prüfung des Art. XX GATT im Schrifttum

Im Schrifttum wurde dem Argument des Fehlens inländischer Beschränkungen im Rahmen der Chapeau-Prüfung bislang wenig Aufmerksamkeit geschenkt.

Dabei werden die Ausführungen der WTO-Streitbeilegungsorgane zu diesem Argument überwiegend deskriptiv dargestellt[1019] ohne deren Inhalt kritisch zu hinterfragen. Bei der Kritik an diesem Prüfungsansatz werden überwiegend nur die Argumente Chinas als beklagter Partei über die geschätzten beschränkenden Auswirkungen seiner inländischen Programme auf den Verbrauch Seltener Erden wiederholt und darauf basierend das Vorhandensein inländischer Beschränkungen i. S. v. Art. XX (g) GATT bejaht.[1020]

In beiden Fällen wurde nicht weiter geklärt, wann die Abwesenheit inländischer Regulierungen und damit eine willkürliche Diskriminierung i. S. d. Chapeaus des Art. XX GATT zu bejahen ist und wie das Unbestimmtheitsproblem dieses Arguments überwunden werden kann.

---

1018 *Hirschberg*, Der Grundsatz der Verhältnismäßigkeit, 1981, S. 149–151; *Grimm*, Proportionality in Canadian and German Constitutional Jurisprudence, UTLJ 2017, 383, 392–393; vgl. *Arsche*, Die Margin of Appreciation, 2018, S. 239.

1019 Zur wissenschaftlichen Literatur mit deskriptivem Charakter siehe: *Ghori*, Exhaustible Natural Resources and the Future of Export Restraints after China – Rare Earths, MelJIL 2015, 398, 414 ff.; *Wu*, Policy Space under the Second Clause of GATT Article XX (g), KJICL 2016, 158, 172–173.

1020 *Gu*, Mineral Export Restraints and Sustainable Development, JIEL 2011, 765, 794, 804–805; *Liu/Maughan*, China's Rare Earths Export Quotas, JIEL 2012, 971, 999–1002, 1002–1003; vgl. *Gao*, WTO Trade and Environment Standard, DJILP 2016, 97, 98, 122–123 und 150–151.

Dies liegt wohl daran, dass die Prüfung des Chapeaus in China – Rare Earths, im Gegensatz zu China – Raw Materials,[1021] als Hilfsgutachten vorgenommen wurde, weil Art. XX (g) GATT bereits als nicht erfüllt beurteilt wurde.[1022] Dabei stützte sich das Panel unmittelbar auf seine Ausführungen zur Verneinung des Vorhandenseins inländischer Beschränkungen im Rahmen der Prüfung des Absatzes (g) von Art. XX GATT und bejahte daraufhin eine willkürliche Diskriminierung i. S. d. Chapeaus.[1023] Eine solche Prüfungsweise vermittelt den Eindruck, dass die Prüfung des Chapeaus nicht mehr entscheidend ist, sondern vom Ergebnis der Prüfung eines Absatzes abhängt.

Allein diese Unklarheit reicht jedoch auch nicht aus, um die Zuverlässigkeit dieses Prüfungsansatzes überzeugend zu verneinen. Denn hierfür muss dargestellt werden, worauf sich eine zwingende Mindestanforderung an die Bestimmtheit eines Prüfungsmaßstabs stützt.

#### ee) Argument des Fehlens inländischer Beschränkungen im Rahmen der Chapeau-Prüfung als untauglicher Widerlegungsgrund

In Teil 5 Kapitel 17 § 3 wurde festgestellt, dass die Angemessenheitseinschätzung des regulierenden WTO-Mitglieds als erste Vermutung maßgeblich ist. Dies ergibt sich aus den Vertragsbestimmungen des Art. XX GATT unter Berücksichtigung des dogmatischen Charakters der Verhältnismäßigkeitsprüfung i. w. S.[1024] Taugliche Widerlegungsgründe gegen diese Vermutung sind ausschließlich die willkürliche Diskriminierung und die verschleierte Handelsbeschränkung i. S. d. Chapeaus des Art. XX GATT. Die beiden Widerlegungsgründe dürfen aber zwingend erst nach der Feststellung der Angemessenheitsvermutung der angegriffenen Maßnahme geltend gemacht werden.[1025] Daneben gibt es keine weiteren tauglichen Widerlegungsgründe aus nichtvertraglichen Quellen des Völkerrechts.[1026]

Insbesondere stellt das implizite Abwägungsargument keinen tauglichen Widerlegungsgrund gegen die Vermutung der Maßgeblichkeit der Angemes-

---

[1021] WTO, Panel-Bericht v. 5.7.2011, WT/DS394/R u. a., „China – Raw Materials", Para. 7.469.

[1022] WTO, Panel-Bericht v. 26.3.2014, WT/DS431/R u. a., „China – Rare Earths", Para. 7.600–7.615, insbesondere 7.615; WTO, AB-Bericht v. 7.8.2014, WT/DS431/AB/R u. a., „China – Rare Earths", Para. 5.168.

[1023] WTO, Panel-Bericht v. 26.3.2014, WT/DS431/R u. a., „China – Rare Earths", Para. 7.651.

[1024] Ausführlich hierzu siehe: Teil 5 Kapitel 17 § 3 B.

[1025] Teil 5 Kapitel 18 § 1.

[1026] Teil 6 Kapitel 21 § 3.

senheitseinschätzung des regulierenden WTO-Mitglieds dar.[1027] Anhand des Charakters der Vermutung lassen sich ferner die offenen Bedenken ausräumen, dass eine zutreffende richterliche Entscheidung u. a. durch das implizite Abwägungsargument, nämlich das Geeignetheitsabwägungsargument, getroffen werden kann.[1028]

Dieses Ergebnis gilt auch dann, wenn die Geeignetheitsabwägung zulasten des regulierenden WTO-Mitglieds nicht bereits bei der Geeignetheitsprüfung im Rahmen der Prüfung eines Absatzes erfolgt, sondern in die Angemessenheitsprüfung auf der Chapeau-Stufe des Art. XX GATT verlagert wird.[1029] Im Rahmen der Prüfung des Chapeaus stützte sich das Panel von China – Rare Earths nämlich unmittelbar auf seine Ausführungen zum Fehlen inländischer Regulierungen im Rahmen der Prüfung des Absatzes (g) und bejahte daraufhin eine willkürliche Diskriminierung i. S. d. Chapeaus.[1030]

Grundlagen des Arguments des Fehlens inländischer Beschränkungen zur Widerlegung der Geeignetheits- und damit implizit auch Angemessenheitsvermutung der ergriffenen Maßnahme sind die empirischen qualitativen und quantitativen einschränkenden Auswirkungen der angegriffenen Maßnahme auf das einschlägige Schutzgut im Inland. Diese empirischen Aspekte und das darauf aufbauende Werturteil sind von der Vermutung der Geeignetheit und der Angemessenheit gedeckt.[1031] Diese Vermutungen beinhalten nämlich auch die Annahme, dass inländische Beschränkungen trotz ihrer ggf. anscheinend weniger einschränkenden Auswirkungen auf die inländische Produktion und den inländischen Verbrauch vorliegen und dass dieser Umstand zusammen mit anderen Aspekten der angegriffenen Maßnahme insgesamt geeignet und damit implizit auch angemessen ist.

Wenn das Argument des Fehlens inländischer Beschränkungen, nämlich allein die empirische einschränkende Wirkung der Maßnahme im Inland und das darauf aufbauende Werturteil, als Widerlegungsgrund gegen die Geeignetheits- und damit implizit auch gegen die Angemessenheitsvermutung im Rahmen der Chapeau-Prüfung geltend gemacht wird, so liegt noch keine Begründung vor, sondern lediglich eine Wiederholung der zu begründenden These. Eine Bejahung dieses Arguments als tauglicher Widerlegungsgrund führt dazu, dass die Geeignetheits- und implizit auch Angemessenheitsvermutung

---

1027 Teil 5 Kapitel 18 § 2 B.

1028 Teil 5 Kapitel 18 § 2 B.

1029 *Hirschberg*, Der Grundsatz der Verhältnismäßigkeit, 1981, S. 149–151; *Grimm*, Proportionality in Canadian and German Constitutional Jurisprudence, UTLJ 2017, 383, 392–393; vgl. *Arsche*, Die Margin of Appreciation, 2018, S. 239.

1030 WTO, Panel-Bericht v. 26. 3. 2014, WT/DS431/R u. a., „China – Rare Earths", Para. 7.651. Siehe: Teil 5 Kapitel 19 § 2 A. II. 1. b) aa) (2).

1031 Teil 5 Kapitel 18 § 2 B.

allein deshalb abschließend widerlegt werden kann, weil diese Vermutungen jeweils eine solche sind. Dies führt zu einem Widerspruch, weil die angegriffene Maßnahme in diesem Fall sowohl vorläufig geeignet und angemessen als auch endgültig ungeeignet und unangemessen ist. Dies führt auch zur Unwirksamkeit des einschlägigen Absatzes des Art. XX GATT, weil dieselbe Umweltmaßnahme unter Berufung auf denselben Absatz sowohl vorläufig rechtmäßig als auch endgültig rechtswidrig ist, wenn das Argument des Fehlens inländischer Beschränkungen im Rahmen der Chapeau-Prüfung zulasten des regulierenden WTO-Mitglieds herangezogen wird.[1032]

Somit stellt das Fehlen inländischer Beschränkungen keinen tauglichen Widerlegungsgrund dar.

#### ff) Zwischenergebnis: Keine Rechtfertigung des richterlichen Aktivismus durch die Verwendung des Arguments des Fehlens inländischer Beschränkungen im Rahmen der Chapeau-Prüfung

Somit wurde keine hinreichende richterliche Zurückhaltung von den WTO-Streitbeilegungsorganen gewährt, als sie die Geeignetheits- und damit implizit auch Angemessenheitseinschätzung des regulierenden WTO-Mitglieds mittels des Arguments des Fehlens inländischer Beschränkungen im Rahmen der Chapeau-Prüfung des Art. XX GATT abgelehnt haben. Dieses Argument ist eine Geeignetheitsabwägung, die gewisse Unbestimmtheit in der Entscheidungspraxis der WTO-Streitbeilegungsorgane aufweist (Teil 5 Kapitel 19 § 2 A. II. 1. b) aa)–§ 2 A. II. 1. b) bb)). In der bisherigen wissenschaftlichen Diskussion wurde ebenfalls nicht hinreichend geklärt, wie das Unbestimmtheitsproblem des Arguments des Fehlens inländischer Beschränkungen überwunden werden kann (Teil 5 Kapitel 19 § 2 A. II. 1. b) cc)–§ 2 A. II. 1. b) dd)).

Ein derartiger richterlicher Aktivismus ist nicht gerechtfertigt, weil die Vermutungs- und Widerlegungsregel, die sich aus den Vertragsbestimmungen des Art. XX GATT unter Berücksichtigung des dogmatischen Charakters der Verhältnismäßigkeitsprüfung i. w. S. ergibt, nicht eingehalten wird. Denn das Argument des Fehlens inländischer Beschränkungen als eine Form der Geeignetheitsabwägung stellt keinen tauglichen Widerlegungsgrund im Kontext des Art. XX GATT dar (Teil 5 Kapitel 19 § 2 A. II. 1. b) ee)).

---

[1032] Teil 5 Kapitel 18 § 2 B.

### 2. Erforderlichkeitsabwägung im Rahmen der Chapeau-Prüfung des Art. XX GATT

In der Entscheidungspraxis zum Chapeau des Art. XX GATT werden zwei Formen der Erforderlichkeitsabwägung von den WTO-Streitbeilegungsorganen verwendet. Zum einen wird die Erforderlichkeitsabwägung in ihrer grundsätzlichen Form eingesetzt. Zum anderen wird sie in Form der „internationalen Kooperationspflicht" auf der Chapeau-Stufe vorgenommen.

#### *a) Erforderlichkeitsabwägung in grundsätzlicher Form*

Eine Erforderlichkeitsabwägung in grundsätzlicher Form liegt vor, wenn die Verfügbarkeit eines milderen und gleichgeeigneten Mittels nicht aus anderen Gründen, sondern allein aufgrund der Auswirkungen der ergriffenen Maßnahme und der vorgeschlagenen Alternativmaßnahme auf das angegebene Schutzgut und auf die Handelsfreiheit bejaht wird, wodurch eine implizite Abwägung vorliegt. Dieses implizite Abwägungsargument weist gewisse Unbestimmtheit in der Entscheidungspraxis und in der wissenschaftlichen Literatur auf. Angesichts des Charakters der Vermutung lässt sich feststellen, dass die internationale Kooperationspflicht im Rahmen der Chapeau-Prüfung keinen tauglichen Widerlegungsgrund gegen die Vermutung der Erforderlichkeit und implizit auch der Angemessenheit der umweltpolitischen Maßnahme darstellt. Ein richterlicher Aktivismus durch die Verwendung dieses Arguments kann daher nicht gerechtfertigt sein.

##### aa) Implizites Abwägungsargument als herangezogener Widerlegungsgrund

Im Folgenden wird dargestellt, dass die Erforderlichkeitsprüfung auf der Chapeau-Stufe in der Entscheidungspraxis zu Art. XX GATT ein implizites Abwägungsargument darstellt, nämlich eine Erforderlichkeitsabwägung in grundsätzlicher Form.

###### *(1) Erforderlichkeitsabwägung in grundsätzlicher Form auf der Chapeau-Stufe in der Entscheidungspraxis zu Art. XX GATT*

Im Anschluss an die Feststellung des AB in US – Gasoline und US – Shrimp liege nach Auffassung des Panels eine willkürliche bzw. ungerechtfertigte Diskriminierung i. S. d. Chapeaus des Art. XX GATT dann vor, wenn Alternativmaßnahmen zur Verfügung stünden, mit denen die diskriminierende Behandlung vermieden oder zumindest verringert werden könne.[1033] Das Panel betonte weiterhin, dass die Prüfung der Verfügbarkeit einer Alternative unter Art. XX (g) GATT im Rahmen der Prüfung des Chapeaus durchgeführt werden könne.[1034]

Demnach solle geprüft werden, ob – sobald die angegriffene Maßnahme nach Art. XX (g) GATT vorläufig gerechtfertigt sei – eine WTO-rechtskonforme oder weniger handelsbeschränkende Alternative zur Verfügung stehe, mit der das regulierende WTO-Mitglied seine angestrebten politischen Ziele mit gleicher Effizienz erreichen könne.[1035]

Die klagenden Parteien hatten dabei eine Reihe von Alternativen vorgeschlagen, die sich in zwei Arten von Maßnahmen zusammenfassen ließen. Die erste Art bezog sich auf Alternativmaßnahmen ohne Verhängung einer Exportquote.[1036] Die zweite Art umfasste Alternativmaßnahmen neben einer Exportquote.[1037] Diese Alternativen wurden bereits in Teil 5 Kapitel 17 § 1 B. I. 2. e) cc) ausführlich dargestellt.

Abschließend stellte das Panel nach Ablehnung aller von China vorgetragenen Gegenargumenten[1038] fest, dass die vorgeschlagenen Alternativen vernünftigerweise verfügbar seien und geeignet erschienen, das von China gewünschte Erhaltungsniveau zu erreichen, einschließlich der Erreichung anderer Ziele – *signaling* und *safeguarding* –, worauf sich China zur Rechtfertigung seiner Exportquote berufe.[1039]

*(2) Abwägungsargument als herangezogener Widerlegungsgrund*

Die Prüfung der Verfügbarkeit einer milderen Alternative ist typische Aufgabe der Erforderlichkeitsprüfung. Wird diese Prüfung durch die WTO-Streitbeilegungsorgane negativ beurteilt, liegt aber unvermeidlich eine implizite

[1033] WTO, Panel-Bericht v. 26.3.2014, WT/DS431/R u.a., „China – Rare Earths", Para. 7.664 f., 7.354.

[1034] WTO, Panel-Bericht v. 26.3.2014, WT/DS431/R u.a., „China – Rare Earths", Para. 7.354 und Fn. 549 a.a.O.

[1035] WTO, Panel-Bericht v. 26.3.2014, WT/DS431/R u.a., „China – Rare Earths", Para. 7.354.

[1036] WTO, Panel-Bericht v. 26.3.2014, WT/DS431/R u.a., „China – Rare Earths", Para. 7.665–7.666, 7.668.

[1037] WTO, Panel-Bericht v. 26.3.2014, WT/DS431/R u.a., „China – Rare Earths", Para. 7.667–7.669.

[1038] WTO, Panel-Bericht v. 26.3.2014, WT/DS431/R u.a., „China – Rare Earths", Para. 7.670–7.672.

[1039] WTO, Panel-Bericht v. 26.3.2014, WT/DS431/R u.a., „China – Rare Earths", Para. 7.673–7.677.

Abwägung zulasten des regulierenden WTO-Mitglieds vor.[1040] Wenn die negative Beurteilung der Erforderlichkeitsprüfung in die Angemessenheitsprüfung, hier in die Angemessenheitsprüfung im Rahmen der Chapeau-Stufe, verlagert wird, liegt in diesem Schritt eine Abwägung vor.[1041]

Somit ist das Argument der Verfügbarkeit einer milderen Alternative bei der Chapeau-Prüfung des Art. XX GATT ein implizites Abwägungsargument, obwohl es sich explizit auf das Gleichheitsgebot, genauer gesagt auf die willkürliche Diskriminierung i. S. d. Chapeaus, stützt.

#### bb) Unbestimmtheit der Erforderlichkeitsabwägung in grundsätzlicher Form in der Entscheidungspraxis zu Art. XX GATT

Das Argument der Erforderlichkeitsabwägung in grundsätzlicher Form im Rahmen der Chapeau-Prüfung weist in der Entscheidungspraxis zu Art. XX GATT eine gewisse Unbestimmtheit auf.

Dieses Argument wurde nämlich bislang nur in China – Rare Earths vom Panel herangezogen. Zudem blieb dabei das konkrete Beurteilungskriterium für die Frage unklar, wann die Gleichwirksamkeit einer vorgeschlagenen Alternative und damit auch eine willkürliche Diskriminierung i. S. d. Chapeaus bejaht werden sollen. Denn aufgrund empirischer Unsicherheit ist unklar, ob die Konservierungswirkung der vorgeschlagenen Alternativen gleich effektiv wie die Verhängung von Exportquoten durch China ist. Ebenfalls wurde nicht geklärt, warum die Einschätzung des Panels hinsichtlich dieser empirischen Unsicherheit maßgeblich sein soll. Ohne hinreichende Klärung dieser Fragen hat das Panel die Verfügbarkeit der vorgeschlagenen Alternativen direkt bejaht.[1042]

Allein diese Unklarheit reicht jedoch auch nicht aus, um die Zuverlässigkeit dieses Prüfungsansatzes überzeugend zu verneinen. Denn hierfür muss dargestellt werden, worauf sich eine zwingende Mindestanforderung an die Bestimmtheit eines Prüfungsmaßstabs stützt.

---

1040 Teil 4 Kapitel 13 § 3 B.

1041 Vgl. *Hirschberg*, Der Grundsatz der Verhältnismäßigkeit, 1981, S. 171; *Grimm*, Proportionality in Canadian and German Constitutional Jurisprudence, UTLJ 2017, 383, 392–393. Wohl auch: *Saurer*, Globalisierung des Verhältnismäßigkeitsgrundsatzes, Der Staat 2012, 3, 31 i. V. m. 26.

1042 WTO, Panel-Bericht v. 26. 3. 2014, WT/DS431/R u. a., „China – Rare Earths“, Para. 7.677.

### cc) Keine abschließende Überwindung des Unbestimmtheitsproblems der Erforderlichkeitserwägung in grundsätzlicher Form im Rahmen der Chapeau-Prüfung durch die allgemeine Diskussion

In Teil 1 Kapitel 1 § 3 i. V. m. Teil 2 Kapitel 7 § 2 A. III. 1. wird im Rahmen der Darstellung der allgemeinen Diskussion über Prüfungsintensität und richterliche Zurückhaltung im WTO-Recht mit Bezug auf die Interpretation des Art. XX GATT ausführlich erläutert, dass die Argumente – wie das der besseren Expertise, das Souveränitätsargument und das Argument der institutionellen Rolle – keine abschließende Antwort darauf gaben, inwieweit die WTO-Streitbeilegungsorgane richterliche Zurückhaltung bei der Überprüfung der Tatsachenfeststellungen und Rechtsurteile des regulierenden WTO-Mitglieds üben sollen.

Dieses Ergebnis gilt entsprechend für das Argument der Erforderlichkeitsabwägung in grundsätzlicher Form im Rahmen der Chapeau-Prüfung des Art. XX GATT. Denn es handelt sich bei der Erforderlichkeitsabwägung sowohl um die Tatsachenfeststellung als auch um das darauf aufbauende Rechtsurteil.[1043] Daran ändert sich nichts, dass die Erforderlichkeitsabwägung zulasten des regulierenden WTO-Mitglieds nicht bereits im Rahmen der Prüfung eines Absatzes, sondern erst im Rahmen der Chapeau-Prüfung des Art. XX GATT vorgenommen wird.[1044] Somit wurde in dieser Diskussion nicht hinreichend geklärt, ob und inwieweit die WTO-Streitbeilegungsorgane richterliche Zurückhaltung üben oder Erforderlichkeitsabwägung zulasten des regulierenden WTO-Mitglieds vornehmen sollen. Es wurde nämlich nicht hinreichend klargestellt, wie das Unbestimmtheitsproblem des Arguments der Erforderlichkeitsabwägung überwunden werden soll.

### dd) Keine abschließende Überwindung des Unbestimmtheitsproblems in der speziellen Diskussion über das Argument der Erforderlichkeitsabwägung in grundsätzlicher Form im Rahmen der Chapeau-Prüfung des Art. XX GATT im Schrifttum

Im Schrifttum wurde dem Argument der Erforderlichkeitsabwägung in grundsätzlicher Form im Rahmen der Chapeau-Prüfung bislang wenig Aufmerksamkeit geschenkt. Eine explizite Befürwortung dieses Prüfungsansatzes findet sich in der wissenschaftlichen Literatur nicht.

---

1043 Teil 1 Kapitel 1 § 3 A. III. – § 3 A. IV.

1044 Vgl. *Hirschberg*, Der Grundsatz der Verhältnismäßigkeit, 1981, S. 171; *Grimm*, Proportionality in Canadian and German Constitutional Jurisprudence, UTLJ 2017, 383, 392–393; wohl auch: *Saurer*, Globalisierung des Verhältnismäßigkeitsgrundsatzes, Der Staat 2012, 3, 31 i. V. m. 26; vgl. *Arsche*, Die Margin of Appreciation, 2018, S. 239.

Hingegen wird vertreten, dass China zur Verfolgung seines Konservierungsziels keine Alternative zu den angegriffenen Maßnahmen zur Verfügung stehe.[1045] Denn China habe sich zum vorgenannten Ziel dafür entschieden, die Exporte Seltener Erden 2010 um 40 % zu senken, statt ein Exportverbot zu verhängen.[1046] Diese Exportquoten für Seltene Erden werden zur Ergänzung der chinesischen nationalen Nachhaltigkeitsstrategie zur Erhaltung Seltener Erden in den vergangenen Jahren zudem kontinuierlich verringert.[1047]

Hieraus ergibt sich, dass zur Begründung dieser Ansicht nur die Aspekte der angegriffenen Maßnahme und ihre empirischen Wirkungen auf die Konservierung Seltener Erden und auf die Handelsfreiheit wiederholt werden und darauf aufbauend die Verfügbarkeit einer milderen Alternative abgelehnt wird. Es wird nicht weiter klargestellt, warum allein auf Grundlage dieser empirischen Auswirkungen bereits festgestellt werden kann, dass die Verhängung von Exportquoten das mildeste Mittel darstellt, selbst wenn kein Exportverbot verhängt wird.

In ähnlicher Weise wird die subjektive Bewertung des Panels in China – Rare Earths zur Verfügbarkeit einer milderen Alternative wiederholt und festgestellt, dass diese Bewertung übermäßig streng sei, sodass es nicht möglich sei, die Prüfung der Verfügbarkeit einer milderen Alternative erfolgreich zu bestehen.[1048] Demzufolge gebe es zudem keine vertragliche Rechtsgrundlage für die Durchführung einer solchen Erforderlichkeitsprüfung im Rahmen des Art. XX (g) GATT, und der Unterschied zwischen Art. XX (b) GATT und Art. XX (g) GATT werde durch eine solche Prüfung ignoriert.[1049] Diese Ansicht zeigt jedoch nur die Schwierigkeit hinsichtlich dieses Prüfungsansatzes, ohne näher zu klären, welches Beurteilungskriterium für diese Prüfung maßgeblich sein soll. Außerdem ergibt sich, wie in Teil 1 Kapitel 1 § 5 C. II. ausführlich dargestellt, eine Erforderlichkeitsprüfung bereits aus dem Vertragstext des Art. XX (g) GATT. Und die negative Beurteilung dieser Erforderlichkeitsprüfung kann grundsätzlich auch in die Angemessenheitsprüfung, hier in die Angemessenheitsprüfung im Rahmen der Chapeau-Stufe, verschoben werden.[1050]

---

[1045] *Gu*, Mineral Export Restraints and Sustainable Development, JIEL 2011, 765, 794.

[1046] *Gu*, Mineral Export Restraints and Sustainable Development, JIEL 2011, 765, 794.

[1047] *Gu*, Mineral Export Restraints and Sustainable Development, JIEL 2011, 765, 794.

[1048] *Gao*, WTO Trade and Environment Standard, DJILP 2016, 97, 98, 123 und 125.

[1049] *Gao*, WTO Trade and Environment Standard, DJILP 2016, 97, 98, 123 und 125.

[1050] Vgl. *Hirschberg*, Der Grundsatz der Verhältnismäßigkeit, 1981, S. 171; *Grimm*, Proportionality in Canadian and German Constitutional Jurisprudence, UTLJ 2017,

Somit wurde im Schrifttum nicht hinreichend klargestellt, wann die Verfügbarkeit einer milderen Alternative und damit eine willkürliche Diskriminierung i. S. d. Chapeaus des Art. XX GATT vorliegt und wie das Unbestimmtheitsproblem dieses Arguments überwunden werden soll. Allein diese Unklarheit reicht jedoch auch nicht aus, um die Zuverlässigkeit dieses Prüfungsansatzes überzeugend zu verneinen. Denn hierfür muss dargestellt werden, worauf sich eine zwingende Mindestanforderung an die Bestimmtheit eines Prüfungsmaßstabs stützt.

#### ee) Argument der Erforderlichkeitsabwägung in grundsätzlicher Form im Rahmen der Chapeau-Prüfung des Art. XX GATT als untauglicher Widerlegungsgrund

In Teil 5 Kapitel 17 § 3 wurde festgestellt, dass die Angemessenheitseinschätzung des regulierenden WTO-Mitglieds als erste Vermutung maßgeblich ist. Dies ergibt sich aus den Vertragsbestimmungen des Art. XX GATT unter Berücksichtigung des dogmatischen Charakters der Verhältnismäßigkeitsprüfung i. w. S.[1051] Taugliche Widerlegungsgründe gegen diese Vermutung sind ausschließlich die willkürliche Diskriminierung und die verschleierte Handelsbeschränkung i. S. d. Chapeaus des Art. XX GATT. Diese beiden Widerlegungsgründe dürfen aber zwingend erst nach Feststellung der Angemessenheitsvermutung der angegriffenen Maßnahme geltend gemacht werden.[1052] Daneben gibt es keine weiteren tauglichen Widerlegungsgründe aus nichtvertraglichen Quellen des Völkerrechts.[1053]

Insbesondere stellt das implizite Abwägungsargument keinen tauglichen Widerlegungsgrund gegen die Vermutung der Maßgeblichkeit der Angemessenheitseinschätzung des regulierenden WTO-Mitglieds dar. Anhand des Charakters der Vermutung lassen sich ferner die offenen Bedenken ausräumen, dass eine zutreffende richterliche Entscheidung u. a. durch das implizite Abwägungsargument, nämlich durch das Argument der Erforderlichkeitsabwägung, getroffen werden kann.[1054] Dieses Ergebnis gilt auch dann, wenn die Erforderlichkeitsabwägung zulasten des regulierenden WTO-Mitglieds nicht schon bei der Erforderlichkeitsprüfung im Rahmen der Prüfung eines Absat-

---

383, 392–393; wohl auch: *Saurer*, Globalisierung des Verhältnismäßigkeitsgrundsatzes, Der Staat 2012, 3, 31 i. V. m. 26; vgl. *Arsche*, Die Margin of Appreciation, 2018, S. 239. Siehe auch: Teil 4 Kapitel 13 § 3 B. II.

[1051] Ausführlich hierzu siehe: Teil 5 Kapitel 17 § 3 B.

[1052] Teil 5 Kapitel 18 § 1.

[1053] Teil 6 Kapitel 21 § 3.

[1054] Teil 5 Kapitel 18 § 2 B.

zes vorgenommen, sondern in die Angemessenheitsprüfung im Rahmen der Chapeau-Stufe des Art. XX GATT verschoben wird.[1055]

Grundlagen des Arguments der Erforderlichkeitsabwägung in ihrer grundsätzlichen Form zur Widerlegung der Erforderlichkeits- und damit implizit auch der Angemessenheitsvermutung der ergriffenen Maßnahme sind die empirischen qualitativen und quantitativen Auswirkungen der angegriffenen Maßnahme und der vorgeschlagenen Alternativmaßnahme auf das einschlägige Schutzgut und auf die Handelsfreiheit. Diese empirischen Aspekte und das darauf aufbauende Werturteil sind von der Vermutung der Erforderlichkeit und der Angemessenheit gedeckt. Diese Vermutungen beinhalten nämlich auch die Annahme, dass keine mildere Alternativmaßnahme zur Verfügung steht, mit der das Schutzziel und das Schutzniveau des regulierenden WTO-Mitglieds in gleichgeeigneter bzw. gleichwirksamer Weise erreicht werden können.[1056]

Wenn das Argument der Erforderlichkeitsabwägung in ihrer grundsätzlichen Form, nämlich allein die empirischen Auswirkungen der Maßnahme und der vorgeschlagenen Alternativmaßnahme auf das angegebene Schutzgut und auf die Handelsfreiheit sowie das darauf aufbauende Werturteil, als Widerlegungsgrund gegen die Erforderlichkeits- und damit implizit auch gegen die Angemessenheitsvermutung im Rahmen der Chapeau-Prüfung geltend gemacht wird, so wurde eigentlich noch keine Begründung vorgenommen, sondern lediglich die zu begründende These wiederholt.

Eine Bejahung dieses Arguments als tauglicher Widerlegungsgrund führt dazu, dass die Erforderlichkeits- und implizit auch Angemessenheitsvermutung bereits mit der Begründung abschließend widerlegt werden kann, dass diese Vermutungen jeweils eine solche sind. Dies führt zu einem Widerspruch, weil die angegriffene Maßnahme in diesem Fall sowohl vorläufig erforderlich und angemessen als auch endgültig unerforderlich und unangemessen ist. Dies führt auch zur Unwirksamkeit des einschlägigen Absatzes des Art. XX GATT, weil dieselbe Umweltmaßnahme unter Berufung auf diesen Absatz sowohl vorläufig rechtmäßig als auch endgültig rechtswidrig ist, wenn die Erforderlichkeitsabwägung im Rahmen der Chapeau-Prüfung zulasten des regulierenden WTO-Mitglieds herangezogen wird.[1057]

Somit stellt das Argument der Erforderlichkeitsabwägung in grundsätzlicher Form keinen tauglichen Widerlegungsgrund dar.

---

[1055] *Hirschberg*, Der Grundsatz der Verhältnismäßigkeit, 1981, S. 171; *Grimm*, Proportionality in Canadian and German Constitutional Jurisprudence, UTLJ 2017, 383, 392–393; vgl. *Arsche*, Die Margin of Appreciation, 2018, S. 239.

[1056] Teil 5 Kapitel 18 § 2 B.

[1057] Teil 5 Kapitel 18 § 2 B.

### ff) Zwischenergebnis: Keine Rechtfertigung des richterlichen Aktivismus durch die Verwendung der Erforderlichkeitsabwägung in grundsätzlicher Form

Somit wurde keine hinreichende richterliche Zurückhaltung von den WTO-Streitbeilegungsorganen gewährt, als sie die Erforderlichkeits- und damit implizit auch Angemessenheitseinschätzung des regulierenden WTO-Mitglieds mittels des Arguments der Erforderlichkeitsabwägung in grundsätzlicher Form im Rahmen der Chapeau-Prüfung des Art. XX GATT ablehnten. Dieses Argument ist ein implizites Abwägungsargument, das gewisse Unbestimmtheit in der Entscheidungspraxis der WTO-Streitbeilegungsorgane aufweist (Teil 5 Kapitel 19 § 2 A. II. 2. a) aa)–§ 2 A. II. 2. a) bb)). In der bisherigen wissenschaftlichen Diskussion wurde auch nicht hinreichend geklärt, wie das Unbestimmtheitsproblem der Erforderlichkeitsabwägung in grundsätzlicher Form überwunden werden kann (Teil 5 Kapitel 19 § 2 A. II. 2. a) cc)–§ 2 A. II. 2. a) dd)).

Ein derartiger richterlicher Aktivismus ist nicht gerechtfertigt, weil die Vermutungs- und Widerlegungsregel, die sich aus den Vertragsbestimmungen des Art. XX GATT unter Berücksichtigung des dogmatischen Charakters der Verhältnismäßigkeitsprüfung i. w. S. ergibt, nicht eingehalten wird. Denn das Argument der Erforderlichkeitsabwägung in grundsätzlicher Form stellt keinen tauglichen Widerlegungsgrund im Kontext des Art. XX GATT dar (Teil 5 Kapitel 19 § 2 A. II. 2. a) ee)).

### *b) Argument der internationalen Kooperationspflicht*

Bei Umwelt- und Gesundheitsschutzmaßnahmen spielt die Gewehrleistung bestimmter Schutzstandards beispielsweise für die Pandemiebekämpfung und den Klimaschutz eine wichtige Rolle. Die Verwirklichung dieser Regulierungsziele könnte durch nicht bzw. nur schwer überprüfbare Informationen aus dem Ausland verhindert werden. Denn die Beurteilung der Gefährdungslage des Schutzguts hängt von der Zuverlässigkeit der Daten ab. Außerdem könnte ein ähnliches Schutzprogramm für ein bestimmtes Schutzgut in einem anderen Staat nach Ansicht des regulierenden WTO-Mitglieds nicht ausreichen, um das von ihm angestrebte Schutzniveau zu erreichen.

Im Folgenden wird zunächst dargestellt, dass das Argument der internationalen Kooperationspflicht in der Entscheidungspraxis zu Art. XX GATT von den WTO-Streitbeilegungsorganen im Rahmen der Chapeau-Prüfung in den folgenden Formen angewendet wird: nämlich Anerkennung des Schutzprogramms eines anderen WTO-Mitglieds, Anerkennung ausländischer Daten, Erleichterung des Marktzugangs, internationale Verhandlungen sowie Gewährung einer Übergangsfrist. Und dieses Argument ist ein implizites Abwägungsargument, genauer gesagt eine Erforderlichkeitsabwägung.

Sodann wird erörtert, dass das Argument der internationalen Kooperationspflicht gewisse Unbestimmtheit in der Entscheidungspraxis zu Art. XX GATT aufweist. Zum einen hat sich keine einheitliche Entscheidungspraxis für die Anerkennung einer internationalen Kooperationspflicht herausgebildet. Zum anderen ist die Begründung einer solchen Pflicht durch die WTO-Streitbeilegungsorgane nicht ausreichend überzeugend. Anschließend wird erläutert, dass die Diskussion im Schrifttum keine überzeugende Begründung für eine internationale Kooperationspflicht liefert. Darauf folgend wird anhand des Charakters der Vermutung dargestellt, dass die internationale Kooperationspflicht im Rahmen der Chapeau-Prüfung keinen tauglichen Widerlegungsgrund gegen die Vermutung der Erforderlichkeit und implizit auch der Angemessenheit der umweltpolitischen Maßnahme darstellt. Ein richterlicher Aktivismus durch die Verwendung dieses Arguments kann daher nicht gerechtfertigt sein.

#### aa) Implizites Abwägungsargument als herangezogener Widerlegungsgrund

Das Argument der internationalen Kooperationspflicht findet in der Entscheidungspraxis in den folgenden Formen Anwendung: Anerkennung des Schutzniveaus eines anderen WTO-Mitglieds, Anerkennung ausländischer Daten, Erleichterung des Marktzugangs, internationale Verhandlungen und Gewährung einer Übergangsfrist. Dieses Argument ist eine Erforderlichkeitsabwägung.

##### *(1) Die internationale „Kooperationspflicht" in der Entscheidungspraxis der WTO-Streitbeilegungsorgane zu Art. XX GATT*

In der Entscheidungspraxis der WTO-Streitbeilegungsorgane zu Art. XX GATT zeigt sich das Argument der internationalen Kooperationspflicht in den folgenden Formen.

##### (a) Anerkennung des Schutzprogramms eines anderen WTO-Mitglieds in US – Shrimp

Der AB in US – Shrimp kritisierte, dass die USA bei der Erteilung von Zertifikaten[1058] ein Schutzprogramm in einem anderen Staat verlangten, das

[1058] Mit diesem Zertifikat wird der hinreichende Schutz von Meeresschildkröten beim Garnelenfang bescheinigt, sodass der Import von Garnelen in den USA vom allim Wesentlichen das gleiche wie in den USA sein müsse, ohne die unterschiedlichen Situationen in den verschiedenen Ländern zu berücksichtigen.[1059] Der in *Section* 609 vorgesehene Ermessensspielraum bei der Feststellung der Vergleichbarkeit des Schutzprogramms in einem anderen Mitglied werde in der Praxis niemals in Anspruch genommen.[1060] Demnach sollte das regulierende WTO-Mitglied nämlich einen Schutzstandard für die Meeresschildkröten anerkennen, soweit ein solches Schutzniveau von einem anderen WTO-Mitglied als angemessen angesehen wurde.

(b) Anerkennung ausländischer Daten in US – Gasoline

Bei der Chapeau-Prüfung stellte der AB in US – Gasoline[1061] fest, dass den USA mehr als lediglich eine Option zur Berechnung der Basislinien zur Verfügung stehe.[1062] Eine davon sei die Anwendung der gesetzlichen Basislinie auf inländische und ausländische Treibstoffe in nicht-diskriminierender Weise.[1063] Alternativ könnten die USA auch ausländischen Raffinerien erlauben, individuelle Basislinien anzuwenden.[1064]

Diese Alternative sei auch unter Berücksichtigung der Schwierigkeiten und Kosten im Zusammenhang mit Verifizierung und Durchsetzung für die USA zumutbar, weil diese Belastungen durch internationale Zusammenarbeit vermieden werden könnten.[1065] Da der AB das Unterlassen dieser Alternativen als unerforderlich ansah und aus diesem Grund eine willkürliche bzw. ungerechtfertigte Diskriminierung i. S. d. Chapeaus des Art. XX GATT bejahte,[1066] wurde dadurch auf den ersten Blick eine internationale Pflicht zur internationalen Kooperation begründet.

---

gemeinen Einfuhrverbot ausgenommen werden kann. Vgl. WTO, AB-Bericht v. 12.10.1998, WT/DS58/AB/R, „US – Shrimp“, Para. 3.

1059 WTO, AB-Bericht v. 12.10.1998, WT/DS58/AB/R, „US – Shrimp“, Para. 161 und 177.

1060 WTO, AB-Bericht v. 12.10.1998, WT/DS58/AB/R, „US – Shrimp“, Para. 161 und 177.

1061 Vgl. WTO, AB-Bericht v. 20.5.1996, WT/DS2/AB/R, „US – Gasoline“, S. 25 ff.

1062 WTO, AB-Bericht v. 20.5.1996, WT/DS2/AB/R, „US – Gasoline“, S. 25.

1063 WTO, AB-Bericht v. 20.5.1996, WT/DS2/AB/R, „US – Gasoline“, S. 25.

1064 WTO, AB-Bericht v. 20.5.1996, WT/DS2/AB/R, „US – Gasoline“, S. 25.

1065 WTO, AB-Bericht v. 20.5.1996, WT/DS2/AB/R, „US – Gasoline“, S. 25–27.

1066 WTO, AB-Bericht v. 20.5.1996, WT/DS2/AB/R, „US – Gasoline“, S. 28.

### (c) Unterstützungsmaßnahmen in US – Shrimp und EC – Seal Products

In US – Shrimp wurde möglicherweise eine Kooperationspflicht hinsichtlich der Übergangsperiode und des Technologietransfers vom AB bejaht. Den 14 karibischen Staaten wurde eine Übergangsfrist von drei Jahren gewährt, während den Beschwerdeführern sowie allen anderen Mitgliedern nur vier Monate zugestanden wurden. Diese unterschiedlichen Übergangsfristen für die Umsetzung mit TEDs sah der AB als eine willkürliche Diskriminierung i. S. d. Chapeaus des Art. XX GATT an.[1067] Eine weitere Diskriminierung i. S. d. Chapeaus sah der AB in den unterschiedlichen Bemühungen um Technologietransfer gegenüber den 14 karibischen Staaten und den Beschwerdeführern.[1068]

Außerdem werfe der AB in EC – Seal Products der EU vor, dass keine vergleichbaren Bemühungen unternommen würden, um den Zugang von Robbenprodukten aus kanadischen indigenen Gemeinden zur Inanspruchnahme der IG-Ausnahme zu erleichtern.[1069] Denn die EU habe nur für die grönländischen indigenen Gemeinden Unterstützungen gewährt, sodass Robbenprodukte aus Grönland bereits vor Einrichtung einer Anerkennungsbehörde zur Beurteilung der Identität der indigenen Gemeinden und der IG-Jagd auf den EU-Markt importiert werden dürften.[1070] Aufgrund dieses Umstands stellte der AB eine willkürliche und ungerechtfertigte Diskriminierung i. S. d. Chapeaus fest.[1071]

### (d) Internationale Verhandlungspflicht in US – Tuna I, US – Shrimp und China – Rare Earths

Nach Ansicht des Panels von US – Tuna I könne eine unilaterale Maßnahme zum Schutz von Delfinen nicht als erforderlich angesehen werden, sofern noch keine internationalen Verhandlungen zwischen den betroffenen GATT-Mitgliedern stattgefunden hätten.[1072]

---

1067 WTO, AB-Bericht v. 12. 10. 1998, WT/DS58/AB/R, „US – Shrimp", Para. 173.

1068 WTO, AB-Bericht v. 12. 10. 1998, WT/DS58/AB/R, „US – Shrimp", Para. 175.

1069 WTO, AB-Bericht v. 22. 5. 2014, WT/DS400/AB/R u. a., „EC – Seal Products", Para. 5.337.

1070 WTO, AB-Bericht v. 22. 5. 2014, WT/DS400/AB/R u. a., „EC – Seal Products", Para. 5.337.

1071 WTO, AB-Bericht v. 22. 5. 2014, WT/DS400/AB/R u. a., „EC – Seal Products", Para. 5.337, unter Verweis auf WTO, AB-Bericht v. 12. 10. 1998, WT/DS58/AB/R, „US – Shrimp", Para. 165: „We recall, in this regard, that a measure may result in arbitrary or unjustifiable discrimination ‚when the application of the measure at issue does not allow for any inquiry into the appropriateness of the regulatory program for the conditions prevailing in those exporting countries'."

1072 GATT, Panel-Bericht v. 3. 9. 1991, DS21/R-39S/155, „US – Tuna I", Para. 5.28: „The United States had not demonstrated to the Panel – as required of the party invok-

In US – Shrimp sah der AB auch eine „ungerechtfertigte Diskriminierung“ im Sinne des Chapeaus darin, dass die USA nur mit einigen, nicht jedoch mit allen WTO-Mitgliedern verhandelt hätten:[1073]

> It is relevant to observe that an import prohibition is, ordinarily, the heaviest „weapon“ in a Member's armoury of trade measures. The record does not, however, show that serious efforts were made by the United States to negotiate similar agreements with any other country or group of countries before (and, as far as the record shows, after) Section 609 was enforced on a world-wide basis on 1 May 1996.[1074] Clearly, the United States negotiated seriously with some, but not with other Members (including the appellees), that export shrimp to the United States. The effect is plainly discriminatory and, in our view, unjustifiable.[1075]

Eine ähnliche Pflicht zur internationalen Verhandlung findet sich zudem in China – Rare Earths. Dabei wurde eine willkürliche Diskriminierung i. S. d. Chapeaus festgestellt, da nur inländische, nicht aber ausländische Produzenten, Konsumenten und Industrien bei der Festlegung von Exportquoten konsultiert würden.[1076]

#### *(2) Implizites Abwägungsargument unter dem Titel der internationalen Kooperationspflicht*

Durch das Argument der internationalen Kooperationspflicht wird die Verfügbarkeit eines milderen und gleich geeigneten Mittels bejaht. Dieses Argument stellt folglich eine Erforderlichkeitsabwägung dar. Wird also eine „Erforderlichkeitsprüfung“ im Rahmen der Prüfung eines Absatzes des Art. XX GATT durch die WTO-Streitbeilegungsorgane negativ beurteilt, liegt da unvermeidlich eine implizite Abwägung zulasten des regulierenden WTO-Mitglieds vor.[1077] Wenn die negative Beurteilung der „Erforderlichkeitsprüfung“ in die Angemessenheitsprüfung, hier in die Angemessenheitsprüfung auf der Chapeau-Stufe, verlagert wird, liegt in diesem Schritt eine implizite Abwägung vor.[1078]

---

ing an Article XX exception – that it had exhausted all options reasonably available to it to pursue its dolphin protection objectives through measures consistent with the General Agreement, in particular through the negotiation of international cooperative arrangements, which would seem to be desirable in view of the fact that dolphins roam the waters of many states and the high seas.“

[1073] WTO, AB-Bericht v. 12. 10. 1998, WT/DS58/AB/R, „US – Shrimp“, Para. 171 – 172.

[1074] WTO, AB-Bericht v. 12. 10. 1998, WT/DS58/AB/R, „US – Shrimp“, Para. 171.

[1075] WTO, AB-Bericht v. 12. 10. 1998, WT/DS58/AB/R, „US – Shrimp“, Para. 172.

[1076] WTO, Panel-Bericht v. 26. 3. 2014, WT/DS431/R u. a., „China – Rare Earths“, Para. 7.653.

[1077] Teil 4 Kapitel 13 § 3 B.

[1078] Vgl. *Hirschberg*, Der Grundsatz der Verhältnismäßigkeit, 1981, S. 171; *Grimm*, Proportionality in Canadian and German Constitutional Jurisprudence, UTLJ 2017,

Somit ist das Argument der „internationalen Kooperationspflicht“ bei der Chapeau-Prüfung ein implizites Abwägungsargument, obwohl es sich oft explizit auf eine internationale Pflicht stützt. Eine solche Pflicht ist im GATT nicht vorgesehen.

### bb) Unbestimmtheit des Arguments der internationalen Kooperationspflicht in der Entscheidungspraxis zu Art. XX GATT

Erstens findet eine internationale Kooperationspflicht keine Stütze in den ständigen Entscheidungen der WTO-Streitbeilegungsorgane. Während der AB in den oben ausgeführten Verfahren eine Kooperations- und Verhandlungspflicht anscheinend als begründet ansah,[1079] wurde eine solche Anforderung in anderen umweltrelevanten Entscheidungen, wie in Brazil – Retreaded Tyres, EC – Seal Products und US – Gambling, hingegen nicht gestellt. In US – Gambling wurde eine Verhandlungspflicht sogar ausdrücklich vom AB abgelehnt,[1080] obwohl diese Pflicht später in China – Rare Earths, wie oben dargestellt, wieder anerkannt wurde.[1081]

Zweitens ist die Begründung einer internationalen Kooperationspflicht in der Entscheidungspraxis nicht ausreichend überzeugend. Der Grund für die Bejahung einer solchen Pflicht durch den AB besteht wohl darin, dass damit die Beschränkung der internationalen Handelsfreiheit abgemildert und das Regulierungsrecht eines anderen WTO-Mitglieds für den innerstaatlichen Umweltschutz respektiert werden kann.

Die Bejahung einer solchen Pflicht bedeutet jedoch zugleich eine Beschränkung, zumindest aus reiner empirischer Hinsicht, für das Umweltschutzrecht des regulierenden WTO-Mitglieds. Denn eine unilaterale Maßnahme darf nur dann als WTO-rechtskonform beurteilt werden, wenn sie in Verbindung mit internationalen Kooperationsbemühungen ergriffen wird. Diese Pflicht wurde vom AB als internationalem Schiedskörper als begründet angesehen, ohne jedoch vorher klarzustellen, wo die Grenze des Regulierungsrechts eines Mitglieds zum Regulierungsrecht und zur Handelsfreiheit eines anderen WTO-Mitglieds verläuft. Zum Beispiel, falls ein ausländisches Schutzprogramm für Meeresschildkröten anerkannt werden muss, wie der AB beispielsweise in

---

383, 392–393; wohl auch: *Saurer*, Globalisierung des Verhältnismäßigkeitsgrundsatzes, Der Staat 2012, 3, 31 i.V.m. 26; vgl. *Arsche*, Die Margin of Appreciation, 2018, S. 239.

[1079] Oben Teil 5 Kapitel 19 § 2 A. II. 2. b) aa) (1).

[1080] WTO, AB-Bericht v. 7.4.2005, WT/DS285/AB/R, „US – Gambling“, Para. 316–317.

[1081] WTO, Panel-Bericht v. 26.3.2014, WT/DS431/R u.a., „China – Rare Earths“, Para. 7.653.

US – Shrimp festgestellt hat, stellt sich wiederum die Frage, wie das Recht der USA zur Konservierung der Meeresschildkröten garantiert werden kann.

Diese Grenze wurde ebenso nicht vom AB in US – Gambling weiter geklärt, obwohl er eine internationale Verhandlungspflicht mit der Begründung ausdrücklich abgelehnt hatte, dass die Ergebnisse dieser Bemühungen ungewiss seien, was die Effektivität zur Erreichung des Schutzziels beeinträchtigen könne.[1082]

Hieraus ergibt sich, dass eine internationale Kooperationspflicht keine hinreichende Stütze in den Entscheidungen der WTO-Streitbeilegungsorgane findet und begründungsbedürftig ist.

#### cc) Keine abschließende Überwindung des Unbestimmtheitsproblems des Arguments der internationalen Kooperationspflicht im Rahmen der Chapeau-Prüfung durch die allgemeine Diskussion

In Teil 1 Kapitel 1 § 3 i. V. m. Teil 2 Kapitel 7 § 2 A. III. 1. wird im Rahmen der Darstellung der allgemeinen Diskussion über Prüfungsintensität und richterliche Zurückhaltung im WTO-Recht mit Bezug auf die Interpretation des Art. XX GATT ausführlich erläutert, dass Argumente – wie das der besseren Expertise, das Souveränitätsargument und das Argument der institutionellen Rolle – keine abschließende Antwort darauf gaben, inwieweit die WTO-Streitbeilegungsorgane richterliche Zurückhaltung bei der Überprüfung der Tatsachenfeststellungen und Rechtsurteile des regulierenden WTO-Mitglieds üben sollen.

Dieses Ergebnis gilt entsprechend für das Argument der internationalen Kooperationspflicht im Rahmen der Chapeau-Prüfung des Art. XX GATT. Denn dieses Argument ist eine Form der Erforderlichkeitsabwägung, bei der es sich sowohl um die Tatsachenfeststellung als auch um das darauf aufbauende Rechtsurteil handelt.[1083] Daran ändert sich nichts, dass die Erforderlichkeitsabwägung zulasten des regulierenden WTO-Mitglieds aufgrund der internationalen Kooperationspflicht nicht bereits im Rahmen der Prüfung eines Absatzes, sondern erst im Rahmen der Chapeau-Prüfung des Art. XX GATT vorgenommen wird.[1084] Somit wurde in dieser Diskussion nicht hinreichend

---

[1082] WTO, AB-Bericht v. 7. 4. 2005, WT/DS285/AB/R, „US – Gambling", Para. 316–317.

[1083] Teil 1 Kapitel 1 § 3 A. III. – § 3 A. IV.

[1084] Vgl. *Hirschberg*, Der Grundsatz der Verhältnismäßigkeit, 1981, S. 171; *Grimm*, Proportionality in Canadian and German Constitutional Jurisprudence, UTLJ 2017, 383, 392–393; wohl auch: *Saurer*, Globalisierung des Verhältnismäßigkeitsgrundsatzes, Der Staat 2012, 3, 31 i. V. m. 26; vgl. *Arsche*, Die Margin of Appreciation, 2018, S. 239.

geklärt, ob und inwieweit die WTO-Streitbeilegungsorgane richterliche Zurückhaltung üben oder Erforderlichkeitsabwägung zulasten des regulierenden WTO-Mitglieds aufgrund der internationalen Kooperationspflicht vornehmen sollen. Es wurde nämlich nicht hinreichend klargestellt, wie das Unbestimmtheitsproblem des Arguments der internationalen Kooperationspflicht überwunden werden kann.

#### dd) Keine abschließende Überwindung des Unbestimmtheitsproblems in der speziellen Diskussion über das Argument der internationalen Kooperationspflicht

Die Diskussion im Schrifttum liefert auch keine überzeugende Begründung für eine internationale Kooperationspflicht.

##### *(1) Befürwortung einer internationalen Kooperationspflicht*

Nach einer Ansicht stellt die internationale Kooperation mit anderen Mitgliedern eine Pflicht dar.[1085] Demzufolge sei die Entscheidung des AB, eine internationale Kooperation zu verlangen, das Ergebnis einer sorgfältigen Abwägung.[1086] Die Margin des regulierenden WTO-Mitglieds solle zwar grundsätzlich anerkannt werden.[1087] Wenn jedoch eine alternative Maßnahme zur Verfügung stehe, die den Handelsverstoß abmildern könne, müssen die Mit-

---

1085 *Tietje*, Normative Grundstrukturen der Behandlung nichttarifärer Handelshemmnisse in der WTO/GATT-Rechtsordnung, 1998, S. 288 ff.; *Appleton*, Shrimp/Turtle: Untangling the Nets, JIEL 1999, 477, 491 ff.; *Briese*, Precaution and Cooperation in the WTO, AYBIL 2002, 1, 11, 33 ff.; *Neumann*, Die Koordination des WTO-Rechts mit anderen völkerrechtlichen Ordnungen, 2002, S. 468 ff.; *Reinstein*, Trade and Environment, in: Lang (Hrsg.), Sustainable Development and International Law, 1995, S. 223 ff.; *Neumayer*, Trade and the Environment, JED 2000, 138, 147, 150, 154 und 155; *Howse/Regan*, The Product/Process Distinction, EJIL 2000, 249, 278; *Hansen*, Trade Measures and the Global Environment, VJIL 1999, 1017, 1045; vgl. *Bodansky*, Unilateral Action to Protect the Environment, EJIT 2000, 339, 341; *Scott*, Trade and Environment in the EU and WTO, in: Weiler (Hrsg.), The EU, the WTO, and the NAFTA, Band IX/1, 2001, S. 166–167 i. V. m. S. 140; *Emslie*, Labeling Programs as a Reasonably Available under Article XX, BJIL 2005, 485, 542–543; *Englisch/Falcão*, EU Carbon Border Adjustments and WTO Law, Part Two, ELR 2021, 10935, 10943; *Mehling u. a.*, Designing Border Carbon Adjustments for Enhanced Climate Action, AJIL 2019, 433, 469.

1086 *Appleton*, Shrimp/Turtle: Untangling the Nets, JIEL 1999, 477, jeweils 491–494.

1087 *Riffel*, The Chapeau: Stringent Threshold or Good Faith Requirement, LIEI 2018, 141, 172.

glieder ihr Gemeinwohlziel in möglichst handelsfreundlicher Weise verfolgen.[1088]

Denn eine starre unilaterale Umweltmaßnahme greife in das souveräne Recht eines anderen WTO-Mitglieds ein, über dessen Innenpolitik im Bereich des Umweltschutzes zu entscheiden.[1089] Ohne eine internationale Kooperationspflicht können unilaterale Handelsmaßnahmen daher von protektionistischen Interessen missbraucht werden und somit die Integrität des internationalen Handelssystems untergraben.[1090] Eine solche Kooperationspflicht ergebe sich ferner aus der notwendigen Verfahrensanforderung, mittels derer den Entscheidungen der WTO-Streitbeilegungsorgane Legitimität verliehen werden könne.[1091] Außerdem werde die Aussicht auf die Rechtmäßigkeit der Umweltschutzmaßnahme erhöht, wenn Verhandlungsbemühungen unternommen werden oder Flexibilität bei der Anwendung der Maßnahme gewährt werde.[1092]

*(2) Skepsis gegenüber einer internationalen Kooperationspflicht*

Teilweise wird vertreten, dass eine Pflicht zur internationalen Kooperation im WTO-Recht nicht anzunehmen ist.[1093]

---

1088 *Riffel*, The Chapeau: Stringent Threshold or Good Faith Requirement, LIEI 2018, 141, 172.

1089 *Howse/Regan*, The Product/Process Distinction, EJIL 2000, 249, 278; *Hansen*, Trade Measures and the Global Environment, VJIL 1999, 1017, 1045; *Bodansky*, Unilateral Action to Protect the Environment, EJIT 2000, 339, 341.

1090 *Neumayer*, Trade and the Environment, JED 2000, 138, 154 f.; *Reinstein*, Trade and Environment, in: Lang (Hrsg.), Sustainable Development and International Law, 1995, S. 230; *Vanden Brink*, Suggestions to Utilize GATT's Environmental Exceptions, CJIELP 2010, 85, 117.

1091 *Scott*, Trade and Environment in the EU and WTO, in: Weiler (Hrsg.), The EU, the WTO, and the NAFTA, Band IX/1, 2001, S. 166–167 i. V. m. S. 140.

1092 *Ghei*, Evaluating the WTO's Two Step Test for Environmental Measures under Article XX, CJIELP 2007, 117, 149–150.

1093 *Condon*, Does International Economic Law Impose a Duty to Negotiate?, CJIL 2018, 73; *Howse*, The Appellate Body Rulings in the Shrimp/Turtle Case, CJEL 2002, 489, 505 ff.; *Boisson de Chazournes*, Unilateralism and Environmental Protection, EJIL 2000, 315, 332 ff.; *Gaines*, The WTO's Reading of the GATT Article XX, UPJIL 2001, 739, 805 f.; *Bowen*, The WTO and Its Interpretation of the Article XX GATT, GJICL 2000, 181, 186 f.; *Qin*, Defining Nondiscrimination under the Law of the WTO, BUILJ 2005, 215, 262; *Weiler*, Nationaler Umweltschutz und Internationaler Warenverkehr, 1997, S. 140; *Paltrowitz*, A Greening of the World Trade Organization, BJIL 2001, 1789, 1829–1830; *Irish*, Global Public Policy and the WTO after Shrimp/Turtle and Asbestos, CYIL 2004, 253, 276.

Zur Begründung wird zunächst argumentiert, dass eine Pflicht zur multilateralen Handlung keine wörtliche Stütze im Chapeau des Art. XX GATT[1094] bzw. in anderen GATT-Vorschriften finde.[1095] Ferner greife die Anforderung, vor der Einführung eines Importverbots internationale Verhandlungen zu führen, zu weit in die nationale Handlungsfreiheit im Bereich des Umweltschutzes ein.[1096] Insbesondere führe eine solche Verhandlung heutzutage nicht unbedingt zu einem besseren Schutz des betreffenden Schutzguts, weil die Verhandlung zeitaufwändig sei und nicht immer erfolgreich sein könne.[1097] Daher sei es unpraktisch und ineffektiv, von den Parteien zu verlangen, kooperative Lösungen auszuhandeln, bevor dringende Gesundheits- und Umweltprobleme in Angriff genommen werden.[1098] Auch hinsichtlich des Vorsorgeprinzips dürfe ein regulierendes WTO-Mitglied ohne internationale Kooperationsbemühungen, beispielsweise ohne den Versuch zum Abschluss multilateraler Abkommen, unilaterale Umweltmaßnahmen ergreifen.[1099]

#### *(3) Stellungnahme und Zwischenergebnis: Begründungsdefizit einer internationalen Kooperationspflicht im Schrifttum*

Der Wesenskern der Argumente zugunsten einer internationalen Kooperationspflicht besteht darin, dass die Ausübung des Ausnahmerechts des regulierenden Mitglieds zur Umweltregulierung gemäß Art. XX GATT das Recht eines anderen WTO-Mitglieds zur Regulierung innerstaatlicher Umweltangelegenheiten und zur internationalen Handelsfreiheit aus dem GATT beeinträchtigen könnte, wenn keine Pflicht zur internationalen Zusammenarbeit

---

1094 *Condon*, Does International Economic Law Impose a Duty to Negotiate?, CJIL 2018, 73. 110; *Howse*, The Appellate Body Rulings in the Shrimp/Turtle Case, CJEL 2002, 507; *Gaines*, The WTO's Reading of the GATT Article XX, UPJIL 2001, 739, 807; *Irish*, Global Public Policy and the WTO after Shrimp/Turtle and Asbestos, CYIL 2004, 253, 276; *Cheyne*, Gateways to the Precautionary Principle in WTO Law, JEL 2007, 155, 166–167.

1095 *Qin*, Defining Nondiscrimination under the Law of the WTO, BUILJ 2005, 215, 262; *Bowen*, The WTO and Its Interpretation of the Article XX GATT, GJICL 2000, 181, 186f.

1096 *Gaines*, The WTO's Reading of the GATT Article XX, UPJIL 2001, 739, 805.

1097 *Condon*, Does International Economic Law Impose a Duty to Negotiate?, CJIL 2018, 73, 110; *Paltrowitz*, A Greening of the World Trade Organization, BJIL 2001, 1789, 1829–1830; *Green*, Climate Change, Regulatory Policy and the WTO, JIEL 2005, 143, 186–188.

1098 *Boisson de Chazournes*, Unilateralism and Environmental Protection, EJIL 2000, 315, 332; *Condon*, Does International Economic Law Impose a Duty to Negotiate?, CJIL 2018, 73, 110.

1099 *Cheyne*, Gateways to the Precautionary Principle in WTO Law, JEL 2007, 155, 166–167.

anerkannt wird. Wie weit der diesbezügliche Einschätzungsspielraum des regulierenden WTO-Mitglieds reicht, ist aber gerade fraglich. Ohne Klärung der Grenze dieser Margin of Appreciation kann nicht festgestellt werden, ob das Recht eines anderen WTO-Mitglieds zur Umweltregulierung und zur Handelsliberalisierung beeinträchtigt wird.

Eine Pflicht zur internationalen Kooperation kann sich ferner nicht aus den allgemeinen Rechtsgrundsätzen i. S. v. Art. 38 Abs. 1 lit. c IGH-Statut ergeben.[1100] Die Bejahung einer solchen Pflicht als allgemeinen Rechtsgrundsatz setzt zwar grundsätzlich nicht voraus, dass das regulierende WTO-Mitglied dem ausdrücklich zustimmt.[1101] Dies ändert jedoch nichts daran, dass das pragmatische Beurteilungskriterium für die Annahme eines solchen Rechtsgrundsatzes vage bleibt. Da sich die im Schrifttum hierfür herangezogene Begründung auf die Entscheidung des AB in US – Shrimp stützt,[1102] die jedoch gerade in Frage gestellt wird, reicht diese Feststellung des AB allein nicht aus, um eine internationale Kooperationspflicht als allgemeinen Rechtsgrundsatz i. S. v. Art. 38 Abs. 1 lit. c IGH-Statut zu bejahen.

Kernmangel der Argumente gegen eine internationale Kooperationspflicht besteht ebenso darin, dass ohne Klärung der Grenze des Einschätzungsspielraums des regulierenden WTO-Mitglieds nicht festgestellt werden kann, ob eine internationale Kooperationspflicht zwingend ausgeschlossen ist. Denn der genannte Einschätzungsspielraum unterliegt der Missbrauchskontrolle nach dem Chapeau des Art. XX GATT.[1103] Eine internationale Kooperationspflicht scheint daher erforderlich zu sein, um den Einschätzungsspielraum des regulierenden WTO-Mitglieds zur Abwendung eines Missbrauchs zu begrenzen.

Daher ist eine internationale Kooperationspflicht begründungsbedürftig. Eine solche Pflicht erscheint jedoch zugleich nicht ausgeschlossen.

---

[1100] *Tietje*, Die Völkerrechtliche Kooperationspflicht, EuR 2000, 285, 286, 288 f., 292, 293; vgl. auch *Briese*, Precaution and Cooperation in the WTO, AYBIL 2002, 1, 15 ff. bezüglich der Bejahung der Pflicht zur Kooperation aus dem Völkergewohnheitsrecht.

[1101] *Krajewski*, Völkerrecht, 3. Aufl. 2023, § 4 Rn. 150.

[1102] *Tietje*, Die Völkerrechtliche Kooperationspflicht, EuR 2000, 285, 288 f. Vgl. auch *Briese*, Precaution and Cooperation in the WTO, AYBIL 2002, 1, 33 f.

[1103] WTO, AB-Bericht v. 20. 5. 1996, WT/DS2/AB/R, „US – Gasoline", S. 22; WTO, AB-Bericht v. 12. 10. 1998, WT/DS58/AB/R, „US – Shrimp", Para. 144–145; WTO, AB-Bericht v. 3. 12. 2007, WT/DS332/AB/R, „Brazil – Retreaded Tyres", Para. 224; WTO, AB-Bericht v. 22. 5. 2014, „EC – Seal Products", Para. 5.327; WTO, Panel-Bericht v. 26. 3. 2014, WT/DS431/R u. a., „China – Rare Earths", Para. 7.347.

### ee) Argument der internationalen Kooperationspflicht als untauglicher Widerlegungsgrund

In Teil 5 Kapitel 17 § 3 wurde festgestellt, dass die Angemessenheitseinschätzung des regulierenden WTO-Mitglieds als erste Vermutung maßgeblich ist. Dies ergibt sich aus den Vertragsbestimmungen des Art. XX GATT unter Berücksichtigung des dogmatischen Charakters der Verhältnismäßigkeitsprüfung i. w. S.[1104] Taugliche Widerlegungsgründe gegen diese Vermutung sind ausschließlich die willkürliche Diskriminierung und die verschleierte Handelsbeschränkung i. S. d. Chapeaus des Art. XX GATT. Diese beiden Widerlegungsgründe dürfen aber zwingend erst nach der Feststellung der Angemessenheitsvermutung der angegriffenen Maßnahme geltend gemacht werden.[1105] Daneben gibt es keine weiteren tauglichen Widerlegungsgründe aus nichtvertraglichen Quellen des Völkerrechts.[1106]

Insbesondere stellt das implizite Abwägungsargument keinen tauglichen Widerlegungsgrund gegen die Vermutung der Maßgeblichkeit der Angemessenheitseinschätzung des regulierenden WTO-Mitglieds dar. Anhand des Charakters der Vermutung lassen sich ferner die offenen Bedenken ausräumen, dass eine zutreffende richterliche Entscheidung u. a. durch das implizite Abwägungsargument, nämlich durch das Argument der Erforderlichkeitsabwägung, getroffen werden kann.[1107]

Dieses Ergebnis gilt auch dann, wenn die Erforderlichkeitsabwägung zulasten des regulierenden WTO-Mitglieds nicht bereits bei der Erforderlichkeitsprüfung im Rahmen der Prüfung eines Absatzes vorgenommen, sondern in die Angemessenheitsprüfung im Rahmen der Chapeau-Stufe des Art. XX GATT verschoben wird.[1108] Ebenso gilt dieses Ergebnis für das Argument der internationalen Kooperationspflicht, weil es eine Form der Erforderlichkeitsabwägung im Rahmen der Chapeau-Prüfung des Art. XX GATT darstellt.

Grundlagen des Arguments der internationalen Kooperationspflicht zur Widerlegung der Erforderlichkeits- und damit implizit auch der Angemessenheitsvermutung der ergriffenen Maßnahme sind die empirischen qualitativen und quantitativen Auswirkungen der angegriffenen Maßnahme sowie der vorgeschlagenen Alternativmaßnahme auf das einschlägige Schutzgut und die Handelsfreiheit. Diese empirischen Aspekte und das darauf aufbauende Wert-

[1104] Ausführlich hierzu siehe: Teil 5 Kapitel 17 § 3 B.

[1105] Teil 5 Kapitel 18 § 1.

[1106] Teil 6 Kapitel 21 § 3.

[1107] Teil 5 Kapitel 18 § 2 B.

[1108] *Hirschberg*, Der Grundsatz der Verhältnismäßigkeit, 1981, S. 171; *Grimm*, Proportionality in Canadian and German Constitutional Jurisprudence, UTLJ 2017, 383, 392–393; vgl. *Arsche*, Die Margin of Appreciation, 2018, S. 239.

urteil sind von der Vermutung der Erforderlichkeit und der Angemessenheit gedeckt. Diese Vermutungen beinhalten nämlich auch die Annahme, dass keine mildere und gleichgeeignete Alternativmaßnahme zur Verfügung steht, die in gleichwirksamer Weise das Schutzziel und das Schutzniveau erreicht.[1109] Daher ist es bereits vermutet worden, dass die vorgeschlagenen Alternativen, u. a. die Anerkennung des Schutzprogramms eines anderen WTO-Mitglieds, die Anerkennung ausländischer Daten, die Erleichterung des Marktzugangs, internationale Verhandlungen sowie die Gewährung einer Übergangsfrist, trotz ihrer milderen Handelsbeschränkung nicht als verfügbar beurteilt werden können.

Wenn aber das Argument der internationalen Kooperationspflicht, nämlich allein die empirischen Auswirkungen der ergriffenen Maßnahme und einer vorgeschlagenen Alternativmaßnahme auf das angegebene Schutzgut und auf die Handelsfreiheit sowie das darauf aufbauende Werturteil, als Widerlegungsgrund gegen die Erforderlichkeits- und damit implizit auch gegen die Angemessenheitsvermutung im Rahmen der Chapeau-Prüfung geltend gemacht wird, ist eigentlich noch keine Begründung vorgenommen worden, sondern nur eine Wiederholung der zu begründenden These.

Eine Bejahung dieses Arguments als tauglicher Widerlegungsgrund führt dazu, dass die Erforderlichkeits- und implizit auch Angemessenheitsvermutung bereits mit der Begründung abschließend widerlegt werden kann, dass diese Vermutungen jeweils eine solche sind. Dies führt zu einem Widerspruch, weil die angegriffene Maßnahme in diesem Fall sowohl vorläufig erforderlich und angemessen als auch endgültig unerforderlich und unangemessen ist. Dies führt auch zur Unwirksamkeit des einschlägigen Absatzes des Art. XX GATT, weil dieselbe Umweltschutzmaßnahme unter Berufung auf denselben Absatz sowohl vorläufig rechtmäßig als auch endgültig rechtswidrig ist, wenn die Erforderlichkeitsabwägung in Form der internationalen Kooperationspflicht im Rahmen der Chapeau-Prüfung zulasten des regulierenden WTO-Mitglieds herangezogen wird.[1110]

Somit stellt das Argument der internationalen Kooperationspflicht keinen tauglichen Widerlegungsgrund dar.

---

[1109] Teil 5 Kapitel 18 § 2 B.

[1110] Teil 5 Kapitel 18 § 2 B.

#### ff) Zwischenergebnis: Keine Rechtfertigung des richterlichen Aktivismus durch die Verwendung des Arguments der internationalen Kooperationspflicht

Somit wurde keine hinreichende richterliche Zurückhaltung durch die WTO-Streitbeilegungsorgane geübt, als sie die Erforderlichkeits- und damit implizit auch Angemessenheitseinschätzung des regulierenden WTO-Mitglieds durch das Argument der internationalen Kooperationspflicht im Rahmen der Chapeau-Prüfung des Art. XX GATT ablehnten. Dieses Argument ist eine Form der Erforderlichkeitsabwägung, die gewisse Unbestimmtheit in der Entscheidungspraxis der WTO-Streitbeilegungsorgane aufweist (Teil 5 Kapitel 19 § 2 A. II. 2. b) aa)–§ 2 A. II. 2. b) bb)). In der bisherigen wissenschaftlichen Diskussion wurde auch nicht hinreichend geklärt, wie das Unbestimmtheitsproblem dieses Arguments überwunden werden soll (Teil 5 Kapitel 19 § 2 A. II. 2. b) cc)–§ 2 A. II. 2. b) dd)).

Ein derartiger richterlicher Aktivismus ist nicht gerechtfertigt, weil die Vermutungs- und Widerlegungsregel, die sich aus den Vertragsbestimmungen des Art. XX GATT unter Berücksichtigung des dogmatischen Charakters der Verhältnismäßigkeitsprüfung i. w. S. ergibt, nicht eingehalten wird. Denn das Argument der internationalen Kooperationspflicht als eine Form der Erforderlichkeitsabwägung stellt keinen tauglichen Widerlegungsgrund im Kontext des Art. XX GATT dar (Teil 5 Kapitel 19 § 2 A. II. 2. b) ee)).

### 3. Missbrauchsargument unter dem Titel rechtsstaatlicher Anforderungen im Rahmen der Chapeau-Prüfung des Art. XX GATT

In der Entscheidungspraxis der WTO-Streitbeilegungsorgane zum „grünen“ Art. XX GATT wird das Missbrauchsargument unter dem Titel rechtsstaatlicher Anforderungen zur Ablehnung der Rechtmäßigkeitseinschätzung des regulierenden WTO-Mitglieds hinsichtlich seiner unilateralen umweltpolitischen Maßnahme direkt verwendet.

Dieses Argument wird in zwei Erscheinungsformen herangezogen, nämlich in Form der Ambiguität der Beurteilungsmaßstäbe und der Verletzung des fairen Verfahrens. Das Missbrauchsargument in beiden Formen ist jeweils ein implizites Abwägungsargument, obwohl es sich eher explizit auf die rechtsstaatliche Anforderung stützt. Das Missbrauchsargument in beiden Formen weist jedoch jeweils gewisse Unbestimmtheit in der Entscheidungspraxis auf. Im Schrifttum wurde auch nicht hinreichend geklärt, wie dieses Unbestimmtheitsproblem zu überwinden ist. Anhand des Charakters der Vermutung lässt sich feststellen, dass das Missbrauchsargument keinen tauglichen Widerlegungsgrund gegen die Vermutung der Maßgeblichkeit der Einschätzung des regulierenden WTO-Mitglieds zur Legitimität des angegebenen Schutzziels und zur Verhältnismäßigkeit i. w. S. der angegriffenen Maßnahme darstellt.

### *a) Missbrauchsargument der Ambiguität der Beurteilungsmaßstäbe*

Die erste Erscheinungsform des Missbrauchsarguments im Rahmen der Chapeau-Prüfung des Art. XX GATT ist das Argument der Ambiguität der Beurteilungsmaßstäbe.

#### aa) Missbrauchsargument der Ambiguität der Beurteilungsmaßstäbe in der Entscheidungspraxis zu Art. XX GATT als implizites Abwägungsargument

Das Missbrauchsargument der Ambiguität der Beurteilungsmaßstäbe in der Entscheidungspraxis zu Art. XX GATT ist ein implizites Abwägungsargument, obwohl es sich eher explizit auf die rechtsstaatliche Anforderung stützt.

##### *(1) Missbrauchsargument der Ambiguität der Beurteilungsmaßstäbe in der Entscheidungspraxis zu Art. XX GATT*

Bereits in US – Tuna I,[1111] US – Shrimp[1112] und China – Rare Earths[1113] finden sich Spuren einer direkten Anwendung des Missbrauchsarguments der Ambiguität der Beurteilungsmaßstäbe. Zum ersten Mal wurde die Rechtmäßigkeit des EU-Robbenschutzprogramms in EC – Seal Products[1114] ausdrücklich mittels dieses Arguments abgelehnt.

##### (a) Spuren einer direkten Anwendung des Missbrauchsarguments der Ambiguität der Beurteilungsmaßstäbe in US – Tuna I, US – Shrimp, EC – Tariff Preferences und China – Rare Earths

In US – Tuna I war das Panel der Ansicht, dass das Einfuhrverbot der USA nicht als vorhersehbar angesehen werden könne, weil es die maximale Tötungsquote der Delfine durch Mexiko von der inländischen Tötungsquote der

---

1111 GATT, Panel-Bericht v. 3. 9. 1991, DS21/R-39S/155, „US – Tuna I", Para. 5.28.

1112 WTO, AB-Bericht v. 12. 10. 1998, WT/DS58/AB/R, „US – Shrimp", Para. 182–183.

1113 WTO, Panel-Bericht v. 26. 3. 2014, WT/DS431/R u. a., „China – Rare Earths", Para. 7.654.

1114 WTO, AB-Bericht v. 22. 5. 2014, WT/DS400/AB/R u. a., „EC – Seal Products", Para. 5.321 ff., 5.327.

USA abhängig mache.[1115] Die mexikanischen Behörden könnten daher nicht wissen, ob ihre inländische Maßnahme zu einem bestimmten Zeitpunkt den Delfinschutznormen der USA entspreche.[1116] In US – Shrimp gehöre die Einhaltung der Transparenz- und prozessualen Anforderungen nach Ansicht des AB zu den Prüfungsinhalten des Chapeaus von Art. XX GATT.[1117] Nach Ansicht des Panels von EC – Tariff Preferences habe die EG keine Beweise für das Vorhandensein eines objektiven Beurteilungskriteriums für den Schweregrad des Drogenproblems, nämlich den Gefährdungsgrad der nachhaltigen Entwicklung eines Entwicklungslandes,[1118] vorgebracht.[1119] In diesem Verfahren wurde das Ambiguitätsargument jedoch nicht ausdrücklich als Missbrauchsargument genannt.

Ebenfalls in China – Rare Earths wurde die Unbestimmtheit des Kriteriums für die Quotenverteilung zwischen aus- und inländischen Verbrauchern vom Panel kritisiert, weil die Exportquoten auf den tatsächlichen Verbrauchsmengen im Vorjahr basierten, während die inländischen Quoten anscheinend auf der Grundlage der im chinesischen Fünfjahresplan prognostizierten Nachfrage festgelegt würden.[1120]

#### (b) Erstmalige Anwendung des Missbrauchsarguments der Ambiguität der Beurteilungsmaßstäbe in der Entscheidungspraxis in EC – Seal Products

In EC – Seal Products qualifiziert der AB zum ersten Mal eine willkürliche Diskriminierung i. S. d. Chapeaus des Art. XX GATT ausdrücklich als Missbrauch aufgrund der Ambiguität der Beurteilungsmaßstäbe.[1121] In dieser Streitigkeit war die Unterscheidung zwischen kommerziellem und IG-Fang von Robben[1122] entscheidend für die Inanspruchnahme der IG-Ausnahme, mittels

---

[1115] GATT, Panel-Bericht v. 3. 9. 1991, DS21/R-39S/155, „US – Tuna I“, Para. 5.28.

[1116] GATT, Panel-Bericht v. 3. 9. 1991, DS21/R-39S/155, „US – Tuna I“, Para. 5.28.

[1117] WTO, AB-Bericht v. 12. 10. 1998, WT/DS58/AB/R, „US – Shrimp“, Para. 182–183.

[1118] Vgl. WTO, Panel-Bericht v. 15. 9. 2020, WT/DS543/R, „US – Tariff Measures“, Para. 7.201.

[1119] Vgl. WTO, Panel-Bericht v. 15. 9. 2020, WT/DS543/R, „US – Tariff Measures“, Para. 7.229–7.233.

[1120] WTO, Panel-Bericht v. 26. 3. 2014, WT/DS431/R u. a., „China – Rare Earths“, Para. 7.654.

[1121] WTO, AB-Bericht v. 22. 5. 2014, WT/DS400/AB/R u. a., „EC – Seal Products“, Para. 5.321 ff., 5.327.

[1122] WTO, AB-Bericht v. 22. 5. 2014, WT/DS400/AB/R u. a., „EC – Seal Products“, Para. 5.321.

derer die Robbenprodukte trotz des allgemeinen Vermarktungsverbots auf dem EU-Markt verbracht werden durften.

Nach Auffassung des AB stelle die fehlende Definition des Existenzminimums indigener Gemeinden und der *partial use* der gefangenen Robben, die den Beurteilungsmaßstab für die Unterscheidung zwischen indigenem und kommerziellem Robbenfang darstelle, eine hinreichende Grundlage für die Bejahung einer willkürlichen Diskriminierung i. S. d. Chapeaus des Art. XX GATT dar.[1123] Denn diese Unbestimmtheit könne zum Missbrauch führen, weil dem regulierenden WTO-Mitglied in diesem Fall ein weiterreichender Ermessensspielraum zustehe.[1124] Aufgrund der Ambiguität der Beurteilungskriterien sei es ferner für einen außenstehenden Überprüfungskörper i. S. v. Art. 6 der Durchführungsverordnung des EU-Robbenprogramms[1125] unmöglich, die rechtskonforme Anwendung dieser Kriterien zu bewerten und zu kontrollieren.[1126]

*(2) Missbrauchsargument der Ambiguität der Beurteilungsmaßstäbe in der Entscheidungspraxis zu Art. XX GATT als implizites Abwägungsargument*

Aus der oben dargestellten Begründung des AB ergibt sich, dass die Bejahung eines Missbrauchs aufgrund der Ambiguität der Beurteilungsmaßstäbe darauf beruhte, dass die IG-Ausnahme nicht zum Schutz der indigenen Gemeinden, sondern zum Marktzugang für Robbenprodukte aus kommerzieller Jagd bestimmter Länder ausgenutzt werden könne, weil der EU als regulierendem Mitglied dazu ein weiterreichender Ermessensspielraum zustehe.[1127]

Die Abstraktheit ist jedoch jedem Maßstab inhärent, und eine zwingende Mindestanforderung an die Bestimmtheit eines Maßstabs ist im GATT nicht

---

1123 WTO, AB-Bericht v. 22. 5. 2014, WT/DS400/AB/R u. a., „EC – Seal Products", Para. 5.324–5.325.

1124 WTO, AB-Bericht v. 22. 5. 2014, WT/DS400/AB/R u. a., „EC – Seal Products", Para. 5.326 f., 5.326: „Given the ambiguities that can arise with respect to at least two elements of the IC requirements, the recognized bodies would appear to enjoy broad discretion in applying the IC requirements, which could allow for instances of abuse of the IC exception, even where the recognized body is acting in good faith."

1125 Verordnung der Kommission v. 10. 8. 2010 mit Durchführungsvorschriften zur Verordnung (EG) 1007/2009 des Europäischen Parlaments und des Rates über den Handel mit Robbenerzeugnissen, VO (EU) 737/2010, ABl. 2010 L 216/1.

1126 WTO, AB-Bericht v. 22. 5. 2014, WT/DS400/AB/R u. a., „EC – Seal Products", Para. 5.327.

1127 WTO, AB-Bericht v. 22. 5. 2014, WT/DS400/AB/R u. a., „EC – Seal Products", Para. 5.328. So auch: *Shaffer/Pabian*, Puzzles from EC – Seal Products, AJIL 2015, 154, 158.

vorgesehen. Insbesondere sieht Art. XX GATT nicht vor, dass eine unilaterale umweltpolitische Maßnahme einem *konkreten* Bestimmtheitsgebot unterliegt. Selbst wenn ein solches Gebot ggf. aus Art. X:3 GATT hergeleitet werden kann,[1128] kann dessen Verletzung unter Berufung auf Art. XX GATT gerechtfertigt sein. Dies ergibt sich aus der Rolle des Art. XX GATT als Ausnahmevorschrift, mittels derer die Verletzung der Pflichten aus den materiellen Vorschriften des GATT gerechtfertigt sein kann.

Bei der Feststellung eines Missbrauchs aufgrund der Ambiguität der Beurteilungsmaßstäbe hatte der AB in EC – Seal Products[1129] daher nur die empirische Unbestimmtheit dieser Maßstäbe und die damit verbundenen möglichen handelsbeschränkenden Auswirkungen dargestellt und darauf aufbauend ein normatives Urteil nach eigenem Ermessen getroffen.

Daher wird die Ambiguität und der damit verbundene Missbrauch des Regulierungsrechts der EU nach Art. XX (a) GATT mittels eines Abwägungsarguments festgestellt. Dieses Abwägungsargument erfolgt implizit, weil es sich dabei eher explizit auf das Bestimmtheitsgebot stützt.

#### bb) Unbestimmtheit des Missbrauchsarguments der Ambiguität der Beurteilungsmaßstäbe in der Entscheidungspraxis der WTO-Streitbeilegungsorgane zu Art. XX GATT

Außer in der AB-Entscheidung zu EC – Seal Products[1130] wurde das Missbrauchsargument der Ambiguität der Beurteilungsmaßstäbe in keinem anderen Verfahren im Rahmen der Chapeau-Prüfung des Art. XX GATT ausdrücklich herangezogen. Seine pragmatische Anwendbarkeit in künftiger Entscheidungspraxis ist folglich zunächst unklar.

Außerdem sind Definition und Beurteilungsmaßstab naturgemäß mit Abstraktheit verbunden. Ob diese Abstraktheit bzw. Ambiguität das Niveau der normativen Vorwerfbarkeit nach Art. XX GATT erreicht, ist fraglich. Der AB in EC – Seal Products[1131] hat gerade diese Frage nicht hinreichend klargestellt. Es gibt zwar keine konkrete Definition für indigene Gemeinde und

[1128] Vgl. WTO, AB-Bericht v. 12.10.1998, WT/DS58/AB/R, „US – Shrimp", Para. 180 f., 182–183; *Riffel*, The Chapeau: Stringent Threshold or Good Faith Requirement, LIEI 2018, 141, 167; *Bartels*, The Chapeau of the General Exceptions in the WTO GATT and GATS Agreements, AJIL 2015, 95, 122.

[1129] WTO, AB-Bericht v. 22.5.2014, WT/DS400/AB/R u.a., „EC – Seal Products", Para. 5.321 ff., 5.327.

[1130] WTO, AB-Bericht v. 22.5.2014, WT/DS400/AB/R u.a., „EC – Seal Products", Para. 5.321 ff., 5.327.

[1131] WTO, AB-Bericht v. 22.5.2014, WT/DS400/AB/R u.a., „EC – Seal Products", Para. 5.321 ff., 5.327.

*partial use* usw. Diese Begriffe enthalten aber schon gewisse bestimmte Inhalte und nur ihre konkrete Reichweite ist nicht klar. Der AB hatte diese Abstraktheit dargestellt, jedoch nicht weiter geklärt, warum darauf aufbauend eine normative Vorwerfbarkeit getroffen werden muss.

Trotz dieser Unbestimmtheit ist nicht ausgeschlossen, dass anhand des Missbrauchsarguments der Ambiguität der Beurteilungsmaßstäbe die Angemessenheit der angegriffenen Maßnahme richtig beurteilt und damit ein zutreffendes Ergebnis erzielt werden kann. Denn zur Ablehnung der Zuverlässigkeit dieses Prüfungsmaßstabs soll dargestellt werden, woraus sich eine zwingende Mindestanforderung an die Bestimmtheit dieses Arguments ergibt.

#### cc) Keine abschließende Überwindung des Unbestimmtheitsproblems des Missbrauchsarguments der Ambiguität der Beurteilungsmaßstäbe im Schrifttum

Im Schrifttum wurde dem Missbrauchsargument der Ambiguität der Beurteilungsmaßstäbe im Rahmen der Chapeau-Prüfung des Art. XX GATT bislang wenig Aufmerksamkeit geschenkt. Die Anwendung dieses Arguments wird überwiegend befürwortet.[1132] Hingegen findet sich kaum ein Hinweis auf die Kritik an diesem Prüfungsansatz. Aus den herangezogenen Argumenten zugunsten dieses Prüfungsansatzes im Schrifttum ergibt sich jedoch nichts darüber, wie das Unbestimmtheitsproblem dieses Arguments zu überwinden ist.

Neben der deskriptiven Darstellung dieses Prüfungsansatzes[1133] wird nämlich in der wissenschaftlichen Literatur teilweise die Ambiguität der Definition bzw. der Beurteilungsmaßstäbe, wie sie der AB in EC – Seal Products feststellte,[1134] als eine Verletzung der prozessualen Anforderungen des GATT angesehen.[1135] Demnach stelle das Verbot der Ambiguität der Definitionen

---

[1132] *Riffel*, The Chapeau: Stringent Threshold or Good Faith Requirement, LIEI 2018, 141, 167; *Bartels*, The Chapeau of the General Exceptions in the WTO GATT and GATS Agreements, AJIL 2015, 95, 122; *Howse/Langille/Sykes*, Pluralism in Practice, GWILR 2015, 81, 120; *Marín Durán*, Measures with Multiple Competing Purposes after EC – Seal Products, JIEL 2016, 467, 473, 479; *Leonelli*, Thinking About the Chapeau of Article XX GATT in Times of Climate Crisis, JIEL 2023, 416, 423.

[1133] *Howse/Langille/Sykes*, Pluralism in Practice, GWILR 2015, 81, 120; *Marín Durán*, Measures with Multiple Competing Purposes after EC – Seal Products, JIEL 2016, 467, 473, 479.

[1134] WTO, AB-Bericht v. 22. 5. 2014, WT/DS400/AB/R u. a., „EC – Seal Products", Para. 5.321 ff., 5.327.

[1135] *Riffel*, The Chapeau: Stringent Threshold or Good Faith Requirement, LIEI 2018, 141, 167; *Bartels*, The Chapeau of the General Exceptions in the WTO GATT and GATS Agreements, AJIL 2015, 95, 122.

und Beurteilungsmaßstäbe eine Anforderung des Transparenzgebots nach Art. X:3 GATT dar.[1136]

Die Ambiguität der Definition und Beurteilungsmaßstäbe betrifft hauptsächlich die materiellen Aspekte der angegriffenen Maßnahme, wirkt sich aber zwangsläufig mittelbar auf die verfahrensrechtlichen Aspekte dieser Maßnahme bei ihrer Durchführung aus.[1137] Dennoch führt die Ambiguität der Definition und der Beurteilungsmaßstäbe nicht zu einer Verletzung des Art. X:3 GATT. Zwar stellte der AB in US – Shrimp fest, dass bestimmte Verfahrensaspekte der US-amerikanischen Maßnahme die Mindestanforderung des Art. X:3 GATT verletzten.[1138] Nach Ansicht des AB fehle es dem Verfahren zur Erteilung von Zertifikaten nämlich an Transparenz und Vorhersehbarkeit.[1139] Zudem hätten die Antragsteller keine Möglichkeit zur Stellungnahme, und im Falle einer Ablehnung kein Rechtsbehelf zur Verfügung.[1140] Eine Mindestanforderung an Transparenz, dessen Verletzung eine Rechtfertigung nach Art. XX GATT ausschließt, ergibt sich aus dem Wortlaut des Art. X:3 GATT jedoch nicht.[1141]

Ferner lässt sich das Argument der Ambiguität der Beurteilungsmaßstäbe nicht mit dem Missbrauchsverbot als allgemeinem Rechtsgrundsatz des Völkerrechts begründen. Aus dem Missbrauchsverbot ergäbe sich zwar potenziell eine Grenze für das Ausnahmerecht eines WTO-Mitglieds zur Umweltregulierung nach Art. XX GATT. Einen konkreten Maßstab für die Bestimmung dieser Grenze liefert das Rechtsmissbrauchsverbot jedoch nicht.[1142] Es ist daher schwierig zu beurteilen, ob das Verbot der Ambiguität der Beurteilungsmaßstäbe tatsächlich von dem Missbrauchsverbot erfasst ist und wie eine solche festzustellen ist.

Außerdem führt die Ambiguität des Wortlauts einer völkerrechtlichen Vertragsvorschrift nicht zwingend zu ihrer Rechtswidrigkeit.[1143] Der ambige

---

1136 *Riffel*, The Chapeau: Stringent Threshold or Good Faith Requirement, LIEI 2018, 141, 167; *Bartels*, The Chapeau of the Exceptions in the WTO GATT and GATS Agreements, AJIL 2015, 95, 122.

1137 Im Ergebnis auch: *Bartels*, The Chapeau of the General Exceptions in the WTO GATT and GATS Agreements, AJIL 2015, 95, 122.

1138 WTO, AB-Bericht v. 12. 10. 1998, WT/DS58/AB/R, „US – Shrimp", Para. 183.

1139 WTO, AB-Bericht v. 12. 10. 1998, WT/DS58/AB/R, „US – Shrimp", Para. 183.

1140 WTO, AB-Bericht v. 12. 10. 1998, WT/DS58/AB/R, „US – Shrimp", Para. 183.

1141 Wie der AB selbst zugab: „[…] the fact, too, that there is no formal legal procedure for review of, or appeal from, a denial of an application, are all contrary to the spirit, if not the letter, of Article X:3 of the GATT 1994." WTO, AB-Bericht v. 12. 10. 1998, WT/DS58/AB/R, „US – Shrimp", Para. 183.

1142 Insoweit vgl. Teil 6 Kapitel 21 § 3 B. I.

1143 *Kulick*, Vagueness and Ambiguity in International Law, GYIL 2016, 257, 266; *Fischhendler*, When Ambiguity in Treaty Design Becomes Destructive, GEP 2008, 111.

Wortlaut des Art. XX GATT[1144] wird teilweise als Beispiel für eine bewusste strategische Ambiguität völkerrechtlicher Vertragstexte bezeichnet, um einen weitreichenden Schutz bestimmter Rechtsgüter zu ermöglichen.[1145] Daher scheint es möglich zu sein, dass die EU als regulierendes Mitglied durch die ambige Gestaltung der Beurteilungsmaßstäbe für den IG-Fang in Art. 3 der Durchführungsverordnung des EU-Robbenprogramms[1146] ein derart hohes Schutzniveau für den IG-Schutz festlegte, dass eine indigene Gemeinschaft bzw. ein IG-Produkt ohne jede Beschränkung durch eine Definition allein nach dem eigenen Ermessen festgestellt werden durfte.

Nicht ausgeschlossen erscheint aber zugleich, dass sich eine Beschränkung des Rechts eines WTO-Mitglieds zur Umweltregulierung nach Art. XX GATT aus der Ambiguität der Beurteilungsmaßstäbe ergeben könnte. Denn es scheint nicht ausgeschlossen zu sein, dass das genannte Ausnahmerecht durch die ambige Gestaltung der einschlägigen Definitionen und Beurteilungsmaßstäbe missbraucht werden kann.

#### dd) Missbrauchsargument der Ambiguität der Beurteilungsmaßstäbe als untauglicher Widerlegungsgrund

In Teil 5 Kapitel 17 § 3 wurde festgestellt, dass die Angemessenheitseinschätzung des regulierenden WTO-Mitglieds als erste Vermutung maßgeblich ist. Dies ergibt sich aus den Vertragsbestimmungen des Art. XX GATT unter Berücksichtigung des dogmatischen Charakters der Verhältnismäßigkeitsprüfung i. w. S.[1147] Taugliche Widerlegungsgründe gegen diese Vermutung sind ausschließlich die willkürliche Diskriminierung und die verschleierte Handelsbeschränkung i. S. d. Chapeaus des Art. XX GATT. Diese beiden Widerlegungsgründe dürfen aber zwingend erst nach der Feststellung der Angemessenheitsvermutung der angegriffenen Maßnahme geltend gemacht werden.[1148] Daneben bestehen keine weiteren tauglichen Widerlegungsgründe aus nichtvertraglichen Quellen des Völkerrechts.[1149]

---

[1144] WTO, AB-Bericht v. 20. 5. 1996, WT/DS2/AB/R, „US – Gasoline", S. 23.

[1145] *Kulick*, Vagueness and Ambiguity in International Law, GYIL 2016, 257, 266: „The Contracting Parties to the GATT deliberately chose a broad term in order to the legitimate protection of human, animal or plant life or health." *Smith*, Much Needed Reform in the Realm of Public Morals, CJICL 2011, 733, 747, 772.

[1146] Verordnung der Kommission v. 10. 8. 2010 mit Durchführungsvorschriften zur Verordnung (EG) 1007/2009 des Europäischen Parlaments und des Rates über den Handel mit Robbenerzeugnissen, VO (EU) 737/2010, ABl. 2010 L 216/1.

[1147] Ausführlich hierzu siehe: Teil 5 Kapitel 17 § 3 B.

[1148] Teil 5 Kapitel 18 § 1.

[1149] Teil 6 Kapitel 21 § 3.

Insbesondere stellt das implizite Abwägungsargument keinen tauglichen Widerlegungsgrund gegen die Vermutung der Maßgeblichkeit der Angemessenheitseinschätzung des regulierenden WTO-Mitglieds dar. Anhand des Charakters der Vermutung lassen sich ferner die offenen Bedenken ausräumen, dass eine zutreffende richterliche Entscheidung u. a. durch das implizite Abwägungsargument getroffen werden kann.[1150] Dieses Ergebnis gilt auch für das Missbrauchsargument der Ambiguität der Beurteilungsmaßstäbe im Rahmen der Chapeau-Prüfung des Art. XX GATT. Denn auch dieses Argument stellt ein implizites Abwägungsargument dar, obwohl es sich eher explizit auf das Bestimmtheitsgebot als rechtsstaatliche Anforderung stützt.[1151]

Grundlagen des Arguments der Ambiguität der Beurteilungsmaßstäbe zur Widerlegung der Angemessenheitsvermutung der ergriffenen Umweltschutzmaßnahme sind die möglicherweise fehlende Schutzwirkung auf ein angegebenes Schutzgut sowie die diskriminierenden und handelsbeschränkenden Auswirkungen der angegriffenen Maßnahme, die infolge der Ambiguität der Definition bzw. der Beurteilungsmaßstäbe entstehen können. Denn dem regulierenden WTO-Mitglied stehe in diesem Fall nach der Ansicht des AB ein weiterreichender Ermessensspielraum zu.[1152] So könne die IG-Ausnahme demnach aufgrund der Ambiguität der Definition und Beurteilungsmaßstäbe nicht zum Schutz der indigenen Gemeinden, sondern zum Marktzugang für Robbenprodukte aus der kommerziellen Jagd bestimmter Länder missbraucht werden.[1153] Diese empirischen Aspekte und das darauf aufbauende Werturteil sind bereits von der Vermutung der Angemessenheit gedeckt.[1154] Eine solche Vermutung umfasst nämlich auch die Annahme, dass die ergriffene umweltpolitische Maßnahme trotz der vorgenannten möglichen negativen Auswirkungen auf ein angegebenes Schutzgut und die Handelsfreiheit aufgrund der Ambiguität der Definition bzw. der Beurteilungsmaßstäbe eine hohe Schutzwirkung auf ein anderes angegebenes Schutzgut hat und damit angemessen ist.

---

[1150] Teil 5 Kapitel 18 § 2 B.

[1151] Teil 5 Kapitel 19 § 2 A. II. 3. a) aa).

[1152] WTO, AB-Bericht v. 22. 5. 2014, WT/DS400/AB/R u. a., „EC – Seal Products", Para. 5.326 f., 5.326: „Given the ambiguities that can arise with respect to at least two elements of the IC requirements, the recognized bodies would appear to enjoy broad discretion in applying the IC requirements, which could allow for instances of abuse of the IC exception, even where the recognized body is acting in good faith."

[1153] WTO, AB-Bericht v. 22. 5. 2014, WT/DS400/AB/R u. a., „EC – Seal Products", Para. 5.328. So auch: *Shaffer/Pabian*, Puzzles from EC – Seal Products, AJIL 2015, 154, 158.

[1154] *Hirschberg*, Der Grundsatz der Verhältnismäßigkeit, 1981, S. 171; *Grimm*, Proportionality in Canadian and German Constitutional Jurisprudence, UTLJ 2017, 383, 392–393; vgl. *Arsche*, Die Margin of Appreciation, 2018, S. 239.

Wenn aber das Argument der Ambiguität der Definition bzw. der Beurteilungsmaßstäbe, nämlich allein die mögliche fehlende Schutzwirkung und die negative Auswirkung auf die Handelsfreiheit der Maßnahme und das darauf aufbauende Werturteil, als Widerlegungsgrund gegen die Angemessenheitsvermutung im Rahmen der Chapeau-Prüfung geltend gemacht wird, ist eigentlich noch keine Begründung vorgenommen worden, sondern nur eine Wiederholung der zu begründenden These.

Eine Bejahung dieses Arguments als tauglicher Widerlegungsgrund führt dazu, dass die Angemessenheitsvermutung bereits deshalb abschließend widerlegt werden kann, weil die Angemessenheitsvermutung eine solche ist. Dies führt zu einem Widerspruch, weil die angegriffene Maßnahme in diesem Fall sowohl vorläufig angemessen als auch endgültig unangemessen ist. Dies führt auch zur Unwirksamkeit des einschlägigen Absatzes des Art. XX GATT, weil dieselbe Umweltmaßnahme unter Berufung auf denselben Absatz sowohl vorläufig rechtmäßig als auch endgültig rechtswidrig ist, wenn das Missbrauchsargument der Ambiguität der Beurteilungsmaßstäbe im Rahmen der Chapeau-Prüfung zulasten des regulierenden WTO-Mitglieds herangezogen wird.[1155]

Somit stellt das Missbrauchsargument der Ambiguität der Beurteilungsmaßstäbe keinen tauglichen Widerlegungsgrund dar.

#### ee) Zwischenergebnis: Keine Rechtfertigung des richterlichen Aktivismus durch die Verwendung des Missbrauchsarguments der Ambiguität der Beurteilungsmaßstäbe

Somit wurde keine hinreichende richterliche Zurückhaltung durch die WTO-Streitbeilegungsorgane geübt, als sie die Angemessenheitseinschätzung des regulierenden WTO-Mitglieds mittels des Missbrauchsarguments der Ambiguität der Beurteilungsmaßstäbe im Rahmen der Chapeau-Prüfung des Art. XX GATT ablehnten. Dieses Argument stellt eine Form impliziter Abwägung dar, die gewisse Unbestimmtheit in der Entscheidungspraxis der WTO-Streitbeilegungsorgane aufweist (Teil 5 Kapitel 19 § 2 A. II. 3. a) aa) – § 2 A. II. 3. a) bb)). In der bisherigen wissenschaftlichen Diskussion wurde wenig über dieses Argument diskutiert, und es wurde nicht hinreichend geklärt, wie das Unbestimmtheitsproblem dieses Arguments überwunden werden kann (Teil 5 Kapitel 19 § 2 A. II. 3. a) cc)).

---

[1155] *Hirschberg*, Der Grundsatz der Verhältnismäßigkeit, 1981, S. 171; *Grimm*, Proportionality in Canadian and German Constitutional Jurisprudence, UTLJ 2017, 383, 392–393; vgl. *Arsche*, Die Margin of Appreciation, 2018, S. 239.

Ein derartiger richterlicher Aktivismus ist nicht gerechtfertigt, weil die Vermutungs- und Widerlegungsregel, die sich aus den Vertragsbestimmungen des Art. XX GATT unter Berücksichtigung des dogmatischen Charakters der Verhältnismäßigkeitsprüfung i. w. S. ergibt, nicht eingehalten wird. Denn das Missbrauchsargument der Ambiguität der Beurteilungsmaßstäbe als eine Form der impliziten Abwägung ist kein tauglicher Widerlegungsgrund im Kontext des Art. XX GATT (Teil 5 Kapitel 19 § 2 A. II. 3. a) dd)).

Dieses Ergebnis hindert nicht daran, dass ein strengeres und insbesondere konkretes Bestimmtheitsgebot im nationalen Verfassungsrecht oder im Unionsrecht zwingend eingehalten werden müsste.

##### *b) Missbrauchsargument der Verletzung fairer Verfahrensanforderungen*

Die zweite Erscheinungsform des Missbrauchsarguments im Rahmen der Chapeau-Prüfung des Art. XX GATT ist das Argument der Verletzung des fairen Verfahrens.

###### aa) Missbrauchsargument der Verletzung fairer Verfahrensanforderungen in der Entscheidungspraxis als Abwägungsargument

Das Missbrauchsargument der Verletzung des fairen Verfahrens in der Entscheidungspraxis zu Art. XX GATT stellt ein implizites Abwägungsargument dar, obwohl es sich dabei explizit auf die rechtsstaatliche Anforderung stützt.

###### *(1) Missbrauchsargument der Verletzung fairer Verfahrensanforderungen in der Entscheidungspraxis der WTO-Streitbeilegungsorgane zu Art. XX GATT*

Der AB in US – Shrimp unterschied zwischen einer willkürlichen Diskriminierung und einer ungerechtfertigten Diskriminierung i. S. d. Chapeaus.[1156] Die Prüfung einer willkürlichen Diskriminierung im Berufungsverfahren konzentrierte sich u. a. auf der verfahrensrechtlichen Ebene, wobei der AB auf folgende Aspekte der Anwendung der angegriffenen Maßnahme hinwies.[1157]

---

1156 WTO, AB-Bericht v. 12. 10. 1998, WT/DS58/AB/R, „US – Shrimp“, Para. 161 ff. In ständigen Entscheidungen der WTO-Streitbeilegungsorgane weisen die beiden im Wesentlichen jedoch keinen Unterschied auf.

1157 WTO, AB-Bericht v. 12. 10. 1998, WT/DS58/AB/R, „US – Shrimp“, Para. 177.

*Section* 609 (b) (2) sah zwei Arten von Zertifikaten vor.[1158] Eine der Anforderungen war die Vorlage eines Nachweises über das im antragstellenden Land eingeführte Konservierungsprogramm.[1159] Dieser Zertifizierungsprozess umfasste in der Regel auch einen Besuch von US-Beamten in dem antragstellenden Land vor Ort.[1160] Im Rahmen des Zertifizierungsverfahrens war es zudem möglich, schriftliche Nachweise, beispielsweise wissenschaftliche Dokumente, zur Unterstützung des Antrags einzureichen.[1161]

Jedoch fehle es dem Verfahren zur Erteilung der beiden Arten von Zertifikaten nach Auffassung des AB an Transparenz, Vorhersehbarkeit und Gleichbehandlung.[1162]

Erstens bestehe bei beiden Arten der Zertifizierung für das antragstellende WTO-Mitglied keine formelle Möglichkeit zur Anhörung und Stellungnahme zu den Argumenten, die im Laufe des Zertifizierungsverfahrens zu dessen Lasten vorgebracht würden, bevor eine Entscheidung über die Erteilung oder Verweigerung des Zertifikats getroffen werde.[1163]

Zweitens werde keine förmliche, schriftliche und begründete Entscheidung über die Anträge auf beide Arten von Zertifikaten getroffen, weder über deren Annahme noch über deren Ablehnung.[1164]

Drittens erhielten die Antragsteller im Falle einer Ablehnung keine Benachrichtigung, während die Mitglieder, denen ein Zertifikat erteilt werde, in einer Liste der genehmigten Anträge aufgeführt und im Federal Register veröffentlicht würden.[1165] Außerdem stehe den Antragstellern im Falle einer Ablehnung kein Rechtsbehelf zur Verfügung.[1166] Nach Auffassung des AB führe dies zu einer Diskriminierung der Mitglieder, deren Anträge abgelehnt würden, gegenüber denjenigen Mitgliedern, denen die Zertifikate erteilt würden.[1167]

Ein ähnliches Argument wurde vom Panel in EC – Tariff Preferences verwendet. Demnach habe die EG kein Verfahren zur Beurteilung des Schwere-

---

[1158] WTO, AB-Bericht v. 12. 10. 1998, WT/DS58/AB/R, „US – Shrimp“, Para. 178–179.

[1159] WTO, AB-Bericht v. 12. 10. 1998, WT/DS58/AB/R, „US – Shrimp“, Para. 178.

[1160] WTO, AB-Bericht v. 12. 10. 1998, WT/DS58/AB/R, „US – Shrimp“, Para. 178.

[1161] WTO, AB-Bericht v. 12. 10. 1998, WT/DS58/AB/R, „US – Shrimp“, Para. 179.

[1162] WTO, AB-Bericht v. 12. 10. 1998, WT/DS58/AB/R, „US – Shrimp“, Para. 180 f.

[1163] WTO, AB-Bericht v. 12. 10. 1998, WT/DS58/AB/R, „US – Shrimp“, Para. 180.

[1164] WTO, AB-Bericht v. 12. 10. 1998, WT/DS58/AB/R, „US – Shrimp“, Para. 180.

[1165] WTO, AB-Bericht v. 12. 10. 1998, WT/DS58/AB/R, „US – Shrimp“, Para. 180.

[1166] WTO, AB-Bericht v. 12. 10. 1998, WT/DS58/AB/R, „US – Shrimp“, Para. 180.

[1167] WTO, AB-Bericht v. 12. 10. 1998, WT/DS58/AB/R, „US – Shrimp“, Para. 180 f.

grads des Drogenproblems, nämlich des Gefährdungsgrads der nachhaltigen Entwicklung eines Entwicklungslandes,[1168] herangezogen.[1169]

*(2) Implizites Abwägungsargument als herangezogener Widerlegungsgrund*

Zur Ablehnung der Angemessenheitseinschätzung des regulierenden WTO-Mitglieds und damit der Rechtmäßigkeit der angegriffenen umweltpolitischen Maßnahme im Rahmen der Chapeau-Prüfung des Art. XX GATT wurde u.a. das Missbrauchsargument der Verletzung des fairen Verfahrens von den WTO-Streitbeilegungsorganen herangezogen.

Dieses Argument stützt sich zwar explizit auf die rechtsstaatliche Forderung, nämlich auf die Due-Process-Anforderung in Art. X:3 GATT.[1170] Eine *konkrete* Mindestverfahrensanforderung, dessen Verletzung nicht gerechtfertigt sein kann, ist jedoch weder in Art. X:3 GATT[1171] noch in anderen GATT-Vorschriften vorgesehen. Insbesondere sieht Art. XX GATT nicht vor, dass eine unilaterale umweltpolitische Maßnahme einer *konkreten* Mindestverfahrensanforderung unterliegt. Folglich kann eine Verletzung der Verfahrensanforderung in Art. X:3 GATT unter Berufung auf Art. XX GATT gerechtfertigt sein. Dies ergibt sich aus der Rolle des Art. XX GATT als Ausnahmevorschrift, mittels derer eine Verletzung der Pflicht aus den materiellen GATT-Vorschriften gerechtfertigt sein kann.

Außerdem wurde die Verletzung des Art. X:3 GATT und des Chapeaus von Art. XX GATT direkt nach der Darstellung der negativen Auswirkungen des fraglichen Zertifikatsverfahrens hinsichtlich seiner Transparenz, Vorhersehbarkeit und „diskriminierenden" Ausgestaltung gegenüber den antragstellenden Ländern vom AB bejaht.[1172] Für die Feststellung eines Missbrauchs aufgrund der Verletzung des fairen Verfahrens hatte der AB daher nur die empirische Wirkung der ergriffenen Maßnahme sowie die damit verbundenen möglichen handelsbeschränkenden Auswirkungen dargestellt und darauf aufbauend ein normatives Urteil nach eigenem richterlichen Ermessen getroffen. Eine Subsumtion unter die Diskriminierung i.S.d. Chapeaus anhand einer

---

[1168] Vgl. WTO, Panel-Bericht v. 15.9.2020, WT/DS543/R, „US – Tariff Measures", Para. 7.201.

[1169] Vgl. WTO, Panel-Bericht v. 15.9.2020, WT/DS543/R, „US – Tariff Measures", Para. 7.233.

[1170] Vgl. WTO, AB-Bericht v. 12.10.1998, WT/DS58/AB/R, „US – Shrimp", Para. 180ff.

[1171] *Gaines*, The WTO's Reading of the GATT Article XX, UPJIL 2001, 739, 825.

[1172] WTO, AB-Bericht v. 12.10.1998, WT/DS58/AB/R, „US – Shrimp", Para. 180ff., 183.

zutreffenden Vergleichsgrundlage wurde hingegen nicht bzw. nicht richtig vorgenommen.

Daher werden die Verletzung des fairen Verfahrens und der damit verbundene Missbrauch des Regulierungsrechts nach Art. XX GATT mittels eines Abwägungsarguments festgestellt. Dieses Abwägungsargument erfolgt implizit, weil es sich explizit auf die vertraglich vorgesehene Due-Process-Anforderung stützt.

#### bb) Unbestimmtheit des Missbrauchsarguments der Verletzung des fairen Verfahrens in der Entscheidungspraxis der WTO-Streitbeilegungsorgane zu Art. XX GATT

Zunächst wurde die Verletzung des fairen Verfahrens aufgrund der fehlenden formellen Chance zur Anhörung und Stellungnahme, der fehlenden Begründung der Entscheidung, der unterlassenen Benachrichtigung sowie des Fehlens eines Rechtsbehelfs im Rahmen der Chapeau-Prüfung des Art. XX GATT in den nachfolgenden Verfahren von US – Shrimp von den WTO-Streitbeilegungsorganen kaum thematisiert.

Außerdem ist fraglich, ob die fehlende formelle Möglichkeit zur Anhörung und Stellungnahme sowie das Fehlen einer Begründung der Entscheidung im Rahmen des Zertifikatsverfahrens überhaupt vom Chapeau des Art. XX GATT als Ausnahmevorschrift erfasst sind. Nach Ansicht des AB in US – Shrimp ergäben sich die hier genannten Verfahrensanforderungen aus Art. X:3 GATT.[1173] Dabei handelt es sich aber um eine materielle Verpflichtung im Rahmen des GATT und deren Verletzung unter Berufen auf Art. XX GATT gerechtfertigt werden kann. Ein Unantastbarkeitsgebot, wonach eine Verletzung nicht durch Art. XX GATT gerechtfertigt werden kann, ist in Art. X:3 GATT hingegen nicht ersichtlich.

Ferner wurde in dem AB-Bericht zu US – Shrimp nicht hinreichend klargestellt, welche konkreten Mindestanforderungen jeweils an die Benachrichtigung und an den Rechtsbehelf zu stellen sind.

Dabei wurden zwar die „fehlende“ Benachrichtigung und der „fehlende“ Rechtsbehelf im Rahmen des Zertifikatserteilungsverfahrens als eine willkürliche Diskriminierung i. S. d. Chapeaus des Art. XX GATT bezeichnet.[1174] Jedoch wurde keine Vergleichsgrundlage für die Feststellung der willkürlichen Diskriminierung i. S. d. Chapeaus zuvor in deutlicher bzw. richtiger Weise

---

1173 WTO, AB-Bericht v. 12. 10. 1998, WT/DS58/AB/R, „US – Shrimp“, Para. 182–183.

1174 Vgl. WTO, AB-Bericht v. 12. 10. 1998, WT/DS58/AB/R, „US – Shrimp“, Para. 180–181.

identifiziert.[1175] Hingegen führte der AB aus, dass das fragliche Zertifikatsverfahren den Eindruck erwecke, dass exportierende Mitglieder, die eine Zertifizierung beantragen hätten und deren Anträge abgelehnt würden, gegenüber den Mitgliedern, denen eine Zertifizierung gewährt werde, diskriminiert würden, weil ihnen die grundlegende Gerechtigkeit und das faire Verfahren verweigert würden.[1176] Hieraus ergibt sich, dass sich der AB in US – Shrimp nicht mit der Feststellung einer willkürlichen Diskriminierung,[1177] sondern mit der Frage beschäftigte, ob das Erfordernis des fairen Verfahrens u. a. dann verletzt wurde, wenn eine Benachrichtigung und ein Rechtsbehelf für ausländische internationale Handelsträger nicht vorhanden waren.

Entgegen der Ansicht des AB lagen den antragstellenden Ländern sowohl die Benachrichtigung als auch der Rechtsbehelf vor. Aus dem Umstand, dass eine Mitteilung bei Erteilung des Zertifikats erfolgt, nicht jedoch bei dessen Verweigerung, ergibt sich zumindest ein Notifizierungsverfahren in negativer Hinsicht. Nämlich werden die beantragenden WTO-Mitglieder nur dann benachrichtigt, wenn ihre Anträge bewilligt werden. Ob ein solches Benachrichtigungsverfahren das Erfordernis des fairen Verfahrens verletzt, ist gerade fraglich. Im Rahmen des Zertifikatsverfahrens der USA war zwar kein Rechtsbehelfsverfahren vorgesehen. Es ist jedoch zumindest fraglich, ob die Forderung nach einem fairen Verfahren aufgrund der Möglichkeit eines Rechtsbehelfs im allgemeinen Justizsystem der USA nicht als verletzt angesehen werden kann. Ähnliches gilt auch für die anscheinend strengen Anforderungen hinsichtlich des Nachweises eines Konservierungsprogramms im beantragenden WTO-Mitgliedstaat.[1178]

Der AB hat diese Fragen nicht weiter geklärt, sodass die konkreten Beurteilungsmaßstäbe für diese verfahrensbezogenen Aspekte weiterhin unklar bleiben.

### cc) Keine Behebung des Unbestimmtheitsproblems im Schrifttum

Eine abschließende Antwort zur Überwindung der Unbestimmtheit des Missbrauchsarguments der Verletzung des fairen Verfahrens findet sich im Schrifttum bislang nicht.

---

[1175] Vgl. WTO, AB-Bericht v. 12.10.1998, WT/DS58/AB/R, „US – Shrimp“, Para. 181.

[1176] Vgl. WTO, AB-Bericht v. 12.10.1998, WT/DS58/AB/R, „US – Shrimp“, Para. 181.

[1177] *Zeitler*, Good Faith in the WTO Jurisprudence, JIEL 2005, 721, 755; *Qin*, Defining Nondiscrimination under the Law of the WTO, BUILJ 2005, 215, 269.

[1178] Vgl. WTO, AB-Bericht v. 12.10.1998, WT/DS58/AB/R, „US – Shrimp“, Para. 178 i. V. m. 180.

### *(1) Befürwortung des Missbrauchsarguments der Verletzung fairer Verfahrensanforderungen*

Viele Vertreter erkennen ein Gebot des fairen Verfahrens im Chapeau des Art. XX GATT beruhend auf der Ausführung des AB in US – Shrimp[1179] ohne Weiteres an.[1180] Demzufolge enthalte Art. X:3 GATT eine minimale Transparenz- und prozedurale Anforderung, die bei der Anwendung der umweltpolitischen Maßnahme zu beachten sei und deren Einhaltung im Rahmen der Prüfung des Chapeaus des Art. XX GATT durch die WTO-Streitbeilegungsorganen zu überprüfen sei.[1181]

Außerdem garantiere die Anwendung einer solchen Anforderung die prozedurale Legitimität des WTO-Systems.[1182] Die explizite Einbeziehung einer fairen Verfahrensanforderung in die Interpretation des Chapeaus des Art. XX GATT sei eine wichtige systematische Entwicklung und stelle sicher, dass dieser Artikel nicht zur unfairen Verletzung substanzieller Rechte anderer WTO-Mitglieder im Rahmen des GATT angewendet werde.[1183] Diese minimale prozedurale Garantie führe auch nicht zu einer Ersetzung der Substanz der inländischen Regulierungen des regulierenden WTO-Mitglieds.[1184]

---

1179 WTO, AB-Bericht v. 12. 10. 1998, WT/DS58/AB/R, „US – Shrimp", Para. 182–183.

1180 *Scott*, Trade and Environment in the EU and WTO, in: Weiler (Hrsg.), The EU, the WTO, and the NAFTA, Band IX/1, 2001, S. 140–142, 166–167; *Riffel*, The Chapeau: Stringent Threshold or Good Faith Requirement, LIEI 2018, 141; *Appleton*, Shrimp/Turtle: Untangling the Nets, JIEL 1999, 477, 494; *Delimatsis*, Due Process and „Good" Regulation Embedded in the GATS, JIEL 2007, 13, 34–35; *Ioannidis*, Beyond the Standard of Review Deference Criteria in WTO Law and the Case for a Procedural Approach, in: Gruszczynski/Werner (Hrsg.), Deference in International Courts and Tribunals, 2014, S. 110–112; *Leonelli*, Thinking About the Chapeau of Article XX GATT in Times of Climate Crisis, JIEL 2023, 416, 423; *Marks*, Combatting Slavery at Sea: Article XX & the WTO, UJILP 2023, 339, 374.

1181 *Ioannidis*, Beyond the Standard of Review Deference Criteria in WTO Law and the Case for a Procedural Approach, in: Gruszczynski/Werner (Hrsg.), Deference in International Courts and Tribunals, 2014, S. 110–111; *Delimatsis*, Due Process and „Good" Regulation Embedded in the GATS, JIEL 2007, 13, 34–35.

1182 *Ioannidis*, Beyond the Standard of Review Deference Criteria in WTO Law and the Case for a Procedural Approach, in: Gruszczynski/Werner (Hrsg.), Deference in International Courts and Tribunals, 2014, S. 112; *Appleton*, Shrimp/Turtle: Untangling the Nets, JIEL 1999, 477, 494.

1183 *Appleton*, Shrimp/Turtle: Untangling the Nets, JIEL 1999, 477, 494.

1184 *Ioannidis*, Beyond the Standard of Review Deference Criteria in WTO Law and the Case for a Procedural Approach, in: Gruszczynski/Werner (Hrsg.), Deference in International Courts and Tribunals, 2014, S. 112; *McGinnis/Movsesian*, The World Trade Constitution, HLR 2000, 511, 580–581.

#### *(2) Skepsis gegenüber dem Missbrauchsargument der Verletzung der fairen Verfahrensanforderung*

In der wissenschaftlichen Literatur wird zugleich eine gewisse Skepsis gegenüber dem Missbrauchsargument der Verletzung fairer Verfahrensanforderungen im Rahmen der Chapeau-Prüfung geäußert.

##### (a) Ablehnung eines Gebots des fairen Verfahrens im Chapeau des Art. XX GATT

Teilweise wird vertreten, dass dem Gebot des fairen Verfahrens eine Rechtsgrundlage im WTO- und Völkerrecht fehle und dieser Umstand Nachteile für das regulierende WTO-Mitglied verursache.[1185]

Demnach finde ein solches Gebot zunächst keinen Niederschlag im Vertragstext des Art. XX GATT.[1186] Eine solche Anforderung ergebe sich ferner weder aus völkerrechtlichen Normen noch aus Art. X GATT.[1187] Es gebe nämlich keine internationale Norm[1188] und auch nichts in Art. X GATT, das einen Beamten der USA daran hindere, sich mit einem anderen Beamten seiner Behörde in Abwesenheit des Antragstellers des Zertifikats über die Bewertung dieses Antrags zu beraten.[1189] Ebenso werde weder in einer völkerrechtlichen Norm noch in Art. X GATT vorgeschrieben, dass dem antragstellenden WTO-Mitglied im Falle einer Ablehnung seines Antrags eine förmliche schriftliche und begründete Entscheidung zugestellt werden müsse.[1190]

Dieser Umstand erhöhe nach dieser Auffassung vor allem die Belastung des regulierenden WTO-Mitglieds, die Angemessenheit und damit die Rechtmäßigkeit der Durchsetzung seiner Umweltschutzmaßnahmen unter Berufung auf Art. XX GATT nachzuweisen.[1191] Außerdem werden Unbestimmtheit und Unvorhersehbarkeit des Ermessens des WTO-Streitbeilegungsorgans bei der Anwendung des Gebots des fairen Verfahrens dadurch verursacht, dass ein

---

[1185] *Reif/Eckert*, The Right Balance between Shaping and Policing Commerce before the WTO, CJTL 2004, 657, 695–696, 712; *Gaines*, The WTO's Reading of the GATT Article XX, UPJIL 2001, 739, 825.

[1186] *Reif/Eckert*, The Right Balance between Shaping and Policing Commerce before the WTO, CJTL 2004, 657, 695–696; *Irish*, Global Public Policy and the WTO after Shrimp/Turtle and Asbestos, CYIL 2004, 253, 276.

[1187] *Gaines*, The WTO's Reading of the GATT Article XX, UPJIL 2001, 739, 825.

[1188] Vgl. *Reif/Eckert*, The Right Balance between Shaping and Policing Commerce before the WTO, CJTL 2004, 657, 695–696.

[1189] *Gaines*, The WTO's Reading of the GATT Article XX, UPJIL 2001, 739, 825.

[1190] *Gaines*, The WTO's Reading of the GATT Article XX, UPJIL 2001, 739, 825.

[1191] Vgl. *Reif/Eckert*, The Right Balance between Shaping and Policing Commerce before the WTO, CJTL 2004, 657, 695–696.

solches Gebot keine völkerrechtliche Grundlage habe.[1192] Die Einbeziehung einer fairen Verfahrensanforderung in die Auslegung des Art. XX GATT stelle zudem einen ungewöhnlichen Eingriff des Völkerrechts in den innerstaatlichen Entscheidungsprozess dar.[1193]

(b) Bejahung des Gebots des fairen Verfahrens im Chapeau des Art. XX GATT mit Vorbehalt

Ein anderer Teil der wissenschaftlichen Literatur in dieser Richtung erkennt die minimale Verfahrensanforderung im Chapeau von Art. XX GATT an, kritisiert jedoch zugleich die Unsicherheit und die damit verbundenen Nachteile für das regulierende WTO-Mitglied. Demzufolge ergebe sich eine minimale faire Verfahrensanforderung im Chapeau des Art. XX GATT aus Art. X:3 GATT[1194] bzw. aus dem Völkergewohnheitsrecht[1195], und mehr faire Verfahren würden zu einer rationelleren Anwendung umweltpolitischer Handelsmaßnahmen führen.[1196]

Dabei wird teilweise auch gegen eine aktive Anwendung der fairen Verfahrensanforderung im Rahmen der Chapeau-Prüfung argumentiert. Demnach sei das Gebot des fairen Verfahrens zwar im Chapeau des Art. XX GATT enthalten.[1197] Eine solche Forderung müsse jedoch nicht unbedingt tatsächlich von den WTO-Streitbeilegungsorganen überprüft werden.[1198] Denn *de facto* positive Auswirkungen auf die Handelsfreiheit können auch durch willkürlich diskriminierende Umweltschutzmaßnahmen verursacht werden, und nur diese empirischen Auswirkungen sollen für die Prüfung des Chapeaus maßgeblich sein.[1199] Nach dieser Auffassung kann eine Verletzung der Anforderung des

---

1192 Vgl. *Reif/Eckert*, The Right Balance between Shaping and Policing Commerce before the WTO, CJTL 2004, 657, 695–696, 712.

1193 *Gaines*, The WTO's Reading of the GATT Article XX, UPJIL 2001, 739, 825.

1194 *Bartels*, The Chapeau of the General Exceptions in the WTO GATT and GATS Agreements, AJIL 2015, 95, 122 i. V. m. seinem Kommentar in Zit. 133 a. a. O.; indiziell auch: *Neuling*, The Shrimp – Turtle Case: Implications for Article XX of GATT and the Trade and Environment Debate, ILR 1999, 1, 41–42 i. V. m. 47–48; *Qin*, Defining Nondiscrimination under the Law of the WTO, BUILJ 2005, 215, 269.

1195 *Zeitler*, Good Faith in the WTO Jurisprudence, JIEL 2005, 721, 755 i. V. m. 757.

1196 *Neuling*, The Shrimp – Turtle Case: Implications for Article XX of GATT and the Trade and Environment Debate, ILR 1999, 1, 41–42 i. V. m. 47–48.

1197 Vgl. *Bartels*, The Chapeau of the General Exceptions in the WTO GATT and GATS Agreements, AJIL 2015, 95, 122–123.

1198 Vgl. *Bartels*, The Chapeau of the General Exceptions in the WTO GATT and GATS Agreements, AJIL 2015, 95, 122–123.

1199 Vgl. *Bartels*, The Chapeau of the General Exceptions in the WTO GATT and GATS Agreements, AJIL 2015, 95, 122–123.

fairen Verfahrens nämlich außer Acht gelassen werden, sofern die angegriffene Umweltmaßnahme empirisch zu mehr Handelsfreiheit führt.

Trotz der grundsätzlichen Anerkennung einer Mindestverfahrensanforderung im Chapeau des Art. XX GATT werden drei kritische Aspekte dieser Anforderung hervorgehoben.

Erstens sei das konkrete Beurteilungskriterium für eine minimale faire Verfahrensanforderung nicht von den WTO-Streitbeilegungsorganen hinreichend klargestellt worden. Es sei nämlich unklar, wie weit eine solche Verfahrensanforderung reiche und in welchem Umfang richterliche Zurückhaltung die WTO-Streitbeilegungsorgane gegenüber den angewendeten Verfahren durch das regulierende WTO-Mitglied üben sollen.[1200] Zweitens könne die Anwendung übermäßiger Verfahrensanforderung durch die WTO-Streitbeilegungsorgane aufgrund der vorgenannten Unklarheit zu einem demokratischen Defizit der Panel- bzw. AB-Entscheidung für das regulierende WTO-Mitglied führen.[1201] Drittens eröffne ein umfassenderes faires Verfahren den klagenden WTO-Mitgliedern endlose Möglichkeiten, umweltpolitische Maßnahmen eines regulierenden WTO-Mitglieds anzugreifen.[1202]

*(3) Stellungnahme und Zwischenergebnis: Keine Behebung des Unbestimmtheitsproblems des Missbrauchsarguments der Verletzung fairer Verfahrensanforderungen in der Chapeau-Prüfung des Art. XX GATT im Schrifttum*

Für die Überwindung der Unbestimmtheit des Missbrauchsarguments der Verletzung fairer Verfahrensanforderungen findet sich im Schrifttum bis jetzt aus den folgenden Gründen keine abschließende Antwort.

Die Befürworter dieses Prüfungsansatzes erkennen ein Gebot des fairen Verfahrens im Chapeau des Art. XX GATT, basierend auf der Ausführung des AB in US – Shrimp, ohne Weiteres an, ohne jedoch die Begründungslücke des AB zu überbrücken. Es wird nämlich nicht näher erläutert, warum unter Berufung auf Art. XX GATT als Ausnahmevorschrift die Verletzung der Pflichten aus Art. X:3 GATT als materielle Vorschrift nicht gerechtfertigt sein kann. Eine Unantastbarkeit eines fairen Verfahrens, nämlich einer minimalen Ver-

---

[1200] Vgl. *Herwig/Serdarevic*, Standard of Review for Necessity and Proportionality Analysis in EU and WTO Law, in: Gruszczynski/Werner (Hrsg.), Deference in International Courts and Tribunals, 2014, S. 224–225.

[1201] Vgl. *Howse*, Adjudicative Legitimacy and Treaty Interpretation in International Trade Law, in: Weiler (Hrsg.), The EU, the WTO, and the NAFTA, Band IX/1, 2001, S. 43.

[1202] *Neuling*, The Shrimp – Turtle Case: Implications for Article XX of GATT and the Trade and Environment Debate, ILR 1999, 1, 41–42 i.V.m. 48.

fahrensanforderung, ist in Art. X:3 GATT nicht ersichtlich. Das Argument, dass die Anwendung fairer Verfahrensanforderungen die prozedurale Legitimität des WTO-Systems garantiert und die substanziellen Rechte der WTO-Mitglieder nach GATT vor missbräuchlicher Anwendung des Art. XX GATT schützt,[1203] klärte die Vorfrage nicht hinreichend, nämlich wann eine Verfahrensgestaltung als ein Missbrauch des Art. XX GATT angesehen werden soll.

Die Gegenansicht, dass sich ein Gebot des fairen Verfahrens weder aus Art. XX GATT,[1204] Art. X GATT noch aus anderen völkerrechtlichen Normen ergibt,[1205] setzt sich nicht mit der Frage auseinander, ob sich eine minimale faire Verfahrensanforderung im Chapeau des Art. XX GATT aus dem Völkergewohnheitsrecht ergeben kann bzw. wie eine solche Möglichkeit ausgeschlossen werden kann.

Außerdem kann eine faire Verfahrensanforderung im Chapeau nicht allein dann entbehrlich sein, wenn durch die angegriffene Umweltmaßnahme mehr empirische Handelsfreiheit bewirkt wird – und zwar unabhängig davon, ob diese handelsschonende Wirkung durch eine willkürliche Maßnahme verursacht wird.[1206] Aus empirischer Sicht können Handelsschonende Auswirkungen zwar tatsächlich durch willkürlich diskriminierende Umweltschutzmaßnahmen herbeigeführt werden. Wenn die angegriffene Umweltschutzmaßnahme jedoch eine faire Verfahrenspflicht verletzt, sind die genannten schonenden Auswirkungen aber normativ vorwerfbar. Denn die Einhaltung des fairen Verfahrensgebots ist nicht nur eine Tatsachenfeststellung, sondern auch ein Rechtsurteil. Fraglich ist nur, wann eine solches Gebot als eingehalten angesehen werden kann. Diese Frage wurde nicht hinreichend geklärt.

Aufgrund der Unbestimmtheit der Anforderungen fairer Verfahren[1207] wird zwar eine höhere Begründungslast dem regulierenden WTO-Mitglied auferlegt,[1208] wodurch Schwierigkeiten für die innerstaatlichen Entscheidungspro-

---

[1203] Vgl. *Ioannidis*, Beyond the Standard of Review Deference Criteria in WTO Law and the Case for a Procedural Approach, in: Gruszczynski/Werner (Hrsg.), Deference in International Courts and Tribunals, 2014, S. 112; *Appleton*, Shrimp/Turtle: Untangling the Nets, JIEL 1999, 477, 494.

[1204] *Reif/Eckert*, The Right Balance between Shaping and Policing Commerce before the WTO, CJTL 2004, 657, 695–696; *Irish*, Global Public Policy and the WTO after Shrimp/Turtle and Asbestos, CYIL 2004, 253, 276.

[1205] *Gaines*, The WTO's Reading of the GATT Article XX, UPJIL 2001, 739, 825.

[1206] Vgl. *Bartels*, The Chapeau of the General Exceptions in the WTO GATT and GATS Agreements, AJIL 2015, 95, 122–123.

[1207] Vgl. *Reif/Eckert*, The Right Balance between Shaping and Policing Commerce before the WTO, CJTL 2004, 657, 695–696, 712.

[1208] Vgl. *Reif/Eckert*, The Right Balance between Shaping and Policing Commerce before the WTO, CJTL 2004, 657, 695–696.

zesse verursacht werden.[1209] Ob die Belastung und die Schwierigkeiten normativ vorwerfbar sind und ob sie gerechtfertigt sind, sind gerade die fraglichen Fragen, die im Schrifttum nicht klargestellt wurden. Ein Unterlassen der Behandlung dieser Fragen durch die WTO-Streitbeilegungsorgane, beispielsweise unter Berufung auf die Political Question Theorie, kommt ebenfalls nicht in Betracht. Denn für die Anwendung dieser Theorie muss zunächst geklärt werden, ob es sich bei der betreffenden Frage um eine reine politische Angelegenheit oder doch um eine vom Völkerrecht geregelte Rechtsfrage handelt, also ob sich die Auferlegung der Verfahrensanforderung im Rahmen der Umweltregulierung in der reinen innerstaatlichen politischen Sphäre bewegt. Gleiches gilt für das Argument, dass eine umfassendere faire Verfahrensanforderung klagenden WTO-Mitgliedern ermöglichen würde, die umweltpolitische Maßnahme unbegrenzt anzufechten.[1210]

Gegen die Befürchtung, dass eine übermäßige Verfahrensanforderung im Chapeau zu einem demokratischen Defizit der WTO-Entscheidung führen könne,[1211] spricht zwar, dass sich die angegriffene Maßnahme über den jeweiligen Zuständigkeitsbereich des regulierenden WTO-Mitglieds hinaus auf ausländische Akteure auswirkt[1212] und den WTO-Schiedskörpern die Befugnis einräumt, die von den Mitgliedern als Ganzes getroffenen politischen und Abwägungsentscheidungen zu überprüfen bzw. zu legitimieren.[1213] Es kann jedoch nicht allein aus diesen Gründen festgestellt werden, dass kein demokratisches Defizit vorhanden ist.[1214] Denn es ist ungeklärt, wie weit die Zuständigkeit der innerstaatlichen Staatsorgane reicht und wann die WTO-Streitbeilegungsorgane das ihnen zugewiesene Mandat überschreiten. Daher kann im vorliegenden Fall nicht abschließend geklärt werden, ob die Überprüfung der von den innerstaatlichen Organen des regulierenden WTO-Mitglieds

---

1209 Vgl. *Gaines*, The WTO's Reading of the GATT Article XX, UPJIL 2001, 739, 825.

1210 *Neuling*, The Shrimp – Turtle Case: Implications for Article XX of GATT and the Trade and Environment Debate, ILR 1999, 1, 41–42 i. V. m. 48.

1211 Vgl. *Howse*, Adjudicative Legitimacy and Treaty Interpretation in International Trade Law, in: Weiler (Hrsg.), The EU, the WTO, and the NAFTA, Band IX/1, 2001, S. 43–44.

1212 *Ioannidis*, Beyond the Standard of Review Deference Criteria in WTO Law and the Case for a Procedural Approach, in: Gruszczynski/Werner (Hrsg.), Deference in International Courts and Tribunals, 2014, S. 102; *Croley/Jackson*, WTO Dispute Procedures, Standard of Review, and Deference, AJIL 1996, 193, 209; *Shany*, Toward a General Margin of Appreciation Doctrine in International Law?, EJIL 2005, 907, 920.

1213 *Croley/Jackson*, WTO Dispute Procedures, Standard of Review, and Deference, AJIL 1996, 193, 209.

1214 *Croley/Jackson*, WTO Dispute Procedures, Standard of Review, and Deference, AJIL 1996, 193, 209.

festgelegten Verfahrensgestaltungen die institutionelle Kompetenz der WTO überschreitet.

Somit findet sich im Schrifttum keine abschließende Antwort zur Überwindung der Unbestimmtheit des Missbrauchsarguments der Verletzung fairer Verfahrensanforderungen. Allein diese Unbestimmtheit reicht jedoch noch nicht aus, um die Zuverlässigkeit dieses Prüfungsansatzes zu verneinen. Denn dazu muss dargestellt werden, woraus sich eine zwingende Mindestanforderung an die Bestimmtheit eines Prüfungsmaßstabs im GATT ergibt.

#### dd) Missbrauchsargument der Verletzung fairer Verfahrensanforderungen als untauglicher Widerlegungsgrund

In Teil 5 Kapitel 17 § 3 wurde festgestellt, dass die Angemessenheitseinschätzung des regulierenden WTO-Mitglieds als eine erste Vermutung maßgeblich ist. Dies ergibt sich aus den Vertragsbestimmungen des Art. XX GATT unter Berücksichtigung des dogmatischen Charakters der Verhältnismäßigkeitsprüfung i. w. S.[1215] Taugliche Widerlegungsgründe gegen diese Vermutung sind nur die willkürliche Diskriminierung und die verschleierte Handelsbeschränkung i. S. d. Chapeaus des Art. XX GATT. Die beiden Widerlegungsgründe dürfen aber zwingend erst nach der Feststellung der Angemessenheitsvermutung der angegriffenen Maßnahme geltend gemacht werden.[1216] Daneben gibt es keine weiteren tauglichen Widerlegungsgründe aus nichtvertraglichen Quellen des Völkerrechts.[1217]

Insbesondere stellt das implizite Abwägungsargument keinen tauglichen Widerlegungsgrund gegen die Vermutung der Maßgeblichkeit der Angemessenheitseinschätzung des regulierenden WTO-Mitglieds dar. Anhand des Charakters der Vermutung lassen sich ferner die offenen Bedenken ausräumen, dass eine zutreffende richterliche Entscheidung u. a. durch das implizite Abwägungsargument getroffen werden kann. Dieses Ergebnis gilt auch für das Missbrauchsargument der Verletzung fairer Verfahrensanforderungen im Rahmen der Chapeau-Prüfung des Art. XX GATT.[1218] Denn dieses Argument ist auch ein implizites Abwägungsargument, obwohl es sich dabei eher explizit auf das Due-Process-Gebot als rechtsstaatliche Anforderung stützt.[1219]

Grundlagen dieses Missbrauchsarguments sind die belastenden Auswirkungen, die sich aus bestimmten oder fehlenden Verfahrensanforderungen der

[1215] Ausführlich hierzu siehe: Teil 5 Kapitel 17 § 3 B.

[1216] Teil 5 Kapitel 18 § 1.

[1217] Teil 6 Kapitel 21 § 3.

[1218] Teil 5 Kapitel 18 § 2 B.

[1219] Teil 5 Kapitel 19 § 2 A. II. 3. b) aa).

getroffenen Maßnahme auf andere WTO-Mitglieder und damit auf die internationale Handelsfreiheit ergeben. Beispielsweise hatte der AB direkt nach der Darstellung der negativen Auswirkungen des fraglichen Zertifikatsverfahrens hinsichtlich seiner Transparenz, Vorhersehbarkeit und „diskriminierenden" Ausgestaltung für die antragstellenden Länder ein darauf aufbauend normatives Urteil getroffen und eine willkürliche Diskriminierung i. S. d. Chapeaus des Art. XX GATT bejaht.[1220] Diese empirischen Aspekte und das darauf aufbauende Werturteil sind von der Vermutung der Angemessenheit gedeckt.[1221] Die Angemessenheitsvermutung umfasst nämlich auch die Annahme, dass die ergriffene umweltpolitische Maßnahme trotz der vorgenannten negativen Auswirkungen auf andere WTO-Mitglieder und damit auf die Handelsfreiheit als angemessen betrachtet wird. Um diese Vermutung zu widerlegen, muss ein tauglicher Widerlegungsgrund herangezogen werden.

Wenn jedoch das Argument der Verletzung fairer Verfahrensanforderungen – nämlich allein die negativen Auswirkungen durch bestimmte bzw. fehlende Verfahrensanforderungen und das darauf aufbauende Werturteil – als Widerlegungsgrund gegen die Angemessenheitsvermutung im Rahmen der Chapeau-Prüfung geltend gemacht wird, wurde eigentlich noch keine Begründung vorgenommen, sondern lediglich eine Wiederholung der zu begründenden These.

Eine Bejahung dieses Arguments als tauglicher Widerlegungsgrund führt dazu, dass die Angemessenheitsvermutung bereits mit der Begründung abschließend widerlegt werden können, dass die Angemessenheitsvermutung eine solche ist. Dies führt zu einem Widerspruch, weil die angegriffene Maßnahme in diesem Fall sowohl vorläufig angemessen als auch endgültig unangemessen ist. Dies führt auch zur Unwirksamkeit des einschlägigen Absatzes des Art. XX GATT, weil dieselbe Umweltmaßnahme unter Berufung auf diesen Absatz sowohl vorläufig rechtmäßig als auch endgültig rechtswidrig ist, wenn das Missbrauchsargument der Verletzung fairer Verfahrensanforderungen im Rahmen der Chapeau-Prüfung zulasten des regulierenden WTO-Mitglieds geltend gemacht wird.[1222]

Somit stellt das Missbrauchsargument der Verletzung fairer Verfahrensanforderungen keinen tauglichen Widerlegungsgrund dar.

---

1220 WTO, AB-Bericht v. 12. 10. 1998, WT/DS58/AB/R, „US – Shrimp", Para. 180 ff., 183.

1221 Teil 5 Kapitel 18 § 2 B.

1222 Teil 5 Kapitel 18 § 2 B.

#### ee) Zwischenergebnis: Keine Rechtfertigung des richterlichen Aktivismus durch das Missbrauchsargument der Verletzung fairer Verfahrensanforderungen

Somit üben die WTO-Streitbeilegungsorgane keine hinreichende richterliche Zurückhaltung, wenn sie die Angemessenheitseinschätzung des regulierenden WTO-Mitglieds im Rahmen der Chapeau-Prüfung des Art. XX GATT unter Berufung auf das Missbrauchsargument der Verletzung fairer Verfahrensanforderungen ablehnen. Dieses Argument ist eine Form der impliziten Abwägung, die gewisse Unbestimmtheit in der Entscheidungspraxis der WTO-Streitbeilegungsorgane aufweist (Teil 5 Kapitel 19 § 2 A. II. 3. b) aa)– § 2 A. II. 3. b) bb)). In der bisherigen wissenschaftlichen Diskussion wurde nicht hinreichend geklärt, wie das Unbestimmtheitsproblem dieses Arguments überwunden werden soll (Teil 5 Kapitel 19 § 2 A. II. 3. b) cc)).

Ein derartiger richterlicher Aktivismus ist nicht gerechtfertigt, weil die Vermutungs- und Widerlegungsregel, die sich aus den Vertragsbestimmungen des Art. XX GATT unter Berücksichtigung des dogmatischen Charakters der Verhältnismäßigkeitsprüfung i.w.S. ergibt, nicht eingehalten wird. Denn das Missbrauchsargument der Verletzung fairer Verfahrensanforderungen als eine Form der impliziten Abwägung ist kein tauglicher Widerlegungsgrund im Kontext des Art. XX GATT (Teil 5 Kapitel 19 § 2 A. II. 3. b) dd)).

Dieses Ergebnis lässt unberührt, dass im nationalen Verfassungsrecht oder im Unionsrecht ein strengeres und insbesondere konkretes Due-Process-Gebot zwingend eingehalten werden muss.

## B. Angemessenheitsprüfung im Rahmen der Auslegung des Chapeaus des Art. XX GATT: Abwägung unter dem Titel des vertraglichen Verbots der verschleierten Beschränkung des internationalen Handels

Die WTO-Streitbeilegungsorgane haben grundsätzlich keine Zurückhaltung bei der Überprüfung der Einschätzung des regulierenden WTO-Mitglieds hinsichtlich des Vorliegens einer versteckten Handelsbeschränkung i.S.d. Chapeaus des Art. XX GATT geübt. In der Entscheidungspraxis zum „grünen“ Art. XX GATT wurde die angegriffene Maßnahme nämlich nur in US – Tuna 1982[1223] und EC – Asbestos[1224] im Rahmen des Chapeau-Tests diesbe-

---

[1223] GATT, Panel-Bericht v. 22.2.1982, L/5198-29S/91, „US – Tuna 1982“, Para. 4.8.

[1224] WTO, Panel-Bericht v. 18.9.2000, WT/DS135/R, „EC – Asbestos“, Para. 8.231 – 8.240.

züglich geprüft und hat bestanden. In US – Gasoline,[1225] US – Shrimp,[1226] Brazil – Retreaded Tyres,[1227] und China – Rare Earths[1228] wurde die Angemessenheitseinschätzung des regulierenden WTO-Mitglieds zur angegriffenen Maßnahme im Rahmen der Prüfung des Chapeaus behandelt und aus dem Grund abgelehnt, dass die Maßnahme eine verschleierte Handelsbeschränkung darstellt.[1229] In der Panel-Entscheidung zu US – Shrimp[1230] und in EC – Seal Products[1231] wurde gar nicht mehr nach einer verschleierten Beschränkung des internationalen Handels gefragt, sobald bereits eine willkürliche Diskriminierung i. S. d. Chapeaus des Art. XX GATT festgestellt wurde.[1232]

Zur Ablehnung der vorgenannten Einschätzung verwendeten die WTO-Streitbeilegungsorgane den Bekanntmachungsansatz, die Absichtsprüfung und den Ansatz der willkürlichen Diskriminierung i. S. d. des Chapeaus von Art. XX GATT. Der richterliche Aktivismus durch die Verwendung der genannten Prüfungsansätze kann nicht gerechtfertigt sein. Denn diese Prüfungsansätze sind jeweils ein Abwägungsargument und ein solches Argument ist im Kontext des Art. XX GATT kein tauglicher Widerlegungsgrund gegen die Vermutung der Legitimität des angegebenen Schutzziels sowie der Verhältnismäßigkeit i. w. S. der umweltpolitischen Maßnahme.[1233]

Derzeit ist der Ansatz der willkürlichen Diskriminierung i. S. d. Chapeaus des Art. XX GATT, der soeben in Teil 5 Kapitel 19 § 2 A. ausführlich dargestellt wurde, der regelmäßig angewendete Prüfungsansatz zur Feststellung einer verschleierten Beschränkung des internationalen Handels i. S. d. Chapeaus des Art. XX GATT. Die beiden anderen Prüfungsansätze, nämlich der Be-

---

1225 WTO, AB-Bericht v. 20. 5. 1996, WT/DS2/AB/R, „US – Gasoline“, S. 25, 28–29.

1226 WTO, AB-Bericht v. 12. 10. 1998, WT/DS58/AB/R, „US – Shrimp“, Para. 184.

1227 WTO, AB-Bericht v. 3. 12. 2007, WT/DS332/AB/R, „Brazil – Retreaded Tyres“, Para. 235–239, 248–252; WTO, Panel-Bericht v. 12. 6. 2007, WT/DS332/R, „Brazil – Retreaded Tyres“, Para. 7.311–7.349.

1228 WTO, Panel-Bericht v. 26. 3. 2014, WT/DS431/R u. a., „China – Rare Earths“, Para. 7.625, 7.616–7.679.

1229 Ähnliche Entscheidungen finden sich auch in nicht-umweltrelevanten Fällen, vgl. u. a. WTO, Panel-Bericht v. 19. 12. 2000, WT/DS155/R, „Argentina – Bovine Hides“, Para. 11.324, 11.325–11.330.

1230 WTO, Panel-Bericht v. 15. 5. 1998, WT/DS58/R, „US – Shrimp“, Para. 7.29–7.62.

1231 WTO, AB-Bericht v. 22. 5. 2014, WT/DS400/AB/R u. a., „EC – Seal Products“, Para. 5.291–5.339; WTO, Panel-Bericht v. 25. 11. 2013, WT/DS400/R u. a., „EC – Seal Products“, Para. 7.644–7.651.

1232 Ähnliche Entscheidungen finden sich auch in nicht-umweltrelevanten Fällen, vgl. u. a. WTO, Panel-Bericht v. 19. 12. 2000, WT/DS155/R, „Argentina – Bovine Hides“, Para. 11.325–11.330.

1233 Teil 6 Kapitel 21 § 2 A.

kanntmachungsansatz, die Absichtsprüfung, spielen hingegen keine wesentliche Rolle mehr in der Entscheidungspraxis. Zur systematischen Darstellung der eigenständigen Auslegungsposition der verschleierten Handelsbeschränkung i. S. d. Chapeaus des Art. XX GATT werden der Bekanntmachungsansatz und die Absichtsprüfung in Teil 6 Kapitel 21 § 2 A. I. und § 2 A. II. erörtert.

*Teil 6*

# Chapeau

Für die Auslegung des Chapeaus des Art. XX GATT ist zwischen dem Chapeau als flexiblem Prüfungsschritt und dem Chapeau als materiellem Norminhalt zu unterscheiden. Im vorliegenden Teil wird zunächst erläutert, dass die Auslegung des Chapeaus in der Entscheidungspraxis der WTO-Streitbeilegungsorgane *de facto* durch eine Angemessenheitsprüfung erfolgt war, die jedoch unzulässig ist. Anschließend werden die materiellen Anforderungen der willkürlichen Diskriminierung und der verschleierten Handelsbeschränkung i. S. d. Chapeaus des Art. XX GATT jeweils dargestellt. Sodann wird klargestellt, dass neben den beiden vorgenannten vertraglich vorgesehenen Widerlegungsgründen keine weiteren Widerlegungsgründe gegen die Legitimitäts- und Verhältnismäßigkeitsvermutung i. w. S. geltend gemacht werden können.

Kapitel 20

## Chapeau-Prüfung im Rahmen der Auslegung von Art. XX GATT als flexibler Prüfungsschritt in der Entscheidungspraxis

In der Entscheidungspraxis der WTO-Streitbeilegungsorgane wurde der Chapeau des Art. XX GATT *de facto* durch eine Angemessenheitsprüfung ausgelegt, obwohl diese überwiegend implizit erfolgt. Dabei wurde eine willkürliche Diskriminierung i. S. d. Chapeaus anhand des Ansatzes der Gegenläufigkeit der Schutzziele, des Arguments fehlender inländischer Beschränkungen, der Erforderlichkeitsabwägung in grundsätzlicher Form, des Erfordernisses der internationalen Kooperationspflicht und des Missbrauchsarguments usw. festgestellt, während eine verschleierte Handelsbeschränkung i. S. d. Chapeaus anhand des Bekanntmachungsansatzes, der Absichtsprüfung und des willkürlichen Diskriminierungsansatzes ermittelt wurde. Solche Prüfungen führen jedoch zu einer ungerechtfertigten richterlichen Grenzüberschreitung und eine willkürliche Diskriminierung bzw. eine verschleierte Handelsbeschränkung i. S. d. Chapeaus des Art. XX GATT kann nicht auf diese Weise qualifiziert werden. Denn das Wesen der vorgenannten Prüfungsansätze ist eine richterliche einzelfallbezogene (implizite) Abwägung, deren Durchführung die Vermutungs- und Widerlegungsregel verletzt, die sich aus dem dogmatischen Charakter der Verhältnismäßigkeitsprüfung i. w. S. in Verbindung mit der Vertragsbestimmung des Art. XX GATT ergibt.[1] Die Anwendung dieser Prüfungsansätze führt zugleich zur Unwirksamkeit des einschlägigen Absatzes des Art. XX GATT.[2]

Dieses Ergebnis entspricht der Funktion des Chapeaus, die seinem ausdrücklichen Wortlaut nach in der Beschränkung des Regulierungsrechts eines WTO-Mitglieds gemäß einem Absatz des Art. XX GATT liegt.[3] Es ist daher eine willkürliche Diskriminierung oder eine verschleierte Handelsbeschränkung i. S. d. Chapeaus, die dieses Recht auf die Einschätzung der Legitimität des behaupteten Gefährdungsniveaus und Schutzniveaus sowie der Verhältnismäßigkeit i. w. S. der angegriffenen Umweltmaßnahme beschränkt und abschließend bestimmt, sondern nicht umgekehrt. Die willkürliche Diskriminierung i. S. d. Chapeaus ist anhand der Diskriminierungsdogmatik i. V. m. der Vertragsbestimmung dieses Artikels festzustellen, und nicht direkt anhand bestimmter Auswirkungen der ergriffenen Umweltmaßnahme auf bestimmte Schutzgüter. Andernfalls läuft die Vorgabe des Diskriminierungsverbots im Chapeau des Art. XX GATT ins Leere. Aus ähnlichem Grund kann eine verschleierte Handelsbeschränkung i. S. d. Chapeaus auch nicht mittels richterlicher Einzelfallabwägung festgestellt werden.

## Kapitel 21

# Chapeau des Art. XX GATT als materieller Norminhalt

Im vorliegenden Teil wird unter kritischer Würdigung der Entscheidungspraxis und der wissenschaftlichen Literatur zu Art. XX GATT der materielle Norminhalt des Chapeaus geklärt, wonach willkürliche Diskriminierung und

---

1 Teil 5 Kapitel 17 § 3 B.

2 Teil 5 Kapitel 18 § 2 B.

3 Vgl. u. a. *Gaines*, The WTO's Reading of the GATT Article XX, UPJIL 2001, 739, 779, 839; *Mavroidis*, The General Agreement on Tariffs and Trade: A Commentary, 2005, S. 206; WTO, Panel-Bericht v. 15. 5. 1998, WT/DS58/R, „US – Shrimp", Para. 7.29; in Form eines Missbrauchsverbots: WTO, AB-Bericht v. 20. 5. 1996, WT/DS2/AB/R, „US – Gasoline", S. 22; WTO, AB-Bericht v. 12. 10. 1998, WT/DS58/AB/R, „US – Shrimp", Para. 158; WTO, Panel-Bericht v. 25. 11. 2013, WT/DS400/R u. a., „EC – Seal Products", Para. 7.645; WTO, AB-Bericht v. 22. 5. 2014, WT/DS400/AB/R u. a., „EC – Seal Products", Para. 5.297; WTO, Panel-Bericht v. 12. 6. 2007, WT/DS332/R, „Brazil – Retreaded Tyres", Para. 7. 221; WTO, AB-Bericht v. 3. 12. 2007, WT/DS332/AB/R, „Brazil – Retreaded Tyres", Para. 224; WTO, Panel-Bericht v. 26. 3. 2014, WT/DS431/R u. a., „China – Rare Earths", Para. 7.347 ff.; WTO, AB-Bericht v. 9. 11. 2017, WT/DS477/AB/R u. a., „Indonesia – Import Licensing Regimes", Para. 5.95.

verschleierte Handelsbeschränkung i. S. d. Chapeaus festgestellt werden sollen.

## § 1 Willkürliche Diskriminierung i. S. d. Chapeaus des Art. XX GATT als tauglicher Widerlegungsgrund

Willkürliche Diskriminierung i. S. d. Chapeaus stellt eine vertraglich vorgesehene Beschränkung der Ausnahmerechte eines WTO-Mitglieds nach Art. XX GATT dar und ist damit ein tauglicher Widerlegungsgrund gegen die Legitimitätsvermutung des behaupteten Gefährdungs- und Schutzniveaus sowie gegen die Verhältnismäßigkeitsvermutung i. w. S. der angegriffenen Umweltmaßnahme.[4] In der Entscheidungspraxis der WTO-Streitbeilegungsorgane und in der wissenschaftlichen Literatur wurde bislang jedoch nicht hinreichend geklärt, nach welchem Maßstab eine solche Diskriminierung zu qualifizieren ist.

Vorab ist darauf hinzuweisen, dass zwischen einer willkürlichen oder ungerechtfertigten Diskriminierung i. S. d. Chapeaus des Art. XX GATT und einer Diskriminierung i. S. d. Chapeaus des Art. XX GATT zu unterscheiden. Die letztgenannte Diskriminierung muss nicht unbedingt willkürlich und ungerechtfertigt sein. Sie kann hingegen grundsätzlich gerechtfertigt sein.[5] Die erstgenannte Diskriminierung ist eine solche i. S. d. Chapeaus, die nicht gerechtfertigt sein kann. Um eine willkürliche Diskriminierung i. S. d. Chapeaus feststellen zu können, muss zunächst eine Diskriminierung i. S. d. Chapeaus des Art. XX GATT festgestellt werden.

Im Folgenden wird zunächst die Annahme in der Entscheidungspraxis und im Schrifttum abgelehnt, dass eine Diskriminierung i. S. d. Chapeaus des Art. XX GATT schon dann festgestellt werden kann, wenn eine Diskriminierung im Sinne einer materiellen GATT-Vorschrift vorliegt. Sodann wird klargestellt, dass eine Diskriminierung i. S. d. Chapeaus des Art. XX GATT anhand der Diskriminierungsdogmatik, die sich aus dem Wortlaut des Chapeaus ergibt, festzustellen ist. Dabei wird erläutert, dass diese Diskriminierungsdogmatik wiederum nach der Dogmatik der Verhältnismäßigkeitsprüfung i. w. S. in Verbindung mit der Vertragsbestimmung des Art. XX GATT anzuwenden ist.

---

4 Teil 5 Kapitel 18 § 1 A.

5 Zu den Gründen hierzu siehe unten Teil 6 Kapitel 21 § 1 B. III. – § 1 B. IV.

## A. Keine Diskriminierung i. S. d. Chapeaus des Art. XX GATT aus Diskriminierung im Sinne materieller GATT-Vorschriften

Die Diskriminierung i. S. d. Chapeaus des Art. XX GATT kann nicht schon dann bejaht werden, wenn eine Diskriminierung nach einer materiellen GATT-Vorschrift vorliegt.

### I. Diskriminierung nach materiellen GATT-Vorschriften als Diskriminierung i. S. d. Chapeaus des Art. XX GATT in der Entscheidungspraxis und im Schrifttum

In einer Vielzahl von Entscheidungen der WTO-Streitbeilegungsorgane und in einem überwiegenden Teil der wissenschaftlichen Literatur wird u. a. eine Diskriminierung im Sinne einer materiellen GATT-Vorschrift als eine Diskriminierung i. S. d. Chapeaus des Art. XX GATT angesehen.

#### 1. Diskriminierung nach materiellen GATT-Vorschriften als Diskriminierung i. S. d. Chapeaus des Art. XX GATT in der Entscheidungspraxis

##### *a) Offenbleiben des Verhältnisses zwischen der Diskriminierung i. S. d. Chapeau des Art. XX GATT und der Diskriminierung nach materiellen GATT-Vorschriften in US – Gasoline und US – Shrimp*

In US – Gasoline stellte der AB fest, dass sich die Angaben im Chapeau des Art. XX GATT logischerweise nicht auf den Maßstab beziehen könnten, anhand dessen eine materielle Verletzung des GATT im vorausgegangenen Schritt festgestellt werde, da andernfalls der Chapeau ins Leere laufen werde.[6] Hierauf verweisend stellte der AB in US – Shrimp fest, dass die Natur und der Charakter der Diskriminierung i. S. d. Chapeaus des Art. XX GATT von den bereits beispielsweise nach Art. I, III oder XI GATT festgestellten Diskriminierungen zu unterscheiden seien.[7]

[6] WTO, AB-Bericht v. 20. 5. 1996, WT/DS2/AB/R, „US – Gasoline“, S. 23.

[7] WTO, AB-Bericht v. 12. 10. 1998, WT/DS58/AB/R, „US – Shrimp“, Para. 150: „As we stated in United States – Gasoline, the nature and quality of this discrimination is different from the discrimination in the treatment of products which was already found to be inconsistent with one of the substantive obligations of the GATT 1994, such as Articles I, III or XI.“ Ebenso: WTO, Panel-Bericht v. 19. 12. 2000, WT/DS155/R, „Argentina – Bovine Hides“, Para. 11.314.

Es scheint, dass in beiden Verfahren festgestellt wurde, dass die Diskriminierung i. S. d. Chapeaus des Art. XX GATT nicht identisch mit einer solchen nach materiellen GATT-Vorschriften sein darf. Bei näherer Betrachtung der einschlägigen Feststellungen des AB lässt sich jedoch erkennen, dass diese Frage offen gelassen wurde.

Zwar hatte der AB in US – Shrimp unter Verweis auf US – Gasoline festgestellt, dass die Natur der Diskriminierung i. S. d. Chapeaus von derjenigen nach materiellen GATT-Vorschriften zu unterscheiden sei.[8] Diesbezüglich hatte sich der AB in US – Gasoline jedoch nicht so geäußert.[9] Hingegen ergibt sich aus dem Kontext der zitierten Feststellung des AB in US – Gasoline, dass dort lediglich festgestellt wurde, dass „willkürliche oder ungerechtfertigte Diskriminierung" keine Diskriminierung nach materiellen GATT-Vorschriften sein könne, sondern nicht „Diskriminierung" i. S. d. Chapeaus:[10]

> The provisions of the chapeau cannot logically refer to the same standard(s) by which a violation of a substantive rule has been determined to have occurred. To proceed down that path would be both to empty the chapeau of its contents and to deprive the exceptions in paragraphs (a) to (j) of meaning. Such recourse would also confuse the question of whether inconsistency with a substantive rule existed, with the further and separate question arising under the chapeau of Article XX as to whether that inconsistency was nevertheless justified.

Der Grund für das Missverständnis liegt vielmehr darin, dass anstelle eines konkreten Begriffs im Chapeau der Ausdruck „provisions of the chapeau" vom AB in US – Gasoline verwendet wurde. Aus diesem Grund bleibt unklar, auf welchen konkreten Begriff im Chapeau sich der besprochene Prüfungsstandard bezieht. Erst aus dem letzten Satz der entsprechenden Feststellung ergibt sich, dass mit der Formulierung „provisions of the chapeau" die „willkürliche oder ungerechtfertigte Diskriminierung" gemeint ist. Folglich gilt die Begründung des AB in US – Gasoline[11] ausschließlich für die „willkürliche oder ungerechtfertigte Diskriminierung" i. S. d. Chapeaus des Art. XX GATT.

Damit hat der AB in US – Gasoline offen gelassen, ob „Diskriminierung" i. S. d. Chapeaus des Art. XX GATT eine solche nach materiellen GATT-Vorschriften sein kann.

---

[8] WTO, AB-Bericht v. 12. 10. 1998, WT/DS58/AB/R, „US – Shrimp", Para. 150.

[9] Auch entgegen der Behauptung in der Literatur. Vgl. *Bartels*, The Chapeau of the General Exceptions in the WTO GATT and GATS Agreements, AJIL 2015, 95, 110; *Qin*, Accommodating Divergent Policy Objectives under WTO Law, AJIL Unbound 2015, 308, 311.

[10] WTO, AB-Bericht v. 20. 5. 1996, WT/DS2/AB/R, „US – Gasoline", S. 23.

[11] WTO, AB-Bericht v. 20. 5. 1996, WT/DS2/AB/R, „US – Gasoline", S. 23.

### *b) Diskriminierung nach materiellen GATT-Vorschriften als Diskriminierung i. S. d. Chapeaus des Art. XX GATT in der aktuellen Entscheidungspraxis*

Demgegenüber umfasse die Diskriminierung i. S. d. Chapeaus des Art. XX GATT nach Auffassung des Panels in China – Rare Earths nicht nur eine solche in Verletzung der Meistbegünstigungspflicht unter den Staaten, in die die Waren exportiert würden, sondern auch eine solche in Verletzung der Inländerbehandlungspflicht, welche sich aus der unterschiedlichen Behandlung ergebe, wenn gleichartige Waren für die Ausfuhr bzw. für den inländischen Verbrauch bestimmt seien.[12]

In Brazil – Retreaded Tyres[13] stellte das Panel fest, dass die Diskriminierung i. S. d. Chapeaus des Art. XX GATT im Rahmen der Rechtfertigung einer Verletzung des Art. XI GATT nur eine solche nach Art. I, III GATT sein könne.[14] Im AB-Bericht zu Brazil – Retreaded Tyres wurde die Frage der Natur der Diskriminierung i. S. d. Chapeaus nicht behandelt.

Hierauf beruhend stellte das Panel von EC – Seal Products fest, dass die Diskriminierung i. S. d. des Chapeaus des Art. XX GATT eine solche nach Art. I, III GATT sein könne.[15] Der AB in diesem Verfahren stellte ausdrücklich fest, dass die Diskriminierung i. S. d. des Chapeaus eine solche nach materiellen GATT-Vorschriften umfasse, sich aber nicht darauf beschränkte:[16]

> [...] the nature and quality of this discrimination is different from the discrimination in the treatment of products which was already found to be inconsistent with one of the substantive obligations of the GATT 1994.[17] This does not mean, however, that the circumstances that bring about the discrimination that is to be examined under

[12] WTO, Panel-Bericht v. 26. 3. 2014, WT/DS431/R u. a., „China – Rare Earths", Para. 7.148, 7.190, 7.351.

[13] WTO, Panel-Bericht v. 12. 6. 2007, WT/DS332/R, „Brazil – Retreaded Tyres", Para. 7.229.

[14] WTO, Panel-Bericht v. 12. 6. 2007, WT/DS332/R, „Brazil – Retreaded Tyres", Para. 7.229: „[t]he initial violation identified in relation to this measure is a prohibition or restriction on importation within the meaning of Article XI. This type of measure (an import ban in this instance), does not necessarily ipso facto result in discrimination, as an inconsistency with Articles I or III would. Thus, any discrimination alleged to exist in the application of the measure would arise, in this case, in addition to the restriction that is inherently present in the measure by its very nature."

[15] WTO, Panel-Bericht v. 25. 11. 2013, WT/DS400/R u. a., „EC – Seal Products", Para. 7.647 f.

[16] WTO, AB-Bericht v. 22. 5. 2014, WT/DS400/AB/R u. a., „EC – Seal Products", Para. 5.298, 5.316.

[17] Unter Verweis auf WTO, AB-Bericht v. 20. 5. 1996, WT/DS2/AB/R, „US – Gasoline", S. 23; WTO, AB-Bericht v. 12. 10. 1998, WT/DS58/AB/R, „US – Shrimp", Para. 150.

the chapeau cannot be the same as those that led to the finding of a violation of a substantive provision of the GATT 1994.[18]

The circumstances that bring about the discrimination within the meaning of the chapeau may include, but are not limited to, the circumstances that led to the finding of a violation of a substantive provision of the GATT 1994.[19]

Es ist daher festzustellen, dass die Diskriminierung i. S. d. Chapeaus des Art. XX GATT in der jetzigen Entscheidungspraxis unter anderem eine solche nach materiellen GATT-Vorschriften sein kann.

### 2. Diskriminierung nach materiellen GATT-Vorschriften als Diskriminierung i. S. d. Chapeaus des Art. XX GATT im Schrifttum

Aufbauend auf der oben dargestellten Entscheidungspraxis wird in der wissenschaftlichen Literatur vertreten, dass die Diskriminierung i. S. d. Chapeaus des Art. XX GATT unter anderem mit einer solchen nach materiellen GATT-Vorschriften, beispielsweise Art. I und III GATT, identisch sein kann.

So vertritt Bartels die Ansicht, dass die Diskriminierung i. S. d. Chapeaus des Art. XX GATT ausschließlich mit einer solchen nach materiellen GATT-Vorschriften identisch sein solle.[20] Nach Riffel und Leonelli beziehe sich die Diskriminierung i. S. d. Chapeaus des Art. XX GATT unter anderem auf eine Diskriminierung aufgrund der Verletzung materieller GATT-Pflichten, und in diesem Fall sei die Qualifikation der Diskriminierung i. S. d. Chapeaus mit der Prüfung auf der Vorprüfungsebene identisch.[21] Nach Schoenbaum und Davies sei die Diskriminierung i. S. d. Chapeaus des Art. XX GATT ebenfalls nicht von einer solchen nach materiellen GATT-Vorschriften zu unterscheiden.[22] Außerdem vertritt Lo die Ansicht, dass die willkürliche oder ungerechtfertigte Diskriminierung i. S. d. Chapeaus ausschließlich eine solche auf-

---

[18] WTO, AB-Bericht v. 22. 5. 2014, WT/DS400/AB/R u. a., „EC – Seal Products", Para. 5.298.

[19] WTO, AB-Bericht v. 22. 5. 2014, WT/DS400/AB/R u. a., „EC – Seal Products", Para. 5.316.

[20] *Bartels*, The Chapeau of the General Exceptions in the WTO GATT and GATS Agreements, AJIL 2015, 95, 110. Nach Bartels ist der Diskriminierungstest im Rahmen des Chapeaus und im Rahmen einer materiellen Vorschrift also gleich.

[21] *Riffel*, The Chapeau: Stringent Threshold or Good Faith Requirement, LIEI 2018, 141, 147, 148 f.; *Leonelli*, Thinking About the Chapeau of Article XX GATT in Times of Climate Crisis, JIEL 2023, 416, 420.

[22] *Schoenbaum*, International Trade and Protection of the Environment, AJIL 1997, 268, 274; *Davies*, Interpreting the Chapeau of GATT Article XX, JWT 2009, 507, 511, 513. Ebenso: *Weiler*, Nationaler Umweltschutz und Internationaler Warenverkehr, 1997, S. 145 f.

grund der Verletzung der Meistbegünstigungspflicht nach Art. I GATT sein dürfe.[23]

Ein anderer Teil der wissenschaftlichen Literatur spricht zwar ebenfalls dafür, dass Diskriminierung i. S. d. Chapeaus von Art. XX GATT identisch mit einer solchen nach materiellen GATT-Vorschriften sein könne, sodass das Regulierungsziel ausschließlich im Rahmen der Prüfung der allgemeinen Ausnahmen des Art. XX GATT behandelt werden könne.[24] Dabei wird auch darauf hingewiesen, dass die Diskriminierung i. S. d. Chapeaus des Art. XX GATT auch anders als eine Diskriminierung nach materiellen GATT-Vorschriften sein könne.[25]

Grundsätzlich noch in dieser Richtung wird teilweise darauf hingewiesen, dass die Diskriminierung i. S. d. Chapeaus des Art. XX GATT unterschiedlich und anspruchsvoller sein solle als eine Diskriminierung nach materiellen Vorschriften des GATT.[26]

## II. Dogmatische Klarstellung: Keine Diskriminierung i. S. d. Chapeaus des Art. XX GATT aus Diskriminierung nach materiellen GATT-Vorschriften

Der Feststellung in der Entscheidungspraxis und im Schrifttum, dass die Diskriminierung i. S. d. Chapeaus u. a. mit der Diskriminierung nach materiellen GATT-Vorschriften identisch sein kann, ist nicht zuzustimmen. Denn diese beruht auf der Verwechslung zwischen der Diskriminierung i. S. d. Chapeaus als materiellem Norminhalt und der Diskriminierung i. S. d. Chapeau-Prüfung als flexiblem Prüfungsschritt sowie auf dem Missverständnis des Wortes „Diskriminierung“ im Chapeau.

---

[23] *Lo*, Disguised Restriction on International Trade under the WTO, JIDS 2013, 111, 123 f.

[24] *Qin*, Accommodating Divergent Policy Objectives under WTO Law, AJIL Unbound 2015, 308, 311.

[25] *Qin*, Accommodating Divergent Policy Objectives under WTO Law, AJIL Unbound 2015, 308, 312: „The chapeau does not limit the scope of the ‚conditions‘ to be compared for finding the existence of discrimination between countries (hence the discrimination may or may not cover a violation of MFN or NT).“

[26] *Gu*, Mineral Export Restraints and Sustainable Development, JIEL 2011, 765, 793–794.

### 1. Kernmangel: Verwechslung zwischen Diskriminierung i. S. d. Chapeaus des Art. XX GATT als materiellem Norminhalt und Diskriminierung i. S. d. Chapeau-Prüfung als flexiblem Prüfungsschritt

Erstens ist die fragliche Feststellung in der Entscheidungspraxis und im Schrifttum darauf zurückzuführen, dass zwischen Diskriminierung i. S. d. Chapeaus des Art. XX GATT als materiellem Norminhalt und Diskriminierung i. S. d. Chapeau-Prüfung als flexiblem Prüfungsschritt verwechselt wird.

#### *a) Behandlung einer Diskriminierung nach materiellen GATT-Vorschriften auf der Chapeau-Stufe des Art. XX GATT als Kernargument in der Entscheidungspraxis und im Schrifttum*

Die oben ausgeführte Feststellung des AB in US – Gasoline deutet stark darauf hin, dass die „Diskriminierung" i. S. d. Chapeaus des Art. XX GATT dann eine Diskriminierung nach materiellen GATT-Vorschriften sein kann, sofern die letztere im Rahmen der Chapeau-Prüfung behandelt und auf ihre Rechtfertigung geprüft wird.[27] Vielmehr bildet diese Überlegung auch die Grundlage für die Feststellung in Brazil – Retreaded Tyres und EC – Seal Products, dass die Diskriminierung i. S. d. Chapeaus des Art. XX GATT eine solche nach materiellen GATT-Vorschriften sein könne: Nachdem die jeweilige Diskriminierung nach den entsprechenden materiellen GATT-Vorschriften bei der Chapeau-Prüfung in den beiden vorgenannten Verfahren identifiziert und bejaht worden war, wurde anschließend nach der Rechtfertigung solcher Diskriminierungen gefragt.[28]

Ebenso hierauf[29] beruht die in der wissenschaftlichen Literatur vertretene Begründung für die Feststellung, dass die Diskriminierung i. S. d. Chapeaus des Art. XX GATT eine solche nach materiellen GATT-Vorschriften sein

---

27 WTO, AB-Bericht v. 20. 5. 1996, WT/DS2/AB/R, „US – Gasoline", S. 23: „Such recourse would also confuse the question of whether inconsistency with a substantive rule existed, with the further and separate question arising under the chapeau of Article XX as to whether that inconsistency was nevertheless justified."

28 Nämlich die MERCOSUR-Maßnahme und die Ausnahme gerichtlicher Verfügungen in Brazil – Retreaded Tyres, WTO, Panel-Bericht v. 12. 6. 2007, WT/DS332/R, jeweils Para. 7.234 ff., 7.264 ff. und 7.239 ff., 7.290 ff.; zur IG-Ausnahme in EC – Seal Products siehe: WTO, Panel-Bericht v. 25. 11. 2013, WT/DS400/R u. a., „EC – Seal Products", Para. 7.647 ff.; WTO, AB-Bericht v. 22. 5. 2014, WT/DS400/AB/R u. a., „EC – Seal Products", Para. 5.316 ff.

29 WTO, AB-Bericht v. 20. 5. 1996, WT/DS2/AB/R, „US – Gasoline", S. 23: „Such recourse would also confuse the question of whether inconsistency with a substantive rule existed, with the further and separate question arising under the chapeau of Article XX as to whether that inconsistency was nevertheless justified."

kann. Dabei wird zunächst argumentiert, dass der Chapeau des Art. XX GATT nicht alle diskriminierenden Maßnahmen verbiete, sondern nur solche, die auf willkürliche oder ungerechtfertigte Weise Produkte aus Ländern diskriminieren, in denen gleiche Bedingungen herrschen.[30] Als Argument werden ferner bestimmte Panel- und AB-Berichte herangezogen, in denen die Diskriminierung wegen Verletzung materieller GATT-Vorschriften im Rahmen der Prüfung des Chapeaus behandelt wird.[31] Zum Beispiel wurden die MERCOSUR-Ausnahme und die Ausnahme gerichtlicher Verfügungen in Brazil – Retreaded Tyres bei der Chapeau-Prüfung behandelt, die nach Davies jeweils eine Verletzung von Art. I und III GATT darstellen.[32]

#### *b) Verwechslung zwischen Diskriminierung i. S. d. Chapeaus des Art. XX GATT als materiellem Norminhalt und Diskriminierung i. S. d. Chapeau-Prüfung als flexiblem Prüfungsschritt*

Bei dem oben dargestellten Argument handelt es sich jedoch um eine Verwechslung zwischen Diskriminierung i. S. d. Chapeaus des Art. XX GATT als materiellem Norminhalt und Diskriminierung i. S. d. Chapeau-Prüfung als flexiblem Prüfungsschritt.

Die Diskriminierung i. S. d. Chapeaus ist nämlich der normative Inhalt des Chapeaus, während eine Diskriminierung nach materiellen GATT-Vorschriften der Prüfungsgegenstand der Chapeau-Stufe ist. Die Tatsache, dass eine Diskriminierung nach materiellen GATT-Vorschriften bei der Prüfung des Chapeaus behandelt und nach ihrer Rechtfertigung gefragt wird,[33] stellt ledig-

---

[30] *Bartels*, The Chapeau of the General Exceptions in the WTO GATT and GATS Agreements, AJIL 2015, 95, 109–112. In S. 110 a. a. O. wird ausgeführt: „The reason is simple: the chapeau does not prohibit all discriminatory measures but only measures that discriminate arbitrarily and unjustifiably between products from countries where the same conditions prevail." Ebenso: *Van den Bossche/Zdouc*, The Law and Policy of the World Trade Organization, 5. Aufl. 2022, S. 649.

[31] Vgl. *Bartels*, The Chapeau of the General Exceptions in the WTO GATT and GATS Agreements, AJIL 2015, 95, 110–111; *Riffel*, The Chapeau: Stringent Threshold or Good Faith Requirement, LIEI 2018, 141, 147, 148 f.

[32] *Davies*, Interpreting the Chapeau of GATT Article XX, JWT 2009, 507, 531 ff. und 534 ff., unter Verweis auf WTO, Panel-Bericht v. 12. 6. 2007, WT/DS332/R, „Brazil – Retreaded Tyres", Para. 7.308. Hinsichtlich der gerichtlichen Verfügungen sieht Davies diese ohne Weiteres als eine Verletzung des Art. III GATT an, dessen Verletzung dem Wortlaut nach *imported products* voraussetze, während runderneuerte Reifen aus der EU zur Einfuhr verboten seien. Eine Begründungslücke scheint daher vorhanden zu sein.

[33] Zum Beispiel die Differenzierung zwischen inländischem und importiertem Benzin hinsichtlich der Festlegung gesetzlicher Basiswerte in WTO, AB-Bericht v. 20. 5. 1996, WT/DS2/AB/R, „US – Gasoline", S. 25 f.; die MERCOSUR-Ausnahme in WTO, Panel-Bericht v. 12. 6. 2007, WT/DS332/R, „Brazil – Retreaded Tyres",

lich einen Subsumtionsversuch unter den Normbegriff des Chapeaus dar. Die erfolgreiche Subsumtion einer Diskriminierung nach materiellen GATT-Vorschriften unter den Diskriminierungsbegriff i. S. d. Chapeaus setzt zumindest voraus, dass der Anwendungsbereich des Chapeaus des Art. XX GATT eröffnet ist.

Maßgeblich ist daher, ob eine Diskriminierung nach materiellen GATT-Vorschriften überhaupt in den Anwendungsbereich des Chapeaus des Art. XX GATT fällt. Nach ständiger Entscheidung des WTO-Schiedskörpers ist unumstritten,[34] dass Art. XX GATT erst dann Anwendung finden kann, wenn der Tatbestand eines Absatzes dieses Artikels erfüllt ist.[35] Andernfalls würde eine ordnungsgemäße Prüfung des Art. XX GATT mangels Prüfungsgegenstands nicht möglich und die Absätze des Art. XX GATT unwirksam.[36] Als Einleitungssatz kann der Chapeau selbstverständlich nicht über den Anwendungsbereich des Art. XX GATT hinaus gelten.[37] Für die Eröffnung des Anwendungsbereichs des Chapeaus muss somit ein Rechtfertigungsgrund nach einem Absatz des Art. XX GATT vorliegen und geltend gemacht werden.

Allein die Bejahung einer Diskriminierung nach materiellen GATT-Vorschriften auf der Chapeau-Stufe, die ein flexibel ausgestalteter Prüfungsschritt ist, kann daher den Tatbestand eines Absatzes des Art. XX GATT nicht erfüllen. Andernfalls laufen die Absätze des Art. XX GATT ins Leere, da eine

---

Para. 7.235; die IG-Ausnahme in WTO, Panel-Bericht v. 25. 11. 2013, WT/DS400/R u. a., „EC – Seal Products“, Para. 7.648; WTO, AB-Bericht v. 22. 5. 2014, WT/DS400/AB/R u. a., „EC – Seal Products“, Para. 5.314.

[34] Ständige Entscheidungen seit AB-Bericht zu US – Shrimp. Vgl. WTO, AB-Bericht v. 12. 10. 1998, WT/DS58/AB/R, „US – Shrimp“, Para. 119 f.; WTO, Panel-Bericht v. 18. 9. 2000, WT/DS135/R, „EC – Asbestos“, Para. 8.167; WTO, Panel-Bericht v. 5. 7. 2011, WT/DS394/R u. a., „China – Raw Materials“, Para. 7.359; WTO, AB-Berichts v. 7. 8. 2014, WT/DS431/AB/R u. a., „China – Rare Earths“, Para. 5.86; WTO, Panel-Bericht v. 12. 6. 2007, WT/DS332/R, „Brazil – Retreaded Tyres“, Para. 7.37; WTO, AB-Bericht v. 22. 5. 2014, WT/DS400/AB/R u. a., „EC – Seal Products“, Para. 5.169. Vgl. auch *Gaines*, The WTO's Reading of the GATT Article XX, UPJIL 2001, 739, 777–778.

[35] Der Prüfungsansatz in den früheren Panel-Berichten, wonach die Anforderungen im Chapeau zunächst geprüft werden sollen, ist als ein Subsumtionsversuch anzusehen. Die damit verbundene Tatsache, dass die Prüfungsstufe des Chapeaus stattfindet, bedeutet daher nicht, dass der Anwendungsbereich des Chapeaus schon eröffnet ist. Vgl. WTO, Panel-Bericht v. 15. 5. 1998, WT/DS58/R, „US – Shrimp“, Para. 7.28; GATT, Panel-Bericht v. 22. 2. 1982, L/5198-29S/91, „US – Tuna 1982“, Para. 4.8 ff.

[36] WTO, AB-Bericht v. 12. 10. 1998, WT/DS58/AB/R, „US – Shrimp“, Para. 121: „Such an interpretation renders most, if not all, of the specific exceptions of Article XX inutile, a result abhorrent to the principles of interpretation we are bound to apply.“

[37] Es sei denn, der Einleitungssatz oder andere Vorschriften des GATT sehen einen abweichenden Anwendungsbereich vor. Eine solche Bestimmung ist im Chapeau des Art. XX GATT nicht enthalten.

bejahte Diskriminierung nach materiellen GATT-Vorschriften schon ohne Rechtfertigungsgrund einen Rechtfertigungsvorgang eröffnen kann. In diesem Fall kann der Anwendungsbereich des Chapeaus des Art. XX GATT somit nicht eröffnet sein. Andernfalls würde auch der Chapeau leerlaufen, weil die Rechtfertigung einer Diskriminierung aufgrund der Verletzung einer materiellen GATT-Vorschrift schon ohne Rückgriff auf den Chapeau beurteilt werden kann. Dieser Umstand steht daher der Funktion des Chapeaus als eigenständiges materielles Kriterium[38] für die Beschränkung des Regulierungsrechts eines Mitglieds gemäß Art. XX GATT entgegen.

#### *c) Gleiches Problem hinsichtlich der „willkürlichen oder ungerechtfertigten Diskriminierung" i. S. d. Chapeaus des Art. XX GATT*

In Anlehnung an die Feststellung des AB in US – Gasoline[39] wird teilweise die Ansicht vertreten, dass die „willkürliche oder ungerechtfertigte Diskriminierung" i. S. d. Chapeaus des Art. XX GATT als eine lose formulierte Meistbegünstigungspflicht und die verschleierte Handelsbeschränkung i. S. d. Chapeaus als eine lose formulierte Inländerbehandlungspflicht zu interpretieren sei.[40] Demzufolge kann eine Diskriminierung nach materiellen GATT-Vorschriften nämlich bereits eine *willkürliche oder ungerechtfertigte* Diskriminierung i. S. d. Chapeaus des Art. XX GATT darstellen.

Zunächst kann aus dem oben in Teil 6 Kapitel 21 § 1 A. II. 1. b) ausgeführten Grund, nämlich der Rolle der Eröffnung des Anwendungsbereichs des Art. XX GATT für die Feststellung einer Diskriminierung i. S. d. Chapeaus,

---

[38] Dies ergibt sich daraus, dass die Anforderungen des Chapeaus, soweit dieser Anwendung findet, ständig durch einen selbstständigen Schritt geprüft werden. WTO, AB-Bericht v. 20. 5. 1996, WT/DS2/AB/R, „US – Gasoline", S. 22; WTO, AB-Bericht v. 12. 10. 1998, WT/DS58/AB/R, „US – Shrimp", Para. 119 f.; WTO, Panel-Bericht v. 18. 9. 2000, WT/DS135/R, „EC – Asbestos", Para. 8.167; WTO, Panel-Bericht v. 5. 7. 2011, WT/DS394/R u. a., „China – Raw Materials", Para. 7.359; WTO, AB-Bericht v. 7. 8. 2014, WT/DS431/AB/R u. a., „China – Rare Earths", Para. 5.86; WTO, Panel-Bericht v. 12. 6. 2007, WT/DS332/R, „Brazil – Retreaded Tyres", Para. 7.37; WTO, AB-Bericht v. 22. 5. 2014, WT/DS400/AB/R u. a., „EC – Seal Products", Para. 5.169. So auch: *Gaines*, The WTO's Reading of the GATT Article XX, UPJIL 2001, 739, 778–779 und 839; *Qin*, Defining Nondiscrimination under the Law of the WTO, BUILJ 2005, 215, 264 und 265.

[39] WTO, AB-Bericht v. 20. 5. 1996, WT/DS2/AB/R, „US – Gasoline", S. 24: „The exceptions listed in Article XX thus relate to all of the obligations under the General Agreement: the national treatment obligation and the most-favoured-nation obligation, of course, but others as well."

[40] *Lo*, Disguised Restriction on International Trade under the WTO, JIDS 2013, 111, 126: „[…] the phrase ‚arbitrary and unjustifiable discrimination' should be seen as a loosely drafted MFN requirement and the DRIT as a loosely drafted national treatment requirement."

weder die Diskriminierung i. S. d. Chapeaus noch die „willkürliche oder ungerechtfertigte Diskriminierung“ i. S. d. Chapeaus eine Diskriminierung nach materiellen GATT-Vorschriften sein. Denn „willkürliche oder ungerechtfertigte Diskriminierung“ i. S. d. Chapeaus ist nur das Rechtsurteil über die entsprechende Diskriminierung i. S. d. Chapeaus des Art. XX GATT. Das Rechtsurteil über eine Diskriminierung i. S. d. Chapeaus des Art. XX GATT setzt die Bejahung einer solchen Diskriminierung voraus. Ohne Eröffnung des Anwendungsbereichs des Art. XX GATT kann nämlich keine Diskriminierung i. S. d. Chapeaus und damit keine „willkürliche oder ungerechtfertigte Diskriminierung“ i. S. d. Chapeaus des Art. XX GATT festgestellt werden.

Außerdem kann sich der diskutierte Interpretationsansatz im Schrifttum nicht auf die herangezogene Feststellung des AB in US – Gasoline[41] stützen. Denn diese Feststellung besagt nur, dass alle Verletzungen der GATT-Pflichten potenziell nach Art. XX GATT gerechtfertigt sein können. Diese Feststellung berührt nämlich nicht die Natur der Diskriminierung i. S. d. Chapeaus und betrifft nur die Diskriminierung nach materiellen GATT-Vorschriften, die auf der Chapeau-Stufe behandelt wird und gerechtfertigt sein kann. Falls die „willkürliche oder ungerechtfertigte Diskriminierung“ i. S. d. Chapeaus hingegen anhand des gleichen Beurteilungsmaßstabs für die Diskriminierung nach materiellen GATT-Vorschriften festgestellt wird, würde Art. XX GATT insgesamt leerlaufen, wie der AB in US – Gasoline feststellte.[42] Die Rechtfertigung einer Diskriminierung im Sinne materieller GATT-Vorschriften würde in diesem Fall nämlich *per se* ausscheiden, soweit eine Diskriminierung beispielsweise nach Art. I oder III GATT vorliegt.

---

[41] WTO, AB-Bericht v. 20. 5. 1996, WT/DS2/AB/R, „US – Gasoline“, S. 24: „The exceptions listed in Article XX thus relate to all of the obligations under the General Agreement: the national treatment obligation and the most-favoured-nation obligation, of course, but others as well.“

[42] Da es sich hierbei nicht um die Natur der Diskriminierung, sondern um den Chapeau-Test handelt, ist die Feststellung des AB in US – Gasoline maßgeblich: „The provisions of the chapeau cannot logically refer to the same standard(s) by which a violation of a substantive rule has been determined to have occurred. To proceed down that path would be both to empty the chapeau of its contents and to deprive the exceptions in paragraphs (a) to (j) of meaning.“ Hierzu siehe: WTO, AB-Bericht v. 20. 5. 1996, WT/DS2/AB/R, „US – Gasoline“, S. 23; *Condon*, Does International Economic Law Impose a Duty to Negotiate?, CJIL 2018, 73, 80: „Since Article XX is an exception to Article X, they must mean different things. Moreover, the rule of treaty interpretation, effet utile, requires a tribunal to avoid redundancy in its interpretation of treaty terms.“

### 2. Missverständnis des Wortlauts „Diskriminierung“ im Chapeau des Art. XX GATT

Zweitens ist die fragliche Überlegung in der Entscheidungspraxis und im Schrifttum auf ein Missverständnis des Wortlauts „Diskriminierung“ im Chapeau zurückzuführen. Zum Beispiel ergebe sich nach Davies die Natur der Diskriminierung i. S. d. Chapeaus des Art. XX GATT u. a. aus dem klaren Wortlaut des Chapeaus und den materiellen Vorschriften des GATT.[43] Auch Bartels hat ohne Bedenken die Diskriminierung i. S. d. Chapeaus mit der Diskriminierung nach materiellen GATT-Vorschriften gleichgestellt,[44] obwohl die Formulierung „between products“ nicht im Vertragstext des Chapeaus des Art. XX GATT vorhanden ist.

Allein nach dem Wortlaut „Diskriminierung“ im Chapeau des Art. XX GATT kann jedoch nicht abschließend beurteilt werden, um welche Art von Diskriminierung es sich handelt. Anhand verschiedener Kriterien lassen sich unterschiedliche Arten von Diskriminierung unterscheiden. So kann beispielsweise allein anhand des Unterscheidungsmerkmals einer Diskriminierung bereits zwischen Diskriminierungen aufgrund des Geschlechts, der Herkunft, der Religion usw. unterschieden werden. Diskriminierungen nach materiellen GATT-Vorschriften sind zwar immer solche aufgrund der Herkunft von Produkten.[45]

Dies ändert jedoch nichts an der Tatsache, dass auch nach dem Gegenstand einer Diskriminierung zwischen verschiedenen Diskriminierungsarten unterschieden werden kann.[46] Der Gegenstand der Diskriminierung i. S. d. Chapeaus des Art. XX GATT kann bzw. muss anders sein als der Gegenstand der Diskriminierung nach materiellen GATT-Vorschriften. Denn gerade aufgrund

---

[43] *Davies*, Interpreting the Chapeau of GATT Article XX, JWT 2009, 507, 511: „This is simply because the nature of objectionable discrimination is the same, notwithstanding the location of the anti-discrimination provision in the Treaty text.“

[44] *Bartels*, The Chapeau of the General Exceptions in the WTO GATT and GATS Agreements, AJIL 2015, 95, 110: „[...] the chapeau does not prohibit all discriminatory measures but only measures that discriminate arbitrarily and unjustifiably between products from countries where the same conditions prevail.“

[45] *Pauwelyn*, Comment: The unbearable Lightness of Likeness, in: Panizzon/Pohl/Sauvé (Hrsg.), GATS and the Regulation of International Trade in Services, 2008, S. 358 ff.; *Howse/Regan*, The Product/Process Distinction, EJIL 2000, 249, 270.

[46] *Qin*, Accommodating Divergent Policy Objectives under WTO Law, AJIL Unbound 2015, 308, 313; *dies.*, Defining Nondiscrimination under the Law of the WTO, BUILJ 2005, 215, 223 f., 262 f. Dabei wird jedoch verkannt, dass zu den Diskriminierungen i. S. d. Chapeaus nicht die Diskriminierungen nach materiellen GATT-Vorschriften zählen. Außerdem wird verkannt, nach welchem Maßstab diese Vergleichsgrundlage, nämlich die *condition* i. S. d. Chapeaus des Art. XX GATT, beurteilt werden soll.

dieses Unterschieds kann das Vorliegen einer Diskriminierung i. S. d. Chapeaus des Art. XX GATT als Grund für eine negative Beurteilung der Rechtfertigung einer Diskriminierung nach materiellen GATT-Vorschriften dienen.

### III. Zwischenergebnis

Zusammenfassend bleibt festzustellen, dass eine Diskriminierung nach materiellen GATT-Vorschriften keine Diskriminierung i. S. d. Chapeaus des Art. XX GATT darstellt.

Das in diesem Teil dargestellte Missverständnis in der Entscheidungspraxis und im Schrifttum liegt vielmehr darin, dass die empirischen Aspekte sowohl einer Diskriminierung nach materiellen GATT-Vorschriften als auch einer Diskriminierung i. S. d. Chapeaus des Art. XX GATT dieselben Tatbestandsmerkmale derselben Umweltmaßnahme sind. Die Qualifikation der beiden Diskriminierungen stützt sich jedoch auf unterschiedlichen Rechtsurteilen zu verschiedenen Aspekten dieser Maßnahme.

## B. Beurteilungsmaßstab für die Diskriminierung i. S. d. Chapeaus: Diskriminierungsdogmatik nach der Vertragsbestimmung des Art. XX GATT i. V. m. dem dogmatischen Charakter der Verhältnismäßigkeitsprüfung i. w. S.

Der Chapeau des Art. XX GATT sieht ausdrücklich vor, dass eine unilaterale umweltpolitische Maßnahme keine willkürliche oder ungerechtfertigte Diskriminierung in gleichen Situationen darstellen darf. Falls die Diskriminierung i. S. d. Chapeaus des Art. XX GATT nicht anhand der Diskriminierungsdogmatik, sondern anhand des Abwägungsarguments, wie in der Entscheidungspraxis der WTO-Streitbeilegungsorgane, festgestellt wird, läuft die Vertragsbestimmung des Chapeaus ins Leere.[47] Außerdem ist das genannte Abwägungsargument, wie schon dargestellt, kein zulässiger Maßstab für die Beurteilung einer Diskriminierung i. S. d. Chapeaus des Art. XX GATT.[48] Somit soll die Diskriminierung i. S. d. Chapeaus des Art. XX GATT anhand der Diskriminierungsdogmatik festgestellt werden.[49]

---

[47] Im Ergebnis so auch: *Marín Durán*, Carbon Border Adjustments, ICLQ 2023, 73, 95.

[48] Teil 6 Kapitel 20 i. V. m. Teil 5 Kapitel 19 § 2.

[49] Im Ergebnis so auch: *Marín Durán*, Carbon Border Adjustments, ICLQ 2023, 73, 95 f.; *Qin*, Defining Nondiscrimination under the Law of the WTO, BUILJ 2005, 215, 260, 262; *dies.*, Accommodating Divergent Policy Objectives under WTO Law, AJIL Unbound 2015, 308, 313; vgl. *Davies*, Interpreting the Chapeau of GATT Article XX, JWT 2009, 507, 508, 513 und die von ihm besprochene Feststellung des Panels von

Zur Feststellung einer solchen Diskriminierung sind nämlich zunächst die einschlägigen Situationen und deren Vergleichbarkeit zu identifizieren.[50] Sodann soll eine Ungleichbehandlung dieser Situationen und damit eine Diskriminierung i. S. d. Chapeaus des Art. XX GATT festgestellt werden. Anschließend ist zu prüfen, ob eine solche Diskriminierung gerechtfertigt sein kann. Im Folgenden wird auf Grundlage dieses Untersuchungsgangs dargelegt, dass eine Diskriminierung i. S. d. Chapeaus von Art. XX GATT gemäß der Vertragsbestimmung in Verbindung mit dem dogmatischen Charakter der Verhältnismäßigkeitsprüfung i. w. S. festzustellen ist.

## I. Gegenstand der Behandlung: *condition* und *same condition* i. S. d. Chapeaus von Art. XX GATT

Im vorliegen Teil wird erläutert, dass *condition* bzw. *same condition* im Kontext des Chapeaus gemäß der Vertragsbestimmung des Art. XX GATT i. V. m. dem dogmatischen Charakter der Verhältnismäßigkeitsprüfung i. w. S. festgestellt werden sollen.

### 1. Spuren und Hinweise in der Entscheidungspraxis der WTO-Streitbeilegungsorgane zu Art. XX GATT

#### *a) Unklarheit der Bedeutung von* condition *und* same condition *i. S. d. Chapeaus vor dem AB-Verfahren zu EC – Seal Products*

In US – Gasoline wurde die Bedeutung der *same condition* auf der Chapeau-Stufe nicht thematisiert und das Vorliegen dieser gleichen Situation

---

Brazil – Retreaded Tyres, WTO, Panel-Bericht v. 12.6.2007, WT/DS332/R, „Brazil – Retreaded Tyres", Para. 309. Hieraus ergibt sich, dass Davies der hier dargestellten Diskriminierungsdogmatik zustimmt. *Riffel*, The Chapeau: Stringent Threshold or Good Faith Requirement, LIEI 2018, 141, 147; *Matsushita u. a.*, The World Trade Organisation, 3. Aufl. 2015, S. 620 i. V. m. 730–731; *Gaines*, The WTO's Reading of the GATT Article XX, UPJIL 2001, 739, 775.

[50] *Bernhardt*, Diskriminierungsverbote und Minderheitenschutz, in: Merten/Papier (Hrsg.), Handbuch der Grundrechte in Deutschland und Europa, Band VI/1, 1. Aufl. 2010, § 144, S. 292 Rn. 45 f.; *Kugelmann*, Gleichheitsrechte und Gleichheitsgrundsätze, in: Merten/Papier (Hrsg.), Handbuch der Grundrechte in Deutschland und Europa, Band VI/1, 1. Aufl. 2010, § 160, Rn. 93; *Pietzcker*, Der allgemeine Gleichheitssatz, in: Merten/Papier (Hrsg.), Handbuch der Grundrechte in Deutschland und Europa, Band V, 1. Aufl. 2013, § 125, S. 885 Rn. 3 f.; *Pöschl*, Gleichheitsrechte, in: Merten/Papier (Hrsg.), Handbuch der Grundrechte in Deutschland und Europa, Band VII/1, 2. Aufl. 2014, § 14, S. 537 Rn. 32 f.; *Peters*, Diskriminierungsverbote, in: Merten/Papier (Hrsg.), Handbuch der Grundrechte in Deutschland und Europa, Band VII/2, 1. Aufl. 2007, § 211, S. 259 Rn. 7.

wurde ohne Weiteres bejaht.[51] Stattdessen lag der Schwerpunkt der Prüfung auf der Suche nach einer Alternative.[52] Im AB-Bericht zu US – Shrimp stellte der AB drei Bedingungen für die Anwendung der Bestimmung „arbitrary or unjustifiable discrimination between countries where the same conditions prevail" auf:

> [...] first, the application of the measure must result in discrimination. Second, the discrimination must be arbitrary or unjustifiable in character. Third, this discrimination must occur between countries where the same conditions prevail.[53]

Auf diese Feststellung wird zwar von den WTO-Schiedskörpern in ständigen Berichten verwiesen, einschließlich des Panel-Berichts zu EC – Asbestos,[54] des Panel-Berichts zu China – Rare Earths,[55] des Panel- und AB-Berichts zu Brazil – Retreaded Tyres,[56] des Panel-[57] und AB-Berichts[58] zu EC – Seal Products sowie des Panel-Berichts zu US – Gambling.[59]

Jedoch wurde bis zum AB-Bericht zu EC – Seal Products[60] kaum eine ordentliche Prüfung von *same situation* i. S. d. Chapeaus des Art. XX GATT durch ein Panel oder den AB vorgenommen. Ebenso wurde in Brazil – Retreaded Tyres die Situation i. S. d. Chapeaus nur ansatzweise erörtert.[61] Im Panel-Bericht zu Argentina – Bovine Hide wurde sogar darauf hingewiesen, dass die Feststellung der Frage, ob bzw. unter welchen Voraussetzungen eine gleiche Situation i. S. d. Chapeaus vorliege, für die Prüfung des Art. XX GATT nicht erforderlich sei.[62]

---

[51] WTO, AB-Bericht v. 20. 5. 1996, WT/DS2/AB/R, „US – Gasoline", S. 29.

[52] WTO, AB-Bericht v. 20. 5. 1996, WT/DS2/AB/R, „US – Gasoline", S. 22 ff.

[53] WTO, AB-Bericht v. 12. 10. 1998, WT/DS58/AB/R, „US – Shrimp", Para. 150.

[54] WTO, Panel-Bericht v. 18. 9. 2000, WT/DS135/R, „EC – Asbestos", Para. 8.226.

[55] WTO, Panel-Bericht v. 26. 3. 2014, WT/DS431/R u. a., „China – Rare Earths", Para. 7.148, 7.350; WTO, AB-Bericht v. 12. 10. 1998, WT/DS58/AB/R, „US – Shrimp", Para. 150. Beim AB-Verfahren wurde die Chapeau-Prüfung hinsichtlich der Rechtmäßigkeit der Exportquoten nicht mehr beanstandet.

[56] WTO, Panel-Bericht v. 12. 6. 2007, WT/DS332/R, „Brazil – Retreaded Tyres", Para. 7.226.

[57] WTO, Panel-Bericht v. 12. 6. 2007, WT/DS332/R, „Brazil – Retreaded Tyres", Para. 7.649.

[58] WTO, AB-Bericht v. 22. 5. 2014, WT/DS400/AB/R u. a., „EC – Seal Products", Para. 5.296–5.305.

[59] WTO, AB-Bericht v. 7. 4. 2005, WT/DS285/AB/R, „US – Gambling", Para. 6.577.

[60] WTO, AB-Bericht v. 22. 5. 2014, WT/DS400/AB/R u. a., „EC – Seal Products", Para. 5.300, 5.317.

[61] WTO, Panel-Bericht v. 12. 6. 2007, WT/DS332/R, „Brazil – Retreaded Tyres", Para. 7.309 i. V. m. 7.242.

[62] WTO, Panel-Bericht v. 19. 12. 2000, WT/DS155/R, „Argentina – Bovine Hides", Para. 11.314 f. und insbesondere Fn. 570 a. a. O.

### *b) Spuren und Hinweise in der Entscheidungspraxis der WTO-Streitbeilegungsorgane zu Art. XX GATT*

Im vorliegenden Abschnitt wird die Entscheidungspraxis der WTO-Streitbeilegungsorgane erläutert, in der sich Spuren und Hinweise zur Feststellung der *condition* und der *same condition* i. S. d. Chapeaus des Art. XX GATT finden.

#### aa) Hinweise aus der Feststellung des AB in US – Shrimp und des Panels in EC – Tariff Preferences: Gefährdungslage des Schutzguts als *condition* und als Vergleichsgrundlage für die *same condition* i. S. d. Chapeaus des Art. XX GATT

Im Panel-Bericht zu US – Shrimp bemerkte das Panel, dass das US-amerikanische Einfuhrverbot für alle WTO-Mitglieder gelte, die Wildgarnelen auf den amerikanischen Markt exportieren wollten, die in Gewässern gefangen würden, in denen Garnelen und Meeresschildkröten gleichzeitig vorkämen.[63] Das Panel sah diese WTO-Mitglieder als „countries in same conditions" i. S. d. Chapeaus des Art. XX GATT an.[64]

Im Berufungsverfahren erkannte der AB die Rechtmäßigkeit der US-Regulierung im Inland zwar an, wonach der Einsatz von TEDs allgemein verpflichtend sei, auch in Gewässern, in denen (nach Ansicht des AB) keine oder keine erhebliche objektive Gefährdung für die zufällige Tötung von Meeresschildkröten bestehe.[65] Die Pflicht zur Verwendung von TEDs gelte nämlich einheitlich und ohne Rücksicht auf eine besondere Situation in einem bestimmten Gebiet der USA.[66] Nach Auffassung des AB solle eine solche Verpflichtung jedoch nicht für andere WTO-Mitglieder gelten, da die Situation in den Hoheitsgebieten dieser anderen Mitglieder unterschiedlich sein könne.[67]

Hier hatte der AB zwar nicht eindeutig dargestellt, was unter der einschlägigen Situation zu verstehen ist und wann diese als unterschiedlich beurteilt werden.[68] Die Situation sollte nach Ansicht des AB vielmehr zum einen die objektive Gefährdung der Meeresschildkröten in einem bestimmten Gewässergebiet sein. Bei der hier ausgeführten Feststellung des AB handelt es sich nämlich zwar um ein Schutzbedürftigkeitsurteil und zugleich um die Festlegung eines Schutzniveaus. Grundlage dafür ist jedoch die empirische Gefähr-

---

63 WTO, Panel-Bericht v. 15. 5. 1998, WT/DS58/R, „US – Shrimp", Para. 7.33.

64 WTO, Panel-Bericht v. 15. 5. 1998, WT/DS58/R, „US – Shrimp", Para. 7.33.

65 WTO, AB-Bericht v. 12. 10. 1998, WT/DS58/AB/R, „US – Shrimp", Para. 164.

66 WTO, AB-Bericht v. 12. 10. 1998, WT/DS58/AB/R, „US – Shrimp", Para. 164.

67 WTO, AB-Bericht v. 12. 10. 1998, WT/DS58/AB/R, „US – Shrimp", Para. 164.

68 *Marín Durán*, Carbon Border Adjustments, ICLQ 2023, 73, 98.

dung der Meeresschildkröten. Zum anderen sollte die Situation die Souveränität anderer Staaten sein, woraus sich eine internationale Kooperationspflicht nach Ansicht des AB ergibt. Das Verhältnis der beiden genannten Situationen zueinander sowie die Frage, wessen Einschätzung zu diesen Situationen maßgeblich ist und aus welchen Gründen, hat der AB wiederum nicht näher geklärt.

In demselben Verfahren stellte der AB weiterhin fest, dass eine Diskriminierung i. S. d. Chapeaus u. a. dann vorliege, wenn die Anwendung der angegriffenen Maßnahme keine Prüfung der Angemessenheit des Regulierungsprogramms (zum Schutz der Meeresschildkröten) hinsichtlich der (unterschiedlichen) Situationen in den Exportländern zulasse.[69] Die US-Regulierung stelle eine solche Diskriminierung dar, weil die Garnelen selbst dann dem Einfuhrverbot unterlägen, wenn in den einschlägigen Gewässern der Exportländer bereits identische TEDs wie in den USA beim Garnelenfang eingesetzt würden, diese Länder jedoch noch nicht von den USA zertifiziert worden seien.[70]

Diese Feststellung deutet klar auf die Anwendung der Diskriminierungsdogmatik bei der Prüfung einer Diskriminierung i. S. d. Chapeaus des Art. XX GATT hin. Außerdem wurde die empirische Gefährdung der Meeresschildkröten durch den Garnelenfang vom AB als Situation angesehen. Nicht hinreichend klar war jedoch, wessen Einschätzung zur objektiven Gefährdung der Meeresschildkröten maßgeblich ist und insbesondere, wann diese Gefährdung in verschiedenen Ländern als unterschiedlich anzusehen ist.

Unter Verweis auf den oben dargestellten Standard in der AB-Entscheidung zu US – Shrimp[71] wurde Ähnliches auch vom Panel in EC – Tariff Preferences festgestellt. Der Schweregrad des Drogenproblems, nämlich der Gefährdungsgrad der nachhaltigen Entwicklung eines Entwicklungslandes,[72] wurde von dem Panel als die Situation i. S. d. Chapeaus des Art. XX GATT angesehen.[73] Ebenfalls nicht hinreichend geklärt wurde, wessen Einschätzung zu dieser objektiven Gefährdung maßgeblich ist und insbesondere, wann diese Gefährdung in verschiedenen Ländern, beispielsweise in Iran und Pakistan

---

[69] WTO, AB-Bericht v. 12. 10. 1998, WT/DS58/AB/R, „US – Shrimp", Para. 165: „We believe that discrimination results not only when countries in which the same conditions prevail are differently treated, but also when the application of the measure at issue does not allow for any inquiry into the appropriateness of the regulatory program for the conditions prevailing in those exporting countries."

[70] WTO, AB-Bericht v. 12. 10. 1998, WT/DS58/AB/R, „US – Shrimp", Para. 165.

[71] WTO, AB-Bericht v. 12. 10. 1998, WT/DS58/AB/R, „US – Shrimp", Para. 165.

[72] Vgl. WTO, Panel-Bericht v. 1. 12. 2003, WT/DS246/R, „EC – Tariff Preferences", Para. 7.201.

[73] WTO, Panel-Bericht v. 1. 12. 2003, WT/DS246/R, „EC – Tariff Preferences", Para. 7.227 ff.

auf der Grundlage der vorgelegten Statistiken zur Drogenproduktion und/oder zum Drogenhandel in jedem Land, als unterschiedlich angesehen werden soll. Außerdem handelt es sich bei der genannten Situation um die Gefährdung eines Schutzguts, dessen Schutz nicht als primäres, sondern lediglich als instrumentales Schutzziel verfolgt wird.[74]

#### bb) Spuren in der Feststellung des Panels in Brazil – Retreaded Tyres: Empirische Gefährdung des Schutzguts als *condition* und als Vergleichsgrundlage für die *same condition* i. S. d. Chapeaus des Art. XX GATT

In Brazil – Retreaded Tyres wurde die Gefährdung von Umwelt und Gesundheit durch den Import und die Lagerung runderneuerter Reifen vom Panel indiziell als die Situation i. S. d. Chapeaus des Art. XX GATT betrachtet.[75]

Es ist jedoch nicht hinreichend klar, ob sich die Situation und die Gleichartigkeit von Situationen auf die Gleichartigkeit runderneuerter Reifen oder eher auf die Gleichartigkeit der von diesen Reifen ausgehenden Gefahren für Umwelt und Gesundheit beziehen. Denn das Panel stellte fest, dass es keinen signifikanten Unterschied zwischen importierten runderneuerten Reifen und solchen, die in Brasilien aus importierten Karkassen hergestellt wurden, gebe und dass damit vergleichbare Situationen im Sinne des Chapeaus des Art. XX GATT vorlägen.[76]

---

[74] WTO, Panel-Bericht v. 15.9.2020, WT/DS543/R, „US – Tariff Measures“, Para. 7.180, 7.182.

[75] Vgl. WTO, Panel-Bericht v. 12.6.2007, WT/DS332/R, „Brazil – Retreaded Tyres“, Para. 7.242 und 7.309: „The European Communities has argued that ‚it is manifest that a casing originating in the Euopean Communities is not more problematic from a waste management point of view just because it is retreaded in the Euopean Communities rather than in Brazil‘. In this respect, we recall our earlier observation that it has not been suggested by either party that there was any significant difference between retreaded tyres made in Brazil from imported casings and imported retreaded tyres. We also note that Brazil has not identified any difference between the conditions prevailing in Brazil and in other WTO Members, that would be pertinent in the context of considering whether the discrimination between retreaded tyres made in Brazil from imported casings and imported retreaded tyres occurs between countries where the same conditions prevail.“

[76] WTO, Panel-Bericht v. 12.6.2007, WT/DS332/R, „Brazil – Retreaded Tyres“, Para. 7.309 i. V. m. 7.242.

### cc) Hinweise aus der Feststellung des AB in EC – Seal Products und in Indonesia – Import Licensing: Empirische Gefährdung des Schutzguts als *condition* und als Vergleichsgrundlage für die *same condition* i. S. d. Chapeaus des Art. XX GATT

#### *(1) Relevanz des einschlägigen Absatzes des Art. XX GATT*

Im Panel-Bericht zu EC – Seal Products war die Bedingung *same conditions prevail* kein Gegenstand der Analyse des Chapeaus des Art. XX GATT. Im Berufungsverfahren wurde hingegen die Diskriminierungsdogmatik zur Interpretation der Bedingung *same condition* im Chapeau des Art. XX GATT verwendet. Der AB stellte dabei fest, dass der jeweilige Absatz des Art. XX GATT, nach dem die angegriffene Umweltmaßnahme vorläufig gerechtfertigt werde, für die Feststellung der *condition* i. S. d. Chapeaus von Relevanz sei.[77] Diese Feststellung bestätigte der AB in Indonesia – Import Licensing Regimes.[78]

#### *(2) Einrichtung des* condition-test

Der AB in EC – Seal Products stellte weiterhin fest, dass die Situation in Kanada, Norwegen und Grönland aus den folgenden Gründen nicht als wesentlich unterschiedlich angesehen werden könne; denn die Situation des Wohlstands der Robben sei in allen Staaten gleich, soweit Robben gefangen würden.[79] Der Unterschied in der Identität der Jäger und in der Absicht des Robbenfangs, nämlich zu kommerziellen Zwecken oder zur Aufrechterhaltung der Existenz und Lebensweise indigener Gemeinden, ändere daran nichts; Darüber hinaus reiche der unterschiedliche Entwicklungsstand, den die indigenen Gemeinschaften in Grönland bei der Organisation ihrer Vermarktungsstrukturen erreicht hätten, nicht aus, um von einer „anderen“ Situation in Grönland auszugehen.[80]

---

[77] Vgl. WTO, AB-Bericht v. 22. 5. 2014, WT/DS400/AB/R u. a., „EC – Seal Products“, Para. 5.300, 5.317: „We consider that, in determining which ‚conditions‘ prevailing in different countries are relevant in the context of the chapeau, the subparagraphs of Article XX, and in particular the subparagraph under which a measure has been provisionally justified, provide pertinent context.“

[78] WTO, AB-Bericht v. 9. 11. 2017, WT/DS477/AB/R u. a., „Indonesia – Import Licensing Regimes“, Para. 5.99.

[79] WTO, AB-Bericht v. 22. 5. 2014, WT/DS400/AB/R u. a., „EC – Seal Products“, Para. 5.317.

[80] WTO, AB-Bericht v. 22. 5. 2014, WT/DS400/AB/R u. a., „EC – Seal Products“, Para. 5.300, 5.317.

#### *(3) Empirische Gefährdung des Schutzguts als* condition *und als Vergleichsgrundlage für die* same condition *i. S. d. Chapeaus des Art. XX GATT*

Die Feststellung des AB gab somit einen Hinweis darauf, dass die objektive Gefährdung des Schutzguts die Situation und zugleich das Kriterium zur Feststellung der Gleichheit der Situation i. S. d. Chapeaus des Art. XX GATT darstellt. Denn nach Ansicht des AB in EC – Seal Products sei die gleiche Situation gegeben, wenn Robben gefangen würden.[81]

## 2. Unbegründete kritische Positionen zu *condition* und *same condition* i. S. d. Chapeaus des Art. XX GATT sowie Hinweise im Schrifttum

Die Ambiguität des Chapeaus von Art. XX GATT und die fehlende Klärung der Prüfungsdogmatik durch die WTO-Streitbeilegungsorgane haben in der wissenschaftlichen Literatur zu heftigen Diskussionen geführt. Teilweise werden gewisse Bedenken hinsichtlich der Notwendigkeit einer Prüfung der *same situation* im Chapeau geäußert. Die anderen Vertreter haben verschiedene Ansätze für die Auslegung von *same condition* i. S. d. Chapeaus des Art. XX GATT entwickelt, wie den Gleichzeitigkeitsansatz, den Wettbewerbsverhältnisansatz und den Ansatz des Zwecks der Maßnahme. Solche Positionen bilden die Grundlage für die weitere Klärung der Bedeutung von *condition* und *same condition* i. S. d. Chapeaus des Art. XX GATT.

Im Folgenden werden zunächst die allgemeinen Bedenken gegen die Notwendigkeit der Prüfung des Begriffs *same condition* ausgeräumt. Anschließend werden die im Schrifttum vorgeschlagenen Maßstäbe für die Beurteilung der gleichen Situation i. S. d. Chapeaus des Art. XX GATT kritisiert und abgelehnt.

### *a) Allgemeine Bedenken gegen den* condition test *im Chapeau des Art. XX GATT im Schrifttum*

#### aa) Abschaffung der *same condition*-Bedingung als Prüfungsmaßstab

Teilweise wird vorgeschlagen, dass die Wörte „between countries where the same conditions prevail“ im Chapeau des Art. XX GATT gelöscht werden sollen; Zur Begründung wird Art. 36 AEUV herangezogen, in dem diese Formulierung nicht enthalten ist.[82]

---

[81] WTO, AB-Bericht v. 22. 5. 2014, WT/DS400/AB/R u. a., „EC – Seal Products“, Para. 5.317.

Im Kontext des WTO-Rechts würde eine solche Lösung jedoch weiterhin zu Vagheit und Unbestimmtheit der Chapeau-Prüfung führen. Die Löschung des genannten Textteils würde weiteren unnötigen Auslegungsaufwand für die Streitschlichtungspraxis der WTO-Streitbeilegungsorgane verursachen.[83] Bevor die Bedeutung von *same condition* dogmatisch geklärt worden ist, würde eine Löschung daher noch mehr Unklarheit bei der Anwendung des Chapeaus von Art. XX GATT in der Entscheidungspraxis der WTO-Streitbeilegungsorgane schaffen.

#### bb) Unzulässigkeit der *same condition* i.S.d. Chapeaus des Art. XX GATT als Prüfungsmaßstab

Manche sehen den *same condition*-Maßstab im Chapeau des Art. XX GATT zur Beurteilung einer willkürlichen Diskriminierung als widersprüchlich an.[84] Es wird eingewandt, dass dieses Erfordernis impliziere, dass eine willkürliche Diskriminierung unter „different conditions" vom AB erlaubt sein könne.[85]

Der gezogene Umkehrschluss ist jedoch nicht begründet. Wie Gaines zu Recht argumentiert,[86] ist bei Vorliegen einer „different condition" nicht „eine willkürliche Diskriminierung" erlaubt, sondern es liegt in diesem Fall u.a. überhaupt keine „willkürliche Diskriminierung" i.S.d. Chapeaus des Art. XX GATT vor, sondern nur eine gerechtfertigte Diskriminierung.

---

82 Vgl. *Riffel*, The Chapeau: Stringent Threshold or Good Faith Requirement, LIEI 2018, 141, 175.

83 Vgl. *Riffel*, The Chapeau: Stringent Threshold or Good Faith Requirement, LIEI 2018, 141, 175.

84 *Appleton*, GATT Article XXs Chapeau – A Disguised Necessary Test?, RECIEL 1997, 131, 136.

85 *Appleton*, GATT Article XXs Chapeau – A Disguised Necessary Test?, RECIEL 1997, 131, 136.

86 *Gaines*, The WTO's Reading of the GATT Article XX, UPJIL 2001, 739, 779: „Implicit in the ‚same conditions' provision is an allowance for discrimination in an Article XX measure between any two trading partners based on differences in conditions."

### *b) Unzulässige Beurteilungsmaßstäbe für die* condition *bzw.* same condition *i. S. d. Chapeaus des Art. XX GATT im Schrifttum*

#### aa) Keine *condition* i. S. d. Chapeaus des Art. XX GATT aus dem Wettbewerbsverhältnis des Erzeugnisses

##### *(1) Das Wettbewerbsverhältnis des Erzeugnisses als* condition *i. S. d. Chapeaus des Art. XX GATT unter ausdrücklicher Anwendung der Diskriminierungsdogmatik im Schrifttum*

Teilweise wird ausdrücklich anerkannt, dass die Diskriminierung sowie die Begriffe *condition* und *same condition* im Chapeau des Art. XX GATT anhand der Diskriminierungsdogmatik verstanden werden sollen.[87] Die Beurteilung einer Diskriminierung bzw. einer willkürlichen Diskriminierung sei eng mit der Frage der Situation verknüpft,[88] die Gegenstand einer möglichen Diskriminierung i. S. d. Chapeaus sei.[89] Die Situation i. S. d. Chapeaus des Art. XX GATT sei also die wichtige Grundlage für die Feststellung der (willkürlichen) Diskriminierung i. S. d. Chapeaus.[90] Diese Situation sei das Wettbewerbsverhältnis der Erzeugnisse.[91]

Auf der Grundlage der Diskriminierungsdogmatik wird von Davies vertreten, dass die Gleichartigkeit von Produkten eine hinreichende Grundlage für die Feststellung der Gleichheit von Situationen zwischen Ländern i. S. d. Chapeaus des Art. XX GATT sei.[92] Als Begründung werden die folgenden Feststellungen vom Panel in Brazil – Retreaded Tyres herangezogen:

> We first recall that the discrimination at issue, which arises from the importation through court injunctions of used tyres, favours tyres retreaded in Brazil using im-

---

[87] *Davies*, Interpreting the Chapeau of GATT Article XX, JWT 2009, 507, 508; *Qin*, Defining Nondiscrimination under the Law of the WTO, BUILJ 2005, 215, 260.

[88] Vgl. *Matsushita u. a.*, The World Trade Organisation, 3. Aufl. 2015, S. 620 i. V. m. 730–731.

[89] Vgl. *Riffel*, The Chapeau: Stringent Threshold or Good Faith Requirement, LIEI 2018, 141, 147.

[90] Vgl. *Davies*, Interpreting the Chapeau of GATT Article XX, JWT 2009, 507, 513 und die von ihm besprochene Feststellung des Panels von Brazil – Retreaded Tyres, WTO, Panel-Bericht v. 12. 6. 2007, WT/DS332/R, Para. 309.

[91] *Riffel*, The Chapeau: Stringent Threshold or Good Faith Requirement, LIEI 2018, 141, 147; vgl. *Davies*, Interpreting the Chapeau of GATT Article XX, JWT 2009, 507, 511 und 513.

[92] *Davies*, Interpreting the Chapeau of GATT Article XX, JWT 2009, 507, 511 und 513. Ähnlich bezüglich der Ausfuhrbeschränkung, vgl. *Liu/Maughan*, China's Rare Earths Export Quotas, JIEL 2012, 971, 1001. Demzufolge sei die gleichartige Nachfrage nach Seltenen Erden auf dem nationalen und internationalen Markt als *same condition* i. S. d. Chapeaus des Art. XX GATT anzusehen.

> ported casings, to the detriment of imported retreaded tyres made from the same casings. The discrimination thus arises between Brazil and other WTO Members, including the European Communities.[93] It has not been suggested that there is any significant difference between retreaded tyres made in Brazil from imported casings and imported retreaded tyres. Further, Brazil has not disputed that retreaded tyres made from imported used tyres would produce the same environmental externalities and waste management issues as imported retreads.[94]

Diese Ansicht ist vielmehr auf das Missverständnis zurückzuführen, dass die Diskriminierung i. S. d. Chapeaus u. a. eine solche nach materiellen GATT-Vorschriften sein kann.[95] Da oben in Teil 6 Kapitel 21 § 1 A. II. festgestellt wird, dass Diskriminierung i. S. d. Chapeaus des Art. XX GATT keine Diskriminierung nach materiellen GATT-Vorschriften sein kann, kann das Wettbewerbsverhältnis der Produkte keine Situation i. S. d. Chapeaus des Art. XX GATT darstellen. Außerdem bezieht sich die Feststellung des Panels von Brazil – Retreaded Tyres schon nicht mehr lediglich auf das Wettbewerbsverhältnis und die Gleichartigkeit der Produkte, sondern auch auf die Gefährdung der Umwelt.

#### *(2) Das Wettbewerbsverhältnis des Erzeugnisses als* condition *i. S. d. Chapeaus des Art. XX GATT unter indizieller Anwendung der Diskriminierungsdogmatik im Schrifttum*

Eine anscheinend getrennte Betrachtung der Wörter *condition* und „Diskriminierung" i. S. d. Chapeaus vertritt jedoch Bartels. Demnach sei die Diskriminierung i. S. d. Chapeaus ausschließlich eine solche nach materiellen GATT-Vorschriften.[96] Außerdem beziehe sich die *condition* i. S. d. Chapeaus auf ein im Absatz des Art. XX GATT aufgelistetes Rechtsgut, damit das Ausnahmerecht eines WTO-Mitglieds am Maßstab des Chapeaus überprüft werden könne.[97] Die *condition* diene demzufolge nämlich als Rechtfertigungs-

---

[93] WTO, Panel-Bericht v. 12.6.2007, WT/DS332/R, „Brazil – Retreaded Tyres", Para. 7.308.

[94] WTO, Panel-Bericht v. 12.6.2007, WT/DS332/R, „Brazil – Retreaded Tyres", Para. 7.309 und 7.242.

[95] Teil 6 Kapitel 21 § 1 A. I.

[96] *Bartels*, The Chapeau of the General Exceptions in the WTO GATT and GATS Agreements, AJIL 2015, 95, 110. Demzufolge sei der Diskriminierungstest im Rahmen des Chapeaus und im Rahmen einer materiellen Vorschrift gleich.

[97] Vgl. *Bartels*, The Chapeau of the General Exceptions in the WTO GATT and GATS Agreements, AJIL 2015, 95, 97, 98, 112 und 124: „Assuming that these ‚conditions' are based on factors relevant to the objective of the measure, the ‚same conditions' will not prevail in countries where these factors are relevantly different, and the chapeau's discrimination test will not be applicable." „[...] the ‚same conditions' requirement functions as a justification, based on the objective of the measure."

grund für die Diskriminierung i. S. d. Chapeaus, nicht jedoch als Gegenstand der Diskriminierung i. S. d. Chapeaus.

Nach Bartels stelle ausschließlich das Wettbewerbsverhältnis die Grundlage für die Feststellung der Diskriminierung i. S. d. Chapeau dar.[98] Das Wettbewerbsverhältnis könne demnach jedoch nicht unter dem Wort *condition* im Chapeau subsumiert werden.[99] Zugleich sei das Ziel der angegriffenen Maßnahme für die Beurteilung einer Diskriminierung bei der Prüfung des Chapeaus nicht relevant.[100] Statt der Situation in verschiedenen Ländern, beispielsweise die Interessen indigener Gemeinden in EC – Seal Products,[101] seien nämlich die Wettbewerbsverhältnisse der Erzeugnisse für die Feststellung der Diskriminierung i. S. d. Chapeaus zwischen den Produkten zu vergleichen.[102]

In dem konzipierten Beispielsfall hat Bartels hingegen indiziell anhand der Diskriminierungsdogmatik eine Diskriminierung i. S. d. Chapeaus bejaht, wobei sich die *condition* i. S. d. Chapeaus, die Gegenstand der Diskriminierung i. S. d. Chapeaus ist, auf das in einem Absatz des Art. XX GATT aufgelistete Rechtsgut bezieht.[103]

Daher stimmt Bartels der Anwendung der Diskriminierungsdogmatik auf die Auslegung des Chapeaus grundsätzlich zu. Bartels ist nämlich der Ansicht, dass Gegenstand der Diskriminierung i. S. d. Chapeaus nicht die Gefährdung des Schutzguts, sondern das Wettbewerbsverhältnis des Erzeugnisses sein muss, was vom Wortlaut *condition* des Chapeaus nicht gedeckt ist.

Eine ggf. getrennte Betrachtung der *condition* und „Diskriminierung" i. S. d. Chapeaus ist wiederum auf das Missverständnis zurückzuführen, dass die

---

98 Vgl. *Bartels*, The Chapeau of the General Exceptions in the WTO GATT and GATS Agreements, AJIL 2015, 95, 110 f., 112 f., 114, 124.

99 Denn die Situation i. S. d. Chapeaus beziehe sich demzufolge nur auf ein in einem Absatz des Art. XX GATT aufgelistetes Schutzgut. Vgl. *Bartels*, The Chapeau of the General Exceptions in the WTO GATT and GATS Agreements, AJIL 2015, 95, 97, 98, 112 und 124.

100 *Bartels*, The Chapeau of the General Exceptions in the WTO GATT and GATS Agreements, AJIL 2015, 95, 112.

101 *Bartels*, The Chapeau of the General Exceptions in the WTO GATT and GATS Agreements, AJIL 2015, 95, 124: „It would have been appropriate for the Appellate Body to consider whether, under the chapeau, the European Union had discriminated between seal products from Canada and Greenland, respectively, rather than whether it had discriminated between indigenously hunted seal products from those same countries."

102 *Bartels*, The Chapeau of the General Exceptions in the WTO GATT and GATS Agreements, AJIL 2015, 95, 110.

103 *Bartels*, The Chapeau of the General Exceptions in the WTO GATT and GATS Agreements, AJIL 2015, 95, 114.

Diskriminierung i. S. d. Chapeaus u. a. eine solche nach materiellen GATT-Vorschriften sein muss.[104] Aus demselben Grund, dass Diskriminierung i. S. d. Chapeaus des Art. XX GATT keine Diskriminierung nach materiellen GATT-Vorschriften sein darf, kann das Wettbewerbsverhältnis keine Situation i. S. d. Chapeaus des Art. XX GATT darstellen.

Somit kann das Wettbewerbsverhältnis des Erzeugnisses keine Situation sein, die Gegenstand der Diskriminierung i. S. d. Chapeaus des Art. XX GATT darstellt.

#### bb) Keine *condition* i. S. d. Chapeaus des Art. XX GATT aus der Herkunft des Produkts

Teilweise wird vertreten, dass der Vergleich im Rahmen der Prüfung einer materiellen GATT-Pflichtverletzung zwischen Produkten stattfinde, während der Vergleich bei der Prüfung des Chapeaus des Art. XX GATT zwischen Ländern vorzunehmen sei.[105]

Der Chapeau des Art. XX GATT ist zwar tatsächlich eine Antidiskriminierungsklausel, und seine Aufgabe besteht in der Identifizierung willkürlicher Diskriminierung.[106] Eine Diskriminierung im Kontext des WTO-Übereinkommens ist letztlich immer eine solche aufgrund der Herkunft der Erzeugnisse.[107] Die Prüfung des Chapeaus dient damit als ein *proxy*-Test für eine solche länderbasierte Diskriminierung.[108]

Folglich handelt es sich bei Ländern, die auf die Herkünfte der Erzeugnisse hindeuten, um ein (unzulässiges) Unterscheidungsmerkmal nach dem GATT. Hingegen ist die Situation i. S. d. Chapeaus des Art. XX GATT der Gegenstand der Behandlung bzw. einer Diskriminierung i. S. d. Chapeaus desselben Artikels. Mittels dieser Situation und ihrer (ungleichen) Behandlung kann nämlich das Vorliegen einer Diskriminierung beispielsweise i. S. d. Chapeaus des Art. XX GATT festgestellt werden. Dadurch wird zugleich festgestellt, ob anhand der Herkunft, die ein unzulässiges Unterscheidungsmerkmal darstellt, ein Gegenstand diskriminierend behandelt wird.

---

[104] *Bartels*, The Chapeau of the General Exceptions in the WTO GATT and GATS Agreements, AJIL 2015, 95, 110. Demzufolge sei der Diskriminierungstest im Rahmen des Chapeaus und im Rahmen einer materiellen Vorschrift gleich.

[105] *Pauwelyn/Guzman/Hillman*, International Trade Law, 3. Aufl. 2016, S. 440.

[106] *Davies*, Interpreting the Chapeau of GATT Article XX, JWT 2009, 507, 508.

[107] *Pauwelyn*, Comment: The unbearable Lightness of Likeness, in: Panizzon/Pohl/Sauvé (Hrsg.), GATS and the Regulation of International Trade in Services, 2008, 358 ff.; *Howse/Regan*, The Product/Process Distinction, EJIL 2000, 249, 270.

[108] *Davies*, Interpreting the Chapeau of GATT Article XX, JWT 2009, 507, 508 f., 535.

Somit handelt es sich bei Ländern bzw. bei der Herkunft der Erzeugnisse um die Prüfungsfrage und bei der Situation i. S. d. Chapeaus des Art. XX GATT um das Prüfungsmittel. Die Länder bzw. die Herkunft der Erzeugnisse können nämlich keine Situation i. S. d. Chapeaus des Art. XX GATT sein.

### cc) *Rational connection* als unzulässiger Beurteilungsmaßstab für die *condition* i. S. d. Chapeaus des Art. XX GATT

Teilweise wird vertreten, dass ein *rational connection test* für die Beurteilung einer Situation i. S. d. Chapeaus des Art. XX GATT eingesetzt werden soll. Damit ist jedoch gemeint, dass ein Panel durch einen Abwägungstest bzw. eine strenge „Erforderlichkeitsprüfung" mit impliziter Abwägung beurteilen solle, ob eine herangezogene Situation in vernünftigem Verhältnis zum Schutzziel der Maßnahme stehe.[109] Eine Situation i. S. d. Chapeaus des Art. XX GATT solle nur verwendet werden, wenn sie dem Zweck der Maßnahme förderlich sei.[110]

Als Argument wird die Feststellung des AB in US – Gasoline[111] herangezogen, dass die Schwierigkeiten hinsichtlich der Verifizierung und Implementierung bei Anwendung einer individuellen Basislinie für ausländische Benzinhersteller keine unterschiedliche Situation i. S. d. Chapeaus des Art. XX GATT darstellen.[112] Denn das Verhältnis zwischen dieser Unterscheidung und dem Ziel der Maßnahme erreiche den Grad der Erforderlichkeit noch nicht.[113] Dieser Prüfungsansatz ist genau derselbe wie in Brazil – Retreaded Tyres,[114] in dem die MERCOSUR-Ausnahme und die Ausnahme gerichtlicher Verfügungen als rechtswidrig beurteilt werden, weil die Ziele der genannten Ausnahmen gegenläufig zum angegebenen Hauptschutzziel der angegriffenen Maßnahme seien.[115]

Hieraus ergibt sich, dass Kern dieser Ansicht darin besteht, dass die Verhältnismäßigkeit i. w. S. der angegriffenen Maßnahme die Situation i. S. d.

---

109 *Qin*, Defining Nondiscrimination under the Law of the WTO, BUILJ 2005, 215, 262, 264, 265.

110 *Qin*, Defining Nondiscrimination under the Law of the WTO, BUILJ 2005, 215, 262 ff.

111 WTO, AB-Bericht v. 20. 5. 1996, WT/DS2/AB/R, „US – Gasoline", S. 25 f.

112 *Qin*, Defining Nondiscrimination under the Law of the WTO, BUILJ 2005, 215, 267.

113 *Qin*, Defining Nondiscrimination under the Law of the WTO, BUILJ 2005, 215, 267.

114 WTO, AB-Bericht v. 3. 12. 2007, WT/DS332/AB/R, „Brazil – Retreaded Tyres", jeweils Para. 228 und Para. 246.

115 Ähnliche Feststellungen finden sich auch in WTO, AB-Bericht v. 22. 5. 2014, WT/DS400/AB/R u. a., „EC – Seal Products", Para. 5.318 ff.

Chapeaus bestimmt. Diese Ansicht ist daher nicht anders als die unzulässige Erforderlichkeitsabwägung in US – Gasoline und der unzulässige Prüfungsansatz der Gegenläufigkeit von Schutzzielen in Brazil – Retreaded Tyres und EC – Seal Products, jeweils bei der Chapeau-Prüfung.[116] Nur in den genannten Verfahren wurde der *rational connection test* nicht als Beurteilungsmaßstab für die *condition*, sondern allgemein für die willkürliche Diskriminierung i. S. d. Chapeaus des Art. XX GATT durch die WTO-Streitbeilegungsorgane verwendet.

Die Funktion des Chapeaus besteht nach seinem ausdrücklichen Wortlaut in der Beschränkung des regulierungsrechts des WTO-Mitglieds nach einem Absatz des Art. XX GATT.[117] Folglich ist die willkürliche Diskriminierung i. S. d. Chapeaus jene, die dieses Ausnahmerecht beschränkt und die Rechtswidrigkeit der Auswirkungen einer umweltpolitischen Maßnahme bestimmt. Hingegen kann sich die Rechtswidrigkeit der Umweltmaßnahme nicht schon aus ihren beeinträchtigenden Auswirkungen auf die Handelsfreiheit ergeben. Die Rechtmäßigkeit, also die Verhältnismäßigkeit und Angemessenheit der angegriffenen Maßnahme, kann nämlich ohne vorherige Feststellung der Situation und der Diskriminierung i. S. d. Chapeaus nicht abschließend beurteilt werden.

Somit kann die Situation i. S. d. Chapeaus nicht anhand des *rational connection test*, der eigentlich ein (impliziter) Abwägungstest ist, festgestellt werden.

### *c) Hinweise im Schrifttum bezüglich der Feststellung der* condition *und der* same condition *i. S. d. Chapeaus des Art. XX GATT*

Unter Verweis auf US – Shrimp[118] wird teilweise vertreten, dass die Situation i. S. d. Chapeaus des Art. XX GATT anhand der Diskriminierungsdogma-

[116] Teil 5 Kapitel 19 § 2 A. II. 2. b) und § 2 A. II. 1. a).

[117] Vgl. u. a. *Gaines*, The WTO's Reading of the GATT Article XX, UPJIL 2001, 739, 779, 839; *Mavroidis*, The General Agreement on Tariffs and Trade: A Commentary, 2005, S. 206; WTO, Panel-Bericht v. 15. 5. 1998, WT/DS58/R, „US – Shrimp“, Para. 7.29. In Form eines Missbrauchsverbots: WTO, AB-Bericht v. 20. 5. 1996, WT/DS2/AB/R, „US – Gasoline“, S. 22; WTO, AB-Bericht v. 12. 10. 1998, WT/DS58/AB/R, „US – Shrimp“, Para. 158; WTO, Panel-Bericht v. 25. 11. 2013, WT/DS400/R u. a., „EC – Seal Products“, Para. 7.645; WTO, AB-Bericht v. 22. 5. 2014, WT/DS400/AB/R u. a., „EC – Seal Products“, Para. 5.297; WTO, Panel-Bericht v. 12. 6. 2007, WT/DS332/R, „Brazil – Retreaded Tyres“, Para. 7.221; WTO, AB-Bericht v. 3. 12. 2007, WT/DS332/AB/R, „Brazil – Retreaded Tyres“, Para. 224; WTO, Panel-Bericht v. 26. 3. 2014, WT/DS431/R u. a., „China – Rare Earths“, Para. 7.347 ff.; WTO, AB-Bericht v. 9. 11. 2017, WT/DS477/AB/R u. a., „Indonesia – Import Licensing Regimes“, Para. 5.95.

[118] WTO, AB-Bericht v. 12. 10. 1998, WT/DS58/AB/R, „US – Shrimp“, Para. 164–165.

tik festgestellt werden solle.[119] Demnach beziehe sich eine solche Situation auf den Absatz des Art. XX GATT, anhand dessen die angegriffene Umweltmaßnahme vorläufig gerechtfertigt sei.[120] Genauer gesagt sei die Situation i.S.d. Chapeaus des Art. XX GATT die Gefährdung des Schutzguts.[121] Dies gelte auch für ggf. weitere Schutzgüter, die bei der Durchführung der Maßnahme zu berücksichtigen seien.[122]

Diese Ansicht bietet Hinweise für die weitere Klarstellung des Begriffs *condition* i.S.d. Chapeaus des Art. XX GATT, wenngleich die Begründung einer Konkretisierung bedarf.

### 3. Dogmatische Klarstellung: Schutzgut in objektiver Gefährdung nach Einschätzung des regulierenden WTO-Mitglieds als *condition* und zugleich als die Vergleichsgrundlage für die *same condition* i.S.d. Chapeaus des Art. XX GATT

Zwar ist der soeben dargestellten Feststellung der WTO-Streitbeilegungsorgane[123] und der Ansicht in der wissenschaftlichen Literatur[124] zuzustimmen, dass die *condition* i.S.d. Chapeaus des Art. XX GATT die Gefährdung des

---

119 *Venzke/Vidigal*, The Case of the EU Carbon Border Adjustment Mechanism, in: Netherlands Yearbook of International Law 2020, 2022, S. 216; vgl. auch *Lydgate*, Do the Same Conditions Ever Prevail?, JWT 2016, 971, 975.

120 *Leonelli*, Comparing the EU Carbon Border Adjustment Mechanism and the US Proposal for a Border Carbon Adjustment, Legal Studies 2022, 696, 711; *dies.*, Environmental Unilateralism and the Chapeau of Article XX GATT, JWT 2023, 709, 715–716; *Englisch/Falcão*, EU Carbon Border Adjustments and WTO Law, Part Two, ELR 2021, 10935, 10943; *Qin*, Defining Nondiscrimination under the Law of the WTO, BUILJ 2005, 215, 263; *Marín Durán*, Carbon Border Adjustments, ICLQ 2023, 73, 98.

121 *Venzke/Vidigal*, The Case of the EU Carbon Border Adjustment Mechanism, in: Netherlands Yearbook of International Law 2020, 2022, S. 217; vgl. *Lydgate*, Do the Same Conditions Ever Prevail?, JWT 2016, 971, 982–983, 989; indiziell so, vgl. *Leonelli*, Comparing the EU Carbon Border Adjustment Mechanism and the US Proposal for a Border Carbon Adjustment, Legal Studies 2022, 696, 711–712; *dies.*, Environmental Unilateralism and the Chapeau of Article XX GATT, JWT 2023, 709, 715–716; *dies.*, Thinking About the Chapeau of Article XX GATT in Times of Climate Crisis, JIEL 2023, 416, 427. Indiziell wohl auch, vgl. *Marín Durán*, Carbon Border Adjustments, ICLQ 2023, 73, 101–102 i.V.m. 98–101 und die Anmerkungen in Zit. 157 und Zit. 162 a.a.O.

122 *Venzke/Vidigal*, The Case of the EU Carbon Border Adjustment Mechanism, in: Netherlands Yearbook of International Law 2020, 2022, S. 217; vgl. *Leonelli*, Environmental Unilateralism and the Chapeau of Article XX GATT, JWT 2023, 709, 715–719; Bejahung mit Vorbehalt, vgl. *Lydgate*, Do the Same Conditions Ever Prevail?, JWT 2016, 971, 983–984, 991–995.

123 Teil 6 Kapitel 21 § 1 B. I. 1. b).

124 Teil 6 Kapitel 21 § 1 B. I. 2. c).

Schutzguts ist. Diese Feststellung bedarf jedoch einer Konkretisierung und Begründung, die zugleich die Grundlage für die weitere Klärung der *condition* und *same condition* i. S. d. Chapeaus des Art. XX GATT bilden.

Im Folgenden wird zunächst dargestellt, warum sich die Situation, die der Feststellung der Ausgangsdiskriminierung i. S. d. Chapeaus des Art. XX GATT zugrunde liegt, auf die empirische Gefährdung des einschlägigen Schutzguts beziehen soll, das im jeweils herangezogenen Absatz des Art. XX GATT vorgesehen ist. Sodann wird erläutert, dass die Einschätzung des regulierenden WTO-Mitglieds maßgeblich dafür ist, wann eine empirische Gefährdung des einschlägigen Schutzguts die *condition* bzw. *same condition* i. S. d. Chapeaus darstellt.

### *a) Objektive Gefährdung des einschlägigen Schutzguts als* condition *i. S. d. Chapeaus des Art. XX GATT*

Aus den folgenden Gründen soll die Situation für die Feststellung der Ausgangsdiskriminierung i. S. d. Chapeaus des Art. XX GATT genau die empirische Gefährdung des Schutzguts sein, das im jeweils herangezogenen Absatz des Art. XX GATT vorgesehen ist. An dieser Stelle wird nur die Situation der Ausgangsdiskriminierung i. S. d. Chapeaus dargestellt. Die Situation für die Feststellung einer weiteren Diskriminierung i. S. d. Chapeaus wird unten in Teil 6 Kapitel 21 § 1 B. III. 2 dargestellt.

Die Funktion der Situation i. S. d. Chapeaus des Art. XX GATT besteht nicht ausschließlich darin, das vom regulierenden WTO-Mitglied angegebene Schutzziel zu fördern.[125] Die Situation als eine Bedingung für die Feststellung der Diskriminierung i. S. d. Chapeaus liegt hingegen in der Überprüfung der Frage, ob das angegebene Schutzgut, wie die Umwelt und die menschliche Gesundheit, überhaupt so schutzwürdig ist, dass dies nur durch die angegriffene Maßnahme geschützt werden muss. Aus dem Vorliegen einer willkürlichen Diskriminierung i. S. d. Chapeaus ergibt sich nämlich ein Gleichbehandlungsanspruch für den ungleichbehandelten Gegenstand. Aus diesem Grund bezieht sich die genannte Situation auf das Schutzgut im jeweils herangezogenen Absatz des Art. XX GATT,[126] weil andernfalls die Beschränkung durch diesen Diskriminierungstest i. S. d. Chapeaus gegenstandlos sein würde.

---

125 Zur Ansicht, dass die Situation i. S. d. Chapeaus des Art. XX GATT das angegebene Schutzziel fördern muss, siehe: *Qin*, Defining Nondiscrimination under the Law of the WTO, BUILJ 2005, 215, 265 f. Ausführlich hierzu siehe oben Teil 6 Kapitel 21 § 1 B. I. 2. b) cc).

126 *Gaines*, The WTO's Reading of the GATT Article XX, UPJIL 2001, 739, 779, 839; *Qin*, Defining Nondiscrimination under the Law of the WTO, BUILJ 2005, 215, 263; *dies.*, Accommodating Divergent Policy Objectives under WTO Law, AJIL Un-

Diese Feststellung scheint jedoch nicht hinreichend präzise zu sein. Die Bestimmung dieses Gegenstands in einem Rechtfertigungsvorgang, wie der Auslegung des Art. XX GATT, kommt darauf an, was genau als Gegenstand der Behandlung und was als Behandlung dieses Gegenstands qualifiziert werden soll.

Die Beantwortung dieser Frage hängt davon ab, ob und wann ein Schutzbedürftigkeitsurteil des regulierenden WTO-Mitglieds getroffen wurde. Ohne ein solches Urteil scheidet eine Behandlung aus, weil eine Behandlungsbedürftigkeit noch nicht gegeben ist. Wenn ein Schutzgut in den Anwendungsbereich des herangezogenen Absatzes des Art. XX GATT fällt, ist die Schutzbedürftigkeit noch nicht aufgeweckt worden, weil diese noch die empirische Gefährdung dieses Schutzguts voraussetzt.[127] Auch wenn eine solche empirische Gefährdung vorliegt, ist diese keine Behandlung, sondern Gegenstand der Behandlung, weil diese Gefährdung allein noch kein Schutzbedürftigkeitsurteil enthält.

Bei der Vornahme des Schutzbedürftigkeitsurteils, das auf einer bestimmten empirischen Gefährdung des Schutzguts basiert, handelt es sich hingegen nicht mehr um den Gegenstand der Behandlung, sondern um die Behandlung eines Gegenstands. Denn es geht dabei um die Frage, ob das einschlägige Schutzgut in einem bestimmten empirischen Gefährdungsgrad überhaupt als schutzbedürftig angesehen werden soll. Basierend auf einer solchen Gefährdung kann das regulierende WTO-Mitglied ein Schutzbedürftigkeitsurteil nämlich entweder vornehmen oder darauf verzichten. Aus ähnlichem Grund stellt die Festlegung eines Schutzziels einschließlich des Schutzniveaus ebenfalls eine Behandlung dar. Ferner ist die ergriffene Maßnahme unproblematisch eine Behandlung, durch die die Gefährdung des Schutzguts abgewendet wird.

Somit ist die Situation zur Feststellung der Ausgangsdiskriminierung i. S. d. Chapeaus des Art. XX GATT die objektive Gefährdung des Schutzguts, auf deren Grundlage das Schutzbedürftigkeitsurteil über das Schutzgut erfolgt.

#### *b) Maßgeblichkeit der Einschätzung des regulierenden WTO-Mitglieds zur* condition *und* same condition *i. S. d. Chapeaus des Art. XX GATT*

Fraglich ist jedoch, wessen Einschätzung zur objektiven Gefährdung des Schutzguts maßgeblich ist. Denn es fehlt bei der Feststellung des Gefähr-

---

bound 2015, 308, 313 f.; vgl. *Bartels*, The Chapeau of the General Exceptions in the WTO GATT and GATS Agreements, AJIL 2015, 95, 112.

[127] Vgl. nur WTO, Panel-Bericht v. 18.9.2000, WT/DS135/R, „EC – Asbestos“, Para. 8.170, 8.184.

dungsgrads des Schutzguts aufgrund empirischer und wissenschaftlicher Unsicherheit oft an Bestimmtheit.

Ebenso fraglich ist, wessen Einschätzung zur Vergleichsgrundlage der Situationen, nämlich zum Kriterium für die Feststellung der Vergleichbarkeit der Situationen i. S. d. Chapeaus des Art. XX GATT, maßgeblich ist. Denn zwei Situationen können aus empirischer Sicht nur unterschiedlich sein[128] und eine Vergleichsgrundlage kann nicht ohne subjektives Urteil festgestellt werden.

#### aa) Maßgeblichkeit der Einschätzung des regulierenden WTO-Mitglieds zur *condition* i. S. d. Chapeaus des Art. XX GATT

Die Situation i. S. d. Chapeaus des Art. XX GATT bilden die empirischen Aspekte der behaupteten Gefährdungslage des Schutzguts, nämlich die behauptete Gefährdungslage des Schutzguts abzüglich des darauf aufbauenden Schutzbedürftigkeitsurteils. In Teil 2 Kapitel 5 § 3 A. III. wurde geklärt, dass die Legitimität der Einschätzung des regulierenden WTO-Mitglieds zur empirischen Gefährdung des Schutzguts eine erste Vermutung darstellt. Dieses Ergebnis ergibt sich aus dem dogmatischen Charakter der Verhältnismäßigkeitsprüfung i. w. S. in Verbindung mit der Vertragsbestimmung des Art. XX GATT.

Somit ist die Einschätzung des regulierenden WTO-Mitglieds über die *condition* i. S. d. Chapeaus des Art. XX GATT als eine erste Vermutung maßgeblich.

#### bb) Maßgeblichkeit der Einschätzung des regulierenden WTO-Mitglieds zur *same condition* i. S. d. Chapeaus des Art. XX GATT

Soweit der Maßstab für die Feststellung der Situation i. S. d. Chapeaus des Art. XX GATT festgestellt ist, stellt sich theoretisch noch die Frage nach dem Maßstab für die Beurteilung der Gleichheit der Situationen, damit die gleichen Situationen für die Feststellung der besprochenen Diskriminierung festgestellt werden können.

In US – Shrimp zum Beispiel befanden sich die Meeresschildkröten in einer empirischen Gefährdung, die die Schutzbedürftigkeit auslöste, wenn Garnelen mit Schleppnetzen gefangen wurden.[129] Nach Ansicht der USA könne diese Gefährdung nur dadurch abgewendet werden, dass die TEDs beim Gar-

---

[128] *Gaines*, The WTO's Reading of the GATT Article XX, UPJIL 2001, 739, 779; *Lydgate*, Do the Same Conditions Ever Prevail?, JWT 2016, 971, 972; *Marín Durán*, Carbon Border Adjustments, ICLQ 2023, 73, 98.

[129] WTO, Panel-Bericht v. 15. 5. 1998, WT/DS58/R, „US – Shrimp", Para. 2.5, 3.19, 3.49–3.50.

nelenfang verwendet und die einschlägigen Länder von den USA zertifiziert würden.[130] Demnach befänden sich die Meeresschildkröten in allen Wassergebieten der Welt nämlich in einer und auch in gleicher Situation i. S. d. Chapeaus des Art. XX GATT, soweit die TEDs beim Garnelenfang nicht eingesetzt oder die einschlägigen Länder nicht von den USA zertifiziert wurden. Nach Ansicht der USA lag nämlich keine unterschiedliche Situation auch dann vor, wenn die vorgenannte empirische Gefährdung der Meeresschildkröten durch ein ähnliches Schutzprogramm in einem anderen Land einigermaßen reduziert wurde. Hingegen stelle die auf diese Weise reduzierte Gefährdung der Meeresschildkröten nach Ansicht des AB schon eine unterschiedliche Situation i. S. d. Chapeaus des Art. XX GATT dar.[131]

Aus dem folgenden Grund gilt der Maßstab für die Beurteilung der *condition* i. S. d. Chapeaus des Art. XX GATT auch für die Feststellung der Gleichheit einer Situation i. S. d. Chapeaus.

Erstens, soweit eine empirische Gefährdung eines Schutzguts die Situation i. S. d. Chapeaus des Art. XX GATT darstellt, ist diese zugleich eine gleiche Situation mit allen Situationen dieses Schutzguts i. S. d. Chapeaus. Wenn eine Situation „i. S. d. Chapeaus des Art. XX GATT“ aber als eine unterschiedliche Situation beurteilt wird, kann diese nicht mehr eine Situation i. S. d. Chapeaus des Art. XX GATT sein.

Wenn die empirischen Gefährdungen gleicher Schutzgüter unter der Situation i. S. d. Chapeaus des Art. XX GATT subsumiert worden sind, besteht die Gemeinsamkeit all dieser Gefährdungen darin, dass sie jeweils die Schutzbedürftigkeit des Schutzguts aufwecken. Die Beurteilung einer dieser Situationen als eine unterschiedliche Situation „i. S. d. Chapeaus des Art. XX GATT“ bedeutet jedoch, dass diese empirische Gefährdung die Schutzbedürftigkeit des einschlägigen Schutzguts nicht aufwecken kann. Denn beim Vorliegen einer unterschiedlichen Situation sind keine Schutzbedürftigkeit und damit keine Gleichbehandlungspflicht des einschlägigen Schutzguts vorhanden.

Zweitens sind zwei Situationen i. S. d. Chapeaus des Art. XX GATT aus rein empirischer Hinsicht zwar immer unterschiedlich.[132] Aus diesem empirischen Unterschied kann sich jedoch keine unterschiedliche Situation ergeben.

Bei einer negativen Beurteilung der Gleichheit der Situation i. S. d. Chapeaus des Art. XX GATT allein aufgrund dieses empirischen Unterschieds

---

130 WTO, Panel-Bericht v. 15. 5. 1998, WT/DS58/R, „US – Shrimp“, Para. 163 – 165.

131 WTO, Panel-Bericht v. 15. 5. 1998, WT/DS58/R, „US – Shrimp“, Para. 163 – 165.

132 *Gaines*, The WTO's Reading of the GATT Article XX, UPJIL 2001, 739, 779; *Lydgate*, Do the Same Conditions Ever Prevail?, JWT 2016, 971, 972; *Marín Durán*, Carbon Border Adjustments, ICLQ 2023, 73, 98.

handelt es sich um eine richterliche Abwägung, die für die Beurteilung der empirischen Gefährdung des Schutzguts im Rahmen der Auslegung des Art. XX GATT unzulässig ist. Die Maßgeblichkeit der Einschätzung des regulierenden WTO-Mitglieds zur empirischen Gefährdung des Schutzguts, die die Situation i. S. d. Chapeaus des Art. XX GATT darstellt, stellt eine erste Vermutung dar.[133] Diese Vermutung kann nur durch vertraglich vorgesehene Gründe widerlegt werden. Hingegen stellt das (implizite) Abwägungsargument der WTO-Streitbeilegungsorgane keinen tauglichen Widerlegungsgrund dar.[134] Folglich kann die im obigen Beispiel dargelegte Tatsache, dass die empirische Gefährdung der Meeresschildkröten schon durch ein Schutzprogramm im Territorium eines anderen WTO-Mitglieds einigermaßen abgewendet wurde,[135] keine unterschiedliche Situation darstellen.

Eine willkürliche Diskriminierung i. S. d. Chapeaus des Art. XX GATT ist zwar ein tauglicher Widerlegungsgrund gegen die Vermutung.[136] Diese liegt zum Zeitpunkt der Prüfung der Situation und der gleichen Situationen i. S. d. Chapeaus jedoch noch nicht vor, weil diese Situationen gerade die Bedingungen für die Feststellung dieser Diskriminierung sind.

Somit ist die empirische Gefährdung des Schutzguts nach Einschätzung des regulierenden WTO-Mitglieds zugleich die Vergleichsgrundlage für die Feststellung der Gleichheit der Situation i. S. d. Chapeaus des Art. XX GATT. Dabei ist die Einschätzung des regulierenden WTO-Mitglieds zur *condition* und zur *same condition* i. S. d. Chapeaus als eine erste Vermutung maßgeblich.

## II. Ungleichbehandlung zur Feststellung der Ausgangsdiskriminierung i. S. d. Chapeaus des Art. XX GATT: Behandlung, Gleichheitskriterium und Ungleichbehandlung

Zur Feststellung einer Ungleichbehandlung und damit einer Ausgangsdiskriminierung i. S. d. Chapeaus des Art. XX GATT muss vorher ermittelt werden, was überhaupt als Behandlung angesehen werden kann und was das Kriterium für die Feststellung der Gleichheit der Behandlung ist.

---

133 Teil 6 Kapitel 21 § 1 B. I. 3. a) und § 1 B. I. 3. b) aa).

134 Teil 2 Kapitel 6 § 2 A.–§ 2 B.

135 WTO, Panel-Bericht v. 15. 5. 1998, WT/DS58/R, „US – Shrimp", Para. 163–165. Dabei war die Tatsache ebenso unerheblich und konnte nicht als eine unterschiedliche Situation angesehen werden, dass identische TEDs wie in den USA im Territorium eines anderen WTO-Mitglieds schon verwendet wurden und das einschlägige Land noch nicht von den USA zertifiziert worden war. Denn ohne die genannte Zertifizierung kann eigentlich nicht offiziell bzw. nicht wirklich festgestellt werden, ob tatsächlich identische TEDs wie in den USA verwendet wurden.

136 Teil 5 Kapitel 18 § 1.

### 1. Behandlung

Unproblematisch ist, dass es sich bei der angegriffenen Umweltmaßnahme um die Behandlung für die Feststellung der Ausgangsdiskriminierung i. S. d. Chapeaus des Art. XX GATT handelt. Aus den folgenden Gründen handelt es sich sowohl bei dem Schutzbedürftigkeitsurteil des regulierenden WTO-Mitglieds basierend auf einer bestimmten objektiven Gefährdung des Schutzguts als auch bei der Festlegung des Schutzziels und des Schutzniveaus zur Abwendung dieser Gefährdung jeweils auch um eine solche Behandlung.

Das Schutzbedürftigkeitsurteil aufbauend auf einer bestimmten empirischen Gefährdung des Schutzguts kann im Allgemeinen sowohl der Gegenstand der Behandlung als auch die Behandlung sein. Es kommt im Konkreten darauf an, ob eine völkerrechtliche Vertragsvorschrift dies direkt regelt oder einem Staat diesbezüglich einen Handlungsspielraum einräumt. Im ersten Fall besteht nämlich kein Handlungsspielraum für ein WTO-Mitglied. Bei Art. XX GATT handelt es sich um den zweiten Fall, weil in diesem Artikel nicht vorgesehen ist, wann eine objektive Gefährdung des Schutzguts als schutzbedürftig behandelt werden soll. Hingegen wird dem regulierenden WTO-Mitglied ein Einschätzungsspielraum bei der Festlegung der Schutzbedürftigkeit eingeräumt und die Maßgeblichkeit dieser Einschätzung stellt eine widerlegbare Vermutung dar.[137] Somit handelt es sich bei dem Schutzbedürftigkeitsurteil des regulierenden WTO-Mitglieds im Kontext des Art. XX GATT nicht um eine Situation, sondern um die Behandlung einer solchen.

Dasselbe gilt für die Festlegung des Schutzziels und die Bestimmung des konkreten Schutzniveaus. Denn das Schutzbedürftigkeitsurteil überschneidet sich mit der Festlegung von Schutzziel und Schutzniveau. Das Schutzbedürftigkeitsurteil, nämlich das Gefährdungsniveau, beschreibt, wann das Schutzgut überhaupt als schutzbedürftig angesehen werden soll, während das angegebene Schutzziel und das behauptete Schutzniveau illustrieren, inwieweit das Schutzgut schutzbedürftig ist und bis zu welchem Grad die Gefährdung des Schutzguts abgewendet werden soll.[138] Art. XX GATT sieht nicht direkt vor, welches Ziel zur Abwendung der Gefährdung des Schutzguts festgelegt werden soll. Hingegen wird dem regulierenden WTO-Mitglied ein Einschätzungsspielraum bei der Bestimmung des Schutzziels und des konkreten Schutzniveaus eingeräumt, und die Maßgeblichkeit dieser Einschätzung stellt eine widerlegbare Vermutung dar.[139] Somit handelt es sich bei der Festlegung

---

[137] Teil 2 Kapitel 5 § 3 A.

[138] Vgl. WTO, AB-Bericht v. 6. 10. 2008, WT/DS320/AB/R, „EC – Hormones II", Para. 534; *Goh*, Science and Sovereignty, JWIP 2003, 441, 464. Hierzu siehe auch: Teil 2 Kapitel 5 § 3 A. II. 1.

[139] Teil 2 Kapitel 5 § 3 B.

des Schutzziels und des konkreten Schutzniveaus durch das regulierende WTO-Mitglied im Kontext des Art. XX GATT um die Behandlung einer Situation.

### 2. Die als verhältnismäßig i.w.S. vermutete angegriffene Maßnahme/ Hauptmaßnahme als Beurteilungskriterium für die Gleichheit der Behandlung zur Feststellung der Ausgangsdiskriminierung i.S.d. Chapeaus des Art. XX GATT

Um die Ausgangsdiskriminierung i.S.d. Chapeaus des Art. XX GATT festzustellen, muss eine ungleiche Behandlung identifiziert werden. Dazu muss geklärt werden, was das Beurteilungskriterium für die Gleichheit der Behandlung ist. Dieses Kriterium ist die als verhältnismäßig i.w.S. vermutete angegriffene Maßnahme/Hauptmaßnahme.

Bei der Festlegung des behaupteten Gefährdungs- und Schutzniveaus handelt es sich zwar jeweils um eine Behandlung des einschlägigen Schutzguts in empirischer Gefährdung. Der Inhalt der beiden Niveaus ist jedoch unvermeidbar abstrakt.[140] In der Praxis würde das regulierende WTO-Mitglied auch niemals direkt zugeben, dass beruhend auf vergleichbarer empirischer Gefährdung des Schutzguts unterschiedliche Schutzbedürftigkeitsurteile getroffen und unterschiedliche Schutzziele festgelegt werden. Die konkreten Behandlungen gleicher empirischer Gefährdungen der Schutzgüter durch die angegriffene Maßnahme stehen daher im Kern.

Die Umformulierung der Schutzbedürftigkeit des einschlägigen Schutzguts sowie des angegebenen Schutzziels einschließlich des behaupteten Schutzniveaus in die ergriffene Maßnahme setzt voraus, dass die Geeignetheits- und Erforderlichkeitsprüfung bestanden wurde und das darauf aufbauende Werturteil, nämlich die Angemessenheitsvermutung, bejaht wurde. Denn mit der Bejahung der Erforderlichkeitsprüfung ist zugleich festgestellt, dass das angegebene Schutzziel und das behauptete Schutzniveau ausschließlich durch die ergriffene Maßnahme und nicht durch Alternativmaßnahmen erreicht werden können. Das darauf aufbauende Angemessenheitsurteil ist dann die subjektive Feststellung dieses empirischen Ergebnisses.

Aus diesem Grund ist die Vermutung der Verhältnismäßigkeit i.w.S. der angegriffenen Umweltschutzmaßnahme im Kontext des Art. XX GATT eine notwendige Voraussetzung zur Feststellung des Beurteilungskriteriums für die Gleichheit der Behandlung.

---

140 Teil 2 Kapitel 4 § 2–3 und Kapitel 5 § 3 A. II. 1.

Die angegriffene Umweltmaßnahme kann nämlich, insbesondere im Falle der Verfolgung multilateraler Schutzziele, verschiedene Behandlungen der gleichen empirischen Gefährdungen der Schutzgüter enthalten, die durch den internationalen Handel oder durch den damit verbundenen Produktionsprozess verursacht werden. Die in der Vermutung der Verhältnismäßigkeit i. w. S. beschriebene Maßnahme und die darin enthaltenen Behandlungen werden jedoch jeweils als rechtmäßig und damit diskriminierungsfrei vermutet, obwohl diese Behandlungen in Wirklichkeit ggf. von der Vermutung abweichend sein können. In EC – Seal Products beispielsweise enthielt das angegriffene EU-Robbenprogramm verschiedene Ausnahmen vom allgemeinen Vermarktungsverbot für Robbenprodukte in der EU.[141]

Wenn die Einschätzung des regulierenden WTO-Mitglieds zur Verhältnismäßigkeit i. w. S. als erste Vermutung bejaht worden ist, gilt die angegriffene Maßnahme – selbstverständlich als eine Vermutung – als die ausschließliche rechtmäßige Maßnahme, mit der die Gefährdung des Schutzguts abgewendet werden kann. Die in der angegriffenen Maßnahme enthaltenen Behandlungen der gleichen empirischen Gefährdungen des Schutzguts gelten damit auch jeweils als die ausschließlichen rechtmäßigen, nämlich verhältnismäßigen und angemessenen Behandlungen dieser Situationen.

Die Rechtmäßigkeit dieser Behandlungen stellt jedoch nur eine Vermutung dar. In Wirklichkeit können durch einiger dieser Behandlungen gleiche empirische Gefährdungen des Schutzguts unterschiedlich behandelt werden. Zum Beispiel, in EC – Seal Products, wenn das EU-Robbenprogramm bei Erfüllung der Bedingungen in Art. XX (a) GATT als vorläufig verhältnismäßig i. w. S. beurteilt worden war,[142] wurde auch die Rechtmäßigkeit u. a. der Behandlung der Robbenprodukte aus Grönland vermutet, aufgrund derer Produktion durch die indigenen Gemeinden die gleiche Beeinträchtigung des Wohlergehens von Robben wie durch kommerziellen Robbenfang verursacht wurde. Nämlich wird die gleiche Behandlung der Robbenprodukte aus Grönland und damit der gleichen empirischen Gefährdung des Wohlergehens von Robben vermutet. Diese Rechtmäßigkeitsvermutung ändert nichts daran, dass in Wirklichkeit die IG-Ausnahme aus empirischer Hinsicht eine Ungleichbehandlung abweichend von der Hauptmaßnahme, nämlich vom allgemeinen Vermarktungsverbot von Robbenprodukten in der EU, darstellt.

Somit ist die als verhältnismäßig i. w. S. vermutete angegriffene Maßnahme/ Hauptmaßnahme das Beurteilungskriterium für die Gleichheit der Behandlung

141 Für einen Überblick über die europäische Maßnahme siehe: WTO, Panel-Bericht v. 25. 11. 2013, WT/DS400/R u. a., „EC – Seal Products", Para. 7.7 – 7.23.

142 WTO, Panel-Bericht v. 25. 11. 2013, WT/DS400/R u. a., „EC – Seal Products", Para. 7.639; WTO, AB-Bericht v. 22. 5. 2014, WT/DS400/AB/R u. a., „EC – Seal Products", Para. 5.290.

zur Feststellung der Ausgangsdiskriminierung i. S. d. Chapeaus des Art. XX GATT. Wenn hingegen die Geeignetheits- oder Erforderlichkeitsvermutung und damit jeweils implizit auch die Angemessenheitsvermutung der angegriffenen Umweltmaßnahme bei der Chapeau-Prüfung mittels (impliziten) Abwägungsarguments abgelehnt worden sind,[143] kann keine Diskriminierung i. S. d. Chapeaus des Art. XX GATT festgestellt werden. Denn das Kriterium zur Feststellung der Gleichheit der Behandlung kann nicht mehr bestimmt werden.

### 3. Ungleichbehandlung

Alle Behandlungen, die das soeben genannte Kriterium nicht erfüllen, nämlich von der als verhältnismäßig i. w. S. vermuteten angegriffenen Maßnahme abweichen, sind Ungleichbehandlungen und stellen jeweils eine Ausgangsdiskriminierung i. S. d. Chapeaus des Art. XX GATT dar.

Zum Beispiel bejahte der AB in Brazil – Retreaded Tyres die MERCOSUR-Ausnahme als eine Diskriminierung i. S. d. Chapeaus des Art. XX GATT mittels des Abwägungsarguments, nämlich anhand der negativen Geeignetheitsabwägung.[144] Nach vorliegendem Maßstab kann eine Diskriminierung i. S. d. Chapeaus des Art. XX GATT nicht auf diese Weise festgestellt werden. Denn das Kriterium für die Bestimmung der Gleichheit der Behandlung kann in diesem Fall nicht korrekt festgestellt werden. Es muss zunächst die Verhältnismäßigkeit i. w. S. der brasilianischen Maßnahme als erste Vermutung bejaht werden. Sodann bildet die als verhältnismäßig i. w. S. vermutete Hauptmaßnahme, nämlich die Behandlung runderneuerter Reifen aus WTO-Mitgliedern außerhalb der MERCOSUR-Staaten, das Kriterium zur Feststellung der Gleichheit der Behandlung. Somit liegt eine Diskriminierung i. S. d. Chapeaus des Art. XX GATT u. a. insoweit vor, dass die Einfuhr runderneuerter Reifen aus MERCOSUR-Staaten nicht verboten ist.

Ähnliches gilt beispielsweise für US – Gasoline, wobei eine Diskriminierung i. S. d. Chapeaus des Art. XX GATT mittels des Abwägungsarguments in Form einer negativen Erforderlichkeitserwägung festgestellt wurde.[145] In US – Gasoline sah der AB eine solche Diskriminierung darin, dass den USA mehr als lediglich eine Möglichkeit zur Festlegung der Basislinien zur Verfügung stehe.[146] Unter anderem könnten die USA nicht nur inländischen, son-

[143] Teil 6 Kapitel 20 i. V. m. Teil 5 Kapitel 19 § 2 A. II.

[144] WTO, AB-Bericht v. 3. 12. 2007, WT/DS332/AB/R, „Brazil – Retreaded Tyres“, Para. 227–233; vgl. auch WTO, Panel-Bericht v. 12. 6. 2007, WT/DS332/R, „Brazil – Retreaded Tyres“, Para. 7.286–7.289.

[145] WTO, AB-Bericht v. 20. 5. 1996, WT/DS2/AB/R, „US – Gasoline“, S. 25, 28.

[146] WTO, AB-Bericht v. 20. 5. 1996, WT/DS2/AB/R, „US – Gasoline“, S. 25.

dern auch ausländischen Raffinerien die Anwendung individueller Basislinien erlauben.[147]

Nach dem vorliegenden Maßstab kann eine solche Diskriminierung nicht durch eine negative Erforderlichkeitsabwägung, sondern basierend auf der Erforderlichkeits- und Angemessenheitsvermutung der angegriffenen Maßnahme festgestellt werden. Andernfalls kann nicht korrekt festgestellt werden, wann und warum zwei Behandlungen als gleich bzw. vergleichbar angesehen werden sollen. Die unterschiedliche Behandlung bei der Festlegung der Basislinie für in- und ausländische Raffinerien stellt nur einen Unterschied dar. Ob diese eine Diskriminierung i. S. d. Chapeaus des Art. XX GATT darstellt, soll anhand der in diesem Artikel vorgesehenen Diskriminierungsdogmatik festgestellt werden. Diese Prüfung hatte der AB unterlassen. Eine solche Diskriminierung lag vor, weil bei gleicher empirischer Gefährdung, nämlich bei gleicher Luftverschmutzung durch Benzin aus In- und Ausland, unterschiedliche Basislinien für in- und ausländische Raffinerien angewendet wurden.

### III. Rechtfertigung der Ausgangsdiskriminierung i. S. d. Chapeaus des Art. XX GATT

Auch eine Diskriminierung i. S. d. Chapeaus des Art. XX GATT kann grundsätzlich gerechtfertigt sein.[148] Denn Art. XX GATT sieht nur vor, dass die in den Absätzen aufgelisteten Interessen der Handelsfreiheit vorgehen. Wie diese nichtwirtschaftlichen Interessen untereinander abgewogen bzw. behandelt werden sollen, ist in Art. XX GATT nicht geregelt und unterliegt somit dem Ermessen des regulierenden WTO-Mitglieds. Dies entspricht der Realität, dass ein WTO-Mitglied häufig multilaterale Interessen berücksichtigen und Kompromisse eingehen muss.[149] Ein eindimensionaler Diskriminierungstest im Rahmen der Chapeau-Prüfung führt hingegen zur WTO-Rechts-

---

[147] WTO, AB-Bericht v. 20. 5. 1996, WT/DS2/AB/R, „US – Gasoline", S. 25.

[148] Im Ergebnis so auch, vgl. *Leonelli*, Environmental Unilateralism and the Chapeau of Article XX GATT, JWT 2023, 709, 715–729; *Lydgate*, Do the Same Conditions Ever Prevail?, JWT 2016, 971, 977 ff.; Leonelli und Lydgate unterscheiden jedoch nicht die Anerkennung einer *condition* und einer *different condition*. Sie betrachten nämlich das vernünftige Verhältnis einer regulatorischen Ausnahme zu dem Hauptschutzziel als Beurteilungsmaßstab für die Gleichheit der Situation i. S. d. Chapeaus des Art. XX GATT. Zu diesem Maßstab siehe: Teil 6 Kapitel 21 § 1 B. I. 2. b) cc).

[149] Vgl. *Howse/Levy*, The TBT Panels, WTR 2013, 327, 348; *Herwig*, Animal Welfare, Public Morals, and Consumer Ethics at the Bar of the WTO, WTR 2015, 1, 15; *Venzke/Vidigal*, The Case of the EU Carbon Border Adjustment Mechanism, in: Netherlands Yearbook of International Law 2020, 2022, S. 213–216; *Marín Durán*, Carbon Border Adjustments, ICLQ 2023, 73, 99 und 102; *Meyer*, The Political Economy of WTO Exceptions, WULR 2022, 1299, 1355–1356.

widrigkeit aller darauf abzielenden regulatorischen Anpassungen, die das Hauptschutzziel der angegriffenen Maßnahme mit anderen legitimen gesellschaftlichen Schutzzielen in Einklang bringen sollen.[150]

Für die Rechtfertigung der Ausgangsdiskriminierung i. S. d. Chapeaus des Art. XX GATT muss ein legitimer Rechtfertigungsgrund herangezogen werden, und es darf keine weitere Diskriminierung i. S. d. Chapeaus vorliegen. Dieser Rechtfertigungsgrund, der zugleich die Situation für die Feststellung der zweitgenannten Diskriminierung darstellt, ist die objektive Gefährdung des Schutzguts nach Einschätzung des regulierenden WTO-Mitglieds, welches als der genannte weitere Rechtfertigungsgrund herangezogen wird.[151] Dieses Schutzgut kann eines sein, das nicht in dem herangezogenen Absatz des Art. XX GATT vorgesehen ist.[152]

### 1. Rechtfertigungsgrund für die Ausgangsdiskriminierung i. S. d. Chapeaus des Art. XX GATT

Zur Rechtfertigung der Ausgangsdiskriminierung i. S. d. Chapeaus des Art. XX GATT ist konkret zu prüfen, ob das jeweilige weitere angegebene Schutzziel für die Rechtfertigung dieser Diskriminierung legitim ist.

#### *a) Nichtwirtschaftliche Ziele als legitimer Rechtfertigungsgrund für die Ausgangsdiskriminierung i. S. d. Chapeaus des Art. XX GATT*

Nichtwirtschaftliche Ziele können grundsätzlich als legitimer Grund für die Rechtfertigung der Diskriminierung i. S. d. Chapeaus herangezogen werden. Legitime nichtwirtschaftliche Ziele können einerseits ein anderes Schutzziel als das Hauptschutzziel sein. Andererseits können diese Ziele auch das Hauptschutzziel sein, soweit sich das Hauptschutzgut dabei in einer unterschiedlichen Gefährdungsintensität befindet.

---

150 Vgl. *Venzke/Vidigal*, The Case of the EU Carbon Border Adjustment Mechanism, in: Netherlands Yearbook of International Law 2020, 2022, S. 213; *Marín Durán*, Carbon Border Adjustments, ICLQ 2023, 73, 102.

151 Im Ergebnis so auch, vgl. *Venzke/Vidigal*, The Case of the EU Carbon Border Adjustment Mechanism, in: Netherlands Yearbook of International Law 2020, 2022, S. 217; *Leonelli*, Environmental Unilateralism and the Chapeau of Article XX GATT, JWT 2023, 709, 715–729.

152 Teil 2 Kapitel 5 § 4.

### aa) Nichtwirtschaftliche Schutzziele als legitimer Rechtfertigungsgrund für die Ausgangsdiskriminierung i. S. d. Chapeaus des Art. XX GATT am Beispiel der Legitimität des Schutzes indigener Gemeinden in EC – Seal Products

In der Entscheidungspraxis wurde die Legitimität des IG-Schutzes von den WTO-Streitbeilegungsorganen nicht hinreichend geklärt. Auch die Lösungsansätze in der wissenschaftlichen Literatur liefert keine abschließende Antwort.

#### *(1) Unklarheit über die Legitimität des IG-Schutzes in der Entscheidungspraxis der WTO-Streitbeilegungsorgane zu Art. XX GATT*

Der AB hatte die Legitimität des Schutzes indigener Gemeinden gegenüber dem Wohlergehen von Robben nicht anerkennt.[153] Dies führt zum Fehler der nachfolgenden Feststellung des AB, dass in Kanada keine vergleichbaren Bemühungen zum Schutz indigener Gemeinschaften im Hinblick auf die Einrichtung der Anerkennungsbehörde bestünden und daher eine Diskriminierung i. S. d. Chapeaus vorliege.[154] Denn die Ablehnung der grundsätzlichen Schutzwürdigkeit der indigenen Gemeinden gegenüber dem Wohlergehen von Robben führt dazu, dass es an einer Behandlungsbedürftigkeit indigener Gemeinden und damit an einer Gleichbehandlungspflicht fehlt.

##### (a) Bejahung der Legitimität des IG-Schutzes gegenüber dem Wohlergehen von Robben durch das Panel

Bei der Prüfung des Art. XX (a) GATT verwies das Panel auf seine Analyse im Rahmen der Prüfung des Art. 2.1 TBT i. V. m. Art. 2.2 TBT.[155] Dabei wurde unter Berücksichtigung der völkerrechtlichen Abkommen zum Schutz indigener Gemeinden[156] und der Gesetzgebungsgeschichte[157] festgestellt, dass

---

[153] Vgl. WTO, AB-Bericht v. 22. 5. 2014, WT/DS400/AB/R u. a., „EC – Seal Products", Para. 5.317.

[154] WTO, AB-Bericht v. 22. 5. 2014, WT/DS400/AB/R u. a., „EC – Seal Products", Para. 5.337.

[155] WTO, Panel-Bericht v. 25. 11. 2013, WT/DS400/R u. a., „EC – Seal Products", Para. 7.649 f., unter Verweis auf Para. 7.256 ff.

[156] WTO, Panel-Bericht v. 25. 11. 2013, WT/DS400/R u. a., „EC – Seal Products", Para. 7.254, 7.292.

[157] WTO, Panel-Bericht v. 25. 11. 2013, WT/DS400/R u. a., „EC – Seal Products", Para. 7.293.

Schutz indigener Gemeinden ein legitimes Ziel darstelle, das die Ungleichbehandlung zwischen kommerziellem und IG-Fangen rechtfertigen könne.[158]

Jedoch stelle der IG-Schutz keine öffentliche Moral dar, weil die EU nicht nachweisen könne, dass das EU-Publikum einen höheren moralischen Wert als Schutz von Robben[159] dem IG-Schutz einräume.

Als Begründung wurde die Ausführung im Rahmen der Prüfung der Schutzziele des EU-Robbenprogramms herangezogen. Demnach stelle der IG-Schutz unter Berücksichtigung der Gesetzgebungsgeschichte,[160] des Texts, der Struktur und der Konzeption kein Ziel des EU-Robbenprogramms dar.[161] Aus Sicht des Panels könne aus den vorgelegten Beweisen also nicht geschlossen werden, dass sich die IG-Interessen auf Sorgen der EU-Bürger beruhten; vielmehr deuteten die Beweise darauf hin, dass solche Interessen erst im Laufe des Gesetzgebungsprozesses einbezogen würden.[162]

Daher könne der IG-Schutz zwar nicht in der Form einer dem Wohlergehen von Robben übergeordneten öffentlichen Moral, jedoch als ein dem Robbenstand übergeordnetes Interesse die IG-Ausnahme rechtfertigen.[163] Somit hatte das Panel die Legitimität des IG-Schutzes bejaht.

(b) Berufungsverfahren

Im Berufungsverfahren wurden die Analysen des Panels zum TBT-Übereinkommen für nichtig und ohne rechtliche Wirkung erklärt, weil die Feststellung des Panels, dass das EU-Robbenprogramm eine technische Regulierung darstelle, vom AB abgelehnt wurde.[164] Da diese Analysen, insbesondere die zu Art. 2.1 TBT bezüglich der Legitimität des IG-Schutzes und die zu Art. 2.2 TBT bezüglich der Ziele des EC-Robbenprogramms, jedoch relevant für die

158 WTO, Panel-Bericht v. 25.11.2013, WT/DS400/R u.a., „EC – Seal Products“, Para. 7.298.

159 WTO, Panel-Bericht v. 25.11.2013, WT/DS400/R u.a., „EC – Seal Products“, Para. 7.299–7.300.

160 Vgl. WTO, Panel-Bericht v. 25.11.2013, WT/DS400/R u.a., „EC – Seal Products“, Para. 7.390 ff.

161 WTO, Panel-Bericht v. 25.11.2013, WT/DS400/R u.a., „EC – Seal Products“, Para. 7.401.

162 WTO, Panel-Bericht v. 25.11.2013, WT/DS400/R u.a., „EC – Seal Products“, Para. 7.402, 7.404, unter Verweis auf seine Analyse im Teil 7.3.2.3 a.a.O.

163 WTO, Panel-Bericht v. 25.11.2013, WT/DS400/R u.a., „EC – Seal Products“, Para. 7.299–7.300.

164 Dies betrifft die Analysen des Panels zu Art. 2.1, Art. 2.2, Art. 5.1.2 und 5.2.1 des TBT-Übereinkommens. Siehe: WTO, AB-Bericht v. 22.5.2014, WT/DS400/AB/R u.a., „EC – Seal Products“, Para. 5.70.

Prüfung des Art. XX GATT waren,[165] verwies der AB für die Prüfung des Chapeaus des Art. XX GATT auf sie.[166]

Dabei stellte der AB unter Verweis auf die Feststellung des Panels bezüglich der Legitimität des IG-Schutzes fest, dass der IG-Schutz keine öffentliche Moral darstelle; Außerdem überwögen die Interessen von indigenen Gemeinden das Wohlergehen von Robben nach Ansicht des AB nicht.[167]

Diese Feststellung steht jedoch nicht in Einklang mit der Feststellung des Panels. Aus den Originaltexten des Panel-Berichts ergibt sich, dass der IG-Schutz keine höherrangige öffentliche Moral als der Robbenschutz darstelle; dies ändert jedoch nichts daran, dass die indigenen Gemeinden nach Ansicht des Panels ein schutzwürdiges Interesse darstellten, das das Wohlergehen von Robben überwiege und somit die IG-Ausnahme rechtfertige:[168]

> […] According to the European Union, the „standard of the EU public's morality" requires examining in each case whether the suffering inflicted upon animals is outweighed by the benefits to humans (such as Inuit and other indigenous communities) or to other animals.
>
> Although we found based on available evidence that the EU public had moral concerns on seal welfare in general, we did not consider that the evidence before us supports the European Union's position that the EU public attributes a higher moral value to the protection of Inuit interests as compared to seal welfare. Nor are we

---

165 WTO, AB-Bericht v. 22.5.2014, WT/DS400/AB/R u.a., „EC – Seal Products", Para. 5.132.

166 WTO, AB-Bericht v. 22.5.2014, WT/DS400/AB/R u.a., „EC – Seal Products", Para. 5.313 ff.

167 WTO, AB-Bericht v. 22.5.2014, WT/DS400/AB/R u.a., „EC – Seal Products", Para. 5.148: „Finally, we note that, although the Panel did not determine the moral content of IC and MRM interests, either alone or as part of a single moral standard governing the concerns in respect of seal welfare, the Panel also did not accept the European Union's contention that the benefits to Inuit communities ‚outweighed' concerns in respect of seal welfare. Thus, the Panel concluded that, while the EU public had moral concerns regarding seal welfare in general, the Panel did not consider that the evidence before it supported the European Union's position that the EU public attributes a higher moral value to the protection of Inuit interests as compared to seal welfare." Diese Feststellung des AB beruht auf der Feststellung des Panels in: WTO, Panel-Bericht v. 25.11.2013, WT/DS400/R u.a., „EC – Seal Products", Para. 7.299.

168 Dies bestätigte die Ausführung des Panels im Rahmen der Prüfung des Art. XX (a) GATT. Dabei wurde die Legitimität des IG-Schutzes vom Panel wiederholt anerkannt und erst dann die Rechtmäßigkeit der IG-Ausnahme aufgrund der *de facto* Diskriminierung verneint. Vgl. WTO, Panel-Bericht v. 25.11.2013, WT/DS400/R u.a., „EC – Seal Products", Para. 7.349. So auch: *Herwig*, Animal Welfare, Public Morals, and Consumer Ethics at the Bar of the WTO, WTR 2015, 1, 16. Herwig zeigt dabei jedoch Skepsis gegenüber dieser Feststellung des Panels.

presented with evidence establishing the precise scope of the „basic morality" of EU citizens as claimed by the European Union.[169]

Daher war die Feststellung des AB missverständlich und die Legitimität des IG-Schutzes wurde weder vom Panel noch vom AB hinreichend klargestellt.

### *(2) Hinweise und unbegründete Lösungsansätze im Schrifttum*

#### (a) Unbegründete Lösungsansätze: Subsumtion des IG-Schutzes als öffentliche Moral unter Art. XX (a) GATT ohne zwingende Forderung an die öffentliche Meinung

Nach Ansicht des Panels in EC – Seal Products solle zur Bejahung einer öffentlichen Moral zum einen nachgewiesen werden, dass eine bestimmte Sorge in der Gesellschaft des regulierenden Mitglieds tatsächlich existiere; Zum anderen solle eine solche Sorge unter den Begriff der öffentlichen Moral im Territorium des regulierenden Mitglieds fallen.[170] Dabei solle dem regulierenden Mitglied ein gewisser Spielraum bei der Definition und Anwendung der Begriffe der öffentlichen Moral eingeräumt werden.[171]

In der überwiegenden wissenschaftlichen Literatur wird die öffentliche Meinung/Sorge für die Bejahung einer öffentlichen Moral i. S. v. Art. XX (a) GATT hingegen nicht vorausgesetzt.

So wird teilweise vertreten, dass der IG-Schutz als öffentliche Moral i. S. d. Chapeaus qualifiziert werden könne, ohne die vom Panel geforderte Beweispflicht erfüllen zu müssen.[172] Ein Nachweis der öffentlichen Moral durch die öffentliche Meinung sei nicht nötig, weil die WTO die innerstaatliche politi-

---

169 WTO, Panel-Bericht v. 25.11.2013, WT/DS400/R u. a., „EC – Seal Products", Para. 7.299.

170 WTO, Panel-Bericht v. 25.11.2013, WT/DS400/R u. a., „EC – Seal Products", Para. 7.383, 7.409. Hierauf wurde von dem Panel von US – Tariff Measures verwiesen. Siehe: WTO, Panel-Bericht v. 15.9.2020, WT/DS543/R, „US – Tariff Measures", Para. 7.117.

171 WTO, Panel-Bericht v. 25.11.2013, WT/DS400/R u. a., „EC – Seal Products", Para. 7.409. Unter Verweis auf WTO, Panel-Bericht v. 10.11.2004, WT/DS285/R, „US – Gambling", Para. 6.461. In China – Publications and Audiovisual Products wurde zwar auf Art. XX (a) GATT berufen. Jedoch wurde nicht über das Vorliegen der öffentlichen Moral bestritten, vgl. WTO, Panel-Bericht v. 12.8.2009, WT/DS363/R, „China – Publications and Audiovisual Products", Para. 7.751 und 7.756.

172 *Moran*, The First Twenty Cases under GATT Article XX, in: Adinolfi u. a. (Hrsg.), International Economic Law, 2017, S. 8; *Howse/Langille/Sykes*, Pluralism in Practice, GWILR 2015, 81, 141; *Herwig*, Animal Welfare, Public Morals, and Consumer Ethics at the Bar of the WTO, WTR 2015, 1, 20 f.

sche Entscheidung nicht beschränken dürfe.[173] Das Panel in EC – Seal Products ignoriere die Feststellung des Panels in US – Gambling, dass Verhaltensmaßstäbe der öffentlichen Moral durch den Staat festgelegt werden dürfen.[174]

Diese Ansicht respektiert zwar das Souveränitätsrecht eines regulierenden Mitglieds der WTO in vollem Umfang. Es lässt jedoch offen, wie die Möglichkeit eines durch Art. XX GATT verbotenen Missbrauchs[175] ausgeschlossen werden kann.[176]

Nach der Theorie des „beweisbaren Unilateralismus" solle einem WTO-Mitglied ein Entscheidungsspielraum bei der inhaltlichen Ausgestaltung der öffentlichen Moral eingeräumt werden, solange das Mitglied den entsprechenden Nachweis einer breiten öffentlichen Unterstützung erbringen könne,[177] die jedoch nicht unbedingt die öffentliche Meinung erfordere.[178] Die Theorie des „Universalismus" verlangt zwar die Universalität der moralischen Praxis in anderen WTO-Mitgliedstaaten, setzt jedoch für die Qualifikation einer öffentlichen Moral ebenfalls keine öffentliche Meinung voraus.[179] Die Tatsache, dass die öffentliche Meinung als Beweis für die Existenz des IG-Schutzes als öffentliche Moral innerhalb der EU herangezogen werden muss, deutet nämlich darauf hin, dass dies einen Eingriff in den Ermessensspielraum des regulierenden Mitglieds darstellen würde.

---

173 Vgl. *Howse/Langille/Sykes*, Pluralism in Practice, GWILR 2015, 81, 99f.

174 *Herwig*, Animal Welfare, Public Morals, and Consumer Ethics at the Bar of the WTO, WTR 2015, 1, 20, unter Verweis auf WTO, Panel-Bericht v. 10.11.2004, WT/DS285/R, „US – Gambling", Para. 7.465.

175 WTO, AB-Bericht v. 20.5.1996, WT/DS2/AB/R, „US – Gasoline", S. 22; WTO, AB-Bericht v. 12.10.1998, WT/DS58/AB/R, „US – Shrimp", Para. 144–145; WTO, AB-Bericht v. 3.12.2007, WT/DS332/AB/R, „Brazil – Retreaded Tyres", Para. 224; WTO, AB-Bericht v. 22.5.2014, WT/DS400/AB/R u.a., „EC – Seal Products", Para. 5.327; WTO, Panel-Bericht v. 26.3.2014, WT/DS431/R u.a., „China – Rare Earths", Para. 7.347.

176 Zur Kritik eines uneingeschränkten Einschätzungsspielraums eines WTO-Mitglieds siehe: *Delev*, A Moral Stretch? US – Tariff Measures and the Public Morals Exception in WTO Law, WTR 2022, 249.

177 *Marwell*, The WTO Public Morals Exception After Gambling, NYULR 2006, 802, 817; *Diebold*, The Morals and Order Exceptions in WTO Law, JIEL 2008, 43, 63; *Nachmani*, The Case for Unilateral Determination of Public Morality under Article XX(a) of the GATT, UTFLR 2013, 31, 36, 52ff.

178 *Nachmani*, The Case for Unilateral Determination of Public Morality under Article XX(a) of the GATT, UTFLR 2013, 31, 57; *Diebold*, The Morals and Order Exceptions in WTO Law, JIEL 2008, 43, 63ff.; *Marwell*, The WTO Public Morals Exception After Gambling, NYULR 2006, 802, 824–825.

179 *Wu*, Free Trade and the Protection of Public Morals, YJIL 2008, 215, 245; *Smith*, Much Needed Reform in the Realm of Public Morals, CJICL 2011, 733, 769–773.

Diese beiden Theorien haben daher nicht hinreichend klargestellt, aus welchem Grund der Ermessensspielraum des regulierenden Mitglieds nicht der Beweispflicht hinsichtlich der Existenz einer öffentlichen Meinung unterliegen muss. Dieses Begründungsdefizit hat sich auch im Prüfungsansatz des Panels niedergeschlagen. Dabei wurde ebenfalls nicht dargelegt, aus welchem Grund und inwieweit der Ermessensspielraum des regulierenden Mitglieds bei der Bestimmung der öffentlichen Moral u. a. durch das Vorhandensein und den Umfang öffentlicher Meinungen eingeschränkt werden sollte. Diese Frage kann ohne Klärung der Grenze der Prärogative eines Mitglieds der WTO bei der Bestimmung der öffentlichen Moral nicht abschließend beantwortet werden.[180]

Ferner wird vertreten, dass das Panel ignoriert habe, dass der IG-Schutz nach den von der EU zur Begründung der IG-Ausnahme herangezogenen völkerrechtlichen Abkommen, einschließlich der Allgemeinen Erklärung der Menschenrechte der VN und der ILO-Konvention zu den Rechten indigener Völker,[181] als öffentliche Moral qualifiziert werden könne.[182]

Zwar sind die WTO-Abkommen nicht in klinischer Isolation vom Völkerrecht zu interpretieren.[183] Das Völkerrecht zieht jedoch keine klare Grenze für das Recht eines WTO-Mitglieds zur Festlegung des Schutzniveaus. Es wurde von den Vertreterinnen weder klargestellt, warum sich die Identität des IG-Schutzes als öffentliche Moral nicht bereits aus dem Ermessensspielraum des Mitglieds, sondern aus völkerrechtlichen Abkommen ergeben soll, noch wurde begründet, warum ein Panel anhand solcher Abkommen zur Anerkennung des IG-Schutzes als öffentliche Moral befugt ist.

#### (b) Hinweise im Schrifttum: Anerkennung des IG-Schutzes als öffentliche Moral ohne Subsumtion unter einen Absatz des Art. XX GATT

Teilweise wird vertreten, dass sich die Rechtfertigungsgründe für eine Diskriminierung i. S. d. Chapeaus des Art. XX GATT nicht die in Art. XX (a)–

---

[180] Dies gilt auch für andere vorgeschlagene Ansätze aus philosophischer, ethischer und politischer Sicht zur Beurteilung der öffentlichen Moral im Schrifttum. Vgl. u. a. *Herwig*, Animal Welfare, Public Morals, and Consumer Ethics at the Bar of the WTO, WTR 2015, 1, 27 f.; *Howse/Langille*, Seal Product Dispute and Moral Values, YJIL 2012, 367, 413–414; *Oisin*, What Sorts of Things are Public Morals, MLR 2017, 569, 573, 890 ff.

[181] Vgl. WTO, Panel-Bericht v. 25. 11. 2013, WT/DS400/R u. a., „EC – Seal Products", Para. 7.292 und 7.369.

[182] *Shaffer/Pabian*, Puzzles from EC – Seal Products, AJIL 2015, 154, 160; *Qin*, Accommodating Divergent Policy Objectives under WTO Law, AJIL Unbound 2015, 308, 312.

[183] WTO, AB-Bericht v. 20. 5. 1996, WT/DS2/AB/R, „US – Gasoline", S. 16.

(j) GATT genannten Zielen sein müssen, sodass die Legitimität des IG-Schutzes ohne Subsumtion unter einen dieser Absätze bejaht werden könne.[184] Denn einem WTO-Mitglied werde auf diese Weise mehr politischer Spielraum für die Verfolgung verschiedener nichthandelsbezogener Werte eingeräumt.[185] Zudem enthalte der Wortlaut des Art. XX GATT keine Einschränkung hinsichtlich der von einem WTO-Mitglied verfolgten Ziele.[186]

*(3) Legitimität des IG-Schutzes als ein zu berücksichtigendes Interesse anhand der Vermutungs- und Widerlegungsregel in Art. XX GATT*

Dieser Ansicht ist zuzustimmen, dass die Legitimität des IG-Schutzes anerkannt werden kann, ohne ihn unter Art. XX (a) GATT oder einen anderen Absatz dieses Artikels subsumieren zu müssen.[187] Die Begründung soll jedoch wesentlich unterschiedlich sein.

Zunächst ergibt sich die Legitimität des IG-Schutzes aus der Legitimität des Robbenschutzes als Hauptschutzziel. In Teil 2 Kapitel 5 § 4 wird nämlich anhand der Vermutungs- und Widerlegungsregel gemäß Art. XX GATT klargestellt, dass sich die Legitimitätsvermutung der Nebenschutzziele bzw. der zu berücksichtigenden Interessen aus der Legitimitätsvermutung des angegebenen Hauptschutzziels ergibt. Denn das Hauptschutzziel als eine Abwägungsentscheidung des regulierenden WTO-Mitglieds steht immer in bestimmten Verhältnissen zu verschiedenen anderen Interessen, einschließlich der Interessen indigener Gemeinden. Folglich ergibt sich die Legitimität des IG-Schutzes aus der Legitimität des Robbenschutzes, und zwar durch den Rückkehrschluss auf die Legitimitätsvermutung des Robbenschutzes. Eine eigenständige Subsumtion des IG-Schutzes unter einen Absatz des Art. XX GATT ist aus diesem Grund nicht erforderlich.

Außerdem kann die Legitimitätsvermutung des IG-Schutzziels nicht durch das Vorliegen der Ausgangsdiskriminierung i. S. d. Chapeaus des Art. XX GATT aufgrund der IG-Ausnahme widerlegt werden. In Teil 2 Kapitel 6 § 1 C. I. wird zwar anhand der Vermutungs- und Widerlegungsregel i. V. m. der Vertragsbestimmung des Art. XX GATT dargestellt, dass die Legitimitätsvermutung des angegebenen Schutzziels einschließlich des behaupteten

---

184 *Qin*, Accommodating Divergent Policy Objectives under WTO Law, AJIL Unbound 2014, 308, 312; *Marín Durán*, Measures with Multiple Competing Purposes after EC – Seal Products, JIEL 2016, 467, 480–482.

185 *Qin*, Accommodating Divergent Policy Objectives under WTO Law, AJIL Unbound 2014, 308, 312.

186 *Qin*, Accommodating Divergent Policy Objectives under WTO Law, AJIL Unbound 2014, 308, 312.

187 Oben Teil 6 Kapitel 21 § 1 B. III. 1. a) aa) (2) (b).

Schutzniveaus dann widerlegt ist, wenn eine willkürliche Diskriminierung i. S. d. Chapeaus des Art. XX GATT vorliegt. Wenn eine Ausgangsdiskriminierung i. S. d. Chapeaus des Art. XX GATT aufgrund der IG-Ausnahme beispielsweise in EC – Seal Products vorliegt, kann diese zwar die Legitimitätsvermutung des Hauptschutzziels, nämlich des Robbenschutzes, widerlegen. Die Legitimitätsvermutung des IG-Schutzes bleibt jedoch unberührt und wird durch die Ausgangsdiskriminierung i. S. d. Chapeaus des Art. XX GATT aufgrund der IG-Ausnahme nicht widerlegt.

Denn die Legitimitätsvermutung des IG-Schutzes ist unabhängig von derjenigen des Robbenschutzes. Die Legitimitätsvermutung des IG-Schutzziels ergibt sich zwar aus derjenigen des Robbenschutzes als Hauptschutzziel. Die Lebensexistenz und die Aufrechterhaltung des traditionellen Lebensstils sind jedoch nach Einschätzung des regulierenden WTO-Mitglieds in bestimmten Umfang vorrangig und damit schutzwürdiger als das Wohlergehen von Robben. Folglich ergibt sich die Legitimität des IG-Schutzes gerade aus der relativen Schutzwürdigkeit, genauer gesagt, aus der Schutzunwürdigkeit und Illegitimität des Robbenschutzes gegenüber dem IG-Schutz. Aus diesem Grund bleibt die Legitimitätsvermutung des IG-Schutzes unabhängig davon bestehen, ob die Legitimitätsvermutung des Robbenschutzes widerlegt wird oder nicht.

Der Grund für die Berücksichtigung des IG-Schutzes bei der Zielsetzung liegt einerseits darin, dass die angestrebten empirischen Schutzwirkungen zugunsten des Wohlergehens von Robben durch die gewählte Maßnahme – das allgemeine Vermarktungsverbot von Robbenprodukten in der EU – zugleich nachteilige Auswirkungen auf die Interessen indigener Gemeinden haben. Andererseits betrachtet die EU als regulierendes WTO-Mitglied die Interessen der indigenen Gemeinden als schutzwürdiger als das Wohl der Robben und erachtet sie in diesem Fall auch als schutzbedürftig. Hingegen ist die Berücksichtigung des IG-Schutzes bei der Zielsetzung unabhängig von der Legitimität des Robbenschutzes. Die Legitimität des IG-Schutzes ergibt sich u. a. aus den empirischen Aspekten der Legitimität des Robbenschutzes, nicht jedoch aus den subjektiven bzw. normativen Aspekten.

Wenn die Legitimitätsvermutung des Robbenschutzes aufgrund der Ausgangsdiskriminierung im Rahmen der IG-Ausnahme widerlegt wird, bleiben die Interessen der indigenen Gemeinden im Verhältnis zum Wohl der Robben schutzwürdig und sind in diesem Fall auch schutzbedürftig. Denn die Illegitimitätsvermutung des Robbenschutzes ändert nichts daran, dass das ungerechtfertigte allgemeine EU-Vermarktungsverbot von Robbenprodukten ebenfalls empirisch beeinträchtigende Auswirkungen auf indigene Gemeinden hat.

### bb) Unterschiedliche objektive Gefährdung des Hauptschutzguts als legitimer Grund für die Rechtfertigung der Ausgangsdiskriminierung i. S. d. Chapeaus des Art. XX GATT

Rechtfertigungsgrund für die Ausgangsdiskriminierung i. S. d. Chapeaus des Art. XX GATT kann auch dasselbe nichtwirtschaftliche Schutzgut mit unterschiedlicher empirischer Gefährdungsintensität sein.[188] Denn die Situation, also die objektive Gefährdung des jeweiligen Schutzguts, ist in diesem Fall unterschiedlich, sodass eine Gleichbehandlung dieser unterschiedlichen Gefährdungsintensitäten nicht geboten ist. Hingegen soll diese Situation unterschiedlich behandelt werden.

In US – Gasoline stellte der AB im Rahmen der Prüfung des Chapeaus des Art. XX GATT beispielsweise fest, dass den USA mehr als nur eine Möglichkeit zur Festlegung der Basislinien zur Verfügung stehe.[189] Unter anderem könnten die USA nicht nur inländischen, sondern auch ausländischen Raffinerien die Anwendung individueller Basislinie erlauben.[190]

Die USA führten hingegen aus, dass die vom AB vorgeschlagene Alternative aufgrund von Verwaltungskosten und Schwierigkeiten bei der Verifizierung ausländischer Daten nicht in vernünftiger Weise verfügbar sei.[191] Demgegenüber hielt der AB fest, dass diese Kosten und Schwierigkeiten durch internationale Zusammenarbeit hätten vermieden werden könnten.[192] Die unterschiedliche Behandlung in- und ausländischer Raffinerien bei der Festlegung der Basislinie stelle nach Ansicht des AB somit eine ungerechtfertigte Diskriminierung i. S. d. Chapeaus dar.[193]

Dieser Feststellung des AB ist nicht zuzustimmen.

Die unterschiedliche Behandlung der USA bei der Festlegung der Basislinie stellt zwar eine Ausgangsdiskriminierung i. S. d. Chapeaus des Art. XX GATT dar.[194]

---

188 Im Ergebnis so auch, vgl. *Leonelli*, Environmental Unilateralism and the Chapeau of Article XX GATT, JWT 2023, 709, 722, 726.

189 WTO, AB-Bericht v. 20. 5. 1996, WT/DS2/AB/R, „US – Gasoline“, S. 25.

190 WTO, AB-Bericht v. 20. 5. 1996, WT/DS2/AB/R, „US – Gasoline“, S. 25.

191 WTO, AB-Bericht v. 20. 5. 1996, WT/DS2/AB/R, „US – Gasoline“, S. 25–26.

192 WTO, AB-Bericht v. 20. 5. 1996, WT/DS2/AB/R, „US – Gasoline“, S. 25–27.

193 WTO, AB-Bericht v. 20. 5. 1996, WT/DS2/AB/R, „US – Gasoline“, S. 28.

194 Nach dem vorliegenden Maßstab kann eine solche Diskriminierung entgegen der Ansicht des AB nicht durch eine negative Erforderlichkeitserwägung, sondern beruhend auf der Erforderlichkeits- und Angemessenheitsvermutung der angegriffenen Maßnahme festgestellt werden. Andernfalls lässt sich nicht richtig feststellen, wann und warum zwei Behandlungen als gleich bzw. vergleichbar angesehen werden sollen. Die unterschiedliche Behandlung hinsichtlich der Festlegung der Basislinie für in- und

Diese Diskriminierung kann jedoch gerechtfertigt sein. Die Verwaltungskosten allein sind aber nicht unbedingt maßgeblich für die Feststellung des legitimen Rechtfertigungsgrunds. Es kommt hingegen darauf an, ob ein legitimer Grund vorliegt und geltend gemacht wird. Ist dies der Fall, sind die vorgeschlagene Alternative sowie die damit verbundenen zusätzlichen Verwaltungskosten nicht akzeptabel; andernfalls ergibt sich die Zumutbarkeit der erhöhten Verwaltungskosten aus der Gleichbehandlungspflicht gegenüber in- und ausländischen Raffinerien.

Die Schwierigkeiten bei der Verifizierung ausländischer Daten stellen einen solchen legitimen Grund dar, der die Ausgangsdiskriminierung i. S. d. Chapeaus des Art. XX GATT zwischen inländischen und ausländischen Raffinerien rechtfertigen kann. Nach Einschätzung der USA sind die schädlichen Auswirkungen auf die Luftreinheit durch in- und ausländisches Benzin mit gleichem Reinheitsgrad zwar gleich. Eine stärkere und damit unterschiedliche Gefährdung der Luftreinheit kann jedoch aufgrund von Angaben betrügerischer Daten durch ausländische Raffineure entstehen. Im Unterschied zu inländischen Raffinerien können die USA diese mögliche Betrugspraxis nicht verifizieren. Auch eine internationale Zusammenarbeit vermag diese Schwierigkeit nur eingeschränkt zu beheben. Ob und inwieweit diese objektive Gefährdung der Luftreinheit hingenommen und auf internationale Kooperation vertraut wird, hängt zunächst von der Einschätzung des regulierenden WTO-Mitglieds zum Gefährdungs- und Schutzniveau ab. Die Maßgeblichkeit dieser Einschätzung stellt eine erste Vermutung dar.[195]

Somit stellt die Schwierigkeit der Verifizierung ausländischer Daten – entgegen der Ansicht des AB – einen legitimen Rechtfertigungsgrund für die Ausgangsdiskriminierung i. S. d. Chapeaus des Art. XX GATT in US – Gasoline dar. Eine unterschiedliche empirische Gefährdungsintensität des Schutzguts bzw. des Hauptschutzguts kann somit einen legitimen Rechtfertigungsgrund für eine solche Diskriminierung darstellen.

---

ausländische Raffineure ist nämlich nur ein Unterschied. Ob dieser zur Diskriminierung i. S. d. Chapeaus des Art. XX GATT führt, soll anhand der Diskriminierungsdogmatik festgestellt werden, was der AB in US – Gasoline unterlassen hatte. Eine solche Diskriminierung lag vor, weil bei gleicher Gefährdung, nämlich bei gleicher Luftverschmutzung durch Benzin aus In- und Ausland, unterschiedliche Basislinien für in- und ausländische Raffinerien angewendet wurden.

[195] Teil 2 Kapitel 5 § 3 A. III.

### *b) Wirtschaftsziel und Rechtfertigung der Ausgangsdiskriminierung i. S. d. Chapeaus des Art. XX GATT*

Ein wirtschaftlicher Zweck kann keinen legitimen Rechtfertigungsgrund für die Ausgangsdiskriminierung i. S. d. Chapeaus des Art. XX GATT darstellen. Hingegen kann die Ausgangsdiskriminierung aufgrund regionaler Handelsfreiheit gerechtfertigt sein, sofern deren Verletzung nicht die primäre Handelsverletzung darstellt.

#### aa) Rein Wirtschaftsziel als kein legitimer Grund für die Rechtfertigung der Ausgangsdiskriminierung i. S. d. Chapeaus des Art. XX GATT

Ein rein Wirtschaftsziel kann keinen legitimen Rechtfertigungsgrund für die Ausgangsdiskriminierung i. S. d. Chapeaus von Art. XX GATT darstellen.

Art. XX GATT ist nach seinem eindeutigen Wortlaut eine allgemeine Ausnahmeklausel für die materiellen Vorschriften des GATT. Gemäß Art. XX GATT haben unter anderem Umwelt- und Gesundheitsinteressen Vorrang vor den materiellen Handelsliberalisierungspflichten des GATT. Ob diese Ausnahmerechte in Anspruch genommen werden und somit die vorgenannte Interessenabwägung erfolgt, liegt zwar im Ermessen jedes WTO-Mitglieds. Wenn Art. XX GATT jedoch bereits zur Rechtfertigung einer Verletzung der materiellen Pflichten des GATT geltend gemacht wurde, ist die vorgenannte Interessenabwägung, nämlich dass dem herangezogenen Interesse Vorrang vor der Handelsliberalisierung eingeräumt wird, bereits erfolgt.

Zur Rechtfertigung der Ausgangsdiskriminierung i. S. d. Chapeaus des Art. XX GATT kann ein Grund nur dann legitim sein, wenn er Vorrang vor dem Schutzgut hat, das im betreffenden Absatz von Art. XX GATT genannt wird. Ein Wirtschaftsziel kann folglich kein legitimer Rechtfertigungsgrund für die Ausgangsdiskriminierung i. S. d. des Chapeaus von Art. XX GATT sein, da dieses Ziel keinen Vorrang vor dem im herangezogenen Absatz vorgesehenen Schutzgut hat.

Beispielsweise stellte die nachhaltige Entwicklung inländischer Industrien in China – Rare Earths kein legitimes Rechtfertigungsziel für die Diskriminierung im Sinne des Chapeaus von Art. XX GATT dar, die durch die Ungleichbehandlung gleicher Erschöpfungsgefahren Seltener Erden verursacht wurde.[196] Dabei stellt das Element der Entwicklung inländischer Industrien ein

[196] WTO, Panel-Bericht v. 26.3.2014, WT/DS431/R u. a., „China – Rare Earths", Para. 7.659. Das Panel bejahte eine Diskriminierung i. S. d. Chapeaus des Art. XX GATT, obwohl es die Verhältnismäßigkeit i. w. S. der chinesischen Maßnahmen verneint hatte. In diesem Fall kann keine Diskriminierung i. S. d. Chapeaus des Art. XX GATT angenommen werden, weil das Kriterium für die Bestimmung der Gleichheit

Wirtschaftsziel dar, während das Element der nachhaltigen Entwicklung nur die Rechtfertigung eines allgemeinen Ausfuhrverbots oder einer allgemeinen Ausfuhrbeschränkung ermöglichen kann.

In manchen Fällen kann das Wirtschaftsziel des regulierenden WTO-Mitglieds auf schwer erkennbare Weise formuliert sein. Dies war beispielsweise bei der Ausnahme gerichtlicher Verfügungen in Brazil – Retreaded Tyres der Fall.

Nach Ansicht des Panels in Brazil – Retreaded Tyres stelle die Zulassung des Imports ausländischer Karkassen für die inländische Produktion runderneuerter Reifen kein Ergebnis „capricious" oder „random" Handelns der brasilianischen Behörden dar, da sie im Rahmen der Durchsetzung inländischer gerichtlicher Verfügungen erfolge.[197] Damit bestätigte das Panel die Legitimität der gerichtlichen Verfügungen zur Zulassung ausländischer Karkassen zugunsten der inländischen Herstellung runderneuerter Reifen mit Vorrang vor dem Umweltschutz.

Diese Entscheidung erscheint jedoch aus folgenden Gründen nicht überzeugend. Zunächst ist darauf hinzuweisen, dass eine gerichtliche Verfügung nicht ohne Weiteres als rechtmäßiges Verhalten im Sinne des WTO-Rechts angesehen werden kann, da sie selbst Gegenstand der Regulierung durch das WTO-Recht ist. Jedes Mitglied der WTO ist verpflichtet, alle hoheitlichen Handlungen, einschließlich gerichtlicher Verfügungen als judikative Akte, mit den Vorgaben des WTO-Rechts in Übereinstimmung zu bringen.[198]

Zudem ist das mit den gerichtlichen Verfügungen verfolgte Ziel nicht als legitim anzusehen. Wie Brasilien selbst ausführte, beruhten die gerichtlichen Verfügungen darauf, dass das Einfuhrverbot für gebrauchte Reifen gemäß

---

der Behandlung nicht richtig festgestellt werden kann. Eine Diskriminierung i. S. d. Chapeaus des Art. XX GATT soll unter der Bejahung der Verhältnismäßigkeit i. w. S. der chinesischen Maßnahmen als erste Vermutung festgestellt werden. Die Beschränkung für ausländische Verbraucher und Käufer von Seltenen Erden in all ihren Einzelheiten ist das Kriterium für die Feststellung der Gleichheit der Behandlung. Und eine Diskriminierung i. S. d. Chapeaus des Art. XX GATT liegt vor, weil bei gleicher Erschöpfungsgefährdung überhaupt keine Verkaufsquoten für inländische Verbraucher und Käufer von Seltenen Erden vorgesehen sind und daher eine ungleiche Behandlung gegenüber ausländischen Verbrauchern und Käufern zu bejahen ist.

197 WTO, Panel-Bericht v. 12. 6. 2007, WT/DS332/R, „Brazil – Retreaded Tyres", Para. 7.292–7.294, 292: „[…] the fact that Brazilian retreaders are still able to use imported casings to manufacture their products does not seem to be the result of a capricious or unpredictable action of Brazil. Rather, it was the result of successful court challenges to the import ban and finds its basis in the customs authorities' need to give effect to judicial orders authorizing the introduction into Brazil of products, the importation of which would otherwise be legally impossible."

198 WTO, AB-Bericht v. 12. 10. 1998, WT/DS58/AB/R, „US – Shrimp", Para. 173; WTO, AB-Bericht v. 20. 5. 1996, WT/DS2/AB/R, „US – Gasoline", S. 28.

Portaria SECEX 14/2004 den inländischen Industrien den Zugang zu Rohstoffen für die Produktion runderneuerter Reifen verwehre.[199] Daraus ergibt sich, dass das Ziel der gerichtlichen Verfügungen in der Versorgung der inländischen Industrie mit Rohstoffen für die Herstellung runderneuerter Reifen bestand. Dies stellt ein rein wirtschaftliches Ziel dar und somit keinen legitimen Rechtfertigungsgrund für die Ausgangsdiskriminierung i. S. d. Chapeaus des Art. XX GATT. Folglich stellt sich die weitere Frage, ob die angegriffenen gerichtlichen Verfügungen auf einem legitimen Ziel beruht.[200]

#### bb) „Regionale Handelsfreiheit" als legitimer Grund für die Rechtfertigung der Ausgangsdiskriminierung i. S. d. Chapeaus des Art. XX GATT am Beispiel des Brazil – Retreaded Tyres

Die regionale Handelsfreiheit gemäß Art. XXIV GATT mag zwar auf den ersten Blick ein rein wirtschaftliches Ziel darstellen. Sie ist jedoch eng mit regionalen sozialen und kulturellen Erwägungen verknüpft. Diese können grundsätzlich einen legitimen Rechtfertigungsgrund für eine Ausgangsdiskriminierung i. S. d. des Chapeaus des Art. XX GATT darstellen, sofern ihre Verletzung nicht bereits die primäre WTO-Verletzung darstellt.

In Brazil – Retreaded Tyres wurde die Legitimität der regionalen Handelsfreiheit gegenüber dem Umwelt- und Gesundheitsschutz zwar sowohl vom Panel als auch vom AB bejaht. Dabei blieb jedoch unklar, auf welcher Grundlage dieses Ergebnis beruht.

Nach Ansicht des Panels erscheine das Ziel der MERCOSUR-Ausnahme grundsätzlich weder „capricious" noch „unpredictable",[201] weil diese Ausnahme das Ergebnis der Durchsetzung eines von Art. XXIV GATT ausdrücklich anerkannten regionalen Wirtschaftsabkommens sei.[202] Die Legitimität der regionalen Handelsfreiheit gegenüber dem Umweltschutz wurde auch vom

199 WTO, Panel-Bericht v. 12. 6. 2007, WT/DS332/R, „Brazil – Retreaded Tyres", Para. 7.240.

200 Die Legitimität der gerichtlichen Verfügungen ergibt sich insbesondere nicht aus Art. XX (d) GATT, dessen Anwendung u. a. die WTO-Rechtmäßigkeit der betreffenden Gesetze oder sonstiger Vorschriften voraussetzt, auf die sich die angegriffene Maßnahme stützt. WTO, AB-Bericht v. 11. 12. 2000, WT/DS161/AB/R u. a., „Korea – Beef", Para. 157; WTO, AB-Bericht v. 17. 6. 2011, WT/DS371/AB/R, „Thailand – Cigarettes (Philippines)", Para. 177. Eine solche Rechtsgrundlage bezüglich der gerichtlichen Verfügungen ist jedoch nicht ersichtlich.

201 Vgl. WTO, Panel-Bericht v. 12. 6. 2007, WT/DS332/R, „Brazil – Retreaded Tyres", Para. 7.272 – 7.273, 7.283.

202 WTO, Panel-Bericht v. 12. 6. 2007, WT/DS332/R, „Brazil – Retreaded Tyres", Para. 7.274, 7.276.

Panel bejaht.[203] Im Berufungsverfahren stellte auch der AB fest, dass der Schiedsspruch des regionalen Gerichtshofs keinen willkürlichen Grund für die MERCOSUR-Ausnahme darstelle.[204]

Außerdem hatten sowohl das Panel als auch der AB Art. XXIV 8(a)(i) GATT[205] zur Begründung der Legitimität der regionalen Handelsfreiheit gegenüber dem Umwelt- und Gesundheitsschutz herangezogen. Nach diesem Artikel darf ein WTO-Mitglied von der Pflicht zur Gewährung regionaler Handelsfreiheit befreit werden, wenn diese Befreiung zur Erfüllung unter anderem des Art. XX GATT erforderlich ist. Hinsichtlich des Art. XXIV 8(a)(i) GATT wies das Panel nämlich darauf hin, dass dessen Anwendung die Erfüllung des Art. XX (b) GATT voraussetze.[206] Ebenso wies der AB darauf hin, dass Art. XXIV 8(a)(i) GATT grundsätzlich die MERCOSUR-Ausnahme rechtfertigen könne, diese Rechtfertigung jedoch die Erfüllung des Art. XX GATT voraussetze.[207]

---

[203] Vgl. WTO, Panel-Bericht v. 12.6.2007, WT/DS332/R, „Brazil – Retreaded Tyres", Para. 7.283. Die Feststellung des Panels, dass das Unterlassen der Berufung auf die Umweltausnahme nach Art. 50 (d) des Vertrags von Montevideo nicht unerforderlich war, deutet ebenso darauf hin, dass das Panel bereits die Legitimität der regionalen Handelsfreiheit anerkannt hatte. Hierzu vgl. Para. 7.280 a. a. O.

[204] Vgl. WTO, AB-Bericht v. 3.12.2007, WT/DS332/AB/R, „Brazil – Retreaded Tyres", Para. 228, 232. Der AB wies dabei nur darauf hin, dass auch eine Maßnahme mit legitimem Grund zu einer willkürlichen Diskriminierung i. S. d. Chapeaus des Art. XX GATT führen könne, wenn diese in keiner vernünftigen Relation zu dem Gesundheitsschutzziel stehe, das durch das Importverbot von runderneuerten Reifen als Hauptmaßnahme angestrebt werde. Hierzu vgl. Para. 232, 230 a. a. O.

[205] Art. XXIV 8(a)(i) GATT sieht vor: „For the purposes of this Agreement:

(a) A customs union shall be understood to mean the substitution of a single customs territory for two or more customs territories, so that

(i) duties and other restrictive regulations of commerce (except, where necessary, those permitted under Articles XI, XII, XIII, XIV, XV and XX) are eliminated with respect to substantially all the trade between the constituent territories of the union or at least with respect to substantially all the trade in products originating in such territories, and,"

[206] WTO, Panel-Bericht v. 12.6.2007, WT/DS332/R, „Brazil – Retreaded Tyres", Para. 7.274, Fn. 1448 a. a. O.: „However, we do not consider that the fact that the measure may be authorized under Article XXIV dispenses Brazil from complying with the requirements of Article XX, including the requirements of the chapeau. In particular, we note that Article XXIV:8(a)(i) provides members of a customs union sufficient flexibility to eliminate or not eliminate restrictive regulations of commerce as necessary in relation to measures taken under, inter alia, Article XX."

[207] WTO, AB-Bericht v. 3.12.2007, WT/DS332/AB/R, „Brazil – Retreaded Tyres", Para. 234, Fn. 445 a. a. O.: „In addition, we note that Article XXIV:8(a) of the GATT 1994 exempts, where necessary, measures permitted under Article XX from the obligation to eliminate ‚duties and other restrictive regulations of commerce' with respect to ‚substantially all the trade' within a customs union. Therefore, if we assume, for the sake of argument, that MERCOSUR is consistent with Article XXIV and that

Diese Feststellung der WTO-Streitbeilegungsorgane bedarf einer näheren Begründung.

Die MERCOSUR-Ausnahme ist zwar das Ergebnis der Durchsetzung eines Schiedsspruchs im Rahmen eines regionalen Handelsabkommens. Es wurde jedoch nicht näher erläutert, warum die Durchsetzung dieses Abkommens jedenfalls wichtiger als der Umwelt- und Gesundheitsschutz sein soll und somit die MERCOSUR-Maßnahme rechtfertigen kann.

Ferner kann der Tatbestand für die Berufung auf Art. XXIV 8(a)(i) GATT zwar zum Zeitpunkt der Legitimitätsprüfung der MERCOSUR-Ausnahme im Rahmen der Chapeau-Prüfung des Art. XX (b) GATT überhaupt nicht als erfüllt festgestellt werden. Denn die Erfüllung des Art. XXIV 8(a)(i) GATT hängt von der Erfüllung des Art. XX GATT ab, welche gerade noch zu prüfen ist.[208] Hieraus kann jedoch die Legitimität der regionalen Handelsfreiheit gegenüber dem Umwelt- und Gesundheitsschutz nicht abgeleitet werden. Aus dem vorgenannten Umstand kann nämlich nur gefolgert werden, dass sich die Legitimität des Umwelt- und Gesundheitsschutzes gegenüber der regionalen Handelsfreiheit nicht aus Art. XXIV 8(a)(i) GATT ergibt. Die Frage, welchem Interesse, nämlich der regionalen Handelsfreiheit oder dem Umwelt- und Gesundheitsschutz, Vorrang eingeräumt werden soll, bleibt hingegen unklar.

Im Schrifttum findet sich kein weiterer Hinweis für die Begründung der Legitimität der regionalen Handelsfreiheit zur Rechtfertigung der Ausgangsdiskriminierung i. S. d. Chapeaus des Art. XX GATT aufgrund der MERCOSUR-Ausnahme.[209]

In Teil 2 Kapitel 5 § 4 wurde klargestellt, woraus sich die Legitimität eines weiteren Schutzziels oder zu berücksichtigenden Interesses ergibt. Dieses Ergebnis gilt auch hier. Die Legitimitätsvermutung der regionalen Handelsfreiheit ergibt sich somit aus der Legitimitätsvermutung des Umwelt- und Gesundheitsschutzes als Hauptschutzziel.

Auch wenn die Legitimitätsvermutung des Umwelt- und Gesundheitsschutzes durch das Vorliegen der Ausgangsdiskriminierung i. S. d. Chapeaus des

---

the Import Ban meets the requirements of Article XX, this measure, where necessary, could be exempted by virtue of Article XXIV:8(a) from the obligation to eliminate other restrictive regulations of commerce within a customs union."

208 Daher ist der Ansicht, dass ausschließlich Art. XXIV GATT für die Rechtfertigung der MERCOSUR-Ausnahme anzuwenden sei, nicht zuzustimmen. Denn allein diese Vorschrift reicht für die Rechtfertigung nicht aus. Vgl. *Davies*, Interpreting the Chapeau of GATT Article XX, JWT 2009, 507, 531 f.

209 Im Schrifttum ist trotz der hier dargestellten Begründungslücke nicht über die Legitimität der regionalen Handelsfreiheit gegenüber dem Umwelt- und Gesundheitsschutz umstritten. Hingegen wird über den Ansatz der Gegenläufigkeit der Schutzziele stark diskutiert. Hierzu siehe: Teil 5 Kapitel 19 § 2 A. II. 1. a).

Art. XX GATT aufgrund der MERCOSUR-Ausnahme widerlegt ist, bleibt die Legitimitätsvermutung der regionalen Handelsfreiheit unberührt.

Denn die Legitimitätsvermutung der regionalen Handelsfreiheit ist unabhängig von derjenigen des Umwelt- und Gesundheitsschutzes. Dies liegt daran, dass sich die Legitimitätsvermutung der regionalen Handelsfreiheit aus der relativen Schutzwürdigkeitsvermutung ergibt – genauer gesagt aus der Schutzunwürdigkeits- und Illegitimitätsvermutung des Umwelt- und Gesundheitsschutzes gegenüber der regionalen Handelsfreiheit.

#### 2. *Condition* für die Feststellung einer weiteren Diskriminierung i. S. d. Chapeaus des Art. XX GATT

In Teil 6 Kapitel 21 § 1 B. I. 3. a) wird erörtert, dass die Situation i. S. d. Chapeaus des Art. XX GATT die empirische Gefährdung des jeweiligen einschlägigen Schutzguts ist. Bei der Situation zur Feststellung der Ausgangsdiskriminierung i. S. d. Chapeaus des Art. XX GATT handelt es sich um die empirische Gefährdung des Hauptschutzguts. Bei der Situation zur Feststellung einer weiteren Diskriminierung i. S. d. Chapeaus des Art. XX GATT handelt es sich um die empirische Gefährdung desjenigen Schutzguts, dessen Schutz als Rechtfertigungsgrund für die Ausgangsdiskriminierung i. S. d. Chapeaus des Art. XX GATT von dem regulierenden WTO-Mitglied herangezogen wird.[210]

#### 3. Keine weitere Ungleichbehandlung in gleichen Situationen und damit keine weitere Diskriminierung i. S. d. Chapeaus des Art. XX GATT

Soweit ein legitimer Grund für die Rechtfertigung der Ausgangsdiskriminierung i. S. d. Chapeaus des Art. XX GATT vorliegt und geltend gemacht wird, soll keine Ungleichbehandlung gleicher Situationen und damit keine weitere Diskriminierung i. S. d. Chapeaus vorliegen.

##### *a) Behandlung*

In Teil 6 Kapitel 21 § 1 B. II. 1. wird dargestellt, dass nicht nur die ergriffene Umweltmaßnahme, sondern auch die Schutzbedürftigkeitsbeurteilung des regulierenden WTO-Mitglieds basierend auf bestimmter objektiver Ge-

---

[210] Im Ergebnis so auch, vgl. *Venzke/Vidigal*, The Case of the EU Carbon Border Adjustment Mechanism, in: Netherlands Yearbook of International Law 2020, 2022, S. 217; vgl. *Leonelli*, Environmental Unilateralism and the Chapeau of Article XX GATT, JWT 2023, 709, 715–719; Bejahung mit Vorbehalt, vgl. *Lydgate*, Do the Same Conditions Ever Prevail?, JWT 2016, 971, S. 983–984, 993–995.

fährdung des Schutzguts sowie die Festlegung des Schutzziels und Schutzniveaus zur Abwendung dieser Gefährdungen zur Behandlung bei der Feststellung der Ausgangsdiskriminierung i. S. d. Chapeaus des Art. XX GATT gehören. Dieses Ergebnis gilt auch für die Behandlung zur Feststellung einer weiteren Diskriminierung i. S. d. Chapeaus des Art. XX GATT.[211]

### *b) Beurteilungskriterium für die Gleichheit der Behandlung zur Feststellung einer weiteren Diskriminierung i. S. d. Chapeaus des Art. XX GATT*

In Teil 6 Kapitel 21 § 1 B. II. 2. wird im Rahmen der Feststellung der Ausgangsdiskriminierung i. S. d. Chapeaus des Art. XX GATT dargestellt, dass das Beurteilungskriterium für die Gleichheit der Behandlung die als verhältnismäßig i. w. S. vermutete angegriffene Maßnahme ist. Dieses Ergebnis gilt auch für das Beurteilungskriterium für die Gleichheit der Behandlung im Rahmen der Prüfung einer weiteren Diskriminierung i. S. d. Chapeaus des Art. XX GATT, wobei die Behandlung der empirischen Gefährdung des weiteren Schutzguts in der angegriffenen Umweltmaßnahme einschlägig ist. Zum Beispiel war die einschlägige Behandlung in EC – Seal Products, die zugleich das Beurteilungskriterium für die hier besprochene Gleichheit der Behandlung darstellte, die Befreiung vom Vermarktungsverbot für indigene Gemeinden, nämlich die IG-Ausnahme.

Die Verhältnismäßigkeitsvermutung i. w. S. dieser Behandlung muss auch nicht (mittels des impliziten Abwägungsarguments) gesondert geprüft und festgestellt werden.[212] Denn diese Vermutung ist in der Verhältnismäßigkeitsvermutung i. w. S. der angegriffenen Maßnahme enthalten. Die positive Beurteilung der Erforderlichkeitsprüfung bedeutet nämlich zugleich die Feststellung, dass das angegebene Schutzziel einschließlich des Schutzniveaus nur durch die getroffene Maßnahme und nicht durch eine andere erreicht werden kann. Die Festlegung des Schutzziels bzw. des Hauptschutzziels ist eine Abwägungsentscheidung des regulierenden WTO-Mitglieds, weil das angestrebte Schutzgut bzw. Hauptschutzgut unvermeidlich in einem Verhältnis zu anderen Schutzgütern steht. Die Legitimitätsvermutung des Schutzziels bzw. des Hauptschutzziels enthält mithin auch die Legitimitätsvermutung anderer relevanter Schutzziele oder Interessen.[213] Wenn die Verhältnismäßigkeit i. w. S.

---

211 Zur Behandlung in Form eines Schutzbedürftigkeitsurteils in der Entscheidungspraxis der WTO-Streitbeilegungsorgane zu Art. XX GATT siehe unten Teil 6 Kapitel 21 § 1 B. III. 3. c).

212 A. A. siehe: *Marín Durán*, Carbon Border Adjustments, ICLQ 2023, 73, 481–482. Zu den Zweifeln an einer gesonderten Verhältnismäßigkeitsprüfung i. w. S. vgl. *Regan*, Puzzles from EC – Seal Products, AJIL Unbound 2015, 315, 320–322.

213 Teil 2 Kapitel 5 § 4.

der angegriffenen Maßnahme als erste Vermutung bejaht wird, ist folglich formell festzustellen, dass nicht nur das Hauptschutzziel, sondern auch Nebenschutzziele sowie weitere zu berücksichtigende Interessen ausschließlich durch die ergriffene Umweltmaßnahme umformuliert werden können.

Die Verhältnismäßigkeitsvermutung i. w. S. der angegriffenen Hauptmaßnahme wird bei dem Vorliegen der Ausgangsdiskriminierung i. S. d. Chapeaus des Art. XX GATT widerlegt.[214] Unberührt bleibt jedoch die Legitimitätsvermutung eines Nebenziels oder eines zu berücksichtigenden Interesses. Denn die Legitimität dieser ergibt sich u. a. aus den einschlägigen empirischen Aspekten der Legitimität des Hauptschutzziels, nicht aber aus den subjektiven bzw. normativen Aspekten.[215]

Aus diesem Grund bleibt auch die Verhältnismäßigkeitsvermutung i. w. S. der einschlägigen Behandlung der empirischen Gefährdung des weiteren Schutzguts unberührt. Falls diese Verhältnismäßigkeitsvermutung i. w. S. widerlegt ist, kann die Legitimitätsvermutung eines Nebenziels oder eines zu berücksichtigenden Interesses aufgrund der widerlegenden Wirkung[216] nicht mehr unberührt bleiben.

#### *c) Ungleichbehandlung und damit eine weitere Diskriminierung i. S. d. Chapeaus des Art. XX GATT*

Alle Behandlungen, die das soeben genannte Kriterium nicht erfüllen, nämlich von der als verhältnismäßig i. w. S. vermuteten Behandlung der empirischen Gefährdung des weiteren Schutzguts in der angegriffenen Maßnahme abweichen, sind Ungleichbehandlungen und stellen jeweils eine noch weitere Diskriminierung i. S. d. Chapeaus des Art. XX GATT dar.

In EC – Seal Products setzte die Inanspruchnahme der IG-Ausnahme beispielsweise voraus, dass der Robbenfang durch indigene Gemeinden von einer Anerkennungsbehörde bestätigt werden musste; Hingegen wurden Robbenprodukte aus Grönland ohne Einrichtung einer Anerkennungsbehörde auf dem EU-Markt gebracht.[217] Dieser Umstand wurde vom AB als Ungleichbehandlung und damit als eine weitere Diskriminierung i. S. d. Chapeaus des Art. XX GATT qualifiziert, da in Kanada keine vergleichbaren Erleichterungsbemü-

---

[214] Teil 2 Kapitel 6 § 1 C. I.

[215] Teil 6 Kapitel 21 § 1 B. III. 1. a) aa) (3).

[216] Teil 2 Kapitel 6 § 1 C. I.

[217] WTO, AB-Bericht v. 22. 5. 2014, WT/DS400/AB/R u. a., „EC – Seal Products“, Para. 5.337.

hungen zum Schutz indigener Gemeinschaften von der EU unternommen würden.[218]

Dieser Feststellung des AB ist zwar im Ergebnis zuzustimmen, wenn unterstellt wird, dass der AB die Legitimität des Schutzes indigener Gemeinden gegenüber dem Wohlergehen von Robben anerkannt hatte.[219] Die Art dieser Ungleichbehandlung ist jedoch konkretisierungsbedürftig.

Aufgabe der genannten Anerkennungsbehörde liegt nämlich darin, die Identität einer Gemeinde als indigene Gemeinde festzustellen und deren Robbenfang als IG-Fang zu identifizieren, damit dieser vom kommerziellen Robbenfang unterschieden und die IG-Ausnahme in Anspruch genommen werden kann. Durch diese Anerkennungsbehörde wird jedoch lediglich festgestellt, dass es sich um das einschlägige Schutzgut, nämlich um die indigenen Gemeinden, handelt und dieses schutzwürdig ist. Das Erfordernis an der Einrichtung der Anerkennungsbehörde in Kanada und das Unterlassen der Einrichtung einer derartigen Behörde in Grönland sind jeweils keine Behandlung der Situation, nämlich der empirischen Gefährdung indigener Gemeinden, weil diese Gefährdung in diesem Prüfschritt noch nicht festgestellt worden ist und damit kein Behandlungsbedarf besteht.

Das Schutzwürdigkeitsurteil hinsichtlich des Jägers von Robben ist jedoch Ausgangspunkt und Teil des Schutzbedürftigkeitsurteils, das aufbauend auf der empirischen Gefährdung des vorgenannten Schutzguts vorgenommen wird. Das Schutzbedürftigkeitsurteil hinsichtlich eines Schutzguts im Einzelfall setzt das Schutzwürdigkeitsurteil dieses Schutzguts voraus. Wird das zweitgenannte Urteil auf unterschiedliche Weise vorgenommen, liegt eine unterschiedliche Behandlung im Schutzbedürftigkeitsurteil vor. Die Schutzbedürftigkeitsurteile bei gleicher empirischer Gefährdung der indigenen Gemeinden sind für Grönland und für Kanada nämlich insoweit unterschiedlich, dass die Feststellung der Identität einer Gemeinde als indigene Gemeinde nur in Kanada, die Teil des Schutzbedürftigkeitsurteils über die empirische Gefährdung der indigenen Gemeinde ist, durch eine Anerkennungsbehörde erfolgen muss.

Dabei handelt es sich somit um die Ungleichbehandlung in Form eines ungleichen Schutzbedürftigkeitsurteils aufbauend auf gleicher empirischer Gefährdung der Lebensexistenz und des Lebensstils indigener Gemeinden, welche durch das Vermarktungsverbot von Robbenprodukten in der EU verur-

---

[218] WTO, AB-Bericht v. 22.5.2014, WT/DS400/AB/R u.a., „EC – Seal Products", Para. 5.337.

[219] Entgegen der Feststellung des AB in: WTO, AB-Bericht v. 22.5.2014, WT/DS400/AB/R u.a., „EC – Seal Products", Para. 5.317. Teil 6 Kapitel 21 § 1 B. III. 1. a) aa) (3).

sacht wird. Eine weitere Diskriminierung i. S. d. Chapeaus des Art. XX GATT liegt somit vor.

### IV. Rechtfertigung einer (ggf. noch) weiteren Diskriminierung i. S. d. Chapeaus des Art. XX GATT

Auch eine weitere Diskriminierung i. S. d. Chapeaus des Art. XX GATT kann gerechtfertigt sein, wenn ein legitimer Grund herangezogen wird und keine noch weitere Diskriminierung i. S. d. Chapeaus des Art. XX GATT vorliegt. Dieser mehrdimensionale Diskriminierungs- und Rechtfertigungstest im Chapeau des Art. XX GATT kennt grundsätzlich keine Grenzen, solange der Sachverhalt dies zulässt, die verteidigende Partei einen weiteren Rechtfertigungsgrund anführt sowie die klagende Partei eine Ungleichbehandlung geltend macht.[220]

### V. Willkürliche oder ungerechtfertigte Diskriminierung i. S. d. Chapeaus des Art. XX GATT

Wird eine Ausgangsdiskriminierung oder eine (ggf. noch) weitere Diskriminierung i. S. d. Chapeaus des Art. XX GATT festgestellt und kein legitimer Rechtfertigungsgrund von der verteidigenden Partei herangezogen, kann die festgestellte Diskriminierung nicht mehr gerechtfertigt werden. In diesem Fall liegt eine willkürliche oder ungerechtfertigte Diskriminierung i. S. d. Chapeaus des Art. XX GATT vor.

## C. Zwischenergebnis

Nach dem ausdrücklichen Wortlaut des Chapeaus des Art. XX GATT und seiner Funktion[221] als Beschränkung des Regulierungsrechts des WTO-Mitglieds nach einem Absatz dieses Artikels stellt die willkürliche Diskriminie-

---

220 Zur Begründung hierzu siehe schon oben: Teil 6 Kapitel 21 § 1 B. III.

221 Vgl. u. a. *Gaines*, The WTO's Reading of the GATT Article XX, UPJIL 2001, 739, 779, 839; *Mavroidis*, The General Agreement on Tariffs and Trade: A Commentary, 2005, S. 206; WTO, Panel-Bericht v. 15. 5. 1998, WT/DS58/R, „US – Shrimp", Para. 7.29; in Form eines Missbrauchsverbots: WTO, AB-Bericht v. 20. 5. 1996, WT/DS2/AB/R, „US – Gasoline", S. 22; WTO, AB-Bericht v. 12. 10. 1998, WT/DS58/AB/R, „US – Shrimp", Para. 158; WTO, Panel-Bericht v. 25. 11. 2013, WT/DS400/R u. a., „EC – Seal Products", Para. 7.645; WTO, AB-Bericht v. 22. 5. 2014, WT/DS400/AB/R u. a., „EC – Seal Products", Para. 5.297; WTO, Panel-Bericht v. 12. 6. 2007, WT/DS332/R, „Brazil – Retreaded Tyres", Para. 7.221; WTO, AB-Bericht v. 3. 12. 2007, WT/DS332/AB/R, „Brazil – Retreaded Tyres", Para. 224; WTO, Panel-Bericht v. 26. 3. 2014, WT/DS431/R u. a., „China – Rare Earths", Para. 7.347 ff.; WTO,

rung i. S. d. Chapeaus einen tauglichen Grund zur Widerlegung der vermuteten Verhältnismäßigkeit i. w. S. der angegriffenen Umweltmaßnahme dar.

Diskriminierung nach materiellen GATT-Vorschriften wird zwar häufig auf der „Chapeau-Stufe" des Art. XX GATT als flexibler Prüfungsschritt behandelt (Teil 6 Kapitel 21 § 1 A. I.), sie stellt jedoch keine Diskriminierung i. S. d. Chapeaus des Art. XX GATT dar. Denn die Qualifizierung einer Diskriminierung i. S. d. Chapeaus setzt voraus, dass der Anwendungsbereich des Art. XX GATT eröffnet ist. Dies ist bei einer Diskriminierung nach materiellen GATT-Vorschriften nicht der Fall, weil für die Qualifizierung dieser Diskriminierung kein Rechtfertigungsgrund in einem der Absätze des Art. XX GATT herangezogen wird (Teil 6 Kapitel 21 § 1 A. II.).

Die *condition* i. S. d. Chapeaus des Art. XX GATT ist Gegenstand der Behandlung und damit Gegenstand einer potenziellen Diskriminierung i. S. d. Chapeaus. Die objektive Gefährdungslage des Schutzguts nach Einschätzung des regulierenden WTO-Mitglieds ist die *condition* und bildet zugleich die Vergleichsgrundlage für die Feststellung der *same condition* i. S. d. Chapeaus des Art. XX GATT (Teil 6 Kapitel 21 § 1 B. I.).

Nicht nur die ergriffene Umweltmaßnahme, sondern auch die Schutzbedürftigkeitsbeurteilung des regulierenden WTO-Mitglieds basierend auf bestimmter empirischer Gefährdung des Schutzguts und die Festlegung von Schutzziel und Schutzniveau zur Abwendung dieser Gefährdung stellen die Behandlung für die Feststellung einer Diskriminierung i. S. d. Chapeaus des Art. XX GATT dar. Im Kontext des Art. XX GATT ist die als verhältnismäßig i. w. S. vermutete angegriffene Maßnahme/Hauptmaßnahme das Beurteilungskriterium für die Gleichheit der Behandlung zur Feststellung der Ausgangsdiskriminierung i. S. d. Chapeaus des Art. XX GATT.

Eine Diskriminierung i. S. d. Chapeaus des Art. XX GATT liegt zwar dann vor, wenn bei vergleichbarer empirischer Gefährdungslage des Schutzguts keine Gleichbehandlung erfolgt (Teil 6 Kapitel 21 § 1 B. II.).

Eine solche Diskriminierung kann jedoch gerechtfertigt sein, wenn ein legitimer Grund herangezogen wird und keine weitere Diskriminierung i. S. d. Chapeaus des Art. XX GATT vorliegt (Teil 6 Kapitel 21 § 1 B. III.).

Dieser mehrdimensionale Diskriminierungs- und Rechtfertigungstest im Chapeau des Art. XX GATT kennt grundsätzlich keine festen Grenzen, solange der Sachverhalt dies zulässt und die beteiligten Parteien entsprechend handeln (Teil 6 Kapitel 21 § 1 B. IV.). In Art. XX GATT gibt es diesbezüglich keine weitere Beschränkung des Souveränitätsrechts eines WTO-Mitglieds,

---

AB-Bericht v. 9. 11. 2017, WT/DS477/AB/R u. a., „Indonesia – Import Licensing Regimes", Para. 5.95.

sofern die im Chapeau vorgesehene Gleichbehandlungspflicht eingehalten wird. Dies entspricht auch dem tatsächlichen Regelungsbedarf eines WTO-Mitglieds, das häufig multilaterale Interessen berücksichtigen und Kompromisse eingehen muss.

## § 2 Verschleierte Beschränkung des internationalen Handels i. S. d. Chapeaus des Art. XX GATT als tauglicher Widerlegungsgrund

Als vertraglich ausdrücklich vorgesehene Beschränkung für das in einem Absatz des Art. XX GATT vorgesehene Ausnahmerecht des WTO-Mitglieds stellt die verschleierte Beschränkung des internationalen Handels i. S. d. Chapeaus unproblematisch einen tauglichen Widerlegungsgrund gegen die Legitimitätsvermutung des behaupteten Gefährdungsniveaus und des behaupteten Schutzniveaus durch das regulierende WTO-Mitglied sowie gegen die Verhältnismäßigkeitsvermutung i. w. S. der angegriffenen Maßnahme dar.

Der Begriff der verschleierten Handelsbeschränkung i. S. d. Chapeaus des Art. XX GATT ist jedoch vage. In der Entscheidungspraxis der WTO-Streitbeilegungsorgane haben sich grundsätzlich drei Prüfungsansätze herausgebildet: der Bekanntmachungsansatz, die Absichtsprüfung und der Ansatz der willkürlichen Diskriminierung i. S. d. Chapeaus des Art. XX GATT.

Fraglich ist daher, ob der jeweilige Ansatz einen zuverlässigen Maßstab für die Beurteilung einer verschleierten Handelsbeschränkung i. S. d. Chapeaus des Art. XX GATT darstellt.

Im Folgenden wird zunächst erörtert, ob der jeweilige Ansatz einen tauglichen Maßstab für diese Beurteilung darstellt. Darauf aufbauend wird die eigenständige Funktion der verschleierten Handelsbeschränkung i. S. d. Chapeaus des Art. XX GATT i. e. S. dargestellt, die in der Entscheidungspraxis und wissenschaftlichen Literatur bislang kaum Beachtung gefunden hat.

## A. Die drei Prüfungsansätze in der Entscheidungspraxis zu Art. XX GATT

### I. Bekanntmachungsansatz

#### 1. Rolle der Einhaltung der Bekanntmachungspflicht für die Beurteilung einer verschleierten Beschränkung des internationalen Handels i. S. d. Chapeaus des Art. XX GATT in der Entscheidungspraxis

Entgegen der Feststellung des Panels in US – Tuna 1982,[222] wonach eine verschleierte Beschränkung des internationalen Handels i. S. d. Chapeaus des Art. XX GATT bereits bei der Erfüllung der Bekanntmachungspflicht ausgeschlossen werde, wird die Bekanntmachung einer unilateralen Umweltschutzmaßnahme in der ständigen Entscheidungspraxis nur als eine kumulative Bedingung für den Ausschluss einer solchen Beschränkung behandelt.[223] Allein aus der Erfüllung des Publizitätserfordernisses lässt sich noch nicht schließen, dass keine solche Handelsbeschränkung vorliegt.

So wurde in US – Automotive Spring Assemblies die Bekanntmachung der fraglichen Maßnahme als eine kumulative, jedoch nicht abschließende Bedingung für den Ausschluss einer verschleierten Beschränkung des internationalen Handels i. S. d. Chapeaus angesehen.[224] Dabei wurden zudem zwei weitere Umstände herangezogen.[225] Ähnliches wurde vom Panel von EC – Asbestos festgestellt.[226]

---

222 GATT, Panel-Bericht v. 22.2.1982, L/5198-29S/91, „US – Tuna 1982", Para. 4.8: „It furthermore felt that the United States action should not be considered to be a disguised restriction on international trade, noting that the United States prohibition of imports of tuna and tuna products from Canada had been taken as a trade measures and publicly announced as such."

223 Schon seit GATT, Panel-Bericht v. 26. 5. 1983, L/5333-30S/107, „US – Automotive Spring Assemblies", Para. 56; so auch: WTO, AB-Bericht v. 20. 5. 1996, WT/DS2/AB/R, „US – Gasoline", S. 25, 29; WTO, Panel-Bericht v. 18.9.2000, WT/DS135/R, „EC – Asbestos", Para. 8.233–8.235; WTO, Panel-Bericht v. 12.6.2007, WT/DS332/R, „Brazil – Retreaded Tyres", Para. 7.326.

224 GATT, Panel-Bericht v. 26. 5. 1983, L/5333-30S/107, „US – Automotive Spring Assemblies", Para. 56: „Notice of the exclusion order was published in the Federal Register and the order was enforced by the United States Customs at the border."

225 GATT, Panel-Bericht v. 26. 5. 1983, L/5333-30S/107, „US – Automotive Spring Assemblies", Para. 56: „The Panel also noted that the ITC proceedings in this particular case were directed against the importation of automotive spring assemblies produced in violation of a valid United States patent and that, before an exclusion order could be issued under Section 337, both the validity of a patent and its infringement by a foreign manufacturer had to be clearly established. Furthermore, the exclusion order would not prohibit the importation of automotive spring assemblies produced by any

In Brazil – Retreaded Tyres wies das Panel zunächst darauf hin, dass kein einheitlicher Test für die Beurteilung einer verschleierten Handelsbeschränkung i. S. d. Chapeaus des Art. XX GATT vorhanden sei.[227] Sodann stellte das Panel fest, dass die angegriffenen Maßnahmen, nämlich die Portaria SECEX 14/2004 und SECEX 8/2000, zwar veröffentlicht seien; dieser Umstand schließe das Vorliegen einer verschleierten Handelsbeschränkung i. S. d. Chapeaus des Art. XX GATT jedoch nicht aus.[228] Eine solche Beschränkung wurde vom Panel anhand anderer Umstände der angegriffenen Maßnahme bejaht.[229]

### 2. Ansatz der Bekanntmachung als unzuverlässiger Maßstab für die Beurteilung einer verschleierten Handelsbeschränkung i. S. d. Chapeaus des Art. XX GATT

Allein aufgrund der Bekanntmachung lässt sich nicht abschließend feststellen, dass keine verschleierte Beschränkung des internationalen Handels i. S. d. Chapeaus des Art. XX GATT vorliegt. Ebenso führt das Unterlassen der Bekanntmachung einer unilateralen Umweltschutzmaßnahme, entgegen der Auffassung des Panels von EC – Asbestos,[230] nicht ohne Weiteres zur Bejahung einer solchen Beschränkung.[231]

Eine ggf. Pflicht zur Bekanntmachung einer Umweltschutzmaßnahme stellt eine Beschränkung der Entscheidungsfreiheit des regulierenden Mitglieds der

producer outside the United States who had a licence from Kuhlman Corporation (Kuhlman) to produce these goods."

226 WTO, Panel-Bericht v. 18. 9. 2000, WT/DS135/R, „EC – Asbestos", Para. 8.233–8.235.

227 WTO, Panel-Bericht v. 12. 6. 2007, WT/DS332/R, „Brazil – Retreaded Tyres", Para. 7.320.

228 WTO, Panel-Bericht v. 12. 6. 2007, WT/DS332/R, „Brazil – Retreaded Tyres", Para. 7.326.

229 WTO, Panel-Bericht v. 12. 6. 2007, WT/DS332/R, „Brazil – Retreaded Tyres", Para. 7.330–355.

230 WTO, Panel-Bericht v. 18. 9. 2000, WT/DS135/R, „EC – Asbestos", Para. 8.234: „In United States – Gasoline, the Appellate Body considered ‚that concealed or unannounced restriction […] in international trade does not exhaust the meaning of ‚disguised restriction'." „This seems to imply that a measure that was not published would not satisfy the requirements of the second proposition of the introductory clause of Article XX."

231 Im Ergebnis auch: *Bartels*, The Chapeau of the General Exceptions in the WTO GATT and GATS Agreements, AJIL 2015, 95, 97. Dabei wird die Beurteilung einer verschleierten Handelsbeschränkung i. S. d. Chapeaus des Art. XX GATT anhand der Bekanntmachung der angegriffenen Maßnahme als „miss the point" bezeichnet. Auf den Mangel des Bekanntmachungsansatzes wird nicht weiter eingegangen.

WTO hinsichtlich der Effektivität der zu ergreifenden Umweltschutzmaßnahme dar. Denn eine direkte Handlung zur Beschränkung des grenzüberschreitenden Handelsverkehrs kann in dringenden Fällen die Effektivität der Gefahrenabwehr für das betroffene Schutzgut erhöhen.

Eine zwingende vertragliche Beschränkung für diesen Einschätzungsspielraum des regulierenden WTO-Mitglieds wird jedoch weder im Chapeau des Art. XX GATT noch in den materiellen GATT-Vorschriften vorgesehen. Der Bekanntmachungsansatz ist somit im Wesentlichen ein Abwägungsargument. Er stellt ein implizites Abwägungsargument dar, weil es sich dabei explizit auf das faire Verfahrensgebot, nämlich auf die Pflicht zur Bekanntmachung, stützt.

Unbestimmt ist dabei, nach welchem Maßstab eine verschleierte Handelsbeschränkung i. S. d. Chapeaus des Art. XX GATT beurteilt werden soll, weil diese Vorschrift keinen konkreten Hinweis darauf enthält, wann ein normativ vorwerfbares Werturteil aufgrund der empirischen Wirkung einer Umweltschutzmaßnahme auf die Handelsfreiheit getroffen werden soll. Klar ist hingegen, dass Grundlagen für das vorgenannte Werturteil zur Bejahung einer solchen Beschränkung ausschließlich die empirischen Aspekte der angegriffenen Umweltmaßnahme sein können. Zu diesen gehört selbstverständlich auch das ggf. Unterlassen der Bekanntmachung einer Umweltmaßnahme.

Diese Aspekte und das darauf aufbauende Werturteil sind jedoch schon von der Verhältnismäßigkeitsvermutung i. w. S. gedeckt, die bei der Erfüllung aller Bedingungen in dem betreffenden Absatz des Art. XX GATT vorliegt. Folglich kann sich kein abweichendes Werturteil aus den empirischen Aspekten der angegriffenen Umweltmaßnahme ergeben, um eine verschleierte Handelsbeschränkung i. S. d. Chapeaus zu bejahen.

Aus diesem Grund stellt allein das ggf. Unterlassen der Bekanntmachung keinen tauglichen Grund zur Widerlegung der Verhältnismäßigkeitsvermutung i. w. S. der ergriffenen Umweltmaßnahme dar und kann nicht als verschleierte Handelsbeschränkung i. S. d. Chapeaus des Art. XX GATT subsumiert werden. Daran ändert nichts, dass ein Unterlassen der Bekanntmachung krasse empirische handelsbeschränkende Wirkungen verursacht.

Wird eine verschleierte Handelsbeschränkung aufgrund bestimmter empirischer Wirkungen bejaht, handelt es sich dabei nicht um eine Anwendung des Chapeaus des Art. XX GATT, auch wenn eine solche Beschränkung explizit zur Widerlegung der Verhältnismäßigkeitsvermutung i. w. S. der angegriffenen Umweltmaßnahme herangezogen wird. Dies führt zugleich zur Unwirksamkeit eines Absatzes des Art. XX GATT. Denn dieselbe Umweltmaßnahme nach diesem Artikel kann sowohl vorläufig rechtmäßig als auch endgültig rechtswidrig sein.

Daher spielt die Publizitätsbemühung keine entscheidende Rolle bei der Beurteilung einer verschleierten Handelsbeschränkung i. S. d. Chapeaus des Art. XX GATT.

## II. Absichtsprüfung

Die Absichtsprüfung anhand bestimmter Umstände findet sich in den Panel-Berichten von US – Automotive Spring Assemblies, EC – Asbestos und Brazil – Retreaded Tyres. Das Panel von Brazil – Retreaded Tyres hatte diesen Prüfungsansatz als Absichtsprüfung bezeichnet.[232] Demnach wurde anhand bestimmter Umstände der angegriffenen Maßnahme oder in engem Zusammenhang mit dieser beurteilt, ob die angegriffene Maßnahme zu rein protektionistischen Zwecken getroffen wurde. Dieser Prüfungsansatz wurde in der Entscheidungspraxis zu Art. XX GATT bisher nur in den Panel-Verfahren angewendet. Der AB hat bislang noch keinen Anlass gehabt, sich zur Absichtsprüfung zu äußern.

Im Folgenden wird zunächst die Anwendung der Absichtsprüfung in der Entscheidungspraxis geschildert. Anschließend wird erläutert, dass das Wesen dieser Prüfung ein Abwägungsargument ist und diese Prüfung daher kein zuverlässiges Kriterium für die Beurteilung einer verschleierten Handelsbeschränkung i. S. d. Chapeaus des Art. XX GATT darstellt.

### 1. Absichtsprüfung in der Entscheidungspraxis zu Art. XX GATT

#### *a) US – Automotive Spring Assemblies*

Nachdem das Panel von US – Automotive Spring Assemblies[233] festgestellt hatte, dass das angegriffene Einfuhrverbot bereits im Bundesregister bekannt gemacht worden war, hob es zur Ablehnung einer verschleierten Handelsbeschränkung i. S. d. Chapeaus des Art. XX GATT noch zwei Umstände hervor: Erstens setze die Erteilung eines Einfuhr- und Verkaufsverbots sowohl die Gültigkeit eines Patents als auch seine Verletzung durch einen Produzenten im Ausland voraus; zweitens unterlägen ausländische Produkte dann nicht dem

---

[232] „Examination of intent". Siehe: WTO, Panel-Bericht v. 12.6.2007, WT/DS332/R, „Brazil – Retreaded Tyres", Para. 7.330.

[233] Dieser Panel-Bericht hat zwar keinen unmittelbaren Bezug zum Umweltschutz. Auf dessen Feststellungen zur Beurteilung der verschleierten Beschränkung des internationalen Handels i. S. d. Chapeaus des Art. XX GATT wird jedoch oft von einem Panel bei der Behandlung von Umweltstreitigkeiten verwiesen.

gerügten Einfuhrverbot, wenn sie durch diejenigen Hersteller produziert würden, die bereits die erforderlichen Lizenzen zur Produktion besäßen.[234]

### b) *EC – Asbestos*

Nach Ansicht des Panels von EC – Asbestos[235] solle die Beurteilung, ob die Anwendung einer Maßnahme eine verschleierte Beschränkung des internationalen Handels i. S. d. Chapeaus des Art. XX GATT darstelle, auf eine Untersuchung der Konzeption, der Architektur und des Aufbaus der fraglichen Maßnahme gestützt werden.[236] Demnach spreche gegen eine protektionistische Absicht des Einfuhrverbots bereits die Behauptung Kanadas als Gegenpartei selbst, dass die französische Maßnahme eine Reaktion der Behörden auf Panik in der Öffentlichkeit und auf andere gesundheitliche Ängste sei, weil sich aus einer in großer Eile ergriffenen Maßnahme nur schwerlich ein planmäßiger protektionistischer Zweck ergeben könne.[237]

Weiterhin betonte das Panel, dass sich ein protektionistisches Ziel auch nicht allein aus dem Umstand ergeben könne, dass bestimmte inländische Industrien von der französischen Maßnahme profitierten, weil dieser Vorteil selbstverständliche Mitwirkung der vorläufig gerechtfertigten Maßnahme sei.[238]

### c) *Brazil – Retreaded Tyres*

Zum Nachweis, dass das Hauptziel des brasilianischen Einfuhrverbots der Schutz der inländischen Industrie war, führte die EG in Brazil – Retreaded

---

234 GATT, Panel-Bericht v. 26. 5. 1983, L/5333-30S/107, „US – Automotive Spring Assemblies", Para. 56.

235 Zu einer kurzen Zusammenfassung des Sachverhalts siehe: Teil 1 Kapitel 2 § 4 A.

236 WTO, Panel-Bericht v. 18. 9. 2000, WT/DS135/R, „EC – Asbestos", Para. 8.236.

237 WTO, Panel-Bericht v. 18. 9. 2000, WT/DS135/R, „EC – Asbestos", Para. 8.238: „Canada implicitly admits as much when it asserts that the Decree is a response of the French authorities to panicked public opinion and other health scares implicating officials and members of the government. If this was the case, it seems difficult to reconcile the Decree being adopted in great haste with the idea that it was the result of a premeditated intention to protect French industry."

238 WTO, Panel-Bericht v. 18. 9. 2000, WT/DS135/R, „EC – Asbestos", Para. 8.239: „Admittedly, there is always the possibility that measures such as those contained in the Decree might have the effect of favouring the domestic substitute product manufacturers. This is a natural consequence of prohibiting a given product and in itself cannot justify the conclusion that the measure has a protectionist aim, as long as it remains within certain limits."

Tyres[239] an, dass die Maßnahme nicht vom Ministerium für Umwelt, sondern von dem Ministerium für Entwicklung, Industrie und internationalen Handel ergriffen werde.[240] Außerdem werde der Schutz der nationalen Industrie in vielen Akten und Stellungnahmen öffentlicher Behörden als Ziel des angegriffenen Einfuhrverbots für ausländische runderneuerte Reifen erklärt.[241]

Zur Klärung dieser Bedenken bemühte sich das Panel um die Ermittlung des echten Ziels der angegriffenen Maßnahme.[242]

Zunächst stellte das Panel fest, dass das Design der Maßnahme mit dem verfolgten Ziel vereinbar sei, weil ein allgemeines Einfuhrverbot von runderneuerten Reifen vorgesehen sei, obwohl diese Maßnahme vom Ministerium für Entwicklung, Industrie und internationalen Handel ergriffen werde.[243]

Sodann lehnte das Panel ab, dass die Äußerungen in verschiedenen Akten und die Stellungnahmen der brasilianischen Behörden als Ausdruck einer protektionistischen Absicht angesehen werden könnten.[244]

Als Argument für eine protektionistische Absicht wurden von der EG vor allem die Stellungnahmen des Ministeriums für Entwicklung, Industrie und internationalen Handel in einer öffentlichen Anhörung zur Durchführung von CONAMA Nr. 258/1999 angeführt, dass das Ziel des Beschlusses von 1990 der Schutz der inländischen Industrie sei und sein solle.[245] Da sich diese Äußerung nach Ansicht des Panels hauptsächlich auf gebrauchte Waren von 1990 beziehe und das Ministerium für Umwelt auch auf das Umweltproblem wegen Ablagerungen von Reifen in derselben Anhörung hinweise, könnten diese Umstände nicht hinreichend nachweisen, dass das Importverbot nur dem Schutz der heimischen Industrie diene.[246]

---

239 Für eine kurze Zusammenfassung des Sachverhalts siehe: Teil 2 Kapitel 5 § 1 A. I. 1. c).

240 WTO, Panel-Bericht v. 12.6.2007, WT/DS332/R, „Brazil – Retreaded Tyres", Para. 7.328.

241 WTO, Panel-Bericht v. 12.6.2007, WT/DS332/R, „Brazil – Retreaded Tyres", Para. 7.328.

242 WTO, Panel-Bericht v. 12.6.2007, WT/DS332/R, „Brazil – Retreaded Tyres", Para. 7.330.

243 WTO, Panel-Bericht v. 12.6.2007, WT/DS332/R, „Brazil – Retreaded Tyres", Para. 7.331.

244 WTO, Panel-Bericht v. 12.6.2007, WT/DS332/R, „Brazil – Retreaded Tyres", Para. 7.333 ff.

245 WTO, Panel-Bericht v. 12.6.2007, WT/DS332/R, „Brazil – Retreaded Tyres", Para. 7.333.

246 WTO, Panel-Bericht v. 12.6.2007, WT/DS332/R, „Brazil – Retreaded Tyres", Para. 7.333.

Die EG wies ferner darauf hin, dass das Außenhandelssekretariat in einem inländischen Gerichtsverfahren geäußert hatte, dass der Import von Gebrauchtwaren das Beschäftigungsniveau in Brasilien gefährde.[247] Hierzu stellte das Panel zunächst fest, dass es sich um Gebrauchtreifen und nicht um runderneuerte Reifen handele; Daneben stelle der Schutz vom Arbeitsmarkt nur ein Nebenziel dar, während Schutz von Umwelt und Gesundheit als Hauptziel der Maßnahme zu qualifizieren sei.[248]

Unter Berücksichtigung weiterer Umstände bezüglich der brasilianischen Maßnahmen lehnte das Panel insgesamt ab, dass die von der EG vorgetragenen Umstände abschließend begründen könnten, dass das echte Ziel des Einfuhrverbots Schutz der inländischen Industrie sei.[249]

### 2. Absichtsprüfung als unzuverlässiger Maßstab für die Beurteilung einer verschleierten Handelsbeschränkung i. S. d. Chapeaus des Art. XX GATT

Schon die Bezeichnung der Absichtsprüfung[250] deutet auf ein Abwägungsargument hin. Die Feststellung beispielsweise des Panels von EC – Asbestos, dass die Beurteilung einer verschleierten Handelsbeschränkung i. S. d. Chapeaus des Art. XX GATT auf der Prüfung des Designs, der Architektur und des Aufbaus der fraglichen Maßnahme abzustellen sei,[251] deutet klar darauf hin, dass die Absichtsprüfung tatsächlich ein Abwägungsargument und damit eine Angemessenheitsprüfung ist.

Denn ein abweichendes Werturteil gegenüber dem regulierenden WTO-Mitglied durch die Bejahung einer verschleierten Handelsbeschränkung i. S. d. Chapeaus des Art. XX GATT im Rahmen dieser Prüfung wurde anhand der qualitativen und quantitativen Auswirkungen der angegriffenen Maßnahme auf die verschiedenen involvierten Interessen vorgenommen.

---

[247] WTO, Panel-Bericht v. 12.6.2007, WT/DS332/R, „Brazil – Retreaded Tyres“, Para. 7.335.

[248] WTO, Panel-Bericht v. 12.6.2007, WT/DS332/R, „Brazil – Retreaded Tyres“, Para. 7.335.

[249] Vgl. WTO, Panel-Bericht v. 12.6.2007, WT/DS332/R, „Brazil – Retreaded Tyres“, Para. 7.336 – 7.343.

[250] „Examination of intent“. Siehe: WTO, Panel-Bericht v. 12.6.2007, WT/DS332/R, „Brazil – Retreaded Tyres“, Para. 7.330.

[251] WTO, Panel-Bericht v. 18.9.2000, WT/DS135/R, „EC – Asbestos“, Para. 8.236.

Die Auswirkungen beispielsweise auf inländische Industrien,[252] auf den inländischen Arbeitsmarkt[253] und auf die Beruhigung öffentlicher Panik[254] sind mit der Schutzwirkung einer unilateralen umweltpolitischen Maßnahme[255] unvermeidlich untrennbar verbunden. Auch allein durch die Tatsache, dass eine öffentliche Behörde gleichzeitig ein Ziel zum Umweltschutz und ein Ziel zur Unterstützung der inländischen Wirtschaftsentwicklung geklärt hatte,[256] kann nicht unbedingt eine verschleierte Beschränkung des internationalen Handels i. S. d. Chapeaus des Art. XX GATT qualifiziert werden. Wie ein Gleichgewicht zwischen beispielsweise der Entwicklung der inländischen Industrien und dem Umweltschutz erzielt werden soll, kommt darauf an, wie weit der Einschätzungsspielraum des regulierenden WTO-Mitglieds reicht und wiederrum u. a., wann eine verschleierte Handelsbeschränkung i. S. d. Chapeaus des Art. XX GATT vorliegt.

Unklar ist jedoch, nach welchem Maßstab eine verschleierte Handelsbeschränkung i. S. d. Chapeaus des Art. XX GATT beurteilt werden soll, weil diese Vorschrift keinen konkreten Hinweis darauf enthält, wann ein normativ vorwerfbares Werturteil aufgrund der empirischen Wirkung einer Umweltmaßnahme auf die Handelsfreiheit getroffen werden soll. Klar ist hingegen, dass Grundlagen für das genannte Werturteil ausschließlich die empirischen Aspekte der angegriffenen Umweltmaßnahme sein können. Zu diesen gehört selbstverständlich die Begünstigung inländischer Industrien.

Diese Aspekte und das darauf aufbauende Werturteil sind jedoch schon von der Verhältnismäßigkeitsvermutung i. w. S. gedeckt, die bei der Erfüllung aller Bedingungen in dem betreffenden Absatz des Art. XX GATT vorliegt. Folglich kann sich kein abweichendes Werturteil aus den empirischen Aspekten der angegriffenen Umweltmaßnahme ergeben, um eine verschleierte Handelsbeschränkung i. S. d. Chapeaus zu bejahen.

Die empirischen begünstigenden Auswirkungen der angegriffenen Umweltmaßnahme u. a. auf die inländische Industrie stellen daher keine tauglichen Widerlegungsgründe gegen die Legitimitätsvermutung des behaupteten Gefährdungs- und Schutzniveaus sowie für die Verhältnismäßigkeitsvermutung

---

252 Vgl. WTO, Panel-Bericht v. 18. 9. 2000, WT/DS135/R, „EC – Asbestos“, Para. 8.239; WTO, Panel-Bericht v. 12. 6. 2007, WT/DS332/R, „Brazil – Retreaded Tyres“, Para. 7.333.

253 Vgl. WTO, Panel-Bericht v. 12. 6. 2007, WT/DS332/R, „Brazil – Retreaded Tyres“, Para. 7.335.

254 WTO, Panel-Bericht v. 18. 9. 2000, WT/DS135/R, „EC – Asbestos“, Para. 8.238.

255 *Bartels*, The Chapeau of the General Exceptions in the WTO GATT and GATS Agreements, AJIL 2015, 95, 123.

256 Wie in Brazil – Retreaded Tyres der Fall war. WTO, Panel-Bericht v. 12. 6. 2007, WT/DS332/R, „Brazil – Retreaded Tyres“, Para. 7.335.

i. w. S. dieser Maßnahme dar und können nicht als verschleierte Handelsbeschränkung i. S. d. Chapeaus des Art. XX GATT subsumiert werden.

Wird eine verschleierte Handelsbeschränkung dennoch aus dem genannten Grund bejaht, handelt es sich dabei nicht mehr um eine Anwendung des Chapeaus des Art. XX GATT, auch wenn eine solche Beschränkung zur Widerlegung der Verhältnismäßigkeitsvermutung i. w. S. der angegriffenen Umweltmaßnahme explizit herangezogen wird. Dieser Prüfungsansatz führt zugleich zur Unwirksamkeit eines Absatzes des Art. XX GATT. Denn dieselbe Umweltmaßnahme nach einem Absatz dieses Artikels kann sowohl vorläufig rechtmäßig als auch endgültig rechtswidrig sein. Zu der genannten Vermutung nach einem Absatz des Art. XX GATT gehört nämlich auch, dass die empirischen Aspekte der Maßnahme keine verschleierte Handelsbeschränkung i. S. d. des Chapeaus darstellen.

Somit ist die Absichtsprüfung als ein Abwägungsargument kein zuverlässiger Maßstab im Kontext des Art. XX GATT für die Feststellung einer Handelsbeschränkung i. S. d. Chapeaus.

## III. Willkürlicher Diskriminierungsansatz als tauglicher Prüfungsmaßstab

In der Entscheidungspraxis wird die Beurteilung einer verschleierten Handelsbeschränkung i. S. d. Chapeaus des Art. XX GATT seit US – Gasoline in ständigen Berichten auf das Vorliegen einer willkürlichen Diskriminierung i. S. d. Chapeaus abgestellt.

### 1. Willkürlicher Diskriminierungsansatz in der Entscheidungspraxis zu Art. XX GATT

In US – Gasoline stellte der AB zum ersten Mal ausdrücklich fest, dass die willkürliche Diskriminierung, ungerechtfertigte Diskriminierung und verschleierte Beschränkung des internationalen Handels i. S. d. Chapeaus des Art. XX GATT nebeneinander gelesen werden müssten und dass die verschleierte Handelsbeschränkung die vorgenannten Diskriminierungen abdecke.[257]

[257] WTO, AB-Bericht v. 20. 5. 1996, WT/DS2/AB/R, „US – Gasoline“, S. 25: „Arbitrary discrimination, unjustifiable discrimination and disguised restriction on international trade may, accordingly, be read side-by-side; they impart meaning to one another. It is clear to us that ‚disguised restriction‘ includes disguised discrimination in international trade. It is equally clear that concealed or unannounced restriction or discrimination in international trade does not exhaust the meaning of disguised restriction. We consider that disguised restriction, whatever else it covers, may properly be

In US – Shrimp hielt der AB es nicht mehr für erforderlich, auf die Frage einer verschleierten Handelsbeschränkung einzugehen, nachdem willkürliche und ungerechtfertigte Diskriminierungen i. S. d. Chapeaus des Art. XX GATT bei Anwendung der angegriffenen Maßnahme festgestellt worden waren.[258] Im Panel-Bericht zu EC – Asbestos wurde zwar keine willkürliche Diskriminierung festgestellt, das Panel schloss sich jedoch ausdrücklich dem Ansatz der willkürlichen Diskriminierung an.[259]

Nach Berücksichtigung einiger Umstände kam das Panel in Brazil – Retreaded Tyres zu dem Schluss, dass die Beurteilung einer verschleierten Handelsbeschränkung davon abhänge, ob die Ausnahme gerichtlicher Verfügungen und die MERCOSUR-Ausnahme als willkürliche Diskriminierungen i. S. d. Chapeaus des Art. XX GATT qualifiziert würden.[260] Der Ansatz der willkürlichen Diskriminierung für die Beurteilung einer verschleierten Handelsbeschränkung i. S. d. Chapeaus wurde auch vom AB bestätigt.[261] In China – Rare Earths erkannte das Panel ebenfalls an, dass die Tatsachen für die Feststellung einer willkürlichen Diskriminierung ebenso für die Bejahung einer verschleierten Handelsbeschränkung relevant sein könnten und dass sich die beiden Begriffe häufig überschnitten.[262] In manchen Verfahren wurde gar nicht mehr nach einer verschleierten Beschränkung des internationalen Handels gefragt, wenn bereits eine willkürliche Diskriminierung festgestellt wurde.[263]

---

read as embracing restrictions amounting to arbitrary or unjustifiable discrimination in international trade taken under the guise of a measure formally within the terms of an exception listed in Article XX."

258 WTO, AB-Bericht v. 12. 10. 1998, WT/DS58/AB/R, „US – Shrimp", Para. 184.

259 Da in diesem Verfahren jedoch keine Diskriminierung i. S. d. Chapeaus des Art. XX GATT festgestellt wurde, hielt das Panel es für unnötig, die Prüfung der verschleierten Beschränkung des internationalen Handels auf die Prüfung der vorgenannten Diskriminierung abzustellen. Vgl. WTO, Panel-Bericht v. 18. 9. 2000, WT/DS135/R, „EC – Asbestos", Para. 8.235 und 8.237. Dies wurde auch im AB-Verfahren nicht beanstandet.

260 WTO, Panel-Bericht v. 12. 6. 2007, WT/DS332/R, „Brazil – Retreaded Tyres", Para. 7.346–7.348.

261 WTO, AB-Bericht v. 3. 12. 2007, WT/DS332/AB/R, „Brazil – Retreaded Tyres", Para. 239.

262 WTO, Panel-Bericht v. 26. 3. 2014, WT/DS431/R u. a., „China – Rare Earths", Para. 7.625.

263 WTO, Panel-Bericht v. 15. 5. 1998, WT/DS58/R, „US – Shrimp", Para. 7.29–7.62; WTO, AB-Bericht v. 22. 5. 2014, WT/DS400/AB/R u. a., „EC – Seal Products", Para. 5.338–5.339; WTO, Panel-Bericht v. 25. 11. 2013, WT/DS400/R u. a., „EC – Seal Products", Para. 7.644–7.651; ähnliche Entscheidungen finden sich auch in nicht-umweltrelevanten Fällen, vgl. u. a. WTO, Panel-Bericht v. 19. 12. 2000, WT/DS155/R, „Argentina – Bovine Hides", Para. 11.325–11.330.

### 2. Der Ansatz der willkürlichen Diskriminierung i. S. d. Chapeaus des Art. XX GATT als zuverlässiger Maßstab für die Beurteilung einer verschleierten Handelsbeschränkung i. S. d. Chapeaus des Art. XX GATT

Derzeit ist der Ansatz der willkürlichen Diskriminierung zu Recht das übliche Kriterium für die Beurteilung einer verschleierten Handelsbeschränkung in der Entscheidungspraxis.

Dabei soll eine willkürliche Diskriminierung i. S. d. Chapeaus jedoch nicht mittels des Abwägungsarguments,[264] sondern anhand der Diskriminierungsdogmatik in Verbindung mit den Vertragsbestimmungen des Art. XX GATT[265] festgestellt werden.

## B. Verschleierte Handelsbeschränkung i. S. d. Chapeaus des Art. XX GATT im engeren Sinne als eigenständiger Widerlegungsgrund

Während der Bekanntmachungsansatz und die Absichtsprüfung keinen zutreffenden Prüfungsmaßstab darstellen, dient der Ansatz der willkürlichen Diskriminierung i. S. d. Chapeaus des Art. XX GATT derzeit als ständig verwendeter und tauglicher Beurteilungsmaßstab für die verschleierte Handelsbeschränkung i. S. d. Chapeaus. Die Qualifizierung einer solchen Handelsbeschränkung richtet sich nämlich auf das Vorliegen einer willkürlichen oder ungerechtfertigten Diskriminierung i. S. d. Chapeaus des Art. XX GATT ab.

Hinsichtlich dieser Abhängigkeit stellt sich mithin die Frage, ob die Prüfung einer versteckten Handelsbeschränkung noch eine eigenständige Auslegungsposition darstellt. Dazu muss geklärt werden, ob eine solche Handelsbeschränkung, zu der aber eine willkürliche Diskriminierung i. S. d. Chapeaus nicht gehört, als eine eigenständige Beschränkung des Einschätzungsspielraums des regulierenden WTO-Mitglieds fungieren kann.

Hierzu liefert die bisherige Entscheidungspraxis der WTO-Streitbeilegungsorgane, wie oben geschildert, keinen deutlichen Hinweis.

---

264 Teil 6 Kapitel 20 i. V. m. Teil 5 Kapitel 19 § 2 A.

265 Teil 6 Kapitel 21 § 1.

## I. Geringer Hinweis im Schrifttum

Ebenso bietet die im Schrifttum vorgeschlagene Prüfungsdogmatik nur wenigen Hinweis.[266]

Teilweise wird zwar vertreten, dass der Begriff „Beschränkung“ den Begriff „Diskriminierung“ im Chapeau des Art. XX GATT enthält und diese beiden Elemente nicht zur Feststellung eines Verstoßes gegen den Chapeau beitragen; daher könne das Wort „Diskriminierung“ gelöscht werden, ohne den Anwendungsbereich des Chapeaus des Art. XX GATT zu ändern.[267] Ungeklärt ist jedoch die eigenständige Bedeutung der verschleierten Handelsbeschränkung, die nicht zugleich eine willkürliche Diskriminierung darstellt.

Nach einer anderen Ansicht sollte willkürliche Diskriminierung i. S. d. Chapeaus des Art. XX GATT nur Diskriminierung zwischen anderen Mitgliedern als dem regulierenden Staat sowie Diskriminierung zwischen dem regulierenden Staat und einem anderen Mitglied der WTO umfassen; Dabei falle die letztgenannte Diskriminierung erst unter den Begriff der verschleierten Handelsbeschränkung i. S. d. Chapeaus des Art. XX GATT.[268] Gegen diesen Ansatz spricht insbesondere, dass eine inhaltliche Abgrenzung zwischen willkürlicher Diskriminierung und verschleierter Handelsbeschränkung weder im Vertragstext noch in der Entscheidungspraxis eine Stütze findet. Für die vorliegende Frage liefert auch diese Ansicht keinen Hinweis, weil der vorgeschlagene Ansatz im Wesentlichen immer noch der Ansatz der willkürlichen Diskriminierung i. S. d. Chapeaus des Art. XX GATT ist.

---

[266] Vgl. nur *Bartels*, The Chapeau of the General Exceptions in the WTO GATT and GATS Agreements, AJIL 2015, 95, 97, 123; *Riffel*, The Chapeau: Stringent Threshold or Good Faith Requirement, LIEI 2018, 141, 146; *Lo*, Disguised Restriction on International Trade under the WTO, JIDS 2013, 111, 123 f. In der überwiegenden wissenschaftlichen Literatur wird den oben dargestellten drei Prüfungsansätzen in der Entscheidungspraxis zu Art. XX GATT zugestimmt, ohne die verschleierte Handelsbeschränkung i. S. d. Chapeaus des Art. XX GATT im engeren Sinne zu erörtern. Siehe hierzu beispielsweise: *Mehling u. a.*, Designing Border Carbon Adjustments for Enhanced Climate Action, AJIL 2019, 433, 470; *Englisch/Falcão*, EU Carbon Border Adjustments and WTO Law, Part Two, ELR 2021, 10935, 10943–10944; unter Berücksichtigung des Verhältnisses zwischen der Angemessenheitsprüfung und der Korrektur des behaupteten Schutzniveaus grundsätzlich so, vgl. *Liu/Maughan*, China's Rare Earths Export Quotas, JIEL 2012, 971, 1001–1002; *Reif/Eckert*, The Right Balance between Shaping and Policing Commerce before the WTO, CJTL 2004, 657, 696–698.

[267] *Riffel*, The Chapeau: Stringent Threshold or Good Faith Requirement, LIEI 2018, 141, 146.

[268] *Lo*, Disguised Restriction on International Trade under the WTO, JIDS 2013, 111, 123 f.

Außerdem wird vorgeschlagen, dass der Begriff der verschleierten Handelsbeschränkung entweder Maßnahmen mit ausschließlich oder hauptsächlich illegitimem Zweck oder Maßnahmen mit sowohl legitimen als auch illegitimen Zwecken umfassen solle, auch wenn der illegitime Zweck im Vergleich zum legitimen Zweck von untergeordneter Bedeutung sei.[269] Dieser Ansatz bietet jedoch keinen konkreten Hinweis darauf, wann und warum eine fragliche Maßnahme als eine verschleierte Handelsbeschränkung i. S. d. Chapeaus des Art. XX GATT qualifiziert werden kann. Denn er stützt sich auf die Prämisse, dass die Rechtmäßigkeit einer Maßnahme, die gerade in Frage steht, bereits festgestellt worden ist.

## II. Verschleierte Handelsbeschränkung i. S. d. Chapeaus des Art. XX GATT im engeren Sinne als vertraglich vorgesehene Grenze für den Einschätzungsspielraum des regulierenden WTO-Mitglieds

Zwar spielt der Wortlaut bei der Auslegung des Chapeaus des Art. XX GATT in der bisherigen Entscheidungspraxis der WTO-Streitbeilegungsorgane nur eine eingeschränkte Rolle. Unter Betrachtung der Auffangfunktion des Chapeaus[270] und des Mindestinhalts des Begriffs der verschleierten Handelsbeschränkung i. S. d. Chapeaus des Art. XX GATT lässt sich jedoch entnehmen, dass eine solche Beschränkung, wozu keine willkürliche Diskriminierung i. S. d. Chapeaus gehört, auch eine diskriminierungsfrei auferlegte ungerechtfertigte Handelsbeschränkung bedeutet. Mit anderen Worten: eine vertraglich vorgesehene Obergrenze für den Einschätzungsspielraum des regulierenden WTO-Mitglieds. Dabei handelt es sich um ein vertraglich vorgesehenes verbotenes Schutzniveau, das ein regulierendes Mitglied der WTO für ein Schutzgut in einem Absatz des Art. XX GATT weder setzen noch verfolgen darf.

---

[269] *Bartels*, The Chapeau of the General Exceptions in the WTO GATT and GATS Agreements, AJIL 2015, 95, 123; vgl. *Feddersen*, Der ordre public in der WTO, 2001, S. 294.

[270] Der Begriff der verschleierten Handelsverletzung i. S. d. Chapeaus des Art. XX GATT deckt die willkürliche Diskriminierung ab und übernimmt daher selbst eine Auffangfunktion, da alle Verletzungen der Pflichten aus den WTO-Übereinkommen, einschließlich der Diskriminierungen nach materiellen GATT-Vorschriften, als Handelsverletzungen bezeichnet werden können. Vgl. WTO, AB-Bericht v. 20. 5. 1996, WT/DS2/AB/R, „US – Gasoline“, S. 25; WTO, Panel-Bericht v. 12. 6. 2007, WT/DS332/R, „Brazil – Retreaded Tyres“, Para. 7.318 und 7.319.

## III. Funktionsweise der verschleierten Handelsbeschränkung i. S. d. Chapeaus des Art. XX GATT im engeren Sinne

Festzustellen ist zunächst, dass ein konkreter Vorbehalt für den Eingriff in die Handelsfreiheit weder in Art. XX GATT noch in anderen materiellen GATT-Vorschriften ersichtlich ist. Dies bedeutet jedoch nicht, dass der verschleierten Handelsbeschränkung i. S. d. Chapeaus des Art. XX GATT i. e. S. keine eigenständige Funktion zukommt.

Denn diese Vorschrift lässt Freiraum u. a. für eine künftige Revision des GATT, um gegebenenfalls Einschränkungen für das Ausnahmerecht nach Art. XX GATT vorzunehmen. Die verschleierte Handelsbeschränkung i. S. d. Chapeaus des Art. XX GATT i. e. S. kann außerdem dann Anwendung finden und als Rechtsgrundlage für die Beschränkung des Einschätzungsspielraums eines WTO-Mitglieds nach Art. XX GATT dienen, wenn ein Beitrittsprotokoll für ein neues WTO-Mitglied verhandelt und abgeschlossen wird.

So kann beispielsweise ein Verfahrensvorbehalt für die Inanspruchnahme des Ausnahmerechts nach Art. XX GATT vorgesehen werden. Zum Beispiel könnte künftig im Chapeau vorgesehen werden, dass zur Rechtfertigung einer Verletzung von GATT-Vorschriften unter Berufung auf Art. XX GATT eine Benachrichtigungsfrist gegenüber den betreffenden Mitgliedern eingehalten werden muss. Ein solcher Vorbehalt stellt dann eine Mindestverfahrensanforderung an die zu ergreifende unilaterale Maßnahme dar. Eine Verletzung dieser Anforderung kann nicht unter Berufung auf Art. XX GATT gerechtfertigt werden.

Dieser Verfahrensvorbehalt unterscheidet sich von dem Verfahrenserfordernis in Art. X GATT, dessen Verletzung grundsätzlich unter Berufung auf Art. XX GATT gerechtfertigt werden kann.

Zum Beispiel sah der AB in US – Shrimp eine Mindestverfahrensanforderung in Art. X:3 GATT,[271] die für das Zertifizierungsverfahren im Rahmen der amerikanischen Maßnahme gelten solle.[272] Die Verletzung dieser Anforderung

---

271 Article X:3 GATT sieht vor:
„(a) Each Member shall administer in a uniform, impartial and reasonable manner all its laws, regulations, decisions and rulings of the kind described in paragraph 1 of this Article.
(b) Each Member shall maintain, or institute as soon as practicable, judicial, arbitral or administrative tribunals or procedures for the purpose, inter alia, of the prompt review and correction of administrative action relating to customs matters. […].“

272 WTO, AB-Bericht v. 7.4.2005, WT/DS285/AB/R, „US – Gambling“, Para. 183: „It is also clear to us that Article X:3 of the GATT 1994 establishes certain minimum standards for transparency and procedural fairness in the administration of trade regulations which, in our view, are not met here.“

stelle nach Auffassung des AB eine willkürliche Diskriminierung i. S. d. Chapeaus des Art. XX GATT dar.[273]

Nach vorliegender Untersuchung führt der vom AB festgestellte „Mangel" im Verfahren einerseits nicht zu einer willkürlichen Diskriminierung i. S. d. Chapeaus des Art. XX GATT, weil eine solche nicht anhand der Diskriminierungsdogmatik in Verbindung mit den Vertragsbestimmungen des Art. XX GATT, sondern mittels eines impliziten Abwägungsarguments festgestellt wurde.[274] Dabei handelt es sich eher um diskriminierungsfreie Verfahrensaspekte, auch wenn eine „Diskriminierung" explizit vom AB genannt wurde.[275] Andererseits führt dieser „Mangel" nicht zur Bejahung einer verschleierten Handelsbeschränkung i. S. d. Chapeaus des Art. XX GATT. Denn eine vertragliche Grundlage in Art. X:3 GATT ist nicht ersichtlich, wonach eine Verletzung der in diesem Artikel vorgesehenen Verfahrenspflicht nicht unter Berufung auf Art. XX GATT gerechtfertigt sein kann.

## IV. Unvermeidbare Anwendung der Vermutungs- und Widerlegungsregel für die Bejahung einer verschleierten Handelsbeschränkung i. S. d. Chapeaus des Art. XX GATT im engeren Sinne

Unterstellt, dass in einem zukünftigen Beitrittsprotokoll eine Einschränkung, sei es eine Benachrichtigungsfrist an die betreffenden Mitglieder oder ein oberstes Einfuhrkontingent, für die Inanspruchnahme des Art. XX GATT bei der Umweltregulierung vorgesehen wird, so scheint die Rechtfertigung dieser Umweltschutzmaßnahme keiner Vermutungs- und Widerlegungsregel zu unterliegen, wenn das regulierende WTO-Mitglied seiner Benachrichtigungspflicht nicht nachgekommen ist oder das oberste Einfuhrkontingent überschritten wird. Bei Vorliegen dieser Umstände würde die Rechtfertigung direkt abgelehnt, ohne vorher zu fragen, ob die Legitimität des behaupteten Schutzniveaus sowie die Verhältnismäßigkeit i. w. S. der angegriffenen Maßnahme eine Vermutung darstellen oder welchen anderen Rechtsstatus sie haben.

Auch in diesem Fall findet die Vermutungs- und Widerlegungsregel Anwendung, weil die Maßgeblichkeit der Einschätzung des regulierenden WTO-Mitglieds zur Gefährdungslage des Schutzguts, zur Legitimität des behaupteten Schutzniveaus und zur Verhältnismäßigkeit i. w. S. der ergriffenen Maß-

---

[273] WTO, AB-Bericht v. 12. 10. 1998, WT/DS58/AB/R, „US – Shrimp", Para. 183–184.

[274] Teil 5 Kapitel 19 § 2 A. II. 3. b) aa) (2).

[275] WTO, AB-Bericht v. 12. 10. 1998, WT/DS58/AB/R, „US – Shrimp", Para. 181.

nahme bereits indiziell als erste Vermutung bejaht wurde, wenn eine verschleierte Handelsbeschränkung i. S. d. Chapeaus des Art. XX GATT bejaht wird.

Erstens wird die Eröffnung des Anwendungsbereichs des Art. XX GATT konkludent bejaht, andernfalls findet Art. XX GATT keine Anwendung, und eine verschleierte Handelsbeschränkung i. S. d. Chapeaus scheidet aus.

Zweitens ist ohne die vorläufige Anerkennung der Verhältnismäßigkeit i. w. S. und damit der Rechtmäßigkeit der angegriffenen Maßnahme die Einschränkung desselben Ausnahmerechts durch die oben konzipierte Einschränkung im Chapeau, der die Obergrenze dieses Rechts ist, begrifflich unmöglich. Eine Einschränkung dieses Ausnahmerechts ist ohne die genannte Anerkennung nämlich gegenstandslos und kann damit nicht vorgenommen werden. Die Verletzung der oben konzipierten Einschränkung im Chapeau dient folglich als ein konkreter Widerlegungsgrund gegen die Rechtmäßigkeitsvermutung der angegriffenen Maßnahme.

## C. Zwischenergebnis

Zusammenfassend lässt sich feststellen, dass weder der Bekanntmachungsansatz noch die Absichtsprüfung einen zuverlässigen Maßstab für die Beurteilung einer verschleierten Handelsbeschränkung i. S. d. Chapeaus des Art. XX GATT darstellen. Hingegen kann die Prüfung der versteckten Handelsbeschränkung zu Recht auf die Bejahung einer willkürlichen Diskriminierung i. S. d. Chapeaus des Art. XX GATT abstellen (Teil 6 Kapitel 21 § 2 A.).

Die verschleierte Handelsbeschränkung, wozu jedoch die willkürliche Diskriminierung i. S. d. Chapeaus des Art. XX GATT nicht gehört, dient ebenso als eine selbständige Beschränkung für das in einem der Absätze des Art. XX GATT vorgesehene Ausnahmerecht. Diese verschleierte Handelsbeschränkung i. S. d. Chapeaus des Art. XX GATT i. e. S. lässt Freiraum u. a. für eine künftige Einschränkung des Einschätzungsspielraums eines WTO-Mitglieds nach diesem Artikel, sei es durch Revision bezüglich des Chapeaus oder durch Abschluss eines Beitrittsprotokolls. Sie ist ein tauglicher Widerlegungsgrund gegen die Rechtmäßigkeitsvermutung einer Umweltmaßnahme (Teil 6 Kapitel 21 § 2 B.).

## § 3 Kein tauglicher Widerlegungsgrund aus allgemeinen Rechtsgrundsätzen i. S. v. Art. 38 Abs. 1 lit. c IGH-Statut bzw. aus dem Völkergewohnheitsrecht – am Beispiel des Rechtsmissbrauchsverbots

Fraglich ist weiterhin, ob sich ein tauglicher Widerlegungsgrund aus dem allgemeinen Völkerrecht ergeben kann, wenn weder eine willkürliche Diskriminierung noch eine verschleierte Handelsbeschränkung i. S. d. Chapeaus des Art. XX GATT vorliegt.

Neben dem Chapeau gibt es keine weitere Vertragsvorschrift im GATT, die das Regulierungsrecht eines WTO-Mitglieds gemäß Art. XX GATT beschränkt. Eine Beschränkung, also ein weiterer tauglicher Widerlegungsgrund gegen die Legitimitätsvermutung des behaupteten Gefährdungsniveaus und des behaupteten Schutzniveaus sowie gegen die Verhältnismäßigkeitsvermutung i. w. S. der angegriffenen Maßnahme, könnte sich jedoch aus nicht-vertraglichen völkerrechtlichen Quellen i. S. v. Art. 38 Abs. 1 IGH-Statut ergeben.

In der Entscheidungspraxis der WTO-Streitbeilegungsorgane wird das Rechtsmissbrauchsverbot stets als allgemeiner Rechtsgrundsatz bezeichnet und als Kontrollmaßstab für die Ausübung des Ausnahmerechts gemäß Art. XX GATT genannt. Im Folgenden wird somit am Beispiel dieses Verbots dargelegt, dass sich kein weiterer tauglicher Widerlegungsgrund aus nicht-vertraglichen völkerrechtlichen Quellen i. S. v. Art. 38 Abs. 1 IGH-Statut ergeben kann.

### A. Anwendung des Rechtsmissbrauchsverbots in der Entscheidungspraxis zu Art. XX GATT

In der wissenschaftlichen Literatur ist darüber umstritten, ob das Rechtsmissbrauchsverbot im allgemeinen Völkerrecht existiert.[276] Ebenso ist der Umfang des anwendbaren Rechts bei der WTO-Streitbelegung im Schrifttum

---

[276] Dafür: *Verdross/Simma*, Universelles Völkerrecht, 3. Aufl. 2010, § 461; *Leibholz*, Das Verbot der Willkür und des Ermessensmißbrauches, ZaöRV 1929, 77, 78; *Weiß*, Allgemeine Rechtsgrundsätze des Völkerrechts, AöR 2001, 394, 398; *Meng*, Völkerrechtliche Zulässigkeit und Grenzen wirtschaftsverwaltungsrechtlicher Hoheitsakte mit Auslandswirkung, 1984, ZaöRV 1984, 675, 764; *Byers*, Abuse of Rights, MLJ 2002, 389, 391 ff.; *Scholtens*, Abuse of Rights, SALJ 1958, 39, 48. Dagegen: *Neuhaus*, Das Rechtsmissbrauchsverbot im heutigen Völkerrecht, 1984, S. 186 ff.; *Bleckmann*, Völkerrecht, 2001, § 5 Rn. 269; *Gutteridge*, Abuse of Rights, CLJ 1933, 22, 42 ff.

umstritten. So kann nach der Theorie des *Self-Constraint Regime* nur das WTO-Übereinkommen bei der Streitbeilegung angewendet werden,[277] während nach Theorie der *Incorporation* auch die Rechtsquellen im Sinne des Art. 38 Abs. 1 IGH-Statut, wie völkerrechtliche Verträge, Völkergewohnheitsrecht und von Kulturvölkern allgemein anerkannte Rechtsgrundsätze, zu den anwendbaren Rechten der WTO gehören.[278]

In der Entscheidungspraxis der WTO-Streitbeilegungsorgane ist hingegen weder die Rolle des Rechtsmissbrauchsverbots als allgemeiner Rechtsgrundsatz noch seine Anwendbarkeit umstritten.

Schon in US – Gasoline stellte der AB anhand der Entstehungsgeschichte des Art. XX GATT fest, dass Sinn und Zweck des Chapeaus sei, den Missbrauch der darin enthaltenen Ausnahmen generell zu verhindern.[279]

In US – Shrimp hatte der AB zum ersten Mal ausdrücklich festgestellt, dass der Chapeau des Art. XX GATT ein Ausdruck von Treu und Glauben sei, der sowohl einen allgemeinen Rechtsgrundsatz als auch einen allgemeinen Rechtsgrundsatz des Völkerrechts darstelle; eine Erscheinungsform von Treu und Glauben sei das Rechtsmissbrauchsverbot, wonach ein Recht eines Staates nicht in missbräuchlicher, sondern in gutgläubiger bzw. vernünftiger Weise ausgeübt werden solle.[280]

Danach wird in ständigen Entscheidungen der WTO-Streitbeilegungsorgane, nämlich US – Gambling,[281] Brazil – Retreaded Tyres,[282] China – Rare Earths,[283]

---

[277] Vgl. *Kuyper*, The Law of GATT as a Special Field of International Law, NYIL 1994, 227, 257; *Trachtman*, The Domain of WTO Dispute Resolution, HILJ 1999, 333, 347; *Palmeter/Mavroidis*, WTO Legal System: Sources of Law, AJIL 1998, 398, 411.

[278] *Steger*, Jurisdiction of the WTO, ASILP 2004, 135, 143; *Dunoff*, The WTO in Transition, GWILR 2011, 979, 991 ff.; *Lindroos/Mehling*, Dispelling the Chimera of „Self-Contained Regimes“ International Law and the WTO, EJIL 2005, 857, 875 ff.; *Schoenbaum*, WTO Dispute Settlement, ICLQ 1998, 647, 653.

[279] WTO, AB-Bericht v. 20. 5. 1996, WT/DS2/AB/R, „US – Gasoline“, S. 22: „It is, accordingly, important to underscore that the purpose and object of the introductory clauses of Article XX is generally the prevention of ‚abuse of the exceptions of [what was later to become] Article [XX].‘ This insight drawn from the drafting history of Article XX is a valuable one.“

[280] WTO, AB-Bericht v. 12. 10. 1998, WT/DS58/AB/R, „US – Shrimp“, Para. 158.

[281] WTO, AB-Bericht v. 12. 10. 1998, WT/DS58/AB/R, „US – Shrimp“, Para. 339.

[282] WTO, Panel-Bericht v. 12. 6. 2007, WT/DS332/R, „Brazil – Retreaded Tyres“, Para. 7.221; WTO, AB-Bericht v. 3. 12. 2007, WT/DS332/AB/R, „Brazil – Retreaded Tyres“, Para. 224.

[283] WTO, Panel-Bericht v. 26. 3. 2014, WT/DS431/R u. a., „China – Rare Earths“, Para. 7.347 ff.

EC – Seal Products,[284] Indonesia – Import Licensing Regimes,[285] das Rechtsmissbrauchsverbot ausdrücklich als allgemeiner Rechtsgrundsatz und allgemeiner Rechtsgrundsatz des Völkerrechts bzw. als Erscheinungsform von Treu und Glauben bezeichnet und als Prüfungsmaßstab für die Beurteilung der Rechtmäßigkeit einer Umweltschutzmaßnahme anerkannt.[286]

## B. Offene Möglichkeit eines tauglichen Widerlegungsgrunds aus dem Rechtsmissbrauchsverbot

### I. Kein konkreter Beurteilungsmaßstab aus dem Rechtsmissbrauchsverbot

In der wissenschaftlichen Literatur wird zwar teilweise der Feststellung der WTO-Streitbeilegungsorgane zugestimmt, dass die Funktion des Chapeaus des Art. XX GATT ein Missbrauchsverbot sei,[287] das eine Erscheinungsform von Treu und Glauben darstelle.[288] Nicht nur der Chapeau, sondern alle Bestimmungen des Art. XX GATT sollen demnach als Missbrauchsverbot angesehen werden.[289]

Jedoch wird in einem anderen Teil der wissenschaftlichen Literatur eingewandt, dass das Rechtsmissbrauchsverbot als allgemeiner Rechtsgrundsatz keinen pragmatischen Beurteilungsmaßstab enthalte. Demzufolge könne ein

---

284 WTO, AB-Bericht v. 22.5.2014, WT/DS400/AB/R u.a., „EC – Seal Products", Para. 7.645; WTO, AB-Bericht v. 22.5.2014, WT/DS400/AB/R u.a., „EC – Seal Products", Para. 5.297.

285 WTO, AB-Bericht v. 9.11.2017, WT/DS477/AB/R u.a., „Indonesia – Import Licensing Regimes", Para. 5.95.

286 Obwohl das Rechtsmissbrauchsverbot im WTO-Übereinkommen nicht ausdrücklich als anwendbares Recht vorgesehen ist.

287 *Charnovitz*, The Moral Exception in Trade Policy, VJIL 1998, 689, 709; *Kotuby/Sobota*, General Principle of Law and Due Process, 2017, S. 107–113; *Panizzon*, Good Faith in the Jurisprudence of the WTO, 2006, S. 1; *Riffel*, The Chapeau: Stringent Threshold or Good Faith Requirement, LIEI 2018, 141, 143; *Moran*, The First Twenty Cases under GATT Article XX, in: Adinolfi u.a. (Hrsg.), International Economic Law, 2017, S. 5; *Bernasconi-Osterwalder u.a.*, Environment and Trade, 2006, S. 82; *Linderfalk*, The Concept of Treaty Abuse: On the Exercise of Legal Discretion, 2014, abrufbar unter: https://papers.ssrn.com/sol3/papers.cfm?abstract_id=2526051.

288 *Cheng*, General Principles of Law as Applied by International Courts and Tribunals, 1953, S. 121; *Cottier/Schefer*, Good Faith and the Protection of Legitimate Expectations in the WTO, in: Broncker/Quick (Hrsg.), FS Jackson, 2000, S. 51; *Zeitler*, „Good Faith" in the WTO Jurisprudence, JIEL 2005, 738; *Brabandere*, „Good Faith", „Abuse of Process" and the Initiation of Investment Treaty Claims, JIDS 2012, 609.

289 *Bartels*, The Chapeau of the General Exceptions in the WTO GATT and GATS Agreements, AJIL 2015, 95, 102; *Gaines*, The WTO's Reading of the GATT Article XX, UPJIL 2001, 739, 839.

allgemeiner Rechtsgrundsatz in der Praxis nur sehr begrenzt als eigenständige Quelle von Rechten und Pflichten wirken.[290] Ein allgemeiner Rechtsgrundsatz sei nicht selbst eine Regel, sondern er beruhe auf einer Regel, die er erkläre.[291] Ein allgemeiner Rechtsgrundsatz diene nämlich nur als Leitfaden.[292] Im Falle eines Konflikts zwischen allgemeinen Prinzipien und spezifischen Vertragsnormen des Völkerrechts haben letztere grundsätzlich Vorrang.[293] Das Missbrauchsverbot als subsidiäres und letztes Mittel könne nur bei Unklarheit der völkerrechtlichen Norm als Auslegungshilfe eingesetzt werden.[294]

Auch in der Entscheidungspraxis der WTO-Streitbeilegungsorgane werde das Rechtsmissbrauchsverbot nicht als direkt anwendbares Recht, sondern lediglich als eine zusätzliche Auslegungshilfe herangezogen.[295] In verschiedenen WTO-Berichten werden Treu und Glauben sowie das Missbrauchsverbot als dessen Erscheinungsform als Beurteilungsmaßstäbe herangezogen, ohne sie jedoch klar zu definieren.[296] Das Rechtsmissbrauchsverbot selbst erzeuge ebenso keine deutliche Linie zwischen den Absätzen und dem Chapeau.[297] Seine Anwendung könne daher zu einer substanziellen Veränderung der vertraglichen Rechte und Pflichten der Mitglieder führen.[298] Konkrete Beurteilungsmaßstäbe für die Feststellung eines Missbrauchs der Ausnahmerechte wurden ferner von den Befürwortern dieses Prinzips nicht vorgeschlagen.[299]

Es ist zuzugeben, dass der pragmatische Maßstab für die Beurteilung eines Rechtsmissbrauchs bzw. eines *bad faith* unklar ist.[300] Ebenso haben die WTO-Streitbeilegungsorgane tatsächlich unterlassen, einen genauen rechtlichen

---

[290] *Virally*, Review Essay: Good Faith in Public International Law, AJIL 1983, 130, 133; *Andenas/Zleptnig*, Proportionality: WTO Law, TILJ 2007, 371, 379.

[291] *Fitzmaurice*, The General Principles of International Law, HAIL 1957, 1, 25 f.

[292] *Dworkin*, Taking Rights Seriously, 1977, S. 25 f.

[293] *Ross*, in: Andenas (Hrsg.), English Public Law and the Common Law of Europe, London 1988, S. 91; *Hilf*, Power, Rules and Principles for WTO/GATT Law, JIEL 2001, 111, 128.

[294] Vgl. *Panizzon*, Good Faith in the Jurisprudence of the WTO, 2006, S. 34; *Byers*, Abuse of Rights, MLJ 2002, 389, 421 f.

[295] *Bartels*, Applicable Law in WTO Dispute Settlement Proceedings, JWT 2001, 499, 517.

[296] *Mitchell*, Good Faith in WTO Dispute Settlement, MelJIL 2006, 339, 352.

[297] *Bartels*, The Chapeau of the General Exceptions in the WTO GATT and GATS Agreements, AJIL 2015, 95, 97.

[298] *Lennard*, Interpreting the WTO Agreements, JIEL 2002, 17, 68 ff.; *Marceau*, A Call for Coherence in International Law, JWT 1999, 87, 137 ff.; *Bartels*, The Separation of Powers in the WTO, ICLQ 2004, 861, 890.

[299] *Desmedt*, Proportionality in WTO Law, JIEL 2001, 441, 479; *Neumann/Türk*, Necessity Revisited, JWT 2003, 199, 233.

[300] Vgl. *Mamolea*, Good Faith Review, in: Gruszczynski/Werner (Hrsg.), Deference in International Courts and Tribunals, 2014, S. 74–76.

Rahmen für die Anwendung des Rechtsmissbrauchsverbots zu entwickeln,[301] mittels dessen die Missbrauchskontrolle bei der Prüfung des Chapeaus des Art. XX GATT durchgeführt werden kann.

## II. Offene Möglichkeit eines tauglichen Widerlegungsgrunds aus dem Rechtsmissbrauchsverbot

Die oben dargestellte Unklarheit würde bedeuten, dass das Rechtsmissbrauchsverbot bei der Prüfung des Regulierungsrechts nach Art. XX GATT gar nicht angewendet werden soll. Denn ein Recht zur Regulierung ist in einem Absatz des Art. XX GATT ausdrücklich vorgesehen. Eine Einschränkung dieses Rechts wird jedoch auch im Chapeau vorgesehen, wonach die Ausübung dieses Rechts weder eine willkürliche Diskriminierung noch eine verschleierte Handelsbeschränkung darstellen darf. Die oben genannte Anwendungsweise des Missbrauchsverbots in der Entscheidungspraxis zu Art. XX GATT wäre nur darauf zurückzuführen, dass die Begriffe von willkürlicher Diskriminierung und verschleierter Handelsbeschränkung i. S. d. Chapeaus des Art. XX GATT vage sind.

In Teil 6 Kapitel 21 § 1 und § 2 werden die konkreten Maßstäbe für die Beurteilung der willkürlichen Diskriminierung und der verschleierten Handelsbeschränkung i. S. d. Chapeaus des Art. XX GATT dargestellt. Es scheint bereits aus diesem Grund nicht nötig zu sein, für die Interpretation des Chapeaus des Art. XX GATT noch das Missbrauchsverbot heranzuziehen.

Aus den folgenden Gründen könnte die Möglichkeit eines Missbrauchs der Ausnahmerechte nach Art. XX GATT jedoch nicht ausgeschlossen sein.

Erstens führt die vorgenannte Unklarheit des Beurteilungsmaßstabs dazu, dass es möglich bleibt, durch diese Kontrolle einen potenziellen Missbrauch der Ausnahmerechte nach Art. XX GATT zu verhindern.

---

301 Vgl. *Hemingway*, Legal Principles in WTO Disputes, JIEL 2010, 515, 516 i. V. m. 515; *Riffel*, The Chapeau: Stringent Threshold or Good Faith Requirement, LIEI 2018, 141, 143. Nach einer Ansicht scheide die Anwendung des Grundsatzes der Verhältnismäßigkeit i. w. S. grundsätzlich aus, soweit das Rechtsmissbrauchsverbot Anwendung finde. Hierzu vgl. *Knödler*, Rechtsmissbrauch im öffentlichen Recht, 1998, S. 384. Nach einer anderen Ansicht könne eine Missbrauchskontrolle eher durch die Verhältnismäßigkeitsprüfung i. w. S. verwirklicht werden. Vgl. *Henckels*, Revisiting Proportionality Analysis, JIEL 2012, 223, 225; *Meng*, Wirtschaftssanktionen und staatliche Jurisdiktion, ZaöRV 1997, 269, 292; *Cottier/Schefer*, in: Broncker/Quick (Hrsg.), New Directions in International Economic Law, 2000, S. 47 f.; *Vranes*, Der Verhältnismäßigkeitsgrundsatz, AöR 2009, 1; *Zeitler*, Good Faith in the WTO Jurisprudence, JIEL 2005, 721, 755.

Zweitens bieten das Erfordernis des Rechtsmissbrauchsverbots und die Funktion des allgemeinen Rechtsgrundsatzes eine theoretische Grundlage für die Bejahung eines möglichen Missbrauchs der Ausnahmerechte nach Art. XX GATT, auch wenn weder eine willkürliche Diskriminierung noch eine verschleierte Handelsbeschränkung i. S. d. Chapeaus dieses Artikels vorliegen.

Prinzipien, einschließlich des Rechtsmissbrauchsverbots und der Verhältnismäßigkeit i. w. S.,[302] drücken nämlich die Idee der Optimierung aus.[303] Eine der wichtigsten praktischen Funktionen des Rechtsgrundsatzes sei die Aufrechterhaltung einer wesentlichen sozialen „Infrastruktur" durch die Schaffung und Sicherung von Transparenz sowie der Kohärenz des Rechts.[304] Dazu gehören u. a. die Ausräumung von Unklarheiten im Wortlaut und die Schließung von Lücken in den Rechtstexten.[305] Jede Rechtsbetrachtung müsse also zugeben, dass es auch in der positivistischen Rechtsordnung Begriffe gebe, die nicht näher formuliert werden können.[306] Diese Funktion spiele ebenso eine wichtige Rolle im Völkerrecht.[307] Zugleich bestehe eine wesentliche Forderung des Missbrauchsverbots darin, dass kein Recht absolut sein dürfe.[308] Daher könnte sich eine Beschränkung des Regulierungsrechts nach Art. XX GATT theoretisch aus der Optimierungsfunktion des Rechtsmissbrauchs ergeben.

Drittens hat jede unilaterale Umweltschutzmaßnahme unvermeidlich bestimmte negative empirische Auswirkungen auf die Handelsfreiheit im Sinne materieller GATT-Vorschriften und auf das Umweltregulierungsrecht eines anderen WTO-Mitglieds, selbst wenn diese Maßnahme weder eine willkürliche Diskriminierung noch eine verschleierte Handelsbeschränkung i. S. d. Chapeaus des Art. XX GATT darstellt. Diese Auswirkungen bieten somit eine scheinbar empirische Grundlage für die Bejahung eines Rechtsmissbrauchs.

Daher soll ermittelt werden, ob und wie diese Unbestimmtheit ausgeräumt werden kann.

---

[302] Vgl. *Alexy*, Theorie der Grundrechte, 9. Aufl. 2020, S. 100.

[303] *Alexy*, On the Structure of Legal Principles, Ratio Juris 2000, 294; *ders.*, Theorie der Grundrechte, 9. Aufl. 2020, S. 75 f., 100–101.

[304] *von Bogdandy*, Doctrine of Principles, JM-WP 2003/9, 1, 7.

[305] *Andenas/Zleptnig*, Proportionality: WTO Law, TILJ 2007, 371, 377.

[306] *Leibholz*, Das Verbot der Willkür und des Ermessensmißbrauches, ZaöRV 1929, 77, 79; *Voss*, Rechtsmissbrauch im Völkerrecht, 1940, S. 103 ff.

[307] *Pauwelyn*, Conflict of Norms in Public International Law, 2003, S. 129.

[308] *Cheng*, General Principles of Law as Applied by International Courts and Tribunals, 1953, S. 131.

## C. Ausräumung der Unbestimmtheit durch Bestimmtheit anhand des Charakters der Vermutung

In der vorliegenden Arbeit wird bis zu dem Punkt geklärt, dass die Prüfungsintensität für die Einschätzung des regulierenden WTO-Mitglieds zur Verhältnismäßigkeit i. w. S. der angegriffenen Umweltmaßnahme nach der Vermutungs- und Widerlegungsregel zu erfolgen hat, sofern die konstitutiven Bedingungen in einem der Absätze des Art. XX GATT erfüllt sind.[309] Im Folgenden wird dargestellt, dass die oben genannte Unbestimmtheit hinsichtlich des Rechtsmissbrauchsverbots ebenfalls anhand des Charakters der Vermutung ausgeräumt werden kann.

Zunächst ist festzustellen, dass es eine zu prüfende Frage ist, ob ein Missbrauch des Ausnahmerechts in Art. XX GATT vorliegt.[310] Daran ändert nichts, dass das Missbrauchsverbot, sei es Völkergewohnheitsrecht oder ein allgemeiner Rechtsgrundsatz i. S. v. Art. 38 Abs. 1 lit. b und lit. c IGH-Statut,[311] potenziell eine Grenze für das Regulierungsrecht eines WTO-Mitglieds nach Art. XX GATT ziehen kann. Es kann nämlich argumentiert werden, dass Einzelfallgerechtigkeit nicht immer gewährleistet werden kann, da völkerrechtliche Vertragsvorschriften eine gewisse Hysterese aufweisen und nur schwer zu ändern ist. Dagegen kann eingewandt werden, dass unklar bleibt, weshalb gerade in einem bestimmten Einzelfall eine Abweichung notwendig sein soll.

Diese Feststellung bildet den Ausgangspunkt und die Voraussetzung für die Anwendung der Vermutungs- und Widerlegungsregel: Liegt in jedem Einzelfall zwingend eine Verletzung des Völkergewohnheitsrechts oder eines allgemeinen Rechtsgrundsatzes vor, erübrigt sich eine Prüfung der WTO-Rechtskonformität.

Klar und bestimmt ist hingegen, dass Grundlagen für ein Werturteil – nämlich für die Bejahung eines Missbrauchs – wiederum in den empirischen Auswirkungen der angegriffenen Maßnahme auf die gegenüberstehenden Interessen zu finden sind. Diese Auswirkungen, einschließlich mancher anscheinend schwerwiegender negativer Folgen für ein bestimmtes Schutzgut, gelten

[309] Teil 2 Kapitel 5 § 3 A. und § 3 B., Teil 3 Kapitel 9 § 3, Teil 4 Kapitel 13 § 3 und Teil 5 Kapitel 17 § 3.

[310] *Mamolea*, Good Faith Review, in: Gruszczynski/Werner (Hrsg.), Deference in International Courts and Tribunals, 2014, S. 74–76.

[311] Die Frage, ob bestimmte Rechtsgrundsätze zum Völkergewohnheitsrecht bzw. zu den allgemeinen Rechtsgrundsätzen i. S. v. Art. 38 Abs. 1 lit. b und lit. c IGH-Statut zählen, ist nicht Schwerpunkt der vorliegenden Arbeit und auch nicht relevant für die vorliegende Feststellung. Hingegen kann anhand des vorliegend dargestellten Prüfungsmaßstabs beurteilt werden, ob sich ein tauglicher Widerlegungsgrund aus dem Völkergewohnheitsrecht oder aus allgemeinen Rechtsgrundsätzen ableiten lässt.

jedoch bereits als GATT-rechtmäßig vermutet, wenn die konstitutiven Bedingungen im entsprechenden Absatz des Art. XX GATT als erfüllt beurteilt worden sind. Daher können die genannten Auswirkungen nicht zur Widerlegung derselben Vermutung herangezogen werden.

Wird ein Missbrauch des Ausnahmerechts nach Art. XX GATT aufgrund bestimmter empirischer Wirkungen der angegriffenen Umweltmaßnahme bejaht, handelt es sich dabei nicht um eine Anwendung des Chapeaus als völkerrechtliche Vertragsbestimmung. Denn die Erörterung im vorliegenden Kapitel setzt voraus, dass weder eine willkürliche Diskriminierung noch eine verschleierte Handelsbeschränkung im Sinne des Chapeaus vorliegt. Die Bejahung eines Missbrauchs des Ausnahmerechts nach Art. XX GATT führt somit zur Unwirksamkeit des entsprechenden Absatzes des Art. XX GATT. Denn dieselbe Umweltmaßnahme kann nach diesem Artikel sowohl vorläufig rechtmäßig als auch endgültig rechtswidrig sein. Zu der obengenannten Rechtmäßigkeitsvermutung gehört nämlich auch die Feststellung, dass das Ausnahmerecht nach Art. XX GATT nicht missbraucht wird.

Das Rechtsmissbrauchsverbot ist daher kein tauglicher Widerlegungsgrund gegen die Verhältnismäßigkeitsvermutung i. w. S. der Umweltmaßnahme des regulierenden WTO-Mitglieds.

## D. Zwischenergebnis: Kein tauglicher Widerlegungsgrund aus nicht-vertraglichen Quellen des Völkerrechts i. S. v. Art. 38 Abs. 1 IGH-Statut

Somit kann sich aus dem Rechtsmissbrauchsverbot kein tauglicher Widerlegungsgrund gegen die Vermutung der Maßgeblichkeit der Einschätzung des regulierenden WTO-Mitglieds zur Gefährdungslage des Schutzguts, zur Legitimität des angegebenen Schutzziels einschließlich des behaupteten Schutzniveaus sowie zur Verhältnismäßigkeit i. w. S. der ergriffenen Maßnahme ergeben.

Das gleiche Ergebnis gilt auch für das Völkergewohnheitsrecht[312] und andere allgemeine Rechtsgrundsätze i. S. v. Art. 38 Abs. 1 lit. b und lit. c IGH-Statut. Denn Grundlagen für ein abweichendes Werturteil können ebenso nur die empirischen Auswirkungen der angegriffenen Maßnahme auf verschiedene gegenüberstehende Interessen sein. Diese Auswirkungen, einschließlich

---

312 Zur Skepsis gegenüber dem Völkergewohnheitsrecht als Entscheidungskriterium vgl. u. a. *Ehlermann*, Six Years on the Bench of the „World Trade Court", JWT 2002, 605; *Bartels*, The Separation of Powers in the WTO: How to Avoid Judicial Activism, ICLQ 2004, 861, 889–890; *Petersen*, How Rational is International Law?, EJIL 2009, 1247, 1251–1254.

mancher anscheinend schwerwiegender negativer Folgen für ein bestimmtes Schutzgut, sind bereits von der genannten Vermutung umfasst. Diese empirischen Auswirkungen können daher nicht gegen dieselbe Vermutung widerlegen. Andernfalls würde dies zur Unwirksamkeit eines Absatzes des Art. XX GATT führen. Denn dieselbe Umweltmaßnahme nach diesem Artikel kann sowohl vorläufig rechtmäßig als auch endgültig rechtswidrig sein.

Aus demselben Grund gilt dieses Ergebnis auch für das *ius cogens*. Liegt tatsächlich ein Verstoß gegen das *ius cogens* vor, stellt dieser Umstand unproblematisch einen tauglichen Widerlegungsgrund dar. Fraglich ist jedoch, wann ein Umstand zu Recht als Verletzung des *ius cogens* qualifiziert werden soll. Zu diesen Umständen gehören nicht die anscheinend schwerwiegenden negativen Auswirkungen auf ein bestimmtes Schutzgut.[313]

---

[313] Bezüglich des Einsatzes von Nuklearwaffen vgl. *Krugmann*, Der Grundsatz der Verhältnismäßigkeit im Völkerrecht, 2004, S. 125 i.V.m. S. 36–37 und 77–80, 93–95.

*Teil 7*

# Schlussfolgerung

Zum Abschluss der Arbeit werden zunächst die erzielten Ergebnisse zusammengefasst. Darauf aufbauend werden Vorschläge für die künftige Anwendung des Verhältnismäßigkeitsprinzips im weiteren Sinne bei der Auslegung von Art. XX GATT durch die WTO-Streitbeilegungsorgane erarbeitet und anhand von Beispielsfällen veranschaulicht. Im Anschluss daran folgt ein Ausblick auf die Übertragbarkeit der in dieser Arbeit gewonnenen Erkenntnisse auf andere völkerrechtliche Rechtsgebiete.

Kapitel 22

## Zusammenfassung der wesentlichen Ergebnisse

Die Klärung der Stellung des Verhältnismäßigkeitsgrundsatzes i. w. S. bei der Auslegung von Art. XX GATT wirft zwei zentrale Fragen auf: Zum einen, ob der Grundsatz überhaupt anwendbar ist, zum anderen, in welcher Weise und in welchem Umfang er zur Anwendung kommen soll.

Die Anwendung des Verhältnismäßigkeitsgrundsatzes i. w. S. bei der Interpretation des Art. XX GATT ist unvermeidlich.[1] Damit ist die Klärung der Frage entscheidend, nach welcher Regel beurteilt werden soll, ob dieser Grundsatz in gerechtfertigter Weise angewendet wurde bzw. angewendet werden soll. Nach dieser Regel lässt sich zugleich beurteilen, ob und inwieweit die WTO-Streitbeilegungsorgane bei der Überprüfung der Einschätzung des regulierenden WTO-Mitglieds zur Legitimität des Gefährdungsniveaus, des Schutzniveaus sowie zur Verhältnismäßigkeit i. w. S. der angegriffenen Maßnahme richterliche Zurückhaltung ausüben sollen.

Nach vorliegender Analyse soll der Verhältnismäßigkeitsgrundsatz i. w. S. anhand der Vermutungs- und Widerlegungsregel angewendet werden. Die WTO-Streitbeilegungsorgane sollen nach dieser Regel entscheiden, ob und inwieweit richterliche Zurückhaltung zu gewähren ist. Die Vermutungs- und Widerlegungsregel ergibt sich aus dem dogmatischen Charakter der Verhältnismäßigkeitsprüfung i. w. S. in Verbindung mit den Vertragsbestimmungen

---

[1] Teil 1 Kapitel 2 § 2.

des Art. XX GATT. Diese Regel findet erst dann Anwendung, wenn die konstitutiven Bedingungen eines Absatzes des Art. XX GATT erfüllt sind.

## § 1 Schutzgut/Schutzziel

1. Das vom regulierenden WTO-Mitglied angegebene Schutzziel einschließlich des behaupteten Schutzniveaus ist der Bezugspunkt der Verhältnismäßigkeitsprüfung i. w. S. im Rahmen der Interpretation des Art. XX GATT, sofern es legitim ist. Die Schutzbedürftigkeit des betreffenden Schutzguts im konkreten Einzelfall setzt voraus, dass es sich in einer Gefährdungslage befindet. Das angegebene Schutzziel und das behauptete Schutzniveau des regulierenden WTO-Mitglieds zur Abwendung dieser Gefährdungslage werden in der Entscheidungspraxis zu Art. XX GATT eher abstrakt formuliert. Die Umformulierung des angegebenen Schutzziels einschließlich des behaupteten Schutzniveaus in präziser Form ist hingegen u. a. aufgrund seines Charakters als Abwägungsentscheidung eingeschränkt. Die Legitimitätsprüfung des angegebenen Schutzziels einschließlich des behaupteten Schutzniveaus lässt sich klar von der Prüfung der Zweck-Mittel-Relation unterscheiden, auch wenn das Schutzziel durch die ergriffene Maßnahme in all ihren Aspekten definiert wird (Teil 2 Kapitel 4).

2. Die Maßgeblichkeit der Legitimitätseinschätzung des regulierenden WTO-Mitglieds zum Gefährdungsniveau des Schutzguts und zum angegebenen Schutzziel einschließlich des gewünschten Schutzniveaus stellt jeweils eine erste Vermutung dar. Dies ergibt sich aus dem Wortlaut des Art. XX GATT unter Berücksichtigung des dogmatischen Charakters der Verhältnismäßigkeitsprüfung i. w. S.

Nach eingehender Betrachtung des Wortlauts des Art. XX GATT lässt sich nämlich feststellen, dass die Einschätzung des regulierenden WTO-Mitglieds zur Geeignetheit, Erforderlichkeit und Angemessenheit der angegriffenen Umweltmaßnahme als erste Vermutung maßgeblich ist. Der dogmatische Charakter der Verhältnismäßigkeitsprüfung i. w. S. besteht darin, dass das behauptete Schutzniveau implizit oder explizit unvermeidlich entsprechend korrigiert wird, wenn die Rationalitäts- oder Angemessenheitseinschätzung des regulierenden WTO-Mitglieds von den WTO-Streitbeilegungsorganen abgelehnt wird. Daher stellt auch die Maßgeblichkeit der Legitimitätseinschätzung des regulierenden WTO-Mitglieds zum angegebenen Schutzziel einschließlich des gewünschten Schutzniveaus eine erste Vermutung dar. Aufgrund der Überschneidung des behaupteten Schutzniveaus mit dem behaupteten Gefährdungsniveau stellt auch die Maßgeblichkeit der Legitimitätseinschätzung des regulierenden WTO-Mitglieds zur Gefährdungslage des Schutzguts eine erste Vermutung dar (Teil 2 Kapitel 5).

3. Diese Vermutungen können nicht durch das Abwägungsargument widerlegt werden, sondern nur durch das Vorliegen einer willkürlichen Diskriminierung oder einer verschleierten Handelsbeschränkung i. S. d. Chapeaus des Art. XX GATT. Andernfalls führt dies zur Unwirksamkeit eines Absatzes des Art. XX GATT.

Die Widerlegung kann ferner nicht bereits bei der Prüfung der Legitimität des angegebenen Schutzziels, sondern erst nach der Bejahung der Angemessenheit der angegriffenen Maßnahme als erste Vermutung erfolgen. Denn eine Ablehnung der Einschätzung des regulierenden WTO-Mitglieds zur Legitimität des behaupteten Schutzniveaus oder Gefährdungsniveaus führt zugleich zur Ablehnung seiner Geeignetheits-, Erforderlichkeits- und Angemessenheitseinschätzung, die gemäß Art. XX GATT jeweils als erste Vermutung maßgeblich ist. Insbesondere kann das Beurteilungskriterium für die Gleichheit der Behandlung zur Qualifizierung einer Diskriminierung i. S. d. Chapeaus des Art. XX GATT erst nach Bejahung der Maßgeblichkeit der Angemessenheitseinschätzung des regulierenden WTO-Mitglieds als erste Vermutung festgestellt werden (Teil 2 Kapitel 6).

4. In der Entscheidungspraxis der WTO-Streitbeilegungsorgane zu Art. XX GATT wurde die Legitimität der Einschätzung des regulierenden WTO-Mitglieds zur Gefährdungslage des Schutzguts und zum Schutzziel einschließlich des Schutzniveaus überwiegend bejaht. Die von der Gegenseite herangezogenen Gegenargumente sind Abwägungsargumente. Weder in der Entscheidungspraxis noch in der wissenschaftlichen Diskussion wurde abschließend geklärt, wie die Unbestimmtheit des Abwägungsarguments ausgeräumt werden soll. Nach vorliegender Analyse ist das Abwägungsargument kein tauglicher Widerlegungsgrund, weil durch dieses Argument nur bestimmte empirische Aspekte der Legitimitätsvermutung jeweils des behaupteten Gefährdungsniveaus des Schutzguts und des angegebenen Schutzziels wiederholt werden, wobei dem darauf aufbauenden korrigierten Werturteil eine Begründung fehlt. Somit ist die von den WTO-Streitbeilegungsorganen geübte richterliche Zurückhaltung gerechtfertigt, weil diese Behandlung der Vermutungs- und Widerlegungsregel entspricht, die sich aus den Vertragsbestimmungen des Art. XX GATT unter Berücksichtigung des dogmatischen Charakters der Verhältnismäßigkeitsprüfung i. w. S. ergibt (Teil 2 Kapitel 7).

## § 2 Geeignetheit

1. Das vom regulierenden WTO-Mitglied angegebene Schutzziel einschließlich des behaupteten Schutzniveaus ist der Bezugspunkt der Geeignetheitsprüfung im Rahmen der Interpretation des Art. XX GATT, sofern es legitim ist. Die Schutzbedürftigkeit des betreffenden Schutzguts im konkreten

Einzelfall setzt voraus, dass es sich in einer Gefährdungslage befindet. Die Legitimitätseinschätzung des regulierenden WTO-Mitglieds zum angegebenen Schutzziel einschließlich des angestrebten Schutzniveaus und zur Gefährdungslage des Schutzguts stellt eine erste Vermutung dar. Dies ergibt sich aus dem Wortlaut des Art. XX GATT unter Berücksichtigung des dogmatischen Charakters der Verhältnismäßigkeitsprüfung i. w. S. Diese Vermutungen können nicht durch das Abwägungsargument widerlegt werden, sondern nur durch das Vorliegen einer willkürlichen Diskriminierung oder einer verschleierten Handelsbeschränkung i. S. d. Chapeaus des Art. XX GATT, nachdem die Maßgeblichkeit der Angemessenheitseinschätzung des regulierenden WTO-Mitglieds als erste Vermutung bejaht wurde. Andernfalls führt dies zur Unwirksamkeit eines Absatzes des Art. XX GATT (Teil 3 Kapitel 8 i. V. m. Teil 2).

2. Die Maßgeblichkeit der Geeignetheitseinschätzung des regulierenden WTO-Mitglieds stellt eine erste Vermutung dar. Dies ergibt sich aus dem Wortlaut des Art. XX GATT unter Berücksichtigung des dogmatischen Charakters der Geeignetheitsprüfung.

Der dogmatische Charakter der Geeignetheitsprüfung besteht darin, dass die Legitimität des behaupteten Schutzniveaus des regulierenden WTO-Mitglieds auf implizite Weise korrigiert wird, wenn die Geeignetheitseinschätzung dieses Mitglieds von den WTO-Streitbeilegungsorganen abgelehnt wird. Die Geeignetheitseinschätzung des regulierenden WTO-Mitglieds kann nämlich ohne Korrektur des behaupteten Schutzniveaus nicht abgelehnt werden. Nach eingehender Betrachtung des Wortlauts des Art. XX GATT lässt sich feststellen, dass die Einschätzung des regulierenden WTO-Mitglieds zur Geeignetheit der angegriffenen Umweltmaßnahme als erste Vermutung maßgeblich ist. Dabei dient der dogmatische Charakter der Geeignetheitsprüfung hilfsweise der Ausräumung der Auflockerungsbedenken hinsichtlich des Rechts des regulierenden WTO-Mitglieds auf die Geeignetheitseinschätzung gemäß Art. XX GATT (Teil 3 Kapitel 9).

3. Diese Vermutung kann nicht durch das Abwägungsargument widerlegt werden, sondern nur durch das Vorliegen einer willkürlichen Diskriminierung oder einer verschleierten Handelsbeschränkung i. S. d. Chapeaus des Art. XX GATT. Andernfalls führt dies zur Unwirksamkeit eines Absatzes des Art. XX GATT.

Die Widerlegung kann ferner nicht bereits bei der Geeignetheitsprüfung, sondern erst nach der Bejahung der Angemessenheit der angegriffenen Maßnahme als erste Vermutung erfolgen. Denn eine Ablehnung der Geeignetheitseinschätzung des regulierenden WTO-Mitglieds führt zugleich zur Ablehnung seiner Erforderlichkeits- und Angemessenheitseinschätzung, die jeweils gemäß Art. XX GATT als erste Vermutung maßgeblich ist. Insbesondere kann das Beurteilungskriterium für die Gleichheit der Behandlung zur Qualifizierung einer Diskriminierung i. S. d. Chapeaus des Art. XX GATT erst nach Bejahung der Maßgeblichkeit der Angemessenheitseinschätzung des regulierenden WTO-Mitglieds als erste Vermutung festgestellt werden (Teil 3 Kapitel 10).

4. In der Entscheidungspraxis der WTO-Streitbeilegungsorgane zu Art. XX GATT wurde die Geeignetheitseinschätzung des regulierenden WTO-Mitglieds in manchen Verfahren bejaht und in anderen Fällen abgelehnt. Aus empirischer Sicht lässt sich feststellen, dass sich eine ständige zurückhaltende Entscheidungspraxis noch nicht herausgebildet hat.

Wird die Geeignetheitseinschätzung des regulierenden WTO-Mitglieds bejaht, kann das darauf aufbauende zustimmende normative Urteil noch in die Angemessenheitsprüfung verschoben werden, damit die Objektivität bzw. die Rationalität der Geeignetheitsprüfung aufrechterhalten werden kann. In diesem Fall ist die gewährte richterliche Zurückhaltung auch gerechtfertigt, weil eine Widerlegung nicht bereits in diesem Prüfschritt erfolgen kann und damit die Vermutungs- und Widerlegungsregel eingehalten wird.

Wird die „Geeignetheitsprüfung“ von den WTO-Streitbeilegungsorganen negativ beurteilt, liegt zwangsläufig eine implizite Abwägung zulasten des regulierenden WTO-Mitglieds vor. Im besonderen Kontext des Art. XX GATT ist diese jedoch nicht mehr als Rationalitäts-, sondern als Angemessenheitsprüfung einzuordnen und daher in Teil 5 Kapitel 19 § 1 B. I. zu behandeln. Durch die Ablehnung der Geeignetheitseinschätzung des regulierenden WTO-Mitglieds wird zunächst dessen behauptetes Schutzniveau implizit korrigiert und als illegitim beurteilt. Sodann wird die Geeignetheitseinschätzung des regulierenden WTO-Mitglieds, wonach die angegriffene Maßnahme zur Erreichung dieses als unrechtmäßig bewerteten Schutzniveaus geeignet ist, erst entsprechend abgelehnt. Ein solcher richterlicher Aktivismus ist nicht gerechtfertigt, denn er wird mittels des Abwägungsarguments vorgenommen, wodurch die Vermutungs- und Widerlegungsregel des Art. XX GATT nicht eingehalten wird (Teil 3 Kapitel 11).

## § 3 Erforderlichkeit

1. Das vom regulierenden WTO-Mitglied angegebene Schutzziel einschließlich des behaupteten Schutzniveaus ist der Bezugspunkt der Erforderlichkeitsprüfung im Rahmen der Interpretation des Art. XX GATT, sofern es legitim ist. Die Schutzbedürftigkeit des betreffenden Schutzguts im konkreten Einzelfall setzt voraus, dass es sich in einer Gefährdungslage befindet. Die Legitimitätseinschätzung des regulierenden WTO-Mitglieds zum angegebenen Schutzziel einschließlich des angestrebten Schutzniveaus und zur Gefähr-

dungslage des Schutzguts stellt eine erste Vermutung dar. Dies ergibt sich aus dem Wortlaut des Art. XX GATT unter Berücksichtigung des dogmatischen Charakters der Verhältnismäßigkeitsprüfung i. w. S. Diese Vermutungen können nicht durch das Abwägungsargument widerlegt werden, sondern nur durch das Vorliegen einer willkürlichen Diskriminierung oder einer verschleierten Handelsbeschränkung i. S. d. Chapeaus des Art. XX GATT, nachdem die Maßgeblichkeit der Angemessenheitseinschätzung des regulierenden WTO-Mitglieds als erste Vermutung bejaht wurde. Andernfalls führt dies zur Unwirksamkeit eines Absatzes des Art. XX GATT (Teil 4 Kapitel 12 i. V. m. Teil 2).

2. Die Maßgeblichkeit der Erforderlichkeitseinschätzung des regulierenden WTO-Mitglieds stellt eine erste Vermutung dar. Dies ergibt sich aus dem Wortlaut des Art. XX GATT unter Berücksichtigung des dogmatischen Charakters der Erforderlichkeitsprüfung.

Der dogmatische Charakter der Erforderlichkeitsprüfung besteht darin, dass die Legitimität des behaupteten Schutzniveaus auf implizite Weise korrigiert wird, wenn die Erforderlichkeitseinschätzung des regulierenden WTO-Mitglieds von den WTO-Streitbeilegungsorganen abgelehnt wird. Die Erforderlichkeitseinschätzung des regulierenden WTO-Mitglieds kann nämlich ohne Korrektur des behaupteten Schutzniveaus nicht abgelehnt werden. Nach eingehender Betrachtung des Wortlauts des Art. XX GATT lässt sich feststellen, dass die Maßgeblichkeit der Einschätzung des regulierenden WTO-Mitglieds zur Erforderlichkeit der angegriffenen Umweltmaßnahme eine erste Vermutung darstellt. Dabei dient der dogmatische Charakter der Erforderlichkeitsprüfung hilfsweise der Ausräumung der Auflockerungsbedenken hinsichtlich des Rechts des regulierenden WTO-Mitglieds auf die Erforderlichkeitseinschätzung gemäß Art. XX GATT (Teil 4 Kapitel 13).

3. Diese Vermutung kann nicht durch das Abwägungsargument widerlegt werden, sondern nur durch das Vorliegen einer willkürlichen Diskriminierung oder einer verschleierten Handelsbeschränkung i. S. d. Chapeaus des Art. XX GATT. Andernfalls führt dies zur Unwirksamkeit eines Absatzes des Art. XX GATT.

Die Widerlegung kann ferner nicht bereits im Rahmen der Erforderlichkeitsprüfung, sondern erst nach der Bejahung der Angemessenheit der angegriffenen Maßnahme als erste Vermutung erfolgen. Denn eine Ablehnung der Erforderlichkeitseinschätzung des regulierenden WTO-Mitglieds führt zugleich zur Ablehnung seiner Angemessenheitseinschätzung, deren Maßgeblichkeit ebenfalls eine erste Vermutung gemäß Art. XX GATT darstellt. Insbesondere kann das Beurteilungskriterium für die Gleichheit der Behandlung zur Qualifizierung einer Diskriminierung i. S. d. Chapeaus des Art. XX GATT erst nach der Bejahung der Maßgeblichkeit der Angemessenheitseinschätzung des regulierenden WTO-Mitglieds als erste Vermutung festgestellt werden (Teil 4 Kapitel 14).

4. In der Entscheidungspraxis der WTO-Streitbeilegungsorgane zu Art. XX GATT wurde die Erforderlichkeitseinschätzung des regulierenden WTO-Mitglieds zwar in manchen Verfahren bejaht und in anderen Fällen abgelehnt. Aus empirischer Sicht lässt sich feststellen, dass sich eine ständige zurückhaltende Entscheidungspraxis noch nicht herausgebildet hat.

Wird die Erforderlichkeitseinschätzung des regulierenden WTO-Mitglieds bejaht, kann das darauf aufbauende zustimmende normative Urteil in die Angemessenheitsprüfung verschoben werden, damit die Objektivität bzw. die Rationalität der Erforderlichkeitsprüfung aufrechterhalten werden kann. In diesem Fall ist die gewährte richterliche Zurückhaltung auch gerechtfertigt, weil eine Widerlegung nicht bereits in diesem Prüfschritt erfolgen kann und damit die Vermutungs- und Widerlegungsregel eingehalten wird.

Wird die „Erforderlichkeitsprüfung“ von den WTO-Streitbeilegungsorganen negativ beurteilt, liegt zwangsläufig eine implizite Abwägung zulasten des regulierenden WTO-Mitglieds vor. Im besonderen Kontext des Art. XX GATT ist diese jedoch nicht mehr als Rationalitäts-, sondern als Angemessenheitsprüfung einzuordnen und daher in Teil 5 Kapitel 19 § 1 B. II. zu behandeln. Durch die Ablehnung der Erforderlichkeitseinschätzung des regulierenden WTO-Mitglieds wird zunächst dessen behauptetes Schutzniveau implizit korrigiert und als übermäßig beurteilt. Sodann wird die Erforderlichkeitseinschätzung des regulierenden WTO-Mitglieds, wonach die angegriffene Maßnahme zur Erreichung dieses übermäßigen Schutzniveaus erforderlich ist und keine gleichwirksamen, weniger einschränkenden Mittel verfügbar sind, entsprechend abgelehnt. Ein solcher richterlicher Aktivismus ist nicht gerechtfertigt, denn er erfolgt mittels des Abwägungsarguments, wodurch die Vermutungs- und Widerlegungsregel gemäß Art. XX GATT nicht eingehalten wird (Teil 4 Kapitel 15).

## § 4 Angemessenheit

1. Das vom regulierenden WTO-Mitglied angegebene Schutzziel einschließlich des behaupteten Schutzniveaus ist der Bezugspunkt der Angemessenheitsprüfung im Rahmen der Interpretation des Art. XX GATT, sofern es legitim ist. Die Schutzbedürftigkeit des betreffenden Schutzguts im konkreten Einzelfall setzt voraus, dass es sich in einer Gefährdungslage befindet. Die Legitimitätseinschätzung des regulierenden WTO-Mitglieds zum angegebenen Schutzziel einschließlich des angestrebten Schutzniveaus und zur Gefährdungslage des Schutzguts stellt eine erste Vermutung dar. Dies ergibt sich aus dem Wortlaut des Art. XX GATT unter Berücksichtigung des dogmatischen

Charakters der Verhältnismäßigkeitsprüfung i. w. S. Diese Vermutungen können nicht durch das Abwägungsargument widerlegt werden, sondern nur durch das Vorliegen einer willkürlichen Diskriminierung oder einer verschleierten Handelsbeschränkung i. S. d. Chapeaus des Art. XX GATT, nachdem die Maßgeblichkeit der Angemessenheitseinschätzung des regulierenden WTO-Mitglieds als erste Vermutung bejaht wurde. Andernfalls führt dies zur Unwirksamkeit eines Absatzes des Art. XX GATT (Teil 5 Kapitel 16 i. V. m. Teil 2).

2. Die Maßgeblichkeit der Angemessenheitseinschätzung des regulierenden WTO-Mitglieds stellt eine erste Vermutung dar. Dies ergibt sich aus dem Wortlaut des Art. XX GATT unter Berücksichtigung des dogmatischen Charakters der Angemessenheitsprüfung.

Der dogmatische Charakter der Angemessenheitsprüfung besteht darin, dass die Legitimität des behaupteten Schutzniveaus des regulierenden WTO-Mitglieds von den WTO-Streitbeilegungsorganen mittels des Abwägungsarguments auf implizite oder explizite Weise korrigiert wird, wenn die Angemessenheitseinschätzung des regulierenden WTO-Mitglieds von diesen abgelehnt wird. Nach eingehender Betrachtung des Wortlauts des Art. XX GATT lässt sich feststellen, dass die Einschätzung des regulierenden WTO-Mitglieds zur Angemessenheit der angegriffenen Umweltmaßnahme eine erste Vermutung darstellt. Dabei dient der dogmatische Charakter der Angemessenheitsprüfung hilfsweise zur Ausräumung der Auflockerungsbedenken des Rechts des regulierenden WTO-Mitglieds auf die Angemessenheitseinschätzung gemäß Art. XX GATT (Teil 5 Kapitel 17).

3. Diese Vermutung kann nicht durch das Abwägungsargument widerlegt werden, sondern durch das Vorliegen einer willkürlichen Diskriminierung oder einer verschleierten Handelsbeschränkung i. S. d. Chapeaus des Art. XX GATT. Andernfalls führt dies zur Unwirksamkeit eines Absatzes des Art. XX GATT bzw. läuft die Vorgabe des Diskriminierungsverbots im Chapeau des Art. XX GATT ins Leere. Insbesondere kann das Beurteilungskriterium für die Gleichheit der Behandlung zur Qualifizierung einer Diskriminierung i. S. d. Chapeaus des Art. XX GATT erst nach der Bejahung der Maßgeblichkeit der Angemessenheitseinschätzung des regulierenden WTO-Mitglieds als erste Vermutung festgestellt werden (Teil 5 Kapitel 18).

4. In der Entscheidungspraxis der WTO-Streitbeilegungsorgane zu Art. XX GATT wird keine separate Angemessenheitsprüfung durchgeführt.

Diese erfolgt einerseits im Rahmen der Interpretation eines Absatzes des Art. XX GATT aufgrund der Ablehnung der „Geeignetheitsprüfung“ oder der „Erforderlichkeitsprüfung“ implizit. Ein solcher richterlicher Aktivismus ist nicht gerechtfertigt. Denn dieser erfolgt mittels des Abwägungsarguments, wodurch die Vermutungs- und Widerlegungsregel im Kontext des Art. XX GATT nicht eingehalten wird.

Andererseits wird die Angemessenheitsprüfung bei der Prüfung des Chapeaus des Art. XX GATT *de facto* durchgeführt. Dabei wenden die WTO-Streitbeilegungsorgane verschiedene Prüfungsansätze zur Ablehnung der Angemessenheitseinschätzung des regulierenden WTO-Mitglieds an, nämlich die Gegenläufigkeit von Schutzzielen, das Fehlen inländischer Beschränkungen im Sinne von Art. XX (g) GATT, die internationale Kooperationspflicht, das Missbrauchsargument der Verletzung fairer Verfahrensanforderungen sowie das Missbrauchsargument der Ambiguität der Beurteilungsmaßstäbe. Diese Prüfungsansätze tragen zwar unterschiedliche Bezeichnungen, stellen jedoch jeweils ein (implizites) Abwägungsargument dar. Nach vorliegender Untersuchung stellt das Abwägungsargument im Rahmen der Interpretation des Chapeaus von Art. XX GATT keinen tauglichen Widerlegungsgrund dar. Sonst läuft das Diskriminierungs- und Beschränkungsverbot im Chapeau ins Leere und führt zur Unwirksamkeit eines Absatzes von Art. XX GATT. Der mittels dieses Arguments ausgeübte richterliche Aktivismus ist somit nicht gerechtfertigt (Teil 5 Kapitel 19).

## § 5 Chapeau

Für die Interpretation des Chapeaus des Art. XX GATT ist zwischen dem Chapeau als flexiblem Prüfschritt und dem Chapeau als materiellem Norminhalt zu unterscheiden (Teil 6).

### A. Chapeau als Angemessenheitsprüfung

Auf der erstgenannten Chapeau-Stufe wurde in der Entscheidungspraxis tatsächlich eine (negativ beurteilte) Angemessenheitsprüfung durchgeführt, die überwiegend auf implizite Weise erfolgt. Diese Prüfung führt zu einer ungerechtfertigten richterlichen Grenzüberschreitung. Weder eine willkürliche Diskriminierung noch eine verschleierte Handelsbeschränkung i. S. d. Chapeaus des Art. XX GATT kann auf diese Weise qualifiziert werden (Teil 6 Kapitel 20).

### B. Chapeau als materieller Norminhalt

Die zweitgenannte materielle Normforderung steht im Kern für die Auslegung des Chapeaus von Art. XX GATT (Teil 6 Kapitel 21).

## I. Willkürliche Diskriminierung i. S. d. Chapeaus des Art. XX GATT

Willkürliche Diskriminierung i. S. d. Chapeaus von Art. XX GATT stellt einen vertraglich vorgesehenen Widerlegungsgrund dar, mit dem sowohl die Legitimitätsvermutung des behaupteten Gefährdungs- und Schutzniveaus des regulierenden WTO-Mitglieds als auch die Verhältnismäßigkeitsvermutung i. w. S. der angegriffenen umweltpolitischen Maßnahme widerlegt werden können. Diese Diskriminierung soll anhand der Diskriminierungsdogmatik in Verbindung mit den Vertragsbestimmungen des Art. XX GATT festgestellt werden.

Eine Diskriminierung im Sinne materieller GATT-Vorschriften stellt keine Diskriminierung i. S. d. Chapeaus des Art. XX GATT dar. Denn das Vorliegen einer letztgenannten Diskriminierung setzt voraus, dass der Anwendungsbereich des Art. XX GATT überhaupt eröffnet ist. Dies ist bei einer Diskriminierung im Sinne materieller GATT-Vorschriften jedoch nicht der Fall.

Die *condition* i. S. d. Chapeaus des Art. XX GATT ist Gegenstand der Behandlung und damit Gegenstand einer eventuellen Diskriminierung i. S. d. Chapeaus. Die Einschätzung des regulierenden WTO-Mitglieds zur objektiven Gefährdungslage des Schutzguts ist die *condition* und gleichzeitig die Vergleichsgrundlage für die Feststellung der *same condition* i. S. d. Chapeaus des Art. XX GATT.

Nicht nur die ergriffene Umweltschutzmaßnahme, sondern auch das Schutzbedürftigkeitsurteil über das Schutzgut hinsichtlich einer bestimmten empirischen Gefährdung sowie die Festlegung des Schutzziels und des Schutzniveaus zur Abwendung dieser Gefährdung durch das regulierende WTO-Mitglied stellen die Behandlung zur Feststellung der Diskriminierung i. S. d. Chapeaus des Art. XX GATT dar. Die Vermutung der Verhältnismäßigkeit i. w. S. der angegriffenen Umweltschutzmaßnahme im Kontext des Art. XX GATT ist eine notwendige Voraussetzung für die Feststellung des Beurteilungskriteriums für die Gleichheit der Behandlung. Denn erst dann kann – selbstverständlich zunächst als eine Vermutung – festgestellt werden, dass die ergriffene Maßnahme die ausschließliche rechtmäßige Behandlung ist, durch die die empirische Gefährdung des Schutzguts abgewendet werden darf. Im Kontext des Art. XX GATT ist die angegriffene Maßnahme bzw. Hauptmaßnahme, die als verhältnismäßig i. w. S. vermutet wird, das Beurteilungskriterium für die Gleichheit der Behandlung zur Feststellung der Ausgangsdiskriminierung i. S. d. Chapeaus des Art. XX GATT.

Eine Diskriminierung i. S. d. Chapeaus von Art. XX GATT liegt vor, wenn bei vergleichbarer empirischer Gefährdungslage des Schutzguts keine Gleichbehandlung erfolgt. Eine solche kann jedoch gerechtfertigt sein, sofern ein legitimer Grund hierfür herangezogen wird und keine weitere Diskriminierung i. S. d. Chapeaus des Art. XX GATT vorliegt. Dieser mehrdimensionale Diskriminierungs- und Rechtfertigungstest im Chapeau des Art. XX GATT kennt grundsätzlich keine Grenzen, sofern der Sachverhalt dies zulässt (Teil 6 Kapitel 21 § 1).

### II. Versteckte Handelsbeschränkung i. S. d. Chapeaus des Art. XX GATT

Ebenso stellt die verschleierte Handelsbeschränkung i. S. d. Chapeaus von Art. XX GATT einen vertraglich vorgesehenen Widerlegungsgrund gegen die Legitimitätsvermutung des behaupteten Gefährdungs- und Schutzniveaus des regulierenden WTO-Mitglieds sowie gegen die Verhältnismäßigkeitsvermutung i. w. S. der angegriffenen umweltpolitischen Maßnahme dar. Weder der Bekanntmachungsansatz noch die Absichtsprüfung in der Entscheidungspraxis stellen einen tauglicheren Maßstab für die Beurteilung einer solchen Beschränkung dar. Hingegen kann die Prüfung einer versteckten Handelsbeschränkung zu Recht auf die Bejahung einer willkürlichen Diskriminierung i. S. d. Chapeaus des Art. XX GATT abstellen. Die verschleierte Handelsbeschränkung, zu der aber die willkürliche Diskriminierung i. S. d. Chapeaus nicht gehört, stellt ebenfalls einen selbständigen Widerlegungsgrund dar (Teil 6 Kapitel 21 § 2).

### III. Kein weiterer tauglicher Widerlegungsgrund aus dem Völkergewohnheitsrecht bzw. aus den allgemeinen Rechtsgrundsätzen des Völkerrechts

Ferner kann sich ein tauglicher Widerlegungsgrund weder aus dem Völkergewohnheitsrecht, dem Rechtsmissbrauchsverbot noch aus anderen allgemeinen Rechtsgrundsätzen ergeben, wenn weder eine willkürliche Diskriminierung noch eine verschleierte Handelsbeschränkung i. S. d. Chapeaus von Art. XX GATT vorliegt (Teil 6 Kapitel 21 § 3).

## Kapitel 23

# Optimierungsvorschläge für zukünftige Entscheidungen anhand von Fallbeispielen

Im vorliegenden Teil werden Optimierungsvorschläge für die künftige Anwendung des Verhältnismäßigkeitsprinzips i. w. S. für die Auslegung des „grünen“ Art. XX GATT durch die WTO-Schiedsrichter unterbreitet und anhand von Beispielsfällen verdeutlichen. Dadurch werden die Rechtssicherheit und die Vorhersehbarkeit der Entscheidungen erhöht, ohne die Legitimität der WTO-Streitbeilegungsorgane preiszugeben. Zugleich kann deren Arbeitsbelastung deutlich verringert werden.

Die folgenden Optimierungsvorschläge gelten nur, wenn der Anwendungsbereich des Art. XX GATT und insbesondere dessen sachlicher und territorialer Anwendungsbereich von den WTO-Streitbeilegungsorganen als eröffnet festgestellt worden ist.

## § 1 Allgemeine Optimierungsvorschläge

Im Allgemeinen lässt sich vorschlagen, dass die richterliche Überprüfung der Einschätzung des regulierenden WTO-Mitglieds zur Gefährdungslage des Schutzguts, zur Legitimität des angegebenen Schutzziels einschließlich des behaupteten Schutzniveaus sowie zur Verhältnismäßigkeit i. w. S. der angegriffenen umweltpolitischen Maßnahme der Vermutungs- und Widerlegungsregel unterliegt. Die WTO-Streitbeilegungsorgane sollten deutlich machen, dass sich diese Regel aus dem dogmatischen Charakter der Verhältnismäßigkeitsprüfung i. w. S. in Verbindung mit den vertraglichen Vorgaben des Art. XX GATT ergibt. Ohne eine konkrete völkerrechtliche Vertragsvorschrift kann hingegen keine solche Vermutungs- und Widerlegungsregel begründet werden.

Nach dieser Regel stellt nämlich die Maßgeblichkeit der Einschätzung des regulierenden WTO-Mitglieds zur Gefährdungslage des Schutzguts, zur Legitimität des angegebenen Schutzziels einschließlich des behaupteten Schutzniveaus sowie zur Geeignetheit, Erforderlichkeit und Angemessenheit der ergriffenen umweltpolitischen Maßnahme jeweils eine erste Vermutung dar. Taugliche Gründe zur Widerlegung dieser Vermutungen sind ausschließlich die vertraglich vorgesehene willkürliche Diskriminierung und die versteckte Handelsbeschränkung i. S. d. Chapeaus des Art. XX GATT. Diese Widerlegungsgründe können jedoch erst nach der Bejahung der Maßgeblichkeit der Angemessenheitseinschätzung des regulierenden WTO-Mitglieds als erste Vermutung geltend gemacht werden.

Hingegen stellt das Abwägungsargument, sei es explizit oder implizit, keinen tauglichen Widerlegungsgrund dar. Bei der Anwendung des Verhältnismäßigkeitsprinzips i. w. S. für die Auslegung des Art. XX GATT sollten die WTO-Streitbeilegungsorgane auf eine richterliche einzelfallbezogene Abwägung, sei es implizit oder explizit, verzichtet.

## § 2 Konkrete Darstellung der Optimierungsvorschläge anhand von Beispielsfällen

### A. EC – Asbestos: Schutzziel und Schutzgut

#### I. Gefährdungslage

In EC – Asbestos[2] bejahten die WTO-Streitbeilegungsorgane eine Gefährdungslage der menschlichen Gesundheit durch die Verwendung von Chrysotilfasern beruhend auf der Feststellung, dass dem regulierenden WTO-Mitglied ein Ermessensspielraum für die Beurteilung einer solchen Gefährdungslage zustehe, wenn wissenschaftliche und empirische Unsicherheiten bestünden.[3]

Es wurde jedoch nicht hinreichend geklärt, wie weit der Einschätzungsspielraum des regulierenden WTO-Mitglieds bei der Festlegung der Gefährdungslage des Schutzguts reicht, sodass eine gewisse Begründungslücke für diese richterliche Zurückhaltung verbleibt.[4]

Basierend auf den Ergebnissen in Teil 7 Kapitel 22 § 1 lässt sich vorschlagen, dass die WTO-Streitbeilegungsorgane deutlich machen sollten, dass die richterliche Behandlung der Einschätzung des regulierenden WTO-Mitglieds zur Gefährdungslage des Schutzguts im Kontext des Art. XX GATT der Vermutungs- und Widerlegungsregel unterliegt.

Dabei ist darauf hinzuweisen, dass die Maßgeblichkeit der vorgenannten Einschätzung keine endgültige Feststellung, sondern eine erste Vermutung darstellt. Diese Vermutung darf zwar (nur) dann widerlegt werden, wenn willkürliche Diskriminierung oder versteckte Handelsbeschränkung i. S. d. Chapeaus des Art. XX GATT vorliegt. Eine Widerlegung kann jedoch erst nach der Bejahung der Maßgeblichkeit der Angemessenheitseinschätzung des regulierenden WTO-Mitglieds als erste Vermutung, nämlich nach der Erfüllung eines Absatzes des Art. XX GATT, erfolgen. Hingegen kann diese Vermutung nicht durch das Abwägungsargument, nämlich aufgrund der („niedrigen“) empirischen Gefährdung des Schutzguts, widerlegt werden. Denn diese empirischen Aspekte und das darauf aufbauende Werturteil sind bereits in dersel-

---

[2] Für eine kurze Zusammenfassung des Sachverhalts dieser Verfahren siehe: Teil 1 Kapitel 2 § 4 A. I. 1. – § 4 A. I. 2.

[3] WTO, Panel-Bericht v. 18. 9. 2000, WT/DS135/R, „EC – Asbestos“, Para. 8.188 ff., 8.193; WTO, AB-Bericht v. 12. 3. 2001, WT/DS135/AB/R, „EC – Asbestos“, Para. 161 – 162.

[4] Für einen Überblick über diese Unklarheit in der Entscheidungspraxis und im Schrifttum siehe: Teil 1 Kapitel 2 § 4 A. I. 3.

ben Vermutung enthalten und können somit keinen tauglichen Widerlegungsgrund darstellen.

## II. Schutzniveau

Hinsichtlich des behaupteten Schutzniveaus wies das Panel in diesem Verfahren darauf hin, dass ein WTO-Mitglied ein höheres Schutzniveau als die internationalen Standards festlegen könne und das Panel dieses Schutzniveau nicht in Frage stellen dürfe.[5] Im Berufungsverfahren erklärte der AB ausdrücklich, dass das Schutzniveausetzungsrecht eines WTO-Mitglieds unbestritten sei.[6]

Es wurde jedoch nicht hinreichend geklärt, wie weit der Einschätzungsspielraum des regulierenden WTO-Mitglieds bei der Festlegung des Schutzziels und insbesondere des Schutzniveaus reicht, sodass eine gewisse Begründungslücke für diese richterliche Zurückhaltung verbleibt.[7]

Basierend auf den Ergebnissen in Teil 7 Kapitel 22 § 1 lässt sich vorschlagen, dass die WTO-Streitbeilegungsorgane deutlich machen sollten, dass die richterliche Behandlung der Einschätzung des regulierenden WTO-Mitglieds zur Legitimität des angegebenen Schutzziels einschließlich des behaupteten Schutzniveaus im Kontext des Art. XX GATT der Vermutungs- und Widerlegungsregel unterliegt.

Dabei ist darauf hinzuweisen, dass die Maßgeblichkeit der vorgenannten Einschätzung keine endgültige Feststellung, sondern eine erste Vermutung darstellt. Diese Vermutung darf zwar (nur) dann widerlegt werden, wenn willkürliche Diskriminierung oder versteckte Handelsbeschränkung i. S. d. Chapeaus des Art. XX GATT vorliegt. Eine Widerlegung kann jedoch erst nach der Bejahung der Maßgeblichkeit der Angemessenheitseinschätzung des regulierenden WTO-Mitglieds als erste Vermutung, nämlich nach der Erfüllung eines Absatzes des Art. XX GATT, erfolgen. Hingegen kann diese Vermutung nicht durch das Abwägungsarguments, nämlich nicht beruhend auf der gewünschten empirischen Schutzwirkung, widerlegt werden. Denn diese empirischen Aspekte und das darauf aufbauende Werturteil sind bereits in dersel-

---

[5] WTO, Panel-Bericht v. 18.9.2000, WT/DS135/R, „EC – Asbestos", Para. 8.210, vgl. auch Para. 8.171.

[6] WTO, AB-Bericht v. 12.3.2001, WT/DS135/AB/R, „EC – Asbestos", Para. 168: „[...] relating to the level of protection, we note that it is undisputed that WTO Members have the right to determine the level of protection of health that they consider appropriate in a given situation."

[7] Für einen Überblick über diese Unklarheit in der Entscheidungspraxis und im Schrifttum siehe: Teil 1 Kapitel 2 § 4 A. II. 3.

ben Vermutung enthalten und können somit keinen tauglichen Widerlegungsgrund darstellen.

## B. China – Rare Earth: Geeignetheitsvermutung statt impliziter Abwägung und Angemessenheitsprüfung

In China – Rare Earths[8] stellten das Panel und der AB fest, dass für die Geeignetheitsprüfung der angegriffenen Maßnahme eine qualitative Analyse maßgeblich sein solle,[9] während ein quantitativer Test nicht erforderlich sei.[10] Mit diesem Prüfungsansatz betonten die WTO-Streitbeilegungsorgane die negativen Auswirkungen bestimmter Aspekte des chinesischen Schutzprogramms bezüglich der Konservierung von Seltenen Erden,[11] lehnten die Existenz inländischer Beschränkungen innerhalb Chinas ab[12] und wiesen hierauf beruhend die Geeignetheit der chinesischen Exportquoten zurück.[13]

In der Entscheidungspraxis und in der wissenschaftlichen Literatur sind zum einen die Maßgeblichkeit des qualitativen oder quantitativen Ansatzes und zum anderen die konkreten Beurteilungskriterien der beiden Ansätze nicht hinreichend klar. Außerdem ist unklar, wann inländische Regulierungen als inländische Beschränkungen i. S. v. Art. XX (g) GATT anerkannt werden sollen.

Die Geeignetheitsprüfung ist jedoch nicht mehr rein empirisch, wenn diese in der Entscheidungspraxis negativ beurteilt wird. Denn eine implizite Abwägung zulasten des regulierenden WTO-Mitglieds liegt dann unvermeidlich vor. Es stellt sich in diesem Fall die Frage, ob bzw. wann die implizite Abwägung im Rahmen der Geeignetheitsprüfung eine Angemessenheitsprüfung

---

[8] Für eine Zusammenfassung des Sachverhalts dieser Verfahren siehe: Teil 1 Kapitel 2 § 4 B. I. – § 4 B. II.

[9] WTO, Panel-Bericht v. 26. 3. 2014, WT/DS431/R u. a., „China – Rare Earths“, Para. 7.290, 7.327, 7.328; WTO, AB-Bericht v. 7. 8. 2014, WT/DS431/AB/R u. a., „China – Rare Earths“, Para. 5.147, 5.153.

[10] WTO, Panel-Bericht v. 26. 3. 2014, WT/DS431/R u. a., „China – Rare Earths“, Para. 7.304.

[11] WTO, Panel-Bericht v. 26. 3. 2014, WT/DS431/R u. a., „China – Rare Earths“, Para. 7.384 – 7.488; im Berufungsverfahren wurde bezüglich des *relating to test* nur die Feststellung des Panels hinsichtlich der Signalfunktion beanstandet. Hierzu siehe: WTO, AB-Bericht v. 7. 8. 2014, WT/DS431/AB/R u. a., „China – Rare Earths“, Para. 5.75, 5.81, 5.142 ff.

[12] WTO, Panel-Bericht v. 26. 3. 2014, WT/DS431/R u. a., „China – Rare Earths“, Para. 7.489 – 7.599; WTO, AB-Bericht v. 7. 8. 2014, WT/DS431/AB/R u. a., „China – Rare Earths“, Para. 5.168.

[13] WTO, Panel-Bericht v. 26. 3. 2014, WT/DS431/R u. a., „China – Rare Earths“, Para. 7.600 – 7.614.

darstellt und ob, inwieweit und nach welcher Regel richterliche Zurückhaltung bei der Überprüfung der nationalen Geeignetheitseinschätzung ausgeübt werden soll.[14]

Basierend auf den Ergebnissen in Teil 7 Kapitel 22 § 2 i. V. m. § 4 lässt sich vorschlagen, dass die WTO-Streitbeilegungsorgane deutlich machen sollten, dass die richterliche Behandlung der Einschätzung Chinas zur Geeignetheit der angegriffenen Exportquote für Seltene Erden im Kontext des Art. XX GATT der Vermutungs- und Widerlegungsregel unterliegt.

Dabei ist darauf hinzuweisen, dass die Maßgeblichkeit der vorgenannten Einschätzung eine erste Vermutung darstellt. Diese Vermutung darf zwar (nur) dann widerlegt werden, wenn willkürliche Diskriminierung oder versteckte Handelsbeschränkung i. S. d. Chapeaus des Art. XX GATT vorliegt. Eine Widerlegung kann jedoch erst nach der Bejahung der Maßgeblichkeit der Angemessenheitseinschätzung des regulierenden WTO-Mitglieds als erste Vermutung erfolgen, nämlich nach der Erfüllung des Absatzes (g) des Art. XX GATT.

Im Kontext des Art. XX GATT liegt eine implizite Abwägung und damit zugleich eine Angemessenheitsprüfung vor, wenn die Geeignetheitseinschätzung des regulierenden WTO-Mitglieds von den WTO-Streitbeilegungsorganen abgelehnt wird. Die Vermutung der Maßgeblichkeit der genannten Geeignetheitseinschätzung kann jedoch nicht durch ein (implizites) Abwägungsargument widerlegt werden. Nämlich darf die Vermutung nicht aus dem Grund widerlegt werden, dass die negative empirische Auswirkung anscheinend gravierend ist, sei sie qualitativ oder quantitativ, und somit eine geringere fördernde Wirkung entfaltet. Denn diese empirischen Auswirkungen und das darauf aufbauende Werturteil sind bereits in derselben Vermutung enthalten und können somit keinen tauglichen Widerlegungsgrund darstellen.

Als Teil der Geeignetheitsprüfung stellt ebenso die Maßgeblichkeit der Einschätzung Chinas zum Vorhandensein inländischer Beschränkungen i. S. v. Art. XX (g) GATT eine erste Vermutung dar. Denn auch die herkömmlichen, nämlich die allgemeinen Verwaltungs- und polizeilichen Maßnahmen im Inland Chinas, haben bestimmte fördernde Auswirkungen auf die Konservierung von Seltenen Erden. Die anscheinend wenig effektive Beschränkung im Inland stellt keinen tauglichen Widerlegungsgrund gegen die genannte Vermutung dar, da es sich dabei um ein Abwägungsargument handelt.

Die angegriffene chinesische Maßnahme kann zwar die Geeignetheitsprüfung bestehen. Ihre WTO-Rechtskonformität lässt sich jedoch bei der Prüfung

---

[14] Für einen Überblick über diese Unklarheit in der Entscheidungspraxis und im Schrifttum siehe: Teil 1 Kapitel 2 § 4 B. III.

des Chapeaus aufgrund des Vorhandenseins einer willkürlichen Diskriminierung i. S. d. Chapeaus des Art. XX GATT ablehnen.

## C. Korea – Beef: Erforderlichkeitsvermutung statt impliziter Abwägung und Angemessenheitsprüfung

In Korea – Beef[15] erklärte der AB im Rahmen des *weighing and balancing test* ausdrücklich, dass den Mitgliedern der WTO das Recht zustehe, das Durchsetzungsniveau ihrer WTO-rechtskonformen Gesetze und Vorschriften zu bestimmen.[16] Sodann ging der AB davon aus, dass Korea nicht auf eine totale Eliminierung des Betrugs, sondern nur auf deren Reduktion abziele.[17] Denn eine totale Eliminierung des Betrugs verlange ein totales Einfuhrverbot.[18] Aus diesem Grund stellte der AB fest, dass das Schutzniveau Koreas alternativ durch herkömmliche, WTO-rechtskonforme Durchsetzungsmaßnahmen erreicht werden könne.[19]

Aufgrund „empirischer" Unsicherheiten bestehen in der Entscheidungspraxis und in der wissenschaftlichen Literatur Unbestimmtheiten, überwiegend bei der Feststellung der milderen Handelsverletzung durch die vorgeschlagene Alternative und bei der Einschätzung der gleichen Wirksamkeit der vorgeschlagenen Alternative im Vergleich zur ergriffenen Maßnahme. Insbesondere wurde die Rolle der Wichtigkeit des angegebenen Schutzziels für die Gleichwirksamkeitsprüfung der vorgeschlagenen Alternative nicht hinreichend geklärt.

Die Analyse ist jedoch nicht mehr rein empirisch, sondern wird zu einer impliziten Abwägung, wenn die Erforderlichkeitseinschätzung des regulierenden WTO-Mitglieds abgelehnt wird. Es stellt sich in diesem Fall die Fragen, ob und wann die implizite Abwägung im Rahmen der „Erforderlichkeitsprüfung" eine Angemessenheitsprüfung darstellt sowie ob, inwieweit und nach

---

[15] Für eine Zusammenfassung des Sachverhalts dieser Verfahren siehe: Teil 1 Kapitel 2 § 4 C. I. – § 4 C. II.

[16] WTO, AB-Bericht v. 11.12.2000, WT/DS161/AB/R u. a., „Korea – Beef", Para. 176.

[17] WTO, AB-Bericht v. 11.12.2000, WT/DS161/AB/R u. a., „Korea – Beef", Para. 178.

[18] WTO, AB-Bericht v. 11.12.2000, WT/DS161/AB/R u. a., „Korea – Beef", Para. 178: „We think it is unlikely that Korea intended to establish a level of protection that totally eliminates fraud with respect to the origin of beef (domestic or foreign) sold by retailers. The total elimination of fraud would probably require a total ban of imports. Consequently we assume Korea intended to reduce considerably the number of cases of fraud occurring with respect to the origin of beef sold by retailers."

[19] WTO, AB-Bericht v. 11.12.2000, WT/DS161/AB/R u. a., „Korea – Beef", Para. 180.

welcher Regel richterliche Zurückhaltung von den WTO-Streitbeilegungsorganen ausgeübt werden soll.[20]

Basierend auf den erzielten Ergebnissen in Teil 7 Kapitel 22 § 3 i. V. m. § 4 lässt sich vorschlagen, dass die WTO-Streitbeilegungsorgane deutlich machen sollten, dass die richterliche Behandlung der Erforderlichkeitseinschätzung Koreas zum dualen Vertriebssystem für in- und ausländisches Rindfleisch im Kontext von Art. XX GATT der Vermutungs- und Widerlegungsregel unterliegt.

Dabei ist darauf hinzuweisen, dass die Maßgeblichkeit der vorgenannten Einschätzung eine erste Vermutung darstellt. Diese Vermutung darf zwar (nur) dann widerlegt werden, wenn eine willkürliche Diskriminierung oder eine versteckte Handelsbeschränkung i. S. d. Chapeaus des Art. XX GATT vorliegt. Eine Widerlegung kann jedoch nur erfolgen, wenn die Maßgeblichkeit der Angemessenheitseinschätzung des regulierenden WTO-Mitglieds als erste Vermutung bejaht wurde, also nach Erfüllung des Absatzes (d) von Art. XX GATT.

Im Kontext des Art. XX GATT liegt eine implizite Abwägung und damit zugleich eine Angemessenheitsprüfung dann vor, wenn die Erforderlichkeitseinschätzung des regulierenden WTO-Mitglieds von den WTO-Streitbeilegungsorganen abgelehnt wird. Dieses (implizite) Abwägungsargument stellt jedoch keinen tauglichen Widerlegungsgrund gegen die Erforderlichkeitsvermutung der ergriffenen Maßnahme dar.

Die Bejahung einer Handelsschonenden und zugleich zur Erreichung des behaupteten Schutzniveaus Koreas gleichwirksamen Alternative ist ohne richterliche Abwägung, nämlich ohne eine Ablehnung der Legitimität des angestrebten Schutzniveaus Koreas, nicht möglich. Die Alternative, der betrügerischen Gefahr mit herkömmlichen Maßnahmen zu begegnen, ist weniger effektiv als die Einführung eines dualen Vertriebssystems. Der AB hatte zwar das Recht zur Festlegung des Schutzniveaus Koreas ausdrücklich „anerkannt“ und lediglich dieses Schutzniveau „ermittelt“. Dabei handelt es sich jedoch um eine implizite Korrektur der behaupteten Wichtigkeit des Schutzziels und des behaupteten Schutzniveaus Koreas.

Denn das von Korea behauptete Schutzniveau, „die Eliminierung der betrügerischen Gefahr in Bezug auf die ausländische Herkunft von Rindfleisch“, lässt sich empirisch nicht hinreichend bestimmen, da hierfür kein technischer Maßstab existiert. Es ist nicht ersichtlich, ob selbst ein totales Einfuhrverbot, wie vom AB festgestellt, ausreicht, die betrügerische Gefahr zu eliminieren, wenn kein totales Einfuhrverbot für alle Fleischprodukte bzw. gar für alle

---

[20] Für einen Überblick über diese Unklarheit in der Entscheidungspraxis und im Schrifttum siehe: Teil 1 Kapitel 2 § 4 C. III.

Produkte verhängt wird. Außerdem würde ein totales Einfuhrverbot für ausländisches Rindfleisch die Wahlmöglichkeit der Verbraucher in Korea einschränken, was Korea schützen würde. Das behauptete Schutzniveau spiegelt zugleich die behauptete Wichtigkeit des Schutzziels wider.

Somit kann das von Korea angestrebte Schutzniveau als Ergebnis einer Abwägungsentscheidung ausschließlich durch die ergriffene Maßnahme erreicht werden. Das (implizite) Abwägungsargument stellt keinen tauglichen Grund dar, um die Erforderlichkeitsvermutung der ergriffenen Maßnahme zu widerlegen. Denn diese Vermutung umfasst die Gesamtheit der Prognose des regulierenden WTO-Mitglieds, also jede Einzelheit der empirischen Einschätzung Koreas, dass keine mildere Maßnahme zur Verfügung steht, durch die sein Schutzziel und Schutzniveau in gleicher oder gleichwirksamer Weise erreicht werden können. Nämlich stellen die empirischen Aspekte einer vorgeschlagenen Alternative, einschließlich ihrer handelsbeschränkenden Wirkung und ihrer Schutzwirkung auf das Schutzgut, keinen tauglichen Widerlegungsgrund dar. Denn diese empirische Wirkung und das darauf aufbauende Rechtsurteil sind bereits mittelbar von der Vermutung umfasst und können diese Vermutung nicht widerlegen.

## D. EC – Seal Products: Chapeau-Prüfung als vertraglich vorgesehene Diskriminierungskontrolle statt Angemessenheitsprüfung

Im Fall EC – Seal Products[21] waren sowohl das Panel als auch der AB bei der Chapeau-Prüfung des Art. XX GATT der Ansicht, dass die Diskriminierung i. S. d. Chapeaus auch solche umfassen könne, die unter anderem nach Art. III:4 GATT qualifiziert werden könne.[22]

Das Panel erkannte den Schutz indigener Gemeinden als ein legitimes Ziel an, obwohl dadurch eine *de facto* Diskriminierung entstehe, da diese Ausnahme in Endeffekt nur von Grönland in Anspruch genommen werde.[23]

Demgegenüber hatte der AB mittels des Ansatzes der Gegenläufigkeit von Schutzzielen, wonach die Diskriminierung i. S. d. Chapeaus des Art. XX GATT in einem vernünftigen Zusammenhang mit dem herangezogenen Rechtferti-

---

[21] Für eine Zusammenfassung des Sachverhalts dieser Verfahren siehe: Teil 1 Kapitel 2 § 4 D. I.–§ 4 D. II.

[22] WTO, Panel-Bericht v. 25.11.2013, WT/DS400/R u. a., „EC – Seal Products", Para. 7.647 f.; WTO, AB-Bericht v. 22.5.2014, WT/DS400/AB/R u. a., „EC – Seal Products", Para. 5.298, 5.316.

[23] WTO, Panel-Bericht v. 25.11.2013, WT/DS400/R u. a., „EC – Seal Products", Para. 7.650 i. V. m. 7.302–7.319.

gungsziel stehen müsse,[24] die Legitimität des Schutzes indigener Gemeinden nicht anerkannt.[25] Eine *de facto* Diskriminierung durch die IG-Ausnahme lehnte der AB auch entgegen der Auffassung des Panels ab.[26]

Stattdessen stellte der AB u.a. unter Anwendung des vorgenannten Prüfungsansatzes fest, dass die IG-Ausnahme eine willkürliche Diskriminierung i.S.d. Chapeaus des Art. XX GATT darstelle, weil sie eine erhebliche Ausgliederung des allgemeinen EU-Vermarktungsverbots für Robbenprodukte darstelle und übermäßige Leiden für Robben verursache.[27]

Dieser Prüfungsansatz wird im Schrifttum überwiegend als offene Abwägung, teils als implizite Abwägung in Form der Geeignetheitserwägung und teils als Konsistenzargument verstanden und vielfach kritisch beurteilt. Diese Debatte setzt die seit US – Gasoline und US – Shrimp geführte Diskussion darüber fort, ob die Chapeau-Prüfung nach Art. XX GATT eine Angemessenheitsprüfung ist bzw. sein soll. Falls ja, stellt sich die Frage, inwieweit und nach welcher Regel diese Abwägung von den WTO-Streitbeilegungsorganen vorzunehmen ist. Falls nein, ist zu klären, nach welchem Kriterium beurteilt werden soll, wann eine willkürliche Diskriminierung i.S.d. Chapeau des Art. XX GATT vorliegt.[28]

Auf Grundlage der in Teil 7 Kapitel 22 § 5 i.V.m. § 4 erzielten Ergebnisse lässt sich vorschlagen, dass der AB wie folgt in korrigierter Weise entscheiden sollte.

## I. Allgemeine Feststellung: Vertraglich vorgesehene Diskriminierungskontrolle statt Angemessenheitsprüfung

Die WTO-Streitbeilegungsorgane sollten deutlich machen, dass es sich bei der Interpretation der willkürlichen Diskriminierung um die Erfüllung der materiellen Normvorgabe des Chapeaus des Art. XX GATT handelt. Dabei

---

[24] WTO, AB-Bericht v. 22.5.2014, WT/DS400/AB/R u.a., „EC – Seal Products", Para. 5.306.

[25] Zumindest nicht ausdrücklich anerkannt. Vgl. WTO, AB-Bericht v. 22.5.2014, WT/DS400/AB/R u.a., „EC – Seal Products", Para. 5.317. Für eine indizielle Anerkennung der Legitimität des Schutzes von indigenen Gemeinden vgl. WTO, AB-Bericht v. 22.5.2014, WT/DS400/AB/R u.a., „EC – Seal Products", Para. 5.337.

[26] WTO, AB-Bericht v. 22.5.2014, WT/DS400/AB/R u.a., „EC – Seal Products", Para. 5.336.

[27] WTO, AB-Bericht v. 22.5.2014, WT/DS400/AB/R u.a., „EC – Seal Products", Para. 5.320.

[28] Für einen Überblick über diese Diskussion im Schrifttum siehe: Teil 1 Kapitel 2 § 4 D. III.

besteht kein Raum für eine richterliche einzelfallbezogene Abwägung – weder in offener noch in impliziter Weise.

## II. Verzicht auf das (implizite) Abwägungsargument/ den Ansatz der Gegenläufigkeit von Schutzzielen

Der vom AB im Fall EC – Seal Products verwendete Prüfungsansatz der Gegenläufigkeit von Schutzzielen stellt keine offene Abwägung allein anhand der angegebenen Schutzziele und unabhängig von der ergriffenen Maßnahme dar, sondern ist als eine implizite Abwägung in Form der Geeignetheitsprüfung anzusehen. Denn es kann keine Gegenläufigkeit der Schutzziele entstehen, wenn nur die Schutzgüter, nicht aber die ergriffenen Maßnahmen zur Verfolgung dieser Ziele betrachtet werden. Außerdem war explizit noch von der *rational connection* der IG-Ausnahme zu dem Robbenschutz die Rede. Hieraus ergibt sich eine implizite Abwägung in Form der Geeignetheitserwägung, wodurch die inhaltsleere Angemessenheitsprüfung ausgefüllt wird.

Auf eine solche Geeignetheitsabwägung zur Feststellung einer willkürlichen Diskriminierung bei der Prüfung des Chapeaus soll jedoch verzichtet werden. Denn auch dieses implizite Abwägungsargument stellt im Kontext von Art. XX GATT keinen tauglichen Widerlegungsgrund dar.

Nach dem ausdrücklichen Wortlaut des Chapeaus besteht seine Funktion in der Beschränkung des Regulierungsrechts eines WTO-Mitglieds nach einem der Absätze des Art. XX GATT.[29] Es ist daher die willkürliche Diskriminierung i. S. d. Chapeaus, die das Recht des regulierenden WTO-Mitglieds zur Einschätzung der Legitimität des behaupteten Gefährdungs- und Schutzniveaus sowie der Verhältnismäßigkeit i. w. S. der angegriffenen Umweltmaßnahme beschränkt und abschließend bestimmt – und nicht umgekehrt. Die Diskriminierung im Sinne des Chapeaus zu Art. XX GATT soll anhand der Diskriminierungsdogmatik in Verbindung mit der Vertragsbestimmung dieses

[29] Vgl. u. a. *Gaines*, The WTO's Reading of the GATT Article XX, UPJIL 2001, 739, 779, 839; *Mavroidis*, The General Agreement on Tariffs and Trade: A Commentary, 2005, S. 206; WTO, Panel-Bericht v. 15. 5. 1998, WT/DS58/R, „US – Shrimp", Para. 7.29; in Form eines Missbrauchsverbots: WTO, AB-Bericht v. 20. 5. 1996, WT/DS2/AB/R, „US – Gasoline", S. 22; WTO, AB-Bericht v. 12. 10. 1998, WT/DS58/AB/R, „US – Shrimp", Para. 158; WTO, Panel-Bericht v. 25. 11. 2013, WT/DS400/R u. a., „EC – Seal Products", Para. 7.645; WTO, AB-Bericht v. 22. 5. 2014, WT/DS400/AB/R u. a., „EC – Seal Products", Para. 5.297; WTO, Panel-Bericht v. 12. 6. 2007, WT/DS332/R, „Brazil – Retreaded Tyres", Para. 7.221; WTO, AB-Bericht v. 3. 12. 2007, WT/DS332/AB/R, „Brazil – Retreaded Tyres", Para. 224; WTO, Panel-Bericht v. 26. 3. 2014, WT/DS431/R u. a., „China – Rare Earths", Para. 7.347 ff.; WTO, AB-Bericht v. 9. 11. 2017, WT/DS477/AB/R u. a., „Indonesia – Import Licensing Regimes", Para. 5.95.

Artikels festgestellt werden, nicht jedoch anhand der konkreten Auswirkungen der ergriffenen Umweltmaßnahme auf bestimmte Schutzgüter. Andernfalls läuft die Vorgabe des Diskriminierungsverbots im Chapeau des Art. XX GATT ins Leere.

Die vorgenannten Auswirkungen, nämlich die durch die IG-Ausnahme verursachten negativen Auswirkungen auf das Wohlergehen von Robben, sowie das darauf aufbauende Rechtmäßigkeitsurteil sind von der Verhältnismäßigkeitsvermutung i. w. S. der europäischen Maßnahme gedeckt. Sie können somit nicht dieselbe Vermutung widerlegen, da dies sonst zur Unwirksamkeit des Absatzes (a) von Art. XX GATT führen würde. Denn dieselbe umweltpolitische Maßnahme kann nach diesem Absatz sowohl als vorläufig rechtmäßig als auch als endgültig rechtswidrig beurteilt werden.

## III. Feststellung einer willkürlichen Diskriminierung i. S. d. Chapeaus zu Art. XX GATT anhand der Diskriminierungsdogmatik

Eine willkürliche Diskriminierung i. S. d. Chapeaus zu Art. XX GATT soll nicht über ein implizites Abwägungsargument, sondern anhand der Diskriminierungsdogmatik festgestellt werden.

### 1. Situation und gleiche Situation i. S. d. Chapeaus des Art. XX GATT

Die *condition* i. S. d. Chapeaus zu Art. XX GATT ist Gegenstand der Behandlung und damit Gegenstand einer eventuellen willkürlichen Diskriminierung i. S. d. Chapeaus. Die Einschätzung der EU zur objektiven Gefährdung des Wohlergehens von Robben und damit zur objektiven Gefährdung der öffentlichen Moral der Union stellt die *condition* dar und bildet zugleich die Vergleichsgrundlage für die Feststellung der *same condition* i. S. d. Chapeaus von Art. XX GATT. Die Robben und damit die öffentliche Moral der EU befinden sich in der gleichen Situation, wenn Robben – sei es zu kommerziellen Zwecken oder durch indigene Gemeinschaften – gefangen werden[30] und die EU-Bürger vor Robbenprodukten ausgesetzt sind.

Der AB hatte zwar Hinweise für die Feststellung der Situation i. S. d. Chapeaus zu Art. XX GATT gegeben, dass diese die Gefährdung des Wohlergehens von Robben darstelle.[31] Er hatte diese Situation jedoch nicht zur Feststellung der Ausgangsdiskriminierung i. S. d. Chapeaus zu Art. XX GATT

[30] Vgl. WTO, AB-Bericht v. 22. 5. 2014, WT/DS400/AB/R u. a., „EC – Seal Products“, Para. 5.317.

[31] Vgl. WTO, AB-Bericht v. 22. 5. 2014, WT/DS400/AB/R u. a., „EC – Seal Products“, Para. 5.317.

verwendet, deren Gegenstand die objektive Gefährdung des Wohlergehens von Robben war. Hingegen wurde die Situation i. S. d. Chapeaus nur von dem AB zur Ablehnung der Legitimität des indigenen Schutzes als Rechtfertigung für die vorgenannte Diskriminierung herangezogen.

Hinsichtlich der Situation i. S. d. Chapeaus zu Art. XX GATT sollte der AB ferner klarstellen, dass diese nur die objektive Gefährdung des Wohlergehens von Robben umfasst, nicht jedoch das darauf aufbauende Schutzbedürftigkeitsurteil der EU. Denn es handelt sich bei letzterem nicht um den Gegenstand der Behandlung, sondern um die Behandlung des Gegenstands/der Situation.

### 2. Ungleiche Behandlung und die willkürliche Diskriminierung/ Ausgangsdiskriminierung i. S. d. Chapeaus des Art. XX GATT

Die Vermutung der Verhältnismäßigkeit i. w. S. der angegriffenen umweltpolitischen Maßnahme im Kontext des Art. XX GATT ist eine notwendige Voraussetzung für die Feststellung des Beurteilungskriteriums für die Gleichheit der Behandlung. Im Kontext des Art. XX GATT ist die als verhältnismäßig i. w. S. vermutete angegriffene Maßnahme/Hauptmaßnahme das Beurteilungskriterium für die Gleichheit der Behandlung zur Feststellung der Ausgangsdiskriminierung i. S. d. Chapeaus zu Art. XX GATT. Ein solches Kriterium kann nur dann festgestellt werden, wenn die Vermutung der Verhältnismäßigkeit i. w. S. der ergriffenen Umweltmaßnahme bejaht wurde.

Somit soll die Geeignetheitseinschätzung der EU entgegen der Ansicht des AB nicht abgelehnt werden, da andernfalls die Gleichheit der Behandlung nicht festgestellt werden kann. Hingegen soll der AB die Geeignetheits- und Angemessenheitsvermutung des EU-Robbenprogramms weiterhin bejahen und nicht aufgrund des Ansatzes der Gegenläufigkeit von Schutzzielen ablehnen. Nur so kann das Kriterium für die Gleichheit der Behandlung festgestellt werden.

Zur Abwendung der empirischen Gefährdung des Wohlergehens von Robben aufgrund der Robbenjagd wurde ein allgemeines Vermarktungsverbot für Robbenprodukte aus der EU und anderen WTO-Mitgliedern eingeführt. Hingegen gilt dieses Verbot nicht für Robbenprodukte aus Grönland, obwohl deren Produktionsprozess die gleiche Gefährdung für Robben verursacht. Somit liegt eine willkürliche Diskriminierung i. S. d. Chapeaus zu Art. XX GATT vor, weil bei gleicher objektiver Gefährdung des Wohlergehens von Robben unterschiedlich behandelt wird. Diese Diskriminierung stellt zugleich die Ausgangsdiskriminierung i. S. d. Chapeaus zu Art. XX GATT dar.

### 3. Rechtfertigung der willkürlichen Diskriminierung/ Ausgangsdiskriminierung i.S.d. Chapeaus des Art. XX GATT

Auch eine Diskriminierung i. S. d. Chapeaus des Art. XX GATT kann gerechtfertigt sein, sofern ein legitimer Grund vorliegt und keine weitere Diskriminierung i. S. d. Chapeaus gegeben ist. Denn Art. XX GATT regelt nur, dass die in den einzelnen Absätzen genannten Interessen Vorrang vor der Handelsfreiheit einzuräumen. Wie diese nichtwirtschaftlichen Interessen untereinander abzuwägen bzw. zu behandelt sind, ist in Art. XX GATT nicht geregelt und unterliegt somit dem Ermessen des jeweiligen regulierenden WTO-Mitglieds. Und diese Regulierungsfreiheit unterliegt wiederum der Einschränkung im Chapeau des Art. XX GATT.

#### *a) Legitimer Rechtfertigungsgrund für die Ausgangsdiskriminierung i. S. d. Chapeaus des Art. XX GATT*

Der AB lehnte jedoch ab, dass der Schutz indigener Gemeinschaften einen legitimen Rechtfertigungsgrund für die Ausgangsdiskriminierung i. S. d. Chapeaus des Art. XX GATT darstellen könne, da die Identität der Robbenjäger keinen Unterschied für das Wohl der Robben mache.[32]

Entgegen dieser Feststellung sollte der AB daher ausdrücklich erklären, dass der Schutz indigener Gemeinde ein legitimer Rechtfertigungsgrund für die Diskriminierung i. S. d. Chapeaus des Art. XX GATT ist, deren Gegenstand die objektive Gefährdung des Wohlergehens von Robben ist.

#### *b) Weitere Diskriminierung i. S. d. Chapeaus des Art. XX GATT*

Ferner sah der AB in der Ambiguität der Definition und der Beurteilungskriterien für die IG-Ausnahme eine willkürliche Diskriminierung i. S. d. Chapeaus des Art. XX GATT.[33]

Allein diese Ambiguität kann weder einen Missbrauch noch eine willkürliche Diskriminierung i. S. d. Chapeaus des Art. XX GATT begründen. Denn der AB hatte dabei überhaupt keine Ungleichbehandlung festgestellt, die für die Beurteilung einer Diskriminierung i. S. d. Chapeaus des Art. XX GATT unerlässlich ist. Daher sollte der AB auf diesen Ansatz verzichten.

---

32 Vgl. WTO, AB-Bericht v. 22. 5. 2014, WT/DS400/AB/R u. a., „EC – Seal Products", Para. 5.317.

33 WTO, AB-Bericht v. 22. 5. 2014, WT/DS400/AB/R u. a., „EC – Seal Products", Para. 5.321 – 5.328.

Der AB sah weiterhin eine willkürliche Diskriminierung darin, dass vergleichbare Unterstützungsbemühungen für den Marktzugang von Robbenprodukten indigener Gemeinden aus anderen WTO-Mitgliedern als Grönland nicht von der EU gegeben waren.[34] Denn die Robbenprodukte aus Grönland wurden bereits vor der Einrichtung der Behörde zur Anerkennung der Identität der Jäger in der EU importiert und vermarktet.[35] Diese Feststellung sollte wie folgt optimiert werden.

Zunächst sollte der AB deutlich machen, dass es sich hierbei um eine weitere Diskriminierung i. S. d. Chapeaus des Art. XX GATT handelt, deren Gegenstand die objektive Gefährdung der Existenz und des Lebensstils indigener Gemeinden ist.

Ferner kann diese Feststellung des AB nur dann richtig sein, wenn die Legitimität des Schutzes indigener Gemeinden für die Rechtfertigung der Ausgangsdiskriminierung i. S. d. Chapeaus des Art. XX GATT, deren Gegenstand die objektive Gefährdung des Wohlergehens von Robben ist, entgegen der vorherigen Feststellung des AB[36] anerkannt wird. Andernfalls führt die Ablehnung der genannten Legitimität dazu, dass keine Behandlungsbedürftigkeit indigener Gemeinschaften festgestellt wird und damit keine Gleichbehandlungspflicht der EU besteht.

Außerdem erscheint es sinnvoll, deutlich zu machen, dass es sich hierbei um eine Ungleichbehandlung in Form ungleicher Schutzbedürftigkeitsurteile aufbauend auf gleicher Gefährdung der Existenz und des Lebensstils indigener Gemeinden handelt, welche durch das Vermarktungsverbot von Robbenprodukten in der EU verursacht wird.

Die Forderung nach der Einrichtung einer Anerkennungsbehörde in Kanada und das Unterlassen einer solchen Einrichtung in Grönland stellen jeweils keine Behandlung der Situation dar, nämlich keine Behandlung der objektiven Gefährdung der indigenen Gemeinden.

Durch diese Anerkennungsbehörde wird lediglich festgestellt, ob es sich bei den Robbenjägern um das schutzwürdige Schutzgut, nämlich um indigene Gemeinden, handelt. Dieses Schutzwürdigkeitsurteil stellt noch keine Behandlung im Sinne der Feststellung einer Diskriminierung i. S. d. Chapeaus des Art. XX GATT dar, da die Schutzbedürftigkeit des Schutzguts noch nicht festgestellt wurde und somit kein Behandlungsbedarf besteht.

---

[34] WTO, AB-Bericht v. 22. 5. 2014, WT/DS400/AB/R u. a., „EC – Seal Products", Para. 5.337.

[35] WTO, AB-Bericht v. 22. 5. 2014, WT/DS400/AB/R u. a., „EC – Seal Products", Para. 5.337.

[36] WTO, AB-Bericht v. 22. 5. 2014, WT/DS400/AB/R u. a., „EC – Seal Products", Para. 5.317.

Dieses Schutzwürdigkeitsurteil ist jedoch Ausgangspunkt und Bestandteil des Schutzbedürftigkeitsurteils des Schutzguts, das eine Form der Behandlung zur Feststellung einer Diskriminierung i. S. d. Chapeaus des Art. XX GATT darstellt. Die ungleichen Schutzbedürftigkeitsurteile bei gleicher objektiver Gefährdungslage indigener Gemeinden liegen darin, dass in Kanada die Feststellung der Identität einer Gemeinde als indigene Gemeinde – als Teil des Schutzbedürftigkeitsurteils der indigenen Gemeinde gegenüber einer bestimmten Gefährdung – durch eine Anerkennungsbehörde erfolgen muss. In Grönland hingegen wird die Feststellung einer solchen Identität, die Grundlage für die Feststellung der Schutzbedürftigkeit ist, nicht durch eine solche Anerkennungsbehörde vorgenommen.

#### *c) Rechtfertigung der weiteren Diskriminierung i. S. d. Chapeaus des Art. XX GATT*

Ein Rechtfertigungsgrund für diese weitere Diskriminierung i. S. d. Chapeaus wurde von der EU nicht herangezogen. Daher sind sowohl diese Diskriminierung als auch die Ausgangsdiskriminierung als willkürliche Diskriminierung i. S. d. Chapeaus des Art. XX GATT zu qualifizieren.

Nach vorliegender Analyse kann die Diskriminierung i. S. d. Chapeaus des Art. XX GATT, deren Gegenstand die objektive Gefährdung der Existenz und des Lebensstils indigener Gemeinden ist, dennoch gerechtfertigt sein, falls die EU entsprechende Bemühungen unternommen hatte.

Die EU könnte nämlich die unterschiedlichen Merkmale und damit die erhöhte Vulnerabilität und Schutzbedürftigkeit der indigenen Gemeinden in Grönland gegenüber dem allgemeinen EU-Vermarktungsverbot darstellen und diese als Rechtfertigungsgrund für die hier genannte weitere Diskriminierung i. S. d. Chapeaus des Art. XX GATT heranziehen. In diesem Fall stellen diese Unterschiede keine vergleichbare, sondern eine unvergleichbare Situation dar, weshalb unterschiedliche Schutzbedürftigkeitsurteile und Regulierungen angewendet werden müssen. Eine Gleichbehandlungspflicht der EU besteht somit nicht mehr.

## Kapitel 24

# Ausblick

Die Caroline sank 1837. Die dadurch ausgelöste Diskussion über die Stellung des Verhältnismäßigkeitsprinzips i. w. S. im Völkerrecht dauert bis heute an.

Im WTO-Recht ist die Anwendung des Verhältnismäßigkeitsprinzips i. w. S. für die Auslegung des Art. XX GATT unerlässlich. Dieses Prinzip ist nach der Vermutungs- und Widerlegungsregel anzuwenden. Nach dieser Regel ist die Grenze der Margin of Appreciation des regulierenden WTO-Mitglieds zu bestimmen. Dementsprechend sind die Prüfungsdichte und damit die richterliche Zurückhaltung gegenüber der nationalen Einschätzung zur Verhältnismäßigkeit i. w. S. einer Umweltschutzmaßnahme anhand der Vermutungs- und Widerlegungsregel festzulegen. Die Umweltregulierung eines WTO-Mitglieds im Kontext von Art. XX GATT ist nämlich keine rein politische, sondern eine politisch sensible Frage, deren WTO-Rechtskonformität durch die Verhältnismäßigkeitsprüfung i. w. S. anhand der Vermutungs- und Widerlegungsregel festgestellt werden soll. Bei einer solchen Prüfung soll auf eine richterliche einzelfallbezogene Abwägung, sei es in impliziter oder expliziter Form, verzichtet werden.

Diese Ergebnisse beschränken sich grundsätzlich nur auf die Anwendung des Verhältnismäßigkeitsgrundsatzes i. w. S. bei der Auslegung von Art. XX GATT als völkerrechtliche Vertragsbestimmung, die mittelbar eine Vermutungs- und Widerlegungsregel vorsieht. Eine Übertragung der Ergebnisse auf andere Kontexte des Völkerrechts sollte mit Vorsicht erfolgen. Es ist anhand des dogmatischen Charakters des Verhältnismäßigkeitsgrundsatzes i. w. S. und insbesondere unter Berücksichtigung des jeweiligen konkreten Vertragskontextes zu prüfen, ob und wann sich daraus eine Vermutungs- und Widerlegungsregel ergibt.

Denn der vorgenannte dogmatische Charakter, dass ohne Korrektur des behaupteten Schutzniveaus kein Prüfungsschritt der Verhältnismäßigkeitsprüfung i. w. S. abgelehnt werden kann, sagt nichts über die entscheidende Frage aus, welchen Ausgangsrechtsstatus das behauptete Schutzniveau des beschränkenden Staates hat. Ohne eine konkrete völkerrechtliche Vertragsbestimmung kann nämlich weder eine erste Vermutung für die Legitimität des behaupteten Schutzniveaus noch ein tauglicher Widerlegungsgrund begründet werden. Selbst im Kontext von Art. XX GATT kann eine Vermutungs- und Widerlegungsregel erst dann begründet werden, wenn die konstitutiven Voraussetzungen eines Absatzes erfüllt sind.

Wenn sich jedoch aus der im Einzelfall anwendbaren völkerrechtlichen Norm keine Vermutungs- und Widerlegungsregel ergibt, stellt sich zunächst die Frage, woran sich die Anwendung des Verhältnismäßigkeitsgrundsatzes i. w. S. orientieren soll. Aufgrund der empirischen Unsicherheit der Rationalitätsprüfung und der schwierigen Rationalisierbarkeit der richterlichen Abwägung wird die Frage zu einer Souveränitäts- bzw. Kompetenzfrage.

In diesem Fall steht die richterliche Behandlung der Einschätzung eines Staates bzw. Staatsorgans zur Verhältnismäßigkeit i. w. S. einer beschränkenden Maßnahme vor einem Dilemma: Wird diese Einschätzung von einem (internationalen) Gericht mit einem Abwägungsargument zurückgewiesen, so scheint eine richterliche Grenzüberschreitung vorzuliegen; wird dieser Einschätzung hingegen zugestimmt, so besteht wiederum die Gefahr, dass ein (internationales) Gericht als Instrument zur justiziellen Absicherung einer rein politischen Entscheidung missbraucht wird.

Zur Bewältigung dieses Dilemmas wäre ein Verzicht auf die richterliche Behandlung durch die Anwendung von *issue avoidance*-Techniken denkbar. Dabei stellt sich aber wiederum die Frage, unter welchen Voraussetzungen eine Angelegenheit als rein politisch zu qualifizieren ist und ein (internationales) Gericht sich folglich nicht damit befassen darf. Theorien, insbesondere die Theorie der politischen Frage und die Theorie der Margin of Appreciation, geben keine direkte Antwort auf diese Frage. Sie bieten jedoch einen ausreichenden theoretischen Rahmen, um sich selbst weiterzuentwickeln und die Anwendung des Verhältnismäßigkeitsprinzips i. w. S. in dem genannten Dilemma weiter zu klären.

Zur Überwindung des Dilemmas und zur Weiterentwicklung der vorgenannten Theorien erscheint es sinnvoll, statt einer richterlichen Behandlung bzw. Abwägung jedweder Form vorerst die Vorfrage zu klären, welche Voraussetzungen für die Bejahung der Kompetenz eines (internationalen) Schiedsgerichts zur Behandlung der nationalen Einschätzung zur Legitimität des angegebenen Schutzziels und zur Verhältnismäßigkeit i. w. S. einer beschränkenden Maßnahme ausreichen sollen. Das heißt, ob eine Möglichkeit ausreicht oder ob eine erste Vermutung erforderlich ist. Die Antwort scheint einfach zu sein. Bei der konkreten Beurteilung, wann eine Vermutung vorliegt oder nicht, ist jedoch Vorsicht geboten.

# Literaturverzeichnis

*Abotsi*, Ernest Kofi: Adjustment Tensions and Regime Goals: Review of the WTO's Treatment of Trade Related Environmental Issues, in: University of Botswana Law Journal 2010, S. 27 ff. [zitiert: *Abotsi*, Review of the WTO's Treatment of Trade Related Environmental Issues, UBLJ 2010, 27].

*Ago*, Roberto: Addendum to the Eighth Report on State Responsibility, in: Yearbook of the International Law Commission 1980, Band II/1, A/CN.4/318/Add.5-7, S. 13 ff. [zitiert: *Ago*, Addendum to the Eighth Report on State Responsibility, YBILC 1980, Band II/1, A/CN.4/318/Add.5-7].

*Alder*, Murray Colin: The Inherent Right of Self-Defence in International Law, Dordrecht 2013 [zitiert: *Alder*, The Inherent Right of Self-Defence in International Law, 2013].

*Aleinikoff*, Alexander: Constitutional Law in the Age of Balancing, in: Yale Law Journal 1987, S. 943 ff. [zitiert: *Aleinikoff*, Constitutional Law in the Age of Balancing, YLJ 1987, 943].

*Alexy*, Robert: Balancing, Constitutional Review, and Representation, in: International Journal of Constitutional Law 2005, S. 572 ff. [zitiert: *Alexy*, Balancing, Constitutional Review, and Representation, ICON 2005, 572].

*Alexy*, Robert: On the Structure of Legal Principles, in: Ratio Juris 2000, S. 294 ff. [zitiert: *Alexy*, On the Structure of Legal Principles, Ratio Juris 2000, 294].

*Alexy*, Robert: Theorie der Grundrechte, 9. Aufl., Berlin 2020 [zitiert: *Alexy*, Theorie der Grundrechte, 9. Aufl. 2020].

*Altemöller*, Frank: Das Welthandelssystem ohne Streitschlichtung?: Argumente und Perspektiven in der Krise des Multilateralismus, in: Neue Zeitschrift für Verwaltungsrecht 2020, S. 988 ff. [zitiert: *Altemöller*, Das Welthandelssystem ohne Streitschlichtung?, NVwZ 2020, 988].

*Altemöller*, Frank: Eine Perspektive für die WTO-Streitschlichtung in der Krise des Multilateralismus?, in: Europäische Zeitschrift für Wirtschaftsrecht 2022, S. 207 ff. [zitiert: *Altemöller*, Eine Perspektive für die WTO-Streitschlichtung in der Krise des Multilateralismus?, EuZW 2022, 207].

*Altemöller*, Frank: Handel und Umwelt im Recht der Welthandelsorganisation WTO: Umweltrelevante Streitfälle in der Spruchpraxis zu Artikel III und XX GATT, Frankfurt am Main 1998 [zitiert: *Altemöller*, Handel und Umwelt im Recht der Welthandelsorganisation WTO, 1998].

*Andenas*, Mads/*Zleptnig*, Stefan: Proportionality: WTO Law: in Comparative Perspective, in: TEXAS International Law Journal 2007, S. 371 ff. [zitiert: *Andenas/Zleptnig*, Proportionality: WTO Law, TILJ 2007, 371].

*Andenas*, Mads/*Zleptnig*, Stefan: Proportionality and Balancing in WTO Law: A Comparative Perspective, in: Cambridge Review of International Affairs 2007, S. 71 ff. [zitiert: *Andenas/Zleptnig*, Proportionality and Balancing in WTO Law, CRIA 2007, 71].

*Andenas*, Mads/*Zleptnig*, Stefan: The Rule of Law and Proportionality in WTO Law, in: Shan, Wenhua/Simons, Penelope/Singh, Dalvinder (Hrsg.), Redefining Sovereignty in International Economic Law, Oxford 2008, S. 171 ff. [zitiert: *Andenas/Zleptnig*, The Rule of Law and Proportionality in WTO Law, in: Shan/Simons/Singh (Hrsg.), Redefining Sovereignty in International Economic Law, 2008].

*Andersen*, Henrik: Protection of Non-Trade Values in WTO Appellate Body Jurisprudence: Exceptions, Economic Arguments, and Eluding Questions, in: Journal of International Economic Law 2015, S. 383 ff. [zitiert: *Andersen*, Protection of Non-Trade Values in WTO Appellate Body Jurisprudence, JIEL 2015, 383].

*Anghie*, Antony: The Evolution of International Law: Colonial and Postcolonial Realities, in: Third World Quarterly 2006, S. 739 ff. [zitiert: *Anghie*, The Evolution of International Law, TWQ 2006, 739].

*Ankersmit*, Laurens/*Lawrence*, Jessica C./*Davies*, Gareth T.: Diverging EU and WTO Perspectives on Extraterritorial Process Regulation, in: Minnesota Journal of International Law 2012, S. 14 ff. [zitiert: *Ankersmit/Lawrence/Davies*, Extraterritorial Process Regulation, MJIL 2012, 14].

*Appleton*, Arthur E.: GATT Article XXs Chapeau – A Disguised Necessary Test?, in: Review of European Community & International Environmental Law 1997, S. 131 ff. [zitiert: *Appleton*, GATT Article XXs Chapeau – A Disguised Necessary Test?, RECIEL 1997, 131].

*Appleton*, Arthur E.: Shrimp/Turtle: Untangling the Nets, in: Journal of International Economic Law 1999, S. 477 ff. [zitiert: *Appleton*, Shrimp/Turtle: Untangling the Nets, JIEL 1999, 477].

*Arato*, Julian/*Claussen*, Kathleen/*Heath*, J. Benton: The Perils of Pandemic Exceptionalism, in: American Journal of International Law 2020, S. 627 ff. [zitiert: *Arato/Claussen/Heath*, The Perils of Pandemic Exceptionalism, AJIL 2020, 627].

*Arend*, Anthony Clark/*Beck*, Robert J.: International Law and the Use of Force – Beyond the U.N. Charter Paradigm, London/New York 1993 [zitiert: *Arend/Beck*, International Law and the Use of Force, 1993].

*Arreaza*, Alejandro Gonzalez: Natural Resource Sovereignty and Economic Development in the WTO in Light of the Recent Case Law Involving Raw Materials and Rare Earths, in: Review of European Comparative and International Environmental Law 2017, S. 266 ff. [zitiert: *Arreaza*, Natural Resource Sovereignty and Economic Development in the WTO, RECIEL 2017, 266].

*Arsche*, Josephine: Die Margin of Appreciation – Entwurf einer Dogmatik monokausaler richterlicher Zurückhaltung für den europäischen Menschenrechtsschutz, Heidelberg 2018 [zitiert: *Arsche*, Die Margin of Appreciation, 2018].

*Aseeva*, Anna: The Right of States to Regulate in Risk-Averse Areas and the ECtHR Concept of Margin of Appreciation in the WTO US – Cool Article 21.5 Decision, in: Croatian Yearbook of European Law and Policy 2015, S. 161 ff. [zitiert: *Aseeva*, The Right of States to Regulate in Risk-Averse Areas and the ECtHR Concept of Margin of Appreciation in the WTO US – Cool Article 21.5 Decision, CYELP 2015, 161].

*Asmelash*, Henok: The First Ten Years of WTO Jurisprudence on Renewable Energy Support Measures: Has the Dust Settled Yet?, in: World Trade Review 2022, S. 455 ff. [zitiert: *Asmelash*, The First Ten Years of WTO Jurisprudence on Renewable Energy Support Measures, WTR 2022, 455].

*Bacchus*, James: The Bicycle Club: Affirming the American Interest in the Future of the WTO, in: Journal of World Trade 2003, S. 429 ff. [zitiert: *Bacchus*, Affirming the American Interest in the Future of the WTO, JWT 2003, 429].

*Bahri*, Amrita: „Appellate Body Held Hostage“: Is Judicial Activism at Fair Trial?, in: Institute of European Law Working Papers 2019/3, S. 1 ff. [zitiert: *Bahri*, „Appellate Body Held Hostage“: Is Judicial Activism at Fair Trial?, IELWP 2019/3, 1].

*Bahri*, Amrita/*Boklan*, Daria: Not Just Sea Turtles, Let's Protect Women Too: Invoking Public Morality Exception or Negotiating a New Gender Exception in Trade Agreements?, in: Journal of International Economic Law 2022, S. 237 ff. [zitiert: *Bahri/Boklan*, Invoking Public Morality Exception or Negotiating a New Gender Exception in Trade Agreements?, JIEL 2022, 237].

*Barak*, Aharon: Proportionality: Constitutional Rights and Their Limitations, Cambridge 2012 [zitiert: *Barak*, Proportionality: Constitutional Rights and Their Limitations, 2012].

*Barceló III*, John J.: Burden of Proof, Prima Facie Case and Presumption in WTO Dispute Settlement, in: Cornell International Law Journal 2009, S. 23 ff. [zitiert: *Barceló III*, Burden of Proof, Prima Facie Case and Presumption in WTO Dispute Settlement, CILJ 2009, 23].

*Barfield*, Claude E.: Free Trade, Sovereignty, Democracy: The Future of the World Trade Organization, in: Chicago Journal of International Law 2001, S. 403 ff. [zitiert: *Barfield*, Free Trade, Sovereignty, Democracy, ChicagoJIL 2001, 403].

*Baroncini*, Elisa: The China – Rare Earths WTO Dispute: A Precious Chance to Revise the China – Raw Materials Conclusions on the Applicability of GATT Article XX to China's WTO Accession Protocol, in: Cuadernos de Derecho Transnacional 2012, S. 49 ff. [zitiert: *Baroncini*, The China – Rare Earths WTO Dispute, CDT 2012, 49].

*Bartels*, Lorand: Applicable Law in WTO Dispute Settlement Proceedings, Journal of World Trade 2001, S. 499 ff. [zitiert: *Bartels*, Applicable Law in WTO Dispute Settlement Proceedings, JWT 2001, 499].

*Bartels*, Lorand: Article XX of GATT and the Problem of Extraterritorial Jurisdiction The Case of Trade Measures for the Protection of Human Rights, in: Journal of World Trade 2002, S. 353 ff. [zitiert: *Bartels*, Article XX of GATT and the Problem of Extraterritorial Jurisdiction, JWT 2002, 353].

*Bartels*, Lorand: The Chapeau of the General Exceptions in the WTO GATT and GATS Agreements, in: American Journal of International Law 2015, S. 95 ff. [zitiert: *Bartels*, The Chapeau of the General Exceptions in the WTO GATT and GATS Agreements, AJIL 2015, 95].

*Bartels*, Lorand: The Separation of Powers in the WTO: How to Avoid Judicial Activism, in: International and Comparative Law Quarterly 2004, S. 861 ff. [zitiert: *Bartels*, The Separation of Powers in the WTO, ICLQ 2004, 861].

*Bäumler*, Jelena: Germany's Supply Chain Due Diligence Act: Is It Compatible with WTO Obligations?, in: Zeitschrift für Europarechtliche Studien 2022, S. 265 ff. [zitiert: *Bäumler*, Germany's Supply Chain Due Diligence Act: Is It Compatible with WTO Obligations?, ZEus 2022, 265].

*Bäumler*, Jelena: Nachhaltiges Wirtschaften in globalen Lieferketten: Gesetzliche Sorgfaltspflichten von Unternehmen im Lichte des WTO-Rechts, in: Archiv des Völkerrechts 2020, S. 464 ff. [zitiert: *Bäumler*, Nachhaltiges Wirtschaften in globalen Lieferketten, AVR 2020, 464].

*Bäumler*, Jelena: The WTO's Crisis: Between a Rock and a Hard Place, in: Bungenberg, Marc/Krajewski, Markus/Tams, Christian J./Terhechte, Jörg Philipp/Ziegler, Andreas R. (Hrsg.), European Yearbook of International Economic Law 2020, Cham 2022, S. 321 ff. [zitiert: *Bäumler*, The WTO's Crisis: Between a Rock and a Hard Place, in: Bungenberg u. a. (Hrsg.), EYIEL 2020].

*Bäumler*, Jelena: WTO, in: Herrmann, Christopf/Niestedt, Marian/Abel, Patrick (Hrsg.), EU-Außenwirtschafts- und Zollrecht, Band II, 21. EL, München 2023 [zitiert: *Bäumler*, in: Krenzler/Herrmann/Niestedt (Hrsg.), EU-Außenwirtschafts- und Zollrecht, Band II, 21. EL 2023, WTO].

*Bäumler*, Jelena/*Dorwig*, Jan: Klimaschutzmaßnahmen im Lichte des Welthandelsrechts, in: Klima und Recht 2022, S. 38 ff. [zitiert: *Bäumler/Dorwig*, Klimaschutzmaßnahmen im Lichte des Welthandelsrechts, KlimaR 2022, 38].

*Bäumler*, Jelena/*Terhechte*, Jörg Philipp: Handelsbeschränkungen und Patentschutz für Impfstoffe: Europa- und völkerrechtliche Aspekte, in: Neue Juristische Wochenschrift 2020, S. 3481 ff. [zitiert: *Bäumler/Terhechte*, Handelsbeschränkungen und Patentschutz für Impfstoffe, NJW 2020, 3481].

*Becroft*, Ross: The Standard of Review in WTO Dispute Settlement: Critique and Development, Cheltenham/Northampton 2012 [zitiert: *Becroft*, The Standard of Review in WTO Dispute Settlement, 2012].

*Beer*, Yishai: When Should a Lawful War of Self-Defence End?, in: European Journal of International Law 2022, S. 889 ff. [zitiert: *Beer*, When Should a Lawful War of Self-Defence End?, EJIL 2022, 889].

*Beise*, Marc: Die Welthandelsorganisation (WTO) – Funktion, Status, Organisation, Baden-Baden 2001 [zitiert: *Beise*, Die Welthandelsorganisation, 2001].

*Bender*, Tobias: Unilaterale Exportverbote von Domestically Prohibited Goods zum Umwelt- oder Gesundheitsschutz im Ausland und ihre Rechtmäßigkeit nach dem GATT – Ein Beitrag zur Dogmatik der Art. XI und XX GATT, in: Zeitschrift für ausländisches öffentliches Recht und Völkerrecht 2003, S. 1007 ff. [zitiert: *Bender*, Unilaterale Exportverbote und ihre Rechtmäßigkeit nach dem GATT, ZaöRV 2003, 1007].

*Bernasconi-Osterwalder*, Nathalie/*Magraw*, Daniel/*Oliva*, Maria Julia/*Tuerk*, Elisabeth/*Orellana*, Marcos: Environment and Trade: A Guide to WTO Jurisprudence, London 2006 [zitiert: *Bernasconi-Osterwalder u. a.*, Environment and Trade, 2006].

*Bernhardt*, Rudolf: Diskriminierungsverbote und Minderheitenschutz, in: Merten, Detlef/Papier, Hans-Jürgen (Hrsg.), Handbuch der Grundrechte in Deutschland und Europa, Band VI/1: Europäische Grundrechte I, 1. Aufl., Heidelberg 2010, § 144, S. 279 ff. [zitiert: *Bernhardt*, Diskriminierungsverbote und Minderheitenschutz, in: Merten/Papier (Hrsg.), Handbuch der Grundrechte in Deutschland und Europa, Band VI/1, 1. Aufl. 2010, § 144].

*Bernstorff*, Jochen von: Kerngehaltsschutz durch den UN-Menschenrechtsausschuss und den EGMR: Vom Wert kategorialer Argumentationsformen, in: Der Staat 2011, S. 165 ff. [zitiert: *von Bernstorff*, Kerngehaltsschutz durch den UN-Menschenrechtsausschuss und den EGMR, Der Staat 2011, 165].

*Bernstorff*, Jochen von: Proportionality Without Balancing, in: Lazarus, Liora/McCrudden, Christopher/Bowles, Nigel (Hrsg.), Reasoning Rights – Comparative Judicial Engagement, London 2014, S. 63 ff. [zitiert: *von Bernstorff*, Proportionality Without Balancing, in: Lazarus/McCrudden/Bowles (Hrsg.), Reasoning Rights, 2014].

*Berrisch*, Georg M.: Das Allgemeine Zoll- und Handelsabkommen (GATT 1994), in: Prieß, Hans-Joachim/Berrisch, Georg M. (Hrsg.), WTO-Handbuch, München 2003, S. 71 ff. [zitiert: *Berrisch*, GATT 1994, in: Prieß/Berrisch (Hrsg.), WTO-Handbuch, 2003].

*Bhardwaj*, Chhaya/*Agarwal*, Anmol: Science-intensive Dispute Mechanism for Protection of Atmosphere: ICJ, WTO and PCA, in: Indiana Journal of Global Legal Studies 2022, S. 145 ff. [zitiert: *Bhardwaj/Agarwal*, Science-intensive Dispute Mechanism for Protection of Atmosphere, IJGLS 2022, 145].

*Bigdeli*, Sadeq Z.: Clash of Rationalities: Revisiting the Trade and Environment Debate in Light of WTO Disputes over Green Industrial Policy, in: Trade, Law and Development 2014, S. 177 ff. [zitiert: *Bigdeli*, Revisiting the Trade and Environment Debate in the WTO, TLD 2014, 177].

*Bilchitz*, David: Necessity and Proportionality: Towards a Balanced Approach?, in: Lazarus, Liora/McCrudden, Christopher/Bowles, Nigel (Hrsg.), Reasoning Rights – Comparative Judicial Engagement, London 2014, S. 41 ff. [zitiert: *Bilchitz*, Necessity and Proportionality, in: Lazarus/McCrudden/Bowles (Hrsg.), Reasoning Rights, 2014].

*Blackett*, Adelle: Mapping the Equilibrium Line: Fundamental Principles and Rights at Work and the Interpretive Universe of the World Trade Organization, in: Saskatchewan Law Review 2002, S. 369 ff. [zitiert: *Blackett*, Mapping the Equilibrium Line, SLR 2002, 369].

*Bleckmann*, Albert: Allgemeine Staats- und Völkerrechtslehre: vom Kompetenz- zum Kooperationsvölkerrecht, Köln/Berlin 1995 [zitiert: *Bleckmann*, Allgemeine Staats- und Völkerrechtslehre, 1995].

*Bleckmann*, Albert: Völkerrecht, 1. Auflage, Baden-Baden 2001 [zitiert: *Bleckmann*, Völkerrecht, 2001].

*Bloche*, M. Gregg: WTO Deference to National Health Policy: Toward an Interpretive Principle, in: Journal of International Economic Law 2002, S. 825 ff. [zitiert: *Bloche*, WTO Deference to National Health Policy, JIEL 2002, 825].

*Bodansky*, Daniel: What's So Bad about Unilateral Action to Protect the Environment?, in: European Journal of International Trade 2000, S. 339 ff. [zitiert: *Bodansky*, Unilateral Action to Protect the Environment, EJIT 2000, 339].

*Bogdandy*, Armin von: Doctrine of Principles, in: Jean Monnet Working Paper 2003/9, S. 1 ff. [zitiert: *von Bogdandy*, Doctrine of Principles, JM-WP 2003/9, 1].

*Bogdandy*, Armin von: Internationaler Handel und nationaler Umweltschutz: Eine Abgrenzung im Lichte des GATT, in: Europäische Zeitschrift für Wirtschaftsrecht 1992, S. 243 ff. [zitiert: *von Bogdandy*, Internationaler Handel und Nationaler Umweltschutz, EuZW 1992, 243].

*Bogdandy*, Armin von/*Venzke*, Ingo: Beyond Dispute: International Judicial Institutions as Lawmakers, in: German Law Journal 2011, S. 979 ff. [zitiert: *von Bogdandy/Venzke*, International Judicial Institutions as Lawmakers, GLJ 2011, 979].

*Bogdandy*, Armin von/*Villarreal*, Pedro A.: The Role of International Law in Vaccinating Against COVID-19: Appraising the COVAX Initiative, in: Zeitschrift für ausländisches öffentliches Recht und Völkerrecht 2021, S. 89 ff. [zitiert: *von Bogdandy/Villarreal*, The Role of International Law in Vaccinating Against COVID-19, ZaöRV 2021, 89].

*Bohanes*, Jan/*Lockhart*, Nicolas: Standard of Review in WTO Law, in: Bethlehem, Daniel/Van Damme, Isabelle/McRae, Donald/Neufeld, Rodney (Hrsg.), The Oxford Handbook of International Trade Law, 1. Aufl., Oxford 2009, S. 378 ff. [zitiert: *Bohanes/Lockhart*, Standard of Review in WTO Law, in: Bethlehem u. a. (Hrsg.), The Oxford Handbook of International Trade Law, 1. Aufl. 2009].

*Boisson de Chazournes*, Laurence: Unilateralism and Environmental Protection: Issues of Perception and Reality of Issues, in: European Journal of International Law 2000, S. 315 ff. [zitiert: *Boisson de Chazournes*, Unilateralism and Environmental Protection, EJIL 2000, 315].

*Bomhoff*, Jacco: Balancing, the Global and the Local: Judicial Balancing as a Problematic Topic in Comparative (Constitutional) Law, in: Hastings International and Comparative Law Review 2008, S. 555 ff. [zitiert: *Bomhoff*, Balancing, the Global and the Local, HICLR 2008, 555].

*Bond*, Eric W./*Trachtmann*, Joel: China – Rare Earths: Export Restrictions and the Limits of Textual Interpretation, in: World Trade Review 2016, S. 189 ff. [zitiert: *Bond/Trachtmann*, China – Rare Earths: Export Restrictions and the Limits of Textual Interpretation, WTR 2016, 189].

*Born*, Gary/*Morris*, Danielle/*Forrest*, Stephanie: „A Margin of Appreciation“: Appreciating ist Irrelevance in International Law, in: Harvard International Law Journal 2020, S. 65 ff. [zitiert: *Born/Morris/Forrest*, A Margin of Appreciation, HILJ 2020, 65].

*Bothe*, Michael: Terrorism and the Legality of Pre-emptive Force, in: European Journal of International Law 2003, S. 227 ff. [zitiert: *Bothe*, Terrorism and the Legality of Pre-emptive Force, EJIL 2003, 227].

*Boutillon*, Sonia: The Precautionary Principle: Development of an International Standard, in: Michigan Journal of International Law 2002, S. 429 ff. [zitiert: *Boutillon*, The Precautionary Principle, MichiganJIL 2002, 429].

*Bowen*, Brandon L.: The World Trade Organization and Its Interpretation of the Article XX Exceptions to the General Agreement of Tariffs and Trade, in Light of Recent Developments, in: Georgia Journal of International and Comparative Law 2000, S. 181 ff. [zitiert: *Bowen*, The WTO and Its Interpretation of the Article XX GATT, GJICL 2000, 181].

*Bowett*, D. W.: Self-Defense in International Law, Manchester 1958 [zitiert: *Bowett*, Self-Defense in International Law, 1958].

*Bown*, Chad P./*Trachtmann*, Joel P.: Brazil – Measures Affecting Imports of Retreaded Tyres: A Balancing Act, World Trade Review 2009, S. 85 ff. [zitiert: *Bown/Trachtmann*, Brazil – Measures Affecting Imports of Retreaded Tyres: A Balancing Act, WTR 2009, 85].

*De Brabandere*, Eric: „Good Faith", „Abuse of Process" and the Initiation of Investment Treaty Claims, in: Journal of International Dispute Settlement 2012, S. 609 ff. [zitiert: *Brabandere*, „Good Faith", „Abuse of Process" and the Initiation of Investment Treaty Claims, JIDS 2012, 609].

*Bradley*, Curtis A.: Chevron Deference and Foreign Affairs, in: Virginia Law Review 2000, S. 649 ff. [zitiert: *Bradley*, Chevron Deference and Foreign Affairs, VirginiaLR 2000, 649].

*Brauch*, Jeffrey A.: The Margin of Appreciation and the Jurisprudence of the European Court of Human Rights: Threat to the Rule of Law, in: Columbia Journal of European Law 2005, S. 113 ff. [zitiert: *Brauch*, The Margin of Appreciation and the Jurisprudence of the ECHR, CJEuL 2005, 113].

*Briese*, Robyn: Precaution and Cooperation in the World Trade Organization: An Environmental Perspective, in: Australian Year Book of International Law 2002, S. 1 ff. [zitiert: *Briese*, Precaution and Cooperation in the WTO, AYBIL 2002, 1].

*Brigola*, Alexander: Der Grundsatz der Verhältnismäßigkeit im Gefüge der EU-Grundfreiheiten – Steuerungsinstrument oder Risikofaktor?, Eine Analyse am Beispiel des freien Warenverkehrs, in: Europäische Zeitschrift für Wirtschaftsrecht 2017, S. 406 ff. [zitiert: *Brigola*, Der Grundsatz der Verhältnismäßigkeit im Gefüge der EU-Grundfreiheiten, EuZW 2017, 406].

*Brownlie*, Ian: International Law and the Use of Force by States, Oxford 1963 [zitiert: *Brownlie*, International Law and the Use of Force by States, 1963].

*Burri*, Mira: Data Flows versus Data Protection: Mapping Existing Reconciliation Models in Global Trade Law, in: Mathis, Klaus/Tor, Avishalom (Hrsg.), Law and Economics of Regulation, Berlin 2021, S. 129 ff. [zitiert: *Burri*, Data Flows versus Data Protection, in: Mathis/Tor (Hrsg.), Law and Economics of Regulation, 2021].

*Butler*, Graham: In Search of the Political Question Doctrine in EU Law, in: Legal Issues of Economic Integration 2018, S. 329 ff. [zitiert: *Butler*, In Search of the Political Question Doctrine in EU Law, LIEI 2018, 329].

*Button*, Catherine: The Power to Protect – Trade, Health, and Uncertainty in the WTO, Oxford/Portland, Oregon 2004 [zitiert: *Button*, Trade, Health, and Uncertainty in the WTO, 2004].

*Button*, Catherine: The WTO's „Objective Assessment" Standard of Review and Panel Review of Health Measures, in: Mitchell, Andrew D. (Hrsg.), The Challenges and Prospects for the WTO, London, 2005, S. 85 ff. [zitiert: *Button*, The WTO's „Objective Assessment" Standard of Review and Panel Review of Health Measures, in: Mitchell (Hrsg.), The Challenges and Prospects for the WTO, 2005].

*Byers*, Michael: Abuse of Rights: An Old Principle, A New Age, in: McGill Law Journal 2002, S. 389 ff. [zitiert: *Byers*, Abuse of Rights, MLJ 2002, 389].

*Calliess*, Christian: Art. 5 EUV, in: ders./Ruffert, Matthias (Hrsg.), EUV/AEUV, 6. Aufl., München 2022 [zitiert: *Calliess*, in: Calliess/Ruffert (Hrsg.), EUV/AEUV, 6. Aufl. 2022, Art. 5 EUV].

*Cameron*, James/*Gray*, Kevin R.: Principles of International Law in The WTO Dispute Settlement Body, in: International and Comparative Law Quarterly 2001, S. 248 ff. [zitiert: *Cameron/Gray*, Principles of International Law in The WTO Dispute Settlement, ICLQ 2001, 248].

*Cannawurf-Wetzel*, Christine U.: Das Stammzellgesetz auf den Prüfstand der Welthandelsorganisation, Frankfurt am Main 2008 [zitiert: *Cannawurf-Wetzel*, Das Stammzellgesetz auf den Prüfstand der Welthandelsorganisation, 2008].

*Cannizzaro*, Enzo: Contextualizing proportionality: jus ad bellum and jus in bello in the Lebanese war, in: International Review of the Red Cross 2006, S. 779 ff. [zitiert: *Cannizzaro*, Contextualizing Proportionality, IRRC 2006, 779].

*Cannizzaro*, Enzo: The Role of Proportionality in the Law of International Countermeasures, in: European Journal of International Law 2001, S. 889 ff. [zitiert: *Cannizzaro*, The Role of Proportionality in the Law of International Countermeasures, EJIL 2001, 889].

*Carreño*, Ignacio/*Dolle*, Tobias/*Medina*, Lourdes/*Brandenburger*, Moritz: The Implications of the COVID-19 Pandemic on Trade, in: European Journal of Risk Regulation 2020, S. 402 ff. [zitiert: *Carreño u. a.*, The Implications of the COVID-19 Pandemic on Trade, EJRR 2020. 402].

*Cass*, Deborah Z.: The „Constitutionalizatio" of International Trade Law: Judicial Norm-Generation as the Engine of Constitutional Development in International Trade, in: European Journal of International Law 2001, S. 39 ff. [zitiert: *Cass*, The Constitutionalization of International Trade Law, EJIL 2001, 39].

*Cass*, Deborah Z.: The Constitutionalization of the World Trade Organization: Legitimacy, Democracy, and Community in the International Trading System, Oxford 2005 [zitiert: *Cass*, The Constitutionalization of the World Trade Organization, 2005].

*Cassese*, Antonio: Terrorism is Also Disrupting Some Crucial Legal Categories of International Law, in: European Journal of International Law 2001, S. 93 ff. [zitiert: *Cassese*, Terrorism is Also Disrupting Some Crucial Legal Categories of International Law, EJIL 2001, 993].

*Cassese*, Antonio: The International Community's „Legal" Response to Terrorism, in: International and Comparative Law Quarterly 2008, S. 589 ff. [zitiert: *Cassese*, The International Community's „Legal" Response to Terrorism, ICLQ 2008, 589].

*Cattaneo*, Olivier: Has the WTO Gone too Far or not Far Enough? Some Reflections on the Concept of „Policy Space", in: Mitchell, Andrew D. (Hrsg.), The Challenges and Prospects for the WTO, London 2005, S. 55 ff. [zitiert: *Cattaneo*, Some Reflections on the Concept of „Policy Space", in: Mitchell (Hrsg.), The Challenges and Prospects for the WTO, 2005].

*Caviedes*, Cristóbal/*Urbina*, Francisco J.: Cost-benefit analysis in rights adjudication – An assessment in light of the proportionality debate: A reply to Yun-chien Chang and Xin Dai, in: International Journal of Constitutional Law 2021, S. 1146 ff. [zitiert: *Caviedes/Urbina*, Cost-benefit Analysis in Rights Adjudication, ICON 2021, 1146].

*Chang*, Yun-chien/*Dai*, Xin: The Limited Usefulness of the Proportionality Principle, in: International Journal of Constitutional Law 2021, S. 1110 ff. [zitiert: *Chang/Dai*, The Limited Usefulness of the Proportionality Principle, ICON 2021, 1110].

*Charnovitz*, Steve: An Analysis of Pascal Lamy's Proposal on Collective Preferences, in: Journal of International Economic Law 2005, S. 449 ff. [zitiert: *Charnovitz*, An Analysis of Pascal Lamy's Proposal on Collective Preferences, JIEL 2005, 449].

*Charnovitz*, Steve: The Environment vs. Trade Rules: Defogging the Debate, in: Environmental Law 1993, S. 475 ff. [zitiert: *Charnovitz*, The Environment vs. Trade Rules, Environmental Law 1993, 475].

*Charnovitz*, Steve: The Law of Environmental „PPMs" in the WTO: Debunking the Myth of Illegality, in: Yale Journal of International Law 2002, S. 59 ff. [zitiert: *Charnovitz*, The Law of Environmental „PPMs" in the WTO, YJIL 2002, 59].

*Charnovitz*, Steve: The Moral Exception in Trade Policy, in: Virginia Journal of International Law 1998, S. 689 ff. [zitiert: *Charnovitz*, The Moral Exception in Trade Policy, VJIL 1998, 689].

*Charnovitz*, Steve: The Path of World Trade Law in The 21st Century, Hackensack 2014 [zitiert: *Charnovitz*, The Path of World Trade Law in the 21st Century, 2014].

*Charnovitz*, Steve: The WTO's Environmental Progress, in: Journal of International Economic Law 2007, S. 658 ff. [zitiert: *Charnovitz*, The WTO's Environmental Progress, JIEL 2007, 685].

*Chen*, Tsai-fang: What Exactly is the Panel Reviewing: The First Step in the Standard of Review Analysis in the WTO Dispute Resolutions, in: Asian Journal of WTO and International Health Law and Policy 2009, S. 467 ff. [zitiert: *Chen*, The First Step in the Standard of Review Analysis in the WTO Dispute Resolutions, AJWH 2009, 467].

*Cheng*, Bin: General Principles of Law as Applied by International Courts and Tribunals, London 1953 [zitiert: *Cheng*, General Principles of Law as Applied by International Courts and Tribunals, 1953].

*Cheyne*, Ilona: Deference and the Use of the Public Policy Exception in International Courts and Tribunals, in: Gruszczynski, Lukasz/Werner, Wouter (Hrsg.), Deference in International Courts and Tribunals – Standard of Review and Margin of Appreciation, Oxford 2014, S. 38 ff. [zitiert: *Cheyne*, Deference and the Use of the Public Policy Exception in International Courts and Tribunals, in: Gruszczynski/Werner (Hrsg.), Deference in International Courts and Tribunals, 2014].

*Cheyne*, Ilona: Gateways to the Precautionary Principle in WTO Law, in: Journal of Environmental Law 2007, S. 155 ff. [zitiert: *Cheyne*, Gateways to the Precautionary Principle in WTO Law, JEL 2007, 155].

*Cheyne*, Ilona: Risk and Precaution in World Trade Organization Law, in: Journal of World Trade 2006, S. 837 ff. [zitiert: *Cheyne*, Risk and Precaution in World Trade Organization Law, JWT 2006, 837].

*Chi*, Manjiao: Resource Sovereignty in the WTO Dispute Settlement: Implications in China – Raw Materials and China – Rare Earths, in: Manchester Journal of International Economic Law 2015, S. 2 ff. [zitiert: *Chi*, Resource Sovereignty in the WTO Dispute Settlement: Implications in China – Raw Materials and China – Rare Earths, MJIEL 2015, 2].

*Chinkin*, Christine: A Gendered Perspective to the International Use of Force, in: Australian Year Book of International Law 1992, S. 279 ff. [zitiert: *Chinkin*, A Gendered Perspective to the International Use of Force, AYJL 1992, 279].

*Chinkin*, Christine/*Kaldor*, Mary: Self-Defence as a Justification for War: The Geo-Political and War on Terror Models, in: dies. (Hrsg.), International Law and New Wars, S. 129 ff., Cambridge 2017 [zitiert: *Chinkin/Kaldor*, Self-Defence as a Justification for War, in: dies. (Hrsg.), International Law and New Wars, 2017].

*Choper*, Jesse H.: The Political Question Doctrine: Suggested Criteria, in: Duke Law Journal 2005, S. 1457 ff. [zitiert: *Choper*, The Political Question Doctrine, DLJ 2005, 1457].

*Choudhary*, Vishakha: Much Ado About Nothing: The Case Against Replicating Article XX(g), GATT 1994 In International Investment Agreements, in: Zeitschrift für Europarechtliche Studien 2020, S. 195 ff. [zitiert: *Choudhary*, Article XX (g), GATT 1994 in International Investment Agreements, ZEuS 2020, 195].

*Christodoulidou*, Theodora/*Chainoglou*, Kalliopi: The Principle of Proportionality from a *Jus Ad Bellum* Perspective, in: Weller, Marc/Solomou, Alexia/Rylatt, Jake William (Hrsg.), The Oxford Handbook of the Use of Force in International Law, Oxford 2015, S. 1187 ff. [zitiert: *Christodoulidou/Chainoglou*, The Principle of Proportionality from a *Jus Ad Bellum* Perspective, in: Weller/Solomou/Rylatt (Hrsg.), The Oxford Handbook of the Use of Force in International Law, 2015].

*Christoforou*, Theofanis: Settlement of Science-Based Trade Disputes in the WTO: A Critical Review of the Developing Case Law in the Face of Scientific Uncertainty, in: New York University Environmental Law Journal 2000, S. 622 ff. [zitiert: *Christoforou*, Settlement of Science-Based Trade Disputes in the WTO, NYUELJ 2000, 622].

*Cohan*, John Alan: The Bush Doctrine and the Emerging Norm of Anticipatory Self-Defense in Customary International Law, in: Pace International Law Review 2003, S. 283 ff. [zitiert: *Cohan*, The Bush Doctrine and the Emerging Norm of Anticipatory Self-Defense, PILR 2003, 283].

*Cohen-Eliya*, Mosche/*Porat*, Iddo: Proportionality and the Culture of Justification, in: American Journal of Comparative Law 2011, S. 463 ff. [zitiert: *Cohen-Eliya/Porat*, Proportionality and the Culture of Justification, AJCL 2011, 463].

*Conconi*, Paola/*Voon*, Tania: EC – Seal Products: The Tension between Public Morals and International Trade Agreements, in: World Trade Review 2016, S. 211 ff. [zitiert: *Conconi/Voon*, EC – Seal Products: The Tension between Public Morals and International Trade Agreements, WTR 2016, 211].

*Condon*, Bradly J.: Does International Economic Law Impose a Duty to Negotiate?, in: Chinese Journal of International Law 2018, S. 73 ff. [zitiert: *Condon*, Does International Economic Law Impose a Duty to Negotiate?, CJIL 2018, 73].

*Cooreman*, Barbara: Addressing Environmental Concerns Through Trade: A Case for Extraterritoriality?, in: International and Comparative Law Quarterly 2016, S. 229 ff. [zitiert: *Cooreman*, Addressing Environmental Concerns Through Trade, ICLQ 2016, 229].

*Corten*, Olivier: Regulating Resort to Force: A Response to Matthew Waxman from a „Bright-Liner“, in: European Journal of International Law 2013, S. 191 ff. [zitiert: *Corten*, Regulating Resort to Force: A Response to Matthew Waxman, EJIL 2013, 191].

*Corten*, Olivier: The Controversies Over the Customary Prohibition on the Use of Force: A Methodological Debate, in: European Journal of International Law 2005, S. 803 ff. [zitiert: *Corten*, The Controversies Over the Customary Prohibition on the Use of Force, EJIL 2005, 803].

*Corten*, Olivier: The Law Against War: The Prohibition on the Use of Force in Contemporary International Law, 2. Aufl., Oxford 2021 [zitiert: *Corten*, The Law Against War: The Prohibition on the Use of Force in Contemporary International Law, 2. Aufl. 2021].

*Cottier*, Thomas: Recalibrating the WTO Dispute Settlement System: Towards New Standards of Appellate Review, in: Journal of International Economic Law 2021, S. 515 ff. [zitiert: *Cottier*, Towards New Standards of Appellate Review, JIEL 2021, 515].

*Cottier*, Thomas/*Echandi*, Roberto/*Leal-Arcas*, Rafael/*Liechti*, Rachel/*Payosova*, Tetyana: The Principle of Proportionality in International Law, in: The National Centers of Competence in Research Working Paper 2012/38, S. 1 ff. [zitiert: *Cottier u. a.*, The Principle of Proportionality in International Law, NCCR-WP 2012/38, 1].

*Cottier*, Thomas/*Oesch*, Matthias, The Paradox of Judicial Review in International Trade Regulation: Towards a Comprehensive Framework, in: Cottier, Thomas/Mavroidis, Petros, Constantinos/Blatter, Patrick (Hrsg.): The Role of the Judge in International Trade Regulation: Experience and Lessons for the WTO, Michigan 2003 [zitiert: *Cottier/Oesch*, The Paradox of Judicial Review in International Trade Regulation, in: Cottier/Mavroidis/Blatter (Hrsg.), The Role of the Judge in International Trade Regulation, 2003].

*Cottier*, Thomas/*Schefer*, Krista N.: Good Faith and the Protection of Legitimate Expectations in the WTO, in: Bronckers, Marco/Quick, Reinhard (Hrsg.), New Directions in International Economic Law: Essays in Honour of John H. Jackson, The

Hague 2000, S. 47 ff. [zitiert: *Cottier/Schefer*, Good faith and the Protection of Legitimate Expectations in the WTO, in: Bronckers/Quick (Hrsg.), FS Jackson, 2000].

*Crawford*, James: Brownlie's Principles of Public International Law, 9. Aufl., Oxford 2019 [zitiert: *Crawford*: Brownlie's Principles of Public International Law, 9. Aufl. 2019].

*Cremona*, Marise: Neutrality or Discrimination? The WTO, the EU and External Trade, in: de Búrca, Gráinne/Scott, Joanne (Hrsg.), The EU and the WTO – Legal and Constitutional Issues, Oxford/Portland, Oregon 2001, S. 151 ff. [zitiert: *Cremona*, Neutrality or Discrimination?, in: de Búrca/Scott (Hrsg.), The EU and the WTO, 2001].

*Croley*, Steven P./*Jackson*, John H.: WTO Dispute Procedures, Standard of Review, and Deference to National Governments, in: American Journal of International Law 1996, S. 193 ff. [zitiert: *Croley/Jackson*, WTO Dispute Procedures, Standard of Review, and Deference, AJIL 1996, 193].

*Crow*, Kevin: A Taxonomy of Proportionality in International Courts, in: iCourts Working Paper Series 2017-No. 107, S. 1 ff. [zitiert: *Crow*, A Taxonomy of Proportionality in International Courts, iCWPS 2017/107, 1].

*Cunningham*, Robert/*Vindedzis*, Susanah: Four Legs Good, Two Legs Bad? Animal Welfare vs the World Trade Organisation (Featuring Article XX of the General Agreement on Tariffs and Trade and Article 2 of the Technical Barriers to Trade), in: Adelaide Law Review 2017, S. 311 ff. [zitiert: *Cunningham/Vindedzis*, Animal Welfare vs the World Trade Organisation, ALR 2017, 311].

*Daly*, Paul: Justiciability and the „Political Question" Doctrine, in: Canadian Legal Information Institute Documents 606, 2010, abrufbar unter: https://canlii.ca/t/t23t [zitiert: *Daly*, Justiciability and the „Political Question" Doctrine, 2010 CanLIIDocs 606, 1].

*Das*, Sannoy: Sovereignty, Development and International Economic Law: Some Insights from WTO Dispute Settlement, in: National Law University Delhi Student Law Journal 2017, S. 53 ff. [zitiert: *Das*, Sovereignty, Development and International Economic Law, NLUDSLJ 2017, 53].

*Da Silva*, Virgílio Afonso: Comparing the Incommensurable: Constitutional Principles, Balancing and Rational Decision, in: Oxford Journal of Legal Studies 2011, S. 273 ff. [zitiert: *Da Silva*, Comparing the Incommensurable, OJLS 2011, 273].

*Davey*, William J.: Has the WTO Dispute Settlement System Exceeded its Authority? A Consideration of Deference Shown by the System to Member Government Decisions and its Use of Issue-Avoidance Techniques, in: Journal of International Economic Law 2001, S. 79 ff. [zitiert: *Davey*, Has the WTO Dispute Settlement System Exceeded Its Authority?, JIEL 2001, 79].

*Davey*, William J.: WTO Dispute Settlement: Crown Jewel or Costume Jewelry?, in: World Trade Review 2022, S. 291 ff. [zitiert: *Davey*, WTO Dispute Settlement: Crown Jewel or Costume Jewelry?, WTR 2022, 291].

*Davies*, Arwel: Interpreting the Chapeau of GATT Article XX in Light of the „New" Approach in Brazil – Tyres, in: Journal of World Trade 2009, S. 507 ff. [zitiert: *Davies*, Interpreting the Chapeau of GATT Article XX, JWT 2009, 507].

*Davies*, Arwel: The EU's Proposed Carbon Border Adjustment Mechanism and Compatibility with WTO Law, in: Trade, Law and Development 2022, S. 94ff. [zitiert: *Davies*, The EU's Proposed Carbon Border Adjustment Mechanism and Compatibility with WTO Law, TLD 2022, 94].

*Dawar*, Kamala/*Ronen*, Eyal: How „Necessary"? A Comparison of Legal and Economic Assessments GATT Dispute Settlements Under: Article XX(b), TBT 2.2 and SPS 5.6, in: Trade Law and Development 2016, S. 1 ff. [zitiert: *Dawar/Ronen*, How „Necessary"?, TLD 2016, 1].

*de Búrca*, Gráinne: The Principle of Proportionality and its Application in EC Law, in: Yearbook of European Law 1993, S. 105ff. [zitiert: *de Búrca*, The Principle of Proportionality and its Application in EC Law, YEL 1997, 105].

*Deere*, T. Alana: Balancing Free Trade and the Environment: A Proposed Interpretation of GATT Article XX's Preamble, in: International Legal Perspectives 1998, S. 1 ff. [zitiert: *Deere*, Balancing Free Trade and the Environment, ILP 1988, 1].

*Delev*, Christian: A Moral Stretch? US – Tariff Measures and the Public Morals Exception in WTO Law, in: World Trade Review 2022, S. 249ff. [zitiert: *Delev*, A Moral Stretch? US – Tariff Measures and the Public Morals Exception in WTO Law, WTR 2022, 249].

*Delimatsis*, Panagiotis: Determining the Necessity of Domestic Regulations in Services: The Best is Yet to Come, in: European Journal of International Law 2008, S. 365ff. [zitiert: *Delimatsis*, Determining the Necessity of Domestic Regulations in Services, EJIL 2008, 365].

*Delimatsis*, Panagiotis: The Principle of Necessity in the WTO – Lessons for the GATS Negotiations On Domestic Regulation, in: Tilburg Law School Research Paper 04/2014, S. 1 ff. [zitiert: *Delimatsis*, The Principle of Necessity in the WTO, TLSRP 2014/04, 1].

*Desmedt*, Axel: Proportionality in WTO Law, in: Journal of International of Economic Law 2001, S. 441 ff. [zitiert: *Desmedt*, Proportionality in WTO Law, JIEL 2001, 441].

*Dicke*, Detlev Christian: Die Intervention mit wirtschaftlichen Mitteln im Völkerrecht: Zugleich ein Beitrag zu den Fragen der wirtschaftlichen Souveränität, Baden-Baden 1978 [zitiert: *Dicke*, Die Intervention mit wirtschaftlichen Mitteln im Völkerrecht, 1978].

*Diebold*, Nicolas F.: The Morals and Order Exceptions in WTO Law: Balancing the Toothless Tiger and the Undermining Mole, in: Journal of International Economic Law 2008, S. 43ff. [zitiert: *Diebold*, The Morals and Order Exceptions in WTO Law, JIEL 2008, 43].

*Diem*, Andreas: Freihandel und Umweltschutz in GATT und WTO, Baden-Baden 1996 [zitiert: *Diem*, Freihandel und Umweltschutz in GATT und WTO, 1996].

*Dinstein*, Yoram: War, Aggression and Self-Defence, 5. Aufl., Cambridge 2011 [zitiert: *Dinstein*, War, Aggression and Self-Defence, 5. Aufl. 2011].

*Dobson*, Natalie L.: (Re)Framing Responsibility? Assessing the Division of Burdens under the EU Carbon Border Adjustment Mechanism, in: Utrecht Law Review

2022, S. 162 ff. [zitiert: *Dobson*, Assessing the Division of Burdens under the EU Carbon Border Adjustment Mechanism, ULR 2022, 162].

*Dominioni*, Goran/*Esty*, Daniel C.: Designing Effective Border-Carbon Adjustment Mechanisms: Aligning the Global Trade and Climate Change Regimes, in: Arizona Law Review 2023, S. 1 ff. [zitiert: *Dominioni/Esty*, Designing Effective Border-Carbon Adjustment Mechanisms, ArizonaLR 2023, 1].

*Donner*, Michael: Die Begrenzung bewaffneter Konflikte durch das moderne jus ad bellum, in: Archiv des Völkerrechts 1995, S. 168 ff. [zitiert: *Donner*, Die Begrenzung bewaffneter Konflikte durch das Moderne jus ad bellum, AVR 1995, 168].

*Driesen*, David M.: What is Free Trade? The Real Issue Lurking Behind the Trade and Environmental Debate, in: Journal of International Law 2001, S. 279 ff. [zitiert: *Driesen*, The Real Issue Lurking Behind the Trade and Environmental Debate, JIL 2001, 279].

*Du*, Michael M.: Autonomy in Setting Appropriate Level of Protection under the WTO Law: Rhetoric or Reality?, in: Journal of International Economic Law 2010, S. 1077 ff. [zitiert: *Du*, Autonomy in Setting Appropriate Level of Protection under the WTO Law, JIEL 2010, 1077].

*Du*, Michael M.: The Necessity Test in World Trade Law: What Now?, in: Chinese Journal of International Law 2016, S. 817 ff. [zitiert: *Du*, The Necessity Test in World Trade Law, CJIL 2016, 817].

*Du*, Ming: Standard of Review under the SPS Agreement after EC – Hormones II, in: International and Comparative Law Quarterly 2010, S. 441 ff. [zitiert: *Du*, Standard of Review under the SPS Agreement after EC – Hormones II, ICLQ 2010, 441].

*Dunoff*, Jeffrey L.: Institutional Misfits: The GATT, the ICJ Trade-Environmental Disputes, in: Michigan Journal of International Law 1994, S. 1043 ff. [zitiert: *Dunoff*, The GATT, the ICJ Trade-Environmental Disputes, MichiganJIL 1994, 1043].

*Dunoff*, Jeffrey L.: The Death of the Trade Regime, in: European Journal of International Law 1999, S. 733 ff. [zitiert: *Dunoff*, The Death of the Trade Regime, EJIL 1999, 733].

*Dunoff*, Jeffrey L.: The WTO in Transition: Of Constituents, Competence and Coherence, in: George Washington International Law Review 2011, S. 979 ff. [zitiert: *Dunoff*, The WTO in Transition, GWILR 2011, 979].

*Dworkin*, Ronald: Taking Rights Seriously, Harvard 1977 [zitiert: *Dworkin*, Taking Rights Seriously, 1977].

*Ehlermann*, Claus-Dieter/*Lockhart*, Nicolas: Standard of Review in WTO Law, in: Journal of International Economic Law 2004, S. 491 ff. [zitiert: *Ehlermann/Lockhart*, Standard of Review in WTO Law, JIEL 2004, 491].

*Ehlermann*, Claus-Dieter: Tensions between the dispute settlement process and the diplomatic and treaty-making activities of the WTO, in: World Trade Review 2003, S. 301 ff. [zitiert: *Ehlermann*, Tensions between the Dispute Settlement Process and the Diplomatic and Treaty-Making Activities of the WTO, WTR 2003, 301].

*Ehlermann*, Claus-Dieter: Six Years on the Bench of the „World Trade Court": Some Personal Experiences as Member of the Appellate Body of the World Trade Organization, in: Journal of World Trade 2002, S. 605 ff. [zitiert: *Ehlermann*, Six Years on the Bench of the „World Trade Court", JWT 2002, 605].

*Eichmann*, Erwin P./*Horlick*, Gary N.: Political Questions in International Trade: Judicial Review of Section 301?, in: Michigan Journal of International Law 1989, S. 735 ff. [zitiert: *Eichmann/Horlick*, Political Questions in International Trade, MichiganJIL 1989, 735].

*Eissen*, Marc-André: The Principle of Proportionality in the Case-Law of the European Court of Human Rights, in: Macdonald, Ronald St. John/Matscher, Franz/Petzold, Herbert (Hrsg.), The European System for the Protection of Human Rights, Dordrecht 1993, S. 125 ff. [zitiert: *Eissen*, The Principle of Proportionality in ECHR, in: Macdonald/Matscher (Hrsg.), The European System for the Protection of Human Rights, 1993].

*Ekardt*, Felix/*Hennig*, Bettina/*Steffenhagen*, Larissa: Nachhaltigkeitskriterien für Bioenergie und das WTO-Recht: Am Beispiel der BioSt-NachV, in: Jahrbuch des Umwelt- und Technikrechts 2010, S. 151 ff. [zitiert: *Ekardt/Hennig/Steffenhagen*, Nachhaltigkeitskriterien für Bioenergie und das WTO-Recht, JbUTR 2010, 151].

*Emiliou*, Nicholas: The Principle of Proportionality in European Law: A Comparative Study, London 1996 [zitiert: *Emiliou*, The Principle of Proportionality in European Law, 1996].

*Emslie*, John J.: Labeling Programs as a Reasonably Available Least Restrictive Trade Measure under Article XX's Nexus Requirement, in: Brooklyn Journal of International Law 2005, S. 485 ff. [zitiert: *Emslie*, Labeling Programs as a Reasonably Available under Article XX, BJIL 2005, 485].

*Engelhardt*, Benjamin von: Die Welthandelsorganisation (WTO) und demokratische Legitimität: Globale Ordnung zur Regelung wirtschaftlicher Interdependenzen und ihre Auswirkungen auf territorial organisierte Demokratie, Tübingen 2016 [zitiert: *von Engelhardt*, Die Welthandelsorganisation (WTO) und demokratische Legitimität, 2016].

*Englisch*, Joachim/*Falcão*, Tatiana: EU Carbon Border Adjustments and WTO Law, Part Two, in: Environmental Law Reporter 2021, S. 10935 ff. [zitiert: *Englisch/Falcão*, EU Carbon Border Adjustments and WTO Law, Part Two, ELR 2021, 10935].

*Englisch*, Joachim/*Falcão*, Tatiana: EU Carbon Border Adjustments for Imported Products and WTO Law, Part One, in: Environmental Law Reporter 2021, S. 10857 ff. [zitiert: *Englisch/Falcão*, EU Carbon Border Adjustments for Imported Products and WTO Law, Part One, ELR 2021, 10857].

*Epiney*, Astrid: Welthandel und Umwelt – ein Beitrag zur Dogmatik der Art. III, XI, XX GATT, in: Deutsches Verwaltungsblatt 2000, S. 77 ff. [zitiert: *Epiney*, Welthandel und Umwelt, DVBl. 2000, 77].

*Espa*, Ilaria: Chinese Natural Resources Disputes: A Never-Ending Story?, in: Bungenberg, Marc/Krajewski, Markus/Tams, Christian J./Terhechte, Jörg Philipp/Ziegler, Andreas R. (Hrsg.), European Yearbook of International Economic Law

2018, Cham 2019, S. 29 ff. [zitiert: *Espa*, Chinese Natural Resources Disputes, in: Bungenberg u. a. (Hrsg.), EYIEL 2018, 2019].

*Espa*, Ilaria: Reconciling the Climate/Industrial Interplay of CBAMs: What Role for the WTO?, in: American Journal of International Law Unbound 2022, S. 208 ff. [zitiert: *Espa*, Reconciling the Climate/Industrial Interplay of CBAMs, AJIL Unbound 2022, 208].

*Esty*, Daniel C.: Greening the GATT: Trade, Environment, and the Future, Washington, D.C. 1994 [zitiert: *Esty*, Greening the GATT: Trade, Environment, and the Future, 1994].

*Etezazian*, Sina: The Nature of the Self-defence Proportionality Requirement, in: Journal on the Use of Force and International Law 2016, S. 260 ff. [zitiert: *Etezazian*, The Nature of the Self-defence Proportionality Requirement, JUFIL 2016, 260].

*Evenett*, Simon J.: Export Controls on COVID-19 Vaccines: Has the EU Opened Pandora's Box?, in: Journal of World Trade 2021, S. 397 ff. [zitiert: *Evenett*, Export Controls on COVID-19 Vaccines, JWT 2021, 397].

*Ezeani*, Elimma C.: Trade Decisions Devoid of Judicial Activism: „Too Much Too Soon" for the Dispute Settlement Body?, in: Journal of International Trade Law and Policy 2004, S. 21 ff. [zitiert: *Ezeani*, Trade Decisions Devoid of Judicial Activism, JITLP 2004, 21].

*Feddersen*, Christoph T.: Der ordre public in der WTO: Auslegung und Bedeutung des Art. XX lit. a GATT im Rahmen der WTO-Streitbeilegung, Berlin 2001 [zitiert: *Feddersen*, Der ordre public in der WTO, 2001].

*Feingold*, Cora S.: Doctrine of Margin of Appreciation and the European Convention on Human Rights, in: Notre Dame Law Review 1977, S. 90 ff. [zitiert: *Feingold*, Doctrine of Margin of Appreciation and the EConvHR, NDLR 1977, 90].

*Felbermayr*, Gabriel/*Langhammer*, Rolf J./*Sandkamp*, Alexander/*Herrmann*, Christoph/*Trapp*, Patricia: Economic Evaluation of a Due Diligence Law, Final Report, Studie im Auftrag des Arbeitgeberverbands Gesamtmetall, Kiel 2021 [zitiert: *Felbermayr u. a.*, Economic Evaluation of a Due Diligence Law, Final Report, 2021].

*Fischhendler*, Itay: When Ambiguity in Treaty Design Becomes Destructive: A Study of Transboundary Water, in: Global Environmental Politics 2008, S. 111 ff. [zitiert: *Fischhendler*, When Ambiguity in Treaty Design Becomes Destructive, GEP 2008, 111].

*Fitzmaurice*, Gerald: The General Principles of International Law considered from the Standpoint of the Rule of Law, in: The Hague Academy of International Law, Recueil des cours, 1957, S. 1 ff. [zitiert: *Fitzmaurice*, The General Principles of International Law, HAIL 1957, 1].

*Fontanelli*, Filippo: Necessity Killed the GATT – Art. XX GATT and the Misleading Rhetoric about „Weighing and Balancing", in: European Journal of Legal Studies 2012/13, S. 36 ff. [zitiert: *Fontanelli*, Necessity Killed the GATT, EJILS 2012/13, 36].

*Fontanelli*, Filippo: Whose Margin Is It? State Discretion and Judges' Appreciation in the Necessity Quicksand, in: Fontanelli, Filippo/Carrozza, Paolo/Martinico, Giuseppe (Hrsg.), Shaping Rule of Law through Dialogue, Groningen 2010, S. 377 ff. [zitiert: *Fontanelli*, Whose Margin Is It?, in: ders./Carrozza/Martinico (Hrsg.), Shaping Rule of Law through Dialogue, 2010].

*Forcese*, Craif: Destroying the Caroline – The Frontier Raid That Reshaped the Right to War, New South Wales 2018 [zitiert: *Forcese*, Destroying the Caroline, 2018].

*Franck*, Thomas M.: On Proportionality of Countermeasures in International Law, in: American Journal of International Law 2008, S. 715 ff. [zitiert: *Franck*, On Proportionality of Countermeasures in International Law, AJIL 2008, 715].

*Franck*, Thomas M.: Proportionality in International Law, in: Law & Ethics of Human Rights 2010, S. 229 ff. [zitiert: *Franck*, Proportionality in International Law, LEHR 2010, 229].

*Franck*, Thomas M.: Terrorism and the Right of Self-Defense, in: American Journal of International Law 2001, S. 839 ff. [zitiert: *Franck*, Terrorism and the Right of Self-Defense, AJIL 2001, 839, 840].

*Franken*, Lorenz: Nachhaltigkeitsstandards und ihre Vereinbarkeit mit WTO-Recht, in: Zeitschrift für Umweltrecht 2010, S. 66 ff. [zitiert: *Franken*, Nachhaltigkeitsstandards und ihre Vereinbarkeit mit WTO-Recht, ZUR 2010, 66].

*Fukunaga*, Yuka: Standard of Review and „Scientific Truths" in the WTO Dispute Settlement System and Investment Arbitration, in: Journal of International Dispute Settlement 2012, S. 559 ff. [zitiert: *Fukunaga*, Standard of Review and „Scientific Truths", JIDS 2012, 559].

*Gaeta*, Paola/*Viñuales*, Jorge E./*Zappalá*, Salvatore: Cassese's International Law, 3. Aufl., Oxford 2020 [zitiert: *Gaeta/Viñuales/Zappalá*, Cassese's International Law, 3. Aufl. 2020].

*Gaines*, Sanford E.: The Problem of Enforcing Environment Norms in the WTO and What to Do about it, in: HASTINGS International and Comparative Law Review 2003, S. 321 ff. [zitiert: *Gaines*, The Problem of Enforcing Environment Norms in the WTO, HICLR 2013, 321].

*Gaines*, Sanford: The WTO's Reading of the GATT Article XX – Chapeau: A Disguised Restriction on Environmental Measures, in: University of Pennsylvania Journal of International Law 2001, S. 739 ff. [zitiert: *Gaines*, The WTO's Reading of the GATT Article XX, UPJIL 2001, 739].

*Gao*, Fengping: WTO Trade and Environment Standard Rendering China – Rare Earths GATT Article XX Exemptions Impossible and other International Laws Incompatible, in: Denver Journal of International Law and Policy 2016, S. 97 ff. [zitiert: *Gao*, WTO Trade and Environment, DJILP 2016, 97].

*Gardam*, Judith Gail: Necessity, Proportionality and the Use of Force by States, Cambridge 2004 [zitiert: *Gardam*, Necessity, Proportionality and the Use of Force by States, 2004].

*Gardam*, Judith Gail: Proportionality and Force in International Law, in: American Journal of International Law 1993, S. 391 ff. [zitiert: *Gardam*, Proportionality and Force in International Law, AJIL 1993, 391].

*Ghei*, Nita: Evaluating the WTO's Two Step Test for Environmental Measures under Article XX, in: Colorado Journal of International Environmental Law and Policy 2007, S. 117 ff. [zitiert: *Ghei*, Evaluating the WTO's Two Step Test for Environmental Measures under Article XX, CJIELP 2007, 117].

*Ghias*, Shoaib: International Judicial Lawmaking: A Theoretical and Political Analysis of the WTO Appellate Body, in: Berkeley Journal of International Law 2006, S. 534 ff. [zitiert: *Ghias*, International Judicial Lawmaking, BerkeleyJIL 2006, 534].

*Ghori*, Umair: An Epic Mess: Exhaustible Natural Resources and the Future of Export Restraints after the China – Rare Earths Decision, in: Melbourne Journal of International Law 2015, S. 398 ff. [zitiert: *Ghori*, Exhaustible Natural Resources and the Future of Export Restraints after China – Rare Earths, MelJIL 2015, 398].

*Ginsburg*, Tom: Bounded Discretion in International Judicial Lawmaking, in: Virginia Journal of International Law 2004, S. 631 ff. [zitiert: *Ginsburg*, Bounded Discretion in International Judicial Lawmaking, VJIL 2004, 631].

*Ginzky*, Harald: Saubere Produkte, schmutzige Produktion – eine Untersuchung zu Importbeschränkungen wegen umweltschädigender Produktionsformen, Düsseldorf 1997 [zitiert: *Ginzky*, Saubere Produkte, Schmutzige Produktion, 1997].

*Glinski*, Carola: CSR and the Law of the WTO – The Impact of Tuna Dolphin II and EC – Seal Products, in: Nordic Journal of International Law 2017, S. 120 ff. [zitiert: *Glinski*, The Impact of Tuna Dolphin II and EC – Seal Products, NJIL 2017, 120].

*Godzierz*, Cornelia: Nationale Umweltpolitiken und internationaler Handel nach WTO und GATT: Analyse relevanter Entscheidungen der Panels und des Berufungsgremiums unter Berücksichtigung des Umweltvölkerrechts, Aachen 2000 [zitiert: *Godzierz*, Nationale Umweltpolitiken und internationaler Handel nach WTO und GATT, 2000].

*Goh*, Gavin: Precaution, Science and Sovereignty: Protecting Life and Health under the WTO Agreements, in: Journal of World Intellectual Property 2003, S. 441 ff. [zitiert: *Goh*, Science and Sovereignty, JWIP 2003, 441].

*Goldhammer*, Michael: Kritik und Rekonstruktion Kompetenzbezogener Verhältnismäßigkeit im Unionsorganisationsrecht, in: Baade, Björnstjern/Ehricht, Sebastian/Fink, Matthäus/Frau, Robert/Möldner, Mirka/Risini, Isabella/Stirner, Torsten (Hrsg.), Verhältnismäßigkeit im Völkerrecht, Tübingen 2016, S. 125 ff. [zitiert: *Goldhammer*, Kritik und Rekonstruktion Kompetenzbezogener Verhältnismäßigkeit im Unionsorganisationsrecht, in: Baade u. a. (Hrsg.), Verhältnismäßigkeit im Völkerrecht, 2016].

*Grabitz*, Eberhard, Der Grundsatz der Verhältnismäßigkeit in der Rechtsprechung des Bundesverfassungsgerichts, in: Archiv des öffentlichen Rechts 1973, S. 568 ff. [zitiert: *Grabitz*, Der Grundsatz der Verhältnismäßigkeit in der Rechtsprechung des BVerfG, AöR 1973, 568].

*Grabitz*, Eberhard: Freiheit und Verfassungsrecht: Kritische Untersuchungen zur Dogmatik und Theorie der Freiheitsrechte, Tübingen 1976 [zitiert: *Grabitz*, Freiheit und Verfassungsrecht, 1976].

*Gramlich*, Ludwig: GATT und Umweltschutz – Konflikt oder Dialog? Ein Thema für die neunziger Jahre, in: Archiv des Völkerrechts 1995, S. 131 ff. [zitiert: *Gramlich*, GATT und Umweltschutz – Konflikt oder Dialog?, AVR 1995, 131].

*Gray*, Christine: International Law and the Use of Force, 4. Aufl., Oxford 2018 [zitiert: *Gray*, International Law and the Use of Force, 4. Aufl. 2018].

*Green*, Andrew: Climate Change, Regulatory Policy and the WTO: How Constraining are Trade Rules, in: Journal of International Economic Law 2005, S. 143 ff. [zitiert: *Green*, Climate Change, Regulatory Policy and the WTO, JIEL 2005, 143].

*Green*, James A.: Docking the Caroline: Understanding the Relevance of the Formula in Contemporary Customary International Law Concerning Self-Defense, in: Cardozo Journal of International and Comparative Law 2006, S. 429 ff. [zitiert: *Green*, Docking the Caroline, CardoJICL 2006, 429].

*Green*, James A.: The International Court of Justice and Self-Defence in International Law, Oxford/Portland, Oregon 2009 [zitiert: *Green*, The International Court of Justice and Self-Defence in International Law, 2009].

*Greenwood*, Christopher: Self-Defence and the Conduct of International Armed Conflict, in: Dinstein, Yoram/Tabory, Mala (Hrsg.), International Law at a Time of Perplexity – Essays in Honour of Shabtai Rosenne, Dordrecht/Boston/London 1989 [zitiert: *Greenwood*, Self-Defence and the Conduct of International Armed Conflict, in: Dinstein/Tabory (Hrsg.), International Law at a Time of Perplexity, 1989].

*Grimm*, Dieter: Proportionality in Canadian and German Constitutional Jurisprudence, in: University of Toronto Law Journal 2007, S. 383 ff. [zitiert: *Grimm*, Proportionality in Canadian and German Constitutional Jurisprudence, UTLJ 2017, 383].

*Gruszczynski*, Lukasz: Standard of Review of Health and Environmental Regulations by WTO Panels, in: Van Calster, Geert/Prévost, Denise (Hrsg,), Research Handbook on Environment, Health and the WTO, Cheltenham 2013, S. 731 ff. [zitiert: *Gruszczynski*, Standard of Review of Health and Environmental Regulations by WTO Panels, in: Van Calster/Prévost (Hrsg,), Research Handbook on Environment, Health and the WTO, 2013].

*Gruszczynski*, Lukasz/*Vadi*, Valentina: Standard of Review and Scientific Evidence in WTO Law and International Investment Arbitration – Converging Parallels?, in: Gruszczynski/Werner, Wouter (Hrsg.), Deference in International Courts and Tribunals – Standard of Review and Margin of Appreciation, Oxford 2014, S. 152 ff. [zitiert: *Gruszczynski*/*Vadi*, Standard of Review and Scientific Evidence in WTO Law and International Investment Arbitration, in: Gruszczynski/Werner (Hrsg.), Deference in International Courts and Tribunals, 2014].

*Gruszczynski*, Lukasz/*Werner*, Wouter: Introduction, in: dies. (Hrsg.), Deference in International Courts and Tribunals – Standard of Review and Margin of Appreciation, Oxford 2014, S. 1 ff. [zitiert: *Gruszczynski*/*Werner*, Introduction, in: dies. (Hrsg.), Deference in International Courts and Tribunals, 2014].

*Grzeszick*, Bernd: Art. 20 GG, in: Herzog, Roman/Scholz, Rupert/Herdegen, Matthias/Klein, Hans H. (Hrsg.), Grundgesetz-Kommentar, Band III, 101. EL, München 2023 [zitiert: *Grzeszick*, in: Dürig/Herzog/Scholz (Hrsg.), Grundgesetz-Kommentar, Band III, 101. EL 2023, Art. 20 GG].

*Gu*, Bin: Mineral Export Restraints and Sustainable Development – Are Rare Earths Testing the WTO's Loopholes?, in: Journal of International Economic Law 2011, S. 765 ff. [zitiert: *Gu*, Mineral Export Restraints and Sustainable Development, JIEL 2011, 765].

*Gutteridge*, H. C.: Abuse of Rights, in: Cambridge Law Journal 1933, S. 22 ff. [zitiert: *Gutteridge*, Abuse of Rights, CLJ 1933, 22].

*Guzman*, Andrew T.: Determining the Appropriate Standard of Review in WTO Disputes, in: Cornell International Law Journal 2009, S. 45 ff. [zitiert: *Guzman*, Determining the Appropriate Standard of Review in WTO Disputes, CILJ 2009, 45].

*Hansen*, Patricia I.: Transparency, Standards of Review, and the Use of Trade Measures to Protect the Global Environment, in: Virginia Journal of International Law 1999, S. 1017 ff. [zitiert: *Hansen*, Trade Measures and the Global Environment, VJIL 1999, 1017].

*Harbo*, Tor-Inge: The Function of the Proportionality Principle in EU Law, in: European Law Journal 2010, S. 158 ff. [zitiert: *Harbo*, The Function of the Proportionality Principle in EU Law, ELJ 2010, 158].

*Harris*, Rachel/*Moon*, Gillian: GATT Article XX and Human Rights: What Do We Know from the First 20 Years?, Melbourne Journal of International Law 2015, S. 1 ff. [zitiert: *Harris/Moon*, GATT Article XX and Human Rights, MelJIL 2015, 1].

*Hauck*, Sué González: A Critique of Proportionality Balancing as a Harmonization Technique in International Law, in: Völkerrechtsblog 5/8/2015, abrufbar unter: https://voelkerrechtsblog.org/de/a-critique-of-proportionality-balancing-as-a-harmonization-technique-in-international-law/ [zitiert: *Hauck*, A Critique of Proportionality Balancing, Völkerrechtsblog 5/8/2015].

*Hauck*, Sué González: Normenkonflikte als Optimierungsprobleme? Kritik am Einsatz des Verhältnismäßigkeitsprinzips als Mittel zur Harmonisierung des Völkerrechts, in: Baade, Björnstjern/Ehricht, Sebastian/Fink, Matthäus/Frau, Robert/Möldner, Mirka/Risini, Isabella/Stirner, Torsten (Hrsg.), Verhältnismäßigkeit im Völkerrecht, Tübingen 2016, S. 87 ff. [zitiert: *Hauck*, Normenkonflikte als Optimierungsprobleme?, in: Baade u. a. (Hrsg.), Verhältnismäßigkeit im Völkerrecht, 2016].

*Hauck*, Sué González: The Proportionality Critique Still Stands, in: Völkerrechtsblog 12/8/2015, abrufbar unter: https://voelkerrechtsblog.org/de/the-proportionality-critique-still-stands/ [zitiert: *Hauck*, The Proportionality Critique Still Stands, Völkerrechtsblog 12/8/2015].

*Heathcote*, Gina: Article 51 Self-Defense as a Narrative: Spectators and Heroes in International Law, in: Texas Wesleyan Law Review 2005, S. 140 ff. [zitiert: *Heathcote*, Article 51 Self-Defense as a Narrative, TWLR 2005, 140].

*Heathcote*, Gina: Feminist Perspectives on the Law on the Use of Force, in: Weller, Marc/Solomou, Alexia/Rylatt, Jake William (Hrsg.), The Oxford Handbook of the Use of Force in International Law, Oxford 2015, S. 114 ff. [zitiert: *Heathcote*, Feminist Perspectives on the Law on the Use of Force, in: Weller/Solomou/Rylatt (Hrsg.), The Oxford Handbook of the Use of Force in International Law, 2015].

*Hemingway*, Lisa: Legal Principles in WTO Disputes, in: Journal of International Economic Law 2010, S. 515 ff. [zitiert: *Hemingway*, Legal Principles in WTO Disputes, JIEL 2010, 515].

*Henckels*, Caroline: Indirect Expropriation and the Right to Regulate: Revisiting Proportionality Analysis and the Standard of Review in Investor-State Arbitration, in: Journal of International Economic Law 2012, S. 223 ff. [zitiert: *Henckels*, Revisiting Proportionality Analysis, JIEL 2012, 223].

*Henn*, Elisabeth V./*Jahn*, Jannika: Zulässigkeit und Gegenstand umweltbezogener Sorgfaltspflichten in einem deutschen LieferkettenG – unter besonderer Berücksichtigung von Chemikalien und Biodiversität, Rechtsgutachten i. A. des BUND e. V. mit Unterstützung von Greenpeace e.V und der Deutschen Umwelthilfe e. V., 2020 [zitiert: *Henn/Jahn*, Zulässigkeit und Gegenstand umweltbezogener Sorgfaltspflichten in einem deutschen LieferkettenG, Rechtsgutachten, 2020].

*Herdegen*, Mathias: Internationales Wirtschaftsrecht, 13. Aufl., München 2023 [zitiert: *Herdegen*, Internationales Wirtschaftsrecht, 13. Aufl. 2023].

*Herrmann*, Christoph/*Müller-Ibold*, Till: Die Entwicklung des Europäischen Außenwirtschaftsrechts (2020–2022), Teil 1, in: Europäische Zeitschrift für Wirtschaftsrecht 2022, S. 1029 ff. [zitiert: *Müller-Ibold/Herrmann*, Die Entwicklung des Europäischen Außenwirtschaftsrechts (2020–2022), Teil 1, EuZW 2022, 1029].

*Herwig*, Alexia: Too much Zeal on Seals? Animal Welfare, Public Morals, and Consumer Ethics at the Bar of the WTO, in: World Trade Review 2015, S. 1 ff. [zitiert: *Herwig*, Animal Welfare, Public Morals, and Consumer Ethics at the Bar of the WTO, WTR 2015, 1].

*Herwig*, Alexia/*Serdarevic*, Asja: Standard of Review for Necessity and Proportionality Analysis in EU and WTO Law – Why Differences in Standards of Review Are Legitimate, in: Gruszczynski, Lukasz/Werner, Wouter (Hrsg.), Deference in International Courts and Tribunals – Standard of Review and Margin of Appreciation, Oxford 2014, S. 209 ff. [zitiert: *Herwig/Serdarevic*, Standard of Review for Necessity and Proportionality Analysis in EU and WTO Law, in: Gruszczynski/Werner (Hrsg.), Deference in International Courts and Tribunals, 2014].

*Hilf*, Meinhard: Freiheit des Welthandels contra Umweltschutz?, in: Neue Zeitschrift für Verwaltungsrecht 2000, S. 481 ff. [zitiert: *Hilf*, Freiheit des Welthandels contra Umweltschutz, NVwZ 2000, 481].

*Hilf*, Meinhard: Power, Rules and Principles – Which Orientation for WTO/GATT Law?, in: Journal of International Economic Law 2001, S. 111 ff. [zitiert: *Hilf*, Power, Rules and Principles for WTO/GATT Law, JIEL 2001, 111].

*Hilf*, Meinhard/*Goettsche*, Goetz J.: The Relation of Economic and Non-Economic Principles in International Law, in: Grill, Stefan (Hrsg.), International Economic Governance and Non-Economic Concerns, Wien/New York 2003, S. 5 ff. [zitiert: *Hilf/Goettsche*, Economic and Non-Economic Principles in International Law, in: Grill (Hrsg.), International Economic Governance and Non-Economic Concerns, 2003].

*Hilf*, Meinhard/*Puth*, Sebastian: The Principle of Proportionality on its Way into WTO/GATT Law, in: von Bogdandy, Armin/Mavroidis, Petros C./Mény, Yves (Hrsg.),

European Integration and International Co-Ordination: Studies in Transnational Economic Law in Honour of Claus-Dieter Ehlermann, The Hague/London/New York 2002, S. 199 ff. [zitiert: *Hilf/Puth*, The Principle of Proportionality on its Way into WTO/GATT Law, in: von Bogdandy/Mavroidis/Mény (Hrsg.), FS Ehlermann, 2002].

*Hillgruber*, Christian: Grundrechtsschranken, in: Isensee, Josef/Kirchhof, Paul (Hrsg.), Handbuch des Staatsrechts der Bundesrepublik Deutschland, Band IX: Allgemeine Grundrechtslehren, 3. Aufl., Heidelberg 2011, § 201, S. 1033 ff. [zitiert: *Hillgruber*, in: Isensee/Kirchhof (Hrsg.), Handbuch des Staatsrechts der Bundesrepublik Deutschland, Band IX, 3. Aufl. 2011, § 201].

*Hirschberg*, Lothar: Der Grundsatz der Verhältnismäßigkeit, Göttingen 1981 [zitiert: *Hirschberg*, Der Grundsatz der Verhältnismäßigkeit, 1981].

*Hoekman*, Bernard M./*Mavroidis*, Petros C.: Burning Down the House? The Appellate Body in the Centre of the WTO Crisis, in: European University Institute, Robert Schuman Centre for Advanced Studies, Global Governance Working Papers No. RSCAS 2019/56, S. 1 ff. [zitiert: *Hoekman/Mavroidis*, The Appellate Body in the Centre of the WTO Crisis, RSCAS-WP 2019/56, 1].

*Hoekman*, Bernard M./*Mavroidis*, Petros C.: Preventing the Bad from Getting Worse: The End of the World (Trade Organization) As We Know It?, in: European Journal of International Law, 2021, S. 743 ff. [zitiert: *Hoekman/Mavroidis*, The End of the World (Trade Organization) As We Know It?, EJIL 2021, 743].

*Hoekman*, Bernard M./*Mavroidis*, Petros C.: To AB or Not to AB? Dispute Settlement in WTO Reform, in: Journal of International Economic Law 2020, S. 1 ff. [zitiert: *Hoekman/Mavroidis*, To AB or Not to AB? Dispute Settlement in WTO Reform, JIEL 2020, 703].

*Hoffmeister*, Frank: The European Regulatory Approach on Supply Chain Responsibility, in: Zeitschrift für Europarechtliche Studien 2022, S. 221 ff. [zitiert: *Hoffmeister*, The European Regulatory Approach on Supply Chain Responsibility, ZEuS 2022, 221].

*Hofmann*, Rainer: International Law and the Use of Military Force Against Iraq, in: German Yearbook of International Law 2002, S. 9 ff. [zitiert: *Hofmann*, International Law and the Use of Military Force Against Iraq, GYIL 2002, 9].

*Hohmann*, Harald: Der Konflikt zwischen freiem Handel und Umweltschutz in WTO und EG, in: Recht der Internationalen Wirtschaft 2000, S. 88 ff. [zitiert: *Hohmann*, Der Konflikt zwischen freiem Handel und Umweltschutz in WTO und EG, RIW 2000, 88].

*Holmes*, Peter: The WTO and the EU: Some Constitutional Comparisons, in: de Búrca, Gráinne/Scott, Joanne (Hrsg.), The EU and the WTO: Legal and Constitutional Issues, Oxford/Portland, Oregon 2001, S. 59 ff. [zitiert: *Holmes*, The WTO and the EU: Some Constitutional Comparisons, in: de Búrca/Scott (Hrsg.), The EU and the WTO, 2001].

*Horlick*, Gary N./*Clarke*, Peggy A.: Standards for Panels Reviewing Anti-dumping Determinations under the GATT and WTO, in: Petersmann, Ernst-Ulrich (Hrsg.), International Trade Law and the GATT/WTO Dispute Settlement System, London/

Den Hague/Boston 1997, S. 313 ff. [zitiert: *Horlick/Clarke*, Standards for Panels Reviewing Anti-dumping Determinations under the GATT and WTO, in: Petersmann (Hrsg.), International Trade Law and the GATT/WTO Dispute Settlement System, 1997].

*Horowitz*, Dan: Review of Trade Measures in the EU and the WTO – Two Alternative Options?, in: Mitchell, Andrew D. (Hrsg.), The Challenges and Prospects for the WTO, London 2005, S. 85 ff. [zitiert: *Horowitz*, Review of Trade Measures in the EU and the WTO, in: Mitchell (Hrsg.), The Challenges and Prospects for the WTO, 2005].

*Howse*, Robert: Adjudicative Legitimacy and Treaty Interpretation in International Trade Law: The early Years of WTO Jurisprudence, in: Weiler (Hrsg.), The EU, the WTO, and the NAFTA, Band IX/1, Oxford 2001, S. 35 ff. [zitiert: *Howse*, Adjudicative Legitimacy and Treaty Interpretation in International Trade Law, in: Weiler (Hrsg.), The EU, the WTO, and the NAFTA, Band IX/1, 2001].

*Howse*, Robert: The Appellate Body Rulings in the Shrimp/Turtle Case: A New Legal Baseline for the Trade and Environment Debate, in: Columbia Journal of Environmental Law 2002, S. 489 ff. [zitiert: *Howse*, The Appellate Body Rulings in the Shrimp/Turtle Case, CJEL 2002, 489].

*Howse*, Robert: The Most Dangerous Branch? WTO Appellate Body Jurisprudence on the Nature and Limits of the Judicial Power, in: Cottier, Thomas/Mavroidis, Petros C./Blatter, Patric (Hrsg.), The Role of the Judge in International Trade Regulation: Experience and Lessons for the WTO, Michigan 2003, S. 11 ff. [zitiert: *Howse*, WTO Appellate Body Jurisprudence on the Nature and Limits of the Judicial Power, in: Cottier/Mavroidis/Blatter (Hrsg.), The Role of the Judge in International Trade Regulation, 2003].

*Howse*, Robert/*Langille*, Joanna: Permitting Pluralism: The Seal Products Dispute and Why the WTO Should Accept Trade Restrictions Justified by Noninstrumental Moral Values, in: Yale Journal of International Law 2012, S. 367 ff. [zitiert: *Howse/Langille*, Seal Product Dispute and Moral Values, YJIL 2012, 367].

*Howse*, Robert/*Langille*, Joanna/*Sykes*, Katie: Pluralism in Practice: Moral Legislation and the Law of the WTO After Seal Products, in: George Washington International Law Review 2015, S. 81 ff. [zitiert: *Howse/Langille/Sykes*, Pluralism in Practice, GWILR 2015, 81].

*Howse*, Robert/*Levy*, Philip I.: The TBT Panels: US – Cloves, US – Tuna, US – COOL, in: World Trade Review 2013, S. 327 ff. [zitiert: *Howse/Levy*, The TBT Panels, WTR 2013, 327].

*Howse*, Robert/*Nicolaïdis*, Kalypso: Enhancing WTO Legitimacy: Constitutionalization or Global Subsidiarity?, in: Governance 2003, S. 73 ff. [zitiert: *Howse/Nicolaïdis*, Enhancing WTO Legitimacy, Governance 2003, 73].

*Howse*, Robert/*Nicolaïdis*, Kalypso: Legitimacy and Global Governance: Why Constitutionalizing the WTO is a Step too Far, in: Porter, B. Roger/Sauvé, Pierre/Subramanian, Arvind/Zampetti, Americo Beviglia (Hrsg.), Efficiency, Equity, and Legitimacy: The Multilateral Trading System at the Millennium, Harrisonburg 2001, S. 227 ff. [zitiert: *Howse/Nicolaïdis*, Legitimacy and Global Governance: Why

Constitutionalizing the WTO is a Step too Far, in: Porter u. a. (Hrsg.), Efficiency, Equity, and Legitimacy, 2001].

*Howse*, Robert/*Regan*, Donald: The Product/Process Distinction – An Illusory Basis for Disciplining „Unilateralism" in Trade Policy, in: European Journal of International Law 2000, S. 249 ff. [zitiert: *Howse/Regan*, The Product/Process Distinction, EJIL 2000, 249].

*Howse*, Robert/*Turk*, Elisabeth: The WTO Impact on Internal Regulations: A Case Study of the Canada – EC Asbestos Dispute, in: de Búrca, Gráinne/Scott, Joanne (Hrsg.), The EU and the WTO: Legal and Constitutional Issues, Oxford/Portland, Oregon 2001, S. 283 ff. [zitiert: *Howse/Turk*, A Case Study of the Canada – EC Asbestos Dispute, in: de Búrca/Scott (Hrsg.), The EU and the WTO, 2001].

*Huskisson*, Darren Charles: The Air Bridge Denial Program and the Shootdown of Civil Aircraft Under International Law, in: Air Force Law Review 2005, S. 109 ff. [zitiert: *Huskisson*, The Air Bridge Denial Program and the Shootdown of Civil Aircraft, AFLR 2005, 109].

*Ibrahim*, Imad Antoine: Overview of Export Restrictions on COVID-19 Vaccines and their Components, in: American Society of International Law Insights 2021/1, S. 1 ff. [zitiert: *Ibrahim*, Overview of Export Restrictions on COVID-19 Vaccines and their Components, ASIL Insight 1/2021, 1].

*Iliopoulos-Strangas*, Julia: Die allgemeinen Rechtsgrundsätze in der Praxis der Straßburger Organe am Beispiel des Verhältnismäßigkeitsprinzips, in: Rabels Zeitschrift für ausländisches und internationales Privatrecht 1999, S. 414 ff. [zitiert: *Iliopoulos-Strangas*, Die allgemeinen Rechtsgrundsätze, RabelsZ 1999, 414].

*Intoccia*, Gregory Francis: American Bombing of Libya: An International Legal Analysis, in: Case Western Reserve Journal of International Law 1987, S. 177 ff. [zitiert: *Intoccia*, American Bombing of Libya, CWRJIL 1987, 177].

*Ioannidis*, Michael: A Procedural Approach to the Legitimacy of International Adjudication: Developing Standards of Participation in WTO Law, in: German Law Journal 2011, S. 1175 ff. [zitiert: *Ioannidis*, A Procedural Approach to the Legitimacy of International Adjudication, GLJ 2011, 1175].

*Ioannidis*, Michael: Beyond the Standard of Review Deference Criteria in WTO Law and the Case for a Procedural Approach, in: Gruszczynski, Lukasz/Werner, Wouter (Hrsg.), Deference in International Courts and Tribunals – Standard of Review and Margin of Appreciation, Oxford 2014, S. 91 ff. [zitiert: *Ioannidis*, Beyond the Standard of Review Deference Criteria in WTO Law and the Case for a Procedural Approach, in: Gruszczynski/Werner (Hrsg.), Deference in International Courts and Tribunals, 2014].

*Irish*, Maureen: Global Public Policy and the World Trade Organization after Shrimp/Turtle and Asbestos, in: Canadian Yearbook of International Law 2004, S. 253 ff. [zitiert: *Irish*, Global Public Policy and the WTO after *Shrimp/Turtle* and *Asbestos*, CYIL 2004, 253].

*Ismer*, Roland: Der vorgeschlagene $CO_2$-Grenzausgleich für den Emissionshandel (CBAM) – Ein Überblick, in: Deutsches Steuerrecht 2022, S. 1187 ff. [zitiert: *Is-*

*mer*, Der vorgeschlagene $CO_2$-Grenzausgleich für den Emissionshandel (CBAM), DStR 2022, 1187].

*Jackson*, John Howard: Perceptions About the WTO Trade Institutions, in: World Trade Review 2002, S. 101 ff. [zitiert: *Jackson*, Perceptions About the WTO Trade Institutions, WTR 2002, 101].

*Jackson*, John Howard: The Role and Effectiveness of the WTO Dispute Settlement Mechanism, in: Brookings Trade Forum 2000, S. 179 ff. [zitiert: *Jackson*, The Role and Effectiveness of the WTO Dispute Settlement Mechanism, BTF 2000, 179].

*Jackson*, John Howard: The World Trade Organization: Constitution and Jurisprudence, London 1998 [zitiert: *Jackson*, The World Trade Organization: Constitution and Jurisprudence, 1998].

*Jackson*, John Howard: The WTO Dispute Settlement Procedures: A Preliminary Appraisal, in: Schott, Jeffrey J. (Hrsg.), The World Trading System: Challenges Ahead, Washington, D.C. 1996 [zitiert: *Jackson*, The WTO Dispute Settlement Procedures, in: Schott (Hrsg.), The World Trading System, 1996].

*Jackson*, John Howard: World trade and the Law of GATT – A Legal Analysis of the General Agreement on Tariffs and Trade, Indianapolis 1969 [zitiert: *Jackson*, World trade and the Law of GATT, 1969].

*Jans*, Jan H.: Proportionality Revisited, in: Legal Issues of Economic Integration 2000, S. 239 ff. [zitiert: *Jans*, Proportionality Revisited, LIEI 2000, 239].

*Jebe*, Ruth/*Mayer*, Don/*Lee*, Yong-Shik: China's Export Restrictions of Raw Materials and Rare Earths: A New Balance between Free Trade and Environmental Protection, in: George Washington International Law Review 2012, S. 579 ff. [zitiert: *Jebe/Mayer/Lee*, China's Export Restrictions of Raw Materials and Rare Earths, GWILR 2012, 579].

*Jennings*, R. Y.: The *Caroline* and Mcleod Case, in: American Journal of International Law 1938, S. 82 ff. [zitiert: *Jennings*, The *Caroline* and Mcleod Case, AJIL 1938, 82].

*Kang*, Jing: The Presumption of Good Faith in the WTO „As Such" Cases: A Reformulation of the Mandatory/Discretionary Distinction as an Analytical Tool, in: Journal of World Trade 2012, S. 879 ff. [zitiert: *Kang*, The Presumption of Good Faith in the WTO „As Such" Cases, JWT 2012, 879].

*Kapterian*, Gisele: A Critique of the WTO Jurisprudence on „Necessity", International and Comparative Law Quarterly 2010, S. 89 ff. [zitiert: *Kapterian*, A Critique of the WTO Jurisprudence on „Necessity", ICLQ 2010, 89].

*Kaye*, David: Adjudicating Self-Defense: Discretion, Preception, and the Resort to Force in International Law, in: Columbia Journal of Transnational Law 2005, S. 134 ff. [zitiert: *Kaye*, Adjudicating Self-Defense, CJTL 2005, 134].

*Kearley*, Timothy: Raising the *Caroline*, in: Wisconsin International Law Journal 1999, S. 325 ff. [zitiert: *Kearley*, Raising the *Caroline*, WILJ 1999, 325].

*Kelly*, J. Patrick: Judicial Activism at the World Trade Organizational: Development Principles of Self-Restraint, in: Northwestern Journal of International Law and

Business 2002, S. 353 ff. [zitiert: *Kelly*, Judicial Activism at the World Trade Organizational, NJILB 2002, 353].

*Kelsen*, Hans: Principles of International Law, 2. Aufl., New York 1966 [zitiert: *Kelsen*, Principles of International Law, 1966].

*Khosla*, Madhav: Proportionality: An Assault on Human Rights?: A Reply, in: International Journal of Constitutional Law 2010, S. 298 ff. [zitiert: *Khosla*, Proportionality: An Assault on Human Rights?: A Reply, ICON 2010, 298].

*Kingsbury*, Benedict/*Schill*, Stephan W.: Investor-State Arbitration as Governance: Fair and Equitable Treatment, Proportionality and the Emerging Global Administrative Law, in: NYU School of Law, Public Law Research Paper 2009/6, S. 1 ff. [zitiert: *Kingsbury/Schill*, Investor-State Arbitration as Governance, NYUSL-PLRP 2009/6, 1].

*Kingsbury*, Benedict/*Schill*, Stephan W.: Public Law Concepts to Balance Investors' Rights with State Regulatory Actions in the Public Interest – The Concept of Proportionality, in: Schill, Stephan (Hrsg.), International Investment Law and Comparative Public Law, Oxford 2010, S. 75 ff. [zitiert: *Kingsbury/Schill*, The Concept of Proportionality, in: Schill (Hrsg.), International Investment Law and Comparative Public Law, 2010].

*Kischel*, Uwe: Die Kontrolle der Verhältnismäßigkeit durch den Europäischen Gerichtshof, in: Europarecht 2000, S. 380 ff. [zitiert: *Kischel*, Die Kontrolle der Verhältnismäßigkeit durch EuGH, EuR 2000, 380].

*Klatt*, Matthias/*Meister*, Moritz: Der Grundsatz der Verhältnismäßigkeit, in: Juristische Schulung 2014, S. 193 ff. [zitiert: *Klatt/Meister*, Der Grundsatz der Verhältnismäßigkeit, JS 2014, 193].

*Klatt*, Matthias/*Meister*, Moritz: Proportionality – a Benefit to Human Rights? Remarks on the I CON Controversy, in: International Journal of Constitutional Law 2012, S. 687 ff. [zitiert: *Klatt/Meister*, Proportionality, ICON 2012, 687].

*Klatt*, Matthias/*Meister*, Moritz: Verhältnismäßigkeit als universelles Verfassungsprinzip, in: Der Staat 2012, S. 159 ff. [zitiert: *Klatt/Meister*, Verhältnismäßigkeit als universelles Verfassungsprinzip, Der Staat 2012, 159].

*Kluttig*, Bernhard: Welthandelsrecht und Umweltschutz – Kohärenz statt Konkurrenz, in: Arbeitspapiere aus dem Institut für Wirtschaftsrecht 2003/12, S. 5 ff. [zitiert: *Kluttig*, Welthandelsrecht und Umweltschutz, AIW 2003/12, 5].

*Kmiec*, Keenan D.: The Origin and Current Meanings of „Judicial Activism", in: California Law Review 2004, S. 1441 ff. [zitiert: *Kmiec*, The Origin and Current Meanings of „Judicial Activism", CLR 2004, 1441].

*Knödler*, Christoph: Rechtsmissbrauch im öffentlichen Recht, Humboldt-Universität, Dissertation, Berlin 1998 [zitiert: *Knödler*, Rechtsmissbrauch im öffentlichen Recht, 1998].

*Kometani*, Kazumochi: Trade and Environment: How Should WTO Panels Review Environmental Regulations under GATT Articles III and XX, in: Northwestern Journal of International Law and Business 1996, S. 441 ff. [zitiert: *Kometani*, How Should WTO Panels Review Environmental Regulations under GATT Articles III and XX, NJILB 1996, 441].

*Koskenniemi*, Martti: The Politics of International Law, in: European Journal of International Law 1990, S. 4 ff. [zitiert: *Koskenniemi*, The Politics of International Law, EJIL 1990, 4].

*Kotsoglou*, Kyriakos N.: Zur Theorie gesetzlicher Vermutungen – Beweislast oder Defeasibility?, in: Rechtstheorie 2014, S. 243 ff. [zitiert: *Kotsoglou*, Zur Theorie gesetzlicher Vermutungen, RT 2014, 243].

*Kotuby*, Charles T./*Sobota*, Luke A.: General Principle of Law and Due Process, Oxford 2017 [zitiert: *Kotuby/Sobota*, General Principle of Law and Due Process, 2017].

*Krajewski*, Markus: Selbstverteidigung gegen bewaffnete Angriffe nicht-staatlicher Organisationen, in: Archiv des Völkerrechts 2002, S. 183 ff. [zitiert: *Krajewski*, Selbstverteidigung gegen bewaffnete Angriffe nicht-staatlicher Organisationen, AVR 2002, 183].

*Krajewski*, Markus: Verfassungsperspektiven und Legitimation des Rechts der Welthandelsorganisation (WTO), Berlin 2001 [zitiert: *Krajewski*, Verfassungsperspektiven und Legitimation des Rechts der WTO, 2001].

*Krajewski*, Markus: Völkerrecht, 3. Aufl., Baden-Baden 2023 [zitiert: *Krajewski*, Völkerrecht, 3. Aufl. 2023].

*Kratochvíl*, Jan: The Inflation of the Margin of Appreciation by the European Court of Human Rights, in: Netherlands Quarterly of Human Rights 2011, S. 324 ff. [zitiert: *Kratochvíl*, The Inflation of the Margin of Appreciation by the ECHR, NQHR 2011, 324].

*Kretzmer*, David: The Inherent Right to Self-Defence and Proportionality in *Jus Ad Bellum*, in: European Journal of International Law 2013, S. 235 ff. [zitiert: *Kretzmer*, The Inherent Right to Self-Defence and Proportionality in *Jus Ad Bellum*, EJIL 2013, 235].

*Krommendijk*, Jasper/*Morijn*, John: „Proportional" by What Measure(s)? Balancing Investor Interests and Human Rights by Way of Applying the Proportionality Principle in Investor-State Arbitration, in: Dupuy, Pierre-Marie/Petersmann, Ernst-Ulrich/Francioni, Francesco (Hrsg.), Human Rights in International Investment Law and Arbitration, Oxford 2009, S. 422 ff. [zitiert: *Krommendijk/Morijn*, „Proportional" by What Measure(s)?, in: Dupuy/Petersmann/Francioni (Hrsg.), Human Rights in International Investment Law and Arbitration, 2009].

*Krugmann*, Michael: Der Grundsatz der Verhältnismäßigkeit im Völkerrecht, Berlin 2004 [zitiert: *Krugmann*, Der Grundsatz der Verhältnismäßigkeit im Völkerrecht, 2004].

*Kugelmann*, Dieter: Gleichheitsrechte und Gleichheitsgrundsätze, in: Merten, Detlef/Papier, Hans-Jürgen (Hrsg.), Handbuch der Grundrechte in Deutschland und Europa, Band VI/1: Europäische Grundrechte I, 1. Aufl., Heidelberg 2010, § 160, S. 979 ff. [zitiert: *Kugelmann*, in: Merten/Papier (Hrsg.), Handbuch der Grundrechte in Deutschland und Europa, Band VI/1, 1. Aufl. 2010, § 160].

*Kulick*, Andreas: From Problem to Opportunity?: An Analytical Framework for Vagueness and Ambiguity in International Law, in: German Yearbook of International

Law 2016, S. 257 ff. [zitiert: *Kulick*, Vagueness and Ambiguity in International Law, GYIL 2016, 257].

*Kulick*, Andreas: Global Public Interests in international Investment Law, Cambridge 2012 [zitiert: *Kulick*, Global Public Interests in international Investment Law, 2012].

*Kumm*, Mattias: Liberale Gerechtigkeitstheorien und die Struktur der Grundrechte, in: Alexy, Robert (Hrsg.), Juristische Grundlagenforschung, Stuttgart 2004, S. 218 ff. [zitiert: *Kumm*, Liberale Gerechtigkeitstheorien und die Struktur der Grundrechte, in: Alexy (Hrsg.), Juristische Grundlagenforschung, 2004].

*Kunz*, Josef L.: Individual and Collective Self-Defense in Article 51 of the Charter of the United Nations, in: American Journal of International Law 1947, S. 872 ff. [zitiert: *Kunz*, Individual and Collective Self-Defense in Article 51 of the Charter of the United Nations, AJIL 1947, 872].

*Kuyper*, P. J.: The Law of GATT as a Special Field of International Law: Ignorance, Further Refinement or Self-contained System of International Law?, Netherlands Yearbook of International Law 1994, S. 227 ff. [zitiert: *Kuyper*, The Law of GATT as a Special Field of International Law, NYIL 1994, 227].

*Lagomarsino*, Jeffrey: WTO Dispute Settlement and Sustainable Development: Legitimacy through Holistic Treaty Interpretation, in: Pace Environmental Law Review 2011, S. 545 ff. [zitiert: *Lagomarsino*, WTO Dispute Settlement and Sustainable Development, PELR 2011, 545].

*Lamy*, Pascal/*Pons*, Geneviève/*Leturcq*, Pierre: A European Border Carbon Adjustment proposal, in: Renewable Energy Law and Policy Review 2020, S. 21 ff. [zitiert: *Lamy/Pons/Leturcq*, A European Border Carbon Adjustment Proposal, RELPR 2020, 21].

*Lang*, Andrej: Der Verhältnismäßigkeitsgrundsatz in der Rechtsprechung des Bundesverfassungsgerichts – Eine rechtsempirische Untersuchung mit rechtsvergleichenden Perspektiven, in: Archiv des öffentlichen Rechts 2020, S. 75 ff. [zitiert: *Lang*, Der Verhältnismäßigkeitsgrundsatz in der Rechtsprechung des BVerfG, AöR 2020, 75].

*Leal-Arcas*, Rafael/*Faktaufon*, Manuliza/*Kyprianou*, Anna: A Legal Exploration of the European Union's Carbon Border Adjustment Mechanism, in: European Energy and Environmental Law Review 2022, S. 223 ff. [zitiert: *Leal-Arcas/Faktaufon/Kyprianou*, A Legal Exploration of the European Union's Carbon Border Adjustment Mechanism, EEELR 2022, 223].

*Leal-Arcas*, Rafael/*Malle*, Ellis/*Kerestedjian*, Marion/*Budak*, Gulce: The World Trade Organization and Carbon Market Clubs, in: Georgetown Journal of International Law 2021, S. 895 ff. [zitiert: *Leal-Arcas u. a.*, The World Trade Organization and Carbon Market Clubs, GJIL 2021, 895].

*Lee*, Hyuntaik: The Presumption of Conformity for Climate Measures: Reconciling the Climate Change Regime and the WTO, in: Asian Journal of WTO and International Health Law and Policy 2022, S. 449 ff. [zitiert: *Lee*, The Presumption of Conformity for Climate Measures, AJWH 2022, 449].

*Legum*, Barton/*Petculescu*, Ioana: GATT Article XX and international investment law, in: Echandi, Roberto/The World Bank/Sauvé, Pierre (Hrsg.), Prospects in International Investment Law and Policy, Cambridge 2013, S. 340 ff. [zitiert: *Legum/Petculescu*, GATT Article XX and International Investment Law, in: Echandi u. a. (Hrsg.), Prospects in International Investment Law and Policy, 2013].

*Leibholz*, Gerhard: Das Verbot der Willkür und des Ermessensmißbrauches im völkerrechtlichen Verkehr der Staaten, in: Zeitschrift für ausländisches öffentliches Recht und Völkerrecht 1929, S. 77 ff. [zitiert: *Leibholz*, Das Verbot der Willkür und des Ermessensmißbrauches, ZaöRV 1929, 77].

*Leisner-Egensperger*, Anna: Der legitime Zweck als Bezugspunkt der Verhältnismäßigkeit, in: Juristische Zeitung 2021, S. 913 ff. [zitiert: *Leisner-Egensperger*, Der legitime Zweck als Bezugspunkt der Verhältnismäßigkeit, JZ 2021, 913].

*Lemmens*, Koen: The Margin of Appreciation in the ECtHR's Case Law – A European Version of the Levels of Scrutiny Doctrine?, in: European Journal of Law Reform 2018, S. 78 ff. [zitiert: *Lemmens*, The Margin of Appreciation in the ECHR's Case Law, EJLR 2018, 78].

*Lennard*, Michael: Navigating by the Stars: Interpreting the WTO Agreements, in: Journal of International Economic Law 2002, S. 17 ff. [zitiert: *Lennard*, Interpreting the WTO Agreements, JIEL 2002, 17].

*Leonelli*, Giulia Claudia: Anti-deforestation npr-PPMs and Carbon Border Measures: Thinking About the Chapeau of Article XX GATT in Times of Climate Crisis, in: Journal of International Economic Law 2023, S. 416 ff. [zitiert: *Leonelli*, Thinking About the Chapeau of Article XX GATT in Times of Climate Crisis, JIEL 2023, 416].

*Leonelli*, Giulia Claudia: Carbon Border Measures, Environmental Effectiveness and WTO Law Compatibility: Is There a Way Forward for the Steel and Aluminium Climate Club?, in: World Trade Review 2022, S. 619 ff. [zitiert: *Leonelli*, Carbon Border Measures, Environmental Effectiveness and WTO Law Compatibility, WTR 2022, 619].

*Leonelli*, Giulia Claudia: Environmental Unilateralism and the Chapeau of Article XX GATT: The „Line of Equilibrium" and the Question of „Differently Situated" Countries, in: Journal of World Trade 2023, S. 709 ff. [zitiert: *Leonelli*, Environmental Unilateralism and the Chapeau of Article XX GATT, JWT 2023, 709].

*Leonelli*, Giulia Claudia: Practical Obstacles and Structural Legal Constraints in the Adoption of „Defensive" Policies: Comparing the EU Carbon Border Adjustment Mechanism and the US Proposal for a Border Carbon Adjustment, in: Legal Studies 2022, S. 696 ff. [zitiert: *Leonelli*, Comparing the EU Carbon Border Adjustment Mechanism and the US Proposal for a Border Carbon Adjustment, Legal Studies 2022, 696].

*Leonhardsen*, Erlend M.: Looking for Legitimacy: Exploring Proportionality Analysis in Investment Treaty Arbitration, in: Journal of International Dispute Settlement 2011, S. 95 ff. [zitiert: *Leonhardsen*, Exploring Proportionality Analysis, JIDS 2011, 95].

*Letsas*, George: Two Concepts of the Margin of Appreciation, in: Oxford Journal of Legal Studies 2006, S. 705 ff. [zitiert: *Letsas*, Two Concepts of the Margin of Appreciation, OJLS 2006, 705].

*Leturcq*, Pierre: The European Carbon Border Adjustment Mechanism and the path to Sustainable Trade Policies: From „Coexistence" to „Cooperation", in: Cambridge Yearbook of European Legal Studies 2022, S. 67 ff. [zitiert: *Leturcq*, The European Carbon Border Adjustment Mechanism and the Path to Sustainable Trade Policies, CYELS 2022, 67].

*Levenfeld*, Barry: Israel's Counter-Fedayeen Tactics in Lebanon: Self-Defense and Reprisal under Modern International Law, in: Columbia Journal of Transnational Law 1982, S. 1 ff. [zitiert: *Levenfeld*, Self-Defense and Reprisal under Modern International Law, CJTL 1982, 1].

*Linderfalk*, Ulf: The Concept of Treaty Abuse: On the Exercise of Legal Discretion, 2014, abrufbar unter: https://papers.ssrn.com/sol3/papers.cfm?abstract_id=2526051 [zitiert: *Linderfalk*, The Concept of Treaty Abuse, 2014, abrufbar unter: https://papers.ssrn.com/sol3/papers.cfm?abstract_id=2526051].

*Lindroos*, Anja/*Mehling*, Michael: Dispelling the Chimera of „Self-Contained Regimes" International Law and the WTO, in: European Journal of International Law 2005, S. 857 ff. [zitiert: *Lindroos/Mehling*, Dispelling the Chimera of „Self-Contained Regimes" International Law and the WTO, EJIL 2005, 857].

*Liu*, Han-Wei/*Maughan*, John: China's Rare Earths Export Quotas: Out of the China – Raw Materials Gate, But Past the WTO's Finish Line?, in: Journal of International Economic Law 2012, S. 971 ff. [zitiert: *Liu/Maughan*, China's Rare Earths Export Quotas, JIEL 2012, 971].

*Lo*, Chang-fa: The Proper Interpretation of „Disguised Restriction on International Trade" under the WTO: The Need to Look at the Protective Effect, in: Journal of International Dispute Settlement 2013, S. 111 ff. [zitiert: *Lo*, Disguised Restriction on International Trade under the WTO, JIDS 2013, 111].

*Lodde*, Robert: Die Vereinbarkeit eines europäischen Importverbots von Zwangsarbeitsgütern mit WTO-Recht, in: Europäische Zeitschrift für Wirtschaftsrecht 2023, S. 886 ff. [zitiert: *Lodde*, Die Vereinbarkeit eines europäischen Importverbots von Zwangsarbeitsgütern mit WTO-Recht, EuZW 2023, 886].

*Lubell*, Noam/*Cohen*, Amichai: Strategic Proportionality: Limitations on the Use of Force in Modern Armed Conflicts, in: International Law Studies Series 2020, S. 160 ff. [zitiert: *Lubell/Cohen*, Strategic Proportionality, ILS 2020, 160].

*Lydgate*, Emily: Climate Equivalence and International Trade, in: World Trade Review 2023, S. 484 ff. [zitiert: *Lydgate*, Climate Equivalence and International Trade, WTR 2023, 484].

*Lydgate*, Emily: Do the Same Conditions Ever Prevail? Globalizing National Regulation for International Trade, in: Journal of World Trade 2016, S. 971 ff. [zitiert: *Lydgate*, Do the Same Conditions Ever Prevail?, JWT 2016, 971].

*Maduro*, Miguel Poiares: The Constitution of Global Market, in: Snyder, Francis (Hrsg.), Regional and International Regulation of International Trade, London 2002 [zitiert: *Maduro*, The Constitution of Global Market, in: Snyder (Hrsg.), Regional and International Regulation of International Trade, 2002].

*Magee*, Claire: Using Chevron as a Guide: Allowing for the Precautionary Principle in WTO Practices, in: Georgetown International Environmental Law Review 2009, S. 615 ff. [zitiert: *Magee*, Using Chevron as a Guide, GIELR 2009, 615].

*Mamolea*, Andrei: Good Faith Review, in: Gruszczynski, Lukasz/Werner, Wouter (Hrsg.), Deference in International Courts and Tribunals – Standard of Review and Margin of Appreciation, Oxford 2014, S. 74 ff. [zitiert: *Mamolea*, Good Faith Review, in: Gruszczynski/Werner (Hrsg.), Deference in International Courts and Tribunals, 2014].

*Marceau*, Gabrielle: A Call for Coherence in International Law – Praises for the Prohibition Against „Clinical Isolation" in WTO Dispute Settlement, in: Journal of World Trade 1999, S. 87 ff. [zitiert: *Marceau*, A Call for Coherence in International Law, JWT 1999, 87].

*Marceau*, Gabrielle: A Comment on the Appellate Body Report in EC – Seal Products in the Context of the Trade and Environment Debate, in: Review of European, Comparative and International Environmental Law 2014, S. 318 ff. [zitiert: *Marceau*, EC – Seal Products in the Context of the Trade and Environment Debate, RECIEL 2014, 318].

*Marceau*, Gabrielle: Conflicts of Norms and Conflicts of Jurisdictions: The Relationship between the WTO Agreement and MEAs and other Treaties, in: Journal of World Trade 2001, S. 1081 ff. [zitiert: *Marceau*, Conflicts of Norms and Conflicts of Jurisdictions, JWT 2001, 1081].

*Marceau*, Gabrielle: WTO and Export Restrictions, in: Journal of World Trade 2016, S. 563 ff. [zitiert: *Marceau*, WTO and Export Restrictions, JWT 2016, 563].

*Marceau*, Gabrielle/*Hawkins*, Jennifer K.: Experts in WTO Dispute Settlement, in: Journal of International Dispute Settlement 2012, S. 493 ff. [zitiert: *Marceau/Hawkins*, Experts in WTO Dispute Settlement, JIDS 2012, 493].

*Marceau*, Gabrielle/*Stilwell*, Matthew: Practical Suggestions for Amicus Curiae Briefs before WTO Adjudicating Bodies, in: Journal of International Economic Law 2001, S. 155 ff. [zitiert: *Marceau/Stilwell*, Practical Suggestions for Amicus Curiae Briefs Before WTO Adjudicating Bodies, JIEL 2001, 155].

*Marceau*, Gabrielle/*Trachtman*, Joel: The Technical Barriers to Trade Agreement, the Sanitary and Phytosanitary Measures Agreement, and the General Agreement on Tariffs and Trade: A Map of the World Trade Organization Law of Domestic Regulation of Goods, in: Journal of World Trade 2002, S. 811 ff. [zitiert: *Marceau/Trachtman*, TBT, SPS und GATT, JWT 2002, 811].

*Marengo*, Federico: Regulating Data Transfers through the International Trade Regime, in: Manchester Journal of International Economic Law 2020, S. 266 ff. [zitiert: *Marengo*, Regulating Data Transfers through the International Trade Regime, MJIEL 2020, 266].

*Marín Durán*, Gracia: Carbon Border Adjustment Mechanism: Key Issues Going Forward, in: European Foreign Affairs Review 2021, S. 499 ff. [zitiert: *Marín Durán*, Carbon Border Adjustment Mechanism, EFAR 2021, 499].

*Marín Durán*, Gracia: Carbon Border Adjustments: Securing Compatibility of Carbon Border Adjustments with the Multilateral Climate and Trade Regimes, in: International and Comparative Law Quarter 2023, S. 73 ff. [zitiert: *Marín Durán*, Carbon Border Adjustments, ICLQ 2023, 73].

*Marín Durán*, Gracia: Measures with Multiple Competing Purposes after EC – Seal Products: Avoiding a Conflict between GATT Article XX-Chapeau and Article 2.1 TBT Agreement, in: Journal of International Economic Law, 2016. S. 467 ff. [zitiert: *Marín Durán*, Measures with Multiple Competing Purposes after EC – Seal Products, JIEL 2016, 467].

*Marks*, Caroline: Combatting Slavery at Sea: Article XX & the WTO, in: New York University Journal of International Law and Politics 2023, S. 339 ff. [zitiert: *Marks*, Combatting Slavery at Sea: Article XX & the WTO, UJILP 2023, 339].

*Martineau*, Anne-Charlotte: Concerning Violence: A Post-Colonial Reading of the Debate on the Use of Force, in: Leiden Journal of International Law 2016, S. 95 ff. [zitiert: *Martineau*, A Post-Colonial Reading of the Debate on the Use of Force, LJIL 2016, 95].

*Martinez*, Jenny S.: Towards an International Judicial System, in: Stanford Law Review 2003, S. 429 ff. [zitiert: *Martinez*, Towards an International Judicial System, StanfordLR 2003, 429].

*Marwell*, Jeremy C.: Trade and Morality: The WTO Public Morals Exception After Gambling, in: New York University Law Review 2006, S. 802 ff. [zitiert: *Marwell*, The WTO Public Morals Exception After Gambling, NYULR 2006, 802].

*Matsushita*, Mitsuo: Human Health Issues in major WTO Dispute Cases, in: Asian Journal of WTO & International Health Law and Policy 2009, S. 1 ff. [zitiert: *Matsushita*, Human Health Issues in major WTO Dispute Cases, AJWH 2009, 1].

*Matsushita*, Mitsuo/*Schoenbaum*, Thomas J./*Mavroidis*, Petros C./*Hahn*, Michael: The World Trade Organization: Law, Practice, and Policy, 3. Aufl., Oxford 2015 [zitiert: *Matsushita u. a.,* The World Trade Organization, 3. Aufl. 2015].

*Mavroidis*, Petros C.: Amicus Curiae Briefs Before The WTO: Much Ado About Nothing, in: Jean Monnet Working Paper 2002/1, S. 1 ff. [zitiert: *Mavroidis*, Amicus Curiae Briefs before the WTO, JM-WP 2002/1, 1].

*Mavroidis*, Petros C.: The General Agreement on Tariffs and Trade: A Commentary, Oxford 2005 [zitiert: *Mavroidis*, The General Agreement on Tariffs and Trade: A Commentary, 2005].

*Mavroidis*, Petros C.: Trade and Environment after the Shrimps – Turtles Litigation, in: Journal of World Trade 2000, S. 73 ff. [zitiert: *Mavroidis*, Trade and Environment after the Shrimps – Turtles Litigation, JWT 2000, 73].

*Mavroidis*, Petros C./*Cottier*, Thomas: The Role of the Judge in International Trade Regulation: An Overview, in: Cottier, Thomas/Mavroidis, Petros, Constantinos/Blatter, Patrick (Hrsg.): The Role of the Judge in International Trade Regulation: Experience and Lessons for the WTO, Michigan 2003 [zitiert: *Mavroidis/Cottier*, An Overview, in: Cottier/Mavroidis/Blatter (Hrsg.), The Role of the Judge in International Trade Regulation, 2003].

*McConnell*, Irene: The Asbestos Case at the World Trade Organization: The Treatment of Public Health Regulations under the General Agreement of Tariffs and Trade 1994 and the Agreement on Technical Barriers to Trade, in: Tulsa Journal of Comparative and International Law 2002, S. 153 ff. [zitiert: *McConnell*, The Asbestos Case at the World Trade Organization, TJCIL 2002, 153].

*McDonald*, Janet: Greening the GATT: Harmonizing Free Trade and Environmental Protection in the New World Order, in: Environmental Law 1993, S. 397 ff. [zitiert: *McDonald*, Greening the GATT, Environmental Law 1993, 397].

*Mcdougall*, Robert: The Crisis in WTO Dispute Settlement: Fixing Birth Defects to Restore Balance, in: Journal of World Trade 2018, S. 867 ff. [zitiert: *Mcdougall*, The Crisis in WTO Dispute Settlement, JWT 2018, 867].

*McGinnis*, John Oldham/*Movsesian*, Mark L.: The World Trade Constitution, in: Harvard Law Review 2000, S. 511 ff. [zitiert: *McGinnis/Movsesian*, The World Trade Constitution, HLR 2000, 511].

*Mcgoldrick*, Dominic: A Defence of the Margin of Appreciation and an Argument for its Application by the Human Rights Committee, in: International and Comparative Law Quarterly 2016, S. 21 ff. [zitiert: *Mcgoldrick*, A Defence of the Margin of Appreciation, ICLQ 2016, 21].

*McGrady*, Benn: Necessity Exceptions in WTO Law: Retreaded Tyres, Regulatory Purpose and Cumulative Regulatory Measures, in: Journal of International Economic Law, 2009, S. 153 ff. [zitiert: *McGrady*, Necessity Exceptions in WTO Law, JIEL 2009, 153].

*McKenna*, Miriam Bak: The Discourse of Proportionality and the Use of Force: International Law and the Power of Definition, in: Nordic Journal of International Law 2020, S. 364 ff. [zitiert: *McKenna*, The Discourse of Proportionality and the Use of Force, NJIL 2020, 364].

*McRae*, M. Donald: GATT Article XX and the WTO Appellate Body, in: Bronckers, Marco/Quick, Reinhard (Hrsg.), New Directions in International Economic Law – Essays in Honour of John H. Jackson, The Haugue/London/Boston 2000 [zitiert: *McRae*, GATT Article XX and the WTO Appellate Body, in: Bronckers/Quick (Hrsg.), New Directions in International Economic Law, 2000].

*Meddin*, Elisabeth: The Cost of Ensuring Privacy: How the General Data Protection Regulation Acts as a Barrier to Trade in Violation of Articles XVI and XVII of the General Agreement on Trade in Services, in: American University International Law Review 2020, S. 997 ff. [zitiert: *Meddin*, The Cost of Ensuring Privacy, AUILR 2020, 997].

*Mehling*, Michael A./*van Asselt*, Harro/*Das*, Kasturi/*Droege*, Susanne/*Verkuijl*, Cleo: Designing Border Carbon Adjustments for Enhanced Climate Action, in: American Journal of International Law 2019, S. 433 ff. [zitiert: *Mehling u. a.*, Designing Border Carbon Adjustments for Enhanced Climate Action, AJIL 2019, 433].

*Meng*, Werner: Extraterritoriale Jurisdiktion im öffentlichen Wirtschaftsrecht, Heidelberg 1994 [zitiert: *Meng*, Extraterritoriale Jurisdiktion im öffentlichen Wirtschaftsrecht, 1994].

*Meng*, Werner: Völkerrechtliche Zulässigkeit und Grenzen wirtschaftsverwaltungsrechtlicher Hoheitsakte mit Auslandswirkung, in: Zeitschrift für ausländisches öffentliches Recht und Völkerrecht 1984, S. 675 ff. [zitiert: *Meng*, Völkerrechtliche Zulässigkeit und Grenzen wirtschaftsverwaltungsrechtlicher Hoheitsakte mit Auslandswirkung, ZaöRV 1984, 675].

*Meng*, Werner: Wirtschaftssanktionen und staatliche Jurisdiktion – Grauzonen im Völkerrecht, in: Zeitschrift für ausländisches öffentliches Recht und Völkerrecht 1997, S. 269 ff. [zitiert: *Meng*, Wirtschaftssanktionen und staatliche Jurisdiktion, ZaöRV 1997, 269].

*Merkel*, Tim: Rechtliche Fragen einer Carbon Border Tax: Überlegungen zur Umsetzbarkeit im Lichte des Welthandelsrechts, in: Zeitschrift für Umweltrecht 2020, S. 658 ff. [zitiert: *Merkel*, Rechtliche Fragen einer Carbon Border Tax, ZUR 2020, 658].

*Meron*, Theodor: The Humanization of Humanitarian Law, in: American Journal of International Law 2000, S. 239 ff. [zitiert: *Meron*, The Humanization of Humanitarian Law, AJIL 2000, 239].

*Merten*, Verhältnismäßigkeitsgrundsatz, in: Merten, Detlef/Papier, Hans-Jürgen (Hrsg.), Handbuch der Grundrechte in Deutschland und Europa, Band III: Grundrechte in Deutschland – Allgemeine Lehren II, 1. Aufl., Heidelberg 2009, § 68, S. 517 ff. [zitiert: *Merten*, Verhältnismäßigkeitsgrundsatz, in: Merten/Papier (Hrsg.), Handbuch der Grundrechte in Deutschland und Europa, Band III, 1. Aufl. 2009, § 68].

*Meyer*, Timothy: The Political Economy of WTO Exceptions, in: Washington University Law Review 2022, S. 1299 ff. [zitiert: *Meyer*, The Political Economy of WTO Exceptions, WULR 2022, 1299].

*Meyer*, Timothy: Trade Law and Supply Chain Regulation in a Post-COVID-19 World, in: American Journal of International Law 2020, S. 637 ff. [zitiert: *Meyer*, Trade Law and Supply Chain Regulation in a Post-COVID-19 World, AJIL 2020, 637].

*Meyer*, Timothy/*Tucker*, Todd N.: A Pragmatic Approach to Carbon Border Measures, in: World Trade Review 2022, S. 109 ff. [zitiert: *Meyer/Tucker*, A Pragmatic Approach to Carbon Border, WTR 2022, 109].

*Meyer*, Timothy/*Tucker*, Todd N.: Trade and Climate, Law and Politics: A Response, in: World Trade Review 2022, S. 127 ff. [zitiert: *Meyer/Tucker*, Trade and Climate, Law and Politics: A Response, WTR 2022, 127].

*Mik*, Cezary: Book Review: Lukasz Gruszczynski, Wouter Werner (Hrsg.), Deference in International Courts and Tribunals: Standard of Review and Margin of Appreciation, Oxford University Press, Oxford 2014, in: Polish Yearbook of International Law 2014, S. 305 ff. [zitiert: *Mik*, Deference in International Courts and Tribunals (Buchbesprechung), PYIL 2014, 305].

*Miranda*, Jorge/*Sánchez Miranda*, Manuel: Chronicle of a crisis foretold: How the WTO Appellate Body Drove Itself into a Corner, in: Journal of International Economic Law 2023, S. 435 ff. [zitiert: *Miranda/Sánchez Miranda*, Chronicle of a Crisis Foretold: How the WTO Appellate Body Drove Itself into a Corner, JIEL 2023, 435].

*Mitchell*, Andrew D.: Good Faith in WTO Dispute Settlement, in: Melbourne Journal of International Law 2006, S. 339 ff. [zitiert: *Mitchell*, Good Faith in WTO Dispute Settlement, MelJIL 2006, 339].

*Mitchell*, Andrew D.: Proportionality and Remedies in WTO Disputes, in: European Journal of International Law 2006, S. 985 ff. [zitiert: *Mitchell*, Proportionality and Remedies in WTO Disputes, EJIL 2006, 985].

*Mitchell*, Andrew D.: The Right to Regulate and the Interpretation of the WTO Agreement, in: Journal of International Economic Law 2023, S. 462 ff. [zitiert: *Mitchell*, The Right to Regulate and the Interpretation of the WTO Agreement, JIEL 2023, 462].

*Mitchell*, Andrew D./*Mishra*, Neha: Data at the Docks: Modernizing International Trade Law for the Digital Economy, in: Vanderbilt Journal of Entertainment and Technology Law 2018, S. 1073 ff. [zitiert: *Mitchell*/*Mishra*, Modernizing International Trade Law for the Digital Economy, VJETL 2018, 1073].

*Mitchell*, Andrew D./*Munro*, James/*Voon*, Tania: Importing WTO General Exceptions into International Investment Agreements: Proportionality, Myths and Risks, in: Melbourne Legal Studies Research Paper Series 2017/757, S. 1 ff. [zitiert: *Mitchell*/*Munro*/*Voon*, Importing WTO General Exceptions into International Investment Agreements, MLS-RPS 2017/757, 1].

*Möller*, Kai: Balancing and the Structure of Constitutional Rights, in: International Journal of Constitutional Law 2007, S. 453 ff. [zitiert: *Möller*, Balancing and the Structure of Constitutional Rights, ICON 2007, 453].

*Möller*, Kai: Constructing the Proportionality Test: An Emerging Global Conversation, in: Lazarus, Liora/McCrudden, Christopher/Bowles, Nigel (Hrsg.), Reasoning Rights – Comparative Judicial Engagement, London 2014, S. 31 ff. [zitiert: *Möller*, Constructing the Proportionality Test, in: Lazarus/McCrudden/Bowles (Hrsg.), Reasoning Rights, 2014].

*Möller*, Kai: Proportionality: Challenging the Critics, in: International Journal of Constitutional Law 2012, S. 709 ff. [zitiert: *Möller*, Proportionality, ICON 2012, 709].

*Montini*, Massimiliano: The Nature and Function of the Necessity and Proportionality Principles in the Trade and Environment Context, in: Review of European Community & International Environmental Law 1997, S. 121 ff. [zitiert: *Montini*, Necessity and Proportionality Principles in the Trade and Environment Context, RECIEL 1997, 121].

*Moore*, John Norton: Jus ad Bellum Before the International Court of Justice, in: Virginia Journal of International Law 2012, S. 903 ff. [zitiert: *Moore*, Jus ad Bellum before the International Court of Justice, VJIL 2012, 903].

*Moran*, Niall: The First Twenty Cases under GATT Article XX, in: Adinolfi, Giovanna/Baetens, Freya/Caiado, José/Lupone, Angela/Micara, Anna G. (Hrsg.), International Economic Law, Basel 2017, S. 15 ff. [zitiert: *Moran*, The First Twenty Cases under GATT Article XX, in: Adinolfi u. a. (Hrsg.), International Economic Law, 2017].

*Mosler*, Hermann: Völkerrecht als Rechtsordnung, in: Zeitschrift für ausländisches öffentliches Recht und Völkerrecht 1976, S. 6 ff. [zitiert: *Mosler*, Völkerrecht als Rechtsordnung, ZaöRV 1976, 6].

*Mulhern*, J. Peter: In Defense of the Political Question Doctrine, in: University of Pennsylvania Law Review 1988, S. 97 ff. [zitiert: *Mulhern*, In Defense of the Political Question Doctrine, UPenn.LR 1988, 97].

*Müller*, Andreas Th.: Abwägung von Menschenleben im Völkerrecht, in: Baade, Björnstjern/Ehricht, Sebastian/Fink, Matthäus/Frau, Robert/Möldner, Mirka/Risini, Isabella/Stirner, Torsten (Hrsg.), Verhältnismäßigkeit im Völkerrecht, Tübingen 2016, S. 65 ff. [zitiert: *Müller*, Abwägung von Menschenleben im Völkerrecht in: Baade u. a. (Hrsg.), Verhältnismäßigkeit im Völkerrecht, 2016].

*Muller*, Gilles: The Necessity Test and Trade in Services: Unfinished Business?, in: Journal of World Trade 2015, S. 951 ff. [zitiert: *Muller*, The Necessity Test and Trade in Services, JWT 2015, 951].

*Müller-Ibold*, Till/*Herrmann*, Christoph: Die Entwicklung des Europäischen Außenwirtschaftsrechts (2020–2022), Teil 2, in: Europäische Zeitschrift für Wirtschaftsrecht 2022, S. 1085 ff. [zitiert: *Müller-Ibold/Herrmann*, Die Entwicklung des Europäischen Außenwirtschaftsrechts (2020–2022), Teil 2, EuZW 2022, 1085].

*Murphy*, Sean D.: Self-Defense and the Israeli Wall Advisory Opinion: An Ipse Dixit from the ICJ?, in: American Journal of International Law 2005, S. 62 ff. [zitiert: *Murphy*, Self-Defense and the Israeli Wall Advisory Opinion, AJIL 2005, 62].

*Murphy*, Sean D.: Terrorism and the Concept of „Armed Attack" in Article 51 of the U.N. Charter, in: Harvard International Law Journal 2002, S. 41 ff. [zitiert: *Murphy*, Terrorism and the Concept of „Armed Attack", HILJ 2002, 41].

*Murphy*, Sean D.: The Doctrine of Preemptive Self-Defense, in: Villanova Law Review 2005, S. 699 ff. [zitiert: *Murphy*, The Doctrine of Preemptive Self-Defense, VLR 2005, 699].

*Nachmani*, Tamara S.: To Each His Own: The Case for Unilateral Determination of Public Morality under Article XX(a) of the GATT, in: University of Toronto Faculty of Law Review 2013, S. 31 ff. [zitiert: *Nachmani*, The Case for Unilateral Determination of Public Morality under Article XX(a) of the GATT, UTFLR 2013, 31].

*Naef*, Tobias: Data Protection without Data Protectionism: The Right to Protection of Personal Data and Data Transfers in EU Law and International Trade Law, Cham 2023 [zitiert: *Naef*, Data Protection without Data Protectionism, 2023].

*Natarajan*, Usha: A Third World Approach to Debating the Legality of the Iraq War, in: International Community Law Review 2007, S. 405 ff. [zitiert: *Natarajan*, A Third World Approach to Debating the Legality of the Iraq War, ICLR 2007, 405].

*Nettesheim*, Martin: Die ökologische Intervention: Gewalt und Druck zum Schutz der Umwelt?, in: Archiv des Völkerrechts 1996, S. 168 ff. [zitiert: *Nettesheim*, die Ökologische Intervention, AVR 1996, 168].

*Nettesheim*, Martin: Von der Verhandlungsdiplomatie zur internationalen Verfassungsordnung. Zur Entwicklung der Ordnungsformen des internationalen Wirtschaftsrechts, in: Classen, Claus Dieter/Dittmann, Armin/Fechner, Frank/Gassner, Ulrich M./Kilian, Michael (Hrsg.), „In einem vereinten Europa dem Frieden der Welt zu dienen …“: Liber amicorum Thomas Oppermann, Berlin 2001, S. 381 ff. [zitiert: *Nettesheim*, Von der Verhandlungsdiplomatie zur internationalen Verfassungsordnung, in: Classen u. a. (Hrsg.), FS Oppermann, 2001].

*Neuhaus*, Rupert Klaus: Das Rechtsmissbrauchsverbot im heutigen Völkerrecht: eine Untersuchung zur Entwicklung und Anwendbarkeit eines Begriffes, Berlin 1984 [zitiert: *Neuhaus*, Das Rechtsmissbrauchsverbot im heutigen Völkerrecht, 1984].

*Neuling*, Bruce: The Shrimp – Turtle Case: Implications for Article XX of GATT and the Trade and Environment Debate, in: Loyola of Los Angeles International and Comparative Law Review 1999, S. 1 ff. [zitiert: *Neuling*, The Shrimp – Turtle Case: Implications for Article XX of GATT and the Trade and Environment Debate, ILR 1999, 1].

*Neumann*, Jan: Die Koordination des WTO-Rechts mit anderen völkerrechtlichen Ordnungen: Konflikte des materiellen Rechts und Konkurrenzen der Streitbeilegung, Berlin 2002 [zitiert: *Neumann*, Die Koordination des WTO-Rechts mit anderen völkerrechtlichen Ordnungen, 2002].

*Neumann*, Jan: Die Koordination des WTO-Rechts mit anderen völkerrechtlichen Verträgen, in: Nettesheim, Martin/Sander, Gerald G. (Hrsg.), WTO-Recht und Globalisierung, Berlin 2003 [zitiert: *Neumann*, Die Koordination des WTO-Rechts mit anderen völkerrechtlichen Verträgen, in: Nettesheim/Sander (Hrsg.), WTO-Recht und Globalisierung, 2003].

*Neumann*, Jan/*Türk*, Elisabeth: Necessity Revisited: Proportionality in World Trade Organization Law after Korea – Beef, EC – Asbestos and EC – Sardines, in: Journal of World Trade 2003, S. 199 ff. [zitiert: *Neumann/Türk*, Necessity Revisited, JWT 2003, 199].

*Neumayer*, Eric: Trade and the Environment: A Critical Assessment and Some Suggestions for Reconciliation, in: Journal of Environment and Development 2000, S. 138 ff. [zitiert: *Neumayer*, Trade and the Environment, JED 2000, 138].

*Newton*, Michael/*May*, Larry: Proportionality in International Law, Oxford 2014 [zitiert: *Newton/May*, Proportionality in International Law, 2014].

*Nolte*, Georg: Multipurpose Self-Defence, Proportionality Disoriented: A Response to David Kretzmer, in: European Journal of International Law, 2013, S. 283 ff. [zitiert: *Nolte*, Multipurpose Self-Defence, Proportionality Disoriented, EJIL 2013, 283].

*Nowrot*, Karsten: Standard of Review as a Procedural Issue in WTO Dispute Settlement: Of Balancing Acts and Presumptions of Legality, in: Delbrück, Jost/Heinz, Ursula/Odendahl, Kerstin/Matz-Lück, Nele/von Arnauld, Andreas (Hrsg.), Aus Kiel in die Welt: Kiel's Contribution to International Law, Festschrift zum 100-jährigen Bestehen des Walther-Schücking-Instituts für Internationales Recht, Berlin 2014, S. 607 ff. [zitiert: *Nowrot*, Standard of Review as a Procedural Issue in WTO Dispute Settlement, in: Delbrück u. a. (Hrsg.), FS Walther-Schücking-Institut, 2014].

*Nußberger*, Angelika: Das Verhältnismäßigkeitsprinzip als Strukturprinzip richterlichen Entscheidens in Europa, in: Neue Zeitschrift für Verwaltungsrecht – Beilage,

S. 36 ff. [zitiert: *Nußberger*, Das Verhältnismäßigkeitsprinzip als Strukturprinzip richterlichen Entscheidens in Europa, NVwZ-Beilage 2013, 36].

*Nuzzo*, Silvia: Tackling Diversity inside WTO: GATT Moral Clause after Colombia – Textiles, in: European Journal of Legal Studies 2017, S. 267 ff. [zitiert: *Nuzzo*, GATT Moral Clause after Colombia – Textiles, EJLS 2017, 267].

*Occelli*, Maria Benvenuta: „Sinking" the Caroline: Why the Caroline Doctrine's Restrictions on Self-Defense Should Not Be Regarded as Customary International Law, in: San Diego International Law Journal 2003, S. 467 ff. [zitiert: *Occelli*, „Sinking" the Caroline, SDILJ 2003, 467].

*O'Connell*, Mary Ellen: Lawful Self-Defense to Terrorism, in: University of Pittsburgh Law Review, S. 889 ff. [zitiert: *O'Connell*, Lawful Self-Defense to Terrorism, UPLR 2002, 889].

*Odermatt*, Jed: Patterns of Avoidance: Political Questions before international Courts, in: International Journal of Law in Context 2018, S. 221 ff. [zitiert: *Odermatt*, Patterns of Avoidance: Political Questions before international Courts, IJLC 2018, 221].

*O'donnell*, Thomas A.: The Margin of Appreciation Doctrine: Standards in the Jurisprudence of the European Court of Human Rights, in: Human Rights Quarterly 1982, S. 474 ff. [zitiert: *O'donnell*, The Margin of Appreciation Doctrine, HRQ 1982, 474].

*Oesch*, Matthias: Standards of Review in WTO Dispute Resolution and the Treatment of Domestic Law, in: Nettesheim, Martin/Sander, Gerald G. (Hrsg.), WTO-Recht und Globalisierung, Berlin 2003, S. 43 ff. [zitiert: *Oesch*, Standards of Review in WTO Dispute Resolution and the Treatment of Domestic Law, in: Nettesheim/ Sander (Hrsg.), WTO-Recht und Globalisierung, 2003].

*Oesch*, Matthias: Standards of Review in WTO Dispute Resolution, Oxford 2003 [zitiert: *Oesch*, Standards of Review in WTO Dispute Resolution, 2003].

*Oesch*, Matthias: Standards of Review in WTO Dispute Resolution, in: Journal of International Economic Law 2003, S. 635 ff. [zitiert: *Oesch*, Standards of Review in WTO Dispute Resolution, JIEL 2003, 635].

*Oisin*, Suttle: What Sorts of Things are Public Morals? A Liberal Cosmopolitan Approach to Article XX GATT, in: Modern Law Review 2017, S. 569 ff. [zitiert: *Suttle*, What Sorts of Things are Public Morals, MLR 2017, 569].

*Oreschnik*, Bernhard: Verhältnismäßigkeit und Kontrolldichte: Eine Analyse der Rechtsprechung des EuGH zu den Grundrechten und Grundfreiheiten, Heidelberg 2019 [zitiert: *Oreschnik*, Verhältnismäßigkeit und Kontrolldichte, 2019].

*Ortino*, Federico: From „non-discrimination" to „reasonableness": a paradigm shift in international economic law?, in: Jean Monnet Working Paper 2005/1, S. 5 ff. [zitiert: *Ortino*, From „Non-discrimination" to „Reasonableness", JM-WP 2005/1, 5].

*Ortino*, Federico: Stock Image Basic Legal Instruments for the Liberalisation of Trade: A Comparative Analysis of EC and WTO Law, London 2017 [zitiert: *Ortino*, Stock Image Basic Legal Instruments for the Liberalisation of Trade, 2017].

*Osiro*, Deborah Akoth: GATT/WTO Necessity Analysis: Evolutionary Interpretation and its Impact on the Authority of Domestic Regulation, in: Legal Issues of Economic Integration 2002, S. 123 ff. [zitiert: *Osiro*, GATT/WTO Necessity Analysis, LIEI 2002, 123].

*Ozbirn*, Jasper L.: An Analysis and Synthesis of the Decisional Law Applying Article XX(g) of the General Agreement on Tariffs and Trade, in: Pacific McGeorge Global Business and Development Law Journal 2008, S. 371 ff. [zitiert: *Ozbirn*, An Analysis and Synthesis of the Decisional Law Applying Article XX (g) GATT, PMGBDLJ 2008, 371].

*Pache*, Eckhard: Der Grundsatz der Verhältnismäßigkeit in der Rechtsprechung der Gerichte der Europäischen Gemeinschaften, in: Neue Zeitschrift für Verwaltungsrecht 1999, S. 1033 ff. [zitiert: *Pache*, Der Grundsatz der Verhältnismäßigkeit in der Rechtsprechung der Gerichte der Europäischen Gemeinschaften, NVwZ 1999, 1033].

*Palmeter*, David/*Mavroidis*, Petros: WTO Legal System: Sources of Law, in: American Journal of International Law 1998, S. 398 ff. [zitiert: *Palmeter/Mavroidis*, WTO Legal System: Sources of Law, AJIL 1998, 398].

*Paltrowitz*, Julie H.: A Greening of the World Trade Organization – A Case Comment on the Asbestos Report, in: Brooklyn Journal of International Law 2001, S. 1789 ff. [zitiert: *Paltrowitz*, A Greening of the World Trade Organization, BJIL 2001, 1789].

*Panaccio*, Charles-Maxime: In Defence of Two-Step Balancing and Proportionality in Rights Adjudication, in: Canadian Journal of Law and Jurisprudence 2011, S. 109 ff. [zitiert: *Panaccio*, In Defence of Two-Step Balancing and Proportionality in Rights Adjudication, CJLJ 2011, 109].

*Panizzon*, Marion: Good Faith in the Jurisprudence of the WTO: The Protection of Legitimate Expectations, Good Faith Interpretation and Good Fair Dispute Settlement, London 2006 [zitiert: *Panizzon*, Good Faith in the Jurisprudence of the WTO, 2006].

*Panizzon*, Marion/*Arnold*, Luca/*Cottier*, Thomas: Handel und Umwelt in der WTO: Entwicklungen und Perspektiven, in: Umweltrecht in der Praxis 2010, S. 199 ff. [zitiert: *Panizzon/Arnold/Cottier*, Handel und Umwelt in der WTO, URP 2010, 199].

*Patterson*, Eliza: GATT and the Environment – Rules Changes to Minimize Adverse Trade and Environmental Effects, in: Journal of World Trade 1992, S. 99 ff. [zitiert: *Patterson*, GATT and the Environment, JWT 1992, 99].

*Paust*, Jordan J.: Use of Armed Force against Terrorists in Afghanistan, Iraq, and beyond, in: Cornell International Law Journal 2002, S. 533 ff. [zitiert: *Paust*, Use of Armed Force against Terrorists in Afghanistan, Iraq, and beyond, CILJ 2002, 533].

*Pauwelyn*, Joost: Comment: The unbearable lightness of likeness, in: Panizzon, Marion/Pohl, Nicole/Sauvé, Pierre (Hrsg.), GATS and the Regulation of International Trade in Services, Cambridge 2008, S. 358 ff. [zitiert: *Pauwelyn*, Comment: The unbearable Lightness of Likeness, in: Panizzon/Pohl/Sauvé (Hrsg.), GATS, 2008].

*Pauwelyn*, Joost: Conflict of Norms in Public International Law: How WTO Law Relates to other Rules of International Law, Cambridge 2003 [zitiert: *Pauwelyn*, Conflict of Norms in Public International Law, 2003].

*Pauwelyn*, Joost: Does the WTO Stand for „Deference to“ or „Interference with“ National Health Authorities when Applying the Agreement on Sanitary and Phytosanitary Measures (SPS Agreement)?, in: Cottier, Thomas/Mavroidis, Petros C./Blatter, Patric (Hrsg.), The Role of the Judge in International Trade Regulation: Experience and Lessons for the WTO, Michigan 2003, S. 175 ff. [zitiert: *Pauwelyn*, Does the WTO Stand for „Deference to“ or „Interference with“ National Health Authorities?, in: Cottier/Mavroidis/Blatter (Hrsg.), The Role of the Judge in International Trade Regulation, 2003].

*Pauwelyn*, Joost: The WTO Agreement on SPS Measure as Applied in the First Three SPS Disputes, in: Journal of International Economic Law 1999, S. 641 ff. [zitiert: *Pauwelyn*, The WTO Agreement on SPS Measure, JIEL 1999, 641].

*Pauwelyn*, Joost: The WTO's Multi-Party Interim Appeal Arbitration Arrangement (MPIA): What's New?, in: World Trade Review 2023, S. 693 ff. [zitiert: *Pauwelyn*, The WTO's Multi-Party Interim Appeal Arbitration Arrangement (MPIA), WTR 2023, 693].

*Pauwelyn*, Joost/*Guzman*, Andrew/*Hillman*, Jennifer A.: International Trade Law, 3. Aufl., New York 2016 [zitiert: *Pauwelyn/Guzman/Hillman*, International Trade Law, 3. Aufl. 2016].

*Pauwelyn*, Joost/*Kleimann*, David: The Trade Related Aspects of a Carbon Border Adjustment Mechanism: A Legal Assessment, Briefing im Auftrag des Ausschusses für internationalen Handel des Europäischen Parlaments, April 2020-PE603502 [zitiert: *Pauwelyn/Kleimann*, The Trade Related Aspects of a Carbon Border Adjustment Mechanism, Briefing im Auftrag des INTA des EU-Parlaments, April 2020].

*Peel*, Jacqueline: Confusing Product with Process: A Critique of the Application of Product-Based Tests to Environmental Process Standards in the WTO, in: New York University Environmental Law Journal 2002, S. 217 ff. [zitiert: *Peel*, Confusing Product with Process, NYUELJ 2002, 217].

*Peel*, Jacqueline: Of Apples and Oranges (and Hormones in Beef): Science and the Standard of Review in WTO Disputes under the SPS Agreement, in: International and Comparative Law Quarterly 2012, S. 427 ff. [zitiert: *Peel*, Science and the Standard of Review in WTO Disputes under the SPS Agreement, ICLQ 2012, 427].

*Perišin*, Tamara: Is the EU Seal Products Regulation a Sealed Deal?: EU and WTO Challenges, in: International and Comparative Law Quarterly 2013, S. 373 ff. [zitiert: *Perišin*, Is the EU Seal Products Regulation a Sealed Deal?, ICLQ 2013, 373].

*Peters*, Anne: A Plea for Proportionality: A Reply to Yun-chien Chang and Xin Dai, in: International Journal of Constitutional Law 2021, S. 1135 ff. [zitiert: *Peters*, A Plea for Proportionality, ICON 2021, 1135].

*Peters*, Anne: Diskriminierungsverbot, in: Merten, Detlef/Papier, Hans-Jürgen (Hrsg.), Handbuch der Grundrechte in Deutschland und Europa, Band VII/2: Grundrechte in der Schweiz und in Liechtenstein, 1. Aufl., Heidelberg 2007, § 211, S. 255 ff. [zitiert: *Peters*, Diskriminierungsverbot, in: Merten/Papier (Hrsg.), Handbuch der Grundrechte in Deutschland und Europa, Band VII/2, 1. Aufl. 2007, § 211].

*Peters*, Anne: Drei Versionen der Verhältnismäßigkeit im Völkerrecht, in: Biaggini, Giovanni/Diggelmann, Oliver/Kaufmann, Christine (Hrsg.), Polis und Kosmopolis: Festschrift für Daniel Thürer, Tübingen 2015, S. 589 ff. [zitiert: *Peters*, Drei Versionen der Verhältnismäßigkeit im Völkerrecht, in: Biaggini/Diggelmann/Kaufmann (Hrsg.), FS Thürer, 2015].

*Petersen*, Niels: Gesetzgeberische Inkonsistenz als Beweiszeichen – Eine rechtsvergleichende Analyse der Funktion von Konsistenzargumenten in der Rechtsprechung, in: Archive des öffentlichen Rechts 2013, S. 108 ff. [zitiert: *Petersen*, Gesetzgeberische Inkonsistenz als Beweiszeichen – Eine rechtsvergleichende Analyse, AöR 2013, 108].

*Petersen*, Niels: How to Compare the Length of Lines to the Weight of Stones: Balancing and the Resolution of Value Conflicts in Constitutional Law, in: German Law Journal 2013, S. 1387 ff. [zitiert: *Petersen*, How to Compare the Length of Lines to the Weight of Stones, GLJ 2013, 1387].

*Petersen*, Niels: Proportionality and Judicial Activism – Fundamental Rights Adjudication in Canada, Germany and South Africa, Cambridge 2017 [zitiert: *Petersen*, Proportionality and Judicial Activism, 2017].

*Petersen*, Niels: Verhältnismäßigkeit als Rationalitätskontrolle – Eine rechtsempirische Studie verfassungsgerichtlicher Rechtsprechung zu den Freiheitsgrundrechten, Tübingen 2015 [zitiert: *Petersen*, Verhältnismäßigkeit als Rationalitätskontrolle, 2015].

*Petersmann*, Ernst-Ulrich: Between „Member-Driven" WTO Governance and „Constitutional Justice": Judicial Dilemmas in GATT/WTO Dispute Settlement 2018, in: European University Institute Working Papers, S. 1 ff. [zitiert: *Petersmann*, Between „Member-Driven" WTO Governance and „Constitutional Justice", EUI-WP 2018, 1].

*Petersmann*, Ernst-Ulrich: Constitutionalism and International Organizations, in: Northwestern Journal of International Law and Business 1997, S. 398 ff. [zitiert: *Petersmann*, Constitutionalism and International Organizations, NJILB 1997, 398].

*Petersmann*, Ernst-Ulrich: De-Fragmentation of International Economic Law through Constitutional Interpretation and Adjudication with Due Respect for Reasonable Disagreement, in: Loyola University Chicago International Law Review 2008, S. 209 ff. [zitiert: *Petersmann*, De-Fragmentation of International Economic Law, LUCILR 2008, 209, 217].

*Petersmann*, Ernst-Ulrich: European and International Constitutional Law: Time for Promoting „Cosmopolitan Democracy" in the WTO, in: de Búrca, Gráinne/Scott, Joanne (Hrsg.), The EU and the WTO: Legal and Constitutional Issues, Oxford/Portland, Oregon 2001, S. 81 ff. [zitiert: *Petersmann*, European and International Constitutional Law, in: de Búrca/Scott (Hrsg.), The EU and the WTO, 2001].

*Petersmann*, Ernst-Ulrich: How Should WTO Members React to Their WTO Crises?, in: World Trade Review 2019, S. 1 ff. [zitiert: *Petersmann*, How Should WTO Members React to Their WTO Crises?, JWT 2019, 1].

*Petersmann*, Ernst-Ulrich: International and European Trade and Environmental Law after the Uruguay Round, London 1995 [zitiert: *Petersmann*, International and European Trade and Environmental Law, 1995].

*Petersmann*, Ernst-Ulrich: National Constitutions, Foreign Trade Policy and European Community Law, in: European Journal of International Law 1992, S. 1 ff. [zitiert: *Petersmann*, National Constitutions, Foreign Trade Policy and European Community Law, EJIL 1992, 1].

*Petersmann*, Ernst-Ulrich: The GATT/WTO Dispute Settlement System: International Law, International Organizations and Dispute Settlement, London/Den Hague/Boston 1997 [zitiert: *Petersmann*, The GATT/WTO Dispute Settlement System, 1997].

*Pietzcker*, Jost: Der allgemeine Gleichheitssatz, in: Merten, Detlef/Papier, Hans-Jürgen (Hrsg.), Handbuch der Grundrechte in Deutschland und Europa, Band V: Grundrechte in Deutschland – Einzelgrundrechte II, 1. Aufl., Heidelberg 2013, § 125, S. 883 ff. [zitiert: *Pietzcker*, Der allgemeine Gleichheitssatz, in: Merten/Papier (Hrsg.), Handbuch der Grundrechte in Deutschland und Europa, Band V, 1. Aufl. 2013, § 125].

*Pirker*, Benedikt: Democracy and Distrust in International Law – The Procedural Democracy Doctrine and the Standard of Review Used by International Courts and Tribunals, in: Gruszczynski, Lukasz/Werner, Wouter (Hrsg.), Deference in International Courts and Tribunals – Standard of Review and Margin of Appreciation, Oxford 2014, S. 58 ff. [zitiert: *Pirker*, Democracy and Distrust in International Law, in: Gruszczynski/Werner (Hrsg.), Deference in International Courts and Tribunals, 2014].

*Plappert*, Liesa: Der unionsrechtliche Verhältnismäßigkeitsvorbehalt, in: Europarecht 2020, S. 364 ff. [zitiert: *Plappert*, Der unionsrechtliche Verhältnismäßigkeitsvorbehalt, EuR 2020, 364].

*Plouffe-Malette*, Kristine: Public Morality Exception at the WTO: Much Ado About Nothing?, in: Journal of World Trade 2021, S. 453 ff. [zitiert: *Plouffe-Malette*, Public Morality Exception at the WTO, JWT 2021, 453].

*Pöschl*, Magdalena: Gleichheitsrechte, in: Merten, Detlef/Papier, Hans-Jürgen (Hrsg.), Handbuch der Grundrechte in Deutschland und Europa, Band VII/1: Europäische Grundrechte I, 2. Aufl., Heidelberg 2014, § 14, S. 519 ff. [zitiert: *Pöschl*, Gleichheitsrechte, in: Merten/Papier (Hrsg.), Handbuch der Grundrechte in Deutschland und Europa, Band VII/1, 2. Aufl. 2014, § 14].

*Posner*, Eric A.: Terrorism and the Laws of War, in: Chicago Journal of International Law 2005, S. 423 ff. [zitiert: *Posner*, Terrorism and the Laws of War, ChicagoJIL 2005, 423].

*Puth*, Sebastian: WTO und Umwelt: Die Produkt-Prozess-Doktrin, Berlin 2003 [zitiert: *Puth*, WTO und Umwelt, 2003].

*Qin*, Julia Ya: Accommodating Divergent Policy Objectives under WTO Law: Reflections on EC – Seal Products, in: American Journal of International Law Unbound 2015, S. 308 ff. [zitiert: *Qin*, Accommodating Divergent Policy Objectives under WTO Law, AJIL Unbound 2015, 308].

*Qin*, Julia Ya: Defining Nondiscrimination Under the Law of the World Trade Organization, in: Boston University International Law Journal 2005, S. 215 ff. [zitiert: *Qin*, Defining Nondiscrimination under the Law of the WTO, BUILJ 2005, 215].

*Qin*, Julia Ya: Managing Conflicts between Rulings of the World Trade Organization and Regional Trade Tribunals: Reflections on the Brazil – Tyres Case, in: Bekker, Pieter/Dolzer, Rudolf/Waibel, Michael (Hrsg.), Making Transnational Law Work in the Global Economy: Essays in Honour of Detlev Vagts, Cambridge 2010, S. 601 ff. [zitiert: *Qin*, Managing Conflicts between Rulings of the World Trade Organization and Regional Trade Tribunals, in: Bekker/Dolzer/Waibel (Hrsg.), FS Vagts, 2010].

*Qin*, Julia Ya: Reforming WTO Discipline on Export Duties: Sovereignty over Natural Resources, Economic Development and Environmental Protection, in: Journal of World Trade 2012, S. 1147 ff. [zitiert: *Qin*, Reforming WTO Discipline on Export Duties, JWT 2012, 1147].

*Qin*, Julia Ya: Turkey – Pharmaceuticals: The First WTO Arbitration for Appellate Review, in: Legal Issues of Economic Integration 2022, S. 415 ff. [zitiert: *Qin*, Turkey – Pharmaceuticals Products: The First WTO Arbitration for Appellate Review, LIEI 2022, 415].

*Quick*, Reinhard: Carbon Border Adjustment: A dissenting view on its alleged GATT-compatibility, in: Zeitschrift für Europarechtliche Studien 2020, S. 549 ff. [zitiert: *Quick*, Carbon Border Adjustment, ZEuS 2020, 549].

*Quick*, Reinhard: Do We Need Trade and Environment Negotiations or Has the Appellate Body Done the Job?, in: Journal of World Trade 2013, S. 957 ff. [zitiert: *Quick*, Trade and Environment Negotiations, JWT 2013, 957].

*Raustiala*, Kal: Sovereignty and Multilateralism, in: Chicago Journal of International Law 2000, S. 401 ff. [zitiert: *Raustiala*, Sovereignty and Multilateralism, ChicagoJIL 2000, 401].

*Regan*, Donald H.: Measures with Multiple Purposes: Puzzles from EC – Seal Products, in: American Journal of International Law Unbound 2015, S. 315 ff. [zitiert: *Regan*, Puzzles from EC – Seal Products, AJIL Unbound 2015, 315].

*Regan*, Donald H.: The Meaning of „Necessary“ in GATT Article XX and GATS Article XIV: The Myth of Cost-Benefit Balancing, World Trade Review 2007, S. 347 ff. [zitiert: *Regan*, The Meaning of „Necessary“ in GATT Article XX and GATS Article XIV, WTR 2007, 347].

*Reid*, Emily: Balancing Human Rights, Environmental Protection and International Trade: Lessons from the EU Experience, Oxford 2015 [zitiert: *Reid*, Balancing Human Rights, Environmental Protection and International Trade, 2015].

*Reid*, Emily: Trade and Environment in the EU and WTO: Legitimacy, Proportionality and Institutional Power Play, in: Krämer-Hoppe, Rike (Hrsg.), European Yearbook of International Economic Law: Positive Integration – EU and WTO Approaches Towards the „Trade and“ Debate, Cham 2020, S. 87 ff. [zitiert: *Reid*, Trade and Environment in the EU and WTO, in: Krämer-Hoppe (Hrsg.), EYIEL 2020].

*Reif*, Timothy M./*Eckert*, Julie: Courage You Can't Understand: How to Achieve the Right Balance between Shaping and Policing Commerce in Disputes before the World Trade Organization, in: Columbia Journal of Transnational Law 2004,

S. 657 ff. [zitiert: *Reif/Eckert*, The Right Balance between Shaping and Policing Commerce before the WTO, CJTL 2004, 657].

*Reinstein*, Robert: Trade and Environment: The Case for and against Unilateral Actions, in: Lang, Winfried (Hrsg.), Sustainable Development and International Law, London 1995, S. 223 ff. [zitiert: *Reinstein*, Trade and Environment, in: Lang (Hrsg.), Sustainable Development and International Law, 1995].

*Reisman*, William Michael: International Non Liquet: Recrudescence and Transformation, in: International Lawyer 1969, S. 770 ff. [zitiert: *Reisman*, International Non Liquet, International Lawyer 1969, 770].

*Reusch*, Ralf: Die Legitimation des WTO-Streitbeilegungsverfahrens, Berlin 2007 [zitiert: *Reusch*, Die Legitimation des WTO-Streitbeilegungsverfahrens, 2007].

*Rieder*, Lidia: The Relationship between Trade-Related Environmental Measures in Multilateral Environmental Agreements and the WTO Law, Baden-Baden 2020 [zitiert: *Rieder*, The Relationship between TREM in MEA and the WTO Law, 2020].

*Riffel*, Christian: The Chapeau: Stringent Threshold or Good Faith Requirement, in: Legal Issues of Economic Integration 2018, S. 141 ff. [zitiert: *Riffel*, The Chapeau: Stringent Threshold or Good Faith Requirement, LIEI 2018, 141].

*Rivers*, Julian: Proportionality and Variable Intensity of Review, in: Cambridge Law Journal 2006, S. 174 ff. [zitiert: *Rivers*, Proportionality and Variable Intensity of Review, CLJ 2006, 174].

*Robbins*, Josh: False Friends: Amicus Curiae and Procedural Discretion in WTO Appeals under the Hot-Rolled Lead/Asbestos Doctrine, in: Harvard International Law Journal 2003, S. 317 ff. [zitiert: *Robbins*, False Friends: Amicus Curiae and Procedural Discretion in WTO Appeals, HILJ 2003, 317].

*Roberts*, Guy B.: Self-Help in Combatting State-Sponsored Terrorism: Self Defense and Peacetime Reprisals, in: Case Western Reserve Journal of International Law 1987, S. 243 ff. [zitiert: *Roberts*, Self Defense and Peacetime Reprisals, CWRJIL 1987, 243].

*Rogmann*, Achim: Kommentierung des Unionszollkodex (Art. 133 – 138), in: Hübschmann, Walter/Hepp, Ernst/Spitaler, Armin (Hrsg.), Abgabenordnung – Finanzgerichtsordnung, Band XVII, 277. EL, Köln 2023 [zitiert: *Rogmann*, in: Hübschmann/Hepp/Spitaler (Hrsg.), AO/FGO, Band XVII, 277. EL 2023, Art. 134 EUR 952/2013].

*Rogoff*, Martin A./*Collins*, Edward: The Caroline Incident and the Development of International Law, in: Brooklyn Journal of International Law, S. 493 ff. [zitiert: *Rogoff/Collins*, The Caroline Incident and the Development of International Law, BJIL 1990, 493].

*Rollo*, Jim/*Winters*, L. Alan: Subsidiarity and Governance Challenges for the WTO: Environmental and Labour Standards, in: The World Economy 2000, S. 561 ff. [zitiert: *Rollo/Winters*, Subsidiarity and Governance Challenges for the WTO, The World Economy 2000, 561].

*Ross*, Malcolm: Behind Proportionality: The Cultural and Constitutional Context, in: Andenas, Mads (Hrsg.), English Public Law and the Common Law of Europe, London 1998, S. 83 ff. [zitiert: *Ross*, Behind Proportionality, in: Andenas (Hrsg.), English Public Law and the Common Law of Europe, 1998].

*Rotenberg*, Julian: Privacy Before Trade: Assessing the WTO-Consistency of Privacy-Based Cross-Border Data Flow Restrictions, in: University of Miami International and Comparative Law Review 2020, S. 91 ff. [zitiert: *Rotenberg*, Privacy Before Trade, UMICLR 2020, 91].

*Rouillard*, Louis-Philippe: The Caroline Case: Anticipatory Self-Defence in Contemporary International Law, in: Miskolc Journal of International Law 2004, S. 104 ff. [zitiert: *Rouillard*, The Caroline Case, MiskJIL 2004, 104].

*Rudloff*, Bettina: Sustainable International Value Chains: The EU's new due diligence approach as part of a policy mix, in: Stiftung Wissenschaft und Politik Working Papers 2022, S. 1 ff. [zitiert: *Rudloff*, Sustainable international Value Chains, SWP-WP 2022, 1].

*Ruessmann*, Laurent A.: Putting the Precautionary Principle in its Place: Parameters for the Proper Application of a Precautionary Approach and the Implications for Developing Countries in Light of the DOHA WTO Ministerial, in: American University International Law Review 2002, S. 905 ff. [zitiert: *Ruessmann*, Putting the Precautionary Principle in its Place, AUILR 2002, 905].

*Ruffert*, Matthias: Terrorismusbekämpfung zwischen Selbstverteidigung und kollektiver Sicherheit – Die Anschläge vom 11.9.2001 und die Intervention in Afghanistan, in: Zeitschrift für Rechtspolitik 2002, S. 247 ff. [zitiert: *Ruffert*, Terrorismusbekämpfung zwischen Selbstverteidigung und kollektiver Sicherheit, ZRP 2002, 247].

*Ruys*, Tom: „Armed Attack" and Article 51 of the UN Charter: Evolutions in Customary Law and Practice, Cambridge 2011 [zitiert: *Ruys*, „Armed Attack" and Article 51 of the UN Charter, 2011].

*Ruys*, Tom: In Defence of the „Halt and Repel" Formula? A Reply to Yishai Beer, in: European Journal of International Law 2022, S. 917 ff. [zitiert: *Ruys*, In Defence of the „Halt and Repel" Formula?, EJIL 2022, 889].

*Sabanogullari*, Levent: General Exception Clauses in International Investment Law, Baden-Baden 2018 [zitiert: *Sabanogullari*, General Exception Clauses in International Investment Law, 2018].

*Sander*, Gerald G.: Internationaler und europäischer Gesundheitsschutz – Gesundheitsrecht in WHO, FAO/CAK, WTO und EU, unter besonderer Berücksichtigung des Lebensmittelrechts, Baden-Baden 2004 [zitiert: *Sander*, Internationaler und Europäischer Gesundheitsschutz, 2004].

*Sander*, Gerald G./*Sasdi*, Andreas: Freihandel und Umweltschutz: Legitimation und Grenzen grüner Handelsbeschränkungen in EU und WTO, Frankfurt am Main u. a. 2005 [zitiert: *Sander/Sasdi*, Freihandel und Umweltschutz, 2005].

*Saurer*, Johannes: Globalisierung des Verhältnismäßigkeitsgrundsatzes, Der Staat 2012, S. 3 ff. [zitiert: *Saurer*, Globalisierung des Verhältnismäßigkeitsgrundsatzes, Der Staat 2012, 3].

*Schachter*, Oscar: The Extraterritorial Use of Force Against Terrorist Bases, in: Houston Journal of International Law 1988, S. 309 ff. [zitiert: *Schachter*, The Extraterritorial Use of Force Against Terrorist Bases, HIJL 1988, 309].

*Schlink*, Bernhard: Abwägung im Verfassungsrecht, Berlin 1976 [zitiert: *Schlink*, Abwägung im Verfassungsrecht, 1976].

*Schlink*, Bernhard: Der Grundsatz der Verhältnismäßigkeit, in: Badura, Peter/Dreier, Horst (Hrsg.), Festschrift 50 Jahre Bundesverfassungsgericht, Band II, Tübingen 2001, S. 445 ff. [zitiert: *Schlink*, Der Grundsatz der Verhältnismäßigkeit, in: Badura/Dreier (Hrsg.), FS 50 Jahre BVerfG, Band II, 2001].

*Schmahl*, Stefanie: „Enabling Clause" versus Meistbegünstigungsprinzip, in: Archiv des Völkerrechts, 2004, S. 389 ff. [zitiert: *Schmahl*, „Enabling Clause" versus Meistbegünstigungsprinzip, AVR 2004, 389].

*Schoenbaum*, Thomas J.: Free International Trade and Protection of the Environment: Irreconcilable Conflict? in: American Journal of International Trade 1992, S. 700 ff. [zitiert: *Schoenbaum*, Free International Trade and Protection of the Environment, AJIL 1992, 700].

*Schoenbaum*, Thomas J.: International Trade and Protection of the Environment: The Continuing Search for Reconciliation, the American Journal of International Law 1997, S. 268 ff. [zitiert: *Schoenbaum*, International Trade and Protection of the Environment, AJIL 1997, 268].

*Schoenbaum*, Thomas J.: WTO Dispute Settlement: Praise and Suggestions for Reform, in: International and Comparative Law Quarterly 1998, S. 647 ff. [zitiert: *Schoenbaum*, WTO Dispute Settlement, ICLQ 1998, 647].

*Scholtens*, J. E.: Abuse of Rights, South African Law Journal 1958, S. 39 ff. [zitiert: *Scholtens*, Abuse of Rights, SALJ 1958, 39].

*Scott*, Joanne: On Kith and Kine (and Crustaceans): Trade and Environment in the EU and WTO, in: Weiler, J. H. H. (Hrsg.), The EU, the WTO, and the NAFTA – Towards a Common Law of International Trade?, Band IX/1, Oxford 2001, S. 125 ff. [zitiert: *Scott*, Trade and Environment in the EU and WTO, in: Weiler (Hrsg.), The EU, the WTO, and the NAFTA, Band IX/1, 2001].

*Segger*, Marie-Claire Cordonier/*Gehring*, Markus W.: The WTO and Precaution: Sustainable Development Implications of the WTO Asbestos Dispute, in: Journal of Environmental Law 2003, S. 289 ff. [zitiert: *Segger/Gehring*, The WTO and Precaution, JEL 2003, 289].

*Seidenfeld*, Mark: Chevron's Foundation, in: Notre Dame Law Review 2011, S. 273 ff. [zitiert: *Seidenfeld*, Chevron's Foundation, NDLR 2011, 273].

*Senti*, Richard/*Hilpold*, Peter: System und Funktionsweise der Welthandelsorganisation, 2. Aufl., Zürich 2017 [zitiert: *Senti/Hilpold*, System und Funktionsweise der Welthandelsorganisation, 2017].

*Serpin*, Pelin: The Public Morals Exception After the WTO Seal Products Dispute: Has the Exception Swallowed the Rules?, in: Columbia Business Law Review 2016, S. 217 ff. [zitiert: *Serpin*, The Public Morals Exception After the WTO Seal Products Dispute, CBLR 2016, 217].

*Shaffer*, Gregory/*Pabian*, David: Measures with Multiple Purposes: Puzzles from EC – Seal Products, in: American Journal of International Law 2015, S. 154 ff. [zitiert: *Shaffer/Pabian*, Puzzles from EC – Seal Products, AJIL 2015, 154].

*Shany*, Yuval: Toward a General Margin of Appreciation Doctrine in International Law?, in: European Journal of International Law 2005, S. 907 ff. [zitiert: *Shany*, Toward a General Margin of Appreciation Doctrine in International Law?, EJIL 2005, 907].

*Shi*, Jingxia/*Yang*, Xingxing: Reconciling Environmental Protection with Natural Resources Trade in International Law: A Perspective from China – Rare Earths, in: Frontiers of Law in China 2015, S. 537 ff. [zitiert: *Shi/Yang*, Reconciling Environmental Protection with Natural Resources Trade in International Law: A Perspective from China – Rare Earths, FLC 2015, 537].

*Smith*, Tyler M.: Much Needed Reform in the Realm of Public Morals: A Proposed Addition to the GATT Article XX(a) „Public Morals" Framework Resulting from China – Audiovisual, in: Cardozo Journal of International and Comparative Law 2011, S. 733 ff. [zitiert: *Smith*, Much Needed Reform in the Realm of Public Morals, CJICL 2011, 733].

*Sourgens*, Frédéric Gilles: The Precaution Presumption, in: The European Journal of International Law 2020, S. 1277 ff. [zitiert: *Sourgens*, The Precaution Presumption, EJIL 2020, 1277].

*Spamann*, Holger: Standard of Review for World Trade Organization Panels in Trade Remedy Cases: a Critical Analysis, in: Journal of World Trade 2004, S. 509 ff. [zitiert: *Spamann*, Standard of Review for World Trade Organization Panels in Trade Remedy Cases, JWT 2004, 509].

*Spielmann*, Dean: Allowing the Right Margin: The European Court of Human Rights and The National Margin of Appreciation Doctrine: Waiver or Subsidiarity of European Review?, in: Cambridge Yearbook of European Legal Studies 2012, S. 381 ff. [zitiert: *Spielmann*, Allowing the Right Margin, CYELS 2012, 381].

*Steger*, Debra P.: Jurisdiction of the WTO, in: American Society of International Law Proceedings 2004, S. 135 ff. [zitiert: *Steger*, Jurisdiction of the WTO, ASILP 2004, 135].

*Steinberg*, Richard H.: Judicial Lawmaking at the WTO: Discursive, Constitutional, and Political Constraints, in: American Journal of International Law 2004, S. 247 ff. [zitiert: *Steinberg*, Judicial Lawmaking at the WTO, AJIL 2004, 247].

*Steinberg*, Richard H.: Trade-Environment Negotiations in the EU, NAFTA, and WTO: Regional Trajectories of Rule Development, in: American Journal of International Law 1997, S. 231 ff. [zitiert: *Steinberg*, Trade-Environment Negotiations in the EU, NAFTA, and WTO, AJIL 1997, 231].

*Stoberock*, Tim: Ausnahmebestimmungen im Warenhandel im WTO und EU-Recht, Berlin 2012 [zitiert: *Stoberock*, Ausnahmebestimmungen im Warenhandel im WTO und EU-Recht, 2012].

*Stoll*, Peter-Tobias/*Schorkopf*, Frank: WTO – Welthandelsordnung und Welthandelsrecht, Köln/Berlin/Bonn/München 2002 [zitiert: *Stoll/Schorkopf*, WTO, 2002].

*Stone Sweet*, Alec: Investor-State Arbitration: Proportionality's New Frontier, Law & Ethics of Human Rights 2010, S. 47 ff. [zitiert: *Stone Sweet*, Proportionality's New Frontier, LEHR 2010, 47].

*Stone Sweet*, Alec/*Mathews*, Jud: Proportionality Balancing and Global Constitutionalism, in: Columbia Journal of Transnational Law 2008, S. 72 ff. [zitiert: *Stone Sweet/Mathews*, Proportionality Balancing and Global Constitutionalism, CJTL 2008, 72].

*Strauss*, Andrew: From GATTilla to the Green Giant: Winning the Environmental Battle for the Soul of the World Trade Organization, in: The University of Pennsylvania Journal of International Law 1998, S. 769 ff. [zitiert: *Strauss*, From GATTilla to the Green Giant, UPJIL 1998, 769].

*Summersberger*, Walter/*Bieber*, Thomas: Exportbeschränkungen für COVID-19-Impfstoffe?, Zugleich ein Beitrag zur dogmatischen Einordnung von Ausfuhrabgaben, in: Zeitschrift für das Recht der Transportwirtschaft 2021, S. 145 ff. [zitiert: *Summersberger/Bieber*, Exportbeschränkungen für COVID-19-Impfstoffe?, RdTW 2021, 145].

*Sykes*, Alan O.: Domestic Regulation, Sovereignty, and Scientifific Evidence Requirements: A Pessimistic View, in: Chicago Journal of International Law 2002, S. 353 ff. [zitiert: *Sykes*, Domestic Regulation, Sovereignty, and Scientific Evidence Requirements, ChicagoJIL 2002, 353].

*Sykes*, Alan O.: The Least Restrictive Means, in: University of Chicago Law Review 2003, S. 403 ff. [zitiert: *Sykes*, The Least Restrictive Means, UCLR 2003, 403].

*Sykes*, Alan O.: Short Supply Conditions and the Law of International Trade: Economic Lessons from the Pandemic, in: American Journal of International Law 2020, S. 647 ff. [zitiert: *Sykes*, Short Supply Conditions and the Law of International Trade, AJIL 2020, 647].

*Thiedemann*, Anke: WTO und Umwelt – die Auslegung des Art. XX GATT in der Praxis der GATT/WTO-Streitbeilegungsorgane, Münster 2005 [zitiert: *Thiedemann*, WTO und Umwelt, 2005].

*Tietje*, Christian: Die Völkerrechtliche Kooperationspflicht im Spannungsverhältnis Welthandel/Umwelt und ihre Bedeutung für die europäische Umweltblume, in: Europarecht 2000, S. 285 ff. [zitiert: *Tietje*, Die Völkerrechtliche Kooperationspflicht, EuR 2000, 285].

*Tietje*, Christian: Normative Grundstrukturen der Behandlung nichttarifärer Handelshemmnisse in der WTO/GATT-Rechtsordnung – Eine Untersuchung unter besonderer Berücksichtigung des Countertrade, Berlin 1998 [zitiert: *Tietje*, Normative Grundstrukturen der Behandlung nichttarifärer Handelshemmnisse in der WTO/GATT-Rechtsordnung, 1998].

*Trachtman*, Joel P.: The Domain of WTO Dispute Resolution, in: Harvard International Law Journal 1999, S. 333 ff. [zitiert: *Trachtman*, The Domain of WTO Dispute Resolution, HILJ 1999, 333].

*Trachtman*, Joel P.: The Economic Structure of International Law, London 2008 [zitiert: *Trachtman*, The Economic Structure of International Law, 2008].

*Trachtman*, Joel P.: Trade and … Problems, Cost-Benefit Analysis and Subsidiarity, in: European Journal of International Law 1998, S. 32ff. [zitiert: *Trachtman*, Trade and … Problems, EJIL 1998, 32].

*Travalio*, Gregory M.: Terrorism, International Law, and the Use of Military Force, in: Wisconsin International Law Journal 2000, S. 145ff. [zitiert: *Travalio*, Terrorism, International Law, and the Use of Military Force, WILJ 2000, 145].

*Travalio*, Greg/*Altenburg*, John: Terrorism: State Responsibility, and the Use of Military Force, in: Chicago Journal of International Law 2003, S. 97ff. [zitiert: *Travalio/Altenburg*, Terrorism, State Responsibility, and the Use of Military Force, ChicagoJIL 2003, 97].

*Trennt*, Matthias/*Ulke*, Sören: Das $CO_2$-Grenzausgleichssystem (CBAM): Zu den Pflichten des Einführers und deren Vereinbarkeit mit dem Zollverfahren der aktiven Veredelung, in: Europäische Zeitschrift für Wirtschaftsrecht 2023, S. 452ff. [zitiert: *Trennt/Ulke*, Das $CO_2$-Grenzausgleichssystem (CBAM), EuZW 2023, 452].

*Tridimas*, Takis: The General Principles of EU Law, Oxford 2006 [zitiert: *Tridimas*, The General Principles of EU Law, 2006].

*Triebold*, Claudius: Rechtliche Grundlagen des Umweltschutzes in GATT und WTO – am Beispiel des internationalen Warenverkehrs, Zürich 2000 [zitiert: *Triebold*, Rechtliche Grundlagen des Umweltschutzes in GATT und WTO, 2000].

*Trstenjak*, Verica/*Beysen*, Erwin: Das Prinzip der Verhältnismäßigkeit in der Unionsrechtsordnung, in: Europarecht 2012, S. 265ff. [zitiert: *Trstenjak/Beysen*, Das Prinzip der Verhältnismäßigkeit in der Unionsrechtsordnung, EuR 2012, 265].

*Trüeb*, Hans Rudolf: Umweltrecht in der WTO: Staatliche Regulierungen im Kontext des internationalen Handelsrechts, Zürich 2001 [zitiert: *Trüeb*, Umweltrecht in der WTO, 2001].

*Tsakyrakis*, Stavros: Proportionality: An assault on human rights?, in: International Journal of Constitutional Law 2009, S. 468ff. [zitiert: *Tsakyrakis*, Proportionality: An Assault on Human Rights?, ICON 2009, 468].

*Tsakyrakis*, Stavros: Proportionality: An Assault on human Rights?: A rejoinder to Madhav Khosla, in: International Journal of Constitutional Law 2010, S. 307ff. [zitiert: *Tsakyrakis*, Proportionality: An Assault on Human Rights?: A Rejoinder, ICON 2010, 307].

*Uhsler*, Severin: Der Umgang mit dem Schutz personenbezogener Daten in den Freihandelsabkommen der Europäischen Union, in: Gewerblicher Rechtsschutz und Urheberrecht 2022, S. 1034ff. [zitiert: *Uhsler*, Der Umgang mit dem Schutz personenbezogener Daten in den Freihandelsabkommen der Europäischen Union, GRUR 2022, 1034].

*Unger*, Moritz von: Zulässigkeit der humanitären Intervention in und neben der WTO-Recht, in: Kritische Justiz 2004, S. 37ff. [zitiert: *von Unger*, Zulässigkeit der humanitären Intervention in und neben der WTO-Recht, KJ 2004, 37].

*Urbina*, Francisco J.: A Critique of Proportionality and Balancing, Cambridge 2017 [zitiert: *Urbina*, A Critique of Proportionality and Balancing, 2017].

*Van den Bossche*, Peter: Looking for Proportionality in WTO Law, Legal Issue of Economic Integration 2008, S. 283 ff. [zitiert: *Van den Bossche*, Looking for Proportionality in WTO Law, LIEI 2008, 283].

*Van den Bossche*, Peter/*Zdouc*, Werner: The Law and Policy of the World Trade Organization: Text, Cases and Materials, 5. Aufl., Cambridge 2022 [zitiert: *Van den Bossche/Zdouc*, The Law and Policy of the World Trade Organization, 5. Aufl. 2022].

*Vanden Brink*, Ryan: Competitiveness Border Adjustments in U.S. Climate. Change Proposals Violate GATT: Suggestions to Utilize GATT's Environmental Exceptions, in: Colorado Journal of International Environmental Law and Policy 2010, S. 85 ff. [zitiert: *Vanden Brink*, Suggestions to Utilize GATT's Environmental Exceptions, CJIELP 2010, 85].

*Van Calster*, Geert: China, Minerals Export, Raw and Rare Earth Materials: A Perfect Storm for World Trade Organization Dispute Settlement, in: Review of European Comparative and International Environmental Law 2013, S. 117 ff. [zitiert: *Van Calster*, China, Minerals Export, Raw and Rare Earth Materials, RECIEL 2013, 117].

*Van Damme*, Isabelle: 25 Years of Law and Practice at the WTO: Did the Appellate Body Dig its Own Grave?, in: Journal of International Economic Law 2023, S. 124 ff. [zitiert: *Van Damme*, Did the Appellate Body Dig its Own Grave?, JIEL 2023, 124].

*Venzke*, Ingo: Making General Exceptions: The Spell of Precedents in Developing Article XX GATT into Standards for Domestic Regulatory Policy, in: German Law Journal 2019, S. 1111 ff. [zitiert: *Venzke*, The Spell of Precedents in Developing Article XX GATT into Standards for Domestic Regulatory Policy, GLJ 2019, 1111].

*Venzke*, Ingo/*Vidigal*, Geraldo: Are Unilateral Trade Measures in the Climate Crisis the End of Differentiated Responsibilities? The Case of the EU Carbon Border Adjustment Mechanism (CBAM), in: den Heijer, Maarten/van der Wilt, Harmen (Hrsg.), Netherlands Yearbook of International Law 2020: Global Solidarity and Common but Differentiated Responsibilities, Hague/Berlin/Heidelberg 2022, S. 187 ff. [zitiert: *Venzke/Vidigal*, The Case of the EU Carbon Border Adjustment Mechanism (CBAM), in: den Heijer/van der Wilt (Hrsg.), Netherlands Yearbook of International Law 2020, 2022].

*Verdross*, Alfred/*Simma*, Bruno: Universelles Völkerrecht: Theorie und Praxis, 3. Aufl., Berlin 2010 [zitiert: *Verdross/Simma*, Universelles Völkerrecht, 3. Aufl. 2010].

*Vidigal*, Geraldo/*Venzke*, Ingo: Of False Conflicts and Real Challenges: Trade Agreements, Climate Clubs, and Border Adjustments, in: American Journal of International Law Unbound 2022, S. 202 ff. [zitiert: *Vidigal/Venzke*, Trade Agreements, Climate Clubs, and Border Adjustments, AJIL Unbound 2022, 202].

*Virally*, Michel: Review Essay: Good Faith in Public International Law, in: American Journal of International Law 1983, S. 130 ff. [zitiert: *Virally*, Review Essay: Good Faith in Public International, AJIL 1983, 130].

*Vollrath*, Christian: Das Multi-Party Interim Appeal Arbitration Arrangement: Streitbeilegung im Rahmen der WTO während der Krise des Appellate Body, in: Europäische Zeitschrift für Wirtschaftsrecht 2021, S. 491 ff. [zitiert: *Vollrath*, Das Multi-Party Interim Appeal Arbitration Arrangement, EuZW 2021, 491].

*Voon*, Tania: Exploring the Meaning of Trade-Restrictiveness in the WTO, in: World Trade Review 2015, S. 451 ff. [zitiert: *Voon*, Exploring the Meaning of Trade-Restrictiveness in the WTO, WTR 2015, 451].

*Voon*, Tania/*Yanovich*, Alan: The Facts Aside: The Limitation of WTO Appeals to Issues of Law, in: Journal of World Trade 2006, S. 239 ff. [zitiert: *Voon/Yanovich*, The Limitation of WTO Appeals to Issues of Law, JWT 2006, 239].

*Voss*, Adolf: Rechtsmißbrauch im Völkerrecht: die Theorie der Gegenstandsbedingtheit der Rechtsnormen und das Verhältnis des Rechtsmißbrauchs zur clausula rebus sic stantibus, Münster 1940 [zitiert: *Voss*, Rechtsmißbrauch im Völkerrecht, 1940].

*Vranes*, Erich: Der Verhältnismäßigkeitsgrundsatz: Herleitungsalternativen, Rechtsstatus und Funktionen, in: Archiv des Völkerrechts 2009, S. 1 ff. [zitiert: *Vranes*, Der Verhältnismäßigkeitsgrundsatz, AöR 2009, 1].

*Vranes*, Erich: The WTO, Animals and PPMs, European Journal of International Law 2009, S. 476 ff. [zitiert: *Vranes*, The WTO, Animals and PPMs, EJIL 2009, 476].

*Vranes*, Erich: Trade and the Environment: Fundamental Issues in International Law, WTO Law, and Legal Theory, Oxford 2009 [zitiert: *Vranes*, Trade and the Environment, 2009].

*Walker*, Neil: The EU and the WTO: Constitutionalism in a New Key, in: de Búrca, Gráinne/Scott, Joanne (Hrsg.), The EU and the WTO: Legal and Constitutional Issues, Oxford/Portland, Oregon 2001, S. 31 ff. [zitiert: *Walker*, The EU and the WTO: Constitutionalism in a New Key, in: de Búrca/Scott (Hrsg.), The EU and the WTO, 2001].

*Walker*, Vern: The Myth of Science as a „Neutral Arbiter" for Triggering Precautions, in: Boston College International and Comparative Law Review 2003, S. 197 ff. [zitiert: *Walker*, The Myth of Science as a „Neutral Arbiter" for Triggering Precautions, BCICLR 2003, 197].

*Walzer*, Michael: Just and Unjust Wars – A Moral Argument with Historical Illustrations, 5. Aufl., New York 2015 [zitiert: *Walzer*, Just and Unjust Wars, 5. Aufl. 2015].

*Waxman*, Matthew C.: Regulating Resort to Force: Form and Substance of the UN Charter Regime, in: European Journal of International Law 2013, S. 151 ff. [zitiert: *Waxman*, Regulating Resort to Force, EJIL 2013, 151].

*Webber*, Grégoire C. N.: The Negotiable Constitution on the Limitation of Rights – On the Limitation of Rights, Cambridge 2009 [zitiert: *Webber*, The Negotiable Constitution on the Limitation of Rights, 2009].

*Weiher*, Birgit: Nationaler Umweltschutz und Internationaler Warenverkehr, Baden-Baden 1997 [zitiert: *Weiher*, Nationaler Umweltschutz und Internationaler Warenverkehr, 1997].

*Weil*, Prosper: „The Court Cannot Conclude Definitively …": Non Liquet Revisited, in: Columbia Journal of Transnational Law 1988, S. 109 ff. [zitiert: *Weil*, „The Court Cannot Conclude Definitively …": Non Liquet Revisited, CJTL 1988, 109].

*Weisbach*, David/*Kortum*, Sam: Climate Change Policy in the International Context: Solving the Carbon Leakage Problem, in: New York University Environmental Law Journal 2023, S. 1 ff. [zitiert: *Weisbach/Kortum*, Climate Change Policy in the International Context, NYUELJ 2023, 1].

*Weiß*, Wolfgang: Allgemeine Rechtsgrundsätze des Völkerrechts, in: Archiv des Völkerrechts 2001, S. 394 ff. [zitiert: *Weiß*, Allgemeine Rechtsgrundsätze des Völkerrechts, AöR 2001, 394].

*Weiß*, Wolfgang/*Ohler*, Christoph/*Bungenberg*, Marc: Welthandelsrecht, 3. Auflage, München 2022 [zitiert: *Weiß*/*Ohler*/*Bungenberg*, Welthandelsrecht, 3. Aufl. 2022].

*Wells*, Philip Joseph: Unilateralism and protectionism in the World Trade Organization: the interpretation of the chapeau within GATT Article XX, in: Journal of International Trade Law and Policy 2014, S. 222 ff. [zitiert: *Wells*, The Interpretation of the Chapeau within GATT Article XX, JITLP 2014, 222].

*Werksman*, Jacob: Greenhouse Gas Emissions Trading and the WTO, in: Review of European Community & International Environmental Law 1997, S. 251 ff. [zitiert: *Werksman*, Greenhouse Gas Emissions Trading and the WTO, RECIEL 1997, 251].

*Widiatedja*, Ngurah Parikesit: Export Restrictions on COVID-19 Vaccines: What Developing Countries Can Do Under the WTO Law?, in: Indonesian Journal of International Law 2022, S. 263 ff. [zitiert: *Widiatedja*, Export Restrictions on COVID-19 Vaccines, IJIL 2022, 263].

*Wieckhorst*, Arno: Grundrechtsschutz durch Legislativverfahren – Grundrechtlich induzierte Prozeduralisierung der Gesetzgebung und ihre Kontrolle im Verfassungs- und Unionsrecht, Tübingen 2017 [zitiert: *Wieckhorst*, Grundrechtsschutz durch Legislativverfahren, 2017].

*Wiers*, Jochem/*Mathis*, James: The Report of the Appellate Body in the Asbestos Dispute: WTO Appellate Body Report 12 March 2001, WT/DS135/AB/R, European Communities – Measures Affecting Asbestos and Asbestos-containing Products, in: Legal Issues of Economic Integration 2001, S. 211 ff. [zitiert: *Wiers*/*Mathis*, The Report of the Appellate Body in the Asbestos Dispute, LIEI 2001, 211].

*Will*, Ulrike: The Extra-Jurisdictional Effects of Environmental Measures in the WTO Law Balancing Process, in: Journal of World Trade 2016, S. 611 ff. [zitiert: *Will*, Extra-Jurisdictional Effects in the WTO Law Balancing Process, JWT 2016, 611].

*Windsor*, Matthew: A Fine Balance? Delegation, Standards of Review, and Subsidiarity in WTO Dispute Settlement, in: Auckland University Law Review 2008, S. 41 ff. [zitiert: *Windsor*, Delegation, Standards of Review, and Subsidiarity in WTO Dispute Settlement, AULR 2008, 41].

*Wittig*, Peter: Zum Standort des Verhältnismäßigkeitsgrundsatzes im System des Grundgesetzes, in: Die Öffentliche Verwaltung 1968, S. 817 ff. [zitiert: *Wittig*, Zum Standort des Verhältnismäßigkeitsgrundsatzes im System des Grundgesetzes, DöV 1968, 817].

*Wolkewitz*, Mathias: Das Verhältnis zwischen internationalem Freihandel und Umweltschutz – Spielräume im Spannungsverhältnis zwischen Liberalisierung und Reglementierung, Köln 2004 [zitiert: *Wolkewitz*, Das Verhältnis zwischen internationalem Freihandel und Umweltschutz, 2004].

*Wrachford*, Major Jason S.: The 2006 Israeli Invasion of Lebanon: Aggression, Self-Defense, or a Reprisal Gone Bad?, in: Air Force Law Review 2007, S. 29 ff. [zitiert: *Wrachford*, The 2006 Israeli Invasion of Lebanon: Aggression, Self-Defense, or a Reprisal Gone Bad?, AFLR 2007, 29].

*Wu*, Mark: Free Trade and the Protection of Public Morals: An Analysis of the Newly Emerging Public Morals Clause Doctrine, in: Yale Journal of International Law 2008, S. 215 ff. [zitiert: *Wu*, Free Trade and the Protection of Public Morals, YJIL 2008, 215].

*Wu*, Yingying: Policy Space under the Second Clause of GATT Article XX (g): An Analysis of the China – Rare Earths Case, in: The Korean Journal of International and Comparative Law 2016, S. 158 ff. [zitiert: *Wu*, Policy Space under the Second Clause of GATT Article XX (g), KJICL 2016, 158].

*Yakovleva*, Svetlana: Personal Data Transfers in International Trade and EU Law: A Tale of Two „Necessities", in: Journal of World Investment and Trade 2020, S. 881 ff. [zitiert: *Yakovleva*, Personal Data Transfers in International Trade and EU Law, JWIT 2020, 881].

*Yang*, Guohua: Multilateral Trading System During the Covid-19 Pandemic, in: Journal of WTO and China 2021, S. 21 ff. [zitiert: *Yang*, Multilateral Trading System During the Covid-19 Pandemic, J. WTO & China 2021, 21].

*Yourow*, Howard Charles: The Margin of Appreciation Doctrine in the Dynamics of European Human Rights Jurisprudence, in: Connecticut Journal of International Law 1987, S. 111 ff. [zitiert: *Yourow*, The Margin of Appreciation Doctrine, ConnJIL 1987, 111].

*Yowell*, Paul: Proportionality in United States Constitutional Law, in: Lazarus, Liora/McCrudden, Christopher/Bowles, Nigel (Hrsg.), Reasoning Rights – Comparative Judicial Engagement, London 2014, S. 87 ff. [zitiert: *Yowell*, Proportionality in United States Constitutional Law, in: Lazarus/McCrudden/Bowles (Hrsg.), Reasoning Rights, 2014].

*Zeitler*, Helge E.: Einseitige Handelsbeschränkungen zum Schutz extraterritorialer Rechtsgüter – eine Untersuchung zum GATT, Gemeinschaftsrecht und allgemeinen Völkerrecht, Baden-Baden 2000 [zitiert: *Zeitler*, Einseitige Handelsbeschränkungen zum Schutz extraterritorialer Rechtsgüter, 2000].

*Zeitler*, Helge E.: Good Faith in the WTO Jurisprudence – Necessary Balancing Element or an Open Door to Judicial Activism?, in: Journal of International Economic Law 2005, S. 721 ff. [zitiert: *Zeitler*, Good Faith in the WTO Jurisprudence, JIEL 2005, 721].

*Zhou*, Weihuan: Turkey – Certain Measures Concerning the Production, Importation and Marketing of Pharmaceutical Products, WT/DS583/ARB25, in: American Journal of International Law 2023, S. 322 ff. [zitiert: *Zhou*, Turkey – Pharmaceutical Products, AJIL 2023, 322].

*Zleptnig*, Stefan: The Standard of Review in WTO Law: An Analysis of Law, Legitimacy and the Distribution of Legal and Political Authority, in: European Integration online Papers 2002, S. 1 ff. [zitiert: *Zleptnig*, The Standard of Review in WTO Law, EIoP 2002, 1].

*Zonnekeyn*, Geert A.: The Appellate Body's Communication on Amicus Curiae Briefs in the Asbestos Case – An Echternach Procession?, in: Journal of World Trade 2001, S. 553 ff. [zitiert: *Zonnekeyn*, The Appellate Body's Communication on Amicus Curiae Briefs in the Asbestos Case, JWT 2001, 553].

# Entscheidungsverzeichnis

*US – Tuna 1982*

GATT, Panel-Bericht v. 22.2.1982, L/5198-29S/91, „United States – Prohibition of Imports of Tuna and Tuna Products from Canada“ [zitiert: GATT, Panel-Bericht v. 22.2.1982, L/5198-29S/91, „US – Tuna 1982“].

*US – Automotive Spring Assemblies*

GATT, Panel-Bericht v. 26.5.1983, L/5333-30S/107, „United States – Imports of Certain Automotive Spring Assemblies“ [zitiert: GATT, Panel-Bericht v. 26.5.1983, L/5333-30S/107, „US – Automotive Spring Assemblies“].

*Canada – Herring and Salmon*

GATT, Panel-Bericht v. 22.3.1988, L/6268-35S/98, „Canada – Measures Affecting Exports of Unprocessed Herring and Salmon“ [zitiert: GATT, Panel-Bericht v. 22.3.1988, L/6268-35S/98, „Canada – Herring and Salmon“].

*US – Section 337*

GATT, Panel-Bericht v. 7.11.1989, L/6439-36S/345, „United States – Section 337 of the Tariff Act of 1930“ [zitiert: GATT, Panel-Bericht v. 7.11.1989, L/6439-36S/345, „US – Section 337“].

*Thailand – Cigarettes*

GATT, Panel-Bericht v. 7.11.1990, DS10/R-37S/200, „Thailand – Restrictions on Importation of and Internal Taxes on Cigarettes“ [zitiert: GATT, Panel-Bericht v. 7.11.1990, DS10/R-37S/200, „Thailand – Cigarettes“].

*US – Tuna I*

GATT, Panel-Bericht v. 3.9.1991, DS21/R-39S/155, „United States – Restrictions on Imports of Tuna“ [zitiert: GATT, Panel-Bericht v. 3.9.1991, DS21/R-39S/155, „US – Tuna I“].

*US – Tuna II*

GATT, Panel-Bericht v. 16.6.1994, DS29/R, „United States – Restrictions on Imports of Tuna“ [zitiert: GATT, Panel-Bericht v. 16.6.1994, DS29/R, „US – Tuna II“].

*US – Automobiles*

GATT, Panel-Bericht v. 11.10.1994, DS31/R, „United States – Taxes on Automobiles“ [zitiert: GATT, Panel-Bericht v. 11.10.1994, DS31/R, „US – Automobiles“].

*US – Gasoline*

WTO, Panel-Bericht v. 20.5.1996, WT/DS2/AB/R, „United States – Standards for Reformulated and Conventional Gasoline“ [zitiert: WTO, Panel-Bericht v. 20.5.1996, WT/DS2/AB/R, „US – Gasoline“].

WTO, AB-Bericht v. 20.5.1996, WT/DS2/AB/R, „United States – Standards for Reformulated and Conventional Gasoline“ [zitiert: WTO, AB-Bericht v. 20.5.1996, WT/DS2/AB/R, „US – Gasoline“].

*EC – Hormones I*

WTO, AB-Bericht v. 16.1.1998, WT/DS26/AB/R u.a., „European Communities – Measures Concerning Meat and Meat Products (Hormones)“ [zitiert: WTO, AB-Bericht v. 16.1.1998, WT/DS26/AB/R u.a., „EC – Hormones I“].

*US – Shrimp*

WTO, Panel-Bericht v. 15.5.1998, WT/DS58/R, „United States – Import Prohibition of Certain Shrimp and Shrimp Products“ [zitiert: WTO, Panel-Bericht v. 15.5.1998, WT/DS58/R, „US – Shrimp“].

WTO, AB-Bericht v. 12.10.1998, WT/DS58/AB/R, „United States – Import Prohibition of Certain Shrimp and Shrimp Products“ [zitiert: WTO, AB-Bericht v. 12.10.1998, WT/DS58/AB/R, „US – Shrimp“].

WTO, AB-Bericht gemäß Art. 21.5 DSU v. 22.10.2001, WT/DS58/AB/RW, „United States – Import Prohibition of Certain Shrimp and Shrimp Products – Recourse to Article 21.5 of the DSU by Malaysia“ [zitiert: WTO, AB-Bericht gemäß Art. 21.5 DSU v. 22.10.2001, WT/DS58/AB/RW, „US – Shrimp (Art. 21.5 DSU – Malaysia)“].

*Australia – Salmon*

WTO, AB-Bericht v. 20.10.1998, WT/DS18/AB/R, „Australia – Measures Affecting Importation of Salmon“ [zitiert: WTO, AB-Bericht v. 20.10.1998, WT/DS18/AB/R, „Australia – Salmon“].

*EC – Bananas III*

WTO, Schiedsspruch gemäß Art. 22.6 DSU v. 24.3.2000, WT/DS27/ARB/ECU, „European Communities – Regime for the Importation, Sale and Distribution of Bananas“ [zitiert: WTO, Schiedsspruch gemäß Art. 22.6 DSU v. 24.3.2000, WT/DS27/ARB/ECU, „EC – Bananas III“].

*Korea – Beef*

WTO, Panel-Bericht v. 31.7.2000, WT/DS161/R u.a., „Korea – Measures Affecting Imports of Fresh, Chilled and Frozen Beef“ [zitiert: WTO, Panel-Bericht v. 31.7.2000, WT/DS161/R u.a., „Korea – Beef“].

WTO, AB-Bericht v. 11.12.2000, WT/DS161/AB/R u.a., „Korea – Measures Affecting Imports of Fresh, Chilled and Frozen Beef“ [zitiert: WTO, AB-Bericht v. 11.12.2000, WT/DS161/AB/R u.a., „Korea – Beef“].

*EC – Asbestos*

WTO, Panel-Bericht v. 18.9.2000, WT/DS135/R, „European Communities – Measures Affecting Asbestos and Products Containing Asbestos“ [zitiert: WTO, Panel-Bericht v. 18.9.2000, WT/DS135/R, „EC – Asbestos“].

WTO, AB-Bericht v. 12.3.2001, WT/DS135/AB/R, „European Communities – Measures Affecting Asbestos and Products Containing Asbestos“ [zitiert: WTO, AB-Bericht v. 12.3.2001, WT/DS135/AB/R, „EC – Asbestos“].

*Argentina – Bovine Hides*

WTO, Panel-Bericht v. 19.12.2000, WT/DS155/R, „Argentina – Measures Affecting the Export of Bovine Hides and the Import of Finished Leather“ [zitiert: WTO, Panel-Bericht v. 19.12.2000, WT/DS155/R, „Argentina – Bovine Hides“].

*US – FSC (Art. 22.6 DSU)*

WTO, Schiedsspruch gemäß Art. 22.6 DSU v. 30.8.2002, WT/DS108/ARB, „United States – Tax Treatment for ‚Foreign Sales Corporations‘ “ [zitiert: WTO, Schiedsspruch gemäß Art. 22.6 DSU v. 30.8.2002, WT/DS108/ARB, „US – FSC“].

*EC – Sardines*

WTO, AB-Bericht v. 26.9.2002, WT/DS231/AB/R, „European Communities – Trade Description of Sardines“ [zitiert: WTO, AB-Bericht v. 26.9.2002, WT/DS231/AB/R, „EC – Sardines“].

*EC – Tariff Preferences*

WTO, Panel-Bericht v. 1.12.2003, WT/DS246/R, „European Communities – Conditions for the Granting of Tariff Preferences to Developing Countries“ [zitiert: WTO, Panel-Bericht v. 1.12.2003, WT/DS246/R, „EC – Tariff Preferences“].

*US – Gambling*

WTO, Panel-Bericht v. 10.11.2004, WT/DS285/R, „United States – Measures Affecting the Cross-Border Supply of Gambling and Betting Services“ [zitiert: WTO, Panel-Bericht v. 10.11.2004, WT/DS285/R, „US – Gambling“].

WTO, AB-Bericht v. 7.4.2005, WT/DS285/AB/R, „United States – Measures Affecting the Cross-Border Supply of Gambling and Betting Services“ [zitiert: WTO, AB-Bericht v. 7.4.2005, WT/DS285/AB/R, „US – Gambling“].

*Dominican Republic – Cigarettes*

WTO, Panel-Bericht v. 26.11.2004, WT/DS302/R, „Dominican Republic – Measures Affecting the Importation and Internal Sale of Cigarettes“ [zitiert: WTO, Panel-Bericht v. 26.11.2004, WT/DS302/R, „Dominican Republic – Cigarettes“].

WTO, AB-Bericht v. 25.4.2005, WT/DS302/AB/R, „Dominican Republic – Measures Affecting the Importation and Internal Sale of Cigarettes“ [zitiert: WTO, AB-Bericht v. 25.4.2005, WT/DS302/AB/R, „Dominican Republic – Cigarettes“].

*Brazil – Retreaded Tyres*

WTO, Panel-Bericht v. 12.6.2007, WT/DS332/R, „Brazil – Measures Affecting Imports of Retreaded Tyres“ [zitiert: WTO, Panel-Bericht v. 12.6.2007, WT/DS332/R, „Brazil – Retreaded Tyres“].

WTO, AB-Bericht v. 3.12.2007, WT/DS332/AB/R, „Brazil – Measures Affecting Imports of Retreaded Tyres“ [zitiert: WTO, AB-Bericht v. 3.12.2007, WT/DS332/AB/R, „Brazil – Retreaded Tyres“].

*Canada – Continued Suspension*

WTO, Panel-Bericht v. 31.3.2008, WT/DS321/R, „Canada – Continued Suspension of Obligations in the EC – Hormones Dispute“ [zitiert: WTO, Panel-Bericht v. 31.3.2008, WT/DS321/R, „Canada – Continued Suspension“].

*EC – Hormones II*

WTO, Panel-Bericht v. 31.3.2008, WT/DS320/R, „European Communities – Measures Concerning Meat and Meat Products (Hormones)“ [zitiert: WTO, Panel-Bericht v. 31.3.2008, WT/DS320/R, „EC – Hormones II“].

WTO, AB-Bericht v. 6.10.2008, WT/DS320/AB/R, „European Communities – Measures Concerning Meat and Meat Products (Hormones)“ [zitiert: WTO, AB-Bericht v. 6.10.2008, WT/DS320/AB/R, „EC – Hormones II“].

*China – Publications and Audiovisual Products*

WTO, Panel-Bericht v. 12.8.2009, WT/DS363/R, „China – Measures Affecting Trading Rights and Distribution Services for Certain Publications and Audiovisual Entertainment Products“ [zitiert: WTO, Panel-Bericht v. 12.8.2009, WT/DS363/R, „China – Publications and Audiovisual Products“].

WTO, AB-Bericht v. 21.12.2009, WT/DS363/AB/R, „China – Measures Affecting Trading Rights and Distribution Services for Certain Publications and Audiovisual Entertainment Products“ [zitiert: WTO, AB-Bericht v. 21.12.2009, WT/DS363/AB/R, „China – Publications and Audiovisual Products“].

*Thailand – Cigarettes (Philippines)*

WTO, AB-Bericht v. 17.6.2011, WT/DS371/AB/R, „Thailand – Customs and Fiscal Measures on Cigarettes from the Philippines“ [zitiert: WTO, AB-Bericht v. 17.6.2011, WT/DS371/AB/R, „Thailand – Cigarettes (Philippines)“].

*China – Raw Materials*

WTO, Panel-Bericht v. 5.7.2011, WT/DS394/R u.a., „China – Measures Related to the Exportation of Various Raw Materials“ [zitiert: WTO, Panel-Bericht v. 5.7.2011, WT/DS394/R u.a., „China – Raw Materials“].

WTO, AB-Bericht v. 30.1.2012, WT/DS394/AB/R u.a., „China – Measures Related to the Exportation of Various Raw Materials“ [zitiert: WTO, AB-Bericht v. 30.1.2012, WT/DS394/AB/R u.a., „China – Raw Materials“].

*US – Cool*

WTO, AB-Bericht v. 29.6.2012, WT/DS384/AB/R, „United States – Certain Country of Origin Labelling (COOL) Requirements“ [zitiert: WTO, AB-Bericht v. 29.6.2012, WT/DS384/AB/R, „US – Cool“].

*EC – Seal Products*

WTO, Panel-Bericht v. 25.11.2013, WT/DS400/R u.a., „European Communities – Measures Prohibiting the Importation and Marketing of Seal Products“ [zitiert: WTO, Panel-Bericht v. 25.11.2013, WT/DS400/R u.a., „EC – Seal Products“].

WTO, AB-Bericht v. 22.5.2014, WT/DS400/AB/R u.a., „European Communities – Measures Prohibiting the Importation and Marketing of Seal Products“ [zitiert: WTO, AB-Bericht v. 22.5.2014, WT/DS400/AB/R u.a., „EC – Seal Products“].

*China – Rare Earths*

WTO, Panel-Bericht v. 26.3.2014, WT/DS431/R u.a., „China – Measures Related to the Exportation of Rare Earths, Tungsten and Molybdenum“ [zitiert: WTO, Panel-Bericht v. 26.3.2014, WT/DS431/R u.a., „China – Rare Earths“].

WTO, AB-Bericht v. 7.8.2014, WT/DS431/AB/R u.a., „China – Measures Related to the Exportation of Rare Earths, Tungsten and Molybdenum“ [zitiert: WTO, AB-Bericht v. 7.8.2014, WT/DS431/AB/R u.a., „China – Rare Earths“].

*US – Cool (Art. 21.5 DSU)*

WTO, AB-Bericht gemäß Art. 21.5 DSU v. 18.5.2015, WT/DS384/AB/RW u.a., „United States – Certain Country of Origin Labelling (COOL) Requirements“ [zitiert: WTO, AB-Bericht v. 18.5.2015, WT/DS384/AB/RW u.a., „US – Cool (Art. 21.5 DSU)“].

*India – Solar Cells*

WTO, Panel-Bericht v. 22.2.2016, WT/DS456/R, „India – Certain Measures Relating to Solar Cells and Solar Modules“ [zitiert: WTO, Panel-Bericht v. 22.2.2016, WT/DS456/R, „Indian – Solar Cells“].

WTO, AB-Bericht v. 16.9.2016, WT/DS456/AB/R, „India – Certain Measures Relating to Solar Cells and Solar Modules“ [zitiert: WTO, AB-Bericht v. 16.9.2016, WT/DS456/AB/R, „Indian – Solar Cells“].

*Indonesia – Import Licensing Regimes*

WTO, Panel-Bericht v. 22.12.2016, WT/DS477/R u.a., „Indonesia – Importation of Horticultural Products, Animals and Animal Products“ [zitiert: WTO, Panel-Bericht v. 22.12.2016, WT/DS477/R u.a., „Indonesia – Import Licensing Regimes“].

WTO, AB-Bericht v. 9.11.2017, WT/DS477/AB/R u.a., „Indonesia – Importation of Horticultural Products, Animals and Animal Products“ [zitiert: WTO, AB-Bericht v. 9.11.2017, WT/DS477/AB/R u.a., „Indonesia – Import Licensing Regimes“].

*Brazil – Taxation*

WTO, Panel-Bericht v. 30.8.2017, WT/DS472/R, „Brazil – Certain Measures Concerning Taxation and Charges“ [zitiert: WTO, Panel-Bericht v. 30.8.2017, WT/DS472/R, „Brazil – Taxation“].

WTO, AB-Bericht v. 13.12.2018, WT/DS472/AB/R, „Brazil – Certain Measures Concerning Taxation and Charges“ [zitiert: WTO, AB-Bericht v. 13.12.2018, WT/DS472/AB/R, „Brazil – Taxation“].

*US – Tariff Measures*

WTO, Panel-Bericht v. 15.9.2020, WT/DS543/R, „United States – Tariff Measures on Certain Goods from China“ [zitiert: WTO, Panel-Bericht v. 15.9.2020, WT/DS543/R, „US – Tariff Measures“].

*Turkey – Pharmaceutical Products (EU)*

WTO, Panel-Bericht v. 11.11.2021, unverbreitet und beigefügt zur Mitteilung v. 28.4.2022 über die Berufung der Türkei gemäß Art. 25 DSU, WT/DS583/12, „Turkey – Certain Measures concerning the Production, Importation and Marketing of Pharmaceutical Products“ [zitiert: WTO, Panel-Bericht v. 11.11.2021, unverbreitet und beigefügt zur Mitteilung v. 28.4.2022 über die Berufung der Türkei gemäß Art. 25 DSU, WT/DS583/12, „Turkey – Pharmaceutical Products (EU)“].

WTO, Schiedsspruch gemäß Art. 25 DSU v. 25.7.2022, WT/DS583/ARB25, „Turkey – Certain Measures concerning the Production, Importation and Marketing of

Pharmaceutical Products" [zitiert: WTO, Schiedsspruch gemäß Art. 25 DSU v. 25. 7. 2022, WT/DS583/ARB25, „Turkey – Pharmaceutical Products (EU)"].

*Indonesia – Raw Materials*

WTO, Panel-Bericht v. 30. 11. 2022, WT/DS592/R, „Indonesia – Measures Relating to Raw Materials" [zitiert: WTO, Panel-Bericht v. 30. 11. 2022, WT/DS592/R, „Indonesia – Raw Materials"].

# Stichwortverzeichnis